АНГЛО-РУССКИЙ
СЛОВАРЬ
ПО РЕКЛАМЕ
И МАРКЕТИНГУ

ENGLISH-RUSSIAN
DICTIONARY
OF ADVERTISING
AND MARKETING

V. B. BOBROV

ENGLISH-RUSSIAN DICTIONARY OF ADVERTISING AND MARKETING

About 40 000 terms

«RUSSO»
MOSCOW
1997

В. Б. БОБРОВ

АНГЛО-РУССКИЙ СЛОВАРЬ ПО РЕКЛАМЕ И МАРКЕТИНГУ

Около 40 000 терминов

«РУССО»
МОСКВА
1997

ББК 65
Б 72

Бобров В. Б.
Б 72   Англо-русский словарь по рекламе и маркетингу: Ок. 40 000 терминов. — М.: РУССО, 1997. — 699 с.

ISBN 5-88721-065-6

Словарь содержит около 40 000 терминов по различным аспектам рекламно-маркетинговой деятельности и смежным областям, таким как экономика и финансы, социология, демография, товароведение, СМИ, полиграфия, искусствоведение, психология потребителя, право, статистика, управление, политология, общественное питание, а также фразеологию деловых переговоров и повседневного обихода.
В конце книги приведен список английских сокращений.
Предназначается специалистам и переводчикам.

Б $\frac{4602030000-004}{15И(03)-97}$ без объявл.   ББК 65 + 81.2 Англ-4

ISBN 5-88721-065-6   © «РУССО», 1997

Репродуцирование (воспроизведение) данного издания любым способом без договора с издательством запрещается.

ПРЕДИСЛОВИЕ

Предлагаемый словарь содержит около 40 000 терминов, что делает его наиболее полным пособием для перевода текстов по рекламе и маркетингу. Словарь составлен на основе оригинальных англоязычных специальных изданий и охватывает терминологию собственно рекламы и маркетинга, а также смежных областей знаний (полиграфии, товароведения, искусствоведения, радио- и телевещания, деловой практики, патентоведения, юридической и правовой практики, ценообразования, статистики, политологии, общественного питания) и фразеологию повседневного обихода.

Словарь интересен тем, что разъясняет многие малознакомые реалии, например, виды рекламных объявлений, сорта и размеры бумаги, программы телевидения США, часы их работы и диапазоны вещания, теоретические категории маркетинга. Своеобразие данного издания состоит еще и в том, что даются строго научные пояснения таких понятий как маркетинг и его виды, объяснения различных видов моделей и модификаций покупательского поведения.

Словарь ориентирован на современный лексический фонд Великобритании и США, включая не только литературную терминологию, но и профессионализмы и жаргон. За редким исключением не даются собственные названия фирм.

В приложении приводятся сокращения наименований организаций, ведущих вещательных компаний, обществ и учреждений, занимающихся рекламой.

При сокращенных терминах дается полный перевод без пояснений. В корпусе словаря аналогичные термины даются с пояснениями.

Словарь предназначен для широкого круга читателей, для специалистов, переводчиков, студентов, учащихся школ с углубленным изучением английского языка, предпринимателей, деловых людей, менеджеров.

Замечания и предложения по содержанию словаря просим направлять по адресу: 117071, Москва, Ленинский проспект, д. 15, офис 323, издательство «РУССО». Телефон/факс 237 25 02; тел. 955 05 67.

О ПОЛЬЗОВАНИИ СЛОВАРЕМ

Ведущие термины расположены в словаре в алфавитном порядке; начинающиеся с прописной буквы следуют за начинающимися со строчной; термины, состоящие из слов, пишущихся через дефис, следует рассматривать как слитно написанные слова.

Для составных терминов принята алфавитно-гнездовая система, которая даёт возможность наиболее полно представить содержание данной темы словаря.

Термины, состоящие из определяемых слов и определений, следует искать по определяемым (ведущим) словам. Например, термин **commercial work** следует искать в гнезде **work**.

Ведущие термины в гнезде заменяются знаком тильды (~). Устойчивые словосочетания, сочетания с предлогами даны в подбор к ведущему термину и отделяются знаком ромба (◇). Различные части речи с одинаковым семантическим содержанием разделены знаком ‖. Пояснения к русским переводам набраны курсивом и заключены в круглые скобки. В круглых скобках, но без выделения курсивом даются факультативные части как английского термина, так и русского перевода. Например: **print(ing) film** позитивная (кино)плёнка. Следует читать: **print film** и **printing film**; позитивная плёнка и позитивная киноплёнка.

Синонимичные части английского термина и русского эквивалента заключаются в квадратные скобки. Например: **spotted [spotting] map** план [схема] размещения установок наружной рекламы. Термин следует читать: **spotted map** и **spotting map**; план размещения установок наружной рекламы и схема размещения установок наружной рекламы.

В переводах принята следующая система разделительных знаков: близкие значения отделены запятой, более отдаленные — точкой с запятой, разные по смыслу — цифрами.

ПОМЕТЫ И УСЛОВНЫЕ СОКРАЩЕНИЯ

амер. — американский термин
англ. — английский термин
бирж. — биржевой термин
вещ. — вещательная реклама
ВМС — вертикальная маркетинговая реклама
вчт — вычислительная техника
демогр. — демография
жарг. — жаргонизм
ист. — историзм
информ. — информатика
книжн. — книжное выражение
лат. — латинский язык
мед. — медицина
муз. — музыка
напр. — например
нар. рек. — наружная реклама
перен. — переносное значение
полигр. — полиграфия
проф. — профессиональное выражение
психол. — психология
разг. — разговорное выражение
см. — смотри
СМИ — средства массовой информации
стат. — статистика
ТМО — теория массового обслуживания
УТП — уникальное торговое предложение
фирм. — фирменное название
фр. — французский язык
юр. — юридический термин

АНГЛИЙСКИЙ АЛФАВИТ

Aa	Hh	Oo	Vv
Bb	Ii	Pp	Ww
Cc	Jj	Qq	Xx
Dd	Kk	Rr	Yy
Ee	Ll	Ss	Zz
Ff	Mm	Tt	
Gg	Nn	Uu	

A

abandonment отказ *(напр. от претензии)*
~ **of invention** отказ от права на изобретение
~ **of mark** *амер.* отказ от товарного знака *(неиспользование его в течение двух лет подряд, а также действия владельца, свидетельствующие о том, что знак потерял своё значение в качестве показателя происхождения товара)*
~ **of ownership** отказ от права собственности
~ **of rights** отказ от прав
~ **of title** отказ от правового титула
actual ~ фактический отказ
constructive ~ конструктивный отказ
organized ~ упорядоченный отказ *(от товаров)*
voluntary ~ добровольный отказ
abatement скидка, снижение ◇ ~ **and revival** прекращение и возобновление действия *(напр. судебного решения)*
~ **of suit** прекращение производства по делу *(в суде)*
price ~ снижение цены
tax ~ налоговая скидка
abbreviation аббревиатура
author's ~ сокращённая форма имени автора
tape ~ *бирж.* кодовое обозначение на ленте *(котировального автомата)*
abeyance *вещ.* заказ «на очередь», заказ без гарантии исполнения в срок *(заказ на передачу точечного ролика во время, которое в момент выдачи этого заказа уже занято другим рекламодателем)* ◇ **in** ~ в неопределённом [нерешённом] состоянии, в состоянии ожидания
abilit/y способность; умение ◇ ~ **to act** дееспособность; ~ **to pay** платёжеспособность
alleged ~ мнимая способность
competitive ~ конкурентоспособность
creative ~**ies** творческие способности
drying ~ *полигр.* высыхаемость, способность к высыханию
financial ~ финансовая возможность
imaginative ~ способность творчески мыслить, способность творческого воображения
interpretative ~ способность к интерпретации
inventive ~ изобретательская способность, изобретательская жилка
maintenance ~ ремонтопригодность, ремонтоспособность
native ~ врождённый талант, природная способность
perceptual ~ способность к восприятию
rated ~ расчётная способность
recreative ~ способность творческого воспроизведения
running ~ эксплуатационные свойства
sales ~ коммерческая способность
service ~ **of product** эксплуатационная пригодность изделия
verbal ~**ies** умение выражать мысли
visual decoding ~ способность зрительного различения *(напр. символов или образов)*
absence отсутствие
~ **of demand** отсутствие спроса
~ **of distinguishing features** отсутствие отличительных признаков
~ **of novelty** отсутствие новизны
~ **of utility** отсутствие полезности
temporal ~ временное отсутствие
abstract 1. реферат, резюме, конспект, краткое изложение **2.** абстрактная

9

abstract

идея 3. чисто декоративный, создающий настроение (*напр. о фоне фотографии*)
~ of account выписка из счёта
~ of record выписка из протокола дела
~ of title документ о правовом титуле (*владельца собственности*)
statistical ~ краткий статистический обзор
abstraction абстракция, абстрагирование; абстрактная идея
visual ~ зрительная абстракция, зрительное абстрагирование
abuse злоупотребление; неправильное использование ◇ ~ at law злоупотребление в нарушение закона
~ of authority злоупотребление властью, превышение власти
~ of confidence злоупотребление доверием
~ of law злоупотребление законом (*использование закона в незаконных целях*); нарушение закона
~ of office должностное злоупотребление, злоупотребление служебным положением
~ of rights злоупотребление правом
advertising ~ злоупотребление рекламой (*со стороны рекламодателей или рекламных агентств*)
crying ~ вопиющее злоупотребление
deliberate ~ преднамеренно неправильное использование
environmental ~ нерациональное использование ресурсов окружающей среды
judicial ~ судебное злоупотребление
malicious ~ злоумышленное нарушение
pleasurable ~ злоупотребление под благовидным предлогом
academic преподаватель
business school ~ преподаватель школы бизнеса
Academy:
~ of Motion Picture Arts and Sciences Американская академия кинематографических искусств и наук (*основана в Голливуде в 1927 г.*)
American ~ of Advertising Американская академия рекламы (*профессиональное объединение практиков и* преподавателей, *ставящее своей целью совершенствование системы обучения рекламе. Находится в г. Колумбия, штат Южная Каролина*)
British ~ of Film and Television Arts Британская академия кино и телевидения
National ~ of Television Arts and Sciences Национальная академия телевизионных искусств и наук (*профессиональное объединение, занимающееся просветительской деятельностью и присуждающее ежегодные награды «Эмми» за творческие и технические достижения в области телевидения*)
acceptability приемлемость
product ~ приемлемость товара
acceptance 1. принятие, признание, одобрение; приёмка; акцепт (*согласие на оплату денежных или товарных документов*) 2. акцептованный вексель ◇ to find market ~ получить признание рынка (*о новых товарах*)
~ of ink *полигр.* восприимчивость к краске
absolute ~ безоговорочный акцепт
attribute ~ приёмка по качественному признаку
conditional ~ принятие с оговорками; условный акцепт
consumer ~ принятие (*товара, идеи*) потребителем
market ~ восприятие (*товара*) рынком
new-product ~ восприятие нового товара [новинки], реакция на новый товар
parol ~ устный акцепт
prove-out ~ приёмка после испытаний и проверки
public ~ общественное признание
qualified ~ принятие с оговорками; условный акцепт
social ~ общественное признание
trade ~ 1. одобрение (*товара, плана*) сферой торговли 2. акцептованный торговый вексель
access доступ; подход ◇ ~ to information доступ к информации; ~ to media доступ к средствам массовой информации

accreditation

conditional ~ условный допуск *(при выполнении ряда конкретных требований и соблюдении конкретных ограничений)*
equal ~ равный доступ
free ~ свободный доступ
legal ~ законный доступ
market ~ доступ к рынку; выход на рынок
unimpeded ~ беспрепятственный доступ
accessory вспомогательное [дополнительное] оборудование
accident происшествие, (несчастный) случай, авария
automobile ~ автомобильная катастрофа, дорожно-транспортное происшествие
freak ~ нелепый [невероятный] случай
human-error ~ происшествие, обусловленное ошибкой человека
insured ~ страховой случай
account 1. счёт 2. *pl* расчёты; отчётность 3. клиент *(рекламного агентства)* ◇ ~(s) **payable** кредиторская задолженность; ~(s) **receivable** дебиторская задолженность; **to close** ~ закрыть счёт *(в банке)*; **to overdraw** ~ превысить сумму кредита по счёту; **to sell on** ~ продавать в кредит
advertising ~ клиент рекламного агентства, рекламодатель
charge ~ кредит по открытому счёту *(напр. в магазине)*
checking ~ чековый счёт; текущий счёт
credit ~ кредитный счёт
current ~ текущий банковский счёт
dealer ~ клиент [заказчик, потребитель], обслуживаемый через дилера
dormant ~ неактивный [дремлющий] клиент *(не выдававший в последнее время заказов)*
drawing ~ открытый счёт
expenditure ~ учёт расходов
expense ~ служебные расходы; счёт служебных расходов
inventory ~ учёт товарно-материальных запасов
joint ~ общий [объединённый] счёт
ledger ~ счёт в гроссбухе
loan ~ счёт ссуд

major ~ крупный [основной] клиент *(обслуживаемый через штаб-квартиру фирмы)*
marginal ~ второстепенный [периферийный] заказчик
minute ~ подробный отчёт
national ~ клиент общенационального масштаба
open ~ открытый счёт
payment ~ платёжный счёт
regular ~ обычный [средний] клиент
retirement ~ пенсионный счёт
revenue ~ счёт доходов
revolving charge ~ автоматически возобновляемый кредит по открытому счёту
savings ~ сберегательный счёт
separate ~ специальный [отдельный] счёт
small ~ мелкий заказчик
target ~ целевой клиент
tax-exempt ~ счёт, не облагаемый налогом
accountability 1. подотчётность 2. ответственность
financial ~ финансовая подотчётность
legal ~ 1. ответственность по закону 2. юридическая подотчётность
property ~ имущественная [материальная] ответственность
accounting (бухгалтерский) учёт; анализ хозяйственной деятельности
business ~ учёт коммерческих операций
cost ~ учёт издержек
everyday ~ ежедневный учёт
inventory ~ учёт (товарно-материальных) запасов
management ~ управленческий учёт
manufacturing ~ бухгалтерский учёт производственной деятельности
manufacturing cost ~ учёт и анализ издержек производства
primary ~ первичный учёт
accreditation аккредитация
agency ~ аккредитация (рекламного) агентства *(удостоверение его профессиональной компетентности полномочной организацией, дающее ему право на получение комиссионного вознаграждения от средств массовой информации)*

accretion

accretion прирост, приращение, увеличение
~ **of demand** увеличение спроса
~ **of power** усиление власти, расширение полномочий
~ **of territory** приращение территории
accumulation накопление, суммирование, аккумулирование
~ **of data** накопление данных
audience ~ накопление [суммарный рост] аудитории *(за период использования одного или нескольких средств рекламы)*
capital ~ накопление капитала
information ~ накопление информации
primitive ~ первоначальное накопление
accuracy точность, правильность
~ **of analysis** точность анализа
~ **of estimate** точность оценки
~ **of forecast** точность прогноза
control ~ безошибочность контроля
design ~ расчётная точность
feasible ~ допустимая погрешность
limiting ~ предел точности, предельная ошибка
measurement ~ точность измерения
pinpoint ~ очень высокая точность
reasonable ~ достаточная точность
sampling ~ достоверность выборки
ultimate ~ предельная точность
accusation обвинение ◊ **to be under** ~ быть под обвинением, обвиняться; **to bring** ~ выдвинуть обвинение
false ~ ложное обвинение
formal ~ официальное обвинение
unsatisfactory ~ обвинение, не подкреплённое достаточными доказательствами
acetate 1. ацетатная плёнка *(для макетов, оттисков)* **2.** оригинал грампластинки *(индивидуальная запись, а не отштампованный диск)*
adhesive-back(ed) ~ клейкая ацетатная плёнка
acknowledgement подтверждение, уведомление о получении
~ **of debt** признание [подтверждение] долга
~ **of liability** признание ответственности
~ **of order** подтверждение получения заказа
~ **of receipt** подтверждение получения
acquisition приобретение; усвоение
anticompetitive ~ приобретение, сужающее конкуренцию
centralized data ~ централизованный сбор данных
intercorporate ~ приобретение корпорацией других корпораций
act 1. дело, поступок, акт **2.** закон, постановление ◊ ~ **and deed** официальный документ *(за печатью)*; ~ **in law** юридическое действие
~ **of purchase** акт покупки [купли]
abusive ~ злоупотребление
arbitrary ~ самоуправное действие, акт произвола
behaviour(al) ~ поведенческий акт
charitable ~ благотворительная акция, акт милосердия
constituent ~ учредительный акт
consummatory ~ исполнительный (поведенческий) акт
copyright ~ закон об авторском [издательском] праве
deceptive ~ обманное действие, обманный акт
deliberate ~ намеренное [умышленное] действие
designs ~ закон о промышленных образцах
fair trade ~s «Кодексы честной конкуренции» *(регулирующие уровень цен; действовали в период «Нового курса» президента Ф.Д. Рузвельта)*
habitual ~ привычный поступок, привычное действие
infringing ~ действие, нарушающее право
injurious ~ действие, наносящее ущерб; деликт
intended ~ намеренное [умышленное] действие
involuntary ~ непроизвольный акт, непроизвольное действие
lawful ~ правомерное [законное] действие
legal ~ **1.** законодательный акт **2.** юридическое действие
legislative ~ закон; законодательный акт

Act

negative ~ запретительный закон
opportune ~ своевременный акт
patterned ~ шаблонное действие
penal ~ уголовно наказуемое действие, уголовно наказуемый поступок
public ~ публичный акт; действие государственной власти
purchasing ~ акт совершения покупки
statutory ~ нормативный акт, закон
trademarks ~ закон о товарных знаках
unfair ~ недобросовестное действие
unlawful ~ противоправное [незаконное] действие
voidable ~ оспоримое действие
wilful ~ намеренное [умышленное] действие
wrongful ~ действие, наносящее ущерб; деликт

Act:
All Channel Receiver ~ *амер.* Закон о всеволновых приёмниках *(принят в 1962 г. и предписывает, чтобы все телевизоры, поставляемые в рамках торговли между штатами, были оборудованы для приёма программ как в дециметровом, так и в метровом диапазонах)*
Antimerger ~ Закон о запрещении слияния корпораций *(принят в 1950 г.)*
Automobile Information Disclosure ~ *амер.* Закон об обнародовании информации об автомобилях *(принят в 1950 г. и предписывает производителям помещать на всех выпускаемых ими легковых автомобилях ярлыки с указанием рекомендуемой розничной цены, цены каждого дополнительного элемента оборудования и стоимости доставки машины с завода до заведения дилера)*
Cable Communications Policy ~ of 1984 *амер.* Закон 1984 г. о политике в области развития кабельных средств связи *(регулирует деятельность кабельного телевидения)*
Celler-Kefauver Antimerger ~ *амер.* Закон Селлера-Кефаувера о запрещении слияний *(принятая в 1950 г. поправка к Закону Клейтона, запрещающая приобретение активов* фирм-конкурентов, *если такое приобретение может вызвать значительное ослабление конкуренции или способствовать возникновению монополии)*
Child Protection ~ *амер.* Закон об обеспечении безопасности детей *(касается потенциально опасных товаров для детей, принят в 1966 г.)*
Clayton ~ *амер.* Закон Клейтона *(один из основных антитрестовских законов, принят в 1914 г.)*
Communications ~ *амер.* Закон о средствах связи *(принят в 1934 г.)*
Consumer Credit Protecting ~ Закон о защите потребительского кредита *(принят в 1968 г.)*
Consumer Goods Pricing ~ *амер.* Закон об установлении цен на потребительские товары *(принят в 1975 г.)*
Consumer Product Safety ~ *амер.* Закон о безопасности потребительских товаров *(принят в 1972 г.)*
Consumer Protection ~ Закон о защите потребителей *(принят в провинции Квебек, Канада, в 1979 г.)*
Data Protection ~ *англ.* Закон об охране информации *(предусматривает обязательную регистрацию любых компьютерных списков имён и адресов в Государственном бюро регистрации)*
Equal Credit Opportunity ~ *амер.* Закон о равных возможностях получения кредитов *(принят в 1975 г.)*
Fair Credit Reporting ~ *амер.* Закон о беспристрастной кредитной отчетности *(принят в 1970 г.)*
Fair Debt Collection Practice ~ Закон о добросовестной практике взимания долгов *(принят в 1978 г.)*
Fair Packaging and Labeling ~ *амер.* Закон об отражении истины на упаковке и в маркировке товаров *(принят в 1966 г.)*
Federal Alcohol Administration ~ *амер.* Закон о производстве и сбыте спиртных напитков
Federal Cigarette Labeling and Advertising ~ Закон о маркировке и рекламе сигарет *(принят в 1967 г.)*
Federal Food and Drug ~ *амер.* Закон о доброкачественности пищевых

Act

продуктов и медицинских препаратов *(принят в 1906 г.)*
Federal Food, Drug and Cosmetics ~ *амер.* Федеральный закон о пищевых продуктах, медикаментах и косметических средствах *(принят в 1938 г., запрещает неправильную маркировку ряда объектов межштатной торговли, а также полное или частичное фальсифицирование этих товаров и их ингредиентов)*
Federal Trade Commission ~ *амер.* Закон об учреждении Федеральной торговой комиссии *(принят в 1914 г.)*
Freedom of Information ~ *амер.* Закон о свободе информации *(принят в 1966 г.)*
Fur Products Labeling ~ *амер.* Закон о маркировке пушномеховых товаров *(принят в 1951 г.)*
Hazardous Substances Labeling ~ *амер.* Закон о маркировке опасных веществ *(США; принят в 1960 г.)*
Highway Beautification ~ *амер.* Закон об охране красоты шоссейных дорог *(принят в 1965 г., запрещает установку рекламных щитов в 200-метровой зоне по обе стороны от межштатных автомагистралей)*
Lanham Trademark ~ *амер.* Закон Лэнхема о товарных знаках *(принят в 1946 г., определяет процедуру установления названий сортов и торговых марок во внешней и международной торговле)*
Magnusson-Moss Warranty Improvement ~ *амер.* Закон Магнуссона-Мосса о совершенствовании гарантий и работы Федеральной торговой комиссии *(принят в 1975 г.)*
McGuire ~ *амер.* Закон Макгвайра *(принят в 1952 г., восстанавливает законность оговорки о стороне, не подписавшей договор)*
Meat Inspection ~ *амер.* Закон о контроле качества мясных продуктов *(принят в 1906 г.)*
Miller-Tydings ~ *амер.* Закон Миллера-Тайдингса *(принят в 1937 г., освобождает от преследования по антитрестовскому законодательству межштатной торговли на условиях взаимной выгоды)*
National Cooperative Research ~ *амер.* Национальный закон о проведении совместных исследований *(разрешает фирмам-конкурентам проведение совместных акций в области исследований и разработок с целью отражения конкуренции из-за рубежа)*
National Environmental Policy ~ *амер.* Закон о национальной политике в области окружающей среды *(принят в 1969 г.)*
Pure Food and Drug ~ *амер.* Закон о доброкачественности пищевых продуктов и медицинских препаратов *(принят в 1906 г.)*
Robinson-Patman ~ *амер.* Закон Робинсона-Пэтмана *(принят в 1936 г., право ограничивать или запрещать скидки на стимулирование сбыта, если они не предоставляются всем на пропорционально равных условиях, запрещает конкуренцию в области оптовых цен в межштатной торговле)*
Securities ~ *амер.* Закон о ценных бумагах *(принят в 1933 г.)*
Securities Exchange ~ *амер.* Закон о фондовых биржах *(принят в 1934 г.)*
Sherman Antitrust ~ *амер.* Антитрестовский закон Шермана *(принят в 1890 г.)*
Textile Fiber Products ~ *амер.* Закон об изделиях из текстильных волокон *(принят в 1958 г.)*
Truth in Lending ~ *амер.* Закон об отражении истины в предложениях о предоставлении займов *(принят в 1968 г.)*
Truth in Packaging ~ *амер.* Закон об отражении истины в маркировке и на упаковке товаров *(принят в 1966 г.)*
Wheeler-Lea ~ *амер.* Закон Уилера-Ли *(принят в 1938 г., запрещает недобросовестные или обманные действия независимо от того, наносится при этом ущерб конкуренции или нет, и устанавливает контроль Федеральной торговой ко-

миссии над рекламой пищевых продуктов и медикаментов)
Wholesome Meat ~ *амер.* Закон о доброкачественности мясных продуктов *(принят в 1967 г.)*
Wool Product Labeling ~ *амер.* Закон о маркировке изделий из шерсти *(принят в 1939 г.)*
action 1. действие, акция; деятельность **2.** судебное дело; иск, исковое требование ◇ **~ at law** судебный иск; **~ for recovery of possession** иск о возврате владения; **to bring ~** возбудить иск; **to enforce by ~** взыскивать в судебном порядке; **to enter ~** *см.* **to bring action; to get buying ~** добиться совершения покупки; **to impel ~** побудить к действию; **to lay ~** *см.* **to bring action; to lose ~** проиграть дело *(в суде)*; **to take legal ~** обратиться в суд
advertising ~ рекламная акция, рекламное действие
affirmative ~ (подкрепляющее) действие; правовая защита интересов, подтверждение
collective ~ коллективное действие
consumer class ~ групповой иск потребителей
continuous ~ *экр.* непрерывное действие
control ~ управляющее [регулирующее] (воз)действие
copyright infringement ~ иск о нарушении авторского [издательского] права
corrective ~ корректирующее действие, акция в исправление *(документа)*
enforcement ~ принудительное действие, действие принудительного характера
environmental ~ деятельность по охране окружающей среды
evasive ~ уклонение
immediate sales-producing ~ действие, дающее немедленный торговый эффект
indirect ~ косвенное (воз)действие
intended ~ искомое действие
legal ~ судебный иск
marketing ~ маркетинговое усилие, маркетинговая акция

mental ~ умственная деятельность
mixed ~ смешанный [вещно-обязательственный] иск
nullity ~ иск о признании недействительности
one-time ~ единовременное [разовое] действие
postpurchase ~ действие после покупки
precipitate ~ опрометчивый поступок
price ~ ценовой манёвр
pricing ~ ценовая акция, ценовое действие, акция [мероприятие] в сфере ценообразования
prompt ~ немедленное действие
quality ~ действие, заслуживающее внимания
random ~ случайное (воз)действие *(напр. на спрос)*
reflex ~ рефлекторное действие, рефлекторная деятельность
rescissory ~ иск о расторжении *(договора)*, иск об аннулировании *(документа)*
sampling ~ составление выборки
self-interested ~ действие в интересах личной выгоды
Action for Children's Television *амер.* Акция за детское телевидение *(общественная организация, выступающая против показа рекламы в детских передачах и вредных для детской психики программ)*
activism *амер.* активизм *(принцип активного правительственного вмешательства в экономику)*
activist активист
consumer ~ активист движения в защиту потребителей
activit/y (хозяйственная) деятельность, (экономическая) активность; оживление
advertising ~ies рекламная деятельность
budgeted ~ деятельность, предусмотренная бюджетом [сметой]
business ~ деловая активность, торгово-промышленная деятельность
buying ~ покупательская активность
charitable ~ благотворительная деятельность
civic ~ гражданская деятельность

activity

coercive ~ies мероприятия принудительного характера
competitive ~ деятельность конкурентов; конкурентная борьба
complementary ~ies взаимодополняющие виды деятельности
consumption ~ деятельность в сфере потребления
control ~ деятельность по контролю
creative ~ творческая деятельность
design ~ дизайнерская деятельность, деятельность по дизайну, занятие дизайном
domestic ~ экономическая активность внутри страны, внутренняя экономическая активность
economic ~ экономическая деятельность, экономическая активность
family ~ семейное занятие
follow-up ~ последующая деятельность
functional ~ функциональная деятельность; функциональная служба
health ~ies занятия по укреплению здоровья, оздоровительные занятия
higher-order ~ деятельность высшего порядка
household ~ бытовая деятельность, бытовые занятия
human ~ деятельность человека, человеческая деятельность
individual ~ индивидуальная деятельность
indoor ~ деятельность [занятия] в помещении
leisure(-time) ~ies досуг, проведение досуга, занятия на досуге
low-key ~ сдержанная деятельность
maintenance ~ работы по техническому обслуживанию
man-made ~ies последствия, вызванные деятельностью человека
manufacturing ~ производственная деятельность
market ~ рыночная деятельность
marketing ~ деятельность в сфере маркетинга, маркетинговая деятельность, маркетинговая активность
minor ~ несущественная [второстепенная] деятельность
nonfinite ~ полное неопределённости занятие, полная неопределённости деятельность
non-market ~ внерыночная деятельность
physical distribution ~ деятельность по организации товародвижения
play ~ игровая деятельность
productive ~ продуктивная деятельность
promotion(al) ~ies мероприятия по стимулированию [продвижению, «раскрутке»] товара, деятельность по организации спроса и сбыта
psychological ~ психологическая деятельность
recreational ~ies отдых и развлечения
regulatory ~ деятельность по регулированию *(напр. спроса)*
research ~ научно-исследовательская работа
response ~ активная реакция, активное реагирование
sales ~ деятельность по продаже, деятельность по сбыту
sales-force ~ деятельность штата продавцов
search ~ies поисковые мероприятия
self-regulatory ~ деятельность по саморегулированию
total ~ всеобъемлющая деятельность
vital ~ жизнедеятельность
wholesaling ~ оптовая торговая деятельность, занятие оптовой торговлей
working ~ рабочее занятие
actual реальный *(напр. о товаре)*; наличный
actuary актуарий, статистик страхового общества
acuity острота *(напр. восприятия товара)*
ad-a-card *фирм.* «адакард» *(перфорированный отрывной купон, прикрепляемый к объявлениям в комиксах и приложениях воскресных выпусков некоторых американских газет)*
adaptation 1. приспособляемость; приспособление, адаптирование **2.** подгонка *(объявления под формат издания)*
~ **of supply to demand** приведение в соответствие спроса и предложения
communication ~ адаптирование коммуникации
cultural ~ культурная адаптация

administration

development ~ приспособление [адаптирование] в процессе развития
   forecast ~ адаптация прогноза
   product ~ приспособление [адаптирование] товара
   screen ~ экранизация
addition добавление, дополнение; сложение, суммирование ◇ ~ **to trademark** добавление элементов в товарный знак
   ~ **of concepts** сложение понятий *(классификации)*
   ~ **of variables** сложение переменных
   editorial ~ редакционное добавление
   product ~ товарное пополнение, добавление товара *(в ассортимент)*
address адрес; обращение, речь ‖ адресовать ◇ ~ **correction requested** «просьба уточнить адрес» *(штемпель на не нашедшем адресата письме)*
   business ~ адрес предприятия [фирмы], служебный адрес
   cable ~ телеграфный адрес, адрес для телеграмм
   dummy ~ фиктивный адрес
   false ~ ложный адрес
   frame ~ адрес кадра *(на видеоленте)*
   key ~ ключевой [основной] адрес
   legal ~ юридический адрес
   mailing ~ почтовый адрес
   opening ~ вступительное слово
   postal ~ почтовый адрес
   public ~ публичное выступление
   return ~ обратный адрес
addressograph адресная машина *(адресопечатная машина, использующая металлические стенсильные пластины)*
adflation рекламная инфляция
adjacency соседняя [соседствующая] программа *(радио или телевидения)*; «соседнее» время *(интервал между программами, продаваемый под рекламу)*; непосредственное соседство; примыкание
adjacent соседний, примыкающий
   immediately ~ непосредственно примыкающий, непосредственно прилегающий
adjudication признание, объявление, оценка; судебное решение ◇ ~ **in bankruptcy** объявление [признание] банкротом по суду
adjustment 1. (экономическое) приспособление; регулирование **2.** поправка *(напр. в счёте)* **3.** *чар. рекл.* компенсация, возмещение *(соответствует понятию "make-good", используемому в других разновидностях рекламы)*
   ~ **of disputes** урегулирование споров
   amicable ~ дружественное урегулирование, мировая сделка
   photographic ~ фотоподгонка *(напр. размеров объявления)*
   press ~ *полигр.* совмещение печатных форм, приводка
   price ~ корректирование цен, ценовая корректировка *(на рынке сбыта)*
   salary ~ установление [определение] размера (должностного) оклада
   seasonal ~ поправка на сезонные колебания *(цен)*
   side register ~ *полигр.* поперечная приводка
adlux *фирм.* «адлюкс» *(подсвеченный сзади слайд, используемый в рекламных коробах, вывесках, оформлении товарных выкладок)*
adman специалист по рекламе, рекламный агент
admass рассчитанный на массового потребителя *(о рекламе)*
administration 1. управление *(делами)*, администрация **2.** ведение хозяйственных дел
   ~ **of budget** исполнение бюджета [сметы]
   ~ **of complaints** рассмотрение жалоб
   ~ **of law** применение норм права
   ~ **of patents** управление [распоряжение] патентами
   business ~ управление торгово-промышленной деятельностью
   contract ~ контроль за исполнением контракта
   departmental ~ ведомственная администрация
   marketing ~ служба маркетинга
   municipal ~ местные органы власти
   personnel ~ управление кадрами *(напр. набор)*

administration

price ~ регулирование цен *(напр. государством)*
public ~ государственно-административная деятельность
test ~ проведение теста
trademark ~ применение товарных знаков

Administration:
Classification and Rating ~ *амер.* Управление по классификации и категоризации фильмов *(цензурный орган при Американской ассоциации кино)*
Food and Drug ~ Управление по контролю за качеством пищевых продуктов, медикаментов и косметических средств *(учреждено в 1938 г. и контролирует состав, маркировку, безопасность рекомендаций по использованию и достоверность рекламных утверждений)*
General Services ~ *амер.* Управление служб общего назначения
National Telecommunications and Information ~ Национальное управление информации и телекоммуникаций *(создано в 1977 г.)*
Occupational Safety and Health ~ Управление профессиональной безопасности и здравоохранения
Small Business ~ *амер.* Управление по защите мелких предпринимателей
Veterans' ~ Управление по делам ветеранов войны

adnorm норма [уровень, степень] замечаемости рекламы *(процент членов замеряемой аудитории, имевших контакт с объявлением в конкретном периодическом издании, в сопоставлении с типичными для этого издания показателями с учётом типа рекламы и рекламируемого товара)*

ad-noter заметивший рекламу *(о читателе, утверждающем, что заметил конкретное объявление)*

adopter лицо или орган, принимающие или заимствующие *(что-л.)*
early ~ ранний последователь *(человек, воспринимающий новинки быстро, но с осторожностью)*
late ~ поздний [отстающий] последователь

adoption принятие; утверждение *(напр. сметы)*
product ~ восприятие товара

adperson специалист по рекламе, рекламный агент

adsmith рекламный «кузнец», «клепатель» рекламы, «кузнец» от рекламы *(анонимный создатель рекламных объявлений. Слово обычно несёт несколько негативный характер)*

adtel *амер.* «АдТел» *(фирма, специализирующаяся на проведении тестов рыночной эффективности рекламных и маркетинговых мероприятий путем сопоставления результатов воздействия разных вариантов рекламного наполнения одной и той же программы кабельного телевидения, транслируемой одновременно парным выборкам абонентов сети)*

adult взрослый [совершеннолетний] человек
consenting ~ лицо брачного возраста
young ~ *амер.* совершеннолетний молодой человек *(от 18 до 24 лет)*

adulterated фальсифицированный, испорченный *(напр. о продукте)*

advance 1. продвижение вперёд, прогресс **2.** *экр.* опережение *(для достижения полной синхронизации звук опережает изображение)* ◇ in ~ авансом, досрочно
~ of capital затрата капитала
line ~ *полигр.* перемещение [подача] строки
money ~ денежная ссуда
price ~ повышение в цене
progressive ~ поступательное развитие
qualitative ~ качественное совершенствование
royalty ~ аванс в счёт роялти [лицензионного платежа]
technological ~ научно-технический прогресс

advancement прогресс
economic(al) ~ прогресс в экономике, развитие экономики
educational ~ прогресс в области образования

advertisement

social ~ общественный [социальный] прогресс

advantage 1. преимущество 2. выгода, польза ◇ to score ~ получать преимущество; to use to ~ использовать с выгодой [с пользой]
brand ~ преимущество марки [марочного товара]
built-in product ~ заложенное в товар преимущество, присущее товару преимущество
business ~ деловая [коммерческая] выгода
buying ~ выгода от покупки, выгода в связи с покупкой
capital-cost ~ преимущество в стоимости капитала
commercial ~ коммерческая выгода
comparative ~ сравнительное преимущество
competitive ~ конкурентное преимущество, преимущество перед конкурентами
cost ~ 1. преимущество по показателям издержек [затрат] себестоимости 2. ценовое преимущество
decided ~ явное [решающее] преимущество
differential ~ отличительное преимущество
discernible ~ видимое преимущество
fundamental ~ основное [изначальное] преимущество
geographic ~ географическое преимущество
incidental ~ побочное преимущество
natural ~s преимущества *(географического)* место(рас)положения
perceived ~ воспринимаемое преимущество
performance ~ эксплуатационное преимущество
pictorial ~ изобразительное преимущество
price ~ ценовое преимущество, преимущество в ценах
prime ~ основное [изначальное] преимущество
production ~ производственное преимущество, преимущество *(в сфере)* производства, преимущество производственного характера
prospective ~s ожидаемые выгоды

relative ~ сравнительное [относительное] преимущество
service ~ эксплуатационное преимущество
subsidiary ~ дополнительная выгода
tangible ~ реальное преимущество
technological ~ техническое [технологическое] преимущество
unfair ~ незаслуженное преимущество
unlawful ~ незаконная выгода

adversary противник, соперник
advert рекламное объявление
advertisement рекламное объявление ◇ to post (up) ~ вывесить объявление; to run ~ помещать [публиковать] объявление
advance ~ предварительное объявление, анонс
advocacy ~ разъяснительно-пропагандистское объявление, объявление разъяснительно-пропагандистской рекламы
air ~ воздушная реклама, объявление в небе
all-copy ~ чисто текстовое объявление
alternative ~ альтернативное объявление
announcement ~ извещающее [информационное] объявление
attention-compelling ~ притягательное объявление
bargain ~ объявление о льготной сделке
bargain-sales ~ реклама продаж с уценкой
black and white ~ чёрно-белое объявление
bleed ~ объявление «в обрез» *(без полей)*
blind ~ «слепое» [анонимное] объявление *(рубричной рекламы без чёткого указания реквизитов рекламодателя)*
blocked ~ объявление-«кирпич» *(в форме квадрата или прямоугольника)*
boastful ~ хвастливое объявление
borderless ~ неокаймлённое объявление, объявление без рамки
box(ed) ~ объявление в рамке, обрамлённое объявление

advertisement

broadcast ~ объявление вещательной [эфирной] рекламы
broadside ~ широкоформатная реклама
buried ~ «зарытое» [«утопленное»] объявление *(затерявшееся и почти незаметное среди других или помещённое в конце полосы газеты)*
business ~ объявление на сферу предпринимательства
challenged ~ спорное [оспариваемое] объявление
charity ~ благотворительное объявление
cinema ~ объявление кинорекламы
classified ~ объявление рубричной рекламы, рубричное объявление
classified display ~ рубричное иллюстративно-изобразительное объявление
colour ~ объявление в цвете, цветное объявление; многоцветная реклама
comic-strip ~ (рекламное) объявление-комикс
commercial ~ объявление от имени организации
competing ~ конкурирующее объявление, объявление конкурента
consumer ~ объявление на широкого потребителя
convincing ~ убедительное объявление
coop(erative) ~ объявление совместной рекламы, совместная торгово-промышленная реклама
corporate ~ объявление престижной рекламы
corrective ~ объявление «исправительной» рекламы, исправительное объявление
counter ~ объявление контррекламы
coupon ~ объявление с купоном, объявление-купон
cover ~ объявление на обложке *(напр. журнала)*
cut-in ~ объявление-врезка
deceptive ~ лживое объявление
direct-action ~ объявление прямого [непосредственного] (воз)действия *(вызывающее немедленную ответную реакцию)*
direct-mail ~ объявление прямой почтовой рекламы
directory ~ объявление для справочника [адресной книги]; объявление в справочнике [в адресной книге]
display ~ иллюстративно-изобразительное [макетное] объявление, объявление иллюстративно-изобразительной [макетной] рекламы
double-truck ~ объявление, занимающее весь разворот, объявление на полный разворот
drop-in ~ «анклавное» объявление, объявление-вставка, объявление в объявлении *(помещённое внутри другого объявления)*
dull ~ невыразительное объявление
effective ~ эффективное [действенное] объявление
exchange ~ обменное объявление *(в рамках бартерного соглашения между средствами распространения информации)*
false ~ лживое объявление
film ~ объявление кинорекламы
finished ~ законченное [готовое] рекламное объявление
flexform ~ объявление свободной формы [конфигурации], объявление «флексформ»
follow-up ~ повторное [развивающее тему] объявление
food ~ объявление о продуктах питания
fractional-page ~ объявление на долю страницы [полосы]
framed ~ обрамлённое [окаймлённое] объявление, объявление в рамке
free ~ бесплатное объявление
full-page ~ полнополосное объявление, объявление размером на полосу [страницу]
gatefold ~ объявление «калиточного» формата *(журнальное объявление с отворотом)*
gender ~ объявление родовой направленности
half-page ~ полуполосное объявление, объявление на полполосы [полстраницы]
hard-selling ~ объявление (в стиле) «жёсткой продажи», агрессивное [навязывающее] объявление
house ~ «домашнее» объявление *(ре-*

advertisement

клама издания, помещённая в нём самом)
idea ~ объявление, рекламирующее идею
illustrated ~ иллюстрированное (рекламное) объявление
image-building ~ объявление, рассчитанное на создание имиджа [образа]
industrial ~ объявление на сферу промышленности, объявление промышленной рекламы
inferior ~ объявление низкого качества
informational ~ информационное объявление
informative ~ информативное объявление, объявление с большим объёмом информации
inside ~ внутрисалонный плакат
insurance ~ объявление о страховании
introductory ~ вводное [вводящее] объявление
intrusive ~ навязчивое объявление
island ~ «островное» объявление (окружённое, как минимум, с трёх сторон редакционным материалом)
job ~ объявление о вакансиях, объявление о приёме на работу
keyed ~ сориентированное [целенаправленное] «заряженное» объявление; объявление с шифром [с условной меткой], (за)кодированное объявление
local ~ местное объявление, объявление местной рекламы
magazine ~ журнальное объявление, рекламное объявление в журнале
mail-order ~ объявление посылочной торговли [посылторга]
mobile ~ реклама на транспортном средстве; аудиореклама с транспортных средств
monotone ~ чёрно-белое объявление
newspaper ~ газетное объявление, рекламное объявление в газете
open ~ «открытое» объявление, объявление рубричной рекламы с указанием точных реквизитов рекламодателя
outdoor ~ объявление наружной рекламы

page ~ (рекламное) объявление на полосу
paid-for ~ платное объявление, платная реклама
paragraph ~ объявление в тексте (среди редакционных газетных материалов)
personal ~ личное объявление, объявление от имени частного лица
pop-up ~ «подпрыгивающее» объявление, объявление, поднимающееся со страницы (с вырезанными из фона или наклеенными на фон элементами, которые поднимаются при раскрытии разворота издания)
press ~ объявление в прессе
print(ed) ~ объявление печатной рекламы, печатное объявление
product-centred ~ товарное объявление, объявление с акцентом на товаре
product description ~ объявление с описанием товара
promotional ~ стимулирующее объявление
proposed ~ предлагаемое [исследуемое] объявление
public-interest ~ объявление, затрагивающее общественные интересы
public relations ~ объявление престижной рекламы (фирмы)
public service ~ объявление социальной рекламы, объявление в виде обращения к общественности
quarter-page ~ объявление на 1/4 полосы [страницы]
radio ~ объявление по радио, объявление радиорекламы
reader ~ объявление, похожее на редакционный материал (сопровождается пометкой «реклама»)
recruitment ~ объявление о приёме на работу [на учёбу], объявление о наборе рабочей силы
reminder ~ напоминающее объявление
repeat ~ повторное [повторяющееся] объявление
retail ~ розничное объявление, объявление розничной рекламы
ROP [run-of-paper] ~ объявление, размещаемое по усмотрению издателя (без чётко оговорённого места)

21

advertisement

sample ~ рекламное объявление с помощью образцов *(товара)*
scented ~ ароматизированное объявление
screen ~ объявление экранной рекламы
semi-display ~ *см.* **classified display advertisement**
small(-space) ~ малоформатное объявление
soft-selling ~ объявление *(в стиле)* «мягкой продажи», увещевательное объявление
solus ~ *см.* **island advertisement**
space ~ объявление, занимающее значительное место
spin-off ~ производное объявление *(с использованием частей уже существующего)*
square third ~ объявление на 1/3 полосы по горизонтали, горизонтальное объявление на 1/3 полосы
structured ~ структурно оформленное объявление, объявление с прочной структурой
supermarket ~ объявление для супермаркета
supporting ~ поддерживающее [подкрепляющее, вспомогательное] объявление
"**technical article**" ~ объявление типа технической статьи
television ~ телевизионное рекламное объявление
test ~ пробное объявление
testimonial ~ рекомендательно-свидетельское объявление
tie-in ~ сопутствующее объявление *(дополняющее или конкретизирующее уже существующую основополагающую рекламу применительно к местным условиям)*
tombstone ~ сдержанное объявление *(из-за разного рода ограничений)*
trade ~ объявление на сферу торговли
transit ~ рекламное объявление на транспорте
user-centred ~ объявление, концентрирующее внимание на потребителе
walking ~ «ходячая» [живая] реклама, человек-«сэндвич» [-«бутерброд»] *(несущий на себе рекламные щиты)*
wall ~ настенное рекламное объявление, рекламное объявление-брандмауэр
want ~ объявление о желании купить; объявление типа «требуются»; объявление о приёме на работу
advertisement-packed перенасыщенный рекламой *(об издании)*
advertiser рекламодатель
big-gun ~ крупный рекламодатель
brand-name ~ рекламодатель марочного названия
business ~ рекламодатель на сферу промышленности [на специалистов]
consumer ~ рекламодатель на широкого потребителя
consumer goods ~ рекламодатель товаров широкого потребления
direct ~ рекламодатель сферы прямой рекламы; рекламодатель, размещающий рекламу напрямую *(без посредников)*
food ~ рекламодатель пищевых продуктов
general ~ рекламодатель на широкую публику
global ~ рекламодатель мирового масштаба
heavy ~ активный рекламодатель
industrial ~ рекламодатель товаров промышленного назначения; рекламодатель на сферу промышленности, промышленный рекламодатель
institutional ~ рекламодатель престижного характера *(организация, дающая свою престижную, а не товарную рекламу)*
leading ~ ведущий рекламодатель
local ~ местный рекламодатель
mail-order ~ рекламодатель сферы посылочной торговли [посылторга]
major ~ крупный [основной] рекламодатель
national ~ общенациональный рекламодатель
offending ~ рекламодатель-нарушитель
packaged food ~ рекламодатель фасованных пищевых продуктов
packaged goods ~ рекламодатель фасованных товаров

advertising

professional ~ рекламодатель-профессионал
regional ~ региональный рекламодатель
retail ~ розничный рекламодатель
small(-scale) ~ мелкий рекламодатель
sophisticated ~ искушённый рекламодатель
sponsoring ~ рекламодатель-спонсор
television ~ телевизионный рекламодатель
trade ~ рекламодатель сферы торговли

advertising реклама, рекламирование *(по определению Американской ассоциации маркетинга «...любая платная форма неличного представления и продвижения идей, товаров и услуг определённой группе чётко обозначенным спонсором». С точки зрения коммуникации «реклама — распространение контролируемой, чётко определённой информации увещевательного характера с помощью средств массовой коммуникации»)* ◇ ~ **in nonproduct forms** реклама нетоварных видов; **to place** ~ размещать рекламу

above-the-line ~ реклама с агентской скидкой *(приносящая рекламному агентству комиссию - обычно 15%)*
accessory ~ вспомогательная реклама
advance ~ предварительная реклама, анонс
adversary ~ противодействующая реклама
advocacy ~ разъяснительно-пропагандистская реклама *(в поддержку или против конкретных действий или мероприятий со стороны какого-л. коммерческого, общественного или государственного учреждения)*
agency ~ реклама, размещаемая рекламным агентством
airline ~ реклама авиакомпаний [авиалиний]
airport ~ реклама в аэропортах
annoying ~ раздражающая реклама
anticipatory ~ предвосхищающая реклама
antistatus ~ антипрестижная реклама
association ~ коллективная реклама

audiovisual ~ аудиовизуальная реклама
auditively perceptible ~ реклама, воспринимаемая на слух
auditory ~ акустическая [звуковая] реклама
automobile ~ автомобильная реклама
auxiliary ~ вспомогательная реклама
awareness-building ~ реклама для создания осведомлённости
«bait and switch» ~ реклама с «исчезающей приманкой» *(чрезвычайно выгодных цен или условий покупки для привлечения покупателей в магазин, где выясняется, что приобрести товар на объявленных условиях затруднительно, а то и невозможно)*
bank ~ банковская реклама, реклама банков
bargain-basement ~ реклама, предлагающая товар по низким ценам [по дешёвке]
B-B ~ *см.* business-to-business advertising
below-the-line ~ рекламные заказы, не дающие агентской скидки *(напр. производственные работы, стимулирование сбыта, распространение образцов)*
beverage ~ реклама напитков
billboard ~ щитовая реклама, реклама с помощью щитов
block ~ блочная реклама *(передаваемая блоками в перерывах между программами)*
book-mark ~ реклама на книжных закладках
borax ~ назойливая [навязчивая] реклама *(обычно бросовых товаров)*
brand ~ реклама марки [марочного товара]
brand image ~ реклама образа марки
brand name ~ реклама марочного названия
breakthrough ~ новаторская реклама; реклама, прокладывающая новые пути
broadcast ~ вещательная [эфирная] реклама
burst ~ «залповая» реклама *(всплески рекламной активности, перемежающиеся с периодами затишья)*

advertising

business ~ реклама на сферу предпринимательства
business publication ~ реклама в деловых [специализированных] изданиях
business-to-business ~ реклама в адрес деловых предприятий
bus shelter ~ реклама на автобусных остановках [в павильонах автобусных остановок]
cable ~ реклама по кабельному телевидению
car-card ~ реклама с помощью внутрисалонных планшетов в общественном транспорте
cause-and-issue ~ проблемная реклама; реклама, затрагивающая общественные проблемы
children's ~ реклама, адресованная детям
cigarette ~ реклама табачных изделий, реклама сигарет
cinema ~ кинореклама, реклама с помощью (кино)фильмов
classified ~ рубричная реклама
classified display ~ рубричная иллюстративно-изобразительная реклама
combative ~ задиристая [агрессивная] реклама
comic-strip ~ реклама в виде комиксов
commercial ~ торговая [коммерческая] реклама
commodity ~ товарная реклама родовой направленности
comparative [comparison] ~ сравнительная реклама
competitive ~ конкурирующая реклама; конкурентоспособная реклама
concept ~ реклама замысла [идеи]
consumer ~ потребительская реклама, реклама на широкого потребителя
consumer credit ~ реклама потребительского кредита
consumer service ~ реклама потребительских услуг
contemporary ~ современная реклама
contest ~ реклама конкурсов
controversial ~ спорная реклама
controversy ~ реклама по спорным проблемам
coop(erative) ~ совместная реклама *(оплачивается производителем и местным дистрибьютором товара)*
coordinated ~ (с)координированная реклама, координированные рекламные усилия *(напр. при одновременном использовании разных средств массовой информации)*
corporate ~ престижная реклама фирмы
corrective ~ *амер.* исправительная реклама *(одна из внесудебных форм наказания, предусмотренных уложениями Федеральной торговой комиссии для рекламодателей, чья реклама признана лживой или вводящей в заблуждение)*
counter ~ контрреклама
coupon ~ реклама с использованием купонов, купонная реклама
creative ~ творческая реклама
crossruff ~ групповая [коллективная] реклама
current ~ текущая реклама
deceptive ~ реклама, вводящая в заблуждение, лживая реклама
demographic ~ «демографическая» реклама, реклама демографической направленности
demonstration ~ демонстрационная [наглядная] реклама; реклама, построенная на демонстрации товара
denigratory ~ порочащая конкурентов реклама
direct ~ прямая реклама *(распространение рекламных материалов или образцов товара по принципу «в каждую дверь» без использования почтовых каналов)*
direct comparison ~ реклама с прямым сравнением, реклама, построенная на прямом сравнении
direct-mail ~ прямая почтовая реклама
directory ~ реклама в справочниках *(напр. телефонных)*
direct response ~ *см. тж* mail-order advertising
display ~ иллюстративно-изобразительная [макетная] реклама; реклама, напечатанная выделительным шрифтом

advertising

domestic ~ внутренняя реклама, реклама внутри страны
dramatization ~ драматизированная реклама *(поданная в виде мини-драмы, разворачивающейся вокруг товара)*
effective ~ эффективная [действенная] реклама
electric(al) ~ световая реклама
employee relations ~ реклама на собственных работников [служащих] *(с целью распространения информации, укрепления морального духа)*
entertaining ~ развлекательная реклама
ethical ~ 1. реклама лекарств, отпускаемых по рецептам *(обычно рассчитана на врачей)* 2. этичная реклама *(отвечающая принципам деловой добросовестности и добропорядочности)*
existing ~ текущая реклама
expensive ~ дорогая [дорогостоящая] реклама
export ~ экспортная [внешнеторговая] реклама; реклама экспортных товаров
extensive ~ широкая реклама
eye-catching ~ броская реклама
factual ~ реклама, построенная на фактах
false ~ лживая реклама
farm ~ сельскохозяйственная реклама
fashion ~ реклама мод(ы)
film ~ кинореклама, реклама с помощью (кино)фильмов
financial ~ финансовая реклама, реклама финансовых учреждений
flexform ~ реклама свободной формы, реклама «флексформ»
follow-up ~ последующая [повторная, подкрепляющая] реклама
food ~ реклама пищевых продуктов
foreign ~ зарубежная [иностранная] реклама; реклама за рубежом
fraudulent ~ мошенническая [лживая] реклама
free ~ бесплатная реклама
free editorial ~ реклама за счёт издателя *(бесплатная для рекламодателя)*
general ~ реклама на широкую публику, реклама общего характера; общенациональная реклама в газетах
generic ~ товарная реклама родовой направленности
global ~ реклама во всемирном масштабе
goodwill ~ престижная реклама фирмы
government ~ реклама от имени государственных [правительственных] органов
grocery ~ реклама бакалейно-гастрономических товаров
group ~ групповая [коллективная] реклама
hard-sell ~ реклама в духе «жёсткой продажи»; назойливая [навязчивая] реклама
heavy ~ интенсивная реклама
high-pressure ~ *см.* hard-sell advertising
horizontal cooperative ~ горизонтальная совместная реклама
house ~ собственная реклама фирмы, внутрифирменная реклама
house-to-house ~ реклама, распространяемая по принципу «в каждый дом»
hype-type ~ громогласная реклама
idea ~ реклама идей
image ~ реклама образа; престижная реклама
indirect-action ~ косвенная реклама, реклама косвенного (воз)действия
individual ~ реклама от имени отдельных [частных] лиц
industrial ~ реклама на сферу промышленности
inferior ~ реклама низкого качества
information [informative] ~ информативная реклама, реклама, насыщенная информацией
in-house ~ *см.* house advertising
initial ~ начальная реклама
innovative ~ новаторская реклама
inside transit ~ внутрисалонная реклама на транспорте
institutional ~ престижная реклама фирмы
institutions ~ реклама учреждений
international ~ международная реклама

advertising

interstate ~ реклама межштатного распространения
introductory ~ вводная реклама
investor-solicitation ~ реклама для привлечения вкладчиков [инвесторов]
issue (causes) ~ проблемная реклама, реклама, посвящённая общественным проблемам
item ~ товарная реклама
journal ~ реклама в специализированных изданиях
large-scale ~ крупномасштабная реклама
launch ~ выводящая реклама, реклама выпуска, реклама на выводимый на рынок товар
legal ~ реклама юридических [правовых] услуг
lightbox ~ реклама с помощью световых коробов
litter-bin ~ реклама на мусорных урнах
local ~ местная реклама
low-pressure ~ ненавязчивая реклама
magazine ~ реклама в журналах
mail ~ реклама по почте
mail-order ~ реклама посылочной торговли [посылторга], реклама торговли по почтовым заказам
mass ~ массовая реклама, реклама массового охвата
mass-media ~ реклама в средствах массовой информации
media ~ реклама в средствах распространения информации, реклама общепринятыми средствами; газетно-журнальная реклама
military ~ военная реклама
misleading ~ реклама, вводящая в заблуждение
modern ~ современная реклама
mood ~ побудительно-психологическая реклама *(рассчитанная на психологическое состояние человека или создание у него определённого психологического настроя)*
multimedia ~ реклама с использованием многих средств распространения информации
multinational ~ многонациональная реклама

name ~ назывная реклама, реклама названия, напоминающая реклама
national ~ общенациональная реклама
natural break ~ *вещ.* реклама в естественных перерывах между программами
newspaper ~ газетная реклама
nonbusiness (causes) ~ реклама, не связанная с предпринимательской деятельностью; некоммерческая реклама
noncommercial ~ некоммерческая реклама
nonmailed direct ~ «непочтовая» прямая реклама
novelty ~ реклама с помощью сувениров, сувенирная реклама
objective ~ объективная реклама
obtrusive ~ назойливая [навязчивая] реклама
offbeat ~ оригинальная [нешаблонная] реклама
off-season ~ реклама в межсезонье, внесезонная реклама
on-target ~ целенаправленная реклама, реклама с точным прицелом
opinion ~ реклама мнения [точки зрения]
oral ~ устная реклама
outdoor ~ наружная реклама
out-of-home ~ наружная реклама
package ~ реклама на упаковке [обёртке, таре]
package(d)-goods ~ реклама фасованных товаров
periodical ~ реклама в периодических изданиях
persuasive ~ увещевательная реклама
phantasy ~ фантазийная реклама, реклама фантазийного типа
point-of-purchase [point-of-sale] ~ реклама в местах продажи
political ~ политическая реклама
position media ~ наружная реклама
postal ~ почтовая реклама, реклама, распространяемая по почте
postcard ~ реклама с помощью почтовых открыток
poster ~ плакатная реклама, реклама с помощью плакатов [афиш]
postmark ~ франкировочная реклама

advertising

(наносимая на конверт франкировальной машиной)
premium ~ реклама премий; реклама с помощью премий
press ~ реклама в прессе
prestige ~ престижная реклама
price ~ реклама цен
print ~ печатная реклама
prior ~ предшествующая [предыдущая] реклама
private sector ~ реклама частного сектора, реклама частных организаций
problem-solution ~ реклама типа «разрешение проблемы» *(демонстрирующая, как товар поможет преодолеть затруднение)*
producer ~ реклама от имени производителей
product ~ товарная реклама
product-centred ~ реклама с акцентом на товаре
product-comparison ~ реклама на основе сравнения товаров
professional ~ реклама на представителей свободных профессий
public-affairs ~ реклама, посвящённая общественным проблемам
public-interest ~ реклама, затрагивающая общественные интересы
public-issue ~ реклама, посвящённая общественным проблемам
public relations ~ престижная реклама *(фирмы)*
public-sector ~ реклама государственного сектора, реклама государственных организаций
public service ~ реклама типа «обращения к общественности»
radio ~ радиореклама
railway ~ реклама на железных дорогах
reason-why ~ аргументирующая реклама
recipe ~ реклама рецептов *(прежде всего, кулинарных)*
recruitment ~ реклама с приглашением на работу [учёбу]
regional ~ региональная реклама
reinforcement ~ подкрепляющая реклама
remembrance ~ реклама с помощью сувениров, сувенирная реклама
reminder ~ напоминающая реклама
repeat ~ повторная [повторяющаяся] реклама
retail ~ реклама розничной торговли
retentive ~ удерживающая реклама
sale ~ реклама распродаж
(sales) promotional ~ реклама мероприятий по стимулированию сбыта
saturation ~ насыщающая реклама, реклама насыщения
scientific and technical [sci-tech] ~ реклама научно-технической продукции, реклама научно-технического профиля
screen ~ экранная реклама
seasonal ~ сезонная реклама
selective ~ избирательная [выборочная] реклама, реклама избирательной направленности
semi-display ~ рубричная иллюстративно-изобразительная реклама
shirt-board ~ реклама на прокладках [вкладках] для воротничков *(вставляют после стирки в прачечных для сохранения формы воротников мужских рубашек)*
show-window ~ витринная [легковесная] (кричащая) реклама
sky ~ реклама в небе, воздушная реклама *(надписи и транспаранты на воздушных шарах, а также транспаранты, буксируемые лёгкими самолётами или вертолётами)*
slide ~ реклама с помощью слайдов
social (cause) ~ реклама по общественным проблемам, реклама-обращение к общественности, общественно-проблемная реклама
socially controversial ~ реклама, спорная в общественном смысле
soft-sell ~ реклама в духе «мягкой продажи», ненавязчивая реклама
space ~ *см.* display advertising
special occasion ~ реклама в привязке к особым событиям *(напр. праздникам)*
specialty ~ реклама с помощью сувениров, сувенирная реклама
split-run ~ реклама с разбивкой тиража
spot (television) ~ «точечная» (те-

advertising

ле)реклама *(на отдельных рынках с помощью внепрограммных роликов)*
still-life ~ «натюрмортная» реклама *(с акцентом на показе товара или его олицетворения)*
store ~ реклама магазина; (внутри)магазинная реклама
strategic ~ стратегическая реклама, реклама стратегической направленности
strip ~ реклама в виде комиксов
subliminal ~ реклама, действующая на подсознание, реклама с помощью подпороговых раздражителей
successful ~ успешная реклама
superior ~ реклама высшего качества
sustaining ~ поддерживающая реклама
tactical ~ тактическая реклама
target ~ целенаправленная реклама
teaser ~ дразнящая реклама
television ~ телевизионная реклама, телереклама *(впервые появилась в США в 1943 г.)*
test ~ пробная реклама
testimonial ~ рекомендательно-свидетельская реклама
theatre(-screen) ~ реклама в коммерческом кинопрокате
tie-in ~ сопутствующая реклама *(приуроченная по времени к какому-л. событию или мероприятию)*
trade ~ торговая реклама, реклама на сферу торговли
trademark ~ реклама товарного знака
traditional ~ традиционная реклама
transit [transportation] ~ реклама на транспорте, транспортная реклама
truthful ~ правдивая реклама
unacceptable ~ неприемлемая реклама
undisplay ~ рубричная реклама без использования выделительных шрифтов и художественного оформления
unfair ~ недобросовестная реклама
untruthful ~ лживая реклама
vertical cooperative ~ вертикальная совместная реклама
viewpoint ~ реклама точки зрения
visual ~ зрительная реклама, зрительно-воспринимаемая реклама, реклама зрительными средствами

vocational ~ реклама на профессионалов
word-of-mouth ~ (из)устная реклама
written ~ письменная реклама
year-round ~ круглогодичная реклама
yellow pages ~ *амер.* реклама в телефонных справочниках
zero-based ~ реклама с нуля *(без использования в качестве отправного пункта предшествующей рекламы, а также реклама товара не существовавшего ранее типа)*
advertisingless не имеющий [не несущий] рекламы
advertology рекламоведение, наука о рекламе, наука рекламы
advertorial рекламное объявление по спорной проблеме общественной жизни *(имеет вид редакционного материала и при отсутствии должных указаний на его рекламный характер считается приёмом недобросовестной конкуренции)*
advice 1. совет, рекомендация; консультация 2. извещение, уведомление ◇ **under due** ~ при соответствующем уведомлении
~ **of payment** извещение о платеже
~ **of right** консультация о наличии права
customer ~ консультации для клиентов
engineering ~ техническая консультация, консультация технических специалистов
investment ~ совет [рекомендация] о вложении денег
legal ~ консультация юриста
marketing ~ маркетинговый совет, маркетинговая рекомендация
mixed ~s противоречивые советы
professional ~ консультация специалиста
profitable ~ полезный совет
shipping ~ извещение об отгрузке
skilled ~ квалифицированный [профессиональный] совет
adviser, advisor советник, консультант
◇ ~ **to president** советник президента
economic ~ экономический советник,

советник по экономическим вопросам
 investment ~ консультант [советник] по вопросам капиталовложений
 legal ~ эксперт-юрист; юрисконсульт
 literary ~ рецензент издательства; литературный консультант
 marketing ~ советник [консультант] по маркетингу
 market research ~ консультант по исследованиям рынка
 paid ~ платный консультант
 technical ~ технический эксперт
Advisor on Consumer Affairs (to US President) специальный советник (президента США) по делам потребителей
advocate сторонник, защитник; адвокат
 consumer ~ поборник интересов потребителей
affair дело, занятие
 civic ~s гражданские дела
 customer ~s работа с потребителями
 economic ~s экономическая деятельность
 pecuniary ~s финансовые [денежные] дела
affidavit аффидевит, письменное показание под присягой; официальное свидетельство, подтверждение, официальная справка
 ~ of circulation официальная справка о тираже (издания)
 ~ of performance вещ. свидетельство об исполнении (нотариально заверенный документ, подтверждающий передачу объявления или программы телецентром, радиостанцией в соответствии с заказом рекламодателя)
affiliation присоединение, переход под контроль другой компании; принадлежность к другой организации
 exclusive ~ вещ. эксклюзивное членство (станция-филиал имеет право транслировать программы только той сети, в которой состоит)
 political ~ политическая принадлежность
 station ~ присоединение станции к сети; членство станции в сети
affinity of ink to paper полигр. совместимость бумаги и краски

affluence изобилие, богатство, достаток
 consumer ~ достаток [богатство] потребителей
afterdate датированный более поздним сроком
afterimage остаточное изображение (кратковременное сохранение у телезрителя иллюзии изображения после исчезновения самого изображения с экрана)
aftermarket вторичный [производный] рынок (потенциальных продаж товаров, которые со временем потребуют ремонта или запчастей)
after-recording последующее озвучивание, последующая запись звука
afterservice послепродажное обслуживание, дообслуживание
age возраст; век, эпоха
 ~ of discretion возраст наступления юридической ответственности
 elementary-school ~ младший школьный возраст
 first ~ младенчество (до семи лет)
 jazz ~ век джаза (1920-е гг.)
 legal ~ совершеннолетие
 legal drinking ~ возраст официально разрешенного потребления спиртных напитков
 limiting ~ предельный срок (напр. службы)
 mature ~ зрелый возраст
 median ~ средний возрастной показатель
 operating ~ срок службы
 pensionable ~ см. retirement age
 preretirement ~ предпенсионный возраст
 pupil ~ школьный возраст
 replacement ~ срок службы до замены
 retirement ~ пенсионный возраст, возраст ухода в отставку [на пенсию]
 venerable ~ почтенный [преклонный] возраст
 working ~ рабочий возраст, возраст трудовой деятельности
agency агентство; орган, организация; управление
 ~ of record головное агентство, агентство-координатор (закупающее вре-

agency

мя или место под рекламу для другого агентства)
accredited advertising ~ аккредитованное рекламное агентство
administrative ~ административный орган
advertising ~ рекламное агентство *(предоставляет услуги в области рекламы и маркетинга и получает за это вознаграждение в виде комиссии от средств массовой информации или гонорара от рекламодателя)*
affiliate ~ агентство-филиал
a la carte ~ агентство со свободным выбором набора услуг
billposting ~ плакатная контора, агентство по расклейке плакатов
communications ~ агентство коммуникаций
creative-only ~ сугубо творческое агентство *(не занимающееся исследованиями и размещением рекламы)*
credit ~ кредитная контора, агентство кредитной информации
developing ~ проектно-конструкторская организация
direct advertising ~ агентство прямой рекламы
distribution ~ *экр.* прокатная контора, прокатное агентство
distributive ~ орган распространения [распределения] *(напр. заказов)*
employment ~ бюро по трудоустройству
exclusive ~ представительство с исключительными правами
executive ~ орган исполнительной власти
family-planning ~ агентство по планированию семьи
federal ~ организация [учреждение] федерального правительства *(США)*
federal credit ~ федеральное кредитное агентство *(США)*
film-distributing ~ (кино)прокатное агентство
full-service ~ агентство с полным циклом услуг
government ~ правительственная организация, правительственный орган, правительственное учреждение
health ~ организация здравоохранения
housing ~ жилищное агентство
independent ~ независимое агентство
industrial advertising ~ рекламное агентство, специализирующееся на работе с товарами промышленного назначения
(in-)house ~ внутрифирменное (рекламное) агентство
insurance ~ страховое агентство
joint-venture ~ совместное агентство
legal aid ~ юридическая консультация, адвокатская контора
limited service ~ агентство с ограниченным циклом услуг
loan ~ ссудная касса
manufacturer's ~ представительство производителя *(как правило, привлечённая сторонняя организация)*
manufacturers' ~ торговое агентство по обслуживанию промышленных фирм
marketing ~ агентство маркетинга, маркетинговое агентство
marketing services ~ агентство маркетинговых услуг
media ~ агентство-специалист по средствам рекламы *(занимается только планированием использования средств рекламы и закупкой места или времени под рекламу)*
model ~ агентство (фото)моделей
modular service ~ агентство со свободным выбором набора услуг
news ~ информационное агентство
parent ~ головное агентство
patent ~ патентное бюро
photo ~ фотоагентство, фототека
press ~ агентство печати; газетное агентство
press-cutting ~ бюро вырезок
procurement ~ организация по снабжению
public relations ~ агентство по связям с общественностью, агентство по организации общественного мнения, агентство «паблик рилейшнс»
recognized ~ признанное (рекламное) агентство
recruitment ~ агентство по набору рабочей силы, вербовочное бюро
regulatory ~ орган регулирования

agreement

repossession ~ фирма, возвращающая пунктам проката вещи, изъятые у неплательщиков
sales ~ сбытовое (коммерческое) агентство, агентство по сбыту
shipping ~ экспедиторское агентство, экспедиторская контора
social marketing ~ организация общественного маркетинга *(лечебные центры по восстановлению трудоспособности, центры планирования семьи)*
subscription ~ подписная контора, пункт оформления подписки
tourist ~ бюро путешествий
trade ~ торговое агентство
Agency ◇ ~ for Instructional Television *амер.* Агентство учебного телевидения *(основано в 1973 г. Прежнее название — Национальное учебное телевидение)*
Consumer Protection ~ *амер.* Агентство по защите потребителей
Defense Supply ~ *амер.* Управление военного снабжения *(министерства обороны)*
Environmental Protection ~ Управление по охране окружающей среды *(создано в 1970 г.)*
agent агент, представитель, доверенное лицо
advertising ~ рекламный агент, агент по рекламе
area ~ районный агент
authorized ~ уполномоченный агент
buying ~ агент по закупкам, снабженец
commercial ~ торговый агент; комиссионер; брокер
commission ~ комиссионер
exclusive ~ исключительный представитель, агент [представитель] с исключительными правами
export ~ агент по экспорту
forwarding ~ экспедитор
freight ~ агент по фрахтовым операциям
general ~ генеральный агент
insurance ~ страховой агент
literary ~ литературный агент
manufacturer's ~ (торговый) агент фирмы-производителя
patent ~ патентный поверенный
press ~ представитель органов печати; пресс-секретарь
publicity ~ рекламный агент, агент по рекламе
publisher's ~ агент издателя
purchasing ~ агент по закупкам, снабженец
(real-)estate ~ агент по операциям с недвижимостью
sales [selling] ~ полномочный агент по сбыту, агент по продаже
shipping ~ экспедитор
subscription ~ агент по подписке
trademark ~ агент по товарным знакам
travel ~ агент бюро путешествий
traveling ~ коммивояжёр
universal ~ генеральный представитель, агент [представитель] с неограниченной доверенностью
vicarious ~ уполномоченный, доверенное лицо
agreement соглашение, договор; согласие ◇ by mutual ~ по взаимному согласию [соглашению]; ~ in general terms соглашение в общих чертах; ~ in writing письменное соглашение; to conclude [to make] ~ заключить соглашение; to seal ~ утвердить соглашение; ~ to sell соглашение о продаже, согласие на продажу; under ~ по соглашению, в рамках соглашения
~ of lawsuit полюбовное [мировое] соглашение (о прекращении судебного спора)
~ of opinion единство мнений, единомыслие
~ of unlimited duration бессрочное соглашение
advance ~ предварительная договорённость, предварительное соглашение
advertising ~ соглашение по рекламе
affiliation ~ соглашение о присоединении на правах филиала
agency ~ агентское соглашение
amendment ~ соглашение о внесении поправок
assignment ~ соглашение о переуступке; договор о передаче
barter ~ бартерное соглашение
binding ~ обязывающее соглашение,

31

agreement

соглашение, имеющее обязательную силу
cartel ~ картельное соглашение
claims ~ соглашение о порядке урегулирования взаимных претензий
commercial ~ торговое соглашение
commodity ~ товарное соглашение, товарный договор
compensation ~ компенсационное соглашение
contractual ~ договорное соглашение, контракт
cooperation ~ соглашение о совместной деятельности [о сотрудничестве, о кооперации]
cooperative merchandising ~ соглашение о совместном продвижении товаров *(заключается между оптовиком и розничным торговцем)*
corporate buy-back ~ соглашение о выкупе фирмой *(напр. ранее проданных акций)*
credit ~ кредитное соглашение, соглашение о кредитах
credit trading ~ договор о продаже в кредит *(право на товар переходит к покупателю в момент покупки)*
cross-licensing ~ соглашение об обмене лицензиями
current ~ действующее соглашение
distributorship ~ соглашение о дистрибьюторстве, договор с дистрибьютором
draft ~ проект соглашения [договора]
employment ~ договор личного найма
exchange-of-knowledge ~ соглашение об обмене знаниями
exclusive ~ соглашение с предоставлением исключительного права
exclusive agency ~ исключительное агентское соглашение
exclusive dealing ~ соглашение об исключительном дилерстве
exclusive territorial ~ соглашение об исключительных территориях деятельности
fair-trade ~ соглашение о торговле на условиях взаимной выгоды
final ~ окончательное соглашение
formal ~ официальное соглашение
framework ~ базовое соглашение

franchise ~ соглашение о привилегии [о льготе]; договор франшизы
free-trade ~ соглашение о свободе торговли
hire-purchase ~ договор о продаже в рассрочку *(право на товар переходит к покупателю в момент последнего взноса)*
implied ~ подразумеваемое соглашение
indemnity ~ соглашение о возмещении убытков
interim ~ временное соглашение; предварительное соглашение
interstate fair-trade ~ соглашение о межштатной торговле на условиях взаимной выгоды
joint-marketing ~ соглашение о проведении совместного маркетинга, соглашение о совместном маркетинге
joint operating ~ соглашение о совместной деятельности
joint-venture ~ соглашение [договор] о создании совместного предприятия
labour ~ трудовое соглашение, трудовой договор
licensing ~ лицензионное соглашение
market-sharing ~ соглашение [договор] о разделе рынка
model ~ типовое соглашение
non-binding ~ необязывающее соглашение
non-exclusive ~ соглашение без предоставления исключительного права
open-ended ~ бессрочное соглашение
oral ~ устное соглашение
outline ~ соглашение, определяющее общие положения, соглашение в общих чертах
package ~ комплексное соглашение
partnership ~ соглашение о сотрудничестве
per inquiry advertising ~ соглашение о проведении рекламы с оплатой по поступившим запросам *(рекламодатель рассчитывается не по тарифным расценкам, а выплачивает определённую сумму за каждый стимулированный рекламой запрос)*
preliminary ~ предварительная договорённость, предварительное соглашение

32

aid

price ~ соглашение о ценах
price-fixing ~ соглашение о фиксировании цен
price-maintenance ~ соглашение о поддержании цен *(на определённом уровне)*
prior ~ *см.* tentative agreement
publisher's ~ издательский договор, авторский договор
reciprocal [reciprocity] ~ совместное соглашение, соглашение на основе взаимности
representation ~ соглашение о представительстве
restrictive ~ ограничительное соглашение, ограничительный договор
safeguards ~ соглашение о гарантиях
salvage ~ соглашение о производстве спасательных работ
secrecy ~ соглашение о неразглашении [о сохранении тайны, о сохранении секретности]
standstill ~ соглашение о моратории
station affiliation ~ *вещ.* соглашение [договор] о присоединении станции к сети, соглашение со станцией о ретрансляции
supply ~ договор на поставку, соглашение о поставках
tentative ~ предварительная договорённость, предварительное соглашение
total ~ общее согласие
trade ~ торговое соглашение
triangular ~ трёхстороннее соглашение
tying ~ соглашение о продаже с принудительным ассортиментом, соглашение о принудительном ассортименте
verbal ~ устное согласие

agribuyer покупатель [закупщик] сельскохозяйственной продукции

agriculture сельское хозяйство, сельскохозяйственное производство
commercial ~ товарное сельскохозяйственное производство
crop ~ полеводство
diversified ~ многоотраслевое [неспециализированное] сельское хозяйство
farm-market ~ товарное сельскохозяйственное производство
high ~ интенсивное [высокотоварное] сельское хозяйство
high-yielding ~ высокопродуктивное сельское хозяйство
intensive ~ интенсивное [высокотоварное] сельское хозяйство
large-scale ~ крупное сельское хозяйство
machine ~ механизированное сельское хозяйство
mixed ~ многоотраслевое сельское хозяйство
simple ~ простейшее сельскохозяйственное производство
subsistence ~ натуральное сельское хозяйство
truck ~ товарное сельскохозяйственное производство

agrimarketing сельскохозяйственный маркетинг, маркетинг сельскохозяйственной продукции

aid 1. помощь **2.** пособие **3.** *pl* вспомогательные средства
advertising ~s (вспомогательные) рекламные материалы
audio-visual ~s аудиовизуальные [звукозрительные] средства [пособия]
beauty ~s косметические средства
credit ~ кредитная помощь
dealer ~s рекламно-оформительские материалы для дилеров
demonstration ~s наглядные пособия, средства наглядной демонстрации *(напр. схемы, слайды)*
exercise ~ тренировочное приспособление
financial ~ финансовая помощь
government ~ помощь со стороны правительства [государства]
grooming ~s средства ухода за животными
health ~s санитарно-гигиенические средства, медикаментозные средства
health and beauty ~s «косметика и медикаменты» *(название отдела в бакалейном магазине)*
learning ~ учебное пособие
legal ~ правовая помощь
medical ~ медицинская помощь
pecuniary ~ денежная [финансовая] помощь

aid

pedagogical ~ средство для облегчения усвоения (учебного) материала
professional beauty ~s товары для косметических салонов
reference ~ справочное пособие
seasonable ~ своевременная помощь
selling ~s демонстрационный и рекламный материал *(при сбыте товаров)*
teaching ~ учебное пособие
training ~ учебное наглядное пособие
visual ~ наглядное пособие

air 1. эфир 2. «воздух» *(незаполненное место в рекламном объявлении)* ◊ on the ~ в эфире, по радио; to be on the ~ передаваться по радио; to get off the ~ заканчивать (радио)передачу, уходить из эфира; to go on the ~ начинать передачу, передавать по радио

airbrush аэрограф; распылитель

airline авиакомпания; авиалиния
cargo ~ грузовая авиатранспортная компания
charter ~ чартерная авиакомпания
commuter ~ авиакомпания, обслуживающая местные линии
scheduled ~ авиалиния, действующая по расписанию
trunk ~ магистральная авиалиния

airplay *вещ.* трансляция

airtruck транспортировка «воздух—шоссе» *(перевозка автомобильных контейнеров или грузовых автоприцепов самолётами)*

alarm тревога; сигнал опасности
acoustic [audible] ~ звуковой сигнал тревоги; тревожная [аварийная] звуковая сигнализация

album альбом
record ~ альбом грампластинок
soundtrack ~ альбом с музыкой из фильма

allegation заявление, утверждение *(обычно голословное)*
~s of antitrust violations выдвижение обвинений в нарушении антитрестовских законов
unsubstantiated [unsupported] ~ необоснованное [ничем не подкреплённое] заявление

allegiance верность, приверженность, лояльность, преданность

brand ~ приверженность к марке *(товара)*

alliance союз, альянс, объединение
business ~ коммерческий [предпринимательский] союз
commercial ~ торговый союз
political ~ политический союз
strategic ~ стратегический союз

Alliance:
Independent Grocers' ~ *амер.* Союз независимых бакалейщиков
International Cooperative ~ Международный кооперативный альянс
Tripartite ~ Тройственный союз *(соглашение по вопросам стандартизации между США, Великобританией и Японией)*

allocation 1. распределение, размещение 2. ассигнование ◊ ~ to reserve отчисление в резерв; закладка в запас
~ of preferences распределение предпочтений *(в отношении марок товара)*
~ of sample распределение элементов в выборке
area-by-area ~ порайонное распределение ассигнований *(с учётом пропорциональной значимости или потенциала каждого из них)*
budget ~ распределение бюджетных ассигнований
cash ~ ассигнование наличными
cost ~ распределение прямых затрат
frequency ~ *вещ.* распределение [выделение] частот
market-by-market ~ порыночное распределение ассигнований
media ~ распределение ассигнований по средствам рекламы
overhead ~ распределение накладных расходов
percentage ~s процентные отчисления
resource ~ распределение ресурсов
wavelength ~ *вещ.* распределение по длинам волн

allotment 1. выделение *(напр. средств)*; ассигнования *(напр. рекламные)* 2. блок показа *(стандартная совокупность плакатных панелей, предлагаемых заказчику на конкретном рынке)*

amendment

acreage ~ отвод земельных площадей
allowance 1. поправка; допуск 2. скидка с цены *(обычно розничным торговцам)* ◊ ~ for cash скидка за платёж наличными
advertising ~ скидка за рекламу *(для покрытия расходов по проведению рекламы)*, зачёт за рекламу *(частичное возмещение производителем рекламных расходов дилера)*
authorized loss ~ норма допустимых потерь
billback ~ условная скидка *(предоставляется только по выполнении всех условий по продвижению товара)*
breakage ~ скидка за повреждение [поломку]
brokerage ~ скидка за брокерство
buy-back ~ скидка с учётом объёма предыдущей сделки
buying ~ зачёт [скидка] за закупку
case ~ скидка (в расчёте) на ящик товара
coop advertising ~ скидка за проведение совместной рекламы, зачёт за совместную рекламу
damaged goods ~ скидка за некондиционный [повреждённый] товар
dealer ~ скидка дилеру
display ~ скидка [зачёт] за экспонирование товара *(напр. оборудование витрин)*
distribution ~ скидка за организацию распространения товара *(предоставляется производителем оптовику или сети магазинов)*
entertainment ~ расходы на представительство, представительские расходы
expense ~ возмещение расходов
merchandise ~ скидка дилеру за включение товара в номенклатуру [в экспозицию]
merchandising ~ скидка дилеру за продвижение товара
promotion(al) ~ скидка за проведение мероприятий по стимулированию сбыта [за «раскрутку»] *(товара)*, зачёт за стимулирование сбыта
reject ~ допустимый уровень брака *(на предприятии)*
tax ~ налоговая скидка
tear-and-wear ~ допуск на износ
temporary ~ временная скидка
trade ~ торговая скидка, скидка розничным торговцам
trade-in ~ скидка при встречной продаже *(с цены нового изделия при покупке его в обмен на сданное старое)*, товарообменный зачёт, товарообменная скидка
warehousing ~ скидка с оптовой цены при условии непосредственной доставки товара в магазин *(благодаря исключению издержек на промежуточное складирование)*
alphabet алфавит
Braille ~ азбука Брайля *(для слепых)*
Cyrillic ~ кириллица
manual ~ азбука глухонемых
Old Style ~ алфавит старого стиля
Roman ~ латинский алфавит
signaling ~ сигнальный алфавит
Alpha Delta Sigma *амер.* Сообщество работников рекламы
Alpha Epsilon Rho Национальное объединение студентов и преподавателей—сторонников всемерного развития учебного радио- и телевещания
Alpha Phi Gamma *амер.* Сообщество журналистов
alteration изменение; правка
~ of contract изменение условий договора
author's ~(s) авторская правка
editor's ~(s) редакционная [редакторская] правка
alternative альтернатива, выбор
business ~ деловая альтернатива
channel ~ вариант канала *(напр. распределения)*
media ~s варианты использования средств рекламы
multichoice ~ многовариантная альтернатива, многовариантный выбор
necessary ~ единственная альтернатива
optimum ~ оптимальный вариант
purchasing ~ вариант (совершения) покупки
amendment поправка
anti-payola ~ поправка против взяток

amendment

wrecking ~ поправка, сводящая на нет
Amendment:
First ~ Первая поправка к Конституции США *(гарантирует свободу слова и печати)*
Food Additives ~ Поправка *(к закону 1938 г.)* о добавках к пищевым продуктам *(принята в 1958 г.)*
Kefauver-Harris ~ *амер.* Поправка Кефаувера—Харриса *(к закону 1938 г., предусматривающая проведение предварительных испытаний безопасности и эффективности медицинских препаратов и обязательное указание родовых названий медикаментов на ярлыках и этикетках, принята в 1962 г.)*
Wheeler-Lea ~ to the Federal Trade Commission Act *амер.* Поправки Уилера—Ли к Закону об учреждении Федеральной торговой комиссии *(приняты в 1938 г., и направлены на борьбу с недобросовестной и обманной торговой практикой)*
amount 1. количество, сумма 2. *стат.* объём
~ of business торговый оборот; объём (предпринимательской) деятельности
~ of information количество информации
~ of loss сумма убытка
~ of sampling объём выборки
claim ~ сумма иска [претензии]
covered ~ выполненный [отработанный] объём
face ~ сумма, указанная в тексте документа
gross ~ валовая сумма, общее количество
purchase ~ объём [размер] покупки
seasonal ~ сезонный объём *(напр. потребности в товаре)*
trace ~ ничтожное количество
tradeable ~ минимальная рыночная партия товара, единица сделки
analysand объект психоанализа
analysis анализ, исследование, подробное рассмотрение ◇ in the final [the last] ~ в конечном счёте, в конце концов

~ of causes причинный анализ, анализ причин
~ of economic activity анализ хозяйственной деятельности
~ of external conditions анализ внешней обстановки
~ of internal conditions анализ внутренней обстановки
~ of meaning смысловой анализ
advertising ~ анализ [исследование] рекламы
advertising opportunity ~ анализ рекламных возможностей
audience ~ анализ [исследование] аудитории
audience composition ~ исследование [анализ] состава аудитории
break-even ~ анализ безубыточности *(производства)*
budget ~ анализ использования бюджета
business ~ анализ возможностей производства и сбыта; анализ хозяйственной деятельности
business portfolio ~ анализ хозяйственного портфеля
cause-and-effect ~ анализ причинно-следственных связей
check ~ контрольный анализ
cluster ~ гнездовой анализ
commodity ~ товарный анализ
company ~ анализ (состояния дел) фирмы
comparative ~ сравнительный анализ
competitive ~ конкурентный анализ
competitive product ~ конкурентный анализ товаров
competitive strategy ~ конкурентный анализ стратегии; анализ стратегий конкурентов
component ~ составной [факторный] анализ
computer ~ компьютерный анализ
construction ~ структурный анализ
consumer ~ исследование [изучение] потребителей
content ~ анализ содержания, контент-анализ
contrastive ~ сравнительный [сопоставительный] анализ
control ~ контрольный анализ
correlation ~ корреляционный анализ

analysis

cost ~ анализ издержек *(напр. производства)*
cost-benefit ~ анализ рентабельности; анализ затрат и выгод; (сравнительный) анализ затрат и полезного эффекта
cost-effectiveness ~ анализ эффективности затрат; анализ экономической эффективности
cost-price ~ анализ соотношения между ценой и себестоимостью, анализ «себестоимость—цена»
country ~ страноведческий анализ
critical ~ критический разбор
cross ~ перекрёстный анализ
data ~ анализ данных [информации]
demand ~ анализ спроса
demographic ~ демографический анализ
discount cash flow ~ анализ будущих поступлений наличными, приведённых в оценке настоящего времени
discriminant ~ *стат.* дискриминантный анализ
distribution ~ анализ распределения [распространения]
economics and statistics ~ экономико-статистический анализ
economic value ~ анализ экономической эффективности
environmental ~ анализ условий окружающей среды
extended ~ широкий [масштабный] анализ
eye movement ~ анализ движения глаз
factor(ial) ~ факторный анализ
field complaint ~ анализ эксплуатационных рекламаций
financial ~ финансовый анализ, анализ финансового состояния
frequency ~ *стат.* частотный анализ
fundamental ~ фундаментальный анализ *(основных факторов, влияющих на перспективу развития спроса и предложения)*
horizontal ~ *стат.* горизонтальный анализ
income-expenditure ~ анализ доходов и расходов
in-depth ~ углублённый [глубинный] анализ

industry ~ отраслевой анализ; анализ отрасли деятельности
informational ~ анализ информационного содержания
initial ~ предварительный анализ
investment ~ анализ экономической эффективности капиталовложений
macroeconomic ~ макроэкономический анализ
marginal ~ предельный анализ, анализ по предельным показателям
market ~ анализ [исследование] рынка *(включающий определение его количественных характеристик)*
marketing ~ маркетинговый анализ, анализ маркетинга
marketing expense-to-sales ~ анализ соотношения между затратами на маркетинг и сбытом, анализ соотношения «маркетинговые затраты—сбыт»
market-share ~ анализ доли рынка, анализ распределения долей рынка между фирмами
market structure ~ анализ структуры рынка
market trend ~ анализ тенденций рынка
media ~ анализ средств рекламы, анализ средств распространения информации
microeconomic ~ микроэкономический анализ
multistage ~ многошаговый анализ
numerical ~ количественный анализ
opportunity ~ анализ возможностей
price ~ анализ цен
product ~ товарный анализ
production-and-sales ~ анализ возможностей производства и сбыта
quality cost ~ анализ затрат на обеспечение (требуемого) качества
quantitative ~ количественный анализ
ranging ~ классификационный анализ
regression ~ *стат.* регрессионный анализ
research-oriented ~ анализ исследовательского типа
retrospective ~ ретроспективный анализ
risk ~ анализ степени риска

analysis

sales ~ анализ (возможностей) сбыта
sampling ~ *стат.* выборочный анализ
segmentation ~ аналитическая работа по сегментированию, сегментный анализ рынка
simulation ~ исследование методом моделирования
situation ~ ситуационный анализ, анализ ситуации [положения] дел
socioeconomic ~ социально-экономический анализ
statement ~ анализ баланса
statistical ~ статистический анализ
statistic-linguistic ~ лингво-статистический анализ
structural ~ структурный анализ
subscriber ~ исследование [анализ] состава подписчиков *(по демографическим или психографическим признакам)*
supply ~ анализ предложения
systems ~ системный анализ
time-and-duty ~ анализ распределения работ по времени
total ~ валовой анализ
trend ~ анализ тенденций изменения
value ~ стоимостно-функциональный анализ
value-line investment ~ анализ целесообразности капиталовложений с учётом предела ценностной значимости продукции
vendor ~ оценка поставщика
vertical ~ вертикальный анализ
analyst 1. аналитик 2. специалист по психоанализу
   financial ~ аналитик по финансам, финансовый эксперт
   industry ~ специалист-аналитик по конкретной сфере деятельности [по отрасли промышленности]
   marketing research ~ специалист по исследованиям маркетинга
   media ~ специалист-аналитик по средствам рекламы
   planning ~ специалист по планированию
   retailing ~ специалист по изучению розничной торговли
   sales ~ специалист-аналитик по проблемам сбыта

securities ~ специалист(-аналитик) по ценным бумагам
anchor(man) ведущий *(напр. телепрограммы)*
angle 1. угол, угол съёмки 2. точка зрения, аспект
~ of halftone screen lines *полигр.* угол наклона растровых линий
acceptance ~ *экр.* горизонтальный угол зрения *(объектива камеры)*
business ~ коммерческая точка зрения, коммерческий аспект
camera ~ ракурс, угол съёмки
high ~ верхний ракурс, съёмка с верхней точки
low ~ нижний ракурс, съёмка с нижней точки
shooting ~ ракурс, угол съёмки
viewing ~ угол рассматривания *(напр. изображения)*
animation мультипликация, анимация; *pl* мультипликационный фильм
   cartoon ~ рисованная мультипликация
   clay ~ перекладная мультипликация *(с использованием фигур из пластилина или глины)*
   computer ~ компьютерная мультипликация
   cutout ~ перекладная мультипликация, техника вырезных перекладок
   electronic ~ компьютерная мультипликация
   flat ~ плоская [двухмерная] анимация
   marionette ~ *мульт.* техника бумажных марионеток
   mechanical [object] ~ анимация [«одушевление»] трёхмерных объектов
   pinboard ~ *мульт.* техника «игольчатого экрана» *(создание светотеневого изображения за счёт выдвижения на разную высоту и целенаправленного освещения множества стальных стерженьков, закреплённых на плоской поверхности)*
   puppet ~ кукольная мультипликация
   silhouette ~ силуэтная мультипликация
   stop-frame ~ покадровое мультиплицирование *(покадровая съёмка при производстве мультфильма)*

studio ~ студийный метод создания мультфильмов *(как многоэтапный процесс с разграничением функций разных специалистов)*
(three-)dimensional ~ объёмная мультипликация
video ~ видеомультипликация
animator художник-мультипликатор
head ~ главный художник-мультипликатор
announcement объявление; извещение; сообщение, заявление
boxed ~ объявление, заключённое в рамку
buildup ~ зазывное [зазывающее] объявление
consecutive ~s объявления, следующие друг за другом *(без перерыва)*
courtesy ~ *вещ.* выражение признательности *(спонсору перед началом и после окончания финансируемой им программы)*
fixed location ~ объявление с фиксированным местоположением *(в издании)*
floating ~ *вещ.* «плавающее» объявление *(может быть передано в любое время по усмотрению станции)*
identification ~ *вещ.* объявление с позывными станции
multiple product ~ многотоварное объявление
news ~ сообщение о новости
product ~ сообщение [извещение] о появлении товара, объявление о товаре
promotional ~ *вещ.* рекламное объявление; дополнительное упоминание спонсора
public ~ публичное заявление
public service ~ объявление социальной рекламы; объявление службы общественной информации
sectional ~ *вещ.* выборочное объявление *(транслируемое только на отдельные географические районы)*
spot ~ *вещ.* «точечное» объявление
taped ~ *вещ.* объявление в записи, объявление, (заранее) записанное на плёнку [видеоленту]
announcer диктор, ведущий
ad-lib ~ диктор-импровизатор
continuity ~ ведущий, комментатор
news ~ диктор новостей
off-camera [off-screen] ~ *тлв* диктор за кадром, закадровый голос
radio ~ диктор радио
annuity 1. (ежегодная) рента; ежегодный доход 2. страхование ренты
patent ~ ежегодная патентная пошлина, ежегодный патентный взнос
answer ответ, решение *(проблемы)*
constructive ~ конструктивный ответ
definitive ~ окончательный ответ
dry ~ сухой ответ
favourable ~ благоприятный ответ
imprudent ~ опрометчивый [необдуманный] ответ
irrefragable ~ исчерпывающий ответ
mechanical ~ машинальный ответ
misleading ~ ответ, вводящий в заблуждение
multiple ~ многозначное решение
numerical ~ числовой ответ
one-word ~ однословный ответ
overall ~ полный [комплексный] ответ
plain ~ прямой ответ
ready ~ готовый ответ
reasonable ~ разумный ответ
vague ~ неопределённый ответ
antenna антенна
auto(mobile) ~ автомобильная антенна
block ~ коллективная антенна
buggy-whip ~ (гибкая) штырьковая антенна
built-in ~ встроенная антенна
community ~ коллективная антенна
directional ~ направленная антенна
dish ~ параболическая антенна
expandable [extendable] ~ выдвижная [раздвижная] антенна
indoor [internal] ~ комнатная [внутренняя] антенна
master ~ коллективная антенна
room ~ комнатная [внутренняя] антенна
satellite-communications ~ антенна спутниковой связи
anticontamination борьба с загрязнением окружающей среды
antidepletion борьба против неразумной эксплуатации природных ресурсов

aperture

aperture отверстие, отверстие диафрагмы объектива
  Academy ~ стандартное кадровое окно *(с размерами, рекомендованными Американской академией кинематографических искусств и наук)*
  film ~ кадровое окно *(киноаппарата)*
  finder ~ отверстие визира [видоискателя]
  lens ~ отверстие объектива; рабочая диафрагма объектива
  picture ~ кадровое окно *(киноаппарата)*

apparatus аппарат, прибор, инструмент
  ageing ~ установка для испытаний на старение
  information-retrieval ~ справочно-поисковый аппарат
  laboratory ~ лабораторная аппаратура, лабораторное оборудование
  technical ~ технические установки

appeal 1. призыв, довод, мотив; концепция 2. притягательность, привлекательность
  advertising ~ идея [побудительный мотив] рекламы, рекламная концепция
  alternative ~ альтернативный мотив
  attention-getting ~ мотив привлечения внимания
  basic ~ основная [ударная] мотивировка
  client ~ умение привлекать клиентов; привлекательность для клиентов
  communication ~ мотив [аргумент] коммуникации
  competitive product advantage advertising ~ мотив конкурентного преимущества рекламируемого товара
  consumer ~ привлекательность *(рекламы, товара)* для потребителя, потребительская привлекательность
  copy ~ мотив [мотивировка] текста
  direct ~ прямой призыв
  emotional ~ 1. эмоциональный призыв 2. эмоциональная притягательность
  eye ~ внешняя привлекательность
  family ~ расчёт на всю семью
  fear ~ мотив страха
  female ~ расчёт на женский вкус
  game ~ игровой интерес
  health ~ мотив здоровья, довод в пользу здоровья
  immediate ~ сиюминутная привлекательность *(напр. товара)*
  localized ~ локализованный мотив; мотив, которому придан специфический местный характер
  marketing ~ маркетинговый мотив, аргументация маркетинга
  masculine ~ расчёт на мужской вкус
  mass ~ массовая притягательность
  moral ~ нравственный [моральный] мотив
  negative ~ отрицательный мотив *(запугивание читателя или зрителя неблагоприятными последствиями неиспользования объекта рекламы)*
  nondirect ~ косвенный довод
  person-to-person ~ притягательность (меж)личностного общения
  positive ~ положительный мотив
  price ~ привлекательность цены; обыгрывание цены
  primary ~ основной побудительный мотив
  rational ~ рациональный мотив
  reason-why ~ обосновательный довод
  recreational ~ мотив активного отдыха
  safe-driving ~ призыв к безопасной езде
  selling ~ рекламно-коммерческий мотив
  sex ~ мотив сексуальной привлекательности; сексуальная привлекательность
  snob ~ снобистская притягательность
  strong ~ сильный довод
  subtle ~ тонкий довод
  visual ~ внешняя привлекательность

appearance 1. внешний вид 2. зрительное восприятие ◊ **in** ~ по внешнему виду; **in all** ~(s) судя по всему, по всей видимости
  ~ **of print** *полигр.* зрительное восприятие оттиска
  decorative ~ художественное оформление
  exterior ~ внешний вид, вид снаружи
  final ~ окончательный вид
  general ~ общий вид

guest ~ гостевое присутствие, появление в качестве гостя
interior ~ внутренний вид; интерьер
appendix приложение, добавление *(к документу)*
appliance устройство, приспособление; бытовой прибор
protective ~ защитное устройство
safety ~ предохранительное устройство
sanitary ~s санитарно-техническое оборудование
applicant заявитель, претендент ◊ ~ for credit обращающийся за кредитом
sales ~ претендент на торговую должность
trademark ~ заявитель товарного знака
application 1. применение, использование 2. заявка, заявление, обращение ◊ ~ for compensation ходатайство о возмещении убытков; ~ for membership заявление о приёме в члены *(организации)*
business ~ использование в коммерческих целях
commercial ~ коммерческое применение [использование]
copyright ~ заявка на регистрацию авторского [издательского] права
definite ~ конкретное применение
illegal ~ незаконное применение
industrial ~ промышленное применение; применение [использование] в промышленности
licence ~ ходатайство о выдаче лицензии
loan ~ заявка на получение ссуды
main ~ главное применение
mandatory ~ обязательное применение
patent ~ заявка на патент
practical ~ практическое применение
product ~ применение [сфера применения] товара
representative ~ типичное применение
restricted ~ узкое [ограниченное] применение
retail ~ розничное применение, использование в розничной торговле
trademark ~ заявка на товарный знак

universal ~ повсеместное применение
written ~ письменное заявление
applicator приспособление для нанесения *чего-л.*; аппликатор
glue ~ устройство [приспособление] для нанесения клея
applicatory применимый на практике, практический, практичный
appointment 1. назначение *(на должность)* 2. должность, пост 3. встреча, свидание
~ of trustee назначение доверенного лица
business ~ деловая встреча
immediate ~ срочная [немедленная] встреча
indefinite ~ назначение на неопределённый срок
permanent ~ постоянное назначение
probationary ~ назначение на должность с испытательным сроком
public ~ назначаемая публичная должность
appraisal оценка (стоимости)
acceptability ~ оценка пригодности [приемлемости]
economic ~ экономическая оценка
investment ~ экономическая оценка капиталовложений
managerial activity ~ оценка деятельности руководства
objective ~ объективная оценка
on-going ~ текущая оценка, оценка в ходе работы
reliability ~ оценка надёжности
statistical ~ статистическая оценка
appreciation 1. повышение стоимости, удорожание 2. высокая оценка; правильное понимание; признательность ◊ ~ in value of investments повышение [прирост] стоимости капиталовложений
~ of capital повышение [прирост] стоимости капитала
~ of goods повышение стоимости товаров; оценка товаров
currency ~ повышение курса валюты, ревальвация
approach 1. подход, метод, способ 2. дистанция [расстояние] беспрепятственной видимости [свободного обзора] *(в наружной рекламе — рас-*

approach

стояние, с которого щитовая установка видна целиком)
adversarial ~ подход с позиций противостояния
advertising ~ рекламный подход
ad hoc ~ специальный [особый] подход
all-or-nothing ~ подход по принципу «всё или ничего»
analogy ~ подход методом аналогии, подход по аналогии
auditing ~ подход с точки зрения бухгалтера-ревизора
avant-garde ~ авангардистский подход
box-office ~ кассовый подход
canned ~ заученный [заранее отработанный] единый типовой коммерческий [торговый] подход
carrot-and-stick ~ политика кнута и пряника
causal ~ каузальный подход
comparative ~ сравнительный подход; метод сравнения
consultative ~ подход с позиций консультирования
conversational ~ разговорная манера обращения
copy ~ текстовой подход, основная направленность текста
copy-cat creative ~ творческое подражательство
creative ~ творческий подход
customer-oriented ~ ориентация на клиента, подход с ориентацией на клиента
dialectic ~ диалектический подход
direct ~ прямой подход
educational ~ общеобразовательный подход
emotional ~ эмоциональный [чувственный] подход
experimental ~ экспериментальный подход
failsafe ~ беспроигрышный подход
flash ~ *нар. рекл.* «проблесковая» видимость, мимолётное открытие, дистанция видимости с предельно малого расстояния (*рекламный щит открывается для полного обозрения с 10-12 метров, а транспорту — с 25-30 метров*)
formulated ~ подход с позиций формулирования нужд и запросов клиента
functional ~ функциональный подход
hard-sell ~ подход в духе «жёсткой продажи», навязывание
image ~ подход с точки зрения образа, «образный» подход
indirect ~ косвенный подход
individual ~ индивидуальный подход
intuitive ~ интуитивный подход
linear ~ (прямо)линейный подход
long ~ *нар. рекл.* дальняя дистанция видимости, дальнее открытие, видимость с большого расстояния (*пешеходам рекламный щит открывается для полного обозрения не менее чем с 40 м, а транспорту — не менее чем со 100 м*)
low-key ~ подход «без нажима»
marketing ~ маркетинговый подход
medium ~ *нар. рекл.* средняя видимость, среднее открытие, видимость со среднего расстояния (*пешеходам рекламный щит открывается для полного обозрения с 25-40 м, а транспорту — с 45-75 м*)
megamarketing ~ мегамаркетинговый подход, подход с позиций мегамаркетинга
modular layout ~ модульное построение макета
motivational ~ мотивационный подход
multiple ~ многосторонний [множественный] подход
need-satisfaction ~ подход с позиций удовлетворения нужд и запросов клиента
no-nonsense ~ серьёзный подход
objective-and-task ~ подход с учётом целей и задач, подход на основе учёта целей и задач
one-sided ~ односторонний подход
overall ~ общий подход
package ~ комплексный подход
personal ~ личный [личностный] подход
phased [**piecemeal**] ~ поэтапный подход, поэтапное решение вопроса
positive ~ позитивный подход
principled ~ принципиальный подход
priority ~ *стат.* подход с учётом приоритетов

probabilistic ~ вероятностный подход
reasonable ~ разумный подход
reason-why ~ обоснованный [причинный] подход
research ~ исследовательский подход; подход к исследованию; метод исследования
restricted ~ узкий подход
rifle ~ подход типа «стрельба из винтовки» [«прицельная стрельба»] *(нацеливание усилий маркетинга, рекламы на лиц, наиболее предрасположенных к совершению покупки)*
sales ~ торговый подход, подход к организации сбыта
salesmanship ~ подход с точки зрения искусства продажи
sales-oriented ~ ориентация на сбыт, подход с ориентацией на сбыт
selective ~ выборочный подход
short ~ *нар. рекл.* кратковременное открытие, дистанция видимости с короткого расстояния *(щит открывается пешеходам для полного обозрения с 12-20 м, а транспорту — с 30-60 м)*
shotgun ~ подход типа «стрельба из дробовика» *(распыление усилий маркетинга, рекламы)*
slice-of-life ~ бытописательский подход, зарисовка с натуры
soft-sell ~ подход в духе «мягкой продажи», увещевание
spokesman ~ *экр.* подход «с ведущим»
stage-by-stage [step-by-step] ~ поэтапный подход, поэтапное решение вопроса
structured ~ подход с заданной структурой
subtle ~ мягкий [тонкий] подход
systematic [systems] ~ системный подход
take-it-or-leave-it ~ бескомпромиссный подход
team-selling ~ бригадный метод торговли, метод бригадного обслуживания
umbrella ~ «зонтичный» [комплексный, всеобъемлющий] подход
unified ~ единый подход
valuable ~ ценный подход

worst-case ~ подход из расчёта худшего варианта
appropriateness уместность, правомерность, справедливость *(напр. замечания)*
appropriation 1. ассигнование, выделение средств **2.** *pl* ассигнования, ассигнованные средства ◇ **to set ~s** выделять ассигнования
  advertising ~(s) ассигнования на рекламу, рекламные ассигнования
  budget(ary) ~s бюджетные [сметные] ассигнования, ассигнования по смете
  capital ~s ассигнования на капиталовложения
  gross ~s валовая сумма ассигнований
  original ~s первоначальные ассигнования
  supplementary ~s дополнительные ассигнования
approval одобрение, утверждение ◇ **on ~** на пробу *(напр. о товарах, присланных с правом возврата)*
  design ~ одобрение конструкции; утверждение проекта
  guarded ~ неохотное согласие
  label ~ апробация этикеток
  premarketing ~ апробация до выхода на рынок [до появления в продаже]
  public ~ общественное одобрение, поддержка общественности
  qualified ~ частичное одобрение, одобрение с оговорками
  set sketch ~ утверждение эскизов декораций
  social ~ общественное одобрение
approximation аппроксимация, приближение, приближённая величина
  nearest ~ наибольшее приближение
  progressive [step-by-step] ~ последовательное приближение
  sufficient ~ достаточное [приемлемое] приближение
  valid ~ допустимое приближение
aptitude способность, навык
  general ~s общие способности
  mechanical ~s технические способности
  verbal-reasoning ~ способность к словесно-логическому мышлению,

aptitude

способность к абстрактному мышлению

arbitrator арбитр, третейский судья
  sole ~ единоличный арбитр
  ultimate ~ верховный арбитр

arbitron *фирм.* «Арбитрон» *(введённая в 1966 г. система замера величины и состава телеаудитории дневниковым методом и с помощью электронных регистраторов «Арбитрон», устанавливаемых в домах зрителей, автоматически передаваемых в центральную ЭВМ для обработки; применяется общенациональной исследовательской службой)*

arcade пассаж *(с магазинами)*
  amusement ~ увеселительный пассаж

archetype архетип *(наиболее типичный представитель группы)*

area площадь, район, зона; ареал
  ~ of agreement область согласия
  ~ of cable influence зона охвата кабельного телецентра
  ~ of colour цветовая площадь, цветовое пространство
  ~ of distinct vision зона отчётливой видимости
  ~ of dominant influence зона доминирующего влияния *(телецентра или радиостанции)*
  ~ of responsibility область ответственности
  ~ of specialization сфера специализации
  administrative ~ административная единица, административный район
  ambiguous subject ~ тема, допускающая различные толкования
  board ~ площадь (рекламного) щита
  border ~ пограничная зона
  broadcast service ~ зона охвата вещанием; зона уверенного приёма
  business ~ сфера предпринимательства, сфера предпринимательской [коммерческой] деятельности
  catchment ~ зона охвата [обслуживания]
  census ~ переписной район, район переписи
  census metropolitan ~ переписной метрополитенский ареал *(в Канаде — учётная единица рынка рабочей силы в виде жилого района с населением 100 тысяч человек и более)*
  circulation ~ район распространения тиража
  consolidated metropolitan statistical ~ *амер.* объединенный метрополитенский статистический ареал *(состоит из нескольких тесно связанных между собой первичных метрополитенских статистических ареалов)*
  continuous ~ сплошной ареал
  control ~ контрольный район [ареал]
  copy ~ площадь текстовой части *(объявления)*; площадь, занятая текстом; полезная площадь *(щита)*
  coverage ~ территория охвата
  covered ~ закрытая (выставочная) площадь
  dead ~ *вещ.* мёртвая зона *(приём радио- и телесигналов невозможен или крайне затруднён)*
  decision ~ область принятия решений
  delivery ~ район поставки
  designated market ~ *амер.* расчётная рыночная территория *(охвата конкретного региона телевещанием)*
  discontinuous ~ разорванный ареал
  display ~ выставочное [экспозиционное] пространство, выставочная [экспозиционная] площадь; площадь экспозиции
  distribution ~ район распространения
  downtown ~ деловой [торговый] район *(города)*, деловая часть города
  dwelling ~ жилой район
  ethnic ~ этнический район
  exhibition ~ *см.* display area
  farming ~ площадь сельскохозяйственных угодий
  franchise ~ территория [зона] (действия) торговой привилегии
  fringe ~ *вещ.* граничная зона *(сигналы вещательной станции принимаются не всегда удовлетворительно)*, зона неуверенного приёма
  geographic ~ географический район
  hazardous ~ зона повышенного риска
  high light ~ *полигр.* высвеченный участок
  high-traffic ~ район с интенсивным

area

транспортным *или* пешеходным движением, многолюдное место
image ~ площадь изображения, площадь кадра
immediate ~ близлежащий район
impact ~ зона [сфера] воздействия
indoor ~ закрытая (выставочная) площадь
industrial ~ промышленный район
interest ~ круг [сфера] интересов
key ~ ключевая сфера; основной район
local ~ окрестности
local access and transportation ~ *амер.* зона [регион] обслуживания телефонной компании
low-rent ~ район с низким уровнем арендной платы
low-tax ~ район с низким налогообложением
major metropolitan ~ крупный метрополитенский ареал
major producing ~ основная зона производства
market ~ территория рынка; рыночная сфера *(напр. деятельности фирмы)*
marketing ~ маркетинговая зона, маркетинговый район
metropolitan ~ метрополитенский ареал
multinetwork ~ *амер.* район многосетевого охвата [обслуживания] *(обозначение рынков, на которых одновременно присутствуют все три крупнейшие телесети страны — Эй-Би-Си, Си-Би-Эс и Эн-Би-Си, — охватывающие свыше 50% домохозяйств)*
new-product ~ новая сфера товарного производства; производство новинок
nonprinting ~ *полигр.* пробельный [непечатающий] участок
open ~ открытая (выставочная) площадь
outlying ~ окраинный район
overall market ~ общая территория рынка
picture ~ площадь изображения, площадь кадра
populated ~ населённый пункт
primary marketing ~ первичная [основная] маркетинговая территория
primary metropolitan statistical ~ *амер.* первичный метрополитенский статистический ареал *(территория с населением более 1 млн. человек)*
printing ~ *полигр.* печатающий участок
product ~ товарная сфера *(напр. деятельности фирмы)*; сфера товарного производства
public access ~ зона общественного пользования
question ~ тематика исследования, зона поиска
reception ~ приёмная, помещение для приёмов [организации встреч]
recreation ~ зона отдыха
reference ~ контрольная зона
regional ~ регион
residential ~ жилой район
response ~ зона отклика [ответной реакции]
restricted ~ запретная зона
rural ~ сельский район, сельская местность
sales ~ торговый зал; площадь торгового зала; район сбыта
sample ~ район [территория] выборочного обследования
selling ~ *см.* sales area
sensitive ~ деликатная область
service ~ район [зона] обслуживания
shopping ~ торговый район
solid ~ *полигр.* участок сплошного изображения, плашка
soundtrack ~ *экр.* ширина звуковой дорожки; участок *(плёнки)*, отведённый под звуковую дорожку
standard metropolitan statistical ~ *амер.* стандартный метрополитенский статистический ареал
suburban ~ пригородный район, пригородная зона
surface ~ площадь поверхности
survey ~ район обследования
target ~ целевая сфера
technological ~ технологическая сфера
test ~ испытательный полигон, район проведения испытаний
test market ~ территория пробного рынка
topic ~ тематический охват, тематические рамки *(напр. исследования)*

area

total market ~ общая территория рынка
trade [trading] ~ торговая зона, торговый район
transmission ~ зона вещания
type ~ *полигр.* полоса набора
urban ~ городской район
urban settlement ~ область городского расселения
waiting ~ пункт [зал, зона] ожидания
wilderness ~ местность, не затронутая деятельностью человека, девственный район, район девственной природы
work ~ рабочая зона, зона проведения работ

argument аргумент, довод ◇ to build ~ выдвигать довод
cogent ~ неоспоримый [убедительный] довод
fallacious ~ ошибочный довод
feeble ~ слабый [неубедительный] аргумент
irrefutable ~ неопровержимый довод
logical ~ логичный довод
one-sided ~ предвзятый [односторонний] подход, одностороннее [пристрастное] изложение фактов
persuasive ~ убедительный довод
potent ~ убедительный довод
precarious ~ необоснованный довод
sales ~ коммерческий [торговый] довод
satisfactory ~ убедительный аргумент
selling ~ коммерческий [торговый] довод
shallow ~ неосновательный довод
solid ~ веский довод
thin ~ слабый [неубедительный] аргумент
threadbare ~ избитый довод
valid ~ убедительный довод, веское соображение
verbal ~ словесный аргумент
well-knit ~ стройная система доказательств

argumentation аргументация, обоснование
point-by-point sales ~ изложение торговых [коммерческих] аргументов по пунктам
rational ~ рациональное обоснование

arithmetic:
marketing ~ арифметика маркетинга, маркетинговые расчёты

arrangement 1. приведение в порядок, систематизация; урегулирование **2.** схема, структура **3.** соглашение
~ of claim урегулирование претензии
~ of conditions создание условий
~ of conflict разрешение конфликта
~ of goods расположение товаров *(напр. в магазине)*
balanced ~ сбалансированная структура
channel ~ схема [структура] канала распределения
classified ~ систематическое [рубричное] расположение
general ~ общее расположение; общий вид; общая компоновка
interior ~ решение интерьера
layout ~ вариант макета
licensing ~ лицензионное соглашение
market-sharing ~ соглашение о разделе рынка; раздел рынка
neat ~ of arguments чёткая [ясная] аргументация
net name ~ схема расчётов по числу использованных имён-нетто *(в прямой почтовой рекламе — плата не за весь список, а только за фактически использованные адреса)*
selling ~ торговая сделка
subject ~ предметное [тематическое] расположение
systematic ~ систематическое [рубричное] расположение
verbal ~ устная договорённость

array (статистический) ряд, набор, совокупность
~ of observations упорядоченный ряд наблюдений
frequency ~ распределение частот *(напр. в выборке)*
statistical ~ статистический ряд
two-way ~ двумерная классификация

arri(flex) *фирм.* камера «Аррифлекс» *(зеркальная киносъёмочная камера)*

arrow стрела, стрелка, указатель
down scroll ~ стрелка [указатель] прокрутки вниз *(изображения на экране дисплея)*

left scroll ~ стрелка [указатель] прокрутки влево *(изображения на экране дисплея)*
right scroll ~ стрелка [указатель] прокрутки вправо *(изображения на экране дисплея)*
scroll ~ стрелка [указатель] прокрутки *(указывающая и задающая направление движения изображения на экране дисплея)*
up scroll ~ стрелка [указатель] прокрутки вверх *(изображения на экране дисплея)*
arsenal арсенал
product ~ товарный арсенал
selling ~ арсенал сбыта
art 1. искусство 2. художественное оформление; иллюстрация 3. *pl* ремёсла
~ **of advertising** искусство рекламы [рекламирования]
~ **of communication** искусство коммуникации
~ **of display** искусство экспонирования
~ **of dressing windows** *см.* art of window-dressing
~ **of living** умение жить
~ **of persuasion** искусство увещевания
~ **of pleasing** искусство угождать
~ **of selling** искусство продажи
~ **of typography** искусство шрифтового оформления
~ **of window-dressing** искусство оформления витрин
ABC ~ упрощённое искусство
abstract ~ абстрактное искусство
applied ~ прикладное искусство
applied graphic ~ прикладная графика
bookbinding ~ переплётное дело
calendar ~ рисунки, рассчитанные на мещанский вкус; сентиментальные *или* вульгарно-комические рисунки *(помещаемые на обложках календарей)*
cinema ~ киноискусство, искусство кино
clip ~ 1. наборы готовых типовых элементов художественного оформления рекламы *(продаются в листах или в виде альбомов без права эксклюзивного использования)* 2. компьютерная программа с библиотекой графических заготовок
commercial ~ промышленная графика; коммерческое искусство
conceptual ~ концептуальное искусство
conventional ~ традиционное искусство
coveted ~ почитаемое искусство
decorative ~ декоративное искусство
facile ~ поверхностное искусство
fine ~ изящное искусство
finished ~ готовое художественное оформление
free ~ вольное [свободное] искусство
functional ~ функциональное искусство
graphic ~ 1. графика 2. *pl* полиграфия
halftone ~ полутоновое художественное оформление
hand ~ рисованное художественное оформление *(в отличие от фотографии)*
household ~ домоводство
industrial ~ 1. промышленная эстетика 2. *pl* ремёсла
line ~ штриховое художественное оформление, штриковая иллюстрация
little ~ мини-искусство
mechanical ~s ремёсла
minimal ~ «минимальное искусство», минимализм; абстрактное изобразительное искусство на основе геометрических форм
minor ~s искусство малых форм
motion picture ~ киноискусство, искусство кино
performing ~s исполнительские искусства
pictorial ~ живопись, изобразительное искусство
plastic ~ искусство ваяния, скульптура
pop ~ поп-арт, поп-искусство
practical ~ 1. практическое искусство 2. *pl* ручной труд, ремёсла
printing ~ полиграфия; полиграфическое искусство
prior ~ известный *(на определённый*

art

предшествующий период) уровень техники
process ~ концептуальное искусство
profane ~ светское искусство
psychedelic ~ психоделическое искусство
rejective ~ абстрактное изобразительное искусство на основе геометрических форм
representational ~ предметное [фигуративное] искусство
resemblant ~s изобразительные искусства
scrap ~ *см.* standard art
sculptural ~s искусство ваяния, скульптура
standard ~ готовые элементы оформления *(рекламы)*, типовые заготовки художественного оформления *(продаются фирмам подобно материалам фототек без права эксклюзивного использования)*
stock ~ *см.* standard art
subservient ~ служебное искусство
syndicated ~ *см.* standard art
typographic ~ печатное дело; печатное [типографское] искусство
useful ~s *см.* practical arts
utility ~ прикладное искусство
visual ~s изобразительные искусства
artery магистраль, артерия
~ **of commerce** коммерческий [торговый] канал
traffic ~ транспортная артерия
artefact предмет материальной культуры, артефакт
article 1. предмет, товар, товарная единица 2. статья; пункт 3. *pl* устав ◇ ~s **de luxe** предметы роскоши; ~s **for personal use** вещи для личного (у)потребления [использования]
~s **of association** устав акционерного общества
~ **of commerce** предмет торговли, товар
~s **of consumption** потребительские товары; предметы потребления
~s **of prime necessity** предметы первой необходимости
~ **of supply** предмет снабжения
branded ~ марочный товар
business ~ статья о деловой активности

bylined ~ подписная статья, статья с указанием имени автора
domestic ~ предмет домашнего обихода
expository ~ поясняющая статья
extracted ~ статья, перепечатанная из периодического издания
fancy ~s модные товары
featured ~ основная статья *(номера)*
household ~ предмет домашнего обихода
informative ~ содержательная статья
leading ~ передовая статья
magazine ~ журнальная статья, статья в журнале
middle ~ небольшой газетный очерк
proprietary ~ марочное изделие, изделие, маркированное товарным знаком
saleable ~ ходовой товар
semifinished ~ полуфабрикат
useful ~ утилитарный [полезный] товар
articulation изложение; артикуляция
~ **of message objectives** формулирование целей (рекламного) обращения
speech ~ членораздельность речи
artifact *см.* artefact
artisan мастер(овой), ремесленник, кустарь
artist художник; артист
amateur ~ художник-любитель
background ~ *мульт.* художник-фоновик, прорисовщик фона
black and white ~ художник-график
book ~ художник-оформитель *(книги)*
bump ~ трюковой артист, дублёр *(делающий трюки вместо основного исполнителя)*
colour correction ~ ретушёр
commercial ~ коммерческий художник; промышленный график
creative ~ художник-творец, творчески мыслящий художник
fashion ~ художник-модельер
fast-buck ~ охотник за лёгкими деньгами
film ~ художник-постановщик фильма
graphic ~ художник-график, художник-оформитель

asset

layout ~ художник-макетчик
lettering ~ художник-шрифтовик
litho(graphic) ~ литограф; ретушёр офсетного цеха
make-up ~ гримёр
paste-up ~ художник-выклейщик макетов
pop ~ поп-художник, художник, работающий в манере поп-искусства
poster ~ художник-плакатист
professional ~ художник-профессионал
retouch ~ ретушёр

artwork 1. художественное оформление; рисунок 2. мультипликационная заготовка 3. заготовка кинонадписи [титра]
complete ~ полностью подготовленный к печати оригинал
final ~ окончательное художественное оформление
finished ~ художественное оформление в законченном виде

ascender *полигр.* верхний выносной элемент *(строчной буквы)*; строчная литера с верхним выносным элементом *(напр. d, k, h)*

ashcanning *амер.* реклама [рекламирование] неходового товара; неудачная реклама

aspect аспект, сторона; точка зрения
comparative ~ сравнимый параметр
creative ~ творческий аспект
distinctive ~ отличительная особенность, отличительный характер
evaluative ~ оценочный аспект
generic ~ родовая особенность
organizational ~ организационный аспект
peripheral ~ периферийный [побочный] аспект
qualitative ~ качественный аспект
quantitative ~ количественный аспект

assembler накопитель
agricultural ~ оптовик-скупщик сельскохозяйственных продуктов

assembling 1. сборка, подборка 2. *полигр.* набор *(матричной строки)* 3. подборка *(тетрадей, блоков)* 4. монтаж, подборка *(негатива или позитива)*
daily ~ рабочий монтаж; синхронизация рабочего позитива
negative ~ монтаж [подборка] негатива
positive ~ монтаж [подборка] позитива

assessment оценка
comparative ~ сравнительная оценка
competitive ~ конъюнктурная оценка, оценка конъюнктуры
consistent ~ состоятельная оценка
direct ~ прямая оценка
final ~ окончательная оценка
image ~ оценка образа
job ~ оценка характера и объёма работ
joint ~ совместная оценка
qualitative ~ качественная оценка
quantitative ~ количественная оценка
reliability ~ оценка эксплуатационной надёжности
situation ~ оценка ситуации
statistical ~ статистическая оценка
tasting ~ дегустационная оценка
tax ~ установление налоговых ставок
technological ~ технологическая оценка

asset 1. ценность, ценностный фактор; достоинство 2. *pl* активы *(фирмы)*; средства; достояние, имущество; капитал, фонды 3. актив *(левая сторона баланса)* ◇ ~s and liabilities актив и пассив *(баланса)*
basic production ~s основные производственные фонды
capital ~s основной капитал, основные фонды
current ~s оборотный капитал; текущие активы
(income-)earning ~s активы, приносящие доход, доходные активы
intangible ~s нематериальные [неосязаемые] активы *(напр. престиж фирмы)*
liquid ~s ликвидные активы *(наличные деньги и легкореализуемый оборотный капитал)*
material ~s товарно-материальные ценности
nutritional ~ питательное достоинство *(продукта)*
owned ~s собственные активы

personal ~s личное имущество, личная собственность
short-lived ~s активы с коротким сроком службы, «маложивущие» активы
tangible ~s осязаемые [реальные] средства; материальные активы
assignment 1. задание, поручение 2. передача, переуступка *(права)* 3. назначение
~ of copyright передача [переуступка] авторского [издательского] права
job ~ круг (должностных) обязанностей
priority ~ назначение приоритетов *(в системе массового обслуживания)*
production ~s производственные задания *(по объёму и ассортименту продукции)*
trademark ~ передача [переуступка] товарного знака
value ~ задание величин, присвоение значений
work ~ рабочее задание
assistance помощь, содействие
counseling ~ помощь консультациями
expert ~ профессиональная помощь
legal ~ юридическая [правовая] помощь
management ~ содействие в области управления
old-age ~ пособие престарелым
redress ~ содействие в возмещении
sales ~ помощь со стороны торгового персонала
technical ~ техническая помощь; техническая консультация
tied ~ обусловленная помощь
use ~ помощь *(заказчику)* в эксплуатации изделия
assistant помощник
administrative ~ помощник по административным вопросам
advertising ~ помощник по рекламе
boom ~ *вещ.* помощник микрофонного оператора
prompt ~ исполнительный помощник
research ~ научный сотрудник
selling ~ продавец-консультант *(в магазине самообслуживания)*
shop ~ *англ.* продавец
staff ~ помощник по кадрам

associate компаньон, партнёр, союзник
business ~ деловой партнёр; коллега по работе
"associated" узнавший марку *(о читателе, чётко воспринявшем часть объявления, где указана марка товара или имя рекламодателя)*
association 1. общество, ассоциация 2. связь *(идей)* ◇ ~ by similarity ассоциация по сходству
~ of attributes взаимосвязь (качественных) признаков
advertising ~ рекламная ассоциация
brand ~ ассоциирование [ассоциация] с маркой
building-and-loan ~ *амер.* кредитно-строительное общество
contiguous ~ ассоциация по смежности
cooperative ~ кооперативная ассоциация; акционерное общество
dealer ~ объединение [ассоциация] дилеров
immediate ~ 1. прямая связь 2. непосредственная ассоциация
industrial ~ промышленная ассоциация
industry ~ отраслевая [профессиональная] ассоциация
loan ~ ссудная организация
media ~ ассоциация [объединение] средств рекламы
open-price ~ *амер.* объединение фирм *(в рамках отрасли)*, обменивающихся информацией о ценах
private ~ частная компания, частное общество
product ~ связь с товаром
product-testing ~ товарно-испытательная ассоциация
professional ~ профессиональная ассоциация
saving ~ сберегательная касса
savings-and-loan ~ *амер.* ссудосберегательная ассоциация *(привлекающая сберегательные вклады и предоставляющая средства под залог для строительства домов)*
trade ~ торговая [торгово-промышленная] ассоциация; профессиональная ассоциация
transnational ~ транснациональное объединение

verbal ~ вербальная [словесно-логическая, понятийная] связь
visual ~ зрительная ассоциация
word ~ словесная связь
Association:
~ of Point-of-Sale Advertising Ltd. *англ.* Ассоциация рекламы в местах продажи *(основана в 1966 г.)*
Advertising ~ *амер.* Рекламная ассоциация *(основана в 1926 г.; некоммерческое объединение организаций, занимающихся рекламой, маркетингом и сопутствующими сферами деятельности)*
Advertising ~ of the West *амер.* Рекламная ассоциация Западного побережья *(вошедшая в 1967 г. в состав Американской рекламной федерации)*
Agricultural Publishers ~ *амер.* Ассоциация издателей сельскохозяйственных газет и журналов
American Electronic ~ Американская ассоциация электронной промышленности
American Patent Law ~ Американская ассоциация по патентному праву
American Transit ~ Американская ассоциация городского транспорта
British Direct Marketing ~ Британская ассоциация прямого маркетинга
British Industrial Marketing ~ Британская ассоциация промышленного маркетинга
British List Brokers' ~ Ассоциация британских брокеров по торговле рассылочными списками
British Robots ~ Британская ассоциация робототехники
Broadcast Financial Management ~ *амер.* Ассоциация финансовых руководителей вещательных организаций
Direct Mail Producers ~ Ассоциация производителей прямой почтовой рекламы
Exhibit Designers and Producers ~ *амер.* Ассоциация проектировщиков и изготовителей выставочного оборудования
Federal Savings and Loan ~ *амер.* Федеральная ссудосберегательная ассоциация
Film Producers ~ *амер.* Ассоциация кинопродюсеров
Industrial Marketing Research ~ *англ.* Ассоциация исследований в области промышленного маркетинга
International ~ for the Protection of Industrial Property Международная ассоциация по охране промышленной собственности
Mail Advertising Service ~ *амер.* Ассоциация рекламных услуг по почте
National ~ of Magazine Publishers *амер.* Национальная ассоциация издателей журналов
National ~ of Purchasing Agents *амер.* Национальная ассоциация агентов по закупкам
National Automatic Merchandising ~ *амер.* Национальная ассоциация владельцев торговых автоматов
National Education ~ *амер.* Национальная ассоциация просвещения
Outdoor Advertising ~ of Great Britain, Ltd. Ассоциация наружной рекламы Великобритании
Parents-Teachers ~ *амер.* Ассоциация родителей и педагогов
Press Advertisement Managers' ~ *англ.* Ассоциация управляющих рекламными службами органов периодической печати *(основана в 1907 г.)*
Radio and Television Manufacturers ~ *амер.* Ассоциация промышленности радио и телевидения
Specialty Advertising ~ *амер.* Ассоциация сувенирной рекламы
United States Festivals ~ Ассоциация фестивалей Соединённых Штатов *(организация, проводящая ежегодный «Американский фестиваль промышленных кино- и видеофильмов»)*
assortment ассортимент, набор
brand ~ ассортимент марочных товаров
broad ~ широкий ассортимент *(несколько видов связанных между собой товаров)*
deep ~ насыщенный [глубокий] ассортимент *(много типов аналогич-*

assortment

ных товаров многих производителей)
exclusive ~ замкнутый ассортимент *(товары только одного производителя)*
narrow ~ узкий ассортимент
product ~ товарный ассортимент
scrambled ~ смешанный ассортимент *(много разных, не связанных между собой товаров)*
assumption предположение, допущение
basic ~ фундаментальное представление, (основное) исходное допущение, исходная посылка
conservative ~ осторожное предположение
false ~ ложная посылка
implicit [implied] ~ подразумеваемое допущение
indirect ~ косвенное допущение
nonprovable ~ допущение, справедливость которого невозможно доказать
precarious ~ необоснованное предположение
randomness ~ допущение о случайности [о случайном характере]
speculative ~ гипотетическое допущение
tacit ~ подразумеваемое допущение
undue ~ неверное допущение
valid ~ обоснованное предположение
assurance уверенность, гарантия
cost ~ обеспечение стоимостных показателей
credible ~ надёжная гарантия
performance ~ обеспечение технических характеристик *(изделия)*
quality-and-value ~ обеспечение качества и ценности *(изделия)*
schedule ~ гарантия соблюдения сроков работ
statistical ~ статистическая достоверность
warranty ~ гарантированный срок службы
assuredness (само)уверенность
social ~ приемлемость для общества
asterisk звёздочка *(типографский знак)*; знак сноски
atmosphere атмосфера, обстановка
businesslike ~ деловая обстановка
participative ~ атмосфера взаимной заинтересованности
receptive ~ благоприятная атмосфера
attempt попытка, проба
failed ~ неудавшаяся попытка
futile [ineffectual] ~ тщетная [безнадёжная] попытка
overt ~ явная попытка
vain ~ тщетная [безнадёжная] попытка
attention 1. внимание, внимательность; забота **2.** осмотр; уход *(за техникой)* ◇ **to gain** ~ привлекать внимание; **to splinter** ~ дробить внимание
active ~ активное [произвольное] внимание
audience ~ внимание аудитории
automatic ~ автоматическое [непроизвольное] внимание
casual ~ невнимательность
cue ~ внимание к подсказкам [к ориентирам]
customized ~ внимание к специфическим запросам и нуждам клиентов
daily ~ ежедневный уход
divided ~ раздробленное внимание
heightened ~ повышенное [усиленное, заострённое] внимание
initial ~ первоначальное [первичное] внимание
involuntary ~ непроизвольное внимание
managerial ~ внимание (со стороны) руководства
media ~ внимание со стороны средств информации
noninterrupted ~ непрерывное внимание
primary ~ непроизвольное внимание
public ~ общественное внимание, внимание (со стороны) общественности
routine ~ профилактический осмотр
selective ~ селективное [избирательное, выборочное] внимание
sustained ~ устойчивое [длительное] внимание
undistracted ~ сосредоточенное внимание
undivided [unremitting] ~ безраздельное внимание
voluntary ~ произвольное [активное] внимание

audience

attention-getter фактор [средство] привлечения внимания
attentiveness внимательность, степень внимания
attitude отношение, позиция; состояние
~ **of mind** умонастроение, склад ума
artistic ~ творческое отношение
buying ~ покупательское отношение
cautious ~ настороженное отношение
consumer ~ отношение потребителей, потребительское отношение
cooperative ~ готовность к сотрудничеству
customer ~ *см.* consumer attitude
deep-seated ~ укоренившийся подход
favourable ~ благоприятное отношение
national ~ общенациональное отношение, отношение в масштабах страны
negative ~ негативное [отрицательное, недоброжелательное] отношение
negligent [nonchalant] ~ беспечное [небрежное, халатное] отношение
no-nonsense ~ строгое [требовательное] отношение
personal ~ личное отношение
positive ~ положительное [позитивное] отношение
public ~ отношение (со стороны) общественности, общественный настрой
reader ~ отношение читателей
risk ~ отношение к риску, готовность пойти на риск
show-me ~ скептическое отношение
uncomplying ~ жёсткая [твёрдая, непреклонная] позиция
understanding ~ позиция взаимопонимания
wait-and-see [waiting] ~ выжидательная позиция
attorney адвокат; поверенный; уполномоченный ◇ **by** ~ по доверенности, через поверенного
patent ~ патентный поверенный; адвокат, ведущий патентные дела
public ~ поверенный *(в суде)*, адвокат
trademark ~ поверенный по товарным знакам

attraction притяжение, привлекательность
~ **of ink** *полигр.* восприимчивость к краске
secular ~ мирской [светский] соблазн
sightseeing ~ достопримечательность
strong ~ большая привлекательность, притягательная сила
tourist ~ туристская достопримечательность
attributable относимый на счёт
attribute свойство, качество, характеристика, отличительная черта
determinant ~ определяющее свойство, определяющий признак
key ~ основное свойство
minor ~ второстепенное свойство
perceived ~ воспринимаемое свойство
performance ~ 1. функциональное свойство 2. *pl* эксплуатационные свойства
product ~ свойство [признак; отличительная черта] товара
salient ~ замечаемое [характерное; заметное] свойство
system ~ характеристика [характерная черта] системы
attrition истощение, изнашивание
budget ~ растаскивание бюджета *(отвлечение рекламных ассигнований на цели, не связанные с рекламой)*
market ~ распад рынка
auction аукцион, публичная продажа, торги
public ~ публичные торги
audience аудитория *(зрители)* ◇ **to attract** ~ привлекать аудиторию; **to draw** ~ собирать аудиторию, привлекать зрителей; **to hold** ~ удерживать аудиторию; **to identify** ~ идентифицировать [определять] аудиторию
accumulated ~ накопленная [суммарная, нарастающая] аудитория
actual ~ фактическая аудитория
ad exposure ~ аудитория, имевшая контакт с рекламой
ad page ~ аудитория рекламной полосы *(издания)*
ad playback ~ аудитория способных

audience

воспроизвести содержание рекламного объявления (*напр. в ходе опроса*)
advertising ~ рекламная аудитория, аудитория рекламы
appropriate ~ подходящая аудитория
at-home ~ домашняя аудитория, аудитория находящихся дома
available ~ наличная аудитория (*способная принимать радио- или телевизионную программу в данный момент времени*)
average ~ *амер.* средняя [обычная] аудитория
average instantaneous ~ средняя одномоментная аудитория
average issue ~ средняя читательская аудитория номера (*периодического издания*)
bedrock ~ основная постоянная аудитория
broadcast ~ аудитория средств вещания
cable ~ аудитория кабельного телевидения
captive ~ специально организованная аудитория, аудитория поневоле, аудитория «пленников»
carry-over ~ *см.* inherited audience
casual ~ случайная аудитория
cinema ~ киноаудитория, аудитория посетителей кинотеатров
commercial ~ аудитория теле- или радиоролика
consumer ~ потребительская аудитория, аудитория потребителей
cumulative ~ нарастающая аудитория (*слушатели или зрители учитываются только 1 раз независимо от числа включений*)
desired ~ искомая аудитория
downscale ~ нижние эшелоны [слои] аудитории (*по социально-экономическим или демографическим показателям*)
duplicated ~ дублированная аудитория
expanding ~ расширяющаяся аудитория
farm ~ фермерская [сельская] аудитория
film ~ аудитория фильма; кинозрители, кино-аудитория
general ~ широкая публика

gross ~ валовая аудитория
guaranteed ~ гарантированная аудитория
holdover ~ *вещ.* переходящая аудитория (*от одной программы сети к другой*)
hostile ~ враждебная [враждебно настроенная] аудитория
household ~ аудитория домохозяйств (*в которых телепрограмму смотрел хотя бы один человек*)
individual ~ аудитория, состоящая из отдельных лиц
inherited ~ *вещ.* унаследованная аудитория (*не сменившая канал после окончания программы*)
in-home ~ *см.* at-home audience
initial ~ первоначальная [исходная] аудитория
intended ~ избранная [расчётная, искомая] аудитория
issue ~ аудитория выпуска (*периодического издания*)
lead-in ~ *см.* inherited audience
live ~ живая [непосредственно присутствующая] аудитория
magazine ~ аудитория читателей журналов
market ~ аудитория рынка, рыночная аудитория
mass ~ массовая аудитория
media ~s аудитории средств рекламы
medium ~ аудитория средства рекламы
national ~ общенациональная аудитория
net unduplicated ~ недублированная аудитория-нетто
network ~ аудитория сети (*радио или телевидения*)
newspaper ~ читательская аудитория газеты
one-issue ~ аудитория одного номера (*периодического издания*)
out-of-home ~ аудитория вне дома
outside ~ внешняя аудитория
pass-along ~ «вторичная» аудитория, аудитория «вторичных» читателей (*получающих периодические издания от подписчиков*)
potential ~ потенциальная аудитория
(pre)selected ~ выбранная [отобранная] аудитория

54

audit

primary ~ первичная аудитория
prime-time ~ аудитория «пикового» времени
program ~ аудитория программы (телевидения или радио)
projected ~ расчётная аудитория
radio ~ аудитория радио (слушателей)
receptive ~ восприимчивая аудитория
repeat [repetitive] ~ повторная [повторяющаяся] аудитория
restricted ~ ограниченная аудитория
ripe ~ «созревшая» аудитория, аудитория, готовая к действию
secondary ~ см. pass-along audience
select ~ избранная аудитория
sophisticated ~ искушённая публика
specialized ~ специализированная аудитория
sympathetic ~ благожелательная аудитория
target ~ целевая аудитория
teen ~ подростковая аудитория, аудитория подростков
television ~ аудитория телевидения, телевизионная аудитория
test ~ группа испытуемых; обследуемая аудитория
thin ~ немногочисленная аудитория
total ~ общая [суммарная] аудитория
undifferentiated ~ недифференцированная аудитория
unduplicated ~ недублированная аудитория
upscale ~ верхние эшелоны [слои] аудитории (по социально-экономическим или демографическим показателям)
viewing ~ зрительская аудитория
vulnerable ~ уязвимая аудитория
audilog *фирм.* «аудилог», зрительский дневник (*в который члены зрительской выборки заносят сведения обо всех просмотренных ими программах*)
audimeter *фирм.* «аудиметр» (*электронное устройство для поминутной регистрации на плёнке информации обо всех включениях телевизора и переключениях с программы на программу*)

storage instantaneous ~ электронный аудиметр с запоминающим устройством
audio звуковая часть телеролика [телепрограммы], звуковое сопровождение
audiotape магнитофонная лента, магнитная лента для звукозаписи
audiovisual аудиовизуальный, звукозрительный
audit 1. проверка, ревизия; аудит 2. опрос (*напр. потребителей*) ◇ to make ~ проводить ревизию
~ of retail sales ревизия розничной торговли
administrative ~ административно-хозяйственная ревизия
advertising ~ ревизия рекламы
attitude ~ опрос для выявления отношений
business ~ ревизия хозяйственной деятельности, коммерческая ревизия
circulation ~ *амер.* контроль за тиражами, ревизия тиража (*включает в себя не только контроль за достоверностью сведений о численных показателях, но и учёт целого ряда характеристик, таких как зона охвата, способ оплаты*)
critical ~ критическая проверка
external ~ внешняя ревизия
field ~ ревизия на месте, выездная ревизия; внекабинетный опрос
internal ~ внутренняя ревизия
market ~ ревизия рынка
marketing ~ ревизия маркетинга (*комплексный анализ маркетинговой деятельности для выявления проблем и возможностей и выдачи рекомендаций по её совершенствованию*)
marketing environment ~ ревизия маркетинговой среды
marketing organization ~ ревизия службы маркетинга
marketing productivity ~ ревизия результативности маркетинга
marketing strategy ~ ревизия стратегии маркетинга
marketing systems ~ ревизия систем маркетинга
pantry ~ ревизия домашних запасов

audit

personnel ~ проверка работы персонала
quality ~ проверка качества
reliability ~ проверка надёжности
retail ~ розничная ревизия, ревизия розницы
retail-store ~ ревизия розничных магазинов
sales ~ ревизия сбыта, (периодический) учёт
sample ~ выборочное обследование, выборочная ревизия
standardized ~ 1. стандартизированная ревизия 2. стандартизированный опрос
stock ~ инвентаризация товарных запасов
store ~ магазинная ревизия
test ~ пробная проверка
traffic ~ 1. исследование направлений и интенсивности уличного движения *(по отношению к объектам наружной рекламы)* 2. исследование потока посетителей *(в магазин)*
white ~ *амер.* «белый» отчёт *(годовой отчёт Бюро по контролю за тиражами)*
zero-based ~ ревизия с нуля
Audit:
Business Publications ~ of Circulations *амер.* Бюро по контролю за тиражами отраслевых изданий

auditing проведение ревизии, ревизование, проверка, анализ хозяйственной деятельности; ревизия отчётности
audition проба, прослушивание *(напр. актёра)*; прогон программы
auditor аудитор, ревизор отчётности
  marketing ~ ревизор маркетинга [маркетинговой деятельности]
auditorium зал, аудитория
  multimedia ~ зал, оснащённый проекционной и звуковой аппаратурой
augmentation увеличение, наращивание, прибавление
  product ~ 1. товарное подкрепление, подкрепление товара *(дополнительные услуги и выгоды, которые получает покупатель товара)* 2. доработка [совершенствование] товара
  reliability ~ повышение надёжности
  stability ~ рост устойчивости

auntie «тётушка» *(прозвище английской радиотелевизионной корпорации Би-Би-Си)*
aural звуковая часть фильма
authenticity достоверность, подлинность, аутентичность
author автор; сценарист
  attributed ~ предполагаемый автор
  composite [corporate] ~s авторский коллектив, коллектив авторов
  joint ~ соавтор
  junior ~ соавтор
  senior ~ ведущий [основной] автор
authorit/y 1. администрация, власть 2. право, полномочия; сфера компетенции 3. авторитет, авторитетный специалист ◇ ~ by law правомочие по закону; ~ for purchase разрешение на закупку; ~ to sign право подписи
  ~ of decision право принимать решения
  approving ~ утверждающий орган
  arbitral ~ арбитражный орган
  blanket ~ неограниченные полномочия
  contractual ~ договорные полномочия
  control ~ies органы контроля
  decision-making ~ 1. директивный орган 2. право принятия решений
  exclusive ~ исключительные полномочия
  executive ~ исполнительная власть
  hierarchical ~ иерархическая система власти
  judicial ~ судебная власть
  legislative ~ies законодательные органы
  limited ~ ограниченные полномочия
  line ~ линейное управление
  local ~ies местные органы власти
  parental ~ родительский авторитет
  planning ~ies плановые [планирующие] органы
  price control ~ государственный орган контроля над ценами
  public ~ орган государственной власти
  reviewing ~ надзорная инстанция
  specific ~ особое право, особые полномочия
  state ~ государственная власть
  statutory ~ власть, установленная законом

supervisory ~ 1. орган надзора, наблюдательный орган 2. право надзора
supreme [ultimate] ~ 1. верховная [высшая] власть 2. высший авторитет
undivided ~ единоначалие
veto ~ право вето
Authority:
Advertising Standards ~ *англ.* Комитет рекламных стандартов *(финансируемый сферой рекламного бизнеса и призванный следить за соблюдением норм «Британского кодекса рекламной практики»)*
Code ~ of the National Association of Broadcasters *амер.* Комитет по контролю за соблюдением Кодекса Национальной ассоциации вещательных организаций
Independent Broadcasting ~ *англ.* Управление независимого вещания *(учреждённый в 1954 г. надзорный государственный орган)*
authorization разрешение, санкция; уполномочивание, санкционирование
prior written ~ предварительное письменное согласие
provisional ~ временное разрешение
return ~ право на возврат *(документ, позволяющий розничному торговцу возвратить товар оптовику или производителю с возмещением его стоимости)*
authorship авторство
doubtful ~ сомнительное авторство
personal ~ индивидуальное авторство
autocue (автоматический) телесуфлёр
automation автоматизация
all-round ~ комплексная автоматизация
assembly ~ автоматизация сборки [сборочных операций]
comprehensive ~ комплексная автоматизация
factory ~ промышленная автоматика; автоматизация производства
flexible ~ гибкая автоматизация
integrated ~ комплексная автоматизация
office ~ автоматизация делопроизводства; автоматизация конторских работ [учрежденческой деятельности]; средства автоматизации делопроизводства
robot ~ автоматизация с применением роботов; роботизация
autoscroll автопрокрутка, автоматическая прокрутка *(изображения на экране ЭВМ)*
availability 1. наличие, доступность 2. *вещ.* время, предлагаемое рекламодателям *(для спонсорских программ)*
~ of labour наличие [предложение] рабочей силы
channel ~ наличие свободных [нераспределённых] каналов
credit ~ доступность кредита
in-store ~ доступность *(товара)* в торговых точках
media ~ наличие средств рекламы; доступность средств рекламы
operational ~ эксплуатационная готовность
product ~ доступность товара
stock ~ наличие запасов
use ~ эксплуатационная готовность
average среднее число, средняя величина
limiting ~ предельное среднее значение
moving ~ скользящее среднее значение
national ~ средний общенациональный показатель
national price ~ средний уровень цен по стране
overall ~ среднестатистический показатель
period ~ среднее за период
representative ~ репрезентативная средняя величина
time ~ среднее по времени, временно́е среднее
weighted ~ средняя взвешенная величина
avoidance избежание, уклонение; предотвращение
~ of contract расторжение договора [контракта]
~ of law обход закона
defect ~ предотвращение дефектов
award награда, приз; вознаграждение

award

art ~ награда за художественные достижения
cash ~ денежное вознаграждение
contract ~ присуждение контракта
creative ~ награда за творческие достижения, награда за творчество, творческая награда
design ~ награда за дизайн
quality ~ награда за качество

Award:
Ace ~ приз «Эйс» *(за лучшую оригинальную программу кабельного телевидения)*
Addy ~ приз «Адди» *(за творческие достижения в рекламе, присуждается Американской рекламной федерацией)*
Alpha Kappa Psi ~ премия «Альфа Каппа Пси» *(присуждаемая американским журналом «Джорнэл оф маркетинг»)*
Avatar ~ приз «Аватар» *(присуждается ежегодно Ассоциацией финансовых руководителей вещательных организаций)*
Cammy ~s призы «Кэмми» *(за лучшие любительские телефильмы года, созданные студентами университетов)*
Clio ~ приз «Клио» *(в виде статуэтки греческой богини Клио, присуждается на проходящем ежегодно в Нью-Йорке Американском фестивале теле- и радиорекламы)*
Distinguished Service ~ амер. награда «За выдающиеся заслуги» *(присуждается Национальной ассоциацией вещательных организаций за личный вклад в развитие радио- и телевещания)*
Effy ~ приз «Эффи» *(присуждаемый за выдающиеся достижения в области рекламы)*
Emmy ~s премии «Эмми» *(в виде позолоченной статуэтки с изображением женской фигурки, держащей в руках земной шар, присуждаются Национальной академией телевизионных искусств и наук за творческие и технические достижения в области телевидения)*
Engineering ~ амер. награда «За технические достижения» *(присуждается Национальной ассоциацией вещательных организаций за вклад, обеспечивший «значительное совершенствование технического состояния средств вещания»)*
Gavel ~ «Молоток» *(приз Американской ассоциации адвокатов, присуждаемый организациям за вклад в разъяснение общественности роли юристов, юриспруденции и суда)*
George K.Polk ~s награды имени Джорджа К.Полка *(присуждаются Лонг-Айлендским университетом за выдающиеся достижения в журналистике)*
Golden Nymph ~ приз «Золотая нимфа» *(Международного телевизионного фестиваля в Монте-Карло)*
Golden Rose of Montreux ~ приз «Золотая роза Монтре» *(ежегодного международного фестиваля рекламы, в швейцарском г.Монтре)*
Grammy ~ премия «Грэмми» *(присуждаемая Национальной академией звукозаписи США за лучшие достижения в области музыки и музыкальной записи)*
Hall of Fame ~ амер. приз «Зала славы» *(почётная награда, присуждаемая организацией «Пионеры вещания» посмертно лицам, которые внесли выдающийся вклад в развитие радио и телевидения)*
Henry Johnson Fisher ~ амер. «Приз Генри Джонсона Фишера» *(ежегодно присуждается Ассоциацией издателей журналов лицам, вносящим большой вклад в развитие журнально-издательского дела)*
Hugo ~ приз «Хьюго» *(за лучшее произведение научной фантастики)*
International Broadcasting ~s амер. награды «За вклад в международное вещание» *(присуждаются Голливудским обществом радио и телевидения — рекламным фильмам и радиороликам, которые «способствуют повышению уровня художественного, творческого и технического совершенства вещательной рекламы в международном масштабе»)*
John Hancock ~ амер. «Приз Джона

Хэнкока» *(присуждается журналистам за достижения в разъяснении потребителям проблем предпринимательства и финансовой деятельности)*
Lulu ~s *амер.* призы «Лулу» *(присуждаются за выдающиеся достижения в области радио- и телевещания и сопутствующих сферах)*
Möbius advertising ~s Международный конкурс «Рекламные награды Мёбиуса» *(проводится с 1971 г. в г. Элмхерст, близ Чикаго, включает в себя фестиваль телевизионных рекламных фильмов, фестиваль роликов радиорекламы, конкурс печатной рекламы)*
Orson Wells ~ *амер.* приз «Орсона Уэллса» *(присуждается Бюро радиорекламы за лучшие коммерческие программы для местного радио)*
Oscar ~s премии «Оскар» *(присуждаются с 1929 г. Американской киноакадемией за достижения в различных областях американского кино)*
Paul D.Converse ~ премия Поля Д.Конверса *(присуждается ежегодно Американской ассоциацией маркетинга за выдающийся вклад в науку маркетинга»)*
Queen's ~ for Exports *англ.* Королевская награда за достижения в экспорте
Silver Anvil ~ приз «Золотая наковальня» *(ежегодно присуждается Американской ассоциацией по связям с общественностью за выдающиеся программы в области «паблик рилейшнс»)*
Tony ~s премии «Тони» *(театральный аналог телевизионных премий «Эмми» и кинематографических «Оскаров». Название происходит от имени актрисы Антуанетты Перри)*
awareness осведомлённость ◊ **to create** ~ создавать осведомлённость
advertising ~ осведомлённость о рекламе
brand ~ осведомлённость о марке *(товара)*
conscious ~ осознанная осведомлённость
consumer ~ осведомлённость потребителей, потребительская осведомлённость
early ~ ранняя осведомлённость
fitness ~ осознанная необходимость поддержания соответствующей (физической) формы
immediate ~ непосредственная [прямая] осведомлённость
legal ~ правосознание
media ~ осведомлённость средств рекламы
name ~ осведомлённость о названии
overall ~ повсеместная [всеобщая] осведомлённость
political ~ политическое осознание
price ~ осведомлённость о цене
product ~ осведомлённость о товаре
public ~ общественная осведомлённость
social ~ осведомлённость общественности
top-of-mind ~ максимальная осведомлённость; осведомлённость по насущной [актуальной] проблеме
unaided ~ осведомлённость без подсказки
widespread ~ широкая осведомлённость
axiomatic общеизвестный, не требующий доказательств

B

bachelor 1. бакалавр 2. холостяк
~ **of Civil Law** бакалавр гражданского права
~ **of Law** бакалавр права [юридических наук]
back задняя [тыльная] сторона *(чего-л.)*, оборотная сторона, оборот ◊ **to be at the** ~ **of** *smth.* быть скрытой причиной *чего-л.*
book ~ корешок книжного блока
backbone 1. основа, суть, сущность 2. корешок книжного блока
~ **of theory** основы [суть] теории

backbone

organizational ~ организационный костяк

backcloth, backdrop *экр.* фон, задник; занавес
   natural ~ естественный фон *(на телеэкране)*

background 1. фон, задний план **2.** исходные (биографические) данные **3.** подготовка, образование ◇ in the ~ на заднем плане
   ~ of experience накопленный опыт
   ~ of problem история [предыстория] проблемы
   cultural ~ культурные корни
   ethnic ~ этническое происхождение, этническая принадлежность
   factual ~ обстоятельства дела
   family ~ семейное окружение, социальное происхождение
   pan ~ мульт. панорамный фон *(позволяющий совершать длительные горизонтальные перемещения камеры)*
   projected ~ *экр.* проецируемый фон; рирпроекционный фон
   static ~ статичный фон
   stimulating ~ стимулирующая обстановка
   technical ~ техническое образование, опыт работы в технической сфере
   window ~ фон окна *(на экране дисплея)*

backing-up *полигр.* печатание на оборотной стороне листа

backload сосредоточение рекламных усилий во второй половине кампании

backswing обратный ход, (от)мах назад

back-to-back «спина к спине», встык *(о рекламных роликах или программах радио или телевидения, следующих друг за другом без каких-л. перебивок или вставок между ними)*

badge значок, эмблема; кокарда; нагрудная визитка
   exhibitor's ~ значок участника выставки
   identification ~ служебный значок-пропуск, опознавательный значок

baffle звуко- *или* светопоглощающий экран; звукопоглощающий щит
   acoustic ~ звукопоглощающий щит

balance 1. баланс **2.** сбалансированность, уравновешенность; состояние равновесия
   ~ of births and deaths соотношение между рождаемостью и смертностью
   ~ of mind нормальное состояние рассудка
   ~ of nature экологическое [природное] равновесие; экологический баланс
   ~ of payments платёжный баланс
   ~ of trade торговый баланс *(денежное выражение сальдо экспорта и импорта страны)*
   adverse ~ пассивный платёжный баланс, дефицит платёжного баланса
   colour ~ цветовой баланс
   cost-effectiveness ~ соотношение между затратами и эффективностью
   delicate ~ неустойчивое равновесие
   ecological ~ экологический баланс
   formal ~ формальная сбалансированность
   informal ~ неформальная сбалансированность
   in-stock ~ остаток товарно-материальных ценностей на складе
   inventory ~ остаток товарно-материальных ценностей, уровень запасов
   inventory-to-sales ~ соотношение между уровнем запасов и объёмом сбыта
   money-commodity ~ равновесие между деньгами и товарами
   money income and expenditures ~ баланс денежных доходов и расходов
   negative ~ пассивный (торговый) баланс
   population ~ баланс населения
   positive trade ~ активный торговый баланс; положительное сальдо торгового баланса
   running ~ текущий остаток *(напр. средств в банке)*
   stable ~ устойчивое равновесие
   stock and provision ~ равновесие между запасами и снабжением
   visual ~ зрительная уравновешенность

balloon воздушный шар(ик); овал *(для слов на рисунках типа комиксов)*

ballyhoo *жарг.* рекламная шумиха, дутая назойливая реклама

Bank

ban запрет, запрещение ◇ **to impose ~** вводить запрет; **to lift [to repeal] ~** снимать запрет
  total ~ полное запрещение, полный запрет
band 1. диапазон, зона 2. бандероль, манжетка *(книги)*
  advertising ~ рекламная манжетка [бандероль]
  amplitude modulation broadcast ~ диапазон вещания с амплитудной модуляцией *(535—1605 кГц)*
  audio ~ диапазон звуковых частот *(15Гц — 20кГц)*
  broadcast ~ вещательный диапазон, диапазон вещания *(для радио 535 — 1605 кГц, для телевидения 54 — 890 МГц)*
  C ~ диапазон «C» *(4—6 ГГц. Используется для спутниковой связи)*
  citizens' ~ «гражданский» диапазон *(выделенный для личной и служебной радиосвязи; 29,965 — 27,405 МГц и 460 — 470 МГц)*
  confidence ~ *стат.* доверительная область, доверительный интервал
  error ~ *стат.* интервал между доверительными границами
  frequency modulated broadcast ~ диапазон частот для ЧМ-вещания *(88-108 МГц)*
  light change ~ *экр.* световой паспорт *(для регулирования света в процессе печати копии кинофильма)*
  neck ~ колеретка, бандеролька *(на горлышке бутылки)*
  package ~ рекламная бандероль на упаковке
  publicity ~ рекламная манжетка [бандероль]
  significance ~ *стат.* интервал значимости
  tolerance ~ интервал допусков
bandage:
  liquid ~ медицинский клей
bangtail конверт-бланк *(с дополнительным клапаном, который отрывается по перфорации и служит бланком заказа)*
bank 1. банк 2. фонд, (общий) запас
  agency [agent] ~ агентский банк *(представительство иностранного банка в США, не имеющее права*

принимать депозиты или предоставлять кредит от своего имени)
  branch ~ отделение [филиал] банка
  central ~ центральный банк
  clearing ~ клиринговый банк
  commercial ~ коммерческий банк
  copy ~ фонд (рекламных) текстов
  correspondent ~ банк-корреспондент, корреспондентский банк
  data ~ банк данных, информационный банк
  federal home loan ~ *амер.* федеральный банк по кредитованию жилищного строительства
  glass ~ стеклянный (рекламный) короб
  industrial ~ промышленный банк
  insured ~ *амер.* банк с застрахованными депозитами
  investment ~ инвестиционный банк
  lending ~ банк-кредитор
  loan ~ ссудный банк
  merchant ~ торговый банк
  model ~ банк (математических) моделей
  mutual savings ~ взаимно-сберегательный банк
  parent ~ банк-учредитель, головной [контролирующий] банк
  private ~ частный банк
  savings ~ сберегательный банк, сберегательная касса
  statistical ~ статистический банк, банк статистической информации
  time ~ *вещ.* фонд рекламного времени; резервирование времени за счёт рекламодателя *(бартерная сделка, когда в обмен на предоставление рекламодателем программ или иных услуг ему резервируется рекламное время)*
  trademark data ~ банк данных о товарных знаках
  trading ~ коммерческий банк
Bank:
  ABC (Newspaper Audience Research) Data ~ *амер.* Банк данных о читательской аудитории газет Бюро по контролю за тиражами *(США предоставляет демографическую информацию о «круге вчерашних читателей» всех ежедневных и воскресных газет, издаваемых членами*

Bank

Бюро, при условии охвата ими более 10% домохозяйств на конкретном рынке, за основу которого обычно берётся территория стандартного метрополитенского статистического ареала)
bankroll денежные средства, финансовые ресурсы
bankruptcy банкротство, несостоятельность
   fraudulent ~ злостное банкротство
   individual ~ личное банкротство
   voluntary ~ добровольное банкротство
banner 1. *амер.* флаговый заголовок на всю ширину полосы, «шапка» 2. транспарант
   aircraft trailing [airplane] ~ самолётный транспарант, транспарант воздушной рекламы, (рекламный) транспарант, буксируемый самолётом
   commercial ~ рекламный транспарант
   wall ~ транспарант
   window ~ витринная наклейка, витринный вымпел
bar 1. брусок 2. планка, линейка, рейка 3. бар, стойка
   colour ~s *полигр., экр.* контрольная цветная полоска *(показывающая эталонную интенсивность цветов)*; шкала контроля цветной печати; цветовой «матрац» *(на видеоленте)*
   food ~ брикетированный пищевой концентрат
   host ~ бесплатный закрытый бар *(для участников мероприятия)*
   knife ~ *полигр.* ножедержатель
   meat ~ мясной концентрат в плитке
   scroll ~ курсор прокрутки
   singles ~ бар для одиноких
   space ~ пробельная клавиша, клавиша интервала *(напр. на клавиатуре компьютера)*
   status ~ строка состояния, информационная строка *(в окне дисплея)*
   test ~s *см.* **colour bars**
   towel ~ кронштейн для полотенец
   type ~ *полигр.* линотипная строка
bargain сделка, договорённость ◊ **to seal** ~ завершать сделку
   good ~ выгодная сделка
   losing ~ невыгодная сделка
   special ~ льготная сделка
   tight ~ сделка с незначительной прибылью, сделка с небольшими шансами на прибыль
   venal ~ договорённость за взятку
barker 1. зазывала; аукционист 2. короткий крупный заголовок *(выше стандартного заголовка)*
baron *амер.* магнат, туз
   cattle ~ *амер.* крупный скотовод
   press ~ газетный магнат
   robber ~s бароны-грабители *(прозвище американских капиталистов и промышленников, наживших состояния во второй половине XIX века за счёт нещадной эксплуатации природных ресурсов, коррумпирования законодателей и прочих неблаговидных деяний)*
barracuda *жарг.* телескопический штатив осветительного прибора
barrier барьер, преграда
   customs ~s таможенные барьеры
   entry ~ барьер для доступа, преграда выходу *(на рынок)*
   language ~ языковый барьер
   monetary ~s денежные барьеры
   natural ~ природный барьер, естественная преграда
   nontariff ~ нетарифный барьер
   protectionist ~s протекционистские барьеры
   tariff ~ тарифный барьер
   trade ~s торговые ограничения
barter 1. бартер, меновая торговля; натуральный обмен 2. *вещ.* оплата эфирного времени товарами фирмы-рекламодателя *(предназначенными для использования в качестве призов)*
   direct ~ непосредственный обмен *(продуктами труда)*
   indirect ~ опосредованный обмен *(обмен товарами, при котором в качестве меры стоимости выступает третий товар)*
barterer участник бартерной сделки [меновой торговли]
base основа, основание; базис; база ◊ **to build user** ~ создавать базовый контингент потребителей

acetate ~ ацетатная основа *(киноплёнки)*
circulation ~ базовый тираж (для) исчисления тарифа, показатели тиража для исчисления тарифа, тиражная основа рекламного тарифа
colour ~ *полигр.* цветовой фон
comparison ~ основа(ние) для сравнения
customer ~ костяк клиентуры, клиентурная база
data ~ база данных
film ~ *экр.* основа (кино)плёнки, плёночная основа
industrial ~ промышленная [производственная] база
knowledge ~ база знаний
manufacturing ~ производственная база
operating ~ база (для продолжения) функционирования
price level ~ база уровня цен *(при пересчёте в неизменные цены)*
private data ~ частная [закрытая] база данных *(информация в которой доступна только её владельцу)*
public data ~ общая база данных, база данных общего пользования *(доступная всем пользователям вычислительной системы)*
rate ~ основа исчисления тарифа, тарифная база
supply ~ база снабжения
tax ~ база налогообложения
test ~ испытательная база
user ~ базовый контингент потребителей [пользователей]

basement 1. подвальное помещение 2. подвал *(в газете)*
automatic (markdown) ~ *амер.* подвал автоматических уценок *(секция розничного магазина, в которую передаются с уценкой товары, не проданные в течение определённого срока в обычных секциях)*
bargain ~ подвальное помещение уценённых товаров *(в магазине)*

basher *экр.* «ковш» *(прибор верхнего рассеянного света с двойной дугой)*

basis базис; основа; основание ◇ on a chance ~ на основе случайностей; случайно; on a commercial ~ на коммерческой основе; on a commission ~ на комиссионной основе; on a contract ~ на договорной основе; on an emergency ~ в особо срочных случаях; on a fifty-fifty ~ на равных [паритетных] началах; on a going ~ на постоянной основе; постоянно, непрерывно; on an individual ~ в индивидуальном порядке; on a lump-sum ~ при аккордной оплате; on a mass ~ в массовом масштабе; on a parity ~ на паритетной основе, на паритетных началах; on a payable ~ на выгодной основе; on a pilot ~ в виде опыта, в порядке эксперимента, для пробы; on a priority ~ на основании установленной очерёдности; on a random ~ произвольно; on a routine ~ в рабочем порядке; on a selective ~ выборочно; on a syndicated ~ на синдицированной основе
~ of inquiry основание для расследования
compensation ~ компенсационная основа
contractual ~ договорно-правовая основа
cost-per-order ~ стоимость как основа в расчёте на один полученный заказ
cost-per-thousand-names ~ стоимость как основа в расчёте за тысячу имён *(в рассылочных списках)*
legal ~ правовое основание
logical ~ логическая основа, логическое основание
modular ~ модульный принцип
open-bid ~ принцип открытых торгов
production ~ производственная база
sample ~ выборочная основа *(обследования)*
"winner-take-all" ~ принцип «победителю достаётся всё»

bath промывание, промывка; ванна
bubble ~ пенный препарат для ванны
toning ~ виражный раствор, вираж

battery группа, комплект
~ of studies комплекс исследований
test ~ набор (психологических) тестов *(для определения способностей)*

battle борьба
~ of ideas противоборство идей
competitive ~ конкурентная борьба

63

battle

losing ~ безнадёжная борьба
Bauhaus «Баухауз» (*Высшая школа строительства и художественного конструирования в Германии. Основана в 1919 г. в г. Веймаре. В 1935 г. закрыта нацистами*)
beam луч, пучок лучей
   infrared ~ инфракрасный луч
   laser ~ лазерный луч
   light ~ пучок света
   spot ~ точечный луч
beard *полигр.* головка литеры; нижний выносной элемент литеры
bearing отношение, аспект; подход
   risk ~ принятие риска
beautician косметолог; косметический салон
bed 1. основание, ложе, станина 2. *полигр.* талер
   flat ~ талер плоскопечатной машины
beercasting «пивовещание» (*назойливая реклама пива по радио и телевидению*)
behaviour поведение, действия, реакция
   ~ of sample *стат.* поведение выборки
   adaptive ~ приспособительное поведение
   appetitive ~ поведение, обусловленное привлечением (к раздражителю)
   arbitrary ~ произвол
   avoidance ~ избегающее поведение (*рефлекторное действие в виде уклонения от восприятия нежелательного раздражителя*)
   brand choice ~ (покупательское) поведение при выборе марки
   business ~ деловое поведение, поведение [настроение, реакция] предпринимателей [деловых кругов]
   buyer [buying] ~ поведение покупателей; покупательское поведение
   channel ~ *стат.* поведение канала распределения
   commercial ~ коммерческое поведение
   competitive ~ 1. поведение конкурентов 2. поведение в конфликтных ситуациях
   compliant ~ уступчивость
   consumer ~ поведение потребителей, потребительское поведение
   consumer spending ~ динамика потребительских расходов
   cost ~ динамика издержек
   criterion ~ нормативное поведение; конечные требования
   customer ~ поведение клиентов
   daily ~ повседневное поведение
   demographic ~ демографическое поведение
   desired ~ желаемое поведение
   donor ~ поведение жертвователя
   echoic ~ подражательное поведение, подражательные действия
   emotional ~ эмоциональное поведение
   fraudulent ~ обман
   goal-directed [goal-seeking] ~ целенаправленное поведение, целенаправленные действия
   imprudent ~ неразумное поведение
   income ~ динамика доходов
   industrial buying ~ поведение покупателей товаров промышленного назначения
   innate ~ врождённая структура поведения, инстинктивное поведение, безусловно-рефлекторные действия
   involuntary ~ непроизвольное поведение
   irrational ~ иррациональное поведение
   irregular ~ странное поведение
   logical ~ разумное [последовательное] поведение
   low-down ~ бесчестное [низкое] поведение
   market ~ состояние рынка
   marketing ~ маркетинговое поведение, маркетинговые действия
   neglect ~ небрежение; небрежность
   neurotic ~ невротическое поведение
   nonverbal ~ поведение, не подкреплённое словами; молчаливое поведение
   obliterative ~ стремление оставаться незаметным
   observable ~ внешнее поведение
   obsessive ~ навязчивое состояние
   offensive ~ агрессивное поведение
   operational ~ функционирование
   organizational buyer ~ поведение по-

benefit

купателей [закупщиков] от имени организаций или предприятий
overt ~ внешнее поведение
post-purchase ~ реакция на покупку, поведение после (совершения) покупки
price ~ динамика [движение] цен
probabilistic ~ *стат.* вероятностное поведение
proper ~ добропорядочное [надлежащее] поведение
public ~ общественное поведение
purchase [purchasing] ~ покупательское поведение
puritanic(al) ~ строгое поведение
purposeful [purposive] ~ целенаправленное поведение, целенаправленные действия
real-life ~ реальное поведение; поведение в реальных условиях
reinforced ~ подкрепляемое поведение
searching ~ пробующее поведение (*при выборе варианта решения*)
shopping ~ поведение покупателей, покупательское поведение
social ~ общественное поведение
specifiable ~ точно определяемое поведение; действия, поддающиеся точному описанию
stable ~ стабильное поведение; устойчивый [стабильный] режим
symbolic ~ символическое поведение
team ~ групповое поведение
transaction ~ поведение в ходе сделки
transfer ~ особенности поведения при осуществлении передачи [уступки], поведение в процессе передачи
ultimate buying ~ конечное покупательское поведение
unbridled business ~ эксцессы предпринимательства
uncertain ~ поведение в условиях неопределённости
unconscious ~ неосознанное [подсознательное] поведение
unweighed ~ неразумное поведение
verbal ~ поведение, подкреплённое словами; вербальное поведение; словесно-логические действия
voluntary ~ произвольное поведение; добровольные действия

wear ~ характеристики износа
beliefs убеждения
brand ~ убеждения в отношении марочного товара
core ~ основные [основополагающие] убеждения
religious ~ религиозные верования
secondary ~ вторичные [благоприобретённые, второстепенные] убеждения
superstitious ~ суеверия, приметы
believability правдоподобность, достоверность
advertising ~ правдоподобность [достоверность] рекламы
media ~ достоверность сообщений в СМИ
belonginess духовная близость, чувство родства
belt 1. пояс, зона, район 2. *стат.* интервал 3. ремень
battery ~ *экр.* батарейный пояс, пояс с (*вмонтированными*) батареями (*для питания репортажных камер*)
confidence ~ *стат.* доверительный интервал
rocket ~ ракетный пояс
sanitary ~ гигиенический пояс
Belt:
Black ~ чёрный пояс (*южные районы США с преобладанием негритянского населения*)
Snow ~ снежный пояс (*северные штаты США*)
Sun ~ солнечный пояс (*южные штаты США*)
benchmark 1. точка отсчёта 2. *стат.* база; критерий
buying attitude ~ критерий склонности к совершению покупки
beneficiary получающий (экономическую) выгоду
benefit 1. достоинство; преимущество 2. выгода 3. пособие, выплата ◊ **to derive** ~ извлекать выгоду [пользу]; **to furnish** ~s предоставлять выгоды
accident ~ пособие в связи с несчастным случаем
claimed ~ приписываемая (товару) выгода, заявляемая выгода
consumer ~ потребительская выгода
core ~ основная выгода
customer ~ выгода для покупателя

benefit

[клиента, заказчика], потребительская выгода
distinct ~ явная выгода
economic ~ экономическая выгода
employee ~s пособия для служащих
fringe ~s дополнительные выплаты, доплаты, дополнительные льготы
incidental ~ побочная [попутная] выгода
material ~ материальная выгода
membership ~s льготы для членов (*организации*)
mutual ~ обоюдная выгода
nonmaterial ~s духовные блага
nutritional ~ питательная ценность, питательное достоинство
perceivable ~ ощутимо воспринимаемая выгода
personal ~ личная выгода
product ~ выгода (от) товара, товарная выгода, выгода, присущая товару
promotional ~ привилегия в сфере стимулирования сбыта
psychological ~ психологическое преимущество
public ~ общественное благо
salient ~ веское преимущество
sickness ~ пособие по болезни
specific ~ специфическая [конкретная] выгода
subsidiary ~ второстепенная [побочная] выгода
tangible ~ ощутимая выгода
unemployment ~ пособие по безработице
unique ~ уникальное преимущество
beverage напиток
alcoholic ~ алкогольный напиток
blended ~ купажированный напиток
carbonated ~ газированный напиток
cold ~ холодный напиток (*потребляемый в холодном виде*)
dry ~ сухой концентрат (*для приготовления безалкогольных напитков*)
dry fruit ~ сухой фруктовый напиток
fruit ~ плодово-ягодный напиток
fruit juice ~ натуральный плодово-ягодный напиток
non-alcoholic ~ безалкогольный напиток
nutritive ~ напиток питательной ценности
ready-to-drink ~ напиток, готовый к употреблению
still ~ негазированный напиток
tonic ~ тонизирующий напиток
bias 1. предубеждённость, пристрастие 2. смещение, сдвиг; тенденция уклон
downward ~ тенденция к понижению (*напр. цен*)
export ~ экспортный уклон
fatigue ~ смещение [искажение] результатов опроса из-за усталости интервьюера или интервьюируемого
inflatory ~ инфляционная тенденция (*напр. деятельности*)
inherent ~ неустранимое смещение
interviewer ~ смещение результатов опроса за счёт личных качеств интервьюера
job ~ дискриминация в области труда (*напр. при приёме на работу*)
sample ~ *стат.* смещение выборки
upward ~ тенденция к повышению (*напр. цен*)
bid 1. предложение цены 2. предложение о заключении контракта; торги
competitive ~ конкурентоспособное предложение
open ~ открытые торги
sealed ~ закрытые торги (*напр. в практике государственных закупок*)
special ~ специальное предложение цены
straw ~ ложное предложение
bidder соискатель контракта; участник торгов
below(-cost) ~ фирма, сбивающая цену на торгах; фирма, предлагающая на торгах свою продукцию ниже себестоимости
highest(-cost) ~ участник торгов, дающий предложение по самым высоким ценам
lowest(-cost) ~ участник торгов, дающий предложение по самым низким ценам
Big Blue «Синий великан» (*прозвище корпорации «IBM»*)
bikeathon соревнование по продолжительности езды на велосипеде
bill 1. счёт к оплате 2. афиша 3. законопроект ◇ **to deliver** ~ предъявлять

binding

счёт; to itemize ~ составить подробный счёт
~ of complaint исковое заявление, жалоба *(письменная)*
~ of fare меню
~ of sale закладная; купчая
advertising ~ рекламный плакат, рекламная афиша
appropriation ~ 1. финансовый законопроект 2. *англ.* законопроект об ассигнованиях
draft ~ проект закона, законопроект
due ~ соглашение об оплате рекламы по бартеру
freight ~ счёт за транспортировку; сумма расходов по транспортировке
paid ~ оплаченный счёт
public ~ публичный законопроект
ransom ~ выкупное свидетельство
repair ~ счёт за ремонт [за ремонтные работы]
service ~ счёт за техническое обслуживание
short rate ~ штрафной счёт за недобор *(оговорённого количества места под рекламу в печатном издании)*
show ~ афиша
utility ~ счёт за коммунальные услуги
Bill:
Alexander ~ «Законопроект Александера» *(отвергнутый Конгрессом США в 1918 г. законопроект, предусматривавший установление монополии правительства на эфирное вещание)*
billboard 1. рекламный щит *(обычно размером либо под 24-листовые, 580 см × 245 см, либо под 30-листовые, 640 см × 267 см, плакаты)* 2. доска объявлений 3. *вещ.* объявление о спонсоре и других создателях и участниках программы *(обычно продолжительностью от 3 до 10 с)*
baby ~ (внутрисалонный) рекламный планшет в средствах общественного транспорта
commercial ~ *вещ.* стандартное объявление начала или конца радио- или телепрограммы *(с перечислением спонсоров)*
prime ~ щит в «пиковом» районе; щит, расположенный в наиболее выгодном районе
billing оборот по счетам *(общая сумма счетов, выставленных агентством своим клиентам с включением стоимости услуг средств распространения рекламы, производственных расходов и услуг самого агентства)*; оформление [выставление] счетов
double ~ двойная бухгалтерия
gross ~ валовая сумма счетов *(без учёта скидок)*
total ~ общий оборот по счетам
weekly ~ оборот за неделю; понедельное выставление счетов
world(wide) ~ оборот по счетам в мировом масштабе
billposter расклейщик плакатов
bimonthly выходящий раз в 2 месяца *(о периодическом издании)*
bin ларь, корзина; бункер *(на складе)*
cassette ~ кассетный контейнер *(магнитофона)*
cooling ~ охладительный бункер
display ~ корзина для экспонирования [выкладки] товара
dump ~ корзина для экспонирования товара навалом
editing ~ *экр.* корзина для (кино)плёнки *(в процессе монтажа)*
truck ~ автомобильный кузов для бестарных перевозок
binder 1. переплёт 2. переплётчик
easy ~ гибкая картонная папка
loose-leaf ~ 1. бесшовный переплёт для изданий в виде отдельных листков, блокнот с отрывными листами 2. машина для скрепления разъёмными скобами
open-back ~ переплёт с открытым корешком
bindery переплётная мастерская
binding 1. переплёт 2. переплёт *(процесс)*, скрепление ◇ ~ in boards цельнокартонный переплёт
adhesive ~ клеевое скрепление
cardboard ~ картонный переплёт, переплёт-папка
case ~ жёсткий [твёрдый] переплёт
coil ~ переплёт с корешком, скреплённым спиралью

binding

extra ~ высококачественный ручной переплёт
flexible ~ гибкий [мягкий] переплёт
hand ~ ручной переплёт, переплёт вручную
hard(-cover) ~ жёсткий [твёрдый] переплёт
(inlay-)mosaic ~ инкрустированный переплёт
limp ~ гибкий [мягкий] переплёт
perfect ~ бесшвейное скрепление
removable ~ съёмный переплёт
saddle ~ скрепление [шитьё] внакидку (*проволокой*)
spiral ~ *см.* coil binding
unsewn ~ бесшвейное скрепление

biweekly выходящий раз в две недели (*о периодическом издании*)

biz бизнес, дело
chiz ~ жульничество, мошенничество; подкуп
show ~ индустрия развлечений, шоу-бизнес

black чёрный цвет; чёрная краска; чернота (*последняя, самая тёмная из 10 ступеней нейтрально-серой шкалы*)
animal ~ животный уголь
bone ~ костная чернь, костный уголь
carbon ~ 1. сажа 2. копировальная бумага
hard ~ жёсткая костяная чернь
ivory ~ жжёная слоновая кость (*красящий пигмент*)
mineral ~ минеральный чёрный пигмент
soft ~ мягкая сажа, мягкая растительная чернь
solid ~ *полигр.* плашка
vegetable ~ растительная чернь

blackface жирный шрифт
black-out *нар. рекл.* запрещение подсветки (*искусственного освещения щитов и прочих установок наружной рекламы*)

Black Rock *жарг.* «Чёрный булыжник» (*прозвище здания штаб-квартиры американской вещательной корпорации «Си-Би-Эс»*)

blacksmith «кузнец» (*творческий работник сомнительных способностей*)

blade *полигр.* лезвие, нож

doctor ~ ракельный нож
ejector ~ выталкиватель, выталкивающая пластина
folding ~ фальцующий нож
mould ~ кегельная планка
scraper ~ 1. скребок для зачистки места склейки (*киноплёнки*) 2. ракельный нож
wiping ~ ракельный нож

blank 1. пустое [свободное] место; пробел 2. бланк
interlinear ~ междустрочие, интерлиньяж
order ~ бланк заказа
printed ~s бланочная продукция
response ~ пропуск для ответа (*на бланке*)
subscription ~ бланк подписки

blanket *полигр.* облицовка офсетного цилиндра, офсетное полотно

blanking *нар. рекл.* белый бордюр, белая окантовка, чистая закраина (*белое поле стандартной ширины между изображением и обрамлением щитовой установки*)

bleach отбеливатель
home liquid ~ жидкий бытовой отбеливатель

bleed *полигр.* печать в обрез [без полей] ◇ ~ in the gutter *см.* gutter bleed
edge ~ печать в обрез по наружным полям
gutter ~ печать в обрез «по канаве» [по корешковому полю]

blend смесь, купаж
alcohol ~ спиртовая смесь
colour ~ композиция красок, смесь красителей
soup ~ суповая смесь
tea ~ смесь чая
tobacco ~ смесь различных типов и сортов табака

blimp звукопоглощающий «мягкий» бокс (*киносъёмочного аппарата*)

block 1. клише, форма высокой печати 2. блок (*напр. эфирного времени*)
~ of ads рекламный блок, блок рекламных объявлений
~ of type блок набора
advertising ~ клише рекламного объявления
combination [composite] ~ комбини-

Board

рованное клише *(растровое и штриховое)*
ground ~ клише для печатания фона, фоновое клише
half-tone ~ растровое клише
line(-process) ~ штриховое клише
name ~ клише с названием рекламодателя
printing ~ клише, форма высокой печати
process ~ клише, изготовленное фотомеханическим способом
program ~ *вещ.* программный блок, блок программ
relief ~ клише, форма высокой печати
reverse(d) ~ выворотное клише
splicing ~ склеечный пресс *(для магнитной ленты)*
tint ~ *см.* ground block
wood cut ~ ксилографическое клише
blow-up увеличенная репродукция, увеличенное изображение
blue синий [голубой] цвет; *pl* хандра
  buyer's ~s покупательская хандра
  electric ~ (цвет) «электрик»
  gobelin ~ приглушённый зеленовато-голубой цвет
  Prussian ~ берлинская лазурь
  Quaker ~ иссиня-чёрный цвет
  watery ~ водянисто-голубой цвет
  whitish ~ бело-голубой цвет
  Yale ~ ярко-синий цвет
blue-chip высококачественный, первосортный, высшего класса, высшего качества
blueprint 1. проект, программа, план 2. светокопия, «синька»
  general strategic ~ формальная стратегическая программа
board 1. совет, правление 2. доска, картон ◇ **across the** ~ *вещ.* единый сквозной график *(заказ на трансляцию рекламы одной и той же станцией в одно и то же время во все свободные дни недели с понедельника по пятницу включительно)* ‖ в течение всей недели
  ~ **of approval** разрешительный совет
  ~ **of complaints** комиссия по рассмотрению жалоб, апелляционный комитет
  ~ **of directors** совет директоров
  ~ **of management** правление
  "A" ~ двухсторонний складной (рекламный) щит
  advertisement ~ доска объявлений
  advisory ~ консультативный орган
  box ~ ящичный картон, картон для изготовления ящиков
  bulletin ~ доска объявлений
  business ~ совет директоров коммерческой организации
  caption ~ *экр.* заготовка титров *(в готовом для съёмки виде)*
  carving ~ разделочная доска *(для продуктов)*
  danger ~ щит с предупреждением об опасности
  display ~ демонстрационное табло
  editorial ~ редакция; редакционная коллегия
  illustration [illustrator's] ~ рисовальный картон, картон для рисования
  main ~ центральное правление, центральный совет
  marketing ~ совет по маркетингу
  mediation ~ конфликтная [примирительная] комиссия *(на предприятии)*
  nonprofit ~ совет директоров некоммерческой организации
  notice ~ *см.* bulletin board
  planning ~ группа планирования, совет по планированию
  plans ~ планово-ревизионный совет
  poster ~ плакатная панель, плакатный щит
  printed circuit ~ плата с печатной схемой
  review ~ наблюдательный совет
  sandwich ~ «бутербродный» щит, щит человека-сэндвича
  show ~ *нар. рекл.* небольшой щит
  strategy review ~ совет по вопросам стратегии
  supervisory ~ наблюдательный совет
  title ~ *экр.* станок для съёмки титров
Board:
  British ~ **of Film Censors** Британское бюро киноцензоров *(учреждено в 1912 г.)*
  Broadcasters Audience Research ~ *англ.* Бюро по исследованию аудитории средств вещания *(поставляет рейтинги аудитории для корпора-*

Board

ции Би-Би-Си и центров Независимого телевидения)
Canadian Circulations Audit ~ Канадский совет по контролю за тиражами
Consumer Protection ~ Совет по защите прав потребителей *(Канада)*
Engineering Industry Training ~ *англ.* Совет машиностроительной промышленности по делам образования
Federal Home Loan Banks ~ *амер.* Правление системы федеральных банков по кредитованию жилищного строительства
National Advertising Review ~ *амер.* Национальный совет по наблюдению за рекламной деятельностью *(учреждён в 1971 г.; организация рекламодателей, рекламных агентств и средств рекламы, которая рассматривает жалобы в связи с вводящей в заблуждение или лживой рекламой)*
National Industrial Conference ~ *амер.* Совет национальной промышленной конференции
Potato ~ Совет по маркетингу картофеля
Prices and Incomes ~ *англ.* Комитет по ценам и доходам
Trademark Trial and Appeal ~ Совет по рассмотрению споров и апелляций в связи с регистрацией товарных знаков *(при Патентном ведомстве США)*

boardroom зал заседаний правления
bodkin типографское шило
body 1. орган; группа 2. *полигр.* ножка *(литеры)*
~ **of laws** совокупность правовых норм
deliberative ~ совещательный орган
expert ~ комиссия [комитет] экспертов
governing ~ руководящий орган
government ~ государственное учреждение
legislative ~ законодательный орган
media clearance ~ орган контроля за средствами рекламы
parent ~ вышестоящий орган *(имеющий систему периферийных организаций)*
point ~ кегль шрифта
public ~ государственный орган
(self-)regulatory ~ орган (само)регулирования
standing ~ постоянный орган
type ~ кегль шрифта
voluntary ~ общественная [добровольная] организация, добровольное общество

bogus 1. короткая заметка *(для заполнения неиспользованной части газетной полосы)* 2. подделка
boldface жирный шрифт
boldline строка, набранная жирным шрифтом
bond 1. облигация 2. (долговое) обязательство 3. узы, связь
annuity ~ рентная облигация *(не имеющая срока погашения и приносящая владельцу проценты)*
bearer ~ облигация на предъявителя *(в отличие от именной)*
coupon ~ облигация с процентным купоном
fixed-rate ~ облигация с фиксированной ставкой процента
floating-rate ~ облигация с «плавающей» [изменяющейся] ставкой процента
language ~ языковая связь
mortgage ~ ипотечная закладная
optional ~ облигация с правом досрочного погашения
passive ~ беспроцентная облигация
performance ~ гарантийное обязательство выполнения всех условий контракта
perpetual ~ *см.* annuity bond
preference ~ преимущественная облигация, облигация с первоочередной выплатой процентов и первоочередным погашением
public ~ облигация государственного займа
registered ~ именная облигация *(без купонов)*
savings ~ сберегательная облигация
war ~ облигация военного займа

bonus 1. вознаграждение, премия, дополнительная скидка 2. дополни-

book

тельное преимущество *(товара, рекламы)*
annual ~ годовая премия
cash ~ дополнительная выплата наличными, дополнительная скидка за оплату наличными
display ~ премия за выкладку *(выплачивается торговцу за акцентированное экспонирование товара производителя)*
incentive ~ поощрительная премия
long service ~ надбавка за выслугу лет
merit ~ премия за заслуги
book книга
accession ~ инвентарная книга, книга (регистрации) новых поступлений *(в библиотеке, архиве)*
account ~ бухгалтерская книга, гроссбух
Blue ~ *амер.* список занимающих государственные должности
business reference ~ отраслевой справочник
call ~ коммивояжёрский дневник, книга регистрации визитов *(в которой коммивояжёр записывает результаты своих визитов и сведения о клиентах)*
check ~ чековая книжка
clip ~ книжка [альбом] стандартных заготовок художественного оформления рекламы *(продаётся без права на эксклюзивное использование помещённых в нём изображений)*
clipping ~ подборка вырезок
colouring ~ книжка-раскраска, книжка для раскраски
comic ~ книга-комикс
commercial rating ~ справочник о финансовых оборотах фирм
continuity ~ рекламная папка радио- или теледиктора *(с подшитыми в хронологическом порядке рекламными текстами, которые предстоит прочитать в течение дня)*
cook(ery) ~ поваренная книга
cutback ~ ступенчато сброшюрованная книга, книга с уступным расположением страниц
data ~ статистический справочник
desk ~ настольная книга, справочник

educational ~ учебник, учебное пособие
formula ~ сборник рецептов, рецептурный сборник
game ~ книжка-забава, книжка-игра
gift ~ книга в подарочном издании, подарочная книга
guard ~ охранное досье, «страховочная» книга *(подборка всех объявлений заказчика или основной информации о его рекламной деятельности)*
hand ~ справочник
hardbound ~ книга в твёрдом переплёте
home service ~ журнал по домоводству
how-to ~ практическое руководство, учебно-инструктивная книга
inner ~ книжный блок
instruction ~ руководство, инструкция, наставление
lesson ~ учебник
log ~ журнал учёта
loose-leaf ~ непереплетённая книга; издание из разъёмных листов
manuscript ~ рукописная книга
matrix ~ матричный сборник
order ~ книга заказов; портфель заказов
out-of-print ~s букинистические книги
paperback ~ книга в мягкой [бумажной] обложке
phone ~ телефонный справочник
program(me) ~ программа, брошюра с программой *(мероприятия)*
rare ~ редкая книга, книга-раритет
rate ~ тарифный справочник
recipe ~ сборник кулинарных рецептов, кулинарная книга
reference ~ справочник
rule ~ свод правил
sample ~ альбом образцов
self-help ~s книги по проблемам самосовершенствования
slick ~ лёгкое чтиво
softbound ~ книга в обложке
statute ~s свод законов
"talking" ~ 1. «говорящая» книга, книга со звуковым приложением 2. звукозапись книги для слепых
tariff ~ тарифный справочник

book

 type ~ каталог шрифтов
 visitors' ~ книга регистрации посетителей
 year ~ ежегодник
bookend 1. *полигр.* форзац 2. книгодержатель, подставка для книги
booking заказ, резервация; *pl* портфель заказов
 block ~ блочная закупка, закупка блока *(времени или места)*
 quantity ~ заказ большого объёма
 space ~ резервация [заказ] места *(под рекламу)*
bookkeeping бухгалтерский учёт, бухгалтерия
 double-entry ~ двойная бухгалтерия
 single-entry ~ простая бухгалтерия
booklet 1. буклет *(печатный рекламный материал в мягкой обложке объёмом обычно не более 24 полос)* 2. книжечка; брошюра
 instruction ~ брошюра-инструкция
bookplate *полигр.* экслибрис
bookstore книжный магазин
boom 1. бум, резкое оживление; процветание 2. (операторский) кран; (микрофонный) штатив, «журавль»
 baby ~ резкое повышение рождаемости *(в США период 1946-1960 гг.)*
 camera ~ операторский кран, кран-штатив
 commodity ~ товарный бум
 microphone ~ микрофонный штатив, «журавль»
boomer:
 baby ~ «дитя бума» *(о детях, родившихся в США в период 1946-1960гг.)*
booth 1. (выставочный) стенд 2. кабина; аппаратная
 announcer ~ дикторская кабина
 corner ~ угловой стенд *(с проходом с двух сторон)*
 exhibit ~ выставочный стенд
 individual ~ заказной стенд
 projection ~ проекционная (кино)будка
 sound ~ аппаратная звукозаписи
borax халтура, «мусор» *(о дешёвом бросовом товаре, плохо написанной или напечатанной рекламе)*
border бордюр, кайма; граница
 white ~ *полигр.* поле страницы

borrower заёмщик, получатель ссуды
 commercial ~ торговец-заёмщик
 end-use ~ окончательный заёмщик
 mortgage ~ заёмщик по ипотеке
bottle бутылка; флакон
 capped ~ бутылка, укупоренная колпачком
 crowned ~ бутылка, укупоренная кроненкоркой *(кронч́атым колпачком)*
 multitrip ~ многооборотная бутылка
 narrow-neck ~ узкогорлая бутылка
 no-deposit ~ невозвратная бутылка, бутылка разового пользования
 non-drip ~ неподтекающая бутылка
 non-returnable ~ *см.* no-deposit bottle
 nursing ~ рожок *(для кормления грудных детей)*
 one-way disposable ~ *см.* no-deposit bottle
 "pony-size" ~ бутылка-малютка *(до 0,2 литра)*
 refill [returnable] ~ многооборотная бутылка
 sprinkler top ~ бутылка с отверстием для выбрызгивания, бутылка с пульверизатором
 squeeze ~ мягкая бутылка
 stoppered ~ бутылка, укупоренная пробкой
 throwaway ~ *см.* no-deposit bottle
 two-way ~ многооборотная бутылка
 wide-neck(ed) ~ широкогорлая бутылка
bottler разливочный завод
boundary граница, край, предел
 cell ~ *см.* class boundary
 city ~ граница [черта] города
 class ~ *стат.* граница [предел] интервала
 functional ~ функциональный предел
 indefinite ~ неопределённая граница
 natural ~ естественная граница
 physical ~ физический предел
 stratum ~ *стат.* граница слоя *(выборки)*
bourgeois боргес *(шрифт кегля 9)*
boutique рекламное ателье, «лавка» *(небольшое рекламное агентство, оказывающее минимальное количество услуг, главным образом твор-*

ческого порядка); творческая мастерская; модный салон
creative ~ творческое ателье
media ~ ателье, специализирующееся на работе со средствами рекламы
software ~ творческая мастерская по разработке программного обеспечения *(для ЭВМ)*

box 1. коробка, ящик 2. часть текста, заключённая в рамку; врезка
"**black** ~" «чёрный ящик» *(в рекламе - нечто, появляющееся совершенно произвольно, незамотивированно, нередко вопреки логике и здравому смыслу)*
card index ~ картотечный ящик
casting ~ *полигр.* отливная форма *(станка)*
changing ~ *экр.* кабина для перезарядки кассет и съёмочной аппаратуры
collapsible ~ складывающаяся картонная коробка
decorative ~ упаковочный ящик с декоративной отделкой *(напр. из бархата)*
display ~ иллюстративно-изобразительная врезка *(на полосе рубричной рекламы)*, рубричное иллюстративно-изобразительное объявление в рамке
ditty ~ коробка для мелких вещей *(напр. ниток)*
dusting ~ банка с перфорированной крышкой для обсыпки *(сахарной пудрой)*
echo ~ объёмный резонатор, эхо-резонатор
fall-front ~ ящик с откидной передней стенкой
fancy packing ~ художественно оформленная упаковочная коробка
flip-top ~ коробка с откидной крышкой
folding ~ складная коробка
fudge ~ место в наборной полосе *(газеты)* для помещения последних сообщений
label ~ магазин этикеток *(в этикетировочной машине)*
lettering ~ *полигр.* ячейка наборной кассы с шрифтовыми знаками
light ~ световой короб, световая витрина
lug ~ коробка с ручками [с ушками]
mail ~ почтовый ящик
packing ~ упаковочная коробка, упаковочный ящик
post-office ~ абонементный почтовый ящик
safe deposit ~ сейф для хранения ценностей *(в банке)*
scroll ~ курсор прокрутки
semi-display ~ полуизобразительное рубричное объявление в рамке, полуизобразительная рубричная врезка
shipping ~ транспортный ящик, транспортная коробка
sorts ~ *полигр.* ящик для (отлитых) литер
sound ~ *экр.* кабина звукооператора; комната звукового контроля
space-band ~ *полигр.* шпационная коробка
suggestion ~ ящик для предложений
tin ~ жестяная коробка
tote ~ стальной поднос *(для переноски грузов)*
transparency viewing ~ диапозитивный короб
zero ~ низкотемпературный холодильный шкаф

boy курьер, посыльный
best ~ помощник бригадира осветителей *(на съёмках)*
courtesy ~ доставщик покупок из магазина до автомобиля покупателя
glamour ~ рекламный красавчик

boycott бойкот ◇ **to apply** ~ прибегнуть к бойкоту; **to put under** ~ бойкотировать
economic ~ экономический бойкот
trade ~ торгово-экономический бойкот

bracket 1. группа, категория; рубрика 2. скобка
age ~ возрастная группа
angle [angular] ~ угловая скобка
bow [brace, curly] ~ фигурная скобка
income ~ 1. группа *(населения)* по уровню доходов 2. *pl* рамки доходов
price ~ ценовой диапазон; ценовая категория
round ~ круглая скобка

bracket

square ~ квадратная скобка
Braille 1. шрифт Брайля *(для слепых)* 2. брайлевская печать *(способ печатания книг для слепых, разработанный в 1829 г. французским педагогом Луи Брайлем)*
brainpower мыслительные способности; интеллектуальные ресурсы
brainstorming «мозговая атака», «мозговой штурм»; коллективное обсуждение проблем при полной свободе выдвижения проектов решения *(даже иррациональных)*, поиск творческих идей
branch 1. филиал, отделение 2. отрасль
  ~ of industry отрасль промышленности
  manufacturer's sales ~ оптовое (торговое) отделение производителя *(имеющее товарные запасы)*
  overseas ~ зарубежное отделение, отделение за рубежом
  sales ~ сбытовое отделение, отделение по сбыту
  sister ~ родственное [сестринское] отделение
brand 1. торговая марка; марочный товар; клеймо 2. сорт, качество ◇ to set ~ apart ставить марку особняком
  advertised ~ рекламируемая марка
  barnacle ~ марка-«прилипала» *(марочный товар, появляющийся и закрепляющийся на рынке на заключительных этапах жизненного цикла своего ведущего предшественника-конкурента)*
  cattle ~ тавро
  competing ~ конкурирующая марка, марка конкурента, конкурирующий марочный товар
  controlled ~ марка контролируемого распространения *(марочный товар, распространяемый исключительно одним оптовиком, одним розничным торговцем или ограниченной группой магазинов)*
  corporate ~ общефирменная марка
  Crown ~ клеймо британской королевской инспекции
  dealer('s) ~ марка дилера
  distributor ~ марка дистрибьютора
  domestic ~ отечественная марка; отечественный сорт
  elite ~ элитная марка
  established ~ признанная [укоренившаяся, утвердившаяся на рынке] марка
  familiar ~ знакомая марка
  family ~ семейственная марка, марка семейства товаров
  flagship ~ ведущая марка, ведущий [основной] марочный товар
  generic ~ родовая марка
  gift ~ подарочная марка, подарочный марочный товар
  global ~ марка глобального распространения
  high-status ~ марка-показатель высокого статуса
  house ~ *см.* private brand
  individual ~ индивидуальная марка, товар с индивидуальным марочным названием
  known ~ известная марка
  local ~ местная марка, марочный товар местного распространения
  major ~ основной [популярный] марочный товар
  manufacturer's ~ марка производителя
  mature ~ зрелая марка, зрелый марочный товар
  middleman ~ марка (торгового) посредника
  name ~ именная марка, товар с марочным именем; известная марка
  national ~ общенациональная марка, марка общенационального распространения
  ordinary ~ рядовая [обычная] марка
  private ~ частная марка, марка торгового посредника
  product ~ товарная марка, марка единичного товара
  range ~ ассортиментная марка, марка товарного ассортимента
  regular ~ обычная марка, марка регулярного пользования
  runaway ~ (товарная) марка, лидирующая с большим отрывом
  store ~ магазинная марка
  top ~ ведущая марка *(наиболее популярный и ходовой марочный товар)*
  top-of-mind ~ наиболее прочно за-

bridge

помнившаяся марка, марка, приходящая на ум в первую очередь
trend ~ модная марка, марка, задающая тон
unadvertised ~ нерекламируемая марка
wholesaler('s) ~ марка оптовика
brand-conscious знающий о марке
branding 1. присвоение марки [марочного названия] товару; маркировка 2. товарно-знаковая политика
colour ~ цветовая маркировка
product ~ присвоение товарам марочных названий
ribbon ~ ленточная маркировка
breach невыполнение, нарушение *(напр. обязательств)*
~ of agreement нарушение соглашения
~ of confidence злоупотребление доверием
~ of contract нарушение договора
~ of faith нечестный поступок; нарушение обещания, злоупотребление доверием
~ of obligation нарушение обязательства
deliberate ~ (пред)намеренное нарушение
grave ~ серьёзное нарушение
malicious ~ злоумышленное [злонамеренное] нарушение *(закона)*
material ~ существенное нарушение
break 1. пауза, перерыв 2. абзац; разрыв 3. быстрое и резкое падение цен ◊ ~ in the market резкое падение курса цен на рынке
advertising ~ *см.* commercial break
chain ~ *см.* station break
commercial ~ рекламная пауза *(перерыв в программе для передачи рекламного ролика)*
extended advertising ~ удлинённая рекламная пауза *(как правило, одноразовая продолжительностью до 12 минут и более)*
middle ~ перерыв в середине программы *(для передачи позывных или рекламного ролика)*
natural ~ естественный перерыв *(между передаваемыми программами)*
paragraph ~ абзацный отступ

price ~ 1. резкое падение цены 2. разрыв цен
station ~ «станционный просвет», сетевая пауза *(интервал между трансляциями программы сети, когда станция-филиал может передать свои позывные и рекламу, полученную ею напрямую, в основном от местных рекламодателей)*
transmission ~ перерыв [срыв] передачи
breakdown 1. разбивка, расчленение 2. поломка, отказ ◊ ~ by countries разбивка по странам
~ of cost and profit per sale соотношение издержек и прибыли в расчёте на одну запродажу
~ of data *стат.* разбивка данных
~ of negotiations срыв [провал] переговоров
~ of price and costs разбивка цены и издержек *(по составным элементам)*
audience ~ (демографическая) разбивка [распределение] аудитории
circulation ~ структура тиража; разбивка тиража
complete ~ полный отказ
complex ~ сложная разбивка
demographic ~ демографическая разбивка, разбивка по демографическим признакам
fatigue ~ усталостное разрушение *(напр. механизма)*
geographic ~ географическая разбивка
ink-film ~ *полигр.* разрыв красочной плёнки
job ~ разбивка [разбиение] рабочего процесса на элементы, пооперационный перечень работ
market ~ разбивка рынка
operation ~ *см.* job breakdown
breaking разбивка
bulk ~ разбивка крупной партии товара на мелкие
brevier петит *(шрифт кегля 8)*
two-line ~ *англ.* терция *(шрифт кегля 16)*
brevity краткость, быстротечность, недолговечность
bridge *вещ.* переход, связка
music ~ музыкальный переход, «мос-

bridge

тик», музыкальная связка, музыкальная вставка
brief краткое изложение; сводка, резюме
  design ~ исходное задание на проведение работ по дизайну
  official ~ официальная сводка
briefing инструктаж, инструктивное совещание; указание; постановка задачи
  weather ~ сводка погоды; инструктаж о погоде
brightness яркость
  full ~ полная яркость *(изображения)*
  paper ~ белизна бумаги
  reduced ~ пониженная яркость
  screen ~ экр. яркость (проекционного) экрана
  screen image ~ яркость изображения на экране
brilliant диамант *(шрифт кегля 4)*
broadcast передача *(радио или телевизионная)*; выход в эфир; вещание
  across-the-board ~ передача, транслируемая ежедневно в одно и то же время
  alternate ~s чередующиеся передачи, попеременно финансируемые передачи
  commercial ~ коммерческая [рекламная] передача; передача рекламы
  delayed ~ отсроченная [сдвинутая] трансляция *(идущая на местах в записи с учётом разницы во времени)*
  live ~ прямая передача, «прямой эфир»
  local ~ местная передача; местное вещание
  news ~ информационная передача, выпуск новостей
  radio ~ радиопередача, трансляция по радио
  recorded [taped] ~ передача в записи
  television ~ телевидение; телевизионное вещание
  wire ~ проводное вещание, радиотрансляция
broadcaster 1. работник [специалист] вещания; (теле- *или* радио)журналист; диктор **2.** вещательная компания

broadcasting (телевизионное *или* радио)вещание; трансляция; передача
  cable ~ вещание по кабельному телевидению
  chain ~ одновременная передача программы по сети станций, сетевое вещание
  commercial ~ коммерческое вещание
  direct satellite ~ непосредственное спутниковое вещание; непосредственная передача со спутника
  external [international] ~ международное вещание
  network ~ *см.* chain broadcasting
  noncommercial ~ некоммерческое вещание *(без использования рекламы в качестве источника поступлений)*
  public service ~ общественное [государственное] вещание
  radio ~ радиовещание
  spot ~ «точечное» вещание *(в отдельных районах — «точках» — без массового охвата территории)*
  target ~ целенаправленное вещание
  television ~ телевещание
  wire ~ радиовещание по проводам; радиотрансляция
broadsheet, broadside мини-плакат *(форматом около 38 см × 56 см)*; крупноформатная листовка, листовка-афиша
brochure брошюра
  advertising ~ рекламная брошюра
  consumer ~ брошюра для потребителей
  descriptive ~ брошюра с описанием, описательная брошюра
  educational ~ учебная брошюра
  folding ~ складная брошюра
  informative ~ информационная брошюра
  promotional ~ рекламно-пропагандистская брошюра
  retail ~ брошюра для розничной торговли
broker (независимый) посредник, брокер, маклер
  accredited ~ (официально) признанный брокер
  barter ~ брокер по бартерным сделкам; бартерный брокер *(организующий оплату закупаемого эфирного времени товарами фирмы-рекламо-*

budget

дателя, которые используются радио- или телестанциями в качестве призов)
commission ~ брокер-комиссионер
customs ~ таможенный агент *(фирма, имеющая лицензию на выполнение всех операций, связанных с таможенной очисткой товаров)*
exchange ~ валютный брокер, агент по покупке и продаже иностранной валюты
food ~ брокер по операциям с пищевыми продуктами
information ~ брокер-поставщик информации
insurance ~ страховой брокер
list ~ брокер, торгующий (рассылочными) списками
merchandise ~ товарный брокер, брокер по покупке и продаже товаров
note ~ *амер.* 1. вексельный брокер 2. фирма-посредник в размещении коммерческих бумаг
printing ~ брокер по полиграфическим услугам
prize ~ *см.* barter broker
real estate ~ маклер по операциям с недвижимостью
securities ~ брокер по операциям с ценными бумагами
space ~ агент-комиссионер по продаже места под рекламу *(работает на процентах от средств распространения)*
sworn ~ присяжный маклер
time ~ брокер-закупщик рекламного времени
trash-recycling ~ брокер по торговле мусором [утильсырьём] для переработки
wholesale ~ (товарный) брокер, имеющий собственный склад *(производит отгрузку другим оптовикам или розничным торговцам)*
brokerage 1. брокерская комиссия за совершение сделки, куртаж 2. брокерская деятельность
buying ~ комиссия за покупку
selling ~ комиссия за продажу
brown-out *нар.рекл.* ограничение подсветки *(по распоряжению властей)*
buckeye *жарг.* «плюха» *(зрительно грубое, безвкусное объявление)*
buckle *экр.* плёночный «салат» *(о плёнке, застрявшей или замятой в аппарате и забившей его)*
budget бюджет, финансовая смета ◇ **to set** ~ определять размер бюджета
advertising ~ рекламный бюджет, смета ассигнований на рекламу
advertising and promotion ~ смета расходов на рекламу и стимулирование
annual ~ годовой бюджет
austerity ~ бюджет строгой экономии
average ~ средний бюджет
balanced ~ сбалансированный бюджет
consumer ~ потребительский бюджет
expense ~ смета расходов
family ~ семейный бюджет
fixed ~ твёрдая [жёсткая] смета
forecast ~ перспективная смета; сметные предположения
household ~ семейный бюджет
marketing ~ бюджет маркетинга, смета расходов на маркетинг
master ~ основной [сводный] бюджет, общая [совокупная] финансовая смета
national advertising ~ смета на общенациональную рекламу; общенациональные затраты на рекламу
operating ~ смета текущих затрат *(на производство)*
planning ~ предварительная сводная смета
program ~ смета расходов целевого назначения; смета финансирования (целевой) программы
promotion ~ смета расходов по стимулированию, сумма ассигнований на стимулирование [«раскрутку»] *(товара)*
research ~ смета ассигнований на исследования
research and development ~ смета ассигнований на НИОКР
sales promotion ~ смета расходов [сумма ассигнований] на стимулирование [«раскрутку»] сбыта
sensible ~ разумный бюджет
supporting ~ вспомогательная смета

77

budget

tight ~ стеснённый [напряжённый] бюджет
total ~ общий бюджет, генеральная смета
total promotion ~ сводный бюджет по ассигнованиям на стимулирование
training ~ смета на обучение
travel ~ смета на командировки

budgeting разработка бюджета, составление сметы
profit ~ разработка сметы перспективных доходов; оценка перспективной доходности
program ~ финансирование программ(ы)

bug 1. недостаток, дефект 2. аппарат для тайного наблюдения, «жучок» 3. звёздочка *(типографский знак)*; знак сноски
technical ~ техническая загвоздка

builder изготовитель; подрядчик; создатель
audience ~ средство привлечения аудитории, программа радио *или* телевидения, собирающая постоянно растущую аудиторию
circulation ~ средство стимулирования (роста) тиража
home ~ жилищно-строительная фирма
image ~ создатель престижа [образа, «имиджа»]
model ~ разработчик (математических) моделей
traffic ~ «заманиватель» *(ходовой товар, продаваемый с большой скидкой для привлечения покупателей в магазин)*

building 1. здание, строение 2. строительство 3. создание
assortment ~ формирование товарного ассортимента
consensus ~ достижение согласия, согласование *(напр. планов)*
consumer franchise ~ создание производителю *или* продавцу привилегии в глазах потребителей
farm ~ сельскохозяйственная [фермерская] постройка
high-rise ~ высотное здание, небоскрёб
nonresidential ~ нежилое здание

office ~ конторское [административное] здание
set ~ строительство декораций
traffic ~ стимулирование посещаемости магазина, увеличение покупательского потока

build-up 1. повышение, наращивание; подъём 2. реклама
campaign ~ развёртывание (рекламной) кампании
inventory ~ накопление товарно-материальных запасов
performance ~ улучшение эксплуатационных характеристик
relentless ~ безудержное наращивание

bulldog первый утренний тираж газеты

bulletin 1. бюллетень, информационный листок 2. доска объявлений 3. большой рекламный щит *(примерно 427 × 1460 см)*
abstract ~ реферативный бюллетень
deluxe urban ~ *амер.* «городской гигант» *(устанавливаемый в городе рисованный щит длиной около 1460 см и высотой порядка 427 см)*
embellished painted ~ рисованный щит с элементами украшения *(с фигурными и объёмными элементами)*
ground ~ отдельно стоящий щит *(в отличие от укреплённого на здании)*
head-on ~ (рекламный) щит, устанавливаемый перпендикулярно движению
high spot ~ щит «ударного» [стратегического] размещения *(обеспечивающий за счёт своего местоположения максимально возможное число рекламных контактов)*
information ~ информационный бюллетень
news ~ новости, информационный выпуск; сводка последних новостей
official ~ официальный бюллетень
painted ~ *амер.* рисованный щит
poster [print(ed)] ~ плакатный щит
research ~ научный бюллетень
roof ~ щитовая (рекламная) установка на крыше
rotary [rotating] ~ щит-путешественник *(несколько раз в течение*

Bureau

контрактного срока меняющий место установки)
   sales ~ торговый бюллетень
   standard highway ~ *амер.* стандартный рисованный придорожный щит *(размером около 1270 см* × *396,24 см)*
   statistical ~ статистический бюллетень
   stock exchange ~ биржевая сводка *(документ, в котором сообщаются данные о сделках по зарегистрированным на фондовой бирже ценным бумагам)*
   trademark ~ бюллетень товарных знаков

Bulletin:
   Commonwealth Law ~ Юридический бюллетень Содружества Наций

bullpup первый тираж воскресной газеты для отправки почтой

bullseye броский плакат

bumper (музыкальная *или* рекламная) заставка

bundle пакет; набор
   ~ of benefits комплекс преимуществ
   commodity ~ ассортимент товаров *(удовлетворяющий потребителя при данном уровне цен и доходов)*
   most preferred consumption ~ наиболее предпочитаемый набор потребительских товаров
   shipping ~ пакет товаров для отгрузки

bundling 1. объединение нескольких товаров в набор 2. *вещ.* предоставление нескольких услуг абоненту кабельного телевидения за одну ежемесячную плату

burden 1. груз, бремя 2. накладные расходы 3. общие производственные затраты
   debt ~ долговое бремя
   financial ~ долговое обременение
   general ~ общефирменные расходы; административные расходы
   tax ~ налоговое бремя

bureau бюро
   audit ~ бюро по контролю за тиражами
   better business ~ *амер.* бюро по улучшению деловой практики
   clipping ~ бюро вырезок
   computer service ~ бюро компьютерного обслуживания
   employment ~ бюро по трудоустройству, биржа труда
   frauds ~ бюро по пресечению обманной практики
   government ~ правительственная организация
   information ~ информационное бюро; справочное бюро
   legal aid ~ юридическая консультация
   license ~ бюро по выдаче водительских удостоверений
   news ~ информационное агентство, агентство новостей
   publicity ~ рекламное бюро, бюро рекламы и информации
   travel ~ бюро путешествий

Bureau:
   ~ of Consumer Protection Бюро по защите интересов потребителей *(при Федеральной торговой комиссии США)*
   ~ of Labor Statistics *амер.* Бюро трудовой статистики
   Direct Mail Sales ~ *англ.* Бюро торговцев средствами прямой почтовой рекламы
   International ~ for the Protection of Intellectual Property Международное бюро по охране интеллектуальной собственности
   Mass Media ~ Бюро по контролю за средствами массовой информации *(по проблемам радио и телевещания, включая кабельное телевидение)*
   National Information ~ *амер.* Национальное бюро информации
   Publishers Information ~ *амер.* Бюро информации об издателях *(исследовательская фирма составляющая обзоры затрат на рекламу в общенациональных журналах, общенациональных сельскохозяйственных изданиях и приложениях к газетам)*
   Regional Newspaper Advertising ~ Ltd. *англ.* Бюро рекламы в региональных газетах *(помогает крупным рекламодателям централизованно планировать и проводить кампании в региональной прессе)*

Bureau

US Census ~ Бюро переписей США
US Customs ~ Таможенное бюро США
bureaucracy бюрократия, бюрократическое управление
government ~ государственная машина
bus:
painted ~ автобус рекламной раскраски, автобус, расписанный рекламой
business 1. бизнес, (коммерческое) дело, занятие; предпринимательство 2. коммерческое предприятие 3. экономическая деятельность 4. фирма, предприятие ◇ to close up one's ~ сворачивать дело; to do ~ вести дела, заключать сделки; to lose ~ терять клиентуру; to run ~ вести дело; управлять предприятием
advertising ~ 1. рекламное дело, рекламный бизнес 2. рекламные круги
agency ~ агентский бизнес
apparel ~ *амер.* предприятие [фирма] готового платья
appliance ~ торговля электробытовыми товарами
bona fide ~ солидное коммерческое предприятие
booming ~ процветающий бизнес, бизнес, переживающий период бума
catalogue ~ предприятие, торгующее по каталогам
consumer ~ предприятие по обслуживанию потребителей
core ~ основной вид деятельности, основная деятельность
courier ~ курьерская служба, служба доставки нарочными
declining ~ дело, приходящее в упадок, хиреющее предприятие
entertainment ~ индустрия развлечений, шоу-бизнес
forwarding ~ экспедиторская фирма
free-standing ~ самостоятельное коммерческое предприятие, самостоятельный бизнес
general ~ администрирование
government ~ работа по государственным заказам
growing ~ растущее [набирающее] силу предприятие
haulage ~ транспортное предприятие
international ~ международная коммерческая деятельность, международное предпринимательство, международный бизнес
losing ~ проигрышное [убыточное] дело
mail-order ~ предприятие посылторга; посылочная торговля
main ~ основная деятельность
midsized ~ коммерческое предприятие [«бизнес»] средних размеров [«средней руки»]
monkey ~ бессмысленная работа, бессмысленное занятие, валяние дурака
people ~ деловое сообщество людей
personal service ~ предприятие услуг личного характера
printing ~ типографское дело
private ~ частное предприятие
profitable ~ прибыльный [доходный] бизнес
profitless ~ бесприбыльное дело
promising ~ перспективное [многообещающее] дело
publishing ~ издательское дело
remunerative ~ доходное предприятие; выгодная сделка
repeat ~ повторные сделки
retail ~ 1. розничная торговля, розница 2. предприятие розничной торговли
service ~ предприятие (сферы) услуг; сфера услуг
shipping ~ 1. экспедиторское дело 2. экспедиторская фирма
show ~ индустрия развлечений, шоу-бизнес
successful ~ преуспевающее деловое предприятие
tally ~ предприятие, производящее продажу товаров с рассрочкой платежа
trade ~ коммерческая [торговая] деятельность
travel ~ 1. сфера путешествий и туризма 2. бюро путешествий
undermanaged ~ 1. плохо управляемое коммерческое предприятие 2. плохо управляемый бизнес
wholesale ~ 1. оптовая торговля 2. оптовое предприятие
bus-o-rama «басорама» (*рекламная па-*

buyer

нель с подсветкой, устанавливаемая на крыше автобуса)
bust 1. банкротство, крах 2. пустышка, блеф; халтура
busyness показная занятость
buy покупка, сделка
  bad ~ неудачная покупка
  best ~ наиболее выгодная покупка
  combination ~ покупка (*места или времени*) по (льготному) комбинированному тарифу
  good ~ удачная покупка
  horizontal ~ горизонтальная закупка (*напр. в нескольких типах журналов с разной аудиторией для достижения максимально широкого охвата*)
  impulse ~ импульсная покупка
  media ~ закупка места *или* времени в средствах рекламы
  roadblock ~ *вещ.* блокирующая закупка (*использование всех имеющихся станций для одновременной трансляции одной и той же рекламы*)
  scatter ~ покупка [закупка] «вразброс» (*напр. покупка времени в разных программах или на разных станциях*)
  spot ~ *вещ.* «точечная» покупка, покупка времени под «точечную» рекламу
  vertical ~ вертикальная закупка (*напр. в нескольких однотипных изданиях с частично или полностью совпадающей аудиторией для оказания на неё максимально интенсивного воздействия*)
buyer покупатель, закупщик
  active ~ активный покупатель
  affluent ~ состоятельный покупатель
  agricultural ~ покупатель [закупщик] сельскохозяйственной продукции
  art ~ закупщик художественного оформления
  assistant ~ помощник закупщика
  average ~ средний покупатель
  cash ~ покупатель за наличный расчёт
  catalog(ue) ~ покупатель по каталогу
  chief ~ главный закупщик
  commercial ~ коммерческий покупатель
  common ~ рядовой покупатель
  current ~ (ежедневно) существующий покупатель
  discriminating ~ разборчивый покупатель
  exclusive ~ покупатель [закупщик] с исключительными правами (*на покупку товара*)
  experienced ~ опытный [квалифицированный, искушённый] покупатель
  final ~ конечный покупатель
  former ~ прежний покупатель (*лицо, не совершавшее покупки в течение последних 12 месяцев*)
  gift ~ покупатель подарков
  government ~ закупщик [покупатель] (от имени) государственных учреждений
  heavy ~ крупный покупатель (*приобретающий большое количество товара*), постоянный [активный, весомый] покупатель
  high-potential ~ многообещающий покупатель
  ideal ~ идеальный покупатель
  individual ~ индивидуальный покупатель
  industrial ~ покупатель товаров промышленного назначения
  infrequent ~ нерегулярный [непостоянный] покупатель
  installment ~ покупатель в рассрочку
  institutional ~ покупатель от имени организации
  irregular ~ нерегулярный покупатель
  knowledgeable ~ знающий покупатель
  light ~ мелкий покупатель (*приобретающий небольшое количество товара*), непостоянный покупатель
  list ~ покупатель рассылочных списков
  mail order ~ покупатель товаров посылторга
  manufacturing ~ закупщик из сферы производства
  media ~ специалист по закупке места *или* времени в средствах рекламы, закупщик средств рекламы
  medium ~ умеренный покупатель (*приобретающий умеренное количество товара*)
  military ~ покупатель [закупщик] продукции военного назначения

buyer

moderate ~ *см.* medium buyer
multiple ~ *см.* repeat buyer
one-time ~ разовый покупатель *(особенно в системе посылторга)*
organizational ~ покупатель от имени организации
outdoor space ~ покупатель места для наружной рекламы
potential ~ потенциальный покупатель
premium ~ «премиальный» покупатель *(совершающий покупку одного товара, чтобы получить другой бесплатно или со скидкой; человек, откликнувшийся на предложение совершить льготную покупку с премией)*
present ~ (ежедневно) существующий покупатель
price-conscious ~ покупатель, чутко реагирующий на цену, покупатель, чуткий к цене
print ~ закупщик места в средствах печатной рекламы
professional ~ профессиональный закупщик, закупщик-профессионал
prospective ~ потенциальный покупатель
qualified ~ квалифицированный покупатель
radio spot ~ закупщик времени для точечной радиорекламы
regular ~ постоянный покупатель
repeat ~ повторный [многократный] покупатель
resident ~ 1. местный покупатель 2. *амер.* оптовое предприятие, скупающее товары на комиссионных началах у ограниченного круга клиентов
sample ~ покупатель образцов *(обычно предлагаемых по льготной цене)*, покупатель на «пробу»
service ~ покупатель услуг
sovereign ~ суверенный покупатель
space ~ закупщик места под рекламу
specialist ~ покупатель-профессионал; специалист по закупкам; специализированный закупщик
steady ~ постоянный покупатель
target ~ целевой покупатель
television spot ~ закупщик времени для точечной телерекламы
time ~ закупщик (рекламного) времени
trade ~ покупатель из сферы торговли
trial ~ *см.* sample buyer
buyergraphics *амер.* «покупкография» *(применяемая в системе «Арбитрон» классификация телезрителей не по демографическим признакам, а на основе данных о приобретаемых ими товарах)*
buyer-reader читатель-покупатель *(купивший издание или получивший по подписке)*, первичный читатель
buying покупка, закупка ◇ **~ through catalogues** покупка по каталогам
bulk ~ оптовая закупка
cash ~ покупка за наличные
catalogue ~ покупка по каталогу
central ~ централизованная закупка
comparison ~ покупка на основе сравнения товаров; совершение покупки на основе сравнения товаров
consumer ~ потребительская покупка
contract ~ закупка по контракту, контрактная закупка
cooperative ~ совместная [кооперативная] закупка
credit ~ покупка в кредит
direct ~ прямая закупка
family ~ семейная покупка, покупка для семьи
government ~ закупка от имени государственных учреждений; правительственная закупка
hand-to-mouth ~ 1. минимально необходимые покупки *(для текущего потребления без создания запасов)* 2. закупка, рассчитанная на поддержание товарных запасов на минимальном уровне *(для текущих операций)*
impulse ~ спонтанная [незапланированная] покупка *(совершаемая под влиянием зрительного или слухового впечатления)*
industrial ~ закупка для нужд промышленности
in-home ~ совершение покупки, не выходя из дома, покупка на дому
installment ~ покупка в рассрочку
international ~ закупка из-за рубежа, закупка на внешнем рынке

cabinet

large-scale business ~ крупномасштабная деловая закупка
low-pressure ~ покупка под минимальным давлением
media ~ закупка средств рекламы
military ~ закупка продукции военного назначения
misinformed ~ совершение покупок на основе неверной информации
negotiated contract ~ закупка на основе контрактов по результатам переговоров
open-bid ~ закупка методом открытых торгов
order ~ закупка по заказу
organizational ~ закупка для нужд предприятия; закупка от имени предприятия
pressure ~ покупка под нажимом, покупка по принуждению
print ~ закупка услуг по печатной рекламе
reciprocal ~ взаимная [встречная] закупка, закупка на двухсторонней основе
repeat ~ повторная покупка
retail ~ розничная закупка, покупка товаров в розницу
scare ~ паническая скупка товаров
single-source ~ закупка из одного источника
space ~ закупка места под рекламу
spot ~ покупка на наличные
systems ~ комплектная закупка
time ~ закупка времени *(под рекламу)*
buy-out выкуп, откуп
leveraged ~ выкуп под встречный залог [под встречное обеспечение] *(полученный на закупку кредит будет погашаться за счёт будущих доходов предприятия или за счёт продажи части его активов)*
management ~ выкуп права управления
by-law устав, регламент
corporation ~ устав корпорации
municipal ~ городские постановления
by-product промежуточный [побочный] продукт, субпродукт
edible ~ пищевой субпродукт
industrial ~ s промышленные отходы *(пригодные для использования в других отраслях)*
inedible ~ технический субпродукт
meat ~s мясные субпродукты
technological ~ технологический побочный продукт

C

cabinet 1. шкаф; прилавок: витрина 2. камера
bin-type ~ прилавок типа ларя
case storage ~ *полигр.* шкаф для хранения наборных касс, касса-реал
catalogue ~ каталожный шкаф
chill ~ шкаф для охлаждённых продуктов
china ~ буфет
composing ~ *полигр.* шкаф с наборным столом
cooking ~ (паро)варочная камера
deep-freeze ~ низкотемпературная камера, морозильник
dip-serving ~ низкотемпературный прилавок типа ларя
display ~ витрина; прилавок-витрина
double-fronted [double-sided] ~ двухсторонний прилавок; двухсторонняя витрина
dry bottled beverage ~ ларь для охлаждения напитков в бутылках
drying ~ сушильный шкаф; сушильное отделение *(проявочной машины или кинолаборатории)*
environmental ~ камера для создания заданных окружающих условий *(при испытаниях)*, экологическая камера, камера искусственного климата
filing ~ картотечный [каталожный] шкаф, картотека
film storage ~ фильмостат
florist ~ холодильный шкаф для цветов
food freezer ~ морозильный шкаф для пищевых продуктов
form board ~ *полигр.* шкаф с выдвижными досками для хранения печатных форм
fresh food refrigerated ~ холодиль-

cabinet

ный шкаф для свежих продуктов; охлаждаемый прилавок-витрина для свежих продуктов
frozen food ~ холодильный шкаф для мороженых продуктов, морозильник; низкотемпературный прилавок
full-vision ~ прилавок [витрина] с остеклением сверху донизу
household ~ домашний холодильник
ice-cream ~ холодильный шкаф для хранения мороженого; прилавок для мороженого
island ~ прилавок [витрина] островного типа
kitchen ~ кухонный шкаф
liquor ~ бар *(домашний)*
medicine ~ аптечка
multideck [multishelved, multitier] ~ многоярусный прилавок-витрина
open sales ~ прилавок-витрина открытого типа для самообслуживания
open-top frozen food ~ открытый низкотемпературный прилавок-витрина
rack ~ стеллаж
refrigerated ~ 1. холодильный шкаф; охлаждаемый прилавок 2. домашний холодильник
refrigerated display ~ охлаждаемая витрина
refrigerated serve-over ~ охлаждаемый прилавок-витрина для магазинов с продавцами
refrigeration ~ холодильный шкаф
self-service (display) ~ прилавок-витрина самообслуживания
self-service wall ~ пристенный прилавок-витрина самообслуживания
service ~ (охлаждаемый) прилавок в магазинах самообслуживания *(с однодневным запасом продуктов)*
soda fountain ~ охлаждаемый прилавок для продажи мороженого, напитков и газированной воды
top display ~ прилавок-витрина с доступом сверху
TV ~ корпус телевизора
wall ~ пристенный шкафчик
cable кабель; кабельное телевидение
antenna ~ антенный кабель
basic ~ «основной кабель» *(программа кабельного телевидения для або-*

нентов, *платящих по минимальному тарифу)*
branch ~ ответвительный кабель
coaxial ~ коаксиальный кабель
draw-up [entrance] ~ вводный абонентский кабель
fibre optic ~ волоконно-оптический кабель
leading-in ~ вводный абонентский кабель
long-distance ~ магистральный [междугородный] кабель
main ~ магистральный кабель
microphone ~ микрофонный кабель
optic fibre ~ волоконно-оптический кабель
pay ~ «платный кабель»; платное кабельное телевидение
power ~ силовой кабель, кабель питания
split television ~ кабель одновременных передач разных программ по частям сети
stub ~ ответвительный кабель
subscriber's ~ абонентский кабель
supply ~ силовой кабель, кабель питания
television ~ телевизионная кабельная линия, кабельная видеолиния
trunk ~ магистральный кабель
video ~ видеокабель
Cable:
CBS ~ кабельная телекомпания Си-Би-Эс *(создана в 1981 г., специализируется на передаче культурных программ)*
cablecast программа кабельного телевидения
cablecaster владелец [руководитель] сети кабельного телевидения
cablecasting кабельное вещание
cable-ready рассчитанный на подключение к кабельным сетям *(о телевизорах, видеомагнитофонах и пр. технике, не требующей специальных конвертеров)*
cablevision кабельное телевидение
cafeteria кафетерий; столовая самообслуживания
factory ~ заводской кафетерий
calculating расчётливый
calculation расчёт, подсчёт, вычисле-

ние ◇ **on a rough** ~ по приблизительным подсчётам
approximate ~ приближённое вычисление
checking ~ проверочный расчёт; контрольное вычисление
detailed ~ подробный расчёт
exposure ~ *экр.* расчёт выдержки, определение экспозиции
loose ~ неточный [приближённый] расчёт
reliability ~ расчёт показателей надёжности
strength ~ расчёт прочности
summary ~s сводные расчёты
work-back ~ расчёт от обратного, обратный расчёт (*вероятной себестоимости конкурентного товара путём вычета из его продажной цены оптовых и розничных наценок и прочих известных накладных расходов*)

calculator 1. калькулятор 2. счётно-решающее устройство
desk(-top) ~ настольный калькулятор, арифмометр
digital ~ цифровая вычислительная машина, ЦВМ
electronic ~ электронный калькулятор
exposure ~ калькулятор экспозиции (*напр. на экспонометре*)
minipocket hand ~ карманный мини-калькулятор
pocket ~ карманный калькулятор
printing ~ печатающая счётная машина
punched card ~ вычислительный перфоратор

calendar календарь, табель-календарь
block ~ отрывной календарь
broadcast ~ календарная вещательная сетка, вещательный календарь (*календарь, используемый вещательными организациями для удобства расчётов, в котором год разбит на месяцы из четырёх или пяти полных недель, причём каждый месяц начинается с понедельника*)
delivery ~ календарный график поставок
exhibition ~ календарь выставочных мероприятий

imprinted ~ календарь с (рекламной) надпечаткой
pin-up ~ настенный календарь
pull-off ~ отрывной календарь
Roman ~ римский календарь
sheet [tear-off] ~ отрывной календарь
wall ~ настенный календарь

call 1. вызов; призыв 2. визит, посещение 3. сигнал
advertising ~ рекламный призыв
business ~ деловой визит
"cold" ~ визит наугад, визит без подготовки; неудачный [«холостой»] визит (*коммивояжёра*)
collect ~ телефонный разговор за счёт вызываемого абонента
courtesy ~ визит вежливости
distress ~ сигнал бедствия
emergency ~ аварийный вызов, сигнал тревоги
follow-up ~ повторный визит (*коммивояжёра с целью проверки результатов выполнения заказа*); проверочный [контрольный] визит
initial sales ~ ознакомительный визит коммивояжёра
return ~ ответный визит
sales ~ визит коммивояжёра, коммерческий визит
service ~ вызов технической помощи; визит по техническому обслуживанию; служебный разговор
telephone ~ телефонный звонок

camcoder «камкодер» (*портативный блок из видеокамеры и видеомагнитофона*)

camera (съёмочная) камера; телекамера; фотоаппарат; киноаппарат ◇ **on** ~ в кадре
animation ~ мультстанок, камера для съёмки мультфильмов
background ~ камера (для съёмки) общих планов
bellows ~ складной фотоаппарат с мехами
box ~ ящичный фотоаппарат
broadcast ~ камера вещательного телевидения
caption ~ титровая камера, камера для съёмки титров
cine(matographic) ~ кинокамера

camera

copy ~ фоторепродукционная камера, фотостат
dolly ~ съёмочная камера на тележке
film ~ плёночная фотокамера; киносъёмочный аппарат
hidden ~ скрытая камера *(приём съёмки)*
instant ~ фотоаппарат для получения мгновенных снимков, камера типа «момент»
lithographic ~ фоторепродукционный аппарат
mini(ature) ~ малоформатный фотоаппарат
motion picture [movie] ~ кинокамера
panoramic ~ фото- или киноаппарат для панорамной съёмки
reflex ~ зеркальный фотоаппарат
rostrum ~ *см.* animation camera
satellite ~ спутниковая камера
scanacord eye ~ аппарат для фиксации движения глаз *(применяется для выявления участков рекламного текста или изображения, привлекающего наиболее пристальное внимание испытуемых)*
slow motion ~ рапид-камера, высокоскоростной киносъёмочный аппарат, «лупа времени»
sound (motion picture) ~ синхронный киносъёмочный аппарат, кинокамера для синхронной съёмки
stop motion ~ аппарат для покадровой съёмки
television ~ телевизионная камера
time lapse ~ аппарат для замедленной [центральной] съёмки, цейтрафер
trick ~ камера для трюковой [комбинированной] киносъёмки, трюк-камера
video ~ видеокамера
cameraman *экр.* оператор
assistant ~ ассистент [помощник] оператора
chief ~ главный оператор
film ~ кинооператор
lighting ~ ведущий [главный] оператор, оператор-постановщик
camera-ready готовый для фото-, кино- или видеосъёмки
camp лагерь

holiday ~ лагерь для отдыха *(обычно летний)*
campaign кампания ◊ to develop advertising ~ создавать [разрабатывать] рекламную кампанию; to inflate ~ раздувать кампанию; to measure ~ измерять степень успеха рекламной кампании; to register advertising ~ with the public запечатлеть рекламную кампанию в памяти публики
advertising ~ рекламная кампания *(комплекс рекламных и сопутствующих мероприятий, осуществляемых по единому плану-графику)*
advocacy ~ кампания разъяснительно-пропагандистской рекламы
austerity ~ кампания жёсткой экономии
blitz ~ блиц-кампания *(с целью выхода на рынок)*
brand-image ~ кампания по созданию образа марки
cinema ~ кампания по кинорекламе
coherent ~ логически последовательная кампания
collective ~ совместно проводимая кампания
communications ~ коммуникационная кампания, кампания коммуникаций
consistent ~ постоянно ведущаяся кампания
consumer education ~ кампания по просвещению потребителей
corporate ~ престижная кампания, кампания престижной рекламы
cost-reduction ~ кампания по снижению издержек
current ~ текущая кампания
direct advertising ~ кампания прямой рекламы
direct mail ~ кампания прямой почтовой рекламы
economy ~ кампания за экономию
education(al) ~ воспитательная [просветительная] кампания; разъяснительная [учебная] кампания
electoral ~ избирательная кампания
environmental ~ кампания по защите окружающей среды
extended ~ широкая кампания

campaign

full-scale national ~ полномасштабная общенациональная кампания
fund-raising ~ кампания по сбору средств
hard-sell ~ кампания на принципах «жёсткой продажи», кампания по навязыванию *(товара)*
imaginative ~ творчески-одухотворённая кампания
information ~ информационная кампания
institutional ~ кампания престижной рекламы
integrated ~ комплексная кампания
introductory [launch] ~ кампания по выводу *(товара)* на рынок
local ~ местная кампания, кампания местного масштаба
long-range ~ долговременная кампания
low-key ~ сдержанная кампания
mail ~ кампания почтовой рассылки
major ~ крупная кампания
marketing ~ кампания по маркетингу, маркетинговая кампания
massive ~ массированная кампания
memorable ~ запоминающаяся кампания
multimedia ~ кампания с использованием многих средств рекламы
on-air ~ реклама будущих программ *(особенно по телевидению)*
ongoing ~ текущая кампания
outdoor advertising ~ кампания наружной рекламы
package goods ~ кампания по фасованным товарам
point-of-purchase ~ рекламная кампания в местах продажи
political ~ политическая кампания
poor ~ слабая [неудачная] кампания
poster ~ плакатная кампания, кампания по расклейке плакатов
preliminary ~ предварительная кампания
premium ~ (рекламная) кампания с вручением премий
press ~ кампания в прессе [в печати]
print ~ кампания средствами печатной рекламы
promotion(al) ~ кампания по стимулированию [по «раскрутке»] *(товара)*
propaganda ~ пропагандистская кампания
psychological pressure ~ кампания психологического нажима
public advertising ~ рекламная кампания общественного характера
publicity ~ пропагандистская кампания
reality ~ кампания на основе реальности
reminder advertising ~ кампания напоминающей рекламы
sales ~ кампания по сбыту
sampling ~ кампания по распространению образцов
saturation ~ кампания насыщения
scare ~ кампания запугивания
segmentation ~ кампания по сегментированию
selling ~ кампания по организации сбыта
short-range ~ кратковременная кампания
slander [smear] ~ клеветническая кампания, кампания лжи
social advertising ~ рекламная кампания, адресованная общественности, кампания по проблемам общественной значимости
social marketing ~ кампания общественного маркетинга
soft-sell ~ кампания на принципах «мягкой продажи»; увещевательная кампания
sophisticated ~ изощрённая кампания
spot advertising ~ *вещ.* кампания точечной рекламы
sustained ~ длительная кампания
teaser ~ кампания «дразнящей» рекламы; серия «дразнящих» объявлений
test ~ пробная (рекламная) кампания
testing ~ серия испытаний по программе
tie-in ~ сопутствующая кампания *(приуроченная по времени к какому-л. событию или мероприятию)*
useless ~ никчемная [бесполезная] кампания

campaign

waste education ~ разъяснительная кампания о необходимости борьбы с отходами
world-wide ~ кампания во всемирном масштабе, всемирная кампания
camper жилой автоприцеп, жилой автофургон
camping путешествия [переезды] в жилых автофургонах
can консервная банка; жестянка; коробка
  aerosol ~ аэрозольный баллон
  beer ~ пивная банка, банка для пива
  composite ~ комбинированная банка *(напр. из картона с металлическими концами)*
  fibre ~ консервная банка из бумаги или картона
  film ~ коробка для плёнки
  friction-top ~ (жестяная) банка с притёртой крышкой
  garbage ~ мусорный ящик; контейнер для пищевых отходов
  ink ~ полигр. банка для краски
  labeled ~ этикетированная банка, банка с этикеткой
  pop-top ~ банка с выдёргивающимся сегментом крышки, банка со «стреляющей» крышкой
  throwaway ~ банка разового использования
  valved ~ банка с клапаном
cancellation 1. аннулирование, отмена, прекращение 2. отменённая реклама; отменённая программа
cannibalism «самоедство» *(нанесение ущерба сбыту существующих товаров новинкой фирмы)*
canon канон *(шрифт кегля 48)*
canvasser 1. сборщик *(заказов)*; агент; коммивояжёр 2. лицо, проводящее опрос
  advertisement [advertising] ~ сборщик заказов на рекламу, агент по сбору рекламы
  magazine subscription ~ распространитель подписки на журнал(ы)
  subscription ~ сборщик заказов на подписку
  telephone ~ сборщик заказов по телефону
canvassing 1. коммивояжёрство; сбор заказов 2. выявление общественного мнения путём опроса
  advance ~ предварительный [заблаговременный] сбор заказов *(на рекламу)*
  cold ~ сбор заказов наугад [вслепую, без подготовки]
  door-to-door ~ поквартирный обход *(напр. при сборе заказов)*
  telephone ~ 1. опрос по телефону 2. сбор заказов по телефону
capability 1. способность 2. *pl* (потенциальные) возможности
  all-weather ~ всепогодность
  analytical ~ способность к анализу, способность аналитического мышления
  competitive ~ конкурентоспособность
  damaging ~ разрушающая способность
  distribution ~ возможность распространения *(товара)*
  endurance ~ прочность; долговечность
  functional ~ s функциональные возможности
  management ~ s управленческие способности
  manufacturing ~ s производственные возможности
  marketing ~ маркетинговая возможность
  multiple-repair ~ возможность многократного ремонта
  operational ~ работоспособность, пригодность для эксплуатации
  payload ~ полезная грузоподъёмность
  product ~s возможности [характеристики] товара
  single-repair ~ возможность однократного ремонта
  technical ~ технические характеристики
capacity 1. способность 2. мощность 3. вместимость ◇ **at all** ~ на полную мощность
  ~ **of market** ёмкость рынка
  active ~ дееспособность
  attention-getting ~ способность привлекать внимание, притягательность
  available ~ полезная мощность
  business ~ степень устойчивости [надёжности] делового предприятия

capital

calculating ~ возможность производства расчётов
channel ~ пропускная способность канала (*обслуживания*)
cold storage ~ ёмкость холодильника
competitive ~ конкурентоспособность
consuming ~ потребительная способность
container ~ вместимость тары
contractual ~ договорная право- и дееспособность
credit ~ кредитоспособность
daily ~ суточная производительность
data storage ~ ёмкость памяти, ёмкость запоминающего устройства
emergency ~ резервная мощность
excess ~ избыточная [неиспользуемая] производственная мощность, резерв [избыток] производственной мощности (*предприятия*)
export ~ экспортный потенциал
financial ~s финансовые возможности
holding ~ вместимость, ёмкость
hourly ~ (по)часовая производительность
idle ~ недогрузка; простой
industrial ~ производственная мощность отрасли промышленности; промышленный потенциал
information ~ информационная ёмкость
labour ~ производительность труда
legal ~ право- и дееспособность
management ~ эффективность руководства
manufacturing ~ производственная мощность
market ~ ёмкость рынка
memory ~ *см.* data storage capacity
output ~ производительность
overload ~ способность работать с перегрузкой
overworked ~ перегрузка
paying ~ платёжеспособность
private ~ статус частного лица
production [productive] ~ производственная мощность
purchasing ~ покупательная способность
rated ~ проектная [расчётная] производительность; номинальная мощность

saturation ~ способность (*рынка*) к насыщению
storage ~ ёмкость [вместимость] склада
taxable ~ налогоспособность
technical ~s технические ресурсы
traffic ~ пропускная способность
underutilized ~ неполное использование [недоиспользование, недогрузка] мощностей
wearing ~ изнашиваемость
capital 1. капитал 2. прописная буква
accumulated ~ накопленный капитал
borrowed ~ заёмный капитал
brain ~ интеллектуальный капитал
chartered ~ уставный капитал
commodity ~ товарный капитал
current ~ оборотный капитал
disposable ~ свободный (денежный) капитал
equity ~ акционерный капитал, капитал в виде простых акций
fixed ~ основной капитал
frozen ~ замороженный капитал
industrial ~ промышленный капитал
invested ~ инвестированный капитал
issued ~ капитал в виде выпущенных акций
italic ~ курсивная прописная буква
loan ~ ссудный капитал
money ~ денежный капитал
paid-up ~ оплаченная часть акционерного капитала
private ~ частный капитал
productive ~ производительный капитал
reserve ~ резервный капитал
revolving ~ обращающийся капитал, капитал в обращении
rolling ~ оборотный капитал
share ~ акционерный капитал
small ~ капитальная буква; *pl* капитель
spare ~ свободный капитал
speculative ~ спекулятивный капитал
stated ~ объявленный капитал
stock ~ акционерный капитал
trading ~ торговый капитал
unemployed [unproductive] ~ не приносящий дохода капитал
variable ~ переменный капитал
venture ~ капитал, вкладываемый в

89

capital

рискованное предприятие; спекулятивный капитал
working ~ оборотный капитал
capitalis quadrata *лат.* капительное письмо, монументальное письмо *(письмо прописными буквами)*
capitalist капиталист
   venture ~ вкладчик (капитала) в рискованное *или* спекулятивное предприятие
captain:
   ~ **of industry** руководитель крупной промышленной фирмы; промышленный магнат
   channel ~ распорядитель [руководитель, лидер] канала распределения
   precinct ~ *амер.* руководитель избирательного участка
caption 1. подпись под иллюстрацией, подрисуночная подпись **2.** заголовок **3.** титр
   closed ~**s** (суб)титры по требованию, скрытые титры *(кодированные субтитры, которые становятся видимыми на экране при использовании специального декодера)*
   column ~ заголовок столбца *(в таблице)*
   display ~ заголовок, набранный выделительным шрифтом
car 1. (легковой) автомобиль, автомашина **2.** железнодорожный вагон
   commercial ~ автомобиль для коммерческих перевозок
   compact ~ малогабаритный автомобиль
   delivery ~ автомобиль для доставки [развозки] товаров
   dining ~ вагон-ресторан
   dome ~ (железнодорожный) вагон со стеклянным куполом *(для туристов)*
   economy ~ малолитражный автомобиль
   estate ~ (легковой) автомобиль с кузовом «универсал»
   feminine ~ «женский» автомобиль, автомобиль на женский вкус
   freight ~ (железнодорожный) товарный вагон
   fuel-efficient ~ экономичный автомобиль
   fun-to-drive ~ прогулочный автомобиль
   lifestyle ~ автомобиль, соответствующий образу жизни, автомобиль-символ образа жизни
   lounge ~ железнодорожный вагон-люкс *(с откидными креслами)*
   low-price ~ автомобиль дешёвого класса; дешёвый автомобиль
   luxury ~ автомобиль высшего класса, автомобиль (типа) «люкс»
   medium ~ автомобиль среднего класса
   midget ~ микролитражный автомобиль
   package ~ (железнодорожный) товарно-багажный вагон
   people's ~ дешёвый массовый автомобиль
   pleasure ~ прогулочный [туристский] автомобиль, автомобиль для экскурсий
   pony ~ малогабаритный двухдверный автомобиль, мини-автомобиль
   rack ~ автовоз *(многоярусная железнодорожная платформа для перевозки автомобилей)*
   shop ~ автолавка
   show ~ выставочный автомобиль, выставочный образец *(автомобиля)*
   subcompact ~ малогабаритный двухдверный автомобиль, мини-автомобиль
card карточка; открытка; формуляр
   alphabetical guide ~ алфавитный разделитель
   art ~ (телевизионная) художественная заставка *(картонный планшет размером около 28 × 36 см, с напрессованным на него горячим способом текстом или изображением)*
   backer ~ рекламный задник *(планшет или плакат на задней стенке корзины с товаром или на стойке в торговом зале)*
   bind-in ~ вклеенный [вплетённый] купон, вплетённая возвратная карточка
   bingo ~ карточка лото «бинго»; карточка запроса
   blow-in ~ *см.* insert card
   business ~ визитная карточка
   business reply ~ возвратная карточка

card

[возвратный купон] запроса деловой информации *(с заранее нанесённым обратным адресом и специальной отметкой почтовой службы о том, что плата за пересылку будет взыскана после возврата карточки рекламодателю)*
calculating ~ счётная карточка
calling ~ визитная карточка
caption ~ (телевизионная) заставка
car ~ (внутрисалонный) рекламный планшет в автомобиле
catalogue ~ каталожная карточка, карточка каталога
colour ~ *полигр.* карта эталонных оттенков, таблица цвета, эталонная таблица
contracts ~ карточка учёта поставок по контрактам
corner ~ угловая визитка, адресный уголок *(плашка в левом верхнем углу конверта или бланка письма с указанием имени отправителя, его адреса и названия фирмы)*
counter display ~ надприлавочный рекламный планшет
credit ~ кредитная карточка
cue ~ телесуфлёрка, телеподсказка *(текст, показываемый выступающему на планшете или экране)*
direct response ~ карточка прямого ответа
display ~ рекламный [оформительский] планшет
game ~ игровая карточка
greeting ~ поздравительная открытка
grid ~ тарифная таблица, тарифная карточка в виде таблицы
guarantee ~ гарантийный талон
guide ~ разделитель, разделительная карточка *(в каталоге)*
identity ~ удостоверение личности, (служебный) пропуск
index ~ карточка с индексами, картотечная карточка
insert ~ вкладыш, вкладной купон, вкладная (возвратная) карточка
invitation ~ пригласительный билет
letter guide ~ буквенный разделитель *(в каталоге)*
light change ~ световой [светокопировальный] паспорт *(для регулировки света в процессе печати фильма)*
lithographed ~ карточка, отпечатанная методом плоской печати
mailing ~ почтовая карточка
media data ~ справочная карточка по средствам рекламы
membership ~ членский билет
name guide ~ именной разделитель
order ~ бланк заказа *(по почте)*
pattern ~ карточка образцов
picture ~ изобразительная [художественная] открытка
place ~ карточка с именем у обеденного прибора, указывающая место за столом *(на званом обеде)*
postage paid ~ почтовая открытка с оплаченным ответом
postal ~ (стандартная) почтовая открытка
primary data ~ карта с исходными данными
printing ~ *см.* light change card
punch(ed) ~ перфокарта
query ~ карточка запроса
quiz ~ конкурсная карточка, карточка лотереи-викторины
rate ~ тарифная карточка
reader service ~ карточка читательского запроса
record ~ учётная [регистрационная] карточка
redemption ~ талон на бесплатную покупку
register ~ регистрационная карточка
reply [return] ~ возвратная карточка, карточка для ответа
sample ~ карточка образцов
score ~ оценочный лист; таблица очков
scratch ~ билет (моментальной) лотереи с выскребным сектором
shelf ~ стеллажный [полочный] планшет *(в магазине)*
show ~ 1. витринный планшет; небольшой рекламный плакат 2. карточка образцов
single rate ~ единая тарифная карточка; единая тарифная ставка *(не делающая различий между общенациональными и местными рекламодателями)*

card

stock (record) ~ карточка учёта запасов
subscription ~ бланк подписки, подписная карточка, подписной талон
tally ~ ярлык с названием [номером]; этикетка
tear-off ~ отрывная карточка, отрывной талон
tent ~ планшет-палатка *(с фальцовкой посередине, устанавливается в виде карточного домика и читается с двух сторон)*
travel ~ единый проездной билет
visiting ~ визитная карточка
window ~ *см.* show card
cardboard (тонкий) картон
corrugated ~ гофрированный картон
duplex ~ двухслойный картон
folder ~ картон для папок
glazed ~ лакированный [каландрированный] картон
intaglio(-printing) ~ картон для глубокой печати
lithograph ~ литографский картон
ondulated ~ гофрированный картон
painter's ~ трафаретный картон
photographic ~ фотокартон
tinted ~ цветной картон
undulated ~ гофрированный картон
velvet ~ велюровый картон
cardfile картотека
care уход, забота; содержание
~ **of securities** хранение ценных бумаг
child ~ уход за ребёнком
complete ~ полное обслуживание
infant ~ забота о детях
medical ~ медицинское обслуживание; здравоохранение
patient ~ уход за больным(и)
personal ~ личная гигиена, уход за собой
career карьера, успех; профессия, занятие
marketing ~ карьера в сфере маркетинга
mercurial ~ изменчивая карьера
meteoric ~ головокружительная [стремительная] карьера
reproachful ~ позорная карьера
carousel круглый поддон для слайдов *(в слайд-проекторе)*
car-pooling поочерёдное использование личных автомобилей *(группой владельцев)* для общественных нужд
carriage 1. стоимость доставки груза **2.** способ доставки груза, перевозка ◇ ~ **by air** воздушная перевозка; ~ **by rail** железнодорожная перевозка; ~ **by sea** морская перевозка
safe ~ сохранная перевозка
carrier 1. лицо *или* фирма, занятые транспортировкой **2.** носитель *(напр. рекламы)* **3.** посыльный, курьер **4.** держатель
air ~ воздушный перевозчик
data ~ носитель данных
film ~ кассета, плёнкодержатель
frozen food ~ транспортное средство для перевозки замороженных продуктов
information ~ носитель информации
lens ~ держатель [оправа] объектива
letter [mail] ~ почтальон
newspaper ~ разносчик газет
public ~ общественный перевозчик, транспортная организация общего пользования
sea ~ морской перевозчик
single-market ~ транспортная фирма, обслуживающая территорию одного рынка
transportation ~ (транспортный) перевозчик, грузоперевозчик
carrying:
inventory ~ поддержание товарно-материальных запасов
carryout доставщик покупок из магазина до автомобиля покупателя
carryover 1. переходящий остаток, запас **2.** пережиток, наследие
cart тележка
hand ~ ручная повозка, тачка
hostess ~ сервировочный столик
shopping ~ магазинная тележка *(для отбора товаров в универсаме)*
tray ~ сервировочный столик
carton 1. картонная коробка, картонный ящик; картонка **2.** блок *(напр. сигарет)* **3.** тонкий картон
aroma-tight detergent ~ запахонепроницаемая коробка для моющих средств
compartmented ~ картонная коробка с делениями [ячейками] *(для бутылок)*

cushion egg ~ картонная коробка с глубокими гнёздами для упаковки яиц
dispensing ~ картонная коробка с делениями *(для розничной торговли)*
display ~ экспозиционная картонная коробка
egg ~ картонка для яиц
folding ~ складная картонная коробка
individual ~ картонная коробка для мелкой расфасовки [для индивидуальной упаковки]
laminated ~ ламинированный картон; многослойный картон
leakproof ~ непромокающая упаковочная коробка
lid ~ картонная коробка с крышкой
milk ~ бумажный пакет для молока
shipping ~ транспортная (картонная) коробка, упаковка, тара для перевозки
sleeve-type ~ продолговатая картонная коробка, открывающаяся с торца
stitched ~ сшивная картонная коробка *(прошитая металлическими скобами)*
tuck-in flap-type ~ картонная коробка с клапанной крышкой
window ~ картонная коробка с «окном» из прозрачной плёнки
cartoon рисунок типа комиксов, карикатура; мультипликация
animated ~ (рисованная) мультипликация; (рисованный) мультипликационный фильм
strip ~ комикс, рассказ в картинках
title ~ *экр.* оригинал [заготовка надписи] титра
cartridge 1. головка звукоснимателя 2. катушка плёнки; кассета; картридж *(принтера)* 3. *вещ.* плёнка с записью ролика радиорекламы, предоставляемая станции
film ~ кассета [патрон] с плёнкой
game ~ кассета с записью видеоигр
memory ~ дискетка памяти
pick-up ~ головка звукоснимателя
tape ~ 1. кассета для (магнитной) ленты 2. (магнитная) лента в кассете
case 1. случай, обстоятельство 2. судебное дело 3. ящик, футляр 4. *полигр.* наборная касса

~ **of emergency** непредвиденный случай, чрезвычайное обстоятельство, случай крайней необходимости
camera ~ футляр [чехол] съёмочного аппарата
carrying ~ футляр [чемодан] для переноски
cigarette ~ портсигар
closed-type display ~ закрытая витрина, закрытый прилавок
display ~ витрина (для выкладки товаров)
dustproof ~ пыленепроницаемый футляр
exhibition ~ выставочный шкаф; выставочная витрина
extreme ~ предельный [крайний] случай
floor ~ витрина, стенд
fount ~ *полигр.* касса для комплекта шрифта
job ~ *полигр.* касса для акцидентных работ
jury ~ дело, рассматриваемое с участием присяжных
legal ~ судебное дело
limiting ~ предельный [крайний] случай
matrix ~ *полигр.* матричная рамка
music ~ футляр музыкального инструмента
open-type display ~ открытая витрина; открытый прилавок *(для самообслуживания)*
packing ~ упаковочная коробка, упаковочный ящик
particular ~ особый [частный] случай
pocket medicine ~ карманная аптечка
portable display ~ переносная витрина, переносный выставочный короб
presentation ~ подарочный футляр, подарочная упаковка
sample ~ ящик [чемоданчик, папка] с образцами *(товаров)*
shipping ~ транспортный ящик
small claim ~ *амер.* дело с небольшой суммой иска
special ~ особый [частный] случай
trademark ~ дело о товарном знаке
type ~ наборная касса
cash наличные, наличность ◇ ~ on de-

cash

    livery наложенный платёж, оплата при доставке; to sell for ~ продавать за наличные
    solid ~ твёрдая наличность
    spot ~ немедленная оплата наличными, расчёт наличными на месте
cashier кассир
    assistant ~ помощник кассира
    bank ~ банковский кассир
    paying ~ кассир расходной кассы
    receiving ~ кассир приходной кассы
cashing получение денег, инкассирование
    check ~ инкассирование чеков
cassette кассета
    audio ~ звуковая кассета, кассета (с записью) звукового сопровождения
    compact ~ компакт-кассета
    receiving ~ приёмная кассета
    self-help ~ кассета-самоучитель
    tape ~ кассета с лентой
    video ~ видеокассета
    viewing ~ просмотровая кассета
cast труппа, состав исполнителей, актёрский состав; действующие лица
    supporting ~ исполнители вторых ролей; вспомогательный состав
casting подбор [выбор] исполнителей [актёров]; распределение ролей
casting-off расчёт объёма печатной работы *(по рукописи)*
casualty несчастный случай; повреждение
    product ~ товарная жертва *(товар, однажды укрепившийся на рынке, но не выдержавший конкурентной борьбы)*
cat:
    copy ~ *жарг.* подражатель, имитатор, «попугай»
    hep ~ *жарг.* знаток [поклонник] джаза; щёголь, стиляга
catalogue каталог; справочник
    additional ~ подсобный каталог
    advertising ~ рекламный каталог
    alphabetical ~ алфавитный каталог
    auction sale ~ аукционный каталог
    cable ~ «кабельный» каталог *(акция прямого маркетинга, когда на телеэкране показывают подборку товаров, которые зрители могут тотчас заказать по телефону)*
    card ~ карточный каталог
    classified ~ систематический каталог
    commercial ~ торговый каталог
    company ~ фирменный каталог, каталог фирмы
    condensed ~ краткий [сокращённый] каталог
    consumer specialty ~ специализированный потребительский каталог
    design ~ каталог промышленных образцов
    electronic ~ электронный каталог
    exhibition ~ выставочный каталог
    full-line ~ сводный каталог
    general ~ генеральный каталог
    home shopping ~ каталог, позволяющий совершать покупки, не выходя из дома; посылочный каталог, каталог посылторга
    illustrated ~ иллюстрированный каталог
    in-depth ~ всеобъемлющий [самый полный] каталог
    industrial ~ промышленный каталог
    industrial specialty ~ специализированный промышленный каталог
    joint ~ сводный каталог
    loose-leaf ~ каталог из разъёмных листов
    mail ~ почтовый каталог
    mail-order ~ каталог посылочной торговли; каталог организации посылторга
    main ~ генеральный каталог
    manufacturer's ~ фирменный каталог
    master ~ генеральный каталог
    merchandise ~ товарный каталог
    priced ~ каталог с указанием цен; каталог, продаваемый за деньги
    principal ~ генеральный каталог
    retail ~ розничный каталог
    sale ~ прейскурант
    shoppers' ~ торговый каталог
    (spare) parts ~ каталог запасных частей
    specialized ~ специализированный каталог
    standards ~ каталог стандартов
    subject ~ предметный каталог
    trade ~ торговый каталог
    trademark ~ каталог товарных знаков
    union ~ сводный каталог
catch-line ударная строка *(в рекламном объявлении)*

catchy 1. броский, легко запоминающийся 2. обманчивый, хитроумный
categorization категоризация, распределение по категориям, классификация
category категория, разряд; класс
　adopter ~ категория восприимчивости; категория потребителей с точки зрения восприятия новинок
　job ~ характер работы
　marketing ~ составляющая маркетинга
　media ~ категория средств рекламы
　occupational ~ профессиональная группа; область профессиональной деятельности
　product ~ товарная категория
　service ~ категория услуг
　social status ~ социальная группа
　test ~ вид испытаний
　wage ~ тарифный разряд
cause причина, основание ◇ ~s and effects причины и следствия; to discern real ~s обнаружить [понять] истинные причины
　~ **of action** повод к действию; основание для возбуждения иска
　basic ~ основная причина; первопричина
　chance ~ случайная причина
　contributory ~ второстепенная причина
　dominant ~ основная причина
　efficient ~ действенная причина
　excusable ~ *юр.* извинительный мотив
　final ~ конечная цель
　good ~ 1. достаточная причина, достаточное основание 2. правое дело
　good ~ **to believe** достаточное основание для предположения
　immediate ~ непосредственная причина
　impulsive ~ *юр.* побудительная причина, побудительный мотив
　major ~ основная причина
　moving ~ движущая причина
　primary [prime] ~ основная причина; первопричина
　principal ~ главная причина
　proximate ~ непосредственная причина
　public ~ *см.* social cause
　root ~ первопричина; коренные причины
　secondary ~ побочная причина
　social ~ общественная проблема; общественное движение
　ultimate ~ *см.* basic cause
　valid ~ *см.* good cause
caution предостережение; осторожность, осмотрительность ◇ **to use** ~ проявлять осмотрительность
caveat emptor *лат.* «пусть покупатель будет осмотрителен» *(после совершения сделки продавец может не принять от него никаких претензий и не согласиться аннулировать сделку, т. е. покупатель действует на свой риск)*
caveat venditor *лат.* «пусть продавец будет бдителен» *(после совершения сделки недовольный покупатель может возбудить против него иск, т. е. продавец действует на свой риск)*
ceiling потолок, предел повышения
　foreign ownership ~ максимальная доля иностранного участия *(в фирме, акционерном капитале)*
　lending ~ потолок [предельный размер] ссуды
　price ~ потолок цен
　rate-of-return ~ потолок нормы прибыли
celebration празднование; торжество
　anniversary ~ празднование годовщины, юбилей
celebrity знаменитость; известность
　average ~ знаменитость среднего масштаба [средней руки]
　top ~ знаменитость высшего разряда
cell 1. элемент, ячейка 2. *экр.* кадр мультипликационного фильма, мультзаготовка
censor цензор
censorship цензура
　external ~ внешняя цензура
　preemptive ~ предварительная цензура
　punitive ~ карательная цензура
census перепись
　~ **of homesteads** подворная перепись
　agricultural ~ сельскохозяйственная перепись
　computerized ~ перепись с применением ЭВМ

census

family ~ перепись семей
farm ~ сельскохозяйственная перепись
general ~ всеобщая перепись
mail-back [mail-out] ~ перепись, проводимая по почте
patient ~ контингент [число] больных
pilot ~ пробная [контрольная] перепись
sample ~ выборочная [частичная] перепись
Census:
~ **of Agriculture** сельскохозяйственная перепись *(проводимая в США раз в пять лет)*
~ **of Retail Trade** *амер.* перепись предприятий розничной торговли
center *амер. см.* centre
centerfold *полигр.* корешковый фальц
centrality централизованность; централизация
~ **of purpose** целенаправленность, целеустремленность
centre центр, середина; средоточие
~ **of sample** *стат.* центр выборки; полусумма крайних значений
business ~ деловой центр, деловая часть города
buying ~ закупочный центр *(совокупность участников принятия решений о закупках)*
cable television ~ кабельный телецентр, центр кабельного телевидения
community shopping ~ *амер.* районный торговый центр *(объединяет от 15 до 50 магазинов и обслуживает от 20 до 50 тысяч человек, живущих в радиусе 2,5 — 4,0 км от него. В его состав обычно входят крупный универмаг или универсам, магазин товаров повседневного спроса и банк)*
computing ~ вычислительный центр
conference ~ центр деловых встреч, конгресс-центр
convenience shopping ~ торговый центр по продаже общедоступных товаров удобной покупки
counselling ~ консультационный центр
data processing ~ (вычислительный) центр обработки данных

day-care ~ детский сад
design ~ конструкторский центр *(выполняющий работы по заказам)*, центр (промышленного) дизайна
distribution ~ распределительный центр, оптовая база; центральный транзитный (распределительный) склад
exhibition ~ выставочный центр
fitness ~ (физкультурно-)оздоровительный центр
home ~ *амер.* торговый центр «Строительные товары» *(предлагающий самый широкий выбор скобяных изделий, пиломатериалов и пр. строительных товаров)*
home media ~ домашний информационный комплекс
horizontal ~ горизонтальный центр
information ~ информационный центр
L-shaped shopping ~ торговый центр угловой схемы
line-shaped shopping ~ торговый центр линейной схемы
main shopping ~ главный торговый центр *(города)*
manufacturer's redemption ~ приёмный пункт производителя
manufacturing ~ центр производственной деятельности; центр обрабатывающей промышленности
market ~ рыночный центр
mathematical ~ математический центр
music ~ музыкальный центр *(комплект из проигрывателя, магнитофона и радиоприёмника)*
neighbourhood law ~ местная юридическая консультация *(бесплатная)*
neighbourhood shopping ~ *амер.* торговый центр микрорайона, местный торговый центр *(объединяет от 5 до 15 магазинов и обслуживает не более 20 тысяч жителей, живущих в радиусе 100 — 500 м от него. В его состав обычно входят головной универсам, а также предприятия сферы услуг)*
office ~ административный центр, центр конторской деятельности
optical ~ оптический центр

population ~ центр сосредоточения населения
press ~ пресс-центр
production ~ 1. производственный участок 2. группа производственного оборудования
product planning ~ центр товарного планирования *(фирмы)*
recreation ~ центр отдыха и развлечений *(комплекс помещений и площадок для отдыха, занятий спортом)*
recycling ~ агрегат [центр], работающий по технологии рециркуляции исходных материалов; центр [агрегат] рециркуляции; центр вторичной переработки отходов
redemption ~ пункт [центр] погашения купонов [зачётных талонов]
regional shopping ~ *амер.* региональный торговый центр *(объединяет от 40 до 100 магазинов и обслуживает около 1 млн. человек, живущих в радиусе не более 40 км от него)*
research and development ~ научно-исследовательский центр
retail ~ центр розничной торговли
service ~ сервис-центр, центр технического обслуживания
shopping ~ торговый центр
stamp redemption ~ центр [магазин] по обмену [отовариванию] зачётных купонов
strip shopping ~ торговый центр, вытянутый в длину [растянувшийся длинной полосой]
study support ~ учебно-консультационный пункт *(при заочном обучении)*
suburban shopping ~ пригородный торговый центр
supply ~ центр снабжения
trading ~ место сосредоточения магазинов *(в отличие от торгового центра)*; товарообменный центр *(при бартерной торговле)*
trading stamp redemption ~ обменный пункт зачётных талонов, пункт погашения зачётных талонов
vertical ~ вертикальный центр
Centre *(амер.* Center*)*:
Business Service ~ *амер.* Центр деловых услуг
International Music ~ Международный музыкальный центр *(объединение, занимающееся рекламой и распространением музыкальных теле-, кино- и радио- программ и их записей)*
National Opinion Research ~ Национальный центр изучения общественного мнения *(при Чикагском университете)*
Quality ~ of Japan Центр качества Японии
cereal *амер.* изделие из дроблёного зерна; блюдо из хлебных злаков; «воздушные» хлопья
cooked ~ пропаренное зерно; каша
dry breakfast ~ сухое блюдо из злаков для завтрака, сухой (зерновой) завтрак
"family" ~s «семейные» хлопья, хлопья для всей семьи
nutritional ~ s питательные хлопья
patent ~s полуфабрикаты из дроблёного зерна *(напр. «воздушный» рис)*
presweetened ~ предварительно подслащённый продукт из дроблёного зерна
puffed ~s «воздушные» зёрна
ready-to-eat ~ готовое изделие из дроблёного зерна, готовый к употреблению продукт из дроблёного зерна
whole grain ~ крупяной продукт из цельного зерна
ceremony церемония, торжество
funeral ~ похоронная церемония
national ~ национальная церемония
opening ~ торжественное открытие
solemn ~ торжественная церемония
wedding ~ церемония бракосочетания
certainty определённость, уверенность, достоверность
practical ~ практическая достоверность
certificate удостоверение, свидетельство, сертификат
~ of acknowledgement нотариальное свидетельство
~ of audit акт ревизии
~ of authenticity сертификат [удостоверение, свидетельство] подлинности

certificate

~ of character рекомендация; характеристика; аттестация
~ of fitness удостоверение о пригодности к эксплуатации
~ of insertion справка [свидетельство] о вложении *(выдаётся рекламодателю издателем или печатником в удостоверение того, что его вкладки были размещены в номерах издания в соответствии с заказом)*
~ of origin свидетельство о происхождении
~ of quality сертификат качества
~ of rating *амер.* свидетельство (о присвоении) прокатной категории *(выдается Управлением классификации и категоризации фильмов)*
~ of trademark registration свидетельство о регистрации товарного знака
"A" ~ прокатное свидетельство категории «А» *(выдавалось до 1982 г. Британским бюро киноцензоров фильмам, на которые допускались дети старше пяти лет в сопровождении взрослых)*
«АА» ~ прокатное свидетельство категории «АА» *(выдавалось до 1982 г. Британским бюро киноцензоров фильмам, на которые допускались дети только старше 14 лет)*
acceptance ~ приёмный акт, акт приёмки
assay ~ пробирное свидетельство
audit ~ акт ревизии
birth ~ свидетельство о рождении, метрика
copyright ~ авторское свидетельство
damage ~ свидетельство о повреждении, аварийный сертификат *(подтверждающий характер, размеры и причины убытка в застрахованном имуществе)*
deposit ~ депозитный сертификат *(на банковский вклад, подтверждающий право распоряжаться этим вкладом и получать по нему проценты)*
exemption ~ свидетельство об освобождении *(от выполнения каких-л. обязанностей)*
factory ~ заводской паспорт

grading ~ сертификат сортности *(продукции)*
"H" ~ прокатное свидетельство категории «Н» *(от "horror" — «ужас»; выдавалось Британским бюро киноцензоров «фильмам ужасов», на которые дети не допускались. В настоящее время этим фильмам присваивается категория «Х»)*
import ~ свидетельство на ввоз
inspection ~ акт проверки, приёмочный акт
insurance ~ страховое свидетельство, страховой сертификат
loan ~ долговая расписка
marriage ~ свидетельство о браке
PG ~ прокатное свидетельство категории «PG» *(выдаётся с 1982 г. Британским бюро киноцензоров фильмам, на которые дети допускаются только в сопровождении взрослых)*
practising ~ удостоверение на право заниматься профессиональной практикой
quarantine ~ карантинное свидетельство
safety ~ свидетельство о безопасности
tax ~ налоговый сертификат
test ~ свидетельство об испытании; апробационная карточка
"U" ~ прокатное свидетельство категории «U» *(от "universal" — «всеобщий», выдаётся Британским бюро киноцензоров фильмам, показ которых разрешается лицам любого возраста, включая детей)*
"X" ~ прокатное свидетельство категории «Х» *(выдается Британским бюро киноцензоров фильмам с элементами эротики, порнографии или насилия, на которые лица младше 18 лет не допускаются. В США по рекомендации Американской ассоциации кино на фильмы данной категории не допускаются лица младше 17 лет)*

chain 1. цепочка, последовательность 2. *амер.* сеть розничных магазинов
~ of command иерархическая цепочка, порядок субординации, цепь инстанций

chamber

~ of distribution цепочка [сеть] распределения
~ of production and distribution производственно-распределительная цепочка
~ of proofs цепь доказательств
affiliated ~ филиальная цепочка (*региональная сеть розничных магазинов, объединивших усилия с другими магазинами, не являющимися для них конкурентами, ради извлечения выгод из крупномасштабных централизованных закупок или из исключительного права маркетинга на конкретной территории определённых марочных товаров*)
binary ~ *стат.* двоичная последовательность
camera ~ съёмочный комплект (*камера с аппаратурой управления и энергоснабжения*)
corporate ~ корпоративная [фирменная] сеть магазинов (*под единым владением и контролем*), сеть фирменных магазинов
decision ~ цепочка ответственных за принятие решения, распорядительная цепочка
department store ~ сеть универмагов
discount ~ сеть магазинов сниженных цен
drug(-store) ~ сеть аптек
fact-finding ~ *стат.* цепочка сбора данных
fast-food ~ сеть закусочных типа «минутка», сеть предприятий общепита быстрого обслуживания
food ~ сеть продовольственных магазинов
full-line ~ сеть магазинов с универсальным ассортиментом
general merchandise ~ сеть магазинов смешанного ассортимента
key ~ цепочка для ключей
legal-clinic ~ сеть юридических консультаций
letter ~ последовательность букв
local ~ (торговая) сеть местного значения
markup ~ цепочка наценок (*последовательные наценки на товар разными участниками канала распределения*)

newspaper ~ газетный синдикат (*владеющий несколькими газетами на разных рынках*)
off-price ~ сеть магазинов, торгующих по ценам ниже обычной розницы
production ~ производственная цепочка
response ~ цепь реакций (*на последовательные дозы информации*)
retail ~ сеть розничных магазинов
safety ~ дверная цепочка
specialty ~ сеть специализированных магазинов
store ~ сеть магазинов, магазинная сеть
supermarket ~ сеть универсамов
theatre ~ сеть (кино)театров
voluntary ~ добровольная сеть (*напр. розничных торговцев, нередко под эгидой оптовика*)
wholesale ~ сеть оптовых магазинов, сеть предприятий оптовой торговли
(wholesaler-sponsored) voluntary ~ добровольная сеть независимых розничных торговцев под эгидой оптовика (*одна из разновидностей договорных маркетинговых систем*)

chainbreak 1. сетевая пауза 2. ролик, передаваемый в сетевой паузе

chairman председатель
~ of the board председатель совета директоров (*фирмы*)
acting ~ исполняющий обязанности председателя
deputy ~ заместитель председателя
retiring ~ председатель, уходящий в отставку

challenge 1. вызов; сложная задача, проблема 2. сомнение, постановка под вопрос ◇ to bring *smth.* into ~ поставить *что-л.* под сомнение, бросить тень сомнения на *что-л.*
competitive ~ вызов конкуренции
environmental ~s экологические требования
license ~ оспаривание лицензии
marketing ~ маркетинговая задача, маркетинговый вызов

chamber палата
~ of commerce торговая палата
~ of commerce and industry торгово-промышленная палата

champion

champion защитник, поборник, борец
change перемена, изменение
~ of **address** перемена адреса
~ of **mentality** перестройка в умах, перестройка мышления
age-specific ~s возрастные изменения
attitude ~ перемена отношения, перемена в отношениях
channel ~ переключение канала
contract(ual) ~ изменение контракта
cumulative ~s суммарные [нарастающие] изменения
day-to-day ~s повседневные изменения
demographic ~ демографическое изменение, демографическая перемена
drastic ~ коренное изменение, коренная [резкая] перемена
ecological ~s экологические изменения
environment(al) ~ изменение (условий) окружающей среды
improvement ~ изменение, направленное на улучшение
industry-wide ~ изменение [перемена] в рамках отрасли
mandatory(-type) ~ обязательное изменение
marginal ~ незначительное изменение, незначительная перемена
mental ~ изменение психического состояния [умонастроения]
population ~ изменение численности, состава и размещения населения; движение населения
predictable ~ предсказуемая перемена, предсказуемое изменение
price ~ изменение цен
resulting ~ итоговое изменение
scene [**shot**] ~ *экр.* смена (монтажного) кадра
social ~ социальная перемена, социальный сдвиг
standard ~ *экр.* изменение телевизионного стандарта
structural ~ структурное изменение
technological ~ научно-технический прогресс
tonal ~s *полигр.* градация тонов, тональность
channel канал; путь; источник, средство *(связи)*

~ of **distribution** *см.* **distribution channel**
"**A**" ~ канал «А» *(левый канал в стереосистеме)*
accompanying audio ~ канал звукового сопровождения, канал звука
advocate ~ разъяснительно-пропагандистский канал коммуникации *(общения продавцов фирмы с покупателями)*
AM [**amplitude modulation**] **broadcast** ~ *амер.* вещательный канал с амплитудной модуляцией *(шириной 10 кГц; выделяются станциям в диапазоне 535—1605 кГц)*
assigned ~ выделенный *(вещательной станции)* канал
audio ~ канал звукового сопровождения
"**B**" ~ канал «Б» *(правый канал в стереосистеме)*
backward ~ канал *(распределения)* обратного хода *(напр. при продаже отходов производства для вторичной переработки)*
cable ~ канал кабельного телевидения *(в США ширина стандартного канала, выделяемого кабельному телецентру, составляет 6 МГц)*
closed-circuit ~ замкнутый (телевизионный) канал
commercial ~ канал коммерческой связи, коммерческий канал; канал, несущий рекламу
communication ~ канал коммуникации
control ~ канал управления
cost-effective ~ рентабельный канал *(товародвижения)*
direct marketing ~ канал прямого маркетинга
dissemination ~ канал распределения [распространения] информации
distribution [**distributive**] ~ канал распределения [распространения] товародвижения
exclusive ~ канал исключительного распределения *(товара)*
expert ~ канал экспертно-оценочной коммуникации *(обращения к целевой аудитории независимых лиц, имевших опыт общения с товаром)*
feedback ~ канал обратной связи

film ~ фильмовый тракт (*киноаппарата*)
FM [frequency modulation] broadcast ~ *амер.* вещательный канал с частотной модуляцией (*шириной 200 кГц в диапазоне 88 — 108 мГц*)
information ~ информационный канал
interpersonal communication ~ канал межличностной коммуникации [межличностного общения] (*считается более эффективным для формирования взглядов и убеждений, чем каналы СМИ*)
leased ~ платный канал кабельного телевидения
local video ~ местный телевизионный канал
market ~ рыночный канал; канал рыночного распределения
marketing ~ канал маркетинга, маркетинговый канал
mass-communication ~ канал массовой коммуникации
music ~ музыкальный канал (*телевидения или радио*)
nonpersonal communication ~ канал неличной коммуникации
one-level ~ одноуровневый канал распределения (*с одним посредником между производителем и потребителем*)
pay ~ канал платного телевидения, платный телевизионный канал
personal communication ~ канал личной коммуникации
personal influence ~ канал (оказания) личного влияния
picture ~ канал изображения
processing ~ канал обработки информации
public service ~ канал общественного вещания
radio ~ *амер.* канал [линия] радиосвязи, радиоканал (*обычно шириной 10 кГц для радиостанций с амплитудной модуляцией и 200 кГц для радиостанций с частотной модуляцией*)
recording ~ канал записи
regional (broadcasting) ~ *амер.* канал регионального вещания (*в котором работают от 30 до 50 радио*станций мощностью *1000 — 5000 Вт*)
replay [reproduction] ~ канал воспроизведения
retail ~ розничный канал, канал розничной торговли
satellite ~ спутниковый канал связи, канал спутниковой связи
shopping ~ торговый канал (*в кабельном телевидении — канал, предлагающий товары, которые можно тут же заказать по телефону*)
social ~ общественно-бытовой канал коммуникации (*общение с целевой аудиторией соседей, друзей, членов семьи, знакомых*)
sound ~ канал звукового сопровождения
thematic ~ тематический канал (*вещания*)
trade ~ торговый канал, канал сбыта
video ~ видеоканал, канал изображения
warehouse distribution ~ складской канал распределения товародвижения
word-of-mouth influence ~ канал влияния слухов
Z ~ *амер.* канал «Зэт» (*платный кабельный телеканал, демонстрирующий новейшие фильмы без рекламных вставок*)
zero-level ~ канал прямого маркетинга

character 1. фигура, персонаж 2. характерная особенность, отличительный признак 3. цифра, буква, знак; литера
acquired ~ приобретённый признак
animated ~ мультипликационный персонаж
black ~ литера выделительного шрифта
businesslike ~ деловитость
cartoon ~ рисованный персонаж
central ~ центральный персонаж
concomitant ~ сопутствующий признак
continuing ~ постоянно действующее лицо, постоянно действующий персонаж
die ~ *полигр.* очко литеры

character

distinctive ~ самобытность
dominant ~ доминирующий признак
fictive ~ вымышленный персонаж
fo(u)nt ~ литера *(определённого комплекта шрифта)*
historical ~ исторический персонаж
jumbo ~ *полигр.* сверхкрупный знак
public ~ общественный деятель
qualitative [**quality**] ~ качественный признак
quantitative ~ количественный признак
social ~ общественный характер
specific ~ специфика
supporting ~ второстепенный персонаж
trade ~ торговый (рекламный) персонаж
type ~ *полигр.* литера

characteristic особенность; свойство, признак; характерная черта
application ~ характеристика области применения
attribute ~ качественная характеристика
audience ~s характеристики аудитории
behaviouristic ~s поведенческие характеристики, характеристики [особенности] поведения
buyer ~s характерные черты [особенности] покупателя
chromatic [**colour**] ~ *полигр.* цветовая характеристика
combined ~s совокупные признаки
critical ~ наиболее важная характеристика
cultural ~ характеристика культурного уровня
demographic ~ демографический показатель
descriptive ~ описательная характеристика
design ~s конструктивные характеристики
economic ~ экономический показатель
edibility ~s пищевые качества
educational ~ характеристика [показатель] образовательного уровня
environmental ~s характеристики окружающей среды
functional ~ функциональная характеристика
general ~s общие особенности, общие свойства
identifying ~ отличительная характеристика, опознавательный признак
main ~ главный признак
medium ~ характеристика средства рекламы
observable ~ видимая [непосредственно наблюдаемая, обозримая] характеристика, заметное [видимое] свойство
operating [**performance**] ~s эксплуатационные характеристики
personal ~ личное качество, черта характера
personality ~ характеристика личности
physical ~ физическая характеристика
population ~ характеристика народонаселения
product ~ характеристика [свойство] товара
product image ~ характеристика образа товара
psychographic ~s психографические характеристики
psychological ~ психологическая характеристика
readership ~s характеристики читательской аудитории
reliability ~ характеристика надёжности
running ~s эксплуатационные характеристики
safety ~ характерная черта безопасности
salient ~ характерная черта
social ~ характеристика социального положения
survival ~ характеристика долговечности [живучести]
time ~ временна́я характеристика
utility ~ характеристика полезности
visual ~ внешняя характеристика
wear ~s характеристики износа [износостойкости]
working ~s эксплуатационные характеристики

charge 1. сбор; тариф; плата 2. *pl* издержки, затраты 3. *юр.* обвинение ◇

chart

at nominal ~ за символическую плату; ~ for admittance входная плата; to substantiate ~ подкреплять обвинение доказательствами
account ~ безналичный расчёт; оплата с отнесением стоимости на счёт покупателя
actual freight ~s фактические расходы по доставке *(товара)*
additional ~ *см.* extra charge
additional colour ~ плата за дополнительный цвет
administrative ~s административно-хозяйственные расходы
admission ~ входная плата
bank ~s банковская комиссия, банковские комиссионные платежи
carry-in ~ плата за внос товара в магазин *(с доставившего этот товар грузовика)*
commercial integration ~ *вещ.* плата за включение рекламного ролика в программу
delivery ~ плата за доставку
distribution ~s торговые расходы, издержки распределения
editing ~ плата [сбор] за редактирование [за редакторскую обработку] *(материала)*
emotional ~ эмоциональный заряд
establishment ~s организационные расходы, накладные расходы *(за истеблишмент)*
extra ~ особая плата; наценка, дополнительный сбор
finance ~ финансовый сбор, финансовая выплата
forwarding ~s расходы по отправке груза
freight [hauling] ~s плата за перевозку груза, затраты на перевозку груза
hourly ~ почасовая ставка
incurred ~s понесённые издержки; произведённые затраты
interest ~ сумма процентов
law ~s судебные издержки
line ~ плата за пользование линиями *(в кабельных сетях)*
maintenance ~s расходы по техническому обслуживанию, расходы на содержание
overhead ~s накладные расходы

overtime ~s плата за сверхурочные работы
packing ~s расходы по упаковке
position ~ наценка [доплата] за размещение рекламы в определённом месте
postage and handling ~ почтовый сбор и расходы по обработке
postal ~ почтовая оплата; почтовый сбор
railway ~s затраты по железнодорожным перевозкам
reasonable ~ разумная плата
rent(al) ~ арендная плата; плата за прокат
reposting ~ *нар. рекл.* плата за переклейку плакатов *(при замене изображения или текста в течение законтрактованного «шоуинга»)*
service ~ плата за обслуживание [за услуги]
space ~ плата за место [за площадь] *(под рекламу)*
time ~ плата за время
transportation ~s транспортные расходы, расходы по перевозке
variable ~s переменные (эксплуатационные) расходы
working ~s эксплуатационные расходы

charity благотворительность, филантропия
charmaceutical косметическое средство
chart схема, таблица, диаграмма, график
bar ~ столбиковая [полосчатая] диаграмма, гистограмма
break-even ~ график безубыточности [рентабельности] *(производства)*
calculating [calculation] ~ вычислительная диаграмма, номограмма
circular ~ секторная [круговая] диаграмма
colour ~ *полигр.* шкала цветового охвата; цветовой тест
column ~ столбчатая диаграмма
comparison ~ схема сравнения
conversion ~ переводная таблица, таблица перевода
costing record ~ график затрат
daily trend ~ график суточных изменений
exposure ~ таблица экспозиций

103

chart

film lacing ~ схема зарядки плёнки *(в кинопроекционном аппарате)*
flip ~ откидной (учебный) плакат, откидная таблица, раскладная схема
flow ~ 1. карта технологического процесса 2. план-график подготовки и проведения рекламной кампании
job ~ операционная карта
layout ~ схема размещения *(товаров)*
line ~ штриховая схема, линейный график
lubrication ~ карта смазки
organization ~ (структурная) схема организации, структурная [организационная] схема; схема мероприятий
penetration ~ диаграмма внедрения
pie ~ секторная диаграмма в круге, диаграмма-торт
process ~ карта технологического процесса
progress ~ график хода выполнения работ, график Ганта
quality control ~ график контроля качества
radar ~ полярная диаграмма
record sales ~ список самых ходовых (грам)пластинок
sales ~ график сбыта; диаграмма торговой активности
scatter ~ *стат.* график разброса *(данных)*
schedule ~ календарный график
service ~ диаграмма (уровня) сервиса
stock ~ график состояния запасов
test ~ тест-таблица, испытательная таблица
time ~ временна́я диаграмма
tint ~ *полигр.* растровая шкала; шкала тангирных узоров
weather ~ метеорологическая [синоптическая] карта, карта погоды
XY ~ координатный график
chat-in беседа по душам, посиделки
check 1. проверка, контроль 2. сдерживающий фактор, препятствие; остановка 3. *амер.* чек 4. квитанция; номерок ◊ ~ to prices сдерживание (роста) цен
accepted ~ удостоверенный чек *(с отметкой банка о принятии к оплате)*
accuracy ~ проверка точности
active ~ активный контроль
air ~ *вещ.* эфирная проверка, эфирный контроль *(запись теле- или радиопередачи, используемая спонсором для оценки и учёта)*
close ~ тщательная проверка, строгий контроль
comparative ~ контроль путём сравнения
competitive ~s сдерживающие [ограничивающие] факторы конкуренции
consistency ~ проверка достоверности *(информации)*
control ~ контрольная проверка
coverage ~ проверка полноты охвата
credit ~ проверка кредитоспособности
cross ~ перекрёстная проверка
designer ~ художественно оформленный чек
drawn ~ выписанный [выставленный] чек
experimental ~ экспериментальная проверка
field ~ выездная проверка, проверка на месте
pantry ~ обследование [ревизия] домашних запасов *(потребительских товаров)*
penetration ~ проверка степени внедрения
performance ~ проверка работоспособности [технических характеристик]
preventive ~ профилактический контроль
quality control ~ проверка качества
rain ~ утешительный талон *(гарантирует покупателю приобретение распроданного в данный момент товара в будущем по нынешней льготной цене)*
sampling [selection] ~ *стат.* выборочный контроль, выборочная проверка
spot ~ выборочная проверка на месте
statistical ~ статистический контроль, статистическая проверка
test ~ контрольное испытание
traveller's ~ туристский чек
visual ~ визуальная проверка, визуальный контроль

checkbook чековая книжка
check-in заезд *(напр. участников мероприятия)*
checklist вопросник, перечень [лист] контрольных вопросов; (краткая) памятка
check-out отъезд *(напр. участников мероприятия)*
cheeriodical юмористическое периодическое издание
chemicals химикаты
  agricultural ~ агрохимикаты
  aromatic ~ ароматические химикаты, химические продукты ароматического ряда
  bulk ~ сыпучие химикаты
  commercial ~ промышленные химикаты
  environmental ~ химикаты, воздействующие на окружающую среду
  growth-regulating ~ регуляторы роста
  pest control ~ химикаты для борьбы с вредителями, инсектициды
  pesticide ~ пестицидные ядохимикаты, пестициды
  toxic ~ ядохимикаты
chest 1. ящик, сундук 2. казна, фонд
  community ~ объединённый благотворительный фонд
  medicine ~ аптечка, шкафчик для аптечки
  steam ~ паровая камера
  tea ~ чайный ящик
  tool ~ ящик для инструментов
  vapour ~ паровая камера
chief глава, руководитель, начальник, шеф
  ~ of information начальник информационной службы
  copy ~ руководитель службы рекламных текстов *(в агентстве)*
  crew ~ директор (кино)съёмочной группы
chinagraph восковой кинокарандаш *(для нанесения меток и надписей на киноплёнку)*
chip 1. ломтик, стружка, обломок 2. чип *(полупроводниковый кристаллик с интегральной схемой)* 3. *pl* чипсы *(еда)* 4. *pl разг.* деньги, монеты
  bargaining ~ козырь [преимущество] для торга *(на переговорах)*
  blue ~s 1. акции с высоким курсом и высокими дивидендами 2. ценное имущество; высокодоходный ходовой товар
  colour ~s *полигр.* ступени цветовой шкалы; цветовые плашки *(образцы нестандартных цветов на деревянных, пластиковых или картонных пластинках, рассылаемые в качестве образцов изготовителям рисованных щитов на местах)*
  ice ~s ледяная стружка
  orange ~s засахаренные апельсинные дольки
  potato ~s картофельные чипсы, хрустящий картофель
  soap ~s мыльная стружка
  speech synthesis ~ микросхема синтезатора речи
  surface ~ задир поверхности
  vegetable ~s овощная стружка
chocolate шоколад
  assorted ~ шоколадный набор
  bar ~ плиточный шоколад
  designer ~ фигурный шоколад
  drinking ~ шоколадный напиток
  fancy ~ фигурный шоколад
  filled ~s шоколадные конфеты с начинкой
  fondant ~ десертный шоколад
  nonfattening ~ обезжиренный шоколад
  nut ~ ореховый шоколад, шоколад с орехами
choice выбор, отбор
  alternative ~ альтернативный выбор
  brand ~ выбор марки [марочного товара], марочный выбор
  buying ~ покупательский выбор
  conscious ~ сознательный [аналитический] выбор
  consumer ~ потребительский выбор, потребительский вкус
  deliberate ~ взвешенный [обдуманный, преднамеренный] выбор
  economic(al) ~ 1. экономический выбор 2. экономичный выбор
  false ~ ошибочный [ложный] выбор
  final ~ окончательный выбор
  free ~ свободный выбор
  interbrand ~ межмарочный выбор, выбор между марками
  language ~ выбор языка

choice

market ~ выбор рынка, рыночный выбор
media ~ выбор средств рекламы
multiple ~ множественный [многовариантный] выбор
narrow ~ ограниченный выбор
price ~ выбор *(товаров)* по уровням цен, ценовой выбор
prime ~ первоочередной [приоритетный, основной] выбор
product ~ товарный выбор, выбор товара
purchase ~ выбор покупок
quality ~ выбор *(товаров)* по уровню качества
random ~ случайный выбор
real ~ реальный выбор
reasoned ~ резонный [разумный] выбор
restricted ~ ограниченный выбор
shrewd ~ удачный выбор

chromotypography многокрасочная печать

church церковь
evangelical ~ евангелическая церковь
mainstream ~ конформистская церковь
pastoral ~ пасторская церковь
traditional ~ традиционная церковь

cinecamera киносъёмочный аппарат, кинокамера

cinecement киноклей *(для склейки киноплёнки)*

cinema кино, кинематограф; кинотеатр
direct ~ прямое кино *(метод создания документальных фильмов, основанный на наблюдениях за событиями, по возможности без вмешательства в их естественный ход, запечатление «жизни врасплох», зачастую с использованием скрытой камеры)*
tinsel ~ коммерческое кино, коммерческий кинематограф

cinemagoer кинозритель, посетитель кинотеатра

cinematographer ведущий [главный] оператор, оператор-постановщик

cinematography кинематография; операторское искусство; киносъёмка
aerial ~ воздушная съёмка, съёмка с воздуха
art ~ художественная съёмка
black-and-white ~ чёрно-белая съёмка
close-up ~ съёмка крупным планом, съёмка крупных планов
colour ~ цветная съёмка, съёмка в цвете
industrial ~ производственные съёмки, съёмки в промышленности, съёмки производственных процессов
macro ~ макросъёмка
monochrome ~ чёрно-белая съёмка
cinema-verite «синема-верите», «киноправда» *(метод, основанный на развёрнутых интервью и наблюдении за реальными или искусственно провоцируемыми ситуациями; недокументальный фильм, снятый в манере документального кино. Течение возникло во Франции на рубеже 50-х — 60-х гг.)*

cinemobile кинопередвижка

cinex *англ. экр.* (цвето)установочный ролик *(15-кадровые срезки, каждый кадр которых напечатан в отличном от остальных цветовом режиме; используются для цветовой балансировки при печати)*

circle 1. круг, кружок **2.** сфера, область **3.** цепь кинотеатров
business ~s деловые [коммерческие] круги
family ~ семейный [домашний] круг
quality ~ кружок качества *(изделий)*
vicious ~ порочный круг
virtuous ~ круг благоразумия
Circle:
Advertising Creative ~ *англ.* Творческий рекламный кружок *(основанное в 1945 г. сообщество творческих работников рекламы, призванное содействовать обмену опытом между ними, повышению стандартов творчества в рекламе и роли в ней текстовиков и художников)*

circuit 1. цепь; схема; канал связи **2.** кругооборот
~ **of action** сфера действия

circular циркуляр, циркулярное письмо; проспект *(обычно рассылаемый по почте)*
advertising ~ рекламный проспект
house-to-house ~ циркулярное письмо, распространяемое по принципу

circulation

«в каждый дом», циркулярное письмо массовой рассылки [массового распространения]
store ~ магазинный проспект *(рассказывает о предлагаемых товарах и особенно о товарах, продаваемых со скидкой)*
circulation 1. тираж; распространение *(тиража)* 2. циркуляция; обращение; кругооборот 3. людской поток, число проходящих и проезжающих *(мимо рекламы)* ◇ to build ~ обеспечивать рост тиража
~ of capital кругооборот капитала
"all other" ~ *амер.* прочие районы распространения *(газета за пределами города, в котором она издаётся, и зоны её розничной продажи в границах, принятых в учётной практике Бюро по контролю за тиражами)*
audited ~ контролируемый [удостоверенный] тираж *(рассылаемый бесплатно лицам, выбранным издателем по профессиональному или иному признаку)*
average net paid ~ средний оплаченный тираж-нетто *(определяется посредством деления суммы всех оплаченных экземпляров периодического издания, выпущенных за обследуемый период, на число вышедших номеров)*
bonus ~ «премиальный» тираж *(сверх того, на основе которого исчислялся тариф для рекламодателя)*
broadcast ~ аудитория охвата вещанием
bulk ~ распространение *(издания)* оптом
city-zone ~ общегородской тираж *(распространяемый непосредственно в городе и ближайших пригородах)*
combined ~ общий [полный] тираж
commodity ~ товарное обращение
controlled ~ *см.* audited circulation
cumulative ~ суммарный [нарастающий] тираж
currency ~ денежное обращение
daily effective ~ эффективный суточный поток, эффективная суточная аудитория *(число лиц, имевших контакт с наружной рекламой в течение 24 ч)*
domestic market ~ тираж (издания) внутри страны, тираж для внутреннего рынка
effective ~ *амер.* эффективная аудитория *(число лиц, имеющих контакт с наружной рекламой, представляет собой сумму из 50 процентов от общего числа пешеходов и водителей и 25 процентов от общего числа пассажиров общественного транспорта, проходящего мимо)*
franchise(d) ~ привилегированный тираж *(часть тиража делового издания, продаваемая оптом посреднику для последующего бесплатного распространения в обмен за предоставление этим посредником списков клиентов)*
goods ~ товарное обращение
guaranteed ~ гарантированный тираж
home ~ *см.* domestic market circulation
magazine ~ тираж журнала; распространение журнала
mail ~ тираж рассылки по почте
mass ~ массовый тираж; массовое распространение
monetary [money] ~ денежное обращение
monthly ~ (еже)месячный тираж
net ~ тираж нетто
newspaper ~ тираж газеты
newsstand ~ тираж для розничной продажи *(издания)*
outdoor ~ численность аудитории наружной рекламы
overlapping ~ перекрытие [дублирование] зон охвата [распространения] *(двумя или более периодическими изданиями)*
paid ~ оплаченный тираж; платное распространение
pass-along ~ *см.* secondary circulation
primary ~ первичное распространение *(издания)*, первичный тираж *(складывающийся из подписки и розничных продаж)*

circulation

qualified ~ распространение среди квалифицированных читателей *(отраслевых изданий бесплатно лицам или организациям, которые отобраны издателем по профессиональным признакам и отвечают определённым квалификационным требованиям)*
quality ~ качественная часть тиража *(распространяемая среди аудитории с желательными для издания демографическими характеристиками)*
request ~ распространение по запросам; часть тиража, распространяемая по запросам
secondary ~ вторичное хождение *(распространение издания среди лиц, не являющихся его первичными читателями)*
single copy ~ распространение в розницу
subscription ~ подписной тираж, тираж по подписке
total ~ общий [полный] тираж
verified ~ *см.* audited circulation
waste ~ бесполезный тираж
weekly ~ недельный тираж
wholesale ~ оптовый товарооборот
circumstance обстоятельство ◇ **in the present** ~s при нынешних условиях, при сложившихся обстоятельствах; ~**s permitting** если позволят обстоятельства
~ **of insuperable force** обстоятельство непреодолимой силы, форс-мажорное обстоятельство
collateral ~s косвенные [побочные] обстоятельства
comfortable ~s *см.* easy circumstances
complicated ~ отягчающее обстоятельство
concomitant ~s сопутствующие обстоятельства
easy ~s достаток, зажиточность, обеспеченность, безбедное существование
economic ~s экономические возможности, степень достатка [обеспеченности], материальное положение
lucky ~ счастливый случай
narrow ~s стеснённые обстоятельства
particular ~s особые обстоятельства
reduced [**strained**] ~s стеснённое (материальное) положение
unforeseen ~ непредвиденное обстоятельство
citizen гражданин
able-bodied ~s трудоспособное население
average ~ средний [рядовой] гражданин
corporate ~ организация [фирма, компания] с высокой гражданской ответственностью, фирма, преисполненная гражданской ответственности
fellow ~s сограждане
naturalized ~ натурализованный гражданин
private ~ частное лицо
responsible ~ ответственный гражданин
senior ~ «старший» гражданин, пожилой человек *(особенно в США)*
stateless ~ апатрид, лицо без гражданства
citizenry граждане; население
city город
central ~ центр [центральная часть] города; город-центр *(с населением не менее 50 тысяч человек)*
control ~ контрольный город *(в эксперименте)*
core ~ старая центральная часть [«сердцевина»] города *(часто перенаселённая, застроенная старыми домами)*, «внутренний» город, городское ядро
free ~ вольный город
inner ~ *см.* core city
test ~ город-объект эксперимента
City:
~ **of Brotherly Love** Город братской любви *(Филадельфия)*
Eternal ~ Вечный город *(Рим)*
Federal ~ столица США *(Вашингтон)*
civics основы гражданственности; гражданское право; гражданские дела
civility благовоспитанность, вежливость, корректность
civilization цивилизация
alien ~ чужая цивилизация
Occidental ~ западная цивилизация

claim

Oriental ~ восточная цивилизация
claim 1. претензия, требование, иск 2. утверждение, довод ◊ ~ and delivery иск о восстановлении владения движимостью; ~ by inference косвенный довод; ~ for damages требование [иск] о возмещении убытков; ~ for infringement иск о нарушении прав; to document ~ документально обосновывать претензию; to offset competition ~s подрывать утверждения конкурентов; ~ to priority притязание на приоритет; to renounce [to resign] ~ отказаться от претензии; to substantiate ~ доказывать справедливость [обоснованность] претензии; to waive ~ отказаться от иска [от претензии; от требования];
~ of ownership имущественный иск; требование признания права собственности
~ of reimbursement см. claim for damages
accurate ~ достоверное утверждение
advertising ~ рекламное утверждение, рекламный довод
allowed ~ 1. позволительное [допустимое] утверждение 2. удовлетворённая претензия
basic ~ основная претензия
borderline ~ сомнительное [спорное] утверждение
competitive ~ утверждение конкурента
connected ~ побочная [связанная] претензия
counter ~ 1. контрутверждение 2. встречное требование, встречный иск
damage ~ см. claim for damages
disputed ~ спорная претензия
distraction ~ отвлекающий довод
equivalent ~ аналогичное [равнозначное] утверждение
established ~ признанная [доказанная] претензия
fake [false] ~ ложное требование, ложный иск
general superiority ~ утверждение об общем превосходстве
health(-giving) ~ утверждение о полезности для здоровья
income ~ притязание на доход
insurance ~ требование о выплате страхового возмещения
invalid ~ необоснованное утверждение; недействительное притязание
justifiable ~ правомерное [обоснованное, оправданное] утверждение; допустимый [правомерный, обоснованный] довод
labeling ~ утверждение, содержащееся на этикетке [на ярлыке]
legal ~ право требования
legitimate ~ законное требование, законная претензия
main ~ основная претензия
medical ~ утверждение медицинского характера, медицинское утверждение
monetary ~ денежное требование, денежная претензия
moral ~ моральное право
narrow ~ ограниченное утверждение [притязание]
outstanding ~ неурегулированная претензия
payment ~ требование платежа, иск об уплате долга
pecuniary ~ денежное требование, денежная претензия
performance ~ утверждение об эксплуатационных характеристиках
permissible ~ допустимое утверждение
preferential ~ преимущественное требование, преимущественная претензия
preposterous ~ нелепое требование
presentable ~ обоснованная претензия, претензия, могущая быть предъявленной
print ~ утверждение печатной рекламы
prior ~ см. preferential claim
private ~ частная претензия
product ~ утверждение в пользу товара
promotional ~ рекламно-пропагандистское утверждение
provable ~ доказуемое утверждение
publisher's ~ заявление издателя
reasonable ~ обоснованное притязание
safety ~ заверение о безопасности
sales ~ коммерческий довод

claim

scientific ~ ссылка на научные данные, утверждение о научном характере

secondary ~ побочный [второстепенный] довод

statutory ~ утверждение со ссылкой на закон; законное притязание; притязание, основанное на законе

substantiated ~ обоснованное притязание

superiority ~ утверждение о превосходстве, притязание на превосходство

supplementary ~ дополнительное притязание

television ~ утверждение телевизионной рекламы

territorial ~s территориальные претензии

therapeutic ~ утверждение о лечебных свойствах

unsubstantiated [unsupported] ~ необоснованное притязание

untruthful ~ *см.* false claim

valid ~ обоснованное притязание

vampire ~ отвлекающий довод

well-founded ~ хорошо обоснованная претензия, хорошо обоснованное требование

clapper(board), clapstick *экр.* «хлопушка» *(для сигнальных отметок при съёмках фильмов с синхронной записью звука)*

claptrap трескучая фраза, заявление, рассчитанное на дешёвый эффект

clash столкновение, конфликт

~ of interests столкновение [противоречие] интересов

~ of opinions расхождение во взглядах

~ of values столкновение ценностных понятий

class 1. (общественный) класс 2. разряд, категория, вид; группа ◊ ~ "A" television time класс «А» телевизионного времени *(США — 17.00 — 18.29 ч и 22.30 — 24.00 ч ежедневно)*; ~ "AA" television time класс «АА» телевизионного времени *(США — 18.29 — 22.30 ч ежедневно)*; ~ "B" television time класс «В» телевизионного времени *(США — 15.29 — 17.00 ч ежедневно)*; ~ "C" television time класс «С» телевизионного времени *(США — 8.59 — 15.29 ч ежедневно)*; ~ "D" television time класс «D» телевизионного времени *(США — начало работы — 8.59 ч и 24.00 — конец работы ежедневно)*

~ of buyers разряд покупателей

~es of media классы средств рекламы

account ~ категория клиентуры *(рекламного агентства)*

accuracy ~ класс точности

age ~ возрастная группа

auxiliary ~ вспомогательный класс

business ~ предпринимательский класс

economy ~ туристический класс *(особенно на самолёте)*

income ~ уровень доходов

intermediate ~es промежуточные слои *(общества)*

job ~ категория работы; группа работ по тарифной сетке

leisure ~ праздный класс

lower-lower ~ самый низший класс *(неквалифицированные рабочие и лица, живущие на пособие)*

lower-middle ~ низший средний класс *(служащие, торговцы, часть высококвалифицированных рабочих)*

lower-upper ~ низший высший класс *(аристократия, буржуазия)*

market ~ рыночный класс *(товара)*, рыночное качество

merchantability ~ класс товарности, класс рыночной пригодности

occupational ~ профессиональная группа

possessing ~es имущие классы

product ~ товарный класс

propertied ~es имущие классы

social ~ общественный класс; социальная группа; социальное положение

standard economy ~ стандартный экономичный класс *(на самолёте)*

time ~ класс эфирного [телевизионного] времени *(отрезок вещательного времени телецентра или радиостанции, берущийся за основу при определении тарифных расценок и характеризующийся наличием аудитории определённого демогра-

clause

фического и количественного состава)
upper-lower ~ высший низший класс *(рабочие высокой и средней квалификации)*
upper-middle ~ высший средний класс *(преуспевающие предприниматели, лица свободных профессий)*
upper-upper ~ самый высший класс *(высшая аристократия, крупная буржуазия)*
urgency ~ класс срочности
wage working ~ класс наёмных рабочих

classification классификация, группировка
age-sex ~ распределение населения по возрастно-половым группам
alphabetical ~ алфавитная классификация
broad ~ грубая [широкая] классификация
commercial ~ коммерческая [товарная] классификация
commodity ~ номенклатура товаров, товарная номенклатура
cross ~ перекрёстная классификация
demographic ~ демографическая классификация
editorial ~ рубрикация *(газеты, журнала)*
exact ~ точная классификация
final ~ окончательная классификация
historical ~ классификация с исторической точки зрения
manifold ~ *см.* multiple classification
marital status ~ группировка [классификация] по семейному положению
multiple [**multiway**] ~ многосторонняя классификация, классификация по нескольким признакам; *стат.* множественная группировка
occupational ~ классификация по роду занятий [по профессиям]
official ~ официальная классификация
one-dimensional [**one-way**] ~ односторонняя классификация, классификация по одному признаку
population ~ классификация населения

product ~ товарная классификация
quality ~ классификация [сортировка] по качеству
security ~ засекречивание
simple ~ *см.* one-dimensional classification
size ~ сортирование по размерам, калибрование, калибровка
subject ~ тематическая [предметная] классификация
tentative ~ временная классификация
type ~ классификация по типу
Classification:
International Standard ~ **of Occupations** Международная стандартная классификация профессий
Standard Industrial ~ *смер.* Стандартная промышленная классификация
clause пункт, статья, условие *(договора)*
amending ~ поправка *(к договору)*
arbitration ~ арбитражная оговорка
binding ~ обязательное положение, оговорка об обязательной силе
coefficient ~ пункт с необходимых законодательных мерах *(параграф 18 раздела VIII статьи 1 Конституции США, предусматривающий право Конгресса издавать законы, необходимые для осуществления любых прямо предусмотренных в Конституции полномочий самого Конгресса, правительства, министерств или должностных лиц)*
commerce ~ пункт о регулировании торговли *(параграф 3 раздела VIII статьи 1 Конституции США, предусматривающий право Конгресса регулировать внешнюю торговлю и торговлю между штатами)*
continuation ~ условие о пролонгации срока действия *(напр. полиса)*
craft ~ условие о покрытии риска во время доставки груза на портовых плавучих средствах
currency ~ валютная оговорка *(условие контракта, фиксирующее курс одной валюты относительно другой)*
currency option ~ оговорка о валютном опционе *(право получения платежей в другой валюте)*

111

clause

efforts ~ оговорка о максимальных усилиях *(об обязанности агента принимать все возможные меры для сбыта товаров принципала)*
escalation [escalator] ~ оговорка о скользящих ценах
escape [exception] ~ оговорка об освобождении от ответственности *(с перечнем обстоятельств, дающих право на освобождение от договорных обязательств)*, оговорка об отказе, избавительная оговорка, клаузула возможности отказа
exchange ~ валютная оговорка
extension ~ положение о продлении *(соглашения)*
favoured-nations ~ оговорка о наибольшем благоприятствовании *(обязательство со стороны средства рекламы не предоставлять ни одному рекламодателю более выгодных условий по сравнению с другими при аналогичных закупках места или времени)*
force majeure ~ форсмажорная оговорка
freight ~ условие об оплате фрахта
gold ~ золотая оговорка *(о пересчёте в соответствии с ценой золота)*
gold value ~ золотовалютная оговорка
indemnity ~ условие возмещения убытков
nonresponsibility ~ оговорка об освобождении от ответственности
nonsigner ~ оговорка об ответственности стороны, не подписавшей договор
penalty ~ пункт о штрафах [о неустойке]
reciprocity ~ оговорка о взаимности
release ~ *см.* escape clause
resolutive ~ *юр.* оговорка об отменительном условии
restrictive ~ ограничительная оговорка
safeguard ~ защитительная оговорка
saving ~ статья, содержащая оговорку; исключающая оговорка
telle quelle ~ оговорка о продаже товара на условиях «тель-кель» [«такой, как есть»] *(без гарантии качества)*
termination ~ пункт о прекращении договора
tie-in ~ положение об обусловленных закупках, обуславливающая оговорка
tying ~ пункт соглашения *(торгового или лицензионного)*, ограничивающий права партнера
voidable ~ оспоримая оговорка
warranty ~ положение о гарантиях
withdrawal ~ положение о выходе *(из договора)*

claymation перекладная мультипликация *(с использованием фигур из пластилина или глины)*
cleanser чистящее [моющее] средство *(порошок или паста для чистки)*
clean-up чистка; забота о чистоте
clearance 1. допуск 2. таможенная очистка 3. распродажа *(товаров)*
complete ~ полная распродажа
continuity ~ *экр.* утверждение [приёмка] режиссёрского сценария
incomplete ~ неполная распродажа
music ~ получение прав на использование музыки
quality ~ аттестат качества *(продукции)*
security ~ доступ [допуск] к закрытой информации
time ~ *вещ.* подтверждение времени *(трансляции программы всеми задействованными станциями сети)*
clearing 1. широкая распродажа *(сезонная или в связи с закрытием предприятия)* 2. безналичный расчёт; клиринг
clearing-house информационный центр; (банковская) расчётная палата
clerk 1. (конторский) служащий 2. продавец
~ **of court** секретарь суда
accounting ~ счетовод
audit ~ счетовод-контролёр
bank ~ банковский служащий
city ~ начальник канцелярии муниципалитета
code ~ кодировщик, шифровальщик
county ~ начальник канцелярии округа
filing ~ делопроизводитель
ledger ~ счетовод, младший бухгалтер

office ~ конторщик
sales ~ продавец
shipping ~ экспедитор грузов
statistical ~ учётчик-статистик
ticket ~ билетный кассир
cliche 1. избитая фраза, речевой штамп, клише 2. *полигр.* клише
client клиент, заказчик
  advertiser ~ клиент-рекламодатель
  business ~ деловой клиент
  potential ~ потенциальный клиент
  profitable ~ выгодный клиент
clientèle *фр.* клиентура
  exclusive ~ изысканная клиентура
  internal ~ внутренняя клиентура
climate климат; атмосфера, умонастроение
  ~ of confidence атмосфера доверия
  ~ of opinion общественное мнение, настрой общественного мнения
  business ~ деловой климат, конъюнктура
  economic ~ хозяйственная атмосфера, экономический климат, состояние экономики
  editorial ~ редакционный климат; редакционная политика *(издания)*
  international ~ международная обстановка
  job ~ рабочая атмосфера, атмосфера в трудовом коллективе, рабочий климат, обстановка на работе
  organizational ~ климат организации, рабочая обстановка в организации
  political ~ политический климат
  psychological ~ психологический климат
clincher решающий довод
clinic 1. семинар *(специалистов)*; курсы усовершенствования 2. клиника ◇ to run ~ устраивать семинар
  antismoking ~ центр по лечению от курения
  birth control ~ центр по планированию семьи
  consumer ~ потребительская панель
  day-and-night ~ стационар
  legal ~ юридическая консультация
  mental health ~ психиатрическая клиника
  mental hygiene ~ клиника психогигиены
  outpatient ~ клиника для амбулаторных больных
  well-baby ~ детская консультация
clinician руководитель семинара [курсов усовершенствования]
clip 1. вырезка *(напр. из газеты)* 2. клип, отрывок из фильма
  video ~ видеоклип *(отрывок из видеофильма)*
clipart «клипарт» *(компьютерная программа с библиотекой графических заготовок)*
clipper устройство для резания
  coupon ~ вырезатель купонов *(лицо, откликнувшееся на сделанное в купоне предложение из чистого любопытства, без желания совершить покупку)*
clipping вырезка *(напр. из газеты)*
  coupon ~ вырезание (рекламных) купонов
  network ~ *вещ.* «подрезание» сети *(незаконная практика увеличения станцией-филиалом продолжительности своего «станционного просвета» за счёт преждевременного выключения сигнала сети со срезанием концовок рекламных роликов)*
  newspaper ~ газетная вырезка
  press ~ вырезка из периодической печати
clipsheet 1. (готовый) макет-заготовка газетной полосы *(подобно материалам фототек продаётся издателям без права эксклюзивного использования)* 2. готовый к воспроизведению материал косвенной рекламы, рассылаемый в газеты *(в расчёте на бесплатную публикацию)*
clock часы
  battery ~ часы на батарейках
  musical ~ радиобудильник
clog препятствие, помеха ◇ ~ to business помеха предпринимательству
  adhesive ~ клеевая пробка *(в устройстве для нанесения клея)*
clone клон; полное подобие, двойник; телепрограмма, во многом копирующая свою удачную предшественницу
  human ~ человекоподобное существо
closedown окончание работы *(радиостанции или телецентра)*
close-up *экр.* крупный план

close-up

 big [extreme] ~ сверхкрупный план
 large ~ очень крупный план
 medium ~ среднекрупный [«итальянский»] план, план средней крупности
 super ~ макросъёмка
 tight ~ *см.* medium close-up
closing завершение, ликвидация *(сделки)*
 assumptive ~ завершение *(сделки)* на основе допущения *(что дело уже сделано и можно переходить к обсуждению деталей)*
 contingent ~ обусловленное завершение
 indirect ~ косвенное завершение
 sales ~ завершение запродажи
 trial ~ пробное завершение, попытка завершения
closure 1. закрытие, завершение 2. укупорка 3. заказ, выданный по результатам проведения прямой почтовой рекламы
 crown ~ укупорка кроненкоркой
 gasflow ~ укупорка в струе (инертного) газа
 market ~ закрытие операций на бирже
club клуб
 advertising ~ рекламный клуб
 book ~ клуб книголюбов
 book-of-the-month ~ клуб «книги месяца»
 buying ~ закупочный кооператив
 civic ~ некоммерческий [гражданский] клуб
 commercial ~ коммерческий клуб
 consumer ~ клуб потребителей
 disk-of-the-month ~ клуб «лучший диск месяца»
 film ~ киноклуб
 health ~ клуб здоровья, оздоровительный клуб
 key ~ закрытый клуб с узким составом членов *(которые имеют ключи от помещения клуба)*
 local ~ местный клуб
 membership ~ клуб по интересам
 men's ~ мужской клуб
 motor ~ автомотоклуб
 photography ~ клуб фотолюбителей, фотокружок
 swapping ~ клуб натурального обмена *(члены которого занимаются меновой торговлей)*
 women's ~ женский клуб
Club:
 Associated Advertising ~s of America Объединение рекламных клубов Америки
clue ориентир, наводящая информация; указатель, индикатор
 nonverbal ~ бессловесный указатель
 verbal ~ словесный ориентир, словесный ключ *(к решению)*
cluster группа, скопление, концентрация
 isolated store ~ группа магазинов, изолированная от центрального торгового района
 population ~ группа населения
 retail ~ группа розничных магазинов
 store ~ концентрация [скопление] магазинов
clutter сумбур, сутолока; толкучка, перегруженность
 advertising ~ рекламная толкучка, перегруженность рекламой, рекламная «теснота»
 media ~ перегруженность средств рекламы, перегруженность средств распространения информации рекламой, рекламная «теснота» в средствах распространения информации
coach (железнодорожный) вагон; второй класс *(на самолёте)*
 night ~ второй класс на ночных авиарейсах
 trailer ~ жилой автомобильный прицеп
Coalition коалиция, союз
 Infant Formula Action ~ *амер.* Коалиция действий против распространения смесей для детского питания
 National Black Media ~ *амер.* Национальная коалиция негритянских СМИ *(создана в 1973 г. для борьбы с дискриминацией в сфере вещания)*
coating (покровный) слой, покров, покрытие
 chocolate ~ шоколадная глазурь; глазирование шоколадом
 clear ~ бесцветное покрытие
 dip ~ нанесение покровного слоя погружением; отделка погружением

code

fluorescent ~ люминесцирующее покрытие
grease-proof [grease-resistant] ~ жиронепроницаемое [жироустойчивое] покрытие
hand ~ ручное крашение, отделка вручную
lens ~ просветление объектива [линзы]
light-sensitive ~ светочувствительное покрытие
magnetic ~ магнитный слой
metallizing ~ металлизирующее покрытие
moisture-resistant ~ влагоустойчивое покрытие
nonblocking ~ неслипающееся покрытие
paper ~ 1. меловое покрытие бумаги 2. мелование бумаги
primer ~ загрунтовка
protective ~ защитное покрытие
spray ~ покрытие распылением [напылением]
coat-of-arms герб; щит герба
coauthorship соавторство
cocktail коктейль
   currency ~ «валютный коктейль» *(международная валютная единица, основанная на национальных валютах ряда стран)*
   fruit [juice] ~ плодово-ягодный коктейль
code 1. кодекс, свод законов 2. код
   ~ of advertising practice кодекс рекламной практики
   ~ of civil procedure гражданский процессуальный кодекс
   ~ of ethics моральный кодекс, кодекс норм поведения
   ~s of fair competition кодексы честной конкуренции *(действовали в США в период 1933-1935 гг.)*
   ~ of good practice кодекс добросовестной торговой практики
   ~ of honour кодекс [законы] чести
   ~ of industrial property кодекс промышленной собственности
   ~ of practice процессуальный кодекс
   ~ of regulations кодекс норм
advertising ~ рекламный кодекс
American standard ~ for information interchange Американский стандартный код для обмена информацией *(семиразрядный код, обеспечивающий совместимость разных вычислительных систем при обмене информацией между ними)*
antipollution ~ законодательство об охране окружающей среды
bar ~ *полигр.* штриховой код, штрих-код
Baudot ~ код Бодо *(пятиразрядный код, используемый для представления текстовых данных в телеграфных аппаратах и телетайпах)*
classification ~ классификационный код
colour ~ цветовой код
commercial ~ торговый кодекс
criminal ~ уголовный кодекс
dress ~ (принятая) манера одеваться
extended binary coded decimal interchange ~ расширенный двоично-десятичный код обмена информацией *(восьмиразрядный код для представления текстовых данных в компьютерах IBM и совместимых с ними)*
instruction ~ командный код, код команд
item name ~ код обозначений изделий
labour ~ кодекс законов о труде
law ~ кодекс [свод] законов
moral ~ моральный кодекс
motion-picture ~ *амер.* кодекс кино *(вид самоцензуры, существовавший с 1920 г., когда запрещалось, к примеру, показывать внутреннюю обстановку ванной комнаты, очертания женской фигуры в профиль. В 1968 г. многие положения кодекса отменили, введя систему распределения фильмов по прокатным категориям)*
occupational ~ код профессий и занятий
order ~ командный код, код команд
penal ~ уголовный кодекс
public ~ совокупность норм публичного права
safety ~ правила (техники) безопасности
sanitary ~ санитарные нормы
symbolic ~ символический код

115

code

time [timing] ~ временной код
top-income quintile ~s районы США с годовым доходом на душу населения свыше 10 тысяч долларов
typographic function ~s полигр. указания к набору
universal product ~ универсальный товарный код УТК
Code:
~ of Federal Regulations Свод федеральных постановлений США
British ~ of Advertising Practice Британский кодекс рекламной практики
British ~ of Sales Promotion Practice Британский кодекс практики стимулирования сбыта
Canadian ~ of Advertising Standards Канадский кодекс рекламной практики
Internal Revenue ~ амер. Кодекс законов о внутренних государственных доходах
National Electrical ~ амер. Национальный электротехнический кодекс
Television ~ амер. Кодекс телерекламы (свод правил, выработанных Национальной ассоциацией вещательных организаций и обязательный к исполнению рекламодателями)
Uniform Commercial ~ амер. Унифицированный коммерческий кодекс (действующий в большинстве штатов закон, определяющий процедуру совершения наиболее распространённых сделок купли-продажи)
United Nations Health ~ Кодекс здоровья ООН
United States ~ Кодекс законов США (свод всех федеральных законов страны)
ZIP ~ амер. почтовый индекс (кодовый номер, присвоенный территории в рамках программы упорядочения зон действия предприятий связи)
codec кодек, кодер-декодер (кодирующе-декодирующее устройство)
coding кодирование
coefficient коэффициент; индекс; показатель

~ of correction поправочный коэффициент
~ of safety коэффициент безопасности, заряд прочности
~ of wear коэффициент [степень] износа
advertising response ~ показатель отклика на рекламу (определяемый путём деления процентного показателя изменения сбыта на процентный показатель изменения интенсивности рекламы)
ageing ~ степень старения
compatibility ~ коэффициент взаимозаменяемости
cost ~ коэффициент затрат
desirability ~ показатель желательности
distribution ~ коэффициент распределения
efficiency ~ коэффициент полезного действия, кпд
input ~ коэффициент затрат
mismatching ~ коэффициент рассогласования
quality ~ (количественный) показатель качества
reliability ~ коэффициент надёжности
sample ~ выборочный коэффициент, коэффициент отбора
saturation ~ коэффициент насыщения
variable ~ переменный коэффициент
weight(ing) ~ весовой коэффициент
coercion принуждение; сдерживание (силой); обуздание ◇ under ~ по принуждению
coffee кофе
caffein-free [decaffeinated] ~ кофе без кофеина
flake ~ кофейные хлопья
granulated ~ гранулированный кофе
ground ~ молотый кофе
instant ~ растворимый кофе
powdered [pulverized] ~ мелко молотый кофе (до состояния пудры)
regular ~ обычный кофе
roast(ed) ~ обжаренный кофе
semisoluble ~ полурастворимый кофе
cofinancing совместное финансирование

cola напиток (типа) кола; орех кола
  caffein-free [decaffeinated] ~ кола без кофеина
  diet ~ диетическая кола
  standard ~ стандартная кола, стандартный напиток (типа) кола
  sugared ~ кола с сахаром
  sugar-free ~ кола без сахара
collapse падение, крах
  ~ **of confidence** кризис доверия
  ~ **of negotiations** провал переговоров
  bank ~ банкротство банка
  financial ~ финансовый крах
  market ~ крах [развал] рынка
collar воротник, воротничок
  Billy blue ~ *амер.* типичный представитель массовой аудитории
  blue ~ синий воротничок *(рабочий)*
  pink ~ розовый воротничок *(работница сферы обслуживания: продавщица, официантка)*
  white ~ белый воротничок *(служащий)*
collarette рекламный «воротничок», рекламная «горжетка»; коперетка, бандеролька *(на горлышке бутылки)*
collectibles предметы [объекты] коллекционирования
collection 1. коллекция, совокупность 2. собирание, сбор *(напр. пожертвований)*
  ~ **of debt** взыскание [инкассирование] долгов
  ~ **of samples** коллекция образцов
  data ~ сбор данных
  document ~ массив [фонд] документов
  exchange ~ обменный фонд
  identification ~ определительная коллекция
  information ~ информационный фонд
  microfilm ~ микрофильмотека
  print ~ коллекция фотографий, собрание фотоснимков, фототека
  reference information ~ справочно-информационный фонд
  subject ~ тематический сборник; тематическая коллекция
  tax ~ сбор [взимание] налогов
  waste paper ~ сбор макулатуры
  world patent ~ мировой патентный фонд

college колледж
  advertising ~ рекламный колледж
  bluechip ~ престижный колледж
  business ~ коммерческий колледж
  community ~ общественный колледж
  comprehensive ~ колледж широкого профиля, общеобразовательный колледж
  county ~ *англ.* колледж графства *(учебное заведение, в котором одним из основных предметов является домоводство)*
  junior ~ неполный колледж *(с сокращённым двухгодичным курсом)*; техникум
  liberal arts ~ гуманитарный колледж
  senior ~ колледж полного курса, высшее учебное заведение
  state ~ *амер.* колледж, финансируемый властями штата
  technical ~ технический колледж
  university ~ университетский колледж
College:
  Royal ~ **of Art** Королевский художественный колледж *(в 1967 г. преобразован в высшее учебное заведение)*
collotype 1. фототипная печатная форма 2. коллотипия *(способ получения фотографического изображения на йодо-серебряных слоях)*
collusion сговор
  price ~ сговор [тайное соглашение] о ценах
  separate ~ сепаратный сговор
  tacit ~ молчаливый сговор
colour 1. цвет; тон, оттенок; колорит 2. краска, пигмент ◇ **in full** ~ *полигр.* полноцветный *(о печати)*; **out of** ~ выцветший, выгоревший; **to match** ~**s** подбирать цвета; **without** ~ бесцветный
  accompanying ~ дополнительный цвет
  achromatic ~ ахроматический цвет *(серый)*
  active ~ *см.* **hot colour**
  additional [additive] ~ дополнительный цвет
  artificial ~ синтетический краситель
  background ~ фоновая краска, непрозрачная кроющая краска

colour

basic print ~ основная печатная краска
body ~ *см.* background colour
brilliant ~ чистый [яркий] цвет
certified ~ краситель, разрешённый для применения
chromatic ~s хроматические цвета *(все, кроме серого)*
coal tar ~ искусственный [синтетический] краситель; анилиновый краситель
coating ~ покровная краска
cold ~ холодный цвет
complementary ~ дополнительный цвет
cool ~ холодный цвет
corporate ~ фирменная раскраска
dead ~ грунт(овочная краска)
deep ~ насыщенный [густой] цвет
diluted ~ ненасыщенный [разбавленный] цвет
dingy ~ тусклый [загрязнённый] цвет
dull ~ матовый цвет
enamel ~ эмалевая краска
faint ~ блёклый цвет
fast ~ прочный [стойкий] краситель, прочная [стойкая] краска
flamboyant ~ огненно-яркий [пламенеющий] цвет
flat ~ блёклый цвет; ровное цветовое поле
flesh ~ телесный цвет
flushed ~ *см.* painting colour
food ~ пищевой краситель
functional ~ функциональный цвет
fundamental ~s *см.* primary colours
glaze ~ прозрачная краска
glue ~ клеевая краска
high ~ интенсивная окраска
hot ~ «горячий» цвет; цвет активности
identity ~s отличительные [фирменные] цвета, цвета фирменного стиля
illumination ~ освещающий цвет *(при заданных условиях освещения)*
incompatible ~s несочетаемые цвета
key ~ основная печатная краска
line ~ строчная цветная печать
liquid ~ жидкий краситель; раствор красителя
local ~ местный колорит *(напр. в объявлении)*

low ~ неинтенсивная окраска
luminous ~ светящаяся [люминесцентная] краска
mineral ~ минеральный краситель, минеральная краска
mourning ~ цвет траура
muddy ~ размытый цвет
natural ~ 1. естественный цвет 2. натуральный краситель
nonphysical ~s нереальные [мнимые] цвета
offset ~ краска для офсетной печати
oil ~ масляная краска
original ~ натуральный цвет
painting [paste] ~ тёртая масляная краска *(изготовляемая растиранием влажного пигмента)*
perceived ~ воспринимаемый цвет
permanent ~ *см.* fast colour
physical ~s реальные цвета
porcelain ~ светло-кремовый цвет
powder ~ порошкообразный краситель
pre-print ~ «вкладной» цвет *(цветная вкладка, печатающаяся отдельно от основной части издания)*
primary ~s основные [первичные] цвета *(красный, жёлтый, синий)*
priming ~ грунт(овочная краска)
pure ~ чистый цвет
reference ~ эталонный [исходный] цвет
restful ~ успокаивающий цвет
rotogravure ~ краска для глубокой печати
run-of-paper ~ однопрогонная многокрасочная печать
saturated ~ насыщенный [густой] цвет
screen ~ краска для трафаретной печати
secondary ~s вторичные цвета субтрактивного синтеза *(напр. зелёный, получаемый смешением жёлтого и синего)*
shading ~ подцветка *(о краске)*
shrilly green ~ ядовито-зелёный цвет
simple ~s *см.* primary colours
solid ~ сплошной тон; сплошная заливка
sordid blue ~ грязно-голубой цвет
special ~ нестандартный цвет *(при-*

менительно к конкретному изданию)
spectral ~s цвета спектра
spot ~ «точечный» цвет, цветовое пятно (в чёрно-белом объявлении)
standard second ~ второй стандартный цвет (в издании)
strong ~ резкий цвет
supportive ~s поддерживающие цвета
tarnished ~s потускневшие цвета
tawdry ~s вызывающе яркие цвета
temper ~s цвета побежалости, побежалые цвета
transfer ~ копировальная краска
transparent ~ прозрачная краска
unbalanced ~s несбалансированные [несогласованные] цвета
uneven ~ неоднородная окраска
vegetable ~ растительный краситель
violent ~s кричащие цвета
warm ~ тёплый цвет
water ~ акварельная краска (для раскраски и ретуши)
colouring 1. окрашивание, подкрашивание 2. раскраска, расцветка, окраска; колорит
distinctive ~ отличительная окраска
dull ~ приглушённый колорит
edge ~ закраска обреза (книжного блока)
surface ~ поверхностное крашение
columbian терция (шрифт кегля 16)
column столбец, колонка; раздел
advertisement [advertising] ~ колонка с объявлениями (в газете), рекламная колонка
advice ~ колонка советов (в газете)
classified ~ рубрика
double-width ~ столбец шириной в две стандартные колонки
editorial ~ редакционная колонка
extra-width ~ колонка шириной, превышающей стандартную
miscellaneous ~ «разное» (рубрика в журнале, газете)
news ~ раздел новостей
newspaper ~ газетная колонка, газетный столбец
"situations vacant" ~ раздел с объявлениями о вакансиях, колонка объявлений типа «требуются»
split ~ колонка с двумя вертикальными графами, двухстолбцовая колонка
table ~ столбец таблицы
type ~ полоса набора
columnist ведущий рубрики (в газете или журнале)
moneyline ~ экономический обозреватель (комментирующий события в мире финансов)
comanager соуправляющий
combination сочетание, комбинация
audience ~ состав аудитории
business ~ объединение [слияние] компаний
colour ~ сочетание [комбинация] цветов, цветовая комбинация
creative ~ творческое сочетание
environmental ~ комбинация внешних факторов
factor ~ сочетание факторов
forced ~ обязательное [принудительное] сочетание (набор изданий, выпусков издания или средств рекламы, предоставляемых рекламодателю без права выбора или исключения отдельных составляющих)
generic ~ родовая комбинация
line-and-halftone ~ полигр. соединение штрихового и полутонового изображений
mark-generic name ~ сочетание товарного знака с родовым названием
media ~ сочетание [комбинация] средств рекламы
phraseological ~ фразеологическое сочетание
price ~ ценовой картель
product ~ сочетание товаров
symbol ~ символическое сочетание, сочетание символов
trade ~ объединение торговцев
word-design ~ сочетание слова и изображения, словесно-изобразительное сочетание
comedy комедия
~ of characters комедия характеров
~ of intrigue остросюжетная комедия положений
~ of humours [of manners] комедия нравов
bedroom ~ альковный фарс
black ~ «чёрная» комедия, комедия чёрного юмора

comedy

domestic ~ семейная комедия
heart ~ лирическая комедия
high ~ высокая комедия *(в которой эффект достигается не за счёт нелепых положений, а за счёт характеристики персонажей и текста)*
horror ~ комедия ужасов
light ~ лёгкая изящная комедия
low ~ низкая [бульварная] комедия, комедия на грани фарса, комедия-фарс
musical ~ музыкальная комедия
screwball ~ пошловато-глупая эксцентричная комедия
situation ~ комедия положений [ситуаций]
slap-stick ~ комедия пощёчин, фарс, балаганное представление

comfort 1. комфорт, уют 2. *pl* удобства ◇ ~ in wear удобство *(одежды)* в носке
creature ~s предметы личного потребления *(напр. обувь)*
external ~ внешний комфорт
home ~s бытовые удобства
material ~ 1. материальный комфорт 2. *pl* материальные блага

command команда
dimmed [grayed] ~ блёклая [неподсвеченная] команда *(на экране дисплея)*
highlighted ~ подсвеченная команда *(выделенная на экране дисплея яркостью, цветом или миганием)*
menu ~ команда (вызова) меню *(на экран дисплея)*
unavailable ~ недоступная команда

comment комментарий; объяснительное примечание; толкование
editorial ~ отзыв редакции; примечание редакции
opening ~ вступительное замечание, вступительный комментарий
outspoken ~s откровенные замечания
verbatim ~s дословно цитируемые (устные) комментарии

commentary 1. комментарий 2. *экр.* дикторский текст *(фильма)*
lengthy ~ пространный комментарий
live ~ репортаж (непосредственно) с места события
multilanguage ~ многоязычный комментарий; многоязычное звуковое сопровождение
running ~ 1. репортаж 2. подстрочный комментарий

commerce коммерция, торговля
competitive ~ конкурирующая торговля; конкурентоспособная торговля
domestic ~ внутренняя торговля
foreign ~ внешняя торговля
home [internal] ~ внутренняя торговля
international ~ международная [мировая] торговля
interstate ~ торговля между штатами
intrastate ~ торговля внутри штата
world ~ мировая [международная] торговля

commercial рекламный ролик; рекламная передача; рекламная вставка
across-the-board ~ (радио- *или* теле-)ролик, транслируемый ежедневно в одно и то же время в течение всей недели
animated ~ рекламный мультфильм
award-winning ~ (рекламный) ролик-призёр; ролик, отмеченный наградой
blended ~ *см.* integrated commercial
broadcast ~ ролик вещательной рекламы
cast ~ программно-исполнительский (радио- *или* теле-)ролик *(исполняемый участниками программы)*
chainbreak ~ ролик, передаваемый во время сетевой паузы
child-enticing ~ рекламный ролик, притягательный для детей
class "A" ~ рекламный ролик класса «А» *(предусматривается показ в 21 или более городах, либо в двух или более крупных городах США)*
class "B" ~ рекламный ролик класса «В» *(предусматривается показ не менее чем в шести, но не более чем в двадцати городах, за исключением Нью-Йорка, Чикаго и Лос-Анджелеса, либо в одном из них плюс в 9 других городах США)*
class "C" ~ рекламный ролик класса «С» *(предусматривается показ не более чем в 5 городах США, за исключением Нью-Йорка, Чикаго и Лос-Анджелеса)*

commercial

combination ~ комбинированный ролик *(с использованием нескольких разных приёмов, напр., съёмки актёров в сочетании с включением фильмотеки)*
control ~ контрольный ролик
cooperative ~ ролик (в рамках) совместной рекламы
corrective ~ ролик исправительной рекламы
"counter" ~ ролик «контррекламы»
cowcatcher ~ ролик-«завлекатель» *(показываемый непосредственно перед началом программы с целью побудить зрителей не переключаться на другой канал)*
dialogue radio ~ радиоролик-диалог; радиоролик с участием двух исполнителей *(дикторов или актёров)*
drop-in ~ вставной рекламный ролик, рекламная вставка
expanded ~ развёрнутый рекламный ролик
film(ed) ~ киноролик, ролик на киноплёнке
fixed ~ ролик с точно оговорённым временем трансляции
hard-sell ~ ролик в духе «жёсткой» продажи, «убойный» ролик
identification ~ ролик-позывной *(десятисекундный теле- или радиоролик)*
inserted ~ рекламная (кино)вставка
integrated ~ интегрированный *(внутри программы)* ролик; ролик, рекламирующий более одного товара или одной услуги
jingle ~ музыкальный рекламный ролик в виде куплетов
live ~ студийный ролик *(прямой передачи)*
mini-drama ~ драматизированный рекламный ролик, ролик в виде мини-драмы
monoaural ~ ролик *(радиорекламы)* с монофоническим звучанием
"mood" ~ ролик «настроения»
network ~ сетевой рекламный ролик, ролик общесетевой трансляции
non-air ~ неэфирный ролик, ролик, не предназначенный для передачи в эфир *(для проверки реакции аудитории в лабораторных условиях)*

openend ~ открытый ролик *(в конце которого оставлено место для включения реквизитов местных агентов или дистрибьюторов)*
pre-emptible ~ ролик условного размещения *(время трансляции которого может быть изменено по усмотрению станции в случае появления более выгодного для неё заказчика)*
product ~ ролик товарной рекламы
radio ~ рекламный радиоролик, ролик радиорекламы
repetitive ~ повторно демонстрируемый [повторяемый] ролик
rough-cut ~ начерно [вчерне] смонтированный ролик
seasonal ~ сезонный ролик, ролик сезонного использования
singing ~ рекламная песня; ролик-песня
slice-of-life ~ бытописательский ролик, ролик типа «зарисовка с натуры»
slide ~ рекламный ролик на слайдах, слайдролик
slug ~ *см.* hard-sell commercial
soft-sell ~ ролик в духе «мягкой» продажи, ролик без давления на потребителя
spoiler ~ подрывной [сабoтажный, контрпропагандистский] ролик *(напр. показывающий счастливые лица курящих с закадровым рассказом о пагубности курения)*
spot ~ *вещ.* «точечный» ролик, ролик «точечной» рекламы
star ~ «программно-звёздный» ролик *(исполняемый главным героем программы)*
station break ~ *вещ.* ролик, транслируемый во время «станционного просвета»
story-telling ~ ролик-рассказ
straight radio ~ радиоролик, читаемый диктором; радиоролик-монолог, радиоролик с одним исполнителем
taped ~ рекламный ролик на видеоленте, видеоролик
television ~ телевизионный рекламный ролик
test ~ пробный ролик; ролик, подвергаемый проверке

commercial

testimonial ~ рекомендательно-свидетельский ролик, роликсвидетельство *(в пользу товара)*
test market ~ ролик для пробного рынка [для показа на пробном рынке]
triggyback ~ рекламный фильм из трёх разделов
video ~ видеоролик
voiceover ~ ролик с закадровым комментарием
commercial-free без рекламы, не несущий рекламы *(о программе)*
commercialism меркантилизм; коммерческий [торгашеский] дух
commercialization 1. развёртывание [организация] серийного производства 2. коммерциализация *(перевод деятельности на коммерческую основу, преследующую извлечение прибыли)*
commission 1. комиссия, комитет 2. комиссионное вознаграждение; (комиссионная) скидка ◇ to sell on ~ продавать на комиссионных началах
~ of conciliation согласительная комиссия
~ of inquiry комиссия по расследованию, следственная комиссия
advisory ~ *амер.* консультативная комиссия
agency ~ агентская скидка *(обычно в виде 15% уступки с тарифной стоимости, предоставляемая агентству средствами рекламы)*
arbitration ~ арбитражная комиссия
auditing ~ ревизионная комиссия
bank [banker's] ~ банковская комиссия, комиссионные банку
broker's ~ комиссия за услуги брокера *(обычно в пределах 3% от суммы сделки)*
buying ~ комиссионные за покупку
claims ~ комиссия по рассмотрению претензий
interim ~ временная комиссия
joint ~ объединённая комиссия
media ~ скидка, предоставляемая средствами рекламы
mediation ~ примирительная комиссия
permanent ~ постоянная комиссия
publisher's ~ издательская комиссия

selling ~ комиссионное вознаграждение за продажу
split ~ вознаграждение, поделённое между посредниками
standing ~ постоянная комиссия
Commission ◇ ~ on Obscenity and Pornography Комиссия по проблемам непристойностей и порнографии *(создана при Конгрессе США в 1970 г.)*
Broadcasting Complaints ~ *англ.* Комиссия по претензиям к вещанию *(создана в 1980 г.)*
Consumer Products Safety ~ *амер.* Комиссия по проблемам безопасности потребительских товаров *(учреждена в 1972 г.)*
Federal Power ~ Федеральная энергетическая комиссия
National ~ on Consumer Finance *амер.* Национальная комиссия по проблемам финансирования потребителей *(учреждена в 1968 г.)*
National Food Marketing ~ *амер.* Национальная комиссия по торговле продовольственными товарами
Peoples Business ~ *амер.* Народная комиссия по проблемам бизнеса
Price ~ *амер.* Комиссия по ценам
commissioner член комиссии; специальный уполномоченный, комиссар
~ of patents руководитель патентного бюро
presiding ~ председатель комиссии
commitment 1. обязательство 2. целеустремлённость
advance ~s обязательства на последующий срок; срочные обязательства
contractual ~ контрактное обязательство, обязательство по контракту
credit ~ обязательство о выдаче [предоставлении] кредита
emotional ~ эмоциональная приверженность
final ~ окончательное обязательство
forward ~s *см.* advance commitments
long-run ~ *см.* long-term commitment
long-standing ~ давнее обязательство
long-term [long-time] ~ долговременное [долгосрочное] обязательство
purchase ~s обязательства по заказам; размещённые заказы

commodity

short-term ~ краткосрочное обязательство
social ~ обязательство перед обществом
treaty ~s договорные обязательства
committee комитет; комиссия; группа; орган
  ~ of action комитет действия
  ~ of experts комитет экспертов, экспертная комиссия
  ad hoc ~ *лат.* специальный комитет
  advisory ~ консультативный орган
  audit(ing) ~ ревизионная комиссия
  buying ~ закупочный комитет, комитет по закупкам, закупочная комиссия
  check-up ~ *см.* auditing committee
  coordinating ~ координационный комитет
  creative review ~ редакционно-художественный совет *(рекламного агентства)*
  decision-making ~ полномочная комиссия
  executive ~ исполнительный комитет
  interim ~ временный комитет
  management [managing] ~ руководящий комитет, комитет по управлению *(корпорацией)*
  membership ~ приходский комитет *(в церкви)*
  new-product ~ комиссия по новым товарам *(в рамках фирмы)*
  organizing ~ организационный комитет
  permanent ~ постоянно действующий комитет
  planning ~ группа планирования
  political action ~ комитет политических действий *(официально регистрируемые общественные организации США, занимающиеся сбором средств для пропаганды тех или иных идей)*
  preparatory ~ подготовительный комитет
  product planning ~ комитет товарного планирования; комитет планирования производства
  provisional ~ временный комитет
  purchasing ~ *см.* buying committee
  select ~ специальный комитет, специальная комиссия
  vigilante ~ комитет бдительности
  watchdog ~ наблюдательный комитет, комитет по контролю; комитет бдительности
  Committee ◇ ~ on Population Statistics *амер.* Комитет по статистике народонаселения
  ~ of Ways and Means *амер.* Постоянная бюджетная комиссия
  Appropriation ~ Комитет по ассигнованиям *(Конгресса США)*
  Code of Advertising Practice ~ *англ.* Наблюдательный совет за соблюдением Кодекса рекламной практики *(основной орган саморегулирования рекламного бизнеса, действующий под эгидой Комитета рекламных стандартов)*
  Public Advisory ~ for Trademark Affairs *амер.* Общественный консультационный комитет по делам о товарных знаках
  Review ~ Наблюдательный комитет *(орган саморегулирования рекламы, действовавший в США в середине 30-х гг.)*
commodit/y товар, предмет потребления ◇ ~ in short supply дефицитный товар; to pool ~ies создавать объединённые товарные запасы
  agricultural ~ies сельскохозяйственные товары
  basic ~ies 1. основные сырьевые товары 2. *амер.* сельскохозяйственные продукты, для которых установлена поддержка цен
  bottleneck ~ дефицитный товар
  boxed ~ продукт в ящичной упаковке
  chilled ~ охлаждённый продукт
  consumable ~ies товар разового употребления
  consumer ~ies потребительские товары, предметы широкого потребления
  distressed ~ 1. убыточный товар; товар, приносящий минимальный доход 2. непринятый товар
  essential ~ies товары первой необходимости
  farm ~ies сельскохозяйственные товары
  food ~ продовольственный товар
  frozen ~ замороженный продукт

commodity

hot ~ товар повышенного спроса
industrial ~ies товары промышленного назначения
labeled ~ маркированный товар; товар, снабжённый этикеткой
long-lived ~ies товары длительного хранения
perishable ~ товары кратковременного хранения; скоропортящиеся продукты
primary ~ies основные виды сырья (*напр. натуральный каучук, железная руда*)
raw ~ies сырьё
scarce ~ дефицитный товар
short-lived ~ *см.* perishable commodities
staple ~ies предметы первой необходимости; массовые [основные] товары, главные предметы торговли
surplus ~ies товарные излишки
trademark ~ изделие, маркированное товарным знаком, изделие с маркировкой

commonality общность; унифицированность
~ of interests общность интересов

communicability коммуникационная наглядность

communication 1. коммуникация, связь, система связи 2. передача, распространение
advertising ~ рекламная коммуникация
audio ~ звуковая связь
audio-visual ~ аудиовизуальная [звукозрительная] коммуникация
brand ~ распространение сведений о марке [о марочном товаре]
conceptual ~ умозрительная коммуникация
confidential ~ конфиденциальная коммуникация
consumer ~s поддержание связей с потребителями
controlled ~ коммуникация в контролируемых условиях
corporate ~s общефирменная коммуникация
data ~ передача данных [информации]
direct ~ непосредственная связь
efficient ~ эффективная коммуникация
external ~ внешние контакты
facsimile ~ факсимильная [фототелеграфная] связь
fear ~ распространение устрашающих сведений
identified ~ личностная коммуникация (*с известным источником*)
internal ~ внутрифирменные контакты
international ~ международная коммуникация
interpersonal ~ межличностная коммуникация
market ~ рыночная коммуникация
marketing ~ маркетинговая коммуникация, коммуникация маркетинга (*личная продажа, реклама, стимулирование сбыта, деятельность по организации общественного мнения*)
mass ~ массовая коммуникация
multichannel ~ многоканальная связь
nonverbal ~ внеречевая коммуникация
one-way ~ односторонняя связь
oral ~s личные контакты
paid ~ платная коммуникация
personal ~ личные контакты
personalized ~ личностная [персонифицированная] коммуникация
persuasive ~ увещевательная коммуникация
postal ~s почтовая переписка
productive ~ продуктивная коммуникация
purposeful ~ целенаправленная коммуникация
radio ~ 1. радиосвязь 2. *pl* средства радиосвязи
sales ~s средства распространения коммерческой информации
sales-directed ~ коммуникация торгового характера
symbol ~ коммуникация посредством символов
trade ~ связь со сферой торговли
two-way ~ двухсторонняя связь
verbal ~ речевая [словесная] коммуникация; устное сообщение
visual ~ зрительная [визуальная] связь

company

wire ~ проводная связь
word-of-mouth ~ устная коммуникация *(в виде слухов)*
written ~ письменная коммуникация
communicator коммуникатор; специалист в сфере коммуникаций; лицо, осуществляющее связь [контакты]
creative ~ коммуникатор творческой сферы
marketing ~ коммуникатор сферы маркетинга, маркетинговый коммуникатор
mass ~ специалист по массовой коммуникации
community 1. община, округа 2. объединение, сообщество; общность
~ of interest общность интересов
~ of race принадлежность к одной расе
academic ~ коллектив преподавателей и студентов, студенческо-преподавательский состав; научные круги
advertising ~ рекламные круги
arts ~ мир (деятелей) искусства
business ~ деловые круги
closed ~ замкнутое [изолированное] сообщество
college ~ студенческая община
economic ~ экономическое сообщество
ethnic ~ этническое сообщество, этническая группа
financial ~ финансовые круги
housing ~ жилой посёлок
industrial business ~ сообщество предпринимателей сферы промышленного производства
international ~ международное сообщество
professional ~ профессиональные круги, сообщество профессионалов
regional ~ региональное сообщество
religious ~ религиозная община
retirement ~ поселок для престарелых
rural ~ сельские жители
social ~ социальная общность
stable ~ устойчивое сообщество
target ~ целевое сообщество
test ~ испытательный жилой район
transitional ~ переходное сообщество
verbal ~ 1. языковая община 2. вербальная общность

village ~ сельская община
world ~ мировое сообщество
commuter 1. лицо, совершающее регулярные поездки *(в пределах населённого пункта или района)* 2. лицо, совершающее ежедневные поездки на работу и обратно в общественном транспорте 3. пассажир, пользующийся сезонным *или* льготным билетом
commuterville пригород, где живут работающие в городе
companionship товарищество, общение
company компания, фирма
addressing ~ *см.* list company
advertising ~ рекламная фирма; рекламное предприятие
affiliated ~ *см.* subsidiary company
airfreight ~ грузовая авиакомпания
allied ~ *см.* subsidiary company
auction ~ 1. оптовик-аукционист *(продающий товары с аукциона)* 2. аукционная фирма *(занимается организацией аукционов)*
bargain ~ фирма, торгующая недорогими товарами *или* со скидкой
barge ~ компания водных грузовых перевозок
bartering ~ бартерная (посредническая) фирма, бартерный посредник
broadcasting ~ вещательная компания
buying ~ фирма-покупатель
capital goods ~ фирма, производящая [выпускающая] капитальные [инвестиционные] товары, фирма-изготовитель средств производства
cash-rich ~ компания, располагающая большим объёмом наличности
close(d) ~ компания закрытого типа *(контролируемая не более чем 5 лицами)*
commercial ~ торговая [коммерческая] компания
commercial finance ~ *амер.* финансовая компания, предоставляющая краткосрочные кредиты только фирмам *(на финансирование оборотного капитала)*
commission ~ комиссионная фирма; брокерская фирма
consumer goods ~ компания, торг-

company

ующая товарами широкого потребления
credit ~ кредитная компания
credit card ~ компания кредитных карточек
data processing ~ фирма по обработке данных
devolved ~ децентрализованная компания
diversified ~ многопрофильная [диверсифицированная] компания
driving ~ прогрессивная фирма
drug ~ фармацевтическая фирма
employing ~ компания-работодатель
entrepreneurial ~ предпринимательская фирма
engineering ~ *англ.* машиностроительная фирма, фирма инженерно-технического профиля
enlightened ~ прогрессивная фирма
ethnocentric ~ этноцентрическая компания
film(-production) ~ кинофирма
food service ~ (коммерческая) фирма общепита
foreign-controlled ~ компания, находящаяся под иностранным контролем
forwarding ~ транспортно-экспедиторская компания
freight-handling ~ фирма-грузообработчик
full-line ~ фирма-поставщик широкого ассортимента изделий
furniture ~ мебельная фирма
gasoline ~ фирма, торгующая бензином
geocentric ~ геоцентрическая фирма
growth ~ быстро растущая компания
heavy-engineering ~ компания-производитель тяжёлого оборудования
hierarchical ~ фирма иерархической структуры
high-engineering ~ (машиностроительная) компания высокой технологии
holding ~ холдинговая [материнская] компания
industrial goods ~ фирма-производитель товаров промышленного назначения
innovative ~ фирма-новатор
insulation ~ фирма, занимающаяся утеплением помещений
insurance ~ страховая компания
international ~ международная компания, компания с отделениями в разных странах
joint stock ~ акционерное общество, акционерная компания
laggard ~ отсталая [отстающая] фирма
leasing ~ фирма-арендодатель; лизинговая компания
life-insurance ~ компания по страхованию жизни
list ~ фирма-поставщик (адресных) списков
livery ~ «ливрейная» компания *(Лондонского Сити, образованная из одной из 83 старинных гильдий, члены которых имели особую форму одежды)*
logging ~ лесозаготовительная фирма
management ~ 1. *амер.* специализированная управленческая фирма *(для управления предприятием)* 2. управляющая компания *(центр инвестиционной компании открытого типа)*
manufacturing ~ 1. производственная [промышленная] фирма 2. фирма обрабатывающей промышленности
market-goal-oriented ~ компания, ориентированная на рыночные цели
marketing ~ маркетинговая компания; фирма, занимающаяся маркетингом
marketing-oriented ~ компания, ориентированная на маркетинг
market-intelligence ~ фирма по исследованию рынка
market-oriented ~ фирма, ориентирующаяся на удовлетворение запросов рынка; фирма, ориентированная на рынок
mass transit ~ транспортная компания, осуществляющая массовые перевозки, компания массовых перевозок
mechanical engineering ~ машиностроительная фирма
merger ~ объединённая компания
middle-size(d) ~ средняя компания, компания средних размеров
mixed ~ смешанная компания *(из многих собственников)*

Company

motion picture [movie] ~ кинофирма
multidivision ~ фирма с большим числом филиалов
multinational ~ многонациональная компания
multiproduct ~ фирма с широкой номенклатурой производства
oil ~ нефтяная компания
operating ~ *амер.* действующая [функционирующая] фирма; фирма-производитель
outdoor advertising ~ фирма *(по созданию и эксплуатации установок)* наружной рекламы
package-goods ~ компания, предлагающая фасованные товары
paper ~ компания-производитель бумаги
parent ~ компания-учредитель
personal finance ~ компания потребительского кредита
plumbing repair ~ фирма по ремонту сантехнического оборудования
printing ~ типографская фирма, фирма-печатник
private ~ частная фирма
product ~ производственная фирма
production-oriented ~ компания, ориентирующаяся на производство
property ~ фирма по операциям с недвижимостью
prospect ~ компания потенциального клиента
public ~ *англ.* государственная компания; акционерное общество с публично объявленной подпиской на акции; акционерная компания открытого типа
publicly owned ~ компания, находящаяся во владении общественности, акционерное общество
public-service ~ государственная компания по коммунальному обслуживанию
publishing ~ издательская фирма
purchasing ~ компания по закупкам
pyramid ~ фирма пирамидальной структуры
R & D ~ *см.* research and development company
ratings ~ фирма, выводящая оценочные коэффициенты программ телевидения или радио, рейтинговая фирма
record(ing) ~ фирма грамзаписи
repeat industrial ~ фирма, повторно выпускающая товары промышленного назначения
repertory ~ театр с постоянной труппой
research and development ~ научно-исследовательская и опытно-конструкторская фирма
reseller ~ фирма промежуточного продавца, фирма-промежуточный продавец
resident ~ компания-резидент
retailing ~ розничная фирма
sci-tech ~ фирма научно-технического профиля
service ~ фирма услуг
sister ~ сестринская компания
small-loan ~ компания по выдаче небольших ссуд
stock brokerage ~ брокерская фирма
subsidiary ~ дочерняя [подконтрольная] компания; филиал
successful ~ преуспевающая фирма
supplier ~ фирма-поставщик
television ~ телекомпания, телецентр
top-performing ~ наиболее преуспевающая фирма, фирма с лучшими показателями деятельности
trading ~ торговая компания
transnational ~ транснациональная компания
trucking ~ автотранспортная компания, компания грузовых перевозок
vendor ~ фирма-поставщик

Company:
American Broadcasting ~ Американская вещательная компания, Эй-Би-Си *(одна из крупнейших вещательных компаний США. Основана в 1927 г.)*
Fox Broadcasting ~ вещательная компания «Фокс» *(четвёртая по значению и размерам телесеть США. Создана в 1986 г. и обслуживает рынки Нью-Йорка, Чикаго, Лос-Анджелеса, Бостона, Далласа, Ньютона и Вашингтона)*
National Broadcasting ~ национальная вещательная компания, Эн-Би-Си *(одна из крупнейших вещатель-*

Company

ных компаний США, владеющая сетями теле- и радиостанций. Основана в 1926 г.)

comparison сравнение, сопоставление
  blind ~ сравнение вслепую *(когда товары передаются участникам теста без этикеток и прочей маркировки)*
  brand ~ сопоставление [сравнение] марок *(товаров)*
  consumer ~ сравнение, производимое потребителем
  cost ~ сопоставление затрат
  direct ~ прямое сравнение
  false ~ ложное сравнение
  flimsy ~ худосочное сравнение
  group ~ групповое сравнение, сравнение групп
  (inter)media ~ сопоставление средств рекламы
  paired [pairwise] ~ парное сравнение
  parallel ~ параллельное сравнение
  point-by-point ~ сравнение по пунктам
  price ~ сопоставление цен, ценовое сравнение
  product ~ сравнение товаров
  rate ~ сравнение тарифов
  shopping ~ сравнение при покупке
  side-by-side ~ непосредственное [наглядное] сравнение, сравнение «бок о бок»
  specific ~ конкретное сравнение
  symbolic ~ символическое сравнение
  unapt ~ неподходящее сравнение

compatibility совместимость
  computer ~ компьютерная совместимость
  product ~ совместимость товара *(с запросами рынка), соответствие товара (требованиям потребителей)*
  program(me) ~ *вещ.* совместимость с программой *(соответствие характера включаемых в программу рекламных материалов её содержанию)*
  psychological ~ психологическая совместимость
  stimulus-response ~ сопоставимость характера стимула и ответной реакции

compatible совместимый, сочетаемый

compensation компенсация, возмещение, вознаграждение
  additional ~ дополнительное вознаграждение, дополнительная компенсация
  agency ~ компенсация услуг (рекламного) агентства
  colour ~ *полигр.* компенсация цвета
  executive ~ вознаграждение руководящего работника
  initial ~ исходное [(из)начальное] вознаграждение
  insurance ~ страховое вознаграждение
  just ~ справедливая компенсация
  money ~ денежное возмещение, денежная компенсация
  noise ~ подавление шумов
  pecuniary ~ *см.* money compensation
  salesforce ~ оплата труда торгового персонала
  unemployment ~ пособие по безработице

competence 1. компетенция, квалификация **2.** умение, способность ◇ ~ **in languages** владение языками, языковая подготовка
  ~ **of reference** основательность ссылки
  managerial ~ компетентность руководства
  professional ~ профессиональная компетенция
  technical ~ техническая компетентность

competition конкуренция, соперничество, конкурентная борьба ◇ ~ **for attention** борьба за внимание; **to be in** ~ **with** конкурировать с ...
  ~ **of communications** конкуренция между средствами коммуникации
  active ~ оживлённая [активная] конкуренция
  advertising ~ рекламная конкуренция, конкуренция в рекламе
  agency ~ конкуренция среди агентств
  bona fide ~ *см.* fair competition
  brand ~ конкуренция марок
  business ~ конкуренция между предприятиями
  cartelized ~ картелизованная конкуренция

competitor

channel ~ конкуренция в рамках канала распределения; конкуренция между вещательными каналами
cut-throat ~ ожесточённая конкуренция
defensive ~ оборонительная конкуренция (*в ответ на вызов со стороны*)
destructive ~ разрушительная конкуренция (*посредством сбивания цен*)
direct ~ прямая конкуренция
effective ~ действенная конкуренция
fair ~ честная [добросовестная] конкуренция, конкуренция на равных условиях
fierce ~ ожесточённая конкуренция
foreign ~ конкуренция из-за рубежа
free ~ свободная конкуренция
global ~ глобальная конкуренция
government-subsidized ~ конкуренция, облегчаемая правительственными субсидиями
head-on ~ конкуренция впрямую
heated-up ~ ожесточённая конкуренция
heavy ~ острая конкуренция
horizontal ~ горизонтальная конкуренция (*между однотипными изданиями на одном и том же рынке*)
hot ~ горячая [острая] конкуренция
illicit ~ недозволенная конкуренция
indigenous ~ конкуренция со стороны местных компаний
indirect ~ косвенная конкуренция
industrial ~ промышленная конкуренция, конкуренция в сфере промышленности
industry ~ конкуренция в рамках отрасли
intense ~ жёсткая конкуренция
intensive ~ интенсивная конкуренция
internal ~ внутренняя [внутрифирменная] конкуренция
international ~ международная конкуренция
keen ~ острая конкуренция
latent ~ скрытая конкуренция
low ~ слабая конкуренция
low-wage ~ конкуренция за счёт низкой зарплаты
market ~ рыночная конкуренция, конкуренция на рынке
monopolistic ~ монополистическая конкуренция
network ~ конкуренция сетей (*напр. телевидения*)
nonprice ~ неценовая конкуренция
oligopolistic ~ олигополистическая конкуренция
potential ~ потенциальная конкуренция
predatory ~ хищническая конкуренция с искусственным занижением цен (*в расчёте на разорение конкурента*), ценовая конкуренция на уничтожение
price ~ ценовая конкуренция, конкуренция в ценах
prize ~ соревнование на приз
product ~ конкуренция между товарами, конкуренция за сбыт продукции
promotional ~ конкуренция в сфере стимулирования [«раскрутки»], рекламно-пропагандистская конкуренция
pure ~ чистая конкуренция
retail ~ конкуренция в розничной торговле
severe ~ ожесточённая конкуренция
strong ~ сильная конкуренция
tough ~ жёсткая конкуренция
unfair ~ недобросовестная конкуренция
unhindered ~ неограниченная конкуренция
weak ~ слабая конкуренция
competitive конкурентоспособный, конкурирующий
competitiveness конкурентоспособность
industrial ~ конкурентоспособность промышленности
international ~ международная конкурентоспособность
price ~ конкурентоспособность цен
competitor конкурент, соперник ◇ to
gain on ~ нагонять конкурента
brand ~ марка-конкурент
cut-price ~ ценовой конкурент, конкурент, снижающий [«режущий»] цены
direct ~ прямой конкурент
dominant ~ превосходящий по силе конкурент, господствующий на рынке конкурент

competitor

generic ~ товарно-родовой конкурент
indirect ~ косвенный конкурент
leading ~ ведущий конкурент
license ~ конкурент в сфере лицензионной деятельности
multinational ~ транснациональный конкурент, конкурент в виде МНК
principal ~ основной конкурент
product form ~ товарно-видовой конкурент
pure market ~ участник конкурентной борьбы на чистом рынке
would-be ~ потенциальный конкурент

compiler:
list ~ составитель адресных списков

complacency удовлетворённость, умиротворённость ◇ with sincere ~ с искренним удовлетворением

complainant жалобщик; истец

complaint жалоба, рекламация, претензия; иск ◇ to lodge [to make, to prefer] ~ against smb. подавать жалобу на *кого-л.*, возбуждать иск против *кого-л.*
blanket ~ коллективная жалоба
consumer ~ претензия потребителя, потребительская жалоба
customer ~ претензия заказчика
field ~ эксплуатационная претензия
justified ~ справедливая претензия, обоснованная рекламация
physical ~ физическое недомогание

complement штат; набор, комплект
agreed ~ согласованная численность

complex комплекс; совокупность
agroindustrial ~ агропромышленный комплекс
exchange ~ обменный комплекс
natural ~ природный комплекс

complexity сложность, запутанность

component 1. компонента, составляющая 2. составная часть, компонент; элемент ◇ to resolve into ~s разлагать на составляющие
aromatic ~ ароматический компонент
back-up ~ резервный [дублирующий] элемент
costs ~ составляющая затрат
decorative ~ декоративная деталь, *pl* декор
error ~ составляющая ошибки
feedback ~ элемент [составляющая] обратной связи
inessential ~ второстепенный элемент
interacting [interrelated] ~s взаимосвязанные элементы
logical ~ логический элемент
major ~ основной элемент
message ~ составная часть обращения
minor ~ второстепенный элемент
original ~ основной элемент
prefabricated ~ готовая деталь, готовая конструкция
preferred ~ предпочтительный элемент
price ~ составляющая цены
response ~ *см.* feedback component
sample ~ *стат.* элемент выборки
standard ~ типовой [унифицированный] элемент
structural ~ элемент конструкции
task ~ элемент задания
technical ~ техническая деталь
variable ~ переменная составляющая

composer *фирм.* «композер» *(наборно-пишущая машина корпорации IBM)*

composite *экр.* совмещённая копия; комбинированное изображение
final trial ~ *экр.* контрольная копия массовой печати
keyed ~ *экр.* комбинированное изображение в рирпроекции

composition 1. состав, структура, композиция 2. *полигр.* набор, наборные работы
~ of income состав [структура] дохода
~ of labour force структура рабочей силы
~ of trade состав товарооборота, структура торговли
age ~ 1. возрастная структура *(основного капитала)* 2. возрастной состав *(населения)*
aromatic ~ ароматическая композиция, отдушка
audience ~ состав аудитории *(удельный вес различных демографических категорий среди подвергающихся воздействию средств распространения рекламы)*

computer

cathode-ray tube [CRT] ~ набор на видеотерминальных устройствах
chemical ~ химический состав
cold-type ~ *см.* typewriter composition
commodity ~ товарный состав
dry pudding ~ сухая смесь для пудинга
electronic page ~ полигр. электронная вёрстка полос
ethnic ~ этнический состав *(населения)*
family ~ состав [структура] семьи
hand ~ ручной набор
household ~ состав домохозяйства; состав семьи
job ~ акцидентный набор
large-size [large-type] ~ крупнокегельный набор
line ~ строкоотливной набор
machine ~ машинный набор
market ~ структура [состав] рынка
medium ~ состав среды
metal-type ~ буквоотливной набор
mineral ~ минеральный состав
occupational ~ профессиональная структура, профессиональный состав
page ~ формирование страницы *(напр. в телетексте)*
percent(age) ~ состав в процентах, процентное содержание
picture ~ *экр.* состав изображения; композиция кадра
population ~ структура [состав] населения *(по полу, возрасту)*
race [racial] ~ расовый состав народонаселения
shot ~ композиция кадра *или* съёмочного плана
straight ~ текстовой набор
tabular ~ табличный набор, набор таблиц
type ~ (типографский) ~ наборные работы
typewriter ~ набор на наборно-пишущих машинах, машинописный набор
typographic ~ типографский набор
visual ~ зрительная композиция
composograph комбинированная фотография, фотомонтаж
comprehension понимание, осознание
 aural [listening, oral] ~ восприятие на слух, охват содержания на основе слухового восприятия
 product ~ восприятие товара; понимание сущности товара
 subconscious ~ интуитивное понимание
 visual ~ понимание зрительного образа; визуальное [зрительное] восприятие; понимание на основе зрительного восприятия
comprehensive чистый макет *(рекламного объявления)*
comprint печатание [выпуск] издания с нарушением авторского права
computer компьютер, ЭВМ
 all-purpose ~ универсальный компьютер
 battery-powered ~ батарейный компьютер, ЭВМ с батарейным питанием
 central master ~ центральный [главный] компьютер
 check-out ~ компьютер расчётного узла *(в универсаме)*
 compatible ~ совместимая ЭВМ
 control ~ управляющая ЭВМ
 desk(-top) ~ настольный компьютер
 end-user ~ ЭВМ конечного пользователя
 game ~ игровой компьютер
 general-purpose ~ универсальный компьютер
 hand-held ~ карманный (микро)калькулятор
 home ~ бытовой компьютер
 industrial ~ промышленный компьютер, промышленная ЭВМ
 keyboard ~ клавишная вычислительная машина
 lap-top ~ портативный компьютер; «дорожный» компьютер
 mainframe ~ большой компьютер
 miniature ~ мини-ЭВМ
 notebook ~ компьютерный блокнот, компьютерная записная книжка
 office ~ конторская ЭВМ
 personal ~ персональный компьютер
 portable ~ портативный компьютер
 process control ~ ЭВМ для управления технологическими процессами
 production control ~ компьютер для управления производством

computer

professional ~ компьютер для профессионального использования
small-size ~ малогабаритная ЭВМ
subscriber ~ абонентская вычислительная машина
superpersonal ~ персональная вычислительная машина большой мощности, персональная ЭВМ с расширенными возможностями
toy ~ ЭВМ-игрушка
training ~ обучающая ЭВМ
universal ~ универсальный компьютер
user ~ вычислительная машина пользователя
computerization компьютеризация, внедрение ЭВМ
concentration концентрация, сосредоточение
~ of effort сосредоточение усилий
capital ~ концентрация капитала
critical ~ критическая [предельная] концентрация
economic ~ экономическая концентрация
geographic ~ географическая концентрация
initial ~ начальная [исходная] концентрация
market ~ рыночная концентрация (доля рынка в руках ведущих компаний)
permissible ~ допустимая концентрация
population ~ плотность [концентрация] населения
residual ~ остаточная концентрация
retail ~ концентрация в сфере розничной торговли
threshold ~ пороговая концентрация
urban ~ городская агломерация
concept идея, замысел, концепция, понятие
~ of equality понятие равенства
~ of identity понятие тождества
advertising ~ рекламная идея, концепция [замысел] рекламы
advertising campaign ~ замысел рекламной кампании
artistic ~ художественная концепция
basic ~ основополагающий принцип; основная концепция

building-block ~ блочный принцип конструкции
bundle-of-benefits ~ концепция комплекса выгод и преимуществ (*утверждает, что преимущества и выгоды, которые покупатель рассчитывает получить от товара, добавляют ему притягательной силы*)
core ~ основное понятие
creative ~ творческий замысел, творческая концепция
dynamic ~ of life идея жизненного динамизма
marketing ~ концепция маркетинга
media ~s понятия из области средств рекламы
mental ~ интеллектуальный замысел
merchandising ~ торговая концепция
"me-society" ~ концепция «общество — это я»
multidimensional ~ многоплановое понятие
numeric ~ числовое понятие (*символически выраженное числом*)
packaging ~ концепция [замысел] упаковки
physical distribution ~ концепция товародвижения
price-value ~ концепция взаимосвязи между ценой и ценностной значимостью (*товара*)
probability ~ вероятностное понятие
product ~ замысел товара, концепция совершенствования товара
production ~ концепция совершенствования производства
product life-cycle ~ концепция жизненного цикла товара
psychoanalytic ~ психоаналитическая концепция
rationalistic ~ рационалистическая концепция
selling ~ концепция интенсификации коммерческих усилий
strategic ~ стратегическая концепция
subjective ~ of truth субъективное понятие о правде
system ~ системный подход
unfairness ~ доктрина неравных возможностей
weakest-link ~ принцип наиболее слабого звена

zero-defects ~ принцип бездефектности
conception понимание; замысел; концепция ◇ **to embody ~** воплощать замысел
~ of invention идея изобретения, изобретательский замысел
artistic ~s художественные [творческие] воззрения
clear ~ ясное представление
current ~ общепризнанная концепция
precise ~ точное представление
raw ~ черновой замысел
conceptual концептуальный, умозрительный, понятийный
conceptualization разработка замысла
initial ~ первоначальный замысел
concern 1. забота, тревога **2.** отношение, касательство **3.** концерн
common ~ общая озабоченность
continuing ~ постоянная забота
mounting ~ растущее беспокойство
primary ~ первоочередная задача
safety ~ забота о безопасности
societal ~ социальная озабоченность
concession уступка, скидка *(в цене)* ◇ **to negotiate tariff ~s** договориться о тарифных уступках; **~ to public opinion** уступка общественному мнению
direct ~ прямая уступка
investment ~s льготы для инвестиций
lawful ~ правомерная [законная] уступка
price ~ уступка в цене
reciprocal ~s взаимные уступки
special ~ специальная [особая] скидка
tax ~ налоговая льгота
trade ~ торговая льгота
unlawful ~ незаконная [противоправная] уступка
conclusion вывод, заключение ◇ **to reach ~** прийти к выводу; **~ to utility** заключение о полезности
~ of contract заключение контракта
~ of novelty заключение о новизне
balanced ~ обдуманный вывод, сбалансированное заключение
desired ~ желаемый [искомый] вывод

condition

irrelevant ~ несоответствующее заключение
logical ~ логический вывод, логическое заключение
necessary ~ неизбежный вывод
professional ~ заключение эксперта
unwarranted ~ необоснованный вывод
concordance алфавитный указатель *(в книге)*
condition 1. условие; оговорка **2.** состояние; режим ◇ **~s for novelty** условия наличия новизны *(в товаре)*; **in prime ~** в превосходном состоянии; **~s set forth in the contract** условия, оговорённые в контракте; **under controlled ~s** в контролируемых условиях
~s of sales условия продажи
~s of supply условия поставки
accelerated test ~s режим ускоренных испытаний
actual ~s реальные условия
business ~s деловая конъюнктура
compulsory ~ обязательное условие
controlled ~s контролируемые условия, контролируемый режим
credit ~s кредитная конъюнктура; условия предоставления кредита
current economic ~s текущая экономическая конъюнктура
dependent ~ подчинённое [зависящее] условие *(исполнение которого не может быть потребовано до исполнения другого, предварительного условия)*
design ~s расчётные условия
dissolving ~ отменительное условие *(сделки)*
economic ~s экономическая [хозяйственная] конъюнктура
emergency ~ аварийная [чрезвычайная] ситуация
experimental ~s экспериментальные условия, условия проведения эксперимента
feasibility ~s условия осуществимости
fundamental ~ основополагающее условие
general ~s общие условия
health ~s санитарные условия *(на предприятии)*

133

condition

housing ~s жилищные условия
implied ~ подразумеваемое условие
inner ~ внутреннее состояние
inner motivating ~ внутреннее мотивирующее состояние
insensible ~ *юр.* условие, несовместимое с целью договора
lighting ~s *экр.* условия освещения, освещённость *(съёмочного объекта)*
limiting ~ ограничивающее условие
living ~s условия жизни
managed ~s регулируемые условия
marginal ~s граничный режим
marital ~ семейное положение
market ~s состояние рынка, рыночная конъюнктура
motivational ~s условия мотивации
operable ~ работоспособное состояние
operating [operation, operative] ~s условия работы [эксплуатации]
precedent ~s предварительные условия
preset ~s (заранее) заданные условия
rated ~s расчётные условия, расчётный режим
reasonable ~s нормальные [приемлемые] условия
reference ~s стандартные условия
reinforcing ~ подкрепляющий фактор, подкрепляющее условие
repugnant ~ условие, несовместимое с целью договора; условие, противоречащее целям договора
resolutive ~ отменительное условие *(сделки)*
restrictive ~ ограничивающее условие
running [service] ~s условия работы [эксплуатации]
socio-demographic ~s социально-демографические условия
socio-economic ~s социально-экономические условия
storage ~s условия хранения
suspensive ~ *юр.* отлагательное [суспенсивное] условие
testing ~ условие проведения испытаний
underlying ~ причина
unforeseen ~s непредвиденные обстоятельства
uniform testing ~s единообразные условия проведения испытаний
use ~s условия использования
variable ~s переменный режим
viewing ~s условия просмотра *(фильма)*

conditioner кондиционер; улучшитель, кондиционирующая добавка
air ~ кондиционер воздуха
hair ~ средство по уходу за волосами, кондиционер для волос
ink ~ *полигр.* аппарат для кондиционирования печатной краски
paper ~ *полигр.* устройство для акклиматизации бумаги
water ~ водоулучшающее средство; водяной кондиционер

condo(minium) квартира в доме-совладении; кооперативная квартира

Confederation of British Industry Конфедерация британской промышленности

conference конференция, совещание
foundation ~ учредительная конференция
industry ~ отраслевая конференция
management ~ конференция руководящего состава [руководства]
preproduction ~ 1. совещание по организации выпуска новых изделий 2. *экр.* совещание перед запуском фильма в производство
private ~ (закрытое) совещание в узком составе
production ~ производственное совещание
round-table ~ конференция круглого стола
story ~ *экр.* обсуждение сценария
summit ~ совещание на высшем уровне
video ~ телеконференция

confidence уверенность, доверие, убеждённость ◇ in ~ по секрету, доверительно; to enjoy ~ пользоваться доверием; to reinforce ~ укреплять доверие; to win ~ завоёвывать доверие
client ~ доверие со стороны клиентов
consumer ~ доверие (со стороны) потребителей
unreserved ~ полное доверие

confident (*of smth.*) уверенный (в чём-л.)

confidential конфиденциальный; «для служебного пользования» (*гриф*)

confidentiality of data конфиденциальность [неразглашение] сведений, сохранение (полученных) сведений в тайне

confirmation подтверждение, доказательство
~ **of order** подтверждение заказа
~ **of payment** подтверждение платежа

conflict конфликт, столкновение
~ **of interests** столкновение интересов
~ **of values** конфликт [столкновение] ценностных понятий
account ~ коллизия заказчиков (*потенциальное столкновение интересов при обслуживании рекламным агентством впрямую конкурирующих между собой фирм*)
channel ~ конфликт в рамках канала распределения
coming [imminent] ~ назревающий конфликт
prolonged ~ затяжной конфликт
timescale ~ противоречие временных масштабов

conformist 1. конформист, традиционалист (*в искусстве*) 2. экр. монтажёр

conformity соответствие, ортодоксальность ◇ **to enforce** ~ проводить обязательную регламентацию; ~ **to plan** планомерность

confusion путаница, неразбериха
~ **of ideas** путаница идей
~ **of trademarks** смешение товарных знаков
audience ~ запутывание [введение в заблуждение] аудитории
customer ~ сбивание потребителя с толку

conglomerate конгломерат
media ~ конгломерат средств распространения информации
merchandising ~ розничный конгломерат централизованно управляемых магазинов (*свободное по форме объединение разнородных предприятий розничной торговли с частичной интеграцией функций товарораспределения и руководства*)
retail ~ скопление розничных магазинов (*на одной улице или в торговом центре*)

conglomeration 1. конгломерация 2. населённый пункт, населённое место

con-man мошенник

connection связь; средство связи
business ~s деловые связи
causative ~ причинная связь
criminal ~ преступная связь
flight ~ стыковка рейсов (*при пересадке*)

connotation ассоциация, дополнительное [сопутствующее, подразумеваемое] значение; обозначение, относящееся к содержанию
scientific ~ ассоциация с наукой

consciousness сознание; осознание; понимание
brand ~ степень осведомлённости (*потребителя*) о марке товара
inner ~ внутреннее осознание
national ~ национальное (само)сознание
price ~ чёткое осознание цены
public [social] ~ общественное сознание
social-political ~ социально-политическое сознание

consensus консенсус, всеобщее согласие
~ **of opinion** единомыслие, единодушие
general ~ общее согласие
public ~ общественный консенсус

consequence следствие, результат; вывод ◇ ~ **in law** правовое последствие; **of little** ~ несущественный
ecological [environmental] ~s экологические последствия, последствия для окружающей среды
far-reaching ~s далеко идущие [глубокие] последствия
harmful ~ вред(онос)ное последствие, вред
immediate ~ непосредственное следствие, непосредственный результат
logical ~ логическое действие, логический вывод
long-run ~s долговременные последствия

consequence

probable ~s возможные последствия
social ~ социальные последствия
conservation сохранение, сбережение; рациональное природопользование
energy ~ рациональное использование энергетических ресурсов
environmental ~ охрана окружающей среды
land ~ охрана и правильное использование земель
nature ~ охрана природы
conservative консерватор, реакционер
staunch ~ закоренелый консерватор
consideration соображение; рассмотрение, обсуждение ◇ by practical ~ опытным путём, путём эксперимента
~ of prior art учёт уровня техники *(при экспертизе на патентоспособность)*
adequate ~ должное внимание
advertising ~ рекламное соображение
business ~ деловое [коммерческое] соображение
design ~s конструктивные соображения
full ~ всестороннее рассмотрение
make-or-break ~ критерий целесообразности создания *(изделия)*
marketing ~ маркетинговое соображение
merchandising ~ соображение относительно стимулирования сферы торговли
money ~ денежное встречное удовлетворение
overriding ~ решающее [важнейшее] соображение
primary ~ первоочередное соображение
prime ~ основное [приоритетное] соображение
safety ~s соображения (по технике) безопасности
technical ~ техническое соображение, соображение технического порядка
weighty ~ веское [важное] соображение
consignment 1. груз, партия товара 2. консигнация *(вид договора)* ◇ to sell on ~ продавать на консигнацию, торговать на условиях консигнации

consistency постоянство, последовательность; сопоставимость
~ of data непротиворечивость данных
~ of opinions согласованность мнений
~ of results постоянство результатов
absolute ~ абсолютная непротиворечивость
product mix ~ гармоничность товарной номенклатуры
relative ~ относительная непротиворечивость
consistent сопоставимый, соответствующий, сообразный, совместимый, последовательный
console пульт управления, консоль
audio control [audio mixing] ~ *см.* mixing console
desk control ~ настольный пульт управления
edit(ing) ~ пульт (видео)монтажа
game ~ пульт-приставка для видеоигр
image control ~ пульт видеоинженера
mixing ~ микшерский пульт, звукооператорский пульт, микшерское устройство
rerecording ~ пульт перезаписи
sound mixing ~ *см.* mixing console
user ~ пульт потребителя [пользователя]
constitution устройство, состав, строение
material ~ вещественный состав
constraint сдерживающий фактор, ограничение
active ~ жёсткое ограничение
artificial ~ искусственное ограничение
budget ~ бюджетное ограничение, ограничение на величину капиталовложений
cost ~ ограничение на издержки
design ~s конструктивные ограничения
direct ~ прямое ограничение
environmental ~s ограничения, связанные с сохранением окружающей среды, условия сохранения окружающей среды
feasible ~s допустимые ограничения

consultation

forced ~ вынужденное ограничение
fundamental ~ функциональное ограничение
hard ~ жёсткое ограничение
inactive ~ нежёсткое ограничение
inconsistent ~ несовместимое ограничение
institutional ~s институциональные [организационные и правовые] ограничения
legal ~ правовое [юридическое] ограничение
manpower ~ ограничение на использование рабочей силы
material ~ существенное ограничение
natural ~ естественное ограничение
profit ~ ограничение прибыли
seasonal ~s сезонные ограничения
secondary ~ второстепенное ограничение
soft ~ нежёсткое ограничение
storage space ~s ограничения на объём места хранения *(запасов)*
time ~ ограничение временнóго порядка, временнóе ограничение
utilization ~ ограничение на условия применения
variety ~ ограничение разнообразия
constriction ограничение, умаление
construction конструкция, сооружение; строительство
~ of advertisements разработка [создание] объявлений
~ of response конструирование [самостоятельное формулирование] ответа
balanced ~ уравновешенная конструкция
composite ~ составная [сложная] конструкция
en-block ~ блочная конструкция
logical ~ логическое построение
model ~ построение модели
questionnaire ~ составление [разработка] анкеты
random ~ случайная конструкция
skeleton ~ каркасная конструкция
theoretical ~ теоретическое построение
turnkey ~ строительство «под ключ»
unit ~ блочная конструкция
unitized ~ унифицированная конструкция

consultancy консультационная фирма
management ~ консультационная фирма по проблемам управления
public relations ~ консультационная фирма по «паблик рилейшнс» [по связям с общественностью]
consultant консультант
advertising ~ консультант по рекламе
beauty ~ консультант по косметике, косметолог
communications ~ консультант по проблемам коммуникаций
company ~ консультант фирмы
design ~ дизайнер-консультант, консультант по дизайну, консультант по проблемам дизайна
engineering ~ инженер-консультант; консультант по инженерно-техническим вопросам
industrial ~ консультант по вопросам промышленности
in-store ~ консультант в магазине
management ~ консультант по вопросам управления
marketing ~ консультант по маркетингу
music ~ консультант по музыке
outside ~ консультант со стороны
political media ~ политический консультант по средствам распространения информации
professional ~s специалисты-консультанты; консультативная фирма
public relations ~ консультант по организации общественного мнения [по связям с общественностью]
quality control ~ консультант по вопросам контроля качества
reliability ~ консультант по вопросам надёжности
sales ~ торговый консультант; коммивояжёр
tax ~ консультант по вопросам налогообложения
consultation консультация, совещание; консультирование
initial ~ первичная консультация
one-shot ~ разовая консультация
preliminary ~ предварительная консультация, предварительное консультирование
private ~ неофициальная консультация

consulting

consulting консультирование
  engineering ~ инженерное консультирование
  management ~ консультирование по проблемам управления
consumables 1. предметы потребления 2. расходные материалы и детали
consumer потребитель ◇ **to presell ~s** заранее запродать товар потребителям; заранее предрасположить потребителей к совершению покупки
  aroused ~ возбуждённый потребитель
  average ~ средний потребитель
  college-educated ~ потребитель с высшим образованием
  conventional ~ обычный [средний, типичный] потребитель
  disadvantaged ~ обездоленный потребитель
  end [final] ~ конечный потребитель
  food ~ потребитель продуктов питания [продовольственных товаров]
  health-conscious ~ потребитель, заботящийся о своём здоровье
  individual ~ отдельный [индивидуальный] потребитель, потребитель-одиночка
  industrial ~ промышленный потребитель, потребитель из сферы промышленности, потребитель товаров промышленного назначения
  interested ~ заинтересованный потребитель
  intermediate ~ промежуточный потребитель
  large-scale ~ оптовый потребитель
  loyal ~ верный [приверженный] потребитель
  nominal ~ номинальный потребитель
  nonloyal ~ потребитель, не имеющий приверженности, неприверженный потребитель
  potential ~ потенциальный потребитель
  price-conscious ~ потребитель, чутко реагирующий на цену, чуткий к цене потребитель
  primary ~ первичный потребитель
  prospective ~ потенциальный потребитель
  quality ~ потребитель высококачественных товаров
  rational ~ рациональный потребитель
  reasonable ~ здравомыслящий потребитель
  secondary ~ вторичный потребитель
  semi-independent ~ полунезависимый потребитель
  solvent ~ платежеспособный потребитель
  target ~ целевой потребитель
  ultimate ~ конечный потребитель
  upper-income ~ потребитель с высоким уровнем доходов
  weight-conscious ~ потребитель, следящий за своим весом
consumerism консьюмеризм *(защита интересов потребителей)*
  organized ~ организованный консьюмеризм
  participative ~ активный консьюмеризм
consumerist консьюмерист *(защитник интересов потребителей)*
consumer-size потребительского размера *(о фасованном товаре)*, в потребительской расфасовке
consumption потребление, расход
  aggregate ~ суммарное потребление
  apparent ~ видимое потребление
  average ~ средний уровень потребления
  collective ~ общественное потребление
  conspicuous ~ показное [демонстративное] потребление *(с целью произвести впечатление на окружающих)*
  direct ~ прямое потребление *(не опосредуемое обменом)*
  domestic ~ внутреннее потребление, потребление внутри страны
  drink ~ потребление напитков
  energy ~ потребление энергии
  expanding ~ растущее потребление
  expected ~ ожидаемое потребление
  final ~ конечное потребление
  food ~ потребление продуктов питания
  fuel ~ потребление [расход] топлива
  high-level ~ крупномасштабное потребление
  homefood ~ потребление семьёй продуктов питания
  human ~ личное потребление
  individual ~ личное потребление

container

in-home ~ домашнее потребление
limited ~ ограниченное потребление
mass ~ массовое потребление
media ~ использование средств рекламы
overall ~ общий объём потребления
paying ~ платежеспособное потребление
per capita ~ *лат.* потребление в расчёте на душу населения
personal ~ личное потребление
physical ~ физическое потребление
potential ~ потенциальное потребление
power ~ потребление энергии
private ~ личное потребление
promiscuous ~ разгул потребления, безоглядное [беспорядочное] потребление
prospective ~ потенциальное потребление
public ~ общественное потребление
quality ~ потребление высококачественных товаров, качественное потребление
restricted ~ ограниченное потребление
social ~ общественное потребление
time ~ затраты времени
total ~ общий объём потребления
ultimate ~ конечное потребление
wasteful ~ расточительное потребление

contact контакт, связь ◇ to maintain ~ поддерживать связь [контакт]
customer ~ контакт с клиентами [с заказчиками]
day-to-day ~s повседневные контакты
direct ~ прямой [непосредственный] контакт
eye ~ зрительный контакт
face-to-face ~ личный контакт
human ~ (меж)человеческий контакт, человеческое общение
intimate ~ тесный контакт, взаимодействие
"kiss" ~ *полигр.* контакт лёгким прикосновением
occasional ~ эпизодический контакт
personal ~ личный контакт
social ~s знакомство [связи] в обществе

contacting вступление в контакт
container контейнер, тара, вместилище, ёмкость
airtight ~ герметичная тара
bulk carriage ~ контейнер для (перевозки) сыпучих [навалочных] грузов
chargeable ~ оплачиваемый контейнер; многооборотный контейнер; тара, подлежащая оплате
closed ~ закрытая тара
collapsible ~ складной контейнер; складная картонная тара
consumer ~ потребительская (картонная) тара
counter display ~ наприлавочная демонстрационная тара *(для экспонирования товара)*
demountable ~ разборная тара
deposit-return ~ возвратная тара с залоговой стоимостью
disposable ~ *см.* nonreturnable container
distributor-size ~ оптовая магазинная упаковка
film ~ коробка для плёнки [фильма]
flexible ~ эластичный контейнер, мягкая тара
food ~ контейнер для пищевых продуктов
gift ~ подарочная упаковка
heat-and-serve ~ лоток с готовым блюдом
non-returnable ~ разовый контейнер; тара разового использования, необоротная [невозвратная] тара
outer ~ внешняя [наружная] тара
premium ~ премиальная упаковка *(служащая утилитарным предметом после использования товара)*
reel ~ ящик для упаковки фильма, ЯУФ; фильмоноска, фильмостат
refrigerated ~ охлаждаемый контейнер
returnable [reusable] ~ многооборотный контейнер, возвратная [инвентарная] тара, тара многоразового использования
reused ~ тара, бывшая в употреблении
rigid ~ жёсткая тара
rubbish ~ мусорный бачок
setup ~ неразборная тара

container

shipping ~ транспортный контейнер, контейнер для морских перевозок
standardized freight ~ стандартный грузовой контейнер *(для перевозки всеми видами транспорта)*
storage ~ ёмкость для хранения
throwaway ~ *см.* nonreturnable container
waste ~ мусорный бачок
containerization контейнеризация, перевозка в контейнерах
contaminant 1. побочный [искажающий] результат 2. загрязняющее [заражающее, отравляющее] вещество, примесь
contango контанго *(двойная сделка продажи товара с выкупом его через определённый срок)*
content 1. содержание; содержимое 2. вместимость; ёмкость ◇ form and ~ форма и содержание
advertising ~ рекламное содержание
attention-compelling ~ притягательное содержание
business ~ деловое [коммерческое] содержание
caloric ~ калорийность, энергетическая ценность
editorial ~ редакционное содержание
energy ~ энергоёмкость *(изделия)*
entertainment ~ развлекательное содержание
general ~ общее содержание
house ~s домашнее имущество
information ~ количество [объём] информации
knowledge ~ наукоёмкость
labour (cost) ~ трудозатратное наполнение
material ~ материалоёмкость *(изделия)*
meaning ~ смысловое содержание
message ~ содержание обращения
nonadvertising ~ нерекламное содержание *(издания)*
nutritional ~ содержание питательных веществ, питательность
program(me) ~ содержание программы
raw material ~ содержание сырья *(в изделии)*
remaining ~ остаточное содержание
sales ~ торговое [коммерческое] содержание
symbolic ~ символическое содержание
technical ~ техническое содержание
trademark ~ содержание товарного знака
contention утверждение, взгляд, точка зрения
contest конкурс, соревнование; спор
advertising ~ рекламный конкурс
dealer sales ~ торговый конкурс дилеров
priority ~ приоритетный спор, спор о приоритете
sales ~ конкурс продавцов, торговый конкурс
window-display ~ конкурс витрин
context контекст
editorial ~ редакционный контекст, редакционное содержание
functional ~ функциональный контекст, целеобусловленная ситуация
persuasive ~ увещевательный контекст
situational ~ *см.* functional context
thematic ~ тематический контекст *(связный текст на определённую тему)*
contingencies 1. непредвиденные обстоятельства 2. (денежный) резерв, ассигнования на непредвиденные расходы
continuity 1. последовательность, непрерывность, преемственность 2. *экр.* режиссёрский сценарий
~ of policy преемственность политики
~ of reproduction непрерывность воспроизводства
advertising ~ последовательность в рекламе; непрерывность [постоянство] рекламных публикаций, равномерность размещения рекламы
commercial ~ *вещ.* спонсорская вставка *(реклама спонсора радио- или телевизионной программы)*
film ~ режиссёрский сценарий фильма
legal ~ правопреемство
media ~ последовательность в использовании средств рекламы
political ~ политическая последова-

тельность, последовательность в политике
continuum непрерывный отрезок; сплошная среда
contract контракт, договор; подряд ◇ **to be under ~ for** *smth.* обязаться по договору поставить *что-л.*; **to draw up ~** составлять контракт; **to enter into ~** вступить в договор, заключить договор; **to revise ~** пересматривать контракт; **to terminate ~** расторгать контракт; **~ under seal** договор за печатью
AAAA spot ~ *вещ.* типовой контракт на «точечную» рекламу *(между рекламным агентством и телецентром на закупку времени под внепрограммные ролики)*
advertising ~ рекламный контракт, соглашение о проведении [размещении] рекламы
agency ~ контракт с (рекламным) агентством; агентское соглашение
aleatory ~ *юр.* алеаторный [рисковый] договор
associate ~ параллельный договор
blanket ~ комплексный [всеобъемлющий] контракт
bumper ~ (особо) выгодный контракт
buy-out ~ договор о выкупе
classified ~ засекреченный контракт
developmental ~ контракт на разработку, контракт на проведение опытно-конструкторской работы
employment ~ договор о найме, трудовой договор, трудовое соглашение
escalator-clause ~ контракт с оговоркой о скользящих ценах
exclusive ~ эксклюзивный [ограничительный] контракт *(по которому покупатель обязуется покупать только у данного поставщика)*
exclusive-dealing ~ контракт на исключительное дилерство, договор об исключительном дилерстве
fixed-fee ~ контракт с твёрдой суммой вознаграждения
fixed-price ~ контракт с фиксированной ценой
fixed-term ~ срочный контракт, контракт с установленным сроком
forward ~ форвардный контракт *(с фиксированным валютным курсом)*

full requirements ~ контракт «на все потребности покупателя» *(предусматривающий закупку покупателем только у одного поставщика)*
government ~ правительственный контракт
implied ~ подразумеваемый договор
indemnity ~ договор гарантии
indivisible ~ неделимый договор
insurance ~ договор страхования
invalid ~ договор, не имеющий законной силы
labour ~ трудовой договор, трудовое соглашение
lease ~ арендный подряд
lease and licence ~ арендно-лицензионный договор, лизинговый контракт
letter ~ контракт-письмо *(на поставки)*; предварительная договорённость
life ~ пожизненный контракт
long-term ~ долгосрочный договор
lucrative ~ выгодный контракт
lump-sum ~ аккордный подряд; контракт с твёрдой ценой
maintenance ~ контракт на (профилактическое) обслуживание
maintenance service ~ контракт на техническое обслуживание
management ~ соглашение [договор] об управлении
master ~ *см.* blanket contract
model ~ типовой договор
monopoly ~ монопольный договор
naked ~ *см.* invalid contract
negotiated ~ контракт, заключаемый по результатам переговоров
network affiliation ~ *вещ.* договор о присоединении *(вещательной станции)* к сети на правах филиала
nonexclusive ~ неэксклюзивный [не ограничивающий] контракт
nuptial ~ брачный контракт
open(-end) ~ открытый контракт, контракт без оговорённого срока действия
pension ~ пенсионный контракт, страхование пенсии
period ~ долгосрочный договор
pooling ~ договор о создании пула; картельное соглашение
prime ~ основной контракт
public ~ государственный подряд;

contract

подряд, выданный местными властями
publisher's ~ издательский договор
purchase ~ контракт на закупку, договор купли-продажи
reciprocal ~ двухстороннее соглашение
research-and-development ~ контракт на проведение научных исследований и разработок
sale ~ договор продажи
service ~ контракт на обслуживание
severable ~ делимый контракт *(содержащий несколько не зависящих одно от другого обязательств)*
simple ~ простой [неформальный] договор, договор не за печатью
standard ~ типовой договор
supply ~ контракт на поставку
terminal ~ срочный контракт, контракт на срок
time ~ *вещ.* контракт на покупку рекламного времени
turnkey ~ контракт на строительство «под ключ»
verbal ~ устный договор, устное соглашение
void ~ недействительный договор
voidable ~ оспоримый контракт
written ~ письменный договор
contracting заключение контракта, контрактирование
blanket ~ практика заключения всеобъемлющих контрактов
management ~ управление по контракту
contractor подрядчик
advertising ~ рекламный подрядчик, исполнитель заказов на рекламу
assigned ~ утверждённый подрядчик, утверждённый поставщик
associate ~ вторичный подрядчик, соисполнитель
cinema ~ киноподрядчик
display ~ подрядчик по оформительским работам, оформительская подрядная организация
exhibition ~ подрядчик выставки
home improvement ~ подрядчик по обновлению жилищ
mail ~ подрядчик, занимающийся доставкой почты *(по договору с государственными учреждениями)*

outside ~ (по)сторонний подрядчик, подрядчик со стороны
poster ~ подрядчик по расклейке плакатов и установке щитов
prime ~ генеральный [головной] подрядчик
private ~ частный подрядчик
radio ~ исполнитель работ на радио, приёмщик заказов на радиорекламу
specialist ~ специализированный подрядчик
television ~ телевизионный подрядчик, исполнитель работ на телевидении, приёмщик заказов на телерекламу
contradiction противоречие, несоответствие, расхождение ◇ ~ **in terms** внутреннее противоречивое положение, логическая несообразность
antagonistic ~ антагонистическое противоречие
basic ~ основное противоречие
internal ~ внутреннее противоречие
contrast контраст, противоположность, различие; сопоставление
brightness ~ *экр.* яркостный контраст
colour ~ цветовой контраст
defining ~ определяющий контраст
glaring ~ резкий контраст
image ~ контраст изображения
luminance ~ *экр.* яркостный контраст
minimum ~ минимальный контраст
picture ~ контраст изображения
profound ~ глубокое различие
visualized ~ зрительный контраст, зрительное противопоставление
contribution вклад, долевой [пропорциональный] взнос
contributor 1. лицо, вносящее вклад *или* делающее пожертвование 2. (постоянный) сотрудник *(напр. газеты)*
charity ~ жертвующий на благотворительность
profit ~ источник прибыли
control контроль; управление; руководство, регулирование ◇ **beyond** ~ неконтролируемый; **in** ~ не выходящий за установленные предельные значения; **out of** ~ неконтролируемый; **under** ~ (находящийся) под контролем

control

acceptance ~ приёмочный контроль
administrative ~ административное управление
advertising ~ контроль за рекламой
advertising effectiveness ~ контроль эффективности рекламы
annual plan ~ контроль за выполнением годовых планов
anticipatory ~ *см.* preventive control
birth ~ контроль рождаемости; ограничение рождаемости
budgetary ~ контроль исполнения сметы
camera ~ *экр.* управление (съёмочной) камерой
chroma ~ регулировка насыщенности цвета
circulation ~ контроль за тиражами, ревизия тиража
close ~ жёсткий контроль
colour ~ цветовой контроль
colour-balance ~ регулировка цветового баланса
colour-intensity [colour-saturation] ~ *см.* chroma control
compatibility ~ проверка совместимости
consumer credit ~ контроль над потребительским кредитом
contrast ~ регулирование контраста изображения
cost ~ контроль над уровнем издержек
day-to-day ~ повседневный контроль
depth-of-field ~ *экр.* регулирование глубины резкости
dimension ~ проверка размеров
direct ~ прямой [непосредственный] контроль; прямое управление
editing ~ управление монтажом *(программы)*
environmental ~ контроль за состоянием окружающей среды; охрана окружающей среды
exchange ~ валютный контроль
fade ~ *экр.* система регулирования наплывов
feedback ~ управление с обратной связью
finger ~ ручное управление
focus ~ *экр.* регулирование наводки на фокус, контроль фокусирования
food ~ контроль за качеством пищевых продуктов
government ~ правительственный [государственный] контроль
government price ~ государственный контроль за ценами
hand ~ ручное управление
hue ~ регулировка цветового тона *(изображения)*
inspection ~ приёмочный контроль
intermediate ~ промежуточный контроль
inventory ~ управление товарно-материальными запасами, учёт товарных запасов
management ~ контроль со стороны руководства
managerial ~ административное управление
manual ~ ручное управление
manufacturing ~ производственный контроль
marketing ~ управление маркетингом, маркетинговый контроль
multivariable ~ многомерное управление
numerical ~ числовое программное управление
odour ~ предупреждение появления постороннего [нежелательного] запаха; дезодорация
operational ~ оперативный контроль
order ~ контроль за движением [прохождением] заказов
parts ~ контроль (качества) деталей
performance ~ контроль технических [эксплуатационных] характеристик
playback ~ контроль (за качеством) воспроизведения
pollution ~ контроль за загрязнением окружающей среды
population ~ регулирование численности населения; ограничение рождаемости
portion ~ контроль за размером порций
preventive ~ предупредительные меры борьбы, профилактический [упреждающий] контроль
price ~ (государственный) контроль над ценами
process ~ управление (технологическим) процессом

control

product ~ контроль готовой продукции
production ~ управление производственным процессом; планирование производства
profitability ~ контроль прибыльности
progress ~ контроль за ходом работ
public ~ общественный контроль
push-button ~ кнопочное управление
quality ~ контроль [проверка] качества; управление качеством
quantitative ~ количественный контроль
regulatory ~ регулирующее воздействие
routine ~ текущий контроль
rumour ~ контроль за распространением слухов, пресечение слухов
running ~ текущий контроль, текущая проверка
sales ~ проверка состояния сбыта; управление сбытом
selection [selective] ~ выборочный контроль
sight ~ визуальный контроль, приёмка по внешнему виду
size ~ проверка размеров
social ~ общественный контроль
sound ~ регулирование звука (при записи или воспроизведении)
statistical ~ статистический контроль
statistical quality ~ статистический контроль качества
statutory ~s меры контроля, имеющие силу закона
stock ~ см. inventory control
strategic ~ стратегический контроль, контроль за исполнением стратегических планов
strict ~ жёсткий контроль
technical ~ технический [технологический] контроль
test ~ контроль за проведением испытаний
tight ~ жёсткий контроль
tint ~ см. hue control
tone ~ регулировка тембра; регулятор тембра
total quality ~ тотальный контроль качества
video ~ регулировка видеосигнала
visual ~ см. sight control

voice-command ~ система речевого управления (машиной)
volume ~ регулирование громкости; регулятор громкости
volume level ~ регулятор уровня громкости
controllable подконтрольный, подлежащий контролю
controller (финансист-) контролёр, главный бухгалтер-контролёр; инспектор
financial ~ бухгалтер-контролёр
marketing ~ контролёр по маркетингу
press production ~ контролёр за производством исходных материалов для рекламы в прессе
production ~ контролёр-приёмщик продукции
quality ~ инспектор по качеству (продукции)
sales ~ ведущий [главный] коммерческий специалист (напр. телецентра); коммерческий директор
controvers/y спор, разногласие, противоречие
advertising ~ies разногласия в области рекламы, спорный аспект рекламы, противоречия рекламы
international ~ международный спор
convenience удобство; pl удобства, комфорт
~ of location удобство местоположения (напр. магазина)
operating ~ удобство в эксплуатации
shelf-stable ~ удобство долговременного хранения (товара) в магазине
convention 1. собрание, съезд, совещание, встреча 2. договор, соглашение

academic ~ научное совещание, академический съезд, научная встреча, встреча учёных

annual ~ ежегодный съезд

arbitration ~ конвенция об арбитраже

business ~ профессиональная встреча

multilateral ~ многосторонняя конвенция

converter вещ. конвертор, преобразователь

addressable ~ адресуемый [избирательный, адресно-избирательный] конвертор *(техническое приспособление, дающее кабельному телецентру возможность адресовать разные программы разным участкам или разным абонентам сети)*
cable ~ кабельный конвертер *(позволяющий подключаться к сети кабельного телевидения)*
colour standards ~ преобразователь стандартов систем цветного телевидения
FM/AM ~ преобразователь частотной модуляции в амплитудную, преобразователь частотно-модулированных колебаний в амплитудно-модулированные

convertibility обратимость, конвертируемость
currency ~ конвертируемость валюты
conviction убеждение, убеждённость ◇ **to be open to** ~ быть непредубеждённым; **to carry** ~ быть убедительным; звучать убедительно
customer ~ потребительская убеждённость
religious ~s религиозные убеждения
strong ~ твёрдое убеждение

cookbook поваренная книга

cooperation сотрудничество; взаимодействие; кооперация
all-round ~ всестороннее сотрудничество
channel ~ сотрудничество в рамках канала распределения
consumer ~ потребительская кооперация
credit ~ кредитная кооперация
direct ~ непосредственное сотрудничество
environmental ~ сотрудничество в области охраны окружающей среды
industrial ~ производственная кооперация
marketing ~ сотрудничество в сфере маркетинга
overall ~ всеобъемлющее сотрудничество
production ~ производственная кооперация

cooperative кооператив, кооперативное общество
advertising ~ объединение для проведения совместной рекламы *(напр. головной компанией и фирмами-держателями торговых привилегий)*
agricultural ~ сельскохозяйственный кооператив
buyers' [buying] ~ объединённое закупочное агентство, снабженческий кооператив *(промышленных фирм)*
consumer ~ потребительский кооператив
fruit-and-vegetable ~ садово-огородный кооператив
retail(er) ~ кооператив розничных торговцев; розничный, потребительский кооператив *(розничный магазин, принадлежащий потребителям)*
sellers' [trading] ~ сбытовой кооператив; посредническое торговое агентство по сбыту продукции *(промышленных фирм)*
users' ~ потребительский кооператив пользователей *(напр. водой для полива)*

coordination координация, координирование, согласование
~ **of actions** координация [согласование] действий
operational ~ оперативное взаимодействие

coordinator координатор; методист
project ~ руководитель работ по проекту

co-owner совладелец

copier копировальное устройство, копировальный [множительный] аппарат
commercial ~ серийно выпускаемое копировальное устройство
desk-top ~ настольное копировальное устройство, настольный копировальный [множительный] аппарат
electrostatic ~ электростатический копировальный аппарат
industrial-purpose ~ копировальное устройство промышленного назначения
personal ~ бытовой копировальный аппарат, персональное копировальное устройство

copy 1. текст рекламы, (рекламный) текст 2. копия, дубликат, экземпляр

copy

3. исходные материалы объявления ◇ to collate ~ies сличать копии; to fit ~ to space укладывать текст на отведённое для него место; to prepare ~ for ad готовить текст рекламного объявления

advance ~ сигнальный экземпляр
advertisement ~ оригинал объявления; рекламный текст, текст рекламного объявления
advertiser's ~ *см.* check(ing) copy
advertising ~ *см.* advertisement copy
agency ~ агентский экземпляр, (контрольный) экземпляр *(издания)* для агентства
all-caps ~ текст, набранный прописными буквами
announcement ~ текст-заявление
art ~ оригинал изображения
attested ~ *см.* certified copy
author's ~ авторский экземпляр
average magazine ~ средний экземпляр журнала
back ~ ранее вышедший [старый] экземпляр *(издания)*
backup ~ резервная копия; резервный экземпляр
believable proof ~ вызывающий доверие доказательный текст
blind ~ «слепой» [нечитаемый] текст
boast ~ хвастливый текст
body ~ основной текст *(рекламного объявления)*
brief ~ краткий текст
camera-ready ~ оригинал, готовый к пересъёмке, оригинал-макет
carbon ~ копия, сделанная под копирку, машинописная копия под копирку
certified ~ засвидетельствованная [заверенная] копия
check(ing) ~ контрольный экземпляр *(издания, представляемый рекламодателю в качестве документа, подтверждающего публикацию его объявления)*
Chinese ~ *амер.* слепое подражание; подделка, вводящая в заблуждение
clean ~ издательский оригинал; чистовик, чистовой экземпляр
colour-separated ~ *полигр.* цветоделённый оригинал
competitive ~ агрессивный [наступа-

тельный] текст; рекламный текст, дискредитирующий конкурента
completed ~ законченный текст
complicated ~ сложный текст
complimentary ~ авторский экземпляр; бесплатный экземпляр
composite ~ совмещённая копия *(фильма)*
compulsory ~ обязательный экземпляр
continuous tone ~ тоновый оригинал *(для фоторепродуцирования)*
courtesy ~ бесплатный экземпляр
cutting ~ монтажная копия *(фильма)*
detailed ~ подробный текст
direct action ~ текст, рассчитанный на немедленное воздействие *(на покупателя)*
direct-mail ~ текст (для) прямой почтовой рекламы
draft ~ черновой вариант, набросок [проект] текста
dummy ~ макет издания
editorial ~ редакционный материал
emotional ~ эмоциональный [эмоционально-насыщенный] текст
examination ~ ознакомительный экземпляр *(издания)*
factual ~ текст, построенный на фактах
fair ~ 1. издательский оригинал 2. чистая копия, чистовик
fill ~ заполняющий текст, текстовая рекламная вставка, текст-заполнитель
film ~ фильмокопия, копия фильма
first-hand ~ копия непосредственно с оригинала
foul ~ неправильный текст, текст с ошибками
free ~ бесплатный экземпляр
halftone ~ полутоновое изображение, растровая копия
hard ~ 1. «жёсткий» контрастный текст 2. копия на бумаге; распечатка *(с ЭВМ)*; документальная копия
hard-selling ~ напористый [навязывающий] текст, текст в стиле «жёсткой» продажи
headline ~ текст заголовка
hot ~ «горячий» текст *(содержащий самые последние новости)*

imaginative ~ художественно-образный текст
ineffectual ~ неэффективный текст
knocking ~ задиристый текст
line ~ штриховое изображение, штриховой оригинал
logical ~ логичный текст
long ~ длинный текст
mail-order ~ текст рекламы посылторга
mandatory ~ обязательный текст *(который должен помещаться в соответствии с положениями закона или установками фирмы-производителя, напр. предупреждение о вреде курения в рекламе и на упаковке табачных изделий)*
manuscript ~ рукописный оригинал, рукопись
master ~ оттиск [отпечаток] с подлинника
multiple ~ дубликат
narrative ~ текст в виде сюжетного повествования, сюжетное повествование; текст-рассказ
negotiable ~ 1. действительный экземпляр 2. экземпляр *(документа)*, могущий служить предметом сделки 3. оборотный экземпляр *(документа)*
news ~ текст-новость
newspaper ~ газетный текст; экземпляр газеты
numbered ~ нумерованный экземпляр
obligatory ~ обязательный экземпляр
office ~ копия, остающаяся в делах
original ~ оригинал, исходный текст
personal ~ текст в виде личного обращения; личный экземпляр
pirated ~ контрафактная копия; копия, снятая с нарушением авторского права
poster ~ текст-плакат; текст (для) плаката
potent ~ эффективный [сильный] рекламный текст
presentation ~ обязательный экземпляр
preview ~ копия (фильма) для предварительного просмотра
printed ~ 1. отпечатанная копия; оттиск 2. опубликованный материал

printer's ~ *полигр.* оригинал для набора
product ~ текст о товаре
promotion ~ рекламный [пробный] экземпляр *(журнала)*
proof ~ доказательный текст
rational ~ рациональный текст
reason-why ~ обосновательный текст, текст-обоснование
record ~ регистрационная копия
release ~ тиражная копия *(фильма, программы)*
rough ~ черновик
sample ~ 1. образец издания 2. *см.* check(ing) copy
scare ~ запугивающий текст
soft ~ 1. мягкий увещевательный текст 2. текст на магнитном носителе
specimen ~ 1. образец, пробный экземпляр *(издания)* 2. *см.* check(ing) copy
tone ~ *см.* continuous tone copy
transitional ~ подзаголовок, связующий [подводящий] текст; «связка» *(переход от заголовка к основному тексту объявления)*
true ~ верная копия; «с подлинным верно», «копия верна» *(пометка на документе)*
two-sided printed ~ двухсторонний оттиск
typed ~ машинописная копия, машинописный экземпляр
verbal ~ текстовая часть фильма
voucher ~ *см.* check(ing) copy
work ~ рабочий экземпляр, рабочая копия
xerox ~ ксерокопия
copy-cat подражатель, имитатор; плагиатор
copyfitting укладка [размещение] текста по заданным параметрам
copy-heavy перегруженный текстом *(об объявлениях иллюстративно-изобразительной рекламы)*
copyright авторское право; право издания ◇ ~ **reserved** авторское право сохраняется *(перепечатка воспрещается)*
ad interim ~ *лат.* временное авторское право
artistic ~ авторское право на произведение искусства

copyright

common-law ~ авторское право, основанное на общем праве
Crown ~ авторское право Великобритании
international ~ международное авторское право; авторское право, зарегистрированное на основании правил многосторонних международных соглашений
literary ~ авторское право на литературное произведение
statutory ~ установленное законом авторское право
copywriter текстовик, составитель [автор] рекламных текстов
   radio ~ автор радиорекламы
copywriting написание текста; работа текстовика
   advertising ~ подготовка рекламных текстов
cord шнур(ок); корд
   bookbinding ~ шнур для переплёта
   connecting ~ соединительный кабель
   extension ~ удлинительный шнур, удлинитель
   fastening ~ обвязочный канат, обвязочная верёвка
   measuring ~ мерный шнур
   power ~ шнур питания, силовой кабель
   screened ~ экранированный кабель
   sewing ~ шнур для шитья *(тетрадей книги)*
   steel radial ~ радиальный стальной корд
corner угол(ок) ◇ **done in a** ~ сделанный втихомолку [тайком]
   canted ~ скошенный угол
   catalogue ~ отдел посылочной торговли; отдел торговли по каталогам *(в универмаге)*
   cosy ~ мягкий стёганый угловой диван
   outer ~ внешний угол
   radiused ~ закруглённый угол
   tight ~ затруднительное [опасное] положение
corner-cutting выбор кратчайшего пути к цели; оперативность
cornpopper аппарат для приготовления попкорна
corporation корпорация, (акционерное) общество, объединение

business ~ *амер.* корпорация, занятая в производстве *или* торговле *(в отличие от финансовой)*
buying ~ закупочная корпорация, закупочный посредник, посредник по закупкам
civil ~ коммерческое предприятие *(в отличие от благотворительного)*
family ~ семейная корпорация *(с наибольшей долей акционерного капитала в собственности членов одной семьи)*
farming ~ сельскохозяйственная акционерная компания; фермерское хозяйство, организованное как (акционерная) компания
free-form ~ корпорация свободной формы
industrial ~ промышленная корпорация
multinational ~ многонациональная [транснациональная] корпорация
municipal ~ муниципалитет
nonprofit(-seeking) ~ некоммерческая корпорация; бесприбыльная корпорация
private [privately-owned] ~ частная корпорация *(без права публичной продажи акций)*
public ~ акционерное общество открытого типа
publicly-held [publicly-owned] ~ акционерное общество с широким владением акциями *(крупнейшие держатели располагают менее 50% акций)*
public utility ~ государственная компания по коммунальному обслуживанию
sole ~ единоличная корпорация
state-owned [state-run] ~ корпорация, принадлежащая государству, государственная корпорация
stock ~ акционерное общество, акционерная корпорация
subsidiary ~ дочерняя [подконтрольная] корпорация
trading ~ торговая корпорация
transportation ~ транспортная корпорация

Corporation:
   American Hospital Supply ~ Амери-

канская корпорация по снабжению больниц
British Broadcasting ~ Британская (радио)вещательная корпорация, Би-Би-Си *(основана в 1927 г.)*
Canadian Broadcasting ~ Канадская вещательная корпорация
Community Credit ~ Государственная товарно-кредитная ассоциация *(основана в США в 1983 г. для контроля за финансированием и кредитованием экспорта сельскохозяйственной продукции, бартерными поставками и оказанием продовольственной помощи)*
Federal Deposit Insurance ~ *амер.* Федеральная корпорация по страхованию депозитов
International Typeface ~ Международная шрифтовая корпорация
Japanese Broadcasting ~ Вещательная корпорация Японии *(единственная в стране организация общенационального охвата, известная также под названием «Ниппон Хозе Кийокай)*
Market Research ~ **of America** Американская корпорация по исследованию рынка *(поставляет текущую статистическую информацию о структуре и объёмах розничной торговли рядом товаров широкого потребления в общенациональном и региональном масштабах)*
Music ~ **of America** Американская музыкальная корпорация, Эм-Си-Эй *(занимающаяся производством, компоновкой и распространением музыкальных телепрограмм)*
Opinion Research ~ *амер.* Корпорация по исследованию общественного мнения
Production Credit ~ *амер.* Производственная кредитная корпорация

correction 1. исправление, поправка 2. корректура, правка
~ **of proofs** правка корректуры
author's ~ авторская правка
colour ~ цветовая коррекция, цветокоррекция, исправление цветопередачи
editing [**editorial**] ~ редакционная правка

failure [**fault**] ~ устранение неисправности
image ~ коррекция (искажений) изображения
saturation ~ корректура насыщенности цвета [тона]
seasonal ~ поправка на сезонные колебания
statistical ~ статистическая поправка

correlation *стат.* корреляция; соотношение, взаимосвязь
~ **of forces** соотношение сил
advertising-action ~ соотношение между рекламой и действием
cross ~ взаимная корреляция
direct ~ прямая корреляция
interclass ~ межгрупповая [межклассовая] корреляция
intraclass ~ внутригрупповая [внутриклассовая] корреляция
intrasample ~ внутривыборочная корреляция
joint ~ совместная корреляция
linear ~ линейная корреляция
multiple ~ множественная корреляция
one-dimensional ~ одномерная корреляция
partial ~ частичная корреляция
point-to-point ~ межэлементная корреляция
rank ~ ранговая [порядковая] корреляция
sample ~ выборочная корреляция
serial ~ сериальная корреляция
spatial ~ пространственная корреляция
true ~ истинная корреляция
two-dimensional ~ двумерная корреляция

correspondence 1. корреспонденция, переписка 2. соответствие
business ~ деловая переписка
commercial ~ коммерческая корреспонденция
confidential ~ секретная переписка
official ~ официальная [служебная] переписка
private ~ частная переписка
routine ~ текущая (служебная) переписка

corruption 1. коррупция, продажность 2. искажение *(текста)*

corruption

business ~ коррупция в деловых кругах

corporate ~ коррупция в корпорациях

official ~ должностная коррупция

cosponsoring совместное спонсорство, совместное финансирование *(пропорционально долевая оплата эфирной программы или иного рекламного мероприятия двумя или более рекламодателями)*

cost 1. pl расходы, издержки 2. стоимость; себестоимость; цена ◇ at ~ по себестоимости; at actual ~s по фактическим затратам; at full ~ за полную стоимость; free of ~ бесплатно; ~ per episode *экр.* стоимость в расчёте на серию *(о многосерийной программе)*; ~s per inquiry издержки в расчёте на один запрос; ~ per mille цена за тысячу; стоимость в расчёте на тысячу *(рекламных контактов)*; ~s per order издержки в расчёте на один заказ; ~ per page per thousand circulation стоимость полосы в расчёте на тысячу экземпляров тиража *(издания)*; ~ per rating point стоимость в расчёте на один пункт оценочного коэффициента, стоимость одного рейтингового пункта; ~ per series *экр.* стоимость всего сериала, полная стоимость многосерийной программы; ~ per thousand *см.* cost per mille; ~ per thousand readers стоимость в расчёте на тысячу читателей; to sell below ~ продавать ниже себестоимости; without ~ бесплатно

~ of capital стоимость капитала *(измеряется нормой процента на используемый капитал)*, цена денег

~ of freight стоимость перевозки

~ of goods sold *см.* cost of sales

~ of living прожиточный минимум; стоимость жизни

~ of money стоимость получения денег

~ of postage стоимость рассылки по почте

~ of resales общая стоимость перепроданных товаров

~ of sales себестоимость реализованной продукции [реализованных товаров]

~ of sample *стат.* цена выборки

above-the-line ~s явные сметные расходы *(в основном на творческие работы)*

absolute ~ абсолютная стоимость

actual ~s фактические издержки

administrative ~s административные расходы

advertising ~s расходы на рекламу, рекламные издержки

aggregate ~s совокупные [суммарные] издержки

allowable ~s допустимые издержки

average ~ средняя стоимость

average freight ~ средняя сумма транспортных расходов

basic production ~ исходная заводская себестоимость

below-the-line ~s скрытые сметные расходы *(в основном на техническое обеспечение работ)*

blue-collar ~s издержки на рабочих-производственников

borrowing ~s расходы [проценты] по займам *(выплачиваемые займополучателем)*

budgeted ~s сметные издержки *(производства)*

capital ~s капитальные затраты *(производственные затраты на технологическое оборудование, здания, сооружения)*

combined ~s *см.* aggregate costs

conditional ~ условная стоимость

court ~s судебные издержки

credit ~ стоимость (получения) кредита

credit collection ~s расходы по взысканию кредитов

cumulative ~s *см.* aggregate costs

current ~s текущие расходы

delivery ~s издержки по доставке

design ~s издержки на конструкторские работы

development ~s издержки на разработку *(напр. нового изделия)*

direct ~s прямые издержки

direct-mail ~s издержки на прямую почтовую рекламу

direct operating ~s прямые эксплуатационные расходы

cost

distribution ~s 1. издержки обращения; издержки по распределению товара; издержки сбыта продукции, издержки товародвижения **2.** издержки оптовых и розничных предприятий
energy ~ стоимость энергоносителей
environmental (control) ~s расходы на охрану окружающей среды, издержки, связанные с охраной окружающей среды
estimated ~ оценочная стоимость, ориентировочная стоимость
extra ~ дополнительные издержки
extra freight ~s дополнительные транспортные расходы
extramarket ~s внерыночные издержки
factory ~ фабричная себестоимость
fixed ~s постоянные издержки
full ~ полная стоимость
gross ~ валовая стоимость
guarantee ~s расходы по гарантийным обязательствам
handling ~s расходы на обработку (напр. упаковку, рассылку)
hidden ~s скрытые издержки
hospitality ~s расходы на представительство, представительские расходы
immediate ~s сиюминутные расходы
indirect ~s косвенные издержки
initial ~ 1. начальная [исходная] цена **2.** pl первоначальные издержки
insurance ~ расходы по страхованию
inventory ~ стоимость товарно-материальных запасов
inventory-carrying ~ 1. стоимость поддержания товарно-материальных запасов **2.** pl издержки по поддержанию товарно-материальных запасов
labour ~s 1. заработная плата; стоимость рабочей силы **2.** pl трудозатраты
legal ~s судебные издержки
life ~ издержки за весь срок службы (на разработку изделия, его производство и эксплуатацию)
lifetime operating ~s расходы по эксплуатации в течение всего срока службы
lower unit manufacturing ~s издержки производственных подразделений низшего звена
lumpsum ~s единовременные затраты
maintenance ~s издержки на техническое обслуживание и текущий ремонт; эксплуатационные расходы
make-ready ~ полигр. стоимость приправочных работ
manufacturing ~ 1. pl издержки производства **2.** заводская себестоимость
marginal ~s предельные издержки
marketing ~s издержки маркетинга
media ~s издержки по средствам рекламы; расценки средств рекламы
merchandising ~s расходы на стимулирование сферы торговли (для побуждения более активно закупать и продвигать товар)
monthly ~ стоимость за месяц
net ~ себестоимость
nonmarketing ~s немаркетинговые издержки
ongoing ~s текущие [повседневные] эксплуатационные издержки
operating [operational] ~s эксплуатационные расходы, издержки по организации работы
out-of-pocket ~ затраты ближайшего периода
overhead ~s накладные расходы
packing ~ стоимость упаковки
per contract ~s затраты в расчёте на один контракт
per diem ~s расходы за день
physical distribution ~s издержки по организации товародвижения
pollution control ~s расходы на борьбу с загрязнением
preproduction ~s издержки подготовительного периода производства
prime ~ себестоимость
printing ~s издержки по печати
producer's ~s издержки производителя
product ~ себестоимость товара
production ~s издержки производства; производственные расходы
prohibitive ~ непомерно высокие издержки
promotion ~s издержки по стимулированию [«раскрутке»] (товара)
publishing ~s издательские издержки

cost

quality ~s издержки по обеспечению качества
reorder ~ стоимость повторного заказа
repeat ~s повторные издержки
replenishment ~ стоимость пополнения запасов
research ~ стоимость исследовательских работ
running ~s эксплуатационные расходы
sales [selling] ~s издержки сбыта, торговые издержки
set-up ~s затраты на пусконаладочные работы
shipping ~s расходы по транспортировке
social ~s социальные издержки
space ~ 1. стоимость рабочего места 2. *pl* издержки на покупку места
spiraling ~s 1. резко возрастающие издержки 2. быстро растущие цены
staffing ~s издержки на содержание обслуживающего персонала
storage ~ s издержки по хранению
sunk ~s невозвратные издержки, неокупаемые капиталовложения *(понесённый ущерб, который не может быть компенсирован никаким будущим действием)*
target ~s запланированная величина издержек, плановые издержки
time ~ 1. *pl* издержки на покупку времени 2. стоимость времени
total ~ 1. общая стоимость 2. *pl* валовые издержки
total advertising ~s общие затраты на рекламу
training ~s затраты на профессиональное обучение
unit ~ (себе)стоимость товарной единицы, стоимость [цена] за штуку
unit labour ~s издержки на рабочую силу в расчёте на единицу продукции
variable ~s переменные издержки
wage ~s издержки на заработную плату
warehousing ~s издержки хранения на складе, затраты на складское хранение *(товаров)*
cost-effective, cost-efficient рентабельный

costliness дороговизна
council совет
~ of experts экспертный совет
advisory ~ консультативный совет
city ~ муниципалитет, муниципальный городской совет
consumer ~ совет потребителей
design ~ совет по дизайну
quality assurance ~ совет по вопросам обеспечения качества
Council ◇ ~ on Environmental Quality *амер.* Совет по проблемам качества окружающей среды *(учреждён в 1969 г.)*
Advertising ~ *амер.* Рекламный совет *(некоммерческая организация, поддерживаемая Американской ассоциацией рекламных агентств и проводящая кампании рекламно-информационного и рекламно-пропагандистского характера по проблемам общественной значимости, напр. призывы экономить энергию)*
Broadcast Rating ~ *амер.* Совет по контролю за вещательным рейтингом *(основан в 1964 г.)*
Economic and Social Research ~ *англ.* Совет по экономическим и социальным исследованиям
Engineering ~ *англ.* Инженерно-технический совет
National Advertising Review ~ Национальное совещание по наблюдению за рекламной деятельностью *(проводилось в 1971 г.)*
National Tea ~ *амер.* Национальный чайный совет *(объединение чаеторговцев)*
Outdoor Advertising ~ *англ.* Совет по наружной рекламе
President's ~ on Physical Fitness Совет по физическому здоровью при президенте США
War Advertising ~ *амер.* Военно-рекламный совет *(образован в 1941 г. для пропаганды военных усилий правительства и рекламы облигаций военных займов. После войны преобразован в Рекламный совет)*
counseling консультирование, выдача советов [рекомендаций]
psychological ~ забота о поддержа-

нии психологического состояния, психотерапия
counselor консультант, советник
  advertising ~ консультант по рекламе
  business ~ консультант по вопросам торгово-промышленной [предпринимательской] деятельности
  commercial ~ торговый советник
  guidance ~ методист
  high-school ~ школьный консультант по профориентации
  management ~ консультант по проблемам управления
  nutritional ~ консультант по проблемам рационального питания
  public relations ~ консультант по организации общественного мнения [по связям с общественностью]
count счёт; подсчёт ◇ **out of** ~ бесчисленный, неисчислимый; **to keep** ~ вести счёт [подсчёт]
  character ~ подсчёт знаков *(при определении объёма рукописи)*
  frequency ~ определение [подсчёт] частотности *(публикаций объявлений)*
  inquiry ~ подсчёт запросов; число полученных запросов
  passenger ~ учёт пассажиропотока, подсчёт (числа) пассажиров
  physical (inventory) ~ подсчёт (товарно-материальных запасов) в натуре; подсчёт остатков в натуре
  piece ~ поштучный учёт
  population ~ перепись населения
  reference ~ контрольный [исходный] отсчёт
  repetition ~ счёт числа повторений, подсчёт повторяемости
  stock ~ инвентаризация запасов
  traffic ~ подсчёт людского потока, подсчёт числа посетителей магазина
  unit ~ *см.* character count
  word ~ подсчёт слов; установление частотности (определённых) слов *(в тексте)*
counter 1. счётчик, счётное устройство **2.** *полигр.* внутрибуквенный просвет **3.** прилавок, стойка **4.** *амер.* отдел продажи по сниженным ценам
  character ~ *полигр.* линейка для подсчёта количества знаков *(в машинописной копии)*
  bargain ~ отдел продажи по сниженным ценам *(в магазине)*; отдел сниженных цен, отдел уценённых товаров
  bargain lunch ~ дешёвый буфет *(в универсаме)*
  catalogue ~ секция торговли по каталогам
  check-in ~ стойка регистрации *(авиапассажиров, постояльцев в гостинице)*
  check-out ~ расчётный узел, контрольно-кассовый пункт *(в магазине)*
  (film) footage ~ счётчик (длины) (кино)плёнки в футах; счётчик расхода плёнки *(в съёмочном аппарате)*
  frame ~ *экр.* счётчик кадров
  frozen snack display ~ низкотемпературный прилавок-витрина для замороженных закусок
  item (production) ~ счётчик изделий
  line ~ *полигр.* счётчик строк *(в фотонаборной машине)*
  lunch ~ буфетная стойка
  monitor ~ контрольный счётчик
  novelty ~ галантерейный отдел *(в магазине)*
  refrigerated wall ~ охлаждаемая пристенная витрина
  rent-a-car ~ стойка оформления проката автомобилей
  screen time ~ счётчик экранного времени
  sheet ~ *полигр.* счётчик листов бумаги
  tape ~ счётчик (длины) ленты
  snack ~ закусочная, буфет
  take-out ~ секция «обеды на дом» *(в ресторане)*
counterclaim контрутверждение; встречное требование, встречная претензия, встречный иск
countereffort контрусилие, контрмера
countermarketing контрмаркетинг
counterpart 1. коллега, собрат, товарищ *(по занятию)* **2.** противная сторона, противник *(в судебном процессе)*
counterpurchase встречная закупка
counterstrategy контрстратегия, противостояние

countertrade

countertrade встречная (компенсационная) торговля, бартер
country страна; местность, территория
~ of **birth** родина, отечество
~ of **consumption** страна потребления
~ of **destination** страна назначения
~ of **issuance** страна выдачи *(напр. патента)*; страна издания *(документа)*
~ of **origin** страна происхождения
~ of **purchase** страна (совершения) закупок
~ of **sale** страна сбыта
advanced ~ развитая [передовая] страна
agricultural ~ аграрная страна; сельскохозяйственный район
back ~ глубокая провинция, «глубинка», глушь
backward ~ отсталая (в экономическом отношении) страна
candidate ~ страна-кандидат
consumer ~ страна-потребитель
credit(-lending) [creditor] ~ страна-кредитор
debtor ~ страна-дебитор, страна-должник
developing ~ развивающаяся страна
difficult ~ сильно пересечённая местность
donor [giving] ~ страна, предоставляющая помощь
home ~ родина, отечество
host ~ принимающая страна, страна-хозяин
industrialized [industrially advanced] ~ промышленно развитая страна
low-middle-income ~ страна с уровнем доходов ниже среднего
manufacturing ~ страна-изготовитель
member ~ страна-член *(какой-л. организации)*; страна-участник *(какого-л. соглашения)*
mother ~ родина, отечество
participating ~ страна-участница
producer ~ страна-производитель
recipient ~ страна, получающая помощь [кредиты]
threshold ~ страна, «стоящая на пороге» *(напр. вхождения в число высокоразвитых)*

trading ~ страна, занимающаяся торговлей
upper-middle-income ~ страна с уровнем доходов выше среднего
wild ~ дикая [необитаемая] местность; девственная природа
Country:
Low ~ies Нидерланды [Голландия], Бельгия и Люксембург, Бенилюкс
county *англ.* графство, *амер.* округ
"A" ~ округ «A» *(в составе одного из 25 крупнейших городов и объединённых городских районов)*
"B" ~ округ "B" *(не входящий в число 25 крупнейших, но являющийся самостоятельным и имеющий население не менее 150 тыс. человек)*
"C" ~ округ "C" *(самостоятельный или входящий в состав метрополитенского ареала с населением не менее 35 тыс. человек)*
"D" ~ округ "D" *(самостоятельный или входящий в состав метрополитенского ареала с населением менее 35 тыс. человек)*
metropolitan ~ город-округ
couple пара; парные предметы
married ~ супружеская пара
newly married ~ молодожёны
two-parity ~ супруги, имеющие двоих детей
coupon 1. купон; отрывной талон **2.** свидетельство на уплату процентов ◊ **to clip** ~ вырезать купон; **to redeem** ~ отоварить купон
ad(vertising) ~ рекламный купон
cash register tape ~ купон на ленте кассового аппарата
cents-off ~ купон, дающий право на небольшую скидку, зачётный купон на небольшую скидку
direct-mail ~ купон, рассылаемый по почте
discount ~ купон с предложением скидки
freepost ~ купон, возвращаемый бесплатно *(без марки или оплаты потребителем каких-л. иных почтовых сборов)*
free-standing insert ~ купон-вкладка, купон на вкладке, купон-вкладыш
gift ~ купон на получение подарка [сувенира]

IBM size ~ (стандартный) купон IBM *(6,25 см × 8,25 см)*
in-ad ~ купон в (рекламном) объявлении
in-pack ~ купон внутри упаковки, купон в упаковке *(товара)*
in-store ~ купон, выдаваемый в магазине
interest ~ процентный купон
international reply ~ международный возвратный купон
magazine ~ журнальный купон, купон в журнале
mail-in ~ купон, возвращаемый (фирме) по почте
newspaper ~ газетный купон, купон в газете
on-pack ~ купон снаружи упаковки *(товара)*, купон на упаковке, наружный купон
piggyback ~ купон-«наездник» *(отрывной перфорированный купон, вплетённый в периодическое издание поверх объявления другого рекламодателя)*
pop-up [preclipped] ~ отрывной перфорированный купон *(вплетается в издание как отдельный элемент)*
premium ~ премиальный купон *(даёт покупателю право на вещевую премию)*
printed shopping bag ~ купон, напечатанный на магазинной сумке
redemption ~ выкупной талон *(дающий право выкупа)*
reply [return] ~ возвратный купон
store redeemable ~ купон, погашаемый [отовариваемый] в магазине
Sunday supplement ~ купон в воскресном приложении *(к газете)*
tear-off ~ отрывной купон
couponing использование купонов
   saturation ~ кампания насыщения купонами
course 1. курс, направление; ход, течение 2. курс (обучения)
   ~ **of action** образ действий
   ~ **of business cycle** развитие экономического цикла
   ~ **of economic activity** развитие экономической активности
   ~ **of events** ход событий

~ **of least resistance** путь наименьшего сопротивления
advanced ~ курс повышенного типа, продвинутый курс
background ~ подготовительный курс (обучения)
business ~ (учебный) курс предпринимательства
consistent ~ последовательный курс
correspondence ~ курс заочного обучения
crash ~ ускоренный [интенсивный] курс
degree ~ (учебный) курс на получение степени
executive ~ (учебный) курс для руководящих работников
first-aid ~ курс первой помощи
full-time ~ полный курс
home-study ~ *см.* correspondence course
map ~ курс, проложенный по карте
middle-of-the-road ~ умеренный курс
postgraduate [refresher] ~s курсы повышения квалификации
remedial ~ коррективный курс
residential ~ (учебный) курс с обеспечением проживания [с предоставлением жилья]
sandwich ~ комбинированное обучение *(сочетание общеобразовательного и профессионального обучения с работой на производстве)*
strategic ~ стратегический курс
study ~ учебно-производственное обучение, курс обучения по учебно-производственному принципу
court суд; судебное заседание ◇ in **open** ~ в открытом судебном заседании
   ~ **of appeals** апелляционный суд
   ~ **of arbitration** третейский суд, арбитраж
   ~ **of bankruptcy** суд по делам о несостоятельности
   ~ **of justice** суд
circuit [district] ~ *амер.* федеральный окружной суд
examining ~ следственный суд
federal ~ *амер.* федеральный суд
industrial ~ суд по трудовым делам
juvenile ~ суд по делам несовершеннолетних

court

land ~ земельный суд; суд по делам о недвижимости
maritime ~ морской суд
merchant's ~ коммерческий суд
national ~ государственный суд
restrictive trade practices ~ суд по делам о нарушении свободы конкуренции; суд по рассмотрению жалоб на ограничения занятия профессиональной деятельностью
small-claims ~ суд мелких тяжб *(в ряде штатов США для скорейшего рассмотрения дел с небольшой исковой суммой)*
specialized ~ специализированный суд
spiritual ~ церковный суд
traffic ~ транспортный суд, суд по делам о нарушении безопасности движения

Court:
~ of Appeals for Federal Circuit Апелляционный суд федерального округа Колумбия
~ of Customs and Patent Appeals *амер.* Апелляционный суд по таможенным и патентным делам
High ~ of Justice *англ.* Высокий суд правосудия
International ~ of Justice Международный суд
London ~ of Arbitration Лондонский арбитражный суд
Supreme ~ *амер.* Верховный суд
Tax ~ *амер.* налоговый суд

cover обложка; чехол; колпак, крышка
album ~ обложка альбома *(грампластинок)*
back ~ задняя сторонка обложки
cassette ~ корпус кассеты
chocolate ~ шоколадная глазурь, шоколадный кувертюр
coating ~ покровный слой
counterpoised ~ крышка с противовесом
detachable ~ съёмная крышка
dossier ~ картон для папок
dust ~ суперобложка *(книги)*
environmental ~ покрытие для защиты от воздействия окружающих условий
extended ~ (мягкая) обложка с кантами *(выходящая за обрез книжного блока)*
first ~ *см.* front cover
flap ~ откидная крышка
flush ~ обложка без кантов *(не выходящая за обрез книжного блока),* обложка заподлицо с книжным блоком, обрезная обложка
fourth ~ *см.* back cover
front ~ передняя сторонка обложки
hard ~ (твёрдый) переплёт
inside back ~ оборот задней сторонки обложки
inside front ~ оборот передней сторонки обложки
(inside) third ~ *см.* inside back cover
integral ~ обложка из тиражной бумаги
jar ~ крышка для стеклянной банки
loose ~ суперобложка
outside back ~ *см.* back cover
overhang ~ *см.* extended cover
paper ~ бумажная обложка *(издания)*
second ~ *см.* inside front cover
secondary ~ *полигр.* форзац
slip-on ~ надвижная [сдвижная] крышка
soft ~ (мягкая) обложка
throw-away protective ~ упаковочная обёртка разового пользования
transit ~ упаковочный материал для транспортировки

coverage 1. *стат.* охват 2. зона действия 3. репортаж, освещение событий *(в печати, по радио)*
advertising ~ рекламный охват, охват рекламой
balanced ~ сбалансированное освещение
blanket ~ сплошной охват; одновременный охват всей территории рынка
broad market ~ широкий охват рынка
camera ~ поле зрения камеры
combined market ~ совмещённый охват рынка *(напр. несколькими средствами рекламы)*
complete ~ полный охват
editorial ~ редакционное освещение
fair ~ честное [добросовестное] освещение

creativity

full ~ полный охват
heavy ~ плотный охват; широкое освещение *(в средствах массовой информации)*
intense ~ интенсивный охват
live ~ прямая передача, прямой репортаж
local ~ местный [локальный] охват
magazine ~ территория [зона] распространения журнала
market ~ охват рынка
media ~ охват средствами рекламы
national [nation-wide] ~ общенациональный охват
net ~ охват-нетто
planned market ~ планируемый [запланированный] охват рынка
press ~ освещение в прессе
primary ~ *вещ.* зона устойчивого приёма станции
purchases ~ охват закупок
relative ~ относительный охват
secondary ~ *вещ.* зона неустойчивого приёма станции
selective market ~ избирательный [выборочный] охват рынка
spill-in ~ переливной охват *(охват за пределами основной территории распространения)*
spot ~ точечный охват
supplemental ~ дополнительный охват
television ~ телепоказ, показ по телевидению; телевизионный охват, охват *(территории)* телевизионным вещанием
territorial ~ территориальный охват
total market ~ тотальный охват рынка, TOP
warranty ~ охват гарантией, распространение гарантии
wasted ~ бесполезный охват
zone ~ зональный охват, охват зоны
cow:
  bell ~ *жарг.* ценное имущество
  mechanical ~ аппарат для восстановления сухого молока
craft ремесло, промысел
  ancillary ~ подсобный промысел
  artistic ~s художественные ремёсла
  rural ~s сельские ремёсла
  trading ~ торговое ремесло

craftsmanship мастерство; тонкая искусная работа
craving страстное желание, стремление
  willful ~ волевое устремление
cream 1. крем 2. сливки 3. пена
  apple ~ яблочный мусс
  butter ~ сливочный крем
  custard ~ яичный крем
  dental ~ зубная паста
  dipping ~ помадная глазурь
  double ~ сливки для взбивания; сливки двойного сепарирования
  dried ~ сухие сливки
  fish ~ рыбный паштет
  fondant ~ помадная масса; *pl* помадные конфеты
  foundation ~ крем под пудру
  hand ~ крем для рук
  nourishing ~ крем для питания кожи
  peppermint ~s мятные помадные конфеты
  removal ~ крем для снятия косметики
  salad ~ приправа *(из сливок или сметаны)* для салата
  shave ~ крем для бритья
  simple ~ сливки к кофе; одинарные сливки
  soothing ~ крем для смягчения кожи
  table ~ столовые сливки, сливки к кофе
  vanishing ~ крем под пудру
creasing *полигр.* биговка; рилевание *(картона или толстой бумаги)*
creation создание, творение
  ~ of credit кредитование, выдача кредита
  demand ~ создание [формирование] спроса
  event ~ разработка мероприятий событийного характера
  image ~ создание образа
  intellectual ~ продукт [творение] умственной деятельности
  job ~ создание рабочих мест
  value ~ создание ценностных достоинств, придание ценностных качеств *(товару)*
  wealth ~ создание богатств
creativity творчество; творческие способности, творческое начало, творческая жилка
  artistic ~ художественное творчество

creativity

functional ~ функциональное творчество
human ~ творческое начало в человеке, творческие способности человека
creator:
  ad ~ создатель рекламных объявлений
credibility достоверность; престиж, репутация; доверие
  advertising ~ правдоподобность [достоверность] рекламы
  media ~ достоверность (сообщений) СМИ
  scientific ~ научная достоверность
  source ~ репутация [надёжность] источника *(информации)*; репутация [надёжность] поставщика *(напр. товаров)*
credible заслуживающий доверия, вероятный, правдоподобный, достоверный
credit 1. кредит 2. (добрая) репутация, заслуга 3. *pl* экр. заглавные титры, заглавные надписи ◊ ~ against goods подтоварный кредит; for the ~ of one's account в кредит *какого-л.* счёта; on ~ в кредит; ~ on mortgage [property, real estate] кредит под недвижимость, ипотечный кредит; to allot [give, grant] ~ предоставлять кредит; to obtain ~ получать кредит; to supply ~ предоставлять кредит; to sell on ~ продавать в кредит; to withdraw ~ закрывать кредит
  accommodation ~ кредит для покрытия временной потребности в средствах
  bank ~ банковский кредит
  book ~ коммерческий кредит в виде открытого счёта
  buyer ~ покупательский кредит *(банковская ссуда, которую берёт импортёр, чтобы расплатиться с экспортёром)*
  cash ~ кредит в наличной форме; *англ.* овердрафт
  closing ~ конечные [финальные] титры *(фильма)*
  commercial ~ 1. коммерческий кредит 2. *вещ.* коммерческая ссылка, коммерческий отсыл *(упоминание имени спонсора или его товара в финансируемой радио- или телепрограмме)*
  consumer ~ потребительский кредит
  development ~ кредит на развитие
  discount ~ дисконтный кредит; кредит в форме учёта
  evergreen ~ *жарг.* неограниченно возобновляемый кредит *(без конкретной фиксированной даты погашения)*
  exhausted ~ исчерпанный кредит
  extended ~ пролонгированный кредит
  installment ~ кредит с погашением в рассрочку, кредит с рассрочкой
  investment ~ кредит для финансирования долгосрочных вложений
  low-interest ~ дешёвый кредит, кредит из низкого процента
  mortgage ~ ипотечный кредит, кредит под недвижимость
  noninstallment ~ кредит с единовременным погашением *(без рассрочки)*
  open ~ неограниченный кредит
  opening ~s начальные [вступительные] титры *(фильма)*
  personal ~ индивидуальный заём *(в отличие от займа корпорации)*
  public ~ государственный кредит; кредит, предоставляемый правительству *или* местным органам власти
  retail ~ кредит розничной торговле
  revolving ~ автоматически возобновляемый кредит
  screen ~s заглавный титр фильма *(с перечислением участников постановки)*
  self-liquidating ~ самоликвидирующийся кредит *(напр. сезонный)*
  soft ~ кредит на льготных условиях
  standby ~ договорённость о кредите; кредит, используемый при необходимости; резервный кредит
  store ~ кредит, предоставляемый магазином; открытый кредит
  trade ~ коммерческий кредит
  unlimited ~ неограниченный кредит
credit-worthiness кредитоспособность
creed кредо; убеждения
  political and religious ~ политические и религиозные убеждения
  very set ~ крайний догматизм
crew команда, экипаж, бригада

criterion

camera ~ операторская группа *(съёмочного коллектива)*; съёмочная группа
display ~ бригада оформителей
film ~ съёмочная группа *(фильма)*
inventory ~ бригада инвентаризаторов
maintenance ~ бригада технического обслуживания
repair ~ ремонтная бригада
research ~ исследовательская группа
working ~ рабочая бригада
crime преступление ◇ ~ against property преступление против собственности
acquisitive ~ *см.* profit-motivated crime
economic ~ экономическое [хозяйственное] преступление
lucrative ~ *см.* profit-motivated crime
organized ~ организованная преступность; организованное преступление
premeditated ~ предумышленное преступление
profit-motivated ~ преступление в целях наживы, корыстное преступление
property ~ имущественное преступление
service ~ преступление по службе
white-collar ~ «беловоротничковое» преступление *(преступная махинация, совершённая служащим или лицом, занимающим видное общественное положение)*
crisis (*pl* crises) кризис; критический [решительный] момент
~ of overproduction кризис перепроизводства
agricultural ~ кризис сельского хозяйства
commercial ~ торгово-промышленный кризис; экономический кризис
credit ~ кредитный кризис
ecological ~ экологический кризис
employment ~ кризис (в области) занятости
energy ~ энергетический кризис
identity ~ личностный кризис, поиски самого себя
industrial ~ промышленный кризис
monetary ~ денежный [валютный] кризис

criteria (*pl om* criterion) критерии
~ of priorities *стат.* критерии первоочерёдности
~ of representativeness критерии представительности
buying ~ покупательские критерии
environmental ~ критерии качества окружающей среды
evaluation [evaluative] ~ оценочные критерии, критерии оценки
irrelevant ~ несущественные критерии
legal ~ правовые критерии
multiple ~ множественные критерии, набор критериев
project ~ (основные) требования проекта
quality ~ критерии качества
reliability ~ критерии надёжности
selection ~ критерии выбора
subjective ~ субъективные критерии
criterion критерий, мерило
~ of classification признак классификации
~ of performance критерий эксплуатационных качеств
assessment ~ критерий оценки
cost-effectiveness ~ критерий рентабельности
cost-per-thousand ~ показатель стоимости рекламы в расчёте на тысячу читателей
decision ~ критерий принятия [выбора] решения
economic effectiveness ~ критерий экономической эффективности
nonconformance ~ критерий несоответствия
plausibility ~ критерий правдоподобия
relevancy ~ критерий отношения к делу
segmentation ~ *стат.* критерий сегментации [сегментирования]
set [specific] ~ заданное условие, специально предусмотренное требование
stability ~ критерий устойчивости [стабильности]
standard ~ стандартный критерий
success ~ критерий успешного исхода, критерий [показатель] успеха
utility ~ критерий полезности

criterion

   validity ~ критерий обоснованности
   workable ~ рабочий критерий
critic критик
   art ~ искусствовед
   discerning [**discriminating**] ~ проницательный критик
   social ~ критик от имени общественности
   vocal ~ громогласный критик
criticism критика
   bitter ~ резкая критика
   broadbased ~ широкая критика
   constructive ~ конструктивная критика
   ideological ~ критика с идеологических позиций
   minute ~ мелочная критика, мелочные придирки
   negative ~ уничтожающая критика
   positive ~ конструктивная критика
   pragmatic ~ критика с позиций прагматизма
   public ~ критика со стороны общественности, публичная критика
   scathing ~ уничтожающая критика
   sharp ~ острая [резкая] критика
   slashing ~ уничтожающая критика
   social ~ критика со стороны общественности; социальная [общественная] критика
   valid ~ серьёзная критика
   venomous ~ злобная критика
crosshatching перекрёстная [поперечная] штриховка
cross-licensing перекрёстное лицензирование, взаимный обмен лицензиями
cross-selling (одновременное) предложение *(клиенту)* ряда разных услуг или товаров
cross-shopping совершение комбинированных покупок; совершение «перекрёстных» покупок *(товаров в разных отделах одного и того же магазина)*
crowd *экр.* массовка
   ~ **of extras** *экр.* статисты, участники массовых сцен, массовка
   promiscuous ~ разношёрстная толпа
crown *англ.* формат печатной бумаги 42 × 53 см; *амер.* формат печатной бумаги 38 × 50,8 см
   double ~ двойной формат *(англ. —* 50 × 76 см; *амер. —* 48 × 76,2 см)
crusader участник общественной кампании, борец
   antidrug ~ борец с наркоманией
cubicle выгородка *(напр. на выставочном стенде);* небольшая кабинка
   announcer ~ *вещ.* дикторская кабина; дикторская студия
   trying-on ~ примерочная
cucoloris *экр.* фигурный затенитель *(непрозрачный материал с вырезанными просветами для создания эффектов облаков)*
cue 1. подсказка, намёк, «ключ» 2. *экр.* монтажная метка *(на плёнке)*
   advertising ~ рекламный намёк, рекламная подсказка; рекламный акцент
   auditory ~ звуковой [слуховой] ориентир, устная [звуковая] подсказка
   camera ~ сигнал включения (теле)камеры в режим передачи *(обычно включение красной сигнальной лампочки)*
   class-descriptive ~ ориентир [подсказка] в виде указания на родовой признак
   context ~ контекстный ориентир, контекстная подсказка
   hand ~ (сигнальная) отмашка рукой *(исполнителю)*
   oral ~ *см.* **auditory cue**
   pictorial ~ зрительно-образный ориентир, подсказка в виде изображения, подсказка-рисунок
   sight ~ *см.* **visual cue**
   sound ~ *см.* **auditory cue**
   verbal ~ *экр.* словесная вставка, реплика
   visual ~ визуальный ориентир, зрительная подсказка
culture культура
   corporate ~ культурный уклад фирмы; корпоративная культура
   entrepreneurial ~ культура предпринимательства
   management [**managerial**] ~ управленческая культура, культура управления
   mass ~ массовая культура
   material ~ материальная культура
   native ~ родная культура

cure

pop(ular) ~ общедоступная [массовая] культура
primitive ~ первобытная культура
spiritual ~ духовная культура
technical ~ техническая культура
youth ~ молодёжная культура
cure 1. лечение, исцеление 2. лечебное средство, лекарство ◇ ~ for unemployment меры против безработицы
cancer ~ средство (для) лечения рака
mind ~ лечение внушением
permanent ~ стойкое выздоровление
rest ~ лечение покоем
starvation ~ лечебное голодание, лечение голодом
curing консервирование; выдерживание, выдержка; созревание
cheese ~ созревание сыра
salt ~ посол
smoke ~ копчение
sun ~ вяление; солнечная сушка
curiosity 1. любопытство, любознательность 2. редкая [антикварная] вещь
epistemic ~ познавательная любознательность (обуславливающая поиск знаний)
perceptual ~ перцептивная любознательность (обуславливающая поиск информативной стимуляции)
currency 1. валюта, деньги 2. (денежное) обращение ◇ to conserve on foreign ~ сохранять [беречь] иностранную валюту
~ of money денежное обращение
~ of payment валюта платежа
base ~ базисная валюта (по отношению к которой определяются курсы других валют в стране)
blocked ~ блокированная валюта
common ~ общая валюта
floating ~ плавающая валюта
foreign ~ иностранная валюта
hard ~ свободно конвертируемая [твёрдая] валюта
native ~ национальная валюта
overvalued ~ валюта с завышенным курсом
paper ~ бумажные деньги, банкноты
reserve ~ резервная валюта
soft ~ неконвертируемая [необратимая] валюта
sound ~ устойчивая валюта
transactions ~ валюта расчёта

undervalued ~ валюта с заниженным курсом
cursive скоропись; рукописный шрифт
cursor курсор (метка на экране видеомонитора)
selection ~ курсор выбора
curtailment ограничение, сокращение, урезание
~ of sampling *стат.* сокращение объёма выборки
budget ~ урезание расходных статей бюджета; сокращение сметы
curtain *полигр.* заголовок«занавес» (с трёх сторон отбитый линейками)
curve кривая; график ◇ to plot ~ чертить кривую; наносить данные на график; to run ~ снимать характеристику
accumulation ~ суммарная кривая
adoption ~ кривая восприятия (напр. товара-новинки)
averaged ~ усреднённая кривая
boundary ~ граничная кривая
calibration ~ кривая градуировки, калибровочная кривая
combined cost ~ кривая суммарных затрат
composite ~ результирующая кривая
consumption ~ кривая потребления
content ~ кривая усвоения (характеризует время усвоения содержания в зависимости от сложности изображения)
cycle-recycle ~ кривая с повторным циклом
dashed ~ прерывистая кривая
demand ~ кривая спроса
distribution ~ *стат.* кривая распределения
dotted ~ пунктирная кривая
estimated demand ~ оценочная кривая спроса
eye sensitivity ~ кривая чувствительности зрения
flat-faced ~ пологое закругление
French ~ лекало
life ~ кривая жизни
mortality ~ кривая смертности
output ~ кривая производительности
point-to-point ~ *стат.* кривая, построенная по точкам
positively sloped ~ *стат.* кривая положительного наклона

curve

price-consumption ~ кривая зависимости потребления от цены товара
price-demand ~ кривая зависимости спроса от цены товара
productivity ~ кривая производительности
product life-cycle ~ кривая жизненного цикла товара
retention ~ кривая прочности запоминания, кривая удержания в памяти
resultant ~ результирующая кривая
revenue ~ кривая доходов
scalloped ~ «гребешковая» кривая
sensitivity ~ кривая чувствительности
supply ~ кривая предложения
survival ~ кривая выживаемости
test ~ график результатов испытаний
time ~ временной график
working ~ кривая эксплуатационных характеристик

custom обычай, обыкновение ◇ ~ in trade торговый обычай; manners and ~s нравы и обычаи
commercial ~ торговый обычай
international ~ международный обычай
local ~ местный обычай
long ~ старинный обычай
prevalent ~ распространённый обычай
social ~s обычаи
trade ~ торговый обычай

customer клиент, заказчик, (постоянный) покупатель ◇ to allocate ~s распределять потребителей между поставщиками; to create ~s создавать клиентуру, формировать рынок
advertising ~ рекламный клиент, заказчик рекламы
average ~ средний [рядовой] клиент
business ~ профессиональный [деловой] клиент
cash ~ покупатель за наличный расчёт
chance ~ случайный клиент
commercial ~ коммерческий потребитель
core ~ основной заказчик
credit ~ клиент, пользующийся кредитом; покупатель в кредит
current ~ существующий покупатель
dependable ~ надёжный клиент
direct ~ прямой клиент (*обслуживаемый производителем напрямую, без участия торговых посредников*)
distant ~ отдалённый [удалённый] клиент
established ~ старый [устоявшийся] клиент
final ~ конечный потребитель
foreign ~ зарубежный заказчик
government ~ правительственный заказчик
home service route ~ покупатель продуктов в маршрутной автолавке
industrial ~ промышленный клиент, клиент из сферы промышленности
institutional ~ учреждение-клиент; клиент из сферы учреждений и организаций
international ~ зарубежный [международный] заказчик
key ~ основной заказчик
loyal ~ потребитель-приверженец (*напр. марки*)
major ~ крупный заказчик
minor ~ мелкий заказчик
near ~ ближний [близкорасположенный] клиент
nonloyal ~ потребитель, не испытывающий приверженности (*к марке*)
overseas ~ зарубежный заказчик
potential ~ потенциальный клиент
preferential ~ преимущественный покупатель; покупатель, пользующийся льготами (*обычно скидкой с цены при регулярных закупках большого количества продуктов*)
primary ~ приоритетный [первичный] клиент
private-label ~ клиент, продающий товар производителя под своей частной маркой
profitable ~ выгодный клиент
prospective ~ потенциальный клиент
registered ~ зарегистрированный клиент
regular ~ постоянный клиент; регулярный покупатель
repeat ~ повторный покупатель
residential ~ клиент, живущий в данной местности (*в границах торговой зоны продавца*)

retail ~ розничный клиент, клиент из сферы розничной торговли
return ~ повторный покупатель
sci-tech ~ заказчик научно-технической продукции
target ~ целевой потребитель
wholesale ~ оптовый клиент
would-be ~ потенциальный клиент
customization приспособление товара к *(специфическим)* требованиям клиентов; выполнение по индивидуальному заказу; подгонка [оформление] в соответствии с требованиями заказчика
~ of product приспособление товара для индивидуальных нужд потребителя
cut 1. вырезанная [отрезанная] часть, вырезка; рез, раскрой 2. кусок 3. выемка на переднем обрезе *(словарей, энциклопедий)* 4. *полигр.* клише 5. *экр.* скачкообразный переход *(мгновенная замена одного плана другим)*; резкий монтажный переход 6. снижение, сокращение
breast ~ грудинка *(мясной отруб)*
camera ~ быстрое переключение съёмочной камеры
combination ~ *полигр.* смешанная печатная форма «тон-штрих»
dimension ~ раскрой в размер, раскрой на заготовки
fancy short ~s фигурные макаронные изделия
fine ~ *экр.* чистовой монтаж
halftone ~ *полигр.* растровое клише
jump ~ *экр.* прыжок, скачок *(некачественный монтажный стык)*
length(wise) ~ продольный разрез
line ~ *полигр.* штриховое клише
market ~ торговая разделка; рыночный отруб *(мясной туши)*
prepackaged beef ~s расфасованная говядина
price ~ снижение [уменьшение] цены
primal ~ сортовой отруб, сортовая разделка *(мясной туши)*
retail ~ розничный мясной отруб, розничная разделка *(мясной туши)*
rough ~ *экр.* черновой монтаж
stock ~(s) клише с (типовыми) элементами оформления *(предоставляются рекламодателям на коммерческой основе и не дают покупателям авторских прав на использованное изображение)*
tax ~ снижение налогов
test ~ пробный разрез
trade ~ *см.* market cut
cut-and-dried заранее подготовленный, шаблонный, трафаретный
cut-back 1. *экр.* (короткий) «обратный кадр» *(вмонтированный в главный сюжетный эпизод и возвращающий в прошлое)*; монтажная перебивка 2. уменьшение, снижение, сокращение ◇ ~ in production сокращение (объёма) производства; ~ in spending сокращение расходов
cut-in 1. вставка, включение, врезка 2. *экр.* перебивка, вставной кадр
commercial ~ рекламная вставка
cutline подрисуночная надпись, легенда
cutoff 1. отбивка, отсечка 2. отделение; ограничение
advertising ~ отбивка [отделение] рекламы *(правило, требующее чёткого обозначения рекламы как таковой, если по внешнему виду её можно принять за редакционный материал)*
cut-of-frame установка кадра «не в рамку», неправильная установка кадра *(при кинопроекции)*
cutout *полигр.* вырезанная фигура; высечка; вырезка
cutter 1. резчик, гравёр 2. *экр.* (режиссёр-)монтажёр 3. нож, резак; резальная машина
(bar-and-cake) soap ~ мылорезальная машина
butter ~ машина для расфасовки масла
(card)board ~ *полигр.* картонорезальная машина
cheese ~ сырорезка
flat bone ~ фальцбейн *(костяной тупой нож фальцовщика)*
long goods ~ машина для резки макаронных прядей
meat ~ мясорезальная машина, куттер
negative ~ гравёр-специалист по негативному гравированию

cutter

noodle ~ лапшерезка; машина для резки коротких макаронных изделий
paper ~ бумагорезальная машина
paste ~ машина для резки макаронных изделий
sheet ~ листорезальная машина
sound ~ монтажёр фонограмм
type ~ резчик шрифтов, гравёр-шрифтовик
vegetable ~ овощерезка
wood ~ гравёр по дереву, ксилограф

cutting 1. вырезка, вырезанная фигура 2. резание, (об)резка 3. *экр.* монтаж *(фильма)*
~ of stencil вырезка [высечка] трафарета
action ~ *экр.* монтаж «по движению» *(съёмочный план меняется в момент начавшегося, но не закончившегося движения объекта съёмки или исполнителя)*, монтажный переход «движение в движение»
bulk ~ резание в пакете [в пачке]
continuity ~ *вещ.* плавный, последовательный, логичный монтаж
cost ~ снижение затрат; экономия средств
cross ~ 1. поперечная резка 2. *экр.* монтаж с перебивками, параллельный монтаж
curve ~ профильное резание
flush ~ обрезка заподлицо
length ~ продольная (раз)резка
newspaper ~ газетная вырезка
parallel ~ *экр.* параллельный монтаж, монтаж с перебивками
picture ~ монтаж изображения [зрительного ряда]; монтаж немого кинофильма
predatory price ~ снижение цен с целью разорения конкурентов
press ~ вырезка из периодической печати
price ~ снижение цен
rate ~ занижение тарифов [тарифных расценок]
rough ~ предварительный [черновой] монтаж
selective price ~ выборочное снижение цен
sound ~ монтаж фонограммы, звуковой монтаж, монтаж звукового фильма
wood ~ резьба [гравирование] по дереву, ксилография

cycle цикл, период; кругооборот
~ of demand цикл спроса *(совокупность стадий его эволюции от зарождения до затухания)*
acceptance ~ цикл восприятия
boom ~ цикл подъёма
brand life ~ жизненный цикл марочного товара
business ~ цикл деловой активности; экономический цикл
closed ~ замкнутый цикл
consumption ~ цикл потребления
customer calling ~ коммивояжёрский цикл *(необходимый для одноразового посещения заказчиков фирмы)*
delivery ~ цикл поставки
demographic ~ демографический цикл
development ~ цикл развития; этап разработки
economic ~ экономический цикл
failure ~ *стат.* интервал между отказами
family life ~ жизненный цикл семьи
inventory ~ цикл движения запасов; «товарный цикл»
life ~ жизненный цикл; цикл долговечности
market ~ рыночный цикл
needs-benefits ~ цикл нужд и выгод
operating ~ рабочий цикл; операционный цикл
order ~ интервал между моментами подачи заказов, цикл выполнения заказа
order-shipping-billing ~ цикл заказ—отгрузка—оформление счёта
planning ~ цикл планирования
production ~ производственный цикл
product life ~ жизненный цикл товара
recession ~ цикл спада
replenishment ~ 1. цикл пополнения запасов 2. цикл замены, цикл переоснащения
sales ~ торговый цикл
selling ~ цикл сбыта
technology ~ технологический цикл
testing ~ цикл испытаний, испытательный цикл
trade ~ *см.* business cycle

damage

usage ~ цикл использования *(товара)*
working ~ рабочий цикл
cylinder *полигр.* цилиндр; валик; барабан
  blanket ~ офсетный цилиндр
  colour plate ~ формный цилиндр для цветной печати
  design ~ формный цилиндр *(глубокой печати)*
  impression ~ печатный цилиндр
  intaglio printing ~ *см.* design cylinder
  intermediary ~ промежуточный цилиндр
  paper ~ печатный цилиндр
  plate ~ формный цилиндр
  press ~ печатный цилиндр

D

DAGMAR методика «ДАГМАР», выработка задач рекламы в расчёте на последующий замер результатов *(рекомендует оценивать эффективность рекламы не столько по результативности продаж, сколько по достижению целей в сфере коммуникации, таких как распространение осведомлённости, убеждение, обеспечение предрасположенности к совершению покупки. Является акронимом названия книги американского специалиста Расселла Колли "Defining Advertising Goals for Measured Advertising Results")*

dail/y 1. ежедневная газета, ежедневное издание 2. *pl экр.* текущий съёмочный материал *(отснятый за день)*
  assembly ~ies смонтированный текущий съёмочный материал
  printing ~ies *экр.* текущий позитив; текущая печать
  screen ~ies текущий съёмочный материал
  urban ~ городская ежедневная газета

damage 1. ущерб, убыток; повреждение 2. *pl* возмещение ущерба; денежное возмещение ◇ to be awarded ~s получить право на возмещение убытков; to claim ~s взыскивать убытки, требовать взыскания убытков; to pay [to repair] ~s возмещать убытки; to suffer ~ нести убыток
  accidental ~ случайное повреждение
  actual ~s реальные [фактические] убытки
  added ~s штрафные убытки
  collateral ~ побочный ущерб
  compensatory ~s компенсаторные убытки
  disaster ~ ущерб от стихийного бедствия
  ecological ~ экологический ущерб
  environmental ~ вред, наносимый окружающей среде
  heavy ~ значительный ущерб
  irreversible ~ непоправимый ущерб
  liquidated ~s заранее оценённые убытки; оценочная неустойка; ликвидные убытки *(определяемые посредством арифметического подсчёта)*
  long-term ~ долговременный ущерб
  malicious ~ злоумышленное причинение вреда
  material ~ материальный ущерб
  mechanical ~ механическое повреждение
  money ~ денежный ущерб
  moral ~ моральный ущерб
  necessary ~s генеральные убытки *(являющиеся прямым следствием вреда безотносительно к обстоятельствам дела)*
  property ~ имущественный [материальный] ущерб
  prospective ~s будущие [предвидимые] убытки
  proximate ~s прямые убытки
  punitive ~s штрафные убытки
  reversible ~ восполнимый [поправимый] ущерб
  sentimental ~ убыток, оцениваемый страховщиком исходя из индивидуальных соображений *(а не из фактической стоимости имущества)*
  speculative ~s предполагаемые убытки
  weather ~ ущерб, нанесённый неблагоприятными погодными условиями

danger

danger опасность, угроза; риск
  actual ~ реальная опасность
  clear and present ~ явная и непосредственная опасность
  fire ~ пожароопасность
  imminent ~ надвигающаяся опасность
  implicit ~ скрытая опасность
  mounting ~ растущая угроза
  probable ~ возможная опасность
data (*pl от* **datum**) (исходные) данные; (фактические) сведения ◇ **to discard** ~ исключать [отбрасывать] данные
  actual ~ фактические данные
  address ~ адресные сведения
  authentic ~ достоверные данные
  available ~ имеющиеся [наличные] данные
  average-issue ~ данные о среднем номере *(издания)*
  average telecast ~ данные о средней телепередаче
  basic ~ 1. основные данные 2. исходные [первичные] данные
  bibliographic ~ библиографические данные
  business ~ коммерческая информация
  calculation ~ расчётные данные
  captioning ~ *экр.* субтитры
  census ~ данные переписи, цензовые данные
  coded ~ (за)кодированные данные
  commercial ~ (платная) коммерческая информация, коммерческие данные
  comparative performance ~ сравнительные эксплуатационные данные
  conflicting ~ противоречивые данные
  corollary ~ соотносительные [опосредованные] данные
  correction ~ поправочные данные, поправки
  crude ~ приблизительные [неточные] данные
  customer ~ данные [информация] о клиентах
  demographic ~ демографические данные
  detailed ~ детализированные [подробные] данные
  digital ~ числовые [цифровые] данные
  discrepant ~ несовпадающие данные
  documentary ~ документальные данные
  external ~ внешние данные, данные извне
  financial ~ финансовые показатели, данные о финансовой деятельности
  firm ~ достоверные данные
  gross ~ валовые показатели
  happenings ~ данные о текущих событиях
  inadequate ~ неполноценные данные
  industry sales ~ торговая статистика отрасли
  initial ~ исходные данные
  life ~ данные о долговечности *(изделия)*
  life-test ~ результаты испытаний на долговечность
  long-term ~ данные за длительный период времени
  management ~ управленческая информация
  market ~ рыночные данные, конъюнктурные сведения, данные о рынках
  measurement ~ результаты измерений; нормативы
  messy ~ неупорядоченные данные; ненадёжные данные
  numerical ~ числовые [цифровые] данные
  objective ~ объективные данные
  observation(al) [observed] ~ данные наблюдений
  operating life ~ данные об эксплуатационной долговечности, данные о сроке службы
  operational ~ рабочие данные
  original ~ исходные данные
  output ~ выходные данные; данные об объёме продукции
  past ~ данные за прошедший период
  penetration ~ данные о показателях внедрения
  performance ~ рабочие характеристики; эксплуатационные данные
  physical ~ физические характеристики
  population census ~ данные переписи населения

date

post-test ~ данные послетестового периода
predicted [prediction] ~ прогнозированные данные
preliminary ~ предварительные данные
price-level ~ данные об уровне цен
primary ~ исходные [первичные] данные
production ~ данные о выпуске продукции
profit ~ данные о прибыли
provisional ~ предварительные данные
published ~ публикуемые данные
purchase ~ статистика покупок, сведения о покупках
quantitative ~ количественные данные
ranked ~ упорядоченные [классифицированные] данные, ранжированные данные
rating ~ номинальные характеристики (*напр. производительности*)
raw ~ необработанные [непроверенные] данные
readership ~ данные о круге *или* числе читателей
reduced ~ обработанные данные
reference ~ справочные данные
representative ~ репрезентативные данные
response ~ ответные данные, данные об ответной реакции
restricted ~ данные ограниченного пользования, данные для служебного пользования, закрытые данные, секретные сведения
retail sales ~ данные о розничных продажах, статистика розничных продаж
sales ~ данные о сбыте; торговая статистика
sample ~ выборочные данные
scarce ~ скудные данные
seasonal ~ сезонные данные, данные о сезонных изменениях
secondary (source) ~ вторичные данные
service ~ эксплуатационные данные
social ~ данные о социальном составе (*населения*)
specified ~ уточнённые данные
starting ~ исходные данные
statistical ~ статистические данные
statistical support ~ подкрепляющая статистика
summary ~ обобщённые данные
supplementary ~ дополнительные данные
supporting ~ вспомогательные сведения
survey ~ материалы обследования [опроса]
tabular [tabulated] ~ данные, сведённые в таблицу, табличные данные
technical ~ 1. технические данные 2. *полигр.* технико-издательские [полиграфические] характеристики
tentative ~ предварительные данные
test ~ экспериментальные данные, результаты испытаний
theoretical ~ теоретические данные
work(ing) ~ показатели [результаты] работы

date дата, число, день; срок ◇ of this ~ датированный сегодняшним числом; to bear ~ быть датированным
air ~ *вещ.* дата [день] выхода в эфир
billing ~ дата выставления счёта
blind ~ датировка выхода приложения к газете
calendar ~ календарный срок
cancellation ~ последний срок аннулирования (*напр. рекламы без уплаты штрафа*)
closing ~ конечный срок (*приёма заказов*)
completion ~ срок окончания работ
contract ~ срок, оговорённый контрактом, договорный срок
copy ~ срок сдачи исходных материалов объявления в печать; срок готовности текста
copyright ~ дата установления авторского права (*обычно печатается на обороте титульного листа*)
cover ~ срок выхода (*журнала*), указанный на обложке (*обычно более поздний, чем в действительности*)
cut-off ~ дата истечения срока; дата прекращения (*напр. поставок*)
delivery ~ срок поставки
effective ~ дата вступления в силу; фактическая дата
expiration [expiry] ~ конечный срок

date

действия, срок окончания действия (*напр. контракта*)
firm order ~ дата [срок] выдачи твёрдого заказа (*после чего заказ не может быть аннулирован*)
forms-close ~ конечный срок сдачи исходных рекламных материалов в типографию
imprimatur ~ дата выдачи лицензии или разрешения цензуры на печатание
imprint ~ год издания (*печатается на титульном листе*)
insertion ~ дата публикации [появления] (*рекламы*)
interest ~ срок уплаты процентов
issuance [issue] ~ дата выхода (*в свет*), срок публикации
on-sale ~ дата поступления в продажу
open ~ дата срока годности товара
packing ~ дата упаковки
posting ~ *нар. рекл.* дата расклейки плакатов, дата начала шоуинга
press ~ срок печатания издания
publication ~ 1. год издания 2. дата поступления издания в продажу
pull ~ дата снятия с продажи, штамп на скоропортящемся продукте (*после указанной даты продажа не разрешается*)
release ~ 1. дата выпуска (*напр. изделия*) 2. дата выхода в свет [обнародования]
schedule ~ плановый [директивный] срок
settlement ~ дата расчёта (*по контракту, сделке*)
shooting ~ *экр.* день съёмки
spread posting ~ *нар. рекл.* дата начала растянутой расклейки (*когда щиты заклеиваются не одновременно*)
target ~ плановый [намеченный] срок
dating датировка, указание даты
open ~ указание срока годности (*товара*)
seasonal ~ сезонная датировка (*для стимулирования закупок в «мёртвом» сезоне*)
vintage ~ год сбора винограда (*указание на этикетке бутылки с вином*)

day день, число, дата
account ~ расчётный день
best food ~ *амер.* «продовольственный день» (*когда американские газеты помещают подборки редакционных материалов о питании, что благоприятствует рекламе розничных торговцев пищевыми продуктами и производителей этих продуктов; обычно вечерние выпуски в среду или утренние в четверг*)
broadcast ~ *амер.* (*радио*)вещательные сутки (*с восхода солнца до полуночи по местному времени*)
calendar ~ календарный день
delivery ~ день поставки
judicial ~ день судебного заседания
last notice ~ последний день выдачи уведомления
national ~ национальный праздник; главный праздник страны
natural ~ календарные сутки
notice ~ день уведомления
premium ~ предпочтительный день
public ~ приёмный день для широкой публики (*в учреждении*)
scheduled ~ день, предусмотренный графиком
selling ~ торговый день, день активной торговли
shooting ~ *экр.* съёмочный день
trading ~ операционный день (*обычно на бирже*)
varnishing ~ вернисаж, день открытия выставки (*картин*)
weather working ~ погожий рабочий день
Day:
  Clean-up ~ *амер.* День чистоты (*общественное мероприятие*)
  Father's ~ *амер.* День отца (*отмечается в третье воскресенье июня*)
  Mother's ~ *амер.* День матери (*отмечается во второе воскресенье мая*)
daytimer *вещ.* дневная радиостанция, станция дневного вещания
deadline конечный срок ◇ **to meet** ~ выдержать сроки, успеть к установленному сроку
commercial ~ последний срок приёма рекламы
deal сделка, соглашение ◇ **to**

dealer

close ~ заключать сделку; to ~ in smth. торговать чем-л.
backroom ~ закулисная сделка
bad ~ невыгодная [недобросовестная] сделка
barter ~ бартерная сделка
bilateral ~ двусторонняя сделка
business ~ коммерческая сделка
cash ~ сделка за наличный расчёт
cents-off ~ сделка с небольшой скидкой с цены; предоставление небольшой скидки с цены
compensation ~ компенсационная сделка
consumer ~ льготная сделка с потребителем *(предложение скидки или иных выгод за покупку определённого количества товара, в определённый период времени, в определённом магазине)*
fair ~ честная сделка
favourable ~ выгодная сделка
loading ~ сделка с премией в нагрузку, премиальная нагрузка
multiple unit ~ сделка с приобретением многих товарных единиц
package [packet] ~ комплексное соглашение, комплексное урегулирование, пакет решений
percentage ~ процентная сделка *(покупатель рассчитывается с продавцом процентными отчислениями от последующей прибыли или дохода)*
promotional ~ план по стимулированию сбыта
self-contained ~ самостоятельная сделка *(не связанная с другими)*
special ~ сделка на льготных условиях
spot ~ сделка с наличным товаром *(с немедленной поставкой)*
square ~ честная сделка
step ~ поэтапная сделка
strong ~ заманчивая сделка
trade ~ льготная сделка со сферой торговли [с продавцом]; поставка товара продавцу на льготных условиях
trade-in ~ сделка на основе встречной продажи, товарообменная сделка с зачётом стоимости сданного изделия
trilateral ~ трёхсторонняя сделка
two-way ~ двусторонняя сделка
unfair ~ недобросовестная [неправомерная] сделка
upfront ~ сделка с выплатой аванса
Deal:
New ~ «Новый курс» *(экономическая политика США в 30-е гг.)*
dealer дилер *(торговый посредник)*; торговец; биржевой торговец *(заключающий сделки за собственный счёт)*
appliance ~ торговец электробытовыми товарами
arts ~ торговец произведениями искусства
authorized ~ полномочный [официальный] дилер *(обычно с исключительной привилегией на торговлю определёнными товарами фирмы-производителя в определённом секторе рынка)*
auto ~ автодилер, торговец автомобилями
book ~ книготорговец, торговец книгами
farm equipment ~ дилер, торгующий сельскохозяйственными машинами и орудиями, торговец сельхозтехникой
franchise(d) ~ дилер с торговой привилегией, дилер-держатель торговой привилегии
news ~ *амер.* газетный киоскёр; владелец газетного киоска
participating ~ дилер-участник *(какого-л. проекта)*
petty ~ мелкий торговец
provision ~ торговец продовольственными товарами
rag and junk ~ старьёвщик
remainder ~ дилер(-перекупщик) по продаже излишков *(напр. нераспроданных издателем книг)*
retail ~ розничный торговец
second-hand ~ торговец по продаже подержанных товаров
securities ~ торговец ценными бумагами
service ~ сервисный дилер *(наряду с продажей осуществляет гарантийное обслуживание)*
timber ~ лесоторговец
wardrobe ~ торговец поношенным

dealer

платьем; комиссионер, перепродающий одежду
wholesale ~ оптовый торговец
dealership 1. дилерство, занятие дилерством 2. дилерская привилегия, дилерские полномочия 3. дилерское агентство; фирма, уполномоченная вести дела по продаже ◇ **to grant** ~ предоставлять права дилера, назначать дилером, поручить дилерство; **to withdraw** ~ лишать прав дилера
exclusive ~ дилерство с исключительным правом продажи, исключительное дилерство (*ограничительная практика, при которой производитель требует от дилеров не торговать товарами его конкурентов*)
dealing дилерство, занятие дилерством
dearth недостаток, нехватка
birth ~ падение рождаемости
debt долг, обязательство ◇ **to discharge [to pay, to settle]** ~ выплатить [погасить] долг
active ~ непогашенный долг
bad ~ безнадёжный долг
bank ~ долг банку; задолженность по банковской ссуде
community ~ общий долг супругов
contract(ed) ~ договорный долг
current ~ текущий долг (*обычно сроком до одного года*), текущая задолженность
due ~ долг, подлежащий оплате
fixed ~ фиксированный долг
floating ~ 1. *см.* current debt 2. краткосрочная задолженность
interest ~ долг по процентам
judgement ~ присуждённый долг, долг, признанный в судебном порядке
liquid ~ ликвидный долг (*причитающийся немедленно и безусловно*)
long-term ~ долгосрочный долг
medium-term ~ среднесрочный долг
money ~ денежный долг
mortgage ~ ипотечная задолженность
national ~ государственный долг
outstanding ~ непогашенный долг
passive ~ долг, выплачиваемый без процентов
personal ~ личная задолженность, личный долг

preferred ~ первоочередной долг (*погашаемый в первую очередь*)
public ~ государственный долг
secured ~ обеспеченный долг
short-term ~ краткосрочный долг
total ~ общая задолженность
undischarged ~ непогашенный долг
debtor должник, дебитор; заёмщик
execution ~ должник по решению суда
insolvent ~ неплатёжеспособный должник
joint ~ совокупный должник, содолжник
judgement ~ должник по решению суда
liquidating ~ должник, ликвидирующий свои дела
loan ~ заёмщик
poor ~ несостоятельный должник
primary ~ первоочередной должник
principal ~ главный должник
decal(comania) 1. *полигр.* декалькомания (*способ изготовления переводных изображений*) 2. переводная картинка; отделка переводным методом
decay порча, разрушение, упадок; увядание
advertising ~ изнашивание рекламы
incipient ~ начальная стадия распада [порчи]
moral ~ моральное разложение
urban ~ кризис городов
deception обман, жульничество; уловка, хитрость ◇ **to practice** ~ заниматься обманом, обманывать, прибегать к обману
advertising ~ рекламный обман, обман с помощью рекламы
clever ~ искусная ложь; ловкий трюк
corporate ~ обман со стороны фирмы
illegal ~ незаконный обман
decider распорядитель; лицо, принимающее решение; тот, кто решает
primary ~ основной распорядитель
decision решение ◇ **to make** ~ принимать решение; **to overrule** ~ считать решение недействительным, отменять решение; **to render** ~ выносить решение; ~ **under uncertainty** решение, принятое в условиях неопределённости

decision

admissible ~ допустимое решение
advertising ~ рекламное решение, решение в области рекламы
agreed ~ согласованное решение
alternate ~ альтернативное решение
arbitral ~ арбитражное решение
arbitrary ~ произвольное [волевое] решение
better ~ оптимальное [взвешенное, обоснованное] решение
business ~s деловые решения, решения по коммерческим вопросам
buying ~ решение о покупке
channel ~ решение относительно канала (распределения)
committee ~ см. group decision
competitive ~ конкурирующее решение
conditional ~ условное решение
consumer buying ~ решение о потребительских покупках
critical ~ принципиальное решение
far-reaching ~ решение с далеко идущими последствиями, решение, чреватое серьёзными последствиями
favourable ~ благоприятное [положительное] решение
final ~ окончательное решение
fundamental ~ основополагающее решение
go-ahead ~ решение о начале работ [о начале выполнения задания]
group ~ групповое [коллективное] решение
hasty ~ опрометчивое [необдуманное] решение
immediate ~ сиюминутное [немедленное] решение
impartial ~ справедливое решение
informed ~ обоснованное [компетентное] решение
intelligent ~ (благо)разумное решение
introduction ~ решение о выпуске товара на рынок, решение о выходе на рынок
investment ~s инвестиционные решения, решения относительно капиталовложений
key ~ главное [основное, ключевое] решение
landmark ~ основополагающее решение; принципиально новое решение

long-range ~ долговременное решение
majority ~ решение, принятое большинством голосов, решение большинства
managerial ~ решение руководства, управленческое решение
mandatory ~ обязательное решение
market ~ рыночное решение
marketing ~ решение в сфере маркетинга, маркетинговое решение
media ~ решение в сфере средств массовой информации; решение об использовании средств рекламы
operating [operative] ~ оперативное решение
organizational buying ~ решение о закупке для нужд организации
personally unsatisfying ~ решение, не приносящее (потребителю) личного удовлетворения
physical distribution ~ решение об организации товародвижения
policy ~ стратегическое решение
primary ~ первостепенное [первоочерёдное] решение
prior ~ ранее принятое решение
product ~ решение о производстве товара
purchase [purchasing] ~ решение о покупке
reasoned ~ мотивированное решение
reorder ~ решение о выдаче повторного заказа
routine ~ стандартное [обыденное] решение; решение, принимаемое в рабочем порядке
satisfying ~ удовлетворяющее решение
secondary ~ второстепенное решение
sensible ~ разумное решение
socially wasteful ~ решение, расточительное с точки зрения общества
spending ~ решение о производстве затрат
strategic ~ стратегическое решение
surprise ~ неожиданное решение
tactical ~ тактическое решение
tentative ~ предварительное решение
terminal ~ окончательное решение
trade-off ~ компромиссное решение
want-satisfying ~ решение, удовлет-

decision

воряющее (потребительские) запросы

wise ~ благоразумное решение

decision-maker распорядитель; ответственный за принятие решения
deft ~ искушённый распорядитель
ultimate ~ главный распорядитель

decision-making принятие решения, процесс принятия решения
business ~ принятие хозяйственных [коммерческих] решений
individual ~ индивидуальное принятие решений

deck 1. дека, магнитофонная приставка 2. лентопротяжный механизм (магнитофона) 3. амер. строка, заголовок (в газете) 4. колода, пачка
post-card ~ набор почтовых открыток
tape ~ катушечная магнитофонная дека
video ~ видеодека

declaration заявление, декларация
~ of conformity заявление о соответствии (заявление поставщика — под его полную ответственность — о том, что товар или услуга соответствуют конкретному стандарту или иному нормативному документу)
customs ~ таможенная декларация
tax ~ налоговая декларация, декларация о налогах

decline падение, спад, снижение ◇ ~
in jobs сокращение занятости; on the ~ в состоянии упадка; to engender ~ вызывать снижение [спад]
business ~ спад деловой активности
long-run ~ длительное снижение, длительный спад
market ~ падение (конъюнктуры) рынка
population ~ убыль [отрицательный прирост] населения
price ~ снижение цен
productivity ~ спад производительности
sales ~ падение сбыта
seasonal ~ сезонный спад
steady ~ неуклонное снижение
traffic ~ сокращение числа посетителей

dedication посвящение; торжественное открытие

autographed ~ посвящение с автографом

deduction 1. вычет 2. удержание, вычитание 3. скидка, уступка ◇ to draw ~ сделать вывод, вывести следствие

depreciation ~s начисления износа; амортизационные отчисления
income ~ вычет (из облагаемого) дохода
personal ~ вычет из личного дохода (не подлежащий обложению)
tax ~ снижение налогов (при выполнении определённых условий); налоговая льгота

default невыполнение обязательств (особенно денежных); неплатёж ◇ ~ in payment в случае неуплаты; ~ on obligations невыполнение обязательств; to claim ~ предъявлять претензию за невыполнение договора
~ of appearance неявка
credit ~ неуплата задолженности по кредиту
wilful ~ умышленное [злостное] невыполнение своих обязанностей

defect дефект, недостаток, порок, изъян
~ of form недостаток [дефект] формы
~ of substance недостаток [дефект] с точки зрения существа
acquired ~ приобретённый недостаток
allowable ~ допустимый дефект
artificial ~ имитированный дефект
assembly ~ дефект сборки
birth ~ врождённый порок
colour ~ порок цвета [окраски]
dimensional ~ отклонение размеров
flavour ~ порок вкуса, вкусовой дефект
image ~ искажение изображения
incidental ~ случайный дефект
incurable ~ неустранимый дефект
inherent ~ присущий [внутренний] недостаток
internal ~ внутренний дефект
latent ~ скрытый дефект
major ~ основной дефект, существенная неисправность
manufacturing ~ производственный дефект

minor ~ второстепенный дефект, незначительная [несущественная] неисправность
natural ~ естественный дефект
permissible ~ допустимый дефект
quality ~ порок качества
reliability ~ дефект, влияющий на надёжность
repairable ~ устранимый дефект
serious ~ серьёзный дефект
surface ~ поверхностный дефект
visible ~ явный [видимый] дефект
welding ~ дефект сварки
workmanship ~ дефект вследствие некачественной работы
zero ~s бездефектность

defence, defense защита, оборона
environmental ~ защита окружающей среды
last-ditch ~ последнее отчаянное сопротивление
licence ~ ссылка на наличие лицензии (*как возражение по иску о нарушении патента*)
national ~ национальная оборона
sham ~ недобросовестное [притворное] возражение (*правильное по форме, ложное по существу*)

deficit дефицит, нехватка, недочёт ◇ to be in ~ быть в дефиците; to run ~ иметь дефицит
budget ~ дефицит бюджета; превышение сметы
cash ~ кассовый дефицит, нехватка наличных денег
consumer ~ пассив потребителя
merchandise ~ товарный дефицит
net ~ чистый дефицит
payments ~ дефицит платёжного баланса
saturation ~ дефицит насыщения
trade ~ дефицит торгового баланса

definition 1. определение, толкование 2. чёткость (*напр. изображения*)
blanket ~ общее определение
clear ~ ясное определение
colour ~ *экр.* цветовая чёткость
contract ~ разработка основных положений контракта
image ~ *см.* picture definition
job ~ описание рабочего задания, должностная инструкция
legal ~ юридическое определение
legislative ~ законодательное определение
loose ~ произвольное толкование; вольное определение
market ~ описание рынка; определение рынка
mission ~ постановка задачи
model ~ построение модели
picture ~ чёткость [резкость] изображения
precise ~ точное [чёткое] определение
rigid ~ жёсткое определение

definitive окончательный, бесповоротный; точно определённый

defocus *экр.* расфокусирование изображения, размытие кадра (*с целью получения спецэффекта*)

defogger устройство для предотвращения запотевания стёкол (*автомобиля*)

degree степень, ступень; положение, ранг
~ of accuracy степень точности
~ of belief [of confidence] *стат.* степень доверия
~ of credibility степень достоверности
~ of fabrication степень готовности продукции
~ of mechanization техническая вооружённость труда, степень механизации
~ of possibility *стат.* степень вероятности
~ of precision степень точности
~ of preference *стат.* степень предпочтения
~ of quality уровень качества
~ of safety степень безопасности, запас прочности
~ of skill уровень [степень] мастерства
~ of training уровень подготовки, подготовленность
~ of uncertainty *стат.* степень неопределённости
~ of utility степень полезности
~ of variation *стат.* степень изменчивости
college ~ диплом об окончании колледжа

degree

magnification ~ степень [кратность] увеличения
purity ~ чистота, доброкачественность
university ~ университетская степень, университетский диплом
delay 1. задержка, приостановка 2. отсрочка *(платежа)* ◇ ~ in delivery задержка поставки; ~ in payment отсрочка платежа
clock-hour ~ *вещ.* задержка трансляции программы из-за разницы во времени *(между часовыми поясами)*
decision-making ~ задержка с принятием решения
induced ~ вынужденная задержка
nonscheduled ~ непредвиденная задержка
operational ~ простой по организационным [технологическим] причинам
signal ~ задержка сигнала
temporary [time] ~ временна́я задержка
time-zone ~ поясная временна́я задержка
deletion 1. исключение, изъятие 2. вычёркивание, вымарка *(в документе)*
product ~ изъятие товара *(из ассортимента)*
deliberate осмотрительный, преднамеренный
deliberation 1. размышление, обдумывание 2. осмотрительность ◇ after mature ~ по зрелом размышлении
delicatessen буфет с холодными закусками; магазин «кулинария»; продукты кулинарии *(готовые к употреблению)*
deliver/y 1. доставка, поставка 2. размер поставки 3. передача ценной бумаги ◇ ~ by installments доставка по частям; ~ by parcel post доставка *(товара покупателю)* почтовой посылкой; ~ on call поставка по требованию; to maintain ~ies исправно осуществлять поставки; to take ~ принимать поставляемый товар; получать выполненный заказ
~ of patent выдача патента
commercial ~ коммерческий охват ролика *(величина аудитории рекламного ролика)*
consumer ~ доставка потребителю
contractual ~ies договорные поставки
copy ~ подача текста
credit ~ поставка в кредит
curb ~ доставка к тротуару *(без разгрузки)*
deferred ~ отсроченная поставка
direct ~ непосредственная [прямая] поставка
direct store ~ прямая доставка [«заброска»] в магазин
door-to-door ~ доставка «от двери до двери»
early ~ быстрая [досрочная] поставка
express ~ срочная доставка
forward ~ будущая поставка
free ~ бесплатная доставка
home ~ доставка на дом
immediate ~ немедленная поставка
just-in-time ~ доставка (по принципу) «точно вовремя»
late ~ несвоевременная поставка, поставка с запаздыванием
obligatory ~ies обязательные поставки
occasional ~ разовая поставка
on-time ~ своевременная поставка, поставка в срок
overdue ~ доставка с опозданием, просроченная поставка
reciprocal ~ies взаимные поставки
recorded ~ доставка почтовых отправлений под расписку
replacement ~ поставка на замену *(оборудования)*
scheduled ~ies поставки по (календарному) плану
short ~ недопоставка, поставка неполного количества; недостача *(при доставке груза)*
special ~ срочная доставка
store door ~ *см.* direct store delivery
truck ~ доставка грузовиком
urgent ~ срочная доставка
vendor ~ доставка средствами поставщика
warehouse ~ поставка со склада *(производителя или оптовика)*
deliveryman разносчик заказов на дом; рассыльный, курьер
demand 1. спрос; требование 2. потребность, нужда ◇ ~ for necessities спрос на товары первой необходимо-

demand

сти; ~ for service спрос на услуги; to be in (great) ~ пользоваться (большим) спросом; быть ходким *(о товаре)*; to continue in ~ продолжать пользоваться спросом; to depress ~ подавлять [сдерживать] спрос; to meet [to satisfy] ~ удовлетворять спрос
active ~ оживлённый спрос
actual ~ действительный [фактический] спрос
adequate ~ достаточный спрос
advertising ~ спрос на рекламу [на рекламные услуги]
aggregate ~ совокупный спрос *(на определённый вид товаров или услуг)*
average ~ средний спрос; средняя потребность
brisk ~ оживлённый спрос
cash ~ потребность в наличности
competitive ~ конкурентный спрос
composite ~ *см.* aggregate demand
consumer ~ потребительский спрос; спрос на товары широкого потребления
continuous ~ непрерывный спрос
current ~ текущий спрос
customer ~ покупательский спрос
deferred ~ отложенный [накопившийся] спрос
dependent ~ зависимый спрос
derived ~ производный спрос *(напр. из-за роста доходов)*
direct ~ прямой спрос
effective ~ эффективный [платёжеспособный] спрос; действительный [фактический] спрос; спрос, минимально необходимый для производства продукта; рентабельный спрос
elastic ~ эластичный спрос *(реагирующий на колебания цен)*
end-product ~ спрос на конечный продукт *(не для перепродажи)*
ever-spiraling ~ постоянно повышающийся спрос
excess(ive) ~ избыточный [чрезмерный] спрос
existing ~ существующий спрос
expansible ~ легко расширяемый спрос *(напр. под воздействием рекламы)*
expected ~ ожидаемый спрос
express ~ ярко выраженный спрос
fair ~ оживлённый спрос
falling ~ падающий [снижающийся] спрос
filled ~ удовлетворённый спрос
final ~ конечный спрос
fixed ~ постоянный [устойчивый] спрос
fluctuating ~ колеблющийся спрос
full ~ полный спрос
guaranteed ~ гарантированный спрос
home ~ внутренний спрос, спрос на внутреннем рынке
immediate ~s непосредственные нужды
individual ~ личный [индивидуальный] спрос
industrial ~ спрос на товары промышленного назначения; спрос со стороны промышленности
inelastic ~ неэластичный спрос *(почти не реагирующий на колебание цен)*
initial ~ начальный [исходный] спрос
interindustry ~ межотраслевой спрос, спрос на продукцию смежных отраслей промышленности
irrational ~ *см.* unwholesome demand
irregular ~ нерегулярный [нестабильный] спрос
keen ~ большой спрос
latent ~ скрытый спрос
lawful ~ законное [правомерное] требование
market ~ требования рынка; рыночный спрос
monthly ~ (еже)месячная потребность
negative ~ отрицательный спрос
nonpeak ~ пониженный спрос, спрос в период межсезонья
one-time ~ разовая потребность
overall ~ полный [общий] спрос
overfull ~ *см.* excess(ive) demand
peak ~ максимальный [пиковый] спрос; пик спроса
pent-up ~ отложенный [накопившийся] спрос; неудовлетворённый спрос
persistent ~ *см.* fixed demand

demand

  poor ~ небольшой [недостаточный] спрос
  potential ~ потенциальный спрос
  price-dependent ~ спрос, зависящий от цены
  primary ~ первичный спрос
  product ~ спрос на товар
  profitable ~ рентабельный спрос
  prospective ~ потенциальный спрос
  public ~ требование общественности; спрос со стороны широкой публики
  reasonable ~ обоснованное требование
  related ~ спрос на сопутствующие товары
  sagging ~ *см.* falling demand
  scanty ~ *см.* poor demand
  seasonal ~ сезонный спрос
  secondary ~ вторичный [производный] спрос
  selective ~ избирательный спрос
  shrinking ~ сужающийся спрос
  slack ~ вялый спрос; низкий уровень спроса
  slowed-down ~ замедленный спрос
  sluggish ~ *см.* slack demand
  social ~ общественный спрос
  solvent ~ платёжеспособный спрос
  stable ~ *см.* fixed demand
  stagnant ~ застой в спросе
  stationary [steady] ~ *см.* fixed demand
  total ~ полный [общий] спрос
  uncertain ~ неопределённый спрос
  unsatisfied ~ неудовлетворённый спрос
  unsaturated ~ ненасыщенный спрос
  unwholesome ~ нерациональный спрос *(напр. на вредные для здоровья товары)*
  weak ~ слабый спрос
demarketing демаркетинг *(намеренное снижение уровня спроса)*
  general ~ общий демаркетинг
  selective ~ выборочный [селективный] демаркетинг *(меры по снижению спроса у определённых групп покупателей)*
demo *см.* demonstration
demographics демографические данные *(возраст, пол, род занятий, уровень образования, уровень доходов)*; демографическая статистика
  audience ~ демографические характеристики аудитории
  quality ~ надёжная [качественная] демография, солидные демографические характеристики *(о домохозяйствах со средним и высоким уровнем доходов, состоящих в основном из лиц возрастной группы 25-50 лет)*
  target ~ целевые демографические характеристики *(аудитории)*; целевые группы по демографическим показателям
demography демография
  applied ~ прикладная демография
  economic ~ экономическая демография
  family ~ демография семьи
  migration ~ демография миграции
  quantitative ~ количественный демографический анализ
  regional ~ региональная демография
  social ~ социальная демография
demonstration демонстрация, (наглядный) показ; доказательство
  contractual reliability ~ подтверждение надёжности, оговорённой контрактом
  convincing ~ убедительная демонстрация
  false ~ подтасованная [фальсифицированная, ложная] демонстрация
  (in-)store ~ демонстрация *(товара)* в магазине *(продавцом)*
  product ~ (наглядный) показ товара
  sales ~ торговая демонстрация, торговый показ *(товара в действии)*
  verification ~ наглядная проверка
denizen обитатель, житель; натурализовавшийся иностранец
denomination 1. стоимость, ценность, купюра *(как номинал денег)*; достоинство *(денежных знаков)* 2. деноминация 3. название, обозначение
  ~ **of invention** наименование изобретения
  large ~s крупные купюры, банкноты крупного достоинства
  money ~s купюрное строение денежной массы
  religious ~ церковные круги; вероучение

department

small ~s мелкие купюры, банкноты или монеты мелкого достоинства
denominator мерило, мера
  common ~ of value общепринятая мера стоимости
density плотность, концентрация
  ~ of communication интенсивность общения
  ~ of competition интенсивность [острота] конкуренции
  ~ of equipment насыщенность техническими средствами
  ~ of paper *полигр.* плотность [объёмный вес] бумаги
  apparent ~ кажущаяся плотность
  character ~ *полигр.* плотность (размещения) знаков [символов]
  colour ~ интенсивность цвета
  data ~ плотность (размещения) данных; информационная плотность
  dwelling ~ плотность застройки жилыми зданиями
  freight ~ грузонапряжённость перевозок
  housing ~ *см.* dwelling density
  information ~ информационная плотность
  passenger ~ средняя интенсивность перевозок пассажиров
  population ~ плотность населения
  recording ~ плотность записи
  relative ~ относительная плотность
  residential ~ плотность заселения жилого района города
  route ~ средняя интенсивность перевозок по (данному) маршруту
  sales ~ товарооборот на единицу площади магазина
  screen ~ *полигр.* растровая плотность
  seating ~ плотность (расположения) пассажирских мест
  specific ~ удельная плотность
  traffic ~ плотность транспортного потока, интенсивность перевозок *(объём перевозок в единицу времени);* интенсивность движения; интенсивность людского потока
  transparent ~ оптическая плотность на просвет
  vehicle ~ интенсивность движения транспорта
  volume ~ объёмная плотность

denunciation 1. расторжение *(договора)* 2. опровержение, разоблачение
  hot ~ страстное обличение
deodorant дезодорант, отдушка
  cream ~ крем-дезодорант
  spray ~ аэрозольный дезодорант
  stick ~ дезодорантный карандаш
  vaginal ~ вагинальный [женский] дезодорант
department 1. структурное подразделение, административный орган *(отдел, департамент, управление, министерство)* 2. секция *(в магазине)*
  accountant's [accounting] ~ бухгалтерия
  account management ~ отдел по работе с заказчиками
  accounts ~ отдел расчётов; отдел по работе с клиентами
  administration and marketing ~ отдел административного управления и маркетинга
  advertising ~ отдел рекламы, рекламный отдел
  appeals ~ отдел жалоб
  art ~ отдел художественного оформления, художественный отдел *(в рекламном агентстве, на киностудии)*
  auditing ~ контрольно-ревизионный отдел
  budget ~ отдел сниженных цен, отдел уценённых товаров *(в универмаге)*
  business ~ коммерческий отдел
  case ~ *полигр.* наборный цех
  casting ~ актёрский отдел *(студии),* актёрский стол
  circulation ~ отдел распространения *(напр. газеты)*
  claims-settling ~ отдел удовлетворения претензий *(напр. в страховой компании)*
  clearance ~ цензурный отдел
  commercial ~ коммерческий отдел
  communications ~ служба коммуникаций
  contracts ~ отдел контрактов
  copy ~ отдел подготовки (рекламных) текстов
  cost ~ калькуляционный отдел
  creative ~ творческий отдел

department

customer service ~ отдел (сервисного) обслуживания клиентов
cutting ~ *экр.* монтажный цех
delivery ~ отдел доставки товаров *(на дом)*
design ~ конструкторское бюро, конструкторский отдел; отдел промышленных образцов; отдел дизайна
development ~ опытно-конструкторский отдел
distribution ~ отдел сбыта
distributor relations planning ~ отдел планирования работы с дистрибьюторами *(в рамках службы маркетинга)*
editorial ~ редакционный отдел, отдел подготовки редакционных материалов
engineering ~ отдел инженерного проектирования, (инженерно-)технический отдел, конструкторско-технический отдел, конструкторское бюро
field service ~ отдел (технического) обслуживания потребителей
finance ~ финансовый отдел
fire ~ пожарная команда
functional ~ производственный отдел; функциональное подразделение
general service ~ хозяйственный отдел
government ~ государственное учреждение
gravure ~ *полигр.* цех глубокой печати
grocery ~ отдел бакалейных [бакалейно-гастрономических] товаров
highway ~ управление шоссейных дорог
internal audit ~ отдел внутренней (бухгалтерской) ревизии
law ~ юридический отдел
layout ~ *полигр.* макетно-оформительский цех
legal ~ юридический отдел
lost and found ~ стол находок *(в универмаге)*
maintenance ~ административно-хозяйственный отдел; отдел технического обслуживания
manufacturing ~ производственный отдел; производственное подразделение

marketing ~ отдел маркетинга
marketing research ~ отдел маркетинговых исследований
market research ~ отдел исследования рынка
marking ~ отдел маркировки товаров *(в торговой фирме)*
meat ~ мясной отдел *(в магазине)*
media ~ отдел средств рекламы
media buying ~ отдел закупки средств рекламы
mergers and acquisitions ~ отдел слияний и приобретений *(в инвестиционном банке)*
new-product ~ отдел (создания) новых товаров
news ~ 1. информационный отдел 2. отдел печати
new technology products ~ отдел товаров новых технологий
order ~ отдел заказов
packaging ~ отдел по разработке упаковки
packing ~ отдел фасовки и упаковки *(в розничной торговой фирме)*
personal loan ~ отдел по выдаче потребительских ссуд
personnel ~ отдел кадров
physical distribution ~ отдел товародвижения
planning ~ плановый отдел
plate ~ *полигр.* формный цех
preplanning ~ отдел предварительного планирования
preproduction ~ отдел подготовки производства
prescription ~ рецептурный отдел *(аптеки)*, «отпуск по рецептам»
press ~ отдел печати
pricing ~ отдел цен
print buying ~ отдел закупки полиграфических услуг
printing ~ 1. *полигр.* печатный цех 2. *экр.* цех обработки плёнки
product assurance ~ отдел обеспечения качества товара
product development ~ отдел разработки и совершенствования товара
production ~ производственный отдел
product planning ~ отдел товарного планирования
program(me)s and production ~ про-

граммно-производственный отдел *(телецентра)*
proofing ~ *полигр.* пробопечатное отделение, участок пробной печати
prop(erty) ~ реквизиторский отдел *(киностудии)*, реквизиторская, бутафорская
publicity ~ отдел рекламы и пропаганды
public relations ~ отдел мероприятий по организации общественного мнения; отдел по связям с общественностью
purchasing ~ отдел закупок, отдел материально-технического снабжения
quality (control) ~ отдел технического контроля, ОТК, отдел контроля качества
radio production ~ отдел производства радиорекламы
research ~ исследовательский отдел, отдел исследований
research and development ~ отдел исследований и разработок
sales ~ 1. отдел сбыта 2. коммерческий отдел
sales promotion ~ отдел стимулирования сбыта
sales support ~ отдел содействия сбыту, отдел организации сбыта
selling ~ *см.* **sales department**
service ~ 1. обслуживающее подразделение 2. предприятие сферы обслуживания
set dressing ~ архитектурно-постановочный цех *(студии)*
shipping ~ отдел отгрузки
staff ~ отдел кадров
stage construction ~ *см.* **set dressing department**
statistics ~ отдел статистики
story ~ сценарный отдел *(студии)*
styling ~ отдел художественного конструирования
supply ~ отдел снабжения
support ~ вспомогательное подразделение
television production ~ отдел производства телевизионной рекламы
trademarks ~ отдел товарных знаков
traffic ~ 1. отдел прохождения заказов *(в рекламном агентстве)* 2. отдел отгрузки и приёмки грузов
voucher ~ 1. отдел оправдательных документов 2. отдел погашения чеков
voucher and accounts ~ отдел оправдательных документов и расчётов
Department:
~ **of Agriculture** *амер.* министерство сельского хозяйства
~ **of Commerce** *амер.* министерство торговли
~ **of Defense** *амер.* министерство обороны
~ **of Economic Affairs** *англ.* министерство экономики
~ **of Education** *амер.* министерство образования
~ **of Education and Science** *англ.* министерство образования и науки
~ **of Energy** *амер.* министерство энергетики
~ **of Health and Human Sevices** *амер.* министерство здравоохранения и социального обеспечения
~ **of Housing and Urban Development** *амер.* министерство жилищного строительства и городского развития
~ **of the Interior** *амер.* министерство внутренних ресурсов
~ **of Justice** *амер.* министерство юстиции
~ **of Labor** *амер.* министерство труда
~ **of Overseas Trade** *англ.* министерство внешней торговли
~ **of Prices and Consumer Protection** *англ.* министерство по вопросам цен и защиты интересов потребителей
~ **of State** *амер.* государственный департамент
~ **of Trade and Industry** *англ.* министерство торговли и промышленности
~ **of Transportation** *амер.* министерство транспорта
~ **of the Treasury** *амер.* министерство финансов
Advertisement Investigation ~ *англ.* Управление по контролю за соблюдением этических норм в рекламе
Post Office ~ *амер. уст.* министерство почт
dependability надёжность

dependability

day-in-day-out ~ надёжность при ежедневной работе, повседневная надёжность
equipment ~ надёжность оборудования
proven ~ проверенная [доказанная] надёжность
round-the-clock ~ надёжность при круглосуточной работе
dependence зависимость, подчинённость; обусловленность
casual ~ причинная зависимость
chain ~ цепная зависимость
complete ~ полная зависимость
continuous ~ непрерывная зависимость
economic ~ экономическая зависимость
financial ~ финансовая зависимость
functional ~ функциональная зависимость
partial ~ частичная зависимость
personal ~ личная зависимость
random ~ случайная зависимость
regular ~ закономерная [регулярная] зависимость
single-market ~ зависимость от одного рынка
statistical ~ статистическая зависимость
time ~ временна́я зависимость
total ~ полная зависимость
depiction изображение; рисунок
deposit 1. вклад, депозит; взнос 2. задаток ◇ on ~ на хранении, в депо; to pay ~ выплатить деньги по депозиту; to place money on ~ вносить деньги на депозит
alternate ~ совокупный счёт на имя двух лиц
bank ~ банковский депозит; вклад в банке
call ~ депозит до востребования
cash ~ депозит, образованный путём внесения наличных денег
demand ~ депозит до востребования; бессрочный вклад; текущий счёт
election ~ избирательный залог
general ~ обычный [общий] депозит
fixed ~ срочный депозит, вклад на срок
insured ~ застрахованный депозит

joint ~ объединённый [совместный] банковский счёт
noninterest bearing ~ беспроцентный вклад
postal savings ~ почтово-сберегательный депозит
private ~ депозит частного лица или корпорации
public ~ депозит государственного учреждения
reserve ~ резервный депозит
savings ~ сберегательный вклад
security ~ страховочный задаток (*розничного торговца для получения кредита у оптовика*)
sight ~ *см.* demand deposit
time ~ *см.* fixed deposit
deposition письменное показание под присягой ◇ to take ~ отобрать показания под присягой
depreciation 1. амортизация, снашивание 2. обесценение; снижение стоимости
accelerated ~ ускоренная амортизация
appraisal ~ оценка степени амортизации
currency ~ обесценение валюты
functional ~ 1. функциональный износ (*напр. оборудования, утратившего полезность в связи с изменением профиля предприятия*) 2. моральный износ
moral ~ моральный износ
ordinary ~ нормальная амортизация
performance ~ ухудшение характеристик
physical ~ физический износ
planned ~ планируемый износ
depression депрессия, застой; упадок
~ of market вялое [понижательное] настроение рынка
~ of trade застой в торговле
business ~ спад деловой активности; экономическая депрессия
economic ~ экономический кризис
farm ~ аграрный кризис
major ~ глубокая депрессия
prolonged ~ длительная [затянувшаяся] депрессия
succeeding ~ последующая депрессия
world ~ мировой кризис

Depression:
Great ~ Великая депрессия *(экономический кризис 1929-1933гг. в США)*

depth 1. глубина 2. фундаментальность 3. насыщенность *(цвета)* 4. высота *(напр. колонки в газете)*
~ of colour saturation степень насыщенности цвета
~ of exposure интенсивность [глубина] рекламного воздействия *(определяется размером рекламы, её длительностью или частотой повторения)*
~ of knowledge основательность (по)знаний
~ of market глубина рынка *(масштабы деловой активности, не вызывающие изменения цен)*
~ of page длина страницы, длина полосы
~ of product assortment глубина товарного ассортимента
column ~ высота колонки *(в газете)*
product mix ~ глубина товарной номенклатуры

derby гонка, соревнование
demolition ~ гонка на уничтожение

deregulation отмена регулирования; ослабление [сокращение] объёма вмешательства государства в экономику

derivation отклонение; разновидность

descender нижний выносной элемент *(буквы)*; (строчная) буква с нижним выносным элементом

description 1. описание; характеристика 2. вид, род
analytical ~ аналитическое описание
bibliographical ~ библиографическое описание
brief ~ краткое описание
business ~ деловая характеристика
complete ~ полное описание
concise ~ краткое описание
data ~ справочное описание
detailed ~ подробное [детальное] описание
development ~ описание разработки
faithful ~ правдивое описание
final ~ окончательный вариант описания
job ~ должностная инструкция; описание рабочего задания
living ~ живое описание
pictorial ~ яркое [живописное] описание
qualitative ~ качественная характеристика
quantitative ~ количественная характеристика
racy ~ живое описание
statistical ~ статистическое описание
summary ~ краткое описание
task ~ описание рабочего задания
voice-over ~ *экр.* закадровый комментарий
word ~ словесное описание

design 1. дизайн 2. композиция; рисунок, узор 3. конструкция; замысел; образец, модель; проект 4. проектирование
~ of sampling inquiry *стат.* план выборочного обследования
~ of statistical inquiry план статистического обследования
abstract ~ абстрактный рисунок, абстрактное художественное оформление
advanced product ~ разработка аванпроекта
advertising ~ рекламный дизайн
approved ~ утверждённый [одобренный] проект
artistic ~ художественный [творческий] замысел
automated ~ автоматическое проектирование
basic ~ базовая конструкция
best product ~ проектирование изделия с наилучшими характеристиками
channel ~ схема [структура] канала распределения
computer-aided ~ система автоматизированного проектирования, САПР
concept ~ разработка замысла; разработка технических требований
corporate ~ фирменный стиль, фирменный дизайн
cover ~ оформление обложки *(напр. книги)*
decorative ~ оформительский дизайн
engineering ~ инженерное проектирование

design

environmental ~ природоохранное проектирование
experimental ~ экспериментальный проект; эксперимент
external ~ внешнее оформление
face ~ рисунок шрифта
factorial ~ факторный эксперимент
field-tested ~ конструкция, испытанная в условиях эксплуатации
floral ~ цветочный узор
formal ~ формальный образец
graphic ~ графический дизайн
industrial ~ **1.** промышленный дизайн; промышленная эстетика **2.** промышленный образец
interior ~ оформление интерьера
item ~ проектирование изделия
machine ~ машинный дизайн
modular ~ модульная [блочная] конструкция
multivariable experimental ~ *стат.* эксперимент с несколькими переменными
old-fashioned ~ старомодный дизайн
optimum ~ оптимальная конструкция
ornamental ~ графический промышленный образец (*вид промышленной собственности*)
overall ~ общий замысел
package ~ дизайн упаковки; макет упаковки, конструкция упаковки
packaging ~ конструирование упаковки
page ~ компоновка страницы; макет полосы
patentable ~ патентоспособный промышленный образец
pattern ~ разработка товара по индивидуальному образцу
poster ~ сюжет плаката
preliminary ~ предварительный проект, эскизный проект
printed ~ печатное изображение
product ~ **1.** товарный дизайн **2.** проектирование изделия
prototype ~ разработка опытного образца
questionnaire ~ **1.** структура анкеты **2.** разработка [схема] организации опроса
registered ~ зарегистрированный (промышленный) образец
research ~ проект [замысел] исследования
revised ~ переработанный [исправленный] проект
sample ~ *стат.* определение состава выборки
set ~ *экр.* эскиз декорации
single-variable experimental ~ *стат.* эксперимент с одной переменной
sketch ~ эскизный проект
standard ~ типовой проект
statistical test ~ план статистических испытаний
stylized ~ стилизованный дизайн, стилизация
survey ~ план [схема] обследования
Swiss ~ швейцарский дизайн (*стилевое направление полиграфии*)
test ~ **1.** план эксперимента **2.** экспериментальная конструкция
trademark ~ композиция товарного знака
trial ~ опытное проектирование
type ~ рисунок шрифта
van ~ (рекламное) оформление автофургонов
wallpaper ~ рисунок обоев, рисунок обойного типа; обойный дизайн
word ~ конструирование слов

designer дизайнер; конструктор; художник-оформитель
book ~ оформитель книги
chief ~ ведущий [главный] конструктор
consultant ~ дизайнер-консультант
costume [dress] ~ художник по костюмам, костюмер (*на киностудии*)
electronic ~ разработчик электронной техники
engineering ~ инженер-конструктор
external ~ внештатный дизайнер, дизайнер, привлекаемый со стороны
graphic ~ дизайнер-график
industrial ~ промышленный дизайнер
internal ~ штатный дизайнер
landscape ~ ландшафтный архитектор
lighting ~ *экр.* художник по свету
ornamental ~ дизайнер по орнаменту
packaging ~ разработчик [конструктор] упаковки
poster ~ художник-плакатист

deterioration

practical ~ дизайнер-практик
production ~ *экр.* (главный) художник фильма
set ~ кинодекоратор; художник фильма
survey ~ разработчик опроса
type ~ художник шрифта, шрифтовик

design-mark изобразительный товарный знак

design-symbol изобразительный символ

desirable желательный, желанный; подходящий
socially ~ желательный с точки зрения общества

desire желание ◇ by ~ по просьбе, по указанию; ~ for knowledge жажда знаний
buying ~ желание совершить покупку, желание купить
cultivated ~ привнесённое желание
learned ~ желание, приобретённое в процессе обучения
proved ~ достоверно известное желание

desire-competitor желание-конкурент

desk 1. (рабочий) стол; бюро; прилавок 2. пульт 3. *амер. проф.* редакция газеты
accommodation ~ секция обслуживания *(в магазине, где производится упаковка покупок, оформление оплаты покупок чеком, оплата места на автостоянке)*
audio mixing ~ *см.* sound mixing desk
catalogue ~ секция торговли по каталогам
city ~ отдел городских новостей *(в газете)*
control ~ 1. пульт управления 2. *см.* sound mixing desk
correction ~ *см.* retouching desk
information ~ справочный отдел
inquiry ~ справочное бюро *(в магазине)*
lighting ~ *экр.* пульт режиссёра по свету
order ~ *амер.* бюро (приёма) заказов
picture control ~ пульт видеоинженера

producer [production] ~ пульт видеорежиссёра
reception ~ приёмная *(в учреждении)*
retouching ~ стол для ретуши; ретушёрский станок
(sound) mixing ~ пульт звукорежиссёра, микшерский пульт
test ~ испытательный стенд

dessert десерт, сладкое (блюдо)
gelatine ~ десертное желе
instant ~s сухие сладкие блюда *(полуфабрикаты)*

detail деталь, подробность ◇ in ~ детально, подробно, обстоятельно
fine ~ мелкая деталь *(изображения)*
image ~ деталь изображения
industry ~ подробные сведения об отрасли промышленности; таблицы подробных данных по отраслям (промышленности)
mechanical ~ механическая деталь
picture ~ деталь изображения
standing ~ постоянная деталь
structural ~ элемент конструкции

detangler:
hair ~ *амер.* распрямитель для волос *(используется для выпрямления вьющихся волос)*

detector детектор, индикатор
air check ~ устройство контроля передачи в эфир
defect ~ дефектоскоп
electronic metal ~ *полигр.* электронное устройство для обнаружения металлических примесей
fish ~ рыбоискатель
flaw ~ дефектоскоп
gas ~ обнаружитель [детектор] утечки газа
leak ~ течеискатель, индикатор течи
lie ~ детектор лжи
rotation ~ датчик скорости вращения
smoke ~ индикатор дыма
wear ~ указатель износа

detergent моющее средство, детергент
acid ~ кислотный детергент
liquid ~ жидкое мыло
synthetic ~ синтетическое моющее средство

deterioration ухудшение, порча, повреждение, износ ◇ ~ in storage ухудшение характеристик (изделия) при хранении

deterioration

~ of environment ухудшение (качества) окружающей среды
~ of information устаревание информации
~ of properties ухудшение свойств
~ of the purchasing value of money уменьшение покупательной способности денег
~ of style вырождение стиля (*в искусстве*)
component ~ износ [старение] элемента
data ~ устаревание данных
equipment ~ ухудшение характеристик оборудования
inevitable ~ неизбежное ухудшение
observable ~ видимая порча
resource ~ истощение ресурсов
strength ~ ухудшение прочности
surface ~ износ [повреждение] поверхности
unit ~ износ [старение] элемента
determinant детерминант; решающий [определяющий] фактор
~s of behaviour *стат.* детерминанты поведения
compatibility ~ *стат.* детерминант совместимости
cost ~s факторы, определяющие величину издержек
demographic ~s демографические показатели (*возраст, пол, семейное положение*)
environmental ~ определяющий фактор окружающей среды, решающий природный фактор
inner ~ внутренняя детерминанта
determination 1. определение, установление; подсчёт (*напр. доходов*) 2. прекращение действия (*напр. контракта*)
~ of guilt установление [определение] виновности
~ of utility установление полезности
budget ~ установление размеров бюджета; расчёт сметы
price ~ установление уровня цен; калькуляция цен
result ~ нахождение результата
visual ~ визуальное определение
deterrent 1. сдерживающий фактор; тормоз (*развития*) 2. средство устрашения

~ of law угроза правовой санкции
credible ~ эффективное средство сдерживания
detractor критик; противник
developer разработчик, изобретатель
development 1. развитие; рост 2. разработка, совершенствование 3. изложение 4. событие; проявление ◇ to await ~s ждать (развития) событий; to promote ~ способствовать развитию; under ~ разрабатываемый, развиваемый
~ of environment улучшение окружающей среды
~ of methods разработка [усовершенствование] методики
~ of plan изложение плана
abnormal ~ порок развития
accelerated ~ ускоренное развитие, ускорение
advanced ~ 1. перспективная разработка 2. разработка опытного образца
aroma ~ развитие [формирование] аромата
balanced ~ сбалансированное развитие; планомерность
brand ~ потребительская доля марки (*выраженный в штуках или долларах показатель потребления марочного товара в расчёте на тысячу жителей*)
commercial ~ разработка новой продукции для продажи (*на свободном рынке*); развитие производства в коммерческих целях
competitive ~s деятельность конкурентов
concept ~ разработка замысла
creative ~ творческое развитие; творческий путь
demographic ~ динамика [движение] населения; рост численности населения
executive ~ подготовка руководящих кадров
exploratory ~ поисковая разработка; экспериментальная разработка
field ~ усовершенствование в процессе эксплуатации; доводка при эксплуатационных испытаниях
film ~ проявление плёнки (*кинофильма*)

device

flavour ~ разработка вкусового букета

forward ~ поступательное движение

government ~s события, происходящие в государственной сфере

industrial ~ промышленное развитие

inflationary ~s инфляционные процессы

inventive ~ изобретательская разработка

landscape ~ окультуривание ландшафта *(целенаправленное изменение природного ландшафта в интересах человека)*

lead ~ работа по выявлению и закреплению потенциальных клиентов

lop-sided ~ однобокое [одностороннее] развитие

management ~ повышение квалификации руководящего состава; совершенствование управленческой деятельности

market ~ становление [формирование] границ рынка; освоение рынка

marketing strategy ~ разработка стратегии маркетинга

mental ~ умственное развитие

natural ~ естественное развитие, естественный ход событий

new ~ новинка, новшество, новое усовершенствование

new account ~ привлечение новых клиентов *(коммивояжёрами)*

new-product ~ разработка товара-новинки

paper ~ проявление фотобумаги [фотоотпечатков]

personnel ~ работа с кадрами; повышение квалификации кадров

planned ~ плановое развитие

plate ~ проявление фотопластинок

price ~ динамика [движение] цен

priority ~ первоочередное [опережающее] развитие

product ~ создание [разработка] товара; совершенствование номенклатуры

production ~ развитие производства

project ~ разработка проекта

property ~ хозяйственное освоение земель

script ~ разработка сценария *(фильма)*

sequential ~ последовательное развитие

social ~ общественное развитие

state-of-the-art ~ новейшее достижение

trademark ~ разработка товарных знаков

welcome ~s желательные перемены

device 1. устройство; приспособление, аппарат, прибор 2. схема, план; проект; рисунок; композиция 3. приём, способ; средство, уловка

accounting ~ счётное устройство

action ~ приём побуждения к действию

active ~ активный элемент

advertising ~ рекламный приём; рекламный девиз *(как предмет правовой охраны в качестве товарного знака)*

attention-getting ~ приём привлечения внимания

backwind ~ приспособление для обратной перемотки *(плёнки)*, перемоточное устройство

cheat-proof ~ «противообманное» устройство

coding ~ маркировочное [кодирующее] устройство

corrective ~ корригирующее устройство

counting ~ счётное устройство, счётчик

curative ~ лечебное приспособление

cut-off ~ *полигр.* устройство рубки, устройство резки *(ленты)*

dramatic ~ драматический элемент, элемент сенсации

electronic imaging ~ устройство формирования электронного изображения

etching ~ *полигр.* гравировальный инструмент

forming ~ формующее устройство

framing ~ устройство установки кадра «в рамку» *(в кадровом окне кинопроектора)*

fudge ~ *см.* late news device

graphic ~ графическое изображение

handyman ~ приспособление для домашнего мастера

identifying ~ опознавательное изо-

device

бражение, опознавательное приспособление
inking ~ *полигр.* устройство для накатывания краски
keying ~ приём кодирования *(анкет, результатов исследования)*
labour-saving ~ приспособление для облегчения труда; бытовой прибор
late news ~ *полигр.* устройство для впечатывания последних новостей в газету
limiting ~ ограничитель
measuring ~ 1. приём [метод] измерения 2. измерительной устройство, измерительный прибор
multitudinous ~s разнообразные приспособления
numbering ~ нумерационное устройство, нумератор
ornate ~ элемент украшения
page make-up ~ *полигр.* верстальное устройство; видеотерминальное устройство для пополосной вёрстки
pan and tilting ~ приспособление для горизонтального и вертикального панорамирования *(при киносъёмке)*
plotting ~ графопостроитель
projecting ~ проекционный аппарат
purchase-producing ~ средство [приём] побуждения к покупке
safety ~ предохранительный механизм, защитное устройство
sales promotion ~s способы стимулирования [продвижения] товара
sampling ~ 1. *стат.* метод составления выборок 2. пробоотборник
scaling ~ метод (использования) оценочных шкал
scanning ~ сканирующее устройство
stale ~ избитый приём
storage ~ запоминающее устройство, блок памяти
stylistic ~ стилистический приём
tape-moving ~ лентопротяжный механизм
telephone answering ~ телефонный (авто)ответчик
television-game ~ блок телеигр
test ~ испытательное устройство
time-saving ~ приспособление, дающее экономию времени
verbal ~ словесный приём
visual ~ зрительный приём

wash-up ~ *полигр.* устройство для смывки *(красочных валиков)*
device-mark изобразительный товарный знак
diagnosis диагноз, оценка; глубокое понимание ◇ to make the ~ (по)ставить диагноз
failure [fault] ~ диагностика отказов; обнаружение неисправностей
maintenance ~ обнаружение неисправностей в процессе технического обслуживания
performance ~ анализ деятельности
presumptive ~ предположительный диагноз
primary ~ основной диагноз
diagram схема, диаграмма, график ◇ to represent by ~ изображать графически
assembled ~ сводная диаграмма
assumption ~ расчётная [теоретическая] диаграмма
audience flow ~ график текучести [динамика движения] аудитории
block ~ блок-схема
circle [clock] ~ круговая диаграмма
column ~ столбиковая диаграмма, гистограмма
connection ~ схема соединений
correlation ~ корреляционная диаграмма
correlation scatter ~ корреляционное поле
distribution ~ кривая распределения
dot ~ точечная диаграмма
flow ~ карта технологического процесса, маршрутная технологическая карта; схема последовательности операций
key ~ пояснительная схема
operating ~ функциональная схема
outline ~ упрощённая схема
percentage ~ процентная диаграмма
pictorial ~ наглядная [иллюстрированная рисунками] схема; наглядный чертёж
pie ~ секторная диаграмма
plant [route] ~ *см.* flow diagram
scatter ~ *стат.* диаграмма разброса данных
schematic ~ принципиальная схема
sector ~ секторная диаграмма
string ~ ленточная диаграмма

diet

truth ~ диаграмма истинности
dial шкала, циферблат, диск ‖ набирать номер (телефона) ◇ «~ it-900» *амер.* «наберите 900» *(номер телефонной службы корпорации AT&T, часто используемый при проведении опросов общественного мнения)*
  calibrated ~ круговая шкала с делениями
  control ~ диск управления
  graduated ~ *см.* calibrated dial
  index ~ циферблат
  luminous ~ светящийся циферблат, светящаяся шкала
dialogue диалог, беседа
  additional ~ вставной диалог *(в фильме)*
  directed ~ управляемая беседа, управляемый диалог
  spirited ~ оживлённая беседа
diamond диамант *(мелкий шрифт кегля 4)*
diaper 1. пелёнка 2. ромбовидный узор
  cloth ~ полотняная пелёнка
  disposable ~ пелёнка разового пользования
  paper ~ бумажная пелёнка
diary 1. хозяйственный дневник 2. дневник, записная книжка-календарь 3. зрительский дневник
  closed-end ~ (хозяйственный) дневник закрытого типа *(с регистрацией информации только в отношении строго заданных товарных категорий или аспектов поведения)*
  consumer ~ дневник потребителя *(стандартизованная печатная форма, в которой член потребительской панели ведёт записи своих расходов и делает отметки о методах совершения покупок)*
  consumer purchase ~ дневник потребительских покупок
  desk ~ настольный календарь
  family ~ семейный (хозяйственный) дневник
  household ~ хозяйственный дневник
  individual ~ персональный [индивидуальный] дневник
  listener ~ дневник слушателя
  open-end ~ (хозяйственный) дневник открытого типа *(без ограничения видов заносимой информации)*
  personal ~ *см.* individual diary
  (product) purchase ~ дневник (регистрации) покупок
  radio ~ дневник радиослушателя
  viewing ~ дневник просмотров, зрительский дневник
dictionary словарь
  bilingual ~ двуязычный словарь
  compendious ~ краткий словарь
  conceptual ~ словарь понятий
  cross-reference ~ словарь перекрёстных ссылок
  data ~ словарь (базы) данных *(в ЭВМ)*
  electronic ~ электронный словарь
  encyclop(a)edic ~ энциклопедический словарь
  general ~ общий словарь
  pictorial ~ словарь в картинках
  pocket ~ карманный словарь
  polyglot ~ многоязычный словарь
  pronouncing ~ орфоэпический словарь
  shorter ~ краткий словарь
  source ~ исходный словарь
  specialized ~ отраслевой словарь
die штамп; пуансон *(для перфорирования киноплёнки)*
  cutting ~ *полигр.* высекальный штамп
  shaping ~ матрица для формовки *(напр. макаронных изделий)*
  soap ~ матрица для штампования мыла
die-cut 1. *полигр.* вырубной элемент 2. *полигр.* высекатель штампом *(заготовки из картона)*
die-stamping тиснение штампом
  hot ~ горячее тиснение
diet диета, рацион, питание; пища ◇ to be on [to keep, to take] a ~ соблюдать диету, сидеть на диете
  adequate ~ полноценный рацион
  balanced maintenance ~ сбалансированная диета
  bland ~ щадящая диета
  calorie-controlled ~ низкокалорийная диета
  complete ~ полноценный рацион
  controlled ~ контролируемый пищевой рацион, контролируемая диета
  daily ~ повседневное питание, повседневный рацион

diet

frugal ~ скудная диета
full ~ высококалорийная диета
low ~ скудная диета
low-calorie ~ низкокалорийная диета
meagre ~ постный стол
meat ~ мясной стол
mixed ~ смешанная диета
poor ~ плохое питание, недостаток питания
rigid ~ строгая диета
spare ~ строгая диета
staple ~ основное питание
strict ~ строгая диета
test ~ экспериментальная [пробная] диета
vegetarian ~ вегетарианский стол
difference 1. разница, отличие, несходство 2. разногласие, спор ◇ to arrange [to settle] ~ уладить спор, устранить разногласия; to equalize ~ устранять разницу; to meet [to pay] ~ уплатить разницу; to speculate in ~(s) играть на разнице (на бирже); to split ~ поделить разницу; сговориться, сойтись в цене
~ of opinion расхождения во мнениях, разногласия
absolute ~ абсолютная разность
apparent ~ явное отличие
circulation ~ разница в тиражах
colour ~s цветовые различия
competitive ~ конкурентное отличие
cost ~ разница в (себе)стоимости
cultural ~s культурные различия, различия в культурном укладе
fancied product ~s воображаемые различия между товарами
finite ~ конечная разница
generic ~ родовое отличие
geographic ~ географическое отличие
gross ~ суммарная разность
income ~s различия в доходах, дифференциация доходов
least significant ~ минимально значимое различие
marked ~ заметная разница, заметное различие
media ~s различия в средствах рекламы
net ~ чистая разность
nonsignificant ~ несущественная [незначительная] разница

noticeable ~ см. marked difference
observed ~ наблюдаемая [видимая] разница
performance ~ разница в результативности
personality ~s различия в типах личностей, различия в основных чертах характера
price ~ разница в ценах
product ~s различия между товарами
qualitative ~ качественное различие
quantitative ~ количественное различие
real ~ реальное отличие, реальная разница
regional ~s региональные [межрайонные] различия (напр. в оплате труда)
sample ~ стат. различие между выборками
scheduling ~ различия в графиках размещения рекламы
seasonal ~ сезонное различие, сезонный перепад
significant ~ значимое [существенное] различие
statistical ~ статистическое расхождение
systematic ~ систематическое расхождение
technical ~ формальное различие
true ~ истинное различие
differential 1. различие, разница 2. дифференциал; дифференциальный тариф (напр. разница в ставках оплаты для общенациональных и местных рекламодателей)
cost ~s различия в издержках
deceptive ~ обманчивый дифференциал (в теории УТП)
grade price ~ надбавка к цене за качество [за сортность]
interest (rate) ~ разница в процентной ставке, разница в ставке учётного процента
price ~ разрыв в ценах, ножницы цен
productivity ~ разрыв в (уровне) производительности
rate ~ тарифный дифференциал, тарифные ножницы
semantic ~ семантический дифференциал (шкала разрядов между

двумя противоположными по значению понятиями, обычно описываемых прилагательными)
wage ~ дифференциал заработной платы

differentiation дифференциация, разграничение, разделение; установление различий
~ of labour разделение труда
artificial ~ искусственная дифференциация *(товаров)*
brand ~ дифференциация марки товара
clear ~ чёткая дифференциация
discernible ~ заметное [видимое] разграничение
price ~ дифференциация цен
product ~ индивидуализация товара *(придание характеристик, отличающих его от аналогичной продукции других фирм)*
response ~ дифференциация реакций
scant ~ незначительное отличие
trademark ~ дифференциация товарных знаков

dilemma дилемма, необходимость выбора ◇ to face ~ стоять перед дилеммой
creative ~ творческая дилемма
moral ~ моральная дилемма

dimension величина, размер; размах
~ of agreement степень согласованности, согласованность, совпадение *(мнений, взглядов)*
~s of competition размах конкуренции, направленность конкуренции
~ of composition *полигр.* площадь набора
~s of image формат снимка, размеры изображения
ample ~s размеры, взятые с запасом
basic ~s основные показатели
controlling ~ основной размер
derived ~ производный размер
extreme ~s предельные размеры
limiting ~s ограничивающие [габаритные] размеры
maximum ~s максимальные размеры
outside ~s внешние [наружные] размеры
reference ~ эталонный размер

dimmer светорегулятор, регулятор освещённости, темнитель
light ~ регулятор силы света *(фар)*

diner *амер.* дешёвый ресторан-закусочная

dingbat звёздочка *(типографский знак)*

dinky-inky *экр.* мини-прожектор, малый прожектор, миниатюрный линзовый прожектор *(с линзой диаметром 80 мм и лампой накаливания мощностью 100-150 Вт)*

dinner обед
ceremonial ~ торжественный обед
frozen ~ замороженный обед
fund-raising ~ обед с целью сбора средств
meagre ~ постный обед
scratch ~ обед, приготовленный на скорую руку, импровизированный обед
seated ~ обед с (официальной) рассадкой
shore ~ рыбный обед, обед из рыбных блюд
testimonial ~ обед по подписке *(для сбора средств)*; товарищеский обед *(в честь кого-л. при уходе в отставку)*
working ~ рабочий обед

directed:
inner ~ «нацеленный внутрь» *(заинтересованный в саморазвитии и стремящийся к сбалансированному полноценному существованию)*
outer ~ «нацеленный наружу» *(олицетворяющий собой материальное преуспевание и отличающийся демонстративным потреблением)*

direction 1. направление; руководство, управление 2. указание, предписание 3. режиссура ◇ ~s for use правила употребления
art ~ художественное руководство *(постановкой)*; режиссура *(фильма)*
business ~ направление коммерческой деятельности
general ~ общее руководство
stage ~ режиссура, режиссирование
verbal ~ устное распоряжение
written ~ письменное распоряжение

director 1. директор, руководитель,

director

член правления 2. *экр.* режиссёр(-постановщик)
~ of contracts руководитель отдела контрактов
~ of marketing communications директор службы маркетинговых коммуникаций
~ of photography *экр.* главный [ведущий] оператор
~ of product assurance директор службы обеспечения качества
~ of product marketing директор службы товарного маркетинга
~ of public relations руководитель службы организации общественного мнения, руководитель службы по связям с общественностью
~ of research руководитель научно-исследовательских работ
~ of research and development директор службы исследований и разработок
~ of technology директор технологической службы
account ~ директор рабочей группы клиента *(в рекламном агентстве)*, руководитель группы по работе с клиентом
acting ~ исполняющий обязанности директора
administrative ~ административный директор
advertising ~ директор службы рекламы *(распорядитель рекламного бюджета, обычно являющийся руководителем управляющего службой рекламы)*
art ~ 1. художественный редактор; заведующий отделом художественного оформления *(в рекламном агентстве)* 2. (главный) художник 3. художник-постановщик *(фильма)*
assistant ~ *экр.* ассистент режиссёра
associate ~ 1. заместитель директора 2. *экр.* ассистент режиссёра
associate creative ~ заместитель художественного руководителя
board ~ директор-член правления, член совета директоров
broadcasting ~ *см.* program director
budget ~ руководитель сметной группы, сметчик

camera ~ *экр.* главный [ведущий] оператор
casting ~ режиссёр или ассистент, ведающий подбором актёрского состава; заведующий актёрским отделом *(студии)*
circulation ~ заведующий отделом распространения *(напр. газеты)*
communications ~ директор службы коммуникаций
creative ~ 1. художественный руководитель 2. директор творческой службы *(агентства)*; творческий директор
curriculum ~ заведующий учебной частью *(в учебном заведении)*
design ~ 1. руководитель [директор] службы дизайна, дизайн-директор 2. главный художник *(в журнале)*
dialogue ~ *экр.* режиссёр по диалогу
editorial ~ директор издательства
employee ~ *экр.* штатный режиссёр
executive ~ исполнительный директор; директор-распорядитель
executive creative ~ директор-распорядитель по творческим вопросам, исполнительный директор творческой службы
film ~ кинорежиссёр, режиссёр фильма
financial ~ финансовый директор, руководитель финансовой службы; заведующий финансовым отделом
funeral ~ распорядитель похорон; уполномоченный похоронного бюро
lighting ~ режиссёр по свету
managing ~ директор-распорядитель
marketing ~ директор (службы) маркетинга, маркетинговый директор
media ~ директор службы средств распространения рекламы
merchandising ~ директор службы стимулирования сферы торговли
musical ~ 1. дирижёр 2. музыкальный директор
national publicity ~ директор службы общенациональной пропаганды
personnel ~ директор по кадрам; начальник отдела кадров; руководитель службы кадров
production ~ заведующий производством
program ~ выпускающий [программ-

190

disclosure

ный] режиссёр, руководитель программы
publicity ~ директор службы пропаганды, заведующий службой пропаганды
purchasing ~ заведующий снабжением; начальник отдела (материально-технического) снабжения; директор по закупкам
recording ~ (главный) звукооператор
representative ~ директор службы по работе с клиентами
safety ~ руководитель службы техники безопасности; инженер по технике безопасности
sales ~ заведующий отделом сбыта; коммерческий директор
security ~ руководитель службы безопасности
stage ~ режиссёр *(в театре)*
study ~ руководитель исследования
tape ~ режиссёр видеомонтажа
technical ~ технический директор
television ~ видеорежиссёр, телевизионный режиссёр
test ~ руководитель испытаний
video ~ ассистент видеорежиссёра
directorate директорат, правление
  interlocking ~ совместный директорат *(нескольких корпораций)*
director-cameraman *экр.* режиссёр-оператор
directory 1. справочник, указатель, руководство; каталог 2. адресная книга
  advertising ~ рекламный справочник; каталог рекламных организаций
  city ~ городской (телефонный) справочник
  current ~ текущий каталог
  file ~ каталог файлов
  financial rating ~ справочник по финансовому положению фирм
  industrial ~ промышленный справочник
  local ~ местный справочник
  McKittrick's ~ *амер.* «Справочник Маккитрика» *(периодически издаваемый справочник со сведениями о рекламных агентствах, их сотрудниках и клиентах)*
  membership ~ список членов *(организации)*
  post office ~ почтовый справочник

press ~ справочник по прессе
professional ~ справочник по профессиям
state industrial ~ *амер.* справочник по промышленности штата
telephone ~ телефонный справочник, телефонная книга
trade ~ торговый справочник, указатель фирм
disability 1. неспособность 2. нетрудоспособность; инвалидность 3. неплатёжеспособность 4. ограничение в правах; недееспособность
  chronic ~ хроническая утрата трудоспособности
  mental ~ умственная неполноценность
  pensionable ~ нетрудоспособность, дающая право на пенсию
  perceptual ~ потеря способности восприятия
  physical ~ инвалидность, физическая неспособность
disadvantage 1. недостаток; ущерб, убыток 2. невыгодное условие; неблагоприятное положение ◊ to be at a ~ быть в невыгодном положении; to put at a ~ поставить в невыгодное положение; to sell at a ~ продавать с убытком; остаться в накладе
  comparative ~s сравнительно неблагоприятные условия
disagreement разногласие; различие, расхождение, несоответствие, противоречие
  considerable ~ значительное расхождение
  excessive ~ чрезмерное расхождение
disappointment разочарование; досада, неприятность ◊ to give *smb.* ~ не оправдать *чьих-л.* надежд; to suffer ~s быть обманутым в своих ожиданиях
  vivid ~ острое чувство разочарования
disc *см.* **disk**
disclaimer оговорка; отказ *(от права)*
  official ~ of statement официальный отказ от заявления
  partial ~ частичный отказ *(от прав)*
  statutory ~ предусмотренный законом отказ
disclosure выявление, раскрытие, разоблачение; выдача *(сведений)*

191

disclosure

affirmative ~ представление исчерпывающей информации *(когда от рекламодателя требуют раскрытия не только позитивных, но и негативных сторон товара)*
information ~ разглашение [раскрытие] информации
labeling ~ информация, отражаемая на ярлыках и этикетках
public ~ широкое разглашение, обнародование
unauthorized ~ неправомочное [несанкционированное] разглашение
discount 1. скидка 2. дисконт; учёт векселей 3. процент скидки ◇ at ~ со скидкой, ниже номинала; ~ for window display скидка за выставление товара в витрине *(магазина)*; ~ for cash скидка за платёж наличными; to allow ~ предоставлять скидку; to claim ~ требовать скидку
additional ~ дополнительная скидка
advertising ~ скидка за рекламу, рекламная скидка
annual ~ скидка за заказ на год *(когда реклама транслируется или публикуется в течение всех 52 недель)*
bulk ~ скидка за закупку большого объёма, скидка с объёма [за количество] *(места или времени, закупленного под рекламу)*
bulk space ~ скидка за суммарное количество использованного *(под рекламу)* места
cash ~ скидка за платёж наличными
consecutive weeks ~ *амер. вещ.* скидка за последующие недели *(предоставляется рекламодателям, выдающим заказ на трансляцию своей рекламы не менее чем в течение 26 недель)*
continuing ~ *вещ.* переходящая скидка *(сохранение скидки, заработанной по предыдущему контракту, при заключении нового)*
cumulative ~ накопленная [кумулятивная] суммарная скидка
cycle ~ *вещ.* скидка за цикл передач
educational ~ скидка на учебную литературу
frequency ~ скидка за частоту публикаций [за частоту трансляции] рекламы
functional ~ функциональная скидка *(в сфере торговли)*
group ~ *вещ.* скидка за групповое использование *(одновременно нескольких станций)*
horizontal ~ *вещ.* горизонтальная скидка *(предоставляется рекламодателю, закупившему время на длительный срок, обычно сразу на год)*
incremental ~ скидка за прирост *(напр. использованной под рекламу площади в сравнении с предшествующим периодом)*
large order ~ скидка за большой заказ
media ~ комиссионная скидка от средств рекламы
premium ~ скидка со страхового взноса
price ~ скидка с цены, ценовая уступка
promotional ~ скидка для стимулирования сбыта и увеличения объёма продаж
purchase ~ скидка со стоимости закупок
quantity ~ скидка с количества *(снижение цены на каждую единицу товара при продаже крупными партиями)*
retail ~ розничная скидка, скидка рознице
retrospective ~ ретроспективная скидка *(совокупная скидка по показателям двух или более последовательно выданных заказов)*
seasonal ~ сезонная скидка
series ~ скидка за серийность *(рекламы)*
short ~ «короткая» скидка *(незначительная скидка с цены товаров, обычно не продаваемых оптом)*
space ~ скидка за превышение (минимальной суммарной) площади
special ~ льготная [особая] скидка
time ~ *вещ.* скидка за объём закупленного эфирного времени
trade ~ торговая скидка; скидка розничным торговцам
volume ~ скидка за объём *(закупки)*
discounter магазин сниженных цен

disk

full-line ~ универмаг сниженных цен
quality ~ престижный магазин сниженных цен
soft-goods ~ магазин, торгующий текстильными товарами по сниженным ценам
discounting предоставление скидок
cash ~ скидка при сделке за наличные
price ~ ценовая скидка
promotional ~ предоставление скидок для стимулирования сбыта
trade ~ скидки сфере торговли
discrepancy 1. несоответствие, расхождение; различие 2. несогласие
documentation ~ расхождение в документации
price ~ ножницы цен
residual ~ остаточное расхождение
statistical ~ статистическое расхождение
systematic ~ систематическое расхождение
discrimination 1. дискриминация, ограничение в правах 2. способность различать; проницательность ◊ ~ against women дискриминация женщин; to show ~ in *smth.* разбираться в *чём-л.*, понимать толк в *чём-л.*
age ~ возрастная дискриминация, дискриминация по возрасту
auditory [aural] ~ *см.* listening discrimination
colour ~ цветоразличение, различение цветов
credit ~ кредитная дискриминация
employment ~ дискриминация при найме на работу
gender ~ *см.* sex discrimination
job ~ *см.* employment discrimination
listening ~ различение на слух, распознавание звуков
pattern ~ классификация образов [изображений]
personality ~ разграничение по типам личностей [по основным чертам характера]
price ~ ценовая дискриминация, дискриминация в ценах
racial ~ расовая дискриминация
sex ~ дискриминация по признаку пола
speech ~ разборчивость речи
stimulus ~ распознавание [различение] стимулов
trade ~ торговая дискриминация
discussion дискуссия, обсуждение
detailed ~ обстоятельное обсуждение
free ~ свободная беседа, свободное обсуждение
group ~ групповая дискуссия, групповое обсуждение
heated ~ горячая дискуссия
location ~ *экр.* обсуждение выбора места съёмки
panel ~ (групповое) обсуждение (за круглым столом)
vain ~ бесплодное обсуждение
diseconom/y 1. расточительство, неэкономичность 2. отрицательный экономический эффект
~ of pollution ущерб, связанный с загрязнением окружающей среды
external ~ внешний источник потерь
managerial ~ies отрицательные последствия, проистекающие из некомпетентности руководства
dis(en)franchisement лишение привилегий (*напр. дилерства*)
dishwasher посудомоечная машина, посудомойка
automatic ~ посудомойка-автомат
disimbursement затраты
heavy ~ огромные затраты
disinfectant дезинфицирующее средство, дезинфектант
hand ~ средство для обеззараживания [дезинфекции] рук
skin ~ кожное дезинфицирующее средство
disinformation дезинформация
disk 1. диск, круг 2. (грам)пластинка; дискета; видео(диск)
audio high-density ~ звуковой диск с высокой плотностью записи
colour video ~ цветовой видеодиск, видеодиск с цветной записью
compact ~ компакт-диск
copyprotected ~ защищённый (от копирования) диск
diagnostic ~ диск диагностики, тестовый диск
digital audio ~ цифровой звукодиск
double-density ~ диск для записи с удвоенной плотностью
double-faced ~ диск с записью на

disk

обеих сторонах, диск с двухсторонней записью
exchangeable ~ съёмный [сменный] диск
flexible ~ гибкий диск, дискета; гибкая грампластинка
floppy ~ гибкий диск, флоппи-диск
gold ~ золотой диск, золотая пластинка *(присуждается компанией звукозаписи исполнителю или ансамблю после продажи миллионного экземпляра записанной им пластинки)*
hard ~ жёсткий диск
high-density ~ диск с высокой плотностью записи
knife ~ *полигр.* дисковый нож *(для продольной разрезки)*
laser ~ лазерный (видео)диск
long-playing [LP] ~ долгоиграющий диск
magnetic ~ магнитный диск, диск для магнитной записи
master ~ оригинал *(диска)*, диск-шаблон
matrix ~ *полигр.* дисковый шрифтоноситель
microfloppy ~ трехдюймовая дискета *(гибкий магнитный диск с диаметром носителя 89 мм, заключённый в жёсткую пластмассовую кассету)*
minifloppy ~ пятидюймовая дискета *(гибкий магнитный диск с диаметром носителя 133 мм)*
optical ~ оптический (видео)диск, (видео)диск с оптическим считыванием
quad-density ~ гибкий диск для записи с учетверённой плотностью
rigid ~ жёсткий диск
storage ~ дисковое запоминающее устройство, запоминающий диск, дисковая память
video ~ видеодиск
video high-density ~ видеодиск с высокой плотностью записи
Winchester ~ винчестерский диск, винчестер *(дисковое запоминающее устройство большой ёмкости в герметическом кожухе. Название происходит от места первоначальной разработки — филиала корпорации* «IBM» *в английском городе Винчестере)*
diskette гибкий диск, флоппи-диск
disk-jockey диск-жокей
disobedience неповиновение, непослушание
  civil ~ гражданское неповиновение
  wilful ~ умышленное неповиновение
disparit/y 1. различие, несовпадение 2. несоответствие, несоразмерность 3. неравенство ◇ ~ **in position** неравенство в положении; ~ **in years** разница в возрасте
  factor-prices ~**ies** несоответствия в соотношениях цен и факторов производства
  price ~ разница [разрыв] в ценах, несовпадение цен
  structural ~**ies** структурные диспропорции
dispenser раздаточное приспособление; дозатор
  cash ~ автомат по выдаче наличных *(с банковского счёта)*
  dust ~ опыливатель
  liquid-soap ~ дозатор для жидкого мыла
  oil ~ маслёнка
  volume ~ объёмный мерник
dispersion 1. рассеивание, распыление, разбросанность 2. рассредоточение, разброс ◇ ~ **in readings** разброс показаний *(прибора)*
  geographic ~ географическое распыление
  industrial ~ рассредоточение промышленности
  life ~ разброс срока службы
  normal ~ нормальное рассеяние
  price ~ расхождение цен *(на однородную продукцию)*
  pronounced ~ ярко выраженное рассеяние, ярко выраженный разброс
display 1. дисплей; экран дисплея 2. выставка, экспозиция; витрина 3. показ, демонстрация 4. выделение особым шрифтом 5. надпись выделительным шрифтом
  aisle ~ (товарная) выкладка [экспозиция] в проходе *(торгового зала)*
  assortment ~ смешанная выкладка товара

display

background ~ рекламный задник *(витрины)*
black-and-white ~ чёрно-белый [монохромный] дисплей
bulk ~ массовая выкладка товара навалом *(в магазине)*
case ~ экспонирование *(товара)* в витринах, витринная выкладка
ceiling ~ потолочная экспозиция, потолочная конструкция для подвески товара
channel ~ индикация (номера) телевизионного канала
character ~ буквенно-цифровой дисплей
closed assortment ~ закрытая смешанная выкладка товара
computer ~ визуальное выходное устройство ЭВМ, дисплей
counter ~ наприлавочная выкладка товара
dealer ~ экспозиция у дилера, рекламное оформление дилерского заведения
digital (information) ~ цифровой дисплей
electric ~ световая (рекламная) установка
end-of-aisle ~ экспозиция [выкладка], замыкающая проход *(в торговом зале магазина)*
eye-catching ~ выставка [экспозиция], привлекающая взгляд покупателя
fashion ~ демонстрация мод
fixed position ~ стационарная установка наружной рекламы
flat ~ плоская экспозиция, плоский рекламно-оформительский материал
floor ~ напольная экспозиция, выкладка товаров на полу
free-standing ~ автономная [отдельно стоящая] экспозиция
front-end ~ *см.* headlight display
(full-)colour ~ цветной дисплей
graphic ~ 1. графический дисплей 2. наглядный показ, наглядное представление
hand-lettered ~ выделение рисованным шрифтом
hanging ~ подвесная экспозиция, подвесная витрина

headlight ~ реклама на передней части транспортного средства
home computer ~ дисплей бытовой ЭВМ
image ~ видеодисплей
industrial ~ экспозиция для сферы промышленности, промышленная экспозиция; рекламно-оформительский материал для сферы промышленности
information ~ информационный дисплей
inside [in-store, interior] ~ внутреннее рекламное оформление *(магазина)*, внутримагазинная экспозиция, экспозиция внутри торгового зала
island ~ островная выкладка товара
jumble ~ беспорядочная выкладка *(обычно разнородных товаров, продаваемых по единой цене, особенно при распродажах)*
king-size (outside) ~ *амер.* удлинённый [вытянутый в длину] наружный транспортный планшет *(стандартные размеры около 76 × 366 см)*
lazy Suzan ~ вращающаяся выкладка, вращающаяся экспозиция
liquid crystal ~ дисплей на жидких кристаллах
merchandise ~ *см.* product display
numerical ~ цифровой дисплей
off-shelf ~ внеполочная [внестеллажная] выкладка товара *(в магазине)*
open ~ открытая выкладка товара
open assortment ~ открытая смешанная выкладка товаров
outdoor ~ наружная экспозиция, экспозиция наружной рекламы
outside ~ наружная экспозиция *(щиты, плакаты, вывески, надписи в небе)*; наружный транспортный планшет *(используется на средствах общественного транспорта)*
painted ~ рисованный щит
point-of-purchase ~ экспозиция в месте продажи *(товара)*, магазинная экспозиция
portable ~ передвижное экспозиционное устройство, компактный выставочный стенд, компактная выставочная секция, передвижная (компактная) экспозиция

display

prepack ~ витринная упаковка (*транспортная упаковка, в которой магазин может сразу выставлять товар на продажу*)
product ~ товарная выкладка; показ товара
projection(-type) ~ проекционный дисплей
queen-size (outside) ~ *амер.* укороченный наружный транспортный планшет (*стандартные размеры около 76* × *224 см*)
rear-end ~ задний наружный транспортный планшет (*стандартные размеры 53,34 см* × *182,88 см*)
retailer ~ рекламное оформление предприятия розничной торговли, розничная экспозиция; рекламно-оформительские материалы для розничных торговцев
screen ~ проецирование [вывод] на экран
setting ~ тематическая выкладка (*связанных между собой или дополняющих друг друга товаров*)
shelf ~ выкладка товара на полках, стеллажная выкладка товара
sore-thumb ~ небольшая броская выкладка товара (*в магазине*)
special ~ особая выкладка товара (*в магазине*)
spot ~ «точечная» выкладка (*в торговом зале*)
stimulus ~ предъявление [выдача] стимула [раздражителя]
store ~ магазинная экспозиция
tail-light ~ *см.* rear-end display
television ~ видеодисплей
three-dimensional ~ объёмная экспозиция, объёмный рекламно-оформительский материал
trade ~ торговая экспозиция; рекламно-оформительский материал для сферы торговли
traveling ~ 1. компакт-планшет (*самый маленький из применяемых в США на средствах общественного транспорта наружных рекламных планшетов, размером 53* × *112 см*) 2. передвижная экспозиция
visual ~ наглядный [визуальный] показ

window ~ витрина; выставка [экспозиция] товаров в (оконной) витрине
disposables товары повседневного спроса
disposition 1. расположение; размещение 2. настроение, расположение (духа); склонность, предрасположенность 3. распоряжение (*имуществом*)
~ of funds распределение средств
~ of profits использование прибылей
emotional ~ эмоциональная предрасположенность, эмоциональный настрой
testamentary ~ завещательное распоряжение
disrupter фактор подрыва (рыночной) деятельности
dissatisfaction неудовлетворённость, недовольство
job ~ недовольство работой
dissimilarity несходство, несхожесть, отличие, различие
dissolve *экр.* наплыв (*постепенное превращение одного изображения в другое, причём первое уходит в затемнение, а второе одновременно появляется из затемнения*)
automatic ~ автоматический наплыв, автоматическая съёмка «из затемнения» и «в затемнение»
defocusing ~ наплыв расфокусировкой
lap ~ 1. наплыв, переход наплывом, смена одного монтажного кадра другим при помощи наплыва 2. микширование (звука) наплывом
lateral ~ боковой наплыв
ripple ~ волнообразный наплыв
shimmer ~ наплыв мерцанием [проблесками] (*нередко означает появление «обратного кадра»*)
dissonance разногласие, несоответствие; диссонанс
cognitive ~ *психол.* диссонанс сознания; внутренний конфликт, создаваемый противоположными чувствами
distance расстояние, дистанция, удалённость ◇ at a visual ~ в пределах видимого, насколько видит глаз
apparent ~ мнимое расстояние
camera(-to-subject) ~ расстояние от камеры до снимаемого объекта

focal ~ фокусное расстояние *(объектива)*
hailing ~ расстояние слышимости человеческого голоса
hearing ~ расстояние ясного слышания
map ~ расстояние по карте
middle ~ средний план *(в живописи)*
projection ~ проекционное расстояние, расстояние от проектора до экрана
safe ~ безопасное расстояние
viewing ~ расстояние рассматривания, расстояние от зрителя до рассматриваемого объекта

distillery спиртоводочный завод; винокуренный завод
beet ~ свеклоспиртовой завод, завод по производству спирта из свёклы
corn ~ кукурузный спиртозавод
essence ~ завод по производству эссенций
gin ~ завод по производству джина
grain ~ зерноспиртовой завод, завод по производству спирта из зерна
grape spirit ~ винокуренный завод
whisky ~ завод по производству виски
wine ~ винокуренный завод

distinction различие, разграничение, отличие ◇ ~ **in kind** качественное [принципиальное] различие; ~ **without a difference** кажущееся [искусственное] различие; несущественное разграничение
~ **of degree** количественное различие
~ **of style** своеобразие стиля
absolute ~ абсолютное [полное] различие
competitive ~ конкурентное отличие
definitive ~ отличительный признак
manifest ~ яркое своеобразие
nice ~ тонкое различие
patentable ~ патентоспособное отличие, патентоспособный отличительный признак
specific ~ характерное отличие
subtle ~ тонкое различие
vital ~ существенное различие

distinctiveness 1. различительная сила **2.** индивидуальный характер, самобытность, своеобразие

trademark ~ различительная сила товарного знака

distortion 1. искажение, извращение, передёргивание **2.** дисторсия *(в оптике)*
~ **of facts** искажение фактов
base ~ *экр.* деформация основы киноплёнки *(напр. в результате намотки её эмульсионным слоем наружу)*
chromatic [colour] ~ цветовое искажение
deliberate ~ умышленное [злостное] искажение
image ~ искажение изображения
motion ~ искажение движения, неправильное воспроизведение движения *(при проекции)*
overall ~ суммарное искажение
paper ~ *полигр.* деформация бумаги
permissible ~ допустимое искажение
picture ~ искажение изображения
selective ~ селективное [избирательное] искажение *(напр. внешней информации в процессе подгонки её под взгляды индивида)*

distribution 1. распределение; раздача; распространение **2.** распространение изданий *(среди подписчиков)* **3.** размещение *(напр. наружной рекламы)* ◇ **to grant exclusive** ~ предоставлять исключительное право на распределение *(товаров)*
~ **of information** распространение информации
~ **of justice** отправление правосудия
~ **of population** размещение населения
~ **of powers** разграничение компетенции
~ **of preferences** *стат.* разброс [распределение] предпочтений
age ~ группировка по возрасту, возрастной состав, возрастная структура *(населения)*
arbitrary ~ произвольное распределение
area ~ территориальное распределение
assumed ~ гипотетическое распределение
blanket ~ массовое [повсеместное] распространение

distribution

broadcast ~ распространение вещательных программ
cable ~ распределение телепрограмм по кабельной сети
charitable ~s пособия, выдаваемые благотворительными организациями
conditional ~ условное распределение
continuous ~ непрерывное распределение
controlled ~ распространение в контролируемых условиях
demand ~ распределение спроса
door-to-door ~ распространение (товаров) по принципу «в каждую дверь»
error ~ *стат.* распределение ошибок [погрешностей]
exclusive ~ распространение товара на правах исключительности; право исключительного распространения, исключительное право продажи
expense ~ распределение общих накладных расходов
extreme value ~ *стат.* распределение экстремальных значений
family ~ группировка семей по составу
family size ~ группировка семей по размеру
film ~ распространение (кино)фильмов, (кино)прокат
follow-up ~ последующее дополнительное распределение
forced ~ принуждение *(торговцев)* к распространению товара *(за счёт создания потребительского спроса с помощью рекламы)*
frequency ~ *стат.* распределение частотности [вероятности], плотность распределения
functional ~ функциональное распределение
general ~ произвольное [(все)общее] распространение
geographic ~ 1. распространение по географическому принципу 2. территориальное распределение населения
house-to-house ~ распространение товаров по принципу «в каждый дом»
hypothetical ~ гипотетическое распределение

income ~ распределение доходов, характер распределения доходов
intensive ~ интенсивное распределение
international ~ международное распространение
large-scale ~ крупномасштабное распространение
limited ~ *см.* restricted distribution
limiting ~ предельное распределение
mail ~ распространение по почте [по почтовым каналам]
major ~ широкое распространение
mass(ive) ~ массовое распределение
media ~ (of advertising) распространение рекламы средствами массовой информации
national ~ общенациональное распространение, распространение (товара) в общенациональном масштабе
nontheatrical ~ некоммерческий прокат *(фильмов)*
observed ~ наблюдаемое распределение
occupational ~ распределение населения по роду деятельности [по профессиям]
payoff ~ распределение сумм платежей
percentage ~ процентное распределение, распределение в процентах
physical ~ товародвижение *(деятельность по перемещению товара от места происхождения к месту использования, включая перевозку, складирование, грузовую обработку, защитную упаковку, поддержание товарных запасов)*
profit ~ распределение прибылей
program(me) ~ распространение (теле)программ
random ~ случайное [беспорядочное] распределение
rational ~ рациональное размещение
regional ~ распределение по регионам, региональное распространение
restricted ~ ограниченное распространение
retail ~ розничное распределение, распространение в розницу
reward ~ *см.* income distribution
risk ~ *стат.* распределение риска
sample [sampling] ~ выборочное

распределение; распределение выборок
  selective ~ селективное [выборочное] распространение
  sex ~ группировка по полу (*населения*)
  statistical ~ статистическое распределение
  territorial ~ территориальное распределение
  theatrical ~ коммерческий прокат (*фильмов*)
  time ~ *стат.* распределение по времени
  unauthorized ~ незаконное распространение
  wealth ~ распределение богатства [материального благосостояния]
  wholesale ~ оптовое распространение, распространение оптом
distributor 1. дистрибьютор, агент по продаже; оптовый торговец 2. распределительная компания, поставщик
  advertising specialty ~ оптовый торговец рекламными сувенирами
  film ~ кинопрокатчик
  industrial ~ 1. оптовая фирма по сбыту товаров промышленного назначения 2. промышленный дистрибьютор
  house-to-house ~ специалист по распространению по принципу «в каждый дом»
distributorship дистрибьюторство, деятельность дистрибьютора; оптовое распределение
  exclusive territorial ~ исключительное право оптового распределения на оговоренной территории
district 1. район, область 2. участок, местность
  administrative ~ административная единица
  central business ~ центральный деловой район
  heavily traveled ~ район с интенсивным людским движением
  populous ~ густонаселённый район
  shopping ~ торговый район
disturbance 1. нарушение, расстройство 2. возмущение

  ~ **of public peace** нарушение общественного порядка
  business ~ нарушение торговой деятельности; помеха в торговле
  ecological ~ нарушение экологического баланса
  economic ~ нарушение экономического равновесия, нарушение хода экономического развития
  external ~ внешнее воздействие, нарушающее нормальную деятельность
  industrial ~ забастовка
  nutritive ~ нарушение питания
  perceptual ~ нарушение восприятия
  physiological ~ физиологическое нарушение
  random ~ случайная помеха
  speech ~ расстройство речи
diversification 1. диверсификация, многопрофильность, расширение ассортимента 2. разнообразие, многообразие
  ~ **of activity** диверсификация деятельности
  concentric ~ концентрическая диверсификация
  conglomerate ~ конгломератная диверсификация
  horizontal ~ горизонтальная диверсификация
  product line ~ диверсификация товарного ассортимента (*фирмы*); диверсификация производства
diversion отвлечение, отклонение; несходство
  ~ **of goods** переадресование товара
  ~ **of the mind** отвлечение внимания
  ~ **of traffic** изменения маршрута
  outdoor ~s игры на открытом воздухе
diversity разнообразие, разноликость, несходство
  ~ **of corporation** диверсифицированность корпорации; многономенклатурность продукции, выпускаемой корпорацией; разнохарактерность экономической деятельности корпорации
  ~ **of tastes** своеобразие вкусов
  frequency ~ *стат.* разнесение по частоте
divestiture 1. разукрупнение (*напр. предприятий*) 2. отторжение (*напр.*

dividend

части собственности); изъятие капиталовложений 3. лишение *(прав собственности)*

dividend 1. дивиденд, прибыль 2. доля, часть; квота
accrued [accumulated] ~s накопленные дивиденды *(срок выплаты которых не наступил)*
cash ~ дивиденд, выплаченный наличными
declared ~ объявленный дивиденд
extra ~ дополнительный дивиденд
interim ~ промежуточный дивиденд *(выплачиваемый авансом)*
preferential ~ дивиденд, выплачиваемый в первую очередь
regular ~ регулярный [периодически выплачиваемый] дивиденд
share ~ дивиденд на акции
statutory ~ дивиденд, определённый уставом
stock ~ дивиденд, выплачиваемый акциями
taxable ~s дивиденды, подлежащие обложению налогом

divisibility делимость *(напр. процесса знакомства с товаром)*

division 1. отдел; категория, разряд 2. (раз)деление, распределение 3. раздел *(в газете, книге)*
~ **of markets** раздел рынков
~ **of powers** распределение полномочий
~ **of profits** распределение прибылей
~ **of words** деление слов *(для переноса)*
census ~ статистико-географический район *(в США)*
company ~ отделение фирмы
demographic surveys ~ отдел демографических обследований
design-and-experimental ~ экспериментально-конструкторский отдел
examination [examining] ~ отдел экспертизы
fine ~ мелкое (раз)дробление
general ~ основная категория, основной разряд
inspection ~ отдел технического контроля, ОТК
international ~ управление международных операций *(в рамках фирмы)*, международное отделение, международный филиал *(фирмы)*
international ~ **of labour** международное разделение труда
mail-order ~ отдел посылторга, отдел торговли по почтовым заказам
major industry ~ крупный [основной] сектор экономики
manufacturing ~ производственный отдел; производственное отделение
medical ~ терапевтическое отделение *(в лечебном учреждении)*
operating ~ *см.* manufacturing division
patent ~ патентный отдел, патентное бюро
physiographic ~ физико-географическое районирование
product ~ товарный филиал, (обособленное) товарное производство, товарное подразделение
production ~ *см.* manufacturing division
quality control ~ отдел контроля качества
research and development ~ отдел исследований и разработок
sample ~ *стат.* деление выборки
scale ~ деление шкалы
service ~ отделение технического обслуживания *(фирмы)*
social ~ **of labour** общественное разделение труда
statistical research ~ отдел статистических исследований
territorial ~ **of labour** территориальное разделение труда
time ~ временно́е разделение, разделение по времени

Division:

Antitrust ~ антитрестовский отдел министерства юстиции США
Foreign Demographic Analysis ~ отдел анализа зарубежной демографической информации *(при Бюро переписей США)*
National Advertising ~ **of the National Advertising Review Board** *амер.* отдел общенациональной рекламы Национального совета по наблюдению за рекламной деятельностью
National Vital Statistics ~ *амер.* от-

дел статистики актов гражданского состояния
Office Products ~ *амер.* отделение конторского оборудования
divorce 1. разрыв, разъединение 2. развод, расторжение брака
  uncontested ~ развод по общему [обоюдному] согласию
dock погрузочная платформа; пристань; док
  freight ~ грузовая платформа *(станции)*
  loading ~ погрузочная платформа
  refrigerated loading ~ охлаждаемая погрузочно-разгрузочная платформа
doctor 1. врач, доктор 2. доктор *(учёная степень)* 3. суррогат, фальсифицированный добавками продукт 4. нож-скребок
  music ~ *вещ.* музыкальный консультант, консультант по музыке
doctrine доктрина, теория, учение; принцип
  ~ **of claim differentiation** доктрина дифференцирования претензий
  ~ **of free trade** доктрина свободной торговли
  availability ~ *амер.* доктрина доступности кредита
  fairness ~ доктрина справедливости [объективности]; доктрина равных возможностей
  operating ~ принцип работы
  second(ary) meaning ~ «доктрина второго значения» *(согласно которой товарный знак приобретает охраноспособность, если ассоциируется в сознании потребителя с конкретным товаром и его производителем, а не вообще с товаром определённого класса)*
  targeting ~ доктрина выбора цели
docudrama «документальная» драма, инсценировка на документальной основе, художественно-документальный фильм *(игровые эпизоды сочетаются с документальными)*
document документ
  ~ **of title (to the goods)** товарораспорядительный документ
  application ~s заявочная документация, заявочные материалы
  attested ~ засвидетельствованный документ
  authenticated ~ заверенный (печатью) документ
  basic ~ первичный [исходный] документ
  billing ~s платёжные документы; документы для выписки счёта
  concluding ~ итоговый документ
  confidential ~ конфиденциальный документ
  confirming ~ подтверждающий документ
  constituent ~ учредительный документ
  dated ~ датированный документ
  disclosure ~ документ, раскрывающий суть; изобличающий документ
  electronic ~ электронный документ, электронный текст
  final ~ заключительный документ
  guidance ~ руководящий документ
  identity ~ удостоверение личности
  incriminating ~ уличающий документ
  in-house [internal] ~ внутренний [служебный] документ
  legal ~ юридический [правовой] документ
  original ~ подлинный документ
  patchwork ~ компилятивный документ
  patent ~ патентный документ
  policy ~ программный документ
  prescriptive ~s директивные документы
  priority ~ приоритетный документ
  procurement ~ документ на поставку продукции
  shipping ~s отгрузочные документы
  technical ~s техническая документация
  test acceptance ~ акт приёмки на испытания
  travel ~ проездной документ
  written ~ письменный документ
documentary документальный фильм; документальное представление; документальный показ
documercial *экр.* рекламный ролик, снятый в документальной манере, рекламно-документальный ролик

dodger

dodger небольшая листовка, рекламный листок
dolly *экр.* операторская тележка, кран-тележка ◇ ~ **in** наезд камерой; ~ **out** отъезд камерой
  crab ~ *жарг.* «краб»-тележка (*операторская тележка с синхронным поворотом всех четырёх колёс для движения вбок*)
  long-boom ~ тележка с журавлём (*длинной стрелой для подвески микрофона*)
  panoram(a) ~ операторская кран-тележка для съёмок с движения
  track-mounted ~ операторская тележка на рельсах
domain 1. область, сфера, поле деятельности 2. полная и абсолютная собственность на недвижимость
  ~ **of law** сфера действия права, сфера правоприменения
  ~ **of study** область изучения
  ~ **of uncertainty** область неопределённости
  application ~ прикладная область
  business ~ сфера деловой активности
  public ~ государственная собственность (*напр. на землю*)
  search ~ область поиска
dominance доминирование, преобладание, превосходство, засилие
  complete ~ полное доминирование
  cyclic ~ циклическое доминирование
  market share ~ доминирование [доминирующее положение] по показателям доли рынка
  mixed ~ смешанное доминирование
  nonstrict ~ нестрогое доминирование
  pure ~ чистое доминирование
  shifting ~ доминирование, изменяющееся под влиянием внешних воздействий
  strict ~ строгое доминирование
domination господство, владычество; доминирование
  brand ~ доминирование марочного товара
  global ~ мировое господство
  monopoly ~ господство монополий
donation пожертвование, дар; дарственная (*документ*)
  private ~ частное пожертвование

donor 1. жертвователь, даритель 2. источник финансирования
  aid ~ организация *или* страна, оказывающая помощь
  private ~ частный источник финансирования
door дверь, дверца, люк
  air control ~ вентиляционный люк
  barn ~ *экр.* шторка (*осветительного прибора*)
  charging ~ загрузочный люк
  discharging ~ разгрузочный люк
  Dutch ~**s** вертикальные полустраничные отвороты (*дополняющие разворот*)
  gate ~ дверца фильмового канала киноаппарата
dos and dont's *амер.* правила (и нормы)
dossier досье, дело
dot точка
  attention ~**s** выделительные точки (*для отделения небольших заметок, напечатанных в одном столбце*)
  circular ~**s** многоточие
  double ~**s** сдвоенные точки
  picture ~ *экр.* элемент изображения
  screen ~ растровая точка
double-column двухколоночный, в две колонки
double-decker двухъярусная щитовая панель; двухъярусный щит
downtime вынужденный простой; время простоя
  accumulated ~ суммарный простой
  administrative ~ простой по организационно-техническим причинам
  expected ~ ожидаемое время простоя
  maintenance ~ простой вследствие технического обслуживания
  production ~ простой производства, вынужденный перерыв в выпуске продукции
  scheduled ~ плановый [предусмотренный графиком] простой
  supply ~ простой из-за отсутствия нужных деталей
  total ~ суммарное [общее] время вынужденного простоя
downtrend тенденция спада, тенденция к понижению

downturn (экономический) спад; спад деловой активности; падение конъюнктуры ◇ ~ **in prices** понижение цен
  cycle ~ переход цикла в понижательную фазу
draft проект, набросок, эскиз, черновик
  final ~ окончательный проект
  first ~ черновик, черновой набросок
  revised ~ переработанный проект
  rough ~ *см.* **first draft**
draft-quality черновой, для изготовления черновых вариантов *(обычно о режиме работы принтера)*
drain отток, утечка; истощение ◇ ~ **on energy resources** истощение энергетических ресурсов
  balance-of-payments ~ дефицит платёжного баланса
  brain ~ «утечка мозгов»
  brawn ~ «утечка мускулов» *(эмиграция рабочих, спортсменов)*
  manpower ~ утечка рабочей силы
drama 1. драма 2. *перен.* эффект; нечто броское, эффектное 3. художественный фильм
  comedy ~ трагикомедия
  documentary ~ «документальная» драма, инсценировка на документальной основе, художественно-документальный фильм
  general ~ бытовая драма
  lyric ~ опера
  mystery ~ драматическая мистерия
  pantomime ~ пантомимическая драма
  transpontine ~ дешёвая мелодрама
drawing 1. рисунок, чертёж; набросок; изображение 2. вытягивание 3. лотерея, жеребьёвка; розыгрыш *(лотереи)* ◇ ~ **in plan** вычерчивание в плане
  ~ **of site** ситуационный план; план местности
  accompanying ~ прилагаемый [сопроводительный] чертёж
  animated ~ мультипликационный фильм
  assembly ~ сборочный [монтажный] чертёж
  block ~ *стат.* столбиковая диаграмма, гистограмма
  brush ~ рисунок кистью
  charcoal ~ рисунок углём
  crayon ~ рисунок цветным мелком *или* пастелью
  design ~ дизайнерский эскиз
  detail ~ детальный чертёж
  diagrammatic ~ схематический чертёж, схема
  free-hand ~ рисунок от руки
  full-colour ~ полноцветный рисунок
  full-size ~ рисунок в натуральную величину
  ink ~ *см.* **pen-and-ink drawing**
  key ~ 1. абрис; контур рисунка 2. *экр.* основная фаза движения *(в мультипликации)*
  layout ~ компоновочный чертёж, компоновочная схема
  line ~ штриховой рисунок
  line-and-tint ~ тонированный штриховой рисунок, штриховой рисунок с тонированием
  line-and-wash ~ штриховой рисунок с размывкой
  lot ~ вытягивание жребия, жеребьёвка
  outline ~ контурный рисунок, контурное изображение
  pastel ~ рисунок пастелью
  pen-and-ink ~ рисунок тушью, рисунок пером
  pencil ~ карандашный рисунок
  pin-man ~**s** схематические [скелетные] фигурки, (фигурки-)кроки
  principal ~ основной чертёж
  prize ~ розыгрыш [лотерея] призов
  relief ~ рельефное изображение
  rough ~ черновой рисунок, набросок
  scraper ~ «выскребное» изображение
  scraper-board ~ рисунок в технике линогравюры
  spot ~ небольшой рисунок *(в текстовом объявлении)*, виньетка
  tinted ~ подкрашенный рисунок
  tone ~ тоновой рисунок
  tooling ~ чертёж оснастки
  wash ~ рисунок размывкой
  water-colour ~ акварельный рисунок
dress платье, одежда
  designer ~ модное платье индивидуальной разработки
  evening ~ вечернее платье; смокинг
  full ~ нарядная форма; фрак

dress

leisure ~ платье для (отдыха) дома *(обычно длинное)*
low ~ платье с глубоким вырезом, платье с большим декольте
morning ~ домашнее платье, платье-халат
night ~ спальный костюм, ночная сорочка
outdoor ~ одежда для улицы
party ~ *см.* evening dress
plain ~ простое платье
practical ~ практичное [удобное] платье
princess ~ платье покроя «принцесса», цельнокроеное приталенное платье
print ~ ситцевое платье
regulation ~ официальный костюм
street ~ платье для улицы
sunback ~ платье с открытой [голой] спиной
traveling ~ дорожный костюм
wash(able) ~ платье, которое можно стирать
wedding ~ подвенечное [свадебное] платье

dresser оформитель, декоратор
set ~ *экр.* декоратор
window ~ оформитель витрин

dressing 1. оформление, отделка, украшение **2.** покрытие **3.** приправа, соус
French ~ французская приправа
hair ~ средство для укладки волос; укладка волос
mustard ~ горчичная приправа
salad ~ приправа к салату, салатная приправа
set ~ 1. оформление съёмочной площадки *(фильма)* **2.** декорация
weatherproof ~ покрытие, стойкое к атмосферным воздействиям
window ~ 1. оформление витрин **2.** *перен.* лакировка действительности, «показуха»

drier *см.* dryer

drink 1. напиток, питьё **2.** глоток
ardent ~ спиртной [крепкий] напиток
caffeinated ~ безалкогольный напиток с кофеином
carbonated ~ газированный напиток
chocolate ~ шоколадный напиток
cocoa ~ какао-напиток
cola ~ напиток типа «кола»
decaffeinated ~ бескофеиновый напиток
diet soft ~ диетический безалкогольный напиток
fermented milk ~ кисломолочный напиток
fizzy ~ шипучий напиток
fruit ~ плодово-ягодный газированный напиток, фруктовая вода
fruit milk ~ фруктово-молочный напиток
iced ~ напиток со льдом
instant cocoa ~ растворимый какао-напиток *(без осадка)*
juice-based ~ напиток на основе сока
long ~ напиток *(напр. коктейль)*, подаваемый в высоком стакане, «большой стакан»
milk ~ молочный напиток
noncola soft ~ безалкогольный напиток, не относящийся к типу «кола»
potent ~ спиртной [крепкий] напиток
powdered ~ напиток в порошке
refreshment ~ прохладительный напиток
short ~ спиртной [крепкий] напиток
soft ~ безалкогольный напиток
sour-milk ~ кисломолочный напиток
still ~ негазированный напиток
strong ~ спиртной [крепкий] напиток
synthetic ~ синтетический напиток, напиток из синтетической эссенции
temperance ~ безалкогольный напиток

drive 1. побуждение, стимул, движущая сила **2.** (общественная) кампания, движение **3.** привод, передача **4.** *амер. разг.* распродажа товаров по низким ценам ◇ **to put on ~** начать кампанию; **~ to raise funds** кампания по сбору средств
advertising ~ рекламная кампания, концентрированное рекламное мероприятие
affectional ~ эмоциональное влечение, привязанность
basic biological ~ исходная биологическая устремлённость

community fund ~ кампания по сбору средств в пользу общины
disk ~ дисковод (ЭВМ)
economy ~ кампания за экономию
efficiency ~ рационализаторство
ego ~ самолюбивая целеустремлённость
export ~ кампания по увеличению экспорта
film ~ плёнкопротяжный механизм
flexible ~ гибкий привод
floppy-disk ~ дисковод для флоппидисков
fund(-raising) ~ кампания по сбору средств
hand ~ ручной привод
hard-disk ~ дисковод для жёстких дисков
hunger ~ побуждение, вызываемое голодом
membership ~ кампания по привлечению новых членов (*в организацию*)
motor ~ привод от электродвигателя
optical disk ~ дисковод для оптических дисков
pain ~ болевое побуждение
press ~ привод печатной машины
production ~ кампания за повышение производительности
recruiting ~ наём (*рабочей силы*)
sales ~ *амер. разг.* распродажа товаров по низким ценам
spring ~ пружинный привод
synchronous ~ синхронный привод (*аппаратуры*)
tape ~ лентопротяжный механизм
thirst ~ побуждение, вызываемое жаждой
drive-in 1. «автокино», открытый кинотеатр (*для автомобилистов*) 2. заведение (*магазин, ресторан, банк*) для автомобилистов (*где клиентов обслуживают прямо в машинах*)
driver 1. водитель, шофёр 2. *психол.* властная личность
  automobile ~ водитель автомобиля
  crane ~ крановщик
  truck ~ водитель грузовика, шофёр грузовой автомашины
drop 1. понижение, снижение; падение, спад 2. «заброска», распространение (рекламных) материалов по принципу «в каждую дверь» ◇ ~ in the market падение цен на рынке; ~ in prices падение цен; ~ in production сокращение объёма производства
  purity ~ понижение доброкачественности (*пищевых продуктов*)
  seasonal ~ сезонное падение, сезонный спад
  temperature ~ падение температуры
drug лекарство; снадобье; наркотик
  analgesic ~ болеутоляющее средство
  brand-name ~ марочное лекарство
  calmative ~ успокаивающее средство
  compounded ~ лекарство, приготовленное по рецепту врача (*в отличие от готовых лекарств*)
  dependence-producing ~ лекарство, формирующее зависимость
  depressant ~ депрессант
  ethical ~ *см.* prescription drug
  household ~ *см.* nonprescription drug
  legend ~ *см.* prescription drug
  narcotic ~ наркотик, наркотическое средство
  nonprescription ~ лекарство, отпускаемое без рецепта, свободно продаваемое лекарство
  nonproprietary ~ непатентованное лекарственное средство
  over-the-counter ~ лекарство, отпускаемое без рецепта; патентованное лекарственное средство
  potent ~ сильнодействующее лекарство
  prescribed ~ прописанное лекарственное средство
  prescription ~ лекарство, отпускаемое по рецепту
  proprietary ~ патентованное лекарственное средство
  psychoactive ~ психотропное средство
  soporific ~ снотворное средство
  vegetable ~ растительное лекарственное средство
druggist 1. владелец аптеки [аптекарского магазина] 2. аптекарь, фармацевт
drugstore аптека; аптекарский магазин; *амер.* аптека-закусочная (*мага-*

drugstore

зин, торгующий лекарствами, косметикой, журналами, мороженым)
  discount ~ аптека-закусочная по сниженным ценам
drummer зазывала
dryer сушилка, сушильное устройство
  air ~ воздушная сушилка
  batch ~ сушилка периодического действия
  blast ~ воздушная сушилка
  cabinet ~ камерная сушилка; сушильный шкаф
  can ~ установка для подсушки консервных банок
  clothes ~ сушилка для белья
  coin-op(erated) ~ сушилка с монетным механизмом
  conditioner ~ кондиционер-сушилка
  fish ~ рыбосушилка
  gas ~ газовая сушилка
  hair ~ сушилка для волос, фен
  hot-air ~ сушилка с обогревом горячим воздухом, устройство для сушки горячим воздухом
  leaf ~ сушилка для листьев (напр. табака)
  spray ~ распылительная сушилка
  steam ~ паровая сушилка, сушилка с паровым подогревом
  tea ~ чаесушильная машина
dubbing 1. вещ. перезапись (звука или изображения) 2. дубляж, озвучивание (фильма) 3. дублирование, тиражирование (напр. видеозаписи)
dummy 1. макет издания; (черновой) макет (показывающий только точные размеры и общее расположение элементов) 2. выклейной макет, макет вёрстки 3. манекен; муляж
  advertisement ~ макет объявления
  folder ~ макет сфальцованной тетради
  imposition ~ макет спуска полос
  page ~ макет полосы
  specimen ~ макет вёрстки
  working ~ рабочий макет
duotone 1. сочетание двух полутонов 2. полигр. двухкрасочная полутоновая репродукция
dupe 1. дубликат, копия 2. экр. дубль-негатив или позитив, промежуточный негатив или позитив; дубликат слайда

duplicate дубликат, копия
  photo ~ фотокопия, снимок-дубликат
  plate ~ дубликат печатной формы
duplication 1. копирование, дублирование, размножение 2. экр. тиражирование; контратипирование 3. стат. двойной счёт
  ~ of information дублирование информации
  ~ of motion picture film контратипирование [снятие копии] кинофильма
  ~ of negative изготовление контратипа [дубль-негатива, вторичного негатива]
  ~ of positive изготовление лаванды [промежуточного позитива]
  audience ~ дублирование аудитории (повторный охват аудитории, уже подвергшейся воздействию рекламного сообщения или рекламной кампании)
  document ~ размножение документов
  functional ~ функциональное дублирование
  high speed ~ вещ. ускоренная перезапись, перезапись в ускоренном режиме (напр. с кассеты на кассету)
  multiple-generation tape ~ последовательное тиражирование видеофонограмм
  partial ~ частичное дублирование
  plate ~ изготовление дубликатов печатной формы
durability долговечность, прочность
  ~ of fixed capital продолжительность жизни основного капитала
  ~ of paper долговечность [прочность] бумаги
  chemical ~ химическая стойкость
  continuous ~ длительная прочность
  service ~ эксплуатационная стойкость, срок службы
durables товары длительного пользования
  consumer ~ потребительские товары длительного пользования
  household ~ хозяйственно-бытовые товары длительного пользования
  producer ~ производственные товары длительного пользования, товары длительного пользования производственного назначения, товары длитель-

dynamics

ного пользования для нужд промышленности
second-hand ~ предметы длительного пользования, бывшие в употреблении; подержанные товары длительного пользования
dut/y 1. долг, обязанность 2. сбор, налог, пошлина 3. режим работы ◇ **in ~ bound, in bounden ~** из чувства долга, по долгу службы; **to collect ~ies** взимать пошлину
~ **of care** обязанность соблюдать осторожность
(anti)dumping ~ антидемпинговая пошлина
arduous ~ тяжёлый режим работы
civil ~ гражданский долг
continuous ~ непрерывный режим работы; длительная работа
contractual ~ обязанность из договора, договорная обязанность
custom(s) ~ таможенная пошлина
differential [discriminating] ~ дифференциальная пошлина (*взимаемая с идентичных товаров в зависимости от страны происхождения*)
donation ~ налог на дарственную передачу имущества
entrance ~ ввозная пошлина
estate ~ налог на наследство
excess profits ~ налог на сверхприбыль
excise ~ акциз, акцизный сбор
executive ~**ies** административные обязанности
extra-heavy ~ исключительно тяжёлый режим работы
family household ~**ies** домашние и семейные обязанности
heavy [high] ~ тяжёлый режим работы
import ~ пошлина на импорт
increment value ~ налог на прирост стоимости
legal ~ правовая [договорная] обязанность
license ~ лицензионная пошлина, лицензионный платёж
mutual ~**ies** взаимные обязанности
official ~**ies** служебные обязанности
periodic ~ периодический режим работы; периодическая нагрузка

preferential ~ льготная пошлина
prohibitive ~ запретительная пошлина (*равносильна запрещению ввоза товара*)
protective ~ покровительственная [протекционистская] пошлина
public ~ общественный долг
rated ~ расчётные условия эксплуатации
revenue ~ фискальная пошлина
rugged ~ работа в условиях повышенного износа
stamp ~ гербовый сбор
technical ~**ies** технические обязанности
uninterrupted ~ бесперебойный режим работы
dweller житель, обитатель
apartment ~ квартиросъёмщик, жилец
rural ~ сельский житель
town ~ городской житель
dwelling 1. местожительство 2. жилище, жилое помещение
core ~ основное жилое помещение
mobile ~ передвижное жилище
multifamily ~ многоквартирный дом
permanent ~ постоянное место жительства
rented ~ арендуемое помещение
single-family ~ жилище на одну семью
dye краска, краситель
acid ~ кислотный краситель
aniline ~ анилиновый краситель
basic ~ основной краситель
commercial ~ рыночный краситель, краситель, предлагаемый на продажу
food ~ пищевой краситель
hair ~ краска для волос
home ~ бытовой краситель
leather ~ краситель для кожи
light-fast ~ светопрочный краситель
natural ~ натуральный [природный] краситель
pigment ~ пигментный краситель
synthetic ~ синтетический краситель
transparent ~ прозрачная краска
dynamics динамика; движущие силы
~ **of labour productivity** динамика производительности труда
~ **of the market** динамика рынка

dynamics

economic ~ экономическая динамика, теория экономической динамики
group ~ групповая динамика; динамика поведения коллектива, динамика группового поведения, динамика поведения в группе
industrial ~ промышленная [индустриальная] динамика
population ~ динамика населения
seasonal ~ сезонная динамика

E

earner 1. кормилец; источник доходов 2. лицо, получающее заработную плату
principal ~ главный кормилец семьи
profit ~ источник дохода
salary ~ служащий на окладе
wage ~ рабочий, получающий зарплату
ear-piece *полигр.* «заушина» *(место под рекламу сбоку от «шапки» газеты)*
eco-catastrophe экокатастрофа *(глобальная экологическая катастрофа)*
ecologist эколог
human ~ специалист по вопросам экологии человека
ecology экология
agricultural ~ сельскохозяйственная экология
applied ~ прикладная экология
human ~ экология человека *(изучение взаимоотношений человека с окружающей его средой)*
population ~ экология населения, демографическая экология
social ~ социальная экология
urban ~ экология человека в условиях города
economics 1. экономика *(учебная и научная дисциплина)*, экономическая наука 2. экономика, хозяйственная жизнь; хозяйство
~ of inequality экономика имущественного неравенства *(в области доходов)*
~ of sampling *стат.* методика составления экономически оптимального плана выборки
agricultural production ~ экономика сельскохозяйственного производства
applied ~ прикладная экономика
business ~ экономика предприятий; изучение процесса производства и распределения товаров; экономика предпринимательства
consumer ~ экономика потребления
descriptive ~ описательная экономика
dynamic ~ теория экономической динамики
elementary ~ элементарная экономика
engineering ~ инженерная экономика
farm ~ экономика сельского хозяйства
global ~ *см.* international economics
home ~ 1. домоводство, искусство ведения домашнего хозяйства *(учебный предмет)* 2. домашнее хозяйство
industrial ~ экономика промышленности
international ~ мировая экономика, экономика мирового хозяйства
land ~ экономика землепользования
managerial ~ экономические методы управления *(учебная дисциплина, охватывающая проблемы экономики, промышленности и экономического анализа)*
manufacturing ~ экономический анализ производства
planned ~ плановая экономика
rational ~ рациональная экономика
rural ~ сельское хозяйство; экономика сельского хозяйства
statistical ~ экономическая статистика
urban ~ экономика городов
welfare ~ экономическая теория благосостояния
economist 1. экономист 2. экономный [бережливый] человек
business ~ специалист по экономике предприятий
farm ~ экономист по сельскому хозяйству

economy

group ~ главный экономист; руководитель экономической группы
home ~ специалист по ведению домашнего хозяйства
econom/y 1. экономика; хозяйство 2. *pl* экономия, бережливость ◇ to diversify ~ разносторонне развивать экономику; to make ~ buoyant стимулировать экономическое оживление
~ **of abundance** товарное изобилие; экономика изобилия, бездефицитная экономика
~ **of goods** товарная экономика
~**ies of scale** экономия, обусловленная ростом масштаба производства; эффект масштаба *(проявляющийся в снижении долговременных средних издержек производства на единицу продукции)*
~ **of services** экономика сферы услуг
advanced ~ развитая экономика, экономика промышленно развитой страны
affluent ~ *см.* economy of abundance
ailing ~ слабая [больная] экономика
black ~ теневая экономика
business ~ предпринимательская экономика
buying ~**ies** экономичность закупок; экономия при покупке
centrally planned ~ централизованно-планируемая экономика, хозяйство с централизованным планированием
closed ~ 1. закрытая экономика *(с жёсткими ограничениями, налагаемыми на торговлю и движение капитала)* 2. экономика, не имеющая внешних связей
commodity exchange ~ товарное хозяйство
competitive ~ экономика, основанная на конкуренции
consumption-driven ~ экономика, стимулируемая потреблением
corporate ~ корпоративная экономика
depressed ~ экономика, находящаяся в упадке
developed ~ *см.* advanced economy
domestic ~ отечественная экономика
dynamic ~ динамичная экономика

energy-squandering ~ экономика энергетического разбазаривания
expanding ~ растущее хозяйство
farm ~ экономика сельского хозяйства; сельское хозяйство
free(-enterprise) ~ экономика свободного предпринимательства
global ~ всемирная [глобальная] экономика
industrial ~ экономика промышленно-развитой страны; промышленная экономика
industrializing ~ экономика промышленно-развивающейся страны
integrated ~ многоотраслевое хозяйство
international ~ международная экономика; международное хозяйство
investment-driven ~ экономика, стимулируемая инвестициями
laissez-faire ~ экономика свободной конкуренции
livestock ~ товарное животноводство
market(-based) ~ рыночная экономика, рыночное хозяйство
market-directed ~ рыночно-управляемая экономика
market-oriented ~ рыночная экономика, экономика, ориентирующаяся на развитие рыночных связей
mass-distribution ~**ies** 1. экономия в сфере распределения *(напр. за счёт отпуска товара более крупному потребителю вместо нескольких мелких)* 2. экономичность, присущая массовому производству
mixed ~ смешанная экономика; многоукладное хозяйство
money ~ денежная экономика
national ~ национальная экономика, экономика страны
natural ~ натуральное хозяйство
operational ~ экономичность
overheated ~ экономика с тенденцией к неконтролируемой инфляции
planned ~ плановая экономика; плановое хозяйство
political ~ политическая экономия
primitive ~ примитивное [первобытное] экономическое сообщество
private ~ частный сектор экономики *(негосударственная часть национального хозяйства)*

economy

private enterprise ~ частнопредпринимательская экономика
promotional ~ экономия при стимулировании *(сбыта)*
raw-material ~ сырьевая экономика
raw-materials exporting ~ экономика стран-экспортёров сырья
rural ~ *см.* farm economy
self-subsistence ~ *см.* natural economy
shadow ~ теневая экономика
shopping ~ies экономика при совершении покупок
small-holding ~ мелкособственническое хозяйство
soft ~ вяло развивающаяся [вялая] экономика
stagnant ~ застойная экономика
subsistence ~ экономика типа натурального хозяйства, экономика, производящая только необходимые средства существования
transitional ~ переходная экономика
transnational ~ транснациональная экономика
viable ~ жизнеспособная экономика
working ~ действенная экономика
world ~ мировая экономика; мировое хозяйство

economy-priced дешёвый, недорогой, по удешевлённой цене

ecosystem экологическая система, экосистема *(взаимосвязанная система живых организмов и окружающей их физико-географической среды)*
agricultural ~ агроэкосистема, сельскохозяйственная экосистема
manipulated ~ регулируемая (человеком) экосистема, экосистема, организованно используемая человеком
man-made ~ искусственная экосистема
man-modified ~ экосистема, видоизменённая в результате деятельности человека
natural ~ естественная экосистема
undisturbed ~ ненарушенная (деятельностью человека) экосистема
urban ~ городская экосистема

edge 1. кромка, край, обрез 2. *амер. разг.* преимущество, перевес ◇ ~ on [over] competition *см.* competitive edge; to give an ~ обострять, усиливать, стимулировать; to win an ~ победить с незначительным перевесом, добиться небольшого преимущества
binding ~ корешок *(книги)*
book ~ обрез книги
colour(ed) ~ закрашенный обрез *(книги)*
competitive ~ конкурентное преимущество, преимущество в конкурентной борьбе
creative ~ творческое преимущество
extra ~ дополнительное преимущество
front ~ передняя кромка
key ~ *экр.* граница вставки *(при рирпроекции)*
negotiating ~ преимущество на переговорах, переговорное преимущество
price ~ разница в ценах, ценовое преимущество
quality ~ качественное преимущество, преимущество в качестве
ragged ~ 1. *экр.* рваные края *(изображения)* 2. *полигр.* рваный край текста *(обычно правый)*
stained ~ *см.* colour edge
sustainable ~ длительное преимущество
white ~ незакрашенный обрез *(книги)*

edging окантовка
colour ~ цветная окантовка
lace paper ~ бумажные кружева *(отделка на упаковке кондитерских изделий)*

edit 1. стык *(при видеомонтаже)* 2. монтаж, монтажный переход
add-on [assemble] ~ *экр.* монтаж в режиме продолжения
clean ~ чистый стык *(в видеозаписи)*
insert ~ *экр.* монтаж в режиме вставки
split ~ раздельный монтаж

editail *фирм.* «Эдитейл» *(склеечный пресс для звуковой магнитной ленты)*

edit-in входная [начальная] монтажная точка

editing 1. редактирование 2. *экр.* монтаж
audio ~ *см.* sound editing
continuity ~ *экр.* плавный [логичный] монтаж

edition

digital ~ цифровой монтаж, монтаж цифровыми методами
double-system ~ *экр.* независимый монтаж изображения и звука
electronic ~ электронный монтаж, компоновочный видеомонтаж
film ~ монтаж (кино)фильма
insert ~ монтаж в режиме вставки
linear ~ *экр.* последовательный монтаж *(когда фильм монтируется в строгой сценарной последовательности, начиная с первого эпизода и далее)*
make-up ~ *полигр.* техническое редактирование
motion picture ~ монтаж (кино)фильма
nonlinear ~ монтаж вразброс *(когда эпизоды фильма монтируются без соблюдения их сценарной последовательности)*
off-line ~ косвенный (видео)монтаж, монтаж по субкопиям
on-line ~ прямой (видео)монтаж, монтаж по оригиналу
parallel ~ *экр.* параллельный монтаж
picture ~ *экр.* монтаж изображения
postproduction ~ компоновочный видеомонтаж
rough ~ черновой монтаж
second ~ повторное [второе] редактирование
sound ~ монтаж фонограммы; монтаж звукового сопровождения, монтаж звука; звуковой монтаж *(фильма)*
tape ~ монтаж (видео)ленты
time-code ~ монтаж по временно́му коду
video(tape) ~ видеомонтаж
edition 1. издание 2. оттиск 3. тираж
◇ ~ in boards набранное издание *(но не отпечатанное)*; ~ in press издание в печати; ~ in quires издание в сфальцованных листах; ~ in sheets издание в несфальцованных листах
adapted ~ адаптированное издание
added ~ дополнительный тираж
advance(d) ~ предварительное [пробное] издание
afternoon ~ послеполуденный [дневной] выпуск *(газеты)*

amplified ~ *см.* enlarged edition
anniversary ~ юбилейное издание
art ~ изоиздание; *pl* изопродукция
audiovisual ~ аудиовизуальное издание *(с использованием пластинок, магнитных записей, слайдов)*
city ~ «городской» тираж *(часть тиража утренней газеты, напечатанная в последнюю очередь и предназначенная исключительно для распространения в границах метрополитенского ареала без пересылки по почтовым каналам)*
copyright ~ издание, защищённое авторским правом
corrected ~ исправленное издание
country ~ общенациональный выпуск *(газеты)*, выпуск общенационального распространения
deluxe ~ роскошное [подарочное] издание
demographic ~ демографическое издание, издание демографической направленности *(напр. рассчитанное на определённый географический район, определённую возрастную или этническую группу, на лиц определённого рода занятий)*
departmental ~ ведомственное издание
documentary ~ документальное издание
dwarf ~ миниатюрное издание
educational ~ учебное издание
electronic ~ электронное издание; электронный выпуск *(газеты, журнала)*
enlarged ~ расширенное и дополненное издание
evening ~ вечерний выпуск *(газеты)*
exhausted ~ распроданное издание
facsimile ~ факсимильное издание
geographic ~ географическое издание
gift ~ подарочное издание
illustrated ~ иллюстрированное издание
information ~ информационное издание
large ~ многотиражное издание
last ~ последнее издание *(не подлежащее переизданию)*
latest ~ последнее *(по времени)* издание

211

edition

library ~ издание для библиотек
lifetime ~ прижизненное издание
lilliput ~ миниатюрное издание
limited ~ издание с ограниченным тиражом; нумерованное издание
loose-leaf ~ листовое издание (*в виде отдельных листов без скрепления*)
magazine ~ издание журнала, журнальное издание
mail ~ «почтовый» тираж (*часть тиража газеты, обычно печатаемая в первую очередь и предназначенная для рассылки по почте за пределы метрополитенского ареала*)
map ~ издание карты
metropolitan ~ метрополитенское издание
microfilm ~ микрофильмированное издание
miniature ~ миниатюрное издание
morning ~ утреннее издание, утренний выпуск (*газеты*)
multilingual ~ многоязычное издание
multivolume ~ многотомное издание
nonperiodical ~ непериодическое издание
noon ~ дневное издание (*газеты*)
occupational ~ издание с профессиональным уклоном, издание профессиональной направленности
one-volume ~ однотомное издание
ordered ~ заказное издание
original ~ первое издание, оригинальное издание
paperback ~ издание в бумажной обложке
parallel ~ параллельное издание (*на разных языках или в разном оформлении*), издание с параллельным текстом (*на двух языках*)
periodical ~ периодическое издание
pirated ~ пиратское издание, издание, выпущенное с нарушением авторских прав
pocket(-size) ~ карманное издание
popular ~ популярное [массовое] издание
popular science ~ научно-популярное издание
posthumous ~ посмертное издание
proof ~ пробный оттиск; пробное издание
reference ~ справочное издание
regional ~ региональное издание
regional market ~ издание для регионального рынка
repeat ~ повторное издание, повторный выпуск
reprint ~ 1. перепечатанное издание 2. стереотипное издание 3. издание со старого набора
revised ~ переработанное издание
scholarly ~ академическое издание
seasonal ~ сезонное издание
souvenir ~ сувенирное издание
special ~ спецвыпуск
stereotype(d) ~ стереотипное издание
subscription ~ подписное издание
Sunday ~ воскресное издание, воскресный выпуск (*газеты*)
unexpurgated ~ полное издание
use-oriented ~ издание, ориентированное на определённого потребителя
vetted ~ пересмотренное и исправленное издание
weekend ~ издание выходного дня
zone(d) ~ «зональное» издание (*газеты, журнала*)

editioning редакционная направленность
  geographic ~ наличие географических вариантов издания
  occupational ~ наличие вариантов издания профессиональной направленности

editor 1. редактор 2. монтажёр (*фильма*) 3. режиссёр видеомонтажа 4. пульт электронного монтажа ◇~ in chief главный редактор
  acquisition ~ рецензент издательства
  advisory ~ *см.* consulting editor
  art ~ художественный редактор (*подчиняется творческому редактору*)
  assistance ~ 1. младший редактор 2. ассистент по монтажу
  associate ~ младший редактор
  business ~ редактор по отделу предпринимательской деятельности
  city ~ заведующий отделом городских новостей (*в газете*)
  consulting ~ редактор-консультант
  copy ~ редактор текста (*рекламного объявления*)
  creative ~ творческий редактор, ре-

education

дактор по творческим вопросам *(осуществляет общее руководство)*
departmental ~ редактор отдела
deputy ~ заместитель редактора
development ~ редактор-консультант по аудитории *(исследующий конкретные запросы и интересы рынка, на который рассчитана предполагаемая к изданию книга и помогающий автору найти наиболее оптимальный стиль изложения материала)*
economics ~ редактор раздела экономики, редактор экономического отдела *(в газете, журнале)*
electronic ~ видеомонтажный блок
executive ~ ответственный секретарь *(редакции периодического издания)*
feature ~ редактор отдела *(в газете, журнале)*
film ~ 1. редактор-монтажёр 2. звукокиномонтажный стол
food ~ редактор отдела пищевых продуктов *(в периодическом издании)*
general ~ общий редактор
graphics ~ графический редактор, редактор изображений *(на дисплее ЭВМ)*
joint ~ соредактор
layout ~ технический редактор
line ~ (по)строчный редактор *(ЭВМ)*
magazine ~ редактор журнала
make-up ~ выпускающий редактор
management ~ редактор по разделу проблем управления *(в газете, журнале)*
managing ~ заведующий редакцией; старший редактор
manuscript ~ редактор по рукописям
map ~ редактор-картограф
marketing ~ редактор-консультант по маркетингу, издательский эксперт по маркетингу *(предварительно обследующий рынок и дающий заключение об актуальности предлагаемой к изданию или написанию книги)*
music ~ музыкальный редактор
newspaper ~ редактор газеты
periodical ~ редактор периодического издания
photo ~ редактор по иллюстрациям, бильдредактор

production ~ редактор по производству *(литературный редактор, который работает с рукописью, считывает гранки и корректуру)*
screen ~ экранный текстовый редактор *(ЭВМ)*
script ~ литературный редактор *(в кино и на телевидении)*
senior ~ старший редактор
story ~ редактор сценарного отдела студии, заведующий сценарным отделом студии
supervising ~ контрольный редактор
text ~ текстовый редактор *(ЭВМ)*
title ~ титульный редактор
video ~ режиссёр видеомонтажа
editorial передовая статья; редакционная статья
front-page ~ передовая статья на первой полосе *(газеты)*
edit-out выходная [конечная] монтажная точка
education образование, просвещение; обучение
academic ~ академическое образование, теоретическая подготовка
adult ~ обучение взрослых
advertising ~ рекламное образование, обучение рекламе
all-round ~ разностороннее образование
art ~ художественное образование
below-cost ~ субсидируемое образование
business ~ коммерческое образование
college ~ обучение в колледже; образование в объёме колледжа
compulsory ~ (всеобщее) обязательное обучение
conductive ~ обучение с инструктором
consumer ~ просвещение потребителей
dental health ~ санитарное просвещение по вопросам ухода за зубами
economic ~ экономическое образование
elementary ~ начальное образование
engineering ~ инженерное образование
environmental ~ просветительская деятельность по вопросам охраны

education

окружающей среды, экологическое воспитание
executive ~ обучение руководящих работников
first-level ~ начальное образование
formal ~ формальное образование
free ~ бесплатное обучение
general ~ общее образование, общеобразовательная подготовка
grade school ~ начальное образование
health ~ санитарное просвещение
high ~ среднее образование
higher ~ высшее образование
in-service ~ обучение без отрыва от производства
liberal (arts) ~ гуманитарное образование
management ~ образование в области управления, обучение специалистов по управлению
moral ~ нравственное воспитание
nutritional ~ обучение рациональному питанию
postprimary ~ неполное среднее образование
practical ~ практическое образование
primary ~ начальное образование
private ~ частное обучение
professional ~ профессиональное обучение
public ~ *амер.* государственное образование
scholastic ~ *см.* university education
secondary ~ среднее образование
technical ~ техническое образование
technical secondary ~ среднее образование с техническим уклоном (*в средней школе технического профиля*)
tertiary [third-level] ~ высшее образование
trade ~ профессиональное обучение
universal primary ~ всеобщее начальное обучение
university ~ университетское образование
user ~ обучение пользователей
vocational ~ профессиональное обучение
vocational-oriented ~ профессионально-техническое образование, профориентация

educator преподаватель, педагог
nurse ~ сестра-инструктор
edutainment обучение с развлечением, обучение в процессе игры
effect 1. эффект; воздействие; результат, следствие **2.** впечатление **3.** *pl* имущество; собственность **4.** *pl экр.* спецэффекты ◇ **in** ~ в сущности, фактически; действующий (*о контракте*); **to bring [to carry] into** ~ осуществлять; приводить в исполнение; **to come into** ~ вступать в силу (*напр. о договоре*); **to have** ~ давать (желаемый) результат, действовать; **to no** ~ безрезультатно; **to put into** ~ осуществлять; **to take** ~ вступать в силу; **with** ~ **from** вступающий в силу с ...; **without** ~ безрезультатно
accelerating ~ ускоряющий эффект, ускоряющее действие
actuality ~**s** *экр.* натурные [«живые»] шумы (*в противовес фонотечным*)
adaptive ~ приспособленческий эффект
adverse ~ неблагоприятное [вредное] воздействие, отрицательный эффект
advertising ~ эффект [воздействие] рекламы, рекламный эффект
advertising economic ~ экономический эффект рекламы
anti-competitive ~ эффект снижения конкуренции, противоконкурентный эффект
apparent ~ кажущийся эффект
assimilation-contrast ~ эффект ассимиляции и противопоставления
bandwagon ~ эффект повального увлечения *или* моды, эффект «стадности» (*потребление, побуждаемое стремлением не отстать от других*)
beneficial ~ положительное [благотворное] воздействие
boomerang ~ эффект бумеранга, обратный эффект
business ~ деловой [коммерческий] эффект
camera ~ *экр.* оптический эффект, достигаемый с помощью съёмочной камеры (*а не за счёт последующей*

effect

обработки плёнки в оптическом копираппарате)
chance ~ случайный эффект
cleaning ~ чистящий эффект, очищающее действие
collateral ~ побочный [дополнительный] эффект
combined ~ общий [совокупный] эффект
communication ~ коммуникационный эффект, эффект коммуникации
contrasting ~ эффект контраста, контрастность
controlling ~ регулирующий эффект
counteractive ~ противодействующий [нейтрализующий] эффект
crowding ~ эффект перенаселения [переполненности], эффект вытеснения
cumulative ~ суммарный [общий] эффект; совокупный результат
customer holdover ~ эффект (долговременного) удержания клиентов *(благодаря проведённой рекламе)*
damaging ~ повреждающее действие
decisive ~ решающее воздействие
delayed ~ отсроченный эффект
delayed response ~ эффект отсроченной реакции [отсроченного отклика] *(на рекламу)*
demand damping ~ эффект ограничения спроса
demonstration ~ эффект демонстрации *(особенно в области личного потребления: взаимовлияние потребительских предпочтений, быстрое распространение новой моды и новых товаров)*
dependence ~ эффект зависимости *(между рекламой и производством при обсуждении мнимых и реальных потребностей)*
depressing ~ гнетущий эффект, эффект угнетения
desired ~ желательный [желаемый] эффект
destructive ~ разрушающее действие
detergent ~ моющий эффект, моющее действие
detrimental ~ неблагоприятный эффект
distribution ~ эффект распределения
disturbing ~ возмущающее влияние

dolly ~ эффект съёмки с движения, псевдостереоскопический эффект
ecological ~ экологическое воздействие, экологический эффект; *pl* экологические последствия
emotive ~ эмоциональный эффект
environmental ~ влияние внешних условий *(закона)*
evidential ~ доказательная сила *(закона)*
fast-motion ~ *экр.* эффект ускоренного движения
feedback ~ эффект обратной связи
final ~ конечный эффект
gamma ~ эффект мнимости, эффект мнимого движения
general ~ общее впечатление
general stabilizing ~ общее стабилизирующее воздействие
halo ~ эффект ореола
harmful ~ вредное последствие, неблагоприятный эффект
hi-tech ~ (зрительный) эффект на базе самой передовой технологии
ill ~ вредное (воз)действие, порча
immediate ~ непосредственное воздействие, немедленный эффект
income ~ эффект дохода *(влияние изменений в доходах на спрос)*
indirect ~ косвенное воздействие, косвенный эффект
initial ~ первоначальный эффект
intended ~ предполагаемый [расчётный] эффект
interaction ~ эффект взаимодействия
irreversible ~ необратимый эффект
lagged ~ эффект запаздывания
legal ~ правовой эффект, правовые последствия; юридическая сила
library ~s *экр.* фильмотечные или фонотечные эффекты
light ~ световой эффект, эффект освещения
local ~ локальный [местный] эффект
long-term ~ долгосрочный эффект, отдалённое последствие
marginal ~ предельный эффект
mental ~ психическое (воз)действие
microphone ~ микрофонный эффект
motivational ~ эффект мотивации, побуждающее [стимулирующее] воздействие

effect

optical ~ оптический [зрительный] эффект
panorama ~ *экр.* эффект панорамирования
panoramic ~ панорамный эффект *(при демонстрации кинофильма)*
participation ~ *экр.* эффект участия, эффект присутствия *(при просмотре широкоэкранных или панорамных кинофильмов)*
perspective ~ эффект перспективы
pollution ~ влияние загрязнения на окружающую среду
position ~ эффект положения
positive ~ благоприятное воздействие, позитивный эффект
potential ~ возможное воздействие
price distortion ~ эффект искажения цены
print-out ~ *экр.* эффект выборочной печати *(дающий ускоренное движение на экране)*
prolonged ~ длительный эффект
promotive ~ ускоряющее действие
protective ~ защитный эффект, защитное воздействие
random ~ случайный эффект
restraining ~ сдерживающее воздействие
real ~ реальный эффект, фактическое (воз)действие
reversible ~ обратимый эффект
sales ~ эффект [влияние] на уровень сбыта; торговая эффективность
salutary ~ благотворное воздействие
saturation ~ эффект насыщения
scouring ~ эффект «размывания» изображения
seasonal ~s *стат.* сезонные колебания
selective ~ избирательное [селективное] воздействие
shading ~ эффект оттенков
short-term ~ краткосрочный эффект, краткосрочное действие
side ~ побочный эффект
slow-motion ~ *экр.* эффект замедленного движения
snob ~ эффект «снобизма» *(потребление, побуждаемое стремлением возвыситься над другими)*
social-and-economic ~ социально-экономический эффект

sound ~s звуковые эффекты, шумы *(в фильме)*
special ~s специальные эффекты, (кино)трюки
stimulating ~ стимулирующее воздействие, стимуляция
stipple ~ эффект пунктира
storage ~ эффект длительного хранения
substitution ~ эффект замещения *(изменение величины спроса на товар как результат изменения его цены по отношению к ценам других товаров)*
subtle ~ слабовыраженный эффект
sympathy ~ *стат.* эффект «встречной помощи», эффект сочувствия [симпатии] *(желание обследуемого при ответах пойти навстречу обследователю)*
synergistic ~ синергетический эффект
thermal ~ тепловой эффект
tonal ~ тональный эффект
track ~ *см.* dolly effect
transition ~ эффект переноса
trick ~s *см.* special effects
trickle-down ~ эффект постепенного стимулирования *(сверху вниз)*
trucking ~ *см.* dolly effect
visual ~s зрительные эффекты
volume ~ объёмный эффект; эффект объёма
wearout ~ влияние [следствие] износа
wipescreen ~ *экр.* вытеснение шторкой
zoom ~ *экр.* трансфокаторный эффект, зум-эффект, масштабирование *(объекта съёмки за счёт изменения фокусного расстояния вариообъектива при неподвижной камере)*

effectiveness эффективность, действенность ◇ to impair ~ снижать эффективность
advertising ~ эффективность рекламы
campaign ~ эффективность кампании
communication ~ коммуникационная эффективность, эффективность коммуникации

efficiency

demographic ~ демографическая эффективность
economical ~ экономическая эффективность
forecasting ~ эффективность прогнозирования
general ~ общая эффективность
managerial ~ эффективность управления
marketing ~ эффективность маркетинга
media ~ (рекламная) эффективность средств массовой информации; эффективность средств рекламы
operational ~ эксплуатационная эффективность
organizational ~ эффективность организационной структуры
publicity ~ эффективность пропаганды
relative ~ относительная эффективность
sales [selling] ~ коммерческая эффективность, эффективность сбыта
supply ~ эффективность снабжения
system ~ эффективность системы
ultimate sales ~ конечная эффективность сбыта
efficiency 1. эффективность; производительность; продуктивность, рентабельность 2. коэффициент полезного действия, кпд
~ **of estimate** эффективность оценки
~ **of labour** производительность труда
advertising ~ эффективность рекламы
allocative ~ эффективность, связанная с распределением ресурсов; эффективность распределения ресурсов
capital ~ эффективность капитальных вложений
communication ~ коммуникационная эффективность, эффективность коммуникации
cost ~ рентабельность, эффективность затрат
distribution ~ эффективность (системы) распределения [товародвижения]
economic(al) ~ экономическая эффективность; рентабельность
energy ~ эффективность использования энергетических ресурсов
enterprise ~ рентабельность предприятия
farm labour ~ производительность труда в сельском хозяйстве
functional ~ функциональная эффективность
industrial ~ экономическая эффективность промышленного производства
interface ~ эффективность взаимодействия
management ~ эффективность управления [руководства]
manufacturing ~ эффективность производства
marketing ~ эффективность маркетинга
media ~ эффективность средств рекламы
nutritive ~ коэффициент использования питательных веществ, питательная ценность
operating ~ 1. эксплуатационная эффективность 2. эффективность деятельности (фирмы)
optimum ~ оптимальная эффективность
overall ~ 1. общая эффективность 2. общий кпд
performance ~ работоспособность; относительный уровень производительности
practical ~ практические навыки, подготовленность
production ~ экономическая эффективность производства
purchasing ~ эффективность закупок
purification ~ эффективность очистки
relative ~ 1. относительная эффективность 2. относительный кпд
relative profit ~ сравнительная рентабельность
saturation ~ степень насыщения
statistical ~ статистическая эффективность
transactional ~ (of economy) торгово-операционная [торгово-рыночная] эффективность (экономики)
use ~ коэффициент использования

217

efficiency

visual ~ эффективность зрительного восприятия
working ~ работоспособность

effort 1. усилие, борьба 2. работа
advertising ~s рекламные усилия
all-out ~s всесторонние усилия
combined ~s совместные усилия
communication ~ усилие в сфере коммуникации
concerted [cooperative] ~s совместные усилия
creative ~ творческая активность
design ~ проектирование, разработка, конструирование
development ~ опытно-конструкторская работа
focused ~ целенаправленное усилие
image-building ~ усилие по созданию [формированию] образа
ineffective ~ напрасное усилие
joint ~s совместные усилия
legitimate communication ~ правомочный приём коммуникации
manufacturing ~s производственные усилия
marketing ~ маркетинговое усилие; маркетинговая деятельность
mental ~ умственное усилие
profitless ~ бесполезное [бесплодное] усилие
promotional ~ мероприятие по стимулированию *(сбыта)*
purchase ~ усилие по совершению покупки
research ~ (научно-)исследовательская работа
sales ~ торговое усилие
selling ~s коммерческие [сбытовые] усилия, усилия по сбыту, меры по организации и стимулированию сбыта
sustained ~ длительное усилие
team ~ групповое усилие
testing ~ тестирование, попытка тестирования
vain ~s тщетные усилия
wasted ~ непроизводительное усилие

ego 1. эго, я (сам), субъект мысли 2. самомнение; самолюбие
empirical ~ личное [индивидуальное] «я»

elasticity эластичность, гибкость *(характер зависимости двух факторов)*
~ of credit эластичность кредита
demand ~ эластичность спроса
fixed ~ постоянная эластичность
price ~ эластичность цен, ценовая эластичность
price-demand ~ эластичность спроса по ценам
supply ~ эластичность предложения

electorate избиратели, контингент избирателей

electronics 1. электроника 2. электронная аппаратура
consumer ~ бытовая электроника, электронные товары широкого потребления, электронный ширпотреб, бытовая электронная техника
control ~ управляющая электроника, электронные схемы управления
digital ~ цифровая электронная аппаратура
home ~ бытовая электроника
microsystem ~ микроэлектроника
small ~ мелкие электронные изделия
solid-state ~ полупроводниковая электроника
transistor ~ транзисторная электроника

electroprinting *экр.* перевод магнитной записи в оптическую фонограмму

electro(type) гальвано(стереотип) *(клише, изготовленное гальваническим способом)*

element 1. элемент, составная часть, компонент, частица 2. *pl* основы
~ of chance *стат.* элемент случайности
~s of sampling theory основы теории выборки
(the) ~s of science основы науки
~ of truth доля истины
auxiliary ~ вспомогательный элемент
basic ~ основной элемент
component [constituent] ~ составляющий элемент, составная часть
control ~ управляющий элемент, элемент системы управления
detecting ~ рецептор, чувствительный элемент
distribution ~ элемент [составляющая] системы распределения

emergency

dominant [dominating] ~ доминирующий [главенствующий] элемент
foreign ~ нетипичный [случайный] элемент
frequency ~ стат. элемент плотности (распределения)
game ~ элемент игры
heavy ~ полигр. основной штрих (буквы)
human ~ человек как элемент системы
image(-making) ~ составная часть образа, элемент изображения
information ~ элемент информации
informative ~ элемент, несущий информацию
light ~ полигр. тонкий штрих (буквы)
memory ~ элемент памяти
nodal ~ узловой элемент; узел
nutrient ~ питательный элемент
operation ~ элемент производственной операции
pictorial ~ иллюстративный [изобразительный] элемент
picture ~ элемент изображения
picturesque ~ живописный [декоративный] элемент
product ~ составная часть товара
product-image ~ составляющая образа товара
production ~ экр. постановочный приём, элемент постановки
reference ~ опорный [эталонный] элемент
risk ~ элемент риска
screen ~ полигр. растровая точка
service ~ элемент обслуживания
space ~ полигр. пробельный материал
standard ~ типовой [унифицированный] элемент
static ~ статичный элемент
statistically identical ~s статистически тождественные элементы
time ~ элемент времени
trace ~ микроэлемент
variable ~ переменный элемент
verbal ~ словесный элемент
visual ~ зрительный [изобразительный] элемент
elite 1. элита, отборная часть, цвет (напр. общества) 2. полигр. «элит» (печать с плотностью 12 символов на дюйм)
social ~ элита общества
em 1. полигр. «эм» (ширина самой широкой буквы данного шрифта) 2. кегельная шпация
E-mail электронная почта
embellishments элементы украшения (фигурные, объёмные или механические элементы, придающие рекламному щиту эффект трёхмерности. В США стандартные размеры элементов украшения в верхней части щита около 152 см, по бокам около 61 см, и в нижней части примерно от 30 до 61 см)
emblem эмблема, символ, заводская марка
commercial ~ торговая эмблема
distinctive ~ отличительная эмблема
national ~ герб страны, государственный герб
recognized ~ признанная эмблема
embossing 1. тиснение, рельеф; блинт 2. экр. линзовый растр
blind ~ бескрасочное [блинтовое] тиснение
bottom ~ выдавливание рельефа на донышке (напр. консервной банки)
cold ~ холодное тиснение
colour ~ экр. линзовый растр для цветного процесса
hot ~ горячее тиснение
small-net ~ экр. линзовый растр с квадратными ячейками
emerald имеральд (шрифт кегля 6,5)
emergence появление, выход, проявление
~ **of trend** п(р)оявление тенденции
delayed ~ запоздалое проявление
emergency 1. непредвиденный случай; критическая ситуация, авария 2. неотложная помощь ◇ **in case of** ~ в случае крайней необходимости
critical [dire] ~ критическая [аварийная, чрезвычайная] ситуация
hospital ~ больничная неотложная помощь
real ~ реальная аварийная ситуация
surgical ~ экстренная помощь
unexpected ~ неожиданная [непредвиденная] авария; неожиданное [непредвиденное] происшествие

emission

emission 1. выделение; распространение *(напр. запаха)* 2. излучение
industrial ~s газообразные промышленные отходы
light ~ излучение света, свечение
luminescent ~ люминесцентное излучение
noise ~ шумность *(напр. от транспорта)*
time signal ~ *вещ.* передача сигналов времени
vehicle ~ выброс *(в атмосферу)* продуктов сгорания

emotion эмоция, чувство; волнение
negative ~ отрицательное [негативное] чувство
pent-up ~ сдерживаемое чувство
positive ~ положительное чувство, положительная эмоция

empathy эмпатия, сопереживание; умение поставить себя на место другого

emphasis 1. акцент, упор, эмфаза 2. *полигр.* выделение в тексте *(напр. курсивом)* 3. выделительный шрифт ◇ **added** ~ разрядка наша, курсив наш *(пометка в тексте)*; **to lay [to place]** ~ подчёркивать, выделять, придавать значение
advertising ~ рекламный акцент
marketing ~ основные усилия маркетинга
price ~ внимание к ценам

employee служащий; рабочий; работающий по найму
advertising ~ работник рекламного агентства, работник службы рекламы
corporate ~ служащий корпорации
fulltime ~ работник, занятый полный рабочий день
government ~ государственный служащий
managerial ~ наёмный управленец
office ~ конторский служащий
part-time ~ работник, занятый неполный рабочий день, работник с неполным рабочим днём; временный работник
professional ~ (наёмный) специалист-профессионал
public ~ государственный *или* муниципальный служащий
salaried ~ служащий на окладе; служащий, получающий жалованье
service ~s наёмная рабочая сила сферы обслуживания, обслуживающий персонал
store ~s персонал магазина
time-reporting ~ работник с почасовой оплатой, почасовик
vested ~ старый кадровый работник
wage ~ рабочий, получающий заработную плату

employer работодатель, наниматель
~ **of labour** наниматель рабочей силы
prospective ~ потенциальный работодатель

employment 1. занятость; работа *(по найму)* 2. применение, использование 3. пост, должность ◇ **to create additional** ~ создавать дополнительные рабочие места; повышать занятость; **to sustain** ~ поддерживать уровень занятости
actual ~ фактическая занятость; фактическое использование
blue-collar ~ занятость рабочих-производственников
casual ~ случайная занятость
contractual ~ работа по контракту
full ~ полная занятость, отсутствие безработицы
full-time ~ занятость в течение полного рабочего дня
gainful ~ доходное занятие
industrial ~ занятость в промышленности
lifetime ~ пожизненная занятость
lucrative ~ прибыльное занятие
manufacturing ~ занятость в сфере производства
optimum ~ **of resources** оптимальное использование ресурсов
partial ~ частичная занятость
part-time ~ занятость в течение неполного рабочего дня
primary ~ первичная занятость *(возникающая непосредственно после инвестирования определённого капитала)*
productive ~ **of labour** производительное применение труда
seasonal ~ сезонная занятость
secondary ~ вторичная занятость

enforcement

(*возникающая в результате расширения производства*)
sheltered ~ облегчённые условия труда (*напр. при беременности*)
empty-nester *демогр.* обитатель «пустого гнезда» (*родитель, от которого уже отделились дети*)
en *полигр.* эн (*условная единица горизонтального измерения набора в пунктах, равная по ширине ровно половине ширины литеры «M» шрифта любого кегля*)
enclosure 1. вложение (*содержимое пакета*); приложение (*к документу*) 2. обрамление (*объявления*)
bill ~ приложение [«нагрузка»] к счёту (*рекламный материал, вкладываемый в конверт со счётом*)
package ~ вложение в упаковку
encounter встреча; столкновение
street ~ уличное интервью, интервью на улице, интервью прохожих
end 1. конец, завершение, результат, исход 2. аспект, сторона, часть 3. цель, намерение ◇ **an** ~ **in itself** самоцель; **at the consuming** ~ со стороны потребителей; в сфере потребления; **for public** ~s на общественные нужды, в интересах общества; **to accomplish [to gain] one's** ~s достичь цели, добиться своего; **to no** ~ бесцельно, бесполезно, напрасно; **to serve an** ~ служить *какой-л.* цели
advertising ~ **of insurance** реклама в страховом деле
business ~ практическая [коммерческая] сторона дела
delivery ~ **of press** *полигр.* приёмно-выводная часть печатной машины
high ~ **of the market** верхний эшелон рынка
low ~ **of the line** «дешёвый» сектор товарного ассортимента
lower ~ **of the market** нижний эшелон рынка
private ~s личные цели
receiving ~ приёмная [принимающая] сторона
sending ~ передающая [отправляющая] сторона
stacking ~ *полигр.* приёмный стол (*листовыводного устройства*)

tail ~ **of sheet** *полигр.* нижняя часть листа
turned-in ~ клапан (*суперобложки*)
endeavour (энергичная) попытка, усилие
advertising ~ рекламное усилие
artistic ~ художественное творчество
constructive ~ созидательное [конструктивное] усилие
economic ~s экономические усилия, экономическое предпринимательство
good ~s дружественные усилия
moral ~ нравственное усилие
endorsement 1. индоссамент, жиро (*передаточная надпись на обороте чека*) 2. одобрение, подтверждение ◇ ~ **without recourse** безоборотный индоссамент
blank ~ бланковый индоссамент, бланковая передаточная надпись (*без указания лица, которому переуступается документ*)
conditional ~ индоссамент, содержащий определённое условие (*по выполнении которого может производиться платёж*)
general ~ *см.* **blank endorsement**
restrictive ~ ограниченный индоссамент
special ~ именной индоссамент, именная передаточная надпись
unconditional ~ безусловный индоссамент
endpaper форзац
double ~ двойной форзац
inner ~ форзац
inserted ~ вкладной форзац
single ~ разрезной [прошивной] форзац
energy-intensive энергоёмкий
enforcement 1. давление, принуждение 2. контроль за проведением в жизнь 3. принудительное взыскивание (*платежей*) ◇ **by** ~ в принудительном порядке
~ **of morals** наблюдение за нравственностью [за соблюдением моральных норм]
~ **of patent rights** принудительное осуществление патентных прав
antitrust ~ применение антитрестовских законов

enforcement

contract ~ принудительное осуществление условий договора

law ~ контроль за исполнением закона, обеспечение исполнения закона

substantive ~ применение норм материального права

engagement 1. дело, занятие 2. (назначенная) встреча 3. доверенность 4. формальное обязательство ◇ to break ~ нарушить обязательство; to enter into ~ принять на себя обязательство

social ~ обязательство, не носящее юридического характера

speaking ~ выступление (*напр. с лекцией*)

engineer инженер

assistant ~ техник; лаборант

audio(-control) ~ звукооператор

budget ~ *амер.* бухгалтер-контролёр исполнения сметы

camera-control ~ видеооператор

cardboard ~ специалист по созданию экспозиций и упаковки

chief ~ главный инженер

consulting ~ инженер-консультант; консультант по инженерно-техническим вопросам

control ~ инженер службы технического контроля

development ~ инженер-разработчик

efficiency ~ специалист по научной организации труда

electrical ~ инженер-электрик

electronic ~ инженер-электронщик

environmental ~ специалист по вопросам охраны окружающей среды

experimental ~ инженер-экспериментатор

food ~ инженер (по) пищевой промышленности, инженер-пищевик

graduate ~ дипломированный инженер

hardware ~ инженер технического профиля

human ~ инженер гуманитарного профиля (*напр. бионик, биотехник*); специалист по эргономике

inspecting ~ инженер по приёмке (*продукции*); инженер службы технического контроля

installation ~ инженер-монтажник

licensed ~ дипломированный инженер

lighting ~ режиссёр по свету

maintenance ~ инженер по техническому обслуживанию

managing ~ инженер-организатор

manufacturing ~ специалист по организации производства

(manufacturing) process ~ инженер-технолог

mechanical ~ инженер-механик

multidimensional ~ инженер широкого профиля

municipal ~ инженер коммунального хозяйства

operating ~ инженер-эксплуатационник, инженер по эксплуатации

patent ~ инженер-патентовед

practical ~ инженер-практик

(product) design ~ инженер-конструктор

production ~ инженер-технолог; инженер-производственник

recording ~ инженер (по) звукозаписи

refrigeration ~ инженер по холодильной технике, инженер-холодильщик

research ~ инженер-исследователь

safety ~ инженер по технике безопасности

sales ~ инженер-сбытовик, инженер по сбыту

sanitary ~ инженер-сантехник

sound ~ звукооператор; инженер-звукотехник; инженер (по) звукозаписи

specification ~ инженер-конкретизатор (*напр. специалист, выбирающий конкретную марку товара*)

studio ~ видеоинженер

teaching ~ инженер по техническим средствам обучения [ТСО]

video [vision-control, visual] ~ видеоинженер

engineering 1. техника 2. инженерное искусство, проектирование; разработка, инжиниринг 3. *англ.* машиностроение

application ~ разработка применения

behavioural ~ формирование поведения, поведенческая технология (*вы-

работка новых форм и параметров поведения)
communication ~ техника связи
control ~ автоматика; техника автоматического управления
design ~ инженерное проектирование
electrical ~ электротехника
field ~ организация эксплуатации; разработка методов эксплуатации *(оборудования)*
human ~ инженерная психология; эргономика
industrial ~ организация промышленного производства
job ~ организация труда
knowledge ~ разработка интеллектуального обеспечения
mechanical ~ машиностроение
package ~ разработка упаковки
power ~ энергетика
process ~ технология; организация производственного процесса
production ~ инженерное обеспечение производства
quality ~ разработка методов обеспечения качества продукции; техническое обеспечение качества
reverse ~ инженерный анализ *(напр. технологии изготовления с целью раскрытия секретов конкурента)*
sales ~ профессионально-техническое обеспечение сбыта
sanitary ~ сантехника
software ~ программирование, разработка программного обеспечения *(для ЭВМ)*
structural ~ строительная техника
value ~ инженерно-стоимостной анализ; стоимостно-функциональный анализ; инженерная экономика
English миттель *(шрифт кегля 14)*
engraver 1. гравёр 2. цинкограф; гравировальный инструмент
copperplate ~ гравёр по меди
electronic ~ электрогравировальная машина
process ~ цинкограф
wood ~ гравёр по дереву, ксилограф
engraving 1. гравирование 2. изготовление клише 3. клише; гравюра, эстамп, оттиск с гравюры
coloured ~ цветная гравюра

full-colour process ~ клише для четырёхцветной печати
glass ~ гравирование на стекле
half-tone ~ растровое клише
outline ~ обтравленное растровое клише
(photo)line ~ штриховое клише
stipple ~ 1. гравирование пунктирной манерой 2. гравюра, выполненная в пунктирной манере
zinc ~ цинковое клише
enhancement 1. увеличение, усиление, углубление 2. повышение качества, оптимизация
~ of approach расширение возможностей подхода
detail ~ *полигр.* подчёркивание деталей
image [picture] ~ повышение качества изображения
price ~ повышение цен
productivity ~ повышение эффективности производства
profit ~ рост прибылей
resolution ~ повышение разрешающей способности
enlightened компетентный, просвещённый; предусмотрительный ◇ ~ on the subject осведомленный в (этом) вопросе
enquiry *см.* inquiry
enrol(l)ment внесение в список, регистрация; приём *(в члены)*; зачисление
part-time ~ зачисление на обучение без отрыва от производства
enterprise 1. предприятие; фирма; компания 2. предприимчивость 3. предпринимательство 4. отрасль *(хозяйства)*
artisan ~ ремесленное [кустарное] предприятие
business ~ торгово-промышленное предприятие; деловое предприятие
commercial ~ торговое [коммерческое] предприятие
competitive ~ конкурирующее предприятие
cooperative ~ кооперативное предприятие
corporate ~ акционерное предприятие *(зарегистрированное как корпорация)*

223

enterprise

domestic ~ отечественное предприятие
family-owned ~ семейное предприятие
farm(ing) ~ фермерское хозяйство, ферма
financial ~ финансовое предприятие
food industry ~ предприятие пищевой промышленности
free ~ 1. свободное предпринимательство 2. частное предприятие
government(al) ~ государственное предприятие
group ~ *см.* cooperative enterprise
incorporated ~ *см.* corporate enterprise
industrial ~ промышленное предприятие
large-scale ~ крупномасштабное предприятие
legitimate ~ законный бизнес
manufacturing ~ производственное предприятие
multinational ~ международная корпорация *(имеющая отделения или дочерние фирмы в различных странах)*
one-man ~ предприятие единоличного владельца, предприятие с одним работником
parent ~ головное предприятие
private ~ 1. частное предприятие 2. свободное предпринимательство
profitable ~ доходное [рентабельное] хозяйство
regulated ~ предприятие с регулируемой деятельностью
retail ~ розничное торговое предприятие, предприятие розничной торговли
small-scale business ~ мелкое деловое предприятие
state(-owned) ~ государственное предприятие
transnational ~ транснациональное предприятие
unprofitable ~ убыточное [нерентабельное] предприятие
utility ~ коммунальное предприятие
enterpriser предприниматель
entertainment 1. развлечение, увеселение; зрелище, представление 2. развлекательная передача 3. книга для лёгкого чтения 4. приём *(гостей)* ◊ **to afford ~** развлекать; занимать; забавлять; **to give ~** устроить приём [банкет]
electronic ~ электронные игры
light ~ лёгкое развлечение
outside ~ развлечения вне дома
enthusiasm энтузиазм, воодушевление
selling ~ коммерческий энтузиазм
enthusiast энтузиаст, поклонник
movie ~ поклонник [любитель] кино, киноман
nature ~ любитель природы, любитель отдыха на природе
sports ~ поклонник спорта
entity 1. целостность, единое целое 2. сущность 3. экономическая единица, самостоятельное (хозяйственное) подразделение
accounting ~ учётное подразделение, находящееся на самостоятельном балансе
class ~ классовая сущность
corporate ~ корпорация, юридическое лицо, правосубъектная организация
informal ~ неформальное образование, неформальная организация
international ~ субъект международных отношений
legal ~ юридический объект, юридическое лицо
marketable ~ самостоятельная единица рыночного хождения
member ~ организация-член, хозяйственная единица-член
natural ~ естественное явление
physical ~ физическая сущность, физическое явление
political ~ политическая реальность
private ~ частное юридическое лицо
regular ~ регулярная сущность, регулярный объект *(существование которого не зависит от существования других объектов)*
entrance вход, доступ, право входа; вступление *(в организацию)*; поступление *(в учебное заведение)* ◊ **to force ~** ворваться, вломиться
loading ~ грузовой подъезд
entrant 1. выходящий *(на рынок)*; вступающий *(куда-л.)* 2. новичок
new ~ компания-новичок

environment

potential [would-be] ~ потенциальный участник; потенциальный конкурент
entrepreneur предприниматель; владелец предприятия
  first-time ~ предприниматель-новичок, начинающий предприниматель
entrepreneurship предпринимательство
  foreign ~ иностранное предпринимательство
entry 1. вход, вступление, проникновение 2. выпускаемый на рынок товар 3. описание; запись 4. статья *(в словаре)* 5. экспонат ◇ on the ~ into force с момента вступления в силу *(соглашения)*; to forestall the ~ of competitors воспрепятствовать проникновению конкурентов *(на рынок)*; to make an ~ сделать запись; занести *(в книгу)*; to preclude the ~ of competitors *см.* to forestall the entry of competitors
  ~ of data ввод данных *(в ЭВМ)*
  dictionary ~ словарная статья
  free ~ свободный доступ; беспошлинный ввоз
  journal ~ запись в журнале
  market ~ проникновение на рынок
  net ~ превышение числа проникших *(на рынок)* компаний над выбывшими
  on-line ~ диалоговый ввод *(данных в ЭВМ)*
  order ~ поступление заказа *(на пополнение запасов)*
  safe ~ безопасный доступ
  selective ~ приём с отбором, конкурсный приём *(на работу)*
  subject ~ описание под предметной [тематической] рубрикой
  vocabulary ~ 1. словарная статья 2. отдельное слово в словнике
enumerator счётчик, регистратор
  census ~ счётчик *(при переписи населения)*
  local ~ счётчик при проведении локального исследования
envelope 1. конверт; оболочка 2. обложка
  biological ~ биосфера Земли
  business reply ~ возвратный конверт запроса деловой информации *(конверт с заранее напечатанным адресом и специальной пометкой почтовой службы о том, что плата за пересылку будет взыскана при вручении рекламодателю)*
  double-duty ~ конверт двойного назначения *(может служить возвратным конвертом для ответа)*
  drop letter ~ конверт для местного письма
  manila ~ конверт из обёрточной бумаги
  open-side ~ конверт с продольным клапаном
  order blank ~ бланк-конверт *(бланк заказа с адресом на обороте, при складывании превращающийся в готовый к отправке конверт)*
  pay ~ конверт с заработной платой; получка, заработок
  photographic filing ~ конверт для хранения негативов
  pocket ~ пакет-конверт *(для упаковки пищевых продуктов)*
  postpaid ~ конверт оплаченного ответа
  reply ~ возвратный конверт, конверт для ответа
  return ~ конверт с обратным адресом *(может быть как маркированным, так и немаркированным)*
  self-addressed stamped ~ чистый маркированный конверт со своим обратным адресом *(в операциях прямой почтовой рекламы)*
  triple-duty ~ конверт тройного назначения *(может использоваться как возвратный конверт для ответа и как бланк заказа)*
  window ~ конверт с (прозрачным) окошком для адреса
environment окружение, окружающая среда; условия; обстановка
  actual use ~ реальные условия эксплуатации
  adverse ~ неблагоприятное окружение
  advertising ~ рекламная среда, рекламное окружение
  ambient ~ условия окружающей среды
  application ~ условия применения
  artificial ~ искусственная среда

environment

behavioural ~ поведенческая обстановка *(на рынке)*
business ~ деловая среда, деловое окружение
combined ~ комплекс внешних условий
commercial ~ коммерческое окружение
competitive ~ конкурентное окружение
consumer ~ потребительская среда
controlled ~ контролируемые условия окружающей среды
cultural ~ культурная среда
current economic ~ текущая экономическая обстановка
customer ~ условия эксплуатации *(товара)* у потребителя
demographic ~ демографическая среда, демографическое окружение
demographic-economic ~ демографическо-экономическая среда
design ~ дизайновая [стилевая] среда, стилевое окружение
designed ~ специально созданная среда
dynamic ~ меняющиеся условия; изменчивая окружающая обстановка
ecological ~ экологическая среда
economic ~ экономическое окружение, экономический климат, экономическая обстановка
editorial ~ редакционное окружение *(рекламы)*
external ~ внешняя среда
forecasted ~ прогнозируемая среда
geographical ~ географическая среда; географические условия
healthy ~ среда, благоприятная для (здоровья) человека, здоровая среда
home ~ семейная обстановка, домашнее окружение
hostile ~ неблагоприятная окружающая среда, неблагоприятные окружающие условия
human ~ среда обитания человека; природа
information ~ информационное окружение
intellectual ~ интеллектуальная среда
international marketing ~ международная маркетинговая среда, среда международного маркетинга
legal-political ~ политикоправовое окружение
living ~ среда обитания
local ~ местные окружающие условия
manufacturing ~ условия производства
marketing ~ маркетинговая среда, среда действия маркетинга, маркетинговая обстановка
media ~ сфера средств массовой информации
message ~ контекст рекламного обращения
natural ~ природные условия; естественная среда
negotiating ~ обстановка [атмосфера] переговоров
news ~ событийное окружение
operational ~ условия эксплуатации
physical ~ физическая среда
political ~ политическое окружение
political-legal ~ политико-правовая [государственно-правовая] среда
polluted ~ загрязнённая окружающая среда
protective ~ защитная оболочка
rugged ~ неблагоприятные условия
sales ~ торговая среда
sci-tech ~ научно-техническая среда
selling ~ торговая среда
service ~ условия применения
simulated ~ искусственная среда, смоделированные условия среды
social ~ социальное [общественное] окружение, социальная среда
social-cultural ~ социально-культурная среда
socioeconomic ~ социально-экономическая среда
task ~ микросреда, рабочая среда
technological ~ научно-техническое окружение, научно-техническая среда
television program(me) ~ окружение телевизионной программы
testing ~ обстановка проведения испытаний
urban ~ городская среда, условия жизни в городе
use ~ условия применения
varied ~ изменяющиеся условия окружающей среды

equipment

work(ing) ~ 1. производственная среда; условия труда 2. условия эксплуатации

environmentalism движение в защиту окружающей среды

envirosafe экологически чистый, не наносящий вреда окружающей среде *(напр. о товаре)*

episcope эпископ, эпипроектор *(аппарат для проекции изображений на непрозрачной подложке)*

episode серия *(фильма)*

equation 1. уравнение, правильное соотношение, соответствие 2. уравнивание, согласованность 3. поправка на личные особенности

~ of demand and supply соответствие спроса и предложения

colour ~ цветовое уравнение

design ~ расчётная формула

fitted ~ уравнение аппроксимации; эмпирическое уравнение

generalized ~ обобщённое уравнение

inventory ~ уравнение управления запасами

original ~ исходное уравнение

price-costs ~ уравнение соотношения «цена—издержки», уравнение, связывающее цены с издержками производства

sales ~ уравнение сбыта, торговое уравнение, уравнение купли-продажи *(совокупность разных факторов и соотношение между ними)*

value ~ уравнение стоимости

working ~ рабочая формула

equipment оборудование, оснащение, снаряжение, аппаратура

accessory ~ вспомогательное оборудование

agricultural ~ сельскохозяйственный инвентарь; сельскохозяйственное оборудование, сельскохозяйственные машины

animation ~ оборудование для производства мультипликационных фильмов

artwork ~ оборудование для изготовления оригиналов фотошаблонов

audio ~ звуковая аппаратура

automated ~ автоматическое оборудование, автоматы

auxiliary ~ вспомогательное оборудование

back-projection ~ риэпроекционная установка; оборудование для съёмки методом рирпроекции

bottling ~ оборудование для розлива в бутылки, разливочное оборудование

broadcast(ing) ~ вещательная аппаратура, вещательное оборудование

built-in ~ встроенная аппаратура, встроенное оборудование

business ~ производственное оборудование *(промышленное, транспортное, сельскохозяйственное, торговое, конторское)*

canning ~ консервное оборудование

capital ~ капитальное [основное] оборудование *(заносимое на баланс предприятия)*

carrier ~ транспортное оборудование

communication(s) ~ средства коммуникации, оборудование связи

complete ~ комплектное оборудование

composing-printing ~ наборно-печатающая техника, НПТ

computerized ~ оборудование на базе ЭВМ

cooking ~ оборудование для приготовления пищи

dairy ~ оборудование (для) молочной промышленности

dark-room ~ оборудование фотолаборатории, фотолабораторное оборудование

data-processing ~ оборудование (для) обработки данных

display ~ 1. экспозиционное оборудование, приспособления для выкладки [показа] товаров 2. аппаратура для визуального отображения *(информации)*

domestic electronic ~ бытовая электроника

editing ~ оборудование (видео)монтажа

expendable ~ аппаратура разового применения

extractive ~ добывающее оборудование

farm ~ см. agricultural equipment

fixed ~ стационарное оборудование

equipment

gymnasium ~ оборудование (для) гимнастических залов
home video ~ бытовая видеотехника
home workshop ~ оборудование для домашних мастерских
household ~ оборудование жилища, бытовое оборудование
industrial ~ промышленное оборудование
inspection ~ аппаратура для проверочного контроля, контрольное оборудование
laboratory ~ лабораторное оборудование
laundry ~ оборудование для прачечных
lighting ~ осветительное оборудование, осветительная аппаратура
loading ~ погрузочное оборудование
main ~ основное оборудование
maintenance(-and-support) ~ оборудование для технического обслуживания и текущего ремонта
manufacturing ~ производственное оборудование
materials-handling ~ погрузочно-разгрузочное оборудование
microfilm ~ оборудование для микрофильмирования
mobile ~ передвижное оборудование
must-use ~ оборудование обязательного применения
obsolete ~ устаревшее оборудование
office ~ конторское оборудование
one-shot ~ аппаратура разового применения
optional ~ оборудование, поставляемое по особому заказу; дополнительные принадлежности, оснащение за дополнительную плату; нестандартное оборудование
outdoor cooking ~ оборудование для приготовления пищи на улице
outdoor sports ~ принадлежности для занятий спортом на открытом воздухе
plate processing ~ *полигр.* формное оборудование
playback ~ оборудование для воспроизведения *(магнитных записей)*; проигрывающее устройство, проигрыватель

portable ~ портативная [переносная] аппаратура
prime ~ основное оборудование
printing ~ печатное оборудование
process control ~ оборудование для управления производственным процессом; оборудование для регулирования хода технологического процесса
processing ~ технологическое оборудование
production ~ производственное оборудование
projection ~ проекционное оборудование
purchase ~ закупаемое [поставляемое] оборудование
rear-projection ~ *см.* back-projection equipment
recording ~ записывающая [регистрирующая] аппаратура
refuse disposal ~ оборудование для удаления отходов и мусора
remote-control ~ аппаратура дистанционного управления
rental ~ оборудование, сдаваемое в аренду
run-down ~ изношенное оборудование
safety ~ предохранительные устройства
sausage-making ~ колбасное оборудование
second-hand ~ оборудование, бывшее в употреблении; подержанное оборудование
shop ~ торговый инвентарь и торговое оборудование, оборудование магазина
simulation ~ моделирующее [имитирующее] устройство
single-use ~ аппаратура разового применения
sophisticated ~ усложнённое оборудование
special-effects ~ *экр.* аппаратура спецэффектов
specialized ~ специализированное оборудование
stereo(phonic) ~ стереоаппаратура
studio ~ студийное оборудование, оборудование съёмочного павильона *(студии)*

error

subtitling ~ *экр.* аппаратура ввода [наложения] титров
supervisory ~ *см.* inspection equipment
support ~ вспомогательное оборудование
tailor-made ~ аппаратура, изготовленная по (особому) заказу
technological ~ технологическое оборудование
test(ing) ~ испытательное оборудование, испытательная аппаратура
transportation ~ транспортное оборудование
used ~ *см.* second-hand equipment
video ~ видеоаппаратура, видеооборудование
video tape editing ~ аппаратура видеомонтажа, видеомонтажное оборудование
viewing ~ проекционное оборудование
worn-out ~ изношенное оборудование
equity 1. справедливость, беспристрастность **2.** доля акционера в капитале предприятия **3.** обыкновенная акция **4.** маржа
brand ~ достоинство [ценность] марки *(в сознании потребителей)*
tax ~ справедливость налогообложения
textual ~ идентичность [тождественность] текстов
equivalent эквивалент, аналог, равноценный заменитель
food ~ пищевой эквивалент
milk ~ заменитель молока
money ~ денежный эквивалент, стоимость, выраженная в деньгах
screen ~ *полигр.* линиатура растра
universal ~ всеобщий эквивалент
erroneous ошибочный, неправильный, ложный
error ошибка, погрешность ◇ **in ~** ошибочно, по ошибке; **~ in judgement** ошибка в суждении; **~ in survey** ошибка обследования; **to be in ~** ошибаться, заблуждаться
~ of fact ошибка в фактах
~ of omission пропуск, упущение, недосмотр
accidental ~ случайная ошибка
administrative ~ административная ошибка; ошибка, допущенная руководителем
allowable ~ допустимая ошибка
analytical ~ погрешность анализа
apparent ~ мнимая ошибка
appreciable ~ существенная ошибка
assumed ~ предполагаемая [допускаемая] погрешность
average ~ средняя ошибка
avoidable ~ (легко) устранимая ошибка
clerical ~ канцелярская ошибка, описка
colour ~ цветовое искажение, искажение цвета
colour-hue ~ искажение цветового тона
colour-purity ~ искажение чистоты цвета
composite ~ суммарная [результирующая] ошибка
computational ~ ошибка в вычислении [в расчёте]
coverage ~ ошибка вследствие неполного охвата
crude ~ грубая ошибка, промах
cumulative ~ накопленная ошибка
data ~ ошибка в исходных данных
estimation ~ ошибка оценивания
factual ~ фактическая ошибка; ошибка в данных
forecasting ~ ошибка в прогнозировании
gross ~ грубая ошибка, промах
image ~ *тлв* искажение изображения
initial ~ (из)начальная ошибка
instrumental ~ погрешность инструмента [прибора]
invited ~ спровоцированная ошибка
judicial ~ судебная ошибка
literal ~ опечатка; ошибка в букве
manifest ~ очевидная ошибка
marketing ~ ошибка маркетинга, маркетинговая ошибка
maximum ~ максимальная [предельная] ошибка
mean ~ средняя ошибка
measuring ~ ошибка [погрешность] измерения
observation(al) ~ ошибка наблюдения
occasional ~ случайная ошибка

229

error

pardonable ~ простительная ошибка
percentage ~ относительная ошибка в процентах, процентная ошибка
permissible ~ допустимая ошибка
popular ~ распространённая ошибка
prediction ~ ошибка в прогнозировании
printer's ~ опечатка
probable ~ вероятная ошибка
pure ~ истинная ошибка
radical ~ коренная ошибка
random ~ случайная ошибка
random sampling ~ ошибка случайного выбора
reading ~ ошибка отсчёта; ошибка считывания
real ~ истинная ошибка
reasonable ~ допустимая ошибка
recognition ~ ошибка распознавания
recoverable ~ исправимая ошибка
repetitive ~ повторяющаяся ошибка
response ~ ошибка в ответах *(обследуемого)*
resultant ~ *см.* composite error
rounding [round-off] ~ *стат.* ошибка округления
sample [sampling] ~ ошибка выборки [выборочного обследования]
spelling ~ ошибка в правописании, орфографическая ошибка
standard ~ стандартная погрешность
statistical ~ статистическая ошибка
syntactical [syntax] ~ синтаксическая ошибка
textual ~ ошибка в тексте
timing ~ временна́я ошибка; нарушение синхронизации
tolerated ~ допустимая ошибка
total ~ общая ошибка
true ~ истинная ошибка
type ~ ошибка при наборе
typographic(al) ~ опечатка
wear-out ~ погрешность, обусловленная износом

essence 1. суть, сущность, существо 2. эссенция, экстракт ◇ in ~ по существу
~ of beef концентрированный экстракт из говядины
~ of contract существенные условия контракта
artificial ~ синтетическая эссенция
flavouring ~ ароматическая эссенция
food ~ пищевая эссенция
natural ~ натуральная эссенция
synthetic ~ синтетическая эссенция

establishment 1. истеблишмент *(положение в обществе; привилегированная часть общества)* 2. учреждение, заведение, организация 3. установление, введение *(практики)*
~ of standard of prices установление масштаба цен
banking ~ банковское учреждение
branch ~ филиал, отделение
business ~ 1. деловое предприятие 2. деловые круги
educational ~ учебное заведение
farming ~ сельскохозяйственное предприятие
government-owned ~ государственное предприятие
health ~ медико-санитарное учреждение, оздоровительный центр
multiunit ~ многоточечное торговое заведение
printing ~ полиграфическое предприятие
public catering ~ предприятие общественного питания
publicly-owned ~ государственное предприятие
service ~ предприятие сферы услуг
single-unit ~ одноточечное торговое заведение
wholesale ~ предприятие оптовой торговли, оптовое заведение

estate 1. имущество, состояние 2. поместье, имение 3. сословие ◇ ~ at will бессрочная аренда, бессрочное арендное право; ~ in entirety супружеская общность имущества; ~ in fee-simple безусловное [неограниченное] право собственности; ~ in joint tenancy совместное право в недвижимости; ~ upon condition условное право в недвижимости
building ~ группа (жилых) домов, микрорайон
fast ~ недвижимость
fifth ~ 1. пятое сословие, учёные 2. электронные средства массовой информации *(радио, телевидение)*
first ~ первое сословие, духовенство, клир
fourth ~ четвёртое сословие, журна-

etching

листы; пресса; печатные средства массовой информации
housing ~ посёлок
industrial ~ промышленная зона, комплекс промышленных предприятий
joint ~ совместное имущество
landed ~ землевладение, земельная собственность; имение, поместье
leasehold ~ арендованное имение
life ~ пожизненное владение имуществом
non-ancestral ~ благоприобретённое имущество
personal ~ движимое имущество
real ~ недвижимость
second ~ второе сословие, дворянство, знать
third ~ третье сословие, буржуазия
trading ~ *см.* industrial estate
trust ~ имущество, управляемое по доверенности
esteem почтение, почитание, уважение; репутация ◇ **to be held in ~** пользоваться уважением [признанием]; **to hold in ~** уважать, чтить, почитать
estimate предварительная смета, калькуляция; оценка ◇ **as a conservative ~** по скромному подсчёту; **by ~** по предварительному подсчёту, по оценке; **to form ~** составить мнение, оценить
~ of efficiency учёт эффективности *(действия)*
approved ~ утверждённая смета
approximate ~ приближённая оценка
balanced ~ сбалансированная оценка
composite ~ составная оценка
conservative ~ оценка с запасом
consistent ~ *стат.* состоятельная оценка
cost ~ предварительная смета расходов; оценка издержек производства
crude ~ грубая [приближённая] оценка
current population ~ текущая оценка численности и состава населения
detailed ~ подробная смета
erroneous ~ ошибочная оценка
eye ~ оценка «на глаз(ок)»; грубая [приближённая] оценка

financial ~ финансовая смета, финансовый подсчёт
indirect ~ косвенная оценка
initial ~ первоначальная смета
large sample ~ *стат.* оценка на основе большой выборки
meaningful ~ обоснованная [значимая] оценка
multivariate ~ *стат.* многомерная оценка
numerical ~ *стат.* числовая оценка
pooled ~ *стат.* суммарная оценка
population ~ оценка численности и состава населения
preferred ~ предпочтительная оценка
preliminary ~ предварительная оценка
price ~ предварительный расчёт цены
quick-and-rough ~ быстрая и приближённая оценка
reliability ~ оценка надёжности
requirements ~ оценка потребностей
revised ~ пересмотренная смета
risk ~ оценка риска
rough ~ грубая [приближённая] оценка
sampling ~ оценочные данные выборочного обследования
single-value ~ однозначная оценка
smoothed ~ сглаженная оценка
statistical ~ статистическая оценка
unique ~ однозначная оценка
estimator сметчик, разработчик [составитель] сметы *(в рекламном агентстве — специалист по разработке смет на закупку времени или места)*
etching 1. гравирование *(травлением)* 2. гравюра, офорт 3. клише
calligraphic ~ офорт *(гравюра с рисунка на медной пластине)*
composite ~ многоступенчатое травление
deep ~ глубокое травление
dip ~ травление методом погружения
half-tone ~ растровое [полутоновое] клише; автотипия; автотипное клише
intaglio ~ травление форм глубокой печати
line ~ 1. травление штриховых клише 2. штриховое клише

etching

machine [mechanical] ~ машинное травление
relief ~ клише высокой печати
reverse ~ выворотное клише
zinc ~ **1.** цинкография; травление цинковых клише **2.** цинковое клише
ethics этика, моральные принципы
  advertising ~ этика рекламы, рекламная этика
  business ~ деловая этика, этика бизнеса [предпринимательства]
  doubtful ~ сомнительная этичность *(мероприятия)*
  economic ~ экономическая этика
  marketing ~ этика [моральные принципы] маркетинга
  medical ~ врачебная этика
  work ~ рабочая [трудовая] этика, этика рабочих отношений
evaluation оценка, оценивание, анализ; определение
  ~ of quality оценка качества
  account ~ смета
  advertising ~ оценка (качества и эффективности) рекламы; оценка рекламной ценности СМИ
  approximate ~ приближённая оценка, приближённое вычисление
  campaign ~ оценка результатов кампании
  capacity ~ оценка производственных возможностей *(предприятия)*
  cognitive ~ оценка на основе знаний
  consumer ~ оценка потребителем, потребительская оценка
  contractor performance ~ оценка возможностей подрядчика
  customer ~ оценка потребителем, потребительская оценка
  data ~ оценка данных
  economic ~ экономическая оценка
  engineering ~ оценка технических качеств, инженерная оценка
  environmental ~ оценка условий окружающей среды
  feasibility ~ оценка осуществимости; (технико-экономическое) обоснование
  field ~ оценка в условиях эксплуатации
  formal ~ формальная [официальная] оценка
  growth rate ~ оценка темпов роста
  judgemental ~ произвольная [субъективная] оценка
  longevity ~ оценка долговечности
  marketing ~ маркетинговая оценка
  medical ~ медицинская экспертиза
  message ~ оценка рекламного обращения
  new-product ~ оценка новых товаров [новинок]
  operational ~ оценка в условиях эксплуатации
  organoleptic ~ органолептическая оценка
  overall ~ оценка в целом, общая оценка
  performance ~ оценка технических характеристик
  policy ~ оценка политики [методики]
  product ~ оценка изделия [товара]
  progress ~ оценка достигнутых результатов
  qualitative ~ качественная оценка, качественный анализ
  reliability ~ оценка надёжности
  sensory ~ органолептическая оценка
  service-life ~ оценка срока службы
  subjective ~ произвольная [субъективная] оценка
  supplier ~ оценка поставщика
  validity ~ оценка юридической действительности *(контракта)*
  vendor ~ оценка поставщика
evaluative оценочный, содержащий оценку
evening вечер
  benefit ~ благотворительный вечер, бенефис
event 1. событие, явление; случай **2.** мероприятие **3.** соревнование **4.** номер *(программы)*; эпизод *(фильма)* ◊ at all ~s во всяком случае; in any ~ так или иначе, в любом случае
  arbitrary ~ произвольное событие
  casual ~ случайное событие
  certain ~ достоверное событие
  chance ~ случайное событие
  crucial ~ переломное событие
  economic ~ экономическое явление
  entertainment ~ развлекательная передача
  equiprobable ~s *стат.* равновероятные события

evolution

equivalent [exchangeable] ~s эквивалентные события
formal ~ официальное мероприятие
international ~s международные события
marketing ~ событийное мероприятие маркетинга, маркетинговое мероприятие событийного характера *(подаваемое как событие)*, событие в маркетинге
media ~ 1. событие, преподносимое средствами массовой информации; событие в интерпретации средств массовой информации 2. *амер.* незначительное событие, раздутое СМИ
news ~ событие, новость
newsworthy ~ мероприятие событийной значимости, событийное мероприятие
observable ~ наблюдаемое событие
pending ~ предстоящее [грядущее] событие
present-day ~s текущие события
primary ~ основное событие
publicity ~ пропагандистское мероприятие, пропагандистская акция
random ~ случайное событие
sales ~ распродажа *(по сниженным ценам)*
selling ~ акт купли-продажи
social ~ общественное мероприятие; неофициальная встреча
sports ~ 1. спортивное соревнование 2. спортивный сюжет
sure ~ достоверное событие
uncertain ~ недостоверное событие
vital ~ 1. этап в жизни человека 2. биографический факт

evidence 1. доказательство, свидетельство 2. данные, факты 3. свидетель ◇ in ~ 1. наличный, присутствующий; заметный 2. в доказательство ...; to bear ~ of свидетельствовать о ..., подтверждать, показывать; to call in ~ вызывать в качестве свидетеля; to give [to offer, to put] in ~ представлять в качестве доказательства
~ of debt долговой документ
~ of title документ о правовом титуле
circumstantial ~ *см.* indirect evidence

conclusive ~ неопровержимое доказательство
convincing ~ убедительное доказательство
cumulative ~ совокупность доказательств
direct ~ прямое свидетельство
documentary ~ документальное [письменное] доказательство
experimental ~ экспериментальные данные
expert ~ заключение [свидетельство] экспертов
external ~ внешний признак
factual ~ фактическая информация; фактические данные
hard ~ твёрдые доказательства
immediate ~ прямое доказательство
impartial ~ объективные показания
indirect ~ косвенное доказательство, косвенные улики
internal ~ доказательство, вытекающее из существа дела
irrefragable ~ бесспорное доказательство
legal ~ доказательства, принимаемые судом
market ~ конъюнктурная информация
material ~ вещественное доказательство
objective ~ объективные данные
physical ~ вещественное доказательство
positive ~ прямое доказательство
presumptive ~ презумпция доказательства, доказательства, основанные на догадках, опровержимое доказательство
quantitative ~ количественные данные
reasonable ~ обоснованное доказательство
reliable ~ достоверное доказательство
scientific ~ научные данные
sound [strong] ~ убедительное доказательство
substantial ~ существенное доказательство
supporting ~ подкрепляющее доказательство

evolution эволюция, постепенное развитие, процесс изменения

evolution

accidental ~ случайная эволюция
adaptive ~ адаптивная [приспособительная] эволюция
creative ~ творческая эволюция, творческое развитие
demographic ~ демографическое развитие
managed ~ управляемая эволюция
marketing ~ эволюция маркетинга
product ~ эволюция товаров
retrogressive [reverse] ~ обратная эволюция
saltatory ~ скачкообразное развитие
social ~ общественная эволюция
exaggeration преувеличение ◇ given to ~ склонный преувеличивать
advertising ~ рекламное преувеличение
virulent ~ злостное преувеличение
examination 1. осмотр, освидетельствование, обследование, проверка; экспертиза 2. экзамен ◇ ~ as to usefulness [to utility] экспертиза на полезность; ~ for to novelty экспертиза на новизну; ~ for to patentability экспертиза на патентоспособность; under ~ рассматриваемый
~ of accounts ревизия отчётности [счетов]
~ of application экспертиза заявки
~ of claim рассмотрение претензии
admission ~ приёмный [вступительный] экзамен
baseline ~ начальное [отправное] обследование
casual ~ поверхностное ознакомление
close ~ см. thorough examination
competitive ~ конкурсный экзамен
control ~ контрольная экспертиза [проверка]
customs ~ таможенный контроль [досмотр]
entry ~ приёмный [вступительный] экзамен
expert ~ экспертиза
final ~ заключительный осмотр; заключительная [окончательная] экспертиза
laboratory ~ лабораторное исследование
minute [narrow] ~ см. thorough examination

novelty ~ экспертиза на новизну
preliminary ~ предварительная экспертиза; предварительный осмотр
proficiency ~ проверка подготовленности, квалификационное испытание
qualitative ~ качественный анализ
quantitative ~ количественный анализ
requalifying ~ экзамен на переквалификацию [на подтверждение квалификации]
selective ~ выборочная экспертиза
state ~ государственная экспертиза
thorough ~ всестороннее [тщательное] обследование
trademark ~ экспертиза товарного знака
visual ~ наружный осмотр, визуальный контроль
example пример; образец, образчик; аналогичный случай, прецедент ◇ beyond ~ непревзойдённый (о качестве); without ~ беспрецедентный, беспримерный
concrete ~ конкретный пример
graphic(al) ~ наглядный пример
numerical ~ численный пример
prime ~ яркий [показательный] пример
telling ~ наглядный пример
excellence совершенство, высокое качество
creative ~ творческое совершенство
technical ~ техническое совершенство
exception 1. исключение, изъятие 2. возражение; оговорка (в документе) ◇ ~ from the rule исключение из правила; to be beyond ~ не вызывать никаких возражений; не подлежать сомнению; to take ~ to smth. возражать против чего-л.
excess 1. избыток, излишек 2. излишество, крайность 3. эксцесс ◇ to ~ чрезмерно, больше чем нужно, до излишества; to control ~es не допускать крайностей [излишеств]; to dispose of ~es реализовать излишки (товаров)
~ of capital избыток капитала
~ of caution излишняя осторожность
~ of demand over supply превышение спроса над предложением

234

~ of population избыток населения
~ of power превышение полномочий [власти]
permissible ~ допустимый избыток, допустимое превышение
exchange 1. обмен 2. *pl* товарооообмен 3. биржа 4. иностранная валюта 5. курс *(иностранной валюты)*
~s of commodities [of goods] товарообмен
advertising ~ рекламный обмен
beneficial ~ выгодный обмен
centralized ~s централизованный товарообмен *(через торгового посредника)*
commodity ~ товарная биржа
corn ~ *англ.* хлебная биржа
cultural ~ культурный обмен
data ~ обмен данными
decentralized ~s децентрализованный товарообмен *(напрямую между отдельными производителями, без участия торгового посредника)*
economic ~ экономический обмен
employment ~ биржа труда
familiarization ~ of information ознакомительный обмен информацией
gainful ~ выгодный обмен
grain ~ хлебная биржа
international program(me) ~ международный обмен программами *(телевидения)*
interpersonal ~ межличностный обмен
labour ~ биржа труда
list ~ обмен адресными [рассылочными] списками *(на бартерной основе)*
mercantile ~ товарная биржа
monetary ~ валютный обмен
patent ~ обмен патентами [патентной документацией]
produce ~ биржа сельскохозяйственных товаров
reciprocal ~ взаимообмен, взаимный обмен
stock ~ фондовая биржа *(осуществляет операции по купле-продаже ценных бумаг, золота, валюты)*
voluntary ~ добровольный обмен
exclusive «эксклюзивный» материал *(напечатанный только в одной га-*

executive

зете, только одном журнале), единственный в своём роде материал
exclusivity исключительность; монопольное право *(напр. на прокат фильмов)*
network ~ *вещ.* право сетевой эксклюзивности *(станции-филиала на эксклюзивное использование материалов сети в своих программах)*
territorial ~ территсриальная эксклюзивность, эксклюзивное право на территорию
excursion экскурсия, (туристическая) поездка
midweek ~ экскурсия [поездка] среди недели
weekend ~ экскурсия выходного дня
ex-directory не указанный в перечне [в реестре]; не внесённый в телефонный справочник
execution 1. выполнение, исполнение 2. оформление; составление *(документа)* ◊ to carry [to put] smth. into ~ провести в жизнь, осуществить *что-л.*
~ of contract исполнение договора [контракта]
~ of deed совершение и вручение документа за печатью
~ of instruction соблюдение инструкции
~ of measurements проведение измерений
~ of office исполнение служебных обязанностей
~ of order выполнение заказа
~ of plan проведение плана в жизнь
adequate ~ исполнение надлежащим образом
advertising ~ исполнение рекламы
artistic ~ художественное исполнение
budget ~ исполнение бюджета
creative ~ творческое исполнение
final ~ окончательное исполнение
investment ~ исполнение плана капиталовложений
message ~ исполнение (рекламного) обращения
executive руководитель, руководящий работник, администратор; служащий
account [advertising] ~ ответственный исполнитель, контактор *(руко-*

executive

водитель рабочей группы агентства, обслуживающей конкретного клиента)
business ~ руководящий работник коммерческой структуры, коммерческий руководитель
chief ~ директор-распорядитель; президент *(компании)*
client ~ контактор со стороны клиента *(работник организации клиента, отвечающий за поддержание связи с рекламным агентством)*
corporate ~ управляющий [член правления] корпорации
deskbound ~s руководители-бюрократы; руководители, занятые сидячей работой
economic ~ (руководитель-)хозяйственник
functional ~ функциональный руководитель *(напр. главный бухгалтер)*
junior ~ младший администратор, руководитель низшего звена
marketing ~ руководящий работник службы маркетинга
nonmarketing ~ руководитель немаркетингового профиля
operating ~ руководитель оперативного подразделения, оперативный работник
purchasing ~ специалист по закупкам [по материально-техническому снабжению]
sales ~ (руководящий) работник службы сбыта
senior ~ руководитель высшего ранга
top ~ высшее административное [должностное] лицо
exemption 1. исключение **2.** освобождение *(от чего-л.)* ◇ ~ **from duties** освобождение от пошлин; ~ **from taxation** освобождение от налогообложения
fiscal and customs ~ освобождение от налогов и таможенных пошлин
tax ~ освобождение от уплаты налога
exercise 1. упражнение, тренировка **2.** осуществление, применение; проявление
~ **of functions** отправление обязанностей
~ **of purchasing power** использование покупательной способности
~ **of rights** использование прав
completion ~ упражнение на заполнение пропусков, упражнение на «вставку»
comprehension ~ упражнение на понимание
drill ~ тренировочное упражнение, тренировка *(для выработки навыков)*
publicity ~ пропагандистский акт
public relations ~ мероприятие по организации общественного мнения [по связям с общественностью]
repeat ~ упражнение на повторение
restatement ~ повторительно-подстановочное упражнение
review ~ повторительное [обзорное] упражнение
skill ~ тренировочное упражнение для отработки навыков
exertion напряжение; усилие
~ **of memory** напряжение памяти
individual ~ личное усердие; индивидуальное усилие
exhibit 1. выставка, стенд, экспозиция **2.** экспонат
boxed ~ **1.** экспонат в витрине **2.** вставка *(в текст)* в рамке, врезка
exhibition выставка; демонстрация, показ
agricultural ~ сельскохозяйственная выставка
annual ~ ежегодная выставка
art ~ художественная выставка
group ~ групповая выставка
industrial ~ промышленная выставка
international ~ международная выставка
miniature ~ мини-экспозиция, мини-выставка
mobile ~ передвижная выставка
national ~ (обще)национальная выставка
permanent ~ постоянно действующая выставка
selling ~ выставка-продажа
specialized ~ специализированная выставка
touring [traveling] ~ передвижная выставка
exhibitor экспонент, участник выставки
existence существование, бытие; нали-

expenditure

чие ◇ in ~ существующий, наличный, имеющийся *(в продаже)*
corporate ~ корпоративное существование, существование в качестве корпорации
sentient ~ сознательное существование
expansion рост, распространение; расширение; подъём; экспансия
~ of operations расширение масштаба деятельности *(напр. производственной)*
~ of value возрастание стоимости
business ~ экономический подъём
capital expenditure ~ рост объёма капиталовложений, расширение инвестиций
competitive ~ конкурентный рост, рост конкуренции
credit ~ кредитная экспансия
economic(al) ~ экономический рост; экономическая экспансия
horizontal ~ of demand «горизонтальное» расширение спроса *(связанное с ростом населения при неизменном доходе на душу населения)*
industrial ~ (экстенсивное) развитие промышленности; промышленная экспансия
job ~ рост численности работающих
market ~ расширение рынка
output ~ увеличение производства
plant ~ расширение предприятия [завода]
product ~ расширение (товарного) ассортимента
sustained ~ устойчивый рост
territorial ~ территориальное расширение, расширение территории; территориальные захваты
vertical ~ of demand «вертикальное» расширение спроса *(связанное с ростом покупательной способности при неизменной численности населения)*
vocabulary ~ расширение словарного запаса
volume ~ объёмное расширение
expectancy ожидание; ожидаемый срок
delivery ~ плановый срок поставки
life ~ 1. срок службы, ожидаемый ресурс 2. ожидаемая [расчётная] продолжительность жизни

reasonable ~ разумный ожидаемый срок *(напр. службы)*
repair ~ предполагаемый [плановый] объём ремонтных работ
working ~ ожидаемая длительность работы
expectation ожидание, надежда; вероятность ◇ to answer [to come up to] ~s оправдывать надежды; to deceive [to fall short of] ~s не оправдывать надежд; to live up to [to meet] ~s оправдывать надежды
inflationary ~s ожидание роста цен, инфляционные ожидания
long-run ~ надежда [расчёт] на перспективу, долговременный расчёт
market ~ ожидаемый объём сбыта
mathematical ~ математическое ожидание
price-level ~s ожидаемые изменения уровня цен
profit ~s перспектива получения прибыли, ожидаемые прибыли
sales ~ ожидаемый объём сбыта
service-time ~ ожидание времени обслуживания
shopping ~s покупательские ожидания
short-run ~ расчёт на ближайшую перспективу, сиюминутный расчёт
expediter снабженец; диспетчер
order ~ диспетчер по прохождению заказов
vendor ~ агент по поставкам
expenditure 1. расход(ы), затраты *(тж pl)* 2. расходование ◇ ~s on selling effort затраты по организации сбыта; to budget ~s составлять смету расходов; to meet ~s обеспечивать пополнение расходов
~s of human labour затраты человеческого труда
~ of labour power расходование рабочей силы
accrued ~ аккумулированные непогашенные затраты, задолженность
additional ~ дополнительные затраты
advertising ~ расходы на рекламу
annual ~ ежегодные расходы
anticipated ~ ожидаемые расходы
brand advertising ~ затраты на рекламу марки
budgeting ~ сметные расходы, смета

237

expenditure

business ~ 1. расходы по предпринимательской деятельности 2. торговые издержки
capital ~ капиталовложения, инвестиции
capital equipment ~ капиталовложения в оборудование
cash ~ денежные расходы, затраты наличности
complaint ~ издержки вследствие рекламаций
consumption ~ расходы на потребление
current ~ текущие расходы
environmental ~ расходы по охране окружающей среды
estimated ~ предполагаемые сметные расходы, расчётные затраты
extraordinary ~ чрезвычайные расходы
government ~ государственные расходы
gross ~ валовая сумма расходов
health ~ расходы на медицинское обслуживание и здравоохранение
induced ~ производные расходы
initial ~s начальные затраты
interindustry ~ межотраслевые затраты
investment ~ капиталовложения, инвестиции
lavish ~ щедрые расходы
luxury ~ расходы на предметы роскоши
marketing ~ затраты на маркетинг
media advertising ~ затраты на рекламу в СМИ
national advertising ~ общенациональные затраты на рекламу
operating ~ эксплуатационные расходы
personal consumption ~ расходы на личное потребление
planned ~ запланированные затраты
prodigal ~ чрезмерные расходы
productive ~ производительные расходы
promotion(al) ~ затраты по стимулированию сбыта
public ~ государственные расходы
radio advertising ~ расходы на радиорекламу
research ~ затраты на исследования
research-and-development ~ затраты на НИОКР
social ~ затраты на общественные нужды
total ~ общие [полные] затраты
total advertising ~ общие затраты на рекламу
total television ~ общие затраты на телерекламу
unproductive ~ непроизводительные расходы
wasteful ~ расточительное расходование (средств)
welfare ~ расходы на социальное обеспечение
world advertising ~ 1. затраты на всемирную рекламу 2. всемирные затраты на рекламу

expenses расходы, издержки ◇ ~ for composition полигр. стоимость набора; to bear ~ нести расходы; to cover ~ покрывать расходы; to defray ~ брать на себя расходы; to go to ~ тратиться; to incur ~ производить расходы; to pile up ~ увеличивать расходы; to share ~ принимать участие в расходах, делить расходы
~ of circulation издержки обращения
~ of production издержки производства
~ of representation представительские расходы
actual ~ фактические затраты
administrative ~ административные [управленческие] накладные расходы
advertising ~ расходы на рекламу
commercial ~ издержки по сбыту, торговые издержки
convention ~ выплаты по соглашению
dead ~ непроизводительные издержки
depreciation ~ амортизационные отчисления
direct ~ прямые издержки
direct store ~ прямые издержки магазина
distribution ~ расходы по распределению
estimated ~ оценочная сумма издержек

experiment

extra ~ дополнительные расходы
farm production ~ производственные издержки сельского хозяйства; затраты на производство сельскохозяйственной продукции
fixed ~ постоянные издержки
general ~ *см.* administrative expenses
general-and-administrative ~ общие управленческие расходы
incidental ~ дополнительные расходы
indirect ~ косвенные издержки
law [legal] ~ судебные издержки
living ~ расходы на жизнь
maintenance ~ расходы на техническое обслуживание и текущий ремонт
management ~ расходы по управлению, управленческие расходы
manufacturing ~ 1. производственные расходы 2. общезаводские накладные расходы
office ~ конторские издержки; расходы на канцелярские принадлежности
ongoing ~ текущие расходы
operating ~ эксплуатационные расходы
out-of-line ~ непомерные расходы
overhead ~ накладные расходы
period ~ издержки отчётного периода
petty ~ мелкие расходы
prepaid ~ заранее оплаченные расходы
prohibitive ~ непозволительные [непомерные] расходы
promotion(al) ~ расходы по стимулированию *(сбыта)*
public ~ государственные расходы
publicity ~ расходы, связанные с рекламой
quality ~ затраты по обеспечению качества
removal ~ «подъёмные» *(выплачиваемые работнику при переезде к новому месту работы)*
repair ~ ремонтные расходы, расходы на ремонт
running ~ текущие расходы
sales [selling] ~ *см.* commercial expenses
service ~ расходы на обслуживание
standing ~ постоянные издержки
storage ~ затраты на хранение
travel(ling) ~ дорожные [командировочные] расходы
trivial ~ мелкие расходы
variable ~ переменные затраты
warranty ~ затраты на гарантийный ремонт
working ~ эксплуатационные расходы

experience 1. опыт; опытность 2. впечатление, переживание 3. случай ◇ from practical ~ на основании практического опыта; to gain ~ приобретать опыт; to speak from ~ говорить на основании (личного) опыта; to test by ~ проверять на опыте
accumulated ~ накопленный опыт
actual ~ with the product реальный опыт использования товара
advertising ~ рекламный опыт
business ~ коммерческий опыт
daily ~ повседневный опыт
enrichment ~s дополнительные знания; совершенствование знаний, умений и навыков
first-hand ~ личный опыт
hands-on ~ опыт практической работы, практический опыт
marketing ~ маркетинговый опыт
meditated ~ «созерцательный» опыт
multisensory ~ мультисенсорное впечатление
operating [operation] ~ опыт эксплуатации
past ~ прошлый опыт
perceptual ~ перцептуальный опыт *(связанный с восприятием)*
personal ~ личный опыт
product-use ~ опыт использования товара
rewarding ~ вознаграждающий опыт
service ~ опыт эксплуатации
visual ~ зрительный опыт
work ~ опыт работы

experiment 1. эксперимент, опыт 2. постановка опытов, экспериментирование ◇ to carry [to make, to run] an ~ проводить эксперимент
advertising ~ рекламный эксперимент *(напр. замер эффективности путём проведения на разных участ-*

experiment

как рынка рекламных программ разной насыщенности)
arbitrary ~ произвольный эксперимент
auxiliary ~ вспомогательный эксперимент
check ~ контрольный [поверочный] эксперимент
combined ~ комбинированный [составной] эксперимент
comparable ~s сравнимые эксперименты
complex ~ комплексный [многофакторный] эксперимент
control ~ контрольный [поверочный] эксперимент
controlled ~ эксперимент в контролируемых условиях
designed ~ спланированный эксперимент
detailed ~ развёрнутый [подробный] эксперимент
educational ~ педагогический эксперимент
ex post facto ~ эксперимент-постфактум
failed ~ неудавшийся эксперимент
field ~ эксперимент в условиях эксплуатации
full-scale ~ полномасштабный эксперимент
ideal ~ идеальный эксперимент, эксперимент в идеальных условиях
industrial ~ производственный эксперимент
isolated ~ единичный [изолированный] эксперимент
laboratory(-scale) ~ лабораторный эксперимент, эксперимент в лабораторных условиях
long-term ~ продолжительный эксперимент
manned ~ эксперимент с участием человека *(но не на человеке)*
market ~ рыночный эксперимент
marketing ~ маркетинговый эксперимент
model ~ модельный опыт, эксперимент на модели
multiple-stage ~ *стат.* многоступенчатый эксперимент
multiplied ~ многократный эксперимент

multiresponse ~ многооткликовый эксперимент
operational ~ рабочий эксперимент
paired ~ парный эксперимент
paired-comparison ~ эксперимент, проводимый методом парного сравнения
pilot ~ пробный эксперимент
preliminary ~ предварительный эксперимент
sampling ~ *стат.* выборочный эксперимент
searching ~ поисковый эксперимент
sequential ~ *стат.* последовательный эксперимент
short-term ~ непродолжительный эксперимент
statistical ~ статистический эксперимент
subsidiary ~ вспомогательный эксперимент
test ~ контрольный [поверочный] эксперимент
trial ~ предварительный эксперимент; поисковое исследование
experimentation проведение опытов, экспериментирование
breadboard ~ проведение экспериментов на лабораторной модели
numerical ~ численное экспериментирование
sequential ~ проведение последовательных экспериментов
statistical ~ статистическое экспериментирование
expert эксперт; знаток; специалист
advertising ~ специалист [эксперт] по рекламе
book trade ~ эксперт по книжной торговле
budget ~ эксперт по сметам
commodity ~ товаровед
computer science ~ специалист по вычислительной технике
consultant ~ специалист-консультант
design ~ специалист по промышленным образцам
efficiency ~ специалист по вопросам эффективности
film ~ киновед, специалист в области кино
financial ~ финансовый эксперт
leading ~ ведущий эксперт

legal ~ эксперт по правовым вопросам
management ~ специалист по проблемам управления [по менеджменту]
marketing ~ специалист по маркетингу
nutritional ~ специалист по проблемам рационального питания
patent ~ эксперт-патентовед
public relations ~ эксперт по организации общественного мнения [по связям с общественностью]
reliability ~ специалист по вопросам надёжности
staff ~ штатный эксперт
trademark ~ эксперт по товарным знакам

expertise 1. опыт; опытность, компетентность; профессиональные знания, эрудиция 2. экспертиза
engineering ~ инженерно-технический опыт
local ~ знание местной специфики
marketing ~ маркетинговый опыт; маркетинговые знания
production ~ производственный опыт
technical ~ технический опыт; технические знания, техническая компетентность

explanation объяснение, разъяснение; толкование ◇ by way of ~ в пояснение, для ясности
~ of views and intentions изложение взглядов и намерений
competing ~ противоречащее [альтернативное] объяснение
differing ~s разные толкования
legal ~ юридическое обоснование
obscure ~ невразумительное объяснение
satisfactory ~ удовлетворительное объяснение
simplistic ~ примитивное объяснение

exploration исследование, изыскательская работа
energy ~ изыскание источников энергии
long-term ~ перспективная разведка
market ~ изучение рынка
mental ~ умственные изыскания

explosion взрыв, бурный рост
cultural ~ расцвет культуры

information ~ информационный взрыв, быстрый рост количества информации
population ~ демографический взрыв

export 1. экспорт, вывоз 2. предметы экспорта; статьи экспорта
~ of goods and services экспорт товаров и услуг *(статья в платёжном балансе)*
~ of technology экспорт технологии
active ~ активный экспорт
chief ~s главные статьи экспорта
direct ~ прямой экспорт
indirect ~ косвенный экспорт *(через международных посредников)*
manufacturing ~ экспорт промышленных товаров
occasional ~ нерегулярный [случайный] экспорт
world ~ мировой экспорт

exporter экспортёр
domestic ~ отечественный экспортёр

exposé 1. выставление *(на продажу)*; разоблачение 2. краткое изложение
media ~ разоблачение в средствах массовой информации

exposition 1. выставка, выставочная экспозиция 2. экспозиция *(фильма)* 3. изложение, толкование
collective ~ коллективная экспозиция
industrial ~ промышленная выставка
joint ~ совместная экспозиция
mobile ~ передвижная выставка
national ~ (обще)национальная выставка
permanent ~ постоянная экспозиция
traveling ~ передвижная выставка

ex post facto *лат.* действие *(закона)* с обратной силой ‖ с обратной силой *(о норме права)*

exposure 1. воздействие; контакт *(со средством рекламы или самой рекламой)* 2. разоблачение 3. экспонирование 4. экспозиция, выдержка 5. фотокадр
~ of crime раскрытие преступления
accidental ~ случайное воздействие *(напр. неблагоприятного фактора)*
ad-page ~ замечаемость [читаемость] рекламной полосы *(числовая величина, показывающая, сколько раз конкретное объявление имело шансы*

exposure

быть замеченным или прочитанным)
advertising ~ рекламный контакт, контакт с рекламой
brand ~ представление [заметность] марки
concomitant ~ сопутствующее воздействие
controlled ~ контакт в контролируемых условиях
correct ~ правильная экспозиция
double ~ 1. двойная экспозиция 2. кадр, снятый двукратной экспозицией; комбинированный кадр
environmental ~ воздействие окружающей среды
fleeting ~ мимолётный (рекламный) контакт; мимолётность рекламного контакта
forced ~ принудительный контакт
foreign-exchange ~ валютная незащищённость
frame-by-frame ~ *экр.* покадровая съёмка
high-impact ~ рекламный контакт высокой силы воздействия
humidity ~ подвергание воздействию влаги, испытания на влагостойкость
involuntary ~ непроизвольный контакт
long-term ~ длительное воздействие
market ~ заметность на рынке; контакт с рынком; представление рынку
masked ~ двойная *или* многократная экспозиция с кашированием кадра; экспозиция с кашированием кадра
media ~ степень подверженности воздействию средств рекламы
multiple ~ многократная экспозиция *(при кино- или фотосъёмке)*
noise ~ воздействие шума
normal ~ контакт в естественных условиях
optical ~ освещённость
pattern ~ *полигр.* экспонирование для получения рисунка
press ~ освещение в прессе
printing ~ экспозиция [выдержка] при печати
public ~ обнародование, публичное представление
repeat advertising ~ повторный рекламный контакт

screen ~ *полигр.* копировка растра
selective ~ избирательность восприятия *(внешних раздражителей)*, избирательное воздействие
stepped ~ *полигр.* ступенчатое экспонирование
television ~ показ по телевизору; появление на телеэкране
test ~ 1. пробный контакт 2. пробная экспозиция
triple ~ тройная экспозиция *(при трюковой или комбинированной съёмке)*
volume ~ большой объём рекламных контактов
voluntary ~ добровольный контакт
weather ~ воздействие метеорологических условий

expression 1. выражение; оборот речи; формулировка; термин 2. выразительность
~ **of censure** выражение [вынесение] порицания *или* осуждения
alternative ~ альтернативное выражение
approximate ~ приближённое выражение
arithmetic ~ арифметическое выражение
artistic ~ художественное выражение
average ~ усреднённое выражение
character ~ символьное выражение
colloquial ~ разговорный оборот, разговорная фраза
defining ~ определяющее выражение
designational ~ обозначающее выражение
exact ~ точное выражение
facial ~ выражение лица
graphic ~ графическое представление
idiomatic ~ идиоматическое выражение
musical ~ музыкальное выражение
numerical ~ численное выражение
pithy ~ выражение, наполненное смыслом
trite ~ избитое выражение
verbal ~ словесное выражение
visual ~ наглядность

extension 1. продление; пролонгация 2. распространение; расширение; удлинение 3. предоставление *(услуг)* 4.

нар. рекл. фигурный элемент, выходящий за пределы рисованного щита
agricultural ~ сельскохозяйственная пропаганда, распространение сельскохозяйственных знаний
brand ~ расширение зоны [границ] использования марки
credit ~ предоставление кредита
data set ~ расширение набора данных
loan ~ предоставление ссуды
measuring range ~ расширение диапазона измерений
product ~ пополнение товарного ассортимента
product life ~ продление жизни [существования] товара
straight ~ распространение товара в неизменном виде *(напр. при международном маркетинге)*
trademark ~ продление срока действия товарного знака
vertical ~ вертикальная растяжка
extent 1. размер, величина 2. степень, мера 3. протяжение, протяжённость
~ of business размер [объём] операций
~ of damage размер убытка; степень повреждения
~ of error величина погрешности
~ of knowledge объём знаний
~ of licence объём лицензии
~ of market протяжённость [размер] рынка
~ of obligations объём обязательств
~ of power предел(ы) власти
~ of protection объём правовой защиты
~ of space вместимость
extra 1. экстренный выпуск газеты 2. *экр.* статист, актёр массовки
dress ~ *экр.* костюмированный статист
extraction 1. извлечение, вытягивание, удаление 2. выбор(ка) цитат [примеров]
data ~ извлечение данных
feature ~ выделение признаков
extravaganza 1. представление-буфф, феерия 2. экстравагантность
propaganda ~ пропагандистский спектакль, пропагандистское действо
exurb (*pl* exurbia) 1. *амер.* посёлки, где живут работающие в больших городах 2. население посёлка
ex-user бывший потребитель товара
ex-works непосредственно с предприятия; франко-завод
eye 1. глаз 2. взгляд(ы); мнение ◇ to be in the public ~ пользоваться славой [известностью]; часто показываться в общественных местах; to have an ~ for *smth.* быть знатоком чего-л.; разбираться [знать толк] в чём-л.; to have an ~ to иметь на примете; не упускать из виду *(возможность)*; to pass [to run] ~s over [through] *smth.* бегло просматривать что-л.; пробежать глазами что-л.; with open ~s сознательно, отдавая себе полный отчёт
bug ~ *экр.* объектив «рыбий глаз»
naked ~ невооружённый глаз
penetrating ~ острый глаз
private ~ *амер.* частный сыщик
public ~ общественное мнение
television ~ камера промышленного телевидения
tuning ~ визуальный индикатор настройки
viewfinder ~ глазок визира [видоискателя]
eye-catcher приманка для глаз, зрительная приманка, что-то, бросающееся в глаза

F

face 1. лицо, образ; внешний вид 2. лицевая сторона *(документа)* 3. рисунок [гарнитура] шрифта 4. очко *(литеры)* 5. шрифт 6. *телв.* экран ◇ on the ~ of it на первый взгляд, внешне; to lose ~ потерять престиж, быть униженным; to save ~ спасти репутацию [престиж]; to show a false ~ притворяться, лицемерить
classical ~ классический шрифт, шрифт классического рисунка
decorative ~ декоративный шрифт
display ~ выделительный шрифт
front ~ лицевая панель

face

lateral ~ боковая поверхность, боковой фасад
media ~ образ в средствах массовой информации
outline ~ контурный шрифт
pica ~ крупный машинописный шрифт (*10 знаков на дюйм*)
Roman ~ прямой шрифт, шрифт прямого начертания (*в отличие от курсива*)
standard ~ стандартный шрифт
transitional ~ шрифт переходного стиля
type ~ *см.* face 3., 4., 5.
typewriter ~ машинописный шрифт
wearing ~ изнашиваемая поверхность
face-saving спасение престижа [репутации]
facet грань, аспект
facilitator помощник; вспомогательная организация; посредник
facilit/y 1. возможность; умение 2. *pl* удобства 3. *pl* средства (*напр. денежные*) 4. приспособление 5. учреждение, предприятие
~ of access лёгкость доступа; доступность (*напр. для осмотра*)
~ies of command средства управления
assembly ~ сборочное предприятие
audio ~ies звуковая аппаратура
captive redistribution ~ внутрифирменное подразделение [заведение] по перераспределению товаров
catering ~ies предприятия общественного питания
commercial ~ies торговые предприятия
communication ~ies средства связи
computer conferencing ~ies вычислительная техника для проведения телеконференций
computing ~ies вычислительные средства
credit ~ источник кредитования
critical ~ способность критической оценки, способность критически мыслить
disposal ~ установка по уничтожению отходов
distribution ~ies сеть агентов по сбыту продукции

education ~ies технические средства обучения
equipment ~ies производственное оборудование
fabrication ~ies технологическое оборудование
fullscale manufacturing ~ производственный комплекс
handling ~ 1. лёгкость управления 2. *pl* погрузочно-разгрузочные устройства
health ~ies организации здравоохранения; медпункты
housing ~ies жилищный фонд, жильё
industrial ~ies производственные мощности; промышленные предприятия
inventory ~ies система управления товарно-материальными запасами
lighting ~ies осветительные устройства
living ~ies средства жизнеобеспечения
management ~ies средства управления
marketing ~ies материальная база маркетинга
mass transportation ~ies средства массовых перевозок
parking ~ies площадки для стоянки (*автомобилей*)
payment ~ies средства платежа
pollution control ~ies очистные сооружения
processing ~ies технологическое оборудование
production ~ies *см.* industrial facilities
public ~ies общественные здания и сооружения
recreational ~ies возможности отдыха; места отдыха и развлечений
repair ~ies ремонтное оборудование
research ~ научно-исследовательский центр
revolving credit ~ies источники возобновляемого кредита
security ~ies средства защиты
servicing ~ies оборудование для технического обслуживания
standby ~ резервное устройство; *pl* резервные технические средства

factor

storage ~ies склады; складские сооружения; складское хозяйство
store ~ies 1. оборудование магазина 2. удобства для покупателей
studio ~ies студийная аппаратура; аппаратно-студийное оборудование
television ~ies телевизионное оборудование; телевизионная аппаратура
test(ing) ~ies испытательное оборудование
transportation ~ies средства транспорта, перевозочные средства
video ~ies видеооборудование, видеоаппаратура

facing 1. выкладка товара в ряд 2. облицовка, отделка 3. ориентация установки наружной рекламы по отношению к потоку преобладающего движения
shelf ~ оформление лицевой стороны полки *(в магазине)*
"facing matter" «напротив редакционного материала» *(инструкция о расположении объявления в периодическом издании)*

facsimile факсимильный аппарат, факс

fact 1. факт, событие 2. истина, действительность 3. *pl* данные, аргументы
◊ ~ in evidence *см.* evidential fact;
~ in issue основной факт, составляющий предмет спора; to elicit ~ выявлять факт; to manipulate ~s подтасовывать факты; to pigeonhole ~s классифицировать факты; to stifle ~ утаивать факт
~ of common knowledge общеизвестный факт
~s of the case обстоятельства дела
accomplished ~ свершившийся факт
behavioural ~ поведенческий факт
disputed ~ оспариваемый факт
dry ~ очевидный [голый] факт
established ~ установленный факт
evidential ~ факт, имеющий силу доказательства, доказательственный факт
fixed ~ твёрдо установленный факт
generalized ~s обобщённые факты
hard ~ твёрдо установленный факт
immaterial ~ несущественный факт, несущественное обстоятельство
independent ~ самостоятельный факт
jural ~s юридические факты

material ~ существенный факт
nude ~ очевидный [голый] факт
objective ~ объективный факт
patent ~ очевидный факт
proven ~ доказанный факт
relevant ~ факт, относящийся к делу, релевантный факт
salient ~ существенный факт
stark ~ очевидный [голый] факт

factgathering сбор [установление] фактов

facto:
ipso ~ *лат.* в силу самого факта, тем самым, по самому факту

factor 1. фактор *(движущая сила)* 2. коэффициент, множитель 3. (производственный) фактор 4. агент-комиссионер
~ of merit доброкачественность
~ of production производственный фактор, фактор производства
~ of safety коэффициент безопасности
ability ~ показатель платёжеспособности
accountable ~ учитываемый фактор
adverse ~ неблагоприятный фактор
advertising ~ рекламный фактор
age correction ~ поправочный коэффициент, поправка на возраст
amortization ~ коэффициент амортизации
assurance ~ коэффициент безопасности; запас прочности
business ~ коммерческий фактор, коммерческое соображение
capacity ~ коэффициент использования производственных мощностей
casual ~ причинный фактор, фактор причинного характера
chance ~ случайный фактор
classification ~ фактор классификации
climatic ~ климатический фактор
compensation ~ поправочный коэффициент
competitive ~ фактор конкуренции, конкурентный фактор
complementary ~ дополнительный [дополняющий] фактор
complexity ~ показатель сложности
confidence ~ коэффициент достоверности

245

factor

connecting ~ связующий фактор
constant ~ 1. постоянно действующий фактор 2. постоянный коэффициент
consumption ~ норма потребления
controlled ~ контролируемый фактор
controlling ~ *см.* limiting factor
conversion ~ коэффициент пересчёта, переводной коэффициент
correction ~ поправочный коэффициент
cost ~ фактор стоимости
critical [deciding] ~ решающий фактор
decision-making ~ фактор, определяющий принятие решения
demographic ~ демографический фактор
demotivating ~ фактор подрыва мотивации
deterioration ~ фактор ухудшения
determining ~ определяющий фактор
distortion ~ коэффициент искажения
disturbing ~ возмущающий фактор, помеха
dominant ~ основной [определяющий] фактор
duplication ~ коэффициент дублирования
economic(al) ~ экономический фактор
efficiency ~ коэффициент полезного действия, кпд
emotional ~ эмоциональный фактор
environmental ~ фактор окружающей среды
ethnic ~ этнический фактор
external [extraneous] ~ внешний фактор
feedback ~ коэффициент обратной связи
food ~ фактор доброкачественности продуктов питания
governing ~ определяющий фактор
grading ~ сортовой признак, признак сортности
growth ~ фактор (экономического) роста
human ~ человеческий [субъективный] фактор
ignorance ~ коэффициент незнания
importance ~ показатель важности
improvement ~ показатель улучшения *(напр. характеристик)*
individual ~s факторы индивидуальных особенностей личности
intellectual ~ интеллектуальный фактор
interaction ~ коэффициент взаимодействия
internal ~ внутренний фактор
interpersonal ~s факторы межличностных отношений
interruption ~ фактор прерывания *(напр. передачи)*
irritation ~ фактор раздражения
key ~ ключевой фактор
life ~ фактор долговечности
limiting ~ ограничивающий [лимитирующий] фактор, ограничение
load(ing) ~ коэффициент загрузки [загруженности] *(среднее число пассажиров в транспортных средствах, проезжающих мимо установки наружной рекламы)*
location ~ фактор местонахождения
long-term ~ долговременно действующий фактор
loss ~ коэффициент потерь
main ~ *см.* dominant factor
market ~ рыночный [конъюнктурный] фактор; фактор сбыта
marriage ~ фактор брачности
material ~ существенный фактор
motivational [motivating] ~ фактор мотивации, мотивационный [стимулирующий] фактор
natural ~ природный фактор
nonprice ~ неценовой фактор
numerical ~ числовой [численный] коэффициент
nutritive ~ фактор питания
occupancy ~ коэффициент занятости
organization(al) ~ фактор организационного характера, фактор организационной структуры, фактор особенностей организации
output ~ коэффициент отдачи [выработки]
pacing ~ *см.* dominant factor
performance ~ *см.* efficiency factor
personality ~ индивидуальная особенность, индивидуальное свойство человека, особенность личности

factory

physiographic ~ физико-географический фактор
precision ~ показатель точности
principal ~ *см.* dominant factor
probability ~ коэффициент вероятности
productivity ~ коэффициент производительности *(труда)*
psychographic ~ психографический фактор [показатель], психографическая характеристика
psychologic(al) ~ психологический фактор
qualitative ~ качественный фактор
quality ~ показатель [фактор] качества, добротность
quantitative ~ количественный фактор
random ~ случайный фактор
readers-per-dollar ~ число читателей на доллар затрат
reliability ~ коэффициент надёжности
risk ~ фактор риска
saturation ~ коэффициент насыщения
scatter ~ коэффициент разброса *(данных)*
seasonal ~ фактор сезонности, сезонный фактор
secondary ~ второстепенный фактор
short-term ~ кратковременно действующий фактор
situational ~ случайное обстоятельство; фактор *(окружающей)* обстановки
smoothing ~ коэффициент сглаживания
social ~ социальный фактор
sociocultural ~ социально-культурный фактор
socioeconomic ~ социально-экономический фактор
sociographic ~ социографический фактор *(принадлежность к общественному классу, образ жизни)*
sociologic(al) ~ социологический фактор
sociopsychological ~ социально-психологический фактор
stability ~ коэффициент устойчивости [стабильности]
staff ~ показатель управления персоналом
statistical ~ статистический показатель
storage ~ коэффициент загрузки складского помещения
strength ~ показатель прочности
technology ~ технологический фактор; фактор технического прогресса
time ~ фактор времени, временно́й фактор
unanticipated ~ непредвиденное обстоятельство
uncontrollable ~ фактор, не поддающийся контролю
usage [use, utilization] ~ коэффициент использования
variability ~ показатель изменчивости
variable ~ переменный (производственный) фактор *(напр. рабочая сила)*
vulnerability ~ фактор уязвимости
wear-out ~ коэффициент износа
factory фабрика, завод; предприятие
bacon ~ беконная фабрика
beet sugar ~ свеклосахарный завод
branch ~ производственное отделение
butter ~ маслодельный завод, маслозавод
butterine ~ маргариновый фактор
cane sugar ~ тростниково-сахарный завод
canning ~ консервный завод
central ~ головное предприятие
cheese ~ сыроваренный [сыродельный] завод
concentrated milk ~ завод сгущённого молока
fish-packing ~ рыбоперерабатывающий завод
floating ~ плавбаза, плавучий завод
food ~ завод пищевых продуктов, пищевой завод
fruit products ~ завод по переработке плодов и ягод
furniture ~ мебельная фабрика
margarine ~ маргариновый завод
meat(-packing) [meat-processing, meat-ware] ~ мясокомбинат, мясоперерабатывающее предприятие
pic(ture) ~ *разг.* киностудия

247

factory

pilot ~ опытный завод
poultry ~ птицефабрика, птицеперерабатывающий завод
printing press ~ завод *(по производству)* печатных машин
private [privately-owned] ~ частное предприятие
producer ~ завод-изготовитель
public [publicly-owned] ~ государственное предприятие
sausage ~ колбасная фабрика, колбасный завод
soap ~ мыловаренный завод
sugar ~ сахарный завод
tea ~ чайная фабрика
tea-packing ~ чаеразвесочная фабрика
fad фетиш; увлечение
passing ~ преходящее увлечение
fade 1. выцветание; постепенное исчезновение 2. *тлв* наплыв *(переход одного изображения в другое)*; микширование 3. замирание *(сигнала)* ◇ ~ to black постепенное исчезновение изображения с экрана, уход в затемнение, уход в наплыв
cross ~ микширование *(звука)* наплывом
ink ~ *полигр.* выцветание краски
music ~ *вещ.* микширование музыки
sound ~ *вещ.* звуковое «затемнение», микширование звука
fade-in постепенное появление изображения на экране, выход из затемнения, выход из наплыва
fade-out постепенное исчезновение изображения с экрана, уход в затемнение, уход в наплыв
fade-up *см.* fade-in
failure 1. неудача, провал 2. банкротство 3. авария; повреждение; отказ в работе 4. невыполнение, неосуществление ◇ ~ to act бездействие; ~ to appear неявка; ~ to comply невыполнение, нарушение *(требований закона)*; ~ to deliver непоставка *(товара)*; to end in ~ окончиться неудачей; to invite ~ обрекать себя на неудачу; вести к неудаче; ~ to make payment неуплата; ~ to meet with ~ терпеть неудачу; ~ to pay a bill неуплата по счёту; ~ to perform неисполнение

~ of evidence [of proof] отсутствие доказательств
business ~ 1. коммерческий провал, коммерческая неудача 2. банкротство, крах
commercial ~ банкротство коммерческой фирмы
complete ~ полный отказ
crop ~ неурожай
dead ~ полный отказ
equipment ~ отказ [повреждение, поломка] оборудования
fatigue ~ усталостный отказ, усталостное разрушение
financial ~ финансовая неудача, финансовый провал
functional ~ нарушение функционирования
handling ~ *см.* misuse failure
harvest ~ неурожай
human-error [human-factor] ~ отказ, обусловленный ошибкой человека; поломка, обусловленная ошибкой человека
in-service ~ отказ [выход из строя] в процессе эксплуатации, эксплуатационный отказ
in-warranty ~ отказ [выход из строя] до истечения гарантийного срока
major ~ крупная [серьёзная] неисправность
marketing ~ маркетинговая неудача, маркетинговый провал
mechanical ~ механическая неисправность, механическое повреждение
minor ~ незначительная [мелкая] неисправность [поломка]
misuse ~ отказ [выход из строя] вследствие неправильного обращения [неправильной эксплуатации]
operational ~ *см.* in-service failure
overload ~ отказ вследствие перегрузки
picture ~ пропадание [прерывание] передачи изображения
post-delivery ~ отказ, выявленный после поставки
premature ~ преждевременный отказ [выход из строя]
product ~ товарная неудача *(новинка, не сумевшая утвердиться на рынке)*
relevant ~ характерный отказ

family

signal ~ полный отказ
structural ~ поломка [выход из строя] конструкции; нарушение структуры
technical ~ техническая неисправность
total ~ полный отказ
wear-out ~ отказ в результате износа

fair ярмарка, выставка; базар
annual ~ ежегодная ярмарка
book ~ книжная ярмарка, книжный базар
church ~ церковный (благотворительный) базар
consumer goods ~ ярмарка товаров широкого потребления
engineering ~ машиностроительная ярмарка
fancy ~ (благотворительный) базар с продажей мелочей [безделушек]
health ~ санитарно-просветительный (благотворительный) базар
international ~ международная ярмарка
multibranch [multitrade] ~ многоотраслевая ярмарка
quadrennial ~ ярмарка, проводимая раз в четыре года
rag ~ толкучка, барахолка
sample ~ ярмарка образцов
specialized ~ специализированная ярмарка
trade ~ (торговая) ярмарка
traditional ~ традиционная ярмарка
world ~ всемирная выставка

Fair:
The World Book ~ Международная книжная ярмарка

fairground территория ярмарки, ярмарочная площадь

faith вера, верность, доверие; кредо; убеждения ◇ in bad ~ недобросовестно; in good ~ добросовестно, честно; в духе доброй воли; in ~ whereof в удостоверение чего
animal ~ слепая вера
bad ~ недобросовестность; вероломство
good ~ добросовестность, честность
lively ~ глубокая вера
naked ~ слепая вера
political ~ политическое кредо
religious ~ религиозная вера
strong ~ твёрдая вера

fallac/y 1. заблуждение; софизм 2. *стат.* ошибка, ложный вывод ◇ ~ a priori априорная ошибка
~ of inference ошибка в ходе рассуждения
~ of observation ошибка в наблюдении
logic ~ логическая ошибка
material ~ ошибка в сущности
noxious ~ies пагубные заблуждения
popular ~ies обычные заблуждения

falsehood ложь, неправда; обман, подлог

falsity лживость, недостоверность, ошибочность
~ of method ошибочность метода

fame слава, известность
fictitious ~ дутая слава

familiarity (близкое) знакомство, (хорошая) осведомлённость ◇ to build ~ добиваться узнаваемости (*товара*)

family 1. семья 2. семейство; род; объединение, группа; набор
~ of events *стат.* последовательность событий
~ of orientation семья, задающая ориентацию (*т.е. родители*)
~ of procreation собственное семейство (*жена или муж и дети*), порождённая семья
~ of random variables *стат.* семейство случайных (переменных) данных
better-off ~ обеспеченная семья
brand ~ семейство марочных товаров, «марочная» семья
broken ~ семья без одного родителя, неполная семья
census ~ семья как единица учёта
computer ~ семейство [ряд] вычислительных машин [ЭВМ]
dual-career ~ семья с работающими супругами
extended ~ семья, состоящая из нескольких поколений, расширенная семья (*включает родителей, детей, бабушек, дедушек, двоюродных братьев, сестёр*)
farm ~ люди, живущие на ферме (*включая сезонных рабочих*)
husband-wife ~ семья без детей, семья из мужа и жены

family

job ~ группа родственных профессий
low-income ~ семья с низким доходом
matricentric ~ семья, в которой главную роль играет жена
microcomputer ~ серия микроЭВМ
occupational ~ группа родственных профессий
product ~ группа товаров, товарное семейство
radio ~ семья, пользующаяся радиообслуживанием
rural ~ крестьянская семья
single-parent ~ *см.* broken family
standard ~ стандартная семья
statistical ~ семья как единица учёта
subscribing ~ семья подписчика
suburban ~ семья, живущая в пригороде
television ~ семья, имеющая телевизор
two-earner ~ семья с работающими супругами
type ~ *полигр.* гарнитура шрифтов
upper-income ~ семья с высоким уровнем доходов
wage-earner ~ семья с основным источником дохода от зарплаты
well-to-do ~ преуспевающая [зажиточная] семья

famine голод; острый недостаток
goods ~ товарный голод, острый недостаток *(потребительских)* товаров

fan энтузиаст, болельщик, любитель
autograph ~ коллекционер автографов
dedicated ~ преданный поклонник
film ~ любитель кино, киноман

fare 1. плата за проезд, стоимость проезда, тариф 2. пассажир 3. пища, провизия 4. *твп* программное меню, программный материал
air ~ стоимость авиабилета; тариф авиаперевозок
coach ~ стоимость железнодорожного билета *(обычно второго или третьего класса)*; тариф железнодорожных перевозок
excess ~ доплата за билет
homely ~ грубая пища
long-haul ~ стоимость проезда на дальние расстояния
mean ~ скудная пища
one-way ~ плата за проезд в один конец, стоимость проезда в один конец
promotional ~ льготный (транспортный) тариф
return ~ плата за проезд в оба конца, стоимость проезда туда и обратно; обратный билет
short-haul ~ стоимость проезда на малые расстояния
simple ~ простая пища
spiritual ~ духовная пища
variable ~ плата (в транспорте) в зависимости от дальности поездки; тариф в зависимости от расстояния
youth ~ молодёжный тариф *(за проезд)*

farm ферма, хозяйство
animal ~ животноводческая ферма
bonanza ~ процветающее хозяйство
breeding ~ племенная ферма, племенное хозяйство
cash-crop ~ товарная ферма
cattle ~ скотоводческое хозяйство
commercial ~ товарная ферма
cropping ~ земледельческая ферма, земледельческое хозяйство
dairy ~ молочная ферма, молочное хозяйство
demonstration ~ образцово-показательная ферма
diversified ~ многоотраслевая [неспециализированная] ферма
factory ~ агропромышленная ферма
family(-operated) ~ семейная ферма *(обслуживаемая только членами данной семьи без привлечения рабочей силы со стороны)*
fish ~ рыбоводный завод, рыбопитомник
fur ~ звероводческая ферма, звероферма
hog ~ свиноводческая ферма, свиноферма
leasehold ~ арендованная ферма, арендованное хозяйство
(live)stock ~ животноводческая ферма
low-income ~ малорентабельная ферма, малорентабельное хозяйство
market ~ товарная ферма
milk ~ молочная ферма, молочное хозяйство

fashion

mixed-enterprise ~ *см.* diversified farm
model ~ образцово-показательная ферма
multiple-enterprise ~ *см.* diversified farm
noncommercial ~ нетоварная ферма
poultry ~ птицеферма
seed(-production) ~ семеноводческое хозяйство
subsistence ~ нетоварная ферма
town [urban] ~ пригородная ферма, пригородное хозяйство
vegetable ~ овощное хозяйство, овощеводческая ферма
viable ~ экономически жизнеспособная ферма

farmer 1. фермер **2.** арендатор
arable ~ фермер, ведущий полевое хозяйство, фермер-полевод
beef ~ заводчик мясного скота; скотовод
cattle ~ владелец животноводческой фермы
commercial ~ фермер, ведущий товарное хозяйство
livestock ~ владелец животноводческой фермы
market garden ~ фермер, ведущий товарное овощеводческое хозяйство
part-time ~ фермер, совмещающий работу на ферме с другим видом деятельности; фермер, частично занятый на ферме; фермер «по совместительству»
petty ~ мелкий фермер
self-employed ~ независимый фермер
small ~ мелкий фермер
stock ~ владелец животноводческой фермы
substantial ~ зажиточный фермер
tenant ~ фермер-арендатор
well-to-do ~ зажиточный фермер

farming 1. ведение фермерского хозяйства **2.** фермерское хозяйство; сельское хозяйство **3.** земледелие ◇ **to take up** ~ заняться сельским хозяйством
beef ~ мясное скотоводство
commercial ~ товарное сельскохозяйственное производство
commodity ~ товарное земледелие
contract ~ сельскохозяйственное производство по контракту
cooperative ~ сельскохозяйственная кооперация
dairy ~ молочное животноводство
depression ~ убыточное хозяйство
diversified ~ многоотраслевое [неспециализированное] хозяйство
extensive ~ экстенсивное земледелие
factory ~ промышленные методы ведения сельского хозяйства; индустриальное сельское хозяйство
fish ~ рыборазведение, рыбоводство
fruit ~ садовое хозяйство; плодоводство
general ~ *см.* diversified farming
group ~ коллективное хозяйство; групповое хозяйство (*производственная кооперация, обычно не включающая собственность на средства производства*)
high ~ интенсивное земледелие
industrial(ized) ~ сельское хозяйство на промышленной основе; высокотоварное сельское хозяйство
intensive ~ интенсивное земледелие
large-scale ~ крупное сельскохозяйственное производство
low ~ экстенсивное земледелие
machine [mechanical] ~ механизированное сельское хозяйство
mixed [multiple-product] ~ многоотраслевое [неспециализированное] хозяйство
payable ~ доходное [рентабельное] хозяйство
power ~ механизированное сельское хозяйство
profitable ~ доходное [рентабельное] хозяйство
rational ~ рациональное ведение сельского хозяйства
rotation ~ севооборотное хозяйство
truck ~ *амер.* товарное овощеводство, промышленное огородничество
vegetable ~ овощеводство

fashion 1. мода, стиль, фасон **2.** образ (действий), метод ◇ **at random** ~ случайным образом; **to be in** ~ быть в моде, пользоваться спросом; **to be out of** ~ быть не в моде; **to come into** ~ входить в моду; **to lead the** ~ быть законодателем мод

fashion

   high ~ «высокая» мода
   preteen ~s одежда для детей предподросткового возраста *(9-12 лет)*
   teenage ~ подростковая [молодёжная] мода
fat жир, сало; смазка, мазь
   animal ~ животный жир
   butter ~ молочный жир
   cooking ~ кулинарный жир
   edible ~ пищевой жир
   frying ~ жир для жарения
   mutton ~ бараньe сало *(используется в полиграфии для чистки стереотипного сплава)*
   nutrition ~ усвояемый жир
   vegetable ~ (твёрдое) растительное масло
   wool ~ ланолин
fatigue усталость, утомление
   bodily ~ физическая усталость
   colour ~ цветовое утомление
   mailing list ~ устаревание рассылочных списков
   mechanical ~ механическая усталость
   mental ~ умственная усталость
   structural ~ усталость конструкции
   visual ~ зрительное утомление
fault 1. недостаток, дефект 2. ошибка, промах ◇ to inspect ~s out выявлять изъяны [дефекты] с помощью контроля; to rectify ~s устранять неполадки [повреждения]
   assembly ~ дефект сборки
   colour ~ порок цвета
   design ~ ошибка проектирования
   engineering ~ техническая ошибка
   film-editing ~ ошибка при монтаже фильма
   image ~ искажение изображения
   manufacturing ~ производственный дефект
   mechanical ~ механическая неисправность
   simulated ~ имитированная неисправность
favour 1. благосклонность, расположение 2. благоприятствование, содействие 3. польза; интерес; льгота ◇ in ~ в защиту, за, в пользу; to lose ~ терять поддержку [благорасположение]

   consumer ~ благосклонность потребителя
fax 1. факсимильный аппарат, факс 2. факсимильная связь
feasibility 1. осуществимость, выполнимость; возможность 2. вероятность
   engineering ~ техническая осуществимость, возможность технической реализации
   environmental ~ экологическое обоснование проекта
   improvement ~ возможность совершенствования *(напр. конструкции)*
   manufacturing ~ производственная возможность
   marketing ~ осуществимость маркетинга
   physical ~ физическая осуществимость
feasible 1. осуществимый, выполнимый; возможный 2. вероятный
   physically ~ физически осуществимый
   technologically ~ технически выполнимый
feature 1. (характерная) черта, деталь, характеристика, особенность, признак, свойство 2. художественный *или* игровой фильм; постоянный раздел *(в газете, журнале)* 3. сенсационный материал; гвоздь программы 4. основной фильм кинопрограммы
   ~ of novelty элемент новизны
   additional ~ дополнительный признак
   characteristic ~ характерная [отличительная] черта, характерный [отличительный] признак
   chief ~ основной признак
   claimed ~ заявляемое свойство
   class-descriptive ~ родоописательный признак
   common ~ общий признак
   design ~ особенность конструкции, конструктивная особенность
   determining ~ определяющий признак
   distinctive ~ отличительная черта, различительный элемент
   essential ~ существенный признак
   exclusive patented ~ исключительный запатентованный признак

fee

generic ~ родовой признак
geographic ~ географическая особенность
ground ~s рельеф
identifying ~ отличительный признак, характерная черта
infringing ~ нарушающий признак
integral ~ присущее [неотъемлемое] свойство
known ~ известный признак
leading ~ основной признак
life-cycle ~ особенность жизненного цикла *(товара)*
main ~ основной признак
nonessential ~ несущественный признак
novel ~ элемент новизны
object-descriptive ~ видоописательный признак
outstanding ~ главная характерная черта
patented ~ запатентованная особенность
product ~ характеристика [свойство] товара
protection ~ охраняющий признак *(напр. товарной марки)*
regional specific ~s региональные особенности
safety ~ характеристика безопасности
sales ~ коммерческий аргумент
salient ~ *см.* identifying feature
structural ~ структурный признак, структурная особенность, структурное свойство
superior ~s черты превосходства
technological ~ технический признак
featuring предметизация
  product line ~ олицетворение товарного ассортимента
federation федерация, союз
  employers' ~ федерация работодателей
Federation:
  International ~ **of the Periodical Press** Международная федерация периодической печати
fee 1. взнос **2.** пошлина **3.** комиссия; вознаграждение, жалованье, гонорар ◇ ~ **for patent** пошлина за патент; ~ **for trademark** пошлина за товарный знак

additional ~ дополнительное вознаграждение
admission ~ вступительный взнос
agency ~ оплата услуг агентства, агентское вознаграждение, агентский гонорар *(твёрдо оговорённая сумма — в отличие от расчётной при комиссионной системе)*
annual ~ годовой гонорар, плата за год
appraisal ~ комиссия за оценку недвижимости *(при залоге)*
award ~ премия, премиальные
brokerage ~ брокерское вознаграждение
capitalized ~s капитализированные (реинвестированные) поступления
commitment ~ комиссионные за обязательство *(за невыбранную часть кредита)*
contingent ~ гонорар, зависящий от успеха дела
contractor ~ вознаграждение подрядчику
copyright ~ пошлина за оформление авторских прав
costs-plus-incentive ~ издержки плюс поощрительное вознаграждение *(система оплаты)*
court ~s судебные издержки
customs ~s таможенные сборы
distribution ~ отчисления дистрибьютору
effluent ~ штраф за сброс неочищенных сточных вод
entrance ~ входная плата, вступительный взнос
flat ~ твёрдое вознаграждение
franchising ~ плата за предоставление торговой привилегии
holding ~ гонорар за право последующего использования *(напр. программы или рекламного ролика без дополнительных выплат исполнителям или создателям)*
incentive ~ поощрительное вознаграждение
insertion ~ плата за публикацию *(рекламного объявления)*
insurance ~ страховой сбор
lawyer's ~ гонорар адвоката
licence ~ лицензионное вознаграждение

253

fee

litigation ~s судебные издержки
location ~ *экр.* плата за натуру, плата за использование натурной съёмочной площадки
management ~ 1. зарплата административного персонала 2. комиссия за управление средствами *(взимаемая управляющей компанией инвестиционного фонда)*
membership ~ членский взнос
monthly ~ ежемесячный сбор
notarial ~ нотариальная пошлина
official's ~ жалованье чиновника
patent ~ патентная пошлина
reasonable ~ справедливый гонорар, обоснованное вознаграждение
registration ~ регистрационная [заявочная] пошлина
rental ~ арендная плата
reproduction ~ гонорар [сбор] за воспроизведение
re-use ~ плата [вознаграждение] за повторное использование
school ~(s) плата за обучение в школе
service ~ плата за услуги
service ~ for delivery плата за доставку покупки на дом
speech ~ гонорар за выступление
straight ~ прямой гонорар
subscription ~ абонементная плата, плата за подписку
tuition ~ плата за обучение
use ~ плата за пользование
version recording ~ *экр.* плата за дублирование фильма

feed 1. корм, фураж **2.** подача, ввод; питание **3.** передача, сеанс передачи **4.** подача телевизионного сигнала ◇ **to be at the ~** быть на подножном корму
animal ~ животный корм
continuous ~ *полигр.* непрерывная подача
forced ~ *полигр.* принудительная подача
form ~ перевод страницы, прогон страницы *(в ЭВМ)*
intermittent ~ *полигр.* прерывистая подача
line ~ *полигр.* 1. интерлиньяж 2. перемещение фотоматериала на междустрочное расстояние *(в фотонаборной машине)*
(live)stock ~ корм для скота
mixed ~ комбикорм
paper ~ *полигр.* подача бумаги
purchased ~ покупной корм

feedback 1. обратная связь; ответная реакция **2.** связь с потребителем ◇ **~ from readers** отклики читателей
audio ~ акустическая обратная связь
communication ~ коммуникационная [коммуникативная] обратная связь
consumer ~ *см.* customer feedback
correcting ~ корректирующая обратная связь
customer ~ обратная связь с потребителем [с клиентом]
data ~ обратный поток информации *(напр. от потребителей)*
electronic ~ электронная обратная связь
field ~ информация от потребителей, эксплуатирующих изделия *(выпускаемые предприятием)*
indirect ~ косвенная обратная связь
internal ~ внутренняя обратная связь
quality information ~ информация от потребителей о качестве продукции
reference ~ исходная обратная связь
reinforcement ~ обратная связь с подкреплением; подкрепление
selective ~ избирательная обратная связь
user ~ информация от потребителей [от пользователей]

feeder 1. самонаклад, питатель **2.** фирма общепита
automatic ~ автоматический самонаклад *(печатной машины)*
built-in ~ встроенный самонаклад
built-out ~ выносной самонаклад
cut sheet ~ устройство автоподачи страниц *(в печатающее устройство ЭВМ)*
insert ~ самонаклад для подачи вкладок [вкладных листов]
institutional ~ фирма общепита, обслуживающая организации; коммерческая фирма общепита
press ~ самонаклад печатной машины

feeling 1. чувство, ощущение, эмоция **2.** *pl* переживания

field

~ of frustration чувство разочарования и безысходности
~ of insecurity чувство неуверенности [ненадёжности, опасности]
good ~ дружелюбие, доброжелательство, доброе чувство
gut ~ интуитивное чувство, «нюх»
ill ~ враждебность, недружелюбие
feet *полигр.* ножки литеры
fee-vee *разг.* платное телевидение
fellow товарищ, собрат; аспирант; член научного общества
research ~ научный сотрудник
fellow-professional коллега по профессии
feminist феминист(ка), сторонник [поборник] женского равноправия
fertility плодородие; изобилие, богатство
~ of thought богатство мысли
diminishing ~ убывающее плодородие *(почвы)*
economic ~ экономическое плодородие
market ~ благодатность рынка
religious ~ религиозный пыл
fertilizer (минеральное) удобрение ◇ to introduce ~s вносить удобрения
chemical ~ химическое удобрение
commercial ~ промышленное удобрение
complete ~ полное удобрение
mineral ~ минеральное удобрение
nitrogen(ous) ~ азотное удобрение
organic ~ органическое удобрение
synthetic ~ искусственное удобрение
festival фестиваль; праздник
arts ~ фестиваль искусств
film ~ кинофестиваль
Festival:
American Television and Radio Commercials ~ американский фестиваль телевизионной и радиорекламы *(проводится ежегодно в Нью-Йорке)*
Annual International Advertising ~ of Montreux Международный фестиваль рекламы в Монтре *(ежегодный фестиваль, проходящий в Швейцарии, включающий в свою программу конкурсы: а) рекламных кино- и телефильмов, б) роликов радиорекламы, в) объявлений для прессы и печатной продукции для прямой почтовой и наружной рекламы)*
Clio ~ фестиваль Клио *(главный приз — статуэтка древнегреческой богини Клио, музы истории и провозвестницы великих свершений)*
International Advertising Film ~ Международный фестиваль рекламных фильмов *(самый крупный и самый престижный в мире фестиваль рекламных роликов на товары широкого потребления и услуги потребительского характера, проводится с 1953 г. ежегодно г. Канны)*
U.S. Industrial Film and Video ~ американский фестиваль промышленных кино- и видеофильмов *(международный фестиваль рекламных роликов, рекламно-технических и рекламно-престижных фильмов, ежегодно проводимый с 1968 г. в Элмхерсте, близ Чикаго)*
fetishism фетишизм
~ of commodities товарный фетишизм
~ of money денежный фетишизм
fiction 1. беллетристика 2. вымысел; фикция
~ of law юридическая фикция
legal ~ юридическая фикция
light ~ лёгкое чтение
field поле, область, сфера деятельности ◇ to be late in the ~ опоздать; прийти к шапочному разбору; to leave the ~ open воздержаться от вмешательства
~ of action поле деятельности
~ of consciousness поле сознания
~ of force силовое поле
~ of inquiry *стат.* поле опроса
~ of knowledge область знаний
~ of research область исследований
~ of shot *экр.* поле кадра
~ of statistical inquiry область статистического наблюдения
~ of use область применения
advertising ~ сфера рекламы
application ~ область [сфера] применения
business ~ отрасль коммерческой [предпринимательской] деятельности
camera ~ *экр.* поле съёмки

255

field

colour ~ цветовое поле
commercial-industrial ~ область торгово-промышленной деятельности
competitive ~ сфера соперничества [конкуренции]
image ~ поле изображения
measurement ~ область измерений
perceptual ~ сфера восприятия
picture ~ поле изображения
prediction ~ область прогнозирования
product ~ товарная сфера
production ~ сфера производства
response ~ поле [пространство] реагирования
retail ~ розница
shooting ~ *экр.* поле съёмки
stimulus ~ поле стимула
visual ~ поле [зона] обзора
fifty-fifty пополам, поровну, пятьдесят на пятьдесят ◇ to go ~ делить поровну
figure 1. цифра; величина, количественный показатель 2. рисунок, чертёж *(в книге)* 3. фигура; статуя 4. *pl* данные ◇ in absolute ~s в абсолютных цифрах; in round ~s в круглых цифрах, округлённо
~ of merit критерий; (количественный) показатель качества [добротности]
aggregate ~s совокупные [суммарные] данные
Arabic ~ арабская цифра
benchmark ~ 1. точка отсчёта 2. *pl* опорные данные
bottom-line ~ итоговый показатель
capacity ~s показатели производственной мощности
census benchmark ~s опорные данные переписи
circulation ~s данные о тираже *(издания)*
comparative ~s сравнительные показатели
confidence ~ *стат.* степень вероятности, доверительная вероятность
consolidated ~ сводный показатель
control ~ контрольная цифра
conventional ~ условное цифровое обозначение
cost ~s показатели себестоимости
cult ~ кумир, любимец публики
employment ~s статистика занятости
estimated ~ оценочный показатель
full length ~ *экр.* среднеобщий план *(в кадре актёры во весь рост)*
gross ~s валовые цифры
half-length ~ фигура, изображённая по пояс, поясной портрет
historical ~s (цифровые) данные за прошлые годы
inferior ~ *полигр.* подстрочный цифровой индекс
key ~ контрольная цифра
lay ~ манекен
letter-like ~ буквоподобная фигура
marginal ~ *полигр.* знак сноски
matchstick ~s схематические [скелетные] фигурки, (фигурки-)кроки
meal ~s *англ.* статистика рекламных затрат в прессе и по телевидению *(данные собираются фирмой "Media Expenditure Analysis, Ltd.", которая обследует все национальные и местные газеты страны и телевидение и представляет результаты в разбивке по рекламодателям и носителям)*
national ~ видный деятель; человек, которого знает вся страна
performance ~ характеристика
public ~ общественный деятель
readership ~ число читателей
sales ~s количественные показатели сбыта, сбытовая статистика
significant ~ значащая цифра
store audit ~s данные магазинной ревизии
superior ~ *полигр.* надстрочный цифровой индекс
target ~ контрольная цифра
test ~s результаты испытаний; экспериментальные данные
trade ~s торговая статистика
updated ~s обновлённые данные
waist-length ~ *см.* half-length figure
file 1. подшивка, комплект; дело, досье, картотека; массив 2. папка; регистратор; скоросшиватель 3. *информ.* файл, массив информации 4. каталожный шкаф ◇ ~ thirteen *разг.* корзина для бумаг
~ of information картотека данных; массив информации
active ~ открытый файл *(используемый в данный момент)*

film

advertisement ~ картотека образцов объявлений
art ~ подборка художественных рисунков [иллюстраций]
auxiliary ~ вспомогательная картотека
back ~ подборка материалов за предшествующий период; комплект предшествующих номеров периодического издания
card ~ картотека
casting ~ картотека исполнителей [актёров]
computerized ~ архив, оснащённый ЭВМ
credit ~ картотека кредитной информации
cumulative ~ сводная картотека
customer ~ досье (на) клиента; клиентская картотека (в банке)
data ~ массив данных
directory ~ справочный файл, директория
document ~ массив документов
information ~ массив информации, информационный фонд
inventory ~ инвентаризационная ведомость; опись остатков; данные о запасах
journal ~ журнальный файл
newspaper ~ подшивка газет
personal ~s личный архив
search ~ картотека справок
subsidiary ~ вспомогательная картотека
trademark ~ досье товарных знаков
union ~ сводная картотека
work ~ рабочий файл

fill 1. добавка; загрузка 2. коэффициент использования 3. заливка, закраска
  colour ~ экр. окрашивание [расцвечивание] изображения

filler 1. наполнительная [разливочная] машина 2. наполнитель 3. короткие вставки *(для заполнения пауз)* 4. короткая заметка *(для заполнения пустого места в газетной полосе)* 5. *полигр.* подвёрстка; начинка, набивка
  bottle ~ машина для розлива в бутылки
  dry ~ устройство для расфасовки сухих продуктов
  flavour ~ вкусовой наполнитель
  pie ~ начинка для пирогов
  silence ~ заполнитель паузы, вставное слово для выигрыша времени *(при спонтанной речи)*

filling 1. наполнение, насыщение, заполнение 2. начинка; заливка, закраска
  carton ~ (рас)фасовка в картонную тару
  product line ~ насыщение товарного ассортимента
  tin ~ наполнение банок; розлив в банки, баночный розлив

film 1. фильм 2. плёнка *(кино-, фото-, упаковочная)* ◇ to release ~ выпускать фильм на экран; to screen ~ показывать фильм; to shoot ~ снимать фильм

A ~ *англ.* фильм категории «А» *(на просмотр которого с согласия родителей допускаются дети старше 5 лет)*
AA ~ *англ.* фильм категории «АА» *(на просмотр которого не допускаются дети младше 14 лет)*
acetate(-base) ~ ацетатная [негорючая] киноплёнка
action ~ боевик
adhesive ~ клейкая плёнка
adventure ~ приключенческий фильм
advertising ~ рекламный фильм
animated ~ мультипликационный фильм
animatic ~ озвученная раскадровка *(кадроплан с подложенной фонограммой, используется в качестве средства предварительного тестирования телевизионных рекламных роликов)*
band ~ паспортная лента, световой паспорт *(для автоматического управления копировальным аппаратом при печати фильма)*
breathing ~ (воздухо)проницаемая [«дышащая»] (упаковочная) плёнка
caper ~ криминальный боевик *(с непременными погонями, рассказывающий о планировании и совершении ограбления)*

film

cartoon ~ рисованный мультипликационный фильм
chase ~ фильм-погоня
cinema ~ кинофильм
collage ~ коллажный мультфильм
colour ~ 1. цветной фильм 2. цветная плёнка
competition ~ конкурсный фильм
compilation ~ сборный [перемонтажный] фильм *(смонтированный из материалов ранее снятых фильмов)*
composite ~ совмещённая фильмокопия
costume ~ костюмный фильм *(обычно исторический фильм, в котором исполнители одеты в костюмы соответствующей эпохи)*
disaster ~ фильм катастроф
documentary ~ документальный фильм
dramatic ~ игровой [драматический] фильм
educational ~ учебный [инструктивный, просветительный] фильм
entertainment ~ развлекательный фильм
ethnographic ~ этнографический фильм
exposed ~ экспонированная плёнка
feature ~ (полнометражный) художественный фильм
first-run ~ фильм, идущий первым экраном
flexible ~ эластичная (упаковочная) плёнка
full-length ~ полнометражный фильм
G ~ *амер.* фильм категории "G", фильм без ограничения показа *(прокатная категория, рекомендуемая Американской ассоциацией кино)*
gangster ~ гангстерский фильм
horror ~ фильм ужасов
impactful ~ впечатляющий фильм
industrial ~ промышленный (рекламный) фильм
ink ~ 1. *полигр.* слой печатной краски 2. красочная плёнка
instructional ~ *см.* educational film
intermediate ~ плёнка «интермедиат» *(для контратипирования)*
landscape ~ видовой фильм
line ~ плёнка для съёмки штриховых оригиналов
low-budget ~ фильм, снятый с минимальными затратами; фильм, снятый по скромной смете
magnetic sprocketed ~ магнитная плёнка с перфорацией
magnetic striped ~ киноплёнка с магнитной фонограммой
marionette ~ объёмная мультипликация; фильм, снятый методом объёмной мультипликации
motion picture ~ кинофильм
musical ~ музыкальный фильм
narrow gauge [narrow width] ~ узкая киноплёнка; узкоплёночный фильм, фильм, снятый на узкой плёнке
natural vision ~ стереофильм
negative ~ негативная киноплёнка, негатив фильма, кинонегатив
news ~ кинохроника, кинорепортаж, хроникальный фильм
nonfiction ~ неигровой [документальный] фильм
nonflammable ~ негорючая [невоспламеняющаяся] (кино)плёнка
nontheatrical ~ фильм, не предназначенный для коммерческого проката
nuts-and-bolts ~ учебно-инструктивный фильм *(типа «как это делается»)*
PG ~ фильм категории "PG" *(прокатная категория в Великобритании и США, означающая, что на фильм дети допускаются только в сопровождении взрослых)*
PG13 ~ фильм категории "PG-13" *(прокатная категория, рекомендуемая Американской ассоциацией кино, которая означает, что дети до 13 лет допускаются на фильм только в сопровождении взрослых)*
photographic ~ фотоплёнка
pilot ~ ознакомительный [вводный] фильм
popular-science ~ научно-популярный фильм
printable ~ (упаковочная) плёнка, воспринимающая типографскую печать и рисунок
print(ing) ~ 1. позитивная (ки-

но)плёнка 2. *полигр.* плёночная фотоформа
processed ~ обработанная [проявленная] (кино)плёнка
propaganda ~ пропагандистский фильм
protective ~ защитная плёнка, защитное покрытие
puppet ~ кукольный фильм
R ~ фильм категории "R" *(прокатная категория, рекомендуемая Американской ассоциацией кино, означающая, что дети до 17 лет допускаются на фильм только в сопровождении взрослых)*
reversal [reversible] ~ обратимая плёнка
revue ~ кинообозрения, киноревю, фильм-ревю
scenic ~ видовой фильм
scientific ~ научный фильм
sepmag ~ 16-мм фильм на двух плёнках
shading ~ *полигр.* тангир
short(-length) ~ короткометражный фильм
shrinkable ~ усадочная (упаковочная) плёнка
silent ~ немой фильм
sleeved ~ рукавная (упаковочная) плёнка
slide ~ слайд-фильм
sound (motion picture) ~ звуковой (кино)фильм
sponsored ~ заказной фильм
spy ~ шпионский фильм
standard(-gauge) ~ стандартная [широкая] киноплёнка; 35-мм киноплёнка
stretch ~ растягивающаяся (упаковочная) плёнка
strip ~ диафильм
substandard ~ *см.* narrow gauge film
taped ~ видеофильм
teaching ~ *см.* educational film
television ~ телевизионный фильм, телефильм
theatrical ~ фильм для коммерческого (кино)проката
three-dimensional ~ стереофильм
thriller ~ остросюжетный фильм, триллер
topical ~ *см.* news film

trailer ~ киноафиша, рекламный ролик о фильме; раккорд *(кинофильма)*
training ~ *см.* educational film
U ~ *англ.* фильм категории «U», фильм без ограничения показа
video ~ видеофильм
virgin ~ «сырая» [неэкспонированная] (кино)плёнка
war ~ военный фильм, фильм о войне
waste ~ отходы монтажа
water-soluble ~ водорастворимая плёнка
wide ~ *см.* standard(-gauge) film
wide-screen ~ широкоэкранный фильм
X ~ *англ.* фильм категории «X», фильм сексуального содержания *(на просмотр которого дети до 18 лет не допускаются)*
filming киносъёмка, съёмка фильма
electronic ~ видеосъёмка
frame-by-frame ~ покадровая съёмка
high-speed ~ скоростная [ускоренная] съёмка *(создающая эффект замедленного движения)*
location ~ съёмка на натуре, выездная съёмка
multiple-camera ~ многокамерная (кино)съёмка
playback ~ киносъёмка под фонограмму
video ~ видеосъёмка
film-maker кинематографист
filmstrip диафильм
sound ~ озвученный диафильм
filter фильтр; светофильтр
charcoal ~ угольный фильтр
coarse ~ фильтр грубой очистки, грубый фильтр
colour-analyzing ~ цветоделительный светофильтр
colour-compensating ~ компенсационный цветной светофильтр
colour-correcting ~ цветокорректирующий светофильтр
colour(ed) ~ цветной светофильтр
colour-separation ~ цветоделительный светофильтр
colour-trimming ~ *см.* colour-compensating filter
compensating ~ компенсационный

filter

светофильтр *(для достижения правильного воспроизведения цветных тонов при чёрно-белой фото- или киносъёмке)*
correcting [correction] ~ корректирующий фильтр *(для цветной печати и фотоувеличений)*
cyan ~ сине-зелёный светофильтр
equalizing ~ выравнивающий фильтр
film ~ плёночный светофильтр
fine ~ фильтр тонкой очистки, тонкий фильтр
light ~ светофильтр
movie ~ киносъёмочный светофильтр
neutral density ~ нейтральный [серый] светофильтр
noise ~ фильтр подавления помех
oil ~ масляный фильтр
safe-light ~ защитный [фотолабораторный] светофильтр, светофильтр для неактиничного освещения тёмной комнаты
self-cleaning ~ самоочищающийся фильтр
smoothing ~ сглаживающий фильтр
financing финансирование
bridge ~ временное [промежуточное] финансирование
competitive ~ финансирование на конкурентном уровне
contract ~ финансирование под залог контракта
creative ~ творческий подход к проблемам финансирования
debt ~ финансирование за счёт получения займов
development ~ финансирование развития, предоставление средств [кредитование] на цели развития
investment ~ финансирование инвестиций
finding 1. результаты поисков; вывод, заключение; находка **2.** отыскание, обнаружение
~s of investigation результаты исследования
census ~s данные переписи
experimental ~s экспериментальные данные
expert ~ заключение эксперта
fault ~ отыскание [поиск] неисправностей

laboratory ~s результаты лабораторных исследований
research ~ результат исследования
scientific ~s результаты [данные] научных исследований, научные данные
fineness 1. тонкость; чистота **2.** проба *(драгоценных металлов)* ◇ **to surpass in** ~ превосходить по качеству
~ **of feelings** острота чувств
~ **of gold** проба золота
~ **of intellect** острота ума
~ **of observation** точность наблюдения; тонкая наблюдательность
~ **of screen** *полигр.* частота линий растра
fire 1. огонь; пыл; пожар **2.** топка
building ~ холодное копчение *(вторая стадия копчения рыбы)*
cooking ~ пропекание *(вторая стадия горячего копчения рыбы)*
drying ~ подсушка *(первая стадия копчения рыбы)*
electric ~ электрическая плитка, электрический камин
gas ~ газовый камин, газовая плита
liquid ~ крепкие спиртные напитки
sacred ~ «священный огонь», вдохновение
firm фирма; торговый дом
accounting ~ бухгалтерская фирма
affiliated ~ дочерняя фирма, филиал
aggregated ~ объединённая фирма
agribusiness ~ аграрно-промышленная фирма, аграрно-промышленное предприятие
ancillary ~ подчинённая фирма
applicant ~ фирма-заявитель
asset-management ~ фирма по управлению активами
blue chip ~ процветающая фирма, фирма с первоклассной репутацией
broker(age) ~ брокерская фирма
broking ~ фирма, занимающаяся брокерской деятельностью
business ~ деловая фирма, деловое предприятие
commercial ~ коммерческая [торговая] фирма
commercial distribution ~ торгово-распределительная фирма
computer ~ компьютерная фирма,

firm

фирма по разработке и производству вычислительных машин
consumer service ~ фирма потребительских услуг
contracting ~ фирма-контрактор *(работающая по заказам)*
delivery ~ экспедиторская фирма
direct-mail ~ фирма-специалист по прямой почтовой рекламе
dominant ~ главенствующая фирма *(в отрасли или на рынке)*
dubbing ~ *экр.* дубляжная студия; фирма, осуществляющая дубляж фильмов
engineering ~ машиностроительная фирма
entrant ~ начинающая [новая] *(в данной отрасли)* фирма
established ~ укоренившаяся [действующая в течение многих лет] фирма
executive search ~ фирма по подбору кандидатур на руководящие должности *(в корпорациях)*
failed ~ обанкротившаяся фирма
general mail-order ~ фирма посылторга с универсальным ассортиментом
heating ~ теплотехническая фирма
individual ~ отдельная фирма
industrial ~ промышленная фирма
innovating ~ фирма-новатор
intermediator ~ фирма-посредник; брокерская фирма
investment ~ инвестиционная компания
job-counseling ~ консультационная фирма по трудоустройству
joint public-private ~ смешанная государственно-частная фирма
law ~ юридическая фирма; адвокатская фирма
leading ~ ведущая фирма
list-compiling ~ фирма-составитель адресных списков
long ~ *жарг.* мошенническая фирма, жульническое предприятие
mail-order ~ фирма посылторга
management consulting ~ консультационная фирма по проблемам управления
manufacturing ~ производственная фирма, фирма-производитель

market analysis ~ фирма по исследованию рынка
marketing consulting ~ консультационная фирма по маркетингу
marketing research ~ фирма маркетинговых исследований
media ~ фирма по работе со средствами рекламы; организация средств рекламы
medium-sized ~ фирма средних размеров
minority ~ предприятие представителей национальных меньшинств
moderate-sized ~ фирма средних размеров
mom-and-pop ~ *амер.* (мелкая) семейная фирма
multimarket ~ «многорыночная» фирма; фирма, выступающая на многих рынках
multiplant ~ фирма, владеющая несколькими предприятиями
multiproduct ~ фирма, производящая многономенклатурную продукцию
nascent ~ только что созданная [новорождённая] фирма, фирма-новичок
one-man [one-person] ~ фирма в одном лице, фирма (из) одного человека
outside ~ сторонняя фирма; фирма, не входящая в данную отрасль
physical distribution ~ организация системы товародвижения *(продвижения товара от места его производства к месту конечного назначения)*; фирма-специалист по организации товародвижения
private ~ частная фирма
private law ~ частная адвокатская фирма
public accounting ~ (частнопрактикующая) бухгалтерская фирма; консультационно-ревизорская (бухгалтерская) фирма
public-interest law ~ юридическая фирма, защищающая интересы государства
public-relations ~ специализированная фирма по организации общественного мнения [по связям с общественностью]
real-estate ~ фирма по торговле не-

firm

недвижимостью, фирма-торговец недвижимостью
research ~ исследовательская фирма
retail(ing) ~ фирма розничной торговли
retail service ~ предприятие розничных услуг
rival ~ конкурирующая фирма, фирма-соперник
service ~ фирма услуг, организация по обслуживанию
small(-business) ~ мелкая фирма
software ~ фирма по разработке и продаже программного обеспечения ЭВМ
spin-off ~ «отпочкованная» фирма (*производящая непрофильную для материнской компании продукцию*)
stock brokerage ~ брокерская фирма фондовой биржи
transnational ~ транснациональная фирма
transportation ~ транспортная фирма
trucking ~ автотранспортная фирма
wholesaling ~ фирма оптовой торговли, фирма-оптовик

first-rate первосортный, первоклассный (*о товаре*)

fish 1. рыба 2. *амер.* тип, персона
baby ~ малёк, молодь
baked ~ запечённая рыба
big ~ *амер. перен.* «кит», «шишка» (*о человеке*)
breaded ~ панированная рыба
canned ~ рыбные консервы
chilled ~ охлаждённая рыба
cold-smoked ~ рыба холодного копчения
commercial ~ промысловая рыба
deep-frozen ~ рыба глубокой заморозки
dressed ~ разделанная рыба
dried ~ вяленая [сушёная] рыба
edible ~ съедобная рыба
flaked ~ рыбные хлопья
food ~ съедобная рыба
fresh ~ свежая рыба
fresh-frozen ~ свежезамороженная рыба
fresh-water ~ пресноводная рыба
fried ~ жареная рыба
frozen ~ мороженая рыба
gutted ~ потрошёная рыба
hot-smoked ~ рыба горячего копчения
legal-sized ~ рыба промышленного размера
live ~ живая рыба
market ~ рыба рыночного качества
minced ~ рыбный фарш
packaged ~ упакованные рыбные продукты
pickled ~ маринованная рыба
poor ~ *амер.* жалкая личность
quick-frozen ~ быстрозамороженная рыба
refrigerated ~ охлаждённая рыба
river ~ речная рыба
salt-water ~ морская рыба
stuffed ~ фаршированная рыба
sun-dried ~ вяленая рыба
tinned ~ рыбные консервы
whole ~ цельная [неразделанная] рыба
young ~ малёк, молодь

fishyback судовой контрейлер (*перевозка гружёных автомобильных прицепов или контейнеров водным транспортом*)

fist *полигр.* «указка» (*указательный знак в виде кисти руки или пальца, используемый в печати для привлечения внимания читателей к абзацу*)

fit 1. подгонка, прилаживание 2. подбор; соответствие
best possible ~ *см.* closest fit
character ~ *полигр.* апрош, межбуквенный просвет
closest ~ *стат.* наиболее точный подбор, наиболее точное соответствие
data ~ соответствие [совпадение] данных
exact ~ точное соответствие
push ~ плотная насадка
strategic ~ стратегическое соответствие

fitness 1. (при)годность 2. приспособленность, подготовленность; (на)тренированность, подтянутость
physical ~ физическая подтянутость

fitting 1. прилaдка, пригонка 2. *pl* оборудование; приспособления, принадлежности

262

copy ~ укладка текста *(на отведённой под него площади)*
data ~ *стат.* согласование данных
self-service ~s оборудование для торговли по методу самообслуживания
five-and-dime, five-and-ten дешёвый магазин, магазин, торгующий дешёвыми товарами
fixation фиксация, фиксирование, закрепление *(фотопроцесс)*
~ of dot фиксирование точки
colour ~ фиксация [закрепление] цвета
nonobject ~ непредметная фиксация
fixing фиксация, установление
long-term ~ долгосрочная фиксация
page ~ *полигр.* фиксация страницы
price ~ установление (и поддержание) цен
rate ~ нормирование
fixture 1. что-то твёрдо установленное; постоянная принадлежность 2. *pl* арматура, приспособления, (торговое) оборудование
adjustable store ~s разборное оборудование магазина
assembly ~s приспособления для сборки
modular ~s модульное торговое оборудование
shop [store] ~s стационарное магазинное оборудование
test(ing) ~s приспособления для испытаний
flackery рекламная шумиха; паблисити; раздувание *(значения)*
flag 1. флаговый заголовок *(на всю ширину страницы)* 2. «флажок» *(корректорский знак пропуска)* 3. место *(в газете)* с выходными данными 4. *экр.* затемнитель
corporate ~ флаг фирмы
name ~ «шапка», логотип
signal ~ сигнальный флаг
skip ~ *см.* flag 2.
yellow ~ *(жёлтый)* карантинный флаг
flanker товар-«попутчик» *(новинка, продающаяся под товарным знаком уже существующего «родительского» ассортимента)*

flap 1. клапан *(суперобложки)* 2. откидная доска, щиток
back ~ задний клапан
front ~ передний клапан
inside ~ клапан
flashback *экр.* (короткий) «обратный кадр»; монтажная перебивка; краткий второстепенный эпизод, (обычно) возвращающий в прошлое, *(вмонтированный в главный сюжетный эпизод)*; ретроспекция
flat 1. общая плёнка 2. монтаж *(негативов)* 3. монтажный стол 4. задник, кулиса 5. *тлв* задний план
book ~ центральный раздвижной задник
chromakey ~ фоновый экран *(для цветовой рирпроекции)*
film ~ монтаж на плёнке
glass ~ стеклянная поверхность *(для монтажа)*; монтажный стол; монтаж на стекле
golden-rod ~ монтаж на полупрозрачной оранжевой бумаге
photo ~ фотомонтаж
set [stage] ~ задник *(декорации)*
two-fold ~ центральный раздвижной задник
wing ~ кулиса *(сцены)*
flavour 1. аромат; вкус; букет 2. оттенок, особенность 3. вкусовое вещество, ароматизатор 4. придавать вкус
accidental ~ случайный привкус
aged ~ вкус выдержанного продукта
astringent ~ терпкий вкус
bitter ~ горький вкус
delectable ~ приятный запах
delicate ~ нежный аромат
distinct ~ *см.* pronounced flavour
clean ~ чистый аромат *(без примесей)*
fire ~ дымный привкус
fishy ~ рыбный привкус
foreign ~ посторонний привкус
full(-bodied) ~ полный [полноценный] ароматизатор
imitation ~ искусственное вкусовое вещество; искусственный ароматизатор
mild ~ мягкий вкус
pronounced ~ (ясно) выраженный запах [аромат]
racy ~ характерный вкус

flavour

scorching ~ пригорелый вкус
spic(e)y ~ пряный вкус
wine ~ букет вина

fleet транспортный парк; флот
equipment ~ парк оборудования
mercantile ~ торговый флот
minimum efficient ~ экономически выгодный минимальный размер парка транспортных средств
refrigeration cargo ~ рефрижераторный флот
truck ~ парк грузовых автомобилей

flexibility гибкость, эластичность
colour ~ *полигр.* возможность изменения количества красок при печати
cost level ~ подвижность уровня издержек
design ~ конструкторская гибкость; универсальность конструкции
price ~ эластичность цен
strategic ~ гибкость стратегии

flextime свободный режим рабочего дня *(с правом свободного выбора времени начала и окончания работы)*; «скользящий» график

flier листовка, рекламный листок

flight 1. период [длительность] трансляции рекламы *(по радио или телевидению до 52 недель)* 2. полёт; рейс 3. возбуждение, порыв 4. кратковременная интенсификация рекламных усилий
~ of capital бегство [утечка] капитала *(за рубеж)*
~ of imagination полёт фантазии
airline ~ маршрутный полёт *(по регулярной авиалинии)*
connecting ~ полёт с пересадками
continuous ~ беспосадочный полёт
departing ~ вылет
home ~ обратный полёт
incoming ~ прилёт
instrument ~ полёт по приборам, слепой полёт
non-stop ~ беспосадочный полёт
scheduled ~ полёт по расписанию, рейсовый полёт
short ~ рейс малой дальности, ближний рейс

flim-flam *разг.* 1. вздор, ерунда; трюк, жульническая проделка 2. *амер.* обсчитывать

flimsy папиросная бумага; тонкая бумага

floor 1. пол, настил; подошва, дно 2. съёмочная площадка *(студии)*; телевизионная студия 3. минимальный уровень 4. производственная площадка
assembly ~ монтажная площадка, сборочный цех
price ~ минимум цен
selling ~ торговый зал в магазине

floorman наборщик объявлений в газете

floor-manager *экр.* помощник режиссёра *(в студии)*

florist 1. торговец цветами 2. цветочный магазин

flour мука
all-purpose ~ мука для домашнего приготовления изделий из теста
bread ~ хлебопекарная мука
coarse ~ грубая мука
consumer's ~ потребительская мука
crude ~ грубая мука
culinary ~ потребительская мука
dusting ~ мука для подсыпки *(теста)*
enriched ~ обогащённая мука
family ~ *см.* all-purpose flour
fine ~ мука тонкого помола
fortified ~ обогащённая мука
health ~ лечебная мука
high-grade ~ мука высшего сорта
household ~ потребительская мука
pancake ~ блинная мука
pastry ~ кондитерская мука
patent ~ мягкая пшеничная мука высшего сорта
potato ~ картофельная мука
rye ~ ржаная мука
self-rising ~ самоподнимающаяся мука *(с добавками сахара, разрыхлителей, сухого молока)*
soy ~ соевая мука
sponge [sponging] ~ мука для опары
straight ~ мука простого помола
weak ~ слабая [невсхожая] мука

flow 1. течение, ход 2. поток; прилив *(средств)* 3. скорость, движение
~ of cost движение затрат
~ of funds движение денежных средств
~ of goods поток товаров

fluency

~ of income динамика доходов; поток прибыли
~ of output выпуск продукции
~ of payments цепочка платежей, поток платёжных операций
~ of thought ход мысли
~ of work ход работы
audience ~ динамика движения аудитории
capital ~ приток капитала
cash ~ движение денежной наличности, движение ликвидности; приток наличности
commodity ~ поток товаров
communication ~ коммуникационный поток
compound ~ суммарный поток
consumer ~ поток потребителей
copy ~ редакционный цикл *(от репортажа до печатания)*
data ~ поток информации, информационный поток
financial ~ движение финансовых средств
information ~ *см.* data flow
manufacturing ~ производственный поток, процесс производства
metered ~ дозированный поток
migration ~ миграционный поток
money ~ движение денежной массы
natural ~ самотёк
physical ~ физический поток, физическое перемещение
planning ~ цепочка [последовательность] процесса планирования
preferred ~ предпочтительное направление потока
process ~ последовательность [схема] технологического процесса
receipt ~ поток доходов, доходы
saturation ~ поток насыщения
steady(-state) ~ установившийся поток
traffic [transportation] ~ транспортный поток
unsteady ~ неустановившийся поток
work ~ ход работы

flowchart сетевой график; блок-схема; схема потока информации

flower цветок, цветущее растение
artificial ~ искусственный цветок
cut ~ цветок на срез, срезанный цветок

natural ~ живой цветок
printer's ~ *полигр.* виньетка, растительный орнамент
state ~ цветок-эмблема штата *(утверждается законодательным собранием штата)*
tripped ~ раскрывшийся цветок
type ~ *полигр.* типографский растительный орнамент
wild ~ полевой цветок

fluctuation колебание, неустойчивость, изменение
~ of opinion отсутствие установившегося мнения
~ of population текучесть населения
~ of prices колебание цен
accidental ~s колебания случайного характера
annual ~ годичное колебание
business ~s колебания деловой активности
chance ~s колебания случайного характера
constant ~s постоянные колебания
cyclical ~s циклические колебания
demand ~s колебания спроса
economic(al) ~s экономические колебания; колебания экономической конъюнктуры
erratic ~s *см.* accidental fluctuations
labour ~ текучесть рабочей силы
local ~s местные колебания
major ~s большие колебания
market ~s рыночные [конъюнктурные] колебания; колебания цен на рынке
minor ~s слабые колебания
price ~ колебание цен
random ~s колебания случайного характера
sales ~s колебания сбыта
sampling ~s *стат.* колебания внутри выборки
seasonal ~s сезонные колебания
statistical ~s статистические колебания
sustained ~s устойчивые колебания
temporary ~s временные колебания
violent ~s резкие колебания
weak ~s слабые колебания

fluency плавность, беглость *(речи)*
language ~ свободное владение языком

flush

flush *полигр.* набор без абзацных отступов
flyer листовка, рекламный листок
flyleaf *полигр.* форзац
  back ~ задний форзац, форзац в конце книги
  front ~ передний форзац, форзац в начале книги
fly-sheet листовка, рекламный листок
focus 1. фокус 2. средоточие; центр
  ~ **of sale** основное (рекламно-)коммерческое утверждение в пользу товара, главный аргумент для продажи товара
  conceptual ~ концептуальная нацеленность
  copy ~ фокусирование текста *(одно из положений теории уникального торгового предложения американского специалиста Р. Ривса)*
  fixed ~ постоянный фокус, постоянная наводка на фокус
  infinity ~ фокус, установленный на бесконечность
  market ~ объект приложения рыночных усилий
  soft ~ «мягкий» фокус, нерезкое изображение
  strategic ~ основные стратегические усилия
focusing наводка на фокус [на резкость], фокусирование, фокусировка
  auto(matic) ~ автоматическая установка фокуса
  image ~ фокусирование изображения
  point ~ точечная фокусировка
  scale ~ наводка на фокус по шкале
  sharp ~ точное фокусирование
  visual ~ фокусирование на глаз
  zone ~ фокусировка с большой глубиной резкости, фокусировка с обширной зоной резко изображаемого пространства *(дающая возможность исполнителям свободно передвигаться в кадре без необходимости изменения фокусировки)*
fold 1. сгиб, фальц 2. фальцовка
  accordion [concertina] ~ фальцовка гармошкой
  cross ~ 1. поперечный сгиб 2. поперечная фальцовка
  gate ~ «калитка» *(журнальный лист двойного формата, имеющий фальц со стороны передка блока)*
  length(wise) ~ 1. продольный сгиб 2. продольная фальцовка
  long ~ фальц вдоль длинной стороны листа
  longitudinal ~ *см.* **length(wise) fold**
  natural ~ естественный сгиб *(складывание печатного материала таким образом, чтобы при его разворачивании ход рекламного сообщения не нарушался)*
  zig-zag ~ фальцовка гармошкой
folder 1. проспект; книжка-раскладка; несшитая брошюра 2. папка-скоросшиватель 3. картотека 4. буклет *(рекламный материал)*
  advertising ~ рекламный проспект
  electronic ~ электронная папка, электронное досье
  presentation ~ презентационный [престижный] проспект; презентационная подборка рекламных материалов
  sales ~ рекламно-коммерческий проспект
folding *полигр.* фальцевание, фальцовка; складывание, сгибание
  ~ **of sheets** фальцовка листов
  accordion ~ фальцовка гармошкой
  blade ~ ножевая фальцовка
  concertina ~ фальцовка гармошкой
  dump ~ клапанная фальцовка
  end ~ запечатывание *(упаковки)* подгибанием концов
  hand ~ ручная фальцовка
  machine ~ машинная фальцовка
  package ~ запечатывание *(упаковки)* путём складывания
foldout (сфальцованный) проспект; сфальцованная вклейка
follow-up 1. второе (или любое последующее) обращение прямой почтовой рекламы 2. меры в развитие [во исполнение]; последующая деятельность, доведение до конца 3. проверка результатов; контроль сроков исполнения
  corrective action ~ контроль за проведением исправительных действий
  long-term ~ длительное наблюдение
  sales ~ последующая работа по результатам запродажи

food

font комплект [гарнитура] шрифта; шрифт
base [master] ~ базовый [основной] комплект шрифта
matrix ~ матричный шрифт
newspaper ~ комплект газетного шрифта
type ~ комплект шрифта; печатный шрифт
food 1. пища; питание, еда 2. *pl* продукты питания, продовольствие ◊ ~ **for thought** пища для размышлений
a la carte ~s порционные блюда
animal ~ животная пища; корм для скота
artificial ~ искусственный пищевой продукт
baby ~ продукт (для) детского питания
breakfast ~s блюда для завтрака *(крупы и хлопья)*
canned ~s консервы *(в жестяных банках)*, баночные консервы
cat ~ пища для кошек, кошачьи консервы
convenience ~s пищевые полуфабрикаты быстрого приготовления
daily ~ продукт каждодневного питания
dietary [dietic] ~ диетический пищевой продукт
dog ~ пища для собак, собачьи консервы
energy ~ высококалорийная пища
fast ~ блюдо быстрого приготовления
fast-frozen ~ быстрозамороженный пищевой продукт
fat-controlled ~ пищевой продукт с ограниченным содержанием жира
frozen ~s замороженные продукты
gourmet ~s *см.* specialty foods
health ~ продукт лечебного питания
high-protein ~ пищевой продукт с высоким содержанием белка
infant ~ продукт (для) детского питания
instant ~ продукт быстрого приготовления; быстрорастворимый *(порошкообразный или гранулированный)* пищевой продукт
junk ~ неполноценная пища *(напр. в закусочных)*

lasting ~ долгохранящийся пищевой продукт
low-calorie ~ низкокалорийный пищевой продукт
manufactured ~ продукт пищевой промышленности
mental ~ духовная пища
natural ~ натуральный пищевой продукт *(без консервантов, вкусовых добавок)*
non-fattening ~ пищевой продукт, не вызывающий ожирения
nutritious ~ питательный продукт
packaged ~ фасованный пищевой продукт
perishable ~ скоропортящийся пищевой продукт
pet ~ пища [корм, консервы] для животных
pickled ~ соленье; маринованный продукт
plain ~ простая пища
plant ~ растительная пища
plastic ~ фальсифицированные пищевые продукты
precooked frozen ~ замороженное *(после кулинарной обработки)* готовое блюдо
preseasoned frozen ~ предварительно приправленный замороженный продукт
preserved ~s консервированные продукты, консервы
processed ~s бакалея, бакалейные товары; пищевые продукты, подвергшиеся технологической обработке
quick-frozen ~ быстрозамороженный пищевой продукт
ready-to-eat ~s пищевые продукты, готовые к употреблению
refined ~ очищенный [рафинированный] пищевой продукт
retort pouch ~ пищевой продукт в герметическом термостойком пакете *(который для полной готовности нужно только прокипятить в течение пяти минут)*
routine ~ обычный [постоянный] рацион питания
sea ~s продукты моря, морепродукты
semiprepared ~s полуфабрикаты
semipreserved ~s пресервы, полуконсервы

food

shelf-stable ~ пищевой продукт, стойкий в хранении
single-serve ~ пищевой продукт в расфасовке на одну порцию
snack ~ закусочный пищевой продукт, закуска
sophisticated ~ эрзац, суррогат
specialty ~s пищевые деликатесы, деликатесные изделия
spiritual ~ духовная пища
staple ~s массовые [основные] продукты питания
substantial ~ питательная пища
substitute ~ пищевой продукт-заменитель
sugared ~ продукт с добавлением сахара
take-out ~ пищевой продукт, продаваемый *(кафе или рестораном)* на вынос
tinned ~s *см.* canned foods
unvaried ~ однообразная пища
vegetable ~ растительная пища
well-keeping ~ *см.* shelf-stable food
wholesome ~ здоровая [питательная, полноценная] пища

foodstuff пищевой продукт, продукт питания
basic [staple] ~s главные [основные] пищевые продукты

footage 1. *экр.* длина плёнки в футах *(один фут равен 16 кадрам 35-мм киноплёнки и 40 кадрам 16-мм киноплёнки)*; метраж 2. отснятый материал фильма 3. фрагменты изображения *или* звука, записанные без сценария
breakdown ~ черновой монтаж *(фильма)*
library [stock] ~ фильмотечный материал

footer *полигр.* колонтитул внизу страницы

footnote 1. сноска 2. подстрочное примечание

force 1. сила, воздействие; фактор 2. смысл, значение 3. *(рабочая)* сила; штат ◇ by ~ of habit в силу привычки; in ~ действующий, имеющий силу *(о договоре)*; to come into ~ вступать в силу; to put in ~ вводить в силу; делать действительным; проводить в жизнь, осуществлять; to re-

main in ~ оставаться в силе, действовать
~s of the market рыночные силы
~s of motivation силы [факторы] мотивации
~s of supply and demand факторы предложения и спроса
binding ~ обязательная сила *(закона)*
civilian labour ~s работники гражданского сектора экономики
competitive ~ конкурирующая сила
counter ~ противодействующая сила, сила противодействия
customer-structured sales ~ торговый персонал, построенный в разбивке по клиентам
decisive ~ решающая сила
demographic ~ демографическая сила, демографический фактор
directing ~ направляющая [руководящая] сила
direct sales ~ собственный [штатный] торговый персонал фирмы *(обеспечивающий прямые продажи)*
distinguishing ~ различительная способность, отличительный принцип
dominant ~ господствующая [доминирующая] сила
door-to-door sales ~ штат продавцов, торгующих вразнос
driving ~ движущая сила
economic(al) ~s экономические факторы
elemental ~s стихийные силы, силы природы
evidential ~ *юр.* доказательная сила
external ~ внешняя сила, внешний фактор
extra-market ~ внерыночные силы
guiding ~ направляющая [руководящая] сила
impelling ~ побудительная сила
labour ~ 1. рабочая сила 2. *pl* трудовые ресурсы
legal ~ юридическая [законная] сила
legally binding ~ обязательная юридическая сила
market(-place) ~s рыночные силы
missionary sales ~ целевая торговая бригада
monetary ~s денежные факторы

forecast

motivating [motivational, motive] ~ движущая сила; фактор мотивации
national sales ~ общенациональный штат продавцов
natural ~ 1. естественная сила, естественный фактор 2. *pl см.* elemental forces
natural market ~ естественная сила рынка
nerve [nervous] ~ психическая устойчивость
nonmarket ~s внерыночные силы
organized market ~s организованные рыночные силы
outside market ~s внешние рыночные силы
personal sales ~ персонал, занятый личными продажами *(вне фирмы, магазина)*
pervasive ~ всепроникающая сила
productive ~s производительные силы
product-structured sales ~ персонал, построенный по торговому принципу
psychic ~s умственные способности
psychological ~ психологический фактор
regulating ~ регулирующая сила, сила регулирования
repellent ~ сила отталкивания
resistive ~ сила сопротивления [противодействия], противодействующая сила
restoring ~ восстанавливающая сила, восстанавливающее усилие
sales ~ торговый персонал, торговый штат, штат продавцов
selling ~ 1. движущая сила сбыта 2. *см.* sales force
social [societal] ~ общественная сила, общественный фактор
spontaneous ~ стихийная сила
task ~ целевая группа *(по изучению определённой проблемы)*
technological ~ научно-технический фактор
territorial-structured sales ~ торговый персонал, построенный по территориальному принципу
thought ~ заряд мысли
variable ~ переменная сила
vital ~ жизненная сила
work ~ рабочая сила

forecast прогноз, предсказание
analytical ~ аналитический прогноз
approved ~ подтвердившийся прогноз
average ~ усреднённый прогноз
background ~ прогноз внешних условий деятельности фирмы
benchmark ~s прогнозы на основе исходных данных
blind ~ слепой прогноз
brand sales ~ прогноз сбыта марочного товара
business roundup ~ обобщающий прогноз конъюнктуры [деловой активности]
conditional ~ условный прогноз
daily ~ суточный прогноз
demand ~ прогноз спроса
economic(al) ~ экономический прогноз
exploratory ~ поисковый прогноз
extended ~ долгосрочный прогноз
field ~ эксплуатационный прогноз
financial ~ прогноз финансового положения
investment ~ прогноз капиталовложений [инвестиций]
judgemental ~ прогноз, основанный на экспертных оценках
life ~ прогноз долговечности *(изделия)*
long-range [long-term] ~ долгосрочный прогноз
market ~ рыночный прогноз
marketing ~ маркетинговый прогноз, прогноз рыночной конъюнктуры
medium-range [medium-term] ~ среднесрочный прогноз, прогноз на средний срок
operating expense ~ прогноз эксплуатационных расходов
perfect ~ точный прогноз
population ~ прогноз численности населения
qualitative ~ качественный прогноз
quantitative ~ количественный прогноз
sales ~ прогноз сбыта
short-range [short-term] ~ краткосрочный прогноз
statistical ~ статистический прогноз
tentative ~ предварительный прогноз
unit-volume ~ прогноз объёма продаж в товарных единицах

forecast

weather ~ прогноз погоды
weighted ~ взвешенный прогноз
forecaster составитель [автор] прогноза
  economic ~ экономист-аналитик
forecasting прогнозирование, составление прогноза, предсказание
  ~ of business activity 1. прогнозирование деловой активности 2. прогнозирование конъюнктуры
  economic(al) ~ экономическое прогнозирование
  internal ~ внутрифирменное прогнозирование
  lifestyle ~ прогнозирование образа жизни
  probabilistic ~ вероятностное прогнозирование
  sales ~ прогнозирование сбыта
  social ~ социальное прогнозирование
  technological ~ прогнозирование научно-технического прогресса
foredated датированный более ранним [задним] числом
foreground 1. передний план 2. авансцена 3. видное положение ◇ to be in the ~ быть на виду
foreman мастер; техник
  head ~ старший мастер
  job ~ бригадир; старший рабочий
  production ~ мастер-технолог; начальник цеха
  shift ~ сменный мастер
foretitle авантитул, фортитул *(первая страница книги, расположенная перед титульным листом)*
foreword предисловие
form 1. форма; *(внешний)* вид, очертание 2. разновидность 3. бланк; образец ◇ in bookish ~ в форме книги; in due ~ по всем правилам, выполненный должным [надлежащим] образом; in graphic ~ графически, схематически; in kit ~ в сборе, в комплекте; in tabular ~ в виде таблицы; ~ PA *амер.* заявка на регистрацию авторских прав на произведения исполнительных видов искусств; to fill in [up] ~ заполнять бланк
  ~ of activity род деятельности
  ~ of address форма обращения *(в деловой переписке)*
  ~ of appearance форма проявления

~ of payment способ платежа
~ of segmentation форма сегментирования
accounting ~ 1. расчётная карточка; счёт 2. бланк бухгалтерской документации
advertising ~ форма [разновидность] рекламы
alternate ~ альтернативная форма, альтернативный вариант
application ~ бланк [форма] заявки, заявочный бланк
art ~ вид искусства
basic-letter ~ основное начертание буквы
behaviour ~s формы поведения
binary ~ *стат.* бинарная [двоичная] форма
bodily ~ of commodity натуральная форма товара
business ~ бланк делового [коммерческого] документа
census ~ переписной бланк, опросный лист
census report ~ статистическая отчётная форма; статистическая анкета
commodity ~ товарная форма, форма товара
condensed ~ сжатая форма
cost-and-savings ~ форма для расчёта экономической эффективности
data ~ форма данных
data-collection ~ форма для сбора данных
digital ~ цифровая форма
elementary ~ of value простая форма стоимости
feasible ~s of competition реально существующие формы конкуренции
general ~ of value всеобщая форма стоимости
household record ~ анкета для обследования семей
individualized ~ бланк, приспособленный для индивидуальных нужд заказчика
in-house reporting ~ бланк внутренней отчётности
land ~s характер местности, рельеф
letter ~ *полигр.* начертание буквы, графическая форма буквы
master ~ шаблон, стереотип; эталонная печатная форма

material ~ материальная форма
media ~s разновидности средств рекламы
message ~ форма (рекламного) обращения
money ~ of value денежная форма стоимости
multiple-copy ~ бланк с несколькими копиями
nonprice ~s of competition неценовые формы конкуренции
nonverbal communication ~ форма бессловесной коммуникации
order(ing) ~ бланк заказа
paper ~ формуляр
physical ~ физическая форма
pictorial ~ изобразительная форма
postal ~ почтовый бланк
precanvass ~ статистическая анкета для предварительного опроса
price ~ разновидность цены *(напр. оптовая или розничная)*
printed ~ печатный бланк, формуляр
printing ~ *полигр.* текстовая печатная форма
product ~ разновидность товара
receipt ~ образец расписки [квитанции]
record-keeping ~ форма отчёта, бланк отчётной документации
regulatory ~ форма регулирования
relative ~ of value относительная форма стоимости
release ~ бланк разрешения на обнародование [публикацию] *(документов)*
report ~ форма отчёта
requisition ~ заявочная форма, бланк-требование, бланк заявки
retailing ~ форма розничной торговли
single-copy ~ одинарный бланк
skeletal [skeleton] ~ схематическое изображение
subscription ~ подписная квитанция, подписной бланк, квитанция на подписку
substitute ~ альтернативная форма, заменитель
symbolic ~ символическая форма; форма, выраженная посредством символов

table [tabular] ~ табличная форма, таблица
tax(-filing) ~ бланк налоговой декларации
type ~ 1. *см.* printing form 2. начертание шрифта
W-2 ~ бланк складского свидетельства о приёмке товара на хранение
format 1. формат, размер 2. направленность, редакционное содержание *(издания, вещательной программы)* 3. стандарт вещательного телевидения
block ~ блочный формат *(напр. подачи рекламы)*
landscape ~ *полигр.* формат *(издания)*, вытянутый по горизонтали
portrait ~ вертикальный формат
well ~ «колодец», колодезная вёрстка; макет типа «колодец» *(редакционный материал обрамлён с обеих сторон и снизу рекламой)*
formation 1. образование, формирование 2. учреждение 3. строение; структура, конструкция
~ of plan формирование плана
attitude ~ формирование отношений
capital ~ накопление (основного) капитала
concept ~ разработка идеи
dot ~ точечная структура
family ~ образование семьи
habit ~ формирование привычек [навыков]
price ~ ценообразование, установление цен
trademark ~ формирование товарного знака
want ~ формирование потребностей
word ~ словообразование
formatting форматирование, задание формата
data ~ форматирование данных
message ~ форматирование [задание формата] сообщения
text ~ форматирование текста, разметка набора *(формирование абзацев, центрирование заголовков, выравнивание полей, разбивка на страницы)*
formula формула, рецепт; шаблон, стереотип; формулировка

formula

approximation ~ приближённая формула
assumption ~ исходная формула
basic ~ основная формула
binary letter ~ двоичная буквенная формула
conversion ~ формула пересчёта
curing ~ рецепт посолочной смеси
Dale-Shall ~ формула Дейла — Шалла *(способ определения доходчивости и читаемости рекламных текстов с учётом длины строк и использования редко употребляемых слов)*
design ~ расчётная формула
distribution ~ формула распределения
face-saving ~ спасительная [удобная для всех] формулировка
Flesch ~ формула Флеша *(показатель степени разборчивости текста в зависимости от длины слов и предложений)*
fundamental ~ основная формула
infant milk ~ молочная смесь для детского питания
legal ~ юридическая формула
marketing ~ маркетинговая формула
order quantity ~ формула для определения размера заказа
package ~ идея комплексного решения
prediction ~ формула прогнозирования
prime ~ элементарная формула
ready-made ~ готовая формула
spice ~ рецепт смеси специй [приправ]
working ~ рабочая формула

forum форум
~ of public opinion суд общественного мнения
deliberating ~ дискуссионный форум, форум для обсуждения
negotiating ~ форум для (ведения) переговоров

Forum:
European Management ~ Европейский форум по проблемам управления

foundation 1. фонд; благотворительный институт; учреждение, существующее на фонд 2. основа *(экономики)*

◊ to be on the ~ существовать за счёт фонда
conceptual ~ концептуальная основа
enlightened ~s просветительские фонды
social ~s социальные основы

Foundation:
Advertising Research ~ Фонд рекламных исследований *(некоммерческое объединение рекламодателей, рекламных агентств, средств рекламы и университетов США)*
Brand Names ~ амер. Фонд пропаганды марочных названий *(преследует цели стимулирования сбыта марочных товаров)*
Canadian Advertising Research ~ Канадский фонд рекламных исследований
Communication, Advertising and Marketing Education ~ англ. Учебный центр коммуникации, рекламы и маркетинга *(создан в 1969 г. в результате слияния учебных подразделений Рекламной ассоциации Института практиков рекламы и Института по организации общественного мнения)*
European ~ for Management Development Европейский фонд развития менеджмента
Ford ~ Фонд Форда *(один из первых спонсоров общественного и образовательного телевидения в США)*
Patent, Trademark and Copyright ~ of the George Washington University амер. Научно-исследовательский фонд по патентам, товарным знакам и авторскому праву Университета им. Джорджа Вашингтона

founder 1. полигр. (шрифто)литейщик 2. основоположник, основатель, учредитель
letter ~ словолитчик
type ~ шрифтолитейщик

foundry полигр. шрифтолитейный завод, шрифтолитейный цех
letter [type] ~ шрифтолитейный завод, шрифтолитейный цех

four c's *(от cigarettes, colas, candies, coffee)* четыре «С» *(четыре вида товаров, наиболее часто продаваемых через торговые автоматы: си-*

franchise

гареты, прохладительные напитки, сладости, кофе)
fraction частица; доля; отрезок
~ **of distance** отрезок дистанции, часть расстояния
~ **of inequality** *стат.* доля расхождения
~ **of time** отрезок времени
cost ~ доля издержек
page ~ доля [часть] полосы [страницы]
sampling ~ выборочная доля, доля выборки *(в генеральной совокупности)*
uniform sampling ~ равномерная доля выборки
variable sampling ~ переменная доля выборки
fragmentation:
audience ~ дробление аудитории
fragrance аромат, благоухание; ароматичность
fraktur фрактура *(разновидность немецкого готического шрифта)*
frame 1. рама, каркас, остов **2.** система отсчёта, система координат **3.** *экр.* кадр **4.** строение, структура, основа
~ **of inquiry** диапазон обследования
~ **of legal system** структура законодательства
~ **of mind** (умо)настроение, расположение духа; склад ума
~ **of reference 1.** система отсчёта **2.** рамки рассмотрения проблемы; компетенция, круг прав *или* обязанностей
~ **of society** социальная система
"A" ~ двухсторонний складной (рекламный) щит
action ~ *экр.* кадр с видимым действием
composing ~ *полигр.* наборный стол; реал, касса-реал
film ~ кинокадр, кадр (из) фильма
filmstrip ~ кадр диафильма
finder ~ рамка видоискателя [визира]
freeze ~ *см.* still frame
hotbed ~ парниковая рама
legal ~ правовая структура [система]
masked ~ кашированный кадр
masking ~ *экр.* фигурная маска, каширующая рамка

motivational ~ мотивационная структура
operating ~ **of reference** оперативный базис отсчёта
photo ~ копировальная рама, копировально-множительный станок
picture ~ кадр изображения
poster ~ рама [панель, щит] для (наклейки) плакатов
sampling ~ инструментарий для проведения выборочного обследования; основа выборки
squeeze ~ сжатый кадр, сжатое изображение *(изображение, уменьшенное до таких размеров, что занимает только часть экрана)*
still ~ стоп-кадр, неподвижный кадр
time ~ временнóй интервал, временные рамки
framework структура, конституция; основа; пределы, рамки ◊ ~ **for action** рамки действий, основа для действий
~ **of cost analysis** основа (для) анализа затрат
~ **of society** общественный строй
agreed ~ согласованные рамки
basic ~ принципиальная основа
conceptual ~ концептуальная основа, концептуальные рамки
corporate ~ структура фирмы
formal ~ формальная основа
general ~ общие принципы, общая основа
institutional ~ организационные рамки
logical ~ логическая основа
social ~ социальная структура
theoretic(al) ~ основы теории
time ~ временные рамки
unified ~ единая структура
framing кадрирование; кадровая синхронизация; установка (кадра) в рамку
franchise 1. привилегия, льгота, особое право **2.** организация, пользующаяся правом сбыта на льготных условиях **3.** франшиза
brand ~ **1.** привилегированное положение марки [марочного товара]; *(монопольное)* право торговли марочным товаром **2.** приверженность к марке

franchise

cable ~ 1. предоставление права на кабельное вещание (по лицензии) 2. организация, ведущая кабельное вещание по лицензии
consumer ~ привилегированное положение в глазах потребителя
exclusive ~ исключительная *(торговая)* привилегия
retail ~ 1. привилегия на розничную торговлю 2. розничные заведения-держатели торговой привилегии
franchisee получатель [держатель] (торговой) привилегии
franchiser хозяин [владелец] (торговой) привилегии
franchising 1. практика выдачи [предоставления] торговых привилегий 2. франшизинг, выдача компанией лицензии [франшизы] на продажу товара под маркой компании
fraud обман, жульничество ◇ ~ **in fact** умышленный [преднамеренный] обман; ~ **in law** подразумеваемый обман, обман по правовой презумпции
accident ~ мошенническая симуляция несчастного случая
bank ~ банковское мошенничество
commercial ~ мошенничество в торговле
computer ~ мошенничество с применением ЭВМ
consumer ~ обман потребителя
contract ~ обман при заключении договора
corporate ~ мошенничество со стороны фирмы
criminal ~ преступный обман
insurance ~ страховой обман
mail ~ мошенничество с использованием почты
pious ~ ложь во спасение
positive ~ фактический [умышленный, прямой] обман
securities ~ мошенничество с ценными бумагами
tax ~ налоговое мошенничество
freedom свобода, независимость ◇ ~ **from care** свобода от забот, беззаботность; ~ **from want** свобода от нужды, обеспеченность
~ **of action** свобода действий
~ **of choice** свобода выбора

~ **of contract** принцип «свободы (заключения) контрактов»
~ **of enterprise** свобода предпринимательства
~ **of expression** свобода выражения
~ **of the individual** свобода личности
~ **of information** свобода информации
~ **of the press** свобода печати
~ **of speech** свобода слова
~ **of use** свобода (ис)пользования
economic ~ экономическая свобода
fundamental ~s основные свободы
unhandicapped ~ **of entry** беспрепятственная свобода доступа *(напр. новых компаний в отрасль)*
freelancer (в)нештатный сотрудник, работник, не состоящий в штате
freepost с бесплатным возвратом *(о купоне, запросе, при возврате которых рекламодателю не нужно наклеивать марку или оплачивать какой-л. иной почтовый сбор)*
free-sheet бесплатная местная газета *(публикующая, в основном, рекламу)*
free-vee бесплатное (коммерческое) телевидение
freeze 1. замораживание 2. *экр.* стоп-кадр
credit ~ замораживание кредитов
picture ~ замораживание изображения; стоп-кадр
price ~ замораживание цен
wage ~ замораживание заработной платы
freezer морозилка, морозильник
deep ~ морозильный аппарат для глубокого замораживания
food ~ низкотемпературный домашний холодильник
home ~ домашний [бытовой] морозильник
ice-cream ~ фризер, мороженица
freight 1. фрахт; груз 2. перевозка грузов 3. стоимость перевозки
bulk ~ насыпной [навалочный] груз *(без тары)*
containerized ~ контейнеризованный груз, груз, перевозимый в контейнерах
distance ~ фрахт за расстояние, дистанционный фрахт

excess ~ излишек груза
lump ~ твёрдая сумма фрахта, аккордный фрахт
motor ~ груз, перевозимый автотранспортом
package ~ штучный груз; мелкий груз, отправляемый багажом
perishable ~ скоропортящийся груз
unclaimed ~ невостребованный груз
unitized ~ мелкие отправки, упакованные в одно (укрупнённое) грузовое место; сборочно-упаковочное укрупнённое место
freight-in стоимость доставки товаров
frequency частота, частотность; периодичность *(издания)*
~ of delivery периодичность поставок
~ of occurrence встречаемость
~ of purchase частота (совершения) покупок
~ of reports периодичность [частота] представления отчётов
~ of sampling частота выборки
~ of use частота (ис)пользования
advertising ~ частота [периодичность] (появления) рекламы
audio ~ звуковая частота
breakdown ~ частота поломок
buying ~ частота (совершения) покупок
error ~ процент [количество] ошибок, частота повторения ошибок
exposure ~ частота рекламных контактов
frame ~ *экр.* число кадров в секунду
insertion ~ частота публикаций *(объявления)*
letter ~ частота повторения букв
observed ~ наблюдаемая частота
ordering ~ частота выдачи [размещения] заказов
publication ~ периодичность издания
reject ~ частота браковки
repetition ~ частота повторения, повторяемость
replenishment ~ периодичность пополнения запасов
response ~ частота ответных реакций
theoretical ~ теоретическая частота, вероятность
visit ~ частота посещений
voice ~ звуковая частота
word ~ частота употребления [повтора] слова
friar *полигр.* слабая пропечатка, непропечатка
fringe *экр.* предпиковое и послепиковое [«пограничное»] время, (временной) периметр *(время, предшествующее пиковому времени просмотра или следующее за ним)*
early ~ ранний [предпиковый] периметр, предпиковое пограничное время
late ~ поздний [послепиковый] периметр, послепиковое пограничное время
frisbee, frisbie летающая тарелка, летающий диск *(игрушка)*
front передняя [лицевая] сторона, фасад; передний план ◊ to come to the ~ выдвинуться, занять ведущее место; up ~ авансом, загодя
~ of book передняя секция журнала
~ of jacket передняя сторона суперобложки
shop ~ витрина
frontload сосредоточение рекламных усилий в начале кампании
frustration срыв, крах
~ of contract последующая невозможность исполнения контракта; тщетность договора; резкое и непредвиденное изменение обстоятельств, при которых был заключён договор
~ of hopes крушение надежд
~ of opponents разгром противников
~ of plans срыв планов
fuel топливо, горючее
liquid ~ жидкое топливо
oil ~ нефтяное топливо, мазут
patent ~ брикетное топливо
power ~ горючее
pressed ~ прессованные брикеты угля
pulverized ~ распылённое топливо
solid ~ твёрдое топливо
substitute ~s заменители топлива *(обычно нефти)*
function 1. функция, назначение 2. мероприятие, приём 3. *pl.* должностные обязанности ◊ to exercise adminis-

function

trative ~s исполнять административные функции
advertising ~ функция рекламы [рекламной деятельности], рекламная функция
advisory ~ консультативная функция
agency ~ агентская функция, функция рекламного агентства
ambiguity ~ функция неопределённости
arbitrary ~ произвольная функция
assumed ~ исходная функция
auxiliary ~ вспомогательная функция
behavioural ~ поведенческая функция (*характеризующая экономическое поведение лиц или фирм*)
bookkeeping ~ функция бухгалтерского учёта
business [**commercial**] ~ коммерческая функция
common ~ простая [обычная] функция
communicative ~ коммуникационная функция, функция коммуникации
consumption ~ функция потребления
control ~ функция управления [контроля]
cost control ~s операции по контролированию издержек производства
creative ~ творческая функция
demand ~ функция спроса
dependence ~ функция зависимости
describing ~ описывающая функция
distribution ~ функция распределения
domestic ~s обязанности по дому
dual ~ двойственная функция
entrepreneurial ~ предпринимательская функция
evaluation ~ оценочная функция
generic ~ родовая функция
given ~ (за)данная функция
goal ~ целевая функция
gross profit ~ функция валовой прибыли
growth ~ функция возрастания [роста]
halt ~ функция приостановки
information ~ информационная функция
inventory ~s операции с товарно-материальными запасами
key ~ ключевая [основная] функция

line ~s оперативное руководство (*ответственность за повседневную деятельность фирмы*)
management [**managerial**] ~ управленческая функция, функция управления
market demand ~ функция рыночного спроса
marketing ~ функция маркетинга, маркетинговая функция
marketing expenditure ~ функция маркетинговых затрат
market supply ~ функция рыночного предложения
merit ~ оценочная функция
motivation ~ мотивационная [побудительная, стимулирующая] функция
net profit ~ функция прибыли-нетто
objective ~ целевая функция
penalty ~ штрафная функция
planning ~ функция планирования
policing ~ функция надзора
policy ~ стратегия
preference ~ функция предпочтения (*напр. в выборе потребительских товаров*)
prescribed ~ заданная функция
production ~ производственная функция
profit ~ функция прибыли
psychological ~ психологическая функция
public ~ общественное мероприятие
ranking ~ функция ранжирования
record keeping ~s функции по ведению учёта, учёт
regulatory ~s распорядительные функции
reminder ~ функция напоминания
return ~ функция прибыли
sales ~ 1. функция сбыта, сбыт 2. отдел сбыта
sales response ~ функция реакции сбыта (*колебания объёма сбыта в зависимости от уровня затрат на те или иные составляющие комплекса маркетинга*)
selling ~ см. sales function
service ~ функция обслуживания
single-valued ~ однозначная функция
social ~ общественное мероприятие

furniture

social preference ~ функция общественного предпочтения
specialized ~ специализированная функция
staff ~s функции центрального аппарата, общее руководство (*наблюдения и контроля*)
staff management ~s административно-управленческие функции
supervising ~ функция надзора
supply ~ функция предложения
support ~ вспомогательная функция
target ~ целевая функция
time ~ функция времени
truth ~ функция истинности
utilitarian ~ утилитарная функция
utility ~ функция полезности
visual ~ зрительная функция

fund 1. фонд, запас, резерв 2. *pl* средства, капитал, фонды ◇ no ~s «нет покрытия» (*отметка банка на чеке об отсутствии средств на счёте чекодателя*); to be in the ~s быть при деньгах; to be out of ~s быть без денег; to invest ~s делать капиталовложения; to release ~s высвобождать деньги
accumulation ~ фонд накопления
applied ~s применённый капитал
authorized ~ уставный фонд
available ~s денежные средства, имеющиеся в наличии
bailout ~ фонд срочной помощи (*при угрозе банкротства*)
bonus ~ премиальный фонд
capital ~s фонды основного капитала
commodity ~ товарный фонд
consumption ~ фонд потребления
contingency [contingent] ~ резерв для непредвиденных расходов
coop advertising ~ фонд средств для проведения совместной рекламы
depreciation ~ амортизационный фонд
development ~ фонд развития
emergency ~ резервный фонд
guarantee ~ гарантийный фонд
index ~ индексный фонд
insurance ~ страховой фонд
loan(able) ~s ссужаемые средства, ссудные фонды, ссудный капитал
mutual ~s 1. инвестиционные фонды открытого типа 2. взаимные фонды

old-age pension ~ пенсионный фонд по старости
open-end ~s *см.* mutual funds 1.
pension ~ пенсионный фонд
personal consumption ~ фонд личного потребления
private ~s частные фонды; частный капитал
public ~s государственные средства
relief ~ фонд выдачи пособий, фонд помощи
reserve ~ резервный фонд; запасной капитал
revolving ~ возобновляемый [оборотный] фонд
social security ~ фонд социального обеспечения
statutory ~ уставный фонд
trust ~ траст-фонд
unapplied ~s мёртвый капитал
wages ~ фонд заработной платы
yellow-dog ~ фонд, предназначенный для взяток; суммы, используемые для подкупа

Fund:
International Monetary ~ Международный валютный фонд, МВФ
United Negro College ~ Объединённый университетский фонд помощи негритянским студентам (*выдаёт ссуды на оплату учёбы*)

fundamentals основы, основные положения ◇ to agree upon ~ договориться по основным вопросам; to differ on ~ расходиться во взглядах по принципиальным вопросам
~ of advertising основы рекламы
basic ~ краеугольные положения

fund-raiser сборщик пожертвований в пользу фонда, собиратель фонда

furnishings обстановка, меблировка; домашние принадлежности; оборудование
complementary ~ комплектующие изделия, дополнительные предметы обстановки [меблировки]
home ~ хозяйственные принадлежности; предметы хозяйственного обихода
soft ~ декоративные ткани; обивочные материалы

furniture 1. мебель, обстановка 2.

277

furniture

полигр. крупный пробельный материал, марзан
beach ~ пляжная мебель
built-in ~ встроенная мебель
bungalow ~ дачная мебель
cabinet-type ~ корпусная мебель
camp [campaign] ~ лёгкая переносная складная мебель
carcass ~ корпусная мебель
carry-home ~ сборно-разборная мебель
case ~ корпусная мебель
contract ~ *см.* office furniture
convertible [converting] ~ трансформируемая мебель
cushioned ~ мягкая мебель
custom-built ~ мебель, выполненная по заказу, мебель на заказ
domestic ~ мебель для дома, бытовая мебель
Empire ~ мебель в стиле ампир
fitted ~ встроенная мебель
garden ~ садовая мебель
household ~ *см.* domestic furniture
knock-down ~ сборно-разборная мебель
lawn ~ садовая мебель
leisure ~ мебель для отдыха
mahogany ~ мебель красного дерева
multipurpose ~ универсальная сборная мебель
nomadic ~ *см.* camp furniture
office ~ конторская мебель, конторское оборудование
packaged ~ сборно-разборная мебель
patio ~ мебель для веранды; садовая мебель
ready-to-assemble ~ сборная мебель
residential ~ *см.* domestic furniture
school ~ школьная мебель
scrappy ~ 1. разностильная обстановка *(квартиры)* 2. сборная мебель
self-assembly ~ сборно-разборная мебель
street ~ уличное оборудование *(урны, светофоры, навесы на остановках)*
upholstered ~ мягкая мебель
utility ~ практичная мебель
wicker ~ плетёная мебель

G

gadget 1. пустяковина, безделица 2. техническая новинка
letter ~ (дополнительное) вложение *(в отправление прямой почтовой рекламы)* в расчёте на привлечение внимания
gadgetry 1. техническая уловка 2. выпуск на рынок новых *или* незначительно модифицированных товаров
gaffer *экр.* главный осветитель, бригадир осветителей
gag 1. эксцентрический трюк; шутка, реприза 2. *вещ.* комическая ситуация *(в программе)*
gain 1. выручка, прибыль, нажива 2. увеличение, (при)рост
audience ~ (при)рост аудитории
capital ~s доходы от прироста капитала
earnings ~ прирост доходов
expected ~ ожидаемая прибыль
market-share ~ прирост [увеличение] доли рынка
mutual ~ взаимная выгода
net ~ чистая прибыль
personal [private] ~ личная выгода
productivity ~ рост производительности
sales ~ рост сбыта [объёма продаж]
short-term ~ краткосрочный [сиюминутный] доход
video ~ усиление видеосигнала
galley *полигр.* гранка
make-up ~ вёрстка
game игра
~ of chance [of luck] азартная игра
action ~ активная игра; состязательная игра; сюжетная игра
bingo ~ лото «бинго»
business ~ деловая игра *(для тренировки бизнесменов)*
cartridge-driven video ~ видеоигра в записи на кассете
combinatorial ~ комбинаторная игра
competitive ~ соревновательная [конкурентная] игра
competitive business ~ конкурентная деловая игра
confidence ~ злоупотребление дове-

рием, мошенническая игра, шулерство
contest ~ конкурсная игра, конкурс
development ~ развивающая игра
electronic ~ электронная игра
executive ~ административная игра
instant-win ~ моментальная лотерея
losing ~ безнадёжная игра, проигранное дело
management ~ управленческая игра; деловая игра
market ~ рыночная игра
panel ~ групповая игра
power ~ игра с позиции силы
programmable ~ программируемая игра
promotional ~ рекламная игра, игра-стимулятор сбыта, игра, содействующая росту сбыта
random ~ игра на угадывание
statistical ~ статистическая игра
stock-market ~ игра на бирже, биржевая игра
training ~ учебная игра
video ~ видеоигра
waiting ~ выжидательный образ действий, выжидательная политика, тактика выжидания

Gamma Alpha Chi Сообщество работников рекламы *(США)*

gap пробел, брешь, интервал, промежуток, зазор ◇ ~ **in law** пробел в праве; **to close** ~ заполнить пробел
communications ~ взаимное непонимание; некоммуникабельность
credibility ~ кризис доверия; расхождение во взглядах; противоречие
generation ~ конфликт поколений, проблема отцов и детей
information ~ информационный провал
possession ~ разрыв в праве собственности
price ~ разрыв в уровне цен *(напр. на внутреннем и внешнем рынках)*
productivity ~ разрыв в (уровне) производительности
supply-demand ~ разрыв между спросом и предложением
technology ~ технологический разрыв
time ~ разрыв во времени, временной разрыв

garment предмет одежды, *pl* одежда
control ~s корсетное бельё
foundation ~ корсет, грация; лифчик
fully fashioned ~ регулярное изделие
outer ~s верхняя одежда
tailored ~ одежда, сшитая по мерке
two-piece ~ костюм-двойка *(жакет и юбка или пиджак и брюки)*
upper ~s верхняя одежда

garnishment(s) наложение ареста на деньги *или* имущество должника, находящиеся у третьего лица
~ **of account** наложение ареста на счёт в банке
~ **of wages** наложение ареста на заработную плату

gas 1. газ 2. бензин; топливо
anesthetic ~ газонаркотическая смесь
compressed ~ сжатый газ
fluorocarbon ~ фторированный углеводородный газ
liquefied ~ сжиженный газ
natural ~ природный газ
noxious ~ вредный [токсичный] газ
smoke ~ коптильный газ
smoke-stack ~ газ, исходящий из дымовой трубы
sterilizing ~ стерилизующий газ
tear ~ слезоточивый газ

gate *экр.* кадровое окно
film ~ фильмовый канал *(киноаппарата)*; кадровое окно
removable ~ съёмный фильмовый канал *(киноаппарата)*
sound ~ звуковая щель *(в кинопроекционном аппарате)*

gatefold *полигр.* «калитка» *(журнальный лист двойного формата, имеющий фальц со стороны передка блока)*

gathering 1. собрание, встреча 2. собирание, комплектование 3. *полигр.* тетрадь *(блока)*
data ~ сбор данных
electronic news ~ видеожурналистика
information ~ сбор информации
political ~ политическое собрание, политический митинг
social ~ собрание *(общества)*
statistics ~ сбор статистики

gauge размер, масштаб; калибр, шаблон

gauge

film ~ *экр.* ширина (кино)плёнки *(выражается в миллиметрах)*
frame ~ шаг кадра *(расстояние между центрами двух смежных кадров на плёнке)*
narrow ~ узкий формат, узкая *(16-мм)* плёнка
perforation ~ шаг перфорации
standard ~ стандартный формат; широкая *(35-мм)* плёнка
gear механизм, приспособление, устройство; принадлежности
adjustment ~ регулировочный [установочный] механизм
charging ~ загрузочное устройство
electronic ~ электронное оборудование
fishing ~ рыболовные снасти
hiking ~ туристское снаряжение, снаряжение для пеших походов [прогулок]
towing ~ сцепное [буксировочное] устройство
wearing ~ предметы одежды
gem «жемчужина» *(шрифт кегля 4-4,5)*
generalization обобщение, общий вывод
hasty ~s поспешные обобщения
meditated ~ промежуточное обобщение
generation 1. поколение 2. формирование, становление
~ of information поколение информации
baby-boom ~ *амер.* поколение (времён) «детского бума»
idea ~ формирование [становление] идеи
maternal ~ поколение матерей
message ~ формирование [зарождение] (идеи) обращения
paternal ~ поколение отцов
television ~ телевизионное поколение
video character ~ формирование знаков с помощью видеотехники
generic под родовым названием, без марочного обозначения *(о товаре)*
genre жанр; вид
genus род, сорт, вид
geodemographics геодемография *(демографические особенности, характерные для конкретного географического региона)*
gestalt гештальт *(обобщённый чувственный образ)*; целостная форма; образ; структура «видения»
letter ~ буква-гештальт
word ~ слово-гештальт
get-in *полигр.* вгонка *(строк или букв)*
getter приобретатель, добытчик
order ~ добытчик [собиратель] заказов
gift 1. подарок, дар, сувенир 2. дарование, талант ◇ ~ with purchase подарок за покупку
advertising ~ рекламный подарок
business ~ деловой подарок
charitable ~ пожертвование на благотворительные цели
executive ~ подарок для ответственных работников
free ~ бесплатный подарок
manual ~ дарение, совершаемое путём простой передачи
natural ~ врождённый дар, врождённая способность
oratorical ~ ораторский талант
presentable ~ приличный [хороший] подарок
promotional ~ сувенир, памятный подарок
gimmick уловка, трюк ◇ to pull ~ выкинуть трюк, обмануть
advertising ~ рекламная уловка, рекламный трюк
publicity ~ (рекламно-)пропагандистский трюк, пропагандистская уловка
girl девочка, девушка, молодая женщина; продавщица
China ~ *экр.* цветовая проба с женским портретом *(на киноплёнке)*
continuity ~ *экр.* помощница режиссёра, ведущая запись съёмки
editing ~ *экр.* монтажница
glamour ~ рекламная красотка
makeup ~ *экр.* гримёрша
script ~ *см.* continuity girl
splicing ~ *экр.* монтажница
giveaway 1. сувенир 2. *вещ.* радиопрограмма(-викторина) с выдачей призов 3. рекламная листовка 4. товар, продаваемый с уступкой или отдаваемый бесплатно

good

free ~ бесплатный сувенир *(получаемый покупателем в ходе кампании по стимулированию сбыта)*
glass 1. стекло; стеклянная посуда 2. стакан, рюмка 3. зеркало ◇ ~ and china стеклянная и фарфоровая посуда
   Bohemian ~ богемское стекло
   depolished ~ матированное стекло
   end-of-day ~ разноцветное стекло
   fiber ~ стекловолокно, стеклопластик
   float ~ флоат-стекло *(листовое стекло, вырабатываемое на расплаве металла)*
   frosted ~ стекло «с морозом»; матовое стекло
   hard ~ тугоплавкое стекло
   obscure ~ дымчатое стекло
   opal ~ матовое стекло
   qaurtz ~ кварцевое стекло
   safety ~ безосколочное стекло
   sheet ~ листовое стекло; стеклянная пластина
   smoked ~ дымчатое стекло
   spatter ~ разноцветное стекло
   sponge ~ губчатое стекло, пеностекло
   stained ~ цветное стекло; витражное стекло
   ultra-violet ~ виолевое стекло
   Venetian ~ венецианское стекло
glassware (стеклянная) посуда; изделия из стекла
glossary глоссарий; словарь *(приложенный в конце книги)*
glue клей
   bee ~ пчелиный клей
   bookbinding ~ переплётный клей
   cold ~ клей для холодного склеивания
   fast(-setting) ~ быстросохнущий клей
   flexible ~ эластичный клей
   instant ~ мгновенно схватывающийся клей
   joiner's ~ столярный клей
   resin ~ смоляной клей
   vegetable ~ растительный клей
goal 1. задача, цель 2. целевой показатель, (целевой) ориентир
   ~s of the business контрольные показатели коммерческой деятельности
   advertising ~s задачи рекламы *(в сфере сбыта и прочих сферах, выполнению которых должна способствовать реклама, и конкретные показатели, которых она должна помочь добиться)*
   agreed ~ согласованная цель
   business ~ коммерческая цель
   commercial ~ коммерческая [торговая] цель
   communication ~ цель коммуникации
   competitive ~ конкурентная цель
   corporate ~ общефирменная цель
   income ~ цель по получению дохода
   instructional ~ цель обучения
   intended ~ преднамеренная [предумышленная] цель
   long-run sales ~ перспективная цель сбыта
   market ~ рыночная цель
   marketing ~ цель маркетинга
   market share ~ контрольный показатель доли рынка
   measurable ~ цель, поддающаяся замеру
   merchandising ~ цель сферы торговли; торговая [коммерческая] цель
   national ~s государственные цели
   organizational ~ цель организации
   priority ~ первоочередная задача
   profit(ability) ~ требуемый уровень доходов [прибыли], контрольная цифра прибыли, контрольное задание по прибыли
   sales ~ 1. контрольный [целевой] показатель сбыта 2. цель сбыта
   selling ~ торговая цель
   share ~ планируемый показатель доли рынка
   volume ~ планируемый показатель объёма
Goal:
   Defining Advertising ~s for Measured Advertising Results методика «ДАГМАР», выработка задач рекламы в расчёте на последующий замер результатов
gondola островная горка *(подставка с несколькими полками для выкладки товара в середине торгового зала)*
good благо, добро, польза
   material ~s материальные блага

good

public ~ общественное благо
social ~s общественные блага
wage ~s блага в оплату за труд
goodness хорошее качество, доброкачественность
goods товар(ы), вещи, имущество ◇ ~ in transit товары в пути; ~ that are hard to sell неходовые товары; to release ~ against payment освободить товар по уплате суммы

ancillary ~ вспомогательные товары *(не присутствующие в готовом изделии)*
assorted ~ (рас)сортированные товары
auction ~ аукционные товары
baked ~ выпечка
bake(ry) ~ хлебобулочные изделия
bonus ~ товарная премия *(товарное вознаграждение розничному торговцу за закупку большого объёма)*
branded ~ марочные [маркированные] товары
brown ~ телевизоры и радиоприёмники
bulk ~ массовые товары
business ~ товары для специалистов
canned ~ *(баночные)* консервы
capital ~ средства производства, основные фонды *(производственные здания и сооружения, машины и оборудование)*
chilled ~ охлаждённые продукты
complementary ~ дополняющие (друг друга) товары
consumer [consumption] ~ товары широкого потребления, *разг.* ширпотреб
convenience ~ общедоступные товары повседневного спроса *(покупаемые часто, в небольших количествах и с минимальными раздумьями, напр. табачные изделия, мыло, газеты)*
count ~ штучные (пищевые) товары
damaged ~ повреждённые товары
defective ~ дефектные [недоброкачественные] товары
dress ~ плательные ткани
dry ~ *амер.* текстильные товары
durable ~ товары длительного пользования *(со сроком службы свыше трёх лет)*
emergency ~ товары для экстренных случаев *(зонт при грозе, сапоги и лопаты при первых снегопадах)*
essential ~ товары первой необходимости
exhibition ~ выставочные товары, образцы товаров для выставки
fancy ~ модные товары; галантерейные товары
fast-moving consumer ~ ходовые товары широкого потребления
final ~ готовые изделия, конечные продукты
food, detergent, cosmetic ~ продукты питания, моющие средства и косметические товары
frozen ~ замороженные продукты
generic ~ товары под родовым названием *(продаваемые без марочных обозначений)*
green ~ свежие овощи, зелень
hard ~ *см.* durable goods
household ~ хозяйственные товары, товары домашнего обихода
imperfect ~ несовершенные товары
impulse ~ товары импульсной покупки [импульсного приобретения] *(конфеты, журналы)*
income-sensitive ~ товары, сбыт которых зависит от уровня доходов потребителей
industrial ~ товары промышленного назначения, товары для нужд промышленности
inferior ~ товары низкого качества
intermediate ~ заготовки, полуфабрикаты, промежуточные товары *(продукция, используемая для производства другой продукции, а не для потребления)*
knitted ~ трикотажные изделия
like ~ схожие товары
like shopping ~ схожие товары предварительного выбора *(одинаковые по качеству, но продающиеся по разной цене)*
luxury ~ предметы роскоши
manufactured ~ промышленные товары; товары промышленного назначения
marketable ~ ходовые товары
mass-produced ~ товары массового производства

goods

material ~ материальные вещи
morning ~ продукты, реализуемые по утрам
national consumer ~ потребительские товары общенационального распространения
non-durable ~ товары краткосрочного пользования *(со сроком службы до шести месяцев)*
non-tariff ~ товары внутреннего торгового оборота
orange ~ «оранжевые» товары *(различные товары со средней скоростью оборота, требующие среднего объёма дополнительных услуг и обеспечивающие норму прибыли от скромной до хорошей, напр. одежда)*
overtime ~ невостребованные в срок товары
package(d) ~ фасованные товары; продукты в расфасовке
paper ~ изделия из бумаги, бумажные товары
paste ~ макаронные изделия
perishable ~ скоропортящиеся продукты
piece ~ штучные товары; кусковой товар
prepacked ~ предварительно расфасованные товары
present ~ наличный товар
prestige ~ престижные товары
primary ~ сырьевые товары
prime ~ отборный товар
private ~ товары (для) индивидуального [личного] потребления
private-label ~ товары, продаваемые под частной маркой
producers' ~ *см.* capital goods
proprietary ~ (сортовые) товары, право продажи которых принадлежит одной фирме
quality ~ высококачественные товары
red ~ «красные» товары *(повседневного спроса с коротким сроком службы, требующие быстрой замены, почти не требующие дополнительных услуг и обеспечивающие невысокую норму прибыли, напр. продукты питания)*
repeat industrial ~ расходные [пополняемые] товары промышленного назначения

risky ~ товары повышенного риска
sausage ~ колбасные изделия
seasonal ~ сезонные товары, товары сезонного спроса
semidurable ~ товары среднесрочного пользования, товары с ограниченным сроком пользования *(от шести месяцев до трёх лет)*
semifinished ~ полуфабрикаты
shoddy ~ никчемные [«показушные»] товары
shopping ~ товары обдуманной покупки, товары предварительного [тщательного] выбора *(напр. мебель, большинство электробытовых приборов)*
short-paste ~ изделия из песочного теста
social ~ общественно полезные товары
soft ~ 1. товары кратковременного пользования 2. быстроизнашивающийся малоценный инвентарь 3. текстильные товары
sought ~ товары активного спроса, ходовые товары
specialty ~ 1. товары повышенной ценности *(модные изделия, стереоаппаратура)* 2. товары особого спроса 3. престижные товары *(напр. бытовые компьютеры)*
sporting ~ спортивные товары
spot ~ наличный товар, товар с немедленной сдачей; товар по кассовым сделкам
staple ~ основные товары постоянного спроса *(зубная паста, томатный соус)*
status ~ товары-символы общественного положения, престижные товары
store ~ магазинный товар
strategic ~ стратегические товары
substitute ~ товары-заменители, суррогаты
sweet ~ кондитерские изделия
toilet ~ туалетные принадлежности
trademark ~ изделия, маркированные товарным знаком
unclaimed ~ невостребованный товар *(напр. на таможне)*
unlike ~ несхожие товары
unlike shopping ~ несхожие товары предварительного выбора *(значи-*

goods

тельно отличающиеся друг от друга своими свойствами)
unmarketable ~ неходовые товары
unsought ~ товары пассивного спроса *(о покупке которых обычно не думают, напр. могильные участки)*
value added ~ товары с (высокой) добавленной стоимостью
wage ~ товары, покупаемые на заработную плату
white ~ 1. крупные бытовые приборы *(кухонные плиты, холодильники)* 2. постельное и столовое бельё
yard ~ кусковой (текстильный) товар
yellow ~ «жёлтые» товары *(редко потребляемые и редко заменяемые товары, требующие, как правило, большого объёма дополнительных услуг и обеспечивающие сравнительно высокую норму прибыли, напр. стиральные машины)*

goodwill 1. добрая воля, доброжелательство, благорасположение 2. реноме, престиж [репутация] фирмы; условная стоимость деловых связей *(фирмы)*
   customer ~ (благо)расположение клиентов
   public's ~ благожелательное отношение (со стороны) общественности
   government правительство; управление, руководство
   city ~ городское самоуправление
   democratic ~ демократическое правительство
   federal ~ федеральное правительство
   legislative ~ законодательная власть
   local ~ местные органы власти, местное самоуправление

gradation 1. градация; деление на сорта 2. последовательность 3. оттенок
   flat ~ мягкая градация, малый контраст
   image ~ градация изображения
   soft ~ мягкая градация, малый контраст
   tone ~ градация тонов

grade 1. качество, сорт 2. степень, ступень 3. оценка
   ~ **of quality** сортность
   ~ **of service** качество обслуживания

accuracy ~ степень точности *(прибора)*
choice ~ отборный сорт
colour ~ цветность, степень окрашивания
commercial ~ 1. товарный сорт 2. коммерческая оценка
fancy ~ любительский сорт
standard ~ стандартный сорт
standardized ~ стандартизированный сорт

grading 1. сортировка, классификация 2. *экр.* выравнивание исходных (кино- или видео)материалов по цвету 3. подбор значений оптической плотности *(негативной киноплёнки)*
   priority ~ классификация приоритетов
   size ~ калибровка, сортировка по размеру

graduate выпускник *(обычно высшего учебного заведения)*
   business school ~ выпускник школы бизнеса

graffiti настенные надписи [рисунки] *(обычно непристойные)*

grant 1. дотация, субсидия, ссуда 2. дарственная
   ~ **of patent** выдача патента
   conditional ~ субсидия, предусматривающая выполнение получателем определённых условий
   educational ~ субсидия на образование
   license ~ выдача лицензии
   production ~ безвозмездная субсидия на производство

graph график, диаграмма, номограмма
   bar ~ столбиковая диаграмма, гистограмма
   broken line ~ диаграмма в виде ломаной линии
   circular ~ круговая диаграмма
   distribution ~ кривая распределения
   figurative ~ изобразительная диаграмма
   general ~ общая схема; обобщённый график
   pie ~ секторная диаграмма
   point-to-point ~ график, построенный по точкам
   schedule ~ календарный график
   structural ~ структурный график

graphics графика; шрифтовое оформление
  advertising ~ рекламная графика
  business ~ управленческая графика (*графические средства, ориентированные на управленческий персонал*)
  character ~ 1. символьная [знаковая] графика **2.** псевдографика (*построение графических изображений на экране дисплея или бумаге из текстовых литер или литер графического набора*)
  computer ~ компьютерная графика
  image ~ растровая графика
  management ~ *см.* **business graphics**
gratification удовлетворение; наслаждение, удовольствие
  sensory ~ сенсорное удовлетворение
  spiritual ~ духовное удовлетворение
gratitude благодарность, признательность
gravure 1. гравюра **2.** глубокая печать
  half-tone ~ глубокая автотипия
  two-colour ~ двухкрасочная глубокая печать
Greek «рыба», макет-«рыба» (*макет объявления с произвольными изображением и текстом, имеющий целью дать представление о точном взаиморасположении элементов, их размерах и форме, о шрифтовом оформлении и прочих особенностях будущего рекламного произведения*)
greeter зазывала
grid 1. (координатная) сетка; решётка **2.** *полигр.* сеточный шрифтоноситель
  character ~ шрифтовая сетка (*в фотонаборной машине*)
  light ~ *экр.* решётка для (подвески) осветительных приборов
  product-market expansion ~ сетка развития товара и рынка
  product-market ~ товарно-рыночная сетка
  profit ~ сетка (распределения) прибылей, сетка показателей прибыльности
grievance жалоба, недовольство, обида; повод для жалобы ◇ **to remedy ~** принимать меры по жалобе, удовлетворять жалобу

  redress ~ жалоба по поводу возмещения
grip *экр.* установщик декораций, рабочий постановочного цеха [съёмочного ателье], подсобный рабочий на съёмках
grits крупа; крупка
  barley ~ перловая крупа
  hominy ~ (мелкая) кукурузная крупа
  rice ~ рисовая крупа
  wheat ~ пшеничная крупа
grocer бакалейщик, торговец бакалейными товарами
Grocer:
  Associated ~s *амер.* Ассоциация бакалейщиков
grocery бакалейная торговля; бакалейная лавка, бакалейно-гастрономический магазин
  convenience ~ бакалейно-гастрономический магазин общедоступных товаров повседневного спроса; бакалейно-гастрономический магазин удобной покупки
groove 1. *полигр.* гузка (*литеры*) **2.** канавка (*грампластинки*) **3.** рубчик (*переплёта*) **4.** желобок, паз
ground 1. участок, площадка, полигон **2.** основание, причина, мотив **3.** *полигр.* грунт
  building ~ место постройки, стройплощадка
  etching ~ *полигр.* офортный грунт
  filming ~ натурная съёмочная площадка
  home ~s приусадебный участок
  legal ~ юридическое основание
  proving ~ испытательный полигон
  surface store ~ наземная складская площадка
  trial ~ испытательный [опытный] участок
group 1. группа; группировка; класс **2.** группа, организация
  account ~ рабочая группа клиента (*в рекламном агентстве*)
  ad hoc ~ специальная группа
  advisory ~ консультативная группа
  affinity ~ группа единомышленников
  age ~ возрастная группа
  age-sex ~ половозрастная группа
  aspiration(al) ~ желательное окру-

group

жение *(в которое индивид желает попасть)*, желательный [положительный] коллектив
business ~ группа предпринимателей
buyer [buying] ~ покупательская группа, группа покупателей
citizen action ~ гражданская группа действия
commodity ~ группа товаров, товарная группа
community ~ общественная группа; группа (местной) общественности
comparable ~ сопоставимая [сравнимая] группа
consumer ~ группа потребителей, потребительская группа
consumer boycott ~ потребительская группа бойкота
consumer interest [consumer protection] ~ группа защиты интересов потребителей
consumer satisfaction ~ группа изучения потребительской удовлетворённости *(существуют на многих японских фирмах, в т.ч. в корпорации «Сони»)*
control ~ контрольная группа
customer ~ группа клиентов [заказчиков]
demographic ~ демографическая группа
development ~ *амер.* группа развития фирмы *(занимается планированием, обеспечением ресурсами и кадрами)*
discussion ~ коллоквиум, семинар
dissociative ~ нежелательное окружение *(ценностные понятия или нормы поведения которого индивид отвергает)*, нежелательный [отрицательный] коллектив
economic-and-social ~ социально-экономическая группа
encounter ~ 1. групповая встреча для обсуждения общих проблем; встреча для свободного и откровенного обмена мнениями в узком кругу 2. *pl* группы по интересам; коллективы групповой психотерапии
environmental ~ группа защитников окружающей среды
ethnic ~ этническая группа; народность

examining ~ группа экспертизы
experimental ~ экспериментальная группа; группа обследуемых [опрашиваемых]
exposed ~ группа контактировавших *(с рекламой)*
focus ~ группа опрашиваемых на конкретную тему, группа для тематического опроса *(обычно 8-12 человек)*
forecasting ~ группа прогнозирования
formal ~ формальная группа, формальный коллектив
homogenous ~ однородная группа, группа с однородным составом
income ~ группа по уровню доходов
industry ~ отраслевая группа, группа по отрасли деятельности
informal ~ неформальная группа, неформальный коллектив
lasting ~ долговременная [стабильная] группа
leadership ~ группа лидерства
life-style ~ группа по образу жизни
lobbying ~ группа лоббистов
management ~ группа управления
matched ~ идентичная [сопоставимая] парная группа
medium-income ~ группа со средним уровнем доходов
member ~ окружающая совокупность, непосредственное окружение *(семья, друзья, соседи, коллеги)*
membership ~ членский коллектив, группа членов *(организации)*
minority ~ национальное меньшинство
national ~ национальная группа, группа лиц одной национальности
natural ~ естественная группа
new product development ~ группа специалистов-создателей новых товаров, группа по разработке новинок
nonexposed ~ группа неконтактировавших *(с рекламой)*
nonviewing ~ группа не смотревших программу
occupational ~ профессиональная группа, группа по роду занятий
order receiving ~ группа приёма заказов

peer ~ группа равных *(по положению, возрасту)*
performing (arts) ~ исполнительская группа, группа исполнителей
political ~ политическая группа
population ~ группа населения
pressure ~ 1. группа давления; группа, активно отстаивающая определённые интересы 2. группа, объединённая общими интересами
primary ~ первичная группа, первичное окружение, первичный коллектив
product ~ товарное подразделение *(на фирме)*; товарная группа, группа товаров
product line ~ ассортиментная группа; группа товаров, близких по номенклатуре
product test ~ группа испытаний товара, группа товарных испытаний
professional ~ группа лиц свободных профессий; группа профессионалов
psychological ~ психологическая группировка
public interest ~ группа по защите интересов общественности, группа общественных интересов
quality assurance ~ группа обеспечения качества
racial ~ расовая группа
reference ~ референтная группа *(в социологии)*
reform ~ группа реформаторов
repair ~ ремонтная группа
risk ~ группа риска
secondary ~ вторичная группа, вторичное окружение, вторичный коллектив *(общественные, религиозные, профессиональные организации)*
select(ed) ~ избранная группа
social ~ общественная группа
social action ~ группа общественных действий
socioeconomic ~ социально-экономическая группа
sociological ~ социологическая группировка
(special-)interest ~ группа с особыми [специфическими] интересами
statistical ~ статистическая группа
store ~ объединение универсальных магазинов
study ~ группа по изучению, исследовательская группа; семинар
target ~ целевая группа *(в фирме)*
technical ~ группа технических специалистов; техническая группа
test ~ 1. испытательная группа 2. группа испытуемых [обследуемых]
therapeutic ~ группа здоровья
trading ~ торговое объединение
transportation ~ транспортная группа
upscale ~ группа преуспевающих [делающих карьеру]
user ~ группа пользователей *(услуг)*
viewing ~ группа зрителей, группа смотрящих *(программу)*
vigilante ~ группа бдительности
watchdog ~ группа по наблюдению *(за исполнением каких-л. законоположений)*, группа бдительности
Group:
American ~ of International Patent and Trademark Association Американская группа Международной ассоциации по патентам и товарным знакам
Cambridge Economic Policy ~ Кембриджская группа по проблемам экономической политики
Design Innovation ~ *англ.* Группа инновации в дизайне
Media Research ~ *англ.* Группа исследований средств рекламы
Public Citizen ~ Гражданская группа общественных действий *(основана в США борцом за права потребителей Ральфом Надгром)*
grouping группирование, группировка; классифицирование, классификация
age ~ of population классификация населения по возрастным группам
multistage [multistep] ~ многоступенчатая группировка
primary ~ первичная группировка
quantitative ~ количественная группировка
simple ~ простая группировка
socioeconomic ~ группировка населения по социально-экономическому положению
growing 1. рост, выращивание 2. засев
commercial ~ производственное выращивание, промышленное возделывание

growing

cotton ~ хлопководство
fruit ~ плодоводство
grain ~ возделывание зерновых культур
plant ~ растениеводство
vegetable ~ овощеводство

growth 1. рост, развитие; увеличение, прирост 2. выращивание, культивирование
agricultural ~ рост сельского хозяйства
annual ~ годовой прирост
capital ~ прирост капитала
corporate ~ рост предприятия
damped ~ замедленный рост
diversification ~ диверсификационный рост *(с выходом за пределы отрасли)*
economic ~ экономический рост; экономическое развитие
employment ~ рост занятости
explosive ~ взрывной рост
explosive population ~ демографический взрыв
export-led ~ рост за счёт экспорта
integrative ~ интеграционный рост *(в рамках отрасли)*
intensive ~ интенсивный рост, расширение масштабов
job ~ рост числа рабочих мест
long-range ~ долговременный рост
lop-sided ~ одностороннее развитие *(напр. промышленности)*
market ~ рост [расширение] объёма рынка, рыночный рост
population ~ (при)рост численности населения
predicted ~ предсказываемый рост
professional ~ профессиональный рост
reliability ~ повышение надёжности
sales ~ рост сбыта

g-spool эфирная копия видеоролика *(передаваемая рекламодателем телецентру для трансляции)*

guarantee гарантия, залог; поручительство
circulation ~ гарантированный тиражный минимум *(минимальное число экземпляров периодического издания, предназначенных для рассылки или доставки подписчикам)*
credible ~ заслуживающая доверия [надёжная] гарантия
credit ~ кредитное поручительство
direct ~ прямая гарантия
implied ~ подразумеваемая гарантия
insurance ~ страховая гарантия
ironclad ~ твёрдая гарантия
legal ~ юридическая гарантия
mailing list ~ гарантирование достоверности рассылочного списка *(в случае превышения определённого процента возврата невручённой корреспонденции продавец списка обязуется предоставить пользователю какое-л. возмещение)*
money-back ~ гарантия возврата платы за товар *(при возврате товара покупателем)*
price ~ ценовая гарантия, гарантия цен
quality ~ гарантия качества
replacement ~ гарантия замены *(товара)*
specific ~ специальная [особая] гарантия
unconditional ~ безусловная гарантия

guess 1. догадка, предположение 2. приблизительная оценка ◇ by ~ наугад
educated [intelligent] ~ обоснованная прикидка, обоснованное предположение
prior ~ априорное предположение
rough ~ грубая прикидка
safe ~ правильное [верное] предположение
scientific ~ научное предположение
wise ~ *см.* safe guess

guesswork догадки, неясности; без предварительных расчётов [вслепую]

guidance руководство; управление
child ~ наставление детей; психопедиатрия, медицинская педагогика
occupation ~ профессиональная ориентация, консультации по вопросу о выборе профессии
skilled ~ профессиональное консультирование
vocational ~ *см.* occupation guidance

guide 1. руководство; ориентир 2. путеводитель, учебник ◇ ~ for action руководство к действию

address coding ~ руководство по кодированию адресов; справочник почтовых индексов
advertising ~ руководство по рекламе
approximate ~ примерный ориентир
buying ~ руководство по закупкам
colour ~ *полигр.* шкала цветового охвата; приводная метка при многокрасочной печати
consumer ~ руководство для потребителей
copy-fitting ~ справочник по укладке текста
identity ~ справочник [методическая разработка] по фирменному стилю
industrial ~ отраслевое руководство
lettering ~ трафарет для изготовления надписей [заголовков]
regulatory ~ инструкция, предписание
replenishment ~ правила пополнения запасов
shopping ~ путеводитель по магазинам, торговый путеводитель
study ~ руководство к учебнику, руководство по изучению *чего-л.*
Guide ◇ ~ Against Deceptive Pricing *амер.* «Руководящие указания по предотвращению мошеннического завышения цен» *(изданы в 1958 г.)*
Buying ~ *амер.* «Справочник покупателя»
The Buyers ~ for Outdoor Advertising *амер.* «Справочник для покупателей наружной рекламы» *(официальный сборник тарифов, издаваемый дважды в год — в январе и сентябре)*
guideline 1. ориентир 2. (основополагающая) установка; (руководящее) указание; принцип, критерий 3. *pl* методические рекомендации 4. броская фраза *(напр. в рекламе)* ◇ to lay down the ~s установить основные принципы; определить основные направления [основной курс]
agreed ~s согласованные принципы
design ~s руководство по проектированию
interview ~s установки на проведение интервью *(перечень тем, которые необходимо затронуть)*
loudness ~s предписания об уровне громкости *(требование Федеральной комиссии связи, запрещающее превышение рекламой уровня громкости звука вещательной программы и предписывающее избегать в рекламных сообщениях использования сирен и других звуковых эффектов, вызывающих чувство тревоги и раздражения)*
practical ~s практические рекомендации
research ~s основополагающие принципы проведения исследований; основные направления исследований
strategy ~s стратегические ориентиры
guidepost ориентир, веха
guild гильдия; организация, союз
craft ~ ремесленная гильдия
merchant ~ купеческая [торговая] гильдия
trade ~ профессиональная гильдия, профессиональное объединение
Guild:
American ~ of Authors and Composers Американская гильдия авторов и композиторов *(создана в 1931 г.)*
American ~ of Musical Actors Американская гильдия актёров музыкального жанра *(профессиональное объединение певцов и танцоров)*
American Newspaper ~ Американская гильдия газетных работников
Directors ~ of America Гильдия режиссёров Америки *(создана в 1960 г.)*
Writers ~ of America Гильдия писателей Америки
gum *разг.* жевательная резинка
bubble ~ надувная жевательная резинка
stick-proof ~ неприлипающая жевательная резинка
gutter 1. корешковое поле, «канава» *(смежные внутренние поля противолежащих страниц)* 2. бабашка *(крупный пробельный материал)*
gyro гиро *(греческое блюдо: баранина, особым образом приготовленная с хлебом)*

H

habit 1. привычка; обыкновение; навык 2. обычай ◇ **to discontinue ~** отказаться от привычки
  ~s of industry профессиональные навыки
  ~ of life *см.* **living habit**
  ~ of mind склад ума
  ~s of work навыки труда
  audience media ~ привычка аудитории к определённым средствам рекламы
  buying ~ покупательская привычка
  consumer [consumption] ~ потребительская привычка, привычка потребления
  dietary ~ *см.* **eating habit**
  drug ~ наркомания
  eating [food] ~ привычный рацион, приверженность в питании
  ingrained ~ укоренившаяся привычка
  listening ~ слушательская привычка, привычка слушания *(радио)*
  living ~ образ жизни, жизненная привычка
  media ~ привычка [приверженность] к (определённым) средствам рекламы
  purchase ~ покупательская привычка
  reading ~ читательская привычка
  shopping ~ покупательская привычка
  social ~s общественные [социальные] привычки
  speaking [speech] ~ речевой навык, навык разговорной речи
  spending ~ характер расходов [текущих затрат]
  usage ~ характер использования
  vicious ~s дурные привычки
  viewing ~s зрительские привычки
hackwork литературная подёнщина; произведение, написанное по заказу
hack(writer) наёмный текстовик; литературный подёнщик
hair-conditioner средство для укладки волос, кондиционер для волос
hairdressing парикмахерское дело; уход за волосами

half-showing половинный показ *(в наружной рекламе)*
half-title шмуцтитул *(книги)*
halftone 1. растровая печатная форма 2. растровое [полутоновое] клише 3. полутоновая репродукция
  combination ~ смешанная печатная форма «тонштрих»
  direct ~ 1. оригинал, полученный прямым копированием 2. цветоделённый растровый негатив, полученный прямым способом
  fine-screen ~ клише с мелким растром
  intaglio ~ 1. растровая форма глубокой печати 2. растровая глубокая автотипия
  outline(d) ~ обтравленное растровое клише *(с которого удалён весь фон)*
  silhouette ~ растровое изображение на белом фоне
half-uncial полуунциальное письмо
hall зал, большое помещение; холл, вестибюль, приёмная; административное здание
  ~ of fame зал славы
  ~ of justice суд
  audience ~ зрительный зал
  banqueting ~ банкетный зал
  concert ~ концертный зал
  conference ~ зал заседаний
  dance ~ танцевальный зал
  entrance ~ вестибюль, холл
  exhibit(ion) ~ выставочный зал
  gala ~ парадный зал
  lounge ~ салон-вестибюль
  rehearsal ~ репетиционный зал
  riding ~ (крытый) манеж
  town ~ ратуша
  waiting ~ зал ожидания
hallmark 1. пробирное клеймо, проба 2. (отличительный) признак, критерий
hamburger гамбургер *(рубленый бифштекс с булкой)*
hammer «молоток», короткий крупный заголовок *(выше стандартного заголовка)*
handbill афиша; листовка, рекламный листок
  advertising ~ рекламная листовка
handbook руководство, справочник

hatching

~ of materials справочник по материалам
drug ~ рецептурный справочник
photographic ~ руководство по фотографии
handicap 1. затруднение; препятствие, помеха 2. недостаток, дефект ◇ to be under a heavy ~ быть в чрезвычайно затруднительном положении
time ~ недостаток времени
handle 1. ручка, рукоятка 2. удобный случай, предлог
adjusting ~ ручка настройки
operating ~ ручка управления
handling 1. обхождение, обращение, уход; обработка, обслуживание 2. способ эксплуатации; управление, регулирование 3. трактовка 4. переработка грузов
account ~ работа по обслуживанию клиента, работа с клиентурой
bulk ~ бестарная погрузка; бестарная транспортировка
casual ~ неосторожное обращение
cheque ~ обработка чеков
data ~ обработка данных
document ~ обработка документов
human ~ ручное манипулирование; ручная обработка
improper ~ неправильное обращение
information ~ обработка информации
rough ~ небрежное обращение
safe ~ соблюдение правил техники безопасности
table ~ обработка таблиц, работа с таблицами
handout раздаточный материал; сообщение для прессы
duplicated ~ размноженный раздаточный материал
news ~ информационный раздаточный материал; пресс-релиз
handsale, handsel устный договор купли-продажи; задаток
handwriting рукописный текст; почерк
chancellery ~ красивый изящный почерк
Gothic ~ готический почерк
loose ~ размашистый почерк
neat ~ чёткий [разборчивый] почерк
hangout *амер.* место постоянных встреч

teenage ~ место сборищ [тусовки] подростков
hardboard грунтованный картон
Hard Rock «Крепкий булыжник» (*прозвище здания нью-йоркской штаб-квартиры американской вещательной корпорации «Эй-Би-Си»*)
hardware 1. аппаратура и устройства ЭВМ, аппаратные средства ЭВМ (*в отличие от программных*) 2. скобяные изделия 3. готовые изделия, оборудование
basic ~ основной комплект оборудования
common ~ оборудование общего применения
compatible ~ совместимая аппаратура, совместимое оборудование
computer ~ аппаратные средства вычислительной системы
general ~ скобяные изделия
modular ~ модульная аппаратура, аппаратура модульной конструкции
soft ~ программно-аппаратные средства
standard ~ стандартное оборудование
support ~ вспомогательные приборы, вспомогательная аппаратура
terminal ~ терминальное оборудование
harm вред, ущерб; беда, неприятность ◇ to cause [to inflict] ~ причинять [наносить] ущерб
averted ~ предотвращённый вред
bodily ~ телесное повреждение
caused ~ причинённый вред
irreparable ~ невозместимый [невосполнимый] ущерб
long-term ~ долговременный [длительный] ущерб
harmony гармония, согласованность, взаимное соответствие; соразмерность
complementary ~ гармоническое сочетание дополнительных цветов
dominant ~ гармоническое сочетание оттенков основного цвета
economic(al) ~ гармония в экономике
monochromatic ~ гармоническое сочетание оттенков одного цвета
hatching штриховка; гравировка; насечка (*на металле*)

haul

haul 1. перевозка, транспортировка; подвозка, доставка **2.** ездка, рейс **3.** пробег, пройденное расстояние
back ~ **1.** обратный ход **2.** обратная перевозка
long ~s магистральные [линейные] перевозки; дальние перевозки
out-and-back ~ встречная перевозка, перевозка «туда и обратно»
short ~s короткопробежные перевозки
truck ~ транспортирование на грузовиках, перевозка грузовиками
have-nots неимущие
haves имущие
hazard риск, опасность
accident ~ возможность несчастных случаев
electric shock ~ опасность поражения электрическим током
environment ~s вредное воздействие окружающей среды
explosion ~ взрывоопасность
fire ~ пожароопасность
health ~ опасность для здоровья
occupational ~ **1.** вредность производства (*ведущая к возникновению профессиональных заболеваний*) **2.** профессиональный риск (*связанный с профессиональной деятельностью*)
radiation ~ радиационная опасность
toxic ~ опасность отравления
head 1. глава; руководитель **2.** (магнитная) головка **3.** ум, рассудок, способности **4.** заголовок; рубрика, отдел (*газеты*) **5.** верхнее поле (*страницы*) ◇ per ~ на душу населения
~ of family глава семьи
anamorphic ~ анаморфотная насадка (*киноаппарата*)
customer service ~ начальник отдела обслуживания клиентов
department ~ начальник отдела
display ~ заголовок, набранный выделительным шрифтом
divisional operating ~ руководитель производственного отдела (*компании*)
door ~ перекладина дверной рамы
double ~ *экр.* фильм на двух плёнках

engraving ~ *полигр.* гравировальная головка
erasing ~ *экр.* стирающая головка, головка стирания
household ~ глава семейства [домохозяйства]
kicker ~ заголовок, набранный мелким шрифтом
long ~ проницательность, предусмотрительность
magnetic sound ~ магнитная звуковая головка
measuring ~ измерительная головка
nail ~ головка [шляпка] гвоздя
playback ~ головка воспроизведения, воспроизводящая головка
printing ~ *полигр.* печатающая головка
project engineering ~ технический руководитель проекта
projector ~ головка кинопроектора, проекционная головка
recording ~ головка записи, записывающая головка
shower ~ душевая головка, головка душа
side ~ заголовок сбоку текста, боковик, «форточка»
sleeve ~ окат рукава
sprinkler ~ спринклер
tripod ~ головка штатива [треноги]
heading 1. заголовок, заглавие **2.** рубрика
chapter ~ заголовок главы
column ~ заголовок колонки
cut-in ~ *полигр.* заголовок форточкой
double column ~ заголовок на две колонки
double truck ~ заголовок на весь разворот
live ~ переменный колонтитул
major ~ основной заголовок
newspaper ~ газетный заголовок
subject ~ предметная рубрика
headline 1. (крупный) заголовок **2.** колонтитул ◇ to hit the ~s попасть в заголовки газет, широко освещаться прессой
banner ~ *амер.* флаговый заголовок на всю ширину полосы, «шапка»
boxed ~ заголовок в рамке
center(ed) ~ центрированный заголовок

help

command ~ побудительный (рекламный) заголовок
connotative ~ заголовок с подтекстом; заголовок, вызывающий смысловые ассоциации
curiosity ~ заголовок, вызывающий любопытство
definitive ~ описательный заголовок
direct ~ заголовок с прямым обращением
direct-promise ~ заголовок с прямым обещанием
double-truck ~ заголовок на весь разворот
dramatic ~ 1. сенсационный заголовок 2. броская линия на афише
hand-lettered ~ заголовок, написанный от руки
indirect ~ заголовок завуалированного воздействия, заголовок с косвенным обращением
label ~ шаблонный [затасканный] заголовок
main ~ основной заголовок
news ~s сводка новостей
secondary ~ подзаголовок
successful ~ удачный заголовок
teaser ~ интригующий [дразнящий] заголовок
three-deck ~ заголовок в три строки
two-deck ~ заголовок в две строки
typeset ~ набранный заголовок
headpiece 1. *полигр.* заставка *(в начале главы или страницы)* 2. *вещ.* головной телефон
headquarters штаб(-квартира), главное управление
buying ~ закупочный центр *(розничной сети или оптовой фирмы)*
corporate ~ штаб-квартира [правление] фирмы
national ~ национальная штаб-квартира
headwriter автор [составитель] заголовков
health 1. здоровье 2. здравоохранение; санитария и гигиена
economic ~ экономическое благосостояние
environmental ~ санитарное состояние окружающей среды
general ~ общее состояние здоровья
industrial ~ промышленная гигиена
labour ~ гигиена труда, производственная санитария
mental ~ умственное [психическое] здоровье
occupational ~ гигиена труда
physical ~ физическое здоровье
public ~ (общественное) здравоохранение
hearing слушание *(дела в суде)* ◇ in camera ~ слушание дела при закрытых дверях
~ of witnesses допрос свидетелей
preliminary ~ предварительное слушание; предварительный допрос
public ~ открытое [публичное] разбирательство
waiver ~ слушание по вопросу об отказе от права
hearsay 1. слухи, молва 2. информация из вторых рук
heavy-handed неуклюжий, силовой; тяжеловесный *(о стиле)*
heavy-up (кратковременная) интенсификация рекламных усилий
height 1. высота, вышина; рост 2. высшая степень, разгар ◇ in the ~ of season в разгар сезона
advertisement ~ высота (рекламного) объявления
body ~ (стандартная) высота шрифта
clearance ~ габаритная высота
printing ~ (стандартная) высота шрифта
relative ~ относительная высота, относительная высотная отметка, превышение
sitting ~ высота (тела) в положении сидя
standing ~ высота (тела) в положении стоя
total ~ общая [суммарная] высота
type ~ (стандартная) высота шрифта
help 1. помощь 2. помощник, работник; прислуга 3. консультативная информация, подсказка *(выдаваемая ЭВМ)* 4. *pl* рекламные материалы, поставляемые дилеру производителем товара
hired ~ наёмный работник
home ~ приходящая домашняя работница
lady ~ экономка
outside ~ помощь извне

positive ~ настоящая [реальная] помощь
sales ~s торговые работники
skilled ~s квалифицированные работники
temporary office ~ временный работник
voluntary ~ добровольная помощь, добровольное содействие
heraldry:
    commercial ~ коммерческая геральдика
heritage наследство; наследие
    artistic ~ художественное наследие
    biological ~ биологическое наследие
    common ~ of mankind общечеловеческое достояние
    cultural ~ культурное наследие
    national ~s национальные традиции
hey-day зенит, расцвет
hiatus 1. пробел, пропуск 2. *вещ.* запланированный перерыв в программе *(обычно для передачи рекламы)* 3. «затишье», передышка *(в рекламной кампании)*
hierarchy иерархия
    ~ of needs иерархия потребностей
    ~ of objectives иерархия задач
    ~ of standards иерархия стандартов
    administrative ~ административная иерархия
    corporate ~ корпоративная иерархия
    motivational ~ иерархия мотивов
hi-fi 1. высокая точность воспроизведения 2. высококачественная звуковая аппаратура 3. цветная (газетная) вкладка рулонной печати *(при резке которой учитывается только высота полосы, а не целостность её исходного макета)*
high 1. высокий 2. высота, высшая точка, максимум
    letter ~ рост литеры
    type ~ высота шрифта
high-end дорогой, дорогостоящий
highlight 1. светлый участок, блик 2. основной момент, факт
    tour ~ туристская достопримечательность
highway шоссе, автомагистраль
    arterial ~ магистральная дорога, магистраль

feeder ~ шоссе местного значения, выходящее на автомагистраль
interstate ~ межштатная автомагистраль
local ~ шоссе местного значения
toll ~ платная автомобильная дорога
toll-free ~ дорога с бесплатным проездом
two-lane ~ двухполосная автострада
hike 1. прибавка, увеличение 2. прогулка, экскурсия
price ~ резкое повышение [взвинчивание] цен
tax ~ рост налогов
wage ~ рост зарплаты
history история
    advertising ~ история рекламы
    brand ~ «биография» *(товарной)* марки [марочного товара]
    case ~ *юр.* случай [пример] из практики; досье по делу
    corporate ~ история фирмы
    economic ~ история экономики
    inventory ~ картина изменения (товарных) запасов во времени
    life ~ жизненный цикл, цикл развития
    natural ~ естествознание
    recorded ~ документированная история, история в письменных документах
    sales ~ торговая история, история сбыта
hit сенсационный успех, что-то, пользующееся большой популярностью
hitchhiker *вещ.* «попутчик» *(объявление спонсора, передаваемое тотчас по окончании программы или до начала «станционного просвета»)*
hi-tech на основе [с применением] передовой технологии
hoarding 1. щит для плакатов, рекламный щит 2. накопление *(товаров)* сверх потребности
hobby увлечение, хобби
    fashionable ~ модное увлечение
holder 1. владелец, обладатель; арендатор; держатель 2. патрон; кассета 3. съёмный переплёт ◇ ~ for value правомерный держатель, держатель на возмездных началах
    ~ of author's certificate владелец авторского свидетельства

~ of office должностное лицо
account ~ владелец счёта
actual ~ действительный владелец
bona fide ~ добросовестный [добропорядочный] владелец
copy ~ 1. копировальная рама 2. оригиналодержатель
copyright ~ владелец авторского права
farm ~ фермер-арендатор
franchise ~ владелец привилегии
job ~ 1. работающий, имеющий постоянную работу 2. государственный служащий
label ~ держатель этикеток (в этикетировочной машине)
legal ~ законный владелец
license ~ лицензиат, владелец лицензии
mask ~ держатель трафарета [фотошаблона], трафаретодержатель
newspaper ~ газетодержатель, держатель для газет (приспособление)
patent ~ патентовладелец
rate ~ «тарифодержатель» (объявление минимально возможного размера, дающее право на получение скидки за частотность)
sample ~ держатель образца
small ~ мелкий арендатор, мелкий земельный собственник
title ~ обладатель правового титула
holding 1. владение; хозяйство 2. арендованная недвижимость 3. холдинг
agricultural ~ сельскохозяйственное угодье или земельный участок, обрабатываемые с целью получения прибыли
cash ~s денежная наличность, денежные авуары
cross ~ перекрёстный холдинг (когда партнёрам принадлежат равные доли в предприятиях друг друга)
family ~ семейная ферма
inventory ~s товарно-материальные запасы
minority ~ долевой холдинг
securities ~s портфель ценных бумаг
stock ~ хранение запасов
trademark ~ владение товарным знаком
hole 1. отверстие, прорезь 2. pl перфорация 3. амер. незаполненное место в наборе (для последних известий)
air ~ вытяжка, отдушина
dead ~ несквозное отверстие, несквозная дыра
function ~s управляющие пробивки (на перфокарте)
lacing ~ отверстие для шнуровки
oil ~ смазочное отверстие
peep ~ смотровое отверстие, глазок
perforation ~s экр. перфорация
reach-through ~ сквозное отверстие
registering ~ установочное отверстие
sprocket ~s экр. перфорация
holography:
cine ~ киноголография
home 1. дом; родина; местопребывание 2. место распространения 3. заведение
audimeter ~ домохозяйство с «аудиметром»
cable-equipped ~ домохозяйство, подключённое к сети кабельного телевидения, кабельное домохозяйство
convalescent ~ дом отдыха [санаторий] для выздоравливающих
funeral ~ похоронное бюро
legal ~ юридическое место жительства
long ~ могила
motor ~ жилой автофургон, дом на колёсах (смонтированный на шасси грузового автомобиля или автобуса)
non-telephone ~ домохозяйство без телефона
nursing ~ (частная) лечебница; (частный) санаторий
radio ~ домохозяйство, пользующееся радиообслуживанием
retirement ~ интернат для престарелых
rustic ~ деревенский дом
single-family ~ дом на одну семью
subscriber ~ домохозяйство-абонент телевизионного обслуживания
television ~ семья, имеющая телевизор
homebody домосед(ка)
traditional ~ традиционный домосед (характеристика личности)
home-like домашний, домашнего типа
homemaker домашняя хозяйка

homemaking

homemaking домоводство
homeostasis гомеостаз *(равновесное состояние, напр. системы)*
   population ~ популяционный гомеостаз
homogeneity однородность, гомогенность
   market ~ однородность рынка
   price ~ единообразие цен
   product ~ однородность [единообразие] продукции
   spatial ~ пространственная однородность
   statistical ~ статистическая однородность
homogenous однородный, единообразный
honorarium гонорар
hood 1. кожух, чехол 2. складной верх *(автомобиля)*; капот 3. заголовок, обрамлённый с трёх сторон линейками 4. светозащитная бленда
   bottle ~ колпачок для (укупорки) бутылок
   drying ~ сушильный капюшон
   wire ~ мюзле *(проволочная уздечка на бутылке с шампанским)*
hooker увязочное объявление *(рекламы)*
hope надежда, чаяние ◇ **beyond (all)** ~ в безнадёжном положении
   fallacious ~s напрасные надежды
   forlorn ~ очень слабая надежда; отчаянное [безнадёжное] предприятие
   insecure ~ слабая надежда
   vague ~ смутная надежда
horn рожок
   butter ~ слоёный рожок
   cream ~ рожок с кремом и джемом *(пирожное)*
   shoe ~ рожок для одевания обуви
hospital больница, лечебница
   acute ~ больница скорой медицинской помощи
   children's ~ детская больница
   day ~ дневной стационар
   government ~ государственная больница
   lying-in [maternity] ~ родильный дом
   mental ~ психиатрическая больница
   night ~ ночной стационар
   pay ~ платная больница
   private charity ~ частная благотворительная больница
   private investor ~ частная коммерческая больница
   public ~ государственная больница
   special ~ специализированная больница
   veterinary ~ ветеринарная лечебница
hotelvision гостиничное телевидение, телевизионное обслуживание в гостиницах и мотелях *(обычно предоставляется за дополнительную плату)*
hour час; время; срок ◇ **after** ~s после работы; **by the** ~ почасовой *(об оплате)*; **of the** ~ насущный, относящийся к текущему моменту
   broadcasting ~s время вещания; общее время вещания в часах за год
   business ~s часы работы предприятия; часы торговли
   closing ~ последний час приёма *(напр. заказов для размещения рекламы в газетах)*
   coffee ~ перерыв для кофе
   consulting reception ~s приёмные часы *(врача)*
   critical ~s экр. «режим», «режимное» время, время режимных съёмок *(два часа с момента восхода солнца и двухчасовой период перед заходом, когда снимают эффектные утренние или сумеречные кадры)*
   dinner ~ обеденное время, (обеденный) перерыв
   family ~ *амер.* семейный час *(время с 20 до 21 часа, когда телесети обычно передают программы, рассчитанные на просмотр всей семьёй)*
   idle ~s часы простоя, часы перерыва в работе
   labour ~s рабочее время, часы работы
   leisure ~s часы досуга
   licensing ~s время продажи спиртных напитков; часы, отведённые для торговли спиртными напитками
   non-official ~s сверхурочная работа
   office ~s часы работы (учреждения), присутственные часы
   off-peak ~ час затишья
   rush ~ час пик

house

selling [shop(ping)] ~s часы торговли *(магазина, рынка)*
slack ~s часы неполной нагрузки
store ~s часы работы магазина
stream ~s продолжительность непрерывной работы в часах
visiting ~s часы посещения *(напр. больных)*
working ~ рабочий час, час труда
house 1. дом, здание, помещение 2. семья; хозяйство 3. палата *(напр. парламента)* 4. фирма, торговый дом; предприятие 5. публика, зрители ◇ on the ~ за счёт предприятия, за казённый счёт; бесплатно; to furnish ~ обставлять дом *(мебелью)*; to go in ~ войти в состав фирмы; to keep ~ вести домашнее хозяйство
acceptance ~ *амер.* акцептная контора, акцептный банк
apartment ~ многоквартирный дом
barter ~ бартерная контора, бартерный торговый дом *(посредничающий при совершении бартерных сделок)*
book ~ книжное издательство
book printing ~ книжная типография
branch ~ филиал, отделение
brokerage ~ брокерская фирма
business ~ коммерческий дом
catalog(ue) ~ розничное предприятие, торгующее по каталогам
clearing ~ расчётная палата *(организация, осуществляющая расчёты по сделкам, заключённым на товарной и фондовой биржах, и контроль за их исполнением)*
commercial ~ коммерческий дом
commercial list ~ коммерческий поставщик адресных списков
commercial research ~ организация, проводящая коммерческие исследования
commission ~ фирма-комиссионер
complete printing ~ типография с полным циклом обслуживания
composition ~ наборный цех; фирма, специализирующаяся на наборных работах
direct selling ~ предприятие прямой продажи
discount ~ 1. *англ.* вексельная контора 2. магазин сниженных цен
export ~ экспортный дом *(торговый дом, продающий практически любые виды товаров во всём мире. Может заниматься также и финансовыми операциями)*
fashion ~ ателье мод *(высокого класса)*, дом моделей
financial ~ финансовая компания
fish-processing ~ рыбоперерабатывающий завод
frozen-food ~ холодильник для хранения замороженных пищевых продуктов
garden ~ беседка
installment ~ магазин, торгующий в рассрочку
investment ~ инвестиционная компания
list ~ фирма-поставщик адресных списков
lodging ~ дом с меблированными комнатами для сдачи внаём
low rent ~ жилой дом с низкой квартирной платой
mailing ~ фирма прямой почтовой рекламы
mail-order ~ предприятие посылторга
mill supply ~ снабженческий дом *(оптовая организация)*
movie ~ кинотеатр
music ~ 1. издательство музыкальной [нотной] литературы 2. магазин музыкальной [нотной] литературы
office-supply ~ поставщик конторского оборудования и канцелярских принадлежностей
packing ~ мясоперерабатывающее предприятие, мясокомбинат
portable ~ разборный дом
printing ~ типография
private ~ собственный дом; особняк, дом для одной семьи
production ~ 1. производственная фирма, производственное предприятие 2. *экр.* киностудия
program(me) production ~ телестудия программ
publishing ~ издательство
sausage ~ колбасный завод
securities ~ фирма по торговле ценными бумагами
semidetached ~ особняк из двух квартир

house

single-family ~ дом для одной семьи, особняк
slaughter ~ (ското)бойня
soap ~ мыловаренный завод
specialist mail-order ~ специализированное предприятие посылторга
steak ~ бифштексная, ресторан мясных блюд
studio ~ телецентр
trading ~ торговая фирма, торговый дом
vaudeville ~ варьете
wholesale ~ оптовая фирма, предприятие оптовой торговли

House:
Automated Clearing ~ Палата автоматизированных расчётов *(группа банков Федеральной резервной системы США, осуществляющих безналичные расчёты с помощью ЭВМ)*

household 1. семья, домочадцы, домашние 2. хозяйство; домовладение ◊ ~ using radio активное радиосемейство; ~ using television активное телесемейство
basic cable ~ абонент «основного кабеля» *(платящий по минимальному тарифу и не получающий никаких дополнительных услуг)*
cable ~ using television активное кабельное телесемейство
cable television ~ семья-абонент кабельной (телевизионной) сети
family ~ семейное домохозяйство, хозяйство одной семьи
individual ~ (отдельная) семейная единица
non-family ~ несемейное [неродственное] домохозяйство; групповое хозяйство
panel ~ домохозяйство-член (обследуемой потребительской панели, «панельное» домохозяйство
primary ~ домохозяйство первичных читателей *(члены которого непосредственно покупают издание или получают его по подписке)*
private ~ частное хозяйство
radio ~ семья, пользующаяся радиообслуживанием, радиосемейство
single-parent ~ семья с одним родителем

single(-person) ~ домохозяйство из одного лица, отдельно живущий холостяк, отдельно живущая незамужняя женщина
steak ~ бифштексная, ресторан мясных блюд
suburban ~ семья, живущая в пригороде
television ~ семья, имеющая телевизор, телевизионное семейство, телесемейство
two-income ~ домохозяйство с двумя источниками дохода

housewares домашняя утварь, хозяйственные принадлежности; посуда
housewife домохозяйка *(в США женщина старше 16 лет, ведущая домашнее хозяйство)*
housing жилищные условия, обеспеченность жильём; жильё; жилищное строительство ◊ to provide ~ обеспечивать жильём
inadequate ~ неудовлетворительные жилищные условия; нехватка жилья
owner-occupied ~ жилищный фонд, занимаемый владельцами *(не сдаваемый внаём)*
rental ~ арендный жилой фонд
residential ~ жилищное строительство
substandard ~ неблагоприятные жилищные условия

huckster лавочник; разносчик; торгаш
hucksterism торгашество; мелочная торговля; торговля вразнос
hue оттенок, тон окраски, цветовой тон
colour ~ цветовой тон
complementary ~ цветовой тон дополнительного цвета
neutral ~ нейтральный цветовой тон *(от чёрного до белого)*
primary ~ цветовой тон основного цвета
spectral ~ спектральный цвет
humanitarianism филантропизм
humankind человечество, род людской
humour юмор
dry ~ сдержанный юмор
quasi- ~ ложный юмор
hunter:
bargain ~ искатель [любитель] выгодных сделок

idea

hypermarche *фр.* торговый комплекс
hypermarket супермаркет, торговый комплекс; крупный универсам *(обычно в пригороде)*
hyphen тире, дефис, соединительная чёрточка; знак переноса
    hard ~ тире, дефис, соединительная чёрточка
    soft ~ знак переноса
hyphenation перенос слов, разбивка по слогам
hypothesis предположение, гипотеза
    ~ **of normal distribution** гипотеза нормального распределения
    ad hoc ~ специально выдвинутая гипотеза
    admissible ~ допустимая гипотеза
    alternative ~ альтернативная гипотеза
    competing ~ конкурентная гипотеза
    composite ~ сложная [составная] гипотеза
    current ~ общепринятая гипотеза
    false ~ ложная гипотеза
    original ~ первоначальная [исходная] гипотеза
    plausible ~ правдоподобная [вероятная] гипотеза
    simple ~ простая гипотеза
    statistical ~ статистическая гипотеза
    working ~ рабочая гипотеза
hypothetical гипотетический, предположительный

I

ice 1. лёд **2.** *(обычно pl)* мороженое
    apple ~s яблочное мороженое
    broken ~ дроблёный лёд
    carbon dioxide ~ *см.* **dry ice**
    chipped ~ ледяная стружка
    consumer ~ пищевой лёд
    crushed ~ дроблёный лёд
    cube ~ лёд в кубиках
    dry ~ сухой лёд *(твёрдая углекислота)*
    finely crushed ~ мелкодроблёный лёд
    fruit ~ **1.** фруктовый лёд **2.** *pl* фруктовое мороженое
    manufactured ~ искусственный лёд
    shaved ~ ледяная стружка
    soft ~ **1.** мягкий лёд **2.** *pl* мягкое мороженое
icemaker устройство для приготовления льда
    automatic ~ автомат для приготовления льда
icon символ команды *(на экране дисплея)*; пиктограмма
    application ~ значок прикладной программы *(на экране дисплея)*
    directory ~ пиктограмма каталога
    program item ~ символ программного элемента *(на экране дисплея)*
id «ид», «оно», подсознание *(в психоанализе)*
idea 1. идея, замысел, план **2.** понятие, мысль ◇ **to develop** ~ развивать идею; **to produce** ~ (по)давать идею
    abstract ~ (абстрактное) понятие, отвлечённая идея, отвлечённое представление
    advertising ~ рекламная идея, идея рекламы
    alternative ~ альтернативная идея
    basic ~ основополагающая [главная] идея
    basic selling ~ основная коммерческая идея
    breakthrough ~ прорывная идея
    bright ~ талантливая идея
    central ~ основная идея, главная мысль
    clear-cut ~ чёткое представление
    closing ~ завершающая [итоговая] мысль *(рекламного объявления)*
    compelling ~ захватывающая идея
    compulsive ~ навязчивая идея
    connecting ~ связующая идея
    cute ~ оригинальная идея
    dominant ~ господствующая идея
    erroneous ~ ложное представление
    essential ~ основополагающая [главная] идея
    fixed ~ навязчивая идея
    fundamental ~ основополагающая [главная] идея
    general ~ общее понятие, общее представление
    headline ~ идея заголовка, мысль, заключённая в заголовке

idea

impracticable ~ неосуществимый замысел
initial ~ первоначальная идея, первоначальный замысел
innovative ~ новаторская идея
inventive ~ замысел изобретения
keynote ~ основная идея, лейтмотив *(рекламной кампании)*
leading edge ~ идея, обеспечивающая преимущество
market ~ рыночная идея
marketing ~ маркетинговая идея
message ~ идея обращения
new-product ~ идея товара-новинки
novel ~ свежая мысль, нечто новое
preconceived ~ заранее составленное [априорное] представление, гипотеза
preposterous ~ нелепая [абсурдная] идея
prevalent ~ господствующая идея
product ~ замысел товара, товарная идея
readymade ~ готовая идея
reigning ~ господствующая идея
root ~ первоначальная [изначальная] идея
second-hand ~ заимствованная идея
selling ~ (рекламно-)коммерческая идея
social ~ социальная [общественная] идея, идея общественного характера
stylistic ~ стилистическая идея, стилистическое веяние
vague ~ неясная [туманная] мысль
idea-complex комплекс [совокупность] идей
ideal идеал, верх совершенства ◇ to form ~s создавать идеалы
ego ~ идеал собственного «я»
family-size ~ идеальный размер семьи
identification 1. идентификация, распознавание; сравнивание *(напр. изображения)* 2. определение; маркировка; обозначение 3. позывные *(радио- или телестанции)*

~ of objectives постановка задач [целей]
~ of words идентификация [распознавание] слов
brand ~ марочное обозначение; идентификация марки
character ~ идентифицирование [распознавание] знаков [символов]
coded ~ закодированное обозначение
forensic ~ судебно-медицинская идентификация
group ~ отождествление с группой
image ~ распознавание образов
insurance ~ страховое удостоверение
just ~ точная [полная] идентификация
lot ~ маркировка партии
mistaken ~ ошибочная идентификация
musical ~ музыкальные позывные
name ~ идентификация названия
need ~ выявление [определение] потребности
network ~ *вещ.* позывные сети
pattern ~ распознавание образов
personal ~ идентификация личности
producer ~ обозначение [указание] производителя
sponsor ~ обозначение спонсора
station ~ *вещ.* позывные станции
supplier ~ обозначение поставщика, ссылка на поставщика
user ~ идентификация пользователя
visual ~ зрительная идентификация, зрительное распознавание
voice ~ идентификация голоса, распознавание по голосу
identity 1. тождественность, идентичность; подлинность 2. личность, индивидуальность 3. особенность, неповторимость ◇ to build ~ создавать узнаваемый образ

~ of interests тождественность интересов
audience ~ основные черты [характеристики] аудитории
brand ~ образ марки
campaign ~ «лицо» (рекламной) кампании
corporate ~ 1. лицо [образ] фирмы; марка фирмы *(репутация)* 2. опознавательный знак корпорации
cultural ~ самобытность [своеобразие, специфичность] культуры
ego ~ *психол.* тождественность (своего) «я»
national ~ 1. национальная принадлежность 2. национальная самобытность

image

price ~ идентичность цен *(назначаемых разными фирмами)*
visual ~ зрительный образ
ideogram идеограмма; значок, символ
ideology идеология, мировоззрение
   market ~ философия рынка, рыночное мировоззрение
   militant ~ воинствующая идеология
idle холостой, бездействующий, простаивающий, неиспользуемый
ill 1. зло, вред 2. *pl* несчастья, невзгоды, беды ◊ the ~s of life жизненные невзгоды
   economic ~s экономические невзгоды
   social ~s социальные изъяны
ill-equipped плохо подготовленный, плохо оснащённый
illumination 1. освещение, подсветка; освещённость 2. разъяснение, истолкование
   background ~ фоновой свет, подсветка [освещение] фона
   balancing ~ равномерное освещение
   base ~ *экр.* основной свет
   daylight ~ естественное [дневное] освещение
   diffused ~ рассеянный свет
   indirect ~ освещение отражённым светом
   lateral ~ боковой свет
   screen ~ освещённость экрана
   stage ~ *экр.* освещение съёмочной площадки
   steady ~ устойчивое [постоянное] освещение
   supplementary ~ дополнительное освещение, дополнительная подсветка
illusion иллюзия, несбыточная мечта ◊ to create ~ создавать иллюзию
   ~ of senses обман чувств
   optical ~ оптическая иллюзия, оптический обман
illustration иллюстрация, картинка, рисунок; пример
   black-and-white ~ чёрно-белая иллюстрация
   bleed ~ иллюстрация в обрез
   book ~ книжная иллюстрация
   colour(ed) ~ цветная иллюстрация
   cut-in ~ иллюстрация, вмонтированная в текст
   dark ~ насыщенная по цвету иллюстрация
   full-colour ~ полноцветная иллюстрация
   full-page ~ полосная иллюстрация
   heavy ~ тяжеловесная иллюстрация
   irrelevant ~ неудачная иллюстрация
   line ~ штриховая иллюстрация
   sexy ~ эротически волнующая иллюстрация
   static ~ статичная иллюстрация, статичное [неподвижное] изображение
ill-will недоброжелательность, неприязнь; злой умысел
   customer ~ раздражение [недовольство] клиентов
image 1. образ; изображение 2. престиж, репутация ◊ to build ~ создавать образ
   actual ~ существующий образ
   adult ~ образ зрелости
   advertising ~ рекламный образ
   aerial ~ *экр.* «воздушное» [«парящее»] изображение *(образуемое оптической системой и как бы висящее в пустоте или над фоном)*
   associative ~ ассоциативный образ
   auditory ~ слуховой [звуковой] образ
   blurred ~ смазанное [расплывчатое] изображение
   brand ~ образ марки *(комплекс сложившихся в сознании потребителя представлений о достоинствах или недостатках марочного товара)*
   character ~ изображение символа или буквы
   company ~ *см.* corporate image
   company price ~ *см.* price image
   corporate ~ репутация фирмы, фирменный образ
   corporate citizen ~ образ фирмы, как организации с высокой гражданской ответственностью, образ «гражданственности» фирмы
   desired ~ желаемый образ
   distinctive ~ характерный [отличительный] образ
   elitist ~ образ элитарности
   embossed ~ рельефное изображение
   factory ~ репутация предприятия
   faithful ~ точное изображение
   faulty ~ искажённое изображение
   favourable ~ благоприятный образ
   female ~ образ женственности *(товара)*

image

graven ~ идол, кумир
guide ~ абрисное изображение, абрис
halftone ~ растровое изображение
hard ~ чёткое [контрастное] изображение
improved ~ улучшенный [более совершенный] образ
inverted ~ перевёрнутое [обратное] изображение; зеркальное изображение
"junkmail" ~ образ «макулатурности» *(обычно о материалах прямой почтовой рекламы)*
latent ~ скрытое изображение *(напр. ещё не проявленное)*
life-like ~ жизненное изображение
long-term ~ долговременный стойкий образ
marketing ~ маркетинговый образ
media ~ 1. авторитет [престиж] средств рекламы; репутация СМИ 2. престиж *(фирмы, товара)* в средствах массовой информации
mental ~ мысленный образ, мысленное представление
mirror ~ зеркальное изображение
multiple ~ 1. многократная экспозиция 2. комбинированное изображение
name ~ престиж [репутация] названия
narrative ~ сюжетно-тематическое изображение
national ~ 1. образ нации, представление о нации 2. образ *(товара, фирмы)* в общенациональном масштабе
negative ~ негативное изображение, негатив
non-structured ~ образ, не имеющий чёткой структуры
observed ~ наблюдаемое изображение
plastic ~ скульптурное изображение
poor ~ неблагоприятный образ
positive ~ позитивное изображение, позитив
prestige ~ образ престижности
price ~ ценовой образ *(фирмы как продавца товаров в определённом диапазоне цен)*, образ фирмы с точки зрения уровня цен

printed ~ печатное изображение
product ~ образ товара
public ~ 1. общественный образ 2. репутация [престиж] *(фирмы)* в глазах общественности
real ~ действительное изображение
realistic ~ реалистическое изображение
reasonable ~ разумное представление
reduced ~ уменьшенное изображение
reflected ~ отражённое изображение
relief ~ рельефное изображение
screen ~ экранное изображение, изображение на экране; размер изображения на экране
shadow ~ теневое изображение
sharp ~ чёткое [контрастное] изображение
social ~ общественный образ
solarized ~ соляризованное изображение
sound ~ слуховой [звуковой] образ
stereotyped ~ стереотипное представление
structured ~ структурно оформленный образ
superior ~ образ превосходства
three-dimensional ~ объёмное изображение
trademark ~ образ товарного знака
unfavourable ~ неблагоприятный образ
unique ~ уникальный образ, образ уникальности
user ~ образ пользователя
vague ~ смутное [отдалённое] представление
virtual ~ мнимое изображение
visible ~ видимое изображение
visual ~ зрительный образ
image-building 1. создание [формирование] образа 2. создание престижа
imagery 1. образность 2. представления; мысленные образы 3. образное воплощение замысла
alleviating ~ утешающие образы
listening ~ слуховая [звуковая] наглядность
seeing ~ зрительная образность
imagination (творческое) воображение, фантазия
aesthetic ~ эстетическое воображение

implement

creative ~ творческое воображение
exuberant ~ богатое воображение
lively ~ живое воображение
productive ~ творческая фантазия

imagist:
brand ~ приверженец теории образа марки

imbalance 1. дисбаланс, неустойчивость; несбалансированность, диспропорция 2. несоответствие
~s of economy диспропорции в экономике
nutritional ~ нарушение пищевого баланса
social ~ общественный дисбаланс
trade ~ несбалансированность торговли, дисбаланс в торговле, расхождение между стоимостью экспорта и стоимостью импорта; пассивный торговый баланс

imitation 1. подражание, копирование 2. имитация; подделка
exact ~ *см.* true imitation
flavour ~ имитация вкусовых [ароматизирующих] веществ
obvious ~ 1. явное подражание 2. явная подделка
pale ~ слабое подражание
parchment ~ имитация пергамента
true ~ 1. точное подражание 2. точная имитация

immediacy непосредственность, актуальность, насущность

impact воздействие, влияние; сила воздействия; импульс, удар, толчок; ударный заряд ◇ to make an ~ воздействовать, влиять, оказывать воздействие

advertising ~ (воз)действие рекламы, рекламное воздействие; сила воздействия рекламы
audience ~ воздействие на аудиторию
communication ~ коммуникационное воздействие, коммуникационный эффект
competitive ~ заряд конкурентоспособности; конкурентное воздействие
cross ~ перекрёстное влияние
direct ~ прямое [непосредственное] воздействие
ecological ~ 1. экологическое воздействие 2. воздействие на окружающую среду
economic(al) ~ 1. экономическое воздействие, экономический эффект 2. воздействие [влияние] на экономику
elastic ~ упругий удар
emotional ~ эмоциональное воздействие
environmental ~ воздействие на окружающую среду
fast ~ кратковременное ударное воздействие
harmful ~ вредное воздействие
initial ~ первичное воздействие
memorable ~ запоминающееся воздействие
personal ~ личное воздействие
potential ~ потенциальное воздействие
practical ~ практические последствия
profit ~ воздействие на уровень прибыли
psychological ~ психологическое воздействие
sales ~ торговое [коммерческое] воздействие, воздействие на сбыт [на уровень продаж], коммерческий результат
shelf ~ экспозиционная эффективность (*выкладки товара в магазине*), эффективность выкладки товара
social environmental ~ социальное воздействие на окружающую среду
societal ~ влияние на общество
technological environmental ~ техногенное воздействие на окружающую среду

Impact:
Profit ~ on Marketing Strategy «Влияние прибыли на стратегию маркетинга» (*английская научно-исследовательская программа*)

impartial беспристрастный, непредвзятый, справедливый

impetus импульс, побуждение, толчок, ускорение; стимул
selling ~ торговый стимул
temporary ~ временный стимул

implement 1. орудие, инструмент 2. *pl* принадлежности; утварь; инвентарь
~s of production орудия производства
agricultural [farm] ~s сельскохозяй-

implement

ственные орудия; сельскохозяйственный инвентарь
fishing ~s рыболовные принадлежности
kitchen ~s кухонная утварь, кухонные принадлежности
mechanical ~s механические орудия
implication 1. смысл, значение; вывод **2.** намёк, подтекст ◇ **by ~** предположительно, по смыслу
ecological ~s экологические последствия
far-reaching ~ недвусмысленный намёк
legal ~ юридически подразумеваемое положение, юридический вывод
marketing ~s результаты системы маркетинга, маркетинговые последствия
necessary ~ необходимое подразумеваемое положение
social ~ социальное [общественное] значение
implosion насильственное вторжение *(по теории канадского социолога Маршалла Маклюэна происходит коммуникационный взрыв, направленный внутрь аудитории, когда средства массовых коммуникаций вторгаются во все стороны жизни человека)*
imponderable не поддающийся фиксации, неощутимый
import 1. импорт, ввоз **2.** *pl* импортные [ввозимые] товары; статьи импорта ◇ **to ban ~** запретить ввоз *(товаров)*
competitive ~ конкурирующий импорт
direct ~ прямой импорт
farm ~ импорт сельскохозяйственных продуктов
mainline ~ потребительский импорт
manufactured ~ импорт продукции обрабатывающей промышленности
prohibited ~s товары, запрещённые к ввозу
service ~ импорт услуг
token ~ импорт незначительных количеств товара, символический импорт
importance важность, значение, значительность ◇ **of paramount**

[**to prime**] **~** первостепенного значения, важнейший, первостепенной важности
commercial ~ торговое значение
primary ~ главное [первостепенное] значение
relative ~ относительная значимость
strategic ~ стратегическое значение
vital ~ огромная важность
impression 1. впечатление **2.** отпечаток, оттиск **3.** тиснение ◇ **to correct false ~s** исправлять превратные представления; **to create ~** производить [создавать] впечатление
~ of movement *экр.* впечатление движения
advertising ~ рекламное впечатление
auditory ~ слуховое впечатление, слуховой образ
blind ~ *полигр.* бескрасочное [блинтовое] тиснение
commercial ~ рекламно-коммерческое впечатление
consumer ~ рекламное впечатление, произведённое на потребителя; контакт потребителя с рекламой
delivered ~ произведённое впечатление
erroneous ~ ошибочное [ложное] впечатление
false ~ неправильное представление
gross advertising ~s общая сумма рекламных впечатлений *(число рекламных контактов, обеспечиваемых рекламной программой во всех задействованных средствах рекламы)*
guaranteed home ~s *англ. вещ.* гарантированное число контактов с телесемействами *(отрезок времени, в рамках которого за твёрдо установленную плату телецентр гарантирует заказчику определённое количество контактов телесемейств с его рекламой)*
misleading ~ впечатление, вводящее в заблуждение
multiple ~s многочисленные [множественные] впечатления
offset ~ *полигр.* офсетный оттиск
overall ~ общее впечатление
printed ~ *полигр.* печатный оттиск, отпечаток

impulse

proof ~ *полигр.* пробный оттиск
purchased media ~s рекламные публикации, закупленные СМИ
raised ~ *полигр.* конгревное [рельефное] тиснение
sample ~ *полигр.* пробный оттиск; эталонный оттиск, оттиск-образец
skin-deep ~ мимолётное впечатление
stamp ~ оттиск клейма [печати]
surface ~ внешнее [поверхностное] впечатление
trial ~ *полигр.* пробный оттиск
visual ~ зрительное впечатление
wax ~ изображение, гравированное на слое воска

imprint 1. выходные сведения; выходные данные 2. допечатка, впечатка
dealer ~ дилерская впечатка *(реквизиты местного дилера, помещаемые в рекламных материалах общенационального рекламодателя)*
dual ~ двойные выходные данные *(при совместном издании)*
fictitious ~ ложные выходные данные
printer's ~ 1. выпускные данные *(составная часть выходных сведений с информацией о происхождении издания, характеристик бумаги, способа печати, объёма издания, тиража, цены, адреса типографии; помещается на концевой полосе или на обороте титульного листа)*
publisher's ~ 1. выходные данные *(информация о месте и годе выпуска издания, названии издательства; помещается в нижней части титульного листа, а иногда также на авантитуле, контртитуле, на первой или последней странице обложки, суперобложки, на стороне переплёта)* 2. выходные сведения *(совокупность выходных и выпускных данных, а также перечень лиц, участвовавших в подготовке издания, заглавие, номера томов, знак охраны авторского права, классификационные индексы, издательская аннотация)*
stamped ~ штемпельное клеймо

improvement улучшение, (у)совершенствование ◇ to devise ~s намечать меры по улучшению

cost ~ снижение затрат; повышение отдачи затрат
design ~ усовершенствование в дизайне [в конструкции]
environmental ~ улучшение качества окружающей среды; борьба с загрязнением окружающей среды
feature ~ совершенствование характеристик [свойств]
home ~ обустройство дома
incremental ~s небольшие постепенные усовершенствования
internal ~ внутреннее усовершенствование *(напр. в какой-л. конструкции)*
little-by-little ~ *см.* step-by-step improvement
managerial ~ совершенствование системы управления
marginal ~ незначительное улучшение
marketing ~ совершенствование маркетинга
operational ~ улучшение оперативных [функциональных] показателей
patentable ~ патентоспособное усовершенствование
percentage ~ процентный прирост
product ~ совершенствование товара; улучшенный вариант товара
production-machinery ~ усовершенствование оборудования
productivity ~ повышение производительности
profit ~ рост прибылей
quality ~ улучшение [совершенствование] качества
reliability ~ повышение надёжности
step-by-step ~ поэтапное [постепенное] (у)совершенствование
style ~ совершенствование (внешнего) оформления [стиля]

imprudent неблагоразумный, неосторожный; опрометчивый; безрассудный

impulse импульс; порыв, побуждение, толчок
creative ~ творческий порыв, творческое побуждение
inward ~ внутреннее побуждение
irresistible ~ непреодолимый импульс
lucrative ~ корыстный импульс

inability

inability неспособность, несостоятельность; неумение; невозможность ◊ ~ to pay неплатёжеспособность
inaction бездействие
inadvisable нецелесообразный, нерекомендуемый
inauguration инаугурация, вступление в должность, введение в должность
incentive стимул, побуждение ◊ to build salesman ~s создавать стимулы для коммивояжёров
 attention ~ стимул (для) привлечения внимания
 auditory ~ звуковой [акустический] стимул
 buying ~ стимул к совершению покупки
 contractual ~ вознаграждение, предусмотренное контрактом
 dealer ~ средство стимулирования дилеров; премия в нагрузку, премиальная нагрузка (в качестве подарка дилеру за закупку)
 economic ~ экономический стимул; экономическое стимулирование
 extra ~ дополнительный стимул
 financial ~ финансовый стимул
 investment ~ побудительный стимул к совершению капиталовложений
 market ~ рыночный стимул
 material ~ материальная заинтересованность, материальное стимулирование
 price ~s ценовые стимулы
 production ~s производственные стимулы
 productivity-sharing ~ премиальное вознаграждение за повышение производительности
 profit-sharing ~ вознаграждение в виде доли (от) прибыли
 purchase ~ стимул к совершению покупки
 sales ~ средство стимулирования продаж
 salesman ~ стимул для коммивояжёра
 short-term ~ кратковременный стимул
 tax ~s налоговые стимулы, налоговые льготы
 test marketing ~ льгота за проведение пробного маркетинга
 wage ~ поощрительная система заработной платы
inch дюйм *(25,4 мм, составляет 14 расчётных строк шрифтом «агат»)*
 circular ~ круговой дюйм *(площадь круга диаметром в один дюйм)*
 column ~ дюйм колонки *(расчётная единица измерения рекламного места в газете, соответствующая ширине стандартной колонки при высоте в один дюйм)*
incitement:
 potent ~ мощный стимулятор
income доход; выручка, заработок ◊ ~ per head доход на душу населения
 aggregate ~ совокупный доход
 annual household ~ годовой доход на семью
 average disposable ~ средний доход после уплаты налогов
 average household ~ средний доход на семью
 before-tax ~ доход до уплаты налогов
 below average ~ доход ниже среднего уровня
 cash ~ денежный доход, доход в денежном выражении
 consumer ~s доходы потребителей, потребительские доходы
 current ~ текущий доход
 derivative ~ производный доход
 discretionary ~ дискреционный доход *(доход за вычетом налогов и расходов на удовлетворение потребностей и предназначенный для личного свободного расходования)*
 disposable ~ чистый доход, доход после уплаты налогов
 earned ~ 1. доход от производственной деятельности, производственный доход 2. трудовой доход *(в форме зарплаты)*
 effective buying ~ фактический покупательский доход
 expected ~ ожидаемый [предполагаемый] доход
 factory ~ выручка завода
 family ~ семейный доход, доход семьи
 farm ~ доход фермера [фермерского хозяйства]
 gross ~ валовой доход

index

hidden ~ скрытый доход
individual ~ личный доход
interest ~ доход в виде процентов
investment ~ доход от капиталовложений
licensing ~ лицензионные поступления, поступления от выдачи лицензии
median ~ средний показатель доходов; усреднённый доход
money ~ *см.* cash income
monthly ~ месячный доход
national ~ национальный доход
nation's agricultural ~ доход сельского хозяйства страны
operating ~ 1. доход от основной деятельности *(предприятия)* 2. *pl* текущие поступления
per-capita ~ доход на душу населения
personal ~ личный доход
prepaid ~s доходы будущих лет
property ~ доход(ы) от имущества
psychic ~ нематериальный доход *(напр. моральное удовлетворение от работы)*
pure ~ чистый доход, чистая прибыль
real ~ реальный доход
rental ~ доход от сдачи в аренду, доход от ренты, рентный доход
service ~ доход от предоставления услуг
spendable ~ расходная часть дохода [прибыли]; часть прибыли, предназначенная на производство затрат
stable ~ стабильный доход
supplementary ~ дополнительный доход
taxable ~ доход, облагаемый налогом
unearned ~ непроизводственный доход

incoming *нар. рекл.* «входной» щит, щит на входе [въезде] *(ориентированный на транспорт и пешеходов, направляющихся в деловой центр города, торговый центр)*
incompetence некомпетентность; неспособность; деловая непригодность
incongruity несовместимость, несоответствие; неуместность
Incoterms *(сокр. от* International Rules for the Interpretation of Trade Terms)* Международные правила толкования торговых терминов
increase 1. рост, прирост, прибавка 2. увеличение ◊ ~ in demand увеличение спроса; ~ in productivity увеличение производительности; to be on the ~ расти, увеличиваться
~ of knowledge расширение знаний
cost ~ рост издержек
fractional ~ незначительное увеличение
geometric ~ возрастание в геометрической прогрессии
notable ~ 1. значительный рост 2. заметное увеличение
price ~ рост цен
proportional ~ пропорциональное увеличение
rate ~ повышение тарифа [ставки]
sales ~ рост сбыта
sensible ~ заметное [ощутимое] увеличение
steady ~ неуклонное повышение, неуклонный рост
top ~ максимальная прибавка
indemnity гарантированное возмещение убытка [ущерба] *(в случае непредвиденной потери)* ◊ ~ against liability страхование ответственности
cash ~ денежное возмещение, денежная компенсация
insurance ~ страховое возмещение
indentation 1. вдавливание, выемка 2. отпечаток 3. абзацный отступ
indention выделение абзацев [отступов], втяжка
diagonal ~ ступенчатое расположение строк набора
hanging ~ абзац со втяжкой
paragraph ~ абзацный отступ
independence независимость, самостоятельность
complete ~ полная независимость
conditional ~ условная независимость
personal ~ личная независимость
political ~ политическая независимость
technological ~ техническая независимость
index 1. индекс; показатель, коэффициент; фактор 2. указатель ◊ ~ to classification указатель к классификации

307

index

~ of competitiveness показатель конкурентоспособности
~ of consumption индекс потребления
~ of dispersion показатель рассеяния *(характеристика однородности выборки)*
~ of industrial production индекс промышленного производства
~ of names именной указатель
~ of social position индекс социального положения *(взвешенный индекс классификации по признакам рода занятий и уровня образования главы домохозяйства)*
~ of trademark owners указатель владельцев товарных знаков
~ of trademarks указатель товарных знаков
activity ~ показатель активности
advertiser ~ индекс [перечень] рекламодателей *(объявления которых помещены в издании)*
agricultural production ~ индекс сельскохозяйственного производства
alphabetical subject ~ алфавитно-предметный указатель
audience holding ~ индекс удержания аудитории *(процент слушателей или зрителей, прослушавших или просмотревших программу от начала до конца)*
auxiliary ~ вспомогательный указатель
availability ~ индекс доступности; индекс обеспеченности
base ~ базисный индекс
card ~ картотека
chain ~ цепной индекс
composite ~ составной индекс *(средний или комбинированный индекс, получаемый на основе рядов разнородных показателей)*
confidence ~ показатель достоверности [уверенности]
consumer confidence ~ *амер.* показатель потребительской уверенности *(показатель отношения потребителей к экономическому положению в стране, инфляции)*
consumer price ~ индекс потребительских цен, индекс потребительской корзины *(отражает динамику стоимости корзины потребительских товаров и услуг и является основным показателем уровня инфляции в стране)*
correction ~ поправочный индекс
cost-of-living ~ индекс стоимости жизни
cut-in ~ *полигр.* указатель с (алфавитными) высечками на обрезе
derived ~ производный индекс
food price ~ индекс цен на продовольственные товары
forecasting ~ индекс прогнозирования
frequency ~ индекс встречаемости, коэффициент частотности
general ~ общий показатель
general-purpose ~ универсальный индекс
glossarial ~ алфавитно-предметный указатель
gouge ~ *см.* cut-in index
group ~ групповой индекс
health ~ индекс здоровья *(комплексный показатель по нескольким компонентам здоровья индивидуума или определённой группы населения)*
industrial production ~ индекс промышленного производства
library ~ библиотечный каталог; алфавитный индекс
loss ~ коэффициент потерь
mailings ~ индекс отправлений прямой почтовой рекламы
multiple-factor ~ многофакторный индекс
name ~ именной указатель
nutrient [nutritive] ~ показатель питательности
price ~ индекс цен
prices-paid ~ индекс уплачиваемых (покупателем) цен
prices-received ~ индекс цен, получаемых продавцом
producer price ~ индекс цен производства [производителей]
prognostic ~ прогностический критерий
purchasing power ~ индекс покупательной способности
quality ~ показатель качества
retail price ~ индекс розничных цен *(ежемесячный показатель измене-*

indicator

ния среднего уровня цен на розничном рынке. Цены на предметы роскоши обычно во внимание не принимаются)
seasonality ~ поправка на сезон, фактор сезонности
selectivity ~ индекс избирательности
single-factor ~ однофакторный [простой] индекс
special-purpose ~ особый целевой индекс
sponsor identification ~ *вещ.* индекс узнаваемости спонсора *(процент зрителей или слушателей, способных назвать спонсора программы)*
statistical ~ **of sales potential** статистический индекс потенциального объёма сбыта
subject ~ предметный указатель, тематическое оглавление
supplementary ~ вспомогательный указатель
survival ~ индекс выживаемости
thumb ~ *см.* cut-in index
transience ~ индекс изменчивости
trend ~ показатель тенденции изменения
utility ~ индекс полезности
value ~ индекс стоимости [ценностной значимости]
wholesale price ~ индекс оптовых цен
Index ◇ ~ **to Names of Applicants for the Registration of Trade Marks** Указатель имён заявителей на регистрацию товарных знаков *(Австралия)*
~ **of Trademarks Issued from the United States Patent Office** Указатель товарных знаков, зарегистрированных Патентным ведомством США
Brand Rating ~ *амер.* «Индекс рейтингов марок» *(ежегодный сборник данных о сравнительных особенностях воздействия на взрослое население рекламы, транслируемой по сетевому телевидению и по радио, размещаемой в газетах и журналах)*
Design ~ «Дизайн индекс» *(постоянная экспозиция товаров выдающихся дизайнерских достоинств в лондонском Центре промышленного дизайна)*

Nielsen Broadcast ~ вещательный индекс Нильсена *(Канада; аналог «станционного индекса Нильсена»)*
Nielsen Retail ~ *амер.* розничный индекс Нильсена
Nielsen Station ~ *амер.* станционный индекс Нильсена *(статистические данные по аудиториям телезрителей, собираемые более чем в 220 географических районах и публикуемые несколько раз в год в виде брошюры под названием «Профиль зрительской аудитории»)*
Nielsen Television ~ *амер.* телевизионный индекс Нильсена *(статистические данные по аудиториям всех производимых в стране сетевых программ.)*
Target Group ~ *амер.* индекс целевой группы *(поставляющей рекламодателям и рекламным агентствам сведения о характеристиках аудиторий, отобранных для изучения воздействия средств рекламы)*
World Patent ~ Мировой патентный указатель, *МПУ*
indication указание; признак, симптом, знак
audible ~ звуковая сигнализация
digital ~ цифровая индикация
warning ~ предупредительная сигнализация
indicator показатель, индикатор; указатель; признак
~ **of distribution** показатель распределения
business cycle ~ индикатор экономического цикла
dial ~ циферблатный индикатор
digital ~ цифровой индикатор
economic ~ экономический показатель
exposure ~ *экр.* указатель экспозиции
footage ~ *экр.* счётчик футов, метромер
frame ~ *экр.* счётчик кадров
growth ~ показатель роста
level ~ индикатор уровня
numerical ~ цифровой индикатор
outer ~ внешний показатель
recording level ~ индикатор уровня записи

indicator

  signal ~ сигнальный индикатор, сигнализатор
  significance ~ индикатор значимости
  slider ~ бегунок
  status bar ~ индикатор строки состояния *(на экране дисплея)*
  temperature ~ термометр
  tuning ~ индикатор настройки
  utility ~ показатель полезности
  visual ~ визуальный [зрительный] индикатор
  volume ~ индикатор громкости [уровня звука]
indifference безразличие, равнодушие ◊ to display [to show] ~ проявлять равнодушие
  ~ of workmanship низкий уровень квалификации
  profound ~ полное безразличие
  studied ~ деланное безразличие
individual личность, человек
  common-sense ~ здравомыслящий индивид
  creative ~ творческая личность
  native-born ~ местный уроженец
  private ~ частное лицо
  public ~ должностное лицо
individuality индивидуальность; личность
  marked ~ незаурядная личность
inducement завлечение, приманка; побуждающий мотив, стимул ◊ ~s to invest стимулы к инвестированию
  price ~ ценовая приманка
  selling ~s методы и факторы стимулирования сбыта
  special ~ льготное условие
industr/y 1. промышленность, индустрия 2. отрасль экономической деятельности
  advertising ~ рекламное дело; индустрия рекламы
  agribusiness ~ агропромышленный комплекс
  agricultural ~ сельскохозяйственное производство
  agricultural engineering ~ сельскохозяйственное машиностроение
  airlines ~ отрасль авиаперевозок
  amusement ~ индустрия развлечений
  beverage ~ промышленность безалкогольных напитков
  book(-publishing) ~ книгоиздательство, книгоиздательская промышленность
  broadcast ~ сфера [индустрия] средств вещания
  bulk ~ отрасль бестарных грузов *(перевозимых навалом или без всякой упаковки)*
  capital-goods ~ отрасль промышленности, производящая средства производства [товары производственного назначения]
  carpet ~ ковровое производство, ковроделие
  clothing ~ швейная промышленность
  communication ~ промышленность средств связи
  confectionery ~ кондитерская промышленность
  conventional ~ традиционная [привычная] отрасль деятельности
  dairy ~ молочная промышленность
  defense ~ оборонная промышленность
  deregulated ~ нерегулируемая отрасль
  design-based ~ отрасль, базирующаяся на дизайне
  disposables ~ производство предметов одноразового пользования
  drug ~ фармацевтическая промышленность
  dry goods ~ текстильная промышленность
  electronics ~ электронная промышленность
  engineering-based ~ отрасль, базирующаяся на инженерно-технических разработках
  entertainment ~ индустрия развлечений
  farm-garden ~ промышленное садоводство
  film ~ кинопромышленность, киноиндустрия, производство кинофильмов
  flower ~ сфера деятельности по выращиванию и продаже цветов
  food ~ пищевая промышленность
  food canning ~ консервная промышленность
  footwear ~ обувная промышленность
  gambling ~ игорный бизнес
  garment ~ швейная промышленность

graphic arts ~ полиграфическая промышленность
growth ~ отрасль, переживающая период роста
health service ~ система служб здравоохранения
high-tech ~ отрасль [сфера] высоких технологий
home ~ отечественная промышленность; кустарный промысел
key ~ ведущая [ключевая] отрасль промышленности
large-scale ~ 1. крупная промышленность 2. крупносерийное производство
leather ~ кожевенная промышленность
leisure ~ индустрия досуга
manufacturing ~ обрабатывающая промышленность
meat-packing ~ мясоперерабатывающая промышленность
mechanical ~ машиностроение
motion picture [movie] ~ *см.* film industry
national ~ies основные отрасли отечественной промышленности
newspaper printing ~ газетное производство
notion ~ отрасль галантерейных товаров
outdoor ~ индустрия наружной рекламы
packaging ~ упаковочная промышленность
perfume and toiletry ~ парфюмерно-косметическая промышленность
petty ~ мелкое производство
pharmaceutical ~ фармацевтическая промышленность
plastics ~ промышленность по производству пластмасс
primary ~ 1. первичное *или* профилирующее *(в отношении какого-л. определённого продукта)* производство 2. добывающая промышленность
printing ~ полиграфическая промышленность
private ~ частная промышленность
production ~ отрасль материального производства
protected ~ охраняемая отрасль [сфера деятельности]

public utility ~ies предприятия общественного пользования *(коммунального обслуживания)*
publishing ~ издательское дело
purposeful ~ осмысленная целенаправленная деятельность
record ~ индустрия грампластинок
related ~ смежная отрасль
retail ~ розничная торговля, сфера розничной торговли
secondary ~ 1. вторичное производство *(напр. строительство)* 2. обрабатывающая промышленность
service ~ сфера услуг; индустрия сервиса; отрасль инфраструктуры *(напр. служба быта, транспорт)*
sheltered ~ поощряемая отрасль промышленности
soft-drink ~ промышленность безалкогольных напитков
specialty advertising ~ индустрия рекламных сувениров
tertiary ~ третичное производство *(отрасли, производящие услуги)*
tobacco ~ табачная промышленность
tourist ~ индустрия туризма, туризм
vacuum-tube ~ производство вакуумных ламп

ineffective неэффективный, бесполезный, напрасный
ineffectual бесплодный, безрезультатный
inept некомпетентный, неумелый; неуместный
inequity несправедливость, пристрастность
inertia инертность; вялость, бездействие
  consumer ~ инертность потребителей, потребительская инертность
  psychic ~ психическая инертность
inexpensive недорогой, дешёвый
inexperience неопытность
inference вывод, (умо)заключение; предположение ◇ to draw ~ делать вывод, выводить заключение
  fair ~ справедливое решение
  formal ~ формальный вывод
  immediate ~ непосредственный вывод, непосредственное (умо)заключение
  mediate(d) ~ опосредствованное

inference (умо)заключение, опосредствованный вывод
  precarious ~ сомнительный вывод
  statistical ~ статистический вывод
  unfounded ~ необоснованный вывод, необоснованное заключение
  valid ~ надёжный вывод
inflation инфляция
  anticipated ~ ожидаемая инфляция
  controlled ~ контролируемая инфляция
  cost ~ инфляция, обусловленная ростом издержек производства
  creeping ~ ползучая инфляция (развивающаяся медленными темпами)
  hidden ~ скрытая инфляция
  intense ~ интенсивная инфляция
  long-lasting ~ длительная инфляция; устойчивая инфляция
  normal ~ естественный рост инфляции
  open ~ явная инфляция
  runaway ~ галопирующая инфляция
  steady ~ устойчивая инфляция
inflection 1. изменение формы 2. изменение интонации
influence влияние, воздействие
  advertising ~ рекламное влияние, влияние рекламы
  behavioural ~ влияние на поведение
  corporate ~ влияние корпораций
  corrupt ~ разлагающее влияние
  determining ~ определяющее влияние
  direct ~ прямое [непосредственное] воздействие
  environmental ~ влияние окружающей среды
  external ~ внешнее воздействие
  financial ~ финансовое влияние
  group ~ групповое влияние, влияние группы
  immoral ~ безнравственное влияние
  indirect ~ косвенное влияние
  interpersonal ~s межличностные мотивы влияния
  outside ~ влияние извне [со стороны]
  personal ~ личное влияние
  pettycoat ~ женское влияние
  poisonous ~ вредное [пагубное] влияние
  preponderant ~ преобладающее [господствующее] влияние
  purchasing ~ фактор, оказывающий влияние на принятие решения о покупке
  random ~ случайное воздействие
  reciprocal ~ взаимное влияние, взаимовлияние
  refining ~ облагораживающее влияние
  restraining ~ сдерживающее влияние
  seasonal ~ влияние сезонных колебаний
  social ~ общественное влияние
  transient ~ преходящее влияние
  unhealthy ~ нездоровое влияние
  unsettling ~ дестабилизирующее влияние
  wholesome ~ благотворное влияние
  word-of-mouth ~ влияние молвы [слухов]
influencer источник влияния; советчик; лицо, влияющее на принятие решения; влиятельное лицо; «авторитет»; рекомендатель
  primary ~ основной советчик
information информация, сведения, данные ◇ ~ in abstracts реферативная информация; ~ on trademarks см. trademarks information; to furnish ~ предоставлять информацию; to gain ~ добывать сведения; to seek ~ собирать [изыскивать] информацию
  accounting ~ учётно-бухгалтерская информация; данные учёта
  accurate ~ точные сведения
  additional ~ дополнительная информация, дополнительные сведения
  administrative ~ административная информация
  advance ~ предварительные сведения, опережающая [заблаговременная] информация
  attitude ~ сведения об отношениях
  authentic ~ достоверная информация
  authoritative ~ информация из авторитетных источников
  background ~ вспомогательная информация
  backup ~ вспомогательная информация

information

biographical ~ биографические сведения
buying ~ информация о покупках
collected ~ накопленная [собранная] информация
commercial ~ коммерческая информация
competitive ~ информация о конкурентах
comprehensive ~ всесторонняя информация
consumer ~ информация для потребителей
contradictory ~ противоречивая информация
credible ~ достоверная информация
customer ~ информация для клиентов
decision-making ~ информация для принятия решения
demographic ~ демографические сведения [данные]
descriptive ~ описательная информация, описание, описательные данные
desired market ~ искомая рыночная информация
detailed ~ подробная информация
direct product ~ прямая информация о товаре
distorted ~ искажённая информация
documentary ~ документальная информация
economic ~ экономическая информация
essential ~ существенная информация
everyday ~ повседневная информация
external ~ внешняя информация, информация из внешних источников
factual ~ фактическая информация
financial ~ финансовые сведения
forecasting ~ прогнозная информация
further ~ *см.* additional information
good ~ доброкачественная информация
hard ~ объективная информация
helpful ~ полезная информрамция
"how-to" ~ информация о средствах и методах выполнения
image ~ 1. изобразительная информация 2. информация об образе *(товара)*
incoming ~ поступающая [входящая] информация
in-depth ~ углублённая информация, глубокие сведения
indirect product ~ косвенная информация о товаре
input ~ входная информация, входные данные
inside ~ *см.* internal information
insider ~ информация для ограниченного служебного пользования
internal ~ внутренняя [конфиденциальная] информация
investment ~ данные о капиталовложениях
know-how ~ информация о «ноу-хау»
legal ~ юридическая [правовая] информация
management ~ управленческая информация
manufacturing ~ производственная информация, информация о производстве
market ~ рыночная [конъюнктурная] информация, информация о рынке
marketing ~ маркетинговая информация
marketing research ~ данные исследований маркетинга
meat-and-potatoes ~ *разг.* основные сведения
media ~ сведения о средствах рекламы; сведения, публикуемые о себе средствами распространения информации
misleading ~ информация, вводящая в заблуждение
newsworthy ~ информация (познавательно-)событийного характера; информация, насыщенная новостями; сведения с зарядом новизны; информация, достойная освещения в печати
non-quotable ~ информация, не подлежащая разглашению; информация, на которую нельзя ссылаться; информация, которую нельзя цитировать
nutritional ~ сведения о питательности продукта

information

open-source ~ информация, получаемая из открытых источников
ordering ~ (исходная) информация для выдачи заказа
original ~ исходная информация, исходные данные
output ~ выходные данные, выходная информация
patent ~ патентная информация
persuasive ~ увещевательная информация
pertinent ~ насущная информация; информация, имеющая отношение к делу
pictorial ~ наглядная [графическая, образная] информация; информация, содержащаяся в изображении
positive ~ достоверные сведения
practical ~ практические сведения, практическая информация
preliminary ~ предварительная информация
press ~ информация для прессы
price ~ сведения о ценах
printed ~ печатная информация; информация в напечатанном виде
private ~ частная информация; конфиденциальные сведения
processed ~ обработанная информация
product ~ информация о товаре
product image ~ сведения об образе товара
product usage ~ информация об использовании [о применении] товара
public ~ информирование общественности
reassuring ~ подкрепляющая [обнадёживающая] информация
redundant ~ избыточная информация
reference ~ справочная информация
relevant ~ актуальная информация
research ~ данные исследований
sales ~ информация о сбыте
scientific ~ научная информация, сведения научного характера
secondary ~ вторичная информация
security ~ информация, относящаяся к (государственной) безопасности
sensitive ~ секретные сведения, засекреченная информация
sensory ~ чувственная информация
shopping ~ торговая информация
statistical ~ статистическая информация, статистические данные
stored ~ 1. хранимая информация 2. накопленная информация
subject ~ тематическая информация, информация по теме
subtitle ~ подзаголовочные данные
superficial ~ поверхностная информация
superfluous ~ избыточная информация
supporting ~ дополнительная [поддерживающая] информация
symbolic ~ кодированная информация, информация в символах
tangential ~ беспорядочная [несистематическая] информация
technical ~ техническая информация, технические сведения
thought-provoking ~ информация к размышлению
trademarks ~ информация [сведения] о товарных знаках
trend ~ сведения о тенденциях развития
truthful ~ правдивая информация
updated ~ обновлённая информация
useful ~ полезная информация
written ~ письменная информация

informative информативный, поучительный, содержательный

informativeness информационная ценность

informecial *экр.* рекламно-информационный ролик *(обычно продолжительностью от 2 до 7 мин. с подробным изложением полезной информации об объекте рекламы)*

infortainment информационно-развлекательная программа

infringement нарушение, несоблюдение
~ of contract нарушение [несоблюдение] контракта
~ of interests ущемление интересов
~ of rules нарушение правил
aforethought ~ преднамеренное нарушение
alleged ~ предполагаемое нарушение
copyright ~ нарушение авторского права
innocent ~ неумышленное нарушение

intentional ~ намеренное [умышленное] нарушение
patent ~ нарушение патента
technical ~ формальное нарушение
ingenuity изобретательность; мастерство, умение
 ~ **of plan** оригинальность [необычность] плана
inventive ~ изобретательская способность
ingredient ингредиент, составная часть, компонент
 active ~ активный компонент
 compounding ~ составная часть, компонент
 enriching ~ обогащающий компонент
 essential ~ основной компонент
 nutritional ~s питательные компоненты
inhabitant обитатель, (постоянный) житель
in-house собственный, (внутри)фирменный
initiative инициатива, почин; стимул
 abortive ~ бесплодная инициатива
 business ~ деловая [предпринимательская] инициатива
 creative ~ творческая инициатива
 joint ~ совместная инициатива
 private ~ частная инициатива
 underdeveloped ~ начинание, не получившее поддержки
initiator инициатор, зачинатель
injunction запретительная норма; (судебный) запрет ◇ ~ **pending appeal** запрет впредь до решения по апелляции
 court ~ судебный запрет
 post-patent ~ послепатентное судебное запрещение *(запрещение лицензиату, отказавшемуся платить роялти в связи с окончанием действия патента, пользоваться «ноу-хау», полученным по лицензионному договору)*
injury телесное повреждение; вред; (имущественный) ущерб ◇ **to compensate for** ~ возместить убыток [ущерб]
 accidental ~ случайный вред
 bodily ~ телесное повреждение
 civil ~ гражданское правонарушение
 complete ~ общая сумма ущерба

electrical ~ электротравма
employment ~ несчастный случай на производстве; производственная травма
incapacitating ~ повреждение, вызывающее потерю трудоспособности
industrial ~ производственная травма
legal ~ правонарушение
local ~ местное повреждение
mechanical ~ механическое повреждение
pecuniary ~ материальный [имущественный] ущерб
radiation ~ лучевое [радиационное] поражение
serious ~ серьёзное [тяжкое] (телесное) повреждение
social ~ социальный ущерб
spiritual ~ моральный ущерб
trivial ~ лёгкое повреждение
work(er) ~ производственная травма
ink краска; чернила
 aluminium ~ алюминиевая [металлическая] краска
 branding ~ маркировочная [штемпельная] краска, краска для клеймения
 burnishing ~ полировочная краска
 China ~ китайская тушь
 drawing ~ чертёжная тушь
 dry ~ сухая краска
 fluorescent ~ светящаяся [флюоресцирующая] краска
 greasy ~ жирная краска
 India(n) ~ тушь
 magnetic ~ магнитная печатная краска
 marking ~ *см.* branding ink
 plastic ~ печатная краска для пластмасс
 printer's ~ типографская краска
 quick drying ~ быстросохнущая краска
 scented ~ ароматизированная краска
innovation 1. новшество, нововведение, инновация; новаторство **2.** новинка; товар-новинка
 capital-saving ~ капиталосберегающее нововведение
 competitive ~ инновация в конкуренции, конкурентная инновация
 economic ~ экономическая инновация, инновация в экономике

innovation

genuine product ~ подлинная товарная новинка
heavy ~ значительная инновация
hi-tech ~ инновация в сфере высокой технологии
labour-saving ~ нововведение, сберегающее живой труд
light ~ незначительная инновация
long-term ~ перспективная инновация
low-tech ~ инновация в области простых технологий
management [managerial] ~ инновация в сфере управления [в менеджменте]
patent-protected product ~ запатентованная [защищённая патентом] товарная новинка
process ~ инновация в технологическом процессе
product ~ 1. новое изделие; товарная инновация, инновация в товарной сфере 2. совершенствование товаров
purposeful ~ целенаправленная инновация
social ~ социальная инновация
technical ~ техническое нововведение, техническое усовершенствование
technological [technology] ~ научно-техническое новаторство

innovativeness восприимчивость к новому [к новшествам, к новинкам]; готовность к восприятию новшеств; готовность к предложению новшеств

innovator 1. новатор *(человек, стремящийся одним из первых опробовать новый товар)* 2. фирма, создающая новую продукцию

input 1. ввод *(напр. данных)* 2. затраты на производство 3. входное устройство, вход 4. вводимый фактор; вводимые данные
creative ~ творческий вклад
data ~ ввод данных
digital ~ входной сигнал в цифровой форме
graphic(al) ~ 1. устройство графического ввода данных; графический ввод 2. ввод графических данных
inconsequential ~ неуместный входящий фактор
information ~ информационный вклад
intuitive ~ вклад интуиции
keyboard ~ 1. ввод с клавиатуры 2. данные, вводимые с клавиатуры
known advertising ~ известный входящий фактор [вклад] рекламы
labour ~ затраты труда, трудоёмкость
manual ~ 1. ручной ввод 2. данные, вводимые вручную
microphone ~ микрофонный вход
miscellaneous ~s прочие затраты
net ~s чистые вложения капитала
non-material ~ нематериальные затраты
payoff ~s затраты, обеспечивающие хорошую отдачу
primary ~s первичные затраты
qualitative ~ 1. вклад показателей качества 2. повышение качества вводимых факторов производства
quantitative ~ 1. вклад показателей количественного порядка; количественные затраты 2. увеличение количества без изменения качества
research ~ вклад исследований
video ~ вход видеосигнала; входной видеосигнал

inquiry 1. запрос; наведение справок 2. исследование, изыскание 3. обследование
~ **of quality** запрос качественного характера
customer ~ запрос клиента, клиентурный запрос
database ~ запрос к базе данных
dealer ~ запрос дилера
demographic ~ демографическое обследование
direct-response ~ прямой запрос
fact-finding ~ выяснение фактического положения дел, расследование фактов
family-budget ~ обследование бюджета семьи
formal ~ официальное расследование
information ~ информационный запрос
judicial ~ судебное расследование
mail ~ почтовый опрос, обследование по почте
pilot ~ пробное обследование

inspection

postal ~ обследование по почте, почтовый опрос
sample ~ выборочное обследование
scientific ~ научный поиск
searching ~ тщательное расследование
status ~ запрос о финансовом положении фирмы
structural ~ статистическое исследование
written ~ письменный запрос
inroad 1. вторжение 2. посягательство
market ~ проникновение на рынок
plundering ~ грабительский набег
insecurity неуверенность, ненадёжность; уязвимость
economic ~ ненадёжность экономического положения
insert 1. вклейка, вкладка; вкладыш 2. вставка, «врезка» *(в видеозаписи)* 3. вставка в текст 4. корректурный знак, обозначающий место вставки
accordion ~ вкладка, сфальцованная гармошкой, вкладка-«гармошка»
advertising ~ рекламная вкладка
animated-picture ~ мультипликационная вставка
bill ~ небольшой вкладыш *(обычно к счёту на оплату)*
bound(-in) ~ вплетённая вкладка
commercial ~ *экр.* рекламная вставка
continuous roll ~ цветная газетная вкладка рулонной печати
distributor catalogue ~ вклейка в каталог дистрибьютора [оптового торговца] *(поставляемая фирмой-производителем)*
film(ed) ~ киновставка *(в программу)*
free-standing ~ вкладка, вкладной лист
hi-fi ~ цветная (газетная) вкладка рулонной печати
loose ~ вкладка, вкладной лист
multipage ~ многополосная (цветная) вкладка
newspaper ~ вкладка [вклейка] в газету, газетный вкладыш
package ~ вкладыш в упаковку
preprinted colour ~ заранее отпечатанная цветная вкладка
process colour ~ красочный вкладной лист
tabloid ~ малоформатная вкладка
taped ~ видеовставка
tinted ~ цветная вкладка
video ~ видеовставка
insertion 1. публикация 2. вставка *(в книге)*
free ~ бесплатная публикация
multiple ~s многократная публикация *(объявления)*
inset 1. вкладка, вкладыш; вклейка 2. объявление-вкладка 3. небольшая иллюстрация, напечатанная внутри большей иллюстрации
loose ~ вкладка, вкладыш
map ~ карта-врезка
pasted ~ вклейка, добавление, приклеиваемое к тексту
insider 1. хорошо осведомленный [знающий] человек 2. лицо, имеющее доступ к конфиденциальной информации
insight 1. проникновение в суть; уяснение, понимание 2. проницательность, способность проникновения ◇ to gain an ~ into проникнуть в сущность *чего-л.*, понять; to provide ~ into дать представление с *чём-л.*
business ~ понимание сути дела
deep [keen] ~ глубокое понимание
psychological ~ понимание психологической сути
thorough ~ проникновение в самую суть
insightful проницательный
insomniac человек, страдающий бессонницей; *разг.* полуночник
inspection 1. осмотр; изучение, экспертиза; контроль 2. отбраковка ◇ on close ~ при ближайшем рассмотрении
acceptance ~ приёмочный контроль
building ~ строительный надзор
check ~ контрольный осмотр; повторный контроль
conformance ~ проверка соответствия
continuous ~ непрерывный контроль
cursory ~ поверхностный [беглый] осмотр
end-item ~ контроль готового изделия
export ~ контроль качества экспортной продукции
factory ~ заводской контроль

317

inspection

field ~ инспекция [проверка] на месте
government ~ правительственный контроль
incoming ~ входной контроль
in-process ~ контроль в процессе производства
intermediate ~ промежуточный контроль
maintenance ~ технический осмотр
manufacturing ~ производственный контроль
medical ~ медицинский осмотр, медицинское освидетельствование
multistage ~ многоэтапная проверка
outer ~ внешний [наружный] осмотр; контроль по внешнему виду
partial ~ частичный контроль
periodic(al) ~ периодический осмотр
preliminary ~ предварительный осмотр
preventive ~ предупредительный контроль, профилактический осмотр
product ~ контроль *(готовой)* продукции
quality ~ контроль качества
quarantine ~ карантинный осмотр
regular ~ регулярный осмотр
reliability ~ проверка надёжности [безотказности]
sampling ~ выборочный контроль
sanitary ~ санитарная инспекция, санитарный контроль
scheduled ~ плановая проверка
total ~ сплошная проверка
visual ~ визуальная инспекция, визуальный осмотр

inspiration вдохновение, воодушевление; стимулирование, побуждение

instability неустойчивость, непрочность; непостоянство
~ of temper неуравновешенность характера
brand ~ нестабильность марки
economic(al) ~ экономическая неустойчивость
latent ~ скрытая неустойчивость
monetary ~ нестабильность денег
short-term ~ краткосрочная неустойчивость

installation установка; стационарное сооружение; монтаж
blending ~ смеситель

computer ~ вычислительная установка
desalination ~ опреснительная установка
heating ~ отопительная установка
light(ing) ~ осветительная установка
power ~ энергетическая установка

installment 1. очередной взнос *(при рассрочке)* 2. отдельный выпуск *(книги)* ◇ to pay by ~s платить частями
annual ~ ежегодный взнос
initial ~ первоначальный взнос

instinct инстинкт, природное чутьё; врождённая склонность, влечение ◇ to rely on ~ полагаться на (собственное) чутьё
~ of self-preservation инстинкт самосохранения
flocking ~ стадный инстинкт
natural ~ врождённый инстинкт, природная склонность
possessive ~ собственнический инстинкт
predatory ~ хищнический инстинкт

institute 1. институт; ассоциация; общество 2. краткосрочные (интенсивные) курсы
market research ~ институт рыночных исследований, институт исследования рынка
patent information ~ институт патентной информации
technological ~ технологический институт

Institute:
~ of Patent Agents *англ.* Институт патентных поверенных
~ of Survey Research *амер.* Институт опросных исследований *(при Мичиганском университете, предлагающий своим клиентам данные периодических замеров степени экономической уверенности потребителей и данные об их покупательских намерениях)*
American Enterprise ~ Американский институт предпринимательства
American Health and Beauty Aids ~ Американский институт лечебно-косметических препаратов *(ассоциация, в состав которой входят 19 фирм, принадлежащих представи-*

instruction

телям национальных меньшинств и специализирующихся на производстве косметики и средств по уходу за волосами)
British ~ of Management Британский институт управления
British ~ of Marketing Британский институт маркетинга
British Film ~ Британский институт кино *(основан в 1933 г.)*
British Policy Studies ~ Институт по изучению британской политики
Financial Control Research ~ *англ.* Научно-исследовательский институт по проблемам финансового контроля
Fraunhofer ~ for Manufacturing Engineering and Automation Фраунхоферский институт проблем технического оснащения производства и автоматизации *(Германия)*
Marketing Science ~ *амер.* Институт маркетинговых наук *(основан в 1962 г.)*
Nomura Research ~ Номурский научно-исследовательский институт *(Япония)*
Packaging ~ *амер.* Институт упаковочного дела *(объединение производителей и пользователей материалов, оборудования и услуг в сфере упаковки)*
Potato Chip ~ *амер.* Институт производителей хрустящего картофеля
Strategic Planning ~ *амер.* Институт стратегического планирования
US Design Management ~ Американский институт управления дизайном

institution 1. общество, организация 2. установление, введение
~ of justice орган юстиции
academic ~ академическое заведение
business ~s деловые институты, институты предпринимательства
charitable ~ благотворительное учреждение, благотворительная организация
comprehensive ~ учебное заведение широкого профиля
credit ~ кредитное учреждение
educational ~ учебное заведение
established ~ официальный институт
financial ~ (кредитно-)финансовое учреждение, финансовый орган
legal ~ правовой институт
lending ~ ссудное учреждение
medical ~ лечебное учреждение
mental ~ психиатрическая клиника
non-profit ~ некоммерческая организация
paternalized ~ зависимая [подопечная] организация
public ~ государственная организация
research-and-development ~ научно-исследовательское и опытно-конструкторское учреждение
retailing ~ розничное торговое предприятие
self-selection ~ розничное заведение со свободным отбором товаров
service ~ предприятие системы обслуживания
social ~s общественные институты
standardization ~ учреждение, занимающееся стандартизацией
technical ~ техническое учебное заведение

instruction инструкция, рекомендация; обучение ◇ **to follow ~s** следовать указаниям [правилам]
audio-visual ~ аудиовизуальное обучение, обучение с использованием звукозрительных средств
camera ~s *экр.* указания оператору
computer-aided ~ программированное обучение *(с помощью вычислительной машины)*; машинное обучение
editorial ~s редакционные указания, указания по редактированию
high-school ~ полное среднее образование
job ~ инструкция по выполнению работ
maintenance ~ инструкция по техническому обслуживанию
manufacturing ~ инструкция по изготовлению
operating ~ инструкция по эксплуатации
positive ~s точные инструкции
practical ~ практическое указание; практическое обучение

instruction

procedural ~ инструкция по методике (*напр. измерений*)
programmed ~ программированное обучение
remedial ~ корректирующий курс
shipping ~s инструкции по отправке [отгрузке] товара; указания грузоотправителя
visual ~ наглядное обучение
working ~s правила эксплуатации
instrument 1. орудие, инструмент, средство 2. *юр.* документ, акт, грамота
~ of approval документ об утверждении
~ of circulation средство обращения
~ of communication средство коммуникации
~ of payment средство платежа
~s of precision точные приборы
accounting ~ механизм [форма] учёта
constituent ~ учредительный акт
legal ~ правовой документ
lighting ~ *экр.* осветительный прибор
marketing ~ орудие маркетинга
measuring ~ измерительный прибор
negotiable ~ оборотный документ (*передаваемый путём вручения или с помощью индоссамента*)
portable ~ переносный прибор
research ~ средство исследования; *pl* исследовательский инструментарий
sampling ~ пробоотборник
sealed ~ *юр.* документ за печатью
table-top ~ настольный прибор
technical ~ прибор
top-of-the-line ~ наиболее совершенный прибор
visual ~ визуальный прибор
instrumental действенный
instrumentation оборудование, аппаратура; инструментарий; оснащение (*инструментами*)
analytical ~ аналитическая аппаратура
inspection ~ проверочная аппаратура
measuring ~ (контрольно-)измерительное оборудование
process ~ производственная контрольно-измерительная аппаратура
reference ~ эталонная [образцовая] аппаратура

insurance 1. страхование 2. страховой полис 3. страховая премия ◇ to carry liability ~ against *smth.* заключать договор страхования гражданской ответственности от *чего-л.*
accident ~ *см.* casualty insurance
agricultural ~ сельскохозяйственное страхование; страхование сельхозкультур
casualty ~ страхование от несчастных случаев
collective ~ коллективное [групповое] страхование
compulsory ~ обязательное страхование
contents ~ страхование домашнего имущества
credit ~ страхование кредитов
disability ~ страхование по нетрудоспособности
employees' ~ страхование рабочих или служащих; социальное страхование
endowment ~ 1. смешанное страхование 2. страхование-вклад (*выплачивается по истечении срока действия*) 3. страхование жизни
fidelity ~ *см.* surety insurance
fire ~ страхование от огня
group ~ групповое [коллективное] страхование
guarantee ~ страхование на случай нарушения обязательств; гарантийное страхование
hazardous ~ страхование при наличии чрезвычайного риска
health ~ страхование здоровья, страхование на случай болезни
liability ~ страхование гражданской ответственности
life ~ страхование жизни
loan ~ страхование займов
marine ~ морское страхование
medical care ~ страхование на право получения медицинской помощи
mutual ~ взаимное страхование
national health ~ государственное социальное страхование
no-fault ~ страхование транспортного средства независимо от виновника столкновения
obligatory ~ обязательное страхование

intensity

old-age ~ страхование по старости
pension ~ страхование пенсии
personal ~ личное [индивидуальное] страхование
personal accidents ~ страхование от увечья
property ~ имущественное страхование
property damage ~ страхование от повреждения [утраты] имущества
satellite ~ страхование искусственных спутников (*спутников связи*)
sea ~ морское страхование
sickness ~ страхование на случай болезни
social ~ социальное страхование
state ~ государственное страхование
surety ~ страхование на случай нарушения обязательств(а)
term ~ страхование на срок
third-party ~ *англ.* страхование ответственности перед третьими лицами
unemployment ~ страхование по безработице
voluntary ~ добровольное страхование

intaglio глубокая печать
intangibility неосязаемость, неуловимость; смутность, неясность
integration интеграция, объединение; интегрирование
  backward ~ регрессивная интеграция (*завладение поставщиками*)
  commercial ~ включение рекламного ролика в программу
  contract(ual) ~ интеграция на основе контрактации
  document ~ комплектование документации
  economic(al) ~ экономическая интеграция
  forward ~ прогрессивная интеграция (*завладение системой распределения*)
  horizontal ~ горизонтальная интеграция (*завладение конкурентами*)
  progressive ~ постепенная интеграция
  system ~ компоновка системы
  vertical ~ вертикальная интеграция
integrity целостность, нетронутость; добросовестность, добропорядочность
  conceptual ~ концептуальная целостность
  personal ~ цельность натуры
  product ~ (конструктивная) целостность изделия
  territorial ~ территориальная целостность

intelligence 1. информация; сбор информации 2. интеллект, умственные способности 3. разведка
  artificial ~ искусственный интеллект
  average ~ средние умственные способности
  competitive ~ конкурентная информация
  disease ~ выявление заболеваний
  industrial ~ промышленный шпионаж
  low ~ низкие умственные способности
  machine ~ искусственный интеллект
  market ~ 1. рыночная информация, сведения о рынке; сбор сведений о рынке 2. текущая маркетинговая информация
  marketing ~ «разведка» рынка, сбор текущей маркетинговой информации
  piercing ~ проницательный [острый] ум
  profound ~ глубокий ум

intensity 1. интенсивность; сила; глубина; напряжённость 2. яркость 3. громкость
  ~ of demand интенсивность спроса
  ~ of emotions эмоциональная глубина
  acoustic ~ интенсивность [сила] звука
  advertising ~ интенсивность рекламы
  attitude ~ острота отношения
  buying ~ интенсивность покупок
  capital ~ 1. капиталоинтенсивность 2. капиталоёмкость (*затраты на единицу продукции*)
  colour ~ яркость [интенсивность] цвета
  competitive ~ интенсивность конкуренции
  flavour ~ выраженность вкуса и аромата
  illumination ~ освещённость
  land use ~ интенсивность использования земли

intensity

odour ~ интенсивность запаха
purchasing ~ интенсивность покупок
screen ~ *экр.* яркость экрана
sound ~ интенсивность [сила] звука
speech ~ громкость речи
technological ~ технологическая интенсивность

intent 1. намерение, цель; назначение 2. значение, смысл
evil ~ злой умысел
first ~ первоначальное намерение
illegal ~ противозаконное намерение
legal ~ правомерное [законное] намерение
legislative ~ намерение законодателя
mergerous ~ намерение поглотить (*другую фирму*)

intention намерение, цель ◇ to do *smth.* with deliberate ~ сделать *что-л.* преднамеренно [с умыслом, с определённой целью]
behaviour(al) ~ поведенческое намерение
buying [purchase] ~ намерение совершить покупку
settled ~ твёрдое намерение

interaction взаимодействие
~ of supply and demand взаимодействие спроса и предложения
attractive ~ взаимное притяжение
balanced ~ сбалансированное взаимодействие
controlled ~ контролируемое взаимодействие, взаимодействие в контролируемых условиях
creative ~ творческое взаимодействие
factor ~ взаимодействие факторов
functional ~ функциональное взаимодействие
motivational ~ взаимодействие стимулирующих факторов, взаимодействие факторов мотивации [поведения]
neighbourhood ~ взаимоотношения с соседями

interactive интерактивный, диалоговый (*о режиме доступа к ЭВМ*)

intercept перехват
willful ~ умышленный перехват (*напр. информации*)

intercut(ting) *экр.* параллельный монтаж, монтаж с перебивками

interdependence взаимозависимость; взаимозаменяемость

interest 1. интерес, заинтересованность 2. доля (*в деле*) 3. процентный доход (*на капитал*) 4. *pl* деловые круги ◇ at ~ по ставке процента; in community ~s в общественных интересах; in the ~s of truth в интересах истины; ~ on проценты на проценты; ~ on arrears процент на остаток суммы; ~ on credit процент за пользование кредитом; to pay ~ on loan платить проценты по займу [по ссуде]; to safeguard ~s охранять интересы; to stimulate ~ стимулировать интерес; with ~ сполна, с лихвой
accrued [accumulated] ~ накопленные проценты (*образовавшиеся к моменту продажи ценной бумаги и учитываемые при назначении её цены*); начисленные проценты
borrowed ~ «притянутый» интерес (*об объявлении, основной притягательный мотив которого никак впрямую не связан с рекламируемым товаром*)
business ~ 1. деловой [предпринимательский] интерес 2. *pl* деловые круги
buyer ~ покупательский интерес
commercial ~ коммерческий интерес
common ~s общие интересы
compound ~ сложные проценты
conceivable ~ предполагаемый интерес
concurring ~s совпадающие интересы
conflicting ~s противоречивые [сталкивающиеся] интересы
consumer ~ потребительский интерес, интерес со стороны потребителей
consumption ~ интерес к потреблению
controlling ~ контрольный пакет (*акций*)
definite ~ чётко определённый интерес
departmental ~ ведомственный интерес
fashion ~s запросы моды
functional ~ функциональный интерес
immediate ~ непосредственный интерес

interpretation

intense [keen] ~ повышенный интерес
leasehold ~ арендное право
legal ~ законные проценты; установленные законом проценты
loan ~ ссудный процент
material ~s материальные интересы, материальная заинтересованность
national ~s национальные интересы
nominal ~ номинальная ставка процента, номинальный процент
past due ~ задолженность по процентам
price ~ ценовой интерес, заинтересованность в цене
prime ~ первоочередной интерес
private ~s интересы частного предпринимателя, частнособственнические интересы
public ~ общественные интересы, интересы общественности; общественное благо
purchase ~ покупательский интерес, интерес к совершению покупки, заинтересованность в покупке
reader ~ читательский интерес, читательская заинтересованность
seasonal ~ сезонный интерес
simple ~ простые проценты
specialized ~ специфический интерес
temporal ~ преходящий интерес
unpaid ~ неуплаченные проценты
valid ~ живой [реальный] интерес
vital ~s коренные [жизненные] интересы
vocational ~ профессиональный интерес
interference 1. вмешательство 2. вещ. помехи
atmospheric ~ атмосферные помехи
direct ~ прямое вмешательство
drastic [gross] ~ грубое вмешательство
harmful ~ пагубное вмешательство
man-made ~ промышленные помехи
noise ~ шумовые помехи
outside ~ постороннее вмешательство
radio ~ радиопомехи
surgical ~ хирургическое вмешательство
sustained ~ непрерывное вмешательство
unintended ~ непреднамеренное вмешательство
unjustifiable ~ неоправданное вмешательство
interleaf *полигр.* прокладочный лист *(чистый лист, вставляемый между страницами)*
interlock *экр.* синхронизатор *(звука и изображения)*
intermediary 1. посредник 2. журналист *(как представитель СМИ)*
financial ~ финансовый посредник; кредитно-финансовое учреждение
marketing ~ маркетинговый посредник
normal ~ традиционный посредник
intern стажёр
internegative *экр.* промежуточный негатив
interplay взаимодействие, взаимосвязь
interposition промежуточное положение; нахождение между *чем-л.*
interpositive *экр.* промежуточный позитив
interpretation интерпретация, (ис)толкование, трактовка
~ of analysis интерпретация данных анализа
~ of law толкование закона
accepted ~ принятое толкование
agreed ~ согласованное толкование
authentic ~ аутентичное толкование
biased ~ пристрастное [предвзятое] толкование
creative ~ творческая интерпретация
data ~ истолкование данных
divergent ~ толкование, расходящееся с общепринятым
erronous ~ ошибочное толкование
extensive ~ расширительное толкование
genuine ~ истинное толкование
inaccurate ~ неточное толкование
judicial ~ судебное толкование
liberal ~ свободное [вольное] толкование
limited ~ ограничительное толкование
literal ~ буквальное толкование
purposive ~ целенаправленное толкование
restrictive ~ ограничительное толкование

interpretation

slanted ~ превратное толкование
strained ~ искажённое [неправильное] толкование
strict ~ строгое толкование
subjective ~ субъективное толкование
unsound ~ неправильная интерпретация
video ~ зрительное воплощение
wide ~ широкое толкование
interrelated взаимосвязанный, соотнесённый; взаимодействующий
interrogator:
   video-data ~ устройство опрашивания визуальных данных с экрана
interruption 1. перерыв, приостановка, задержка 2. нарушение; помеха ◇ to meet with many ~s столкнуться со многими препятствиями [помехами]
commercial ~ коммерческая [рекламная] пауза
service ~ прерывание обслуживания
intersection пересечение; перекрёсток
~ of events пересечение событий
horizontal ~ пересечение в горизонтальной плоскости
right-angle ~ пересечение под прямым углом
rotary ~ кольцевое скрещение дорог
street ~ перекрёсток, пересечение улиц
interval промежуток, интервал; перерыв, пауза ◇ at ~s с промежутками, на расстоянии; время от времени; without ~(s) беспрерывно, непрерывно
activity ~ интервал активности
age ~ возрастной интервал
check-out ~ интервал между проверками
computing ~ время вычисления
confidence ~ *стат.* доверительный интервал
confidence ~ of prediction *стат.* доверительный интервал предсказания
edge-numbering ~ *экр.* расстояние между футажными [стартовыми] номерами *(на киноплёнке)*
exposure ~ *экр.* величина экспозиции; интервал между экспозициями
frame ~ *экр.* длительность кадра
frequency ~ интервал частот
interline ~ *полигр.* междустрочный пробел, шпон

life ~ продолжительность жизни
observation ~ интервал наблюдения
order ~ цикл заказа *(интервал между последовательными заказами)*
perforation ~ *экр.* шаг перфорации *(киноплёнки)*
product protection ~ *вещ.* временной товароохранный интервал *(разрыв во времени между трансляцией конкурирующих роликов)*
retention ~ время (у)держания [сохранения] в памяти, прочность памяти *(выраженная в единицах времени)*
scale ~ расстояние по шкале; цена деления шкалы
service ~ *ТМО* продолжительность обслуживания
stated ~ установленный интервал
time ~ временной интервал, промежуток времени
interview 1. интервью, беседа; (социологический) опрос 2. деловое свидание
activation ~ побуждающее интервью, побуждающая беседа
ambush ~ интервью «наскоком» *(без предварительной договорённости и желания со стороны интервьюируемого)*
authority ~ интервью с признанным экспертом
back-to-back ~s интервью, следующие «встык» друг за другом
check ~ контрольное интервью, контрольный опрос
coincidental ~ (телефонное) интервью методом «совпадения во времени» *(когда опрашиваемому задают вопросы типа «Смотрите ли или слушаете ли вы сейчас программу ...?»)*
consumer ~ интервью с потребителями
depth ~ глубинное интервью *(в форме свободной беседы, когда опрашиваемого стимулируют с помощью наводящих вопросов на подробные высказывания по обсуждаемой теме, пытаясь выяснить подсознательные влечения человека, его пристрастия и скрытые мотивировки поступков)*
directive ~ интервью по заранее под-

готовленным вопросам, фокусированное [стандартизированное] интервью
exclusive ~ эксклюзивное интервью *(данное только одному журналу, одной газете)*
exhaustive ~ комплексное интервью
express ~ экспресс-интервью *(всего из нескольких фраз или краткий ответ на вопрос)*
face-to-face ~ интервью [беседа] лицом к лицу; личное интервью, личная беседа
focus(ed) group ~ целенаправленное групповое интервью *(метод качественного исследования путём одновременного проведения глубинного интервью с несколькими лицами, подобранными на основе их сходных характеристик)*
follow-up ~ последующее интервью, интервью [опрос] по результатам проведённых мероприятий
group ~ групповое интервью, групповая беседа
in-company ~ беседа на фирме
indirect ~ *см.* non-directive interview
individual ~ индивидуальное интервью, индивидуальная беседа
informal ~ неофициальная беседа
(in-)store ~ интервью в магазине [в торговом помещении]
lamppost ~ интервью «от фонаря» *(без определённой темы)*
living-room ~ интервью с имитацией домашних условий
media ~ интервью с представителями средств массовой информации
newspaper ~ газетное интервью
non-directive [non-structured] ~ интервью свободной формы, нефокусированное [нестандартизированное] интервью *(когда опрашиваемого совсем не подталкивают к разговору на заданную тему)*
on-campus ~ интервью на территории колледжа [в студгородке]
one-on-one ~ беседа один на один
personal ~ личное интервью, личная беседа
recall ~ опрос на припоминание
sales ~ коммерческая беседа
sample ~ выборочный опрос

screening ~ скрининговый опрос, интервью на экране
shotgun ~ интервью поневоле, интервью «под дулом пистолета»
sidewalk [street] ~ уличный опрос, интервью на улице
structured ~ *см.* directive interview
successive ~s последовательные интервью
telephone ~ телефонное интервью, интервью [беседа] по телефону
terminated ~ прерванное [незаконченное] интервью
unstructured ~ *см.* non-directive interview
interviewer интервьюер, опрашивающий
census ~ счётчик *(при переписи населения)*
field ~ *амер.* местный интервьюер *(сотрудник сети «Арбитрон», составляющий выборку домохозяйств и работающий с ней)*
group ~ ведущий группового интервью
personal ~ ведущий личного интервью
telephone ~ специалист по телефонным интервью, интервьюер по телефону
interviewing проведение интервью
depth ~ проведение глубинного интервью
interworking взаимодействие
intricacy of form сложность формы
introduction 1. предисловие, введение **2.** вступление; выход; внедрение
commercial ~ коммерческое внедрение
investment ~ выведение на рынок с помощью инвестиционных расходов
market-by-market ~ последовательное выведение товара на разные рынки
national ~ выход на общенациональный рынок
product ~ выход товара (на рынок)
sampling ~ выведение товара на рынок с помощью распространения образцов
intuition интуиция; чутьё ◇ **to be guided by** ~ руководствоваться интуицией

invalidity

invalidity 1. непригодность; несостоятельность; недействительность 2. отсутствие юридической силы
~ of trademark недействительность товарного знака

invention 1. изобретение, открытие 2. выдумка, вымысел
alleged ~ предполагаемое изобретение
backward ~ регрессивное изобретение *(возобновление выпуска товара в его ранее существовавших формах, обычно при выходе за рубеж)*
competing ~ конкурирующее изобретение
derived ~ неоригинальное изобретение
distinct ~ отдельное изобретение
finished ~ законченное изобретение
forward ~ прогрессивное изобретение *(создание совершенно нового, ранее не существовавшего товара)*
generic ~ родовое изобретение
hackneyed ~ избитый вымысел
immature ~ недоработанное изобретение
imperfect ~ неполноценное изобретение
incidental ~ случайное изобретение
joint ~ коллективное изобретение
original ~ оригинальное изобретение
patentable ~ патентоспособное изобретение
patented ~ запатентованное изобретение
product ~ изобретение новинки
protected ~ охраняемое изобретение
recognized ~ признанное изобретение
registered ~ зарегистрированное изобретение
specific ~ конкретное изобретение
trivial ~ рядовое изобретение
useful ~ полезное изобретение
worthless ~ бесполезное изобретение

inventor/y 1. инвентаризация 2. (товарно-)материальный запас 3. реестр, опись 4. тлв запас [фонд] рекламного времени *(телесети США, как правило, отводят под рекламу до 6 мин/ч в пиковое время, до 7 мин/ч при демонстрации фильмов и до 12 мин/ч — в дневное время; местные телестанции — до 12 мин/ч вечером и до 18 мин/ч днём. Станции-филиалы, кроме того, могут использовать по своему усмотрению время между передачами сетевых программ и время, отведённое для заставок)* ◇ ~ in stock наличный (товарный) запас; to carry ~ies поддерживать товарно-материальные запасы; to draw up [to make up, to take] ~ составить опись, провести инвентаризацию
actual ~ фактический уровень запасов
adequate ~ достаточное количество товарных запасов
aggregate ~ совокупный запас
available ~ наличные запасы
average ~ at cost себестоимость усреднённого товарного запаса, средний размер товарного запаса по себестоимости
back-up ~ резервный запас
beginning ~ исходная ревизия; товарный запас на начало отчётного периода
buffer ~ резервный запас
business ~ies коммерческие товарные запасы
cattle ~ поголовье скота
drug ~ 1. инвентаризация лекарственных средств 2. *pl* запасы лекарственных средств
ending ~ конечная [итоговая] ревизия; товарный запас на конец отчётного периода; *pl* товарные остатки
excessive [extra] ~ избыточный запас
finished-goods ~ies запас(ы) готовой продукции
gross ~ общий уровень запасов
home ~ ревизия домашних запасов
land ~ инвентаризация земель
leased ~ *амер.* арендованный (товарный) запас *(форма кредитования розницы, когда оптовик поставляет розничному торговцу-новичку партию товара с последующей оплатой под проценты из выручки от повседневных продаж)*
lot-size ~ запас объёмом в одну партию
mean ~ средний уровень запасов

investment

merchandise ~ies коммерческие товарные запасы
minute-by-minute ~ поминутный учёт товарных запасов
on-hand ~ наличные запасы
optimum ~ оптимальный уровень запасов
personality ~ies серия тестов для характеристики личности испытуемого
reserve ~ резервный запас
retail ~ies товарные запасы розницы, товарно-материальные запасы в розничной торговле
sluggish ~ies залежавшиеся [плохо идущие] товары
surplus ~ избыточный запас
wholesale ~ies товарные запасы в оптовой торговле

investigation 1. исследование, обследование, поиск 2. изучение, изыскание, выяснение 3. расследование ◇ to carry on ~ проводить обследование
~ of the truth выяснение [установление] истины
audience ~ изучение аудитории
credit ~ обследование кредитоспособности
exhaustive ~ всестороннее исследование
exploratory ~ экспериментальное исследование
fair ~ объективное рассмотрение
impartial ~ беспристрастное [объективное] расследование
infringement ~ рассмотрение дела о нарушении *(авторских прав, условий договора)*, расследование нарушения
initial ~ исходное исследование, предварительное изучение
laboratory ~ лабораторное исследование
market ~ изучение рынка
model ~ исследование на модели
on-the-spot ~ расследование на месте
organoleptic ~ органолептическое исследование
penetrating ~ глубинное исследование
prompt ~ быстрое расследование
qualitative ~ качественное исследование
quantitative ~ количественное исследование
sampling ~ выборочное исследование
scale-model ~ исследование на масштабной модели
statistical ~ статистическое исследование
thorough ~ всестороннее исследование

investigator исследователь
investment 1. инвестирование; вложение капитала 2. инвестиция, вклад; *иногда pl* капиталовложения
advertising ~ вложение в рекламу
agricultural ~s капиталовложения в сельское хозяйство
average ~ средняя сумма капиталовложений
business ~s капиталовложения в предпринимательскую [коммерческую] деятельность
direct ~ 1. прямое инвестирование *(в производство, а не в финансовый институт)* 2. прямая инвестиция
fixed (capital) ~s вложения в основной капитал
foreign ~s капиталовложения из-за рубежа, иностранные капиталовложения
government ~s правительственные капиталовложения
hopeless ~ безнадёжное [бесперспективное] капиталовложение
initial ~s начальные капиталовложения
insecure ~ ненадёжное помещение капитала
long-term ~ долгосрочный [перспективный] вклад; *pl* перспективные [долгосрочные] капиталовложения
media ~ ассигнования на средства рекламы
multinational ~ 1. многонациональное капиталовложение 2. многонациональная инвестиция
personal ~ личная инвестиция
plan(ned) ~s плановые капиталовложения
portfolio ~ портфельные инвестиции
private ~ частные инвестиции
productive ~s продуктивные капиталовложения

investment

profitable ~ выгодное помещение капитала
safe ~ гарантированное [надёжное] вложение капитала
total advertising ~s общие капиталовложения в рекламу
investment-free не требующий капиталовложений
investor вкладчик, инвестор
institutional ~ институциональный инвестор
invitation приглашение ◊ to accept ~ принять приглашение; to decline ~ отклонить приглашение, не принять приглашения; to extend ~ передать приглашение; to send out ~s разослать приглашения; to wangle ~ напроситься на приглашение
distinct ~ чёткое приглашение
official ~ официальное приглашение
open ~ постоянно действующее приглашение
pressing ~ настойчивое [настоятельное] приглашение
written ~ письменное приглашение
invoice счёт-фактура ◊ to make out ~ выписать фактуру
involvement 1. участие, вовлечение 2. сопричастность, сопереживание
attained ~ (достигнутый) уровень вовлечения
audience ~ вовлечение аудитории
base-line ~ минимальный существующий уровень интереса к товару (при отсутствии рекламы)
customer ~ вовлечение клиентов
ultimate ~ наиболее полная форма вовлечения
viewer ~ вовлечение зрителя, зрительское участие
Iota Beta Sigma Национальное сообщество почётных профессиональных работников вещания (США)
irrefutable неопровержимый
irregular с отклонениями от стандарта (об изделии)
irrelevant несущественный, неактуальный; несоответствующий
irritant раздражитель, раздражающий фактор, возбуждающий стимул
irritation раздражение, возбуждение; болезненная чувствительность, возбудимость

mechanical ~ механическое раздражение
muscular ~ мышечное раздражение
skin ~ раздражение кожи
island остров(ок)
~ of safety ~ см. pedestrian island
commercial ~ 1. рекламный «островок» (напр. среди редакционных материалов) 2. рекламная пауза (в вещании)
pedestrian ~ островок безопасности (для пешеходов)
service ~ участок обслуживания
traffic ~ см. pedestrian island
isolation изоляция, обособление
social ~ социальная [общественная] изоляция
vibration ~ виброизоляция
issue 1. номер, экземпляр 2. выпуск, тираж; издание 3. спорный вопрос, предмет обсуждения; путь решения (задачи) 4. выпуск, эмиссия (денег) ◊ to debate ~ обсуждать [дебатировать] спорный вопрос
additional ~ дополнительный выпуск (издания)
back(log) ~ ранее вышедший [старый] экземпляр (издания)
bond ~ выпуск облигаций, займ
bulk ~ массовый тираж
burning ~ жгучая проблема
controversial ~ спорный вопрос
current ~ текущий номер (периодического издания)
heated ~ вопрос, вызывающий жаркие споры
immaterial ~ несущественный вопрос
legal ~ правовой [юридический] вопрос
marginal ~ второстепенный вопрос
patent ~ выдача патента
predate ~ издание, датированное более поздним числом; издание с заранее проставленной датой
pricing ~ проблема ценообразования
public ~ вопрос общественной значимости
public policy ~ вопрос государственной политики
regional ~ региональный выпуск (издания)
special ~ специальный выпуск (газеты)

upcoming ~ будущий номер *(издания)*
italics курсив, курсивный шрифт ◇ in ~ курсивом
law ~ широкий курсивный шрифт
item 1. товар, изделие 2. пункт, параграф, статья 3. небольшая заметка *(в газете)* 4. рубрика
~ of cost статья расходов
~ of income статья доходов
advertised ~ рекламируемый товар
balance sheet ~ статья баланса
big ticket ~ *см.* high-ticket item
bought ~ покупное изделие
branded ~ марочное изделие
branded food ~s марочные продукты питания
budget ~ статья бюджета
capital ~s капитальное имущество; средства производства
chilled ~ охлаждённый продукт
collector's ~ предмет коллекционирования
expendable ~ изделие однократного применения
ex-stock ~ изделие, получаемое со склада готовой продукции
fast(er-)moving ~ товар быстрого [ускоренного] сбыта, ходовой товар
filmed news ~ информационный киносюжет
flanker ~ товар «попутчик» *(новинка, продающаяся под товарным знаком уже существующего «родительского» ассортимента)*
gift ~ подарочный товар
gourmet ~ блюдо для гурманов, деликатес
high-priced luxury ~s дорогие предметы роскоши
high-ticket ~ 1. дорогой [дорогостоящий] товар 2. крупный электробытовой товар *(напр. холодильник)*
household ~s предметы домашнего обихода, хозяйственные товары
information(al) ~ единица информации
intimate ~ товар интимного характера
invisible ~s of expenditure невидимые статьи расходов
local ~s местные новости *(в газете)*
low-bulk ~ негромоздкое изделие

luxury ~ предмет роскоши
maintenance and repair ~s материалы для технического обслуживания и ремонта
maintenance, repair and operating ~s материалы для технического обслуживания, ремонта и эксплуатации
newspaper ~ газетная заметка
original equipment maintenance ~s детали основного оборудования
out-of-stock ~ распроданный товар
packaged goods ~ фасованный товар
personal care ~s туалетные принадлежности
price-promoted ~ ценозависимый товар; товар, сбыт которого стимулируется ценой, товар ценового стимулирования; товар, продвигаемый за счёт цены
product ~ товарная единица
promotional ~ изделие, рассчитанное на стимулирование сбыта
questionnaire ~ пункт анкеты
sale ~ товар для продажи
seasonal ~s сезонные товары
shipped ~s отгруженные товары
slow(er-)moving ~ товар замедленного сбыта, неходовой товар
snack ~ лёгкая закуска
specialty advertising ~ рекламный сувенир
used ~ подержанный товар
visible ~s of expenditure видимые статьи расходов
volume ~ товар, обеспечивающий большой объём сбыта

J

jack 1. (штепсельное) гнездо 2. домкрат
audio output ~ гнездо выхода звукового сигнала
hoisting ~ домкрат
leveling ~ выравнивающий домкрат
monitoring ~ контрольное гнездо
parking ~ стояночный домкрат
pin ~ гнездо для штырькового вывода, контактное [штекерное] гнездо

jack

video output ~ гнездо выхода видеосигнала
Jane Doe имярек, Джейн Доу (*нарицательное наименование лица женского пола, чьё имя неизвестно или по тем или иным причинам не оглашается*)
jello *фирм.* «Джелло» (*желе из концентрата американской корпорации «Дженерал фудз»*)
jelly 1. желе; студень; джем 2. *экр.* желатиновый [целлофановый] светофильтр
  apple-currant ~ яблочно-смородинное желе
  broth ~ студень
  calf-foot ~ студень из телячьих ножек
  cranberry ~ клюквенное желе
  fruit ~ плодово-ягодное желе
  hand ~ крем-желе для рук
  milk ~ молочное желе (*сладкое блюдо*)
  mixed fruit ~ желе из смеси плодово-ягодных соков
  petroleum ~ вазелин
  quince ~ айвовое желе
  royal ~ маточное молочко (*пчелы*)
  table ~ желе (*сладкое блюдо*)
jet-set избранные, элита, сливки общества; узкий круг богатых путешественников (*летающих на реактивных самолётах на фешенебельные курорты*), завсегдатаи модных курортов
jewel(le)ry драгоценности, ювелирные изделия
  costume ~ украшения для платья
jingle 1. рекламный куплет, музыкальный рекламный ролик; музыкальный логотип 2. *pl* позывные (*радиостанции*)
job 1. работа, дело, труд 2. должность 3. задание, урок ◇ by the ~ сдельно, поурочно, поштучно (*об оплате*); to look for a ~ искать работу; to need a ~ нуждаться в работе
  ~ of quality control работа по контролю качества
  ~ of work производственное задание
  administrative ~ административная должность
  blue-collar ~ рабочая профессия
  divided ~ расчленённое задание
  entry-level ~ 1. работа в течение испытательного срока, ученичество 2. перспективная работа
  extra ~ дополнительная работа
  first-rate ~ первоклассная работа
  full-time ~ работа полный рабочий день, полная занятость
  graphic ~ графическое задание
  high-paying ~ высокооплачиваемая работа
  live-in ~ должность с квартирой по месту работы
  management ~ менеджмент, организация управления
  managerial ~ должность менеджера, управленческая должность
  marketing ~ занятие в сфере маркетинга
  odd ~s случайная [нерегулярная] работа
  off-season ~ несезонная работа
  one-shot ~ разовое задание
  overtime ~ сверхурочная работа
  painstaking ~ трудоёмкая работа
  part-time ~ работа неполный рабочий день, неполная [частичная] занятость
  payroll ~ работа по найму
  piecework ~ сдельная работа; аккордная работа
  pink-collar ~s рабочие места в сфере обслуживания (*напр. в торговле, в бытовом обслуживании*)
  production ~ производство [изготовление] продукции; производственная работа
  put-up ~ подлог, махинация, подтасовка
  repair ~ ремонт, ремонтные работы
  rush ~ срочная работа
  rush repair ~ срочный ремонт
  selling ~ работа по сбыту
  short-run ~ кратковременная работа
  vacant ~ вакансия, свободная должность
  white-collar ~ должность служащего
jobber 1. подёнщик 2. сдельщик 3. мелкий оптовый торговец 4. комиссионер
  rack ~ 1. оптовик-консигнант (*оборудующий в продовольственных магазинах выкладки непищевых товаров*

judgement

с сохранением права собственности на них), оптовик-стеллажист **2.** оптовик, поставляющий промышленные изделия в супермаркет
truck ~ оптовик-коммивояжёр *(сам доставляющий товар покупателям)*
word ~ литературный подёнщик
job-hopper человек, часто меняющий место работы *(особенно в погоне за заработком)*, летун
jogathon соревнование на длительность бега трусцой
John Doe имярек, Джон Доу *(нарицательное наименование лица мужского пола, чьё имя неизвестно или по тем или иным причинам не оглашается)* ◇ ~ **and Richard Roe** истец и ответчик *(нарицательные имена юридических лиц)*
jokesmith автор реприз [шуток]
journal 1. бюллетень; журнал **2.** газета **3.** регистр
abstract ~ реферативный журнал
business ~ (обще)коммерческий журнал, журнал [издание] общекоммерческого характера
cash ~ кассовый журнал
customer ~ (фирменное) издание для клиентов
database ~ журнал базы данных
financial ~ финансовый журнал
industrial ~ промышленно-отраслевой журнал
learned ~ научный журнал
log ~ журнал регистрации работ
patent ~ патентный бюллетень
patent office ~ бюллетень патентного ведомства
professional ~ профессиональный журнал
purchase ~ журнал учёта закупок
scholarly ~ научный журнал
self-help ~s журналы, посвящённые самообразованию, моральным и религиозным вопросам
trade ~ профессиональный журнал
trademark ~ бюллетень товарных знаков
yellow ~ бульварно-сенсационный [жёлтый] журнал
Journal:
Official ~ «Официальный бюллетень» *(издаётся Патентным ведомством Великобритании)*
Patent, Trademark and Copyright ~ **of Research and Education** Журнал по вопросам патентного права, права товарных знаков и авторского права *(в США)*
journalism 1. журналистика; профессия журналиста **2.** периодические издания
advocacy ~ пропагандистская журналистика
broadcast ~ радио- и тележурналистика
camera ~ фоторепортаж, фоторепортажная работа
electronic ~ видеожурналистика, ВЖ
gutter ~ бульварная [жёлтая] пресса
pictorial ~ фотожурналистика
print ~ газетная журналистика
radio ~ радиожурналистика
tabloid ~ низкопробная журналистика
television ~ тележурналистика
joystick «джойстик», координатная ручка *(устройство ввода координат в виде наклоняющегося рычажка, применяется для компьютерных игр)*, ручка управления, рычажный указатель
judge 1. судья, арбитр; эксперт **2.** ценитель, знаток ◇ ~ **ordinary** *англ., ист.* судья по семейным делам
~ **of probate** судья по делам о наследствах и опеке
administrative law ~ судья по административным правонарушениям
associated ~ судебный заседатель
bankruptcy ~ судья по делам о банкротствах
circuit (court) ~ *амер.* окружной судья, судья окружного суда
city ~ городской мировой судья
commercial ~ *англ.* судья по торговым делам
criminal ~ судья по уголовным делам
federal ~ федеральный судья, судья федерального суда
lay ~ судебный асессор
presiding ~ председательствующий судья
sole ~ единоличный судья
judgement 1. суждение, мнение,

judgement

взгляд, оценка 2. здравый смысл; критика 3. разбирательство, слушание дела в суде ◇ ~ for defendant решение суда в пользу ответчика; ~ for plaintiff решение суда в пользу истца; ~ nisi условно-окончательное судебное решение *(вступающее в силу с определённого срока, если не будет отменено до этого)*; ~ reserved отсрочка вынесения решения по окончании судебного разбирательства; ~ respited решение суда, отложенное исполнением; to deliver ~ выносить приговор; to enforce ~ приводить в исполнение судебное решение; to form ~ составить мнение; to make value ~s производить оценку; to reverse ~ on appeal отменить судебное решение [приговор] в апелляционной инстанции

~ of acquittal судебное решение об оправдании
~ of conviction судебное решение об осуждении
~ of dismissal решение об отклонении иска
~ of nullity решение о признании недействительным
~ of quod computet решение о представлении отчётности
~ of quod recuperet решение о присуждении убытков
~ of revocation судебное решение, аннулирующее прежнее разрешение
affirmative ~ утвердительное суждение
business ~ деловое суждение, деловая рассудительность, коммерческое здравомыслие
civil ~ судебное решение по гражданскому делу
clinical ~ клиническая оценка
consent ~ решение суда в соответствии с заключённым сторонами мировым соглашением
deliberate ~ зрелое суждение
detached ~ независимое решение
engineering ~ инженерная оценка
experienced ~ компетентное суждение
expert ~ экспертная оценка
faulty ~ неверная [ошибочная] оценка, ошибочное суждение

final ~ окончательное решение, приговор
good ~ здравый смысл
good business ~ здравое деловое суждение
human ~ здравая оценка
incompetent ~ некомпетентное суждение
instinctive ~ интуитивное суждение
junior ~ позднейшее судебное решение *(против того же ответчика, но по другому делу)*
money ~ решение о присуждении денежной суммы
negative ~ отрицательное суждение
objective ~ объективное суждение
personal ~ субъективное суждение
prior ~ предварительная оценка
private ~ частное мнение
rash ~ поспешное [скоропалительное] суждение
ripe ~ зрелое суждение
satisfied ~ исполненное судебное решение
separate ~ частное решение, вынесенное в ходе процесса
snap ~ *см.* rash judgement
systematic ~ систематическая оценка
tasters' ~ дегустационная оценка
tentative ~ предварительное мнение
value ~ субъективная оценка, оценочное суждение *(имеющее определённый морально-этический характер)*
visual ~ глазомерная оценка

juice сок

apple ~ яблочный сок; сладкий сидр
bottled ~ сок в бутылках
canned ~ сок в (консервных) банках
carbonated ~ газированный сок
clarified ~ осветлённый сок
comminuted ~ сок с мякотью
concentrated ~ сгущённый сок
crushed ~ сок с мякотью
dried ~ сухой концентрат сока
final ~ осветлённый сок
fruit ~ фруктовый сок
grape ~ виноградный сок, виноградное сусло, муст
mother ~ плодовый сок первого отжима
natural ~ натуральный сок
nonclarified ~ неосветлённый сок

key

orange ~ апельсиновый сок
pasteurized ~ пастеризованный сок
powder ~ сухой концентрат сока
press ~ прессовое сусло
pulpy ~ сок с мякотью
reconstituted ~ порошковый сок, сок в порошке
refrigerated ~ охлаждённый сок
spiced ~ сок с добавлением пряностей
still ~ негазированный сок
sweetened ~ подслащённый сок
vegetable ~ овощной сок
vitamin fortified ~ витаминизированный сок
juror 1. член жюри 2. присяжный заседатель
grand ~ член большого жюри
petty ~ член малого жюри, член суда присяжных
jury 1. жюри 2. суд присяжных
~ of executive opinion коллективное мнение специалистов-руководителей
~ of issue and assessment присяжные с функциями разрешения спорных вопросов и определения подлежащих уплате сумм
~ of public opinion суд общественного мнения
consumer ~ потребительское жюри; потребительская панель
grand ~ большое (следственное) жюри *(коллегия из 12-13 присяжных, решающая вопрос о предании обвиняемого суду присяжных)*
inquest ~ присяжные для расследования, следственное (большое) жюри
petty ~ малое жюри, суд присяжных *(коллегия из 12 присяжных, рассматривающая дело по существу)*
justice 1. справедливость 2. правосудие; юстиция 3. судья ◇ to administer ~ отправлять правосудие; to bring to ~ привлекать к судебной ответственности, отдавать под суд
~ of appeal апелляционный судья
~ of the peace мировой судья
arbitral ~ арбитражное производство
distributive ~ справедливость в распределении благ, распределение благ в зависимости от заслуг
poetical ~ идеальная справедливость
rough ~ произвол; короткая расправа

social ~ социальная справедливость
justification 1. обоснование 2. *полигр.* выключка [выравнивание] строк
economic ~ экономическое обоснование
left(-hand) ~ выравнизание по первому [левому] знаку
line ~ выключка матричной строки
project ~ обоснование проекта
right(-hand) ~ выравнивание по правому знаку
margin ~ *фирм.* выключка поля
justowriter *фирм.* «джастрайтер» *(наборно-пишущая машина)*
juxtaposition 1. (непосредственное) соседство, соприкосновение 2. фотомонтаж

K

keeping 1. хранение; сохранность 2. гармония, соответствие 3. разведение, содержание ◇ ~ in force поддержание [сохранение] в силе; ~ in reserve сохранение в резерве; in safe ~ в полной сохранности; в надёжных руках; out of ~ with traditions несовместимый с традициями
cost ~ учёт расходов
fresh ~ сохранение (продуктов) в свежем состоянии
record ~ ведение учёта, ведение бухгалтерских книг; учёт, регистрация
time ~ хронометраж
key 1. ключ; код 2. клавиша 3. *pl* клавиатура ◇ to hold the ~ of *smth.* держать *что-л.* под контролем, иметь полную власть над *чем-л.*
access ~ клавиша доступа
blank ~ болванка ключа
break ~ клавиша прерывания *(работы программы)*
can opening ~ ключ для открывания консервных банок
character ~ *полигр.* клавиша знака
command [control] ~ *полигр.* клавиша команд управления
cursor control ~s клавиши управления курсором

key

down arrow ~ клавиша со стрелкой вниз
editing ~ клавиша редактирования *(на ЭВМ, текстовом процессоре)*
escape ~ клавиша выхода *(из текущего режима работы)*
function ~ функциональная клавиша
home ~ клавиша возврата в исходное положение
justification ~ *полигр.* клавиша выключки строки
lighted ~ клавиша с подсветкой
pass ~ *вчт* пароль
reference ~ условное кодовое обозначение
return ~ клавиша возврата каретки
safe ~ ключ от сейфа
shift ~ регистровая клавиша, клавиша (верхнего) регистра
space ~ *полигр.* пробельная клавиша
switch ~ переключатель
tab ~ клавиша табулятора
touch ~ сенсорный переключатель
ward ~ ключ с бородкой

keyboard 1. клавиатура; клавишный пульт 2. коммутационная панель
alphanumeric ~ алфавитно-цифровая клавиатура
detachable ~ отключаемая клавиатура
linotype swinging ~ клавиатура строкоотливной наборной машины *(линотипа)*
monotype ~ клавиатурный аппарат буквоотливной наборной машины *(монотипа)*
numeric ~ цифровая клавиатура
printer ~ клавиатура печатающего устройства [принтера]
sculptured ~ *полигр.* рельефная клавиатура, клавиатура с рельефными клавишами
typewriter ~ клавиатура пишущей машины
video ~ видеоклавиатура

keynote лейтмотив; основная мысль, ведущая идея

keypad 1. панель с кнопками, (ручной) пульт управления 2. вспомогательная клавиатура *(для ввода специальных символов)*

keyplate эталонная печатная форма

kidvid *разг.* детское телевидение, телепрограммы для детей
killer средство для уничтожения *(чего-л.)*
electric fly ~ электроловушка для насекомых
insect ~ инсектицид; ловушка для насекомых
noise ~ подавитель шумов
pain ~ болеутоляющее средство
sales ~ фактор противодействия за продаже
weed ~ гербицид

kinesics кинесика *(язык жестов)*
king-size крупноразмерный; увеличенный в длину

kiosk:
drive-through ~ киоск со сквозным проездом, киоск сквозного проезда

kit комплект, набор
do-it-yourself ~ набор для самостоятельного конструирования [изготовления]
drafting ~ набор чертёжных инструментов и материалов *(больше, чем обычная готовальня)*
exhibitor's ~ комплект (заявочных) документов (для) участника выставки
first-aid ~ аптечка первой помощи
media ~ справочный [информационный] комплект носителя *(подборка рекламных материалов периодического издания или вещательной станции, обычно состоящая из рекламного проспекта, тарифных карточек, статистических данных исследований и прочих рекламно-коммерческих материалов, которые могут представить интерес для потенциального заказчика)*
mending ~ набор принадлежностей для ремонта
press ~ пресс-подборка *(набор рекламно-информационных материалов для вручения представителям органов печати)*, информационная подборка для прессы, подборка для печати, материал для раздачи журналистам
promotional ~ подборка (рекламных) материалов для стимулирования

сбыта, комплект рекламно-пропагандистских материалов
  repair ~ ремонтный комплект
  sales ~ комплект рекламно-коммерческих материалов
  service ~ комплект (инструментов) для технического обслуживания
  spare parts [spares] ~ набор запасных частей
  standard ~ стандартный набор
  study ~ набор учебного материала, комплект учебных пособий, учебный набор
  testing ~ комплект испытательной аппаратуры
  tool ~ набор инструментов
kitch кич; низкопробная поделка; дешёвка
kitemark знак «воздушного змея», «кайтмарк» (*присваиваемый высококачественным товарам Британским институтом стандартов*)
knob ручка, головка, кнопка
  adjustment ~ регулировочная ручка
  control ~ ручка управления
  framing control ~ ручка установки кадра «в рамку» (*на киноаппарате*)
  release ~ пусковая кнопка
  shift ~ ручка переключения, переключатель
know-how «ноу-хау» (*знания и практический опыт технического, коммерческого, управленческого, финансового или иного характера*)
  disclosed ~ разглашённое [раскрытое] «ноу-хау»
  engineering ~ инженерно-техническое обеспечение
  licensed ~ «ноу-хау», предоставленное по лицензии
  management ~ «ноу-хау» в области управления
  marketing ~ знание секретов технологии маркетинга, маркетинговое «ноу-хау»
  production ~ знание секретов производства, производственное «ноу-хау»
  technical ~ знание технических секретов, техническое «ноу-хау»

  technological ~ технологическое «ноу-хау»
  unpatented ~ незапатентованное «ноу-хау»
knowledge 1. знание; познание 2. осведомлённость; эрудиция, знания
  application ~ знание (особенностей *или* сферы) применения товара
  common ~ общеизвестные знания
  consumer ~ опыт потребителя
  customer ~ 1. знание потребителей 2. опыт потребителя
  detailed ~ подробные знания, знание до мелочей
  direct ~ непосредственные знания, сведения из первоисточника
  empirical ~ эмпирические знания, эмпирическое познание
  first-hand ~ знания из первых рук [из первоисточника]
  general ~ общие знания
  hands-on ~ практические знания
  incomplete ~ неполное знание
  inside ~ внутренняя [конфиденциальная] информация
  manufacturing ~ знание (особенностей) производства
  penetrating ~ глубокие знания
  pooled ~ объединённый фонд знаний
  practical ~ практические знания
  precious ~ ценные знания
  present ~ современные знания
  product ~ знание товара
  scrappy ~ обрывочные знания
  sense ~ чувственное познание
  specialized ~ специальные [профессиональные] знания, знания специфики
  technical ~ технические знания
  thorough ~ досконалное знание; основательные [глубокие] знания
  verbal ~ вербальные знания; речевые навыки
  working ~ общее представление, рабочее знание
krotoscope кротоскоп, шумомер (*прибор для замера интенсивности аплодисментов или иной реакции аудитории*)

label

L

label этикетка, бирка, ярлык, наклейка
  address ~ этикетка с адресом
  advertising ~ рекламный ярлык, рекламная этикетка
  approved ~ апробированная этикетка
  bar-code ~ этикетка с универсальным товарным кодом
  body ~ этикетка для корпуса банки *или* цилиндрической части бутылки
  brand ~ этикетка марочного товара, марочный ярлык
  descriptive ~ описательная этикетка
  deceptive ~ обманная этикетка
  distinctive ~ характерная этикетка
  fabric shoe ~ тканевая обувная этикетка
  file ~ метка файла (*управляющая запись в начале файла на магнитной ленте, содержащая его имя и атрибуты*)
  grade ~ сортоуказующая этикетка
  gummed ~ гуммированная этикетка
  identification ~ идентифицирующая этикетка
  mercantile ~ товарная этикетка
  misleading ~ этикетка, вводящая в заблуждение
  neck ~ этикетка для горловой части бутылки
  paper ~ бумажная этикетка
  peel-off ~ отрывная этикетка, отрывной (самоклеящийся) ярлык
  precautionary ~ этикетка с предупредительной надписью
  pressure-sensitive ~ самоклеящаяся этикетка
  price-off ~ ярлык, дающий право на получение скидки с цены, этикетка, дающая право на покупку по пониженной цене
  printed foil ~ этикетка из фольги
  private ~ 1. частная марка, марка торгового посредника 2. этикетка
  product ~ товарная этикетка
  promotional ~ пропагандистская этикетка
  proof-of-purchase ~ ярлык, подтверждающий факт покупки товара
  radioactive ~ радиоактивная метка
  recipe ~ этикетка с рецептом приготовления продукта
  recognizable ~ узнаваемая этикетка
  red ~ «красная этикетка» (*для пожароопасных грузов*)
  self-adhesive ~ самоклеящаяся этикетка
  shoulder ~ колеретка, «воротничок», «бандеролька» (*на горлышке бутылки*)
  temperature indicating ~ термоэтикетка
  trade ~ торговая марка
  union ~ ярлык профсоюза
  warning ~ этикетка с предупреждением

labeling маркировка; этикетирование
  false ~ лживая маркировка
  informative ~ информационная маркировка
  ingredient ~ указание ингредиентов на этикетках товаров
  radioactive ~ радиоактивное мечение

laboratory лаборатория
  ~ **of mind** работа ума
  calibration ~ поверочная лаборатория
  commercial ~ коммерческая лаборатория
  computing ~ вычислительная лаборатория
  foodstuff ~ лаборатория для анализа пищевых продуктов
  industrial standards ~ промышленная метрологическая лаборатория
  milk-testing ~ лаборатория для анализа молока
  motion-picture ~ кинолаборатория, лаборатория обработки киноплёнки
  printing ~ лаборатория текущей печати (*киностудии*); кинокопировальная фабрика
  programming ~ лаборатория программирования
  public health ~ санитарно-гигиеническая лаборатория
  research ~ исследовательская лаборатория
  university ~ университетская лаборатория

labour 1. труд, работа 2. рабочая сила, рабочие ◇ **to dilute** ~ заменять квалифицированных рабочих неквалифицированными

laggard

casual ~ 1. временная рабочая сила, временные рабочие 2. непостоянная работа
cheap ~ дешёвая рабочая сила
compulsory ~ принудительный труд
contract ~ работа по договору
cooperative ~ совместный труд
corrective ~ исправительные работы
day ~ подённая работа
direct ~ прямые затраты труда
domestic ~ работа на дому
embodied ~ овеществлённый труд
forced ~ принудительный труд
hard ~ *англ.* каторжные работы, каторга
intellectual ~ умственный [интеллектуальный] труд
living ~ живой труд
lost ~ напрасный труд; тщетные усилия
manual ~ физический труд
mental ~ умственный [интеллектуальный] труд
non-productive ~ труд [хозяйственная деятельность] непроизводительного характера
paid farm ~ наёмные сельскохозяйственные рабочие
physical ~ физический труд
productive ~ производительный труд
seasonal ~ сезонные рабочие
shift ~ сменная работа, работа по сменам
skilled ~ 1. квалифицированный труд 2. квалифицированные рабочие
statute ~ трудовая повинность по ремонту дорог и общественных сооружений
surplus ~ прибавочный труд
unskilled ~ 1. неквалифицированный труд 2. неквалифицированные рабочие
wage ~ наёмный труд
year-round hired ~ постоянные наёмные рабочие

labourer (неквалифицированный) рабочий, чернорабочий
day ~ подённый рабочий, подёнщик
dock ~ портовый рабочий, докер
farm ~ сельскохозяйственный рабочий; батрак
general ~ разнорабочий

unskilled ~ неквалифицированный рабочий, разнорабочий

lack недостаток, нехватка; (полное) отсутствие; нужда
~ of balance неуравновешенность
~ of coincidence несовпадение
~ of communication некоммуникабельность
~ of conformity несоответствие
~ of definition *экр.* нерезкость *(изображения)*
~ of demand недостаток [отсутствие] спроса
~ of effect неэффективность, недейственность
~ of expertise отсутствие компетентности
~ of flavour отсутствие вкусовых и ароматических свойств
~ of novelty отсутствие новизны *(напр. в изобретении)*
~ of proof бездоказательность
~ of serifs *полигр.* отсутствие засечек *(у шрифта)*
~ of success неудача, неудачный исход
~ of uniformity неравномерность

ladder лестница ◇ to be high on the executive ~ занимать высокое служебное [административное] положение
~ of advancement *см.* promotional ladder
career ~ карьерная лестница
promotional ~ лестница служебного продвижения

lag отставание, запаздывание
daily ~ суточная задержка
demand ~ запаздывание [отставание] спроса
economic(al) ~ отставание в экономике
imitation ~ задержка с имитированием
permanent ~ постоянное запаздывание
response ~ запаздывание реакции; задержка ответа
time ~ временной разрыв, запаздывание во времени, задержка по времени

laggard отстающий *(человек, восприни-*

lamination

нимающий новый товар в последнюю очередь, когда тот уже прошел пик своей популярности), поздний последователь
lamination ламинирование, припрессовка (плёнки) к оттиску
landmark веха, ориентир, поворотный пункт
landscape ландшафт; пейзаж
  advertising ~ рекламное окружение
  cultural ~ культурный ландшафт (*преобразованный деятельностью человека*)
  natural ~ естественный [природный] ландшафт
  reclaimed ~ рекультивированный ландшафт
  rural ~ сельский ландшафт
  urban ~ городской ландшафт
language язык; речь
  ~ **of law** юридический язык
  abusive ~ брань, ругательства, оскорбительные выражения
  articulate ~ членораздельная речь
  artificial ~ искусственный язык
  bad ~ сквернословие
  belittling ~ принижающий [уничижительный] язык
  body ~ язык жестов
  code ~ машинный язык
  computer ~ машинный язык
  consumer ~ язык потребителей
  control ~ язык управления
  dead ~ мёртвый язык
  down-to-earth ~ доступный для понимания язык
  familiar ~ знакомый язык
  finger ~ язык жестов
  foreign ~ иностранный язык
  foul ~ сквернословие
  high-level ~ язык (программирования) высокого уровня
  intermediate ~ язык-посредник
  literary ~ литературный язык
  living ~ живой язык
  machine ~ машинный язык
  nasty ~ сквернословие
  native ~ родной язык
  offensive ~ оскорбительные слова
  official ~ официальный язык; государственный язык
  oral ~ устный язык
  petrified ~ древний язык, известный только по памятникам письменности
  popular ~ народный язык
  present-day ~ современный язык
  problem-oriented ~ проблемно-ориентированный язык (*язык программирования, предназначенный для решения задач определённого класса*)
  programming ~ язык программирования
  reference ~ эталонный язык
  self-contained ~ замкнутый язык
  sign ~ язык знаков
  specialized ~ специализированный язык
  spoken ~ разговорный язык; текст (*в фильме*)
  standard ~ стандартный язык
  symbolic ~ символический язык
  system ~ системный язык
  unfamiliar ~ незнакомый язык
  universal ~ универсальный язык
  working ~ рабочий язык
  written ~ письменный язык; письменность
lapse 1. течение, ход; промежуток (*времени*), период **2.** упущение, отклонение ◇ **from one's principles** отступление от своих принципов
  ~ **of offer** отклонение предложения
  ~ **of memory** провал памяти
  ~ **of trademark** истечение срока действия товарного знака
  moral ~ нравственное падение
  time ~ разрыв во времени
laser лазер
  gas ~ газовый лазер
  liquid ~ жидкостный лазер
  pulsed ~ импульсный лазер
  solid ~ твердотельный лазер
  surgical ~ хирургический лазер, лазерный скальпель
latent скрытый, подспудный
latitude широта взглядов; свобода; терпимость
  ~ **of knowledge** обширность познаний
  creative ~ творческая свобода, творческий простор
launch 1. выход на (новый) рынок **2.** начало рекламной кампании
  commercial ~ коммерческий выход (*с товаром на рынок*)

law

marketing ~ начало маркетинговой деятельности
laundry:
money ~ предприятие для отмывания денег *(получаемых незаконными путями)*
law 1. закон; законодательство 2. право 3. судебная практика ◊ ~ and order правопорядок; in ~ по закону, законно; to become ~ становиться законом; to break ~ нарушать закон; to enforce ~s проводить законы в жизнь, следить за исполнением законов; to go beyond the ~ обходить закон; to go to ~ обращаться в суд, подавать жалобу [иск]; to keep within ~ не нарушать закона, держаться в рамках закона; to lay down ~ устанавливать правовые нормы; to practice ~ заниматься адвокатской практикой, быть юристом
~ of calculated risk закон рассчитанного риска *(в теории УТП)*
~s of cause and effects законы причинно-следственных связей
~s of chance законы вероятности
~ of civil procedure гражданско-процессуальное право
~ of criminal procedure уголовно-процессуальное право
~ of demand закон спроса *(более дешёвые товары пользуются большим спросом по сравнению с более дорогими)*
~ of diminishing returns закон убывающей доходности
~ of employment трудовое право
~ of imagery закон построения изображения
~ of inertia закон инерции
~ of minimal effects закон минимальной эффективности *(утверждает, что единичное СМИ имеет незначительное воздействие на формирование или изменение мнения аудитории)*
~ of nature закон природы; естественное право
~ of self-preservation инстинкт самосохранения
~ of supply and demand закон спроса и предложения
~s of perception законы восприятия

~s of probability законы вероятности
adjective ~ процессуальное право
administrative ~ административное право
advertising ~ 1. закон о рекламе, рекламное законодательство 2. закон рекламы
antidumping ~ антидемпинговое законодательство
antitrust ~s антитрестовские законы *(группа законов США, направленных на борьбу с монополизацией. Основными законами, входящими в состав группы, являются Закон Селлера-Кефаувера о запрещении слияний, Закон Клейтона, Закон об учреждении Федеральной торговой комиссии, Антитрестовский закон Шермана и Закон Уилера-Ли)*
bank-secrecy ~ закон об охране банковской тайны
basic ~ основной закон, конституция
business ~ торгово-промышленное право; право, регулирующее область деловых отношений
case ~ прецедентное право
civil ~ гражданское право
commercial ~ торговое право
common ~ 1. общее право 2. обычное право
company ~ право, регулирующее деятельность акционерных компаний
congressional ~ регламент конгресса
conservation ~ закон об охране природы
constitutional ~ конституционный закон; конституционное право
consumer ~ закон в защиту интересов потребителей
contract(ual) ~ право, основанное на договорах; договорное право
copyright ~ авторское право; закон об авторском [издательском] праве
criminal ~ уголовное право
customary ~ обычное право
derivative ~s законы эволюции [развития]
draft ~ законопроект
economic ~s экономические законы
emergency ~ чрезвычайный закон
environmental (protection) ~ закон об охране окружающей среды

law

   established ~ действующее [существующее] право
   family ~ семейное право
   fiscal ~ закон о налоговом обложении
   general ~s всеобщие законы
   harsh ~ жёсткий закон
   immutable ~ непреложный закон
   intellectual property ~ закон об интеллектуальной собственности
   international ~ международное право
   international private ~ международное частное право
   judge-made ~ прецедентное право
   judicial ~ судебное право
   local ~ местный закон
   maritime ~ морское право
   market ~ рыночное право; закон рынка
   mercantile ~ торговое право
   moral ~ нравственный закон
   natural ~ естественное право; закон природы
   objective ~ (объективная) закономерность
   occupational safety ~ законодательство о (технике) безопасности на производстве
   packaging ~ законодательство об упаковке
   patent ~ патентное право; закон о патентах
   penal ~ уголовное право
   postal ~ почтовое законодательство
   procedural ~ процессуальное право
   products liability ~ закон об ответственности за качество выпускаемой продукции
   property ~ право собственности, вещное право; нормы, регулирующие имущественные права
   public ~ государственное право; публичное право
   public international ~ международное публичное право
   remedial ~ процессуальное право
   sea ~ морское право
   settled ~ установившаяся норма права
   state ~ закон штата
   statutory ~ статутное право (выраженное в законодательных актах)
   substantive ~ материальное право
   sumptuary ~s законы, регулирующие потребление предметов роскоши
   tax ~ налоговое законодательство
   trade ~ торговое право
   trademark ~ закон о товарных знаках
   trade-secret(s) ~ закон о производственных секретах
   truth-in-lending ~ закон об отражении истины в ссудных операциях
   universal international ~ универсальное международное право
   welfare ~ законодательство о социальном обеспечении

Law:
   Child Labor ~ *амер.* Закон о детском труде
   Engel's ~ Закон Энгеля (*зависимость доли расходов на потребление продуктов питания от уровня доходов семьи*)
   Politz ~s Законы Политца (*сформулированы американским специалистом Альфредом Политцем. Первый закон гласит: реклама стимулирует сбыт хорошего товара и ускоряет провал плохого, ибо заявлять о качествах товара, которыми он не обладает, значит заставлять потребителя лишний раз заметить их отсутствие. Второй закон гласит: реклама, подчеркивающая микроскопическое отличие, которое потребитель не в состоянии уловить, ускоряет провал товара*)
   Racketeer Influenced and Corrupt Organizations [RICO] ~ *амер.* Закон об организациях, находящихся под влиянием рэкетиров, и коррумпированных организациях (*первоначально направленный на борьбу с итальянской мафией «Коза ностра», а ныне широко применяемый для борьбы с организациями торговцев наркотиками*)

lawsuit судебный иск ◇ to bring in ~ возбудить жалобу, предъявить иск
   pending ~ незаконченный правовой спор, незаконченное судебное дело

lawyer юрист; адвокат
   antitrust ~ адвокат по антитрестовским делам

leader

company ~ юрисконсульт
copyright ~ адвокат-специалист по авторскому праву, адвокат по делам о нарушении авторских прав
corporate ~ юрисконсульт
patent ~ юрист-патентовед
tax ~ адвокат по налоговым делам, адвокат-специалист по налоговому праву
layers of supervision контрольно-наблюдательные инстанции
layman неспециалист, непрофессионал, непосвящённый
layout 1. макет *(издания)* 2. план, схема
~ of questionnaire схема [структура] анкеты
alternate ~ *полигр.* вариант макета
analysis ~ схема (проведения) анализа
city ~ планировка города
colour ~ цветовое решение *(напр. проекта)*
comprehensive ~ *полигр.* окончательный [полный] макет
copy-heavy ~ утяжелённый текстовой макет *(с очень небольшой по размеру иллюстрацией)*
finished ~ *полигр.* окончательный [полный] макет
frame ~ «изорама» *(макет, в котором текст обрамлён либо фигурными линейками, либо иллюстрациями)*
functional ~ функциональная схема
general ~ общее расположение, генеральный план
grid ~ макет типа «решётка»
illustrated ~ макет с иллюстрациями
jumble ~ макет типа «змейка» *(со сложной траекторией движения взгляда)*
keyboard ~ схема клавиатуры
modular ~ *полигр.* модульный макет, макет модульного построения
page ~ макет полосы, компоновка страницы
panel ~ *полигр.* макет типа «комикс»
physical ~ планировка, схема расположения
picture-caption ~ макет с использованием подрисуночных надписей

picture window ~ *полигр.* макет типа «витрина»
print ~ макет объявления печатной рекламы
process ~ схема производственного процесса
rough ~ *полигр.* черновой макет
rule ornament ~ *полигр.* макет с украшениями из линеек
silhouette ~ силуэтный макет *(в котором текст следует по абрису фигурного изображения-иллюстрации)*
television ~ макет телевизионного рекламного ролика
lead 1. руководство; лидерство 2. ключ *(к решению чего-л.)*; целеуказание 3. кабель, ввод 4. преамбула, вводная часть *(газетной статьи)* ◇ to develop sales ~s выявлять потенциальных потребителей и укреплять связь с ними; формировать целеуказания на потенциальных покупателей; to secure ~s выявлять потенциальных клиентов
commanding ~ прочное лидирующее положение, прочное [безусловное] лидерство
connecting ~ соединительный кабель
extension ~ удлинительный кабель, удлинитель
female ~ *экр.* главная женская роль *(в фильме)*
poor ~ неперспективный потенциальный клиент
quality ~ целеуказание на наиболее перспективного потенциального клиента
sales ~ целеуказание на потенциальных покупателей
leaded *полигр.* на шпонах *(о наборе)*
leader 1. руководитель, лидер, глава 2. *экр.* раккорд 3. *полигр.* пунктир, пунктирное соединение *(слов, фраз)*
Academy ~ *экр.* «академический» раккорд *(с цифровыми метками в соответствии со стандартами Американской киноакадемии, продолжительностью 8 с)*
brand ~ марка-лидер, лидирующая марка
business ~ лидер делового мира

leader

creative ~ ведущая творческая личность; ведущая творческая сила
discussion ~ ведущий дискуссии
dot ~ *полигр.* пунктирная линейка
fashion ~ лидер моды
film ~ раккорд *(на киноплёнке)*
head ~ начальный раккорд *(плёнки или фильма)*
loss ~ «убыточный лидер», товар, предлагаемый в убыток *(в расчёте на привлечение в магазин большого количества покупателей, которые, попав туда, вероятно, будут приобретать и более дорогие товары)*
market ~ рыночный лидер, лидер рынка
market-share ~ ведущая фирма [лидер] по показателям занимаемой доли рынка
opinion ~ лидер мнений, авторитет
phantom ~ номинальный руководитель
price ~ лидер цен *(фирма, задающая тон при установлении цен на рынке)*
product quality ~ лидер по показателям качества товара
project ~ руководитель проекта
safety ~ защитный раккорд *(кинофильма)*
technology ~ лидер в технике
leadership лидерство; руководство
effective ~ эффективное руководство
industry ~ лидерство в отрасли
legislative ~ законодательная инициатива
market ~ рыночное лидерство, лидерство на рынке
market-share ~ лидерство по показателям занимаемой доли рынка
price ~ лидерство в ценах
product quality ~ лидерство по показателям качества товара
lead-in 1. вступление, вводная часть 2. *экр.* экспозиция 3. объявление *(о передаче программы)*
leading *полигр.* шпоны; набор на шпоны
pronounced ~ утолщённые шпоны
leaf лист *(страница с оборотом)*
blank ~ чистый лист
end ~ форзац
inserted ~ вкладка
loose ~ вкладной лист; несброшюрованный лист
protecting ~ прокладочный лист
title ~ титульный лист
waste ~ форзац
leaflet 1. листовка; небольшая тонкая брошюра 2. буклет *(рекламный материал)*
advertising ~ рекламная листовка
bound-in ~ вплетённая (в издание) листовка
informational ~ информационная листовка
sales ~ рекламно-коммерческая листовка
throw-away ~ листовка разового использования
league лига, союз
business ~ предпринимательская лига, союз предпринимателей
League:
~ of Advertising Agencies *амер.* Лига рекламных агентств
National ~ of Cities *амер.* Национальная лига городов *(объединение представителей крупных городов, коллективно отстаивающих свои интересы перед правительством)*
leaning предрасположенность, склонность; симпатия, сочувствие
learned 1. благоприобретённый; наживной 2. выученный; научный
learning 1. обучение 2. обученность, степень обученности [подготовленности]; навык, уровень знаний ◇ ~ via correspondence заочное обучение
adaptive ~ адаптивное обучение
classical ~ классическое образование
computer-aided ~ обучение с использованием ЭВМ
consumer ~s (благоприобретённые) навыки потребителей, потребительские навыки
distance ~ заочное обучение
interactive ~ взаимопознание; взаимообучение
linear ~ усвоение знаний по книгам *(в противоположность аудиторным, телевизионным лекциям)*
machine ~ машинное обучение
polite ~ классическое образование
profound ~ глубокие [основательные] знания

length

programmed ~ программированное обучение
theoretical ~ теоретические (по)знания
leasehold 1. пользование на правах аренды; аренда *(обычно долгосрочная)*; наём 2. арендованная собственность
life ~ пожизненная аренда
long ~ аренда на 99 лет
leasing лизинг, долгосрочная аренда, аренда с правом выкупа
legend 1. подрисуночная подпись, подпись под иллюстрацией 2. легенда *(напр. карты)*; экспликация
legibility 1. разборчивость, чёткость 2. удобочитаемость
relative ~ относительная удобочитаемость
legislation законодательство; законы; законодательная деятельность
advertising ~ рекламное законодательство
antimonopoly ~ антимонопольное [антитрестовское] законодательство
antipollution ~ законодательство о борьбе с загрязнением среды
antitrust ~ антитрестовское законодательство
business ~ законодательство о бизнесе
consumer-oriented [consumer protection] ~ законодательство, направленное на защиту интересов потребителей
current ~ действующее законодательство
emergency ~ чрезвычайное законодательство
environmental ~ законодательство об охране окружающей среды
federal ~ федеральное законодательство
food ~ законодательство о пищевых продуктах
forest ~ законодательство о лесе
government ~ государственное законодательство
health ~ санитарное законодательство
income tax ~ законодательство о подоходном налоге
industrial property ~ законодательство об охране промышленной собственности
judicial ~ прецедентное право
labour ~ трудовое законодательство
national ~ национальное законодательство
patent ~ патентное законодательство
price-support ~ законодательство о поддержании уровня цен
restrictive ~ ограничительное законодательство; ограничивающие законодательные акты
safety ~ нормы безопасности
social ~ общественное законодательство
social security ~ законодательство о социальном обеспечении
subordinate ~ подзаконные нормативные акты
legislator законодатель
lemon брак, халтура, неудача *(о товаре)*
lender кредитор, ссудодатель
money ~ кредитор, ссудодатель
lending 1. кредитование, одалживание, ссуживание 2. ссуда, займ, кредит
concessional ~ 1. льготная ссуда 2. предоставление займа на льготной основе
development ~ предоставление займов в целях развития
direct ~ прямое кредитование
international ~ международный кредит
length 1. длина; расстояние; протяжённость 2. длительность ◇ at ~ 1. детально, подробно, пространно 2. в конце концов
~ of **approach** дистанция (беспрепятственной) видимости *(полного обзора установки наружной рекламы)*
~ of **deposit** срок вклада
~ of **life** срок службы, ресурс; долговечность
~ of **product assortment** величина товарного ассортимента
~ of **warranty** гарантийный срок; продолжительность гарантии
actual ~ действительная [фактическая] длина
alphabet(ic) ~ алфавитная длина, длина шрифта *(длина всех строч-*

length

ных букв конкретного алфавита, обычно измеряемая в пунктах)
channel ~ *ТМО* протяжённость канала распределения
day ~ продолжительность дня
film ~ метраж фильма
focal ~ фокусное расстояние
line ~ формат строки; ширина колонки *(в периодическом издании)*
overall ~ общая [суммарная] длина; общее расстояние
product line ~ величина товарного ассортимента
product mix ~ величина товарной номенклатуры
storage ~ продолжительность хранения; лёжкоспособность *(пищевого продукта)*
word ~ длина слова
lengthwise в длину, по длине, вдоль
lens линза; объектив
accessory ~ дополнительная линза
anamorphotic ~ анаморфотный объектив; анаморфотная [искажающая] линза
attachment ~ насадочная линза
built-in ~ встроенный объектив
camera ~ объектив фотоаппарата *или* кинокамеры
close-up ~ объектив для съёмок крупным планом
coated ~ просветлённый объектив, объектив с противорефлексным покрытием
contact ~ контактная линза
diopter ~ отрицательная насадочная линза *(укорачивающая фокусное расстояние объектива, т. е. расширяющая угол его зрения)*
duplicating ~ репродукционный объектив
eye ~ окуляр *(микроскопа)*
fisheye ~ объектив «рыбий глаз» *(со сверхшироким углом зрения)*, широкоугольный объектив
hand ~ ручная лупа
long-focus ~ длиннофокусный объектив
medium-focal-length ~ среднефокусный объектив
multiple-image ~ фасеточная линза, фасеточный объектив

multiplying ~ множительная линза *(для трюковой съёмки)*
projector ~ объектив проектора
short-focus ~ короткофокусный объектив
slide-film projector ~ объектив диапроектора
soft ~ мягкая контактная линза
sound scanning ~ микрообъектив звуковой головки *(кинопроектора)*
speed ~ светосильный объектив
telescopic ~ телеобъектив
trick ~ объектив для трюковой [комбинированной] съёмки
variable-focus ~ объектив с переменным фокусным расстоянием, вариообъектив
wide-angle ~ широкоугольный объектив
zoom ~ вариообъектив, объектив с переменным фокусным расстоянием
lesson урок, занятие; наставление
broadcast ~ урок по радио
demonstration ~ показательный [демонстрационный] урок
illustrated ~ урок с применением наглядных пособий
makeup ~ урок макияжа
marketing ~ маркетинговый урок
revision ~ обзорное занятие, урок на повторение
test ~ пробный урок
letraset *фирм.* «Летрасет» *(комплекты переводных изображений шрифтов различных кеглей, гарнитур и начертаний)*
letter 1. письмо **2.** буква **3.** литера; шрифт ◇ **in** ~ **and spirit** по форме и по существу; **to the** ~ буквально, в точности
~ **of advice** уведомление; извещение; авизо *(преимущественно о выполнении расчётной операции, направляемое одним контрагентом другому)*
~ **of application** письмо-заявление *(обычно о приёме на работу)*
~ **of attorney** (письменная) доверенность
~ **of collection** инкассовое поручение
~ **of commitment** гарантийное письмо

letter

~ of deposit залоговое письмо
~ of guarantee гарантийное письмо
~ of indemnity гарантийное письмо
~ of inquiry письменный запрос
~ of intent письмо о намерениях, письмо-обязательство
~ of introduction [of recommendation] рекомендательное письмо
~ of reminder письменное напоминание *(напр. о сроке платежа)*
~ of thanks благодарственное письмо
~ of the law буква закона
~ of transmittal препроводительное письмо
accented ~ *полигр.* буква со знаком ударения
advertising ~ рекламное письмо
all-purpose ~ универсальное письмо
big starting ~ начальная буква, инициал
black ~s «чёрные буквы» *(старинный английский готический шрифт)*
block ~ 1. печатная буква 2. рубленый шрифт
business ~ деловое [коммерческое] письмо
call ~s *амер.* позывные вещательной станции; заставка телесети *(присваивается станциям Федеральной комиссией связи, позывные станций к востоку от Миссисипи начинаются с буквы "W", а к западу от Миссисипи с буквы "К". Позывные канадских станций обычно начинаются с буквы "C", а мексиканских с буквы "X")*
capital ~ прописная [заглавная] буква
catch ~s *полигр.* колонтитул
circular ~ циркулярное письмо
claim ~ претензионное письмо, рекламация
code ~ кодовый знак
computer ~ компьютерное письмо; (персонифицированное) письмо, подготовленное ЭВМ
cover(ing) ~ сопроводительное письмо
decorated ~ буква с орнаментом, буква фигурного шрифта
draft ~ проект письма
drawn ~ рисованная буква
engraved ~ выгравированная буква

fancy ~ орнаментированная буква
foam ~s буквы из пенопласта
follow-up ~ письмо-напоминание; повторное письмо
illuminated ~s световая вывеска, световая реклама
initial ~ начальная буква, инициал
insured ~ ценное письмо
invitation ~ письменное приглашение
italic ~s курсив
lean-faced ~ 1. литера светлого шрифта 2. наклонная буква
lower-case ~ строчная буква
luminous ~ светящаяся буква
market ~ конъюнктурный обзор; бюллетень о состоянии рынка
nonpersonalized ~ неперсонализованное письмо
numeral ~ римская цифра
open ~ открытое письмо
order ~ письмо-заказ
paste-up ~ накладная буква
personal ~ личное письмо
personalized ~ персонализованное письмо
private ~ личное [частное] письмо
prospecting ~ зондирующее письмо
recommendatory ~ рекомендательное письмо
registered ~ заказное письмо
running ~ 1. «бегущая» буква, буква стремительного наклонного начертания 2 pl «бегущая строка» *(световая реклама)*
sales ~ (рекламно-)коммерческое письмо
slanted ~ наклонно написанная буква
small ~ строчная буква
small capital ~ капительная буква
stamped ~ штампованная буква
standard form ~ письмо на стандартном бланке
stenciled ~ 1. трафаретная буква 2. трафаретный шрифт
supporting ~ сопроводительное письмо
swash ~ орнаментированная курсивная буква
testimonial ~ (письменное) свидетельство, удостоверение
thank-you ~ благодарственное письмо

letter

title ~ 1. прописная [заглавная] буква 2. титульный шрифт
trade ~ отраслевой бюллетень
uppercase ~ прописная [заглавная] буква
value ~ ценное письмо
video ~ видеописьмо
white ~s 1. латинский шрифт 2. антиква 3. прямой шрифт
white-faced ~ выворотная литера (*печатается белым по чёрному фону*)
letterer художник-шрифтовик
letterhead 1. «шапка» (*на фирменном бланке*) 2. печатный фирменный бланк
lettering 1. шрифтовое оформление; надпись; титр 2. начертание шрифтов [букв]
binary ~ шрифт двоичной формы
block ~ надпись гротесковым [рубленым] шрифтом
hand(-drawn) ~ надпись от руки
instant ~ переводной шрифт (*типа «Летрасет»*)
insular ~ островное письмо (*английский шрифт*)
old-style ~ классический шрифт; латинский шрифт
ornate ~ орнаментированная надпись
reverse ~ текст, напечатанный выворотной
shadow ~ надпись оттеночным шрифтом
trademark ~ шрифтовое оформление товарного знака
type ~ надпись печатным шрифтом
letter-mark буквенный товарный знак
letterpress высокая печать
indirect ~ высокая офсетная печать, высокий офсет
wrap-around ~ высокая печать с гибких форм
lettershop рассылочная контора (*организация прямой почтовой рекламы, занимающаяся комплектованием отправлений, надпечаткой и адресованием конвертов*)
lettertype разновидность шрифта
level уровень, степень
~ of abstraction уровень абстракции
~ of attention уровень внимания
~ of competition уровень конкуренции
~ of excellence уровень мастерства [совершенства]
~ of living жизненный уровень
~ of major registration уровень хорошей запоминаемости
~ of membership статус членства
~ of power уровень власти
~ of protection степень защиты
~ of repurchase уровень повторных покупок
~ of tolerance уровень терпимости; уровень допусков
~ of trial уровень пробного пользования (*товаром*)
advertising ~ уровень рекламы
agreed ~ согласованный уровень
allowable ~ допустимый уровень
attribute ~ уровень свойства (*товара*)
average inventory ~ средний уровень запасов
awareness ~ степень осведомлённости
budget ~ уровень бюджетных [сметных] ассигнований
channel ~ *ТМО* уровень канала распределения
classification ~ классификационный уровень
comfort ~ уровень комфортности; уровень благорасположения
conceptual ~ умозрительный [концептуальный] уровень
confidence ~ 1. *стат.* доверительный уровень 2. степень уверенности
consumption ~ уровень потребления
contamination ~ степень загрязнения
cultural ~ культурный уровень
damage ~ степень повреждения [разрушения]
demand ~ уровень спроса
dietary ~ уровень питания
distribution ~ уровень распределения, распределительный уровень, уровень системы товародвижения
education ~ образовательный уровень, уровень образования
efficiency ~ уровень эффективности
employment ~ уровень занятости
expenditure ~ уровень затрат [расходов]

level

experience ~ уровень квалификации [мастерства], уровень опытности [компетентности]
exposure ~ 1. интенсивность рекламных контактов 2. уровень [степень] экспонирования *(товара в магазине)*
feasibility ~ степень (технической) осуществимости
functional ~ функциональный уровень
functionality ~ уровень функциональных возможностей
going-year ~ уровень года полной рентабельности
grassroots ~ низший уровень, уровень «низов», «низы»
gross rating points ~ уровень охвата по валовому оценочному коэффициенту [ВОК]
hazardous ~ опасный уровень
hearing ~ слуховой порог
higher ~ высший уровень
income ~ уровень доходов
information ~ уровень информированности
integration ~ степень интеграции
intelligence ~ уровень умственного развития
intermediary ~ ТМО промежуточный уровень *(напр. канала распределения)*
inventory ~ уровень товарных [товарно-материальных] запасов
life ~ уровень долговечности *(товара)*
listening ~ *вещ.* величина аудитории радиослушателей; продолжительность слушания *(радиопередач)*
management ~ уровень управления [руководства]
marketing ~ маркетинговый уровень, уровень маркетинга
maximum stock ~ максимальный уровень запасов
mean ~ средний уровень
national price ~ уровень внутренних цен *(в стране)*
noise ~ уровень шумов [помех]
nonverbal ~ бессловесный уровень
operating ~ 1. рабочий уровень *(запасов)* 2. оперативный уровень *(напр. среднее руководящее звено)*
overload ~ уровень перегрузки
pay ~ уровень оплаты
penetration ~ уровень [степень] внедрения
perceived-value ~ уровень ощущаемой ценности
performance ~ показатели деятельности; уровень качества *(работы)*; уровень производительности
permissible ~ допустимый уровень
predetermined ~ заранее установленный [заданный] уровень
price ~ уровень цен, ценовой уровень
price support ~ уровень поддержания цен *(устанавливаемый правительством, напр. за единицу сельскохозяйственной продукции)*
production ~ уровень производства
production control ~ уровень контроля продукции *(доля проверяемых изделий)*
projected ~ планируемый [намечаемый] уровень
quality ~ уровень [показатель] качества
rated ~ номинальный уровень
reach ~ уровень охвата
reference ~ опорный [отсчётный] уровень
reorder ~ точка (повторения) заказа *(уровень запасов, при котором выдаётся очередной заказ на поставку)*
replacement ~ уровень (само)возмещения *(на котором прибыль и убыль компенсируют друг друга)*
response ~ интенсивность ответной реакции
resultant ~ конечный уровень
risk ~ степень риска
safety ~ степень безопасности
salary ~ уровень заработной платы [оплаты труда]
sales ~ уровень сбыта [продаж]
satisfaction ~ уровень удовлетворённости
saturation ~ уровень насыщения
sensation ~ порог [уровень] восприятия
sensory ~ чувственный уровень
service ~ уровень обслуживания
significance ~ уровень значимости

level

skill ~ уровень квалификации
stock-out ~ уровень дефицита
subsistence ~ прожиточный минимум
subsistence ~ of consumption норма необходимого прожиточного минимума в потреблении
threshold ~ пороговый уровень
ultimate ~ предельный уровень
utility ~ уровень полезности
word ~ словесный уровень

lever рычаг
control ~ ручка управления
foot ~ педаль
framing ~ *экр.* ручка установки кадра «в рамку»
joystick ~ координатный рычаг *(в графических системах с дисплеем)*
keybutton ~ клавишный рычаг
pedal ~ педальный рычаг
steering ~ рычаг управления
stopping ~ выключающий рычаг
tension ~ натяжной рычаг

leverage система рычагов *(государственного регулирования)*; средство для достижения цели, средство воздействия
advertising ~ давление рекламой
capital ~ повышение доходности капитала
copy ~ движущая сила текста
economic(al) ~ экономическое воздействие *(со стороны государства)*
extra ~ дополнительные рычаги воздействия
money ~ финансовое давление

liabilit/y 1. ответственность 2. обязанность, обязательство 3. *pl* пассив *(правая сторона баланса)*; денежные обязательства, долги, задолженность ◊ ~ for damage(s) ответственность за убытки [за ущерб]; ~ to error подверженность ошибкам; ~ for debts ответственность по долгам
~ of indemnity обязательство возместить убытки
~ of infringement ответственность за нарушение
absolute ~ неограниченная ответственность
civil ~ гражданская ответственность
contingent ~ 1. условное обязательство *(выполняемое при определённых условиях)*; условный долг 2. *pl* обязательства, появляющиеся в результате совершённых операций
corporate ~ корпоративная ответственность, ответственность корпорации
criminal ~ уголовная ответственность
current ~ies текущие обязательства
direct ~ безусловное обязательство
employer's ~ ответственность работодателя
fixed ~ies долгосрочные обязательства
joint and several ~ 1. ответственность совместно и порознь, солидарная ответственность 2. *pl* совокупные и раздельные обязательства
legal ~ ответственность по суду
limited ~ ограниченная ответственность *(ограничение возмещения убытков от хозяйственной деятельности суммой вложенного капитала)*
noncontractual ~ внедоговорная ответственность
outstanding ~ies непокрытые обязательства
primary ~ 1. основная ответственность 2. первичное обязательство
product ~ ответственность *(производителя или продавца)* за качество [за безвредность] продукции
professional ~ профессиональная ответственность

liable обязанный, связанный обязательством, несущий ответственность ◊ to be jointly ~ нести солидарную ответственность; ~ to civil proceedings подлежащий ответственности в гражданском порядке; ~ to complaint подлежащий обжалованию; ~ to criminal proceedings несущий уголовную ответственность, подлежащий ответственности в уголовном порядке; ~ to damage подверженный порче; ~ to dispute спорный; ~ to duty подлежащий обложению пошлиной; ~ to prosecution подлежащий уголовному преследованию; ~ to tax подлежащий обложению налогом; ~ to variations подверженный колебаниям

liaison связь

licence

client ~ поддержание связей с клиентами
spiritual ~ духовная близость
libel 1. клевета, диффамация 2. дискриминация
actionable ~ подсудная клевета, клевета, дающая основание для возбуждения иска; клевета, преследуемая в гражданском порядке
criminal ~ уголовно наказуемая клевета
mass-media ~ клевета, распространяемая через средства массовой информации
trade ~ дискредитация товаров, клевета на товары
liberation:
women's ~ обеспечение равноправия женщин
library библиотека
art ~ фототека, архив иллюстраций [художественного оформления]
data ~ библиотека данных
disk ~ дискотека
film ~ фильмотека, киноархив, хранилище кинофотоматериалов
law ~ юридическая библиотека, библиотека юридических материалов
map ~ картохранилище
microfilm ~ микрофильмотека
music ~ музыкальная фонотека
patent ~ патентная библиотека
personal ~ личная библиотека
public ~ публичная библиотека
reference ~ справочная библиотека, библиотека справочных данных
rental ~ платная библиотека
research ~ научно-техническая библиотека
scholarly ~ научная библиотека; учебная библиотека
scientific-and-technical ~ научно-техническая библиотека
sound ~ фонотека
sound effects ~ фонотека звуковых эффектов
special ~ специальная библиотека
stock ~ фильмотека
support ~ вспомогательная библиотека
technical ~ техническая библиотека, фонд технической информации
traveling ~ передвижная библиотека
type ~ библиотека шрифтов, шрифтотека
video picture ~ видеотека
licence, license 1. лицензия, официальное разрешение 2. номерной знак (автомобиля) ◇ ~ under trademark лицензия на товарный знак
~s of right право на лицензию (пометка на патенте о предоставлении изобретателем любому лицу права пользоваться изобретением за вознаграждение)
assignable ~ лицензия с правом передачи
blanket ~ комплексная [всеобъемлющая] лицензия (разрешающая использование любых музыкальных произведений из коммерческой фонотеки за определённый гонорар или процент отчислений с доходов станции-заказчика)
contractual ~ договорная лицензия
driving ~ водительские права
exclusive ~ исключительная лицензия
export ~ экспортная лицензия
flat ~ безусловная лицензия
free ~ свободная лицензия
general ~ генеральная [общая] лицензия
import ~ импортная лицензия
individual ~ индивидуальная лицензия
interim ~ временная лицензия
know-how ~ лицензия на «ноу-хау»
label ~ лицензия на этикетке (отмеченное на этикетке разрешение на использование продаваемого изделия в соответствии с определённым патентом), лицензионная ссылка (на патент) на этикетке
limited ~ ограниченная лицензия
manufacturing ~ лицензия на право производства
nontransferable ~ лицензия, не подлежащая передаче
ordinary ~ простая [неисключительная] лицензия
patent ~ патентная лицензия, лицензия на пользование патентом
price fixing ~ лицензия, предусматривающая ограничение продажной цены

349

licence

renewable ~ возобновляемая [продлеваемая] лицензия
royalty-bearing ~ лицензия, предусматривающая уплату роялти
royalty-free ~ безвозмездная лицензия
selling ~ лицензия на право продажи
temporary ~ временная лицензия
territorialy limited ~ лицензия, действующая на определённой территории
licensee получатель [держатель] лицензии, лицензиат
~ of patent rights лицензиат
joint ~ солицензиат
potential ~ потенциальный [возможный] лицензиат
prospective ~ предполагаемый лицензиат
licensor лицензиар, продавец лицензии
~ of patent rights лицензиар
patentee ~ патентовладелец-лицензиар
trade secret ~ лицензиар «ноу-хау»
life 1. жизнь, существование 2. продолжительность жизни, долговечность 3. образ жизни 4. срок службы ◊ for ~ на всю жизнь, пожизненно; to bring to ~ вызывать к жизни
~ of contract срок действия контракта
~ of patent срок действия патента
average ~ 1. средняя продолжительность жизни 2. средний срок службы
cold storage ~ продолжительность хранения в холодильнике
commercial ~ см. marketable life
daily ~ повседневная жизнь
effective ~ срок эффективного использования
expected ~ предполагаемый срок службы
extended ~ продлённый [увеличенный] срок службы
fresh sales ~ срок годности для продажи в свежем виде (о продуктах питания)
guaranteed ~ гарантированный срок службы
high ~ светское общество, высший свет; светская жизнь

inventory ~ срок хранения товарных запасов
issue ~ срок жизни номера периодического издания (показатель средней продолжительности читаемости. В США: пять недель для еженедельника и три месяца для ежемесячного издания)
later ~ старческий возраст
lone ~ замкнутая [уединённая] жизнь
low ~ жизнь низших классов
marketable ~ длительность сохранения товарного качества (продукта)
material ~ материальная жизнь
methodical ~ правильный образ жизни
model ~ срок жизни модели
operating ~ срок службы, ресурс (машины), эксплуатационная долговечность
private ~ личная [частная] жизнь
product ~ долговечность изделия; срок существования товара (на рынке)
rated ~ расчётный срок службы (товара)
refrigerated shelf ~ срок сохранности (товара) в холодильнике
regular ~ регулярный [размеренный] образ жизни
sales [shelf] ~ срок хранения, возможная продолжительность хранения, срок годности при хранении, сохраняемость товара (в магазине)
social ~ общественная жизнь
spiritual ~ духовная жизнь
still ~ натюрморт, снимок натюрморта
storage ~ продолжительность хранения, срок сохранности
useful ~ срок полезности; срок службы, долговечность
wear ~ продолжительность носки; износоустойчивость
lifestyle образ жизни
basic ~ основополагающий образ жизни
consumer ~ образ жизни потребителей
national ~ национальный образ жизни
lift подъём, движение вверх ◊ to give

limit

product a competitive ~ придать товару преимущество перед товарами конкурентов

light 1. свет; освещённость, видимость 2. осветительный прибор ◇ to see the ~ увидеть свет, выйти из печати
accent ~ *экр.* (точечный) акцентирующий свет; прибор акцентирующей подсветки *(для высвечивания отдельных деталей съёмочного объекта)*
actinic ~ фотохимически активный свет
ambient ~ общее освещение, общая освещённость
artificial ~ искусственный свет; искусственное освещение
back ~ задний свет; подсветка сзади
background ~ фоновый свет
balancing ~ выравнивающий свет, «выравнивание теней»
base ~ основной свет
concentrated ~ направленный свет; направленное освещение
direct ~ прямой свет
fill(-in) ~ заполняющий [выравнивающий] свет
flood ~ заливающий свет
foundation ~ основной свет
framing ~ подсветка кадрового окна *(киноаппарата)*
hot ~ *см.* key light
indicator ~ индикаторная [сигнальная] лампа, световой индикатор
key ~ основной направленный свет, высветка основного объекта
natural ~ естественное освещение, дневной свет
overhead ~ верхний свет
reflected ~ отражённый свет
scattered ~ рассеянный свет
side ~ боковой свет
stray ~ рассеянный свет
tally ~ *экр.* сигнальная лампочка на включённой [работающей] (передающей) телекамере
traffic ~ светофор
visible ~ видимый свет
working ~ рабочее освещение

lightbox 1. рекламное средство с внутренней подсветкой 2. устройство для просмотра с подсветкой

likability привлекательность, способность располагать к себе
like-for-like идентичный, аналогичный, (абсолютно) схожий
likelihood вероятность ◇ in all ~ по всей видимости
~ of misinterpretation вероятность неправильного толкования
like-minded аналогично мыслящий, одинаково думающий
limbo забытое [заброшенное] место ◇ in ~ в отрыве от действительности *(без фона или какого-л. иного окружения)*
limit граница, предел, лимит ◇ to place [to set] ~s устанавливать границы [пределы], положить конец; to the ~ максимально, предельно; within ~s в (определённых) пределах [в рамках], умеренно, в пределах возможности; without ~ неограниченно, в любом размере, в любой степени
~ of accuracy предел точности
~ of demand предельный спрос
~ of error предельная погрешность
~s of law пределы закона
~ of size предельный размер
~ of validity предел достоверности
acceptance ~ допустимый предел
age ~ 1. возрастное ограничение 2. предельный срок службы
allowable ~ допустимый предел
allowance ~s (of error) допустимые пределы *(погрешности)*
audibility ~ предел слышимости
authority ~ предел полномочий
ceiling ~ верхний предел, «потолок»
confidence ~ *стат.* доверительный предел
credit ~ предельный размер кредита
debt ~ предел задолженности
dimension ~ допуск на размер
distribution ~ граница распределения
environmental ~s предельные условия окружающей среды
finite ~ конечный предел
inferior ~ минимум *(минимальный срок, минимальное количество)*
load ~ предельная нагрузка
lower ~ нижний предел
operating ~ предельный срок эксплуатации
page ~ граница страницы

limit

prescribed ~ заданный предел
price ~ **1.** лимит цены *(максимально допустимое увеличение или снижение цен на рынке в течение торгового сезона)*, предел цен **2.** предельная цена
reliability ~ предел надёжности
service life ~ предельный срок эксплуатации
spending ~ предел затрат [расходов]
superior ~ максимум *(максимальный срок, максимальное количество)*
technological ~s технологические ограничения
time ~ лимит времени, временной предел, срок
upper ~ верхний предел
wear ~ предел износа

limitation 1. ограничение; ограниченность **2.** срок давности, исковая давность
~ of method недостаток метода
~ of production ограничение производства
~ of rights ограничение прав
~ of term ограничение срока
accuracy ~ ограничение точности
agreed ~ согласованное ограничение
budget ~s бюджетные ограничения
environmental ~ ограничение, налагаемое условиями окружающей среды
licence ~ ограничение лицензии
practical ~ практическое ограничение, ограничение практического характера
qualitative ~s качественные ограничения
quantitative ~s количественные ограничения
territorial ~ территориальное ограничение

line 1. линия, ряд **2.** черта; строка **3.** курс **4.** граница **5.** род занятий **6.** ассортимент; *pl* товары ◇ above the ~ *англ.* над чертой *(доходы и расходы в бюджете)*; below subsistence ~ ниже прожиточного минимума; below the ~ ниже нормы; *англ.* под чертой *(операции особого характера в бюджете)*; by ~ and level очень точно, аккуратно, методично; in ~ with в согласии с *чем-л.*; to draw a ~ подвести черту *(под чем-л.)*, положить предел *(чему-л.)*; to go on wrong ~s пользоваться ошибочными [неправильным] методами; to justify ~ *полигр.* выключать строку; to space out ~s *полигр.* регулировать [задавать] интервал строк
~ of argument аргументация, последовательность доводов
~ of business **1.** сфера деятельности **2.** отрасль торговли
~ of conduct линия поведения
~ of consanguinity линия кровного родства
~ of duty служебные обязанности
~ of force силовая линия
~ of least resistance линия наименьшего сопротивления
~ of sight линия прямой видимости
~ of work род занятий
address ~ адресная строка, строка с адресом
agate ~ строка «агат» *(служит основой для расчёта стоимости места под рекламу и представляет собой строку, равную ширине стандартной колонки издания и набранную шрифтом кегля 5,5 пунктов или около 1,8 мм)*
assembly ~ сборочная линия, линия сборки *(на конвейере)*
base ~ линия шрифта *(нижний обрез букв, не имеющих нижних выносных элементов)*
bent ~ изогнутая линия
body ~ *полигр.* высота шрифта
bottling ~ линия розлива в бутылки
bottom ~ **1.** итог, итоговые показатели, итоги деятельности; чистая прибыль, итоговая прибыльность **2.** суть, сущность
boundary ~ пограничная линия
canning ~ линия производства консервов
catch ~ короткая строка для выделения текста; ударная строка *(в рекламном объявлении)*
city ~ граница [черта] города
communication ~ линия коммуникации; линия связи
complementary ~ дополняющий ассортимент; товарная группа, допол-

line

няющая ассортимент; дополняющая ассортиментная группа
contour ~ контурная линия
copy ~ **1.** направленность текста **2.** *см.* catch line **3.** *pl* строки оригинала *(на дисплее)*
curved ~ кривая (линия)
dash-dotted ~ штрих-пунктирная линия
dashed ~ пунктирная линия *(из штрихов)*
direction ~ полигр. норма *(сокращённое название книги, помещаемое на первой полосе каждого печатного листа около сигнатуры)*
display ~ выделительная строка
dividing ~ разделительная черта, граница, линия раздела
dotted ~ пунктирная линия *(из точек)*
double ~ двойная линия
female ~ женская линия *(родства)*
fine ~ тонкая линия
frame ~ межкадровое поле *(на киноплёнке)*
freehand ~ произвольная линия
full ~ сплошная линия
general ~ смешанный ассортимент *(в торговом заведении)*
hair ~ засечка *(на концах основных штрихов литеры)*; соединительный штрих
hanging ~ висячая строка *(начальная строка абзаца, завершающая полосу, или концевая неполная строка абзаца, начинающая полосу, недопустимые по техническим правилам вёрстки)*
heading ~ заглавная строка; строка заголовка
heavy ~ **1.** жирная [утолщённая] линия **2.** *pl* тяжёлые товары *(напр. арматура)*
help ~ строка подсказки *(строка на экране дисплея, указывающая доступные команды и их смысл)*
instructional ~s инструкции, указания
international date ~ международная линия смены дат
irregular ~ неровная линия
key ~ **1.** *амер. полигр.* заголовок в одну строку **2.** *pl* разметочные линии, разметка *(положения отдельных элементов на макете и мест штриховки, оттенения, заливки)* **3.** строка в нижней части страницы с перечнем принятых обозначений
layout ~ контурная линия
light ~ тонкая линия
limited ~ ограниченный (товарный) ассортимент
main ~ красная строка
male ~ мужская линия *(родства)*
merchandise ~ ассортиментная группа товаров
opening ~ вступительная строка
pack(ag)ing ~ упаковочная линия, линия упаковки
plump ~ жирная [утолщённая] линия
poverty ~ нижняя граница прожиточного минимума; официальный уровень нищеты, рубеж бедности
price ~ **1.** класс цен **2.** *pl* товары, сгруппированные по одинаковым ценам
printed ~ печатная строка
processing ~ линия технологической обработки
product ~ ассортимент *(состав одноимённой продукции предприятия по видам, сортам и маркам)*, товарный ассортимент, товарный ряд *(параметрический)*, товарная серия
production ~ **1.** производственная линия **2.** вид продукции
punch ~ *см.* catch line
quality ~ ассортимент товаров определённого качества
screen ~ растровая линия
sluggish ~s неходовые товары
solid ~ сплошная линия
specialty ~ специализированный ассортимент
stipple ~ пунктир, пунктирная линия
story ~ фабула, основная сюжетная линия
straight ~ прямая линия
subscriber ~ абонентская линия
tag ~ заключительная [итоговая] фраза *(объявления)*
tape ~ мерная лента, рулетка
theme ~ основная мысль, лейтмотив
thwart ~ поперечная линия
title ~ титульная строка

line

type ~ 1. отливная строка 2. линия шрифта *(нижняя)*
wavy ~ волнистая линия

lineage 1. число строк в печатной странице 2. объём рекламы *(в расчётных строках «агат»)* 3. построчная оплата
advertising ~ объём строк рекламы

lineup 1. расположение, строй 2. компоновка, схема 3. группа (местных) станций *(транслирующих программу одной сети)*
media ~ набор средств рекламы
product ~ товарный ассортимент; номенклатура изделий
program(me) [station] ~ *см.* lineup 3.

link 1. связь; (связующее) звено 2. канал связи
advertising-action ~ связь между рекламой и действием
associative ~ ассоциативная связь
chain ~s связи (между звеньями) цепочки
continuity ~ *экр.* связка *(между эпизодами фильма)*
economic ~s экономические связи
mechanical ~ механическая связь
missing ~ недостающее звено
radio ~ радиолиния; радиорелейная линия
video ~ телевизионная линия связи, телевизионный канал

linkage 1. связь *(взаимозависимость отраслей экономики)* 2. связь; увязывание, увязка 3. *полигр.* компоновка *(напр. полосы)*
high-pressure ~ принудительная увязка

linklady ведущая программу *(по радио или телевидению)*

linkman ведущий программу *(по радио или телевидению)*

lip-synchronization *экр.* синхронизация речи *(при озвучивании, дубляже)*

liquidity ликвидность
excess ~ избыточная [чрезмерная] ликвидность
financial ~ финансовая ликвидность

liquor спиртной напиток
hard ~s крепкие напитки
malt ~ пиво, эль, портер

shanty ~ напитки, продающиеся в пивной
spirituous ~ спиртной напиток

list 1. список, перечень, реестр 2. рассылочный список *(в почтовой рекламе)* ◇ to build mailing ~ составлять рассылочный список; to compile ~ составлять список; to enter in ~ вносить в список; to keep ~ current поддерживать список в рабочем состоянии
~ of classification headings рубрикатор
~ of questions перечень [список] вопросов, вопросник
~ of subtitles *экр.* монтажный лист немого кинофильма, текст субтитров *(кинофильма)*
adjective-check ~ оценочная шкала прилагательных
assembly ~ последовательность сборки
attendance ~ список присутствующих
bestseller ~ список бестселлеров
black ~ чёрный список
business ~ отраслевой список; список деловых партнёров
buying ~ закупочная ведомость, перечень закупок; список покупок
cast ~ список [состав] исполнителей
check ~ контрольный список, вопросник
club-membership ~ список членов клуба
code ~ кодовая таблица
compiled ~ составной список, список-компиляция
consumer ~ список потребителей
created ~ специально составленный список
cross reference ~ список [таблица] перекрёстных ссылок
customer ~ список клиентов
data ~ список данных
dealer ~ список дилеров
direct-mail ~ адресный список для прямой почтовой рекламы
direct response ~ список откликнувшихся на рекламу
duty ~ расписание дежурств
edit (decision) ~ *экр.* план монтажа

literature

farm ~ список фермеров
free ~ список товаров, не облагаемых пошлиной
general medicines ~ *англ.* список лекарственных средств, разрешённых к продаже в обычных торговых предприятиях
general-type ~ список общего типа
hot-line ~ (самый) свежий рассылочный список *(не старее трёх месяцев)*
house ~ собственный рассылочный список фирмы
import ~ перечень статей импорта
intermediate ~ промежуточный список
invitation ~ список приглашённых
location ~ список мест размещения *(установок наружной рекламы)*
mailing ~ рассылочный список, адресный список, список адресатов
master ~ основной [базовый] список
membership ~ список членов
nominal ~ поимённый список
ordered ~ упорядоченный список
packing ~ упаковочный лист
paid-for ~ платный список
polling ~ опросный список, список опроса
price ~ прейскурант; ценник
printed ~ печатный список
professionally compiled ~ профессионально составленный список
publisher's ~ издательский каталог
ready-made ~ готовый список
rented ~ арендуемый список
response ~ список ответивших [откликнувшихся] *(напр. на обращение прямой почтовой рекламы)*
schedule ~ календарный график
shopping ~ список покупок
short ~ окончательный список *(после исключения отсеявшихся);* список допущенных к последнему туру *(конкурса)*
spare parts ~ перечень запасных частей
special(ized) ~ специализированный список
specified ~ подробный список
subject ~ тематический список
subscription ~ список подписчиков
symbol ~ таблица условных знаков

tax ~ налоговый справочник
trademark ~ перечень товарных знаков
waiting ~ *ТМО* «лист ожидания», список очерёдности выполнения заказов
wish ~ список (по)желаний
listener слушатель
  good ~ человек, умеющий слушать
  radio ~ радиослушатель
  regular ~ постоянный слушатель
listenership аудитория слушателей, слушательская аудитория
listening слушание, прослушивание
  out-of-home ~ слушание вне дома
  radio ~ слушание радио
listing составление списка; (компьютерная) распечатка
  dealer ~ перечень [список] дилеров
  detailed ~ подробная опись
list-seller продавец (адресных) списков
literacy грамотность
  computer ~ компьютерная грамотность
literature литература; печатные материалы *(особенно пропагандистские)*
  accompanying ~ сопроводительная *(рекламно-коммерческая)* литература
  application ~ литература *(рекламная)* об областях применения товара
  company ~ рекламно-коммерческая литература фирмы, печатные издания фирмы *(в т.ч. престижного характера)*
  grey ~ издания для служебного пользования
  legal ~ юридическая литература
  maintenance ~ документация по техническому обслуживанию
  marketing ~ литература [печатные материалы] по маркетингу
  narrative ~ художественная проза
  patent ~ патентная литература
  patent-associated ~ патентно-ассоциированная литература *(непатентная литература, используемая при экспертизе заявки)*
  product ~ товаросопроводительная литература; литература о товаре
  sales ~ рекламно-коммерческая литература
  scientific ~ научная литература

literature

  self-improvement ~ литература по самосовершенствованию
  supplementary ~ дополнительная [вспомогательная] литература
  "take-one" ~ литература для бесплатной раздачи
  travel ~ туристская литература
lithography 1. литография 2. плоская печать
  direct ~ литография
  flat-bed ~ плоская печать
  metal-plate ~ плоская офсетная печать с металлических форм
  multicolour ~ многокрасочная плоская печать
  offset ~ плоская офсетная печать, офсет
  optical ~ оптическая литография
  relief ~ высокая офсетная печать
lithoprint литографский оттиск
living 1. образ жизни 2. средства к существованию ◇ to gain ~ зарабатывать средства к существованию
  good ~ богатая жизнь
  plain ~ простая [скромная] жизнь
  right ~ правильный [регулярный] образ жизни
  subsistence ~ минимально-допустимый жизненный уровень
load груз, нагрузка
  applied ~ приложенная нагрузка
  commercial ~ *вещ.* коммерческая нагрузка *(число минут, выделяемых под рекламу в течение часа)*
  critical ~ критическая нагрузка
  limit ~ предельная нагрузка
  spot ~ допустимая рекламная нагрузка *(напр. в США радиостанции могут выделять под рекламу не более 18 мин./ч)*
loader нагрузка *(при покупке)*
  buying [dealer] ~ премия *(дилеру)* за закупку
loan заём, ссуда, кредит ◇ ~ against securities ссуда под ценные бумаги; ~ at interest ссуда под проценты; on ~ (данный) взаймы, предоставленный на время *(об экспонате, образце)*; ~ on collateral ссуда под двойное обеспечение; ~ on pawn ссуда под залог; ~ on policy ссуда под страховой полис; to repay ~ погашать ссуду

  ~ of money денежная ссуда, денежный заём
  bank ~ банковская ссуда
  call ~ *амер.* ссуда до востребования
  commercial ~ коммерческая [подтоварная] ссуда
  commodity ~ ссуда под обеспечение товаром
  consumer ~ потребительская ссуда, потребительский заём
  dealer ~ дилерский кредит *(однодневный кредит, предоставляемый дилеру под залог)*
  demand ~ *см.* call loan
  farm ~ сельскохозяйственная ссуда; фермерская ссуда
  forced ~ принудительный заём
  gift ~ беспроцентная ссуда
  government ~s государственные займы
  guaranteed ~ *амер.* гарантированная ссуда, гарантированный заём
  installment ~ ссуда с погашением в рассрочку
  interim ~ промежуточный заём
  inventory ~ заём, выданный под товарные запасы
  juice ~ заём «с наваром» *(под проценты)*
  long(-term) ~ долгосрочная ссуда
  mortgage ~ *см.* real estate loan
  open-end ~ потребительская ссуда с нефиксированной заранее суммой; кредит в форме открытого лимита
  personal ~ личный кредит
  precarious ~ ссуда до востребования
  private ~ частный заём
  public ~ государственный заём
  real estate ~ ипотечная ссуда, ипотечный кредит, ссуда под залог недвижимого имущества
  seasonal ~ сезонная ссуда
  self-liquidating ~ самоликвидирующаяся ссуда *(автоматически погашаемая)*
  short ~ краткосрочная ссуда
  soft ~ льготный кредит, льготная ссуда
  time ~ ссуда, предоставляемая на определённый срок, ссуда с определённым сроком погашения
  unsecured ~ необеспеченный заём, необеспеченная ссуда

warehouse ~ ссуда под складированные товары
loaner заёмщик
loan-shark ростовщик-«акула»
locality местность; район, окрестности
◇ **in the ~ of** поблизости от
location 1. место(рас)положение; местожительство 2. натурная площадка *(при выездных съёмках)*, место натурных съёмок ◇ **to shoot on ~** *экр.* снимать на натуре
~ **of industry** размещение промышленности
advertising ~ место размещения (наружной) рекламы
choice ~ выгодное место размещения
convenient ~ удобное размещение
customer ~ местонахождение заказчика
eye-level shelf ~ размещение товара на полке на уровне глаз покупателя
farm ~ расположение фермы
fixed ~ фиксированное местоположение *(рекламы)*
head-on ~ размещение наружной рекламы перпендикулярно потоку движения
high-traffic ~ место интенсивного пешеходного движения
market ~ размещение рынков
outdoor board ~ местоположение щита наружной рекламы
parallel ~ размещение наружной рекламы параллельно потоку движения
prime ~ наиболее выгодное [удобное] расположение
shooting ~ место съёмки
stocking ~ место хранения товарных запасов
top ~ *см.* prime location
work ~ рабочее помещение; рабочее окружение, рабочая обстановка
loco *лат.* локо *(франко-место нахождения товара)*
log 1. (диспетчерский) журнал; дневник; регистрация, запись 2. *вещ.* (почасовой рабочий) график передач *(включая рекламу)*
activity ~ рабочий регистрационный журнал, регистрационный журнал мероприятий
audit ~ контрольный журнал

edit ~ *экр.* журнал режиссёра *(для монтажа телепрограммы)*
maintenance ~ журнал учёта ремонтных работ
observation ~ журнал наблюдений
production ~ *экр.* режиссёрский сценарий
telephone ~ журнал регистрации телефонных разговоров
logic логика, логическая схема; логичность; разумность; закономерность
◇ **to argue with ~** рассуждать логично; **to chop** спорить, препираться, доказывать
~ **of events** логика событий
adaptive ~ адаптивная логика
control ~ управляющая логика
decision ~ логическая схема принятия решения
deductive ~ дедуктивная логика
formal ~ формальная логика
fuzzy ~ нечёткая [размытая] логика
inductive ~ индуктивная логика
marketing ~ рациональное построение маркетинга
mathematical ~ математическая логика
probabilistic ~ вероятностная логика
psychological ~ психологизм
windy ~ шаткая логика
logogram логограмма *(условный знак или буква, обозначающая слово, напр. знак $)*
logo(type) 1. логотип *(словесный товарный знак или фирменное наименование в оригинальном, юридически зарегистрированном начертании)* 2. фирменный знак, показываемый в углу телеэкрана
brand ~ марочный логотип, логотип марочного товара
corporate ~ (обще)фирменный логотип
musical ~ *вещ.* музыкальные позывные
longhair *разг.* эстет
look 1. (внешний) вид, наружность 2. взгляд
~ **of pleasure** довольный вид, довольное выражение
corporate ~ репутация фирмы; фирменный стиль
distinctive ~ отличительный вид

look

dress-up ~ нарядный вид
preppy ~ опрятный [прилизанный] вид
searching ~ испытующий взгляд
vacant ~ отсутствующий взгляд
Western ~ ковбойский вид
look-alike двойник, что-то очень похожее, имитация
loop контур, петля
  closed ~ замкнутый контур
  control ~ управляющая цепь, контур управления
  customer ~ клиентурный контур
  feedback ~ контур [цепь] обратной связи
  focus-test ~ экр. кольцевой контрольный фильм для проверки резкости изображения
  in-house ~ учрежденческий [внутрифирменный] контур
  ladder-of-agreements ~ контур лесенки соглашений
  open ~ разомкнутый цикл
  selling process ~ контур процесса сбыта
  subscriber ~ абонентский контур
  subsidiary ~ дополнительный контур
Loop ◇ the ~ Луп, «петля» *(главный торговый центр Чикаго)*
looping дублирование, дубляж *(фильма)*
loosening of patterns расшатывание схем
loss убыток, ущерб, потеря; лишение ◇ to sell at ~ продавать в убыток
  ~ of face унижение; потеря престижа [доброго имени]
  ~ of morale деморализация
  ~ of profit упущенная выгода
  ~ of strength упадок сил
  accumulated ~es суммарные убытки
  actual ~es фактические потери
  actual total ~ действительный общий убыток *(полное уничтожение судна или его пропажа без вести)*
  annual ~es ежегодные убытки
  audience ~ отток [потеря] аудитории
  business ~ снижение деловой активности
  credit risk ~es убытки в связи с кредитным риском
  cumulative ~es итоговые убытки
  data ~ потеря данных
  dead ~ чистый убыток
  grievous ~ тяжёлая утрата
  handling ~es потери при погрузочно-транспортных операциях
  irreparable ~ невозместимая потеря
  known ~es определяемые [учитываемые] потери
  manufacturing ~es производственные потери
  natural ~ естественная убыль
  net ~ чистый убыток
  operating ~es убытки от основной деятельности
  operational ~es эксплуатационные потери
  partial ~ частичная потеря
  pecuniary ~ денежный [материальный] ущерб
  perceptive ~ потеря [снижение] способности восприятия
  pure ~ чистые потери, чистый убыток
  real ~es фактические потери
  total ~ полная потеря
  trivial ~ незначительный убыток, незначительная потеря
  working ~ производственные потери
loss-leader убыточный лидер *(товар, продаваемый иногда даже с убытком ради привлечения в магазин дополнительного числа покупателей)*
lot 1. партия, серия *(товаров, изделий)* 2. участок *(земли)* 3. лот *(на аукционе)* 4. киностудия
  ~ of goods партия товара
  bulk ~ партия товара навалом
  carload ~ вагонная партия товара, повагонная партия
  inspection ~ контрольная партия
  job ~ 1. партия товара, закупленная в разовом порядке 2. отдельная партия
  parking ~ (авто)стоянка
  pilot ~ опытная партия
  production ~ партия изделий
  regular ~ стандартная партия *(товаров)*
  trial ~ опытная партия
  wood ~ лесной участок, лесное угодье
lotion лосьон; примочка
  aftershave ~ лосьон после бритья
  all-purpose ~ универсальный лосьон

machine

astringent ~ вяжущее косметическое средство
baby ~ детский крем
hand ~ крем для (смягчения кожи) рук
oily skin ~ жирный крем для кожи
sunscreen ~ лосьон от загара
suntan ~ масло для загара
lottery лотерея
   coupon ~ лотерея купонов
   lawful ~ законная лотерея
   multistage ~ многоступенчатая лотерея
   reader ~ лотерея для читателей, читательская лотерея
   rigged ~ мошенническая лотерея
   simple ~ простая лотерея
lounge салон-вестибюль; гостиная в отеле; комната отдыха
   cocktail ~ коктейль-бар
lowlights «затемнения», (наиболее) тёмные места изображения
low-tech устаревшей технологии
loyal приверженец *(товарной марки, магазина)*
   hard-core ~ твёрдый [безоговорочный] приверженец
   shifting ~ непостоянный приверженец *(меняющий объекты своей приязанности)*
   soft-core ~ терпимый приверженец *(одинаково относящийся к нескольким маркам, нескольким магазинам)*
loyalty приверженность, верность, преданность, привязанность, лояльность
   audience ~ приверженность аудитории
   brand ~ приверженность к марке *(степень доверия, выражающаяся в продолжительности или регулярности пользования марочным товаром)*
   channel ~ приверженность [привязанность] аудитории к (определённому) каналу *(радио или телевидения)*
   consumer ~ потребительская приверженность, приверженность клиентуры
   customer ~ покупательская приверженность
   divided ~ рассредоточенная [поделённая] приверженность *(в отличие от безраздельной)*
   employee ~ преданность служащих *(фирме)*
   hard-core ~ безоговорочная [твёрдая] приверженность
   institutional ~ приверженность к организации
   pretended ~ мнимая [лицемерная] преданность
   undivided ~ безраздельная приверженность
   viewer ~ приверженность зрителя, зрительская приверженность
luggage багаж; *амер.* чемодан
   hard-side ~ жёсткий чемодан
   moulded ~ литой чемодан
   soft-side ~ мягкий чемодан

M

machine 1. машина, механизм 2. транспортное средство 3. организационный аппарат
   accounting ~ 1. фактурная машина 2. счётно-перфорационная машина
   administrative ~ административный аппарат
   anesthetic ~ наркозный аппарат
   answering ~ (телефонный) автоответчик
   automatic banking ~ банковский автомат
   automatic cash vending ~ банковский автомат, выдающий наличные деньги
   automatic selling ~ *амер.* торговый автомат
   automatic teller ~ банковский автомат
   branding ~ маркировочная машина
   casting ~ отливной аппарат
   chewing-gum ~ автомат по продаже жевательной резинки
   coin-operated ~ монетный автомат
   cold-type ~ фотонаборная машина
   data-processing ~ машина для обработки данных

machine

dictating ~ диктофон
duplicating ~ множительная машина, копировальный аппарат
electronic banking ~ электронный банковский автомат
envelope-making ~ машина для изготовления конвертов
facsimile [fax] ~ факсимильный аппарат, факс
franking ~ франкировальная машина, машина для франкирования корреспонденции
home electronics ~ бытовое электронное устройство
home exercise ~ домашний тренажёр
intertype ~ строкоотливная наборная машина «Интертип»
kidney ~ искусственная почка, аппарат искусственной почки
labeling ~ этикетировочная машина
letterpress ~ машина высокой печати
linotype ~ строкоотливная наборная машина «линотип»
Ludlow ~ крупнокегельная наборная машина
mailing ~ машина для автоматического адресования корреспонденции
marking ~ маркировочная машина
monotype ~ буквоотливная наборная машина «монотип»
offset printing ~ офсетная печатная машина
opinion-voting ~ машина для голосования, регистрирующая мнения
pack(ag)ing ~ упаковочная машина
perfecting ~ машина для двухсторонней печати
photocomposing [phototypesetting] ~ фотонаборная машина
sewing ~ швейная машина
silk-screen printing ~ машина шёлкотрафаретной печати
slot ~ *амер.* торговый автомат
state ~ государственный аппарат, государственная машина
teaching ~ обучающая машина
typesetting ~ шрифтонаборная машина
vending ~ *амер.* торговый автомат
washing ~ стиральная машина
wire-stitching ~ проволокошвейная машина
machinery 1. механизмы, машины, оборудование 2. структура, организационный аппарат
canning ~ консервное оборудование
computing ~ вычислительная техника
control ~ аппарат по контролю
economic ~ механизм экономики
farm ~ сельскохозяйственные машины
follow-up ~ механизм последующей деятельности
packing ~ упаковочное оборудование
second-hand ~ подержанная техника
machining механическая обработка
multiple ~ совмещение печатных работ
macroeconomy макроэкономика
macroenvironment макросреда *(факторы широкого демографического, экономического, природного, научно-технического, политического и культурного характера, которые неподвластны влиянию фирмы и с которыми ей приходится считаться в своей маркетинговой деятельности)*
macromarketing макромаркетинг
magazine 1. журнал, периодическое издание 2. склад 3. магазин(-питатель)
advertising ~ рекламный журнал, журнал по рекламе
bi-monthly ~ журнал, выходящий раз в два месяца
bi-weekly ~ журнал, выходящий раз в две недели
business ~ деловой [специализированный] журнал
children's ~ детский журнал
church ~ церковный журнал
class ~ престижный [высококлассный] журнал *(обычно рассчитанный на читателей с высоким уровнем доходов)*
colour ~ цветной журнал, журнал цветной печати
company ~ фирменный журнал
consumer ~ потребительский журнал *(журнал общего характера, рассчитанный на широкую аудиторию читателей-потенциальных потребителей)*

magazine

controlled-circulation ~ журнал с контролируемым тиражом
craft ~ журнал, посвящённый ремеслу
current events ~ хроникальный журнал
domestic women's ~ женский журнал по домоводству
dummy ~ (оригинал-)макет журнала
employee ~ фирменное издание для *(собственных) рабочих и служащих*
fan ~ журнал для поклонников [болельщиков]
farm ~ сельскохозяйственный [фермерский] журнал
fashion ~ журнал мод
flight ~ журнал, распространяемый в полёте
fortnightly ~ журнал, выходящий раз в две недели
fraternal ~ студенческий журнал
general business ~ общеэкономический журнал
general editorial ~ см. general-interest magazine
general farm ~ сельскохозяйственный журнал общего направления
general(-interest) ~ журнал общего направления, массовый журнал
girlie ~ журнал «с девочками», журнал «только для мужчин» *(с эротическими снимками)*
glossy ~ глянцевый журнал, журнал на глянцевой бумаге *(обычно женский или журнал мод)*
health ~ журнал по проблемам здоровья
highly specialized ~ узкоспециализированный журнал
hobby ~ журнал, посвящённый увлечениям
house ~ фирменный журнал
industrial ~ журнал промышленного направления
informational ~ информационный журнал
large-circulation ~ крупнотиражный журнал
mass(-circulation) ~ массовый журнал, журнал массового распространения
men's ~ журнал для мужчин, мужской журнал

monthly ~ ежемесячный журнал
national ~ общенациональный журнал
news ~ общественно-политический журнал
picture ~ иллюстрированный журнал
preteen ~ журнал для детей предподросткового возраста *(9-12 лет)*, журнал для детей среднего школьного возраста
professional ~ профессиональный журнал
pulp ~ макулатурный журнал, журнальное чтиво *(популярный журнал, рассчитанный на массового невзыскательного читателя)*; журнал на плохой бумаге
quarterly ~ ежеквартальный журнал
romance ~ журнал любовно-романтического направления
sectional ~ журнал географической привязки *(рассчитанный на аудиторию какого-то одного конкретного географического района)*
selective ~ специализированный журнал
shelter ~ журнал по домоводству
silk-paper ~ журнал на мелованной бумаге
special interest ~ специализированный журнал
specialist ~ журнал для специалистов
specialized ~ специализированный журнал
subscription ~ подписной журнал, журнал, распространяемый (только) по подписке
take-home ~ бесплатно раздаваемый журнал
technical ~ технический журнал
teenager ~ журнал для подростков
top ~ ведущий журнал
trade ~ отраслевой [профессиональный] журнал; торговый журнал
travel ~ туристский журнал
"true story" ~ журнал «историй из жизни»
video tape ~ журнал на видеоленте, видеожурнал
women's (service) ~ женский журнал
youth ~ молодёжный журнал

magnitude

magnitude 1. значимость 2. величина, размах
~ of **problem** масштабность проблемы
~ of **error** величина погрешности
actual ~ фактическая величина
economic ~s экономические параметры

mail почта, почтовая корреспонденция
◇ **by return** ~ обратной почтой; **to deliver** ~ доставлять почту
business reply ~ рекламное отправление с оплаченным ответом
diplomatic ~ дипломатическая почта
direct ~ прямая почтовая рассылка
electronic ~ электронная почта *(средства пересылки и хранения сообщений между пользователями сети ЭВМ)*
express ~ *амер.* экспресс-почта *(система доставки в течение суток)*
fan ~ письма от поклонников [болельщиков]
first-class ~ *амер.* почтовая корреспонденция первого класса *(запечатанные отправления)*
foreign ~ заграничная корреспонденция
fourth-class ~ *амер.* почтовая корреспонденция четвёртого класса *(отправления в виде печатной продукции, напр. книг)*
franked ~ франкированное [маркированное] почтовое отправление
incoming ~ входящая [поступающая] корреспонденция
junk ~ почтовая макулатура, «макулатурная» почта *(материалы прямой почтовой рекламы, не представляющие с точки зрения получателя никакой ценности)*
outgoing ~ исходящая почта
private ~ частная почтовая служба *(в отличие от государственной)*
registered ~ заказная корреспонденция
second-class ~ *амер.* почтовая корреспонденция второго класса *(пересылаемые по почте газеты и журналы)*
third-class ~ *амер.* почтовые отправления третьего класса *(по сниженному тарифу весом не более 230 г., пересылаемые в незапечатанных конвертах)*
undelivered ~ недоставленные почтовые отправления
unopened ~ нераспечатанные письма
white ~ «белая» почта, запросы [заказы] без ссылок *(в которых нет ссылки на конкретную рекламу, послужившую их основой)*

mailgram письмо-депеша *(передаётся по телеграфу, а затем доставляется адресату как почтовое отправление первого класса)*

mailer 1. отправитель материалов прямой почтовой рекламы 2. *pl* рекламно-информационные материалы, рассылаемые по почте

mailing почтовое отправление; отправка почтой
blanket ~ массовая рассылка
bulk ~ *амер.* рассылка крупными партиями, оптовая рассылка *(отправления третьего класса, доставляемые на почту в пачках, рассортированными по штатам и городам)*
controlled ~ почтовая рассылка в контролируемых условиях
coop(erative) ~ совместная рассылка *(в отправление включены материалы двух или более рекламодателей)*
cordial-contact ~ отправление «задушевного» характера
enquiry response ~ *(массовая)* рассылка в расчёте на получение запросов
follow-up ~ последующая рассылка
group [marriage] ~ *см.* **coop(erative) mailing**
mass ~ массовая рассылка
promotional ~ отправление прямой почтовой рекламы
resident ~ рассылка по месту жительства
sampling ~ рассылка (с вложением) образцов товара
search ~ поисковая рассылка
solo ~ сольная рассылка, рассылка сольных комплектов *(с рекламой одного товара или ограниченной группы взаимосвязанных товаров, в*

makeready

комплект входят письмо, брошюра и бланк ответа)
test ~ пробная рассылка
mainstay 1. основной товар 2. основа; основная статья *(экспорта, импорта)*
maintenance 1. содержание, уход и ремонт 2. сохранение; поддержание ◇
care and ~ уход и сбережение
~ of market share удерживание доли рынка
~ of order поддержание порядка
emergency ~ аварийное обслуживание
health ~ медицинское обслуживание
home ~ уход за домом и текущий ремонт
list ~ поддержание *(рассылочных) списков* в рабочем состоянии, ведение рассылочных списков
preventive ~ профилактическое обслуживание, планово-предупредительный ремонт
price ~ поддержание цен
resale price ~ 1. поддержание цен при перепродаже товаров 2. поддержание розничных цен
scheduled ~ плановый ремонт, плановое обслуживание
unscheduled ~ внеплановое обслуживание
majority большинство ◇ to be in ~ быть в большинстве; to gain the ~ получить большинство *(голосов)*
absolute ~ абсолютное большинство
bare ~ незначительное большинство
clear ~ явное [очевидное] большинство
competent ~ достаточное большинство
early ~ *амер.* раннее большинство *(люди, воспринимающие новый товар раньше среднего покупателя, но после новаторов и ранних последователей и после значительного обдумывания)*
large ~ *амер.* значительное большинство
late ~ запоздалое большинство *(люди, выжидающие, когда общественное мнение признает товар достойным приобретения)*
marginal ~ незначительное большинство
middle ~ *амер.* срединное большинство *(представители низшего среднего и высшего низшего классов, составляющие в совокупности около двух третей населения страны)*
narrow ~ незначительное большинство
overwhelming ~ подавляющее большинство
qualified ~ квалифицированное большинство
relative ~ относительное большинство
requested [requisite] ~ требуемое большинство
shoe-string ~ незначительное большинство
simple ~ простое большинство
statutory ~ уставное большинство
swingeing ~ подавляющее большинство
working ~ рабочее большинство; большинство, достаточное для начала работы
majuscule прописная буква, маюскула *(в древних рукописях)*
makegood «компенсация»; исправление; возврат суммы, «возмещение» *(бесплатная повторная публикация объявления или трансляция вещательного ролика взамен рекламы, которая ранее появилась либо с нарушением оговорённых сроков, либо с техническим браком или искажениями)*
maker 1. изготовитель, создатель 2. поставщик
ad ~ создатель рекламного объявления
car ~ автомобилестроитель
decision ~ 1. распорядитель 2. лицо, принимающее решение
ice ~ льдогенератор
plate ~ изготовитель печатных форм
policy ~ лицо, определяющее политику
price ~ сторона в сделке, определяющая цену
make(-)ready *полигр.* приправка *(подгонка отдельных участков печатной формы для увеличения или уменьшения давления печатного*

maker-up

пресса с целью получения высококачественного отпечатка)
maker-up *полигр.* верстальщик, метранпаж
makeup 1. состав, структура 2. характер 3. *полигр.* вёрстка 4. макет; план 5. монтаж; компоновка
~ **of manpower** структура рабочей силы
ad(vertisement) ~ компоновка объявления
audience ~ состав аудитории
circus ~ сумбурная вёрстка, «компот» *(полоса с множеством шрифтов разных кеглей и рисунков, нагромождением заголовков, производящая сумбурное впечатление)*
columnar ~ многоколонная вёрстка *(газетного или журнального текста)*
computer-aided ~ компьютерная вёрстка
dummy ~ макет вёрстки
emotional ~ эмоциональный склад
horizontal ~ горизонтальная вёрстка
human ~ характер [склад] человека
material ~ материальная структура; набор использованных конструкционных материалов
mixed ~ смешанная вёрстка
page ~ вёрстка полос
population ~ структура населения
psychological ~ психологический склад, психологическая структура
pyramid ~ вёрстка типа «пирамида» *(колонка рекламных объявлений ступенчато сужается по мере приближения к верхнему обрезу газетной полосы)*
social ~ социальный состав
vertical ~ вертикальная вёрстка
well ~ макет типа «колодец» *(редакционный материал с двух сторон, а иногда еще и снизу обрамлён рекламой)*
making 1. создание, становление 2. форма, строение 3. производство; изготовление
bread ~ хлебопекарное производство; выпечка хлеба
consumer decision ~ принятие потребителем решения *(обычно о покупке)*

cooperative decision ~ коллективное принятие решений
decision ~ принятие решения; процесс принятия решения
money ~ получение прибыли, наживание денег
rate ~ разработка [расчёт] тарифов
mall торговая улица
pedestrian ~ пешеходная торговая улица
shopping ~ (торговый) пассаж, торговая улица *(с большим числом магазинов)*
malnutrition недоедание, недостаточное питание
malpractice незаконные [противозаконные] действия; злоупотребление доверием
medical ~ врачебная ошибка, неправильное лечение, преступная небрежность врача
man человек; рабочий, работник
~ **of action** человек дела, энергичный человек
~ **of business** деловой человек
~ **of ideas** изобретательный [находчивый] человек
~ **of law** адвокат, юрист, правовед
~ **of principle** принципиальный человек
~ **of sense** разумный [здравомыслящий] человек
~ **of straw** лжесвидетель; подставное лицо
~ **of taste** человек со вкусом
~ **of the house** глава семьи
~ **of vision** дальновидный человек
account (contact) ~ контактор, ответственный исполнитель *(руководитель рабочей группы агентства, обслуживающей конкретного клиента)*
ad(vertising) ~ работник [специалист] рекламы
anchor ~ *вещ.* ведущий программы
boom ~ оператор микрофонного журавля, микрофонщик *(на съёмке)*
calculating ~ расчётливый человек
can-do ~ умелец, человек, который всё умеет делать сам
con ~ ловкач, проходимец, мошенник
copy ~ автор текстов, текстовик

deliberate ~ осмотрительный человек
detail ~ торговый агент; «разъяснитель»; порученец-разъяснитель
economic ~ хозяйственный человек
family ~ *амер.* семьянин, семейный человек; домосед
field ~ представитель (фирмы) на месте, местный представитель *(фирмы)*
front ~ *амер. жарг.* «человек-вывеска», подставное лицо *(при объявлении ложного банкротства)*
fulltime ~ работник с полной занятостью
key ~ лицо, играющее основную роль
layout ~ автор макета, макетировщик, оформитель; технический редактор
make-up ~ *полигр.* верстальщик, метранпаж
many-sided ~ многосторонний [разносторонний] человек
marketing ~ специалист по маркетингу
media ~ работник средств массовой информации; специалист по средствам массовой информации
newspaper mark-up ~ разметчик в газете
organization ~ представитель организации, функционер
production ~ производственник
promotion ~ посредник, агент
property [props] ~ *экр.* реквизитор, бутафор
public relations ~ специалист по организации общественного мнения [по связям с общественностью]
repair ~ мастер по ремонту, рабочий-ремонтник
research ~ исследователь
salaried ~ служащий на окладе
slot ~ помощник редактора *(в редакции газеты)*
still ~ фотограф (кино)съёмочной группы
stunt ~ (дублёр-)каскадёр
trained ~ обученный [квалифицированный] работник
management 1. менеджмент, управление, заведование 2. правление, дирекция, администрация ◇ ~ by consensus управление на основе консенсуса; ~ by objectives управление методом оценки эффективности; ~ by wandering around «блуждающее» управление, руководство без знания дела
account ~ руководство службой исполнения заказов клиентов
advertising ~ управление рекламой [рекламной деятельностью]
brand ~ управление производством марочного товара
business ~ деловое управление, управление коммерческим предприятием
central ~ центральное правление
channel ~ управление каналом распределения
computer-assisted ~ автоматизированное управление, управление с использованием ЭВМ
corporate ~ руководство корпорации; управление корпорацией
creative ~ руководство творческой службы *(агентства)*
credit ~ управление кредитными операциями
data ~ обработка данных
data-base ~ управление базой данных
day-to-day ~ оперативное руководство
demand ~ управление спросом, контроль и регулирование спроса
design ~ управление [руководство] дизайном
environmental ~ меры по рациональному использованию окружающей среды
event ~ организация и проведение специальных мероприятий *(в сфере связей с общественностью)*
executive ~ исполнительное руководство, административное управление
farm ~ рациональная организация сельскохозяйственного производства; управление фермерским хозяйством
file ~ управление файлами *(в ЭВМ)*, ведение файлов
financial ~ управление финансовой деятельностью
functional ~ функциональное управление

management

general ~ общее [генеральное] управление
higher ~ высшее руководство
home ~ ведение домашнего хозяйства
industrial ~ управление промышленностью [промышленной деятельностью]; промышленное руководство
information ~ руководство информационной деятельностью
innovation ~ управление инновациями
inventory ~ управление запасами; управление материально-техническим снабжением
knowledge ~ использование знаний
land-use ~ землепользование
line ~ линейное управление; среднее звено управления на предприятии *(напр., мастер, начальник цеха)*
marketing ~ управление маркетингом
media ~ руководство службы средств рекламы *(агентства)*
merchandise ~ управление товарными запасами
middle ~ руководство среднего административного звена
natural resource ~ рациональное использование и воспроизводство природных ресурсов
nature ~ природопользование
nutritional ~ лечебное питание, диетотерапия
office ~ руководство административно-хозяйственной службы
operations ~ управление операциями, управление основной деятельностью
operative ~ оперативное управление
personnel ~ работа с кадрами, подбор и расстановка кадров
product ~ управление производством товара, управление товарным производством
professional ~ профессиональное руководство
quality ~ управление качеством
rate ~ регулирование тарифов
reputation ~ управление репутацией, забота о репутации *(напр. фирмы)*
research ~ руководство исследовательской службой
resource ~ управление ресурсами
retail ~ управление розничным предприятием; руководящие работники розничной торговли
retailing ~ управление розничной деятельностью
sales ~ управление сбытом
sales-force ~ управление торговым персоналом *(фирмы)*, организация работы торгового персонала фирмы
scientific ~ научная организация труда, научное управление
senior ~ старшее [высшее] руководство
staff ~ функциональное управление
strategic ~ стратегическое управление
system ~ системное управление
team ~ коллективное руководство
technology ~ управление технологией
territory ~ управление (сбытовой) территорией, организация работы на (сбытовой) территории
time ~ умение распоряжаться временем
top ~ старшее [высшее] руководство
total quality ~ комплексное [всеобщее] управление качеством
traffic ~ 1. организация прохождения заказов *(в рекламном агентстве)* 2. управление экспедиционно-транспортной службой
upper ~ старшее [высшее] руководство
zero-defects ~ управление бездефектностью

manager менеджер, управляющий, администратор, руководитель
account ~ руководитель рабочей группы клиента *(в рекламном агентстве)*, руководитель группы по работе с клиентом
advertisement ~ управляющий по рекламе *(несёт ответственность за рассмотрение и одобрение планов рекламы и непосредственное создание рекламных объявлений, обычно подчиняется директору службы рекламы)*
advertising ~ управляющий службой рекламы
agribusiness ~ управляющий агропромышленным предприятием

manager

asset ~ управляющий активами, распорядитель активов
assistant ~ заместитель заведующего [управляющего]
branch ~ руководитель филиала [отделения]
brand ~ управляющий по товарной марке, заведующий производством марочного товара
business ~ коммерческий управляющий
circulation ~ заведующий отделом распространения *(газеты)*
creative ~ управляющий творческой службой; художественный руководитель
customer service ~ управляющий службой сервиса для клиентов
deputy ~ заместитель заведующего [управляющего]
design ~ управляющий по дизайну, управляющий службой дизайна
display ~ управляющий по оформительским работам, управляющий службой оформления
district ~ управляющий сбытовым районом
district sales ~ районный управляющий по сбыту, управляющий районной службой сбыта
district service ~ управляющий районной службой сервиса
divisional ~ управляющий отделением [филиалом] фирмы
employment ~ заведующий отделом найма [набора рабочих]
energy ~ заведующий энергетическим хозяйством
executive ~ заведующий-исполнитель; (руководитель-)хозяйственник
exhibition ~ директор выставки
field district ~ управляющий местным сбытовым районом
file ~ диспетчер файлов *(в программах ЭВМ)*
finance [financial] ~ финансовый управляющий, управляющий финансовой службой, управляющий по финансам
functional ~ *см.* staff manager
general ~ генеральный управляющий; директор предприятия
group brand ~ управляющий по группе марочных товаров
group (product) ~ управляющий группой товаров
house ~ администратор театра
international marketing ~ управляющий службой международного маркетинга
inventory ~ управляющий службой материально-технического снабжения, управляющий службой товарных запасов
line ~ линейный руководитель *(напр. мастер)*
mailing list ~ куратор рассылочного списка *(лицо, ответственное за поддержание этого списка в рабочем состоянии)*
manufacturing ~ заведующий производством, управляющий-производственник
market ~ управляющий по рынку
marketing ~ управляющий по маркетингу
marketing administration ~ управляющий службой маркетинга
marketing communications ~ управляющий службой маркетинговых коммуникаций
marketing planning ~ управляющий службой планирования маркетинга, управляющий маркетинговым планированием
marketing research ~ управляющий службой маркетинговых исследований
media ~ управляющий службой средств рекламы
merchandise division ~ управляющий отделом комплектования ассортимента *(в магазине)*
middle ~ управляющий среднего административного звена
national sales ~ управляющий общенациональной службой сбыта
new-products ~ управляющий по новым товарам
operating ~ управляющий оперативным подразделением
paid farm ~ наёмный управляющий фермой
patent ~ руководитель патентной службы

367

manager

personnel ~ управляющий службы кадров, начальник отдела кадров
physical distribution ~ управляющий службой товародвижения
plant ~ директор завода [предприятия], управляющий предприятием
print ~ диспетчер печати *(в программах ЭВМ)*
product ~ управляющий по товару, заведующий производством товара
product advertising ~ управляющий службой рекламы товара
product group ~ управляющий по группе товаров
production ~ заведующий производственным отделом *(рекламного агентства)*; руководитель производства
product line ~ управляющий по товарному ассортименту
product promotion ~ управляющий службой продвижения товара *(в торговую сеть)*
products ~ управляющий по товарной номенклатуре
product sales ~ управляющий службой сбыта товара
professional ~ профессиональный менеджер
program ~ диспетчер программ *(ЭВМ)*
promotional ~ управляющий службой стимулирования
property ~ заведующий реквизиторским цехом *(киностудии, театра)*
purchasing ~ управляющий службой закупок
regional ~ региональный управляющий, управляющий регионом
regional sales ~ управляющий региональной службой сбыта, региональный управляющий по сбыту
research ~ управляющий службой исследований
sales ~ управляющий службой сбыта; коммерческий директор
sales promotion ~ управляющий службой стимулирования сбыта
senior ~ руководитель высокого ранга, старший управляющий
service ~ управляющий службой сервиса
shift ~ начальник смены
staff ~ функциональный руководитель, управляющий функциональной службой
store ~ управляющий [директор] магазина
technical ~ управляющий технической службой, технический директор
technology ~ управляющий технологическим процессом
trademark and copyright ~ *(главный)* юрист по защите товарных знаков и издательских прав
traffic ~ 1. управляющий службой прохождения заказов *(в рекламном агентстве)* 2. управляющий экспедиционно-транспортной службой, начальник отдела перевозок
training ~ управляющий службой повышения квалификации [профессионального обучения]
transportation ~ *см.* traffic manager 2.
zone sales ~ управляющий зональной службой сбыта, зональный управляющий по сбыту

mandatory обязательный, принудительный

mane(o)uvre манёвр; интрига
  competitive ~s манёвры конкурентов
  propaganda ~ пропагандистский манёвр

man-hour человеко-час

manner 1. манера, поведение, образ действий; метод, способ 2. *pl* обычаи, нравы ◇ ~ **and matter** форма и содержание
  ~ **of payment** способ платежа
  ~ **of walking** походка
  easy ~ непринуждённая манера
  offhand ~ бесцеремонная манера

manpower персонал, кадры, рабочая сила
  engineering ~ инженерно-технические работники, ИТР
  rural ~ сельская рабочая сила; сельские трудовые ресурсы
  scientific ~ научные кадры
  trained ~ профессионально подготовленная рабочая сила

manual руководство, наставление, инструкция; справочник
  guidance ~ практическое руководство, учебно-методическое пособие

manufacturer

industrial ~ справочник промышленных фирм
instruction ~ инструкция по эксплуатации, инструкция о порядке работы
instructor's ~ методическая разработка для преподавателя, книга для учителя
maintenance ~ руководство по уходу и обслуживанию, руководство по техническому обслуживанию
merchandise ~ товарный справочник, справочник по товарам
operating ~ рабочая инструкция по эксплуатации
operator ~ руководство для оператора
organizational ~ организационный справочник
policy ~ руководство
product ~ руководство по использованию товара
programmer ~ руководство для программиста
programming ~ руководство по программированию
publicity ~ руководство по проведению пропагандистской деятельности
quality ~ руководство по обеспечению качества продукции
reference ~ справочник, справочное руководство
repair ~ инструкция по ремонту
sales ~ торговое руководство
sales and informative ~ торгово-справочное руководство
self-help ~ самоучитель
service ~ инструкция по эксплуатации и техническому обслуживанию
shop ~ заводская инструкция; фирменная инструкция
technical ~ техническое наставление
training ~ учебное пособие
user ~ руководство (для) пользователя

Manual:
Trademark ~ of Examining Procedure *амер.* Руководство по экспертизе заявок на регистрацию товарных знаков

manufacture 1. производство; изготовление 2. *pl* продукция обрабатывающей промышленности

book ~ книжное производство; полиграфическая промышленность
butter ~ маслоделие, производство масла
candy ~ кондитерское производство, производство кондитерских изделий
carpet ~ ковровое производство; ковроделие
cheese ~ сыроделие, производство сыра
clothing ~ швейное производство
commercial ~ коммерческое производство, выпуск (продукции) на рынок
full-scale ~ полномасштабное производство
garment ~ швейное производство
in-house ~ собственное производство
illicit ~ незаконное производство
large-scale ~ крупносерийное производство
lot ~ изготовление изделий партиями
multiproduct ~ многономенклатурное производство
small-scale ~ мелкосерийное производство
soap ~ мыловарение, производство мыла

manufacturer производитель, изготовитель; поставщик
capital industrial ~ производитель капитального оборудования
cinematograph ~ кинопромышленник
competing ~ конкурирующий производитель, изготовитель-конкурент
full-line ~ производитель с исчерпывающим ассортиментом
marginal ~ второстепенный (по значению) производитель
middle-stage ~ промежуточный производитель, производитель промежуточного звена; производитель полуфабрикатов
original equipment ~ изготовитель комплектного оборудования *(предприятие, изготовляющее законченные изделия из комплектующих)*
packaged-goods ~ производитель фасованных товаров
prime ~ головная фирма-изготовитель; головной поставщик
repeat industrial ~ производитель

manufacturer

расходных материалов [изделий] промышленного назначения
shoe ~ обувщик

manufacturing производство *(чаще поточно-массовое)*; выделка, обработка
computer-aided ~ автоматизированная система управления производством, *АСУП*
computer-integrated ~ автоматизированное производство на основе ЭВМ
contract ~ производство по контракту, подрядное [контрактное] производство
cost-effective ~ рентабельное производство
custom ~ производство модифицированной продукции *(с учётом пожеланий покупателей)*
durables ~ производство товаров длительного пользования
flexible ~ гибкое производство
labour-intensive ~ трудоёмкое производство
low-cost ~ производство с низким уровнем издержек, малозатратное производство
systems ~ системный подход к производству
toll ~ производство продукции по индивидуальному заказу [по спецификациям покупателя]

manuscript 1. рукопись; манускрипт 2. оригинал ◇ ~ **in facsimile** факсимиле рукописи; ~ **on paper** рукопись на бумаге
author's ~ авторская рукопись
electronic ~ электронная рукопись *(электронный текст с заданной программой набора, форматирования)*
final ~ издательский оригинал
original ~ авторская рукопись

map карта; план ◇ **off the** ~ заброшенный; устарелый; несуществующий; **on the** ~ 1. существующий 2. значительный, важный, занимающий видное положение
~ **of administrative division** карта (политико-)административного деления
advertising ~ карта-реклама, рекламная карта

allocation ~ таблица [схема] распределения
brand ~ схема позиционирования марочных товаров
character ~ таблица символов *(в программах ЭВМ)*
city ~ план города
consumption ~ график потребления
cost ~ график затрат
coverage ~ карта охвата *(вещанием, органом печати или иным средством рекламы)*
customer preference ~ схема потребительских предпочтений
detailed ~ подробная карта
display ~ демонстрационная карта
ecological ~ экологическая карта
folding ~ карта-гармошка
highway ~ дорожная карта
joint ~ сводная схема
key ~ контурная карта
land-use ~ карта землепользования; землеустроительный план
locality ~ карта района
location ~ схема расположения
outline ~ карта-схема
pictorial ~ 1. иллюстрированная карта 2. план-панорама города
population density ~ карта (распределения) плотности населения
postal ~ почтовая карта *(показывающая линии почтовой связи, почтовые зоны и учреждения)*
product position ~ схема позиционирования товара, товаропозиционная схема
road ~ схема дорог, дорожная карта
route ~ маршрутная карта
schematic ~ карта-схема
situation ~ карта обстановки, рабочая карта
skeleton ~ контурная карта
sketch ~ карта-схема
spotted [spotting] ~ *нар. рекл.* «пятнистая» карта, план [схема] размещения установок наружной рекламы
tourist ~ туристская карта
traffic flow ~ *нар. рекл.* схема распределения интенсивности уличного движения
up-to-date ~ современная [новая] карта
wall ~ настенная карта

mark

weather ~ метеорологическая карта, карта погоды
margin 1. поле *(страницы)* 2. предел, край 3. запас 4. коэффициент доходности, чистая прибыль ◇ by a narrow ~ едва, еле, с трудом; to allow a ~ for mistakes рассчитывать на возможные ошибки; to justify ~ *полигр.* выключать поле
~ of error предел погрешности
~ of safety 1. запас прочности, коэффициент безопасности; надёжность 2. степень обеспеченности ссуды
back ~ *см.* inner margin
bottom ~ нижнее поле *(страницы)*, хвост полосы
centre ~ *см.* inner margin
contribution ~ валовая прибыль
fixed ~ твёрдая наценка
foot ~ *см.* bottom margin
fore-edge [front-edge] ~ *см.* outer margin
gross ~ коэффициент прибыльности; валовая прибыль
gross processing ~ валовая прибыль в переработке *(разница между стоимостью сырья и доходами от продажи произведённых из него товаров)*
gutter ~ *см.* inner margin
head ~ верхнее поле *(страницы)*
inner ~ внутреннее [корешковое] поле *(страницы)*
operation ~ размер [норма] текущей прибыли
outer [outside] ~ наружное [переднее] поле *(страницы)*
profit ~ размер [норма] прибыли; чистая прибыль
profit ~ per unit 1. размер прибыли на товарную единицу 2. удельная валовая прибыль
retail ~ розничная наценка, розничная норма прибыли; размер прибыли розничного торговца
side ~ боковое поле
stability ~ запас устойчивости
tail ~ *см.* bottom margin
top ~ верхнее поле (страницы)
mark 1. знак; клеймо; тавро; товарный знак 2. этикетка; штемпель ◇ ~s and names subject to ownership товарные знаки и торговые наименования как предметы собственности
~ of assay пробирное клеймо
adjusting ~ юстировочная метка
approval ~ клеймо [знак] приёмки
author's ~ корректурный знак автора, авторская помета
book ~ 1. книжная закладка 2. издательская реклама, вкладываемая в книгу в виде закладки
brand ~ марочный знак, графическая часть марки товара, знак марки, эмблема
certification ~ знак сертификации, сертификационное клеймо
chop ~ клеймо, фабричная марка; сорт (товара)
collective ~ коллективный знак *(товарный знак или знак обслуживания союза или кооператива, используемый всеми членами этих организаций для обозначения своего членства)*
colour ~ цветовая метка
commercial ~ коммерческий товарный знак
correction ~ корректурный знак
crop ~ 1. ограничительная метка *(указывающая на границы изображения на репродукции)*; метка кадрирования *(изображения)* 2. метка для обрезки под размер
defensive ~ защитный *(товарный)* знак
deletion ~ корректурный знак выброски
disclaimer ~ знак стказа, знак оговорки
distinctive ~ отличительный [опознавательный] знак
dot ~ точка, метка в виде точки
edit ~ *экр.* монтажная метка
emblem ~ фабричный знак
end ~ знак конца [окончания], конечная метка
factory ~ фабричная марка, фабричное клеймо
hall ~ пробирное клеймо, проба
identical ~s идентичные товарные знаки
identification [identifying] ~ опозна-

mark

вательный знак, идентифицирующая метка, маркировочное клеймо
index ~ указательный индекс в виде кисти руки
initial ~ буквенный товарный знак в виде инициала
insertion ~ корректурный знак вставки
interrogation ~ вопросительный знак
maker's ~ клеймо изготовителя
manufacture(r) ~ *см.* factory mark
masonry ~ клеймо каменщика
mint ~ клеймо монетного двора
ownership ~ 1. знак владельца 2. знак владельца книги, экслибрис
pottery ~ клеймо на гончарных изделиях
printer's ~ клеймо печатника, типографская марка
proof (reader's) ~ корректурный знак
proprietary ~ знак владения
publisher's ~ издательская марка *(обычно помещается на авантитуле, титульном листе, обложке или переплёте издания)*
punctuation ~ знак препинания
quotation ~ апостроф; *pl* кавычки
service ~ знак обслуживания
service commercial ~ коммерческий знак обслуживания
silverware ~ проба на серебряных изделиях
similar ~s схожие товарные знаки
size ~ обозначение размера [номера] *(напр. обуви)*
slogan ~ товарный знак в виде (рекламного) девиза
standard ~ пробирное клеймо
sun ~ товарный знак в виде солнца, товарный знак с мотивом солнца
trade ~ 1. товарная марка; товарный знак 2. фирменный знак
workman's ~ личное клеймо рабочего; клеймо мастера
works ~ фабричная марка, фабричное клеймо

markdown 1. снижение *(цены)* 2. продажа по сниженным ценам 3. величина скидки *(с первоначальной цены)*; уценка
automatic ~ автоматическая уценка *(по прошествии определённого времени)*

marker ориентир, маркер, метка, веха; показатель
china ~ восковой кинокарандаш *(для нанесения меток и надписей на киноплёнку)*
radioactive ~ радиоактивная метка
shelf ~ стеллажный [наполочный] ценник *(в магазине)*
trade ~ владелец товарного знака

market 1. рынок *(как экономическая категория)* 2. продажа; торговля ◇ to be in ~ продаваться; to be in ~ for *smth.* быть потенциальным покупателем *(чего-л.)*, стремиться купить *что-л.*; to build ~ формировать [создавать] рынок; to come into ~ поступить в продажу; to cultivate ~ осваивать [обрабатывать] рынок; to find ready ~ найти лёгкий сбыт, пользоваться спросом; to forestall ~ скупать товары *(в расчёте на повышение цен)*, упреждать рынок; to manipulate ~ влиять на рыночную конъюнктуру, манипулировать рынком; to meet ready ~ находить лёгкий сбыт; to preempt ~ заранее завладеть рынком; to rank ~s ранжировать [классифицировать] рынки; to spoil ~ дезорганизовать рынок; to sweep ~ завоевать рынок, господствовать на рынке; to withdraw from ~ уйти с рынка, снять товар с рынка
active ~ 1. бойкая торговля 2. оживлённый рынок
administered ~ регулируемый рынок
agricultural (commodities) ~ сельскохозяйственный рынок, рынок сельскохозяйственной продукции
air travel ~ рынок воздушных путешествий
apparel ~ рынок одежды
assured ~ гарантированный рынок
auction ~ аукционный рынок сбыта
barren ~ бесплодный рынок
bid ~ рынок продавца *(превышение спроса над предложением)*
black ~ 1. чёрный рынок 2. негритянский рынок *(в США)*
blocked ~ (за)блокированный рынок
bond ~ рынок облигаций; рынок долгосрочного ссудного капитала

market

brand-loyal ~ рынок марочной приверженности, рынок приверженности к марке
brisk ~ оживлённая торговля
business ~ деловой рынок; рынок деловых предприятий; рынок специализированных [коммерчески используемых] товаров
buyer's ~ рынок покупателя *(превышение предложения на спросом)*
capital ~ рынок капитала
captive ~ «подневольный» рынок *(замкнутый на фирму, вынужденно привязанный к ней)*
central ~ центральный рынок
classical ~ классический рынок
closed ~ закрытый *(для других)* рынок *(напр. фондовая биржа)*
commercial ~ торговый [коммерческий] рынок
commodity ~ товарный рынок, рынок товаров
common ~ общий рынок
competitive ~ конкурентный рынок, рынок конкурирующих продавцов
concentrated ~ (с)концентрированный рынок
congested ~ перегруженный рынок
consumer ~ потребительский рынок, рынок индивидуальных потребителей; рынок товаров широкого потребления
consumer goods ~ рынок товаров широкого потребления
continued ~ стабильный рынок
control ~ контрольный рынок
conventional ~ традиционный рынок
core ~ см. primary market
credit ~ кредитный рынок, рынок кредитов
crowded ~ переполненный рынок
currency ~ валютный рынок
customer ~ клиентурный рынок, рынок клиентов
demographic ~ демографический рынок, рынок демографической группы
deregulated ~ нерегулируемый рынок
desirable ~ искомый рынок
developed ~ развитой рынок, рынок развитой страны
diet ~ рынок диетических продуктов
discount ~ учётный [дисконтный] рынок
discount retailing ~ рынок розничной торговли по сниженным ценам
distant ~ отдалённый [дальний] рынок
domestic ~ внутренний рынок
donor ~ рынок (по)жертвователей
dull ~ вялая торговля
editorial ~ редакционный рынок
educational ~ учебный рынок
employment ~ рынок труда, рынок занятости
entertainment ~ рынок развлечений
equity ~ рынок акций
established ~ устоявшийся [сформировавшийся] рынок
expanding ~ расширяющийся рынок
exploratory ~ пробный рынок
external ~ внешний рынок *(находящийся за национальными границами страны)*
farm [farmer's] ~ сельскохозяйственный рынок; фермерский рынок
fast-food ~ рынок продуктов быстрого приготовления; рынок общепита быстрого обслуживания, рынок «быстрой еды»
fertile ~ плодоносный рынок
financial ~ финансовый рынок *(напр. ценных бумаг)*
flea ~ барахолка
foreign exchange ~ рынок иностранных валют
fourth ~ *амер.* рынок четвёртой ступени *(непосредственное распределение незарегистрированных ценностей среди вкладчиков)*
free ~ 1. рынок, свободный от ограничений 2. свободная торговля
geographical ~ географический рынок
gift ~ рынок подарочных товаров, рынок подарков
global ~ мировой [всемирный] рынок
government ~ 1. рынок государственных учреждений, рынок (предприятий) государственного сектора 2. сбыт товаров госучреждениям
grey ~ «серый» рынок *(неофициальный рынок сбыта дефицитных товаров со значительной наценкой)*

373

market

growing ~ расширяющийся рынок
growth ~ (быстро)растущий рынок
hard-sell ~ рынок «жёсткой продажи» *(спрос превышает предложение и цены растут)*
health care ~ рынок здравоохранения
heavy-user ~ рынок активных потребителей
heterogeneous ~ разнородный рынок
high-income ~ рынок покупателей с высокими доходами
home ~ внутренний рынок
home video ~ рынок бытовой видеоаппаратуры; рынок программ для бытовой видеоаппаратуры
individual ~ отдельный рынок
industrial ~ рынок товаров промышленного назначения; рынок промышленных предприятий
information ~ рынок информации
initial ~ первоначальный рынок
institutional ~ рынок организаций [учреждений]
intended ~ искомый рынок
interbank ~ межбанковский рынок
international ~ международный рынок
introductory ~ вводный рынок *(на котором товар впервые выпускают в продажу)*
job ~ рынок рабочих мест
labour ~ рынок труда, рынок рабочей силы
large-volume ~ рынок большой ёмкости
liberal ~ либеральный [вольный] рынок
lifestyle ~ рынок *(сформированный)* на основе [по признаку] образа жизни
limited ~ ограниченный рынок
liquid ~ ликвидный рынок *(рынок, на котором сделки купли-продажи осуществляются без каких-л. ограничений)*
local ~ местный рынок
low-end ~ рынок дешёвых товаров и услуг
lucrative ~ прибыльный рынок
mass ~ массовый рынок
mature ~ полностью сформировавшийся рынок
media ~ рынок средств рекламы [средств распространения информации]
metro(politan) ~ метрополитенский рынок
middle-aged ~ рынок лиц среднего возраста
middle-class ~ рынок покупателей среднего класса
mid-range ~ рынок товаров (и услуг) средней стоимости
military ~ рынок продукции военного назначения
mobile ~ рынок автомобилистов
money ~ денежный рынок; рынок краткосрочного капитала
monopolistically competitive ~ рынок монополистической конкуренции
narrow ~ узкий рынок *(с небольшим объёмом сделок)*
nation-wide ~ общенациональный рынок
niche ~ рынок-ниша *(занятый определёнными фирмами)*
offered ~ рынок предложения *(ситуация превышения предложения над спросом)*
oligopolistic ~ олигополистический рынок
open ~ открытый рынок *(с неограниченным числом участников)*
organizational ~ рынок организаций [учреждений]
overseas ~ зарубежный рынок
peripheral ~ периферийный рынок
personal ~ рынок личного потребления, рынок индивидуальных потребителей
potential ~ потенциальный рынок
price-sensitive ~ рынок, чутко реагирующий на изменение цен; рынок, чуткий к ценам
primary ~ 1. первичный рынок 2. основной рынок
produce ~ продуктовый рынок, базар
producer ~ рынок производителей; рынок товаров промышленного назначения
productive ~ продуктивный рынок
professional ~ рынок профессионального использования *(товара)*
profitable ~ доходный [прибыльный] рынок

market

promising ~ (много)обещающий рынок
prospective ~ потенциальный рынок
protected ~ защищённый [охраняемый] рынок
public ~ *см.* open market
public opinion ~ «рынок» общественного мнения
pure ~ чистый рынок, рынок в чистом виде
pure competitive ~ рынок чистой конкуренции
recession-hit ~ застойный рынок, рынок снижения продаж
regional ~ региональный рынок
regulated ~ регулируемый рынок
replacement ~ рынок заменяемых товаров, рынок сменных [заменяемых] деталей
reseller ~ рынок промежуточных продавцов; рынок перепродаж
residential ~ рынок домовладельцев
restrictive ~ рынок с ограниченным спросом
retail ~ розничный рынок, рынок розницы
rollout ~ один из последовательно осваиваемых целевых рынков *(при выходе с новым товаром)*
rural ~ сельский рынок, рынок сельской местности
saturated ~ насыщенный рынок
sci-tech ~ рынок научно-технической продукции
screen ~ кинорынок, телерынок, видеорынок, рынок экранной продукции
seaboard ~ прибрежный рынок
secondary ~ вторичный рынок *(напр. ценных бумаг)*
securities ~ рынок ценных бумаг, фондовая биржа
selected ~ избранный рынок
selective ~ выборочный рынок
sellers' ~ рынок продавца *(превышение спроса над предложением)*
sensitive ~ неустойчивый рынок
shrinking ~ сужающийся рынок
small ~ небольшой рынок
soft ~ «мягкий» рынок *(рынок, на котором предложение превышает спрос и цены падают)*

soft-drink ~ рынок безалкогольных напитков
specialized [specialty] ~ специализированный рынок
spot ~ рынок наличного товара
stiff ~ *см.* strong market
stock ~ фондовая биржа
street ~ уличный рынок
strong ~ устойчивый рынок *(на котором покупателей больше, чем продавцов, а цены имеют тенденцию к повышению)*
subcontracting ~ рынок субподрядных работ
target ~ целевой рынок
technical ~ рынок сферы промышленности, промышленный рынок
television ~ рынок телеохвата *(территория, обслуживаемая одним или несколькими телецентрами)*
territorial ~ территориальный рынок
test ~ пробный рынок
thin ~ неактивный [вялый] рынок *(характеризуемый небольшим объёмом сделок)*
third ~ *амер.* рынок третьей ступени *(купля-продажа ценных бумаг, зарегистрированных на фондовой бирже, на внебиржевом рынке брокерами, не являющимися членами биржи, и другими инвесторами)*
tight ~ рынок с недостаточным спросом, «сдержанный» рынок
top ~ ведущий рынок
total ~ полный рынок; общий объём рынка
total consumer ~ общий объём (потребительского) рынка
trade ~ рынок сферы торговли *(в отличие от финансового)*
traditional ~ традиционный рынок
uncertain [unsteady] ~ неустойчивый рынок
untapped ~ нетронутый [никем не освоенный] рынок
upbeat ~ рынок лиц с растущим достатком
upscale ~ рынок состоятельных интеллигентных потребителей *(с уровнем доходов и образования выше среднего)*
urban ~ городской рынок

market

video ~ видеорынок, рынок видеотехники, рынок видеопродукции
village ~ деревенский рынок
volatile ~ неустойчивый рынок с быстро меняющимися ценами
voter ~ рынок избирателей *(в ходе выборной кампании)*
weak ~ «слабый» рынок *(рынок, на котором продавцов больше, чем покупателей, а цены имеют тенденцию к понижению)*
widely dispersed [widespread] ~ широко разбросанный рынок
world(wide) ~ мировой [всемирный] рынок
young adult ~ рынок совершеннолетней молодёжи
youth ~ молодёжный рынок

Market:
Central American Common ~ Центрально-американский общий рынок

marketability реализуемость *(показатель лёгкости, с которой что-л. может быть продано или куплено)*; товарность, пригодность для продажи; рыночная рентабельность

marketer 1. деятель рынка, продавец 2. деятель; занимающийся маркетингом 3. *разг.* сбытовик *или* закупщик
celebrity ~ менеджер знаменитости
conscientious ~ сознательный [добропорядочный] деятель маркетинга
direct ~ деятель прямого маркетинга
domestic ~ деятель внутреннего [отечественного] рынка
door-to-door ~ продавец, торгующий вразнос; торговец вразнос; продавец, организующий разносную торговлю
global ~ деятель мирового [всемирного] рынка
industrial ~ продавец товаров промышленного назначения; деятель промышленного маркетинга
international ~ деятель международного рынка
national ~ деятель национального рынка; предприниматель, занимающийся маркетингом в общенациональном масштабе
professional ~ профессиональный деятель рынка, специалист маркетинга
social ~ практик общественного маркетинга
societally-oriented ~ деятель социально-этичного маркетинга
telephone ~ практик маркетинга по телефону

marketing маркетинг *(по определению Британского института маркетинга: процесс управления, призванный обеспечить выявление, предупреждение и удовлетворение запросов потребителей наиболее рациональным способом. По определению д-ра экон. наук А. А. Горячева: комплексный подход к управлению производством и реализации продукции, ориентируемый на учёт спроса и требований потребителей);* реализация, сбыт ◇ to do test ~ заниматься пробным маркетингом
agricultural ~ сельскохозяйственный маркетинг, маркетинг сельскохозяйственной продукции
brand ~ маркетинг марочных товаров
business site ~ маркетинг зон хозяйственной застройки *(для строительства заводов, складов, контор, магазинов)*
celebrity ~ маркетинг знаменитостей
circulation ~ маркетинг тиража *(издания)*
competitive ~ конкурентный маркетинг, маркетинг конкурентов
concentrated ~ концентрированный маркетинг *(сосредоточение усилий на завоевании большой доли одного или нескольких сегментов рынка)*
consumer ~ потребительский маркетинг, маркетинг на потребительском рынке
consumer goods ~ потребительский маркетинг, маркетинг товаров широкого потребления
consumer-oriented ~ маркетинг с ориентацией на потребителя
cooperative ~ совместный [совместно проводимый] маркетинг; сбыт через систему кооперативов
corporate ~ маркетинг корпораций, корпоративный маркетинг
counteractive ~ противодействующий маркетинг
data-driven ~ маркетинг, управляемый потоком данных
developing ~ развивающий марке-

marketing

тинг *(по превращению пассивного потенциального спроса в активный)*
differentiated ~ дифференцированный маркетинг *(предложение каждому из отобранных сегментов рынка товаров, созданных специально для того или иного сегмента)*
direct (response) ~ прямой маркетинг *(купля-продажа, совершаемая путём обращения по почте, телефону или телевидению, без помощи торговых посредников и методов личной продажи, особенно таких товаров как книги, компакт-диски)*
domestic ~ маркетинг на внутреннем рынке
domicile ~ маркетинг жилья
electronic ~ электронный маркетинг, маркетинг с помощью электронных средств распространения информации
enlightened ~ просвещённый маркетинг
export ~ экспортный [внешнеторговый] маркетинг
foreign ~ маркетинг на внешних [зарубежных] рынках
full-scale ~ полномасштабный маркетинг
generic ~ маркетинг немарочных товаров
global ~ глобальный [международный] маркетинг
idea ~ маркетинг идей
industrial ~ промышленный маркетинг
industrial commodity ~ маркетинг товаров промышленного назначения
innovative ~ новаторский маркетинг
integrated ~ интегрированный маркетинг
international ~ международный [глобальный] маркетинг
joint ~ совместный маркетинг
land investment ~ маркетинг инвестиций в земельную собственность
local ~ локальный [местный] маркетинг, маркетинг на местном уровне
mass ~ массовый маркетинг *(предложение одного товара массового производства всему рынку сразу)*
media ~ маркетинг средств распространения информации, маркетинг средств рекламы
multistep ~ многоступенчатый маркетинг
national ~ общенациональный маркетинг, маркетинг в общенациональном масштабе
nonprofit ~ маркетинг некоммерческих организаций, маркетинг в сфере некоммерческой деятельности
one-step ~ одноступенчатый маркетинг
organization(al) ~ маркетинг предприятий [организаций], маркетинг на рынке предприятий
person ~ маркетинг отдельных лиц
personal ~ самомаркетинг, личный маркетинг, маркетинг самого себя
place ~ маркетинг мест *(касается жилья, зон хозяйственных застроек, мест отдыха)*
political ~ политический маркетинг
political candidate ~ маркетинг политических кандидатов
preemptive ~ предвосхищающий [упреждающий] маркетинг *(пропаганда товара, ещё не выпущенного на рынок, с целью отвлечь внимание от изделий конкурентов)*
product ~ товарный маркетинг
product-differentiated ~ товарно-дифференцированный маркетинг *(одновременное предложение двух или нескольких вариантов товара с целью создания разнообразия на рынке)*
publishing ~ маркетинг издательской деятельности, издательский маркетинг; книжный рынок
regional ~ региональный маркетинг, маркетинг в региональном масштабе; региональный сбыт
retail ~ розничный маркетинг, маркетинг в сфере розничной торговли
scientific ~ научный маркетинг, научный подход к маркетингу
segmented ~ «сегментированный» маркетинг, маркетинг *(на основе)* сегментирования
sense-of-mission ~ маркетинг с осознанием общественной миссии
service(s) ~ маркетинг услуг
social ~ общественный маркетинг

marketing

(разработка и претворение в жизнь программ, нацеленных на восприятие общественной идеи или практики)
societal ~ социально-этичный [общественно-этичный] маркетинг
societally responsible ~ маркетинг, исполненный моральной ответственности перед обществом, социально-ответственный маркетинг
stimulating ~ стимулирующий маркетинг
supporting ~ поддерживающий маркетинг
takeover ~ «завоевательный» маркетинг *(рассчитанный на поглощение других фирм)*
target ~ целевой маркетинг *(на основе товаров, специально рассчитанных на определённые сегменты рынка)*
test ~ пробный маркетинг
undifferentiated ~ недифференцированный маркетинг *(единообразный подход ко всему рынку с одним товаром в противовес обращению к сегментам рынка)*
vacation ~ маркетинг мест отдыха
value ~ маркетинг ценностных достоинств *(деятельность, направленная на улучшение качества товара, его удобство, пользу)*
video ~ видеомаркетинг *(с помощью рекламы, записанной на видеокассетах)*
world ~ всемирный маркетинг, маркетинг в мировом масштабе
marketology маркетология, наука маркетинга
market-oriented с ориентацией на рынок
marketplace 1. рынок; базарная [рыночная] площадь 2. центр обмена идеями
~ **of ideas** рынок идей
commercial ~ свободный рынок
competitive ~ рынок с конкуренцией
democratic ~ демократический [свободный] рынок
overregulated ~ рынок с чрезмерным регулированием
marking 1. маркировка; клеймение; разметка 2. клеймо, метка, штамп ◊

~ **by pressing** маркировка выпрессовыванием *(буквенных и цифровых знаков)*; **with appropriate** ~ с соответствующей маркировкой
~ **of goods** маркировка товаров
clear ~ чёткая маркировка
false ~ обманная маркировка; подделка товарного знака
literal ~ буквенное обозначение *(вместо порядковых номеров)*
patent ~ патентная маркировка, указание на изделии об охране его патентом
price ~ указание розничной цены *(на упаковке или транспортном коробе)*
temporary ~ временная маркировка
markup 1. наценка *(в розничной торговле на оптовые цены)* 2. надбавка, накидка *(на издержки производства)* 3. величина накидки [надбавки] 3. *полигр.* разметка *(оригинала)*
additional ~ дополнительная наценка
high ~ высокая наценка
low ~ небольшая наценка
minimum percentage ~ минимальная процентная наценка
normal ~ обычная наценка
standard ~ стандартная наценка
mark-word слово, используемое в товарном знаке
mart 1. торговый центр 2. аукционный зал 3. рынок
agribusiness ~ сельскохозяйственная оптовая выставка-ярмарка
merchandise ~ *амер.* постоянная оптовая выставка-ярмарка
permanent display ~ постояннодействующая выставка-ярмарка
trade ~ выставочный комплекс
mask 1. маска, шаблон, трафарет 2. рамка *(изображения)*
colour correction ~ цветоделительная маска
contrast correction ~ градационная маска
line ~ штриховая маска
overlay ~ 1. фотоприправочный рельеф 2. контактная маска
pattern ~ шаблон для формирования рисунка
photographic ~ фотошаблон
work ~ рабочий шаблон

material

mass масса, множество, большое количество ◇ **in the ~** в массе, в целом
 ~ of commodities товарная масса, масса товаров
 ~ of profits масса прибыли
 ~ of surplus value масса прибавочной стоимости
 population ~es широкие массы населения
 promiscuous ~ разнородная масса
master 1. хозяин, владелец **2.** магистр **3.** «мастер», оригинал *(с которого осуществляется тиражирование или готовятся печатные формы и клише)* **4.** мастер, квалифицированный рабочий
 ~ of the house глава семьи
 ship ~ капитан торгового судна
 vendue ~ аукционист
Master:
 ~ of Arts магистр гуманитарных наук
 ~ of Business Administration магистр делового администрирования
 ~ of Civil Law магистр гражданского права
 ~ of Law магистр права
 ~ of Medicine магистр медицины
 ~ of Patent Law магистр патентного права
 ~ of Science магистр естественных наук
masthead 1. место в печатном органе с указанием официального названия и издателя **2.** флаговый заголовок
mat *см.* **matrix**
matalog(ue) журнал-каталог *(каталог организации посылторга с включением рекламных объявлений фирм-производителей)*
matching согласование; пригонка; подбор
 colour ~ согласование [подбор] цветов
 market ~ привязка к рынкам; подбор рынков
 partial ~ частичное совпадение
 pattern ~ сопоставление с образцом, отождествление
 product ~ приспособление товара *(к требованиям рынка)*
 time ~ согласование во времени
material 1. материал; данные, факты **2.** *pl* принадлежности ◇ **~ for thought** материал [тема] для размышлений
 advertising ~ рекламный материал
 art ~s материалы для изобразительного искусства
 available ~ доступный материал
 background ~ первоисточник
 basic ~ исходный материал
 binding ~s переплётные материалы
 collateral ~s сопутствующие материалы
 component ~ составная часть, компонент, составляющий материал
 creative ~ (исходный) творческий материал
 decorative ~s художественно-оформительские материалы
 descriptive ~ описательный материал, описание
 display ~ рекламно-оформительский материал
 evidentiary ~ доказательства, доказательный материал
 feature ~ статьи, обзоры; материал для статей
 film packaging ~ плёночный упаковочный материал, упаковочная плёнка
 furniture upholstery ~ обивка для мебели
 graphic ~ графический материал
 handwriting ~ материал для письма
 instruction ~ учебный [инструктивный] материал
 manufactured ~s полуфабрикаты
 merchandising ~ материалы для стимулирования сферы торговли
 news ~ информационный материал, новости
 nonadvertising ~ нерекламный материал
 packaging ~ упаковочный материал
 paste-on ~ накладной материал
 point-of-purchase [point-of-sale] ~s экспозиционное оформление торговых помещений, материалы для оформления мест продажи, рекламно-оформительские материалы для мест продажи
 preprint ~s исходные материалы *(для тиражирования кинофильма)*
 pre-recorded ~ предварительно записанный материал

material

    promotion ~ материал для стимулирования сбыта, рекламно-пропагандистский материал
    publicity ~ рекламно-пропагандистский материал
    raw ~s 1. сырьё 2. материал-полуфабрикат
    reading ~ материал для чтения
    reference ~ справочный материал
    sampling ~ материал для пробы
    solicitation ~ пропагандистский материал
    sound ~ звуковой материал
    spacing ~ *полигр.* пробельный материал
    structural ~ конструкционный материал
    support ~ вспомогательный материал
    teaching [training] ~ учебный [инструктивный] материал
    visual ~ зрительный материал
    wrapping ~ обёрточный материал
    writing ~s письменные принадлежности
materialistic меркантильный
matrix матрица; матричный материал
    ad(vertisement) ~ матрица художественного оформления рекламного объявления
    plastic ~ пластмассовая матрица
    reverse ~ матрица с зеркальным изображением
    stereotype page ~ матрица для отливки (одно)полосного стереотипа
    type ~ буквенная [шрифтовая] матрица
matter 1. вещество, материал 2. дело; вопрос, предмет *(обсуждения)* 3. материал; содержание 4. набранный текст, набор ◇ as a ~ of record на основании полученных данных; as a ~ of urgency в срочном порядке; for complaint основание для жалобы, повод жаловаться; ~ in deed факт, подтверждённый документально
    ~ of common knowledge общеизвестный вопрос
    ~ of conscience дело совести
    ~ of course естественное [само собой разумеющееся] дело; неизбежность
    ~ of dispute предмет спора

~ of fact реальная действительность, факт, фактическое обстоятельство
~ of national concern проблема общенационального значения
~ of opinion спорный вопрос
~ of primary importance вопрос первостепенной важности
~ of priority первоочередной [приоритетный] вопрос
~ of record документально подтверждённый факт
~ of substance существенный вопрос
~ of taste дело вкуса
advertising ~ рекламный материал
body ~ основной текст
business ~s дела, деловые вопросы
commercial ~ *вещ.* рекламное наполнение, транслируемый рекламный материал
editorial ~ редакционный материал
illustrative ~ иллюстративный материал
licence ~ предмет [объект] лицензии
money ~s денежные дела
natural colouring ~ природный краситель
news ~ событийные материалы
non-essential ~ несущественный [второстепенный] вопрос
personal ~ вопрос личного характера
printed ~ печатная продукция
promotion ~ рекламно-пропагандистский материал, материал для стимулирования сбыта
reading ~ материал для чтения
solid ~ *полигр.* набор без шпон
subject ~ содержание, тема, суть, существо, предмет *(разговора)*
text ~ текстовой материал; текстовая часть объявления
type ~ 1. шрифт; шрифтовой набор 2. текстовой материал, текстовая часть
waste ~ отходы, отбросы
maturity зрелость, высокий уровень развития ◇ to come to ~ достичь зрелости
    ~ of production соответствие производства новейшему уровню технологии
    advancing ~ наступающая зрелость
    artistic ~ художественная зрелость

demographic ~ демографическое созревание
economic ~ экономическая зрелость
maxim:
  copy-book ~ прописная истина
  tired ~ избитая сентенция
maximization максим(ал)изация
  audience ~ максимизация аудитории, привлечение максимально-возможной аудитории
  market ~ максимизация рынка
  opportunity ~ максимальное использование существующих возможностей
  profit ~ максимализация прибыли
meal еда; принятие пищи
  frozen ~ готовое замороженное блюдо
  meagre ~ скудная еда
  ready-to-eat ~ готовое (к употреблению) блюдо
  sit-down ~ еда за столом
  stand-up ~ закуска стоя [на ходу]; еда а-ля фуршет
meaning значение, смысл
  associative ~ ассоциативное значение
  double ~ двусмысленность, двоякое значение
  emotive ~ эмоциональный смысл
  individual ~ индивидуальное значение
  latent ~ скрытое значение, тайный смысл
  multiple ~ многозначность
  personal ~ личностный смысл, личностная значимость
  positive ~ положительный смысл, положительное значение
  precise ~ точный смысл
  primary ~ основное [первичное] значение
  quantitative ~ количественное значение
  secondary ~ второе значение, второй смысл
  underlying ~ скрытый смысл
meaningful значительный, многозначительный, полный значения [смысла]
meaningfulness смысловая значимость
means 1. средство; средства; способ 2. средства *(денежные)*; состояние ◇ **to employ as a ~** использовать как средство

~ of circulation средства обращения
~ of communication средства связи
~ of consumption предметы потребления
~ of identification средство опознавания
~ of living средства существования
~ of payment 1. средство [способ] платежа 2. средства платежа
~ of presentation средство подачи [представления]
~ of production средства производства
~ of protection средства защиты
~ of purchase покупательное средство
~ of subsistence средства к существованию, жизненные средства
~ of transportation транспортные средства, средства передвижения
~ of travel средства передвижения
backup ~ вспомогательное средство
compulsive ~ принудительные меры
crude ~ примитивное [грубое] средство
expedient ~ подручное средство
narrow ~ ограниченные средства
prime ~ основное [первоочередное] средство
private ~ личное состояние
measurable измеримый, поддающийся измерению
measure 1. мера, мероприятие 2. показатель, мерило, критерий; система измерений 3. формат *(строки)* ◇ **in full ~** в полном объёме, в полной мере; **within ~** умеренно, в пределах разумного
~ of agreement степень договорённости [согласия]
~ of consumption мера потребления
~ of damages размер убытков
~ of dispersion показатель рассеяния, мера дисперсии
~ of economic welfare показатель экономического благосостояния
~ of value мера стоимости; критерий ценности [полезности]
absolute ~ абсолютный показатель, абсолютное мерило
adjustment ~s корректировочные меры; меры по урегулированию

measure

advertising test ~ критерий тестирования рекламы
behavioural ~s поведенческие замеры, поведенческая статистика
coercive ~s *см.* enforcement measures
comparative ~ сравнительный показатель, показатель сравнения
compromise ~ компромиссная мера
compulsory ~s принудительные меры
conservation ~s охранительные меры
considered ~s продуманные [взвешенные] меры
criterion ~ критерий замера
derived ~ производная мера
direct ~ прямой замер
effectiveness ~ показатель эффективности
emergency ~s чрезвычайные меры
enforcement ~s принудительные меры
follow-up ~s последующие мероприятия
forward-looking ~s перспективные меры
illegal ~ незаконные действия
immediate ~s безотлагательные [неотложные] меры
intellectual ~ показатель интеллекта, критерий умственного развития
intermediate ~ промежуточный замер
limited interim ~s ограниченные временные меры
mandatory ~ обязательная [принудительная] мера
metric ~ метрическая мера
narrow ~ *полигр.* набор на узкий формат *(при многоколонной вёрстке)*
perceptual ~ критерий восприятия
performance ~ показатель работоспособности
personality ~ показатель индивидуальных [личностных] качеств
piecemeal ~s частичные меры
policy ~s основополагающие меры; меры в области политики
precautionary ~s меры предосторожности, предупредительные меры
preventive ~s профилактические меры, профилактика
protective ~s предохранительные меры

publicity and education ~s информационно-просветительные мероприятия
remedial ~s меры по исправлению положения
response ~ 1. замер ответной реакции 2. *pl* ответные меры
retaliatory ~s ответные меры
rush ~s поспешные меры
safeguard ~ защитная мера
security ~s меры (по обеспечению) безопасности
short ~ неполная мера, недомер
square ~ мера площади
tape ~ рулетка, мерная лента
transactional ~s переходные меры
verification ~s меры по проверке
volume ~ мера объёма
Measure ◊ ~s to Encourage the Development of the Audiovisual Industry in Europe «Меры по содействию развитию аудиовизуальной промышленности в Европе» *(план, разработанный в 1987 г. ЕЭС и направленный на поощрение совместных проектов в области финансирования, производства и распространения телевизионной и другой видеопродукции в Европе)*

measurement 1. замер, измерение 2. *pl* размеры
attitude ~ замер отношений; исследование и оценка мнений
audience ~ измерение аудитории *(установление величины и состава аудитории рекламного объявления, средства распространения рекламы или рекламной кампании)*; статистическая оценка аудитории
behaviour ~ анализ поведенческого характера
cause-and-effect ~ оценка причинно-следственных связей
check ~ контрольное измерение
demand ~ замер(ы) спроса
diary ~ замер на основе *(изучения)* хозяйственных дневников
direct ~ прямое [непосредственное] измерение
feedback ~ замер обратной связи
indirect ~ косвенное измерение
meaningful ~ достоверное измерение

media

opinion ~ замер общественного мнения
performance ~ замеры показателей деятельности, измерение работоспособности
post-advertising ~ замеры по результатам рекламы
pre-advertising ~ замеры до проведения рекламы
preliminary ~ предварительное измерение
quantitative ~ количественный замер, количественное обследование [исследование]
reproducible ~s воспроизводимые измерения
rough ~ грубое измерение
statistical ~s статистические измерения
television audience ~ измерение телеаудитории
test ~ экспериментальный замер
Measurement:
Audience ~ by Market for Outdoor *амер.* «АММО»; отчёты «АММО» (*название исследовательской организации и ее продукта — порыночных замеров аудитории наружной рекламы с разбивкой по показателям возраста, пола и уровня доходов*)
mechanical *полигр.* 1. монтаж 2. технический макет, оригинал-макет
mechanism механизм, аппарат, устройство
 adjustment ~ 1. механизм выравнивания [регулирования] (*напр. баланса*) 2. механизм установления экономического равновесия, механизм взаимоприспособления (*напр. спроса и предложения*)
 competitive ~ механизм конкуренции
 computing ~ вычислительный механизм, вычислительное устройство
 cooperation ~ механизм сотрудничества
 decision ~ *ТМО* механизм принятия решений
 defence ~ защитный механизм
 exchange rate ~ механизм валютных курсов, механизм обмена валют
 feedback ~ механизм обратной связи
 follow-up ~ механизм последующей деятельности
 market ~ рыночный механизм
 measuring ~ измерительное устройство
 printing ~ печатающий механизм, печатающее устройство
 negotiating ~ механизм переговоров
 price ~ механизм цен
 pricing ~ механизм ценообразования, ценовой механизм
 self-regulatory ~ механизм саморегулирования
media средства рекламы, средства распространения информации, СМИ
 advertising ~ средства (распространения) рекламы
 advertising-subsidized ~ средства распространения информации, субсидируемые за счёт рекламы
 advertising-supported ~ средства распространения информации, пользующиеся поддержкой рекламы [финансируемые за счёт рекламы]
 audience-supported ~ средства информации, финансируемые за счёт аудитории (*напр. платное кабельное телевидение*)
 basic ~ основные средства рекламы
 broadcast ~ средства вещательной рекламы
 business ~ средства рекламы, рассчитанные на специалистов
 communications ~ средства коммуникации
 consumer(-interest) ~ средства рекламы, рассчитанные на широкого потребителя
 costly ~ дорогостоящие средства рекламы
 direct ~ средства прямой рекламы, средства личной коммуникации (*средства распространения информации, используемые при проведении прямого маркетинга методами личных продаж, напр. почта и телефон*)
 display ~ иллюстративно-изобразительные средства рекламы (*щиты, вывески, плакаты*)
 distribution ~ средства распределения

media

electronic ~ электронные средства распространения информации
ethnic ~ средства рекламы, рассчитанные на охват этнических групп, средства рекламы этнической направленности
indirect ~ средства обезличенного рекламного выхода, групповые средства коммуникации (*воздействующие на большие аудитории сразу и не используемые для целей личной продажи: радио, телевидение, газеты*)
industrial ~ средства рекламы, ориентированные на сферу промышленности
international ~ международные средства распространения рекламы, международные издания
information ~ носители информации
local ~ местные средства рекламы
main [major] ~ основные [главные] средства рекламы
marketing ~ средства распространения маркетинговой информации
mass ~ средства массовой информации, СМИ
measured ~ средства рекламы, охваченные статистическим учётом
mechanical ~ технические средства коммуникации (*телефон, радио, телевидение, кино*)
moving ~ движущиеся носители информации [рекламы]
national ~ (обще)национальные средства рекламы
news ~ средства массовой информации [СМИ] событийного характера
out-of-home ~ средства наружной рекламы
passive ~ средства рекламы пассивного восприятия (*не требующие никаких усилий со стороны аудитории, напр. радио и телевидение*)
press ~ средства периодической печати
primary ~ основные [главные] средства рекламы
print(ed word) ~ средства печатной рекламы, печатные СМИ
private and corporate-subsidized ~ СМИ, финансируемые частными лицами и организациями (*напр. общественные радио и телевидение, студенческие газеты, издания, субсидируемые правительством*)
published ~ средства печатной рекламы
recruitment ~ средства рекламы трудоустройства *или* привлечения на учёбу
reference ~ справочные издания
representational ~ предметно-изобразительные средства коммуникации (*напр. книги, картины*)
selective ~ избирательные средства рекламы, средства рекламы избирательного воздействия
space-organized ~ средства рекламы, организованные по принципу площади
specialized ~ специализированные средства рекламы
supporting ~ вспомогательные [второстепенные] средства рекламы
time-organized ~ средства рекламы, организованные по временно́му принципу
visual ~ зрительно воспринимаемые средства рекламы
wall ~ средства настенной рекламы (*плакаты или щиты со значительным количеством текстового материала*)

median *стат.* медиана
medicine 1. медицина 2. лекарство, медикамент ◇ **to practise** ~ практиковать, заниматься врачебной деятельностью
complex ~ сложное лекарственное средство
ethical ~ лекарство, отпускаемое по рецепту
folk ~ народная медицина
industrial ~ гигиена труда; промышленная гигиена
over-the-counter ~ лекарство, отпускаемое без рецепта
patent ~ патентованное лекарственное средство
prescriptive ~ лекарство, отпускаемое по рецепту
preventive ~ профилактическая медицина
proprietary ~ патентованное лекарственное средство
sleeping ~ снотворное средство

veterinary ~ ветеринария
medium 1. средство, способ, путь **2.** средство рекламы **3.** среда; материал **4.** *амер.* формат бумаги 45,7 × 58,4 см; *англ.* 47,0 × 59,7 см; формат чертёжной бумаги 41,2 × 55,9 см **5.** посредник, агент **6.** носитель *(информации)* **7.** средство коммуникации ◇ **~ and half** формат бумаги 61,0 × 76,2 см; **through the ~ of the press** посредством печати, через печать
~ of communication средство связи
~ of exchange средство обмена
advertising ~ средство рекламы
broadcast ~ средство вещательной рекламы
chief ~ основное средство рекламы
circulating ~ средство обращения; деньги
commissionable ~ средство рекламы, предоставляющее комиссионную скидку
data ~ носитель данных *(магнитная лента, диск)*
double ~ формат бумаги 58,42 × 91,44 см
educational ~ средство обучения, учебное пособие
entertainment ~ средство развлечения
film ~ выразительное средство кино
frequency ~ средство рекламы с высокой частотой использования объявлений *(напр. радио)*
happy ~ золотая середина
high-reach ~ средство рекламы повышенного охвата
information(-carrying) ~ носитель информации
marketing ~ средство [орудие] маркетинга
mass ~ средство массовой информации, СМИ
mixed ~ средство рекламы смешанного воздействия
natural ~ естественная среда
news ~ средство распространения информации событийного характера
paid ~ платное средство рекламы
person-to-person ~ средство межличностного общения, средство коммуникации на индивидуальном уровне

persuasive ~ средство увещевания
practice ~ устройство для практического обучения, тренажёр
primary advertising ~ первичное средство рекламы
printed ~ средство печатной рекламы
sales promotion ~ средство стимулирования сбыта
selective ~ средство избирательного воздействия
sensitized ~ светочувствительный материал
sight and sound ~ средство воздействия на основе изображения и звука
social ~ общественно-бытовая среда
visual ~ зрелищное [наглядное] средство рекламы
working ~ рабочая среда
medium-price(d) средней стоимости, среднего класса стоимости
meeting собрание, совещание, заседание; встреча ◇ **to hold ~** проводить собрание
~ of creditors собрание кредиторов
board ~ заседание совета директоров
breakfast ~ (деловая) встреча за завтраком
briefing ~ инструктивное совещание, брифинг
business ~ деловая встреча
closing ~ заключительное совещание, заключительная встреча
emergency ~ срочное [экстренное] совещание
executive ~ заседание исполнительного комитета
face-to-face ~ личная встреча
management ~ заседание руководящего состава
open ~ открытое заседание
panel ~ совещание специалистов, групповая [панельная] встреча
plenary ~ пленарное заседание
preparatory ~ подготовительное заседание
private ~ закрытое совещание
public ~ открытое заседание
round-table ~ заседание [совещание] за круглым столом
sales ~ торговое совещание, встреча торговцев
mega-brand мегамарка *(марочный то-*

mega-event

вар широкого международного распространения)
mega-event грандиозное мероприятие, крупнейшее событие
megamarketing мегамаркетинг *(деятельность, обычно глобального характера, с использованием наряду с основными традиционными маркетинговыми орудиями средств власти и «паблик рилейшнс» для преодоления внешних сил, неподвластных контролю традиционного маркетинга)*
member член *(напр. комиссии)* ◇ ~ **as of right** автоматически являющийся членом
 ~ **of the press** представитель прессы
 audience ~ член аудитории
 board ~ член правления [совета директоров]
 channel ~ участник канала распределения
 founder ~ член-учредитель, основатель
 full(-fledged) ~ полноправный член
 life ~ пожизненный член
 original ~s первоначальные члены
 panel ~ член панели
 permanent ~ постоянный член
 public ~ представитель общественности
 rank-and-file ~s рядовые члены
 registered ~ зарегистрированный член
 sample ~ *стат.* член выборки
 staff ~ работник управления фирмы; штатный сотрудник
membership членство; количество членов; состав
 aggregate ~ общее число членов
 closed ~ закрытое членство *(без приёма новых членов)*
 life ~ статус пожизненного члена, пожизненное членство
 optional ~ добровольное [факультативное] членство
 regular ~ статус рядового членства
 special ~ статус привилегированного членства
 trial ~ пробное членство
memorability запоминаемость
memorandum 1. меморандум, памятная записка **2.** докладная записка, справка **3.** письмо с напоминанием
 ~ **of conversation** запись беседы
 ~ **of partnership** договор об учреждении товарищества
 confidential ~ записка для служебного пользования; секретный документ
 explanatory ~ объяснительная записка
memory 1. память; способность запоминать **2.** воспоминание ◇ **of notorious** ~ пресловутый, дурной славы; **to reinforce** ~ подкреплять память; **within living** ~ на памяти живущих, на памяти современников
 add-in ~ дополнительная память *(ЭВМ)*
 alphabetical ~ буквенная память
 artificial ~ искусство запоминания, мнемоника
 associative ~ ассоциативная память
 backing ~ резервная память *(ЭВМ)*
 colour ~ цветовая память, память на цвета
 computer ~ память ЭВМ, машинная память
 digital ~ цифровая память
 disk ~ память на дисках
 disturbed ~ нарушенная память
 elusive ~ слабая [непрочная] память
 expanded ~ расширенная память *(ЭВМ)*
 extended ~ дополнительная память *(ЭВМ)*
 external ~ внешняя память *(ЭВМ)*
 eye ~ зрительная память
 incidental [involuntary] ~ непроизвольная память
 long ~ хорошая память
 numerical ~ числовая память
 random access ~ оперативная память *(ЭВМ)*, запоминающее устройство с произвольной выборкой
 retentive ~ долговременная [прочная] память
 selective ~ избирательная память
 short-term ~ кратковременная память, оперативная память
 visual ~ зрительная память
mentality склад ума; интеллект
 business ~ деловое мышление
menu 1. меню, выбор блюд **2.** меню *(набор высвеченных команд на эк-*

merchant

ране дисплея) **3.** набор; подборка (материалов) ◊ ~ a la carte порционное меню
balanced ~ сбалансированный [полноценный] рацион
cascading ~ меню-каскад (перекрытие окон меню на экране дисплея таким образом, что видны и доступны для выдачи команд с помощью мыши их заголовки)
complete ~ см. balanced menu
dropdown ~ вчт раскрывающееся меню
hierarchical ~ иерархическое меню (команд ЭВМ)
multiple-choice ~ **1.** богатое меню, меню с широким выбором блюд **2.** вчт многопозиционное меню
pop-up ~ всплывающее меню (появляющееся на экране дисплея в текущем положении курсора и исчезающее после выбора команды)
primary ~ набор основных команд
pull-down ~ спускающееся меню (вызываемое указанием его заголовка, расположенного у верхнего края экрана дисплея, появляющееся непосредственно под этим заголовком и исчезающее после выбора команды)
secondary ~ набор вспомогательных команд
window ~ оконное меню (ЭВМ)
merchandise товар(ы)
back-up ~ товарный резерв, резервный запас товара
branded ~ марочный товар, марочные товары
designer ~ модный товар индивидуальной разработки, модельный товар
differentiated ~ индивидуализированный товар
fashion ~ модные товары, новинки
free ~ товар, предлагаемый бесплатно
general ~ смешанный ассортимент (в магазине)
high-margin [high-ticket] ~ товар, обеспечивающий высокую прибыль рознице
low-priced ~ недорогой товар
middle-of-the-line ~ добротный товар, товар среднего качества

off-season ~ товар, не соответствующий сезону; несезонный товар
package(d) ~ товар в упаковке; фасованный товар
premium ~ премиальный товар (выдаваемый бесплатно участникам мероприятия по стимулированию сбыта, предоставившим доказательство покупки продукта)
semiperishable ~ продукт(ы) кратковременного хранения
specialty ~ товары повышенной ценности
standard ~ стандартный товар
tagged ~ товар, снабжённый ярлыком
top-quality ~ товар высшего качества
vended ~ товары, продаваемые через торговые автоматы
merchandiser 1. розничное торговое предприятие **2.** специалист по стимулированию (усилий) сферы торговли
discount ~ **1.** торговец, предлагающий товары со скидкой **2.** торговое заведение сниженных цен
mass ~ магазин активного сбыта, магазин массовой торговли
merchandising стимулирование сферы торговли; сбыт; искусство сбыта
automatic ~ продажа через торговые автоматы
retail ~ розничная торговля
scrambled ~ (розничная) торговля товарами смешанного ассортимента; расширение товарного ассортимента (за счёт товаров, не относящихся к основному ассортименту); ассортиментное нагромождение (в номенклатуре магазина)
visual ~ оформление торговых площадей с целью стимулирования сбыта
merchant торговец, купец
commission ~ оптовик-комиссионер; оптовик-купец, торгующий на комиссионных началах; фирма-комиссионер (принимающая товары на консигнацию)
export ~ купец-экспортёр
general-goods ~ торговец товарами смешанного ассортимента

merchant

limited-line ~ торговец товарами ограниченного ассортимента
local ~ местный торговец
mass ~ 1. торговец товарами массового спроса 2. торговец товарами смешанного ассортимента
meat ~ торговец мясом
provision ~ оптовик, торгующий продовольственными товарами
trading ~ купец-торговец
wholesale ~ торговец оптом

merger слияние, поглощение, объединение *(фирм)*
anticompetitive ~ слияние, сужающее конкуренцию
conglomerate ~ конгломератное слияние *(разнородных предприятий)*
corporate ~ слияние корпораций
horizontal ~ горизонтальное слияние *(фирм в одной сфере производства, работающих на один рынок)*
industrial ~ промышленное объединение
market extension ~ слияние с целью расширения рынка сбыта *(в США может квалифицироваться как нарушение антитрестовского законодательства)*
transnational ~ транснациональное слияние
vertical ~ вертикальное слияние

merit 1. заслуга; достоинство, преимущество 2. ценность; оценка
~s of proposal положительные стороны предложения; существо предложения
commercial ~ коммерческое достоинство
economic ~ экономическая ценность, экономическая оценка
relative ~ сравнительное достоинство

mess беспорядок, путаница
regulation ~ неразбериха в регулировании

message обращение, послание, сообщение ◇ to craft ~ отрабатывать обращение; to deliver ~ доставить [передать] обращение; to frame ~ (с)формировать обращение; to get one's ~ across to *smbd.* донести обращение до *кого-л.*; to leave ~ просить передать; to pretest ~ предварительно проверять обращение

action ~ обращение, побуждающее к действию
advertising ~ рекламное обращение
basic ~ основное [исходное] обращение
broadcast ~ обращение вещательной рекламы
coded ~ кодированное [шифрованное] сообщение
commercial ~ коммерческое обращение
corrective ~ исправительное обращение; обращение, исправляющее прежнюю ошибку; обращение, разъясняющее действительное положение дел *(после ошибочных или не соответствующих действительности утверждений)*
counter-advertising ~ обращение контррекламы
distorted ~ искажённое сообщение
enquiry ~ запрос
fox ~ (тестовое) сообщение «о лисе» *(стандартная фраза, передаваемая для проверки работы печатающих устройств и содержащая все буквы латинского алфавита:* a quick brown fox jumps over the lazy dog*)*
headline ~ заголовок-обращение
humorous ~ юмористическое обращение
information(al) [informative] ~ информативное [информационное] сообщение
intended ~ искомое обращение
long-copy ~ (рекламное) обращение с пространным текстом
marketing ~ маркетинговое обращение
meteorological ~ метеосводка
on-target ~ целенаправленное обращение
paid ~ платное обращение
persuasive ~ увещевательное обращение
print ~ печатное обращение
priority ~ внеочередное [срочное] сообщение
product ~ (рекламное) обращение по поводу товара
publicity ~ пропагандистское обращение

method

radio ~ сообщение по радио, радиообращение
reminder ~ обращение-напоминание
response ~ ответное сообщение, ответ
sales [selling] ~ коммерческое [торговое] обращение
soft-sell ~ обращение в стиле «мягкой продажи»
straightforward ~ прямонацеленное обращение
subliminal ~ обращение, нацеленное на подсознание
supporting ~ подкрепляющее [поддерживающее] обращение
technical ~ техническое обращение
telegraph ~ телеграмма
telephoned ~ телефонограмма
unified ~ целостное сообщение
verbal ~ словесное обращение
verification ~ проверочное сообщение
visual ~ зрительное обращение
warning ~ предупреждающее обращение
wireless ~ радиограмма

messenger посыльный, курьер
cash ~ инкассатор
special ~ нарочный, курьер
telegraph ~ разносчик телеграмм

metal металл; *полигр.* гарт
hot ~ горячий металл
line-casting [linotype] ~ сплав для строкоотливных машин, линотипный сплав
molten ~ расплавленный металл
printing ~ типографский сплав, гарт
road ~ щебень для дорожного покрытия
sort-caster ~ словолитный сплав
stereotype ~ стереотипный металл
type ~ типографский сплав, гарт

method 1. метод, способ 2. порядок, система
~ of application способ применения
~ of communication метод коммуникации, способ связи
~ of designated routes метод задания маршрутов *(напр. коммивояжёру)*
~ of elimination метод исключения
~ of measurements метод измерений
~ of payment способ платежа
ad hoc ~ специальный метод

adversarial trading ~s методы противоборствующей торговли
advertising ~s методы [приёмы] рекламы
affordable ~ метод исчисления «от наличных средств» *(при разработке бюджета)*
analytical ~ аналитический метод, метод анализа
case ~ метод ситуаций, метод обучения на примерах случаев из практики, метод анализа конкретных хозяйственных ситуаций *(при обучении менеджеров)*
character count ~ *полигр.* метод подсчёта знаков
colour printing ~ *полигр.* способ цветной печати
colour-separation ~ *полигр.* метод цветоделения
comparative ~ сравнительный метод
competitive-parity ~ метод конкурентного паритета *(при разработке бюджета)*
costing ~ метод калькуляции; метод оценки
diary ~ дневниковый метод *(учёта)*, метод хозяйственного [потребительского] дневника
dispensing ~ метод раздачи [отпуска] товара
distribution [distributive] ~ метод распределения; метод сбыта
estimating ~ оценочный метод, метод оценки
experimental ~ экспериментальный метод
farming ~ агротехнический приём
forecast(ing) ~ метод прогнозирования
information processing ~ метод обработки информации
information retrieval ~ метод информационного поиска
inspection ~ метод контроля, способ проверки
instruction(al) ~ метод обучения
inventory ~ 1. *ТМО* метод управления запасами 2. метод инвентаризации
judgemental ~ метод экспертной оценки, интуитивный метод
laboratory ~ лабораторный метод

method

logical reasoning ~ метод логических рассуждений
mail questionnaire ~ корреспондентский метод опроса *(посредством рассылки по почте анкет)*
management [managerial] ~ метод [способ] управления
manufacturing ~ способ изготовления [производства]
mass distribution ~s методы массового сбыта
non-scaling ~ метод исследования без применения оценочных шкал
objective-and-task ~ метод исчисления «исходя из целей и задач» *(при разработке бюджета)*
observational ~ метод наблюдений
order-of-merit ~ метод ранжирования по достоинствам
paired-comparisons ~ метод парных сравнений
percentage-of-sales ~ метод исчисления «в процентах к сумме продаж» *(при разработке бюджета)*
periodic inventory ~ метод периодической инвентаризации
perpetual inventory ~ метод непрерывной инвентаризации
phasing-out ~ поэтапный метод прекращения [запрещения, вытеснения] *(чего-л.)*, метод свёртывания *(напр. деятельности)*
prediction ~ метод прогнозирования
pricing ~ метод ценообразования, метод расчёта [назначения] цены
printing ~ способ печатания
production ~s технология [методы] производства
proving ~ метод доказательства
quality control ~ метод контроля качества
ranking ~ метод ранжирования работ *(по степени их трудности)*
recall ~ метод припоминания
reciprocity ~ метод взаимности
recognition ~ метод узнавания [узнаваемости]
relief printing ~ высокая печать, способ высокой печати
research ~s методы исследований
roster recall ~ метод припоминания по списку *(обследуемым выдают на руки списки теле- или радиопрограмм, в которых транслировались интересующие исследователей ролики)*
sampling ~ выборочный метод
scheduling ~ метод календарного планирования
scientific ~ научный метод
selective ~ выборочный метод
simplified ~ упрощённый метод
simulation ~ метод моделирования
statistical ~ статистический метод
statistical sampling ~ метод выборочных статистических проверок
surface printing ~ плоская печать, офсет, литография
teaching ~ метод обучения
time-effective ~ метод наиболее эффективного использования времени
trial-and-error ~ метод проб и ошибок
unfair ~s of competition методы недобросовестной конкуренции
valid ~ надёжный [действенный] метод
word count ~ метод подсчёта слов
methodology методология
advertising ~ методология рекламной деятельности
check-out ~ методика проверки
programming ~ методология программирования
reliability ~ методика обеспечения надёжности
research ~ методология исследования
test ~ методика испытаний
mezzotint *полигр.* меццо-тинто
colour ~ цветное меццо-тинто
microchip интегральная микросхема
microcomputer микрокомпьютер; микро-ЭВМ
microeconomics, microeconomy микроэкономика *(изучение экономической деятельности частных фирм, отдельных небольших групп, секторов, индивидуумов)*
microenvironment микросреда *(фирма и её непосредственное окружение: поставщики, маркетинговые посредники, клиенты, конкуренты и контактные аудитории, т. е. факторы, на которые фирма может оказывать хотя бы частичное влияние)*

mind

microfiche микрофиша, диамикрокарта
　colour ~ цветная микрофиша
microfilm микрофильм
micromarket микрорынок
micromarketing микромаркетинг
microphone микрофон
　accent ~ *экр.* акцентный [«точечный»] микрофон *(выделяющий конкретные шумы или голоса из общего звукового фона при многомикрофонной записи)*
　boom ~ подвесной микрофон, микрофон на штанге
　breast ~ нагрудный микрофон
　button ~ капсульный микрофон
　camera ~ микрофон на (съёмочной) камере
　clip-on ~ *см.* lapel microphone
　concealed ~ скрытый микрофон
　desk ~ настольный микрофон
　directional ~ направленный микрофон
　external ~ внешний микрофон
　gooseneck ~ микрофон с гибким штативом
　hand ~ ручной микрофон
　hanging ~ подвесной микрофон
　hidden ~ скрытый микрофон
　lapel [lavalier] ~ петличный микрофон, миниатюрный микрофон *(прикрепляемый к нагрудному карману или отвороту пиджака)*
　lectern ~ микрофон на трибуне [на кафедре]
　lip(-ribbon) ~ губной микрофон
　midget ~ миниатюрный микрофон
　omnidirectional ~ всенаправленный микрофон
　radio ~ радиомикрофон
　speaker ~ дикторский микрофон
　stand ~ микрофон на стойке
　studio ~ студийный микрофон
　table ~ настольный микрофон
　tie clip ~ галстучный микрофон, микрофон в виде булавки для галстука
　wireless ~ радиомикрофон
middleman посредник; комиссионер
　agent [functional] ~ посредник-агент *(не принимающий на себя права собственности на товар)*
　international ~ международный посредник

marketing ~ маркетинговый посредник
　qualified ~ квалифицированный посредник
middle-of-the-road срединный, среднего направления
mike *проф.* микрофон
milk молоко
　artificial ~ искусственное молоко, заменитель молока
　bottled ~ бутылочное молоко
　cartoned ~ молоко в картонных пакетах
　chocolate ~ молочно-шоколадный напиток, шоколадное молоко
　concentrated ~ сгущённое молоко *(без сахара)*
　condensed ~ сгущённое молоко *(с сахаром)*
　dried ~ сухое молоко
　evaporated ~ сгущённое стерилизованное молоко *(без сахара)*
　fresh whole ~ свежее цельное молоко
　genuine ~ натуральное молоко
　ice ~ молочное мороженое
　imitation ~ заменитель молока *(диетический продукт)*
　infant ~ молоко для детского питания
　loose ~ разливное молоко
　new ~ парное молоко
　powdered ~ *см.* dried milk
　skim(med) ~ обезжиренное молоко
　sour ~ кислое молоко; простокваша
　sweet ~ свежее молоко
　whole ~ цельное молоко
milking «побеление» *(дефект оттиска при печатании на мелованной бумаге)*
mind 1. ум, разум; умственные способности, интеллект 2. мнение, взгляд ◇ to cultivate the ~ развивать ум; to maintain an open ~ быть непредубеждённым, сохранять объективность
　~ of nation сознание нации
　conscious ~ рассудок, активное сознание
　evil ~ злоумышление
　fresh ~ «свежая» голова
　logical ~ логичный [последовательный] ум
　meditative ~ созерцательный ум

mind

narrow ~ духовная ограниченность; узколобие
obtuse ~ неповоротливый ум
penetrant ~ острый ум
plastic ~ гибкий ум
practical ~ практический ум
public ~ 1. общественное сознание 2. внимание публики
quick ~ живой [сметливый] ум
subconscious [subliminal] ~ подсознание
trivial ~ заурядный ум
vacant ~ бездумность, полное отсутствие мыслей

mind-enriching *adj.* интеллектуально обогащающий

minder журналист; газетчик; репортёр

mindset умонастроение; склад ума

miniature 1. миниатюра 2. заставка *(в книге)* 3. макет *(в кино)*

minibudjet *англ.* дополнения и изменения к бюджету, вносимые правительством

mini-drama мини-драма

minimization минимизация *(напр. издержек)*
cost ~ минимизация издержек производства, минимизация себестоимости

minion миньон *(шрифт кегля 7)*

minister министр; посланник
~ of state государственный министр *(член правительства в Великобритании)*
cabinet ~ министр-член кабинета
government ~ *см.* minister of state
junior ~ *англ.* младший министр *(парламентский секретарь или заместитель министра)*
trade ~ министр торговли

ministry министерство
~ of Agriculture министерство сельского хозяйства
~ of International Trade and Industry министерство внешней торговли и промышленности *(Япония)*
~ of Overseas Development *англ.* министерство по вопросам развития заморских территорий

minority меньшинство, меньшая часть
ethnic(al) ~ этническое меньшинство
national ~ национальное меньшинство

pitiable ~ ничтожное меньшинство
racial ~ расовое меньшинство
tiny ~ незначительное меньшинство

minuscule минускул *(строчная буква в средневековых рукописях)*; рукопись, написанная минускулами
Caroline ~ каролингский минускул
Gothic ~ готический минускул
Gothic round ~ готический круглый минускул

mirror зеркало
console ~ большое настенное зеркало
crossed ~ полупрозрачное зеркало
dental ~ стоматологическое зеркало
double-faced ~ двустороннее зеркало
hand ~ ручное зеркало
one-way ~ зеркало, прозрачное с одной стороны
plate ~ полированное зеркало
reflecting ~ *экр.* отражательное зеркало, зеркальный отражатель
table ~ настольное зеркало

misbranded неправильно маркированный

misconception превратное [неправильное] представление, заблуждение

misdescription неправильное описание, неправильное обозначение *(на товаре)*

misinformation неправильная информация, дезинформация

misinterpretation неправильное понимание
fraudulent ~ умышленное искажение фактов

mislabeling искажение маркировки, неправильная маркировка

misleading вводящий в заблуждение, обманчивый, дезориентирующий

misprint опечатка

misregister *полигр.* несовпадение красок, неточная приводка, нарушение приводки

misreporting сообщение неточных [неправильных] сведений

misrepresentation обман, введение в заблуждение
fraudulent ~ намеренное введение в заблуждение; обман
willful ~ умышленный обман

mission 1. миссия; призвание 2. поручение, задача 3. командировка ◇ to go on ~ поехать в командировку; to

mix

set ~ поставить задачу, дать поручение
business ~ программа (деятельности) фирмы
company ~ программа фирмы
extraordinary ~ чрезвычайная миссия
fact-finding ~ миссия по выявлению фактов [обстоятельств]; ознакомительная миссия; расследование
information ~ информационная задача
responsible ~ ответственная миссия, ответственное задание
social ~ социальная [общественная] миссия
subsequent ~ последующая задача
trade ~ торговое представительство, торгпредство

mistake ошибка; недоразумение, заблуждение ◇ to make ~ сделать [совершить] ошибку; ошибаться, заблуждаться
accidental ~ случайная ошибка
bad ~ грубая ошибка
honest ~ добросовестное заблуждение
major ~ серьёзная ошибка
natural ~ понятная [естественная] ошибка
printing ~ типографская ошибка; опечатка
reparable ~ поправимая ошибка
setting ~ ошибка при наборе
spelling ~ орфографическая ошибка
unwitting ~ случайная ошибка

misuse неправильное использование; злоупотребление
~ of trademark злоупотребление товарным знаком; злоупотребление правом, основанным на товарном знаке
patent antitrust ~ *амер.* злоупотребление патентными правами, нарушающее антитрестовское законодательство

miswording неправильная формулировка

mix 1. состав, смесь; структура 2. ассортимент; номенклатура 3. *экр.* наплыв 4. *экр.* совмещённая фонограмма, фонограмма перезаписи *(со сведением голосов, звуковых эффектов и музыки на одной плёнке)* 5. микширование *(звуковых сигналов или изображений)*
~ of demand совокупность запросов
advertising ~ рекламный набор *(соотношение отрезков времени или площадей, закупаемых рекламодателем в разных средствах массовой информации)*
business ~ структурные компоненты деловой активности
cake ~ (сухая) смесь для кекса [пудинга]
communications ~ комплекс коммуникаций
creative ~ творческий комплекс, набор элементов [составляющих] творческого характера
customer ~ состав [совокупность] клиентов, клиентура
customized marketing ~ индивидуализированный комплекс маркетинга
defocus ~ наплыв расфокусировкой
dehydrated soup ~ сухой суповой концентрат, сухая суповая смесь
distribution ~ структура распределения, комплекс товародвижения
editorial-advertising ~ сочетание редакционных и рекламных материалов
industrial ~ структура промышленности
industrial promotional ~ комплекс мероприятий по стимулированию сбыта товаров промышленного назначения
marketing ~ комплекс маркетинга *(набор основных компонентов: товар, цена, методы распространения и методы стимулирования. Понятие введено в оборот американским специалистом Нейлом Борденом в 1967 г.)*
marketing communications ~ комплекс маркетинговых коммуникаций
media ~ набор *(используемых фирмой)* средств рекламы
merchandise ~ ассортимент товаров
milk shake ~ смесь для молочного шербета
physical distribution ~ набор составляющих процесса товародвижения
population ~ состав населения
product ~ номенклатура продукции

mix

(перечень разных видов продукции, производимых на предприятии), товарная номенклатура; набор товаров
promotion(al) ~ комплекс стимулирования сбыта
sales ~ комплекс торговых приёмов, комплекс приёмов и методов сбыта
service(s) ~ комплекс услуг, сервисный набор
standardized marketing ~ стандартизированный комплекс маркетинга
supplier ~ состав [набор] поставщиков
vegetable ~ овощная смесь
mixer 1. микшер, микшерский пульт 2. звукооператор 3. миксер, мешалка
beverage ~ смеситель для напитков
caption ~ *экр.* микшер титров
dupe ~ *экр.* звукооператор дубляжа
milk shake ~ миксер для приготовления молочных коктейлей
sound ~ звукооператор
mixing 1. микширование 2. смешение, смешивание
~ of inks *полигр.* смешение красок
audio [sound] ~ перезапись, совмещение фонограммы
vision ~ видеомикширование, микширование видеосигналов
mobile элемент подвесного рекламного оформления, подвесная рекламная конструкция, подвесное рекламное приспособление *(в местах продажи, во внутримагазинной рекламе)*
mock-up макет, оригинал-макет *(в натуральную величину)*
crude ~ черновой [приближённый] макет
fullscale ~ макет в натуральную величину
test ~ макет для испытаний
mode 1. метод, способ 2. характер; форма 3. режим *(работы)*
~ of action способ действия
~ of behaviour характер [стиль] поведения
~ of communication модель коммуникативного процесса
~ of distribution способ распределения; способ сбыта
~ of life образ жизни
~ of limitation способ ограничения
~ of operation режим работы, характер функционирования
~ of payment форма платежа
~ of production способ производства
~ of publication 1. способ издания 2. форма [вид] издания
~ of thought способ мышления
~ of transportation вид транспорта; способ транспортировки
~ of use способ применения
~ of working *см.* mode of operation
acceptable ~ приемлемый режим
edit ~ монтажный режим; способ монтажа
insert ~ режим вставки *(при электронном редактировании)*
near letter quality ~ режим качественной печати *(режим работы матричного принтера, обеспечивающий качество печати, сравнимое с качеством печати пишущей машинки)*
paced-practice ~ режим работы в заданном [принудительном] темпе *(регулируемом при помощи реле времени)*
public ~ общественная форма
ready ~ режим готовности
saturation ~ режим насыщения
search ~ режим поиска
simulation ~ метод моделирования
usage ~ режим использования
model 1. модель, образец 2. тип, марка конструкции
ACCA ~ модель «АККА» *(покупательского поведения, предполагающая привлечение внимания, понимание сути предложения, формирование убеждённости и побуждение к совершению покупки)*
advanced ~ усовершенствованная [модернизированная] модель
advertising budget ~ модель разработки рекламного бюджета
age structure ~ модель возрастной структуры
AIDA ~ модель «АИДА» *(старейшая модель покупательского поведения под влиянием рекламы, сформулированная в 1896 г. американским специалистом Элмером Левисом и предполагающая привлечение внимания, пробуждение интереса, сти-*

model

мулирование желания и побуждение к совершению покупки)
AIDCAS ~ модель «АИДКАС» *(покупательского поведения, предполагающая привлечение внимания, пробуждение интереса, стимулирование желания, обретение убеждённости, совершение покупки и удовлетворённости)*
AIDMA ~ модель «АИДМА» *(покупательского поведения, предполагающая привлечение внимания, интереса, стимулирование желания, обретение мотивированности и совершение покупки)*
approximate ~ приближённая модель
attitude ~ модель отношений
basic ~ базовая модель
basic inventory ~ основная модель управления запасами
behaviour(al) ~ поведенческая модель, модель поведения
business cycle ~ модель экономического цикла
buyer behaviour ~ модель поведения покупателя
car ~ модель автомобиля
colour ~ *мульт.* цветовая модель персонажа *(фильма)*
cooperative equilibrium ~ модель конкурентного равновесия
cost-effectiveness ~ модель (анализа) экономической эффективности, модель эффективности затрат
cut-away ~ модель в разрезе
DAGMAR ~модель «ДАГМАР» *(сокращение от названия книги американского специалиста Расселла Колли «Постановка задач рекламы для последующего замера результатов». Идея книги: эффект воздействия рекламы следует оценивать исходя из покупательского поведения, которое связано с такими категориями как: осведомлённость о товаре, понимание сути товара, убеждённость в правильном выборе, действие по совершению покупки)*
decision ~ модель принятия [выбора] решения
desk ~ настольная модель
development ~ 1. экспериментальная модель, экспериментальный образец;

модель [образец] в стадии разработки 2. модель (экономического) развития
display ~ демонстрационная модель
economy ~ *см.* stripped-down model
experimental ~ экспериментальная модель, опытный образец
fashion ~ манекенщица
fixed ~ стационарный вариант *(изделия)*
full-size ~ модель в натуральную величину; натурная модель
functional ~ функциональная модель
general ~ общая модель
generalized ~ обобщённая модель
half-size ~ модель в половину натуральной величины
hierarchy-of-effects ~ модель иерархии эффектов *(модель воздействия рекламы, предполагающая осведомлённость о товаре, знание товара, предрасположенность к товару, предпочтительное отношение к товару, убеждённость в правильности выбора, совершение покупки)*
industrial ~ промышленный образец
low-priced ~ дешёвая модель
marketing ~ модель маркетинга, маркетинговая модель
mathematical ~ математическая модель
media mix ~ модель составления комплекса средств рекламы
miniature ~ миниатюрная модель; мелкомасштабный макет
mobile ~ передвижной вариант *(изделия)*
pilot ~ опытный образец
predictive ~ модель прогнозирования
preproduction ~ прототип; образец изделия, подготовленного к серийному производству
price adjustment ~ модель приспособления [корректировки] цен
pricing ~ модель расчёта цены
pricing design ~ модель системы ценообразования
production ~ серийная модель
production scheduling ~ модель планирования производства
profitability ~ модель прибыльности
prototype ~ опытная модель, опытный образец

395

model

research ~ модель для научных исследований, экспериментальная модель
role ~ модель [образец] для подражания
sample ~ *стат.* модель выборки
scale ~ масштабная модель
scenery ~ *экр.* макет декорации
simulation ~ имитационная модель
site selection ~ модель методики выбора месторасположения
small-scale ~ мелкомасштабная модель
stripped-down ~ упрощённая [экономичная] модель, модель без всяких усовершенствований
top ~ самая совершенная [самая дорогая] модель; ведущая [ходовая] модель
top-selling ~ ведущая [ходовая] модель
type ~ *полигр.* рисунок литеры; модель литеры
working ~ действующая [рабочая] модель
modification модификация, видоизменение
~ of facts упорядочение фактов
contract ~ внесение изменений в контракт
image ~ изменение образа
market ~ модификация рынка *(отыскание новых сегментов и новых пользователей товара)*
marketing mix ~ модификация комплекса маркетинга
product ~ модификация товара, внесение изменений в товар
promotion ~ внесение изменений в практику стимулирования
trial ~ опытная модификация, модификация для проведения испытаний
weather ~ искусственное воздействие на погоду
module модуль, блок
apartment ~ блок-квартира
functional ~ функциональный модуль
furniture ~s секционная мебель
hardware ~ аппаратный модуль (ЭВМ)
memory ~ модуль памяти [запоминающего устройства]
power ~ блок питания
presentation ~ модуль [блок] презентации
program(ming) ~ программный модуль
replaceable ~ заменяемый модуль, сменный блок
software ~ модуль (системы) программного обеспечения
spare ~ запасной модуль
standard ~ стандартный модуль
moisturizer увлажнитель
moment момент, миг, мгновение, минута ◇ in a ~ через минуту, сейчас; to be of no ~ не иметь (никакого) значения
bending ~ изгибающий момент
key ~ решающий момент
propituous ~ подходящий [благоприятный] момент
prosperous ~ благоприятный момент
twisting ~ скручивающий момент
momentum импульс, движущая сила ◇ to acquire ~ получить импульс; to gain ~ набирать силу [ускорение], крепнуть; to maintain ~ сохранить темп, не упустить инициативу, поддержать движение
money 1. деньги, платёжное средство 2. *pl* денежные суммы ◇ ~ on call денежный заём до востребования; to lend (out) ~ on interest давать деньги в рост
~ of account расчётная денежная единица
active ~ деньги в обращении
advertising ~ ассигнования на рекламу, рекламные деньги
black ~s подпольные доходы
borrowed ~ ссуда, заём
caution ~ задаток
circulatory ~ обращающиеся деньги
counterfeit ~ фальшивые [поддельные] деньги
credit ~ кредитные деньги
dear ~ 1. «дорогие» деньги *(ситуация, при которой высокий уровень процентных ставок приводит к ограничению кредита)* 2. деньги с высокой покупательной силой
deposit ~ 1. первый взнос *(при платеже в рассрочку)* 2. деньги на депозите, депонированные деньги

discretionary ~ свободные деньги
dry ~ «звонкая монета»; наличность *(при оплате)*
earnest ~ задаток
easy ~ 1. «дешёвые» деньги *(кредитуемые по низкой процентной ставке)* 2. обесценивающиеся деньги
effective ~ наличные деньги
housekeeping ~ деньги на хозяйство
insurance ~ страховое возмещение
maintenance ~ деньги на содержание
paper ~ бумажные деньги, банкноты
pocket ~ карманные деньги
protection ~ плата «за защиту» *(деньги, вымогаемые рэкетирами)*
purchase ~ покупная сумма
push (premium) ~ премия-толкач *(дилерам или их торговому персоналу за усиленное проталкивание товара)*
queer ~ фальшивые [поддельные] деньги
ready ~ наличные деньги
salvage ~ вознаграждение за спасённое имущество; спасательное вознаграждение
symbolic ~ символические деньги
up-front ~ деньги, уплаченные авансом [до начала работ]

monitor монитор, видеоконтрольное устройство; ВКУ, дикторский монитор
announcer ~ дикторское видеоконтрольное устройство
black-and-white ~ чёрно-белый монитор, монитор чёрно-белого изображения
colour ~ цветной монитор, монитор цветного изображения
control picture ~ контрольный видеомонитор
remote ~ дистанционное управляющее устройство
television ~ телемонитор
test ~ контрольный монитор
video ~ видеомонитор

monitoring контроль, (постоянное) наблюдение
~ of repayments контроль за погашением обязательств
automatic ~ автоматический контроль
continuous ~ непрерывный контроль, постоянное наблюдение
environmental ~ контроль (за состоянием) окружающей среды
indirect ~ косвенный контроль
instrumental ~ контроль с помощью приборов, инструментальный контроль
internal ~ инициативный контроль
on-site ~ контроль на месте [на местах]
periodic ~ периодический контроль
process ~ управление (технологическим) процессом, контроль производственного процесса
production ~ наблюдение за производством
program(me) ~ контроль программы; просмотр программы
remote ~ дистанционный контроль
routine ~ плановый контроль
sample ~ выборочный текущий контроль
selective ~ выборочный контроль

monochrome чёрно-белый; одноцветный, однокрасочный

monopoly 1. монополия; исключительное право 2. монополистическое объединение
accidental ~ случайная монополия
advertising ~ рекламная монополия, монополия на рекламу
brand ~ монопольное положение марки
commercial ~ торговая монополия
government ~ государственная монополия
government-guaranteed ~ гарантированная государством монополия
lawful private ~ законная частная монополия
licensed ~ монополия по лицензии
limited ~ ограниченная монополия
national ~ (обще)национальная монополия
natural ~ естественная монополия
nonregulated ~ нерегулируемая монополия
private ~ частная монополия
pure ~ чистая монополия
regulated ~ регулируемая монополия
shared ~ совместная монополия
state ~ государственная монополия

temporary ~ монополия, ограниченная временем; временная монополия
trade ~ торговая монополия
transnational ~ транснациональная монополия
unregulated ~ нерегулируемая монополия

montage монтаж; подборка; фотомонтаж
  accelerated ~ *экр.* монтаж с ускорением темпоритма *(с увеличением скорости смены монтажных планов)*

mood настроение, расположение духа; атмосфера
  buying ~ предрасположенность к покупке, настроение на покупку
  receptive ~ благоприятное *(к восприятию)* настроение

morale моральное состояние ◇ **to affect the** ~ воздействовать [влиять] на моральное состояние; **to bolster (up) the** ~ укреплять моральное состояние
  flagging ~ падающий [неустойчивый] моральный дух
  high ~ высокий моральный дух
  low ~ низкий моральный дух

morality нравственность; мораль, принципы поведения
  covert ~ закулисная мораль
  overt ~ официальная мораль
  public [**social**] ~ общественная мораль

morals нравственные нормы, нравственность

mores нравы, обычаи

mortgage заклад, залог, ипотека, закладная ◇ **to borrow on** ~ получать заём под залог имущества; **to lend on** ~ давать деньги под закладную; **to pay off** [**to redeem**] ~ выкупать закладную, выкупать из залога
  chattel ~ ипотека под залог имущества, закладная на движимое имущество, ломбардный залог
  long-term ~ долгосрочный залог
  real estate ~ закладная под недвижимость

most ◇ **at the** ~ самое большее, максимум; "**read** ~ " прочитавший большую часть *(характеристика читателя рекламы)*

motif *фр.* (лейт)мотив
  flower ~ цветочный мотив [орнамент]
  spot ~ рисунок в виде горошин, крапчатый рисунок
  stripes ~ рисунок в полоску

motion движение; перемещение
  absolute ~ абсолютное движение
  accelerated ~ *см.* quick motion
  alternate ~ *см.* reciprocating motion
  apparent ~ видимое движение
  fast ~ *см.* quick motion
  forced ~ вынужденное движение
  gamma ~ мнимое движение
  gaze ~ движение взгляда
  intermittent ~ *экр.* прерывистое движение; киносъёмка с перерывами
  perpetual ~ вечное движение
  proper ~ собственное движение
  quick ~ *экр.* замедленная [цейтраферная] съёмка *(движение на экране ускоряется)*
  random ~ беспорядочное движение
  reciprocating ~ возвратно-поступательное движение
  relative ~ относительное движение
  return ~ обратное движение
  slow ~ ускоренная съёмка, рапид, эффект «лупы времени» *(движение на экране замедляется)*
  stop ~ покадровая съёмка, мультсъёмка
  transverse ~ поперечное перемещение

motivation мотивация, мотивировка; побуждение ◇ **to keep up** ~ поддерживать мотивацию [интерес]
  buying ~ мотивация совершения покупки
  consumer ~ мотивация потребителей, потребительская мотивация
  external ~ внешняя мотивация
  human ~ человеческая мотивация
  incentive ~ побудительная мотивация
  internal ~ внутренняя мотивация
  intrinsic ~ внутренняя мотивация
  personal ~ личностная мотивация
  unconscious ~ неосознанная мотивация

motivator мотиватор, побуждающий фактор мотивации, фактор мотивирования, движущий мотив

movement

negative ~ негативный фактор мотивации
primary purchase ~ основной побудительный [мотивационный] фактор, основной мотиватор покупки
motive мотив, повод; побуждение, стимул
  acquired ~ приобретённый мотив
  basic ~ основной [основополагающий] мотив
  buying ~ покупательский мотив, мотив покупки
  direct ~ непосредственное побуждение, непосредственный мотив
  indirect ~ косвенное побуждение
  laudable ~ похвальное побуждение
  learned ~ мотив, приобретённый в процессе обучения
  operative ~ побудительный мотив
  ostensible ~ мнимый повод
  personal ~ личный мотив, мотив личного характера
  pivotal ~ главный мотив
  power ~ движущая сила
  primary ~ основная движущая сила; первичный мотив
  primary human ~ первичный человеческий мотив
  private ~s мотивы личного характера
  purchase ~ мотив покупки
  secondary ~ вторичный мотив
  sociogenic ~ социогенный мотив
  underlying ~ скрытый мотив
motor двигатель; мотор
  camera ~ *экр.* приводной двигатель киносъёмочного аппарата
  driving ~ приводной двигатель
  outboard ~ подвесной (лодочный) мотор
  projector ~ приводной двигатель кинопроектора
motorist автомобилист
mould *полигр.* матрица; пресс-форма
  composition ~ отливная форма для основного шрифта
  display-type ~ отливная форма для выделительного шрифта
  hand ~ ручная пресс-форма
  lead ~ свинцовая матрица
  mat ~ отливка матрицы
  negative ~ негативная отливная форма
  split ~ разъёмная форма
  wax ~ восковая матрица
mouthwash зубной эликсир
move шаг, акция, поступок, мероприятие
  anti-inflation ~ мера по борьбе с инфляцией
  behind-the-scene ~ закулисная акция
  counter ~ контрмера
  countervailing ~s противодействующие меры *(со стороны конкурентов)*
  diversionary ~ отвлекающее действие, отвлекающий ход
  sound ~ разумный шаг
movement 1. движение; динамика, течение 2. оживление *(на рынке)* 3. перемещение
  actor ~ перемещение исполнителей *(при съёмке)*
  antibusiness ~ антипредпринимательское движение
  camera ~ *экр.* движение [перемещение] камеры *(при съёмке)*
  capital ~ движение [перелив] капитала
  citizen action ~ движение гражданских действий
  consumer ~ 1. движение потребителей 2. движение в защиту *(интересов)* потребителей 3. отгрузка потребителям
  demand curve ~s отклонения [колебания] кривой спроса
  film ~ (про)движение [транспортирование] киноплёнки
  grass roots ~ движение «низов», массовое общественное движение
  inventory ~ динамика товарно-материальных запасов
  long-term ~ тенденция длительного характера
  muck-raking ~ кампания по разоблачению злоупотреблений
  one-way ~ движение в одном направлении; одностороннее движение
  onward ~ поступательное движение
  picture ~ *экр.* неустойчивость изображения, неудовлетворительное стояние [держание] кадра
  price ~ движение [динамика] цен
  protest ~ движение протеста

movement

purposive ~ целенаправленное движение
spontaneous ~ порыв; стихийное движение
stylistic ~ стилевое течение
to-and-fro ~s качательные движения
voluntary ~ произвольное движение
youth ~ молодёжное движение

mover 1. автор, инициатор 2. движущая сила ◇ ~s and shakers влиятельные лица, сильные мира сего
people ~ пассажирский маршрутный транспорт
prime ~ главное действующее лицо

movie фильм; кинотеатр
colour ~ цветной кинофильм, цветная кинокартина
entertainment ~ развлекательный фильм
first-run ~ фильм, идущий первым экраном
full-length ~ полнометражный фильм
outdoor ~ кинотеатр на открытом воздухе
prerecorded ~ видеокинофильм
television ~ телевизионный фильм

movie-goer кинозритель, любитель [завсегдатай] кино

moviola фирм. «мовиола» (звукомонтажный аппарат)

muckraker любитель (сенсационных) разоблачений, «разгребатель грязи»

multidimensional многомерный

multifunctional многофункциональный, универсальный

multimedia комплекс СМИ (напр. развлекательное шоу, в котором задействованы разные виды средств массовой информации)

multiples однотипные магазины (одной фирмы)

multiplicity многообразие, множественность, множество

multitone многотоновой, с тональными градациями

municipality местный орган управления; муниципалитет

muppy (от middleaged urban professional) «маппи» (преуспевающий специалист-горожанин среднего возраста)

music музыка; музыкальное произведение; ноты ◇ set to ~ положенный на музыку; to ~ под музыку
background ~ музыкальный фон
beautiful ~ популярная музыка
bubble gum ~ «пузыристый» рок (предельно упрощённая музыка в стиле «рок», рассчитанная на подростков раннего возраста)
canned ~ фонотечная музыка
electronic ~ электронная музыка
fill ~ музыкальная вставка
film ~ музыка к (кино)фильму
functional ~ функциональная музыка
heavy metal ~ «тяжёлый металл» (музыкальное направление)
incidental ~ музыкальное сопровождение (обычно постановки фильма), музыка к постановке
library ~ фонотечная музыка
mood ~ музыка, задающая настроение
needle-drop ~ лицензированная фильмотечная музыка
occasional ~ музыка, написанная по определённому поводу (напр. к спектаклю)
orchestral ~ оркестровая музыка; оркестровое произведение
piped ~ музыка, передаваемая по радио (в общественных местах)
pop ~ поп-музыка
printed ~ нотное издание, ноты
programme ~ программная музыка
serial ~ серийная музыка
sheet ~ ноты (не переплетённые)
soul ~ негритянская музыка, музыка в стиле «соул»
square ~ традиционная музыка
stock ~ фонотечная музыка
theme ~ (основная) музыкальная тема (напр. фильма)
tinned ~ грампластинка
title ~ см. theme music
wallpaper ~ фоновая музыка, музыкальный фон (дикторского текста)

music-case футляр музыкального инструмента; папка для нот
music-stand пюпитр *(для нот)*

N

name 1. название, наименование; обозначение 2. репутация 3. имя *(человека)* ◇ in ~ only (только) номинально; (только) по названию
  actual ~ 1. подлинное имя 2. подлинное название
  assumed ~ псевдоним
  blanket family ~ единое марочное название *(для всего семейства товаров)*
  brand ~ марочное название; торговая марка, название товарной [торговой] марки
  business ~ 1. (официальное) деловое название 2. название фирмы
  Christian ~ имя *(человека)*
  code ~ условное наименование
  collective ~ собирательное имя; коллективное обозначение
  commercial ~ торговое название
  common ~ общее название; имя нарицательное
  company ~ название компании [фирмы]
  copyrighted ~ название [наименование], охраняемое авторским правом
  corporate ~ название фирмы, фирменное название
  family ~ 1. фамилия (человека) 2. название семейства товаров
  fancyful brand ~ фантазийное название товарной марки
  fictitious [fictive] ~ вымышленное имя
  file ~ название файла
  firm ~ название фирмы, фирменное название
  first ~ имя (человека)
  functional brand ~ функциональное название товарной марки
  generic ~ родовое название
  global ~ название, известное во всем мире
  grade ~ название товарного сорта, название марки
  group ~ групповое название
  ill ~ плохая репутация, дурная слава
  individual brand ~ индивидуальное марочное название
  international ~ название, известное в международном масштабе
  last ~ фамилия (человека)
  local ~ 1. местное название 2. название местности
  maiden ~ девичья фамилия
  naturalized ~ иностранное название, изменённое применительно к местным условиям
  patent ~ патентованное название
  pen ~ псевдоним
  pet ~ ласкательное [уменьшительное] имя
  place ~ географическое название, название места
  product ~ название товара
  proper ~ имя собственное
  proprietary ~ патентованное название
  simple ~ простое имя
  specific ~ видовое название
  store ~ название магазина; марка магазина
  suggestive ~ суггестивное [внушаемое] название
  symbolic ~ символическое наименование
  trade ~ 1. торговое название; фирменное название 2. название фирмы
  trading ~ торговое название фирмы
  underlined ~ подчёркнутое название; название, выделенное подчёркиванием
nameplate 1. фирменная дощечка, фирменная плашка 2. паспортная табличка 3. заголовок газеты *(наверху первой полосы)*
  identifying ~ опознавательная [указательная] плашка; шильдик
  illuminated ~ табличка с подсветкой
  product ~ шильдик с названием продукта [изделия]
  rating ~ табличка с номинальными данными
nappy:
  disposable ~ пелёнка (одно)разового пользования

narration

narration 1. рассказ; изложение *(событий)* 2. дикторский текст *(фильма)*
voice-over ~ закадровый комментарий
narrator ведущий; диктор; комментатор
narrowcasting *вещ.* адресное [целенаправленное] вещание; адресная [целенаправленная] передача *(в отличие от* broadcasting*)*
nation 1. народ, нация 2. государство, страна
  creditor ~ страна-кредитор
  debtor ~ страна-должник; страна, имеющая отрицательный платёжный баланс
  developed ~ промышленно развитая страна
  developing ~ развивающаяся страна
  exporting ~ страна-экспортёр
  federate ~ федеральное государство
  industrial ~ промышленно развитая страна
  most favoured ~ наиболее благоприятствуемая страна
  sea-faring ~ морская держава
  source ~ страна-производитель; страна-поставщик
national 1. гражданин, подданный 2. (обще)национальное издание
  quality ~ солидное общенациональное издание
nationality национальность; гражданство, подданство ◇ **to lose** ~ утратить гражданство
  absent ~ безгражданство, отсутствие гражданства
  double [dual] ~ двойное гражданство
  ethnic ~ этническая национальность
nature 1. природа, натура, характер 2. сущность, основное свойство ◇ **by** ~ по природе, от рождения
  class ~ классовая сущность
  competitive ~ конкурентный характер, конкурентная природа
  general ~ общий характер
  good ~ добродушие
  human ~ человеческая природа, человеческая натура
  legal ~ юридический [правовой] характер
  public ~ общественная природа

  random ~ случайный характер, неупорядоченность
  seasonal ~ сезонный характер *(напр. спроса)*
  second ~ вторая натура
  statistical ~ статистический характер
  subjective ~ субъективный характер; субъективная природа
necessar/y 1. самое необходимое 2. *pl разг.* деньги, средства
  ~**ies of life** предметы первой необходимости *(жилище, еда)*
  household ~**ies** предметы домашнего обихода
necessit/y 1. необходимость, потребность, нужда 2. *pl* предметы первой необходимости ◇ **of** ~ по необходимости, неизбежно, обязательно
  actual ~ реальная необходимость
  acute ~ настоятельная необходимость
  bare ~ элементарная потребность
  basic ~ 1. важнейшая [первейшая] необходимость 2. *pl* предметы первой неоходимости
  biological ~ **of life** биологическая жизненная потребность
  economic ~ экономическая необходимость
  hypothetical ~ гипотетическая необходимость
  imperative ~ настоятельная необходимость
  internal ~ внутренняя потребность
  overriding ~ первоочередная [исключительная] необходимость
  paramount ~ крайняя необходимость
  prime ~**ies** предметы первой необходимости
  sociological ~ **of life** социологическая жизненная потребность
  urgent ~ настоятельная необходимость
  utilitarian ~**ies** утилитарные предметы первой необходимости
need 1. нужда, потребность, надобность 2. *pl* запросы, потребности ◇ **for** ~ **of** из-за недостатка, вследствие отсутствия *(чего-л.)*; **to meet the** ~**s** удовлетворять потребности
  acquired ~**s** вторичные [благоприобретённые] потребности
  advertising ~**s** нужды рекламы

negative

affiliation ~ потребность в принадлежности *(к группе, организации)*
basic ~ существенная потребность
basic human ~ основополагающая человеческая потребность
body ~ потребность организма
body-nutrient ~ потребность организма в питательных веществах
business ~ деловая потребность
buyer ~ покупательская нужда
buying ~ нужда в закупках; покупательская нужда
company ~ нужда фирмы [компании]
compulsive ~ настоятельная потребность
conflicting ~s противоречивые желания, противоречивые потребности
consumer ~s запросы потребителя, потребительские нужды
daily ~s повседневные нужды
daily living ~s потребности повседневной жизни
emergency ~ экстренная нужда
esteem ~ потребность в уважении
felt ~ ощущаемая нужда
generic ~ общая родовая нужда
health ~ потребность в охране здоровья; потребность в медицинской помощи
hidden ~ скрытая нужда
housing ~ потребность в жилье
identified ~ выявленная нужда
imperative ~ настоятельная потребность
information ~ потребность в информации [в информационном обеспечении], информационная потребность
intensive ~ настоятельная потребность
land ~ потребность в земельных участках
long-felt ~ (давно) назревшая необходимость
market ~s потребности [запросы] рынка, рыночные нужды
nutritional ~ пищевая потребность
occupational ~ профессиональная потребность
original ~ исходная нужда
perceived ~ воспринимаемая нужда
personal ~ личная потребность
present ~s насущные нужды
pressing ~ насущная потребность
primary ~ основная [первичная] потребность
psychological ~s психологические запросы
physiological ~ физиологическая потребность
safety ~ потребность самосохранения
secondary ~ второстепенная [вторичная] потребность
self-actualization ~ потребность в самоутверждении
social ~s общественные потребности
specific ~ конкретная [специфическая] нужда
spending ~ потребность в затратах
spiritual ~s духовные запросы
target ~ целевая нужда
tissue ~s потребности на уровне тканей
unfilled ~ неудовлетворённая потребность
unidentified ~ невыявленная [подспудная] нужда
user ~s потребности [нужды] пользователя

negative негатив, негативное изображение
broken-tone ~ растровый негатив
colour-separated ~ цветоделённый негатив
combined [composite] ~ комбинированный негатив
cut ~ монтируемый негатив, негатив для монтажа *(кинофильма)*
drop-out ~ негатив с изображением без фона *(фон закрыт маской)*
dupe ~ *экр.* дубль-негатив, контратип, промежуточный негатив
engraver's ~ негатив для высокой печати
film ~ негатив на плёнке, плёночный негатив
halftone ~ растровый негатив
hard ~ контрастный негатив
line ~ штриховой негатив
master photographic ~ эталонный фотонегатив
music ~ негатив фонограммы с записью музыки
mute ~ негатив изображения, негатив без фонограммы

negative

offset ~ негатив для изготовления офсетной формы
optical ~ начисто смонтированный негатив изображения
paper ~ негатив на фотобумаге [на бумажной подложке]
release ~ негатив для печати тиражных копий фильма
reversed ~ зеркально-перевёрнутый [обращённый] негатив
separation ~ цветоделённый негатив
soft ~ вялый [слабоконтрастный] негатив
sound ~ звуковой негатив, негатив фонограммы
sound effects ~ негатив фонограммы с записью звуковых эффектов
still ~ негатив фотоснимка
title ~ негатив (суб)титров [внутрикадровых надписей]
tone ~ тоновый негатив

negotiation 1. *pl* переговоры 2. обсуждение условий ◊ to carry on ~s вести переговоры; to conduct ~s вести переговоры; to conduct ~s by letters вести переговоры письменно; to conduct ~s in person вести переговоры лично; to defer ~s отложить переговоры; to suspend ~s временно прервать переговоры; to urge ~s настаивать на проведении переговоров
abortive ~s безуспешные переговоры
action-oriented ~s переговоры, ориентированные на принятие решений
bilateral ~s двусторонние переговоры
contract ~ обсуждение условий контракта
direct ~s прямые переговоры
intricate ~s сложные переговоры
meaningful ~s содержательные [плодотворные, конструктивные] переговоры
multilateral ~s многосторонние переговоры
on-going ~s ведущиеся переговоры
painstaking ~s кропотливые [трудные] переговоры
preparatory ~s подготовительные [предварительные] переговоры; консультации
price ~ переговоры о ценах
private ~s неофициальные [закрытые] переговоры
protracted ~s затянувшиеся переговоры
sales ~s переговоры о (за)продаже
stalled ~s переговоры, зашедшие в тупик
substantive ~s существенные переговоры, переговоры по существенным проблемам
sustained ~s длительные [непрерывные] переговоры
top-level ~s переговоры на высшем уровне
trade ~s торговые переговоры

negotiator посредник; уполномоченный; лицо, ведущее переговоры
chief ~ глава делегации
civil ~ корректный [добропорядочный] посредник
trade ~ участник торговых переговоров

neighbourhood социальное окружение; соседство; округа
low-income ~ район населения с низким уровнем доходов
shoppy ~ район с большим числом магазинов

nest 1. гнездо; кров 2. комплект предметов, вставляющихся друг в друга
~ of shelves стеллаж, полки (*несколько полок в одной раме*)
~ of tables набор столов уменьшающихся размеров и задвигающихся один в другой
bird's ~ *экр.* плёночный «салат» (*о плёнке, застрявшей или замятой в аппарате и забившей его*)
empty ~ *демогр.* пустое гнездо (*семья, где дети уже выросли и покинули родительский дом*)
end-in ~ набор выдвижных торцевых столов
full ~ *демогр.* полное гнездо (*семья, где дети живут вместе с родителями*)

network 1. сеть *(агентств)* 2. сеть вещания 3. группа
~ of samples *стат.* группа взаимопроникающих выборок
activity ~ *экр.* сетевой график
advertising ~ сеть рекламных агентств
agency ~ сеть агентств, агентская сеть

news

backbone ~ базовая сеть
basic ~ базовая основа сети *(набор радио- или телестанций, которые должны быть в обязательном порядке включены в заказ рекламодателя, желающего воспользоваться услугами сети)*
branch ~ сеть филиалов
broadcasting ~ вещательная сеть
cable television ~ сеть кабельного телевидения
character-and-pattern telephone access information ~ сеть обеспечения знаковой и иллюстративной информацией с телефонным доступом *(система видеотекста, применяемая в Японии)*
commercial television ~ коммерческая телесеть, сеть коммерческого телевидения
computer ~ компьютерная сеть, вычислительная сеть, сеть ЭВМ
data bank ~ сеть банков данных
data-exchange ~ сеть обмена информацией [данными]
direct distribution ~ сеть прямого распределения *(товаров)*
distribution ~ сеть распределения, сеть доставки; торговая сеть
facsimile ~ факсимильная сеть
highway ~ дорожная сеть
information ~ информационная сеть
local area ~ локальная сеть
monitoring ~ сеть наблюдения и контроля
multistation ~ многостанционная сеть
national distribution ~ сеть (обще)национального распределения *(товаров)*
nationwide ~ (обще)национальная сеть
nationwide television ~ общенациональная телесеть
personal computer ~ сеть персональных ЭВМ
product distribution ~ сеть распределения товара, сеть товародвижения
public ~ сеть общего пользования
radio ~ радиосеть
regional ~ региональная сеть
satellite ~ сеть спутниковой связи
television receiving ~ приёмная телевизионная сеть
transportation ~ транспортная сеть
Network:
 Blue ~ *амер. компания Эй-Би-Си (называлась так до 1943 г.)*
 Cable News ~ Си-Эн-Эн *(международная сеть кабельного вещания со штаб-квартирой в г. Атланта, штат Джорджия, США, основана в 1980 г., ведёт круглосуточную передачу программ новостей)*
 Central Educational ~ *амер.* Центральная сеть учебного телевидения
 Christian Broadcasting ~ *амер.* Христианская вещательная телесеть *(создана в 1977 г.)*
 Global Television ~ телесеть «Глобал» *(крупнейшая англо-язычная коммерческая телесеть Канады)*
 Home Theater ~ Сеть семейных программ *(создана в 1975 г., платная кабельная телесеть, которая передаёт семейные программы и фильмы категорий "G" и "PG")*
 Hughes Television ~ *амер.* Телесеть Хьюза *(независимая телевизионная сеть, снабжающая многие телецентры преимущественно спортивными и несерийными программами)*
 Independent Television ~ *англ.* Сеть независимого телевещания *(создана в 1956 г. и представляет собой объединение 15 независимых частных телецентров, приобретающих лицензии у государственного Управления независимого телевещания)*
 Japan Cable ~ Японская кабельная телесеть *(является филиалом рекламного агентства «Денцу»)*
 National Advertising Agency ~ *амер.* Национальная сеть рекламных агентств
 Red ~ радиосеть «Эй-Би-Си» *(основана в 1927 г.)*
networking 1. коллективная работа, работа сообща, объединение усилий 2. организация [создание] сети
 computer ~ организация сети вычислительных машин
news новость, новости; сообщения ◇ to be in the ~ быть в центре внимания
 advertising ~ рекламная новость, рекламные новости, новости рекламы

news

current ~ текущие новости; хроника *(отдел газеты)*
foreign ~ сообщения [новости] из-за границы
hard ~ объективная информация; (важные) актуальные новости
headline ~ (краткая) сводка новостей, новости «одной строкой»
home ~ сообщения по стране
hot ~ горячие [самые свежие] последние новости; последние известия
international ~ международные новости
latest ~ последние известия
product's ~ сообщения о новинках
stop-press ~ «в последний час» *(газетная рубрика)*
television ~ телевизионные новости, теленовости
topline ~ новость первостепенной важности

newsagent газетный киоскёр, владелец газетного киоска

newscast передача новостей [последних известий]
headline ~ (краткая) сводка новостей, «новости в заголовках»

newscaster радиокомментатор, телекомментатор; диктор *(последних известий)*

newsletter (информационный) бюллетень *(учреждения, фирмы)*, информационное письмо
financial ~ информационный бюллетень по финансовым вопросам
semi-weekly ~ бюллетень, выходящий два раза в неделю

newsmagazine общественно-политический журнал *(обычно еженедельный)*

newspaper газета
bi-weekly ~ газета, выходящая один раз в две недели
campus ~ студенческая газета, газета студенческого городка
college ~ институтская газета, газета колледжа
community ~ общинная газета
company ~ газета фирмы
controlled circulation ~ газета с контролируемым тиражом *(распространяемая бесплатно по списку)*
country ~ провинциальная [сельская] газета *(обычно еженедельная газета, издаваемая в небольшом городе)*
daily ~ ежедневная газета
dietary ~ измельчённая бумага в рационе *(сельскохозяйственных животных)*
electronic ~ 1. электронная газета 2. приём текстового материала на домашний телеэкран
evening ~ вечерняя газета
failing ~ газета на грани банкротства
fortnightly ~ газета, выходящая раз в две недели
free-distribution ~ газета, распространяемая бесплатно
home ~ газета на дому, домашняя газета *(воспроизведение газетного текста на экране телевизора системой видеотекста)*
local ~ местная газета
mass-circulation ~ газета, выходящая массовым тиражом
metropolitan ~ центральная газета
national ~ общенациональная газета, газета общенационального распространения
quality ~ солидная [влиятельная] газета
semi-official ~ официоз
shopping ~ торговый вестник
small-circulation ~ газета с небольшим тиражом
special-interest ~ специализированная газета
standard(-format) ~ *амер.* газета стандартного формата *(с полосой формата около 54,61 см × 36,83 см. Объём полосы при 8 колонках — 2400 строк «агат», при 6 колонках — 1800 строк «агат»)*
stop-press ~ экстренный номер газеты, газета с экстренным сообщением
subscription ~ подписная газета, газета, распространяемая (только) по подписке
tabloid ~ малоформатная газета
weekly ~ еженедельная газета, еженедельник
youth ~ молодёжная газета

newsprint газетная бумага

newsreel киножурнал, хроникальный кинофильм, кинохроника

newsworthiness событийность; событийная ценностность; событийный характер *(сообщений)*

niche:
  market ~ рыночная ниша; благоприятное положение на рынке *(для фирмы)*

nick *полигр.* сигнатура

night 1. ночь, вечер **2.** темнота ◇ the ~ of ignorance темнота, полное невежество
  benefit ~ бенефис; благотворительный вечер
  first ~ первое представление, премьера *(в театре)*
  late ~ поздний вечер; «поздняя ночь» *(отрезок телевизионного времени с часу ночи до окончания работы станции)*
  opening ~ первое представление, премьера *(в театре)*

nixie почтовое отправление, возвращённое рекламодателю из-за невозможности доставки *(неправильное имя, неправильный адрес)*

no-frills простой, без (всяких) излишеств

noise 1. (случайные) помехи **2.** толки, разговоры **3.** звук; шум ◇ to make comforting ~s уговаривать, успокаивать
  atmospheric ~ атмосферные помехи
  background ~ фоновый шум, фон
  buzzing ~ жужжание
  commercial ~ коммерческие помехи, коммерческий гам
  external ~ внешние помехи
  man-made ~ искусственные помехи
  random ~ случайные помехи
  set ~ *экр.* шум в декорации *(вследствие недостаточного заглушения)*
  traffic ~ транспортный шум, шум уличного движения

nomenclature 1. терминология; номенклатура, список, перечень **2.** цифровые *или* словесные обозначения на иллюстрации
  ~ of law правовая терминология
  technical ~ техническая терминология

non-adopter лицо, не воспринявшее товар

non-adults дети и подростки

norm

nonbusiness некоммерческое предприятие

non-delivery недоставка *(груза)*; неполучение, неприбытие *(товара)*; потеря места груза

non-disclosure несообщение, умолчание, сокрытие, утайка *(фактов, сведений)*

non-durables товары недлительного пользования; скоропортящиеся товары

nonfiction документальные и научные материалы

nonfoods непищевые вещества; непродовольственные товары

nonlistener человек, не являющийся слушателем

non-payment неуплата, неплатёж

non-profit некоммерческий; не ставящий целью извлечение прибыли

non-prospect лицо, не являющееся потенциальным покупателем

nonreader 1. лицо, не являющееся читателем **2.** читатель, не помнящий, видел ли данное рекламное сообщение *(при социологическом опросе)*

nonrepeater лицо, не совершающее повторных покупок

nonreturnable невозвратная тара ǁ одноразового пользования *(о таре)*

non-sell нейтральный подход; реклама, лишённая действенности [не производящая никакого эффекта]; нейтральная подача *(материала)*, подход без нажима

nonsubscriber лицо, не являющееся подписчиком

nonuser лицо, не пользующееся товаром

nonviewer человек, не являющийся зрителем

norm норма, правило; критерий
  business ~ деловая норма
  calculate ~ расчётная норма
  call ~ норма визитов *(коммивояжёра)*
  legal ~ правовая норма
  losses ~s нормы потерь
  mandatory ~ обязательная норма
  social ~s нормы общественного поведения
  wastage ~s нормы отходов

notation

notation обозначение условными знаками; индекс, индексация
alphabetic ~ буквенная индексация
decimal ~ обозначение десятичными цифрами
directory ~ указание о переадресовке
figure ~ цифровая индексация
letter ~ буквенная индексация
mixed ~ смешанная индексация
musical ~ нотное письмо
numerical ~ цифровая индексация
symbolic ~ условное обозначение
uniform ~ однородная индексация
note 1. заметка, запись 2. письменное уведомление 3. примечание, сноска 4. внимание; впечатление 5. банковский билет, банкнота 6. долговая расписка ◇ ~s in circulation банкноты в обращении; to compare ~s обмениваться впечатлениями
~ **of admonition** предостережение
~ **of invitation** письменное приглашение
~ **of thanks** благодарственное письмо
~ **of understanding** меморандум о договорённости
~ **of warning** предупреждение
advice ~ уведомление, авизо
arrival ~ уведомление о прибытии
bibliographical ~ библиографическая справка, библиографические сведения (*в конце книги*)
book ~ аннотация на книгу
bottom ~ подстрочное примечание; сноска
circular ~ аккредитив
consignment ~ накладная на груз, транспортная накладная
confirmation ~ (письменное) подтверждение
contract ~ контракт, договор; договорная записка
covering ~ 1. препроводительная [сопроводительная] записка 2. временное свидетельство о страховании, страховой сертификат
explanatory ~s пояснительные примечания
let-in ~ 1. заголовок «форточкой» 2. примечание, врезанное в текст сбоку
manufacturing ~ рукописное примечание; примечание, написанное [сделанное] от руки
production ~s *экр.* режиссёрский сценарий
recharge ~ оправдательный документ
requisition ~ заявка (*на получение товара*)
sale ~ уведомление [извещение] о продаже
shorthand ~s стенограмма
US Treasury ~ налоговый сертификат Казначейства США
noted заметивший рекламу (*о человеке*); число [процент] заметивших (*термин применяется американской исследовательской фирмой «Старч»*)
noter человек, заметивший рекламу
notice 1. извещение, уведомление 2. предупреждение 3. объявление ◇ at a moment's ~ по первому требованию; at short ~ тотчас же, незамедлительно; с кратковременным уведомлением; ~ in writing письменное уведомление; to provide ~ уведомлять, производить уведомление; to put up ~ вывесить объявление; to serve ~ официально извещать; вручать повестку; until further ~ впредь до дальнейшего уведомления, до особого распоряжения; without further ~ без дополнительного предупреждения
~ **of appeal** апелляция, уведомление об апелляции
~ **of receipt** расписка в получении, квитанция
bankruptcy ~ заявление о несостоятельности
contract(ual) change ~ уведомление об изменении контракта
copyright ~ запись об авторском праве (*на обороте титульного листа книги*)
delivery ~ извещение о поставке
formal ~ 1. официальное извещение 2. формальное предупреждение
legal ~ официальное [предусмотренное законом] уведомление
marriage ~ объявление о бракосочетании
obituary ~ некролог
personal ~ личное уведомление

number

preliminary ~ предварительное уведомление
printed ~ печатное извещение
reading ~ *амер.* 1. рекламное объявление по спорной проблеме общественной жизни 2. малоформатное текстовое объявление на первой полосе газеты
redemption ~ извещение о выкупе
renewal ~ напоминание о необходимости возобновления заказа
trademark ~ обозначение товарного знака на изделии
notification уведомление, извещение; заявление ◇ **by written ~** путём письменного уведомления; **without ~** без предупреждения
~ of shipment извещение об отгрузке
advance ~ предварительное [заблаговременное] уведомление
formal ~ официальное уведомление
obligatory ~ обязательное уведомление
prior ~ *см.* advance notification
prompt ~ незамедлительное уведомление
renewed ~ повторное уведомление
voluntary ~ добровольное уведомление
written ~ письменное уведомление
notion понятие; взгляд, мнение
abstract ~ абстрактное понятие
common ~ общепринятый взгляд, общепринятая точка зрения
erroneous ~ неверное представление
fundamental ~ основополагающее [базовое] понятие
preconceived ~ предвзятое мнение
novelty 1. (небольшой) сувенир 2. новинка, новшество; новизна ◇ **~ in design** конструктивное новшество
advertising ~ рекламный сувенир
industrial ~ промышленная новинка; промышленная новизна
legal ~ новизна, определяемая в соответствии с законом
patentable ~ патентоспособная новизна
printed ~ печатный сувенир
relative ~ относительная новизна
nuance нюанс, оттенок
number 1. цифра, число; номер 2. количество ◇ **in round ~s** в круглых цифрах
~ of copies *полигр.* тираж
~ of viewers per set число зрителей на телеприёмник
access ~ код подключения *(напр. к компьютерной сети)*
accession ~ 1. инвентарный номер *(в библиотеке)* 2. входящий номер
account ~ номер счёта *(в банке)*
actual ~ фактическое количество
aggregate ~ суммарное количество
agreed ~ согласованное количество
average sample ~ *стат.* средний объём выборки
binary ~ двоичное число
call ~ шифр *(книги)*
column ~ номер колонки
commensurable ~s соизмеримые численные значения
commercial code ~ код ролика *(стандартное кодовое обозначение рекламодателя и содержания телеролика в виде сочетания из четырёх букв и четырёх цифр)*
composite ~ составное число
edge ~ «стартовый номер» *(опознавательный номер в виде многоразрядного числа, который ставится производителем с краю на каждом погонном футе кино- или фотоплёнки)*
even ~ чётное число
file ~ номер дела, регистрационный номер
fixed ~ установленное [определённое] количество
fractional ~ дробное число, дробь
home ~ код [номер] домохозяйства *(присуждаемый домохозяйству-члену выборки)*
identification ~ опознавательный номер
index ~ индекс, показатель; порядковый номер
inventory ~ инвентарный номер
job ~ номер заказа; номер партии *(изделий)*
key ~ цифровая метка, цифровой код, шифр *(напр. на возвратном купоне)*
livestock ~s поголовье скота
lot ~ номер партии *(товара)*

number

many-digit ~ многоразрядное число
odd ~ нечётное число
opposite ~ 1. коллега (*по роду занятий*) 2. партнёр (*по переговорам*)
ordinal ~ порядковое число
overall ~ общее количество
page ~ колонцифра, номер страницы
price index ~ индекс цен
prime ~ простое число
random ~ случайное число
reference ~ справочный номер, номер для ссылок; шифр (*документа*)
registration ~ регистрационный [инвентарный] номер
round-off ~ округлённое число
screen line ~ *полигр.* линиатура растра
signature ~ *полигр.* сигнатура; цифра сигнатуры
stock ~ инвентарный номер
take ~ *экр.* номер (съёмочного) дубля
total ~ общее количество
Number:
  International Standard Book ~ Международный стандартный книжный номер, *МСКН*
  International Standard Serial ~ Международный стандартный номер сериальных изданий
nutrition питание; пища
  additional ~ добавочное питание, подкормка
  artificial ~ искусственное питание
  balanced ~ сбалансированное питание
  poor ~ недостаточное питание; использование нежирной пищи
nutritionist диетолог, специалист по проблемам питания
  plant ~ специалист по питанию растений; агрохимик

O

obedience послушание, повиновение, покорность ◇ to enforce ~ заставить слушаться, добиться послушания
  passive ~ слепое повиновение

object 1. объект, предмет, вещь 2. цель
  ~ of agreement цель соглашения
  ~ of legal protection предмет [объект] правовой охраны
  ~ of property предмет собственности
  advertising ~ объект [предмет] рекламы
  art ~ художественное изделие, предмет искусства
  basic ~ исходный объект, основной объект
  collectible ~ объект коллекционирования
  culturally defined ~ объект, свойственный культурному укладу
  drive-reducing stimulus ~ объект-раздражитель, снимающий интенсивность побуждения
  elementary ~ простой объект
  graphic ~ графический объект
  physical ~ физический [вещественный] объект
  represented ~ представленный объект
  stimulus ~ объект-раздражитель, стимул
  test ~ подопытный объект, объект исследования
  utilitarian [utility] ~ утилитарный предмет
  visual ~ объект зрительного восприятия
objection возражение, протест ◇ to dilute smb.'s ~s свести на нет *чьи-л.* возражения; to make ~ возражать; to pose ~s выдвигать возражения; to satisfy ~ отвести возражение; to waive ~ снять возражение
  grave ~ серьёзное возражение
  key ~ основное возражение, камень преткновения
  price ~ возражение по поводу цен(ы)
  undefined ~ неоформившееся возражение
  valid ~ обоснованное [веское] возражение
objective цель, задача; (техническое) требование ◇ to pursue far-reaching ~s преследовать далеко идущие цели
  advertising ~ цель рекламы
  agreed ~ согласованная цель
  basic ~ основная задача

business ~ коммерческая цель
communication ~ цель коммуникации
conflicting ~s противоречивые требования
corporate ~ цель [задача] фирмы
external ~s of behaviour внешние объекты поведения
function ~ функциональное требование
immediate ~ ближайшая задача
intermediate ~ промежуточная цель
long-run ~ долговременная [перспективная] задача
market ~ рыночная цель
marketing ~ цель [задача] маркетинга
measurable ~ задача, поддающаяся измерению
media ~ задача средств рекламы
message ~ задача обращения
organizational ~ цель организации
performance ~s требуемые рабочие характеристики
policy ~s основные плановые задания
pricing ~ цель политики цен, задача ценообразования
primary ~ первоочередная задача
prime ~ основная [первоочередная] задача
product ~ цель товарной политики; цель создания товара; назначение товара
production ~s 1. задания по производству, производственные задания 2. контрольные цифры производства
public ~ цель, стоящая перед обществом
quality ~ задача в области качества
research ~ цель исследования
sales ~ цель сбыта
shared ~ общая [единая] цель
stated ~ провозглашённая [поставленная] цель
subordinate ~ второстепенная цель
supporting ~ вспомогательная цель
test ~ цель испытания
ultimate ~ конечная цель
workable ~ реальная задача
objectivity объективность; объективная реальность
obligation 1. обязательство; долговое обязательство 2. обязанность, долг ◇ to assume ~s брать на себя обязательства; to discharge [to repay] ~ уплатить по обязательству; to undertake ~s брать на себя обязательства; under ~ обязанный *(связанный договором)*
~ of contract обязательная сила контракта, договорное обязательство, обязательство по контакту
alleged ~ мнимое обязательство
contractual ~ *см.* obligation of contract
control ~ обязательство по контролю
cross ~ встречное обязательство
debt ~ долговое обязательство
direct ~ 1. прямая обязанность 2. прямое обязательство
general ~ обязательство общего характера
indirect ~ косвенное обязательство
indivisible ~ неделимое обязательство
joint-and-several ~ обязательство с ответственностью должников совместно и порознь; обязательство с солидарной ответственностью
legal ~ правовое [юридическое] обязательство
long-term ~ долгосрочное обязательство
moral ~ моральный долг
principal ~ главное обязательство
prior ~ прежнее [предшествующее] обязательство
pure ~ безусловное обязательство
shared ~ долевое обязательство
short-term ~ краткосрочное обязательство
social ~ общественное обязательство
solidary ~ обязательство с солидарной ответственностью должников
treaty ~ *см.* obligation of contract
observance соблюдение *(напр. закона)*
~ of agreement соблюдение соглашения
consistent ~ последовательное соблюдение
law ~ соблюдение закона
strict ~ строгое [неукоснительное] соблюдение
observation 1. наблюдение; замечание 2. *pl* результаты [данные] наблюдений ◇ ~ in a questionnaire form ан-

observation

кетный вид наблюдения; **to keep under ~** держать под наблюдением
~ of laws соблюдение законов
close ~ тщательное наблюдение
direct ~ прямое [непосредственное] наблюдение
follow-up ~ последующее наблюдение; изучение отдалённых результатов
market ~ наблюдение за рынком
mass ~ сплошной анализ *(способ изучения общественного мнения путём опроса, анкетирования, анализа личных писем, дневников)*
offhand ~ замечание по ходу дела
personal ~ личное наблюдение
sampling ~ выборочное наблюдение
selective direct ~ выборочное непосредственное наблюдение
visual ~ визуальное наблюдение

observer наблюдатель
casual ~ случайный [сторонний] наблюдатель
on-site ~ наблюдатель на месте
shrewd ~ тонкий наблюдатель
skilled ~ опытный наблюдатель

obsolescence устаревание; моральный износ *(оборудования)*
artificial ~ искусственно вызываемое устаревание
built-in ~ плановое [запланированное] устаревание
functional ~ функциональное устаревание *(товара)*
material ~ старение [устаревание] конструкционных материалов
planned ~ плановое [запланированное] устаревание
style ~ устаревание внешнего оформления *(товара)*

obstacle препятствие, помеха ◇ **to overcome ~s** преодолевать препятствия; **~ to sales** помеха сбыту; **to surmount ~s** преодолевать препятствие
fresh ~ новое препятствие
main ~ основное препятствие
natural ~ естественное препятствие

occasion 1. повод, обстоятельство **2.** случай, событие ◇ **on ~** при случае, иногда
purchase ~ повод для (совершения) покупки
regular ~ регулярный повод

special ~ специальный [особый] повод; особый случай
occupation род занятий; занятость
gainful ~ прибыльное дело; занятие, приносящее доход
main ~ основное занятие
nonprofessional ~s рабочие профессии
primary ~ основное занятие
private ~ частная деятельность
professional ~ профессиональная деятельность, профессия
secondary ~ побочное [дополнительное] занятие
usual ~ обычная профессия, обычное занятие

occurrence случай, происшествие
designed ~ специально подготовленное событие
everyday ~ обычное явление

oddity странность, несуразность

odour аромат, запах
~ of perfume аромат духов
faint ~ слабый [едва уловимый] запах
foreign ~ посторонний запах
fresh ~ свежий запах
fruity ~ фруктовый запах
minty ~ мятный запах
musk ~ мускусный запах
musty ~ запах плесени, плесневый запах
printing ink ~ запах типографской краски *(дефект упаковочного материала)*
rancid ~ прогорклый запах
soapy ~ запах мыла
sour ~ кислый запах
spicy ~ пряный запах
stale ~ несвежий [затхлый] запах

offence 1. нарушение *(чего-л.)* **2.** проступок; правонарушение, преступление ◇ **~ against the law** нарушение закона; **to commit an ~** совершить преступление
acquisitive ~ корыстное преступление
alleged ~ предполагаемое нарушение
criminal ~ уголовное преступление
minor [petty] ~ мелкое правонарушение, проступок
property ~ имущественное преступление

office

proved ~ доказанное преступление
punishable ~ преступление, заслуживающее наказания
repeated ~ повторно совершённое правонарушение
shoplift ~ кража в магазине
suspected ~ предполагаемое нарушение
offender (право)нарушитель; преступник
  charged ~ обвиняемый
  heavy ~ закоренелый нарушитель
  juvenile ~ малолетний правонарушитель
  light ~ мелкий нарушитель
offer предложение ◊ ~ buried in copy предложение, скрытое в тексте; to close ~ принять предложение; to repel ~ отклонять [отвергать] предложение; to withdraw ~ взять обратно [отозвать] предложение
  blind ~ скрытое предложение
  bonus ~ льготное предложение (с предоставлением скидки)
  boxtop ~ предложение вознаграждения «за крышку» (поощрение потребителя подарком, возвратом части средств или премией в обмен на крышку упаковки или этикетку как доказательство приобретения товара)
  buried ~ скрытое предложение
  cash-up ~ предложение оплаты наличными (со скидкой против оплаты в рассрочку)
  clubbing ~ предложение скидки за одновременную подписку на два или более журналов
  competitive ~ конкурентоспособное предложение
  counter ~ встречное предложение
  coupon ~ предложение купонов
  cut-price ~ предложение товара по сниженным ценам
  deal ~ предложение льготной сделки (обычно со скидкой с цены)
  direct-response ~ предложение с прямым ответом
  dozens ~ предложение с наградой «за дюжины» (один из приёмов стимулирования сбыта, когда торговцу, закупающему большое количество товара, дополнительно передаётся определённое количество этого товара бесплатно)
  free ~ 1. бесплатный сувенир (получаемый покупателем в ходе кампании по стимулированию сбыта) 2. бесплатное предложение (товара) 3. амер. предложение без обязательства
  hidden ~ скрытое предложение
  interim ~ промежуточное предложение
  introductory ~ вводное [ознакомительное] предложение
  limited ~ ограниченное (по времени или прочим условиям) предложение
  market ~ рыночное предложение, предложение рынку
  marketing ~ маркетинговое предложение
  (money) refund ~ предложение о возврате денег (в случае неудовлетворённости товаром)
  opening ~ начальное [стартовое] предложение
  preferential ~ предпочтительное [особо выгодное] предложение
  premium ~ предложение на льготных условиях; премия
  rebate ~ предложение скидки с цены
  recruitment ~ предложение о приёме (на работу)
  reduced price ~ предложение товара по сниженным ценам
  special ~ специальное [особое] предложение
  trade-in ~ предложение на условиях (льготного) товарообмена
offering предложение
  ~ of loan предложение дать взаймы
  direct-mail ~ предложение прямой почтовой рекламы
  product ~ товарное предложение
  securities ~ предложение ценных бумаг
  stock ~ предложение акций
office 1. контора, учреждение 2. должность ◊ to get into ~ принять дела, приступить к исполнению служебных обязанностей; to hold ~ занимать пост [должность]; to leave [to resign] ~ уйти со службы
  ~ of honour почётная (неоплачиваемая) должность

office

advertisement ~ бюро рекламы, рекламный отдел *(в газете, журнале)*
advertising ~ рекламная контора, рекламное бюро
airline ~ контора авиакомпании
art printing ~ типография, выпускающая художественные издания
billing ~ бухгалтерия
box ~ касса
branch ~ отделение *(фирмы)*, филиал
buying ~ закупочная контора *(оптовика)*
casting ~ отдел найма актёров *(киностудии)*
central ~ главная контора; штаб-квартира
college admissions ~ приёмная комиссия колледжа
college placement ~ бюро колледжа по трудоустройству выпускников
consultancy ~ консультационное бюро
copyright ~ ведомство по охране авторских прав
county ~ окружная контора, окружное учреждение
design ~ проектная контора
downtown ~ контора в деловой части города
drawing ~ чертёжное бюро
editorial ~ редакция
executive ~ исполнительный орган, канцелярия руководства
general ~ главная контора
good ~ бюро добрых услуг
government ~s правительственные организации
head ~ главная контора; штаб-квартира
industrial development ~ бюро промышленного развития *(региона или отдельного штата в США)*
industrial property ~ ведомство по охране промышленной собственности, патентное ведомство
inquiry ~ справочное бюро
judicial ~ судейская должность
local ~ местная контора, местное учреждение
lost property ~ бюро находок
luggage ~ камера хранения багажа
manufacturer's ~ контора производителя *(по оптовой торговле, не имеющая товарного запаса)*
manufacturer's sales ~s *амер.* сбытовые конторы промышленных предприятий *(в переписях оптовой торговли)*
newspaper ~ редакция газеты
order ~ бюро [отдел] заказов
paperless ~ безбумажное делопроизводство, безбумажная канцелярия *(применение ЭВМ в управленческой деятельности для хранения, поиска и отображения информации)*
patent ~ патентное бюро
pawn ~ ломбард
post ~ почта, почтовое ведомство
president's ~ канцелярия президента
private ~ личный [отдельный] кабинет
procuring ~ закупочная организация
product design ~ бюро товарного проектирования
public ~ государственное учреждение; присутственное место
public record ~ государственный архив
publishing ~ издательство
purchasing ~ закупочная контора, отдел закупок
regional ~ региональное отделение
sales ~ 1. коммерческое представительство; торговая контора 2. сбытовая контора, контора по сбыту
stamp ~ контора гербовых сборов; контора по продаже гербовой бумаги и марок
unemployment ~ биржа труда
Office:
~ **of Cable Signal Theft** *амер.* Бюро по борьбе с воровством сигналов кабельного телевидения *(подразделение Национальной ассоциации кабельного телевидения, которое пропагандирует необходимость принятия законодательных запретов на продажу и использование оборудования, позволяющего несанкционированно подключаться к кабельным сетям)*
~ **of Consumer Affairs** *амер.* Управление по делам потребителей
Central ~ **of Information** *англ.* Центральное управление информации *(создано в 1946 г.)*

oil

Copyright ~ *амер.* Бюро по охране авторских прав
General Post ~ Центральный почтамт *(в Лондоне)*
Government Printing ~ *амер.* правительственная типография
Home Box ~ телекомпания «Эйч-Би-Оу» *(основоположник кабельного вещания в США, создана в начале 70-х г. и с 1975 г. ведёт передачи в общенациональном масштабе через спутник связи, в основном показывая фильмы)*
National Economic Development ~ *англ.* Национальный совет по развитию экономики
Stationery ~ Государственная канцелярия Великобритании *(издает правительственные документы)*
Television Information ~ *амер.* Управление информации телевидения *(создано в 1959 г.)*
United Kingdom Patent ~ Патентное ведомство Великобритании
United States Patent ~ Патентное ведомство США

officer должностное лицо; служащий; сотрудник
 accountable ~ материально ответственное лицо
 administrative ~ административный служащий
 chief executive ~ директор-распорядитель, главный исполнительный директор *(корпорации)*
 chief financial ~ финансовый директор
 college admissions ~ руководитель приёмной комиссии колледжа
 community relations ~ ответственный по связям [по работе] с общиной
 company ~ должностное лицо фирмы
 corporate ~ должностное лицо корпорации
 customs ~ таможенный чиновник
 desk ~ референт
 executive ~ управляющий делами
 health ~ санитарный врач
 judicial ~ судебное должностное лицо, судебный чиновник
 lending ~ специалист по ссудам
 liaison ~ связной, офицер связи
 managing ~ директор(-распорядитель)
 marketing ~ руководитель [специалист] службы маркетинга
 petty ~ мелкий чиновник
 press ~ ответственный за связь с прессой; пресс-атташе
 public ~ государственный служащий, чиновник, должностное лицо
 public health ~ инспектор общественного здравоохранения
 public relations ~ специалист по связям с общественностью
 research ~ научный сотрудник
 salaried ~ служащий на окладе
 scientific ~ научный сотрудник

official официальное [должностное] лицо; чиновник
 city ~ представитель городских властей
 corporate ~ должностное лицо корпорации
 food inspection ~ инспектор по продуктам питания
 government ~ государственный служащий, правительственный чиновник
 high ~ высокопоставленное должностное лицо
 senior ~ высокий чин

offset *полигр.* офсет, офсетный способ печати

oil масло; смазочный материал
 almond ~ миндальное масло
 baby ~ детское масло
 cod-liver ~ рыбий жир
 cooking ~ кухонный [кулинарный] жир
 cotton-seed ~ хлопковое масло
 crude ~ нерафинированное (растительное) масло
 deodorized ~ дезодорированное масло
 drying ~ олифа
 edible ~ пищевое масло
 frying ~ масло для жарения
 lavender ~ лавандовое масло
 lubricating ~ смазочное масло
 medicinal ~ медицинский жир
 motor ~ моторное масло
 mustard-seed ~ горчичное масло
 natural ~ натуральное масло

oil

olive ~ оливковое [прованское] масло
peanut ~ арахисовое масло
purified [refined] ~ рафинированное (растительное) масло
salad ~ салатное масло
soybean ~ соевое масло
sunflower(-seed) ~ подсолнечное масло
synthetic ~ синтетическое масло
table ~ пищевое масло
vegetable ~ растительное масло

oligopolist олигополист

oligopoly олигополия *(рыночная ситуация с ограниченным числом крупных фирм)*

on-camera в прямой передаче, перед камерой *(выступление по телевидению)*

opener консервооткрыватель, консервный нож
bottle ~ бутылкооткрыватель, штопор
can ~ нож [ключ] для консервных банок
door ~ «отмычка» *(недорогой сувенир, вручаемый коммивояжёром, дабы добиться внимания и благорасположения потенциальных покупателей)*
letter ~ вскрыватель писем, приспособление для вскрытия писем
paper bag ~ пакетовскрыватель

opening 1. начало, открытие **2.** удобный случай, благоприятная возможность **3.** разворот *(книги)*
formal ~ торжественное открытие
good ~ хорошее начало; благоприятная возможность
grand ~ церемония торжественного открытия
job ~ открытие вакансии; вакансия
two-page ~ разворот *(газеты, книги)*

openness открытость, ясность, очевидность; прямота, гласность
spatial ~ пространственная открытость *(изображения)*

opera опера ◇ ~ **seria** опера-сериа, драматическая опера *(разновидность итальянской оперы XVIII в.)*
comic ~ комическая опера
horse ~ вестерн, ковбойский фильм, приключенческий фильм из жизни «дикого Запада»

light ~ водевиль
rock ~ рок-опера, опера в стиле рок
soap ~ мыльная опера *(название появилось после проведения в США интенсивной рекламной кампании мыла «Санлайт», построенной на музыке и по мотивам оперы «Севильский цирюльник»)*
space ~ научно-фантастический фильм *(на космическую тему)*

operation 1. операция; действие; деятельность **2.** работа; функционирование, эксплуатация **3.** сделка ◇ in ~ в действии; to put into ~ вводить в эксплуатацию
advertising ~ рекламная деятельность
arithmetic ~ арифметическое действие
auxiliary ~ вспомогательная операция
bookkeeping ~ бухгалтерский учёт
clerical ~ конторская операция, операция по делопроизводству
company ~ деятельность фирмы
creative ~ творческая работа
fail(ure)-free ~ безотказность
franchising ~ деятельность на основе торговой привилегии
internal ~ внутренняя деятельность
joint ~ совместная работа
marketing ~ маркетинговая деятельность
market support ~s мероприятия по поддержанию рыночных цен [конъюнктуры]
mercantile ~s торговая деятельность, торговые операции
merchandising ~ **1.** торговая операция **2.** *pl* продажа продуктов без переработки
might-have-been ~ неудавшаяся операция
one-shift ~ работа в одну смену
prepackaging ~ расфасовка
profitable ~ рентабельность
research ~ исследовательское мероприятие
safe ~ безопасная эксплуатация
sampling ~ процесс составления выборки
smooth-running ~ бесперебойное функционирование; отлаженное производство

opportunity

operatives квалифицированные рабочие; производственный персонал
operator 1. владелец предприятия; делец 2. биржевой маклер 3. оператор
  audio ~ звукорежиссёр
  boom ~ *вещ.* микрофонный оператор
  cable (system) ~ владелец [руководитель] кабельной сети
  computer ~ оператор вычислительной машины [ЭВМ]
  foreign currency ~ валютный брокер
  franchise ~ держатель торговой привилегии [лицензии]
  lighting ~ *экр.* осветитель
  photosetter ~ оператор фотонаборной машины
  plant ~ владелец установок наружной рекламы
  press ~ печатник
  self-employed ~ самодеятельный хозяин
  switchboard ~ телефонист(ка) на коммутаторе
  test ~ испытатель
  tour ~ организатор (туристических) поездок
opinion мнение, точка зрения, взгляд, убеждение ◇ to hold opposite ~s придерживаться противоположных мнений; to reach ~ составлять мнение
  advisory ~ совещательное мнение; консультативное заключение
  business ~ профессиональное мнение
  confirming ~ подтверждающее мнение
  consumer ~ мнение потребителей
  current ~ существующее мнение
  dissenting ~ несогласное [несовпадающее, особое] мнение
  editorial ~ редакционное мнение, мнение [точка зрения] редакции; редакционный комментарий
  expert ~ заключение экспертизы
  independent ~ независимое мнение
  individual ~ индивидуальное [личное] мнение
  legal ~ юридическое заключение
  majority ~ мнение большинства
  minority ~ мнение меньшинства
  neighbourhood ~ местное общественное мнение, мнение округи

  official ~ официальная точка зрения
  overall ~ общее мнение
  partial ~ пристрастное мнение
  personal ~ личное мнение
  political ~ политическое мнение
  preconceived ~ предубеждение; предвзятое мнение
  prevailing ~ распространённое мнение
  private ~ частное мнение
  public ~ общественное мнение
  puny ~ скромное мнение
  separate ~ особое мнение
  settled ~ вполне определённое [устоявшееся] мнение
  strong ~ твёрдое мнение
  unanimous [undivided] ~ единогласие, единодушное мнение
  weighty ~ авторитетное мнение
opponent оппонент, противник
  covert ~ скрытый противник
  overt ~ явный противник
opportunit/y (благоприятная) возможность, удобный случай ◇ to afford an ~ предоставлять возможность; to cultivate sales ~ies развивать новые возможности сбыта; to equalize education ~ies предоставлять равные права на образование; to make an ~ предоставлять возможность
  advancement ~ возможность продвижения *(по службе)*
  advertising ~ возможность для рекламы, рекламная возможность
  business ~ деловая возможность, возможность занятия бизнесом
  buying ~ возможность совершения покупки
  career ~ возможность карьеры
  commercial ~ коммерческая возможность
  economic ~ экономическая возможность
  emerging ~ открывающаяся возможность
  employment ~ возможность трудоустройства
  equal employment ~ies равные возможности занятости
  escape ~ возможность отступления
  exposure ~ вероятность [возможность] рекламного контакта

14 — 1076

417

opportunity

job ~ возможность трудоустройства; вакансия
learning ~ возможность получения знаний
lost ~ потерянная [упущенная] возможность
market ~ies рыночные возможности
marketing ~ возможность в сфере маркетинга, маркетинговая возможность *(привлекательное направление маркетинговых усилий, на котором можно добиться конкурентного преимущества)*
missed ~ потерянная [упущенная] возможность
pricing ~ возможность (в сфере) ценовой политики
product ~ товарно-рыночная возможность
profit ~ возможность получения прибыли
promising ~ многообещающая возможность
recreational ~ возможность активного отдыха
sales ~ies конъюнктура рынка
wasted ~ упущенная возможность, упущенный шанс

opposition противодействие, сопротивление, оппозиция ◇ to meet with ~ встречать противодействие; to offer ~ оказывать сопротивление
baseless ~ необоснованное противодействие
grass-roots ~ оппозиция «низов» [широких масс]
organized ~ организованная оппозиция, организованное противодействие
unfounded ~ необоснованное противодействие

optical *экр.* оптический эффект
camera ~ оптический эффект, достигаемый с помощью съёмочной камеры *(а не за счёт последующей обработки плёнки в оптическом копираппарате)*

optics оптика
camera ~ (кино) съёмочная оптика
fibre ~ волоконная оптика
fibre-glass ~ стекловолоконная оптика

projection ~ (кино) проекционная оптика
television ~ телевизионная оптика

optimist:
outgoing ~ общительно-оптимистичный человек

optimization оптимизация
cost ~ оптимизация затрат
design ~ оптимизация конструкции
performance ~ оптимизация технических характеристик
process ~ оптимизация технологического процесса
profit ~ оптимизация прибыли
resource ~ оптимизация (имеющихся) ресурсов
system ~ оптимизация системы

option 1. выбор, право выбора; вариант; вариант выбора 2. опцион, сделка с премией
buyer's ~ опцион покупателя
cash ~ предложение оплаты наличными *(со скидкой по сравнению с оплатой в рассрочку)*
colour ~ вариант цветового решения *(напр. объявления)*
escape ~ вариант [возможность] отступления
first ~ право преимущественной покупки
media ~ вариант выбора [использования] средств рекламы
negotiable ~ вариант, по которому возможна договорённость
payment ~ вариант оплаты на выбор
positional ~ вариант размещения
put ~ опцион на продажу
seller's ~ опцион продавца
stock ~ 1. право купить акции по льготной цене, акционерный опцион 2. право продать акции по гарантированной цене
technology ~ выбор технологии; технологический вариант

optometrist оптик, специалист по подбору очков

Oracle *англ.* «Оракл» *(система телетекста, созданная Управлением независимого вещания, даёт возможность телезрителю запрашивать и получать на экране текстовые сообщения, включая рекламно-коммерческую информацию)*

order

order 1. заказ 2. приказ, распоряжение 3. (заведённый) порядок; регламент ◇ **in numerical ~** по порядку номеров; **in random ~** вразброс; **in rank ~** в порядке ранжирования; **on ~** по заказу; заказанный, находящийся в работе; **~s on hand** имеющиеся заказы; **out of ~** не в порядке, неисправный, в плохом состоянии; в беспорядке; **to fill an ~** выполнять [удовлетворять] заказ; **to put in ~** приводить в порядок; **to secure an ~** получить заказ; **to sell by mail ~** торговать по почтовым заказам; **to withdraw an ~** отменить [аннулировать] заказ; **to write up an ~** оформить [выписать] заказ; **without ~** в беспорядке, беспорядочно

~ of business повестка дня *(совещания)*
~ of priority порядок очерёдности
abeyance ~ условно принятый заказ *(на трансляцию точечной телерекламы во время, которое на момент его закупки предоставлено быть не может)*
advance ~ предварительный заказ
advertising ~ заказ на рекламу, рекламный заказ
alphabetical ~ *полигр.* алфавитный порядок
alternative ~ альтернативный приказ *(о купле или продаже ценных бумаг по лимитированной цене)*
art ~ заказ на изготовление художественного оформления, заказ на художественное оформление
back ~ невыполненный [задолженный] заказ
billposting ~ заказ на расклейку плакатов
blanket ~ общий заказ *(разрешающий поставку продукции определённой номенклатуры в пределах установленного периода и денежного лимита)*
broadcast ~ заказ на трансляцию *(объявления по радио или телевидению)*, заказ на вещательную рекламу
bulk ~ крупный заказ
business ~ деловой порядок
cease-and-desist ~ распоряжение о прекращении и невозобновлении (неправомочных) действий
chronological ~ хронологический порядок
collection ~ платёжное требование
combined ~ объединённый [сборный] заказ *(с одновременной отгрузкой разнородных товаров)*
commission ~ комиссионное поручение
consent ~ распоряжение, издаваемое по обоюдному согласию сторон *(когда одна сторона обязуется прекратить действия, вызвавшие возражения, а другая — обычно государственная организация — не требовать от нарушителя публичного признания своих ошибок и не преследовать его каким-л. иным способом)*
consolidated ~ *см.* combined order
convenience-and-necessity ~ приказ *(органов административной юстиции США)* об удовлетворении заявки на лицензию, отвечающую общественным интересам и потребностям
corrective ~ постановление о размещении исправительной рекламы
customer ~ заказ (ст) клиента
direct ~ прямой [непосредственный] заказ
display ~ заказ на подготовку объявления *(без права публикации до утверждения рекламодателем корректурных оттисков)*
economic ~ экономический порядок
enforcement ~ исполнительный лист
executive ~ исполнительный приказ; приказ исполнительной власти; правительственное постановление
ficti(ti)ous ~ фиктивный заказ
final purchase ~ окончательный заказ на закупку
firm ~ твёрдый заказ *(в отличие от условного)*
fraud ~ распоряжение *(министра почт США)* о недоставке обманной корреспонденции
hold ~ распоряжение «хранить» *(инструкция печатнику сохранить набор для использования в будущем)*
initial ~ первоначальный [исходный] заказ

order

insertion ~ заказ на размещение *(рекламного объявления)*
interim ~ временное распоряжение
legal ~ правовой режим, правопорядок
logical ~ логическая последовательность, логический порядок
logical selling ~ логическая последовательность совершения запродажи
long-term ~ долгосрочный заказ
mail ~ 1. заказ по почте, почтовый заказ 2. *pl* посылочные операции
modifying ~ приказ во изменение
money ~ 1. денежный перевод 2. платёжное поручение
natural ~ of things обычный порядок
open ~ открытый заказ *(без указания цены или сроков поставки)*
outstanding ~ невыполненный [задолженный] заказ
peck(ing) ~ неофициальная иерархия, сложившийся порядок подчинения
postal ~ денежный почтовый перевод
postal service prohibitive ~ *амер.* запретительное распоряжение почтовой службы *(запрет фирме на высылку рекламных материалов в адрес конкретного семейства по просьбе членов последнего)*
pressing ~ срочный заказ
priority ~ приоритетный [первоочередной] заказ
production ~ заказ(-наряд) на изготовление продукции
public ~ общественный порядок
purchase ~ заказ на поставку
rank ~ порядок ранжирования
repeat ~ повторный заказ
replacement ~ заказ на замену *(чего-л.)*, распоряжение о замене
restraining ~ запретительное постановление
rush ~ срочный заказ
selling ~ поручение на продажу, поручение продать
show cause ~ *амер.* распоряжение о предоставлении (об)оснований причин *(предшествует «приказу о прекращении и невозобновлении действий»)*
social ~ общественный строй
standing ~ 1. постоянно действующая инструкция 2. правила внутреннего распорядка 3. постоянная подписка 4. постоянно действующий наряд-заказ
store ~ заказ магазина
supervision ~ приказ об осуществлении надзора
telephone ~ заказ по телефону
tentative ~ предварительный [условный] заказ
trial ~ пробный заказ
unfilled ~ невыполненный [задолженный] заказ
volume ~ заказ большого объёма
wait ~ распоряжение о задержке публикации *(уже готового рекламного объявления)*
winding-up ~ приказ (суда) о ликвидации *(компании)*
working ~ рабочий порядок; рабочее состояние

ordinance статут; закон, указ; *амер.* постановление муниципальных властей ◇ to enact ~ вводить закон
administrative ~ *амер.* постановление муниципального органа
environmental policy ~ *амер.* постановление *(муниципального органа)* о политике в области использования окружающей среды
Green River ~ *амер.* правило «Зелёной реки» *(постановление местных органов, разрешающее коммивояжёрам посещать только те дома, куда их пригласили хозяева)*
zoning ~ предписание (местных органов) о зонировании сфер деятельности

organ 1. печатный орган, печатное издание 2. орган, учреждение
~ of governance *см.* managing organ
deliberative ~ совещательный орган
external house ~ фирменное издание (для) внешнего распространения
governing ~ *см.* managing organ
government ~s правительственные [государственные] учреждения
house ~ фирменное *(печатное)* периодическое издание
judicial ~ судебный орган
managing ~ орган управления, руководящий орган
official ~ официальный орган

organization

working ~ рабочий орган
organization 1. организация; устройство 2. объединение, формирование 3. структура
advertiser ~ организация рекламодателя
advertising ~ рекламная организация; организация рекламной деятельности
affiliated ~ филиал, филиальное отделение, организация-член
agency ~ организационная структура агентства
barter(ing) ~ бартерная организация, организация бартерной торговли
buying ~ закупочная организация; организация-покупатель
chain ~ сетевая организация, организация-сеть
client ~ организация клиента
command-and-control ~ организация, работающая на принципах командного управления и контроля
community ~ общинная организация
company ~ структурная схема фирмы
consultative ~ консультативная организация
consumer ~ организация потребителей
consumer-rating ~ организация, занимающаяся изучением и классификацией потребителей
conventional ~ традиционная организация
cooperative ~ кооперативная организация
departmental ~ организация по отделам
direct-selling ~ организация прямого маркетинга
display service ~ оформительская организация
foreign trade ~ внешнеторговая организация
formal ~ официальная организация
franchise ~ объединение [организация] держателей привилегий *(одна из разновидностей договорной вертикальной маркетинговой системы)*
front ~ организация, служащая веской *(для какой-то иной деятельности)*
functional ~ организация по функциональному принципу, функциональная организационная структура
geographic ~ организация по географическому принципу
global ~ глобальная организация *(один из принципов деятельности в международных масштабах, когда предприятия на местах практически лишены самостоятельности и должны чётко следовать стратегическим установкам материнской компании)*
health care [health maintenance] ~ организация здравоохранения
industry ~ отраслевая организация
information ~ переработка информации
information-based ~ организация, работающая на основе информации
international ~ международная организация *(принцип деятельности в международном масштабе, предусматривающий возможность адаптирования зарубежными филиалами стратегических установок материнской компании к местным условиям)*
land ~ землеустройство
legal ~ правовая [юридическая] организация
line ~ организация исполнительного аппарата, линейная организационная структура
logical ~ логическая структура
marketing ~ организация маркетинга *(структурная схема взаимосвязи, подчинённости и ответственности подразделений и должностных лиц за выполнение функций маркетинга)*
market management ~ организация по рыночному принципу, рыночная организация *(с управляющими по рынкам)*
mass ~ массовая организация
matrix ~ матричная организация
middleman ~ организация [объединение] торговых посредников, посредническая организация

organization

nongovernment(al) ~ неправительственная организация
nonprofit ~ некоммерческая организация
parent ~ головная организация; вышестоящий орган
product ~ организация по выпуску продукции
product management ~ организация по товарному производству, организация по принципу товарного производства
product-management-market-management ~ организация по товарно-рыночному принципу; матричная организация
product manager ~ организация с управляющим по товару
profit ~ коммерческая организация
public ~ общественная организация
regional ~ региональная организация
related ~ родственная организация
sales ~ торговая организация
social action ~ организация общественных действий; общественная организация
staff ~ 1. организация управленческого аппарата 2. организационная схема подчинённости
systems ~ системная организация
territorial sales ~ территориальная организация сбыта
transnational ~ транснациональная организация *(принцип деятельности в международном масштабе, при котором местные филиалы решают свои задачи на местных рынках с учётом влияния их усилий на общие показатели фирмы)*
Organization ◇ ~ for Economic Cooperation and Development Организация экономического сотрудничества и развития, ОЭСР
European ~ for Independent Audiovisual Market Европейская организация независимого аудиовизуального рынка *(объединение, представляющее интересы 210, главным образом, европейских независимых телекомпаний; создано в 1987 г.)*
International ~ of Consumer Unions Международное объединение союзов потребителей
International Radio and Television ~ Международная организация радиовещания и телевидения, *ОИРТ (международная организация по обмену программами и техническими данными радиовещания и телевидения; существовала до 1992 г.)*
International Standards ~ Международная организации по стандартизации, *ИСО*
World Intellectual Property ~ Всемирная организация интеллектуальной собственности, *ВОИС*

organizer:
desk ~ настольный картотечный ящик для бумаг

orientation ориентация, ориентировка, ориентирование
customer(-centered) ~ ориентация на клиента
management ~ ориентация на проблемы управления; ориентирование руководства
market ~ рыночная ориентация, ориентация на рынок
marketing ~ ориентация на маркетинг; ориентация маркетинга *(в деятельности фирмы)*
preferred ~ преимущественная [предпочтительная] ориентация
product ~ (узкая) товарная специализация, ориентация на определённый ассортимент товаров
production ~ производственная ориентация
sales ~ сбытовая ориентация, ориентация на сбыт
social ~ светская ориентация
user ~ ориентация на пользователя
value ~ ценностная ориентация

origin происхождение; (перво)источник
animal ~ животное происхождение *(продуктов)*
ethnic ~ этническое происхождение
national ~ национальное происхождение
product ~ происхождение изделия
vegetable ~ растительное происхождение *(продуктов)*

original *полигр.* оригинал, подлинник; первоисточник
colour ~ красочный оригинал

continuous tone ~ полутоновый оригинал
counterpart ~s оригиналы, имеющие одинаковую силу
halftone ~ полутоновый оригинал
hand-drawn ~ оригинал, воспроизведённый от руки
line ~ штриховой оригинал
monochrome ~ одноцветный оригинал
photographic ~ фотооригинал
originality оригинальность, самобытность; подлинность
ornament орнамент; украшение
filigree ~ филигранный орнамент
floral ~ цветочный орнамент
geometrical ~ орнамент с геометрическим рисунком
head ~ заставка *(в начале главы или страницы)*
jeweled ~ ювелирный орнамент
running ~ сплошной [непрерывающийся] орнамент
type [typographical] ~ наборный орнамент
outburst взрыв, вспышка
~ of anger взрыв гнева
~ of loyalty порыв преданности
emotional ~ всплеск эмоций
outcome результат, исход
~ of negotiations исход [итоги] переговоров
advertising ~ эффект рекламы
favourable ~ благоприятный исход
highly probable ~ весьма вероятный исход
likely [probable] ~ вероятный исход
real-life ~ реальный исход
successful ~ удачный исход
tangible ~ существенный результат, существенные итоги
unlikely ~ маловероятный исход
outcry гневный протест
outfit 1. гардероб, наряд 2. экипировка 3. комплект
bridal ~ наряд для невесты
camping ~ туристское снаряжение
coordinated ~ (сборный) комплект одежды
mental ~ умственный багаж
outlay 1. издержки, расходы, затраты 2. капиталовложения, инвестиции

out-of-specification

advertising ~ сумма ассигнований на рекламу
capital ~ капитальные затраты
cash ~ денежные расходы
initial ~ первоначальные расходы
total ~ общие издержки
outlet 1. торговая точка 2. рынок сбыта
dealer ~ дилерское предприятие, дилерская торговая точка
distribution [distributive] ~ предприятие по распределению товара, пункт распределения товара
franchise ~ заведение, держащее торговую привилегию; (торговая) организация-держатель привилегии
mass-merchandising ~ магазин товаров массового спроса
off-price ~ магазин сниженных цен *(продающий высококачественные товары по ценам ниже их обычных розничных цен)*
retail ~ розничная торговая точка, розничный магазин
sales ~ торговая точка, торговое предприятие
video ~ видеосалон, магазин по продаже видеопродукции
outline контур, внешняя граница; (общая) схема, план; конспект ◇ in ~ в общих чертах
~ of study план исследования
copy ~ план текста
detailed ~ подробное изложение
engraved ~ награвированный контур *(изображения)*
fuzzy ~ расплывчатый контур
irregular ~ фигурный контур, неправильное очертание
soft ~ неясные очертания
outlook перспектива
economic ~ экономическая перспектива
long-term ~ долгосрочная перспектива
world ~ мировоззрение
world economic ~ перспектива (развития) мировой экономики
outmoded вышедший из моды; старомодный, устаревший; отживший
out-of-line из ряда вон выходящий
out-of-specification не удовлетворяющий техническим условиям, некондиционный

out-of-stock распроданный
output 1. продукция **2.** выпуск продукции, объём производства ◇ ~ per capita [per head] выпуск продукции на душу населения
~ of products производство продукции; объём производства продукции
advertising ~ результат рекламы
agricultural ~ объём сельскохозяйственного производства
annual ~ годовой объём (производства); годовая выработка
commodity ~ объём товарной продукции
daily ~ суточная выработка *(продукции)*
factory ~ объём фабричной продукции
final ~ конечная продукция; конечный продукт
finished-product ~ выпуск [производство] готовой продукции
gross ~ объём валовой продукции; валовая продукция
industrial ~ объём промышленного производства, выход промышленной продукции
net ~ *англ.* объём производственной условно-чистой продукции
nonmarket ~ нетоварная продукция
peak ~ максимальный объём производства; предельная мощность
printed ~ издательская [печатная] продукция
spare-parts ~ выпуск [производство] запасных частей
total ~ общий объём производства
world ~ мировое производство
outsert приложение к упаковке
outsider посторонний; неспециалист; аутсайдер *(предприятие, не входящее в монополистическое объединение)*
out-take 1. *экр.* (съёмочный) дубль, не вошедший в фильм **2.** отходы монтажа, изъятые при монтаже кадры
oven печь; духовка
baking ~ духовка
countertop ~ печь с крышкой в виде разделочного стола
drying ~ сушильный шкаф, сушилка
electric ~ электропечь
electronic ~ электронная печь
frying ~ обжарочная печь
microwave ~ микроволновая печь, высокочастотная электропечь
roasting ~ обжарочная печь
smoke ~ коптильная печь
solar ~ солнечная печь
toasting ~ тостер
vacuum ~ вакуумная печь
overchoice избыток выбора
overclaim преувеличенное утверждение
overcommercialization 1. чрезмерная коммерциализация, засилье рекламы **2.** перегруженность программы коммерческими передачами
overdemand чрезмерный спрос
overdubbing *экр.* последующее озвучивание
overemphasis излишний акцент
overemployment сверхзанятость *(о рабочей силе)*
overheads накладные расходы
factory ~ общезаводские накладные расходы
general administrative ~ общие административные накладные расходы
overkill перегиб, выход за пределы необходимого
marketing ~ маркетинговый перебор; эффект маркетингового перебора *(чрезмерный объём или чрезмерная интенсивность деятельности в сфере маркетинга, не сопровождающаяся дальнейшим ростом уровня сбыта; чрезмерный уровень затрат, при котором темпы сбыта начинают падать)*
overlap дублирование; нахлёст, перекрытие
area ~ перекрытие зоны охвата *(вещанием)*
overlay 1. калька, покровная плёнка *(для макетов)* **2.** поддельная приправка
transparent acetatic ~ приправка на прозрачной ацетатной плёнке
overleaf на обратной стороне листа [страницы]
overload перегрузка
information ~ информационная перегрузка, перегруженность информацией
overpricing завышение цены

ownership

overprinting надпечатка, печатание поверх ранее напечатанного изображения
overregulation чрезмерное регулирование
overrun 1. превышение (обусловленного) тиража 2. перерасход
oversale продажа, превышающая возможность поставки
oversaturation перенасыщение
oversewing *полигр.* шитьё втачку
oversight упущение, оплошность, недосмотр ◇ by ~ по недосмотру
oversimplification излишнее упрощение
overstatement преувеличение, завышение
overstock излишний запас, избыток *(товара)*
overuse 1. чрезмерное использование; злоупотребление 2. перегрузка *(производственных мощностей)*
overview общий обзор
   campaign ~ общий обзор кампании
overwrap внешняя обёртка *(потребительской тары или продукта)*
owner владелец, собственник
   copyright ~ обладатель авторского права
   corporate ~ корпоративный собственник, собственник-юридическое лицо
   disponent ~ владелец-распорядитель
   joint ~ совладелец
   know-how ~ владелец «ноу-хау»
   lawful [legal] ~ законный [полноправный] собственник
   limited ~ ограниченный собственник, собственник с ограниченными правами
   list ~ владелец рассылочного [адресного] списка
   managing ~ владелец-распорядитель
   media ~ владелец средств массовой информации
   original ~ первоначальный владелец
   outright ~ неограниченный собственник
   part ~ совладелец
   patent ~ владелец патента, патентовладелец
   plant ~ владелец установок наружной рекламы
   property ~ собственник имущества
   prospective ~ потенциальный владелец
   real ~ фактический владелец
   registered ~ зарегистрированный владелец
   rightful ~ законный [полноправный] собственник
   sole ~ единоличный владелец
   trademark ~ владелец товарного знака
   true ~ действительный владелец
ownership 1. собственность, право собственности 2. владение
   ~ of property собственность на имущество
   central ~ общее [единое] владение
   collective ~ коллективная собственность
   common ~ общее владение; принадлежность одному владельцу
   complete ~ полное право собственности
   corporate ~ корпоративная собственность
   cross ~ владение несколькими видами средств распространения информации *(напр. газетным издательством и телецентром)*
   exclusive ~ исключительное право собственности
   foreign minority ~ иностранный пакет акций, не дающий права контроля
   individual ~ личная собственность
   institutional ~ институциональная собственность
   joint ~ совместное владение, совладение
   majority ~ контрольный пакет акций
   minority ~ долевое участие *(пакет акций меньше контрольного)*
   private ~ частная собственность
   public ~ общественная собственность
   single ~ единоличное владение
   social ~ общественная собственность
   sole ~ единоличное владение
   stock ~ акционерная собственность
   unlimited ~ неограниченная собственность

P

pace скорость, темп ◇ **to gather ~** набирать темп; **to set competitive ~** задавать конкурентный тон; **to set the ~** лидировать, задавать тон
~ **of developments** динамика [ход] развития событий
~ **of living** ритм жизни
varying ~ *стат.* переменная скорость

pace-maker лидер

pack 1. пачка, упаковка **2.** (консервная) продукция
bale ~ кипа бумаги
banded ~ упаковка-комплект, упаковка из двух сопутствующих товаров *(продаваемая по цене, которая ниже суммы цен входящих в неё товаров)*
blister ~ блистерная упаковка *(прозрачная пластиковая упаковка в виде пузыря над твёрдой подложкой)*
bonus ~ бонусная упаковка *(с включением дополнительного товара, продаваемая по обычной цене)*, сдвоенная упаковка
bubble ~ *см.* **blister pack**
case ~ ящичная упаковка; число товарных единиц в стандартном упаковочном ящике
catering ~ мелкооптовая упаковка *(для предприятий общественного питания)*
consumer ~ потребительская упаковка
disk ~ пакет дисков *(ЭВМ)*
factory ~ фабричный сюрприз *(бесплатный сувенир, прикреплённый к упаковке, служащий упаковкой или находящийся вместе с товаром внутри упаковки)*
merchandise ~ *см.* **premium pack**
portion ~ порционная упаковка
premium ~ упаковка с премией *(внутри или снаружи)*
pressure ~ аэрозольная упаковка
price(-off) ~ упаковка, продаваемая по льготной цене
reduced-price ~ товарная упаковка, продаваемая по сниженной цене
retail ~ розничная упаковка
showcase ~ упаковка (продукта) для продажи с витрины
skin ~ *см.* **blister pack**
tray ~ упаковка-лоток *(после удаления крышки превращается в стеллажный лоток или поддон)*
twin ~ *см.* **bonus pack**
unit ~ упаковка товарной единицы

package 1. пакет; упаковочная тара, упаковка **2.** комплексная сделка **3.** блочная программа *(на радио, телевидении)* **4.** блок, модуль; комплект **5.** комплекс *(напр. мероприятий)* ◇ **to push for ~** стремиться к достижению комплексной сделки
aerosol ~ аэрозольная упаковка
agency ~ комплекс услуг рекламного агентства
application ~ пакет прикладных программ, ППП *(для ЭВМ)*
consumer(-size) ~ упаковка, удобная для потребителя, (мелкая) потребительская расфасовка
display ~ экспозиционная [демонстрационная] упаковка
disposable ~ разовая упаковка
educational ~ обязательная учебная программа
elements ~ *экр.* комплект исходных материалов *(для печати фильма)*
family-size ~ упаковка на семью *(на 2-4 человека)*
fulfillment ~ подборка материалов для удовлетворения запроса
mailing ~ отправление прямой почтовой рекламы
original ~ фабричная упаковка
ornamental ~ декоративная упаковка
primary ~ внутренняя упаковка
pump dispenser ~ (мягкая) упаковка с выдавливанием содержимого через дозатор
regular-size ~ стандартная упаковка
re-use ~ упаковка [тара] многократного использования
salary ~ жалованье и прочие дополнительные выплаты
sample ~ образец (товарного) комплекта; образец отправления прямой почтовой рекламы
scatter ~ блок передач «вразброс»
sealed ~ герметичная упаковка

secondary ~ внешняя упаковка
shipping ~ транспортная упаковка
shrink ~ упаковка из усадочной плёнки
software ~ пакет программ *(для ЭВМ)*
sponsorship ~ спонсорский пакет *(перечень услуг, предлагаемых потенциальному спонсору)*
standard-size ~ стандартная упаковка
stay-fresh ~ упаковка, сохраняющая свежесть продукта
storable ~ удобная для хранения упаковка [тара]
symbol ~ символическая упаковка
trial ~ упаковка «на пробу»
unit ~ 1. индивидуальная упаковка 2. упаковка, содержащая лекарственное средство в дозах на один приём
value ~ комплект ценностных показателей, набор ценностно-значимых характеристик, набор свойств ценностной значимости
packaging 1. упаковка, расфасовка; упаковочное дело; подготовка (продукции) к транспортировке 2. компоновка *(телепрограмм)*
collated ~ групповое упаковывание *(одинаковых упаковочных единиц или неупакованной штучной продукции в групповую упаковку)*
ecological ~ экологически чистая упаковка
manufacturer ~ фабричная упаковка
single-portion food ~ расфасовка пищевых продуктов на одну порцию
throwaway ~ упаковка, рассчитанная «на выброс»
pad 1. блокнот; блок бумаги 2. подушечка 3. набивка, уплотнение
calendar ~ календарный блок
cleaning ~ чистящая салфетка
desk ~ бювар, настольный блокнот
graphics ~ планшет
memo ~ блокнот для заметок
stationery ~ блокнот
writing ~ отрывной блокнот
page полоса, страница; оттиск
adjacent ~ соседняя [прилегающая] полоса
adless ~ страница без рекламы
advertisement [advertising] ~ рекламная полоса, страница рекламы; *pl* рекламный раздел *(издания)*
back-up ~ компенсирующая [компенсационная] страница *(компенсационная покупка места в газете или журнале в обмен на право размещения вклейки или вкладки; обычно эквивалентна чёрно-белой полосе)*
banner ~ титульный лист, титул
blank ~ 1. пустая полоса 2. вакат *(чистая страница)*
bleed ~ полоса, напечатанная «под обрез»
classified ~ полоса рубричной рекламы
contents ~ оглавление, страница с оглавлением
cover ~ обложка, полоса обложки
current ~ текущая страница
deep ~ удлинённая страница
digest-sized ~ полоса дайджестного формата *(с размерами 12,7 см × 17,78 см; название от стандартной полосы американского журнала «Ридерз дайджест»)*
double-spread title ~ распашной [двойной] титульный лист *(на развороте)*
editorial ~ редакционная страница *(газеты)*
end ~ концевая полоса
even-numbered ~ чётная страница
facing ~ 1. противолежащая страница, смежная страница *(в раскрытом издании)* 2. *pl* разворот
feature ~ газетная страница с основным статейным материалом
flag ~ титульный лист, титул
fractional ~ доля страницы; неполная страница
front ~ первая страница *(в газете)*
gate ~ страница с «калиткой» *(полоса двойного формата со сгибом со стороны передка блока)*
high-traffic editorial ~ часто просматриваемая редакционная полоса
horizontal half ~ полполосы горизонтального расположения
inside ~ внутренняя полоса
junior ~ малоформатная страница *(17,78 см × 25,4 см)*

427

page

   large-size ~ газетная страница большого формата
   left-hand ~ левая [чётная] полоса
   local ~ полоса *(газеты)* с местными новостями
   made-up ~ свёрстанная страница
   one-half ~ полполосы
   op-ed ~ полоса *(в газете)*, смежная с редакционной
   opposite ~ противоположная страница
   paginated ~ нумерованная страница
   printed ~ печатная полоса
   proof ~ пробный [корректурный] оттиск
   pull-out ~ отрывной лист
   right-hand ~ правая [нечётная] полоса
   sample ~ макет полосы
   society ~ раздел светской хроники *(в журнале, газете)*
   specimen ~ пробная страница
   sports ~ спортивная страница
   tabloid-size ~ полоса размера малоформатной газеты
   title ~ титульный лист, титул
   type ~ полоса набора
   vertical half ~ полполосы вертикального расположения
   yellow ~s *амер.* телефонный справочник *(помимо реквизитов фирм такие справочники публикуют рубрично-изобразительные объявления)*
   Z ~ первая полоса раздела газеты

pager пейджер, (электронное) устройство индивидуального вызова, устройство персонального радиопоиска

pagination нумерация страниц, пагинация

paging система персонального радиопоиска, пейджинг

pain-killer болеутоляющее средство

paint краска, краситель
   aluminium ~ алюминиевая краска
   anticorrosive ~ антикоррозийная краска
   bactericidal ~ бактерицидное красочное покрытие
   boiler ~ олифа
   decorative ~ декоративная краска, декоративное красочное покрытие
   distemper ~ клеевая краска
   emulsion ~ эмульсионная краска
   finishing ~ отделочная [кроющая] краска
   flat ~ матовая краска
   gloss ~ глянцевая краска
   insecticidal ~ инсектицидное красочное покрытие
   latex ~ латексная краска
   luminous ~ светящаяся [люминесцентная] краска
   mineral ~ минеральная краска
   outdoor ~ краска для наружных работ
   priming ~ грунтовочная краска
   protective ~ защитная краска
   silicate ~ силикатная краска
   synthetic ~ синтетическая краска
   thermal ~ термокраска
   varnish ~ лаковая [эмалевая] краска
   whitelead ~ свинцовые белила

painting живопись; картина, изображение
   animal ~ анималистическая живопись
   easel ~ станковая живопись
   genre ~ жанровая живопись
   landscape ~ пейзажная живопись; пейзаж
   marine ~ маринистская живопись
   monumental ~ монументальная живопись
   mural ~ настенная живопись
   narrative ~ сюжетно-тематическая живопись
   oil ~ 1. живопись масляными красками 2. картина, написанная масляными красками
   portrait ~ портретная живопись
   poster ~ плакатная живопись
   sea-scape ~ маринистская живопись
   still-life ~ натюрмортная живопись; натюрморт
   wall ~ настенная живопись
   water-colour ~ картина, написанная акварелью, акварель

painting-box этюдник

pamphlet брошюра *(издание типа книжечки в мягкой обложке объёмом от 8 до 48 полос)*, проспект
   advertising ~ рекламная брошюра
   how-to ~ руководство, учебно-инструктивная брошюра

pan 1. панорамирование *(движение съёмочной камеры)* 2. панорамный

paper

план ◇ ~ **down** панорамирование вниз; ~ **left** панорамирование влево; ~ **right** панорамирование вправо; ~ **up** панорамирование вверх
flash [swish] ~ быстрое панорамирование, переброска камеры
panel 1. (потребительская) панель *(постоянная выборка респондентов, используемых в ходе исследований потребительских мнений, реакций)* 2. группа; жюри; семинар, «круглый стол» 3. врезка в рамке 4. (рекламный) щит *(размером около 300 × 630 см под 24- или 30-листовой плакат)* 5. пульт, панель
~ **of experts** панель экспертов, экспертная группа
~ **of households** панель домохозяйств
advertisement [advertising] ~ доска объявлений; рекламный щит
advisory ~ группа консультантов, консультативная группа
car ~ транспортный рекламный планшет
consultative ~ консультативное жюри
consumer ~ потребительская панель
control ~ панель управления
customer ~ потребительская панель
dealer ~ дилерская панель
deck ~ двухэтажная установка наружной рекламы, конструкция двойной высоты
diary ~ дневниковая панель
display ~ экспозиционная панель
fact-finding ~ группа по выяснению фактического положения
flap ~ вращающееся (рекламное) панно
illuminated ~ освещённая [подсвеченная] панель; электрифицированный щит
indoor ~ рекламный плакат внутри помещения
interior ~ интерьерная (рекламная) панель, рекламная панель в салоне транспортного средства
junior ~ малоформатный [малый] щит *(обычно 6-листового формата, устанавливаемый, как правило, около пешеходных дорожек и на территории торговых центров)*
leaded ~ витражная панель, витраж

mail ~ «почтовая» панель *(потребительская панель, членам которой анкеты рассылаются по почте)*
modesty ~ панель между ножками стола *(чтобы не были видны ноги сидящего)*
poster ~ *см.* panel 4.
public information ~ афишная панель
roof-top ~ панель, установленная на крыше
six-sheet poster ~ панель для 6-листовых плакатов *(размером около 162,40 × 353,06 см)*
test ~ испытательная панель, постоянная группа обследуемых
tri-vision ~ щит тройного изображения, щит «тризо» *(обычно рисованный, в виде конструкции из треугольных поворотных элементов типа жалюзи с разными изображениями на каждой грани. Изображения возникают и сменяются последовательно при синхронном повороте элементов)*
tube-car ~ рекламная панель в вагоне метро
twenty-four sheet poster ~ панель для 24-листовых плакатов *(размером около 762 × 365,76 см)*
unilluminated ~ неосвещённая панель, щит без подсветки
wall ~ стеновая панель
working ~ рабочий семинар
panelist участник панели
paper 1. бумага 2. документ 3. газета; журнал 4. бумажные деньги 5. свидетельство долга, вексель, акцепт
absorbent ~ впитывающая бумага
advertising ~ рекламная газета, специализированное издание по рекламе
antique (finish) ~ бумага «под старину» *(с грубой поверхностью, имитирующая старинную бумагу ручной выделки)*; печатная бумага с матовой отделкой
art ~ мелованная бумага с высоким глянцем *(для печатания высококачественных растровых иллюстраций)*
backing ~ бумажная подложка
bag ~ мешочная бумага
bank ~ 1. *(тонкая)* писчепечатная

429

paper

бумага *(обычно используется для копий)* **2.** банковский вексель
Bible ~ библьдрук *(высокосортная тонкая бумага, предназначенная, прежде всего, для высокой и глубокой печати)*
black pattern ~ трафаретная бумага
blanking ~ чистая закраина *(в наружной рекламе — незапечатанное окаймление изображения на плакате)*
bond ~ документная бумага
book(-printing) ~ печатная бумага, бумага для печатания книг *(выпускается в стандартных листах форматом 63,50 × 96,52 см)*
brown ~ обёрточная бумага
business ~ **1.** деловое [профессиональное] издание **2.** коммерческий вексель
campus ~ студенческая газета, газета студенческого городка
carbon ~ копировальная бумага
carbonless ~ бескопирочная бумага *(не требующая применения копирки при снятии копий)*
census ~ переписной [опросный] лист
China ~ китайская бумага *(тонкая мягкая бумага из бамбука)*
cigarette ~ папиросная бумага
coarse ~ грубая бумага
coated ~ мелованная бумага, бумага с покрытием
coordinate ~ диаграммная бумага *(бумага с координатной сеткой)*
correspondence ~ писчая бумага высокого качества
cover ~ обложечная бумага *(для брошюр)*
current ~s текущие публикации
egg-shell ~ шероховатая рисовальная бумага
embossed ~ тиснёная бумага
emery ~ наждачная бумага, шкурка
English-finish ~ глазированная [сатинированная] бумага
extra-strong ~ крафт-бумага
fan-fold ~ фальцованная бумага, бумага, сфальцованная гармошкой
fashion ~ модный журнал, журнал мод
flint ~ наждачная бумага, шкурка

fly ~ мухоловная бумага
food-shop ~ тонкая обёрточная бумага
garnet ~ шлифовальная шкурка
glazed ~ лощёная бумага; атласная бумага
glossy ~ глянцевая бумага
gold ~ «золотая фольга»; бумага, металлизированная бронзой
grocery ~ бакалейная бумага
gummed ~ гуммированная бумага
heat-sensitive ~ термочувствительная бумага
identity ~ удостоверение (личности)
intaglio printing ~ бумага для глубокой печати
kraft ~ крафт-бумага
label ~ этикеточная бумага
layout ~ бумага для макетов
letter ~ почтовая бумага *(25,4 × 40,64 см)*
letter-head(ed) ~ почтовая бумага с «шапкой», фирменные бланки для писем
lined ~ линованная бумага
liquid ~ штрих, белая замазка *(используется при внесении правки в рукопись)*
marble(d) ~ мраморная [крапчатая] бумага *(для форзацев)*
music ~ нотная бумага
newsprint ~ газетная бумага
notehead ~ бумага со штампом учреждения, бумага с фамилией и адресом пишущего
notice ~ повестка
observation ~ обзор, обзорный отчёт, отчёт о состоянии дел
official ~ официальный документ
offset ~ бумага для офсетной печати
oil ~ промасленная бумага
packing ~ упаковочная бумага
photocopying ~ фотокопировальная бумага
position ~ справка о положении дел
poster ~ афишная бумага, бумага для плакатов
printing ~ типографская [печатная] бумага
profile ~ диаграммная бумага
quality ~s солидные газеты, серьёзные печатные органы, влиятельная пресса

roll ~ рулонная бумага
rough ~ шероховатая [грубая] бумага
ruled ~ линованная бумага
sack ~ мешочная бумага
scaled ~ бумага с делениями, миллиметровка
scrap ~ макулатурная бумага, макулатура
scratch ~ бумага для заметок; листок бумаги
section ~ миллиметровка
silver ~ металлизированная бумага (*покрытая алюминиевой краской*)
smooth ~ гладкая бумага
spongy ~ пористая бумага
squared ~ клетчатая бумага, бумага в клеточку
stamped ~ гербовая бумага
synthetic-fibre ~ бумага из синтетического волокна
thermal ~ термографическая бумага
tight ~ перегруженное [перенасыщенное] (рекламой) издание
tin-foil ~ станиоль
tinted ~ тонированная [окрашенная] бумага
tissue ~ тонкая бумага; китайская шёлковая бумага
tracing ~ калька, восковка
trade ~ 1. отраслевое издание 2. торговый вексель
typewriting ~ машинописная бумага, бумага для пишущих машинок
vat ~ бумага ручной выделки
virgin ~ чистая бумага
waste ~ макулатура
water-marked ~ бумага с водяными знаками; филигранная бумага
wax ~ вощёная бумага, восковка
weekly ~ еженедельник
working ~ рабочий документ
wrapping ~ обёрточная бумага
writing ~ писчая бумага

paper-set с набором у издателя (*т. е. рекламодатель не предоставляет готового оригинал-макета*)

paperwork 1. канцелярская работа, бумажная работа; канцелярщина 2. документация

par 1. паритет, равенство 2. нарицательная цена; номинал ◇ **above** ~ выше номинала; **at** ~ по паритету; по нарицательной стоимости; **below** ~ ниже номинала; **on a** ~ **with** наравне с, на одном уровне с ...
~ **of exchange** (интер)валютный паритет

parable притча, иносказание, парабола

paragraph 1. абзац; параграф, пункт 2. *полигр.* корректурный знак абзаца 3. газетная заметка
editorial ~ редакционная газетная заметка
full-out ~ абзац, начинающийся без отступа
inserted ~ вставка в виде абзаца
lead ~ вводный абзац информационного материала (*как правило, в нём даются ответы на вопросы кто?, что?, когда?, где? и почему?*)
new ~ красная строка
operative ~ пункт постановляющей части (*документа*)

parent родитель(ница)
spiritual ~ духовный отец
surrogate ~ лицо, заменяющее родителя

park 1. парк 2. автостоянка 3. заповедник
industrial ~ промышленная зона, комплекс промышленных предприятий
national ~ национальный парк
natural ~ природный парк
office ~ конторский парк, конторская зона
safari ~ зоопарк «сафари» (*с бесклеточным содержанием животных*)

parkway автострада (*с зелёными насаждениями на разделительной полосе*)

parlour зал; ателье, салон; кабинет
beauty ~ косметический кабинет, салон красоты
funeral ~ похоронное бюро
hairdresser's ~ парикмахерская
ice-cream ~ кафе-мороженое
massage ~ массажный салон
mortician's ~ бюро похоронных принадлежностей
photographer's ~ фотоателье, фотостудия
pinball ~ зал бильярдных автоматов
pizza ~ пиццерия
video ~ видеосалон

parody

parody of justice пародия на правосудие
part 1. часть, доля 2. деталь 3. роль 4. раздел *(книги)* 5. выпуск; том ◇ ~ and parcel неотъемлемая часть; in ~ частично, частью; to pay in ~s платить по частям; with ~s and pertinents со всеми принадлежностями
  active ~ активный компонент
  backup ~ резервная деталь
  bit ~ небольшая [эпизодическая] роль *(в фильме)*
  change ~ сменная деталь
  component ~ составная часть, деталь, комплектующее изделие
  day ~ часть суток
  integral ~ неотъемлемая часть
  manufactured ~ комплектующее изделие
  purchased ~ покупная деталь
  replacement ~ сменная деталь
  spare ~ запасная деталь
  structural ~ элемент конструкции
participant участник
  decision ~ участник принятия решения
  direct ~ непосредственный участник
  market(place) ~ участник рыночной деятельности
  potential ~ потенциальный [возможный] участник
participation 1. участие 2. *pl* отдельные рекламные сообщения, включаемые в открытую программу *(рекламодатели при этом не несут ответственности за программу)*
  culpable ~ наказуемое участие
  minority ~ долевое участие *(в предприятии)*
  reckless ~ участие по неосторожности
partisan приверженец, сторонник
  strong ~ страстный приверженец
partner партнёр, компаньон, (со)участник
  barter ~ партнёр по бартерной сделке
  dormant ~ пассивный партнёр
  equal ~ равноправный партнёр
  founder ~ партнёр-учредитель
  full ~ полноправный партнёр
  general ~ главный (активный) партнёр, главный партнёр с неограниченной ответственностью
  junior ~ младший компаньон, партнёр товарищества
  latent ~ негласный партнёр
  limited ~ коммандитный партнёр, партнёр с ограниченной ответственностью
  long-term ~ долговременный партнёр
  managing ~ партнёр-распорядитель
  minority ~ партнёр с долевым участием, долевой партнёр
  safe ~ надежный партнёр
  secret ~ тайный партнёр
  senior ~ старший партнёр, глава фирмы
  trading ~ торговый партнёр
partnership партнёрство; товарищество, компания ◇ ~ at will бессрочное товарищество; ~ in subsidiaries партнёрство на уровне филиалов [дочерних компаний]
  general ~ полное товарищество, компания с неограниченной ответственностью
  limited ~ товарищество с ограниченной ответственностью
  long-term ~ долгосрочное партнёрство
  mercantile ~ торговое товарищество
  ordinary ~ *см.* general partnership
  special ~ простое товарищество
  strategic ~ стратегическое партнёрство
  unlimited liability ~ товарищество с неограниченной ответственностью
party 1. сторона; участник; партия 2. приём гостей, вечер ◇ ~ in default сторона, не выполняющая обязательств
  adverse ~ противная сторона *(в суде)*
  applicant ~ заявитель
  beneficiary ~ сторона, получающая выгоды *(в сделке)*
  calling ~ вызывающая сторона, корреспондент
  communication ~ участник коммуникации
  contracting ~ договаривающаяся сторона, контрагент
  evening ~ вечеринка, вечерний приём *(гостей)*
  formal ~ официальный приём

432

patent

governing ~ правящая партия
home sales [in-house] ~ демонстрация товара на дому (*с приглашением соседей и знакомых*), домашняя торговая встреча, торговая встреча на дому
injured ~ потерпевшая [пострадавшая] сторона
interested ~ заинтересованная сторона
intermediate ~ посредник
maintenance ~ бригада технического обслуживания и текущего ремонта
negotiating ~ участник переговоров, сторона, участвующая в переговорах
opposition ~ оппозиционная партия
pleasure ~ увеселительная прогулка
political ~ политическая партия
press ~ приём для прессы
prevailing ~ сторона, выигравшая дело
relief ~ подменная группа
repair ~ ремонтная бригада
rescue ~ спасательный отряд, отряд спасателей
ruling ~ правящая партия
sales ~ торговая встреча (*обычно на дому у потребителя*)
theatre ~ театральный вечер
third ~ третье лицо
working ~ рабочая группа (*напр. конференции*)
passage 1. переходный период 2. проход, проезд
free ~ беспрепятственный проезд
light trapped ~ световой шлюз (*тамбур при входе в тёмное помещение фотокинолаборатории*)
passer-by прохожий, проезжий
paste 1. паста, мастика 2. паштет 3. макаронные изделия
alimentary ~ макаронные изделия
cheese ~ сырная паста
chicken liver ~ паштет из куриной печёнки
dental ~ зубная паста
dye-stuff ~ краситель в пасте
film ~ клей для киноплёнки, киноклей
flour ~ клейстер
long ~ длинные макароны
meat ~ мясной паштет
mounting ~ клей для наклейки фотоотпечатков, фотоклей
polishing ~ полировочная (восковая) паста
printing ~ паста для (трафаретной) печати
tomato ~ томат-паста, томатная паста
vegetable ~ овощная икра
paste-in вклейка; исправление *или* добавление, приклеиваемое к тексту
paste-up 1. монтаж (*объявления*) 2. *полигр.* выклеивание (*матриц*); приклеивание (*клише*)
advertisement ~ монтаж объявления
electronic ~ электронный монтаж (*напр. газетных полос*)
film-and-paper ~ монтаж наклеенных для фотосъёмки отпечатков и плёнок
mechanical ~ монтаж оригиналов для фотосъёмок
page ~ монтаж полос
patch 1. пятно неправильной формы 2. *вчт* заплата 3. склейка (*магнитной ленты*)
colour ~ цветовое пятно
light ~ световое пятно
patent патент; диплом ◇ ~ for improvement патент на усовершенствование; ~ for invention патент на изобретение; ~ pending «вопрос о выдаче патента рассматривается» (*надпись на изделии*); to grant ~ предоставлять патент
additional ~ дополнительный патент
art ~ патент на способ применения
basic ~ основной патент
blocking-off ~ блокирующий патент
canceled ~ аннулированный патент
ceased ~ патент, утративший силу за истечением срока действия
competing ~ конкурирующий патент
complementary ~ дополнительный патент
contestable ~ спорный [оспоримый] патент
design ~ патент на промышленный образец
drug ~ патент на медикамент [на лекарственное средство]
European ~ европейский патент
existing ~ действующий патент

patent

expired ~ патент с истекшим сроком действия
extinct ~ патент, утративший силу
fortifying ~ «укрепляющий» патент *(полученный для закрепления своих нынешних патентных позиций)*
infringed ~ нарушенный патент
infringing ~ нарушающий патент
invalid ~ недействительный патент
joint ~ совместный [коллективный] патент
legally effective ~ патент, имеющий законную силу
legitimate ~ действующий патент
letters ~ патентная грамота
method ~ патент на способ применения
new use ~ патент на новое применение
nuisance ~ «досаждающий» [мешающий] патент *(самостоятельно не представляющий коммерческой ценности, но не позволяющий конкуренту получить патент в данной сфере деятельности)*
product ~ патент на изделие
reinstated ~ возобновлённый патент
umbrella ~ «зонтичный» [широкоохватный] патент
United States ~ патент США
valid ~ действующий патент
voidable ~ спорный [оспоримый] патент
world-wide ~ мировой патент

path 1. траектория *(напр. в экономической модели)* 2. курс, маршрут; путь
behavioural ~ траектория поведения *(описание в соответствующих символах направления развития процесса или поведения)*; характеристика действий
critical ~ критический путь
cycle ~ ход цикла
film ~ фильмовый канал *(киноаппарата)*; кадровое окно
video ~ видеотракт

patronage покровительство, благосклонность, приверженность, постоянная клиентура
consumer ~ благосклонность потребителей

pattern 1. образец, модель, шаблон 2. схема, тенденция 3. манера, характер 4. рисунок, узор 5. структура ◇ to make to ~ изготовлять по образцу
~ of advertising характер рекламы
~ of demand структура спроса
~ of message delivery схема доведения обращения
~s of ownership формы собственности
~ of thought образ мыслей
~ of trade структура торговли
arabesque ~ причудливый узор
behaviour(al) ~ манера поведения, поведенческий рисунок
brand-loyal purchase ~ характер покупательского поведения, объясняющийся приверженностью к товарной марке
buying ~ покупательские привычки; характер покупательского поведения; структура покупок
coherent ~ логически связная структура
competitive ~ характер конкуренции
computer-generated ~ рисунок, созданный с помощью ЭВМ
construction ~ структурная схема
consumer shopping ~ структура потребительских покупок
consumption ~ структура потребления
cultural ~ культурный уклад
cycle-recycle ~ цикл с повторным ростом *(на стадии упадка в жизненном цикле товара за счёт концентрированных усилий по стимулированию сбыта)*
dietary ~ режим питания
dispersion ~ схема рассеяния *(при размещении рекламы)*
distribution ~ структура распределения *(напр. товара)*
domestic consumption ~ структура внутреннего потребления
economic ~ экономическая структура
embossed ~ тиснёный рисунок
embroidery ~ вышитый рисунок; вышивка
employment ~ тенденции в области занятости
expenditure ~ структура расходов
floral ~ цветочный узор
frequency ~ схема частоты повторения

general trading ~ общие принципы ведения торговли
geographic buying ~ географическое распределение покупок
income (distribution) ~ характер распределения доходов
letter frequency ~ схема частоты повторения букв
lifestyle ~ уклад жизни
listenership ~ характер слушания, степень активности слушательской аудитории
listening ~ слушательские привычки
loyalty ~ степень приверженности *(к марке товара, магазину)*
market ~ (торговая) интенсивность рынка, интенсивность продаж на рынке *(конкретного товара)*
mental ~ мысленная схема восприятия
model ~ примерный [типовой] план
motivation ~ структура мотивации
multicolour ~ многоцветный рисунок
occupational ~ структура занятости; профессиональный состав
ordering ~ схема выдачи заказов
organizational ~ организационная схема
ornamental ~ декоративный рисунок
perception ~ характер восприятия
pounce ~ *нар. рекл.* метод проекционного копирования *(изготовления больших рисованных щитов, когда изображение проецируется на панель щита с малоформатного оригинала и обводится)*
preconceived ~ заранее придуманная схема
preference ~ система предпочтений
pricing ~ система установления цен, система ценообразования
profit ~ характер распределения прибылей
psychological ~ психологическая установка
purchase behaviour ~ характер покупательского поведения
purchasing ~ *см.* buying pattern
response ~ образец ответа
sales ~ структура сбыта
scalloped ~ цикл неуклонного периодического роста, цикл зубчатого [гребешкового] роста *(последовательность жизненных циклов, стимулируемых открытием новых свойств товара, его новых применений или появлением новых пользователей)*
seasonal ~ 1. сезонный характер 2. структура сезонных колебаний
sensory ~ чувственная установка
set ~ штамп
social ~ общественный [социальный] уклад, социальная структура
sociological ~ социологический уклад
stimulus ~ схема раздражения
stripe ~ рисунок в полоску
television test ~ телевизионная испытательная таблица
thick market ~ высокая интенсивность рынка
thin market ~ низкая [слабая] интенсивность рынка
time ~ of demand структура распределения спроса по времени
usage ~ особенности использования *(товара)*; характер (ис)пользования
visual ~ зрительный образ, визуальная структура
voting ~ характер распределения голосов избирателей, распределение голосов избирателей
wipe ~ *экр.* смазка *(разновидность вытеснения)*

patterning 1. схематизация, схематизирование **2.** компоновка *(материала)*; формирование рисунка
~ of experience схематизация опыта
positive ~ позитивное схематизирование
psychological ~ психологическое схематизирование
selective ~ выборочное [селективное] схематизирование

patty 1. брикет **2.** пирожок **3.** плоская конфета
meat ~ брикет мясного фарша
potato ~ картофельная котлета
service-size ~ брикет на порцию

paucity нехватка, недостаточность; малое количество

pause пауза, остановка, перерыв ◇ **at ~** в нерешительности
filled ~ заполненная пауза, заполнитель молчания *(в устной речи)*

pause

fixational ~ продолжительность фиксации взгляда *(на изображении)*
hesitation ~ пауза нерешительности
pay (о)плата, платёж, зарплата ◇ ~ on delivery оплата при доставке; ~ on demand оплата по требованию
base ~ 1. тарифная ставка 2. тарифная зарплата
dismissal ~ *см.* severance pay
extra ~ добавочная плата
hazard ~ (до)плата за риск
hourly ~ почасовая оплата
incentive ~ поощрительная оплата
overdue ~ выплата не в срок
partial ~ частичная оплата
piece-rate ~ сдельная оплата
retirement ~ пенсия за выслугу лет
severance ~ выходное пособие; компенсация при увольнении
sick ~ пособие по болезни
take-home ~ чистый заработок
vacation ~ отпускные деньги
pay-as-you-go *разг.* оплата текущих расходов; оплата счетов в срок
payback отдача, возврат
payment платёж, оплата, выплата ◇ ~ against documents платёж против документов; ~ in cash платёж наличными; ~ in kind платёж натурой; to defer ~ откладывать платёж; to enforce ~ взыскать платёж; to withhold ~ воздержаться от платежа
~ of costs оплата издержек
additional ~ дополнительный [последующий] платёж
advance ~ досрочный платёж; внесение аванса
annual ~ ежегодный платёж
budgetary ~s бюджетные платежи
cash ~ оплата наличными, наличный расчёт
compulsory ~ обязательный платёж
contract ~ выплата по контракту; оплата договорных работ
credit ~ оплата в кредит
customer ~ платёж со стороны клиента
deferred ~ отложенный [отсроченный] платёж
delinquent ~ просроченный платёж
direct ~ прямой платёж, прямая выплата
initial ~ первоначальный платёж

installment ~ платёж [оплата] в рассрочку
insurance ~ страховой платёж, выплаты по страховке
interest ~ выплата процентов
interest-free ~ беспроцентная оплата, беспроцентный платёж
late ~ просроченный платёж
monthly ~ ежемесячная плата
mortgage ~ выплаты по закладной
outstanding ~ невзысканный платёж
overdue ~ просроченный платёж
paperless ~s безбумажные расчёты *(без бумажных документов)*
part(ial) ~ частичный платёж
piece ~ сдельная [штучная] оплата
pressing ~s неотложные платежи
progress ~s постепенные платежи
prompt ~ немедленный расчёт
punctual ~ платёж в срок
rental ~ арендная плата
side ~ побочная выплата
suspended ~s приостановленные платежи
time ~ повременная оплата
token ~ символическая (о)плата, символический платёж
use ~ плата за пользование
warranty ~ плата за гарантийный ремонт
welfare ~ выплаты из фондов социального обеспечения
payoff отдача
anticipated ~ ожидаемая отдача, ожидаемый выигрыш
negative ~ негативная отдача, убыток
possible ~ возможный выигрыш
short-term ~ сиюминутная отдача
payola *амер. жарг.* взятка; подкуп
payout возмещение, выплата; возврат *(средств, затраченных ранее)*
advertising ~ отдача от рекламы
direct ~ прямое возмещение; прямые выплаты, прямые расходы
payroll штат сотрудников
payvision платное телевидение
peak пик, высшая точка, максимум
~ of activity максимум [пик] активности
~ of demand пик спроса, наивысший спрос
business cycle ~ высшая точка экономического цикла

people

curve ~ максимум кривой
peddler *амер.* мелкий розничный торговец; торговец вразнос; разносчик
   pack ~ торговец-мешочник, коробейник
   traveling ~ странствующий торговец, коробейник
   wagon ~ торговец с фургоном
peddling мелочная торговля, торговля вразнос
pedestrian пешеход
peer человек одного круга, ровня, равный *(по должности, званию, возрасту)*
pen перо; ручка
   ballpoint ~ шариковая ручка
   control (light) ~ *см.* light pen
   dotting ~ пунктировальное перо
   drawing ~ чертёжное перо, рейсфедер
   felt-tip ~ фломастер
   ink ~ чернильное перо
   light ~ световое перо *(светочувствительное устройство, позволяющее выбрать точку экрана дисплея, указывая на неё. Используется как устройство ввода координат и как указка)*
   recording ~ перо самописца
   ruling ~ рейсфедер; линовальное перо
penalt/y 1. наказание, взыскание 2. штраф, неустойка ◇ ~ for non-performance of contract штраф за невыполнение договора; to impose ~ies налагать взыскания
   antitrust ~ антитрестовская санкция
   criminal ~ уголовное наказание
   heavy ~ большая неустойка
   lenient ~ мягкое наказание
   money [pecuniary] ~ денежный штраф
   price ~ невыгодность [неблагоприятность] цены
   small ~ лёгкое наказание
pencil карандаш ◇ in ~ нарисованный карандашом, в карандаше
   chinagraph ~ химический карандаш
   coloured ~ цветной карандаш
   eyebrow ~ карандаш для бровей
   eyecolour ~ косметический карандаш, карандаш для подкрашивания глаз
   grease ~ сальный [восковой] карандаш
   lead ~ графитовый [простой] карандаш
   styptic ~ кровоостанавливающий карандаш
penetration 1. проникновение, доступ, внедрение *(напр. на рынок)* 2. охват *(телевизионным вещанием)*; зона охвата
   ~ of judgement проницательность суждения
   advertising ~ внедрение рекламы
   cable ~ охват кабельным телевидением *(измеряется в процентах от общего числа телесемейств)*
   cultural ~ культурное проникновение
   economic ~ экономическое проникновение
   household ~ проникновение в семьи; внедрение в домашнее потребление *(о товаре)*
   market ~ проникновение [внедрение] на рынок
   national ~ внедрение в общенациональном масштабе
   sales ~ охват рынка системой сбыта
   television ~ телевнедрение *(процент телевизионных домохозяйств в рамках конкретного рынка)*, телевизионный охват рынка
pension пенсия, пособие ◇ to grant ~ назначить пенсию [пособие]; to retire on ~ уйти на пенсию
   disability ~ пенсия по нетрудоспособности [инвалидности]
   life ~ пожизненная пенсия
   old-age ~ пенсия по старости
   retirement ~ пенсия за выслугу лет
people народ; работники; население
   ~ of position люди, занимающие высокое общественное положение
   advertising ~ специалисты рекламы, рекламные работники
   business ~ деловые люди, бизнесмены
   common ~ простые люди, простой народ
   creative ~ творческие работники
   farm ~ сельскохозяйственное население
   independent-minded ~ независимо мыслящие люди

people

manufacturing ~ производственники
negative ~ люди негативного склада
penetrated ~ лица с внедрённой в память рекламой (*в теории УТП*)
professional ~ лица свободных профессий [интеллектуального труда]
resource ~ распорядители ресурсов
society ~ светские люди
tradition-bound ~ приверженцы традиций
working ~ трудящиеся, рабочий люд

percentage 1. процент; процентное содержание, доля 2. комиссионное вознаграждение (в процентах); процентное отчисление
agreed ~ согласованный процент, согласованная доля
cumulative ~ суммарная доля в процентах, суммарный процент
gross margin ~ процент валовой прибыли
markdown ~ процент уценки
markup ~ процент наценки
markup ~ on cost процент наценки на себестоимость
markup ~ on selling price процент наценки на продажную цену
net profit ~ процент чистой прибыли
operating expense ~ доля эксплуатационных расходов

percentage-wise в процентном отношении

percept продукт [объект] восприятия

perception восприятие, ощущение, осознание; представление (*о чём-л.*)
~ of necessity осознание необходимости
advertising ~ рекламное восприятие, восприятие рекламы
associated ~ ассоциированное восприятие
auditory ~ слуховое восприятие, восприятие на слух
brand ~ восприятие марки [марочного товара]
colour ~ восприятие [ощущение] цвета
consumer ~ потребительское восприятие
customer ~ восприятие клиентом, потребительское восприятие
individual ~ личное восприятие
price-value ~ восприятие соотношения цена—ценностная значимость (*товара*)
product ~ представление о товаре, восприятие товара
pure ~ чистое восприятие
risk ~ восприятие риска
security ~ представление о безопасности
selective ~ селективное [избирательное] восприятие
sense ~ чувственное восприятие
stereo ~ стереоскопическое восприятие
subconscious [subliminal] ~ подсознательное восприятие
time ~ чувство времени
visual ~ зрительное восприятие

performance 1. степень эффективности, результат деятельности, результативность работы 2. выполнение, исполнение 3. эксплуатационные свойства; характеристика 4. функционирование ◇ ~ without failure безотказная работа
~ of system функционирование системы
adequate ~ удовлетворительная работа, нормальное функционирование
advertisement ~ результативность [эффективность] рекламного объявления
advertising ~ действенность [результативность] рекламы
automatic ~ автоматизм (*действий*)
communication ~ результативность коммуникации
company ~ результативность деятельности фирмы
contract ~ исполнение контракта
delivery ~ своевременность доставки
demonstrated ~ наглядно представленное действие
economic ~s экономические показатели, показатели функционирования экономики, результаты экономической деятельности
failure-free ~ безотказная работа
financial ~ результат финансовой деятельности, финансовый показатель
inadequate ~ неудовлетворительная работа
long-run ~s долговременные [перспективные] показатели

period

managerial ~ эффективность системы управления
market ~ характеристика рынка
marketing ~ эффективность маркетинговой деятельности; маркетинговая деятельность
media ~ действенность средств рекламы
message ~ эффективность обращения
ongoing ~s показатели текущей деятельности
operational ~ эксплуатационная характеристика
optimum ~ 1. оптимальный режим работы 2. оптимальное функционирование *(рынка)*
peak ~ максимальная производительность
perceived ~ воспринимаемый результат деятельности
plan ~ ход выполнения плана, выполнение плана
product('s) ~ эксплуатационная характеристика товара, характеристика изделия
production ~ эффективность производства
public ~ публичное исполнение, публичное выступление
safe ~ надёжная работа
sales ~s результаты [данные] торговой деятельности, торговые успехи
satisfactory ~ удовлетворительная работа
service ~s эксплуатационные характеристики
short-run ~s краткосрочные показатели *(деятельности)*
top ~ предельно достижимая производительность
trade ~ 1. показатель торговой деятельности 2. функционирование торговли
videotaped ~ выступление, записанное на видеоленту; видеозапись выступления, выступление в видеозаписи
visual ~ зрительная эффективность, эффективность зрительного восприятия

performer исполнитель

high ~ фирма с высокими показателями *(деятельности)*
low ~ фирма с низкими показателями *(деятельности)*
off-camera ~ закадровый исполнитель
on-camera ~ исполнитель в кадре

perfume духи, отдушка; аромат
acoustic(al) ~ *вещ.* негромкая шумовая маскировка
dry ~ сухие духи
soap ~ отдушка для мыла

peril риск, опасность; беда

period период, промежуток времени; срок ◇ ~ under review отчётный период
~ of inquiry период обследования, отчётный период
~ of use продолжительность использования
~ of validity срок годности, период пригодности
base ~ *стат.* базисный период
breaking-in ~ период освоения *(напр. новой техники)*
breathing ~ короткая пауза, передышка, перерыв
busy ~ период активности [активной деятельности]
campaign ~ срок проведения кампании
comparable ~ сравнимый период
contract ~ договорный срок, срок действия договора
cooling-off ~ «охладительный» период *(72 часа после покупки, в течение которых клиент может вернуть товар и получить назад деньги)*; период раздумий [обдумывания]
current ~ текущий период
delay ~ время задержки
display ~ длительность показа [экспонирования] *(средств наружной рекламы)*
effective ~ срок действия
election ~ срок избрания
fixed ~ установленный период времени
formative ~ период формирования
grace ~ льготный период, отсрочка
growth ~ период роста

439

period

guarantee ~ гарантийный срок эксплуатации
interim ~ промежуточный [переходный] период
licence ~ срок действия лицензии
limiting storage ~ предельный срок хранения
observation ~ период наблюдения
payback [payoff, payout] ~ период окупаемости (капиталовложений)
performance ~ период работы
phasing-out ~ период поэтапного прекращения (деятельности)
planned ~ планируемый период
posting ~ амер. нар. рекл. срок расклейки плакатов, срок шоуинга (обычно 30 дней)
post-purchase ~ период после совершения покупки, послепродажный период
prepromotion ~ период, предшествующий мероприятиям по стимулированию
programming ~ срок действия программы
qualifying ~ испытательный срок
recovery ~ время восстановления
reference ~ стат. базисный период
reorder ~ цикл заказа (интервал между моментами подачи последовательных заказов)
reporting ~ отчётный период
scheduling ~ период календарного планирования
shooting ~ экр. съёмочный период
slack ~ затишье, период затишья
statutory ~ установленный законом срок
test ~ период испытаний, продолжительность испытаний
time ~ отрезок [период] времени
training ~ период обучения
transition ~ переходный период
trial ~ пробный период, испытательный срок
usage ~ продолжительность использования
useful life ~ период нормальной эксплуатации
waiting ~ время [срок] ожидания
warranty ~ гарантийный срок
working ~ рабочий период
writing-off ~ срок начисления полного износа; срок полного списания стоимости

periodical периодическое издание, журнал
 abstract ~ реферативное периодическое издание
 academic ~s научные журналы
 monthly ~ ежемесячный журнал

peripheral периферийный

perishability несохраняемость (продуктов)

perishable скоропортящийся продукт
 chill ~ продукт, портящийся при охлаждении
 freeze ~ продукт, портящийся при замораживании

perk разг. см. perquisite

permit разрешение, пропуск; лицензия
 ◊ ~ for smth. разрешение на что-л.
 basic ~ основополагающее разрешение
 bulk ~ разрешение (почтовых властей) на рассылку больших партий (по пониженному тарифу)
 construction ~ разрешение на строительство
 discharging ~ разрешение на разгрузку
 exchange ~ валютное разрешение, разрешение на перевод валюты
 export ~ экспортная лицензия; разрешение на вывоз
 labour ~ разрешение на право работы (иностранного рабочего)
 landing ~ разрешение на посадку (самолёта)
 loading ~ разрешение на погрузку
 official ~ официальное разрешение
 operating ~ разрешение на эксплуатацию
 residence ~ вид на жительство
 shooting ~ экр. разрешение на проведение съёмок
 user ~ лицензия на пользование
 work ~ разрешение на производство работ

perquisite 1. дополнительный доход нерегулярного характера, приработок 2. чаевые 3. привилегия

persistence 1. постоянство; упорство 2. живучесть, стойкость 3. инерция
 ~ of sensation стойкость ощущения

personnel

vision ~ инерция зрительного восприятия

person человек; лицо *(юридическое)*, субъект; личность; персонаж
~ of law субъект права
authorized ~ уполномоченное лицо, уполномоченный
business ~ бизнесмен, коммерсант, предприниматель, деловой человек
career ~ человек, делающий карьеру, карьерист
common ~ простой [рядовой] человек
cume ~ *вещ.* член нарастающей аудитории *(слушавший или смотревший программу станции не менее пяти минут в определённый отрезок суток)*
delivery ~ представитель фирмы, доставляющий товар покупателю
employed ~ работающий по найму
fictitious ~ вымышленное [фиктивное] лицо
gregarious ~ общительный [компанейский] человек, коллективист, любитель поступать «как все»
handicapped ~ инвалид
high-profile ~ заметная личность, заметная фигура
imaginative ~ человек с творческим воображением
incorporate(d) ~ юридическое лицо
individual ~ частное лицо
ineffectual ~ неудачник
injured ~ пострадавший, потерпевший
juridical ~ юридическое лицо
key ~ ключевое лицо, ключевая фигура
lay ~ рядовая личность, неспециалист
legal ~ юридическое лицо
like-minded ~ единомышленник
motivated ~ (за)мотивированный человек
native ~ коренной житель
natural ~ физическое лицо
preretirement ~ лицо предпенсионного возраста
private ~ частное лицо
resentful ~ обидчивый человек
screening ~ «отсеиватель» *(напр. служащий, ограждающий руководителя от ненужных телефонных звонков)*
self-employed ~ самостоятельный работник
unauthorized ~ неправомочное лицо
unemployed ~ безработный

personality 1. (известная) личность; индивидуальность, тип личности 2. основные черты характера
~ of state самобытность государства
advertising ~ рекламный персонаж, рекламное лицо
ambitious ~ честолюбивая натура
authoritarian ~ авторитарная натура
brand ~ образ марки
compulsive ~ увлекающаяся натура
consumer ~ тип личности потребителя
creative ~ творческая личность
immature ~ инфантильная личность
international ~ международное правовое лицо
leadership ~ склад личности лидера [руководителя]
political ~ политический деятель
product ~ индивидуальность [«лицо»] товара
strong ~ сильная личность

personalization личностный характер; персонификация, олицетворение, воплощение
computer ~ компьютерная персонализация *(напр. текстов писем для прямой почтовой рекламы)*

personalized личностный

personnel персонал, штат; сотрудники, кадры
above-the-line ~ *экр.* (высокооплачиваемый) творческий персонал *(режиссёры, актёры)*
administrative ~ административный персонал
advertising ~ рекламный персонал, работники рекламы
executive ~ руководящий состав
expert ~ специалисты, кадры специалистов
information ~ персонал информационной службы
key ~ ведущие специалисты, квалифицированный персонал по ведущим специальностям

personnel

management ~ управленческий персонал
nonproductive ~ работники, не занятые в материальном производстве; служащие
nonsales ~ специалисты, не связанные со сферой сбыта
office ~ конторский персонал
office and management ~ административно-управленческий аппарат
official ~ официальный персонал
procurement ~ лица, ответственные за (материально-техническое) снабжение, снабженцы
production ~ 1. производственный персонал 2. *экр.* творческий персонал *(режиссёры, исполнители)*
repair ~ ремонтный персонал
retail ~ розничные продавцы; сотрудники розничной торговой точки; сотрудники фирмы, отвечающие за руководство сферой розничной торговли
salaried ~ служащие с установленным окладом
sales ~ торговый персонал, торговый штат, штат продавцов
service ~ обслуживающий аппарат
service and parts ~ специалисты по техобслуживанию, ремонту и снабжению запасными частями
support(ing) ~ вспомогательный персонал
technical ~ технический персонал

perspective перспектива; вид ◇ in ~ в настоящем свете; в перспективе; in a new ~ в новом свете
aerial ~ воздушная перспектива
bird's eye ~ вид с птичьего полёта
corporate ~ перспектива фирмы; взгляд на корпорацию
distorted ~ искажённая картина
historical ~ исторический аспект; историческая перспектива
linear ~ линейная перспектива
marketing ~ маркетинговая ситуация
outside ~ взгляд со стороны
photographic ~ фотографическая перспектива

persuader 1. увещеватель, мастер уговаривать 2. средство убеждения
hidden ~ «тайный соблазнитель» *(психологический приём в рекламе товаров)*

persuasion увещевание, убеждение; убедительность
advertising ~ рекламное увещевание
mass ~ массовое увещевание
subconscious ~ увещевание на подсознательном уровне, подсознательное увещевание

persuasive увещевательный, убедительный

persuasiveness убедительность, умение убеждать

pertinence значимость; уместность
personal ~ личная значимость

pharmacy аптека
branch ~ аптечный киоск
community ~ микрорайонная аптека, аптека в микрорайоне
cooperative ~ кооперативная аптека, аптека кооперативного общества
hospital ~ больничная аптека
independent ~ независимая аптека *(не принадлежащая монополистическому объединению)*
professional ~ профессиональная аптека *(продающая только лекарственные средства и предметы санитарии и гигиены)*
rural ~ сельская аптека

phase фаза, стадия, этап, ступень развития
acquisition ~ этап приобретения
bridging ~ переходный [связующий] этап, «мостик», связующая стадия
consumption ~ стадия потребления
conceptual ~ этап разработки замысла [концепции]
contract definition ~ этап выработки основных положений контракта
cyclical ~ фаза экономического цикла
development ~ этап разработки; этап опытно-конструкторских работ
editorial ~ *экр.* монтажный [монтажно-тонировочный] период
evaluation ~ этап оценки
information ~ этап сбора информации
installation and checkout ~ опытная эксплуатация
post-production ~ *экр.* послесъёмочный период

prosperity ~ период процветания [подъёма], фаза экономического подъёма
recovery ~ восстановительная фаза, фаза восстановления [оживления]
testing ~ стадия испытаний
phasedown (постепенное) прекращение производства, снятие с производства; (постепенное) прекращение деятельности
phasing-in постепенное наращивание
phasing-out постепенное снижение [вытеснение]; постепенная отмена
phenomenon феномен, явление
  accompanying ~ сопутствующее явление
  advertising ~ феномен рекламы, рекламный феномен
  black box ~ феномен «чёрного ящика»
  common ~ обычное явление
  cultural ~ явление культуры
  demographic ~ демографическое явление
  psychological ~ явление психологического порядка
  single-shot ~ однократное явление
  social ~ социальное [общественное] явление
philosopher:
  management ~ теоретик менеджмента
philosophy 1. основополагающие принципы; научная система, философия 2. основная мысль, замысел 3. установленный курс, политика
  ~ of business operations основные принципы предпринимательской деятельности
  ~ of life философия жизни
  advertising ~ рекламная философия; взгляды на рекламу, подход к рекламе
  business ~ философия предпринимательства, идеология бизнеса
  copy ~ общий замысел текста
  design ~ принципы дизайна
  engineering ~ технические принципы
  guiding ~ руководящие принципы
  management ~ философия [основополагающие принципы] управления
  marketing ~ основные принципы маркетинга
  marketing management ~ концепция управления маркетингом
  mechanical ~ механистическая философия, механицизм
  moral ~ мораль, этика
  positive ~ позитивизм
  shirt-sleeve ~ доморощенная философия
  social ~ общественная философия
  teaching ~ *см.* training philosophy
  test ~ основные принципы проведения испытаний
  training ~ теория [основополагающие принципы] обучения [профессиональной подготовки]
phonoton вечер звукозаписи
photoboard фотокадроплан *(раскадровка, составленная из фотографий последовательных планов фильма и сопровождающаяся текстом)*
photocomposition *полигр.* фотонабор
  display ~ выделительный фотонабор
photocopier фотокопировальный аппарат
photoengraving фотоцинкография, изготовление форм высокой печати
photograph (фото)снимок, фотография ◇ to take ~ делать снимок [фотографию], фотографировать
  cabinet ~ фотоснимок «кабинетного» формата *(размером 10,16 × 15,24 см)*
  colour ~ цветной (фото)снимок
  composite ~ фотомонтаж
  film ~ кадр на киноплёнке, кадр из кинофильма, кинокадр
  instant(aneous) ~ моментальная фотография, моментальный (фото)снимок
  panoramic ~ панорамный фотоснимок
  pictorial ~ художественный фотоснимок
  publicity ~ рекламный фотоснимок
  sketch ~ фотоэскиз; фотоснимок, превращённый в эскизный рисунок
  technical ~ технический фотооригинал, технический фотоснимок
  telephoto ~ фотоснимок телеобъективом, фотоснимок далёкого объекта
photographer фотограф

photographer

amateur ~ фотограф-любитель
commercial ~ фотограф-профессионал
motion-picture ~ кинооператор, оператор кинофильма
portrait ~ фотограф-портретист
press ~ фотокорреспондент
photography 1. фотография 2. фотографирование, фотосъёмка 3. операторская работа 4. зрительный ряд *(фильма)*
action ~ фотографирование движения
advertising ~ рекламная фотосъёмка
applied ~ прикладная фотосъёмка
art ~ художественная фотосъёмка
colour ~ цветная фотосъёмка
halftone ~ растровое фотографирование
high-speed ~ высокоскоростная фотография
indoor ~ фотографирование [фотосъёмка] в помещении
insert process ~ съёмки вставных кадров
instant(aneous) ~ моментальное фотографирование
landscape ~ ландшафтное фотографирование, фотосъёмка пейзажей
line ~ фотографирование штрихового оригинала
motion-picture ~ киносъёмка
news ~ хроникальная фотосъёмка, фотохроника
oblique ~ перспективная фотосъёмка
out-(of-)door ~ внестудийная фотосъёмка, фотосъёмка на натуре
portrait ~ портретная фотосъёмка
production ~ производственные съёмки
single frame ~ покадровая съёмка
table-top ~ *экр.* съёмка макетов, макетная съёмка
time lapse ~ *экр.* покадровая [цейтраферная] съёмка
trick ~ трюковая (фото)съёмка
underwater ~ подводная съёмка
photomontage фотомонтаж
photon *фирм.* «Фотон» *(фотонаборная машина)*
photoscript кадроплан, «раскадровка» *(иллюстрированный сценарий фильма)*

photosetting *полигр.* фотонабор
photostat 1. фотостат *(аппарат для быстрого копирования плоских оригиналов на светочувствительную бумагу)* 2. фотостатная копия
photostencil фотошаблон, трафарет *(полученный фотомеханическим способом)*
phototypography фотонабор
photounit фотоблок
phrase фраза, выражение, оборот
bandied ~ расхожая фраза
catch ~ ударная фраза; фраза, напечатанная выделительным шрифтом
catchpenny ~ расхожая фраза
key ~ ключевая фраза
linking ~ связующая фраза, «связка»
pictorial ~ яркое [образное] выражение
proleptic ~ вводящая фраза
provincial ~ диалектизм
tired ~ избитая [затасканная, затёртая] фраза
physician врач, доктор ◇ ~ in charge лечащий врач
community ~ общинный врач
district ~ районный врач
family ~ семейный врач
head ~ главный врач
industrial ~ врач по гигиене труда
mental ~ психиатр
occupational ~ врач по профессиональным болезням, врач-профпатолог
outpatient ~ врач амбулатории
practicing ~ практикующий врач
primary care ~ врач первичной медико-санитарной помощи
sanitation ~ санитарный врач
school ~ школьный врач
pica *полигр.* цицеро *(шрифт кегля 12)*
double ~ двойное цицеро *(шрифт кегля 24)*
four-line small ~ шрифт «крупный канон»
small ~ одиннадцатипунктовый шрифт
pick-up 1. оживление *(в экономике)* 2. съёмка *(телекамерой)* 3. передача *(программы)*
pictogram пиктограмма, наглядная диаграмма

pictorial иллюстративный; изобразительный; яркий, живописный
picture 1. иллюстрация, изображение, картина, рисунок 2. фотография 3. (кино)фильм ◇ **to cut [to edit] ~** *экр.* монтировать фильм
  action ~ изображение в работе, движущееся изображение
  black-and-white ~ чёрно-белое изображение
  cartoon motion ~ (рисованный) мультипликационный фильм
  closeup ~ крупный план, изображение крупного плана
  coarse-grain ~ *экр.* крупнозернистое изображение
  cover ~ изображение [иллюстрация] на обложке *(периодического издания)*
  detail ~ 1. деталь *(кинематографический план)* 2. крупный план
  digital ~ цифровое изображение
  distorted ~ искажённое изображение
  facsimile ~ факсимильное изображение
  finegrain ~ *экр.* мелкозернистое изображение
  frozen ~ стоп-кадр
  fuzzy ~ мягкое [нерезкое] изображение
  half-tone ~ растровое изображение
  high-definition ~ изображение высокой чёткости
  life-size ~ изображение в натуральную величину
  living ~s живые картины
  matte ~ 1. кашированное изображение 2. *экр.* комбинированный кадр, снятый по способу дорисовки
  meaningful ~ значащая картина
  mental ~ мысленная картина, мысленный образ; мысленное представление
  motion ~ (кино)фильм
  muddy ~ *экр.* мутное [нечёткое, размытое] изображение
  negative ~ негативное изображение, негатив
  original ~ оригинал *(изображения)*
  outdoor ~ (фото)снимок на натуре; натурный кадр
  outline ~ контурное изображение
  overall ~ общая картина, общий вид
  panoramic ~ панорамный кадр
  positive ~ позитивное изображение, позитив
  projected ~ проецируемое изображение, изображение на экране
  sales ~ картина сбыта
  sharp ~ чёткое [резкое] изображение
  sound motion ~ звуковой (кино)фильм
  squashed ~ сплющенное изображение
  still ~ неподвижное изображение, фотоснимок, фотография
  story-telling ~ говорящее без слов изображение
  stretched ~ растянутое изображение
  television ~ телевизионное изображение
  transfer ~ переводная картинка
  trick ~ трюковой [комбинированный] кадр
  wide screen ~ широкоэкранный фильм, изображение на широком экране
Pi Delta Epsilon *амер.* «Пи, Дельта, Эпсилон» *(журналистское сообщество)*
pie пирожок, пирог; запеканка
  apple ~ яблочный пирог
  berry ~ пирог с ягодной начинкой, ягодный пирог
  custard(-filled) ~ ватрушка
  Devonshire ~ девонширская запеканка *(из мяса, лука и яблок, запечённых в тесте)*
  fried ~ жареный пирожок
  frozen fruit ~ замороженный пирог с фруктовой начинкой
  frozen meat ~ замороженный пирог с мясом
  ice-cream ~ торт из мороженого
  open-faced ~ открытый пирог
  pancake ~ блинчатый пирог
  pigeon ~ *см.* **squab pie**
  pork ~ пирог со свининой
  shepherd's ~ «пастушья» запеканка *(картофельная, с мясным фаршем и луком)*
  squab ~ «толстяк» *(пирог с бараниной или свининой, луком и яблоками)*
  Washington ~ слоёный пирог
piece 1. кусок, часть 2. штука; предмет

piece

3. деталь, обрабатываемое изделие 4. вставка, накладка 5. образец ◇ on the ~ на сдельной работе; to take to ~s разобрать на части, разложить по частям
  ~ of art художественное произведение
  ~ of clothing предмет одежды
  ~ of information некоторое количество информации
  ~ of injustice несправедливость
  ~ of legislation законодательный акт
  ~ of news новость
  direct-mail ~ отправление прямой почтовой рекламы
  end ~ концовка
  mailing ~ почтовое отправление
  production ~ промышленный образец
  sample ~ отобранный образец, образец из выборки
  serving ~ порция *(кушанья)*
  test ~ образец для испытаний
  title ~ заголовок; титульная виньетка
pigeonhole 1. отделение для бумаг *(в бюро, письменном столе)* 2. ящик для корреспонденции
piggyback 1. *вещ.* связка *(два рекламных ролика одного и того же рекламодателя, следующие друг за другом и предлагающие разные товары)* 2. контрейлер
pilferage мелкая кража, мелкое хищение *(напр. товаров в магазине)*
pill пилюля
  birth control ~ противозачаточная пилюля
  diet ~ таблетка для похудания
pillar 1. столб, тумба 2. столп, опора
  ~s of society столпы общества
  poster ~ афишная [рекламная] тумба
pinscreen «игольчатый экран» *(изобретённый русским режиссёром-эмигрантом А. Алексеевым и К. Паркер способ получения светотеневых мультипликационных изображений за счёт регулирования высоты и целенаправленного освещения множества стальных стерженьков, укреплённых на плоской поверхности)*
pint пинта *(мера объёма жидких и сыпучих тел, составляющая 1/8 галлона: англ. — 0,57л, амер. - 0,47л)*; кружка пива [эля]
  dry ~ сухая пинта *(амер. - 0,55 1л)*
  liquid ~ жидкостная пинта *(амер. - 0,473л)*
pioneer первопроходец, пионер
pipeline 1. система снабжения, канал распределения [товародвижения] 2. канал информации
  distribution ~ канал распределения
  supply ~ система снабжения
piracy пиратство, (по)хищение; нарушение авторского права ◇ to commit ~ совершить акт пиратства
  ~ of invention [of patent] нарушение патента на изобретение
  commercial ~ коммерческое пиратство *(незаконная деятельность, нарушающая право интеллектуальной собственности)*
  idea ~ хищение идей
  industrial property ~ нарушение прав промышленной собственности
  trademark ~ незаконное пользование товарными знаками
pitch 1. коммерческий [рекламный] призыв 2. высота тона 3. *экр.* шаг перфорации *(плёнки)* 4. *полигр.* шаг шрифта *(число знаков на единицу, обычно дюйм, длины)*
  ad ~ основной рекламный мотив объявления
  character ~ шаг [расположение] знаков *(в строке)*, расстояние между знаками; шаг шрифта
  perforation ~ *экр.* шаг перфорации
  sales ~ торговый [коммерческий] призыв; коммерческая цель [задача]
pitchman *амер.* 1. уличный торговец 2. продавец, агрессивно навязывающий товар 3. торговец, продающий мелкие новинки
pitfalls of the law юридические ловушки
placard афиша, плакат
place 1. место 2. должность 3. населённый пункт 4. место торговли ◇ in ~ на месте; уместный; in ~ of вместо; in the first ~ во-первых, прежде всего; out of ~ не на месте; неуместный
  ~ of birth место рождения
  ~ of business место торговли; место-

plan

нахождение предприятия; контора; место деятельности
~ of contract место заключения договора [контракта]
~ of delivery место поставки
~ of honour почётное место
~ of payment место платежа
~ of residence (постоянное) место жительства
dining ~ столовая, предприятие общепита
market ~ рынок
parking ~ стоянка автотранспорта, автостоянка
public ~ 1. общественное место 2. общественная должность
work ~ рабочее место
placement 1. размещение, помещение 2. вложение *(капитала)*
~ of ad размещение (рекламного) объявления
~ of contracts размещение контрактов
~ of funds капиталовложения, инвестиции
~ of loan размещение займа
key ~ стратегическое [наиболее выигрышное] размещение *(напр. рекламного объявления в журнале)*
lettering ~ размещение [наклейка] надписей
plagiarism плагиат ◊ to suspect of ~ подозревать в плагиате
plan 1. план, программа 2. замысел, намерение 3. чертёж, схема 4. проект 5. комплексная сделка *(в вещательных СМИ)* ◊ to build media ~ разрабатывать план использования средств рекламы; to draw ~ составлять [вырабатывать] план; to enforce ~ проводить в жизнь план; навязывать план; to put forward ~ выдвинуть план; to shape ~ наметить [разработать] план
action ~ план мероприятий
advertising ~ план рекламы, рекламный план
advertising page ~ компоновка рекламной полосы
alternative ~ альтернативный план, вариант плана
annual ~ годовой план
basic ~ основополагающий план

bonus ~ система поощрительных вознаграждений
brand ~ план выпуска марки [марочного товара]
budget ~ сметный план
business ~ 1. коммерческий план, бизнес-план 2. план (развития) производства
business-building ~ план расширения деятельности
business portfolio ~ план развития хозяйственного портфеля
campaign ~ план рекламной кампании
communications ~ план коммуникаций
company-wide ~ общефирменный план
compensation ~ система оплаты труда
consumption ~ план потребления
copy ~ план текста
counter ~ встречный план
coupon ~ купонная программа *(один из приёмов стимулирования сбыта, когда потребитель получает вознаграждение в виде премиального товара в обмен на сдачу купона, этикетки или иного доказательства покупки изделия)*
creative ~ творческий план
credit ~ план кредитования
daily ~ суточный план
decision ~ схема принятия решений *(при управлении процессами или объектами)*
departmental ~ план (работы) отдела
directive ~ директивный план
distribution ~ план (организации) распределения
editorial ~ редакционный план
emergency ~ план на случай чрезвычайных обстоятельств
European ~ европейский вариант проживания *(когда питание не входит в стоимость номера)*
feasible ~ выполнимый план
financing ~ финансовый план, план финансирования
food stamp ~ программа продовольственных купонов *(программа субсидирования дополнительного потребления продовольствия по купо-*

plan

нам министерства сельского хозяйства США, направленная на расширение спроса на продовольствие и оказание помощи семьям с низким уровнем дохода)
formal ~ официальный [формальный] план
full American ~ американский пансион, американский принцип приёма гостей *(предусматривает обеспечение жильём и трёхразовое питание, стоимость которого входит в стоимость номера)*
implementation ~ план претворения намеченного в жизнь
initial ~ исходный план
integrated ~ комплексный [сводный] план
introductory ~ вводный [предварительный] план; план выхода на рынок
investment ~ программа капиталовложений
long-range ~ перспективный [долговременный] план
long-range business ~ перспективный план деятельности
management ~ план организационной деятельности
market ~ план работы на рынке, план рыночной деятельности
market development ~ план развития рынка
marketing ~ план маркетинга
master ~ генеральный план; план комплексного развития
media ~ план использования средств рекламы, медиа-план
modified American ~ сокращённый американский пансион *(проживание плюс завтрак и обед, стоимость которых включена в стоимость номера)*
Morris ~ план Морриса *(система потребительского кредита в США)*
national media ~ план использования общенациональных средств рекламы
objectionable ~ неприемлемый план
on-going ~ текущий план, план, осуществляемый в настоящее время
open-contract-plus-commission ~ метод открытого контракта в сочетании с комиссионным вознаграждением

operating ~ 1. производственный план 2. оперативный финансовый план
organization ~ схема организационной структуры *(фирмы)*
outline ~ схематический план
overall ~ общий [комплексный] план
package ~ «план-пакет», комплекс мероприятий
page ~ план полосы *(в газете)*
payout ~ план затрат
practicable ~ реальный [осуществимый] план
product ~ план производства [выпуска] товара; план создания товара
product promotion ~ план продвижения [«раскрутки»] товара
profit-sharing ~ система участия в прибылях
provisional ~ предварительный план; временный план
publicity ~ план пропагандистских мероприятий
purchase ~ план закупок
recruitment ~ план набора персонала
research ~ план исследований
retirement ~ план пенсионного обеспечения
rolling ~ скользящий [переходящий] план
rotary ~ план чередования
routing ~ маршрутный план *(напр. разъездов коммивояжёра)*
sales promotion ~ план стимулирования сбыта
sales promotion action ~ план проведения мероприятий по стимулированию сбыта
sampling ~ план выборочного обследования
site ~ план общего расположения
situation ~ ситуационный план
sketch ~ эскизный план, кроки
spending ~ программа затрат [расходов]
stockless purchase ~ план (совершения) закупок без накопления запасов
strategic ~ стратегический план
survey ~ план обследования
systematic ~ комплексный план
tactical ~ тактический план
target profit ~ план (получения) целевой прибыли

planning

time ~ план-график
trial-use ~ план пробного использования товара
working ~ рабочий план
zone ~ зональный план

plane плоскость
  datum ~ нуль графика; начало отсчёта
  field ~ плоскость поля изображения
  image ~ плоскость изображения
  imaginary ~ воображаемая плоскость
  reference ~ опорная плоскость
  visual ~ зрительная плоскость

planner 1. разработчик [составитель] плана 2. *pl* планирующие органы
  advertising ~ специалист по планированию рекламы
  marketing ~ разработчик плана маркетинга, разработчик планов маркетинговой деятельности
  media ~ разработчик плана использования средств рекламы; специалист по средствам рекламы, планирующий их использование, специалист по планированию использования средств рекламы
  product ~ разработчик (идеи) товара
  promotion ~ разработчик планов стимулирования
  vacation ~ организатор отдыха и путешествий

planning 1. планирование, проектирование, составление проекта 2. монтаж *(диапозитивов)* ◇ ~ and management of production планирование и управление производством
  adaptive ~ адаптивное планирование
  administrative ~ административное планирование
  advertising ~ планирование рекламы
  budget ~ планирование [разработка] (рекламного) бюджета
  campaign ~ планирование кампании
  capacity ~ планирование загрузки производственных мощностей
  centralized ~ централизованное планирование
  corporate ~ общефирменное [корпоративное] планирование
  cost ~ планирование затрат
  creative ~ творческое планирование
  directive ~ директивное планирование
  early ~ заблаговременное планирование
  emergency ~ планирование на случай чрезвычайных обстоятельств
  family ~ планирование семьи; контроль рождаемости
  formal ~ формальное [официальное] планирование
  forward ~ перспективное [долгосрочное] планирование
  image ~ планирование образа
  initial ~ исходное планирование
  land-use ~ планирование использования земельных ресурсов
  long-range ~ перспективное планирование
  long-range market ~ перспективное планирование рыночной деятельности
  long-term ~ перспективное планирование
  manpower ~ планирование потребностей в рабочей силе, планирование трудовых ресурсов
  market ~ планирование рыночной деятельности
  marketing ~ планирование маркетинговых мероприятий, маркетинговое планирование
  media ~ планирование использования средств рекламы
  national economic ~ планирование национальной экономики
  network ~ сетевое планирование
  new-product ~ планирование новых товаров [новинок]
  overall ~ генеральное планирование
  payout ~ планирование выплат
  preliminary ~ предварительное планирование
  price ~ планирование цены
  print ~ планирование печатных работ
  product ~ планирование товарной номенклатуры
  production ~ планирование выпуска продукции, производственное планирование
  profit ~ планирование прибыли
  profit organization ~ планирование на основе оптимизации прибыли

planning

project ~ составление проекта
recruitment ~ планирование набора персонала
routine ~ текущее планирование
scatter ~ планирование вразброс
stock ~ планирование товарных запасов
strategic ~ стратегическое планирование
system ~ системное планирование
target profit ~ планирование на основе показателей целевой прибыли
town ~ планировка городов

plant 1. завод, фабрика 2. установка, оборудование ◇ ~ and equipment машины и оборудование
bakery [bread-making] ~ хлебозавод
brewing ~ пивоваренный завод
canning ~ консервный завод
commercial job ~ *полигр.* акцидентная типография
cooked meats ~ завод по производству мясных кулинарных изделий
disposal ~ завод по переработке отходов, утилизационный завод
dry ice ~ установка по производству сухого льда
dyeing ~ красильня, пункт окраски
flaking ~ линия производства воздушных хлопьев
food concentrate ~ завод по производству пищевых концентратов
freezing ~ морозильная установка, морозильник
ice-cream ~ фабрика по производству мороженого
local ~ местная установка наружной рекламы
manufacturing ~ завод-изготовитель; производственное предприятие
(meat-)packing ~ мясокомбинат
milk ~ молочный завод
muffin ~ линия производства оладий
newspaper ~ типография газеты
oil bulk ~ оптовая нефтебаза
operational ~ действующий завод, действующая установка
outdoor ~ установка наружной рекламы
painted display ~ *нар. рекл.* фирма-владелец установок для рисованных щитов

pea vining ~ завод консервированного зелёного горошка
petroleum bulk ~ оптовая нефтебаза
photogravure ~ типография глубокой печати
pilot ~ 1. экспериментальный [опытный] завод 2. опытно-промышленная установка
poster ~ фирма, изготовляющая и сдающая в аренду стенды [щитовые установки] *(для наружной рекламы)*
production ~ промышленные предприятия
roll ~ линия производства булочек
sausage manufacturing ~ колбасный завод
sugar refining ~ сахарорафинадный завод
vegetable dehydration ~ овощесушильный завод

plastic пластик, пластмасса
expanded ~ пористая пластмасса
flexible ~ эластичный пластик, эластичная пластмасса
foam ~ пенопласт
laminated ~ слоистый пластик
opaque ~ непрозрачный пластик
optical ~ оптическая пластмасса
painted ~ окрашенный пластик
photosensitive ~ светочувствительная пластмасса
reinforced ~ усиленная пластмасса
rigid ~ жёсткий пластик, жёсткая пластмасса
transparent ~ прозрачный пластик
vinyl ~ виниловый пластик, винилит

plate 1. печатная форма; клише 2. пластин(к)а; тарелка 3. вкладная иллюстрация 4. экслибрис
addressograph ~ (металлическая) стенсильная пластина для адресной машины
albumen ~ *уст.* альбуминная печатная форма негативного копирования
Ben Day ~ тангирное клише
bimetal ~ биметаллическая печатная форма
boiler ~ 1. типовой образец, шаблон, «болванка» 2. *амер.* газетные новости
caution ~ табличка с предостерегающей надписью
colour ~ 1. клише для цветной печати 2. цветная иллюстрация

play

combination ~ смешанная печатная форма «тон-штрих»
composite ~ совмещённый оригинал
data ~ табличка основных параметров; фирменная табличка
deep-etch ~ форма с углублёнными печатными элементами, форма глубокого офсета
duplicate ~ дубликат клише
flat ink ~ раскатная красочная плита
gravure ~ форма глубокой печати
halftone ~ растровая печатная форма
index ~ циферблат, шкала
intaglio ~ форма глубокой печати
key ~ печатная форма для чёрной краски
legend ~ пластинка с надписью, шильдик; световое табло
line ~ штриховое клише
litho(graphic) ~ 1. форма плоской печати 2. офсетная печатная форма
master ~ эталонная печатная форма
metal ~ металлическая пластина
molded letterpress ~ литое клише высокой печати
multimetal ~ полиметаллическая офсетная форма
name ~ 1. именная плашка, пластинка с названием [надписью], шильдик 2. табличка с заводской характеристикой
negative ~ 1. выворотная форма 2. выворотное клише
offering ~ блюдо для сбора пожертвований
offset (printing) ~ офсетная печатная форма
pattern ~ оригинальная форма для матрицирования
photographic ~ фотопластинка
photopolymer letterpress ~ форма высокой печати на основе фотополимеров
presensitized ~ предварительно очувствлённая формная пластина
printing ~ печатная форма
process ~ форма для многокрасочного печатания
relief ~ рельефная форма высокой печати
sensitized metal ~ очувствлённая металлическая пластина

shallow-relief ~ форма высокой печати неглубокого травления
shaping ~ шаблон
solid ~ плашка
surface ~ печатная форма негативного копирования
trimetal ~ триметаллическая печатная форма
platemaker 1. изготовитель печатных форм, гравёр 2. пресс для изготовления форм
electric ~ электрический пресс для литья резиновых и пластмассовых печатных форм
litho ~ изготовитель растровых печатных форм *(для плоской печати)*
platemaking изготовление печатных форм
photochemical ~ изготовление клише фотохимическим способом
platen 1. *полигр.* тигель 2. валик *(пишущей машины)*
automatic ~ тигельный автомат
printing ~ тигельная печатная машина
platform 1. платформа 2. площадка, подставка; трибуна
copy ~ исходное задание на написание текста, обоснование текста, редакционная платформа, план текста
creative ~ творческое исходное задание, творческая платформа, творческое обоснование
display ~ подиум
passenger ~ пассажирская платформа
reputation ~ фундамент репутации
shipping ~ отгрузочная платформа *(склада)*
plausible достоверный, правдоподобный
play 1. игра; пьеса, представление 2. действие; деятельность; операция ◇ ~ on words игра слов; to bring [to call] into ~ приводить в действие, пускать в ход; to come into ~ начать действовать
~ of chance игра случая, случайность
fair ~ честная игра, игра по правилам
foul ~ нечестная игра, обман, жульничество

play

free ~ свобода действий
high ~ крупная игра
Nativity ~ пьеса «о Рождестве» *(инсценировка евангельской легенды, исполняемая детьми)*
poetical ~ пьеса в стихах
radio ~ пьеса для радио, радиопьеса, радиопостановка
screen ~ режиссёрский сценарий, постановочный сценарий фильма
television ~ телевизионная пьеса, телеспектакль, телепостановка
playback 1. воспроизведение 2. считывание
ad(vertisement) ~ воспроизведение (содержания) объявления *(в ходе опроса, обследования читательской аудитории)*
delayed ~ воспроизведение с задержкой
frame-by-frame ~ покадровое воспроизведение
immediate [instantaneous] ~ немедленное воспроизведение
on-the-spot ~ мгновенное воспроизведение
slow motion ~ замедленное воспроизведение
playbill театральная афиша, театральный плакат; театральная программа
player 1. игрок, играющий, исполнитель 2. проигрыватель, проигрывающее устройство
atmosphere ~ статист, играющий на втором плане; актёр окружения
bit ~ статист, участник массовых сцен
cassette ~ кассетный проигрыватель
compact disk ~ проигрыватель для компакт-дисков
day ~ статист, участник массовых сцен
record ~ (электро)проигрыватель, граммофон
videocassette ~ кассетный видеомагнитофон
videodisk ~ проигрыватель видеодисков
video games ~ приставка (к телевизору) для видеоигр, проигрывающее [воспроизводящее] устройство для видеоигр
playwright драматург

pleading:
commercial ~ коммерческий призыв
pleasure удовольствие, наслаждение ◇ for the listening ~ к удовольствию слушателей
mundane ~s светские удовольствия
pleasure-seeker искатель удовольствий, любитель развлечений
self-indulgent ~ самоублажающийся любитель удовольствий *(характеристика личности)*
plight судьба; положение *(обычно трудное или плохое)*
plot 1. сюжет, фабула 2. интрига, заговор 3. участок *(земли)*, делянка
building ~ строительный участок
cemetery ~ могильный участок
grass ~ лужайка
household ~ приусадебный участок
light(ing) ~ световая партитура, светопартитура
property ~ *экр.* перечень бутафории и реквизита, необходимых для съёмки фильма
subordinate ~ побочная сюжетная линия
ploy уловка, хитрость, тактический ход
manipulative ~ манипуляторская уловка
political ~ политический ход, политическая уловка
propaganda ~ пропагандистская уловка
tactical ~ тактический ход
plug рекламная вставка, «затычка», заполняющий (рекламный) материал
cross ~ объявление соспонсора *(обычно в конце радио- или телепрограммы попеременного финансирования)*
plugola взятка работнику телевидения за косвенную рекламу товара *(напр. показ товара или товарного знака в ходе программы)*
pocketbook 1. записная книжка, блокнот 2. бумажник 3. издание карманного формата
pocket-size(d) небольшого размера, миниатюрный, карманного формата
pocketpiece *амер.* «Карманный индекс Нильсена» *(общенациональный рейтинг сетевых телевизионных про-*

point

грамм со сведениями о численности аудитории всех спонсируемых передач, о возрастном составе аудитории, о сезонных колебаниях рейтинговых показателей. Издаётся раз в две недели в виде брошюры карманного формата фирмой «А.К.Нильсен»)

point 1. пункт *(единица измерения в типографской системе мер)* 2. точка 3. место, пункт 4. момент *(времени)* 5. суть, существо дела; предмет; вопрос ◊ ~ at issue спорный вопрос; from a competitive ~ of view с конкурентной точки зрения; in ~ of fact фактически; to bring up [to raise] ~ поднимать вопрос; выносить [ставить] вопрос на обсуждение

~ of contact точка соприкосновения
~ of departure пункт отправления, исходная точка
~ of destination пункт назначения
~ of difference *стат.* расхождение, точка расхождения
~ of major registration уровень хорошей запоминаемости
~ of no return критическая точка
~ of production место производства
~ of purchase [of sale] место продажи, магазин
~ of support точка опоры
~ of use место использования
~ of view точка зрения
advertising ~ рекламный довод, основной аргумент рекламы [рекламного объявления]
anchor ~ точка привязки
basing ~ базисный пункт *(при расчёте стоимости доставки товара)*
bend ~ место изгиба
boundary ~ граничная точка
break-even ~ точка безубыточности, точка самоокупаемости, точка критического объёма производства *(когда величина издержек равна выручке)*
check [control] ~ контрольная точка
copy ~ аспект текста, текстовой аргумент, довод для использования в тексте
critical ~ критическая точка
crucial ~ важный [критический] момент

decision ~ проблема, требующая принятия решения; момент принятия решения
delivery ~ место [пункт] доставки
edit ~ монтажная точка *(напр. на видеофонограмме)*
edit-in ~ входная монтажная точка
edit-out ~ выходная монтажная точка
enduring reference ~ *психол.* постоянно действующая точка отсчёта, якорь
focal ~ 1. центральная точка, средоточие *(усилий)* 2. фокус
foreign entry ~ пункт пересечения границы иностранного государства
French ~ французский пункт *(единица измерения в типографской системе мер; принята в странах Европы, в том числе и в СНГ)*
gross rating ~ пункт валового оценочного коэффициента, общерейтинговый пункт, общерейтинговое очко *(обычно соответствует охвату одного процента аудитории)*
imaginary ~ воображаемая точка
insertion ~ точка [место] вставки
key ~ основное положение, основной [ключевой] довод; ориентир
key copy ~ основное положение текста
main sales ~ of an ad основной торговый [коммерческий] аргумент объявления [рекламы]
multiple basing ~s несколько базисных пунктов, набор альтернативных базисных пунктов
negotiating ~ предмет [тема] обсуждения на переговорах, пункт переговоров
outside ~ of view взгляд со стороны
price ~ ценовой ориентир
rating ~ пункт оценочного коэффициента
reference ~ точка отсчёта, исходный пункт; опорная [контрольная] точка
sales ~ коммерческий [торговый] аргумент
sample ~ *стат.* элемент выборки, выборочная точка
saturation ~ точка насыщения, предел возможностей
score(s) ~ оценочный балл, очко

point

secondary copy ~ вторичный аспект текста
selling ~ коммерческий довод; точка, указывающая на экономическую целесообразность продажи *(на диаграмме)*
set ~ заданное значение *(регулируемой величины)*
share ~ процент доли *(рынка, аудитории)*
significance ~ стат. уровень значимости
starting ~ отправная точка, отправной пункт
sticking ~ нерешённый вопрос, точка преткновения, «загвоздка»
supporting ~ вспомогательный довод, аргумент
turning ~ поворотный пункт
typographical ~ типографский пункт *(единица высоты шрифта, равная 0,376 мм)*
vantage ~ выгодная позиция; выигрышный пункт
viewing ~ экр. точка визирования
weak ~ слабое место, недостаток

pointer указатель
four-headed arrow ~ указатель-перекрестие
mouse ~ указатель [курсор] мыши
two-headed arrow ~ двухсторонний указатель

polic/y 1. политика, курс; линия поведения, стратегия 2. страховой полис
~ of continuity политика преемственности
~ of obstruction политика препятствий и помех
adjacency ~ вещ. нормы разноса [разделения] *(обязательный временной интервал между роликами с рекламой конкурирующих товаров)*
advertising ~ рекламная политика
advertising acceptance ~ нормы приемлемости рекламы
agreed ~ согласованная политика
agricultural ~ аграрная политика
austerity ~ политика жёсткой экономии
brand ~ товарно-знаковая политика
cheap food ~ политика низких цен на продукты питания
competition ~ конкурентная политика
consistent ~ последовательная [неизменная] политика
containment ~ политика сдерживания
corporate ~ общефирменная политика
credit ~ кредитная политика
currency ~ валютная политика
defensible ~ обороноспособная политика
demographic ~ демографическая политика
design ~ политика дизайна
editorial ~ редакционная политика
energy ~ политика в области энергетики
enforceable ~ политика, выполнение которой можно обеспечить в принудительном порядке
expectant ~ выжидательная политика, политика выжидания
farm ~ аграрная политика
formal ~ies официальные установки
geographic pricing ~ политика [система] установления цен по географическому принципу
give-and-take ~ политика взаимных уступок
government price support ~ государственная политика поддержания цен
harmonized ~ сбалансированная политика
import substitution ~ политика замещения импорта отечественными товарами
international brand ~ международная товарно-знаковая политика
laissez-faire ~ политика невмешательства государства *(в экономику)*
lending ~ кредитная политика
liability ~ гарантия освобождения от ответственности *(согласие производителя принимать на себя все иски, которые могут быть возбуждены розничными торговцами или покупателями против оптовика или дистрибьютора)*
long-range ~ политика дальнего прицела
lunatic ~ безрассудная политика
management ~ политика руководства

pollutant

(*основные принципы руководства и управления*)
marketing ~ маркетинговая политика, политика маркетинга
merchandising ~ (розничная) торговая политика
monetary ~ денежно-кредитная политика; монетарная политика
myopic ~ недальновидная политика
national energy ~ национальная политика в области энергетики
one-price ~ политика единой цены
one-rate ~ политика единого тарифа
operating ~ текущая политика
oral ~ies устные установки
ostrich ~ политика, основанная на самообмане
patch-up ~ политика сглаживания противоречий
patent ~ патентная политика
patent-law ~ патентно-правовая политика
patent-licensing ~ патентно-лицензионная политика
population ~ демографическая политика, политика в области народонаселения
practical ~ies практические рекомендации, методические указания
price ~ политика цен [ценообразования]
prices and wages ~ политика в области цен и оплаты труда
price support ~ политика поддержания цен (*государством*)
pricing ~ политика цен [ценообразования]
primary ~ основная политическая линия
principled ~ принципиальная политика
public ~ государственная политика; общественно-государственная политика; общественное мнение
purblind ~ недальновидная политика
purchasing ~ политика (в области) закупок
rate ~ тарифная политика
reaction ~ политика реагирования
retailing ~ розничная (торговая) политика
return ~ies условия возврата товара
safe ~ осторожная политика
sales ~ стратегия продажи [сбыта]
shallow ~ недальновидная политика
short-sighted ~ недальновидная политика
stated ~ официальная [провозглашённая] политика
stiff ~ жёсткая политика
stocking ~ политика создания (товарно-материальных) запасов
substantiation ~ принцип обоснования (*рекламы*)
trademark ~ товарно-знаковая политика
trading ~ торговая политика
twin [two-track] ~ двойная [двойственная] политика
wait-and-see ~ выжидательная политика
whole life ~ пожизненный страховой полис
poll опрос
Gallup ~ опрос Гэллапа (*проводимый Институтом общественного мнения Дж. Гэллапа или одним из его подразделений*)
general ~ общий опрос
house-to-house ~ сплошной опрос населения
parallel ~ параллельный опрос
(public) opinion ~ опрос общественного мнения
reader ~ опрос читателей, читательский опрос
representative opinion ~ репрезентативный опрос общественного мнения
status ~ опрос состояния
straw ~ выборочный опрос общественного мнения (*для выяснения настроений*)
viewer ~ опрос зрителей
polling опрашивание, обследование
depth ~ глубинный опрос, глубинное изучение
opinion ~ изучение общественного мнения
pollster 1. исследователь общественного мнения, специалист по опросам, интервьюер 2. служба общественного мнения
pollutant загрязняющее вещество, загрязнитель
air ~ атмосферный загрязнитель
chemical ~ химический загрязнитель

455

pollutant

dangerous ~ опасный загрязнитель
gaseous ~ газообразный загрязнитель
natural ~ естественное загрязняющее вещество
persistent ~ стойкий загрязнитель
priority ~ особо опасное загрязняющее вещество
toxic ~ токсичное загрязняющее вещество

pollution загрязнение; загрязнение окружающей среды
accidental ~ случайное загрязнение
added ~ сопутствующее загрязнение
air ~ загрязнение воздуха
consumption ~ потребительское загрязнение (*возникающее в процессе пользования предметами промышленного производства, в отличие от производственного загрязнения*)
cultural ~ эрозия культуры
ear ~ перегрузка слухового восприятия
environmental ~ загрязнение окружающей среды
eye ~ 1. перегрузка зрительного восприятия (*множество реклам, вывесок, надписей, указателей*) 2. обезображивание пейзажа
industrial ~ загрязнение среды промышленными отходами
information ~ 1. дезинформация 2. загрязнение СМИ избыточными сведениями
man-made ~ искусственное загрязнение
natural ~ естественное загрязнение
noise ~ шумовое загрязнение окружающей среды, чрезмерный шум
occupational ~ загрязнение производственной среды (*ведущее к возникновению профессиональных заболеваний*)
optical ~ *см.* eye pollution 1.
pesticidal ~ загрязнение пестицидами
production ~ производственное загрязнение (*возникающее в процессе промышленного производства*)
traffic ~ автотранспортное загрязнение, автотранспортные выбросы
uncontrolled ~ нерегулируемое загрязнение
urban air ~ загрязнение воздуха городов

vehicular ~ *см.* traffic pollution
water ~ загрязнение воды

pool 1. общий фонд, объединённые запасы 2. объединение, пул 3. группа; бюро
~ of purchasing power общий фонд покупательной способности
~ of talent коллектив творческих работников
commercial ~ рекламный фонд (*подборка теле- или радиороликов рекламодателя, полностью готовых к трансляции в любой данный момент времени*)
electric power ~ объединённая энергосистема
income ~ общий фонд получения доходов
licensing ~ лицензионный пул
money ~ денежный пул (*банковский консорциум*)
patent ~ патентный пул
patent license ~ патентно-лицензионный пул

popcorn воздушная кукуруза, попкорн
caramel-coated ~ засахаренный попкорн

popularity популярность ◇ to enjoy ~ пользоваться популярностью; to win ~ завоевать [снискать] популярность

population население, жители
able-bodied ~ трудоспособное население
actual ~ фактическая численность населения
adult ~ взрослое население
age-group ~s возрастные группы населения
civil(ian) ~ гражданское население
consumer ~ население потребителей
de facto ~ наличное население
economic optimum ~ экономически оптимальная численность населения
economically active ~ экономически активное население
employed ~ *см.* working population
farm ~ сельское население
female ~ женское население
heterogeneous ~ неоднородное население
homogeneous ~ однородное население

indigenous ~ коренное население, аборигены
metropolitan ~ метрополитенское население, жители метрополитенских ареалов
mobile ~ движущееся [мобильное] население
native ~ коренное население, аборигены
optimum ~ оптимальная численность населения
peasant ~ крестьянство, сельское население
plural ~ многонациональное население
resident ~ постоянное население
rural ~ *амер.* сельское население *(не только на фермах, но и в населённых пунктах численностью менее 2500 человек)*
scattered ~ разбросанное [распылённое] население
stable ~ стабильное население
surplus ~ перенаселение, избыточное население
target ~ целевая аудитория
urban ~ городское население
user ~ контингент пользователей [потребителей]
widespread ~ широко разбросанная аудитория
working ~ занятое население, совокупность работающих
porta-panel (небольшой) передвижной щит наружной рекламы
portfolio 1. портфель; подборка 2. папка *(для важных дел)*
  advertising ~ портфель рекламных заказов, портфель заказов на рекламу
  business ~ хозяйственный портфель
  diverse ~ разнородный хозяйственный портфель
  insurance ~ страховой портфель
  investment ~ портфель ценных бумаг
  national ~ национальный хозяйственный портфель
portion доля, порция, часть ◇ to sell in ~s продавать частями [по частям]
  audio ~ of TV commercial звуковая часть телевизионного рекламного ролика
  compulsory ~ обязательная доля

non-image ~s пробельные участки *(печатной формы)*
portrait 1. портрет, образ, тип 2. живое описание
  ceremonial ~ парадный портрет
  elegant ~s салонные портреты
  full-dress ~ парадный портрет
  full-length [full-sized] ~ портрет во весь рост
  half-length ~ поясной портрет
  head ~ головной портрет
  moral ~ моральный образ
  natural ~ портрет, точно передающий сходство
  outdoor ~ портрет, снятый на натуре
  sculptural ~ скульптурный портрет
  shoulder-length ~ погрудный портрет
portrayal изображение, отображение, представление
position 1. позиция; положение, состояние 2. расположение *(рекламы)* 3. местоположение 4. должность 5. перечень *(напр. поставок)* ◇ ~ in marketplace см. market position
  adjustable ~ регулируемое положение
  ad(vertisement) ~ место (рас)положение рекламного объявления
  angular ~ расположение под углом *(положение установки наружной рекламы под углом к потоку движения)*
  bargaining ~ 1. положение, позволяющее торговаться 2. позиция, позволяющая торговаться 3. позиция на переговорах
  basic ~ исходная точка зрения
  beginning ~ исходное положение
  camera view(ing) point ~ *экр.* положение точки съёмки
  Campbell's soup ~ правая полоса после основного редакционного раздела издания *(традиционно занимавшаяся рекламой американской фирмы «Кэмпбелл»)*
  classified ~ размещение в разделе рубричной рекламы
  competitive ~ конкурентоспособное положение, конкурентоспособность
  cover ~ место (объявления) на обложке
  decision-making ~ должность распорядителя

position

display ~ размещение в разделе иллюстративно-изобразительной рекламы
dominant ~ доминирующее [господствующее] положение
dominant market ~ господствующее положение на рынке
entry-level ~ должность исходного уровня *(первая должность при поступлении на работу)*
facing text ~ расположение *(рекламы)* «напротив текста»
fallback ~ запасной вариант
financial ~ финансовое положение
franchise ~ предпочтительное положение
front-of-book ~ расположение (объявления) в передней секции журнала
full ~ предпочтительное положение
gutter ~ расположение у корешкового поля [«канавы»] *(страницы)*
head-on ~ расположение *(установки наружной рекламы)* перпендикулярно потоку движения
home ~ исходное положение
island ~ «островное» положение *(об объявлении в газете, со всех сторон окружённом редакционным материалом)*
job ~ должность, служебное положение
leadership ~ лидирующее положение, положение лидерства
legal ~ правовое [юридическое] положение
management ~ управленческая должность
market ~ положение на рынке, рыночное положение, рыночная позиция
marketing ~ 1. должность в сфере маркетинга 2. маркетинговое положение *(фирмы на рынке)*; маркетинговая ситуация
negotiating ~ позиция на переговорах
next-to-matter ~ расположение рекламы рядом с текстом
"off" ~ положение «выключено»
official ~ служебное положение
"on" ~ положение «включено»
parallel ~ параллельное расположение *(установки наружной рекламы потоку движения)*
patent ~ патентная ситуация
preferred ~ предпочтительное положение
premier ~ ведущее [предпочтительное] положение
premium ~ предпочтительное положение
preponderant ~ господствующее положение
principled ~ принципиальная позиция
product ~ позиция товара *(на рынке)*
run-of-paper ~ расположение по усмотрению издателя
sales ~ должность в сфере сбыта
shelf ~ выкладка [экспозиция] товара на полке *(магазина)*
social ~ социальное [общественное] положение
solus ~ 1. одиночное [островное] расположение *(объявления)* 2. объявление на всю полосу
special ~ предпочтительное положение
specified ~ заданное положение
starting ~ исходное положение
subordinate ~ зависимое положение
tenable ~ надёжная позиция
top ~ лидерство, ведущее положение, первое место
trading ~ торговая позиция
vacant ~ вакансия, незанятая должность
valid ~ правомерная позиция
valued ~ выигрышное положение

positioning 1. позиционирование, расстановка 2. рыночная позиция

accurate ~ точное [прецизионное] позиционирование
competitive ~ конкурентоспособное позиционирование
market ~ позиционирование *(товара)* на рынке, рыночное [конкурентное] позиционирование, позиционирование по отношению к конкурентам
marketing ~ маркетинговое позиционирование
perceptual ~ мысленное позиционирование

positive ~ чёткая фиксация положения
product ~ позиционирование товара, товарное позиционирование
psychological ~ психологическое позиционирование
strategic ~ стратегическое позиционирование
ultimate ~ окончательное позиционирование
positive позитив
   colour-separated ~ цветоделённый позитив
   composite master ~ совмещённый промежуточный позитив *(для печати дубль-негатива изображения и дубль-негатива фонограммы)*
   continuous film ~ общий растровый позитив
   direct ~ прямой позитив *(изготовленный прямо с оригинала)*
   dupe ~ промежуточный позитив, лаванда
   film ~ позитивная фильмокопия
   half-tone ~ растровый позитив
   intermediate ~ промежуточный позитив
   line ~ штриховой позитив
   original ~ оригинальный [исходный] позитив
   photographic paper ~ позитив на фотобумаге
   picture ~ позитив изображения *(фильма)*
   reversed ~ позитив с зеркальным изображением
   right-reading ~ позитив с прямым изображением
   sound recording ~ позитив фонограммы
   transparent ~ диапозитив
possession 1. владение, обладание 2. *pl* имущество, собственность
   immemorial ~ владение с незапамятных времён
   joint ~ совместное владение
   material ~s материальные вещи, имущество
   personal ~ личное владение
   physical ~ физическое владение
   precarious ~ владение до востребования, отзывное владение
possibilit/y возможность, вероятность

~ **of success** возможность успеха
joint-venture ~ возможность совместной предпринимательской деятельности, возможность для создания совместного предприятия
logical ~ логическая возможность
sales ~ies возможности сбыта
post 1. должность, пост 2. почта 3. формат бумаги 40,6 × 50,8 *см*
   inspection ~ инспекционный пост
   key ~ ключевая должность
   parcel ~ почтово-посылочная служба
   registered ~ заказное отправление
   trading ~ фактория, торговый пост
postage почтовые расходы, расходы по пересылке по почте, почтовый сбор, почтовая оплата ◇ ~ **free** пересылка по почте бесплатно, пересылка за счёт отправителя; **to collect the** ~ взимать почтовый сбор
   direct mail ~ стоимость рассылки методом прямой почтовой рекламы
   return ~ оплата за возврат недоставленного почтового отправления
postcard (почтовая) открытка
   art ~ художественная открытка
   direct-mail ~ открытка прямой почтовой рекламы
   picture ~ изобразительная [художественная] открытка
poster плакат, афиша
   angled ~ плакат угловой установки *(стоит под углом к потоку движения и виден только движущимся в каком-то одном направлении)*
   bleed(-size) ~ плакат (напечатанный) «под обрез», плакат без полей
   cinema ~ киноплакат, киноафиша
   directional ~ вытянутый *(в длину или в высоту)* плакат
   double crown ~ *англ.* стандартный двухлистовой плакат *(762 × 508 мм)*
   double royal ~ *англ.* плакат формата 101,60 × 63,50 *см*
   film ~ киноплакат, киноафиша
   forty-eight-sheet ~ 48-листовой плакат *(3048 × 6096 мм)*
   four-sheet ~ *англ.* четырёхлистовой плакат *(1524 × 1016 мм)*
   full-size ~ полноразмерный плакат *(60,96 × 106,68 см)*

poster

gift ~ подарочный [сувенирный] плакат
half-size ~ половинный плакат, плакат половинного формата *(53,34 × 96,52 см)*
hand-painted ~ щит, расписанный вручную
inside transit ~ внутрисалонный плакат
king-size ~ *амер.* удлинённый наружный боковой щит на транспортном средстве *(76,20 × 365,76 см)*
movie ~ киноплакат, киноафиша
one-sheet ~ *амер.* однолистовой плакат *(71,12 × 106,68 см или 76,2 × 116,84 см, наиболее часто используется для расклейки на платформах станций метро и железнодорожных вокзалах)*
outdoor ~ плакат наружной расклейки
outside transit ~ наружный транспортный плакат
parade ~ щит на средстве общественного транспорта
queen-size ~ *амер.* укороченный наружный боковой щит на транспортном средстве *(76,20 × 223,52 см)*
reminder ~ плакат-напоминание
royal ~ *англ.* «королевский» плакат *(50,80 × 62,50 см)*
sixteen-sheet ~ 16-листовой плакат *(304,80 × 457,20 см)*
station ~ станционный [вокзальный] плакат
stock ~ типовой плакат *(рассчитан на определённую сферу деятельности и продаётся подобно материалам фототек без права эксклюзивного использования. Рекламодателю остаётся лишь поместить на нём свой товарный знак, марочное название или иные реквизиты)*
teaser ~ плакат-«дразнилка», дразнящий плакат
thirty-sheet ~ *англ.* 30-листовой плакат *(657,86 × 292,10 см)*
thirty-two sheet ~ *англ.* 32-листовой плакат *(около 304,8 см × 406,4 см)*
three sheet ~ *амер.* 3-листовой плакат *(наружной расклейки с размерами 182,88 × 365,76 см или вертикальный плакат с размерами 213,36 × 106,68 см, используемый на железнодорожных вокзалах)*
transit station [transportation display] ~ *амер.* станционный щит *(обычно одно, двух или трёхлистовой)*
twenty-four-sheet ~ *амер.* 24-листовой плакат *(599,55 × 269,24 см)*
two-sheet ~ *амер.* двухлистовой плакат *(152,40 × 106,68 см, используется главным образом на железнодорожных вокзалах и автостанциях)*
window ~ витринный плакат
posting 1. расклейка плакатов 2. отправка корреспонденции по почте
facsimile ~ факсимильная [фототелеграфная] связь
postmaster начальник почтового отделения
post-paid с оплаченными почтовыми расходами
post-production *экр.* монтажно-тонировочный период
post-scoring, post-synchronization *экр.* последующее озвучивание *(фильма)*; последующая тонировка *(фильма)*
posttesting тестирование [испытание] постфактум
potency действенность, эффективность; сила, могущество
developmental ~ способность к развитию
potential потенциал, возможность
advertising exposure ~ потенциал рекламных контактов
buying ~ покупательный потенциал
communication ~ коммуникативный потенциал
consumption ~ потенциал потребления, потребительский потенциал
creative ~ творческий потенциал
data processing ~ возможности обработки данных
diversification ~ потенциальная способность к диверсификации *(производства)*
downside ~ понижательный потенциал *(напр. цены)*
economic ~ экономический потенциал

power

exposure ~ потенциал рекламного охвата
growth ~ потенциал экономического роста
intellectual ~ интеллектуальный потенциал
investment ~ инвестиционный потенциал
market ~ потенциал рынка
performance ~ потенциал работоспособности
product ~ потенциал [потенциальные возможности] товара
productive ~ производственный потенциал
profit ~ перспективы (получения) прибыли, потенциальная прибыльность
reach ~ потенциал охвата
sales ~ потенциал сбыта; ожидаемая реализация
spiritual ~ духовный потенциал
territory ~ потенциал (сбытовой) территории
upside ~ повышательный потенциал (напр. цены)

potentiality потенциальная возможность ◇ ~ for success возможность успеха
sales ~ потенциальная возможность сбыта

pouch мешочек, сумка
boilable [cook-in] ~ пакет для варки продукта
desiccant ~ пакетик с осушителем (для поддержания заданной влажности внутри упаковки)
retort ~ герметичный термостойкий пакет, пакет-автоклав
soluble ~ растворимый пакетик (для чая, кофе)

poverty бедность, нищета; скуд(н)ость
~ of ideas скудость мысли
rock-bottom ~ крайняя нищета

powder порошок; пудра
baby ~ детская присыпка
baby food ~ порошкообразный концентрат для детского питания
baking ~ пекарский порошок
beverage ~ сухой напиток
biscuit ~ сухая смесь для выпечки бисквитов
bleaching ~ отбеливающий порошок
cocoa ~ какао-порошок
curry ~ порошок-карри (смесь чёрного, белого, красного и душистого перца с кардамоном, имбирём, крахмалом, глюкозой и поваренной солью)
drink ~ сухой напиток
dusting ~ присыпка
egg ~ яичный порошок
face ~ пудра
flash(light) ~ экр. порошок [смесь] для осветительной вспышки
garlic ~ чесночный порошок
ice-cream ~ сухая смесь для мороженого
juice ~ порошкообразный концентрат сока
milk ~ сухое молоко
mushroom ~ грибной порошок
onion ~ луковый порошок
soap ~ мыльный порошок
soup ~ порошкообразный концентрат супа
spice ~ порошкообразная пряность
sugar ~ сахарная пудра
talcum ~ тальк, гигиеническая пудра
vegetable ~ овощной порошок

power 1. способность, возможность 2. сила, власть, право 3. держава, страна 4. энергия, мощность, производительность
~s of apprehension мыслительные способности
~ of attorney доверенность
~ of law сила закона
~ of printer's ink значение печати
~ of reasoning способность рассуждать
adaptation ~ приспособляемость
administrative ~ административная власть, административные полномочия
advertising ~ действенность рекламы
advisory ~s консультативные полномочия
amending ~ право вносить поправки
aromatic ~ ароматичность, душистость
associative ~ ассоциативная сила, способность вызывать ассоциации
attention-getting ~ способность привлекать внимание, притягательная сила

power

bargaining ~ рыночная власть, позволяющая отстаивать свои интересы; возможность торговаться с позиции силы
basic ~ основные полномочия
borrowing ~ кредитоспособность *(напр. фирмы)*
brain ~ интеллектуальная мощь
buying ~ покупательная способность
coersive ~ принудительная сила
competitive ~ конкурентоспособность
computing ~ вычислительные возможности
consuming ~ потребительская способность
corporate ~s права юридического лица, права корпорации
creative ~ творческая сила, творческий заряд
decision-making ~s полномочия принимать решения
deterrent ~ сдерживающая сила, сила сдерживания
distinguishing ~ различительная способность
emergency ~s чрезвычайные полномочия
financial ~ финансовая власть
food ~ питательность пищевого продукта
holding ~ *вещ.* удерживающая сила, притягательность *(программы для аудитории)*
human ~ физическая способность человека
industrial ~ промышленная держава
judicial ~ судебная власть
legislative ~ законодательная власть
licensing ~ право выдавать лицензии
marketing ~ маркетинговая мощь
mental ~s умственные способности
monopoly ~ монопольная власть
motive ~ движущая сила
penetration ~ проникающая способность
predictive ~ способность предвидения; прогнозирующая способность
projective ~ образная убедительность
protective ~ защитная способность, охраноспособность
pulling ~ притягательная сила, притягательность

purchasing ~ покупательная способность
reactive ~ сила [способность] реагирования; реактивная мощность, быстрота и сила ответной реакции
regulatory ~ распорядительное право, право регулирования
sales ~ действенность *(в качестве орудия)* сбыта
satisfaction-generating ~ способность обеспечивать удовлетворение
selling ~ способность обеспечивать сбыт, способность к обеспечению сбыта
sole ~ прерогатива, исключительное право
speculative ~s мыслительные способности
spending ~ покупательная способность
state ~ государственная власть
staying ~ живучесть, жизнеспособность, жизнестойкость
suggestive ~ способность к внушению
supreme ~ верховная власть
taxing ~ право обложения налогом
veto ~ право вето
vicarial ~s права, основанные на доверенности *или* полномочиях
voting ~ право участия в голосовании, право голоса
power-hungry стремящийся к власти, жаждущий власти, властолюбивый
practice 1. практика, установившийся порядок; обычай 2. применение 3. деятельность ◇ in ~ на практике, на деле, фактически

~ of law правовая [юридическая] практика

~ of trade торговый обычай, торговая практика

administrative ~ административная практика, практика делопроизводства

advertising ~ практика рекламы, рекламная практика

agricultural ~ агротехнический приём, агроприём

anticompetition [anticompetitive] ~ практика подрыва конкуренции, антиконкурентная практика

462

precedent

billing ~ практика выставления счетов
broadcasting ~ практика вещания
business ~ деловая практика, практика деловых отношений
buying ~s покупательские привычки
common ~ общепринятая [обычная] практика
consumer ~ потребительская практика, обыкновение потребителей
copyright ~ практика в области применения авторского [издательского] права
deceptive ~ лживая [нечестная] практика
discreditable ~s тёмные дела, махинации
entrenched ~ укоренившаяся практика
established ~ установившаяся практика
evil ~ бесчестные приёмы
fair business ~ честная деловая практика
fraudulent ~ мошенническая практика, мошенничество
hiring ~ практика найма *(персонала)*
international trademark ~ международная практика применения законодательства о товарных знаках
marketing ~s приёмы [практика] маркетинга, маркетинговая практика
monopolistic ~ монополистическая практика
personnel ~s кадровая политика
prevalent ~ распространённая практика
pricing ~ практика ценообразования
private ~ частная практика
private law ~ частная адвокатская практика
promotional ~s рекламно-пропагандистская деятельность; методы стимулирования сбыта
proven ~ проверенная практика
questionable ~ сомнительная практика
recognized ~ признанная практика
restrictive business ~ ограничительная деловая практика, практика ограничения предпринимательства
routine ~ установившаяся практика
ruinous ~ вредная практика

selling ~ торговая практика, практика сбыта
sharp ~ мошенничество; надувательство
social ~ общественная практика
standard ~ общепринятая [обычная] практика
sweatshop ~ потогонная система
trade ~ торговая практика
trademark ~ практика применения законодательства о товарных знаках
unfair business ~ недобросовестная деловая практика
unfair consumer ~ недобросовестная практика по отношению к потребителям
unfair trade ~ недобросовестная торговая практика
usual ~ обычная практика
venal ~s коррупция, продажность

practitioner 1. практик 2. практикующий врач 3. практикующий юрист
advertising ~ специалист по рекламе, практик рекламы
general ~ врач общей практики
private ~ частнопрактикующее лицо

praise (по)хвала ◇ beyond ~ выше всякой похвалы
faint ~ робкая похвала
low-key ~ сдержанная похвала
lukewarm ~ вялая похвала

preapproach предварительная подготовка

precaution предостережение; предосторожность; предусмотрительность
every possible ~ все возможные меры предосторожности
hygienic ~ гигиеническая мера предосторожности
mandatory ~ обязательная мера предосторожности
proper ~ надлежащая мера предосторожности
safety ~s 1. меры безопасности [предосторожности] 2. техника безопасности

precedent прецедент ◇ to create ~ создать прецедент; to invoke ~ сослаться на прецедент; without ~ беспрецедентный, не имеющий прецедента, беспримерный, небывалый
applicable ~ применимый прецедент

precedent

    binding ~ прецедент, имеющий обязательную силу
    judicial ~ судебный прецедент
    ruling ~ *см.* binding precedent
precept основное правило, заповедь; наставление, инструкция
predecessor предшественник
predictability предсказуемость, степень предсказуемости, возможность прогнозирования
    ~ of occurrences предсказуемость случайностей
predictable предсказуемый
prediction предсказание, прогноз
    approximate ~ приближённый прогноз
    behaviour ~ предсказание поведения
    biased ~ *стат.* смещённый прогноз
    conditional ~ условный прогноз
    conservative ~ осторожный прогноз
    demographic ~ демографический прогноз
    early ~ ранний прогноз
    interim ~ промежуточный прогноз
    long-term ~ долгосрочный прогноз
    point ~ точечный прогноз
    quantitative ~ количественное предсказание
    quick-and-dirty ~ прикидочный [грубый] прогноз, быстрое приближённое прогнозирование
    short-term ~ краткосрочный прогноз
    statistical ~ статистическое прогнозирование
    unbiased ~ *стат.* несмещённый прогноз
predictor 1. средство прогнозирования 2. прогнозист
predisposition предрасположение, предрасположенность, склонность
    personal ~ личное предрасположение
pre-dub предварительная перезапись *(звука)*
pre(-)emption 1. преимущественное право покупки [приобретения] 2. *вещ.* право эфирной замены, эфирная замена
preference 1. предпочтение, предпочтительное отношение, предпочтительность 2. преимущественное право ◇ to build brand ~ формировать предпочтение к марке
    brand ~ предпочтение к марке [марочному товару]
    colour ~ цветовое предпочтение
    competitive ~ конкурентное предпочтение *(предпочтение определённого товара в противовес товарам-конкурентам)*
    conditional ~ условное предпочтение
    consumer [customer] ~ потребительское предпочтение, предпочтение потребителей
    geographic ~ предпочтение, определяемое географическим положением, географическая предпочтительность
    personal ~ личное [индивидуальное] предпочтение
    product ~ предпочтительность к товару, товарное предпочтение
    psychological ~ психологическое предпочтение
    reading ~ читательское предпочтение
    regional ~ региональное предпочтение
    regional buying ~s региональные покупательские предпочтения
    revealed ~ выявленное предпочтение
    tariff ~ тарифная льгота
    taste ~ вкусовое предпочтение
preinterview предварительная беседа *(перед началом официального интервью)*
prejudice предрассудок, предубеждение ◇ without ~ беспристрастно, без предвзятого мнения [предубеждения]; without ~ to без ущерба для *(чего-л.)*
    race ~ расовый предрассудок
premise 1. (пред)посылка, исходное условие 2. *pl* недвижимость, здание с прилегающими постройками ◇ to proceed from ~ исходить из предпосылки
    business ~s место ведения дел; торговое помещение
    explicit ~ ясно выраженная предпосылка
premium 1. премия; вознаграждение 2. страховой взнос 3. надбавка ◇ at a ~ 1. пользующийся большим спросом *(особенно ввиду известности)*; очень модный, в моде; в большом почёте 2. с премией, выше номинала

presentation

advertising ~ рекламная премия; премиальная цена за рекламу
banded ~ премия «на упаковке» *(дополнительный товар, прикрепляемый к стандартной фабричной упаковке лентой или пластиковой плёнкой)*, премия снаружи упаковки
consumer ~ премия потребителям
container ~ премиальная упаковка *(которую потребитель может неоднократно использовать повторно. Предлагается обычно бесплатно или в качестве самоликвидирующейся премии)*
free-in-the-mail ~ премия, высылаемая бесплатно по почте *(в обмен на доказательство покупки товара)*, бесплатная почтовая премия
in-pack ~ премия внутри упаковки
insurance ~ страховой взнос
mail-in ~ премия, рассылаемая по почте
on-pack ~ *см.* banded premium
price ~ премиальная надбавка *(к цене)*, премиальная наценка
risk ~ премия за риск
self-liquidating ~ самоликвидирующаяся премия *(сувенир, стоимость которого полностью оплачивает потребитель)*
with-pack ~ премия «при упаковке» *(внутри или снаружи)*
preoccupation усердние, старание; озабоченность, поглощённость
pre-option право первого выбора
prepackaging предварительная расфасовка
preparation 1. подготовка, приготовление 2. лекарство
budget ~ разработка [подготовка] бюджета
copy ~ подготовка оригинала; подготовка текста
data ~ подготовка данных
layout ~ подготовка макета
mechanical ~ производственные подготовительные работы
medicinal ~ лекарственный препарат
program ~ составление [разработка] программы
report ~ составление отчёта [доклада]
sample ~ подготовка образцов

prepayment авансирование, оплата авансом, предварительная оплата, предоплата, аванс
long-term ~ долгосрочное авансирование
preponderance перевес, преобладание; подавляющее большинство
prepotency доминирование, преобладание
preprint 1. заранее опубликованная часть полиграфического материала, препринт 2. сигнальный экземпляр, *разг.* сигнал
hi-fi ~ неформатная полоса вкладного цвета
in-register ~ *см.* Spectacolor preprint
roll-fed ~ рулонная полоса вкладного цвета
Spectacolor ~ *фирм.* полоса вкладного цвета с приводкой под формат, полоса вкладного цвета «Спектаколор»
preproduction 1. *экр.* подготовительный период 2. выпуск опытной партии *(продукции)* 3. подготовка производства
pre-recording *экр.* предварительная запись звука, предварительная звукозапись
prerogative прерогатива, исключительное право; привилегия
exclusive ~ исключительное право, исключительная привилегия
management ~ прерогатива руководства
preselling 1. предварительная запродажа 2. предварительная обработка рынка рекламой
presence присутствие, наличие ◇ **to have a strong** ~ **(in market)** прочно утвердиться (на рынке)
~ **of mind** присутствие духа
immediate ~ непосредственное присутствие
market ~ присутствие на рынке
present подарок
birthday ~ подарок ко дню рождения
business ~ деловой подарок
Christmas ~ рождественский подарок
presentation 1. презентация, представление, показ 2. подача, преподнесение 3. информационно-ознакомительная встреча ◇ ~ **for payment**

presentation

предъявление к платежу; **on** ~ по предъявлении; **to make** ~ устроить [провести] презентацию
agency ~ презентация рекламного агентства
all-encompassing ~ всеобъемлющая презентация
artistic ~ художественное воплощение
audio ~ представление звуковыми средствами, звуковое представление
audio-visual ~ аудиовизуальная презентация, аудиовизуальное представление
canned ~ заранее подготовленная [отработанная] презентация
colourful ~ красочная [яркая] подача
competitive ~ конкурентная презентация
copy ~ презентация (рекламного) текста
data ~ представление данных
dramatic ~ броское [эффектное] представление
effective ~ эффективная презентация
favourable ~ благожелательное представление
formal ~ официальная презентация, официальное представление
group ~ презентация для группы лиц, групповая презентация
informal ~ неофициальное представление, неофициальная презентация
lively ~ живая манера подачи
memorized ~ заученная [тщательно отрепетированная] презентация
modular ~ презентация модульной схемы
multistage ~ многоэтапная [многоступенчатая] презентация
nonpersonal ~ неличное представление
oral ~ устное представление
sales ~ торговая презентация, демонстрация товара перспективному покупателю
sci-tech ~ презентация научно-технической продукции
script ~ представление сценария
sensible ~ продуманное [рациональное] представление (напр. товара)
speculative ~ рискованная презентация, инициативная презентация (не запрашиваемая потенциальным заказчиком и обычно не оплачиваемая)
standard ~ стандартная презентация
tabular ~ табличное представление (данных), представление в виде таблицы
technical ~ техническая презентация, презентация технического характера
visual ~ наглядное [зрительное] представление

presenter ведущий, демонстратор
stand-up ~ *экр.* ведущий в кадре
preserves варенье; консервы
president президент, председатель правления
 ~ **of jury** председатель жюри
acting ~ исполняющий обязанности президента [председателя]
honorary ~ почётный председатель
life ~ пожизненный президент
sitting ~ нынешний президент
temporary ~ временный президент
press 1. пресса, печать 2. печатание 3. издательство 4. печатная машина ◊ **to be in** ~ быть в печати, печататься
black ~ негритянская пресса
business ~ деловая пресса
community ~ местная пресса
copying ~ копировальная машина
country ~ провинциальная пресса
daily ~ ежедневные газеты
elite ~ элитарная пресса
embossing ~ *полигр.* пресс для тиснения
ethnic ~ этническая пресса
flat (cylinder) ~ плоскопечатная машина
galley ~ *полигр.* корректурный станок
general ~ массовая пресса
gutter ~ бульварная пресса
high-speed web offset ~ высокоскоростная рулонная офсетная машина
kept ~ продажная пресса
large ~ крупноформатная печатная машина
local ~ местная пресса
marketing ~ маркетинговая пресса
multicolour web-fed rotary ~ многокрасочная рулонная ротационная печатная машина

pretesting

national ~ центральная пресса
offset (printing) ~ офсетная печатная машина
penny ~ бульварная пресса
perfecting ~ машина для двухсторонней печати
perfecting flat-bed ~ плоскопечатная машина для двухсторонней печати
perfecting web-fed rotary ~ рулонная ротационная машина для двухсторонней печати
periodical ~ периодическая печать
platen ~ тигельная машина высокой печати
popular ~ массовая [популярная] пресса
proof ~ 1. пробопечатный станок 2. корректурный станок
quality ~ солидная пресса
regional ~ региональная пресса
religious ~ церковная пресса, религиозные издания
reptile ~ продажная пресса
rotary ~ ротационная машина высокой печати
rotogravure ~ ротационная машина глубокой печати
sheet-fed gravure ~ листовая машина глубокой печати
sheet-fed offset perfector ~ листовая офсетная машина для двухсторонней печати
silk-screen ~ машина для шёлкотрафаретной печати
"stop ~ " «в последнюю минуту» (*раздел газеты*)
tabloid ~ бульварная пресса
trade ~ специализированная [отраслевая] пресса
web-fed rotary ~ рулонная ротационная печатная машина
yellow ~ жёлтая пресса
Press:
 American Business ~ Американская деловая пресса (*объединение издателей промышленных, профессиональных и отраслевых органов печати, основано в 1965 г. в результате слияния двух организаций: Ассоциация деловых изданий и Общенациональные деловые издания*)
 Canadian Business ~ Канадская деловая пресса (*объединение издателей промышленных, профессиональных и отраслевых органов печати*)
pressing 1. сжатие, прессование, прессовка 2. штамповка 3. штампованное изделие 4. *полигр.* тиснение
 direct ~ *полигр.* непосредственный натиск
 gold ~ тиснение золотом
pressure 1. давление, воздействие, нажим 2. затруднение ◇ ~ for money нехватка денежных средств
 ~ of advertising рекламное давление
 competitive ~ конкурентное давление, давление со стороны конкурентов
 consumer ~ давление со стороны потребителей
 economic ~ экономическое давление
 effective ~ действенное давление
 emotional ~ эмоциональное воздействие
 external ~ внешнее давление
 financial ~ финансовое затруднение
 inventory ~ давление товарных запасов
 outside ~ давление [нажим] со стороны
 peer ~ давление со стороны членов своего круга
 population ~ демографическое давление, давление избытка населения
 public ~ общественное давление
 selling ~ избыточное предложение
 steady ~ постоянное давление
 sustained ~ давление, действующее продолжительное время
 variable ~ переменное давление
prestige престиж, авторитет
prestigious престижный
presumption предположение, вероятность, допущение; презумпция
 ~ of innocence презумпция невиновности
 legal ~ правовая презумпция
presupposition предпосылка, предположение, допущение
pretence:
 false ~ ложный посул, обман
pretest предварительное испытание
 advertising ~ предварительное опробование рекламы
pretesting предварительное испытание [опробование]

467

prevention

prevention предотвращение, предупреждение; предохранение
~ **of crime** предотвращение преступления
accident ~ мероприятия по предотвращению несчастных случаев
cost ~ предотвращение издержек
failure ~ предотвращение отказов
forest fire ~ предотвращение лесных пожаров
leakage ~ предотвращение утечки
loss ~ предотвращение потерь
preview предварительный просмотр
exhibition ~ предварительный осмотр выставки
pre-wash замачиватель, отмачиватель
price цена; ценность ◇ **above** ~ бесценный; **at a** ~ по высокой цене, дорого; **at popular** ~**s** по общедоступным ценам; **at the** ~ **of** по цене в ...; ~ **per unit** цена за (расчётную) единицу, цена единицы; **to adjust** ~**s** корректировать цены; **to affect** ~**s** оказывать воздействие на цены; **to carry a** ~ иметь цену; **to maintain** ~**s** поддерживать цены; **to set a** ~ назначать цену; **to spoil** ~**s** подрывать цены, продавать по (явно) заниженным ценам
actual ~ фактическая [действительная] цена
adequate ~ достаточная цена
adjusted ~ скорректированная цена
administered ~ управляемая [регулируемая] цена
admission ~ входная плата, стоимость входа; сумма входной платы
advertised ~ рекламируемая цена
agreed ~ согласованная цена
alternative ~ альтернативная цена
asked [asking] ~ запрашиваемая цена, начальная цена
auction ~ аукционная цена
average ~ средняя цена
average guaranteed ~ средняя гарантированная цена
bargain ~ льготная [сниженная] цена; низкая цена, выгодная покупателю
base ~ базисная цена
base period ~ средняя цена за единицу продукта за базисный период
basic ~ исходная [основная] цена
basing-point ~ цена в базисном пункте *(включающая расходы по доставке товара в этот пункт от места производства)*
bedrock ~ крайняя минимально возможная цена
below-cost ~ цена ниже себестоимости
below retail ~ цена ниже розницы
best ~ наиболее благоприятная цена
bid ~ цена, предлагаемая покупателем
blanket ~ общая цена *(за весь товар)*
bottom ~ минимальная [самая низкая] цена
buy-back ~ выкупная цена
buyer's ~ цена покупателя
buying ~ покупная цена
calculating ~ расчётная цена
cash ~ цена при оплате наличными
ceiling ~ максимальная цена
cents-off retail ~ розничная цена с небольшой скидкой
commodity ~**s** товарные цены, цены на готовые изделия
comparable value ~**s** сопоставимые цены по характеристикам ценностной значимости товаров
competitive ~ конкурентная [конкурентоспособная] цена
computer rental ~ арендная плата за пользование ЭВМ
consumer('s) ~ (продажная) цена товара для потребителя, розничная цена товара
contemplated ~ предполагаемая цена
contract ~ договорная цена
cost ~ себестоимость, цена производства
cost-and-freight ~ цена «стоимость и фрахт»
current ~ существующая [текущая] цена
delivered ~ цена, включающая расходы по доставке
delivery ~ цена франко-место доставки, цена поставки
demand ~ цена спроса
discount(ed) ~ цена со скидкой
discriminatory ~ дискриминационная цена

price

domestic ~ цена внутреннего рынка
economy ~ удешевлённая цена
everyday ~ повседневная цена
exorbitant ~ баснословная [чрезмерно высокая] цена
expected ~ ожидаемая цена
extinction ~ «устранительная» цена *(до предела заниженная в расчёте на устранение как можно большего числа конкурентов)*, неприемлемо низкая для конкурентов цена
factory ~ заводская цена; отпускная цена с завода
factory list ~ цена по прейскуранту завода-изготовителя
factory sales ~ отпускная цена с завода
fair ~ приемлемая [умеренная] цена
famine ~s недоступные цены
farm product ~s цены на сельскохозяйственную продукцию
final ~ окончательная цена
fire-sale ~ бросовая цена, цена при (рас)продаже в пожарном порядке
fixed ~ твёрдая [фиксированная] цена
flexible ~ эластичная [гибкая] цена *(быстро реагирующая на изменения соотношения спроса и предложения)*
floor ~ минимальная [самая низкая] цена
food ~s цены на продукты питания
freemarket ~ цена свободного рынка
full ~ полная [максимально возможная] цена
give-away ~ бросовая [демпинговая] цена
going ~ существующая [текущая] цена
going market ~ текущая рыночная цена
gross ~ цена-брутто
guide ~ ориентировочная цена
guiding ~ ведущая цена
heavy ~ высокая цена
hire purchase ~ цена при покупке в рассрочку
honest ~ справедливая цена
importer('s) ~ цена товара для (первоначального) импортёра, импортная цена
inferred ~ воображаемая цена
initial ~ исходная [основная] цена

introductory ~ вводная цена
invoice(d) ~ фактурная цена
just ~ справедливая цена
launch ~ выводная цена, цена в момент вывода *(товара)* на рынок
limit ~ 1. предельная [лимитная] цена 2. цена, сдерживающая приток новых конкурентов
list ~ прейскурантная цена, цена по прейскуранту
long ~ непомерная цена
manufacturer's ~ цена производителя
manufacturer's ~ to retailer цена, по которой производитель поставляет товар рознице
manufacturer's suggested retail ~ рекомендуемая производителем розничная цена товара
marginal ~s крайние цены
marked ~ обозначенная цена
market ~ сложившаяся на рынке цена; курс биржи
maximum ~ максимальная цена
medium ~ средняя цена
minimum ~ минимальная [самая низкая] цена
moderate ~ умеренная цена
modest ~ скромная цена
money ~ цена в денежном выражении
monopolistic [monopoly] ~ монопольная цена
nationally advertised ~ рекламируемая общенациональная цена
negotiated ~ договорная цена; цена, установленная в результате переговоров
net ~ цена нетто
news-stand ~ розничная цена, продажная цена в киоске
nominal ~ номинальная цена
normal ~ нормальная цена
off-list ~ цена ниже прейскурантной
off-peak ~ цена в межсезонье, цена в период затишья *(деловой активности)*, цена в непиковое время *(день и ранний вечер в будни, поздний вечер в будни и выходные)*
option ~ опционная цена *(с выплатой премии за право купить ценные бумаги по установленному курсу в течение определённого отрезка времени)*

469

price

outside ~ крайняя цена
panic ~ панически низкая цена
peak ~ цена в разгар сезона, максимальная цена, цена в пиковое время
pegged ~ искусственно поддерживаемая цена
penetration ~ цена на этапе проникновения *(товара)* на рынок
piece ~ поштучная плата, цена за штуку
planned ~ планируемая цена
posted ~ объявленная цена
predatory ~ (искусственно заниженная) цена в расчёте на разорение конкурента, разорительно низкая для конкурентов цена
preferential ~ льготная цена
premium ~ цена с надбавкой, премиальная цена, повышенный тариф; цена выше номинала
prepublication ~ предполагаемая [предварительная] цена *(издания)*; стоимость издания
present ~ существующая цена
prevailing ~s преобладающие [общераспространённые] цены
printed ~ напечатанная цена
privilege(d) ~ льготная [сниженная] цена
product ~ цена товара
prohibitive ~ недоступная, чрезмерно высокая цена, «запретительная» цена
promotional ~ цена для стимулирования сбыта, поощрительная цена
proposed ~ запрашиваемая цена
publication ~ цена [стоимость] издания
published ~ 1. объявленная цена 2. номинальная цена, номинал
purchasing ~ покупная цена
purchasing ~ закупочная цена
put-up ~ отправная цена на аукционе
rate-card ~ прейскурантная цена; цена, указанная в тарифной карточке
real ~ реальная [действительная] цена *(по которой фактически совершается сделка)*
reasonable ~ умеренная цена
recommended retail ~ рекомендуемая розничная цена
redemption ~ выкупная цена, выкупной курс

reduced ~ сниженная [пониженная] цена
reduced subscription ~ подписка со скидкой, подписка по сниженной цене
reference ~ справочная цена
regular ~ обычная цена
remunerative ~ выгодная цена, цена, дающая прибыль
resale ~ цена *(товара)* при перепродаже
reserve ~ резервированная цена; отправная цена *(ниже которой продавец не продаст товар или наивысшая, которую готов дать покупатель)*
retail ~ розничная цена
rock-bottom ~ очень низкая цена
ruinous ~ разорительная цена
ruling ~ господствующая цена
runaway ~s быстро растущие цены
salable ~ цена, обеспечивающая сбыт
sale ~ распродажная цена, сниженная цена на распродаже
sales ~ продажная цена *(товара)*
scheduled ~s тарифные расценки
seasonal ~ сезонная цена
second-hand ~ цена за подержанный товар
self-cost ~ цена, соответствующая себестоимости
sellers' ~s цены, выгодные продавцам; высокие цены
selling ~ продажная цена *(товара)*
set ~ твёрдая [фиксированная] цена
share ~ курс акций, биржевой курс
shelf ~ продажная розничная [магазинная] цена
short-term ~ кратковременная [краткосрочная] цена
slashed ~ (до предела) урезанная [резко сниженная] цена
sliding ~ скользящая цена
special ~ особая [льготная] цена
special sales ~ льготная распродажная цена
spot ~ цена товара при продаже за наличные *(с немедленной поставкой)*
standing ~ твёрдая цена
sticker ~ цена на этикетке [ярлыке]; прейскурантная стоимость *(указыва-*

470

pricing

емая на этикетке, наклеенной на ветровое стекло автомашины)
store ~s цены в магазине, магазинные цены
subscription ~ подписная цена, цена подписки
substantial ~ солидная цена
suggested retail ~ рекомендуемая розничная цена
supply ~ цена поставки, цена предложения
target ~ «целевая» цена *(стоимость заказа плюс доплата или удержание в зависимости от качества и сроков поставки)*
target selling ~ целевая продажная цена
threshold ~ пороговая цена; запрашиваемая цена
to-be-announced ~ цена, которая будет объявлена позднее
top ~ высшая [максимальная] цена
total ~ общая [суммарная] цена
trade ~ цена для оптовых покупателей, торговая цена
ultimate ~ окончательная цена
unit ~ цена товарной единицы
unreasonable ~ слишком высокая цена
value ~ цена за ценностную значимость, цена, соответствующая ценностной значимости
wholesale ~ оптовая цена
world market ~ цена на мировом рынке

price-conscious задумывающийся о ценах, чувствительный к ценам
price-list прейскурант, каталог (цен)
price-oriented недорогой, дешёвый
pricing установление [калькуляция] цен, ценообразование
  ball-park ~ установление цен по принципу примерного соответствия *(на уровне средних цен на аналогичные товары. Один из методов, применяемых в процессе прогнозирования реальности развёртывания производства с учётом выявленного уровня необходимых издержек)*
  basing-point ~ установление цен применительно к единому базисному пункту *(с включением в них затрат по доставке товара в этот пункт от места производства)*
  by-product ~ установление цен на побочные продукты
  captive product ~ установление цены на обязательные принадлежности [на «пленённые» товары]
  competitive(-oriented) ~ конкурентное ценообразование, расчёт цены с учётом цен конкурентов
  cost-oriented ~ ценообразование на основе учёта издержек
  cost plus ~ ценообразование по принципу «средние издержки плюс прибыль»
  deceptive ~ установление обманных цен, обманное [мошенническое] завышение цен
  delivered ~ установление цен с включением издержек по доставке товара
  differential ~ установление дифференцированных цен
  direct cost ~ расчёт цены по методу прямых затрат
  discount ~ назначение цен со скидками
  discriminatory ~ установление дискриминационных цен
  ethical ~ этичная ценовая политика, этичное ценообразование *(установление цен на уровне, не ущемляющем покупателей)*
  export ~ политика экспортных цен
  flexible ~ система гибких цен, гибкое ценообразование
  FOB origin ~ установление цены ФОБ в месте происхождения товара
  "follow-the-leader" ~ ценообразование по принципу «следования за лидером»
  freight absorption ~ установление цен с *(частичным или полным)* принятием на себя транспортных издержек по доставке
  full cost ~ см. cost plus pricing
  geographic ~ установление цен по географическому принципу
  going-rate ~ ценообразование на основе текущего уровня цен
  itemized (method) ~ установление цены как суммы стоимости отдельных компонентов

pricing

marginal cost ~ расчёт цены по методу предельных затрат
market penetration ~ политика цен, имеющая целью прочное внедрение на рынок *(установление на товары-новинки низких цен в расчёте на захват большой доли рынка)*
market skimming ~ установление цен, обеспечивающее «снятие сливок» с рынка *(получение максимально высокой прибыли в первое время после выхода товара на рынок)*
mark-up ~ ценообразование по принципу «издержки плюс накидка», расчёт цен на основе накидок
minimum ~ назначение цен на уровне *(или ниже)* минимально допустимых
new-product ~ установление цен на новые товары [на товары-новинки]
odd ~ назначение некруглой цены
off-list ~ установление цен ниже прейскурантных
optional product ~ установление цены на дополняющий [вспомогательный] товар *(поставляемый по желанию покупателя и за дополнительную плату)*
origin ~ установление цены в месте происхождения товара
perceived-value ~ расчёт цены исходя из ощущаемой ценности товара
predatory ~ искусственное занижение цен *(с целью разорения конкурентов)*; (заниженный) уровень цен, рассчитанный на вытеснение конкурентов *(с рынка)*
premium ~ политика [назначение] премиальных цен
prestige ~ ценообразование с учётом престижности товара
product ~ установление цены на товар
product-line ~ установление цен в рамках товарного ассортимента
product-mix ~ политика цен в отношении всей товарной номенклатуры; ценообразование в рамках товарной номенклатуры
promotional ~ установление цен для (временного) стимулирования сбыта
psychological ~ ценообразование с учётом психологических факторов
sealed-bid ~ ценообразование на основе закрытых торгов
socialized ~ система общественного ценообразования *(установление цен под контролем государственных органов)*, государственное регулирование цен
special event ~ установление цен для особых случаев *(напр. сезонные распродажи)*
standard cost ~ расчёт цены на основе стандартных издержек производства
target ~ расчёт цены с учётом достижения целевых показателей
target profit ~ ценообразование с учётом получения целевой [плановой] прибыли
target return ~ расчёт цены с учётом получения целевой нормы прибыли
uniform ~ назначение единой для всех покупателей цены
uniform delivered ~ назначение единой цены, включающей издержки по транспортировке
unit ~ указание цен в расчёте на товарную единицу, назначение одной общей цены
zone ~ система зональных цен, зональное ценообразование, установление зональных цен

pride:
civic ~ гражданская гордость
false ~ тщеславие
prime первоочередная [основная] цель
primer 1. полигр. кегль шрифта **2.** букварь, учебник для начинающих
child's ~ терция *(шрифт кегля 16)*
great ~ двойной боргес *(шрифт кегля 18)*
long ~ корпус *(шрифт кегля 10)*
principal 1. доверитель **2.** участник договора ◇ **~s to the contract** непосредственные участники договора
principle 1. принцип, основное правило **2.** норма **3.** первопричина ◇ **in** ~ в принципе; **on** ~ из принципа
~ of action принцип действия
~ of automatic copyright принцип автоматического установления авторского права *(положение, в соответствии с которым создатель произ-*

print

ведения автоматически приобретает авторское право)
~ of classification принцип классификации
~ of copy focus принцип фокусирования текста *(в теории «уникального торгового предложения» американского специалиста Россера Ривса)*
~ of equal advantage принцип равной выгоды
~ of novelty принцип новизны
~ of priority принцип приоритета
~ of reciprocity принцип взаимности
active ~ действующее начало
agreed ~s согласованные принципы
buying ~ принцип (совершения) покупок
competitive exclusion ~ принцип конкурентного исключения
duality ~ принцип двойственности
elective ~ принцип выборности
elementary ~ фундаментальный принцип
engineering ~s инженерные решения
guiding ~ руководящий принцип
immutable ~ непреложный принцип
marketing ~ принцип маркетинга, маркетинговый принцип
operating ~ рабочий принцип, принцип действия
pleasure ~ принцип удовольствия *(один из постулатов фрейдизма)*
radical [root] ~ основной принцип
selection ~ принцип отбора
trading ~ принцип торговой деятельности
unanimity ~ принцип единогласия
underlying ~ основополагающий принцип
unitary ~ принцип унитарности
well-established ~ прочно устоявшийся принцип
"winner-take-all" ~ принцип «победитель получает все»

print 1. отпечаток, оттиск 2. гравюра 3. шрифт 4. печать; печатание 5. копия *(кинофильма)* 6. фотоотпечаток, фотокопия 7. печатное издание ◇ in ~ *(вышедший из печати и имеющийся)* в продаже; "into ~ " «в печать», «для опубликования» *(пометка на материале)*; out of ~ распроданный, разошедшийся *(о печатном материале)*
action ~ черновая рабочая копия фильма *(немая копия, отпечатанная с негатива)*
advance(d) ~ 1. пробный оттиск 2. сигнальный экземпляр
answer ~ пробная [контрольная] копия *(первая звуковая копия фильма с окончательно совмещённого негатива)*; монтажная копия *(фильма)*
art(istic) ~ художественная репродукция, иллюстрация
audition ~ просмотровая копия *(фильма)*
blue ~ «синька», синяя копия, светокопия
check ~ контрольная копия фильма
colour ~ цветной фотоотпечаток
combined [composite] ~ совмещённая копия *(фильма)*
cutting ~ монтажная копия *(фильма)*
distribution ~ прокатная копия *(фильма)*
double ~ двойная распечатка *(печать каждого отдельного кадра делается дважды для достижения эффекта замедления скорости движения на экране вдвое)*
duping ~ лавандовая копия *(фильма)*; промежуточный позитив
enlargement ~ увеличенный фотоотпечаток
film ~ кинокопия, копия (кино)фильма
foreign version ~ иновариант фильма
hurried ~ срочно отпечатанный позитив, срочно отпечатанная копия
insurance ~ (под)страховочная копия
large ~ оттиск большого формата; крупный шрифт
lavender ~ *см.* duping print
magopt(ical) ~ *экр.* копия *(фильма)* с магнитной и оптической фонограммами одновременно
married ~ совмещённая копия *(фильма)*
master ~ 1. контрольная копия (кино)фильма 2. *полигр.* эталонный оттиск
mute ~ «немая» [неозвученная] копия *(фильма)*; негатив изображения

print

photographic ~ фотографический снимок, фотоснимок, фотоотпечаток
production ~ оттиск из тиража, тиражный оттиск
release ~ тиражная [прокатная] копия *(фильма)*
reverse ~ оттиск с выворотного клише
rough ~ *см.* action print
sample ~ пробная копия *(фильма)*
slop ~ не откорректированная *(по цвету)* рабочая копия фильма *(используемая для контроля за композицией и длительностью съёмочных планов)*
small ~ мелкая печать; мелкий шрифт
specimen ~ пробный оттиск *(с иллюстрационной печатной формы)*
stop ~ черновая рабочая копия, копия *(фильма)* на двух плёнках
trial ~ пробный оттиск
uneven ~ неравномерный оттиск
unmarried ~ несовмещённая копия
viewing ~ просмотровая копия *(фильма)*
work(ing) ~ рабочая копия *(фильма)*
printer 1. печатающее устройство, принтер 2. печатник 3. кинокопировальный аппарат 4. формовальный пресс *(для масла)*
alphabetic ~ буквопечатающее устройство
alpha(nu)merical ~ букво-цифровое печатающее устройство
automatic title ~ *экр.* автоматическая титровая машина
bedroom ~ печатник-надомник
butter ~ машина для маркировки фасованного (сливочного) масла
character ~ посимвольный принтер, позначно-печатающее устройство *(с печатью одновременно только одного знака)*
colour ~ 1. цветной принтер 2. копировальный аппарат для многокрасочных копий
complete ~ типография с полным циклом обслуживания
digital ~ цифровое печатающее устройство
dot ~ матричный принтер

draft-quality ~ устройство черновой печати
electronic ~ электронное печатающее устройство, электронный принтер
facsimile ~ факсимильное [фототелеграфное] печатающее устройство, факс
film ~ кинокопировальный аппарат, копираппарат
high-speed ~ быстродействующее печатающее устройство, скоростной принтер
impact ~ ударное печатающее устройство
ink-jet ~ устройство струйной печати, струйный принтер
keyboard ~ клавишное печатающее устройство
laser ~ лазерное печатающее устройство, лазерный принтер
letter quality ~ высококачественное печатающее устройство, высококачественный принтер
line ~ строкопечатающее устройство
matrix ~ матричный принтер
mini ~ мини-принтер, миниатюрное печатающее устройство
multifunction ~ многофункциональное печатающее устройство
non-impact ~ безударный [бесконтактный] принтер
off-line ~ автономное печатающее устройство, автономный принтер
optical ~ аппарат оптической печати, оптический копировальный аппарат
page ~ постранично-печатающее устройство
petal ~ лепестковое печатающее устройство, лепестковый принтер
photographic ~ фотокопировальный аппарат
rapid ~ *см.* high-speed printer
reduction ~ установка для получения уменьшенных фотоотпечатков
screen process ~ печатник трафаретной печати
sound film ~ звуковой кинокопировальный аппарат, копираппарат для печати звуковых кинофильмов
telegraph ~ телеграфный аппарат, телетайп
terminal ~ терминальное печатающее устройство

thermal ~ термографический принтер, термопечатающее устройство
trick ~ *экр.* трюк-машина, аппарат для трюковой печати
type ~ шрифтовое печатающее устройство
printing 1. печать, печатание; печатное дело 2. тираж, завод ◇ "good [OK] for ~" «в печать»; "good [OK] for ~ with corrections" «в печать с исправлениями»
bleed ~ печать в обрез, печать без полей
blind ~ тиснение без краски
block ~ печатание с деревянных клише, ксилография
cameo ~ рельефная печать
capital ~ печать прописными буквами
chemical ~ литография
colour ~ многокрасочная печать
combination ~ *экр.* комбинированная [трюковая] печать
contact ~ контактная печать
control ~ контрольная печать
dot ~ точечная печать
flat colour ~ многокрасочная безрастровая печать
flat-plate ~ *см.* planographic printing
four-colour (process) ~ 1. печать в четыре цвета 2. четырёхкрасочная печать
gelatin ~ фототипия, гектография
gravure ~ глубокая печать
high-speed ~ высокоскоростная печать
instant ~ экспресс-печать, оперативная полиграфия
intaglio ~ глубокая печать
job(bing) ~ печатание акцидентной продукции
label ~ печатание этикеток
laser ~ лазерная печать
letterpress ~ высокая печать
letter-quality ~ высококачественная печать *(о принтерах, качество воспроизведения которых не уступает качеству машинописного текста)*
lowercase ~ печатание строчными буквами
luminescent ~ печать светящимися [люминофорными] красками
matrix ~ матричная печать *(с выбор-кой точек для каждого знака из матрицы)*
metallographic ~ металлографическая печать
novelty ~ надпечатка на сувенирах; нанесение надписей на сувениры
offset ~ офсетная печать, офсет
optical ~ оптическая печать
photo-offset ~ фотоофсетная печать; литографская печать
planographic ~ плоская печать *(литография или офсет)*
priority ~ срочное выполнение заказов на типографские работы
process (colour) ~ многокрасочная цветная печать
raised ~ рельефная [выпуклая] печать
reduction ~ редукционная печать, печать с уменьшением
release ~ печать прокатных фильмокопий, массовая печать кинофильмов
relief ~ высокая печать
reverse ~ печать с выворотных форм *(напр. на прозрачных плёнках)*
screen (process) ~ 1. трафаретная печать 2. шелкография 3. растровая печать
selective ~ избирательное печатание, печатание с избирательным воспроизведением знаков
silk screen ~ шёлкотрафаретная печать
stamp ~ тиснение
stencil ~ трафаретная печать
transfer ~ декалькомания, печатание переводных изображений
web-fed ~ рулонная печать
woodcut ~ ксилография, печатание с деревянных клише
printout распечатка, вывод данных на печатающее устройство
computer ~ распечатка с ЭВМ
memory ~ распечатка содержимого памяти запоминающего устройства
nonselective ~ полная [сплошная] распечатка
selective ~ выборочная распечатка
summary ~ итоговая распечатка
printshop 1. магазин гравюр и эстампов 2. типография; печатный цех
priorit/y приоритет, старшинство, пер-

priority

венство ◇ **of high ~** первоочередной, неотложный, срочный; **to accord [to give] ~** предоставить приоритет [первоочерёдность]; **to set ~ies** устанавливать приоритеты
~ **of invention** приоритет изобретения
~ **of work** порядок срочности работ
absolute ~ первейшая задача; абсолютный приоритет
author's ~ авторский приоритет
consumption ~ потребительский приоритет
economic ~ экономический приоритет
first ~ см. **top priority**
individual consumption ~ личный потребительский приоритет
partial ~ частичный приоритет
patent ~ приоритет патента
social ~ социальный приоритет
technological ~ технический приоритет
top ~ первоочерёдность, наивысший приоритет
trademark ~ приоритет товарного знака

privacy 1. частная [личная] жизнь, уединение 2. тайна, секретность; конфиденциальность
personal ~ неприкосновенность личной жизни
"Private" «Посторонним вход запрещён» (надпись)

privilege привилегия, преимущество; преимущественное право ◇ **~ for buying** преимущественное право покупки; **~ for selling** преимущественное право продажи; **~ for using** преимущественное право использования; **to accord ~s** предоставлять привилегии; **to claim ~s** претендовать на привилегии; **to enjoy ~s** пользоваться привилегиями
commercial ~ торговая привилегия
constitutional ~ конституционное право; право, гарантированное конституцией
contractual ~ договорная льгота
exclusive ~ исключительная [особая] привилегия
fiscal ~s финансовые привилегии
franking ~ право франкирования корреспонденции; право бесплатной пересылки почты
membership ~ привилегия [льгота] для членов (какой-л. организации)
personal ~ личная привилегия
tax ~s налоговые льготы

prize приз, награда, премия ◇ **to gain ~** выиграть приз; **to obtain ~** получать приз
attendance ~ приз за участие

pro лат. 1. за 2. профессионал ◇ **~s and cons** «за» и «против»

proactive инициативный, упреждающий (о действиях)

probability вероятность; правдоподобие ◇ **in all ~** по всей вероятности
~ **of event** вероятность события
~ **of replacement** вероятность замены
average ~ средняя вероятность
break-even ~ вероятность безубыточности [безубыточной деятельности]
buying ~ вероятность совершения покупок
conditional ~ условная вероятность
confidence ~ доверительная вероятность
direct ~ прямая вероятность
equal ~ равновероятность
general ~ общая вероятность
guaranteed ~ гарантированная вероятность
maximum ~ максимальная вероятность
objective ~ объективная вероятность
purchase ~ вероятность покупки
remote ~ малая вероятность
total ~ полная вероятность
true ~ истинная вероятность

probing зондирование, опробование, испытание
analytical ~ аналитическое зондирование

problem проблема, задача ◇ **to meet [to solve] ~** разрешить проблему
~s of common interest вопросы, представляющие общий интерес
accounting ~ бухгалтерская задача, задача учёта и отчётности
acute ~ острая проблема
advertising ~ рекламная проблема, проблема рекламы

procedure

anticipated ~ предполагаемая проблема
application ~ проблема использования [применения]
business ~ коммерческая [экономическая] задача
competitive ~ проблема конкуренции
controversial ~ спорная проблема
creative ~ творческая проблема
decision ~ задача принятия решений; проблема разрешимости
decision ~ under risk проблема принятия решений в условиях риска
decision ~ under uncertainty проблема принятия решений в условиях неопределённости
environmental ~ проблема охраны окружающей среды
farming ~s проблемы сельского хозяйства
health ~ охрана здоровья
ideological ~ проблема идеологии
immediate ~ безотлагательная проблема
intractable ~ трудноразрешимая задача
inventory ~ задача управления запасами
key ~ узловая [ключевая] проблема
major ~ крупная проблема
management ~ задача управления, управленческая задача
market analysis ~ задача анализа рыночной конъюнктуры
marketing ~ маркетинговая проблема, проблема маркетинга
marketplace ~ рыночная проблема
minor ~ второстепенная [мелкая] проблема
outstanding ~ нерешённая проблема, нерешённый вопрос
painful ~ больной вопрос
pending ~ неурегулированная проблема
pressing ~ насущная проблема
product-mix ~ проблема выбора ассортимента продукции
quality ~ проблема (обеспечения) качества
real-life ~ проблема реальной жизни, реальная проблема
resource allocation ~ задача распределения ресурсов
sampling ~ *стат.* проблема составления выборки
sensitive ~ щекотливая проблема
specific ~ конкретная проблема
target assignment ~ задача целераспределения
topical ~ насущная проблема
traveling salesman ~ задача коммивояжёра, задача о коммивояжёре
procedure 1. процедура, порядок; метод, методика 2. судебное производство
acceptance ~ процедура приёмки
acceptance test ~ методика приёмочных испытаний
amendment ~ процедура внесения поправок
appeal ~ апелляционная процедура
audit(ing) ~ процедура ревизии [проверки] отчётности
billing ~ порядок выставления счетов
cancelation ~ процедура аннулирования
check-out ~ процедура расчёта *(в кассовом узле магазина)*
civil ~ гражданское судопроизводство
claims-handling ~ порядок работы с претензиями
comparison ~ метод сличения
complaints ~ порядок подачи и рассмотрения жалоб
control ~ способ управления
criminal ~ уголовное судопроизводство
data-handling ~ процедура обработки данных
emergency ~ чрезвычайная процедура, порядок действий в чрезвычайной [аварийной] ситуации
established ~ установленный [общепринятый] порядок
evaluation ~ метод оценки
experimental ~ эксперимент
field ~ порядок работы с клиентами *(на местах)*
interviewing ~ процедура интервьюирования
judicial [legal] ~ судебная процедура, судопроизводство
litigious ~ процедура судебного разбирательства
marketing research ~ технология

procedure

(проведения) маркетингового исследования
materials-handling ~ порядок погрузочно-разгрузочных работ
office ~ конторская операция
operating ~ 1. метод работы 2. способ эксплуатации
order-handling ~ процедура прохождения заказов
orderly ~ упорядоченная процедура
patent examination ~ порядок (проведения) патентной экспертизы
patent granting ~ процедура выдачи патента
payment ~ порядок платежа
prediction ~ метод прогнозирования
prescribed ~ предписанная технология
price(-setting) [pricing] ~ методика ценообразования
recognition ~ процедура признания
recruitment ~ процедура набора *(напр. работников)*
research ~ методика исследования
safety ~ правила техники безопасности
sampling ~ *стат.* составление выборки, методика составления выборки
selection ~ методика отбора
standard ~ общепринятая процедура
standard(ized) ~ стандартная методика, стандартизированная процедура
standardized buying ~ стандартизированная процедура совершения закупок
statistical ~ методика статистической обработки информации, статистический метод
storage ~ режим хранения
survey ~ методика обследования [опроса]
test(ing) ~ методика тестирования, метод испытаний
treatment ~ лечебная процедура
updating ~ *стат.* процесс уточнения *(данных)*
proceeding(s) 1. судебное разбирательство, судопроизводство 2. *pl* работа, дела
advisory ~ консультативное заключение

arbitration ~ арбитражное разбирательство
court ~ 1. судебное разбирательство 2. отчёты судов
daily ~ текущие дела, повседневная работа
examination ~ экспертиза
public ~ открытое судебное разбирательство
process процесс, ход развития, способ
◇ **in** ~ **of time** с течением времени
~ **of development** процесс развития
~ **of production** производственный процесс
adaptive ~ процесс адаптации, адаптационный процесс
adoption ~ процесс восприятия *(напр. товара)*
advertising ~ рекламный процесс, процесс рекламы
advertising creative ~ процесс творчества в рекламе
approval ~ процесс одобрения
averaging ~ процесс усреднения
background projection ~ способ рирпроекции *(комбинированной киносъёмки)*
Ben Day ~ способ перевода изображения с тангирных сеток
budget-setting ~ процесс разработки бюджета, составление бюджета
business decision-making ~ процесс принятия коммерческих решений
buyer decision ~ процесс принятия решения о покупке
buying ~ процесс совершения покупки
cold-type ~ *полигр.* фотонаборный процесс
communication ~ процесс коммуникации
conditioning ~ процесс доведения до определённого состояния
continuous ~ непрерывный процесс
control ~ процесс управления
controlled ~ управляемый [регулируемый] процесс
creative ~ творческий процесс
customer buying ~ процесс совершения покупки клиентом
decision(-making) ~ процесс принятия решения
distribution ~ процесс распределения

processing

electrolytic ~ *полигр.* электролиз
evaluation ~ процесс оценивания
exchange ~ процесс обмена, обмен
finishing ~es отделочные процессы
flow-of-communication ~ процесс течения коммуникационного потока
forcing ~ процесс навязывания
full colour ~ *полигр.* процесс полноцветного воспроизведения
healing ~ заживление, излечение
industrial buying decision ~ процесс принятия решения о закупке для нужд промышленности
irreversible ~ необратимый процесс
labour ~ процесс труда
labour-intensive ~ трудоёмкий процесс
management [managerial] ~ процесс управления, работа по управлению
manufacturing ~ производственный процесс, способ изготовления
marketing ~ процесс маркетинга; процесс рыночной деятельности
marketing management ~ процесс управления маркетингом
marketing research ~ процесс маркетингового исследования
mental ~ мыслительный [умственный] процесс
merchandising ~ процесс стимулирования усилий торговли
natural ~ естественный процесс
negotiating ~ процесс переговоров
nursing ~ уход *(за больным)*
observation ~ процесс наблюдения
on-going ~ непрерывный процесс
patentable ~ патентоспособный способ
patented ~ запатентованный способ
perceptual ~ перцепционный процесс, процесс восприятия
persuasion ~ процесс убеждения
photochemical ~ *полигр.* фотохимический способ
photographic ~ фотокопировальный процесс, способ фотопечати, способ фотографической печати
planning ~ процесс планирования
preparation ~es подготовительные операции
price formation ~ процесс ценообразования
printing ~ процесс печатания
problem-solving ~ процесс (раз)решения проблемы
promoted ~ ускоренный процесс
psychological ~ психологический процесс
purchase decision ~ процесс принятия решения о закупках
regulatory ~ процесс регулирования
replenishment ~ процесс пополнения запасов
reproduction [reproductive] ~ процесс воспроизведения
reverse ~ обратный процесс
reverse distribution ~ обратный процесс распределения, процесс распределения в обратном направлении
reversible ~ обратимый процесс
review ~ процесс рассмотрения
sales ~ процесс сбыта
selling ~ процесс продажи, коммерческий процесс
socialization ~ процесс становления общества
spontaneous ~ самопроизвольный процесс
stage-by-stage [step-by-step] ~ поэтапный процесс
teaching ~ процесс обучения
thinking ~ процесс мышления, мыслительный процесс
traveling matte ~ комбинированная киносъёмка по методу «блуждающей маски», способ «блуждающей маски»
uncertain ~ процесс (конечной) неопределённости

processing 1. обработка 2. технология; изготовление
~ of observations обработка наблюдений
~ of results обработка результатов
business data ~ обработка деловой информации
data ~ обработка данных [информации]
electronic data ~ электронная обработка данных
etch ~ *полигр.* травление
food ~ технология обработки пищевых продуктов
graphical data ~ обработка графической информации
heat ~ тепловая обработка
image ~ обработка изображений

processing

image digital ~ цифровая обработка изображений
list ~ обработка списков
mail-order ~ обработка почтовых заказов
meat ~ переработка мяса; производство мясных полуфабрикатов
motion-picture ~ лабораторная обработка киноматериала (*негативного и позитивного*)
order ~ обработка [порядок] прохождения заказов
psychological ~ психологическая обработка информации
sound film ~ лабораторная обработка звукового кинофильма; лабораторная обработка фонограммы
text ~ обработка текстов
word ~ обработка словесной информации

processor 1. процессор 2. предприятие перерабатывающей промышленности
central ~ центральный процессор
digital ~ цифровой процессор
food ~ предприятие пищевой промышленности, пищевое предприятие, производитель пищевых продуктов
order ~ специалист по обработке заказов
video ~ видеопроцессор, блок обработки видеосигналов
waste ~ установка для переработки отходов
word ~ текстовой процессор

proconsumerist сторонник консьюмеризма

procurement 1. приобретение, получение 2. *экр.* заготовка (*постановочных средств*)
~ of patent приобретение патента
government ~ государственные закупки

producer 1. производитель, изготовитель 2. продюсер 3. спонсор
appliance ~ производитель бытовой техники
associate ~ помощник продюсера
commodity ~ товаропроизводитель
domestic ~ отечественный производитель
executive ~ *экр.* директор производства; заведующий производственным отделом (кино)студии, исполнительный продюсер
film ~ (кино)продюсер
food ~ производитель пищевых продуктов [продуктов питания]
foreign ~ зарубежный производитель
immediate ~ непосредственный производитель
intermediate ~ промежуточный производитель
national ~ общенациональный производитель
radio ~ продюсер радио
regional ~ региональный производитель
tape ~ режиссёр видеомонтажа
television ~ телевизионный продюсер
wealth ~ производитель материальных благ

product 1. товар, продукт, изделие 2. результат ◇ ~ "generally recognized as safe" продукт, «признаваемый в целом безвредным»; to develop ~ создать [разработать] товар; to endorse ~ рекомендовать товар, выступать в поддержку товара; to introduce ~ nationally вывести товар на рынок в общенациональном масштабе
~ of mind произведение интеллектуального творчества
~ of the year популярный товар года
accessory ~ 1. вспомогательный товар 2. вспомогательное приспособление
actual ~ реальный [подлинный] товар, товар в реальном исполнении
adulterated ~ фальсифицированная продукция
advertised ~ рекламируемый товар
ageing ~ стареющий товар
agricultural [agro-based] ~ сельскохозяйственный продукт, сельхозпродукт, товар сельского хозяйства
alimentary ~s пищевые продукты
allied ~ родственный [сопутствующий] товар
all-meat ~ полностью мясное изделие
alternative ~s взаимозаменяемые товары
artificially made ~ искусственный товар
augmented ~ товар с подкреплением

product

(с комплексом дополнительных услуг и выгод, которые получает покупатель)
average-quality ~ товар среднего (уровня) качества
bakery ~s хлебобулочные изделия
basic ~ базовое изделие
beauty ~ косметический товар
best-selling ~ самый ходовой товар, товар-бестселлер
birth control ~ противозачаточное средство
branded ~ марочный товар
business ~s товары для специалистов
canned ~s баночные консервы
captive ~ обязательная принадлежность, товар-«пленник»
commercialized ~ товар, запущенный в коммерческое производство
commercially workable ~ коммерчески рентабельный товар
commodity ~ 1. товарный продукт 2. *pl* товарный ширпотреб
common ~ привычный [широко распространённый] товар
comparable ~s сопоставимые товары
competing [competitive] ~ товар конкурента, конкурирующий товар
complementary ~ дополняющий товар
complicated ~ сложный товар
consumer ~ потребительский товар, товар широкого потребления
consumer durable ~ потребительский товар длительного пользования
convenience ~s общедоступные товары удобной покупки; пищевые полуфабрикаты быстрого приготовления
core ~ товар по замыслу; сущность товара *(потребность, которую он призван удовлетворять)*
creative ~ продукт творческого труда
custom-designed [customized, custom-made] ~ товар, изготовленный по индивидуальному заказу, индивидуализированный товар
declining ~ товар, находящийся в стадии упадка
deficient ~ несовершенный [неполноценный] товар
dehydrated ~ обезвоженный товар
desirable ~ желанный [приятный] товар

differentiated ~s дифференцированные продукты
disabled ~ вышедший из строя товар
disposable ~ товар [изделие] разового пользования
DIY [do-it-yourself] ~ товар для умелых рук [для домашнего мастера]
durable ~ товар длительного пользования
economy-priced ~ дешёвый [недорогой] товар, товар по удешевлённой цене
ego-sensitive ~ товар, возвышающий человека в собственных глазах; товар, льстящий самолюбию [тщеславию]
electronics ~ изделие (бытовой) электроники
end ~ конечный продукт, готовое изделие
energy-saving ~ энергосберегающее изделие
engineering ~ изделие машиностроения
entrenched ~ укоренившийся *(на рынке)* товар
essential ~ основной продукт
established ~ укоренившийся *(на рынке)* товар
ethical ~ лекарство, отпускаемое по рецепту
ethnic ~ товар для представителей этнической группы, товар этнической направленности
everyday ~ обыденный товар, товар повседневного пользования, повседневный товар
fairly priced ~ товар по приемлемой [сходной] цене
farm ~ *см.* agricultural product
fashion-oriented ~ модный товар, товар, ориентирующийся на моду
fast-moving ~ ходовой товар
feminine hygiene ~ гигиенический товар для женщин
fighting ~ боеспособный товар
final ~ конечный продукт, готовое изделие
fine-quality ~ товар отличного качества
finished ~ 1. готовое изделие, конечный продукт 2. *pl* готовая продукция

product

food ~s пищевые продукты, продовольственные товары
frozen prepared ~ готовое замороженное блюдо
functional ~ функциональный товар
generic ~ родовой товар, товар с родовым названием, немарочный товар
graphic ~ полиграфическая продукция
grocery ~s бакалейные товары
grooming ~s средства по уходу за животными
gross national ~ валовой национальный продукт
hair-care ~ средство по уходу за волосами
hardware ~ скобяное изделие
harmful ~ вредный товар
health ~ лечебное средство
high-interest ~ товар повышенного интереса
high-margin ~ высокодоходный товар
high-opportunity ~ очень перспективный [высокоперспективный] товар
high-performance ~ товар с отличными рабочими характеристиками, изделие с высокими эксплуатационными свойствами
high-risk ~ товар повышенного риска
hi(gh)-tech ~ высокотехнологичный продукт, технически сложный вид изделия
high-turnover ~ товар высокой оборачиваемости, ходовой товар
home-grown ~ 1. продукция собственного [отечественного] производства 2. продукт домашнего выращивания
hot ~ ходовой [особо популярный] товар
household ~ товар для дома, хозяйственный товар
household cleaning ~ бытовое чистящее средство
household maintenance ~s хозяйственно-бытовые товары, товары по уходу за домом
ideal ~ идеальный товар (*полностью или наиболее полно удовлетворяющий потребности*)
illegally similar ~ товар, неправомерно схожий с другим (*с точки зрения патентного права*)
imitative ~ товар-имитатор
imitative new ~ новый товар, имитирующий уже существующие, новинка-имитатор
imperfect ~ несовершенный товар
improved ~ усовершенствованный товар, усовершенствованное изделие
impulse ~ товар импульсной покупки
income-sensitive ~ товар, приобретение которого зависит от уровня дохода покупателя
industrial ~ изделие промышленного назначения
inferior ~ товар низкого качества
innovative ~ товар-новинка (*не имеющий аналогов и обычно защищённый патентом*), товарная новинка
intangible ~ неовеществлённый товар
interlocking ~s взаимосвязанные товары
intermediate ~ промежуточный продукт
intermediate-priced ~ изделие среднего класса стоимости
key ~ типичное изделие, основной товар
knowledge-intensive ~ интеллектуально-насыщенный [наукоёмкий] товар
label ~ марочный товар
labour-intensive ~ трудоёмкий (в изготовлении) товар, трудоёмкое изделие
laundry ~s стирально-моющие средства
lead ~ новаторский товар
leading edge ~ изделие с крупным конкурентным преимуществом
learning aid ~ учебное пособие
leisure ~s товары для отдыха [досуга]
lifestyle ~ престижный товар, товар-показатель уровня жизни
like ~s схожие товары
limited-line ~ товар ограниченного ассортимента
line extension ~ товар-дополнение к существующему ассортименту
low-interest ~ товар пониженного интереса
low-priced ~ недорогой товар

product

low-tech ~ технически несложный вид изделия, изделие «низкой» технологии
low-value ~ товар низкой ценностной значимости
luxury ~ предмет роскоши
made-to-order ~ изделие, изготовленное по заказу
main ~ основной товар
manufactured ~ *см.* finished product
marketable ~ приемлемый для рынка [годный для продажи] ходовой товар
mass consumption ~ товар массового спроса
mass design ~ изделие массового дизайна
mature ~ «зрелый» товар (*находящийся на этапе зрелости своего жизненного цикла*); освоенное изделие
medical-care ~ медицинский товар
me-too ~ товар-подражатель, товар-заменитель, аналогичный товар, товар-аналог
multinational ~ товар многонационального распространения
multiple-use ~ изделие многоразового (ис)пользования
mundane ~ прозаический товар
nationally advertised ~ товар, рекламируемый в общенациональном масштабе
nationally distributed ~ товар общенационального распространения
natural ~ натуральный [естественный] продукт, дар природы
need-satisfying ~ товар с потребительскими свойствами; товар, удовлетворяющий нужды потребителей
new ~ товар-новинка
non-durable ~ изделие недлительного пользования
nonfood ~s непищевые товары
nonmaterialistic ~ товар, лишённый меркантильных характеристик
novel ~ товар-новинка
nutritious ~ питательный продукт
off-grade ~ нестандартный [несортовой] товар
off-price ~ товар, продаваемый по цене ниже обычной розницы
optional ~ 1. вспомогательное приспособление 2. товар, поставляемый по особому заказу или по желанию покупателя (*за дополнительную плату*), необязательная принадлежность
ordinary ~ ординарный товар
over-engineered ~ изделие с завышенными техническими характеристиками
paper ~s бумажные изделия
parity ~s равнозначные товары
patentable ~ патентоспособный товар, патентоспособное изделие
patented ~ запатентованный товар, запатентованное изделие
patent-protected ~ товар, имеющий патентную защиту, товар, защищённый патентом, патентозащищённый товар
perishable farm ~ скоропортящийся сельскохозяйственный продукт
personal-care ~s средства личной гигиены, туалетные принадлежности
physical ~ реальное изделие, товар в его материальном виде, вещественный товар
pioneering ~ «пионерный» товар, рыночная новинка, товар рыночной новизны
pleasing ~ приятный [привлекательный] товар
potential ~ потенциальный товар
premium ~ товар с премиальной наценкой, премиальный товар
prepackaged ~ предварительно упакованный товар
price-promoted ~ товар, сбыт которого стимулируется ценой, товар ценового стимулирования, товар, продвигаемый за счёт цены
prime ~ главный [ведущий] товар
prioritized ~ приоритетный товар, товар, которому отдаётся приоритет
private-label ~ товар, продаваемый под частной маркой
profit-making ~ прибыльный товар
proprietary ~ патентованное средство
quality ~ высококачественный товар
related ~ сопутствующий [родственный] товар
repeat ~ расходный товар
replacement ~ товар-замена
representative ~ характерное [типичное] изделие

product

safe ~ безопасный [безвредный] товар
salable ~ продукция, имеющая сбыт, продукт, отвечающий требованиям рынка
salable livestock ~ товарная продукция животноводства
salutary ~ полезная для здоровья [целебная] продукция
scarce ~ дефицитный товар
scientific ~ наукоёмкий товар, наукоёмкое изделие
secondary ~ побочный продукт
semiperishable ~ продукт кратковременного хранения
shelf ~ магазинный товар (на полках)
shoddy ~ 1. недоброкачественный товар 2. товар, рассчитанный на удовлетворение искусственно созданных потребностей
show-off ~ товар, рассчитанный на эффект
showy ~ кричащий [показной] товар
single-use ~ изделие однократного применения
skill-intensive ~ товар, требующий высокой квалификации для производства
skin-care ~ средство по уходу за кожей
slow-moving ~ плохо идущий товар, товар замедленного сбыта
"social-support" ~ товар «общественного характера»
sophisticated ~ сложное изделие
standardized ~ стандартизированный товар
status ~ престижный товар, товар-символ общественного положения
substitute ~ товар-заменитель
sugared ~ засахаренный продукт
superior ~ первоклассный товар
supermarket ~ товар, продаваемый в универсаме
tainted ~ недоброкачественный товар
tangible ~ вещественный [материальный] товар
technical ~ технический товар, техническое изделие
technically workable ~ технически реальный товар
tinned ~s баночные консервы

unbranded ~ немарочный товар, товар, не имеющий марочного названия
unidentified ~ немаркированный товар
unlike ~s несхожие товары
unpatentable ~ непатентоспособный товар, непатентоспособное изделие
unsafe ~ ненадёжный [опасный] товар
unsalable ~ неходовой товар, товар, который невозможно продать
unstylish ~ непретенциозный товар
utilitarian ~ товар утилитарного характера, утилитарное изделие
viable ~ жизнеспособный товар
wanted ~ искомый товар
want-satisfying ~ продукт с потребительскими свойствами
weight-producing ~ продукт, предназначенный способствовать снижению веса, диетический продукт
well-designed ~ изделие, отвечающее требованиям дизайна, хорошо спроектированный товар
worthwhile ~ стоящий товар

production 1. производство, изготовление 2. производительность, выработка 3. (сценическая) постановка ◇ ~ on the line поточный метод производства; to restrain ~ ограничивать производство
~ of commercial производство рекламного фильма
~ of commodities производство предметов потребления, производство товаров
actual ~ фактическое производство
advertising ~ производство рекламы [рекламных материалов]
agricultural ~ сельскохозяйственное производство
artisan ~ ремесленное производство
batch series ~ 1. серийное производство 2. изготовление продукции партиями
civilian ~ гражданское производство
commercial ~ 1. коммерческое производство 2. освоенное производство
commodities ~ товарное производство
continuous ~ непрерывное производство

professional

domestic ~ отечественное производство
electronic film ~ видеосъёмка фильма
estimated ~ расчётная производительность
flow-line ~ поточное производство
full-scale ~ полномасштабное серийное производство
high-level ~ крупномасштабное производство
industrial ~ промышленное производство
in-house ~ собственное производство
inquiry ~ стимулирование запросов
intensive ~ интенсивное производство
job-order ~ изготовление продукции партиями по заказу
joint ~ совместное производство
knowledge-intensive ~ наукоёмкое производство
large-scale ~ крупносерийное производство
licensed ~ производство продукции по лицензии, лицензионное производство
line ~ конвейерное [поточное] производство
manufacturing ~ товарное производство
mass ~ массовое производство
mechanical ~ полиграфическое производство; изготовление оригинал-макета
net ~ чистая товарная продукция
offshore ~ производство за рубежом
piece ~ единичное [штучное] производство
pilot ~ опытное производство
print ~ производство печатной рекламы
quality ~ производство высококачественных товаров
quality-quantity ~ массовое производство высококачественных изделий
quantity ~ массовое производство
scale-down ~ сокращающееся производство
short-run ~ мелкосерийное производство
social ~ общественное производство
spectacular ~ роскошная постановка
start-up ~ запуск в производство
television ~ производство телевизионных фильмов; производство телерекламы
theatrical ~ театральная постановка
video tape ~ производство видеопрограмм, видеозапись программы
ware ~ основное товарное производство
wasteful ~ убыточное производство
zero-defects ~ бездефектное производство
productive продуктивный, эффективный, производительный
productivity результативность, эффективность, производительность; продуктивность, выработка
 ~ **of advertising** результативность рекламы
advertiser-agency ~ эффективность взаимоотношений между рекламодателем и агентством
agricultural ~ продуктивность сельского хозяйства
average ~ средняя производительность
base-period ~ производительность в базисный период
improved ~ повышенная производительность
labour ~ производительность труда
long-time ~ продолжительная продуктивность
marketing ~ результативность маркетинга
sales ~ торговая эффективность (*продавца*)
profession профессия, род занятий; занятие, ремесло
accountancy ~ бухгалтерское дело
advertising ~ рекламное дело
legal ~ юриспруденция
liberal ~s свободные профессии
professional профессионал; лицо свободной профессии [умственного труда]
advertising ~ специалист рекламы
career-oriented ~ профессионал, делающий карьеру
public relations ~ профессионал по связям с общественностью [по организации общественного мнения]

professional

research ~ исследователь-профессионал
skilled ~ высококвалифицированный профессионал
professor профессор, преподаватель
~ of economics профессор экономики
marketing ~ преподаватель маркетинга, лектор по маркетингу
proficiency знание, умение, опытность, сноровка
general ~ общие деловые качества, деловитость
linguistic ~ знание языков, владение языками
maintenance ~ умение выполнять техническое обслуживание
technical ~ техническая сноровка
profile 1. профиль, разрез, сечение 2. общий вид, облик
analytical ~ аналитический профиль
audience ~ профиль аудитории *(демографическая характеристика аудитории средства рекламы или аудитории, на которую рассчитано рекламное объявление)*
behavioural ~ поведенческий профиль
brand ~ профиль марки [марочного товара]
campaign ~ профиль рекламной кампании
consumer ~ профиль потребителя
customer ~ профиль клиентуры; учётная карточка [досье] клиента
demographic ~ демографический профиль
low ~ сдержанная позиция, сдержанность, скромная роль
mailing list ~ профиль рассылочного списка *(по демографическим показателям)*
market ~ структура [профиль] рынка
minute-by-minute ~ *вещ.* поминутный профиль, профиль аудитории в поминутной разбивке
prospect ~ профиль потенциального клиента
psychographic ~ психографический профиль
reader ~ профиль читательской аудитории

segment ~ профиль сегмента рынка
trademark ~ профиль товарного знака
profit 1. прибыль, доход 2. польза, выгода ◇ ~ per unit прибыль в расчёте на товарную единицу [на единицу продукции]; to conceal ~s утаивать прибыли; to derive ~ извлекать прибыль; to pull ~s создавать общий фонд из прибылей; to secure ~ получать прибыль; to sell at ~ продавать с прибылью; to yield ~ давать [приносить] прибыль
accumulated ~ суммарная прибыль
advertising ~ выручка от рекламы
after-tax ~ прибыль за вычетом подоходного налога
annual ~ ежегодная прибыль
anticipated ~ ожидаемая прибыль
average ~ средняя прибыль
commercial ~ торговая прибыль
cumulative ~ итоговая прибыль
current ~s текущие прибыли
distributed ~ распределённая прибыль
excess(ive) ~ сверхприбыль, чрезмерная прибыль
extra ~ добавочная прибыль
fair ~ справедливая прибыль
gross ~ валовая прибыль
healthy ~ устойчивая прибыль
here-and-now ~ сиюминутная прибыль
imaginary ~ предполагаемая прибыль *(страхуемая как надбавка к страховой стоимости груза)*, воображаемая прибыль
industrial ~ прибыль от промышленности
intercompany ~ внутрифирменная прибыль
lost ~(s) упущенная выгода
marginal ~ максимальная [предельная] прибыль, максимальный [предельный] доход
monopoly ~ монопольная прибыль
negative ~ убыток, потери
net ~ чистая прибыль
normal ~ нормальная прибыль
operating ~ прибыль от производственной деятельности
overall ~ валовой доход
planned ~ плановая прибыль

program

ploughed-back ~ капитализированная прибыль *(которая не распределяется, а вновь инвестируется)*
pretax ~ прибыль до вычета подоходного налога
projected ~ ожидаемая прибыль
pure ~ чистая прибыль
relative ~ относительная прибыль
retailing ~ прибыль [доход] от розничной торговли
retained ~ нераспределённая прибыль
satisfactory ~ удовлетворительная прибыль
short-term ~ краткосрочная прибыль
surplus ~ избыточная прибыль
target ~ плановая [целевая] прибыль
taxable ~ прибыль, подлежащая обложению налогом
top ~ максимальная [максимально возможная] прибыль
total ~ валовая прибыль
trade [trading] ~ торговая прибыль
undivided ~ нераспределённая прибыль *(акционерного общества)*
unit ~ *см.* profit per unit
windfall ~ непредвиденная прибыль *(в результате повышения цен)*
profitability прибыльность, выгодность, доходность, рентабельность
actual ~ фактическая [действительная] прибыльность, фактическая рентабельность
industry ~ рентабельность отрасли
long-term ~ долгосрочная рентабельность
profitable рентабельный, доходный, полезный
profit-driven направленный на получение прибыли, преследующий цели извлечения прибыли
profiteering спекуляция, спекулятивные операции
profit-minded заботящийся о прибыли
profit-mindedness нацеленность на извлечение прибылей
profit-seeking жаждущий прибыли
prognosis прогноз, предсказание
long-term ~ долгосрочный прогноз
market ~ рыночный прогноз
poor ~ неблагоприятный прогноз

program 1. программа, план 2. представление, спектакль
A ~ *амер. вещ.* сельскохозяйственная программа *(по классификации «Федеральной комиссии связи»)*
accelerated ~ ускоренная программа
action ~ программа действий
ad hoc ~ специальная программа
adjacent ~ *вещ.* соседняя [соседствующая] программа
advertising ~ рекламная программа, программа рекламы
arts ~ литературно-драматическая программа *(телевидения или радио)*, программа по искусству
audience-participation ~ программа с участием публики
audiovisual ~ аудиовизуальная программа
austerity ~ программа жёсткой экономии
black-oriented ~ программа, рассчитанная на негров
broadcast ~ вещательная программа
bus-stop benches ~ план рекламного оформления скамеек на остановках автобусов
canned software ~ *вчт* рабочая программа на стандартном носителе
children's ~ программа для детей, детская программа
commercial ~ *вещ.* коммерческая программа
communication(s) ~ программа коммуникаций
compilation ~ *вещ.* сборная программа *(смонтированная из материалов других программ)*
comprehensive negotiating ~ всеобъемлющая программа переговоров
cooperative advertising ~ 1. совместная рекламная программа *(обычно производителя и сферы торговли)* 2. сетевая программа, предусматривающая включение в неё местной рекламы
corporate identity ~ программа создания образа фирмы; программа создания фирменного стиля
cost-effectiveness ~ программа исследования экономической эффективности

487

program

crash ~ срочная [ускоренная] программа
customer assurance ~ программа гарантийного обслуживания клиентов
daytime ~ дневная программа
decision ~ программа принятия решений
development ~ программа опытно-конструкторских разработок; программа развития
devotional ~ *см.* R program
diagnostic ~ программа диагностики, тестовая программа
E ~ *амер. вещ.* развлекательная программа *(по классификации «Федеральной комиссии связи»)*
ED ~ *амер. вещ.* общеобразовательная программа *(по классификации «Федеральной комиссии связи»)*
EDIT ~ *амер. вещ.* редакционная программа *(по классификации «Федеральной комиссии связи»)*
educational ~ *см.* ED program
entertainment ~ *см.* E program
expanded ~ расширенная программа
factory advertising ~ *(собственная)* рекламная программа производителя *(в отличие от совместной)*
follow-up ~ последующая программа, программа последующих мер(оприятий)
foreign aid ~ программа помощи иностранным государствам
give-away ~ программа бесплатной [безвозмездной] раздачи *(образцов, рекламно-коммерческой литературы)*
government ~ правительственная программа
hospitality ~ программа приёма гостей, представительский приём, представительская программа
I ~ *вещ.* учебная программа, программа обучения *(по классификации «Федеральной комиссии связи»)*
incentive ~ программа поощрительного вознаграждения [стимулирования], поощрительная программа
information ~ информационная программа
in-house training ~ программа внутрифирменного обучения
institutional ~ *вещ.* престижная программа *(с включением только роликов престижной рекламы)*
instruction ~ *см.* I program
integrated ~ комплексная [единая] программа
introductory ~ вводная [ознакомительная] программа
investment ~ программа инвестиций [капиталовложений], инвестиционный план
joint testing ~ программа совместных испытаний
licensing ~ программа лицензирования
live ~ *вещ.* прямая передача, передача в режиме прямого эфира
loan ~ программа кредитования
local ~ *вещ.* местная [несетевая] программа
long-term ~ долгосрочная программа
low-appeal [low-rated] ~ малопопулярная программа
magazine concept ~ *вещ.* программа журнального замысла *(теле- или радиопрограмма, финансируемая не спонсором, а за счёт набора рекламных роликов разных рекламодателей)*
marketing ~ программа маркетинга, маркетинговая программа
marketing communications ~ программа маркетинговых коммуникаций
master ~ ведущая [основная] программа
meaningful ~ конструктивная [содержательная] программа
media ~ программа использования средств рекламы
media relations ~ программа поддержания отношений со средствами распространения информации
merchandising ~ программа стимулирования сферы торговли
movie ~ кинопрограмма
N ~ *см.* news program
national boating safety ~ общенациональная программа *(обеспечения)* безопасности маломерного судоходства
negotiating ~ программа ведения переговоров

program

network ~ программа *(вещательной)* сети, сетевая программа
network cooperative ~ сетевая программа с местным участием *(открытая для участия местных спонсоров и включения их рекламы)*
network television ~ программа телесети
news ~ программа новостей, информационная программа *(по классификации «Федеральной комиссии связи»)*
nighttime ~ *амер.* вечерняя [ночная] программа
O ~s *вещ.* прочие программы *(не укладывающиеся в рамки тематической классификации «Федеральной комиссии связи»)*
on-air ~ транслируемая программа, программа «с эфира»
open-end ~ программа с незапланированным временем окончания
optional ~ программа по выбору, факультативная программа
orientation ~ программа ознакомления [ориентации]
original ~ исходная программа
outline ~ проект программы
overall ~ сводная [общая] программа
PA ~ *вещ.* публично-правовая программа *(по классификации «Федеральной комиссии связи»)*
package ~ 1. *вещ.* программа, готовая к продаже спонсору *(но без рекламного наполнения)* 2. комплексная программа
paintbrush ~ программа рисования *(позволяющая рисовать произвольные изображения на экране дисплея, используя «мышь» вместо карандаша, кисти и аэрографа)*
participation ~ программа свободного участия *(открытая для разных рекламодателей)*
performance-documentary ~ художественно-документальная программа
pilot ~ 1. экспериментальная программа 2. ознакомительная [вводная] программа *(дайджест программы, демонстрируемый для получения отзывов зрителей и представления потенциальным рекламодателям)*

POL [political] ~ *амер. вещ.* политическая программа *(по классификации «Федеральной комиссии связи»)*
prerecorded ~ предварительно записанная программа
price-rebate ~ программа скидок с цены [ценовых уступок]
prime-time ~ программа, передаваемая в пиковое время, программа пикового времени
product development ~ программа разработки товара
profit-sharing ~ программа участия в прибылях
promotional ~ 1. программа стимулирования [«раскрутки»] *(сбыта)* 2. программа содействия
public affairs ~ *см.* PA program
public relations ~ программа по связям с общественностью
publicity ~ программа пропаганды, пропагандистская программа
purpose-oriented ~ целенаправленная программа
push money ~ программа денежного стимулирования усилий продавцов
R ~ *амер. вещ.* религиозная программа *(по классификации «Федеральной комиссии связи»)*
radio ~ радиопрограмма
radio quiz ~ радиовикторина
recruiting ~ программа набора *(напр. специалистов)*
rehabilitation ~ программа восстановления трудоспособности
religious ~ *см.* R program
retail cooperative ~ программа, осуществляемая совместно с розничными торговцами
S ~ *амер. вещ.* спортивная программа *(по классификации «Федеральной комиссии связи»)*
safety ~ программа *(обеспечения)* техники безопасности
sales ~ программа обеспечения сбыта
sales promotion ~ программа стимулирования сбыта
sales-support ~ программа содействия сбыту, программа поддержания сбыта
scheduled ~ запланированная программа, программа, идущая по расписанию

program

self-regulation ~ программа саморегулирования
simulation ~ программа имитационного моделирования, программа имитирования
social security [social welfare] ~ программа социального обеспечения
space ~ космическая программа, программа космических исследований
sponsored ~ спонсорская программа, программа спонсорского финансирования
sports ~ *см.* S program
studio ~ студийная программа
study ~ учебная программа
substantiation ~ программа доказательности
suspence ~ *вещ.* программа ужасов
sustaining ~ *вещ.* собственная программа станции *(не закупленная и не оплаченная спонсорами)*
syndicated ~ синдицированная программа
teaching ~ обучающая программа
test(ing) ~ программа испытаний
tie-in ~ вспомогательная программа *(увязанная с основными мероприятиями и дополняющая их)*
training ~ учебная программа, программа [курс] (профессионального) обучения
youth-orientated ~ молодёжная программа, программа, ориентированная на молодёжную аудиторию

Program:
Advertising Interchange ~ Программа взаимного обмена рекламой *(учреждалась в США в 1946 г.)*

programme *см.* program

program(m)ing составление программы, программирование
application ~ прикладное программирование
block ~ *вещ.* блочный принцип составления программ, блочное программирование
computer ~ программирование ЭВМ
distribution ~ планирование (работы системы) распределения
dynamic ~ динамическое программирование
evening ~ *амер. вещ.* вечерний программный блок *(сетевые программы в интервале 19.30 — 23.00 часов)*
format ~ стандартное программирование
investment ~ планирование капиталовложений
linear ~ линейное программирование
mathematical ~ математическое программирование
modular ~ модульное программирование
on-line ~ программирование в диалоговом режиме
scientific ~ научное программирование
system ~ системное программирование
television ~ компоновка телевизионных программ

progress 1. прогресс, развитие 2. успехи ◇ to be in ~ происходить, иметь место
~ of events ход событий
~ of orders ход выполнения заказов
economic(al) ~ экономический прогресс
industrial ~ промышленный прогресс
marked ~ заметный [явный] прогресс
modest ~ умеренные [скромные] успехи
rapid ~ быстрый прогресс
step-by-step ~ постепенный прогресс, постепенное движение вперёд
technical [technological] ~ технический прогресс

progression 1. поступательное движение; последовательность *(событий)* 2. прогрессия
tax ~ налоговая прогрессия

progressives:
colour ~ последующий красочный оттиск *(при однопрогонной многокрасочной печати)*

prohibition запрещение, запрет
complete and general ~ полное и всеобщее запрещение
comprehensive ~ всеобъемлющее запрещение
conditional ~ запрещение при определённых условиях, запрещение с оговорками

prominence

controlled ~ контролируемое запрещение
explicit ~ чётко изложенное [ясно выраженное] запрещение, недвусмысленное [прямое] запрещение
immediate ~ безотлагательное запрещение
moral ~ моральный запрет
overall ~ общее запрещение
simultaneous ~ одновременное запрещение
total ~ полное [тотальное] запрещение
unconditional ~ безоговорочное запрещение
verifiable ~ поддающееся проверке запрещение
workable ~ осуществимое запрещение

prohibitive запретительный, запрещающий, препятствующий

project 1. проект, план 2. тема *(исследования)* 3. строительный объект; новостройка
development ~ научно-техническая разработка
final ~ окончательный проект
joint ~ совместный проект
long-term ~ долгосрочный проект
make-work ~ надуманный проект
pilot ~ экспериментальный [пробный] проект
research ~ исследовательский проект, исследование
short-term ~ краткосрочный проект
standard ~ типовой проект
umbrella ~ всеобъемлющий проект, проект-«зонтик»

projection 1. проекция, проецирование 2. перспективная оценка, прогноз
back ~ *экр.* показ «на просвет», рирпроекция
consumer ~ потребительский прогноз
daylight ~ дневная проекция, проекция при дневном свете
demographic ~ демографический прогноз
population ~ перспективное исчисление населения
rear ~ *экр.* показ «на просвет», рирпроекция
sound film ~ звуковая кинопроекция, демонстрирование [показ] звукового кинофильма
still ~ покадровая проекция
trend ~ прогноз тенденции изменения

projectionist киномеханик
assistant ~ помощник киномеханика

projector (кино)проектор, проекционный аппарат
background ~ рирпроектор
balop(ticon) ~ телевизионный эпипроектор *(название по имени фирмы-производителя «Бауш энд Ломб»)*
carousel ~ диапроектор «карусель» *(с круглым магазином для 35-мм слайдов)*
cinema ~ кинопроектор, кинопроекционный аппарат
film-strip ~ фильмоскоп, диаскоп
home ~ домашний (кино)проектор, домашняя (кино)проекционная установка
make-up ~ проекционное устройство *(в фотонаборных машинах)*
motion-picture ~ *см.* cinema projector
opaque (reflection) ~ эпипроектор *(аппарат для проекции изображений на непрозрачной подложке)*
overhead ~ проектор-«журавль»
portable ~ портативный [передвижной] (кино)проектор, кинопередвижка
sepmag ~ двухплёночный проектор, проектор для показа с двух плёнок *(с отдельными трактами для зарядки позитива изображения и фонограммы на магнитной ленте)*
slide ~ диапроектор, проектор слайдов
small ~ узкоплёночный кинопроектор
telecine ~ телекинопроектор
telop ~ *см.* balop(tion) projector

proliferation распространение; количественный рост
brand ~ марочное изобилие
product ~ расширение товарного ассортимента

prominence видное положение ◇ to give ~ to *smth* особо выделять *что-л.*
attribute ~ заметность свойства

491

promise

promise обещание; перспектива, надежда ◇ to give [to make] ~ дать обещание, обещать
conditional ~ условное обещание
naked ~ ничем не подкреплённое обещание
parole ~ устное [словесное] обещание
positive ~ определённое [недвусмысленное] обещание
rash ~ опрометчиво данное обещание
unequivocal ~ твёрдое обещание
vain ~ пустое обещание

promo *вещ.* рекламное объявление; дополнительное упоминание спонсора
episodic ~ реклама будущих серий фильма
generic ~ *вещ.* самореклама станции

promoter 1. лицо, содействующее *какому-л.* мероприятию, пропагандист, приверженец 2. учредитель, основатель 3. антрепренёр
brand ~ пропагандист марки [марочного товара]
company ~ учредитель акционерного общества

promotion 1. стимулирование, поощрение; продвижение, содействие *(развитию)*, «раскрутка» 2. основание; учреждение
~ **of environmental health** оздоровление окружающей среды
~ **of health** укрепление здоровья
~ **of trade** содействие развитию торговли, стимулирование торговли
advertising ~ стимулирование с помощью рекламы
circulation ~ стимулирование роста тиража, содействие росту тиража
competitive ~ стимулирование, проводимое конкурентами, конкурентное стимулирование
consumer ~ стимулирование [«раскрутка»] потребителей; мероприятия по стимулированию, нацеленные на потребителей
consumer franchise building ~ стимулирующие меры по обеспечению товару привилегированного положения в глазах потребителей
demand ~ стимулирование [«раскрутка»] спроса

direct response ~ стимулирование в рамках прямого маркетинга
event ~ пропаганда мероприятия [события]
export ~ содействие развитию экспорта
in-store ~ мероприятия по стимулированию сбыта, проводимые в магазине
joint ~ совместное стимулирование
local ~ стимулирование *(сбыта)* на местном уровне, мероприятие по стимулированию на местном уровне, местное стимулирование
national ~ стимулирование в общенациональном масштабе
non-personal ~ неличное стимулирование
one-shot sales ~ разовое [единичное] мероприятие по стимулированию сбыта
price ~ ценовое стимулирование, стимулирование сбыта с помощью цен
product ~ продвижение [«раскрутка»] товара, меры по продвижению товара
retailer ~ стимулирование усилий розничных торговцев
sales ~ стимулирование [«раскрутка»] сбыта, меры по стимулированию [оживлению] сбыта *(стимулирование потребителей путём распродаж, конкурсов, премий, льготных предложений; стимулирование сферы торговли путём зачётов за закупку, включения товаров в номенклатуру путём проведения совместной рекламы, организации конкурсов дилеров; стимулирование собственного торгового персонала путём премий, проведения торговых конференций с выдачей призов)*
sales-force ~ стимулирование *(собственного)* торгового персонала
saturation ~ массовое интенсивное продвижение товара, массовое интенсивное стимулирование сбыта
seasonal ~ сезонное мероприятие по стимулированию сбыта
special ~ специальное мероприятие по стимулированию (сбыта)

proof

special price ~ предложение льготной цены
tie-in ~ сопутствующее стимулирование *(приуроченное к какому-л. событию)*
trade ~ стимулирование [«раскрутка»] сферы торговли; мероприятия по стимулированию, нацеленные на сферу торговли
umbrella ~ «зонтичное» стимулирование, зонтичная «раскрутка» *(осуществляемые фирмой-принципалом в поддержку своих торговых посредников)*

promulgation обнародование, опубликование; распространение, пропаганда

proof 1. доказательство 2. *полигр.* пробный оттиск; корректура 3. испытание, проверка ◇ ~ in sheets корректура в листах, вёрстка; to correct printer's ~s править гранки; to furnish [to produce] ~s представлять доказательства
~ of identity доказательство подлинности
~ of novelty доказательство новизны
~ of ownership доказательство права собственности, титул собственности
~ of performance оправдательный документ, доказательство исполнения
~ of purchase доказательство (совершения) покупки
~ of value доказательство ценности
accessory ~ второстепенное доказательство
acetate ~ пробный оттиск на прозрачной плёнке
active ~ активное доказательство
additional ~ дополнительное доказательство
block (maker's) ~ пробный оттиск с деревянного клише
clean ~ 1. корректурный оттиск для сводки 2. чистые листы
colour ~ 1. многокрасочный пробный оттиск 2. проба красок
composite ~ совмещённый пробный оттиск
conclusive ~ решающее [неопровержимое] доказательство
dirty ~ первая [типографская] корректура, первый корректурный оттиск, «грязная» корректура *(с большим количеством ошибок)*
documentary ~ документальное доказательство
economic ~ экономическое доказательство
enamel ~ *см.* repro(duction) proof
file ~ архивный оттиск, экземпляр для подшивки в досье
final ~ последний корректурный оттиск, сводка
foundry ~ подписная корректура; последняя корректура перед изготовлением стереотипов
galley ~ корректура в гранках; корректурная гранка
hard ~ веское [убедительное] доказательство
house ~ типографская корректура
literal ~ 1. письменное [документальное] доказательство 2. установление факта при помощи письменных доказательств
machine ~ пробный оттиск, полученный на печатной машине
makeup ~ корректура вёрстки
negative ~ доказательство от противного
page ~ корректурный оттиск со свёрстанного набора
passive ~ пассивное доказательство
positive ~ прямое [позитивное] доказательство
press ~ сигнальный экземпляр
printed ~ пробный оттиск
product ~ испытание изделия
progressive ~ последовательный отпечаток, последовательная проба цвета
reliability ~ проверка надёжности
repro(duction) ~ оттиск с набора, предназначенный для фоторепродуцирования, офсетной *или* глубокой печати
scientific ~ научное доказательство
statistical ~ статистическое доказательство
trial ~ пробный оттиск
ultimate ~ окончательное доказательство
valid ~ веское [убедительное] доказательство

493

proofreading

proofreading корректура, чтение корректуры
prop предмет реквизита
   visual ~s видимый реквизит
propaganda пропаганда
   intelligible ~ доходчивая пропаганда
   jingoistic ~ ура-патриотическая пропаганда
   manipulative ~ тенденциозная пропаганда *(для манипулирования общественным мнением)*
   subversive ~ подрывная пропаганда
propert/y 1. собственность, имущество 2. свойство, качество; характерная особенность 3. реквизит
   anti-inflammatory ~ противовоспалительное свойство
   basic ~ основное свойство
   collective ~ коллективная собственность
   commercial ~ies товарные качества
   common ~ общая собственность
   community ~ 1. общее имущество супругов 2. общинная собственность
   consumer ~ies потребительские свойства
   cooperative ~ кооперативная собственность
   corporate ~ акционерная [корпоративная] собственность
   cultural ~ культурные ценности
   desirable ~ies желательные свойства
   eating ~ies съедобность
   family ~ семейное имущество
   group ~ групповая собственность
   healing [health-giving] ~ целебное свойство
   immovable ~ недвижимость
   individual ~ индивидуальная [личная] собственность
   industrial ~ промышленная собственность
   inherited ~ унаследованное имущество
   insured ~ застрахованное имущество
   intangible ~ нематериальное [неосязаемое] имущество, имущество в правах
   intellectual ~ интеллектуальная собственность
   joint ~ совместная собственность, сособственность
   landed ~ земельная собственность
   leasehold ~ арендованная собственность
   movable ~ движимое имущество
   national ~ государственная собственность
   nutritive ~ питательное свойство
   operational ~ эксплуатационное свойство
   ownerless ~ выморочное имущество; бесхозное имущество
   particular ~ies специфические свойства
   patent ~ владение патентом, право собственности на патент
   pecuniary ~ наличный капитал
   personal ~ 1. личная [индивидуальная] собственность 2. движимое [персональное] имущество
   physical ~ физическое свойство
   private ~ частная собственность
   psychological ~ психологическая характеристика
   public ~ общественная собственность *(государственная и местных муниципальных органов)*
   real ~ недвижимое [реальное] имущество, недвижимость
   rented ~ арендуемая собственность
   separate ~ обособленное имущество
   social(ized) ~ общественная собственность *(некоммерческих организаций)*
   state ~ государственная собственность
   structural ~ies структурные [конструкционные] свойства
   tangible ~ 1. осязаемое свойство 2. материальное имущество, имущество в вещах
   toxic ~ токсическое свойство, токсичность
   transferred ~ переданная [уступленная] собственность
   undesirable ~s нежелательные свойства
prophecy предсказание, пророчество
   self-fulfilling ~ самосбывающееся пророчество
proponent сторонник, защитник *(определённых мер)*
proportion 1. пропорциональность, со-

размерность 2. пропорция, доля, часть ◇ **out of** ~ несоразмерно
considerable ~ значительная доля
direct ~ прямо пропорциональная зависимость
inverse ~ обратно пропорциональная зависимость

proposal 1. предложение; план 2. *амер.* заявка *(на торгах)* ◇ **to make [to offer]** ~ вносить предложение
~ **of substance** предложение по существу
accepted ~ принятое предложение
alternative ~ альтернативное предложение; контрпредложение, контрпроект
budget ~ предложение по смете; бюджетный законопроект
competitive ~ конкурентное [конкурентоспособное] предложение
complementary ~ дополнительное [дополняющее] предложение
formal ~ официальное предложение
implemented ~ внедрённое [реализованное] предложение
initiative ~ инициативное предложение
interim ~ промежуточное предложение
joint ~ совместное предложение
joint-venture ~ предложение о создании совместного предприятия
outline ~ предложение в общих чертах
package ~ комплексное предложение в «пакете»
patentable ~ патентоспособное предложение
problem-solving ~ предложение по (раз)решению проблемы
product ~ товарное предложение
reasonable ~ разумное предложение
research ~ изложение проблемы исследования
specific ~ конкретное предложение
valid ~ действенное [веское] предложение
written ~ письменное предложение

proposition 1. предложение, план 2. суждение; тезис; заявление; законодательное предположение ◇ **to erect** ~ выдвинуть предложение
~ **of law** норма права

definite ~ определённое [чёткое] предложение
master ~ главное суждение
(safe) business ~ деловое предложение
self-contained ~ самостоятельное [целостное] предложение
selling ~ торговое предложение
sound ~ здравое предложение
unique selling ~ уникальное торговое предложение, УТП *(теория, разработанная американским специалистом рекламы Россером Ривсом. УТП предусматривает обязательное наличие в рекламе трёх составляющих: 1. Реклама должна предлагать потребителю конкретную выгоду. 2. Предложение должно быть уникальным в данной сфере. 3. Предложение должно быть актуальным и достаточно привлекательным.)*

proprietor хозяин, владелец, собственник
~ **of the posthumous work** владелец авторского права на литературное произведение после смерти автора
actual ~ фактический владелец
copyright ~ владелец авторского [издательского] права
individual ~ единоличный собственник
joint ~ совладелец
landed ~ землевладелец
subsequent ~ правопреемник

prospect 1. потенциальный клиент; перспективный потребитель 2. перспектива, панорама ◇ **in** ~ в перспективе; **to impair** ~**s** ухудшать перспективы
~ **of success** надежда на успех
best ~ наиболее перспективный потенциальный покупатель
desirable ~ желательный потенциальный покупатель
difficult sales ~ неподатливый потенциальный покупатель *(медленно реагирующий на воздействие рекламы)*
easy sales ~ податливый потенциальный покупатель *(быстро откликающийся на воздействие рекламы)*

prospect

    potential ~ возможный потенциальный покупатель
    primary [prime] ~ наиболее вероятный потенциальный покупатель
    promising ~ перспективный потенциальный покупатель
    real ~ реальный потенциальный покупатель
    remote ~ маловероятные перспективы, слабая надежда
    sales ~ потенциальный покупатель
    serious ~ *см.* promising prospect
    target ~ целевой потенциальный покупатель
    unreceptive ~ неотзывчивый потенциальный клиент
prospectus (рекламный) проспект
    exhibit ~ выставочный проспект, проспект выставки
protection 1. защита, охрана 2. покровительство, протекционизм *(напр. в торговле)* ◇ ~ from unfair competition охрана от недобросовестной конкуренции
    ~ of attributes охрана внешнего вида [оформления] товаров *(вид правовой охраны промышленной собственности)*
    ~ of labels охрана ярлыков и этикеток
    ~ of marks охрана (товарных) знаков
    antitheft ~ защита от кражи [хищения]
    commercial ~ *вещ.* охранный [защитный] интервал ролика *(время до и после трансляции теле- или радиоролика, в течение которого нельзя давать рекламу конкурирующих товаров)*
    consumer ~ защита потребителя
    copyright ~ охрана авторского [издательского] права
    data ~ охрана [защита] информации
    design ~ охрана промышленного образца
    environmental ~ защита окружающей среды
    humanitarian ~ гуманитарная защита
    interim ~ временная (правовая) охрана
    international ~ международная охрана
    labour (health) ~ охрана труда
    legal ~ правовая защита
    long-term ~ долговременная охрана
    mortgage ~ страхование погашения ипотечной задолженности
    patent ~ охрана патентов [патентных прав]; патентная защита *(напр. изобретения)*
    price ~ ценовая защита
    property ~ охрана собственности
    provisional ~ *см.* interim protection
    quality ~ защита качества
    rate ~ тарифная подстраховка *(условие о сохранении тарифной ставки, стабильной в течение всего срока действия договора)*
    short-term ~ кратковременная охрана
    territorial trademark ~ территориальная охрана товарных знаков
    trade dress ~ *см.* protection of attributes
    trademark ~ охрана товарных знаков
    wilderness ~ сохранение девственной природы
prototype прототип, образец, модель
    debugged ~ конструктивно доведённый прототип
    developmental ~ опытный образец
    experimental ~ экспериментальный образец
    pre-production ~ макет
    production ~ опытный образец изделия *(для серийного изготовления)*
provider поставщик
    information ~ источник [поставщик] информации
    program(me) ~ *вещ.* поставщик программ
    service ~ поставщик [продавец] услуг, торговец услугами
    universal ~ торговец товарами смешанного ассортимента
provision 1. положение, условие *(договора)* 2. обеспечение, снабжение
    ~ of law норма закона
    ~s of lease условия арендного договора
    basic ~s основные положения
    contractual ~ договорное положение
    debatable ~ спорное положение
    implementation ~ положение об осуществлении [о выполнении]

legal ~ норма права
legislative ~ законоположение
mandatory ~ обязательное положение *(договора)*
optional ~ необязательное положение *(договора)*, диспозитивная норма
permissive ~ необязательное положение, разрешающее [разрешительное] положение
principal ~s основные положения
procedural ~ процессуальная норма
reciprocity ~ положение о взаимности
regulatory ~ регулятивная норма
restrictive ~ ограничительное [ограничивающее] положение; ограничивающая [ограничительная] норма
safety ~s меры безопасности
temporary ~ временное условие
prudent предусмотрительный, расчётливый, бережливый
psyche душа, дух; духовная жизнь
national ~ национальный дух
psychoanalysis психоанализ
psychoanalyst психоаналитик, специалист по психоанализу
psychogenic психогенный
psychographics психография *(характерные психологические особенности аудитории: характер, склонности и преобладающие интересы, отношения, образ жизни)*
psychologist психолог
consumer ~ психолог-специалист по потребительскому поведению
experimental ~ психолог-экспериментатор
psychology 1. психология 2. психика, душевный склад
abnormal ~ патопсихология
advertising ~ психология рекламы
applied ~ прикладная психология
clinical ~ клиническая психология
consumer ~ психология потребителей
depth ~ глубинная психология; психоанализ
differential ~ дифференциальная психология
economic ~ экономическая психология
engineering ~ инженерная психология
environmental ~ экологическая психология, психология влияния (на человека) факторов окружающей среды
industrial ~ промышленная психология
market ~ рыночная психология, психология рынка
reverse ~ психология наоборот [«навыворот»]
social ~ социальная [общественная] психология
public 1. публика, общественность; контактная аудитория 2. *pl* группы [секторы] аудитории ◊ ~ at large широкая публика
citizen action ~ гражданская группа действия
consuming ~ 1. потребительская аудитория 2. *pl* группы потребителей
financial ~ 1. контактная аудитория финансовых кругов 2. *pl* финансовые круги
general ~ широкая публика
general consuming ~ широкие массы потребителей
government ~ контактная аудитория государственных учреждений
internal ~ рабочие и служащие фирмы, штатный персонал фирмы, внутрифирменная аудитория, внутренняя контактная аудитория фирмы
key ~s основные группы аудитории
listening ~ слушатели, аудитория слушателей
local ~ 1. местное сообщество, местная контактная группа 2. местные жители
media ~ контактная аудитория средств (распространения) информации
reading ~ читающая публика
sophisticated ~ искушённая публика
sought ~ искомая публика
unwelcome ~ нежелательная аудитория
viewing ~ зрительская аудитория
welcome ~ благожелательная [благодарная] аудитория
publican хозяин [содержатель] закусочной [бара], трактирщик
publication 1. издание, публикация, выпуск 2. издание, номер *(напр. журнала)*

publication

abstract ~ реферативное издание
academy ~ академическое издание
advertising ~ 1. рекламная публикация 2. рекламное издание
anniversary ~ юбилейное издание
annual ~ ежегодное издание, ежегодник
audiovisual ~ аудиовизуальное издание *(с использованием пластинок, магнитных записей, слайдов)*
biennial [biyearly] ~ издание, выходящее два раза в год
business ~ деловое [профессиональное] издание
church ~ церковное издание
class ~ престижное [элитное] издание
club ~ издание клуба
commercial ~ коммерческое издание
consumer ~ потребительское издание, издание для потребителей
custom ~ заказное (периодическое) издание *(типа журнала престижной рекламы)*
dated ~ датированное издание
demographic ~ демографическое издание, издание демографической направленности
departmental ~ ведомственное издание
farm ~ сельскохозяйственное издание
festive ~ юбилейный выпуск
free ~ бесплатное (периодическое) издание *(рассылаемое по списку)*
government ~ издание государственного органа, (печатный) орган государственного учреждения
horizontal ~ горизонтальное издание *(рассчитанное на специалистов аналогичного профиля и уровня в разных отраслях деятельности)*
industrial [industry] ~ отраслевое издание *(сферы промышленности)*
information ~ информационное издание
institutional ~ фирменное издание, издание организации
irregular ~ нерегулярное издание, издание, выходящее нерегулярно
joint ~ совместное издание
mail order ~ издание (для) посылочной торговли
mass ~ массовое издание, издание массовым тиражом
music ~ музыкальное издание
noncommercial ~ некоммерческое издание; издание, не поступающее в продажу
numbered ~ нумерованное издание
occasional ~ разовое издание
official ~ официальное издание
paid ~ платное издание
previous ~ предшествующая публикация
printed ~ 1. печатная публикация 2. печатное издание
regional ~ региональное издание
registered [restricted] ~ издание для служебного пользования, издание ограниченного распространения
review ~ обзорное издание
scientific ~ научное издание
semiannual ~ издание, выходящее два раза в год
serial ~ серийное издание
shelter ~ издание по домоводству и уходу за жилищем
special ~ специальное издание
specialized ~ специализированное издание
staff ~ фирменное издание для служащих организации
tabloid(-size) ~ издание типа малоформатной газеты *(30,5 X 40,6 см)*
technical ~ техническое издание
trade ~ профессиональное издание
translated ~ переводное издание
unofficial ~ 1. неофициальная публикация 2. неофициальное издание
vertical ~ вертикальное издание *(рассчитанное на специалистов всех уровней в конкретной сфере деятельности)*
warning ~ предупредительная публикация
weekly ~ еженедельник, еженедельное издание
publicist специалист по пропаганде
publicity 1. пропаганда, «паблисити»; реклама; популяризация 2. публичность, гласность, известность ◇ to seek ~ добиваться [требовать] гласности
advance ~ опережающая реклама
adverse ~ неблагоприятное освеще-

ние *(в средствах массовой информации)*; антиреклама
book ~ книжная реклама
broad ~ широкая известность
editorial ~ освещение *(деятельности фирмы)* в прессе
favourable ~ благожелательная реклама; распространение благоприятных сведений
hygiene ~ санитарная пропаганда
institutional ~ пропаганда организации, престижная реклама
merchandising ~ пропаганда на сферу торговли
product ~ пропаганда товара
word-of-mouth ~ устная молва
publisher издатель
book ~ книгоиздатель
fiction ~ издатель беллетристики
music ~ издатель музыкальной литературы, издатель нот
newspaper ~ издатель газеты
paperback ~ издатель литературы в мягкой обложке
vanity ~ издатель, выпускающий книги на средства авторов
publishing 1. издательское дело 2. издание *(произведения)*
book ~ книгоиздательство, книгоиздательское дело
custom ~ издание по заказу *(изготовление печатных материалов в форме журнала издательством по заказу крупного рекламодателя с рекламой только этого рекламодателя. Журнал полностью готовится издательством и распространяется им же, но только среди потенциальных потребителей рекламодателя, что практически позволяет избегать бесполезного тиража)*
desk-top [electronic] ~ оперативная полиграфия
own ~ издание автора
pub-set «с набором у издателя» *(пометка в заказе на публикацию, означающая, что набор объявления должен быть произведён изданием, в котором оно появится)*
puffery, puffing 1. славословие, непомерное восхваление, крикливость 2. «дутая» реклама

advertising ~ рекламное славословие
product ~ крикливое восхваление товара, славословие в адрес товара
trade ~ торговое славословие
pull 1. привлекательность, броскость 2. *разг.* преимущество 3. *полигр.* пробный оттиск 4. напряжение
demand ~ интенсивность спроса *(превышение платёжеспособного спроса над товарным предложением)*
easy ~ светлый корректурный оттиск
hard ~ жирный корректурный оттиск
psychological ~ психологическая притягательность
type ~ пробный оттиск текстового материала
usage ~ вовлечение в потребление
pulled вовлечённый в потребление *(в теории УТП)*
puller 1. нечто притягательное 2. приспособление для вытягивания [вытаскивания] 3. *полигр.* тискальщик
crowd ~ зрелище, привлекающее публику; кассовое мероприятие; любимец публики *(об актёре)*
focus ~ 1. *экр.* ассистент кинооператора *(производящий наводку на резкость)* 2. оператор видеокамеры
nail ~ гвоздодёр
proof ~ тискальщик корректуры, пробист
staple ~ приспособление для вытаскивания скобок
pull-out *полигр.* вклейка большого формата
pulp 1. мякоть *(плода)* 2. пульпа; целлюлоза
cellulose ~ целлюлозная масса
fruit ~ плодовая мякоть; плодовое пюре
tomato ~ томат-пюре
wood ~ древесная целлюлоза
pulsing пульсация, пульсирующий график *(размещение рекламы, при котором периоды повышенной активности чередуются с периодами относительного или полного затишья)*
pump насос, помпа
air ~ воздушный насос, компрессор
beer ~ пивной насос
fuel ~ топливный насос

pump

gasoline ~ бензоколонка, бензонасос
grain ~ пневматический зернопогрузчик
hand ~ ручной насос
ink ~ красочный насос
juice ~ насос для перекачки соков
oil ~ масляный насос
soap ~ насос для перекачки мыла
water ~ водяной насос

punch 1. ударная сила, натиск, напор **2.** пунш *(напиток)*
Hawaiian ~ гавайский пунш *(безалкогольный напиток из сока ананасов, бананов и цитрусовых)*
milk ~ молочный пунш *(смесь молока, рома или виски с сахаром, ароматизированная мускатным орехом)*
wine ~ винный пунш, пунш на основе вина

punchy напористый, энергичный

pupilometer прибор для регистрации движения глаз *(при чтении или просмотре передач)*

purchase покупка, закупка, приобретение ◇ ~ for cash покупка за наличные, кассовая сделка; ~ for future delivery покупка на срок; ~ in volume *см.* bulk purchase; ~ on credit покупка в кредит
actual ~ реальная покупка; акт купли-продажи
brand-loyal ~ покупка в силу приверженности к (товарной) марке
bulk ~ массовая закупка, закупка оптом
business ~ деловая закупка, деловое приобретение
compulsory ~ принудительная покупка
conditional ~ условная покупка
consumer ~s потребительские покупки
continued ~s постоянные закупки
counter ~ встречная закупка
fill-in ~ вспомогательная закупка, покупка для «затыкания брешей»
firm ~ твёрдо обусловленная покупка
forward ~ покупка на срок
government ~s государственные [правительственные] закупки
gradual ~ постепенная закупка, закупка по частям
gross ~s валовой объём закупок
hire ~ *англ.* покупка в рассрочку
impulse ~ импульсная покупка
initial ~ первичная [первоначальная] покупка
major ~ крупная покупка, крупное приобретение, основная закупка
net ~s объём закупок нетто
one-time ~ одноразовая [единовременная] покупка
partial ~ частичная закупка
personal ~ личная покупка, приобретение для себя
practical ~ практичная [полезная] покупка
product ~ покупка [закупка] товара
public ~s *см.* government purchases
quantity ~ массовая закупка, закупка оптом
regular ~ регулярная покупка [закупка]
repeat ~ повторная покупка
replacement ~ покупка на замену
routine ~ обыденная [повседневная] покупка
silent ~ бессловесная покупка
special ~ льготная покупка, покупка на особых *(обычно льготных)* условиях
trial ~ пробная покупка
volume ~ закупка большого объёма

purchaser покупатель
initial ~ первоначальный покупатель
original ~ настоящий [изначальный] покупатель
primary ~ первоначальный [первичный] покупатель
prospective ~ потенциальный покупатель
regular ~ постоянный покупатель
repeat ~ повторный покупатель, лицо, совершающее повторную покупку
solvent ~ платёжеспособный покупатель

purchasing закупочная деятельность; покупка, закупка
magazine ~ покупка журналов
repeat ~ повторная покупка

purpose цель, намерение, замысел ◇ beside the ~ нецелесообразно; for all practical ~s фактически, по существу; of set ~ с умыслом, предумыш-

ленно, преднамеренно; on ~ нарочно, с целью; to no ~ напрасно, тщетно, безуспешно; to the ~ кстати, к делу
  advertising ~ цель рекламы, рекламная цель
  civil ~s гражданские цели
  common ~ общая цель
  dual ~ двойная цель
  hostile ~ враждебная цель
  law-enforcement ~ цель поддержания [обеспечения] правопорядка
  main ~ основная цель
  marketing ~ цель маркетинга
  original ~ подлинная цель
  overriding ~ главная цель
  primary ~ основная [первоочередная] цель
  sales [selling] ~ коммерческая цель, цель сбыта
  ultimate ~ конечная цель
purpose-made целевого назначения, изготовленный по заказу
purse 1. кошелёк, сумка 2. деньги, богатство 3. денежные средства
  fat ~ богатство
  lean ~ тощий кошелёк, безденежье
  long ~ много денег, толстый кошелёк
  public ~ казна
pursuit 1. преследование; поиски 2. стремление; занятие
  daily ~s повседневные занятия
  leisure ~s досуг, занятия на досуге
push толчок, стимул, давление; быстрое продвижение, бросок
  inner ~ внутренний стимул
  promotional ~ концентрированные усилия по стимулированию (сбыта)
  sales ~ концентрированные усилия по сбыту
  technology ~ технологический бросок
pusher 1. толкач 2. толкающее устройство
  paper ~ амер. жарг. «толкач» бумажек, канцелярская крыса
  pedal ~ педальная тележка
pushover амер. жарг. лёгкая добыча; пустяковое дело; легко преодолеваемое препятствие
pylon:
  advertising ~ рекламная тумба
pyramid пирамида
  ~ of numbers пирамида чисел
  age ~ возрастная [возрастно-половая] пирамида населения
  double ~ «двойная пирамида» (макет газетной полосы с двумя столбцами рекламы по бокам и центральным столбцом редакционного материала)
  floor ~ напольная пирамида, напольная штабельная выкладка (товара), выкладка товара пирамидой на полу
  hierarchical ~ иерархическая пирамида, пирамида иерархии
  inverted ~ полигр. «перевёрнутая пирамида» (отцентрованный заголовок, в котором каждая последующая строка короче предыдущей)
  population ~ возрастно-половая пирамида населения
  truncated ~ усечённая пирамида

Q

qualification 1. квалификация, подготовленность 2. ограничение, ценз 3. свойство, качество ◇ to have ~ for occupation иметь право заниматься чем-л.; to possess ~s удовлетворять требованиям
  ~ of arguments юр. уточнение доводов
  age ~ возрастной ценз
  character ~s требования к личности
  data ~ классификация данных
  education(al) [literacy] ~ образовательный ценз
  personal ~s личные качества
  property ~ имущественный ценз
  residential ~ ценз оседлости
  tax ~ налоговый ценз
qualit/y 1. качество; сорт 2. ценность 3. свойство ◇ "sell on ~ , not price" «продавайте за счёт качества, а не цены» (девиз американской фирмы «Джон Дир», выпускающей сельскохозяйственные машины); to be up to ~ соответствовать требованиям; to design ~ in закладывать качество при проектировании
  ~ of manufacture см. manufacturing quality
  ~ of natural environment качество природной среды

quality

A-1 ~ качество, соответствующее первому сорту
A-3 ~ высшее качество
absolute ~ абсолютное качество
acceptable ~ приемлемое качество
adequate ~ доброкачественность
appealing ~ притягательная черта, притягательное свойство
art ~ художественное качество *(изображения)*
attributed ~ приписываемое качество
audience ~ качественная характеристика аудитории
average ~ среднее качество
benefit-giving ~ies потребительские свойства
bottom ~ очень низкое качество
brand ~ качество марочного товара
broadcast ~ *вещ.* вещательное качество
choice ~ отборное качество; отборный сорт
colour reproduction ~ качество воспроизведения цветов
commercial ~ торговое качество
common ~ общее свойство
competitive ~ конкурентоспособное качество
conceptual ~ концептуальное качество
consistent ~ однородное качество
continued ~ единообразное (во времени) качество
contract ~ качество, оговоренное контрактом, качество по контракту
customer ~ качественные характеристики клиентов
delivery ~ качество поставляемой продукции
distinctive ~ характерное [отличительное] качество
edible ~ пищевое качество, съедобность
editorial ~ редакционное качество *(издания)*, качество редакционного содержания *(материалов)*
environmental ~ качество окружающей среды
established ~ подтверждённое [доказанное] качество
expected ~ ожидаемое качество
experienced ~ удостоверенное (опытом) [эмпирическое] качество

factual ~ фактическое [реальное] качество
fine ~ отличное качество
first-rate ~ высшее качество, высший сорт
functional ~ функциональное [эксплуатационное] качество
guaranteed ~ гарантированное качество
healing [health-giving] ~ целебное свойство
hidden ~ скрытое качество
image ~ качество изображения
inferior ~ низкое качество
intended ~ планируемое качество
keeping ~ стойкость при хранении, сохраняемость, лёжкость, лёжкоспособность
latent ~ скрытое свойство
life ~ качество жизни
limiting ~ предельный уровень качества
luxury ~ сверхвысокое качество, качество на уровне предметов роскоши
managerial ~ies организаторские способности
manufacturing ~ производственное качество, качество производства, качество изготовления
mental ~ies умственные способности
merchantable ~ коммерческое качество; качество, пригодное для торговли
middling ~ средний сорт; среднее качество
nutritional ~ies питательные качества, питательная ценность
objective ~ объективная качественная характеристика
off ~ низкое [нестандартное] качество
perceived ~ies 1. воображаемые качества 2. осознаваемые [воспринимаемые] качества
perceived product ~ воспринимаемое качество товара
performance ~ качество работы
photographic ~ фотографическое качество *(изображения)*
population ~ качественный состав населения
premium [prime] ~ высшее качество; высший сорт
printing ~ 1. качество печати 2. *pl* печатные свойства

502

question

proved ~ подтверждённое [доказанное] качество
questionable ~ сомнительное качество
readership ~ качественная характеристика читательской аудитории
recognized ~ признанное качество
relative ~ относительное [сравнительное] качество
reliable ~ надёжное качество
reproduction ~ качество воспроизведения
ride ~ качество езды
running ~ рабочая характеристика; эксплуатационные качества
salutory ~ благотворное качество
service ~ качество обслуживания [сервиса]
shipping ~ транспортабельность
standard ~ стандартное качество; доброкачественность
storage ~ см. keeping quality
superior ~ высшее качество; высший сорт
uneven ~ неоднородное качество
uniform ~ однородное качество
value ~ies ценностные критерии
voice ~ies голосовые данные
want-satisfying ~ потребительское качество или свойство товара, удовлетворяющее запросы покупателя
zero-defect(s) ~ бездефектность
quantification количественная оценка, определение количества
quantit/y количество, объём; размер ◇ in ~ в большом количестве, в изобилии
~ of life продолжительность жизни
available ~ наличное количество, количество, имеющееся в наличии
average order ~ средний размер заказа
batch ~ размер партии
bulk ~ оптовая [крупная] партия, большое количество
carload ~ вагонная партия груза
contracted ~ количество, указанное в договоре
economic order ~ (наиболее) экономичный [оптимальный] размер заказа
economic production ~ (наиболее) экономичный объём производства
fixed order ~ фиксированный размер заказа
known ~ данная величина
make ~ объём выпуска продукции
negligible ~ ничтожное [незначительное] количество
order ~ размер [объём] заказа
product ~ количество продукции
production ~ объём производства
purchase ~ размер закупок
sample ~ опытная партия
write-off ~ минимально окупаемый объём производства
quarter-day день, начинающий квартал (*сроки платежей в Англии: 25 марта, 24 июня, 29 сентября и 25 декабря*)
quarto *полигр.* 1. четвертушка листа 2. формат в четвёртую часть листа (*получаемый фальцовкой бумаги любого размера в два сгиба*)
crown ~ формат книги 19 × 25 см
demy ~ формат книги 22 × 28,5 см
double imperial ~ формат печатной бумаги 73,7 × 114 см
foolscap ~ формат книги 17 × 21,5 см
imperial ~ формат книги 28 × 38 см
large post ~ формат книги 21 × 27 см
queen-size увеличенный в ширину, имеющий размеры 150 × 200 см (*о кровати, матраце*)
quest стремление, поиск ◇ in the ~ for originality в погоне за оригинальностью
psychological ~ психологическое стремление
question вопрос, проблема ◇ to raise [to start] ~ поднять [возбудить] вопрос
~ of confidence вопрос о доверии
~ of principle принципиальный вопрос, вопрос принципиального характера
admissible ~ допустимый вопрос
alternative ~ альтернативный вопрос
basic ~ элементарный вопрос
broad ~ общий [широко поставленный] вопрос
catch ~ *юр.* вопрос-ловушка
close-end(ed) ~ закрытый вопрос, вопрос, допускающий единственный

question

ответ *(из числа заранее подготовленных)*
damaging ~ *юр.* каверзный вопрос
dichotomous ~ альтернативный вопрос
direct ~ прямой вопрос
discussion ~ вопрос для обсуждения
encoded ~ зашифрованный [закодированный] вопрос
evaluative ~ оценочный вопрос
far-reaching ~ вопрос, чреватый серьёзными последствиями
filter ~ отсеивающий вопрос, вопрос-фильтр
fixed-alternative ~ *см.* close-end(ed) question
free-response ~ *см.* open-end(ed) question
hurdle ~ отсеивающий вопрос, вопрос-фильтр
hypothetical ~ гипотетический вопрос, вопрос в форме предположения
inadmissible ~ недопустимый вопрос
incriminating ~ инкриминирующий вопрос *(имеющий целью уличить отвечающего)*
indirect ~ косвенный вопрос
irrelevant ~ *юр.* вопрос, не относящийся к делу, вопрос не по существу
judicial ~ вопрос, подлежащий компетенции судебной власти
lead ~ вводный [начальный, первый] вопрос
leading ~ наводящий вопрос
limited-response ~ вопрос с ограниченным ответом
loaded ~ вопрос с заранее заданным ответом, вопрос, уже содержащий в себе ответ; провокационный вопрос
multiple-choice ~ вопрос с многовариантным ответом
oblique ~ косвенный вопрос
open-end(ed) ~ открытый вопрос, вопрос, допускающий неограниченное число ответов
pending ~ рассматриваемый [находящийся на рассмотрении] вопрос
personal ~ личный вопрос, вопрос личного характера
pertinent ~ *см.* relevant question
pivotal ~ главный [ключевой] вопрос
pointed ~ целенаправленный вопрос
practical ~ практический вопрос
probing ~ зондирующий вопрос

problematic ~ проблематичный вопрос
problem-setting ~ вопрос, требующий формулировки задачи
qualifying ~ квалифицирующий [уточняющий] вопрос
queasy ~ щекотливый вопрос
recall ~ вопрос на припоминание
relevant ~ вопрос, относящийся к делу, вопрос по существу, актуальный вопрос
review ~ вопрос для обсуждения
screening ~ отсеивающий вопрос, вопрос-фильтр
straight ~ прямой вопрос
structured ~ структурированный вопрос
substantive ~ вопрос, касающийся существа, непроцедурный вопрос
suggestive ~ внушающий [наводящий] вопрос
ticklish ~ щекотливый вопрос
trick ~ каверзный вопрос
true-false ~ альтернативный вопрос, вопрос с двухвариантным выбором ответа «да-нет»
unanswerable ~ вопрос, на который нельзя ответить
unsettled ~ не(раз)решённый вопрос; не(раз)решённая проблема
unstructured ~ вопрос без заданной структуры
vexed ~ злободневный [острый] вопрос
yes-no ~ *см.* true-false question
questionable сомнительный, не внушающий доверия, ненадёжный
questioning опрашивание, опрос
  direct ~ прямой [непосредственный] опрос (без применения техники глубинного интервью)
  indirect ~ косвенный опрос
questionnaire *фр.* анкета, опросный лист, опросник ◇ to fill in ~ заполнить анкету
basic ~ основная анкета
census ~ опросный лист переписи; статистическая анкета
confidential ~ конфиденциальная анкета
direct ~ анкета с прямыми вопросами [с прямой постановкой вопросов]
indirect ~ анкета с косвенными [замаскированными] вопросами

mail [postal] ~ анкета, рассылаемая по почте, почтовая анкета
sample ~ пробная анкета
self-administered ~ анкета самостоятельного заполнения, анкета, заполняемая опрашиваемым лицом
standardized ~ стандартизированная анкета
structured ~ структурированная анкета
subsidiary ~ вспомогательная анкета
written ~ письменная анкета
quiz конкурс, викторина
quota квота; доля, часть ◇ **to take up** ~ выбрать [использовать] квоту
bilateral ~s двусторонние квоты
consumption ~ норма [квота] потребления
country-by-country ~ квота для каждой страны
export ~ экспортная квота
import ~ импортная квота
negotiated price ~ квота для торговли по договорным ценам
sales ~ квота сбыта, продажная [торговая] квота
tariff ~ тарифная квота
taxable ~ доля облагаемых налогом товаров *или* доходов
quotation 1. предложение по ценам, расценка 2. *бирж.* котировка, курс
~ **of the day** *бирж.* курс дня
asked ~ курс продавцов
bid ~ курс покупателей
competitive ~ конкурентное предложение по ценам
direct ~ прямая котировка
exchange ~ биржевая котировка, биржевой курс
firm ~ твёрдое предложение по ценам
indirect ~ косвенная котировка
official ~ официальный курс
price ~ предложение по ценам
quote 1. цитата 2. *pl* кавычки
direct ~ прямая цитата, прямое цитирование
double ~s кавычки в два штриха
indirect ~ косвенное цитирование, ссылка на слова
partial ~ неполная цитата, неполное цитирование
single ~s кавычки в один штрих
quotient коэффициент, индекс; часть, доля

educational ~ показатель обученности
intelligence ~ коэффициент умственного развития *(отношение умственного возраста к физическому возрасту)*
utilization ~ коэффициент использования

R

race 1. гонка, состязание 2. срочная работа ◇ ~ **against time** гонка на время; ~ **for superiority** борьба за превосходство; ~ **for wealth** погоня за богатством
advertising ~ рекламная гонка
endurance ~ гонка на выносливость
pursuit ~ гонка преследования
rat ~ «крысиная» гонка, бешеная гонка *(при конкуренции)*
road ~ дорожная гонка
space ~ гонка в космосе
technological ~ технологическая гонка
rack 1. стеллаж, полка 2. *полигр.* верстатка, наборный стол, реал
boot ~ полка для обуви
broiling ~ вертел *(для жаренья)*
coat ~ вешалка
display ~ экспозиционный стеллаж, стеллаж для выкладки товара
exhibit ~ выставочный стенд, выставочная витрина
magazine ~ стеллаж для журналов, газетница
newspaper ~ газетная стойка
plate ~ 1. стеллаж для тарелок *(в кухонной сушилке)* 2. *полигр.* стеллаж для хранения печатных форм
record ~ полка [стеллаж] для грампластинок
storage ~ стеллаж для хранения *(напр. продуктов)*
test ~ испытательный стенд
radio 1. радио; радиовещание 2. радиоприёмник; радиостанция
battery-powered ~ батарейный приёмник
cable ~ проводное радиовещание

radio

(осуществляемое в США по сетям кабельного телевидения)
car ~ автомобильный радиоприёмник
commercial ~ 1. коммерческое радио(вещание) 2. коммерческая радиостанция
farm ~ батарейный приёмник
local ~ местное радиовещание
national ~ национальное радиовещание
network ~ радиосеть; сетевая радиостанция
oldies ~ радиостанция, передающая старые музыкальные записи
portable ~ портативный радиоприёмник
spot ~ «точечная» радиореклама
table ~ настольный радиоприёмник
topless ~ «полуголое» радио *(радиостанции, строящие свои программы в основном на беседах ведущего со слушателями об их сексуальной жизни)*
transistor(ized) ~ транзисторный приёмник
wired ~ сетевое [проводное] радиовещание
raffle вещевая лотерея
rain-lap *нар. рекл.* противодождевой нахлёст, противодождевое перекрытие *(принцип крепления многолистовых плакатов, когда нижний обрез верхнего листа накрывает верхний обрез листа, расположенного ниже, что предотвращает затекание воды в стыки при дожде)*
raising разведение, выведение, выращивание
animal ~ животноводство
bee ~ разведение пчёл, пчеловодство
beef ~ мясное скотоводство
cattle ~ скотоводство
poultry ~ птицеводство
silk ~ шелководство
stock ~ скотоводство
rally 1. оживление *(спроса)* 2. улучшение *(цен)* 3. собрание, съезд; сбор
beauty ~ конкурс красоты
sales ~ конференция [встреча] продавцов
range 1. сфера, зона, область 2. диапазон, размах; дальность, дистанция 3. серия, ряд, линия, ассортимент 4. комплект, набор *(мебели)*
~ of activity 1. размах деятельности; масштаб (экономической) деятельности 2. круг операций
~ of application область применения
~ of choice диапазон выбора
~ of colours гамма цветов
~ of error диапазон ошибки
~ of measures комплекс мер
~ of services ассортимент услуг
~ of stability ~ предел устойчивости
~ of use область применения
~ of variation область изменения
~ of vision кругозор; поле зрения, обзор
audio frequency ~ диапазон звуковых частот *(15Гц — 20кГц)*
aural ~ слышимость
cooking ~ кухонная плита
delivery ~ зона доставки, дальность доставки *(товара)*
density ~ диапазон плотности
distribution ~ широта распределения
electric ~ электрическая плита
environmental ~ область окружающей среды
free ~ полный простор, полная свобода
frequency ~ диапазон частот, частотный диапазон
gas ~ газовая плита
geographic ~ географическое распространение
inventory ~ интервал изменения уровня запасов
kitchen ~ кухонная плита
kitchen unit ~ набор кухонной мебели
living room ~ секционная пристенная мебель, стенка
middle ~ of market средний эшелон рынка
operating ~ рабочий [эксплуатационный] диапазон
price ~ диапазон [разлёт, колебание] цен
product ~ ассортимент товаров, товарный ассортимент
safe ~ безопасный интервал
salary ~ вилка заработной платы
sample ~ *стат.* размах выборки

rate

sensitivity ~ диапазон чувствительности
size ~ размерный ряд
tolerance ~ область допустимых значений
UHF ~ диапазон УВЧ *(диапазон частот от 470 до 890 МГц)*
VHF ~ диапазон ОВЧ *(диапазон частот от 54 до 216 МГц, в котором работает большинство коммерческих телецентров США. Каждому телецентру выделяется канал шириной в 6 МГц)*
visual ~ видимость
working ~ *см.* operating range
youth-market ~ категория молодёжной аудитории *(возраст от 16 до 34 лет)*

rank 1. ранг; разряд, категория, класс 2. ряд; порядок 3. звание; должность ◊ ~ and fashion высшее общество; ~ and file рядовые люди
  birth ~ социальное происхождение
  equal ~ равное положение
  higher ~ высокопоставленное положение
  income ~ разряд по уровню доходов
  lower ~ низкое положение
  management ~ управленческая должность
  noble ~ высокое положение, знатность
  social ~ положение, занимаемое в обществе; социальное положение, иерархическое положение

ranking ранжирование, классификация, упорядочение
  importance ~ ранжирование по степени важности
  opinion ~ ранжирование на основе мнений
  social ~ социальная иерархия

rapport взаимопонимание, согласие ◊ to develop ~ установить взаимопонимание

rate 1. тариф, ставка; норма; процент, доля 2. скорость; частота; темп 3. курс; оценка 4. сорт; класс ◊ ~ per page тариф за полосу
  ~ of investment норма инвестиций, норма накопления
  ~ of jump *экр.* степень тряски изображения *(при проецировании)*, неустойчивость кадра
  ~ of pay норма оплаты
  ~ of purchase частота покупок
  ~ of rebuying *см.* repurchase rate
  ~ of replacement норма замещения
  ~ of return on investment коэффициент окупаемости капиталовложений, норма прибыли на вложенный капитал
  ~ of royalty размер лицензионного платежа, размер роялти
  ~ of spending темпы затрат
  ~ of steadiness in projection *экр.* уровень устойчивости изображения на экране
  ~ of wear степень износа
  adoption ~ темп восприятия *(напр. товара)*
  advance booking ~ тарифная ставка за предварительный заказ
  advertisement [advertising] ~ 1. рекламный тариф 2. *pl* расходы на рекламу
  airfreight ~ тариф грузовых авиаперевозок
  annual interest ~ годовая ставка процента
  asset growth ~ темпы роста активов
  average ~ of profit средняя норма прибыли
  awareness ~ степень осведомлённости
  bank ~ учётная ставка банка, банковская ставка, банковский процент *(размер платы банку за пользование денежной суммой, выраженный в процентах)*
  base ~ базовый [основной] тариф
  birth ~ коэффициент рождаемости
  book ~ *амер. (почтовый)* тариф на пересылку книг *(льготный тариф четвёртого класса, действующий при пересылке книг, рукописей)*
  brand ~s *вещ.* ставки за многомарочность *(предоставляются фирмам, выдающим заказ на рекламу нескольких разных марочных товаров)*
  bulk ~ тариф за рассылку больших партий
  buying ~ курс покупателей
  card ~ исходный расчётный тариф

rate

(без скидок), указываемый в тарифной карточке

case ~ сумма затрат в расчёте на ящик *(показатель стоимости усилий по обеспечению продажи одного ящика товара)*

checkoff ~ норма отчислений

churn ~ текучесть абонентов кабельного телецентра

class ~ 1. экр. поклассовый временной тариф, тарифная ставка за класс времени 2. ставка согласно классификации грузов

column inch ~ тариф за дюйм колонки

combination [combo] ~ (льготный) комбинированный тариф *(предоставляется при одновременной покупке места или времени в двух или более носителях, находящихся под единым владением)*

commission ~s комиссионные ставки, шкала комиссионных вознаграждений

consumption ~ норма потребления, темпы потребления

contract ~ договорный тариф

cost-per-thousand ~ тариф в расчёте на тысячу рекламных контактов *(напр. читателей, зрителей)*

cover ~ тариф за размещение рекламы на обложке

cumulative ~ суммарный коэффициент

current ~ текущая ставка

customer ~ сумма затрат в расчёте на (реального) клиента

cut ~ тариф со скидкой; скидка

daily ~ будничный тариф, ставка будничных номеров *(газеты)*

day ~ дневная ставка

death ~ коэффициент смертности

development ~s темпы развития

discount ~ учётная ставка; учётный процент; ставка учётного процента; ставка дисконта

discountable ~ тариф, с которого предоставляется скидка

discriminating ~ дифференциальный тариф

divorce ~ процент разводов

dosage ~ норма, дозировка

dual ~ двойной тариф *(напр. отдельно для общенациональных и отдельно для местных рекламодателей)*

earned ~ фактический [фактически заработанный] тариф *(из расчёта реально использованного места или времени в течение определённого периода)*

earning ~ норма выручки

employment ~ процент [уровень] занятости

end ~ см. earned rate

error ~ процент [количество] ошибок, частота повторения ошибок

exchange ~ обменный курс; валютный курс

failure ~ процент неудач; интенсивность отказов *(оборудования)*

favourable ~ льготный тариф

fixed ~ фиксированный (льготный) тариф

flat ~ твёрдый тариф; единообразная ставка

freight ~s фрахтовые ставки

going ~ 1. текущий уровень цен 2. обычная ставка *(зарплаты)*

going market ~ текущий рыночный курс

gross ~ максимальный тариф

group ~ групповой тариф

growth ~ темпы роста

hourly ~ почасовая ставка *(заработной платы)*, почасовой тариф

increment ~ процент прироста

inflation ~ уровень [процент] инфляции

interest ~ ставка (учётного) процента

internal ~ of return внутрифирменная норма прибыли

line ~ тариф за строку, (по)строчный тариф *(напр. в газете)*

literacy ~ уровень грамотности

local ~ местный тариф; тариф для местных рекламодателей

marginal ~ предельная норма

market ~ рыночный курс

maturing ~ скороспелость, коэффициент спелости

maximil ~ максимальная ставка тарифа «миллайн»

memory ~ скорость запоминания

milline ~ тариф «миллайн» *(услов-*

rate

ная расчётная единица сравнения газетных тарифов. *Выводится путём умножения тарифа за строку «агат», помноженного на миллион и делённого на тираж издания)*
minimil ~ минимальная ставка тарифа «миллайн»
national advertising ~s тариф за общенациональную рекламу; тариф для общенациональных рекламодателей *(в местных изданиях)*
net ~ чистый тариф, тарифная ставка-нетто *(за вычетом агентской комиссии)*
network ~ сетевой тариф, тариф сети
new-product failure ~ уровень неудач новых товаров
non-discountable ~ тариф, с которого не предоставляется скидок
nonresponse ~ процент не ответивших; показатель не откликнувшихся *(при опросе)*
offered ~ предлагаемый курс, предлагаемая ставка
one-time ~ (одно)разовый тариф, тариф за разовое пользование *(не предусматривающий скидок за объём рекламы)*
open ~ скользящий тариф *(предусматривающий скидки за объём или частотность рекламы)*
output ~ уровень производительности, норма выработки
page ~ *полигр.* тариф за полосу
penetration ~ степень внедрения
per diem ~ *лат.* подённая ставка *(оплаты труда)*
performance ~ норма выработки, уровень производительности
piece(work) ~ сдельная расценка
planned average purchase ~ средняя планируемая частота покупок
postal ~ почтовый тариф, такса за пересылку по почте
postcard ~ тариф для почтовых открыток
preempt(ible) ~ *вещ.* тариф за негарантируемое время *(которое может быть перепродано за более высокую цену другому рекламодателю)*
preferential transportation ~s льготный тариф за провоз груза

premium ~ премиальный тариф, размер премии
product failure ~ процент товарных неудач
profit growth ~ темпы роста прибыли
published ~ официально опубликованный тариф
purchase ~ частота [уровень] покупок
rack ~ (стандартный) тариф за номер *(в гостинице)*
radio ~ радиотариф
rail freight ~ тариф железнодорожных грузовых перевозок
railway ~ железнодорожный тариф
reaction ~ скорость реакции
recall ~ степень [процент] запоминаемости
regional ~ региональный тариф, тариф для региональных рекламодателей
regular ~ стандартный тариф
reject ~ доля брака *(в производстве)*
repurchase ~ частотность [интенсивность] (совершения) повторных покупок
response ~ процент ответивших *(при опросе)*; показатель отклика [ответной реакции]
retail ~ розничный тариф; тариф для розничных торговцев
return ~ 1. норма прибыли, норма рентабельности 2. процент возврата 3. скорость возврата 4. коэффициент окупаемости *(капиталовложений)*
run-of-paper ~ (пониженный) тариф на рекламу, место которой определяется «по усмотрению издателя»
sales ~ темп(ы) сбыта
sales growth ~ темпы роста сбыта, рост темпов сбыта
sampling ~ *стат.* доля выборки
savings ~ норма сбережений
selling ~ курс продавцов
series ~ тариф за серию *(рекламных объявлений)*
short ~ штрафной тариф за недобор *(времени)*
short-term ~ кратковременный тариф; тариф на кратковременную подписку
sickness ~ коэффициент заболеваемости

rate

sliding(-scale) ~ скользящий тариф, ставка скользящего тарифа
space ~ тариф за место [за площадь]
special ~ особый тариф *(обычно льготный)*
special-position ~ тариф за предпочтительное (рас)положение
speech ~ темп речи
standard(ized) ~ стандартизованный [нормированный] коэффициент
standard production ~ основная норма выработки
stockturn ~ интенсивность оборачиваемости товарных запасов
subscription ~ подписной тариф, тариф на подписку, цена подписки
survival ~ коэффициент выживаемости
tax ~ налоговая ставка, ставка налогового обложения
television ~ телевизионный тариф
television advertising ~ тариф телерекламы, тариф за рекламу по телевидению
throughput ~ пропускная способность
transient ~ *см.* one-time rate
transit advertising ~ тариф за рекламу на транспорте
trial ~ интенсивность опробования *(товара)*
truck freight ~ тариф грузовых автомобильных перевозок
truline ~ тариф «трулайн» *(тариф «миллайн», рассчитанный только для части тиража газеты, распространяемого в определённом географическом районе)*
unemployment ~ уровень безработицы
usage ~ степень пользования, интенсивность потребления
vacancy ~ 1. процент вакансий [незанятых должностей] 2. процент незанятости *(площадей, времени)*
wage ~ ставка заработной платы, тарифная ставка; расценки

rating 1. рейтинг 2. оценочный коэффициент, оценка
attitude ~ оценочный коэффициент [оценка] отношений
audience ~ рейтинг аудитории; процент слушателей, принимающих конкретную радиостанцию в тот *или иной* момент
average audience ~ *вещ.* средний рейтинг аудитории *(среднее число домохозяйств, смотрящих или слушающих программу, в расчёте на минуту времени трансляции)*
brand ~ оценочный коэффициент марки *(степень узнаваемости марочного названия потребителями)*
break ~ *вещ.* рейтинг пауз *(интервалов между радио- или телепрограммами)*
broadcast ~ вещательный рейтинг *(процент домохозяйств, смотрящих конкретную телевизионную или слушающих конкретную радиопрограмму)*
composite ~ обобщённая (сравнительная) оценка
credit ~ оценка кредитоспособности
cumulative audience ~ суммарный [совокупный] рейтинг аудитории
estimated ~ *вещ.* расчётный [прогнозируемый] рейтинг *(программы)*
financial ~ оценка финансового положения
G ~ *амер.* категория "G" *(категория фильмов, допустимых для самого широкого показа лицам любого возраста)*
gross points ~ валовой оценочный коэффициент, ВОК
guaranteed homes ~ *вещ.* гарантированный рейтинг телесемейств *(отрезок времени, в рамках которого за твёрдо установленную плату телецентр гарантирует заказчику достижение определённых рейтинговых показателей по охвату телесемейств)*
households using radio ~ рейтинг радиосемейств
households using television ~ рейтинг телесемейств
instantaneous audience ~ одномоментный рейтинг аудитории
marmelade ~s рейтинги утренних телепередач
MNA [multinetwork area] ~s рейтинги программ трёх ведущих телесетей США *(выводятся фирмой «А.К.Нильсен»* — *для сетей АВС,*

ratio

CBS и NBC, охватывающих более половины общей аудитории страны)
national ~ общенациональный рейтинг
network ~ рейтинг сети
Nielsen ~ нильсеновский рейтинг *(оценка телепрограммы, выводимая американской исследовательской фирмой «А.К.Нильсен»)*
opinion ~ оценочный коэффициент [оценка] мнений
PG ~ *амер.* категория «PG» *(фильмы, на которые дети допускаются только в сопровождении родителей)*
PG-13 ~ *амер.* категория «PG-13» *(фильмы, на которые дети до 13 лет допускаются только в сопровождении родителей)*
priority ~ *ТМО* разряд очерёдности
product class ~ коэффициент значимости товарного класса
program(me) ~ рейтинг программы
Q ~ *вещ.* положительный рейтинг *(процент слушателей или зрителей, осведомлённых о радио- или телепрограмме и воспринимающих её положительно)*
quality ~ (сравнительная) оценка качества
R ~ *амер.* категория «R» *(фильмы, на которые дети до 17 лет допускаются только в сопровождении родителей)*
satisfaction ~ оценочный коэффициент удовлетворённости
short ~ штрафная доплата за недобор *(напр. времени)*
smiley ~ оценка по шкале улыбок *(шкала, в которой вербальные градации отношения заменены рисунками с выражением необходимой гаммы чувств на человеческом лице)*
station ~ *вещ.* рейтинг станции
television audience measurement ~ рейтинг телевизионной аудитории
time period ~ *вещ.* рейтинг временно́го периода [отрезка времени]
total audience ~ рейтинг общей [суммарной] аудитории
treasury ~ налоговая мощность двигателя
X ~ *амер.* категория «X», «только для взрослых» *(категория фильмов, отнесённых к разряду порнографических, на которые дети до 17 лет не допускаются вообще)*

ratio *амер.* (со)отношение; коэффициент, пропорция; относительный показатель
~ **of employees to billing** соотношение между числом работающих и суммой оборота по счетам
~ **of screen image** *экр.* соотношение сторон изображения на экране
acid test ~ коэффициент «критической» оценки *(отношение суммы ликвидных активов к сумме долговых обязательств фирмы)*
advertising-to-editorial ~ соотношение между рекламой и редакционными материалами *(в издании)*
advertising-to-sales ~ показатель «реклама-сбыт» *(процент затрат на рекламу от общей суммы продаж)*
age ~ соотношение численности возрастных групп
analytic ~ аналитический коэффициент
aspect ~ *экр.* формат кадра; соотношение сторон экрана *(обычно 1,33:1,00)*
benefit-cost ~ отношение дохода к издержкам
colour density ~ соотношение интенсивности тонов
concentration ~ относительная концентрация, показатель концентрации *(публикуемый правительством США и отражающий совокупную долю рынка четырёх ведущих компаний в той или иной отрасли деятельности. Служит индикатором остроты конкуренции на рынке)*
contrast ~ коэффициент контрастности
correlation ~ корреляционное отношение
cost ~ 1. коэффициент затрат 2. процент охвата средней читательской аудитории в расчёте на единицу затрат *(с учётом стоимости всей рекламы фирмы в конкретном номере периодического издания)*
cost-productivity ~ соотношение издержки—производительность

511

ratio

coverage ~ коэффициент охвата *(напр. при опросах)*
debt service ~ норма обслуживания долга *(о величине выплат основной суммы долга и процентов по нему)*
dependability ~ показатель надёжности
direct ~ прямая пропорциональность
editorial-to-advertising ~ соотношение между редакционными и рекламными материалами *(в издании)*
film ~ *см.* shooting ratio
frequency ~ относительная частота
inventory-sales ~ отношение товарно-материальных запасов к объёму продаж
inverse ~ обратное отношение
markdown ~ норма уценки
net profit ~ коэффициент рентабельности, коэффициент чистой прибыли
nutritive ~ коэффициент питательности, коэффициент пищевой полноценности
operating ~ операционный коэффициент; коэффициент издержек *(хозяйственной деятельности)*
percentage ~ процентное (со)отношение
picture ~ *экр.* формат изображения *(отношение ширины кадра к его высоте)*
plant-equipment ~ технологическая структура *(отношение стоимости производственных зданий и сооружений к стоимости оборудования)*
price-cost ~ соотношение издержек и цен
price-earnings ~ соотношение цен и доходов
profit ~ показатель прибыли
recognition ~ уровень узнаваемости
reduction ~ коэффициент уменьшения
returns-to-scale ~ соотношение доходов и объёма деятельности
sales-percentage ~ процент к объёму сбыта
sampling ~ *стат.* доля выборки *(в генеральной совокупности)*
saturation ~ коэффициент насыщения
saving ~ норма сбережения [накопления] *(сберегаемая доля личного дохода)*
saving-income ~ норма сбережений в доходе
sex ~ соотношение полов
shooting ~ *экр.* съёмочный коэффициент, коэффициент расхода плёнки *(отношение общего метража израсходованной в ходе съёмок киноплёнки к полезному метражу готового фильма)*
turnover ~ норма оборачиваемости
utilization ~ коэффициент использования, загрузка
weight ~ весовое отношение
rationale (об)основание; соображение, довод
business [commercial] ~ коммерческое обоснование
legal ~ юридическое обоснование
pricing ~ логическое обоснование цен(ы)
sales ~ торговая аргументация
technical ~ техническое обоснование
rationality:
economic ~ экономическая рациональность
reach охват средствами рекламы; деятельность по охвату средствами рекламы ◇ to build ~ увеличивать охват; within ~ в пределах досягаемости
actual ~ фактический охват
broad ~ широкий охват
cumulative ~ накопленный [суммарный] охват
effective ~ эффективный охват
net ~ охват-нетто
optimum ~ оптимальный охват
potential ~ потенциальный охват
schedule ~ *стат.* расчётный охват *(численность недублированных лиц, входящих в контакт с рекламным обращением)*
total ~ общий охват
reaction реакция, отклик
adverse ~ неблагоприятная реакция
behavioural ~ поведенческая реакция
chain ~ цепная реакция *(напр. в поведении клиентов)*
concurrent ~ побочная реакция
consumer ~ реакция потребителей, потребительская реакция

reading

defense [defensive] ~ защитная реакция
deferred ~ заторможенная реакция
imitative ~ реакция подражания, имитационная реакция
immediate ~ немедленная [мгновенная] реакция
knee-jerk ~ автоматическая реакция
likely ~ вероятная реакция
market ~ реакция рынка
muted ~ приглушённая [сдержанная] реакция
persistent ~ стойкая реакция
poor ~ слабая реакция
reversible ~ обратимая реакция
threshold ~ пороговая реакция
unconscious ~ подсознательная реакция
reactive последующий, ответный, исправительный *(о действиях)*
readability читаемость; удобочитаемость, чёткость, разборчивость
readathon соревнование на длительность чтения
reader 1. читатель 2. считывающее устройство
  actual buyer ~ читатель, являющийся покупателем *(номера периодического издания)*, первичный читатель
  bar code ~ *полигр.* устройство (для) считывания штрихового кода
  captive ~ читатель поневоле *(вынужденный читать, чтобы скоротать время в процессе ожидания на вокзале, автобусной остановке)*
  casual ~ случайный читатель
  copy ~ корректор
  credit card ~ устройство (для) считывания с кредитных карточек
  data ~ устройство (для) считывания данных
  general ~ рядовой [массовый] читатель
  issue ~ читатель номера издания
  news ~ диктор информационной программы
  newspaper ~ читатель газеты
  non-buyer ~ *см.* pass-along reader
  optical bar-code ~ *полигр.* оптическое устройство (для) считывания данных, записанных штриховым кодом, считыватель штрихового кода
  optical character ~ оптическое устройство (для) считывания знаков, устройство (для) оптического считывания знаков; читающий автомат
  pass-along ~ вторичный читатель *(не являющийся подлинным подписчиком или покупателем издания)*
  primary ~ читатель-покупатель *(купивший издание или получивший по подписке)*, первичный читатель
  proof ~ корректор
  qualified ~ квалифицированный читатель *(лицо, которое по объективным показателям можно привлекать в качестве респондента при исследовании аудитории и размещаемой в конкретном издании рекламы)*
  regular ~ постоянный читатель
  secondary ~ *см.* pass-along reader
  sound ~ *экр.* читающий блок *(кинопроектора)*
  specialized ~ читатель-специалист, специализированный читатель
  trial ~ «пробный» читатель, читатель, приобретающий издание «на пробу»
  video disk ~ видеопроигрыватель, проигрыватель видеодисков
readership читатели, круг читателей, читательская аудитория
  advertisement ~ круг читателей объявления
  average ~ среднее число читателей
  estimated ~ расчётный круг читателей, расчётная читательская аудитория
  high ~ широкий круг читателей
  low ~ узкий круг читателей, небольшая читательская аудитория
  magazine ~ круг читателей журналов
  waste ~ бесполезные [не представляющие интереса] читатели
reading 1. чтение; считывание 2. отсчёт *(показаний)*
  apperceptive ~ апперцептивное чтение *(с интересом к деталям)*
  assimilative ~ ассимилятивное чтение
  back ~ отсчёт назад
  close ~ внимательное чтение
  data ~ считывание данных
  direct ~ непосредственное считывание; непосредственный отсчёт
  extensive ~ экстенсивное чтение, чтение на охват содержания

reading

inferential ~ чтение с использованием языковой догадки, инферентное чтение
information ~ считывание информации
intentional ~ осмысленное [намеренное] чтение
light ~ лёгкое [несерьёзное] чтение
lip ~ чтение по губам
observational ~ внимательное чтение
pick-up ~ беспорядочное чтение
searching ~ направленное чтение *(с задачей отыскания определённых факторов)*
variant [various] ~ разночтение
read-most прочитавший бо́льшую часть *(учётный показатель при проведении исследований читаемости рекламы)*
ready-made готовый *(об одежде)*
ready-to-eat готовый к употреблению
ready-to-use готовый к употреблению
ready-to-wear готовый *(о платье)*
realism реализм
 bourgeois ~ буржуазный реализм
 magic ~ «магический» реализм *(западноевропейское художественное течение)*
reality 1. реальность, действительность 2. реалия ◊ in ~ в действительности, фактически, на самом деле; to accept ~ принимать [признавать] реальность
 advertising ~ реальность рекламы
 complex ~ сложная действительность
 economic ~ экономическая реальность
 hard ~ суровая действительность
 market ~ рыночная реальность
 objective ~ объективная реальность
 physical ~ физическая реалия
 political ~ политическая реальность
 psychological ~ психологическая реалия
 social and economic ~ социально-экономическая реальность
realm:
 social ~ окружающая действительность
realtor *амер.* агент по продаже недвижимости, риэлтор
rearrangement *стат.* перегруппировка, перестановка

data ~ перегруппировка данных
reason 1. причина; довод 2. соображение; разум ◊ by ~ of по причине того, что ...; for good and valid ~ по уважительной и веской причине; ~ for nullity основание для признания недействительным, основание для аннулирования *(контракта)*; with ~ по основательным причинам
 buying ~ причина (совершения) покупки
 cogent ~ уважительная причина
 fallacious ~ ошибочный аргумент
 good ~ to believe достаточное основание для предположения
 intuitive ~ интуиция
 legitimate ~ законное основание, уважительная причина
 ostensible ~ мнимая причина
 potent ~ уважительная причина
 primary ~ первопричина
 sound ~ веская причина
 valid ~ уважительная причина
reasonableness обоснованность
reasoning изложение мотивов; логический ход мысли, (логическое) рассуждение; аргументация, доводы, доказательства; объяснения
 circular ~ окольное рассуждение
 legal ~ правовое обоснование
 logical ~ логическое мышление
 rational ~ рациональное обоснование
 tortuous ~ замысловатое обоснование
rebate 1. (ценовая) скидка 2. возврат переплаты ◊ to grant ~ предоставлять скидку
 annual ~ скидка по итогам года
 cash ~ скидка наличными, скидка с возмещением её наличными
 contractual ~ договорная скидка
 deferred ~ отсроченная скидка
 factory ~ скидка с отпускной цены с завода
 launch ~ скидка *(продавцу)* за вывод товара на рынок
 price ~ ценовая уступка, скидка с цены
 tax ~ налоговая льгота
rebating выплата (итоговой) скидки
rebroadcast *вещ.* повторная передача; повторная трансляция
rebuttal резкое возражение; контрдовод, контраргументация

receiver

public ~ контраргументы общественности
rebuy повторная покупка
   modified ~ повторная закупка с изменениями
   straight ~ повторная закупка без изменений *(номенклатуры и количества закупаемого)*
recall 1. припоминание; запоминаемость 2. отозвание; снятие с продажи, изъятие; отмена
   advertising ~ припоминание рекламы
   aided ~ припоминание с подсказкой, подкреплённое припоминание *(исследовательский приём с использованием намёков и наводящих вопросов, помогающих обследуемым вспомнить ранее виденную или слышанную рекламу)*
   audio ~ припоминание звуковой информации; слуховая память
   clear ~ чёткое припоминание
   day-after ~ припоминание на следующий день *(после контакта с рекламой)*
   delayed ~ отсроченное припоминание, припоминание с разрывом по времени
   immediate ~ немедленное припоминание; оперативная память
   product ~ отзыв товара из торговой сети, изъятие товара из продажи, снятие товара с продажи
   proven ~ чёткое припоминание
   selective ~ выборочное [избирательное] припоминание
   spontaneous ~ непроизвольное припоминание
   unaided ~ припоминание без подсказки
receipt 1. получение 2. расписка; квитанция 3. *pl* выручка, доходы ◇ against ~ под расписку; ~s and expenses приход и расход; on ~ по получении; to acknowledge ~ подтвердить получение
   ~ of payment получение платежа
   annual ~s годовая выручка, годовой доход
   box office ~s кассовые поступления, кассовая выручка *(напр. кинотеатра от продажи билетов)*
   cash ~ 1. расписка в получении наличных денег 2. *pl* (денежные) поступления наличными
   compiled ~s совокупные доходы
   contract ~s выручка за работы, выполненные по контрактам, выручка по договорным работам
   current ~s текущие поступления
   daily ~s дневная выручка
   delivery ~ расписка в получении
   deposit ~ 1. депозитное свидетельство 2. сохранная расписка
   expense ~ квитанция за произведённые расходы
   gross ~s валовая сумма поступлений, валовой доход
   loan ~ расписка в получении ссуды [займа]
   luggage ~ багажная квитанция
   net ~s чистая сумма поступлений
   order ~ получение заказа
   post-office ~ почтовая квитанция
   proper ~ надлежащая [составленная по форме] расписка
   subscription ~ квитанция о подписке
   total ~s общая сумма поступлений, общий доход
   trust ~ сохранная расписка, расписка на доверительной основе
   warehouse ~ товарная квитанция; квитанция на груз, принятый на (складское) хранение
receiver 1. получатель 2. приёмник *(радио, телевизионный)*
   consumer television ~ *см.* domestic television receiver
   data ~ устройство (для) приёма данных
   domestic television ~ бытовой телевизионный приёмник, бытовой телевизор
   dual-channel ~ телевизионный приёмник с двумя каналами звукового сопровождения
   home television ~ *см.* domestic television receiver
   hybrid colour television ~ многостандартный телевизор цветного изображения
   large-screen ~ телевизионный приёмник с большим экраном
   monitor(ing) ~ контрольный телевизионный приёмник, монитор

receiver

monochrome ~ чёрно-белый телевизор
portable television ~ портативный телевизор
projection television ~ проекционный телевизор
rebroadcast ~ приёмник (телевизионного) ретранслятора
satellite ~ приёмник спутниковой связи
single-standard colour ~ одностандартный цветной телевизор
subscriber ~ абонентский приёмник
television ~ телевизионный приёмник, телевизор

receivership 1. управление имуществом несостоятельного должника 2. управление имуществом по доверенности ◇ to go into ~ перейти в руки ликвидатора *(об имуществе несостоятельного должника)*

receptacle:
cassette ~ карман кассеты

reception приём, принятие; получение ◇ to hold ~ устраивать приём
~ of deposits приём вкладов на депозит
community ~ коллективный приём, приём на коллективную антенну
day ~ дневной приём
direct ~ прямой приём
official ~ официальный приём
off(-the)-air ~ эфирный приём
private ~ неофициальный приём
table ~ приём (с рассадкой) за столом
television ~ телевизионный приём, приём телевидения

receptionist дежурный по приёмной; секретарь

recess перерыв *(в работе)*
parliamentary ~ парламентские каникулы

recipe рецепт *(напр. кулинарный)*

recipient получатель
~ of income получатель дохода
~ of loan получатель ссуды
authorized ~ уполномоченный получатель
welfare ~ получатель государственного социального пособия

recognition опозна(ва)ние, узнавание, различение; признание ◇ to seek ~ добиваться признания; to win general ~ получить [завоевать] всеобщее признание
~ of claims признание претензий
agency ~ признание [аккредитация] рекламного агентства *(дающая ему право на получение агентской скидки со средств рекламы)*
brand ~ узнавание [узнаваемость] марки
brand-name ~ узнаваемость марочного названия
character ~ *полигр.* распознавание знаков
conditional ~ условное признание, признание на *каких-л.* условиях
deserved ~ заслуженное признание
easy ~ быстрое опознавание
employee ~ чествование отличившихся работников
implied ~ подразумеваемое признание
instant ~ мгновенная узнаваемость
joint ~ совместное признание
legal ~ юридическое признание
name ~ узнавание [узнаваемость] названия *(товара)*
optical character ~ оптическое распознавание знаков *(ввод в ЭВМ печатного или рукописного текста)*; набор с помощью оптических читающих устройств
overt ~ явное опознание
pattern ~ распознавание изображений [образов]
problem ~ выявление проблемы, осознание потребности
public ~ общественная узнаваемость, общественное признание
signal ~ распознавание сигналов
silent purchase ~ опознание в процессе бессловесной покупки
social ~ общественное признание, признание со стороны общества
tacit ~ молчаливое признание
unqualified ~ безоговорочное признание
visual ~ визуальное распознавание
worldwide ~ международное признание

recognizability узнаваемость
recognizable узнаваемый
recommendation рекомендация, совет

record

equipment improvement ~ рекомендация по модернизации оборудования
final ~ окончательная рекомендация
investment ~ рекомендация по помещению капитала [по инвестициям]
media ~s рекомендации по использованию средств рекламы
outline ~ общая рекомендация
provisional ~ предварительная рекомендация
word-of-mouth ~ устная рекомендация *(в пользу товара)*, благоприятная молва *(о товаре)*
reconditioning 1. *экр.* реставрация киноплёнки *(лабораторная обработка для удаления загрязнений, царапин)* 2. восстановление
record 1. отчёт, запись, протокол 2. регистрация 3. реестр 4. *pl* архивы, учётная документация 5. звукозапись; фонограмма 6. (грам)пластинка ◇ off the ~ неофициальный, конфиденциальный, не подлежащий оглашению; не для протокола; to maintain ~s вести учёт; to place on ~ зарегистрировать
~s of billings регистры выписанных счетов; регистры счетов, высланных заказчикам
~ of trademark регистрация товарного знака
accession ~ инвентарный учёт *(напр. в библиотеке)*
accounting ~s бухгалтерские счета
auditing ~s отчёты финансовых ревизий
business ~ 1. регистрация деловых операций 2. *pl* деловые книги
company ~s отчётные [учётные] документы фирмы
consumption ~s учёт потребления
continuous ~ непрерывная запись
county ~s архивы округа
daily ~ суточная ведомость
delivery ~ отчёт о поставках
enterprise cost ~s внутрихозяйственный учёт
expenditure ~s учёт расхода *(запасов)*
final sound ~ *экр.* окончательная [«выходная»] фонограмма

gramophone ~ граммофонная пластинка, граммпластинка
individual ~s индивидуальный учёт
inventory ~ 1. учёт товарно-материальных запасов 2. учётная ведомость товарно-материальных ценностей
item ~s предметный учёт запасов
long play(ing) ~ долгоиграющая граммпластинка
medical ~ медицинская карта
minute-by-minute ~ поминутная запись
monophonic ~ монофоническая граммпластинка
order delivery ~ карточка учёта поступления заказов
pay-roll ~s платёжные ведомости
performance ~ отчёт о работе [об эксплуатации]
phonograph ~ *см.* gramophone record
production ~s производственный учёт
progress ~ отчёт о ходе работ
public ~s общественные архивы
purchase ~s учёт закупок
quadraphonic ~ квадрафоническая граммпластинка
quotation ~s учётные данные котировок
reference ~ справочная запись
research ~ материалы о результатах исследования
running ~s текущий учёт *(напр. запасов)*
sales ~s торговая статистика *(фирмы)*; отчёты о сбыте, торговые отчёты
short-cut ~s сокращённый учёт
sound ~ фонограмма
state ~s архивы штата
state licensing ~s статистика службы регистрации автотранспорта штата *(учёт выдачи номерных знаков)*
stereophonic ~ стереофоническая граммпластинка
stock ~s учёт товарных запасов
stock-ownership ~s списки акционеров
stocktaking ~s инвентарный учёт запасов
summary ~ краткий отчёт

record

time-management ~s учёт использования времени
utilization ~ отчёт об эксплуатации
Record:
Numerical ~ of Trade Marks Proceedings Нумерационный указатель к делопроизводству по товарным знакам *(Австралия)*
recorder 1. записывающее устройство 2. магнитофон, видеомагнитофон 3. регистрирующее устройство, регистратор
 audio cassette ~ кассетный магнитофон
 chart ~ графический регистратор
 data ~ регистратор данных
 digital ~ цифровой самописец
 home video ~ бытовой кассетный видеомагнитофон
 reel-to-reel videotape ~ катушечный видеомагнитофон
 sound ~ звукозаписывающий аппарат
 studio videotape ~ студийный видеомагнитофон
 tape ~ магнитофон
 telecine ~ телесин *(устройство для записи изображения с киноплёнки на видеоленту)*
 video cassette ~ кассетный видеомагнитофон
 video disk ~ дисковый видеомагнитофон
 videotape ~ видеомагнитофон
 visual ~ записывающее устройство с дисплеем
recordimeter рекордиметр *(прибор, автоматически фиксирующий все включения телевизора или радиоприёмника и суммарное время пользования ими в течение суток. Устанавливается американской исследовательской фирмой «А.К. Нильсен» в домах при учёте просмотров и прослушиваний дневниковым методом «Аудилог»)*
recording запись, регистрация
 data ~ регистрация данных
 digital ~ цифровая запись *(напр. звука)*
 double-system sound ~ *экр.* запись звука и съёмка изображения на две отдельные плёнки
 dual-track ~ двухдорожечная запись
 electron beam ~ *экр.* электронно-лучевая запись *(способ перевода фильмов с видеоленты на киноплёнку)*
 film ~ съёмка с экрана кинескопа
 film-to-tape ~ перезапись с киноплёнки на магнитную ленту
 four-track ~ четырёхдорожечная запись
 graphical ~ графическая запись, графическое изображение результатов
 high-density ~ запись высокой плотности
 high-density digital ~ цифровая запись высокой плотности
 high-fidelity ~ высококачественная запись
 home ~ любительская [бытовая] запись
 live ~ репортажная [непосредственная] (звуко)запись
 multitrack ~ многодорожечная запись
 music ~ запись музыки
 narrative ~ *экр.* запись диктора и диалогов
 selective ~ выборочная запись
 single-system sound ~ *экр.* запись звука и съёмка изображения на одну плёнку
 single-track ~ однодорожечная запись
 sound ~ звукозапись
 sound and picture ~ *экр.* одновременная запись звука и съёмка изображения; синхронная съёмка
 sound-on-film ~ запись звука на киноплёнку
 tape-to-film ~ перезапись с магнитной ленты на киноплёнку
 television ~ запись с экрана кинескопа
 video disk-to-film ~ перезапись с видеодиска на киноплёнку
 voice ~ запись речи, речевая запись
 voice-over ~ *экр.* синхронное наложение звука *(на готовое изображение)*; запись диктора
recovery 1. восстановление; оживление 2. получение обратно; возмещение; возврат 3. взыскание ◊ ~ from recession подъём после спада; ~ in kind возмещение натурой; to facilitate

reel

economic ~ способствовать восстановлению экономики
~ of business оживление деловой активности
~ of damages возмещение ущерба
~ of price повышение цены (после понижения)
by-product ~ утилизация побочных продуктов
cost ~ возмещение издержек производства
growth ~ возобновление (нормального) роста
industrial ~ оживление в промышленности
postwar ~ послевоенное становление
profit ~ возмещение прибыли
trade ~ оживление в торговле
recreation увеселительный отдых, отдых и развлечения
outdoor ~ отдых на свежем воздухе [на природе]
recruiter вербовщик
college ~ вербовщик абитуриентов в колледж
recruitment 1. набор, комплектование штата 2. трудоустройство; приглашение на работу
labour ~ набор рабочей силы
personnel [staff] ~ набор персонала, комплектование штата сотрудников
redemption выкуп, изъятие; погашение (ссуды)
~ of debt погашение долга
~ of loan погашение ссуды [займа]
coupon ~ погашение купонов
redhibition одностороннее расторжение договора купли-продажи (ввиду скрытых дефектов товара)
redistribution перераспределение
income ~ перераспределение доходов
selective ~ избирательное перераспределение
redress исправление, удовлетворение, возмещение ◇ to ask for ~ требовать возмещения
~ of grievances удовлетворение жалобы, устранение несправедливости
~ of wrong возмещение ущерба
reduction сокращение, уменьшение, снижение ◇ ~ in turnover сокращение оборота
~ of demand падение спроса

actual ~ фактическое сокращение
budget ~ сокращение бюджета
commensurate ~ соразмерное сокращение
concealed price ~ скрытое снижение цен (напр. путём выплаты премии пропорционально покупкам)
cost ~ снижение издержек [себестоимости]
half ~ уменьшение наполовину
inventory ~ сокращение (объёма) товарно-материальных запасов
large-scale ~ крупномасштабное сокращение
major ~ крупное сокращение
numerical ~ количественное сокращение
percentage ~ сокращение в процентном выражении
phased ~ поэтапное сокращение
price ~ снижение [уменьшение] цены
progressive ~ постепенное сокращение
proportionate ~ пропорциональное сокращение
rate ~ снижение тарифа
risk ~ снижение (степени) риска
size ~ измельчение, дробление
staff ~ сокращение штатов
tax ~ снижение налога; уменьшение налоговой ставки
token ~ символическое сокращение
variety ~ сокращение номенклатуры (продукции)
reel 1. катушка, рулон, бобина 2. часть (кинофильма); ролик (киноплёнки)
counter ~ небольшой рулон упаковочной бумаги (находящийся на прилавке под рукой продавца)
demo(nstration) ~ демонстрационный ролик, демонстрационная подборка (фильмов)
feed ~ подающая бобина (киноаппарата)
film ~ катушка с киноплёнкой, рулон (кино)плёнки
front ~ подающая бобина (киноаппарата)
measuring ~ рулетка
paper ~ бумажный рулон
sample ~ см. demonstration reel

519

reel

supply ~ подающая бобина *(киноаппарата)*
takeup ~ принимающая бобина; наматываемый рулон
tape ~ катушка с лентой
ref(erence) 1. сноска, ссылка 2. отзыв, рекомендация 3. круг полномочий, компетенция
  address ~ адресная ссылка
  basic ~ основная ссылка
  bibliographical ~ библиографическая ссылка
  cross ~ перекрёстная ссылка
  general ~ общая ссылка
  glancing ~ мимолётное упоминание
  legal ~ ссылка на правовую норму
  legislative ~ ссылка на законодательный акт
  oblique ~ косвенная ссылка
  paginal ~ ссылка на страницу
  qualifying ~ уточняющая ссылка
  subject ~ предметная ссылка
  subsidiary ~ дополнительная ссылка
referendum референдум
refinement (у)совершенствование
  process ~ совершенствование технологического процесса
  qualitative ~ качественное совершенствование
  stepwise ~ поэтапное совершенствование
  technological ~ техническое совершенствование
reflex рефлекс
  acquired ~ приобретённый рефлекс
  built-in ~ безусловный [врождённый] рефлекс
  conditional ~ условный рефлекс
  consummatory ~ исполнительный рефлекс
  defensive ~ защитный [оборонительный] рефлекс
  drive ~ мотивационный рефлекс
  simple ~ простой рефлекс
  triggered negative ~ возбуждённый отрицательный рефлекс
  unconditional ~ безусловный [врождённый] рефлекс
reform реформа, преобразование
  currency ~ денежная реформа
  land ~ земельная реформа
  petty ~s незначительные реформы
  piecemeal ~s частичные реформы

  sweeping ~s коренные преобразования
refrigerator холодильник, холодильный шкаф
  absorption ~ абсорбционный холодильник
  air ~ воздушный холодильник
  built-in ~ встроенный холодильник
  compression ~ компрессионный холодильник
  deep-freeze ~ низкотемпературный холодильник, морозильник
  two-compartment ~ двухкамерный холодильник
refund возмещение, возврат
  ~ of fees возврат пошлины
  direct ~ прямое возмещение
  export ~s экспортная компенсация; поощрительная экспортная премия *(напр. при экспорте сельскохозяйственной продукции)*
  rate ~ возврат переплаты по тарифу
  tax ~ 1. возврат *(ранее уплаченных)* налогов 2. скидка с налога; налоговая премия
refundable возвратная тара, тара с залоговой стоимостью
refusal 1. отказ 2. отклонение 3. право первого выбора
  ~ of license отказ в предоставлении лицензии
  ~ of offer отклонение предложения
  ~ of patent отказ в выдаче патента
  ~ of payment отказ от платежа
  adamant ~ решительный [твёрдый] отказ
  flat ~ категорический отказ
  point-blank ~ безоговорочный отказ
  reasoned ~ мотивированный отказ
  testamentary ~ завещательный отказ
  unconditional ~ полный [безусловный] отказ
refutation of theory опровержение теории
regenerative (само)восстанавливающийся, способный поддерживать сам себя
region район, зона, область
  agricultural ~ сельскохозяйственный район
  contact ~ контактное поле; область контакта
  fishing ~ рыбопромысловый район

regulation

independent television ~ *англ.* регион вещания (одного из телецентров) Независимого телевидения
mountainous ~ горный район
natural [physical] ~ географический район
rural ~ сельский район
wine-producing ~ винодельческий район
register 1. реестр, опись, журнал регистрации; книга записей; список 2. *полигр.* приводка, совмещение 3. регистр ◇ **out of** ~ *полигр.* печатание без приводки
~ **of copyrights** реестр авторского [издательского] права
address ~ адресная книга
advertising ~ рекламный справочник *(напр. с перечислением всех общенациональных рекламодателей)*
card ~ картотека
cash ~ 1. кассовый журнал 2. кассовый аппарат
colour ~ *полигр.* приводка красок
crank-operated cash ~ кассовый аппарат с приводной ручкой
data ~ регистр данных
land ~ кадастр, земельная регистрация, опись и оценка землевладений
medical ~ медицинский реестр *(официальный список врачей Великобритании, имеющих право практики)*
population ~ регистр населения
printing ~ *полигр.* приводка в процессе печати
rough ~ *полигр.* предварительная приводка, грубое совмещение
running printing ~ *полигр.* автоприводка
social ~ светский календарь
store ~ учётная книга магазина
trade ~ торговый реестр
trademark ~ реестр товарных знаков
registrant зарегистрировавшийся участник *(мероприятия)*
registrar 1. чиновник-регистратор 2. архивариус 3. регистрационное бюро
~ **of copyrights** *амер.* главный управляющий ведомства по охране авторских прав
~ **of the court** секретарь суда
registration 1. регистрация, регистрирование 2. запоминаемость 3. *полигр.* приводка, совмещение
amended trademark ~ изменение, внесённое в реестр товарных знаков
average ~ средний показатель запоминаемости рекламы
coarse ~ *полигр.* грубое [неточное] совмещение
colour ~ совмещение цветов; совмещение цветоделённых печатных форм
compulsory ~ обязательная регистрация
defensive ~ защитная регистрация
exact [fine] ~ точное совмещение
guarantee ~ регистрация гарантийных обязательств
international ~ международная регистрация
major ~ хорошая запоминаемость рекламы
renewed ~ возобновлённая регистрация
sample ~ выборочная регистрация
territorial trademarks ~ территориальная регистрация товарных знаков
trademark ~ регистрация товарного знака
regular 1. постоянный покупатель [заказчик, клиент] 2. *амер.* рекламный щит без подсветки
regularity регулярность; правильность
~ **of behaviour** закономерность поведения
statistical ~ статистическая закономерность
regulation 1. регулирование, упорядочение 2. *pl* правила, устав, уложение, инструкция 3. *pl* технические условия ◇ **ad hoc** ~**s** чрезвычайные [специальные] меры регулирования; **to bring under** ~**s** регламентировать
advertising ~ рекламное регулирование, регулирование рекламной деятельности
business ~ (государственное) регулирование предпринимательской деятельности, регулирование бизнеса
copy ~**s** требования к тексту
customs ~**s** таможенные инструкции
economic(al) ~ экономическое регулирование
export ~ регулирование экспорта

521

regulation

fishery ~s правила рыболовства
food products ~s (санитарные) правила производства пищевых продуктов
government ~ государственное регулирование
health ~s требования к безвредности для здоровья, нормы безвредности
inherent ~ саморегулирование, саморегуляция
internal ~s внутренний распорядок, правила внутреннего распорядка
legal ~ 1. правовое регулирование; правовое положение, правовой режим 2. *pl* правовые нормы (*постановления, уложения, положения*)
maintenance ~ инструкция по техническому обслуживанию
manual ~ ручное регулирование
marketing ~ регулирование маркетинговой деятельности
packaging ~ предписание по упаковке
postal ~s почтовые уложения
price ~ регулирование цен; правила установления цен
production ~s технические нормы производства
provisional ~s временные правила
public ~ государственное [общественное] регулирование
quarantine ~s карантинный надзор
road ~s правила дорожного движения
safety ~s правила техники безопасности; нормы безопасности, требования к безопасности
sanitary ~s санитарные правила
service ~s 1. правила ухода [обслуживания], правила эксплуатации 2. служебный регламент
staff ~s положение о персонале
storage ~s правила хранения
technical ~s технические нормы
testing ~s инструкция по проведению испытаний
trademark ~s уложения о товарных знаках
traffic ~s правила дорожного движения

regulator регулятор
federal ~ *амер.* орган регулирования федерального правительства
ink ~ *полигр.* регулятор подачи краски, устройство для регулировки подачи краски
state ~ *амер.* орган регулирования штата

rehearsal 1. репетиция, проба актёров 2. повторение
camera ~ *тлв* трактовая репетиция (*генеральная репетиция с отработкой схемы перемещения и порядка включения камер*), тракт, прогон
dress ~ генеральная репетиция
dry ~ *экр.* режиссёрская разводка (*репетиция без костюмов и камеры*)
line ~ репетирование текста
studio ~ репетиция в студии, студийная репетиция
word ~ репетирование текста

reinforcement 1. усиление, укрепление 2. *психол.* подкрепление
~ of paper армирование бумаги
brand ~ подкрепление приверженности к марке; подкрепление позиций марки
selective ~ выборочное [избирательное] подкрепление
verbal ~ вербальное [словесное] подкрепление

reinforcer средство усиления; подкрепитель
auditory ~ звуковой [акустический] подкрепитель

reject брак; (за)бракованная вещь
dictionary ~ слово, не включаемое в словарь

rejection 1. отказ, отклонение 2. браковка 3. *pl* брак, отходы
~ of claim отклонение претензии [требования]
~ of patent отказ в выдаче патента
best mode ~ отказ в выдаче патента по мотиву неприведения (*в описании изобретения*) способа осуществления изобретения, представляющегося изобретателю наилучшим
command ~ отказ от выполнения команды
goods ~ 1. отказ от товара 2. браковка товара
loan ~ отказ в предоставлении ссуды
obvious ~ отказ в выдаче патента со

relationship

ссылкой на очевидность заявленного изобретения
rejuvenation:
   trademark ~ обновление товарного знака
relation 1. связь, (со)отношение 2. *pl* отношения ◊ **to break off** ~s разорвать отношения; **to downgrade** ~s переводить отношения на более низкий уровень; **to enter into [to establish]** ~s установить отношения; **to extend** ~s расширять связи; **to maintain** ~s поддерживать отношения
   ~ **of forces** соотношение сил
   ~ **of supply and demand** (со)отношение спроса и предложения
   associative ~ ассоциативная связь
   business ~s деловые отношения; торговые связи
   cause-effect ~s причинно-следственные связи
   client ~s отношения с клиентами
   commodity ~s товарные отношения
   community ~s налаживание отношений с местными общинами, поддержание связей с местным населением
   competitive ~s конкурентные отношения, отношения между конкурентами
   confidential ~s доверительные отношения
   consumer ~s отношения с потребителями
   contractual ~s договорные отношения
   dealer ~s установление и поддержание отношений с дилерами
   derivative ~ *стат.* производное отношение
   direct ~ прямая зависимость
   domination ~s отношения доминирования
   economic ~s экономические отношения
   employee ~s 1. отношения (нанимателя) с наёмными работниками 2. взаимоотношения между членами коллектива
   fiscal ~s финансовые отношения
   functional ~ функциональная зависимость
   industrial ~s трудовые отношения в промышленности
   inter-enterprise ~s производственные отношения между предприятиями
   interstate ~s межгосударственные отношения; отношения между штатами
   inverse ~ *стат.* обратная зависимость
   jural ~s правоотношения
   labour ~s 1. отношения в процессе труда 2. трудовые отношения между администрацией и профсоюзом
   legal ~ правоотношение
   order ~ *стат.* отношение последовательности
   personnel ~s отношения со служащими [с персоналом]
   power ~s соотношение сил (*на рынке*)
   press ~s установление и поддержание связей с прессой
   price ~s соотношение цен
   public ~s организация общественного мнения, связи с общественностью (*престижная деятельность компании, охватывающая информацию, связи с организациями и лицами, рекламу, пропаганду стабильности положения, завоевание понимания и восприятия со стороны общественности*)
   scaling ~ масштабное соотношение
   social ~s общественные отношения
   strained ~s натянутые отношения
   trade ~s торговые отношения
relationship 1. (взаимо)отношения; (со)отношение; связь 2. зависимость; родство
   agency-client ~ взаимоотношения между агентством и клиентом
   alive ~ живое общение
   causal [causative] ~ причинная (взаимо)связь
   cause-and-effect ~ причинно-следственные связи
   commercial legal ~ торговые правоотношения
   contractual legal ~ договорные правоотношения
   control ~ отношение управления
   cost ~ стоимостное соотношение
   cost-estimating ~ соотношение для оценки затрат
   cost-performance ~ соотношение

relationship

между стоимостью и (техническими) характеристиками
cost-price ~ соотношение между ценой и себестоимостью
customer ~ отношения с клиентурой
durational ~ длительность привязанностей
equitable ~ равное соотношение сил
formal ~ формальные отношения
immediate ~ 1. непосредственное общение 2. близкое родство
informal ~ неформальные отношения
input-output ~ соотношение «затраты — отдача»
interactive ~ взаимное общение
legal ~ правоотношения
long-run ~ долговременные отношения
matter-of-fact selling ~ формальные отношения «продавец — покупатель»
optimum ~ оптимальное соотношение
price-demand ~ (со)отношение цена — спрос
price-quality ~ (со)отношение цена — качество
price-value ~ соотношение между ценой и ценностной значимостью *(товара)*
probability ~ вероятностное соотношение
productive ~ плодотворные [эффективные] отношения
professional ~ профессиональные отношения
profit ~ соотношение прибыльности
sales ~ отношения в процессе купли—продажи
tonal ~ *полигр.* тональное соотношение, соотношение тонов
trading ~ торговые отношения
relaunch повторный выпуск *(товара на рынок)*
relay ретранслятор
microwave ~ микроволновая релейная линия
satellite ~ спутниковый ретранслятор
release 1. выпуск в свет; издание 2. освобождение *(от обязательств)* 3. выпуск на экран ◇ ~ **from debt** освобождение от уплаты долга; ~ **from liability** освобождение от ответственности
conditional ~ условное освобождение

documentation ~ выпуск документации
freight ~ разрешение на выдачу груза
general ~ *экр.* широкий прокат; выпуск *(фильма)* в широкий прокат
news ~ сообщение для печати
press ~ пресс-релиз, официальная информация для печати
publicity ~ пропагандистское издание
stress ~ снятие стресса
test ~ *экр.* пробный [предварительный] показ *(фильма, программы)*
relevance, relevancy существенность, актуальность, насущность; значимость, важность
~ **of appeal** актуальность мотива
demonstration ~ демонстрационная актуальность, актуальность демонстрации [наглядного показа]
relevant актуальный, насущный; соответствующий
reliability надёжность; достоверность; безотказность *(в работе)*
~ **of economic forecasting** надёжность экономического прогнозирования
actual ~ фактическая надёжность
apparent ~ кажущаяся надёжность
channel ~ надёжность канала *(обслуживания)*
commercial ~ коммерческая надёжность
contractual ~ надёжность, оговоренная контрактом
delivery ~ надёжность поставок
desired ~ требуемая надёжность
guaranteed ~ гарантированная надёжность
operational ~ эксплуатационная надёжность
performance ~ надёжность в работе
poor ~ низкая надёжность
presumed ~ предполагаемая надёжность
product ~ надёжность изделия
statistical ~ статистическая надёжность
test ~ надёжность испытаний
working ~ безопасность производства
reliance 1. вера, доверие; уверенность

2. опора ◇ ~ on force опора на силу
misplaced ~ неоправданное доверие
religion религия, религиозные убеждения
  established ~ официальная религия
  revealed ~ богооткровенная религия, вера
remark замечание; комментарий
  announcer's ~ дикторская вставка, дикторская реплика
  inept ~ неуместное замечание
  introductory ~ вступительное замечание
  offhand ~ замечание по ходу дела
  opening ~ вступительное замечание
  pertinent ~ замечание по существу, уместное замечание
  pointed ~ критическое [резкое] замечание
  pointful ~ *см.* pertinent remark
  pointless ~ замечание не по существу, бессмысленное замечание
  random ~ случайное замечание
  welcoming ~ приветственное выступление
remarketing ремаркетинг, повторный маркетинг; переосмысление маркетингового подхода
remedy 1. лечебное средство, лекарство 2. средство правовой защиты
  consumers' ~ судебная защита прав потребителей
  cough ~ лекарство от кашля
  headache ~ лекарство от головной боли
  herbal ~ лечебное средство из трав
  legal ~ средство судебной [правовой] защиты
  potent ~ сильное средство
rememberable запоминающийся
remembrance подарок на память, сувенир
reminder напоминание; средство напоминания; реклама-напоминание
  ~ of deadline напоминание об истечении срока
  long-term ~ долговременное напоминание
  serviceable ~ полезное напоминание
remuneration вознаграждение; оплата; компенсация ◇ in ~ for в виде [в качестве] вознаграждения

rental

~ of labour оплата труда, вознаграждение за труд
agency ~ оплата услуг агентства, агентское вознаграждение
author's ~ авторский гонорар
expected ~ ожидаемое вознаграждение
license ~ лицензионное вознаграждение
lump sum ~ единовременное вознаграждение
minimum ~ минимальное вознаграждение
stimulating ~ материальное стимулирование
renewal 1. возобновление; повторение 2. пролонгация, продление действия *(договора)* 3. обновление *(напр. основного капитала)*
~ of lease возобновление (срока) аренды
~ of patent продление срока патента
~ of promise повторение обещания
~ of trademark восстановление срока действия товарного знака
~ of treaty пролонгация договора
advance ~ заблаговременное возобновление
capital ~ обновление основного капитала
licence ~ восстановление лицензии
urban ~ реконструкция городов
rent 1. рента, арендная плата 2. доход с недвижимости ◇ for ~ внаём; напрокат; ~ in kind натуральная рента
absolute ~ абсолютная рента
capitalized ~ капитализированная рента
differential ~ дифференциальная рента
gross ~ валовая арендная плата
ground ~ земельная рента
heavy ~ 1. высокая плата 2. *амер.* высокая квартирная плата
land ~ земельная рента
money ~ денежная рента
pure ~ чистая рента
rental сумма арендной платы; рентный доход
cash ~ денежная арендная плата
computer ~ арендная плата за ЭВМ; арендная плата за машинное время
film ~ доход от проката фильмов; до-

525

ход от передачи фильмов во временное пользование
flat ~ твёрдая [фиксированная] сумма аренды
land ~ арендная плата за пользование землёй
mailing list ~ ставка аренды рассылочного списка (*обычно для разового пользователя*)
residential ~ квартирная плата
total ~ общая сумма ренты
reorder повторный заказ
repair 1. ремонт, ремонтирование 2. годность, исправность ◇ **beyond** ~ в ремонтонепригодном состоянии, не поддающийся исправлению; **in bad** ~ в неисправном состоянии; **in good** ~ в исправном состоянии; **to keep in** ~ содержать в исправности; **under** ~ в ремонте
capital ~ капитальный ремонт
current ~ текущий ремонт
emergency ~ аварийный [неотложный] ремонт
extensive ~ трудоёмкий ремонт
factory ~ заводской ремонт
field ~ ремонт в полевых условиях
first-aid ~ предварительный ремонт
home ~ ремонт жилища
job-site ~ ремонт на месте эксплуатации
major ~ капитальный ремонт
manufacturing ~ устранение дефектов в процессе производства
minor ~ мелкий ремонт
off-schedule ~ внеплановый ремонт
on-the-spot ~ ремонт на месте эксплуатации
permanent ~ текущий ремонт
preventive ~ профилактический [предупредительный] ремонт
replacement ~ ремонт путём замены (*деталей*)
routine [running] ~ текущий ремонт
scheduled ~ плановый ремонт
temporary ~ временное восстановление
thorough ~ капитальный ремонт
urgent ~ срочный ремонт
warranty ~ гарантийный ремонт
repetition повтор(ение), повторимость ◇ ~ **in use** оборачиваемость, многократность использования

delayed ~ отсроченное повторение, повторение с временным интервалом
oral ~ повторение вслух
replacement замещение, замена (*напр. оборудования*)
cyclic ~ периодическая замена
large-scale ~ крупномасштабная замена
loss ~ возмещение потерь
one-for-one ~ эквивалентная замена
parts ~ замена деталей
periodic ~ периодическая замена
plant ~ замена оборудования
routine ~ обычная замена
wear-out ~ замена вследствие износа
replay повтор, воспроизведение
instant ~ мгновенный повтор
slow-motion ~ замедленное воспроизведение
reply ответ ◇ **in** ~ в ответ; **to elicit** ~ добиться ответа; **to make** ~ ответить, дать ответ
non-committal ~ уклончивый ответ
prepaid ~ оплаченный ответ; с оплаченным ответом (*о почтовом отправлении*)
shrewd ~ меткий ответ
reply-paid с оплаченным ответом (*о почтовом отправлении*); «ответ оплачен»
report доклад; сообщение; отчёт ◇ **to draw up** ~ составить отчёт; **to make** ~ сделать доклад; **to present [to render, to submit]** ~ представлять отчёт
accounting ~ бухгалтерский отчёт
administrative ~ отчёт административного органа
annual ~ годовой отчёт
audience survey ~ отчёт об исследовании аудитории
audit ~ акт ревизии, отчёт о ревизии, заключение аудитора
background ~ справка по истории вопроса
beeper ~ телефонное интервью, записанное на магнитофон
call ~ 1. отчёт коммивояжёра о визитах к клиентам; отчёт о встрече рекламодателя с представителями рекламного агентства 2. *амер.* финансовый отчёт, представляемый по требованию властей

Report

camera ~ *экр.* раскадровка *(в мультипликации)*
circulation ~ отчёт о тираже
company ~ отчёт фирмы
condensed radio ~ *амер.* обзор мелких радиорынков *(сборник рейтинговой информации о программах мелких и средних радиостанций)*
conflicting ~s противоречивые сообщения
consolidated ~ 1. сводный доклад 2. объединённые данные *(напр. о филиалах фирмы)*
contact ~ *см.* call report 1.
contract status ~ отчёт о ходе выполнения договора
credit ~ отчёт о кредитных операциях
credit agency ~ справка о кредитоспособности агентства
damage ~ отчёт об ущербе
data-validation ~ отчёт об оценке данных
economic ~ экономический отчёт [обзор]
expert ~ заключение эксперта [экспертизы]
factual ~ изложение фактов; доклад о фактическом положении *(дел)*
final ~ итоговый отчёт, окончательный доклад
financial ~ финансовый отчёт
first-hand ~ сообщение из первых рук
follow-up ~ отчёт о принятых мерах
general ~ общий доклад; сводный отчёт
hotline ~ экстренное сообщение
industry ~ отраслевой отчёт
information ~ информационный доклад, информационное сообщение
interim ~ предварительный отчёт
internal ~ внутрифирменный отчёт, внутрифирменная сводка
inventory ~ отчёт о состоянии и движении запасов
labour ~ отчёт по рабочей силе
market ~ обзор конъюнктуры [состояния] рынка, отчёт о состоянии рынка
marketing ~ обзор маркетинговой обстановки, маркетинговый отчёт
media ~ обзор средств рекламы; отчёт о деятельности средств рекламы
monthly ~ (еже)месячный отчёт
news ~ газетное сообщение
official ~ официальное сообщение, коммюнике
operating cost ~ отчёт об эксплуатационных расходах
panel ~ панельный отчёт, отчёт панели
preliminary ~ предварительный отчёт
profit-and-loss ~ отчёт о прибылях и убытках
progress ~ доклад о ходе работ; сообщение о достигнутых результатах
quarterly ~ квартальный отчёт
readership ~ отчёт о круге читателей
reasonable basis ~ доклад о правомочности [об обоснованности]
regular ~ периодический отчёт
research ~ отчёт об исследовании
sales ~ отчёт о продажах, торговый отчёт
sales call ~ отчёт коммивояжёра о ходе сбыта
semi-annual ~ полугодовой отчёт
staff ~ докладная записка; справка для служебного пользования
standardized ~ стандартизированный отчёт
statistical ~ статистический отчёт
stock availability ~ отчёт о наличных запасах
summary ~ сводный обзор
trade ~ торговый отчёт
travel expense ~ отчёт о командировочных расходах
verbatim ~ стенограмма, стенографический отчёт
video ~ видеодоклад, видеоотчёт, видеорепортаж, видеобюллетень; выпуск видеоинформации
weather ~ метеосводка, бюллетень погоды
weekly ~ (еже)недельный отчёт
Report:
~s of Patent, Design and Trade Mark Cases *англ.* «Сборник по делам о патентах, промышленных образцах и товарных знаках»
Broadcast Advertising ~s, Inc. *амер.* Компания исследвания вещательной рекламы *(предоставляющая*

Report

своим подписчикам сведения о рекламируемых марочных товарах, времени передач рекламы и длительности рекламных объявлений)
Business Publications Audit ~ *амер.* Отчёт Бюро по контролю за тиражами отраслевых изданий
Consumer ~s «Отчёты для потребителей» *(периодическое издание Союза потребителей США)*
Current Industrial ~s «Статистика отраслей промышленности» *(периодический бюллетень, издаваемый Бюро переписей США)*
National Nielsen Television ~ *амер.* «Национальный телеотчёт Нильсена»
Selective Markets and the Media Reaching Theme ~ «Выборочные рынки и средства распространения рекламы для их охвата» *(регулярный обзор американской исследовательской фирмы «В.Р.Симмонс энд ассошиэйтс»)*
White Audit ~ «Ежегодный отчёт о тиражах периодических изданий» *(готовится американским Бюро по контролю за тиражами)*
reporter 1. репортёр, корреспондент **2.** вестник *(издание)*
investigative ~ корреспондент, ведущий репортёрское расследование
screen ~ оператор кинохроники, оператор-хроникёр
social ~ репортёр светской хроники
Reporter:
Trademark ~ «Вестник товарных знаков» *(журнал, издаваемый Ассоциацией по товарным знакам США)*
reporting отчёт, отчётность; представление информации
financial ~ представление финансовой отчётности
internal ~ внутренняя отчётность
investigative ~ материалы с расследованием проблем; материалы репортёрского расследования
on-the-spot news ~ репортаж с места события
regular ~ регулярная отчётность
sales ~ торговая отчётность
repositioning изменение позиционирования, перепозиционирование

marketing ~ маркетинговое перепозиционирование
representation 1. представление; утверждение **2.** изображение, образ; представительство
~ of design графическое изображение промышленного образца
allegoric ~ аллегорическое изображение
conventional ~ условное изображение
data ~ представление данных
dealer ~ насыщенность дилерскими предприятиями
diagrammatic ~ схематическое изображение
digital ~ цифровое представление
exclusive ~ исключительное представительство
false ~ введение в заблуждение
graphic(al) ~ графическое изображение
pictorial ~ зрительное представление, представление в изобразительной форме
product ~ представление товара
proportional ~ пропорциональное представительство *(напр. в совете директоров)*
reduced ~ упрощённое [усечённое] изображение
symbolic ~ символическое представление
trade ~ торговое представительство, торгпредство
visual ~ *см.* pictorial representation
representative представитель, уполномоченный
account ~ контактор *(в рекламном агентстве)*
accredited ~ аккредитованный представитель
advertising ~ рекламный представитель *(органа печати)*
authorized ~ уполномоченный представитель, доверенное лицо
commissioned ~ агент на комиссии *(занимающийся только продажей и не отвечающий ни за хранение и поставку товара, ни за выставление счетов)*
customer affairs ~ ответственный (представитель) по делам потреби-

reputation

телей, ответственный за работу с клиентами
customer service ~ представитель службы сервиса для клиентов
door-to-door sales ~ агент, торгующий вразнос, коммивояжёр
engineering service ~ торговый агент машиностроительной фирмы
field ~ представитель на месте, местный агент
junior ~ ученик [помощник] коммивояжёра; младший продавец
manufacturer's ~ (торговый) представитель производителя; торговое представительство производителя *(промышленной фирмы)*
marketing ~ агент по маркетингу, маркетинговый агент
media ~ представитель средств рекламы
national ~ общенациональный представитель
newspaper ~ представитель газеты *(по сбору рекламы)*
official ~ официальный представитель
plant ~ представитель заказчика на предприятии; представитель завода
publisher's ~ представитель издателя *(продающий место под рекламу в органах печати, выпускаемых конкретным издателем)*
salaried sales ~ коммивояжёр на окладе
sales ~ 1. торговый агент; коммивояжёр 2. комиссионер
service ~ агент по услугам
sole ~ единственный представитель, монопольный агент
station ~ представитель вещательной станции *(продающий её рекламное время)*
trade ~ торговый представитель, торгпред
traveling export sales ~ коммивояжёр по экспортным операциям
representativeness of sample репрезентативность выборки
reprint 1. перепечатка; стереотипное издание 2. допечатка тиража 3. (повторный) оттиск, повторный тираж
advertising ~ оттиск ранее опубликованной рекламы

dead ~ точная копия, перепечатка с прежнего набора
direct ~ непосредственная перепечатка
facsimile ~ факсимильная перепечатка
free ~ бесплатный оттиск
paginal ~ переиздание со стереотипа
single-colour ~ одноцветная перепечатка
reprisal *юр.* ответная мера, репрессалия
negative ~ негативная репрессалия
positive ~ позитивная репрессалия
reproduction 1. воспроизведение, копирование, репродуцирование 2. репродукция 3. воспроизводство
~ **of value** воспроизводство стоимости
art ~ художественная репродукция
black-and-white ~ воспроизведение в чёрно-белом варианте
blueline ~ синяя (свето)копия, «синька», диазокопия
colour ~ 1. воспроизведение в цвете, цветное репродуцирование 2. цветная репродукция
extended ~ расширенное воспроизводство
facsimile ~ 1. факсимильное воспроизведение 2. факсимильная репродукция
graphic(al) ~ графическое воспроизведение
half-tone ~ растровая репродукция
lithographic ~ офсетная репродукция
mental ~ мысленное воспроизведение
photographic ~ фоторепродуцирование
picture ~ воспроизведение изображения
quantity ~ тиражное издание
simple ~ простое воспроизводство
sound ~ воспроизведение звука, звуковоспроизведение
thumbnail ~ уменьшенное воспроизведение
reprography репрография *(факсимильное воспроизведение печатных материалов)*
repurchase повторная покупка
reputation репутация ◇ **to enjoy a high** ~ пользоваться доброй репута-

reputation

цией; to gain ~ завоевывать репутацию
company ~ репутация фирмы
enviable [laudable] ~ завидная репутация
off-colour ~ *см.* unsavoury reputation
professional ~ профессиональная репутация
unsavoury ~ сомнительная репутация, дурная слава
varnished ~ раздутая репутация
request 1. запрос, заявка, просьба 2. просьба; требование ◇ at [by] ~ по просьбе; по требованию; ~ for delay of payment просьба об отсрочке платежа; ~ for information информационный запрос; ~ for payment требование об оплате; ~ for proposal 1. запрос (на выдачу) предложения 2. объявление о принятии предложения *(на выполнение заказа)*; ~ for respite *см.* request for delay of payment
catalogue ~ запрос на высылку каталога
credit ~ заявка на получение кредита
formal ~ формальный [официальный] запрос
freepost ~ запрос, высылаемый бесплатно
mailed ~ запрос по почте, почтовый запрос
pending ~ отложенный запрос
position ~ заявка на особое местоположение рекламы *(в издании)*
procurement ~ 1. заявка на поставку 2. требование на закупку
purchase ~ требование на закупку
service ~ заявка на обслуживание
requirement 1. требование; необходимое условие 2. потребность, нужда ◇ to set ~s устанавливать требования
best mode ~ требование раскрытия *(в описании изобретения)* способа осуществления изобретения, представляющегося изобретателю наилучшим
comfort ~s требования комфорта [комфортности]
compliance ~ требование о соответствии *(норме)*
copy ~ требование к тексту
cultural ~s культурные запросы

daily ~ суточная потребность
food ~ потребность в пище
functional ~ функциональное требование
information ~s информационные потребности
labeling ~ требование к маркировке
legal ~ юридическое требование, требование закона
maintenance ~s требования по техническому обслуживанию
manpower ~ потребность в рабочей силе
market ~s требования рынка
mechanical ~s производственные требования, технические требования к исходным материалам *(для печати)*
music ~s требования к музыке
one-time ~ разовая потребность
operating ~s эксплуатационные требования, требования эксплуатации
performance ~s требования к рабочим характеристикам
printing ~ требование полиграфии
product ~s требования к товару
production ~s производственные требования *(издания)*
quality ~s кондиции, требования к качеству и упаковке *(товара)*
safety ~s требования безопасности
sales ~ 1. требуемый объём заказов на поставку продукции 2. требуемый объём сбыта
stringent ~s жёсткие требования
success ~ требование к залогу успеха
transaction money ~ потребность в деньгах для совершения сделки
typographer's ~ требование печатника
use ~s *см.* operating requirements
resale перепродажа
research исследование, исследования; изучение, научно-исследовательская работа ◇ ~, design and development исследования, дизайн и конструкторские разработки; ~, development, test and evaluation научно-исследовательские и опытно-конструкторские разработки, испытания и оценка
advanced ~ перспективные исследования
advertising ~ рекламное исследова-

ние; исследование в рекламе, исследование рекламы
applied ~ прикладные исследования
attitude [attitudinal] ~ исследование отношений
audience ~ изучение аудитории
background ~ предварительное обзорное исследование *(как основа для последующих исследований)*
basic ~ фундаментальные [проблемные] исследования
brand mapping ~ изучение позиционирования марок *(в рамках товарной группы)*
broad-scale ~ широкомасштабные исследования
call-in audience ~ исследование аудитории методом «звоните нам» *(чтобы услышать предлагаемый для оценки материал, респондент должен позвонить по указанному ему номеру телефона)*
causal ~ исследование по выявлению причинно-следственных связей; экспериментальное исследование
circulation ~ изучение тиража *(печатного издания)*
concept ~ изучение замысла
consumer ~ изучение потребителей
continuous ~ постоянно [непрерывно] ведущиеся исследования
controlled ~ исследование (, проводимое) в контролируемых условиях
copy ~ изучение текстов
creative ~ творческий поиск; исследование творческих аспектов рекламы
customer ~ изучение клиентуры
customer motivation ~ исследование потребительских мотиваций
defense ~ оборонные исследования
descriptive ~ описательное исследование
desk ~ кабинетное исследование
duplicable ~ исследование с воспроизводимыми результатами
engineering ~ технические исследования
evaluative ~ оценочные исследования
experimental ~ экспериментальные исследования
exploratory ~ поисковое исследование

extensive ~ обширные исследования
field (work) ~ внекабинетное [полевое] исследование
formal ~ формальное исследование
fundamental ~ фундаментальные исследования
impersonal ~ обезличенное исследование
industrial market ~ изучение промышленного рынка
industry ~ изучение отрасли; отраслевые [промышленные] исследования; исследовательская работа в промышленности
instructional ~ научно-методическая работа
intensive ~ интенсивные исследования
legitimate ~ законное исследование
lifestyle ~ изучение образа жизни
linguistic ~ лингвистическое исследование
market ~ исследование (возможностей) рынка
marketing ~ исследование маркетинга, маркетинговое исследование
market-oriented ~ исследования с ориентацией на рынок, исследования рыночной ориентации [направленности]
mass communications ~ исследование массовых коммуникаций
media ~ изучение средств рекламы
motivation(al) ~ *амер.* мотивационный анализ, исследование мотиваций *(определяющих спрос)*
multistage ~ многоэтапное исследование
nutritional ~ исследование пищевой ценности продуктов
objective ~ количественное исследование
observation ~ исследование методом наблюдения
one-off ~ разовое исследование
open-end ~ поисковое исследование
operations ~ исследование операций
opinion ~ выявление мнений
patent ~ патентные исследования
pilot ~ начальные исследования
population ~ демографическое исследование

research

predictive ~ исследование-прогноз, прогнозное исследование
primary ~ первичное исследование
product ~ анализ товара, изучение потребительских свойств товара
product usage ~ исследования (*сферы, широты*) использования товара
qualitative ~ исследование качественных показателей
quality ~ исследование качества
quantitative ~ количественное исследование
sales activation ~ исследование побуждающих мотивов совершения покупки (*термин введён в оборот Джорджем Гэллапом*)
scientific and technical ~ научно-технические исследования
secondary ~ вторичное исследование
segmentation ~ исследования по выявлению сегментов (*рынка*)
sound ~ добротное исследование
strategic ~ стратегическое исследование
survey ~ исследование-опрос, исследование методом опроса
systematic ~ систематически проводимое исследование
trademark ~ исследование товарных знаков
viewership ~ исследование зрительской аудитории

researcher исследователь
  market ~ исследователь рынка
  marketing ~ исследователь маркетинга

reseller промежуточный продавец; лицо, занимающееся перепродажей; спекулянт

resemblance сходство
  distant [faint] ~ отдалённое [небольшое] сходство
  family ~ семейное сходство
  remote ~ отдалённое [небольшое] сходство

reserve 1. резерв, запас **2.** оговорка; ограничение ◇ **in** ~ в запасе; **to keep** ~ иметь запас; **without** ~ безоговорочно
  advertising ~ резерв (средств) на рекламу
  buried ~ скрытый резерв
  contingency ~ резерв на случай непредвиденных обстоятельств, резерв предусмотрительности
  explored ~s разведанные запасы (*ископаемого*)
  land ~s земельный фонд
  latent ~s скрытые резервы
  money ~ денежный резерв
  tacit ~ мысленная [молчаливая] оговорка

reset 1. сброс, возврат в исходное состояние **2.** перезапуск, переустановка **3.** *полигр.* повторный набор
  ~ **of type** повторный набор, «перебор»

resident (постоянный) житель
  farm ~ лицо, проживающее на ферме
  neighbourhood ~ окрестный житель
  nonfarm rural ~ сельский житель, не занятый в сельском хозяйстве
  normal ~ постоянный житель
  original ~ абориген
  permanent ~ постоянный житель
  suburban ~ житель пригорода
  temporary ~ временно проживающий, временный житель

resignation отставка; отказ от должности

resistance сопротивление; противодействие ◇ **to offer [to put up]** ~ оказывать противодействие [сопротивление], противостоять; ~ **to wear** износостойкость
  age [ageing] ~ долговечность, сопротивление старению
  consumer ~ противодействие (со стороны) потребителей, апатия потребителей
  deformation ~ сопротивление деформации
  distributed ~ распределённое сопротивление
  elastic ~ упругое сопротивление
  humidity ~ влагостойкость
  impact ~ прочность при ударе, ударопрочность; сопротивление удару
  market ~ рыночное противодействие, падение рыночной деятельности
  moisture ~ влагостойкость
  odour ~ невосприимчивость к запаху
  passive ~ пассивное сопротивление
  sales ~ падение сбыта; неподатливость сбыта

response

saturation ~ сопротивление насыщению
shrink ~ стойкость к усадке, безусадочность
stiff ~ упорное сопротивление
ultimate ~ предел прочности
resolution 1. резолюция, решение 2. разрешение (*проблемы*) 3. *экр.* разрешающая способность
conflict ~ разрешение конфликтов
depth ~ *экр.* глубина резкости
draft ~ проект резолюции
image ~ чёткость изображения
joint ~ совместная резолюция
lens ~ разрешающая способность объектива
limiting ~ предельная разрешающая способность
picture ~ чёткость изображения
screen ~ разрешающая способность экрана
resource 1. средство, способ 2. *pl* (материальные) запасы, ресурсы; средства
consumable ~ расходуемый ресурс
credit ~s кредитные фонды, источники кредита
energy ~s энергетические ресурсы, энергоресурсы
exhaustible ~s истощимые ресурсы
financial ~s финансовые ресурсы
finite ~s истощимые ресурсы
managerial ~s управленческие ресурсы, кадры управленцев
manpower ~s трудовые ресурсы
marketing ~s маркетинговые ресурсы
material ~s материальные средства
national ~s национальные ресурсы
natural ~s естественные [природные] богатства
nonrenewable ~s невозобновляемые ресурсы
pecuniary ~s основные [сырьевые] ресурсы
planetary ~s ресурсы планеты
renewable ~s возобновляемые ресурсы
reproducible ~s воспроизводимые ресурсы
reusable ~ средство многократного пользования
scarce [tight] ~s дефицитные ресурсы

uncommitted ~s свободные ресурсы
unexpendable ~s жизненно важные ресурсы
respondent отвечающий, обследуемый, обследуемое лицо, респондент; ответчик
original ~ лицо, охваченное первоначальным обследованием
qualified ~ квалифицированный респондент (*лицо, которое может привлекаться к участию в исследованиях потребителей*)
responder тот, кто реагирует, реагирующий, отвечающий, откликающийся
response ответ, отклик; ответная реакция
action ~ ответ действием
active ~ активная реакция, активный отклик
adaptive ~ реакция адаптации
addictive ~ реакция привыкания (*обычно нежелательного*)
advertising ~ ответная реакция на рекламу
anticipated ~ ожидаемый ответ
ardent ~ горячий отклик
audience ~ ответная реакция аудитории
average ~ средний отклик
avoidance ~ реакция избегания
behavioural ~ поведенческая реакция
buying ~ ответная реакция в виде покупок
consumer ~ ответная реакция потребителей
delayed ~ отсроченная ответная реакция
direct ~ прямой ответ, прямой отклик
direct reader ~ непосредственный читательский отклик
elicited ~ вызванная [стимулированная] реакция
emotional ~ эмоциональный ответ
eye ~ восприимчивость глаза
fast ~ быстрый отклик; быстрое срабатывание, быстродействие
forced ~ принудительный ответ
heavy ~ мощная ответная реакция, мощный отклик
market ~ ответная реакция рынка

response

marketing ~ (ответная) маркетинговая реакция
multiple-choice ~ выборочный ответ, ответ с многовариантным выбором
overt ~ внешнее проявление
potential ~ потенциальная ответная реакция
predicted ~ предсказанный отклик
reader ~ реакция читателей [читательской аудитории]
ready ~ живой отклик
recognition-type ~ выборочный ответ с узнаванием
sales ~ (ответная) реакция сбыта
spontaneous ~ спонтанная реакция, спонтанный отклик
survey ~ ответ, полученный в ходе опроса
total ~ суммарный отклик
trade ~ отклик [реакция] сферы торговли
ultimate ~ конечная [предельная] реакция
unguarded ~ непроизвольно вырвавшийся ответ
uninhibited ~ свободная реакция
voluntary ~ спонтанный ответ, спонтанная реакция; добровольный отклик

responsibilit/y 1. ответственность 2. обязанность; обязательство ◊ to accept [to take] ~ взять на себя ответственность
administrative ~ административная ответственность
civil ~ гражданско-правовая ответственность
corporate ~ ответственность корпораций
criminal ~ уголовная ответственность
domestic ~ домашняя обязанность
enhanced ~ повышенная ответственность
functional ~ функциональная ответственность
information ~ ответственность за снабжение информацией
line ~ линейная ответственность (по должности)
management ~ ответственность администрации [руководства]
moral ~ моральная ответственность
official ~ies служебные обязанности

organizational ~ распределение обязанностей внутри организации; структурная организация
primary ~ главная ответственность
prime ~ основная ответственность
private ~ личная ответственность
professional ~ профессиональная ответственность
quality ~ ответственность за обеспечение качества
reliability ~ ответственность за обеспечение надёжности
shared ~ разделённая [солидарная] ответственность
social ~ социальная ответственность, ответственность перед обществом
supervisory ~ надзорные функции; курирование
territorial ~ ответственность за территорию

rest 1. отдых, покой 2. перерыв, пауза 3. подпорка, опора
book ~ пюпитр [подставка] для книги
head ~ подголовник
leg ~ подставка для ног

restaurant ресторан
commercial ~ предприятие общепита
family ~ семейный ресторан
fast-food ~ закусочная быстрого обслуживания, бистро
on-sale ~ ресторан с подачей спиртных напитков
organic ~ ресторан, предлагающий блюда только из натуральных продуктов (не консервированных, не содержащих вкусовых добавок, красителей)
quick-service ~ см. fast-food restaurant

restocking пополнение товарных запасов

restraint 1. сдерживание; сдержанность 2. ограничение; ограничитель 3. запрещение ◊ to impose ~ вводить ограничение
~ of demand ограничение спроса
~ of trade ограничение торговли
corollary ~s дополнительные ограничения
credit ~ ограничение кредита
expenditure ~ сдержанность в расходах, ограничение расходов

legal ~ законодательное [правовое] ограничение
patent ~ патентное ограничение
wage ~ сдерживание роста заработной платы

restriction 1. ограничение 2. *pl* ограничительные меры ◇ **to impose ~s** вводить [налагать] ограничения, ограничивать; **to lift ~s** снимать ограничения
~ **of production** ограничение производства
advertising ~ ограничение на рекламу, рекламное ограничение
budget ~ бюджетное [сметное] ограничение
credit ~s кредитные ограничения; политика ограничения [стеснения] кредита
currency ~s валютные ограничения
exchange ~s 1. валютные ограничения 2. ограничения в переводе иностранной валюты
import ~ ограничение импорта, ограничение на импорт, импортное ограничение
job ~ ограничение на работу
makeup ~s макетные ограничения, ограничения по макету *(напр. неприемлемость макетов сложной конфигурации, разбивающих полосу на сегменты неправильной формы, которые трудно или невозможно использовать)*
monetary ~s валютные ограничения
prohibitive trade ~s запретительные ограничения (внешней) торговли
quantitative ~s количественные ограничения, контингентирование
size ~ ограничение по размеру
temporary ~ временное ограничение
territorial ~ территориальное ограничение, ограничение по территории
trade ~ ограничение торговли
travel ~ ограничение в передвижении
unwarranted ~ произвольное ограничение
visibility ~ ограничение видимости
weight ~ ограничение по весу

result результат, итог; следствие
accidental ~ случайный результат
actual ~ фактический результат
approximate ~ приближённый результат
assessed ~ оцениваемый результат
business ~ коммерческий результат, результат предпринимательской [коммерческой] деятельности
controversial ~ спорный результат, сомнительный итог
direct ~ непосредственный результат
effective ~ действенный результат
end [eventual] ~ конечный результат
final ~ конечный результат, итог
iterative ~ повторяющийся результат
long-term ~ перспективный [долгосрочный] результат
meaningful ~ значимый [существенный] результат
measurable ~ измеримый [поддающийся замеру] результат
net ~ конечный результат
observed ~ наблюдаемый результат
possible ~ возможный результат
postponed ~ отсроченный результат
predicted ~ прогнозируемый результат
probable ~ вероятный результат
ranking ~ *стат.* результат ранжирования
remote ~ отдалённый результат
replicable ~ воспроизводимый результат
representative ~ показательный [характерный] результат
sales ~s результаты [итоги] сбыта
sampling ~ *стат.* результат выборки
short-term ~ краткосрочный результат
simulated ~ смоделированный результат
statistical ~ статистический результат
test(ing) ~ результат испытания
theoretical ~ теоретический результат
valid ~ обоснованный результат
weighty ~ весомый результат

resume 1. резюме, сводка; конспект 2. краткая автобиография *(представляемая кандидатом на должность)*
retail розница; розничная торговля ◇ **at ~** в розницу; **to sell by ~** продавать в розницу
retailer розничный торговец; рознич-

retailer

ный магазин; предприятие розничной торговли
affiliated ~ розничный торговец-член (добровольной) сети *или* закупочного объединения
appliance ~ розничный торговец электробытовыми товарами
catalogue ~ розничный торговец, торгующий по каталогам; предприятие розничной торговли, торгующее по каталогам
discount ~ розничный магазин сниженных цен
diversified ~ диверсифицированный розничный торговец; диверсифицированное розничное заведение *(торгующее многономенклатурным ассортиментом)*
drug ~ розничный торговец лекарственными товарами
established ~ укоренившийся розничный торговец
full-service ~ розничное предприятие с полным циклом обслуживания
general merchandise ~ розничный торговец со смешанным ассортиментом
grocery ~ розничный торговец бакалейно-гастрономическими товарами
mass-merchandise ~ розничный торговец, ведущий продажу методами активного сбыта
off-price ~ розничный торговец, продающий товары по сниженным ценам
product ~ розничный торговец
service ~ розничный торговец услугами; розничное предприятие услуг, розничный поставщик услуг
single-line ~ розничный торговец с узкоспециализированным товарным ассортиментом
specialty ~ специализированный розничный торговец, розничный торговец специализированными товарами
warehouse ~ розничное торговое предприятие типа «склад-магазин», розничный склад-магазин
retailing торговля в розницу, розничная торговля
catalog(ue) ~ розничная торговля по каталогам

convenience food ~ розничная торговля общедоступными пищевыми товарами удобной покупки
discount ~ розничная торговля со скидкой
door-to-door ~ розничная торговля вразнос
food ~ розничная торговля пищевыми [продовольственными] товарами
franchise ~ розничная торговля на основе торговых привилегий *(с льготами)*
full-service ~ розничная торговля с полным циклом услуг [с полным обслуживанием]
general merchandise ~ розничная торговля товарами смешанного ассортимента, розничная продажа товаров смешанного ассортимента
large-scale ~ крупномасштабная розничная торговля
limited-service ~ розничная торговля с ограниченным обслуживанием
low-margin ~ розничная торговля с небольшой наценкой, розничная торговля товарами, приносящими низкую валовую прибыль
mail-and-telephone-order ~ розничная торговля с заказом товара по почте *или* по телефону
mail-order ~ розничная торговля по почтовым заказам, розничная торговля методом посылторга
no-frills ~ упрощённая розничная торговля *(без оказания дополнительных услуг)*, розничная торговля «без излишеств» (с минимумом услуг)
nonstore ~ внемагазинная розничная торговля *(покупатель заказывает товар по почте, каталогу, телефону, приобретает его у коммивояжёра)*
off-price ~ розничная торговля по ценам ниже обычных [ниже обычной розницы]
remote ~ заочная розничная торговля *(с заказом товаров с помощью персонального компьютера и получением их, не заходя в магазин)*
self-selection ~ розничная торговля по методу свободного отбора товаров

return

self-service ~ розничная торговля по методу самообслуживания
small-scale ~ мелкомасштабная розница
store ~ розничная торговля через магазин; магазинная розница
telephone-order ~ розничная торговля по телефонным заказам
warehouse ~ розничная торговля со складов-магазинов

retainer 1. задаток 2. соглашение об оказании централизованных услуг с централизованной оплатой 3. сумма, уплачиваемая за специальные услуги; гонорар, выплачиваемый авансом за предоставляемые услуги

retake *экр.* пересъёмка, повторная съёмка

retargeting перенацеливание, смена целевых ориентиров

retention 1. запоминаемость, удержание в памяти 2. задерживание, задержка
advertisement ~ запоминаемость объявления
colour ~ устойчивость [стабильность] цвета
freshness ~ сохранение свежести *(продукта)*
income ~s удержания из дохода
picture ~ *экр.* послеизображение *(на телеэкране)*
selective ~ избирательное запоминание
shape ~ сохранение формы *(напр. одежды)*
short-term ~ непрочное [нестабильное] запоминание

retiree отставник, пенсионер

retouching ретушь, ретуширование
ground glass ~ ретуширование на матовом стекле
hand ~ ручная ретушь, ретуширование ручным способом
negative ~ ретушь негатива
newspaper ~ газетная ретушь, ретушь отпечатков для газетных репродукций
pencil ~ ретушь карандашом
positive ~ ретушь позитива

retraining переобучение, переподготовка
occupational [professional] ~ переквалификация, профессиональная переподготовка

retrieval 1. возвращение 2. восстановление 3. поиск *(напр. информации)*
document ~ документальный поиск
information ~ поиск информации
manual ~ ручной поиск
topical ~ тематический поиск

retrospect ретроспектива, взгляд назад; возвращение к прошлому ◇ in ~ ретроспективно

return 1. возврат 2. прибыль, доход 3. официальный отчёт 4. отдача *(напр. от рекламных мероприятий)* ◇ by ~ of post с обратной почтой; ~ on advertising investment возмещение расходов на рекламу; ~ on assets managed прибыль на оборотный капитал; ~ on capital прибыль на капитал; ~ on investment прибыль на инвестированный капитал; ~ on net assets прибыль на нетто-активы фирмы; ~ on stockholders' equity прибыль на акционерный капитал; ~ per share сумма доходов на акцию
after-tax real rate ~ доход после уплаты налогов
average ~ средний доход, средний размер поступлений
box office ~s кассовые поступления, кассовая выручка *(напр. кинотеатра от продажи билетов)*
budgeted ~ сметная доходность
carriage ~ возврат каретки; символ «возврат каретки» *(в текстовых процессорах)*
cash ~ денежный доход
coupon ~ возврат купонов
diminishing ~ сокращающийся доход
estimated ~ предполагаемый доход
expected ~ ожидаемый доход
fair ~ справедливая норма прибыли *(напр. на вложенный капитал)*
fixed ~ постоянная прибыль
gross ~ валовой доход
income tax ~ поступления от подоходного налога
inquiry ~s ответы на вопросы анкеты
interest ~ доход в форме процента, процентный доход
marginal ~ предельная отдача, предельный доход

return

merchandise ~ возврат (купленных) товаров
net cash ~s чистые денежные поступления
optimal ~ оптимальный доход
profit ~ прибыль
sales ~s отдача в сфере сбыта
tax ~ налоговая декларация
warranty ~ рекламационный возврат
reuse повторное (ис)пользование
waste ~ повторное использование отходов
water ~ повторное использование воды
revenue выручка, поступления; доход(ы)
advertising ~ поступления от рекламы
aggregate gross ~ совокупный валовой доход
budget ~ бюджетные [сметные] доходы
circulation ~ доход от продажи тиража
earned ~ доход, полученный от реализации товаров; производственный доход
expected ~ ожидаемые [расчётные] поступления
expected sales ~ ожидаемые поступления от сбыта
extra ~ дополнительные поступления
gross ~ валовый доход
newspaper ~ доходы газет
operating ~ 1. доход от основной деятельности *(предприятия)* 2. текущие поступления
personal ~ личный доход
public ~s государственные доходы
sales ~ сумма поступлений [поступления] от продаж
tax ~ налоговые поступления, доход от налогов
television ~ доходы телевидения
total ~ общие [совокупные] поступления
Revenue:
Inland ~ *англ.* департамент налогов и сборов; финансовое управление
reversal поворот назад; полная перемена; обратное движение *(цен)*
~ of price trend изменение движения цен, перелом в движении цен

film ~ *экр.* обратимость плёнки
policy ~ (крутой) поворот в политике
reverse выворотная печать, выворотка
review 1. обзор, обозрение 2. анализ, проверка 3. пересмотр 4. рецензия
~ of patents обзор патентов
~ of secondary data анализ вторичных источников информации [вторичных данных]
annual ~ годовой обзор
art ~ искусствоведческий обзор
continual ~ непрерывная проверка
critical ~ критический обзор, рецензия
market ~ обзор рынка
mid-term ~ обзор *(рекламной кампании)* за половину срока
performance ~ ревизия [обзор] (эффективности) работы
periodic(al) ~ периодическая проверка
press ~ обзор печати
summary ~ обобщающий обзор
test ~ анализ результатов испытаний
revise сверка, вторая корректура
author's ~ авторская правка
final ~ подписной корректурный оттиск
revision пересмотр; ревизия
~ of prices пересмотр цен
~ of text редактирование текста
contract ~ пересмотр договора
revocation аннулирование, отмена
~ of patent аннулирование патента
licence ~ аннулирование лицензии
revolution революция, коренное изменение, крутой перелом
creative ~ творческая революция
demographic ~ демографическая революция *(увеличение народонаселения за счёт снижения смертности)*
green ~ зелёная [сельскохозяйственная] революция *(быстрое распространение в ряде стран новых высокоурожайных сортов зерновых культур и связанной с ними агротехники)*
impending ~ назревающая революция
industrial ~ промышленная революция
new agency ~ революция новых агентств

right

product ~ 1. товарная революция *(товарный бум на рынке)* 2. революция продукта *(быстрое обновление товарной массы и изменение её структуры)*
retailing ~ революция в розничной торговле, коренное преобразование розничной торговли
scientific and technological ~ научно-техническая революция
reward вознаграждение, награда ◇ to obtain ~ получить вознаграждение
incentive ~ поощрительное вознаграждение
monetary ~ денежное вознаграждение
potential ~ потенциальное вознаграждение
practical ~ практическое вознаграждение
psychological ~ психологическое вознаграждение
trifling ~ незначительное вознаграждение
rewinder *экр.* мотáлка, перемоточное устройство *(для плёнки)*
automatic ~ автоматическая мотáлка
multiple ~ многодисковая мотáлка *(для монтажа кинофильмов)*
Richard Roe ответчик *(нарицательное имя)*
rider 1. дополнительное предложение *(в конце рекламного сообщения)* 2. дополнительный пункт; добавление 3. бланк *(заказа),* прикладываемый к счёту
cash ~ предложение оплаты наличными *(со скидкой против оплаты в рассрочку)*
ridership круг [число] пассажиров *(перевозимых каким-л. видом транспорта)*
right право; привилегия ◇ ex ~s без приобретения прав; ~ to assign право на переуступку; to disclaim ~ не признавать право; оспаривать право; ~ to education право на образование; ~ to enforce право на принудительное осуществление; ~ to exist право на существование; ~ to grant licenses право предоставлять лицензии; ~ to know право на получение информации, право быть осведомлённым;

to reserve ~ оговаривать [сохранять] право; ~ to terminate contract право расторжения контракта; ~ to travel право свободного передвижения; ~ to use право пользования *(напр. изготовленной по лицензии продукцией);* to vest ~ наделять правом
~ of action право на иск
~ of appeal право обжалования
~ of authorship право авторства
~ of first refusal право первого выбора; право преимущественной покупки
~ of inspection право (д)осмотра
~ of joint use право совместного (ис)пользования
~ of option право выбора [опциона]
~ of owner право владельца
~ of ownership [of possession] право собственности
~ of privacy право на сохранение конфиденциальности
~ of publication право на публикацию, право издания
~ of redemption право выкупа *(напр. имущества)*
~ of remuneration право на вознаграждение
~ of reproduction право воспроизведения
~ of retention право удержания
~ of succession право наследования
air lease ~s вещ. права на трансляцию *(радио- или телепрограммы)*
appropriative ~ право присвоения, право обращения в свою собственность
basic ~s основные [фундаментальные] права
chartered ~ привилегия
civil ~s гражданские права
constitutional ~ конституционное право; право, гарантированное конституцией
consumer ~ право потребителя
contractual ~ право по договору [по контракту]
derivative ~ производное право
distribution ~s права на распространение *(напр. товара)*
dramatic ~s права на театральную постановку *(без права записи или*

right

постановку *(без права записи или трансляции)*
exclusive ~ 1. прерогатива, исключительное право 2. экр. исключительное право проката *(фильма)*
exclusive legal ~ исключительное юридическое право
exclusive ownership ~ исключительное право собственности
exclusive territorial ~ исключительное право деятельности на конкретной территории
first serial ~s право на предварительную публикацию сериями в периодической печати *(отрывков из ещё не вышедшей в свет книги)*
foreign publication ~s права на издание и распространение за рубежом *(на языке оригинала)*
fundamental ~s основные [фундаментальные] права
human ~s права человека
impaired ~ ущемлённое право
industrial property ~ право на промышленную собственность
infringed ~ нарушенное право
inherent ~ неотъемлемое право; прирождённое право
intellectual property ~ право на интеллектуальную собственность
landing ~ право на посадку *(самолёта)*; право пользования аэропортом
language ~s права на издание на другом языке
legitimate ~ законное право
licensing ~ лицензионное право
mechanical ~s права на использование и механическое воспроизведение музыкальных работ
monopoly ~ монопольное право
mutual ~s взаимные права
patent ~ патентное право; (вытекающее) из патента право
performing ~ право на постановку *(напр. фильма)*; право на исполнение *(музыки, песни)*
personal ~s личные права
possessive ~ право собственности
preferential ~ преимущественное право
prerogative ~ прерогатива, исключительное право

prescriptive ~ право, основанное на давности *(его использования)*
prior ~ преимущественное право
priority ~ право приоритета, преимущественное право
property [proprietary] ~ право собственности
publisher's ~s издательские права
radio ~s права на трансляцию по радио
renewal ~ право возобновления *(лицензии)*
reprint ~s права на перепечатку *(ранее изданных материалов)*
screen ~ право на экранизацию
second serial ~s право на публикацию сериями *(после выпуска в виде книги)*
serial ~ авторское право на публикацию в периодической печати сериями *(напр. в журнале отрывков из вышедшей в свет книги)*
sole ~ исключительное [монопольное] право
sovereign ~ суверенное право
stage ~ право на публичное исполнение *(напр. музыки)*
subpublication ~s субиздательское право *(право издания в специальной форме, напр. в виде карманных изданий, изданий «люкс»)*
trademark ~ право на товарный знак
translation ~s права на перевод *(издания)*
treaty ~s договорные права
underlying ~ преимущественное право
vested ~s закреплённые [укоренившиеся] права
voting ~ право участия в голосовании, право голоса
women's ~s права женщин

ring 1. кольцо 2. ринг *(форма картельного объединения)*
engagement ~ обручальное кольцо
hearth ~ конфорка
price ~ ценовой ринг *(объединение с целью проведения согласованной политики цен)*
split ~ разрезное кольцо *(для ключей)*
wedding ~ обручальное кольцо

road

средство для ополаскивания
creme ~ крем для ополаскивания волос, крем-ополаскиватель *(для волос)*
detergent ~ ополаскивание с добавлением моющего средства
dip ~ ополаскивание погружением
hair ~ ополаскиватель для волос
pressure ~ ополаскивание под давлением
spray ~ душевая промывка
rise рост, подъём ◇ to be on the ~ повышаться, находиться в состоянии роста [подъёма]
   long-run ~ долговременный рост
   price ~ рост [повышение] цен(ы)
   steady ~ неуклонный подъём
   wage ~ повышение заработной платы
risk 1. риск 2. страховая сумма; страховой риск ◇ against all ~s от всех видов риска *(вид страхования)*; at your own ~ на ваш страх и риск; with all ~s включая все риски *(вид страхования)*
   ~ of loss риск утраты
   ~ of miscalculation риск просчёта
   ~ of misinterpretation опасность неправильного толкования
   actual ~ фактический риск
   admissible ~ допустимый риск
   aggregate ~ совокупный риск
   allowed ~ допустимый риск
   blind ~ слепой риск
   buyer's ~ риск покупателя
   calculated ~ рассчитанный риск; допустимый риск
   collective ~ коллективный риск
   conditional ~ условный риск
   constant ~ постоянный риск
   consumer's ~ риск потребителя
   conventional ~ условный риск
   credit ~ кредитный риск, риск неплатежа по займу
   currency ~s валютные риски *(возможность курсовых потерь)*
   dental health ~ опасность для здоровья зубов
   estimated ~ оценка риска
   fire ~ пожароопасность, риск от огня
   foreseeable ~ предвидимый риск
   insurable ~ страхуемый риск
   insurance ~ страховой риск
   marketing ~ маркетинговый риск
   moderate ~ умеренный риск
   negligible ~ незначительный риск
   overall ~ совокупный риск
   perceived ~ предполагаемый риск
   price ~ ценовой [курсовой] риск
   relative ~ относительный риск
   security ~ 1. угроза безопасности 2. риск, связанный с нарушением техники безопасности
   social ~ социальный риск
   tolerated ~ допустимый риск
   undue ~ неоправданный риск
   variable ~ переменный риск
rival:
   business ~ конкурент в бизнесе
rivalry соперничество, конкуренция
   binocular ~ несовпадение изображения в глазах
   brand ~ соперничество марок
   friendly ~ дружеское соперничество
river коридор *(междусловные пробелы, совпадающие по вертикали или диагонали в трёх или более смежных строках набранного текста и влияющие на его удобочитаемость)*
   white ~ *см.* river
road дорога; улица; путь
   access [approach] ~ подъездная дорога, подъездной путь *(напр. к складу)*
   arterial ~ магистраль
   bumpy ~ ухабистая дорога, дорога с выбоинами
   bypass ~ обходная [объездная] дорога
   cable ~ канатная дорога
   cart ~ гужевая [просёлочная] дорога
   circular ~ окружная [кольцевая] дорога
   country ~ 1. дорога местного значения, загородная дорога 2. грунтовая дорога
   detour ~ обходная [объездная] дорога
   dirt ~ грунтовая дорога
   divided ~ дорога с разделительной полосой движения
   earth(en) ~ грунтовая дорога
   elevated ~ эстакада, надземная дорога
   estate ~ частная дорога
   federal ~ *амер.* федеральная автодорога, дорога общегосударственной

road

рога, дорога общегосударственной магистральной сети
feeder ~ *см.* access road
impassable ~ непроезжая дорога
improved ~ улучшенная дорога
interurban ~ междугородная дорога
main ~ магистраль
motor ~ автострада, автомагистраль
multilane ~ многорядная [многопутная] дорога
national ~ государственная дорога
overhead ~ эстакада, надземная дорога
primary ~ магистраль
public ~ дорога общественного пользования
rural ~ сельская дорога
single-lane ~ однопутная дорога; дорога с движением транспорта в один ряд в каждом направлении
supply ~ путь подвоза
through ~ магистраль
through traffic ~ транзитная дорога
toll ~ платная дорога, дорога с оплатой за проезд
traffic ~ проезжая дорога
tram ~ трамвайный путь
trucking ~ дорога для грузового автотранспорта
trunk ~ магистраль
turnpike ~ *см.* toll road
undivided ~ дорога без разделительной полосы движения
wagon ~ гужевая [просёлочная] дорога
robot робот
household ~ домашний [бытовой] робот
industrial ~ промышленный робот
intelligent ~ интеллектуальный робот
reprogrammable ~ перепрограммируемый робот
robotics робототехника; роботостроение
rod прут, стержень, брус
fishing ~ удочка
hot ~ старинный автомобиль с форсированным двигателем
lightning ~ громоотвод
measuring ~ of economic performance показатель результатов экономической деятельности
measuring ~ of money денежная единица измерения

sounding ~ щуп
role роль, значение
advisory ~ роль консультанта
decisive ~ решающая роль
deterrent ~ сдерживающая роль
functional ~ функциональная роль, функциональное значение
informative ~ информационная роль
job ~ престиж должности
key ~ ключевая роль
lead(ing) ~ ведущая роль
sex ~ *демогр.* роль, обусловленная полом
social ~ социальная [общественная] роль
staff ~ руководящая роль
strategic ~ стратегическая роль, стратегическое значение
supporting [supportive] ~ вспомогательная роль
roll 1. рулон 2. список, реестр 3. катушка
A & B ~s *экр.* (кино)ролики «А» и «Б», наплывная пара (*исходные киноматериалы для производства эффекта наплыва, т. е. плавного постепенного перехода изображения «А» в изображение «Б»*)
board ~ картонный рулон
film ~ катушка (фото)плёнки
newsprint ~ рулон газетной бумаги
paper (stock) ~ бумажный рулон, рулон бумаги
perforated ~ рулон перфорированной бумаги
roller 1. ролик, валик 2. *полигр.* матричный каландр; (вращающийся) цилиндр
caption ~ *экр.* устройство для смены заставок
guide ~ направляющий ролик
impression ~ печатный валик
ink(ing) ~ *полигр.* красочный валик
offset ~ печатный цилиндр офсетной машины
printing ~ *полигр.* печатный валик
road ~ дорожный каток
sheet-feed ~ *полигр.* бумагопитающий валик
rollout 1. раскатка (*реклама в ограниченном районе перед началом общенациональной кампании*) 2. последовательное начало (*чего-л.*)

rough

разные рынки, последовательное освоение разных рынков, очерёдность освоения рынков
sales ~ последовательное начало продаж *(на разных рынках)*
Roman 1. (прямой) латинский шрифт 2. антиква *(шрифт)*
lowercase ~ прямая строчная буква
room 1. комната, помещение 2. место, пространство ◇ ~ **and board** квартира и стол; полный пансион
back ~ подсобное помещение магазина *(в отличие от торгового зала)*
board ~ зал заседаний совета директоров
camera ~ фотопавильон
committee ~ зал заседаний
composing ~ наборный цех
cutting ~ *экр.* монтажная *(комната)*
dark ~ тёмная комната; фотолаборатория
desk ~ контора
dispatch ~ экспедиция
drafting ~ чертёжная
dressing ~ 1. туалетная комната 2. гардеробная 3. перевязочная
dust-free ~ обеспыленное *(производственное)* помещение
family ~ общая комната *(в квартире)*
fitting ~ примерочная
game ~ игротека; комната для игр
grill ~ буфет с горячей пищей; кафе-гриль; шашлычная
hospitality ~ помещение для приёмов и встреч
instruction ~ учебное помещение, класс
living ~ гостиная
luggage ~ камера хранения, багажное отделение
meeting ~ зал заседаний
morning ~ маленькая столовая, примыкающая к кухне
operating ~ операционная
powder ~ будуар
press [printing] ~ печатный цех, печатное отделение
projection ~ проекционная *(помещение для киноустановки)*; просмотровый зал
proof ~ корректорская, корректорское отделение
proof press ~ пробопечатный цех
property ~ *экр.* бутафорская, реквизиторская
public ~ холл, общая комната *(в гостинице)*
reception ~ приёмная, гостиная
sale ~ аукционный зал
sample ~ кабинет образцов
screening ~ просмотровый зал, просмотровая комната
shipping ~ отгрузочный склад
show ~ демонстрационный зал
sleeping ~ спальня
smoking ~ комната для курения, *разг.* курилка
storing ~ склад, складское помещение *(магазина)*
strong ~ сейфовое помещение
trick ~ *экр.* павильон для трюковых [комбинированных] съёмок
utility ~ подсобное помещение
waiting ~ комната ожидания
root 1. корень, основа 2. причина, источник
~ **of the matter** суть проблемы
roster список, перечень
media ~ комплект средств рекламы
rotation ротация, чередование ◇ **in geographical** ~ в порядке географического расположения; ~ **in office** ротация должностей
crop ~ севооборот, чередование культур
horizontal ~ горизонтальное чередование, сдвиг по горизонтали *(трансляция одних и тех же рекламных роликов в одно и то же время, но в разные дни недели)*
job ~ перемещение по работе; передача управленческих должностей
vertical ~ *вещ.* вертикальное чередование, сдвиг по вертикали *(трансляция одних и тех же рекламных роликов в одни и те же дни недели, но каждый раз в разное время)*
rotogravure глубокая печать *(на ротационных машинах)*, ротационная глубокая печать
rough черновой макет; черновик, набросок
clean ~ черновой макет с детальной

rough

clean ~ черновой макет с детальной проработкой основных элементов
Roundtable:
Business ~ Круглый стол бизнеса *(американская общественная организация)*
route маршрут; путь, курс, трасса ◇ to plot ~ наносить маршрут
bypass ~ обходной путь, объезд
delivery ~ маршрут доставки
freight ~ грузовой маршрут
scheduled ~ проложенный [точно определённый] маршрут
trade ~ торговый путь
transit ~ маршрут городского транспорта
routine установившаяся практика, заведённый порядок; повседневность, будничность, рутина, текучка
business ~ установившаяся деловая практика
day-to-day ~ повседневная текучка
household ~s домашние хлопоты
office ~ конторские правила; правила делопроизводства
peak-time efficiency ~ распорядок работ в период пиковой [максимальной] загрузки
royalty роялти *(1. лицензионный платёж, лицензионные отчисления владельцу собственности или создателю чего-л. за право пользования этой собственностью в коммерческих целях 2. авторский гонорар с каждого проданного экземпляра)*
contractual ~ договорное роялти
copyright ~ авторский гонорар *(в виде процентных отчислений)*
established ~ установленный размер роялти
fixed rate ~ твёрдый [неизменный] размер роялти
know-how ~ роялти за «ноу-хау»
license ~ лицензионный платёж, роялти
mailing list ~ отчисления за (разовое) пользование адресным [рассылочным] списком
post-patent ~ роялти, выплачиваемое лицензиатом по истечении срока действия патента
unit ~ роялти, уплачиваемое с единицы продукции

rub-off *полигр.* 1. переводная картинка 2. (сдвиговое) смазывание *(изображения)*
rule 1. правило, норма 2. линейка; шпон 3. правление; власть ◇ to violate ~ нарушать правило
~ of compulsion обязательная норма
~s of conduct правила поведения
~ of law норма права, правовая норма
~ of restraint ограничительная норма
~ of thumb грубо эмпирический метод
arbitration ~s правила арбитражного разбирательства, арбитражный регламент
auction ~s аукционные правила
beyond-question ~ принцип «вне сомнения» *(согласно которому в процессе о нарушении патентных прав временный запретительный приказ может быть выдан лишь в том случае, если законность патента и факт нарушения прав не вызывают сомнения)*
bold-face ~ жирная линейка
box ~ линейка, обрамляющая текст, обрамление
breakoff ~ разделительная линейка *(между колонками в газете)*
column ~ линейка (для) разделения колонок *(в газете, журнале)*
competition ~s правила конкуренции
conventional ~ 1. норма обычного права 2. договорное правило
cutoff ~ разделительная [отбивочная] линейка *(отделяет объявления друг от друга)*
dash ~s разъединительные линейки
derived ~ производное правило
dotted ~ пунктирная линейка
drawing ~ чертёжная линейка, рейсшина
fifteen-and-two ~ правило «пятнадцать плюс два» *(положение, когда рекламное агентство получает комиссионную скидку в размере 15 % и дополнительную скидку в размере 2 % за оперативный — обычно в течение 10 дней — расчёт)*
food inspection ~s правила санитарной экспертизы пищевых продуктов

544

run

fundamental ~ основополагающее правило, заповедь
ground ~ основное правило, принцип
guide ~s инструктивные правила
industrial safety ~s правила охраны труда
keep it short and simple [kiss] ~ закон краткости и простоты
legal ~ юридическое правило; правовая норма
legally binding ~ юридически обязательная правовая норма
majority ~ правило простого большинства *(принятия решений большинством голосов)*
pocket ~ складной метр, складная линейка
prohibitory ~ запретительное правило
register ~ приводочная линейка *(для измерения размера отпечатка при многокрасочной печати)*
scale ~ масштабная линейка
set ~ установившееся правило
setting ~ наборная линейка
slide ~ логарифмическая линейка
standing ~ постоянно действующая норма, постоянно действующее правило; устав
tee [T-square] ~ рейсшина
unanimity ~ принцип единогласия *(при голосовании)*
uniform ~ единообразное [единое] правило
white coat ~ *амер.* правило «белого халата» *(запрет на использование в рекламе лиц, которых можно принять за врачей и прочих медицинских работников)*
work ~s рабочее уложение, правила производства работ
zigzag ~ складной метр, складная линейка
Rule ◇ International ~s for the Interpretation of Trade Terms Международные правила толкования торговых терминов
ruling 1. управление; постановление; решение 2. штриховка, линовка ◇ to make ~ вынести решение, постановить
challenged ~ оспариваемое постановление

court ~ постановление суда, судебное постановление
diagonal ~ косая штриховка
faint ~ горизонтальное линование
tentative ~ предварительное постановление
rumour 1. слух, молва 2. толки ◇ to dispel ~s рассеять слухи
adverse ~ неблагоприятный слух
lying ~ ложный слух
mischievous ~ злонамеренный слух
negative ~ нежелательный слух
vicious ~ злонамеренный слух
run 1. тираж; тиражирование 2. партия *(изделий)* 3. спрос, наплыв требований 4. ход, работа 5. прогон, репетиция 6. цикл, производственный период 7. просмотр *(телепрограммы)* 8. период, отрезок времени ◇ in the short ~ в краткосрочном плане; в течение короткого периода времени
~ of ad тиражирование объявления
~ of market конъюнктура [ход дел] на рынке
alternate-bundles ~ тираж рекламы с разбивкой по пачкам *(один из способов разбивки тиража периодического издания, когда разные варианты объявления печатают в разное время, а при рассылке по географическим рынкам разновариантные пачки упакованного издания смешиваются)*
alternate-copy ~ публикация с попеременным текстом *(в одном тираже)*
dry ~ *экр.* режиссёрская разводка *(репетиция без костюмов и камеры)*
every-other-copy split ~ тираж рекламы с разбивкой и с печатью попеременного текста в каждом втором экземпляре
fifty-fifty split ~ тираж с разбивкой «пятьдесят на пятьдесят»
full ~ 1. реклама во всём тираже *(заказ на размещение объявления во всех выпусках ежедневной газеты, выходящих в течение суток)* 2. *нар. рекл.* полный показ
geographic split ~ тираж с разбивкой

run

по географическим зонам распространения издания
half ~ *нар. рекл.* половинный показ
long ~ большой тираж
press ~ общий тираж
production ~ 1. производство; производственный период, продолжительность выпуска продукции 2. партия *(изделий, товаров)*
short ~ небольшой [малый] тираж
special production ~ производство незапланированной партии *(товаров)*
split ~ тираж рекламы с разбивкой *(метод определения действенности различных вариантов объявления, публикуемых в разных региональных изданиях или в разных частях тиража одного и того же номера)*
trial ~ пробный прогон
true split ~ тираж с подлинной разбивкой
run-back *полигр.* подтягивание слов с одной строки на предыдущую
runny с потёками
run-of-month в течение месяца *(о публикации или выходе в эфир объявления)*
run-of-paper по усмотрению издателя *(о месте объявления в издании)*
run-of-schedule по усмотрению станции *(о времени трансляции рекламы)*
run-of-week в течение недели *(о публикации или выходе в эфир объявления)*
run-of-year в течение года *(о публикации или выходе в эфир рекламы)*
run-over *полигр.* перенос слов с одной строки на следующую
run-up подготовка; предварительное мероприятие; преддверие
~ **of colour** подготовка краски для печати
rush 1. стремительное движение, натиск, напор 2. *pl экр.* текущий съёмочный материал

S

safeguard гарантия, мера предосторожности; ограничение; страховочная мера
adequate ~ адекватная [достаточная] гарантия
effective ~ эффективная [надёжная] гарантия
fool-proof ~ надёжная гарантия
fullscope ~ всеобъемлющая [полная] гарантия
rigid ~ строгая [жёсткая] гарантия
security ~ гарантия безопасности
safety 1. безопасность 2. сохранность
car ~ система безопасности автомобиля
consumption ~ безопасность потребления товара
drug ~ безвредность лекарственного средства
electrical ~ электробезопасность
environmental ~ экологическая безопасность
food ~ безвредность пищевых продуктов
general ~ общая безопасность
genuine ~ подлинная безопасность
handling ~ безопасность в обращении
industrial ~ техника безопасности на производстве
on-the-job ~ техника безопасности на рабочем месте
pedestrian ~ безопасность пешеходного движения
personal ~ личная безопасность; самосохранение
product ~ (эксплуатационная) безопасность товара [изделия]
public ~ общественная безопасность
road ~ правила безопасности дорожного [уличного] движения
spurious ~ ложная безопасность
work ~ техника безопасности на производстве
salability «ходкость» [рыночная привлекательность] товара
salable 1. пользующийся большим спросом, ходовой *(о товаре)*; пригодный для продажи 2. сходный, приемлемый *(о цене)* ◊ ~ **in the**

sale

market могущий быть проданным на рынке
salar/y жалование, зарплата *(служащих)* ◇ to draw ~ получать жалование
average ~ среднее жалование, средний оклад
base ~ основной оклад
monthly ~ (еже)месячное жалование
office ~ies жалование служащих
starting ~ начальный оклад, начальное жалование
straight ~ твёрдое жалование, твёрдый оклад
yearly ~ годовой оклад
sale 1. *(часто pl)* продажа, торговля, сбыт; торговая сделка 2. распродажа 3. *pl* объём продаж, товарооборот ◇ ~ at retail продажа в розницу; ~ by auction продажа с аукциона; ~ by commission комиссионная продажа; ~ by description продажа по описанию; ~ by sample продажа по образцу; ~ for future delivery продажа на срок; ~ on approval *см.* approval sale; ~(s) on credit продажа в кредит; ~s per employee объём продаж в расчёте на одного работника; to close ~ завершить сделку; to depress ~s подавлять сбыт; to generate ~s порождать сбыт; to offer for ~ предлагать [выставлять] на продажу; to placard ~ объявлять о распродаже; ~ with all faults продажа без ответственности продавца за качество предмета договора
absolute ~ безусловная продажа *(сделка, в ходе которой ни покупатель, ни продавец не ставят никаких условий для её завершения)*
actual ~s фактические продажи
additional ~s дополнительные продажи
anniversary ~ юбилейная распродажа
anticipated [anticipatory] ~s ожидаемый сбыт, ожидаемые продажи
approval ~ 1. продажа с сохранением права возврата 2. продажа с условием последующего одобрения товара покупателем
area ~s сбыт в рамках территории

bargain ~s продажа с уценкой; распродажа *(по сниженным ценам)*
bulk ~ массовая продажа; продажа крупными партиями
cash ~ продажа за наличный расчёт
cash-and-carry ~ продажа за наличные без доставки покупки на дом
cash-on-delivery ~ продажа наложенным платежом
clearance ~s распродажа *(по сниженным ценам)*
company ~s объём продаж фирмы
conditional ~ условная продажа *(при которой покупатель получает товар и принимает на себя риск в связи с его возможной утратой, а право собственности на купленное приобретает только после окончательного расчёта)*
consumption ~ продажа потребительских товаров
corporate ~s общефирменные продажи
credit ~ продажа в кредит
current ~s текущий сбыт, текущие продажи
daily ~s дневной оборот
direct consumer ~s прямые продажи потребителям
distress ~ экстренная продажа *(напр. при отъезде)*
door-to-door ~s торговля вразнос
exclusive ~ исключительное право продажи
export ~ продажа на экспорт
factory-authorized ~ распродажа, санкционированная заводом
field ~ продажи на местах; организация продаж на местах
flat ~s вялый сбыт
floor ~s продажа с выставочного стенда
forced ~ принудительная продажа *(при невыполнении обязательств)*
forecasted ~s прогнозируемый объём сбыта
forward ~ продажа на срок
franchise ~ продажа торговых привилегий; сбыт на основе торговых привилегий
grocery ~s торговля бакалейно-гастрономическими товарами
gross ~s валовой объём продаж; сум-

sale

ма валовых продаж; валовые продажи
guaranteed ~ поставка с гарантией возврата непроданных товаров за полную стоимость
heavy ~ затруднённый сбыт
hire-purchase ~ продажа в рассрочку
house-to-house ~ торговля вразнос
industry ~s объём продаж отрасли
initial ~ первоначальная (за)продажа
installment ~ продажа в рассрочку
international ~s сбыт за рубежом
judicial ~ продажа по решению суда
lagging ~s замедленный сбыт; замедление сбыта
lost ~ упущенный сбыт *(из-за отсутствия товара)*
mail-order ~s посылочные продажи
mix-and-match ~ продажа со свободным комплектованием набора *(покупатель имеет право самостоятельно подбирать составляющие товарного набора, предлагаемого по определённой цене)*
net ~s объём продаж-нетто, чистая сумма продаж
newsstand ~ розничная продажа *(периодических изданий)*
off-season ~s внесезонные продажи, внесезонный сбыт
one-cent ~s *амер.* распродажа «за цент» *(при которой покупателю предлагают два товара по цене одного из них плюс один цент)*
one-day ~s однодневная распродажа
past ~s прошлые продажи, прошлый сбыт
personal ~ личная продажа
plus ~s дополнительная распродажа
poor ~s плохой сбыт, неудовлетворительные продажи
private ~ продажа по частному соглашению *(не по объявлению и не с аукциона)*
product ~s сбыт товара
profitable ~s выгодный сбыт
projected ~s планируемая сумма продаж, планируемый объём сбыта
property ~ продажа недвижимого имущества
public ~ публичные торги, аукцион, продажа с аукциона
rack ~ продажа газет методом самообслуживания *(покупатель сам берёт газету со стеллажа и оставляет плату)*
ready ~ хороший сбыт; быстрая продажа
replacement ~ продажа на замену
retail ~s розничные продажи; розничный (товарный)оборот
rummage ~s распродажа старых [случайных] вещей *(обычно с благотворительной целью)*; благотворительный базар
sagging ~s падающий сбыт
seasonal ~s сезонная распродажа; сезонные продажи, сезонный сбыт
sheriff's ~ принудительная продажа с торгов
shop ~s магазинные продажи, продажи через магазин
short-term ~s кратковременный сбыт, кратковременные продажи
single-copy ~s продажа поштучно [в розницу]
slow ~ плохой сбыт; медленная продажа
special ~ продажа на льготных условиях; *pl* распродажа по сниженным ценам
subscription ~ продажа по подписке
telephone ~s продажа по телефону
test-market ~s сбыт на пробном рынке; пробные продажи
tie-in ~ продажа с нагрузкой [с принудительным ассортиментом]
total ~s общий объём сбыта
unit ~s штучная продажа, продажа штуками; показатели продаж в штуках
volume ~s продажа больших количеств [крупными партиями], (крупно)оптовая продажа
warehouse ~ распродажа со склада
weekend ~ распродажа в конце недели, распродажа «под выходной»
white ~ рождественская [зимняя] распродажа
sal(e)ability «ходкость» товара на рынке; пригодность для продажи; возможность продажи
salesgirl продавщица
salesman 1. продавец; торговец **2.** *амер.* коммивояжёр

sample

consultative ~ коммивояжёр-консультант
department ~ штатный продавец фирмы
door-to-door ~ коммивояжёр, совершающий поквартирный обход
media ~ продавец места *или* времени в средствах рекламы
silent ~ 1. безмолвный продавец *(оформление торгового помещения, печатная реклама, упаковка, выкладка товара, товарный знак)* 2. витрина в центре магазина
space ~ продавец места под рекламу
time ~ *вещ.* продавец эфирного времени
traveling ~ коммивояжёр
salesmanship искусство торговли, торговое искусство, умение торговать ◇
~ in print искусство продажи посредством печатного слова
in-store ~ торговое искусство магазинного продавца
salespeople 1. *амер.* коммивояжёры 2. продавцы, торговый персонал
salesperson продавец
independent ~ независимый продавец
sci-tech ~ продавец научно-технической продукции
salesroom торговое помещение; магазин
retail ~ помещение для розничной торговли
salience:
attribute ~ характерность признака
sample 1. образец; проба 2. *стат.* выборка ◇ as per ~ по образцу; to draw ~ составлять выборку; to sell by ~ продавать по образцам; up to ~ в соответствии с образцом
~ of observations *стат.* выборка наблюдений
adequate ~ достаточная [адекватная] выборка *(минимально необходимая для получения достоверных результатов)*
advertising ~ рекламный образец
aligned ~ выровненная выборка
area ~ территориальная выборка
balanced ~ уравновешенная выборка
biased ~ смещённая выборка; необъективная выборка

broad ~ широкая выборка
cable TV ~ выборка аудитории кабельного телевидения
check ~ контрольный образец
cluster ~ гнездовая выборка
combined ~ 1. смешанная проба 2. смешанная [комбинированная] выборка
commercial ~ товарный образец
composite ~ 1. смешанная проба 2. смешанная [комбинированная] выборка
computer-drawn ~ выборка, составленная компьютером
control ~ 1. контрольная выборка 2. контрольный образец
deep ~ глубокая выборка
duplicate [duplicating] ~ дублирующая выборка
enlarged ~ выборка увеличенного объёма
expanded ~ *амер.* расширенная выборка *(за счёт домохозяйств, не включённых в телефонные списки или справочники)*
experimental ~ экспериментальная выборка
exposed ~ выборка лиц, имевших контакт с рекламой
floor ~ выставочный [витринный] образец товара
free ~ бесплатный образец *(товара)*
heterogeneous ~ неоднородная выборка
homogeneous ~ однородная выборка
incomplete ~ неполная выборка
initial ~ исходный образец
in-tab ~ реальная расчётная основа в рамках выборки
item ~ образец товара [изделия]
judgement ~ выборка на основе оценочных суждений
large ~ выборка большого объёма
list ~ выборка из списка
mailing list ~ выборка из рассылочного списка
master ~ 1. главная выборка 2. эталонный образец, эталон
matched ~ 1. парная выборка 2. *pl* парные образцы
mixed ~ *см.* composite sample
multistage ~ многоступенчатая выборка

549

sample

nonexposed ~ выборка лиц, не имевших контакта с рекламой
nonrandom ~ неслучайная выборка
ordered ~ упорядоченная выборка
original ~ исходная выборка
periodic ~ периодическая выборка
pilot ~ опытный образец *(изделия)*
precision [probability] ~ вероятностная выборка
product ~ образец товара [изделия]
production ~ 1. серийный образец *(изделия)* 2. выборка из серийных изделий
quota ~ выборка на основании квот, пропорциональная выборка
random ~ случайная выборка; выборка, составленная методом случайного отбора
random digit ~ случайная выборка по произвольным номерам *(на основе произвольно придуманных телефонных номеров, что позволяет охватить абонентов, как внесённых, так и не внесённых в телефонные справочники)*
reference ~ *см.* control sample
representative ~ представительная выборка
salable ~ продажный образец *(товара)*
small ~ небольшая выборка, выборка малого объёма
spatial ~ пространственная выборка
standard ~ типовой образец
stratified ~ расслоённая выборка
test ~ испытываемая выборка
truncated ~ усечённая выборка
weighted ~ взвешенная выборка
sampler образец, шаблон
sample-tested проверенный на образце
sampling 1. выборочный контроль 2. отбор образцов 3. выбор, составление выборки 4. представительная выборка 5. рассылка [распространение] образцов 6. образец ◇ ~ by taste дегустация
acceptance ~ выборочный контроль при приёмке; приёмочный статистический контроль
area ~ территориальный выбор
chain ~ последовательный [цепочечный] выбор
cluster ~ гнездовой отбор
free ~ распространение бесплатных образцов
importance ~ выборка по значимости
judgement ~ интуитивный отбор *(участников обследования)*
lottery ~ отбор путём жеребьёвки
mixed ~ смешанный [комбинированный] отбор
multistage ~ многоступенчатый выбор
non-repeated ~ бесповторный отбор
opinion ~ выборочная оценка мнений
optional ~ произвольный выбор
patterned ~ систематический отбор
proportional ~ пропорциональный отбор
purposive ~ направленный отбор
quota ~ отбор квотами
random ~ составление выборки методом случайного отбора
repeated ~ повторный отбор
sequential ~ последовательный отбор
single ~ однократный выборочный контроль
two-stage ~ двухступенчатый отбор
sanction санкция; утверждение, одобрение; ратификация
administrative ~ административная санкция
economic ~s экономические санкции
financial ~s финансовые санкции
legal ~ правовая санкция
mandatory ~ обязательная санкция
official ~ официальное утверждение
punitive ~s карательные санкции
tacit ~ молчаливое одобрение
sandwichman «бутерброд», живая реклама, человек-реклама *(несущий на себе прикреплённые спереди и сзади рекламные щиты)*
sanity благоразумие, здравомыслие, трезвость восприятия
~ of consumption благоразумность потребления; здравомыслие потребителя
Sans-Serif шрифт «сан-сериф», гротесковый шрифт *(без засечек)*
satellite 1. спутник 2. искусственный спутник Земли 3. ретрансляционный телецентр
broadcast(ing) ~ вещательный спутник
carrier ~ спутник-носитель

sauce

communications ~ спутник связи
direct (to home) broadcasting ~ спутник непосредственного вещания
general-purpose ~ спутник общего назначения
manmade ~ искусственный спутник Земли
manned ~ спутник с экипажем *(на борту)*, пилотируемый спутник
navigation ~ навигационный спутник
public television ~ спутник телевизионного вещания
telecommunication(s) ~ спутник (дальней) связи
satisfaction 1. удовлетворение 2. исполнение обязательства ◇ in ~ of в погашение, в уплату; to enter ~ внести компенсацию, уплатить; to give ~ давать удовлетворение
~ of debt уплата долга
complete ~ полное удовлетворение
consumer ~ удовлетворение потребителя, потребительская удовлетворённость
customer ~ удовлетворение клиентов
desired ~ желаемое удовлетворение
direct ~ непосредственное удовлетворение
economic ~ экономическая удовлетворённость
ego ~ удовлетворение самолюбия
expected ~ ожидаемое удовлетворение
immediate ~ сиюминутная удовлетворённость, сиюминутное удовлетворение
inner ~ внутреннее удовлетворение
job ~ удовлетворение работой
market ~ удовлетворение рынка
need ~ удовлетворение нужды [потребности]
pecuniary ~ денежное удовлетворение
personal ~ личное удовлетворение
poor ~ слабое удовлетворение
postpurchase ~ удовлетворённость покупкой, удовлетворение от покупки
product ~ удовлетворение товаром
rational ~ рациональное удовлетворение
sensory ~ чувственное удовлетворение

social ~ общественное удовлетворение
solid ~ глубокое удовлетворение
total ~ полное [суммарное] удовлетворение
wants ~ удовлетворение потребностей
satisfier удовлетворитель потребности; предмет, служащий удовлетворению потребности
need ~ удовлетворитель потребности
saturation насыщение; насыщенность *(напр. рекламой в течение одного-двух дней с целью охвата всей аудитории радио- или телестанции)*
~ of colour насыщенность цвета; яркость краски
demand ~ насыщение спроса
flight ~ *вещ.* эфирная насыщенность *(максимальная концентрация рекламных роликов в течение небольшого отрезка эфирного времени)*
horizontal ~ *вещ.* горизонтальное насыщение *(закупка одного и того же временного интервала на одной или нескольких станциях в течение ряда дней)*
intermittent ~ периодическое насыщение
market ~ насыщение рынка
percentage ~ степень насыщенности в процентах
vertical ~ *вещ.* вертикальное насыщение *(интенсивное использование эфирного времени)*
sauce соус, приправа
brown ~ коричневый соус *(из поджаренной муки, растопленного масла и бульона)*
caramel ~ сладкая подлива
cheese ~ сырный соус
crayon ~ карандашный соус *(для фоторетуши)*
fish ~ соус к рыбе
fruit ~ плодово-ягодный соус
garden ~ гарнир из овощей
marinade ~ заливка для маринада, маринад
mayonnaise ~ (соус-)майонез
meat ~ соус к мясным блюдам
mushroom ~ грибной соус
poignant ~ острый [пикантный] соус
powdered ~ сухой концентрат соуса
soy-bean ~ соевый соус

sauce

sweet ~ сладкий соус
taco ~ острый соус к мясным блюдам
tomato ~ томатный соус
vegetable ~ овощной соус
white ~ белый соус *(из муки, растопленного масла и бульона)*
sausage 1. колбаса; колбасный фарш 2. сосиска; сарделька
beef ~ говяжья колбаса
blutwurst ~ кровяная колбаса
breakfast ~ закусочная колбаса, колбаса для завтрака
canned ~s консервированные сосиски
choice ~ любительская колбаса; *pl* любительские сосиски
cooked ~ варёная колбаса
cream ~s сливочные сосиски
dietic ~ диетическая колбаса
doctor ~ докторская колбаса
domestic ~ домашняя колбаса, колбаса домашнего приготовления
dry ~ сухая колбаса
fish ~ рыбная колбаса
(fresh) liver ~ ливерная колбаса
hard dry ~ твёрдая сухая колбаса
home-made ~ *см.* domestic sausage
hunter ~ охотничья колбаса, *pl* охотничьи сосиски
meat and cereal ~ мясорастительная колбаса
minced ~ колбасный фарш
minced ham ~ ветчинно-рубленая колбаса
ready-cooked smoked ~ варёно-копчёная колбаса
small ~ сарделька
smoked ~ копчёная колбаса
tongue ~ языковая колбаса
uncooked smoked ~ сырокопчёная колбаса
whale ~ китовая колбаса
Wiener ~s венские сосиски
saving накопление, сбережение, экономия; *pl* сбережения
~ of time выигрыш во времени, экономия времени
additional ~ дополнительная экономия
bandwidth ~ *вещ.* сокращение полосы частот
business ~s сбережения без прибыли
cost ~ сокращение издержек, экономия на издержках, снижение себестоимости
gross ~ валовое накопление
labour ~ экономия трудозатрат
net ~ чистое сбережение
personal ~s личные сбережения
price ~ экономия за счёт цен
private ~s частные сбережения
substantial ~ значительная экономия
scale 1. масштаб, размах 2. шкала 3. уровень 4. такса ◇ on a large ~ в широких масштабах, с размахом; on a modest ~ в скромных масштабах; on a national ~ в общенациональном масштабе, в масштабе страны
~ of advertising размах рекламы
~ of charges тарифная сетка, тариф; шкала сборов
~ of image *полигр.* масштаб изображения
~ of investment размер капиталовложений
~ of living уровень жизни, жизненный уровень
~ of magnification масштаб увеличения
~ of manufacturing масштаб производства
~ of operation(s) масштаб деятельности
~ of prices шкала цен
~ of production масштаб производства
~ of values шкала ценностей
attitude ~ шкала отношений
bipolar-adjectival ~ биполярная шкала прилагательных
colour ~ цветовая шкала; гамма цветов и оттенков
conversion ~ шкала перевода мер
discount ~ шкала скидок
distorted ~ искажённый масштаб
estimation ~ оценочная шкала
full ~ натуральный масштаб
given ~ заданный масштаб
grey ~ (нейтрально-)серая шкала *(10-ступенчатая шкала яркости для определения степени плотности изображения от чисто-белого — ступень #1 — до чисто-чёрного — ступень #10)*
importance ~ шкала значимости *(с градациями значимости какого-л.*

schedule

фактора от «исключительно важного» до «совершенно неважного»)
industrial ~ производственный масштаб
Likert ~ шкала Лайкерта *(градаций степени согласия или несогласия с каким-л. утверждением)*
linear ~ линейный масштаб
numerical ~ числовая шкала
numerical rating ~ числовая оценочная шкала
preference ~ шкала предпочтений
rating ~ 1. оценочная [рейтинговая] шкала; шкала оценок *(напр. с градацией оценок от «отлично» до «неудовлетворительно»)* 2. шкала тарифных ставок, шкала расценок
reduced ~ уменьшенный масштаб
restricted ~ ограниченный масштаб
sliding ~ шкала скользящего тарифа
spectrum ~ оценочная шкала
time ~ шкала времени, временная шкала
tuning ~ шкала настройки
utility ~ шкала полезности
verbal rating ~ словесная оценочная шкала
wage ~ шкала заработной платы; расценки
scaling масштабное копирование, масштабирование *(увеличение или уменьшение иллюстрации или всего рекламного объявления до желаемого размера)*
scamp *жарг.* грубый набросок объявления
scanner сканер, развёртывающее [сканирующее] устройство; следящее устройство
bar-code ~ сканер считывания штрихового кода
body ~ томограф
card ~ сканер считывания с карт
colour ~ цветокорректор
electronic colour-correction ~ электронный цветокорректор
picture ~ телевизионный сканер
scenario 1. *экр.* сценарий 2. план действий; программа мероприятий
scene 1. монтажный кадр 2. сцена *(фильма)*; картина, явление, эпизод 3. место *(события)* ◇ behind the ~s за кулисами, в кулуарах

background ~ задний план
competitive ~ конкурентная обстановка
crowd ~ *экр.* массовая сцена, массовка
filmed ~ киновставка *(при видеосъёмке)*
interior ~ интерьер, эпизод в интерьере
mob ~ *экр.* массовая сцена, массовка
outdoor ~ натурная сцена, натурный эпизод
trick ~ трюковая сцена
scenery *экр.* декорации
background ~ декорации заднего плана, «задник»
moveable [rolling] ~ передвижная декорация
studio ~ студийные декорации
schedule 1. (план-)график; расписание 2. режим работы 3. программа *(передач)* ◇ on ~ точно по расписанию, вовремя, в срок; to ~ по графику, по расписанию; to be behind ~ запаздывать, отставать от плана; to maintain ~ выдерживать график
advertiser's ~ график размещения объявлений рекламодателя
advertising ~ график размещения рекламы
call ~ расписание визитов *(коммивояжёра)*
classification ~ классификационная таблица
concentrated ~ концентрированный график, плотное расписание
consumption ~ график потребления
contract ~ сроки, оговорённые в контракте
control ~ контрольный график
cost ~ таблица издержек производства
delivery ~ календарный план поставок; сроки поставок
demand ~ график спроса
flight ~ расписание полётов
flighting ~ план-график рекламной кампании, план-график размещения рекламы
immediate ~ оперативный график
income tax ~ шкала подоходного налога

schedule

insertion ~ график публикаций (рекламного объявления)
installation ~ график монтажа
inventory ~ график движения запасов
job ~ календарный план работ
leave ~ график отпусков
mailing ~ (план-)график почтовой рассылки, график кампании прямой почтовой рекламы
maintenance ~ график техобслуживания, план регламентных работ
media ~ график использования средств рекламы, график размещения рекламы (в СМИ)
planning ~ план-график
press ~ график публикаций в прессе
pricing ~ 1. расценки 2. тарифная сетка
production ~ 1. производственный календарный график 2. экр. календарный план съёмок
program(me) ~ программа передач (радио- или телевещания)
provisional ~ предварительный график
pulsing ~ «пульсирующий» график размещения рекламы (чередование периодов повышенной активности с периодами затишья)
radio ~ программа радиопередач
rate ~ тарифная сетка
regular ~ обычный [стандартный] график
shooting ~ экр. календарный план съёмок
space ~ график использования рекламных площадей [места под рекламу]
spot television ~ расписание «точечной» телерекламы
staggered ~ рваный график (предусматривающий публикацию рекламы в разных изданиях в разные сроки)
tax ~ шкала налоговых ставок
test ~ 1. расписание испытаний 2. вещ. программа пробных передач
time ~ временной график; календарный план
work(ing) ~ рабочий план, план работ
scheduling 1. разработка графика (размещения рекламы) 2. (календарное) планирование 3. программирование (передач)
contract ~ планирование этапов договора
deadline ~ планирование работ по сроку завершения
impact ~ вещ. планирование ударного размещения, график ударного воздействия (размещение двух роликов на один и тот же товар в непосредственной временной близости друг от друга с целью повышения воздействия на аудиторию)
inventory ~ планирование движения запасов
job ~ планирование (выполнения) работ
production ~ разработка графика производства
sequence ~ планирование последовательности работ
scheme 1. план, проект, программа 2. схема, структура ◇ to draw up [to make out] ~ набросать [разработать] проект
~ of life уклад жизни
~ of society структура общества
~ of work план работы
arbitration ~ порядок арбитража
buying incentive ~ программа стимулирования покупок
classification ~ классификационная схема
colour ~ цветовая гамма, сочетание цветов
functional ~ функциональная схема
guaranteed prices ~ программа (поддержки) гарантированных цен
incentive ~ система материального стимулирования
labeling ~ схема маркировки
outline ~ общая схема
pension ~ программа пенсионного обеспечения
practical ~ практически осуществимый план
production ~ производственный цикл, технологическая схема производства
reader protection ~ схема защиты интересов читателей
wildcat ~ рискованный проект,

science

смелое предприятие с минимальной надеждой на успех
scholar учёный *(обычно специалист в области гуманитарных наук)*
school 1. школа, учебное заведение; институт 2. научное направление
~ of management факультет управления *(университета)*
adult ~ школа для взрослых
agricultural ~ сельскохозяйственная школа
art(s) ~ художественная школа, художественный колледж
boarding ~ школа-интернат
business ~ школа бизнеса; коммерческая школа
collegiate ~ высшая школа при университете, университетская школа *(на правах факультета)*
comprehensive ~ общеобразовательная средняя школа широкого профиля
correspondence ~ заочная школа
elementary ~ начальная школа
engineering ~ техническое училище, техникум
farm ~ сельскохозяйственная школа
free ~ бесплатная школа; бесплатное школьное обучение
grade ~ начальная школа
graduate ~ 1. высшая школа 2. аспирантура
graduate nursing ~ школа дипломированных медсестёр
high ~ средняя школа
higher ~ высшая школа
journalism ~ школа журналистики
law ~ юридический вуз; юридический факультет
lower ~ младшие классы *(первые три-четыре класса в английской средней школе)*
maintenance ~ курсы подготовки специалистов по техническому обслуживанию и текущему ремонту
monosexual ~ школа раздельного обучения *(только мужская или только женская)*
normal ~ педагогическое училище, учительская семинария
nursery ~ детский сад
parental ~ школа-интернат для трудновоспитуемых детей
parochial ~ (церковно-)приходская школа
physical culture ~ спортивная школа
play ~ детский сад
primary ~ начальная школа
residential ~ школа-интернат
secondary ~ средняя школа
secondary medical ~ медицинский техникум, медучилище
secondary modern ~ общеобразовательная средняя школа
technical ~ техническое училище; техникум
trade ~ 1. производственная школа 2. ремесленное училище
unprovided ~ частная начальная школа
vocational ~ ремесленное училище
School:
Amos Tuck ~ of Business Administration Школа делового администрирования им. Эмоса Така *(при Дартмутском колледже в английском графстве Нью-Хэмпшир)*
Cranfield ~ of Management *англ.* Кренфильдская школа управления
Harvard Business ~ Гарвардская школа бизнеса
London Business ~ Лондонская школа бизнеса
The London ~ of Economics Лондонский институт экономики
science наука
~ of nutrition диетика
agricultural ~ сельскохозяйственная наука
applied ~ прикладная наука
behavioural ~s поведенческие теории
computer ~ информатика
environmental health ~ гигиена окружающей среды
exact ~ точная наука
information ~ информатика
liberal ~s гуманитарные науки
library ~ библиотековедение
management ~ теория управления; методы управления; *pl* управленческие науки
marketing ~ маркетология, наука маркетинга

science

materials ~ материаловедение, наука о материалах
moral ~ этика
natural ~s естественные науки
occupational health ~ гигиена труда
physical ~s естественные науки
pure ~ чистая наука
social ~ социология; *pl* общественные науки
soft ~s гуманитарные науки
veterinary ~ ветеринария
scientist учёный
  behavioural ~ специалист по теории поведения
  management ~ специалист по проблемам управления
  marketing ~ учёный-специалист по маркетингу, учёный сферы маркетинга
  political ~ учёный-политолог
  research ~ учёный-исследователь
  social ~ социолог, обществовед
scoop 1. *проф.* сенсационная новость *(полученная и опубликованная раньше, чем в других газетах)* 2. *экр.* «ковш» *(прибор верхнего рассеянного света с двойной дугой)* 3. *амер. разг.* большой доход, куш
scope 1. размах, охват, сфера действия 2. пределы; рамки ◇ **general in** ~ всеобщий по сфере применения; **limited in** ~ ограниченный по сфере применения
~ **of claim** объём притязаний
~ **of investigation** размах исследования
~ **of market** размеры рынка
~ **of negotiations** рамки переговоров
~ **of obligations** объём обязательств
~ **of protection** пределы охраны
~ **of relations** масштабы отношений
~ **of restraints** объём ограничений
~ **of right** объём права
~ **of rights of utilization** объём прав на использование
~ **of survey** границы обследования, рамки обзора
~ **of use** область использования
creative ~ творческий простор
territorial ~ территориальная сфера действия
score 1. оценочный результат 2. счёт, количество набранных очков 3. *муз.* партитура 4. счёт, задолженность
adnorm ~ уровень замечаемости объявления в периодическом издании
aptitude ~ индекс умственных способностей *(оценка, характеризующая общее развитие и способности)*
attitude ~ (суммарный) оценочный показатель отношений
average ~ средний балл, средняя сумма баллов
easy reading ~ индекс лёгкости прочтения *(тест на доступность текста и определение уровня внимания к нему, считается, что в целом уровень внимания возрастает с повышением лёгкости чтения)*
examination ~ экзаменационная оценка
familiarity ~ показатель известности [осведомлённости]
group ~ групповой балл
music ~ музыкальное сопровождение *(фильма)*
"**noted**" ~ показатель «заметивших» *(процент заметивших объявление в конкретном номере конкретного издания)*
numerical ~ балльная оценка
quality ~ балльная оценка качества
"**read most**" ~ показатель «прочитавших бо́льшую часть»
readership ~ показатель числа читателей
reading ease ~ показатель удобочитаемости *(текста)*
test ~ сумма тестовых оценок
total ~ суммарная [общая] оценка в баллах
scoreboard табло, демонстрационный щит
electronic ~ электронное табло
scorecard оценочный лист, оценочная карточка
scoring 1. подсчёт баллов 2. озвучивание фильма
musical ~ запись музыки *(к фильму)*
sound ~ запись звука, звукозапись
scrapbook альбом для наклеивания (газетных) вырезок
screamer *амер.* флаговый заголовок на всю полосу

scrolling

screen 1. экран 2. растр 3. трафаретная сетка 4. ширма
background ~ рирпроекционный экран, экран для проекции на просвет
bed ~ прикроватная ширма
Ben Day ~ *полигр.* тангирная сетка
circular ~ *экр.* круговой экран
coarse ~ грубый растр, растр низкой линиатуры *(имеющий не более 100 точек на погонный дюйм)*
daylight ~ экран для дневной проекции, экран для проекции при дневном освещении
display ~ экран дисплея
fine ~ мелколиниатурный [мелкий] растр *(до 300 точек на погонный дюйм)*
flat ~ плоский экран
half-tone ~ полутоновой растр
highly reflecting ~ экран с высокой отражательной способностью
luminescent ~ люминесцентный экран
mesh ~ сетчатый трафарет
metalized ~ 1. проекционный экран с металлизированной поверхностью, металлизированный [алюминированный] экран 2. *полигр.* металлизированная трафаретная сетка
mirror ~ зеркальный экран
monitor ~ экран (видео)монитора
nonglare ~ безбликовый экран, экран, не дающий бликов
photogravure ~ растр глубокой печати
projection ~ проекционный экран, киноэкран
reflecting ~ отражательный экран, отражатель *(для съёмки)*
shirting ~ полотняный проекционный экран
silk ~ трафаретная сетка из шёлковых нитей
television ~ телевизионный экран
theatre ~ киноэкран
translucent ~ *см.* background screen
VTR ~ видеоэкран, экран видеомагнитофона
wide(-vision) ~ широкий экран, экран для проекции широкоэкранных фильмов
screener «отсеиватель» *(напр. служащий, ограждающий руководителя от ненужных телефонных звонков)*
screening 1. отбор, отсев, сортирование; проверка с отбраковкой 2. растрирование 3. просмотр *(программы)*
coarse ~ грубое сортирование
fine ~ тонкое сортирование
primary ~ первичное [основное] сортирование
secondary ~ вторичное сортирование
script 1. сценарий 2. шрифт *(обычно рукописный)* 3. почерк 4. рукопись 5. текст
cutting ~ монтажный (кино)сценарий, монтажная запись кинофильма; монтажный лист
director's ~ режиссёрский сценарий
draft ~ вариант сценария
editing ~ *см.* cutting script
film ~ сценарий фильма
final shooting ~ *экр.* утверждённый режиссёрский сценарий
formal ~ официальный сценарий
Gothic ~ готический рукописный шрифт
Greek ~ греческий рукописный шрифт
joining ~ рукописный шрифт
light ~ *экр.* световая партитура, светопартитура
motion picture ~ киносценарий
narration ~ дикторский текст
normal ~ стандартный шрифт
postproduction ~ *экр.* монтажный лист
production ~ постановочный сценарий *(фильма)*
sales ~ разработка беседы с клиентом; сценарный план торговой презентации
shooting ~ режиссёрский сценарий
working ~ рабочий сценарий фильма
scroll(ing) прокрутка, скроллинг *(вертикальное или горизонтальное перемещение изображения на экране ЭВМ)*
down ~ прокрутка вниз
horizontal ~ горизонтальная прокрутка
left ~ прокрутка влево
up ~ прокрутка вверх
vertical ~ вертикальная прокрутка

scrutiny

scrutiny тщательное рассмотрение; проверка
  public ~ общественное внимание, (пристальное) внимание общественности
  quality ~ проверка качества
  searching ~ внимательное изучение
  severe ~ тщательное изучение
seafood(s) морепродукты, дары моря
seal 1. печать, пломба, клеймо **2.** знак, доказательство, свидетельство ◇ **to attest by** ~ удостоверить приложением печати; **to place under** ~ опечатывать; **under** ~ с приложением печати, за печатью, скреплённый печатью; **with** ~ **affixed** скреплённый печатью (о документе)
  ~ **of approval** знак одобрения
  ~ **of guarantee** гарантийная печать, гарантийное клеймо, гарантийный знак
  ~ **of office** должностная печать
  custom(s) ~ печать таможни; таможенная пломба
  official notary ~ официальная печать нотариуса [нотариальной конторы]
  personal ~ личная печать
  public ~ печать государственного учреждения
  wax ~ сургучная печать
sealant герметик, уплотнитель
  polymeric ~ полимерный герметик
search 1. поиск **2.** исследование, изучение
  art ~ исследование уровня техники
  associative ~ ассоциативный поиск
  computer ~ поиск (информации) с помощью ЭВМ
  dictionary ~ поиск в словаре
  direct ~ непосредственный поиск
  directed ~ управляемый поиск
  exhaustive ~ полный перебор вариантов
  extensive ~ широкий поиск
  index ~ поиск по справочному указателю
  information ~ поиск информации, информационный поиск
  infringement ~ поиск на патентную чистоту
  legal trademark ~ исследование юридической правомочности товарного знака
  patent ~ патентный поиск
  preliminary ~ предварительный поиск
  publication ~ поиск в массиве печатных публикаций
  random ~ случайный поиск
  subject ~ предметный поиск
  supplier ~ поиск поставщиков
  systematic ~ системный поиск
  target ~ целевой поиск
season 1. сезон, время года **2.** период ◇ **to be out of** ~ не соответствовать сезону
  busy ~ горячая пора, «запарка»
  dead ~ мёртвый сезон
  gift buying ~ сезон покупок подарков
  holiday ~ период праздников; сезон отпусков
  March ~ мартовский сезон (период с 1 ч ночи по Гринвичу первого воскресенья марта до 1 ч ночи по Гринвичу первого воскресенья мая)
  May ~ майский сезон (период с 1 ч ночи по Гринвичу первого воскресенья мая до 1 ч ночи по Гринвичу первого воскресенья сентября)
  November ~ ноябрьский сезон (период с 1 ч ночи по Гринвичу первого воскресенья ноября до 1 ч ночи по Гринвичу первого воскресенья марта)
  off ~ мёртвый сезон
  peak buying ~ период наибольшего покупательского спроса
  rush ~ сезон наибольшего спроса
  selling ~ торговый сезон, сезон торгов [продажи с торгов]
  September ~ сентябрьский сезон (период с 1 ч ночи по Гринвичу первого воскресенья сентября до 1 ч ночи по Гринвичу первого воскресенья ноября)
  shopping ~ сезон (активных) покупок
  television survey ~ условный (теле)опросный год (по аналогии с финансовым годом 12-месячный период с 1 апреля текущего года по 31 марта следующего года)
second-guessing домысливание
secrecy секретность; скрытность
  ~ **of correspondence** тайна переписки

security

medical ~ врачебная тайна
secret секрет, тайна ◇ **to keep** ~ хранить тайну
~ **of production** секрет производства
business ~ 1. секрет фирмы 2. коммерческая тайна
corporate ~ секрет фирмы, фирменный секрет
official ~ служебная тайна
technical ~ технический секрет
trade ~ торговый секрет; профессиональная тайна, производственный секрет
secretary секретарь ◇ ~ **general** генеральный секретарь
~ **of state** 1. *амер.* министр иностранных дел, государственный секретарь 2. *амер.* секретарь штата, заведующий канцелярией штата 3. *англ.* член кабинета министров
corporate ~ управляющий делами фирмы
electronic ~ электронный секретарь
executive ~ ответственный секретарь
honourary ~ почётный секретарь
private ~ личный секретарь
social ~ секретарь по протокольным вопросам (*ведающий приглашениями, приёмом гостей*)
section 1. секция, раздел 2. отдел 3. параграф (*контракта*) 4. разрез; сечение; профиль
advertising ~ рекламный отдел (*в газете, журнале*)
axial ~ осевое сечение, сечение по оси
classified ~ раздел рубричной рекламы, рубричный раздел
colour ~ раздел, печатаемый в цвете
commercial ~ торговый район (*города*)
cross ~ разрез, поперечное сечение
editorial ~ редакционный раздел (*издания*)
feature ~ 1. постоянный раздел (*газеты, журнала*) 2. раздел статей
golden ~ золотое сечение
lateral ~ поперечный разрез, профиль
low-traffic ~ редко просматриваемый раздел (*издания*)
magazine ~ раздел журнала *или* (толстой) газеты

patent ~ патентный отдел
production ~ производственный участок
representative cross ~ подборка типичных представителей
sit-down ~ отделение с сидячими местами
special advertising ~ специальный [обособленный] рекламный раздел (*обычно в журналах*)
sector сектор, участок, сфера, отрасль
~**s of management** участки руководства
agricultural ~ сельскохозяйственный сектор
business ~ сфера предпринимательства; коммерческий сектор
civilian ~ гражданский сектор (*экономики*)
commercial ~ коммерческий сектор
commodity producing ~ товаропроизводящий сектор
distribution ~ сектор распределения
farming ~ сельское хозяйство (*как отрасль*)
government ~ государственный сектор (*экономики*)
nonprofit ~ сфера некоммерческой деятельности, некоммерческий сектор, сектор некоммерческих организаций
private ~ частный сектор (*экономики*)
public ~ государственный сектор (*экономики*)
public consumption ~ сектор общественного потребления
related ~**s** смежные отрасли
retailing ~ сфера розничной торговли
service ~ сфера обслуживания
wholesaling ~ сфера оптовой торговли
securit/y 1. безопасность 2. благополучие, обеспечение; гарантия 3. *pl* ценные бумаги; фонды ◇ ~ **in service** безопасность в эксплуатации; **to act as** ~ выступать в качестве поручителя; **to give** ~ давать поручительство, выступать поручителем, ручаться; **to offer** ~ предлагать гарантированное обеспечение; **to safeguard** ~ обеспечивать безопасность

security

~ of person личная неприкосновенность
~ of residence неприкосновенность жилища
active ~ies активные ценные бумаги *(являющиеся объектом массовой купли-продажи, котировки которых часто публикуются)*
ample ~ достаточное обеспечение
approved ~ies ценные бумаги «в ходу», «признанные» ценные бумаги *(принимаемые банками и другими финансовыми институтами в качестве основных элементов своих резервов или для аналогичных целей)*
cash ~ денежное обеспечение
collateral ~ 1. дополнительное обеспечение 2. *pl* ценные бумаги в качестве обеспечения
corporate ~ies ценные бумаги корпораций
data ~ защита [охрана] данных
economic ~ 1. экономическая безопасность 2. экономическое благополучие
employment ~ гарантия занятости
fixed-income ~ies ценные бумаги с фиксированным доходом
government ~ies государственные ценные бумаги
job ~ 1. обеспеченность работой, гарантия занятости 2. безопасность рабочего места
material ~ материальное благополучие
negotiable ~ies оборотные ценные бумаги
personal ~ личная безопасность
physical ~ хорошее физическое состояние
public ~ 1. общественная безопасность 2. *pl* государственные ценные бумаги
social ~ социальное обеспечение
tight ~ строгие меры безопасности
seefee *разг.* платное телевидение
seeker (со)искатель
benefit ~ искатель выгод
pleasure ~ любитель удовольствий
segment 1. сегмент *(рынка)* 2. часть, доля; участок
attractive ~ привлекательный сегмент *(рынка)*

audience ~ сегмент аудитории
benefit ~ сегмент на основе искомой выгоды
business ~ сегмент коммерческой [предпринимательской] деятельности
consumer ~ сегмент потребителей, потребительский сегмент
customer ~ сегмент заказчиков [клиентов], потребительский сегмент *(рынка)*
established ~ устоявшийся [сформировавшийся] сегмент
institutional ~ сегмент организаций [предприятий]
market ~ сегмент рынка
population ~ сегмент населения
prime ~ наиболее важный [первостепенный] сегмент
program(me) ~ фрагмент программы
socioeconomic ~ социально-экономический сегмент
target ~ целевой сегмент
user ~ сегмент пользователей [потребителей]
segmentation сегментирование, сегментация, деление ◊ ~ by behaviour *см.* behaviouristic segmentation; ~ by main competitors сегментирование *(рынка)* по основным конкурентам
attitude ~ сегментирование (на основе) отношений
audience ~ сегментирование аудитории
behaviouristic ~ поведенческое сегментирование, сегментирование по характеру поведения [по принципам поведенческих особенностей] *(покупателей)*
benefit ~ сегментирование на основе искомых выгод *(которых потребители ждут от товара)*
complete ~ полное сегментирование
demographic ~ сегментирование по демографическим принципам, демографическая сегментация
double ~ двойное сегментирование *(по группам потребителей и параметрам товара)*
geodemographic ~ геодемографическое сегментирование
geographic ~ сегментирование по

self

географическому принципу, географическая сегментация
income ~ сегментирование по уровню доходов
industrial ~ сегментирование рынка товаров промышленного назначения
lifestyle ~ сегментирование по образу жизни
list ~ сегментирование рассылочного списка
market ~ сегментирование рынка
marketing ~ маркетинговое сегментирование
multiple ~ многофакторное сегментирование *(напр. по нескольким демографическим переменным)*, сегментирование по нескольким признакам
occasion ~ сегментирование на основе повода совершения покупки
personality ~ сегментирование по типам личности
product ~ товарное сегментирование; распределение товаров по сегментам рынка
psychographic ~ сегментирование по психографическим принципам, психографическая сегментация *(подразделение покупателей на группы по принадлежности к общественному классу, образу жизни)*
psychological ~ сегментирование по психологическим признакам
sex ~ сегментирование по признаку пола
socioeconomic ~ социально-экономическое сегментирование, сегментирование по социально-экономическим показателям
user status ~ сегментирование по потребительскому статусу
selection выбор, отбор, подбор
~ of typeface выбор шрифта
assortment ~ подбор [комплектование] товарного ассортимента
brand ~ выбор марочных товаров, марочный выбор
careful ~ тщательный отбор
cluster ~ групповой [гнездовой] отбор *(напр. адресов для рассылочного списка)*
comparative ~ сравнительный отбор
data ~ выбор данных
directional ~ целенаправленный [целевой] отбор
feature ~ выделение признаков
final ~ окончательный отбор
indirect ~ косвенный отбор
individual ~ индивидуальный отбор
job ~ выбор работы
market ~ выбор рынков
mass ~ массовый отбор
media ~ выбор средств рекламы
menu ~ выбор пункта меню *(ЭВМ)*
message ~ выбор *(варианта)* рекламного обращения
natural ~ естественный отбор
occasional ~ случайный выбор
on-target ~ целевой [целенаправленный] отбор
post-test ~ выбор по окончании теста [испытания]
pretest ~ выбор до начала теста [испытания]
proportional ~ пропорциональный отбор
purposive ~ целевой [целенаправленный] отбор
random ~ случайный выбор
recurrent ~ повторяющийся [периодический] отбор
systematic ~ систематический отбор
target ~ выбор целей
territorial ~ территориальная избирательность; выбор территорий
type ~ выбор шрифта
selectivity избирательность, селективность
audience ~ избирательность аудитории
demographic ~ демографическая селективность
geographic ~ географическая избирательность
market ~ избирательность в отношении рынков
psychological ~ психологическая селективность
territorial ~ территориальная избирательность
self сущность, субъект
inmost ~ внутренняя сущность
inner ~ внутреннее «я»
second ~ второе «я»
your good ~ves Вы *(в коммерческих письмах)*

self-actualization

self-actualization самоутверждение, самореализация, (полное) проявление [раскрытие] своих способностей и возможностей

self-advertisement самореклама

self-assertion 1. отстаивание своих прав [требований]; отстаивание своих притязаний [своего превосходства] 2. самоуверенность, самонадеянность

self-assessment самооценка

self-binder скоросшиватель

self-concept представление о самом себе

self-confidence уверенность в себе; самоуверенность, самонадеянность

self-control самоконтроль, умение держать себя в руках, самообладание ◇ to exercise ~ проявлять сдержанность

self-correcting самокорректирующийся, саморегулирующийся

self-cover обложка из тиражной бумаги

self-depreciation умаление собственного достоинства, самоуничижение

self-development саморазвитие

self-employed работающий на самого себя; занятый собственным бизнесом

self-esteem самоуважение, чувство собственного достоинства

self-evident самоочевидный, само собой разумеющийся

self-expression самовыражение

self-financing самофинансирование (*осуществление фирмой финансирования инвестиционных программ за счёт собственных внутренних фондов и резервов*)

self-fulfilment самоудовлетворение; самоосуществление; проявление и развитие своих способностей [возможностей]

self-gratification самоублажение, удовлетворение личных желаний [прихотей]

self-image представление о самом себе, образ собственного «я», «я-концепция»
   healthy ~ здоровое представление о себе
   negative ~ отрицательное представление о себе
   positive ~ положительное представление о себе

self-indulgent самоублажающийся, потворствующий [потакающий] своим желаниям [прихотям]

self-interest личная заинтересованность; своекорыстие, эгоизм ◇ to act in one's own ~ действовать в своих собственных [эгоистических, корыстных] интересах
   economic ~ личные экономические интересы
   enlightened ~ предусмотрительная забота о личной выгоде
   individual ~ личная выгода
   perceived ~ ожидаемая выгода

self-interested (свое)корыстный, эгоистичный, движимый личными интересами

selfishness эгоизм, себялюбие
   private ~ личная выгода, своекорыстие

self-liquidator самоликвидирующаяся льгота (*заманчивая с виду уступка, стоимость которой так или иначе оплачивается самим покупателем*)

self-mailer отправление-конверт, «самоконверт», рекламный материал, отправляемый без конверта

self-management управление самим собой

self-medication самолечение

self-preservation самосохранение

self-production самообеспечение (*напр. продуктами питания*)

self-protection самозащита

self-realization самореализация, развитие собственных способностей; самоусовершенствование

self-reference ссылка [обращение] на самого себя

self-regulation саморегулирование, автоматическое регулирование
   advertising ~ саморегулирование в рекламе

self-regulator механизм саморегулирования

self-reliance самообеспеченность, самообеспечение
   economic ~ экономическая самостоятельность

self-respect самоуважение, чувство собственного достоинства

selling

self-restraint 1. самоограничение 2. самозапрет
self-service самообслуживание
self-starter инициатор, зачинатель
self-sufficiency самообеспеченность, независимость, самостоятельность; экономическая замкнутость
   national ~ автаркия
self-will самоуправство, произвол
self-worth самоуважение
sell 1. сбыт; продажа 2. продавать
   logical ~ логичность рекламной аргументации
seller продавец, торговец
   agricultural ~ продавец сельскохозяйственной продукции
   hard ~ жёсткий [агрессивный] продавец
   industrial ~ продавец промышленной продукции [товаров промышленного назначения]
   low-priced ~ продавец, торгующий по низким ценам
   outside ~ (по)сторонний продавец
   soft ~ мягкий [неагрессивный] продавец
   sovereign ~ суверенный продавец
   toy ~ продавец игрушек, торговец игрушками
selling продажа, сбыт; торговля ◇ **~ by industry** 1. продажа по отраслям 2. продажа промышленной продукции; **~ through catalogues** торговля по каталогам
   added [add-on] ~ дополняющие продажи *(сопутствующих товаров, напр. постельных принадлежностей при покупке матрацев)*
   auction ~ аукционный торг, продажа с аукциона
   automatic ~ продажа через торговые автоматы
   backdoor ~ продажа через чёрный ход, продажа исподтишка *(когда коммивояжёр вступает в контакт непосредственно с конечными пользователями, минуя отдел закупок)*
   blind ~ продажа без предварительного осмотра товара *(покупателем)*
   Christmas ~ рождественская продажа
   condominium ~ продажа кооперативных квартир
   consignment ~ консигнационная продажа, продажа на консигнацию
   consultative ~ продажа-консультация *(ненавязчивая продажа, при которой продавец выступает в роли эксперта, как бы консультирующего покупателя)*
   contingency ~ продажа «по ситуации» [с учётом (конкретных) обстоятельств] *(когда продавец на ходу адаптируется к запросам покупателя и особенностям его сиюминутного поведения)*
   cooperative ~ кооперативная продажа
   direct ~ прямая продажа, прямой сбыт
   distress ~ вынужденная продажа
   door-to-door ~ продажа вразнос *(через торговых агентов, посещающих покупателя на дому или на работе)*
   face-to-face ~ личная продажа
   geographic ~ сбыт по географическому принципу
   hard [high-pressure] ~ «жёсткая» [напористая] продажа, навязывание *(товара)*, сбыт под нажимом, торговый прессинг
   home-demonstration ~ продажа с демонстрацией товара на дому
   home-party ~ продажа на дому в ходе демонстрации товара группе приглашённых *(соседей, друзей, знакомых)*, продажа во время торговых встреч на дому
   industrial ~ 1. продажа товаров промышленного назначения 2. сбыт товаров для нужд промышленности
   inertia(l) ~ *англ.* торговля в расчёте на инертного покупателя *(высылка незаказанного товара с требованием оплаты в случае его невозвращения)*
   installment ~ продажа в рассрочку
   intensive ~ интенсивный сбыт
   low-key ~ ненавязчивая продажа
   mail-order ~ продажа по почтовым заказам
   nonstore ~ внемагазинная торговля
   one-step ~ одноступенчатая продажа
   personal ~ личная продажа *(как вид торговли)*
   power ~ *см.* hard selling

selling

  sci-tech ~ сбыт научно-технической [наукоёмкой] продукции
  seminar ~ проведение торговых семинаров
  soft ~ «мягкая продажа», увещевание
  solo ~ торговля в одиночку
  systems ~ комплексная продажа
  team ~ коллективная торговля
  telephone ~ продажа по телефону, телемаркетинг
  two-step ~ двухступенчатая продажа
sellout 1. аншлаг (в театре) 2. амер. разг. распродажа
seminar семинар
  educational ~ учебный семинар
  hands-on [how-to] ~ практический семинар с демонстрацией товара и обучением его использованию
  public ~ публичный семинар
  technical ~ технический семинар
semispectacular рисованный щит с элементами украшения (фигурными объёмными элементами)
semiweekly выходящий два раза в неделю (о периодическом издании)
sender 1. отправитель; экспедитор 2. вещ. передатчик
sensation 1. ощущение, чувство, восприятие 2. сенсация, новинка
  ~ of touch чувство осязания
  colour ~ цветовое восприятие, цветовосприятие
  disagreeable ~ неприятное чувство
  pseudo ~ ложное ощущение
  visible ~ зрительное восприятие
sense 1. чувство, ощущение 2. общее настроение, дух 3. смысл, значение 4. сознание, рассудок, разум ◇ in a ~ в определённом смысле; in a qualified ~ в узком значении; in a technical ~ с технической точки зрения; in every ~ во всех отношениях; to obey common ~ руководствоваться здравым смыслом
  ~ of belonging чувство приобщённости (к чему-л.)
  ~ of colour чувство цвета
  ~ of community чувство принадлежности к коллективу
  ~ of feeling чувство осязания
  ~ of hearing слух
  ~ of moderation чувство меры
  ~ of sight зрение
  ~ of smell обоняние
  ~ of space чувство пространства
  ~ of taste вкус
  ~ of touch осязание
  ~ of values моральные критерии; этическое сознание; представление о добре и зле
  common ~ здравый смысл
  competitive ~ смысл с точки зрения конкурентной борьбы
  gustatory ~ вкусовое ощущение
  inner ~ внутренний голос, внутреннее ощущение
  sixth ~ шестое чувство, интуиция
  sound ~ здравый смысл
sensitive 1. чувствительный, уязвимый 2. засекреченный 3. отражающий конъюнктурные колебания
sensitivity чувствительность
  brand ~ устойчивость восприятия марки
  image ~ образное восприятие
  limiting ~ предельная чувствительность
  moral ~ чувство моральной ответственности
  nonverbal ~ бессловесное восприятие
  price ~ чувствительность к ценам
  threshold ~ пороговая чувствительность, нижний порог чувствительности
  value ~ чувствительность к ценностной значимости (товара)
  verbal [word] ~ словесное восприятие
sentiment настроение; чувство
  grassroots ~ настроение широких масс
  market ~ «настроение» рынка; оценка участниками рынка перспектив движения цен
  protectionist ~ протекционистское настроение
  public ~s общественное мнение, настроение [отношение] общественности
separation 1. отделение, раздел, отрыв 2. полигр. цветоделение 3. цветоделённый негатив [оригинал]
  ~ of powers разделение прав [компетенции]
  colour ~ 1. цветоделение 2. цветоде-

лённая фотоформа, цветоделённый негатив
colour-corrected ~ откорректированный по цвету цветоделённый негатив
competitive ~ конкурентное разделение *(разнос объявлений на конкурирующие товары по месту или времени, обычно предусматриваемый по просьбе рекламодателя)*
direct colour ~ непосредственное [прямое] цветоделение
mileage ~ *амер. вещ.* разнос станций, (необходимое) расстояние между соседними станциями *(по нормам Федеральной комиссии связи расстояние между станциями, работающими в совмещённых каналах, должно быть не менее 210 миль, а между станциями, работающими на смежных каналах, — не менее 100 миль)*
picture-sound ~ *экр.* сдвиг записи звука [фонограммы] относительно изображения
size ~ сортировка по размерам, калибровка
sequence 1. последовательность, порядок 2. *экр.* эпизод ◇ in ~ подряд, один за другим
~ **of events** ход событий
arbitrary ~ случайная последовательность
chronological ~ хронологический порядок
colour ~ **in printing** последовательность наложения цветов при печати
continuous ~ непрерывная последовательность
indexing ~ порядок рубрик в указателе
inverted ~ обратная последовательность
list ~ последовательность расположения (в рассылочном) списке *(напр. по алфавиту)*
natural ~ естественный порядок
processing ~ последовательность обработки
shooting ~ *экр.* последовательность съёмок *(напр. по эпизодам)*
serial 1. сериал 2. периодическое издание
child ~ детский сериал

daytime ~ сериал, передаваемый в дневное время
series 1. ряд, серия 2. комплект, группа, партия 3. *стат.* ряд, последовательность ◇ in ~ по порядку; последовательно
episodic ~ *экр.* серия фильмов *(самостоятельные законченные произведения с разными сюжетами, объединённые наличием одного или нескольких общих персонажей)*
newspaper ~ серия газетных материалов
picture ~ фотосерия, серия фотоснимков *(объединённых общей темой или сюжетом)*
quality ~ качественный ряд
type ~ серия шрифтов
serif 1. *полигр.* засечка *(на концах основных штрихов литеры)* 2. шрифт с засечками
bracketed ~ закругляющаяся [фигурная] засечка
fine ~ тонкая засечка
flat ~ 1. прямоугольная засечка 2. египетский шрифт *(шрифт с крупными прямоугольными засечками)*
level ~ ровная горизонтальная засечка
slanted [sloping] ~ скошенная засечка
square ~ *см.* **flat serif**
service 1. услуга, обслуживание, сервис; служба 2. работа, эксплуатация 3. сфера деятельности, род занятий 4. *pl* уплата *(капитальной суммы или процентов)*; погашение *(долга)*
abstract ~ реферативная служба
account ~ служба исполнения заказов *(в рекламном агентстве)*
administrative ~ административная служба
advertising ~ рекламная служба; рекламная услуга
advisory ~ *см.* **consultation service**
after-sales ~ послепродажное обслуживание
agency ~ услуги агентства
a la carte ~ услуга на заказ [по выбору]
alerting ~ экспресс-информация
ancillary ~ вспомогательная услуга

service

art ~ служба художественного оформления *(для рекламы)*
bibliographical ~s справочно-библиографические услуги
broadcast(ing) satellite ~ спутниковое вещание
business ~ 1. деловая услуга, услуга делового характера 2. *pl* услуги деловым предприятиям *(напр. реклама)*
business advisory ~ служба деловых консультаций
buying ~ 1. служба заказов со скидкой 2. *вещ.* служба (бартерной) покупки эфирного времени
cable ~ услуги кабельной (телевизионной) сети
civil ~ государственная гражданская служба
client ~s услуги, оказываемые клиентам, услуги для клиентов
collateral ~ вспомогательная услуга
commercial ~ 1. коммерческая услуга; коммерческая служба 2. организация по оказанию коммерческих услуг
commercial intelligence ~ служба сбора коммерческой информации
communication(s) ~ служба связи
community ~ общественная служба
company ~ услуги, оказываемые компанией
complementary ~s дополнительные услуги
computer ~s услуги ЭВМ
computer-based information ~ автоматизированная информационная система
consultation [consulting] ~ консультационная услуга, консультация; консультативная служба
consumer ~s услуги потребительского характера, услуги для потребителей, обслуживание потребителей
contract ~s подрядные услуги
counseling ~ *см.* consultation service
courier ~ курьерская служба
creative ~ творческая служба; творческая услуга
credit ~ погашение кредита
customer ~ обслуживание покупателей; служба сервиса для клиентов, услуги для потребителей, сервисное обслуживание клиентов
customer-oriented ~ услуга с учётом специфики клиента
day-care ~ детский сад
dealer ~ услуги дилеров, дилерское обслуживание, обслуживание дилерскими предприятиями, услуги, оказываемые дилерами
debt ~ обслуживание долга *(выплата процентов и основной суммы)*
delivery ~ служба доставки; услуги по доставке
diaper ~ доставка пелёнок на дом, прокат пелёнок *(вид бытовых услуг)*
dubbing ~ служба озвучивания *(фильмокопий)*
employment ~ биржа труда, служба занятости
equipment-based ~ услуга, источником которой служит оборудование
essential ~ основная услуга
express information ~ служба экспресс-информации
extended ~ *амер.* продление показа *(продление срока экспонирования установок наружной рекламы сверх контрактного периода в качестве компенсации за недочёты и упущения, происшедшие по вине владельца или прокатчика этих установок)*
extra ~s 1. дополнительные услуги 2. *нар. рекл.* расширение показа *(предоставление дополнительных плакатных панелей сверх договорного количества в качестве компенсации за недочёты и упущения, происходящие по вине владельца или прокатчика этих панелей)*
fairly priced ~ услуга по приемлемой [сходной] цене
fast-food ~ предприятие общественного питания типа «минутка»; кафе быстрого обслуживания
field inspection ~ инспекционная служба на местах
financial ~ финансовая служба
follow-up ~ система послегарантийного обслуживания
free ~s 1. услуги по выбору [на заказ] 2. бесплатные услуги
full ~ полное обслуживание, полный цикл обслуживания

service

functional ~ функциональная услуга; функциональная служба
government ~ государственная служба
health ~ здравоохранение, служба здравоохранения
home ~ обслуживание на дому
home-cleaning ~ служба уборки квартир
home-health ~ медицинское обслуживание на дому
in-flight ~ обслуживание в полёте
information ~ информационная служба, служба информации
in-transit ~ услуга в пути
library ~ библиотечное обслуживание
loan ~ погашение займа; уплата процентов по ссуде
mailing ~ служба (прямой почтовой) рассылки, почтово-экспедиторская служба
mail preference ~ служба учёта пожеланий адресатов (*подразделение ассоциации прямой почтовой рекламы или прямого маркетинга, принимающее заявления потребителей о включении их имён в рассылочные списки или изъятии из списков*)
maintenance ~ техническое обслуживание
maintenance and repair ~s услуги по техническому обслуживанию и ремонту
management ~s услуги по управлению, управленческие услуги
marketing ~ служба маркетинга, маркетинговая служба; маркетинговая услуга
media buying ~ служба закупки средств рекламы
medical ~ медицинское обслуживание
merchandising ~ услуга по содействию торговле [торговому процессу], услуга помощи торговле (*способствующая продвижению товаров рекламодателя или связанная со сбором интересующей его маркетинговой информации, которую средство коммуникации оказывает заказчику, не взимая за это прямой платы*)
multinational ~ услуга многонационального характера; транснациональная служба
national ~ 1. (обще)национальная служба 2. воинская повинность; трудовая повинность
nonessential ~ второстепенная [несущественная] услуга
non-material ~s нематериальные услуги
non-productive ~ непроизводственная услуга; непроизводственная служба
outdoor ~ обслуживание установок наружной рекламы
outside production ~s производственные услуги, привлекаемые со стороны
patent ~ 1. патентная служба 2. *pl* патентные услуги
patent information ~ патентно-информационная служба
people-based ~ услуга, оказываемая людьми
personal ~ 1. личная [индивидуализированная] услуга, услуга личного характера; оказание личных услуг, личное обслуживание 2. *pl* бытовые услуги (*напр. химчистка*)
physical distribution ~ служба (организации) товародвижения
post-purchase [post-sale] ~ послепродажная услуга, послепродажный сервис
prepurchase ~ предпродажная услуга
problem-solving ~ услуга для решения проблемы
production ~ производственная услуга
programming ~ служба программирования; услуга по программированию
prompt ~ быстрое обслуживание
proofreading ~ корректорская служба
protective ~ 1. предохранительно-защитная услуга 2. служба охраны [личной безопасности]
public ~s 1. коммунальные услуги, коммунальное обслуживание; услуги общественного характера 2. государственная служба; общественная деятельность
public broadcasting ~ общественное [государственное] вещание
public television ~ общественное [го-

567

service

сударственное] телевизионное вещание
rating ~ рейтинговая служба, служба проведения рейтинговых замеров
reader inquiry ~ служба читательских запросов
reference [referral] ~ справочная служба
rental ~ служба проката, служба сдачи в аренду
repair ~ служба ремонта, ремонтная служба; услуги по ремонту
replacement ~ служба замены
reply ~ служба ответов на запросы читателей *(в журнале)*; справочная служба
reprint ~ служба повторных оттисков
research ~ служба исследований, исследовательская служба
retail ~ розничная услуга, услуга розницы; сервис для розничных торговцев
roadside ~ дорожный сервис, сервис на дороге
room ~ обслуживание номеров *(в гостинице)*
running ~ текущее обслуживание
sales support ~ служба содействия сбыту
sci-tech ~ научно-техническая услуга, услуга научно-технического характера
selling ~ служба сбыта
shared ~ совместная услуга
single international reference information ~ единая международная справочно-информационная служба
site-location ~ услуга по выбору места расположения *(предприятия)*
small ~ мелкий ремонт
social ~ 1. система социального обслуживания населения *(медпомощь, консультации)* 2. *pl* социальные услуги 3. общественные учреждения 4. социальное обеспечение
social support ~ услуга общественного характера, услуга коллективного пользования
specialized ~ специализированная услуга; специализированная служба
superior ~ первоклассная услуга
syndicated ~ синдицированная служба

technical research ~ научно-техническая служба
technical support ~ служба технической помощи
telephone answering ~ телефонная справочная служба
time-buying ~ посредник по перепродаже рекламного времени *(местных вещательных станций)*
typewriting ~ машинописное бюро
valeting ~ пункт [предприятие] срочной стирки *или* утюжки одежды
video information ~ видеоинформационная служба
volunteer ~ добровольная услуга; добровольная служба; добровольное вступление в армию
Service:
Forest ~ Федеральное лесное управление США
Internal Revenue ~ налоговое управление США
Standard Rate and Data ~ *амер.* «Справочник по средствам рекламы и тарифам»
US Agricultural Extension ~ Служба сельскохозяйственной пропаганды США
US Postal ~ почтовое ведомство США
servicing 1. обслуживание 2. уплата, погашение *(долга)*
periodic ~ периодическое обслуживание
routine ~ регулярное [текущее] обслуживание
scheduled ~ плановое обслуживание
session 1. заседание, совещание 2. сессия 3. сеанс ◇ to be in ~ заседать
brainstorming ~ мозговой штурм, мозговая атака; групповой поиск (творческих) идей
casting ~ актёрская проба
closed ~ закрытое совещание
enlarged ~ расширенное совещание, встреча в расширенном составе
evaluation ~ совещание по подведению итогов, совещание по оценке ситуации [положения дел]
focus group ~ тематический опрос группы потребителей
group ~ групповое мероприятие

interviewing ~ встреча для (проведения) интервью
mixing ~ сеанс перезаписи *(фонограмм)*
music ~ обсуждение музыки
open ~ открытое заседание
pep ~ *разг.* инструктаж, «накачка»
private ~ закрытое совещание
prop ~ отбор реквизита
rap ~ коллективное обсуждение, групповая беседа, неофициальное заседание
recording ~ сеанс звукозаписи
sales training ~ учебный сбор продавцов
set design ~ обсуждение эскизов декораций
training ~ учебный сбор
set 1. комплект, набор, ассортимент 2. серия, ряд, группа 3. совокупность 4. *экр.* съёмочная площадка 5. декорация 6. приёмник *(радио- или телевизионный)* 7. прибор, установка ◊ in ~s в комплектах, в наборах; ~s in use число включённых приёмников *(учётный показатель)*; on the ~ *экр.* на съёмочной площадке; to kill [to strike] ~ разбирать [демонтировать] декорацию
~ of constraints система ограничений
~ of conventional signs система условных знаков
~ of criteria набор критериев
~ of furniture мебельный гарнитур
~ of observations серия наблюдений
~ of patterns комплект рисунков [изображений]
~ of people круг лиц
~ of preferences набор предпочтений
~ of proofs *полигр.* комплект гранок
~ of rules инструкция, свод правил
~ of samples коллекция образцов
awareness (product) ~ комплект осведомлённости *(товары, о которых потребитель осведомлён и из числа которых он будет производить свой выбор)*
basic ~ of values базовый набор ценностных значимостей
character ~ набор символов [знаков]; алфавит

colour ~ набор цветов; *полигр.* триада красок
colour separation ~ *полигр.* комплект цветоделённых оригиналов; комплект цветоделённых клише
data ~ совокупность [набор] данных
decision ~ набор решений
desk ~ настольный телефон
extended character ~ расширенный набор символов *(напр. на клавиатуре ЭВМ)*
exterior ~ *экр.* натурная декорация, декорация «под натуру»
film ~ съёмочная площадка с установленными декорациями
flat-screen television ~ телевизор с плоским экраном
FM (radio) ~ приёмник с ЧМ-диапазоном
mental ~ умонастроение, склад ума
narrow ~ *полигр.* плотный набор
outdoor ~ *см.* exterior set
(product) choice ~ ассортимент выбора *(товаров)*, товарный ассортимент
psychological ~ психологический склад
radio ~ радиоприёмник
receiving ~ приёмное устройство, (радио)приёмник, телевизор
sample ~ опытная установка
self-contained ~ автономное устройство
studio ~ декорация в павильоне
tea ~ чайный комплект *(скатерть с салфетками)*
telephone ~ телефонный аппарат
television ~ телевизор
tool ~ набор [комплект] инструментов
total (product) ~ полный комплект доступных потребителю товаров
value ~ набор значений
wrist television ~ наручный телевизор
setter лидер
pace ~ задающий темп
price ~ лидер цен *(фирма, устанавливающая цену и имеющая возможность навязывать свою ценовую политику другим участникам рынка)*
trend ~ законодатель моды; задающий тон

setting

setting 1. обстановка; окружение 2. декорация 3. размещение, компоновка 4. *полигр.* набор, процесс набора 5. установление; назначение *(цен)*
consumer ~ 1. потребительское окружение 2. расстановка [распределение] потребностей *(на рынке)* 3. обстановка реального использования товара потребителем
demographic ~ демографическая обстановка
hand ~ *полигр.* ручной набор
natural ~ естественная обстановка, естественное окружение
page ~ установка параметров страницы *(на ЭВМ)*; параметры страницы [полосы]
price ~ назначение цены; ценообразование
social ~ общественное окружение
stylized ~ стилизованная обстановка
type ~ типографский набор
settlement 1. урегулирование; решение, соглашение 2. расчёт, уплата, расплата ◇ **in full ~** в полный расчёт; **in part ~** в частичную уплату
~ of account покрытие задолженности по счёту
~ of claims урегулирование [разрешение] претензии
~ of debt выплата [покрытие] долга
amicable ~ полюбовное [мирное] урегулирование, мировая сделка
boundary ~ размежевание, обозначение границ
cash ~ расчёт [уплата] наличными; возмещение денежной суммы
damage(s) ~ покрытие убытков
equitable ~ справедливое урегулирование
final ~ 1. окончательное урегулирование 2. окончательный [полный] расчёт
interim ~ временное урегулирование
judicial ~ урегулирование в судебном порядке, судебное урегулирование
just ~ справедливое урегулирование
negotiated ~ урегулирование(, достигнутое) путём переговоров
out-of-court ~ *см.* **amicable settlement**
package ~ комплексное урегулирование

peace(ful) ~ мирное урегулирование
setup 1. система, структура 2. *экр.* мизансцена 3. ситуация, обстановка
economic ~ экономическая структура
educational ~ система образования
picture ~ *экр.* композиция кадра
production ~ организация производства; разработка технологии
severity 1. резкость, острота, жёсткость 2. строгость *(наказания)*
~ of competition острота конкуренции
~ of punishment строгость наказания
sewing *полигр.* шитьё ◇ **~ through a fold** шитьё внакидку
flexible ~ шитьё вразъём
fold [saddle] ~ шитьё внакидку
side ~ шитьё втачку
tape ~ шитьё на тесьмах
thread ~ шитьё нитками
wire ~ шитьё проволокой
sex пол
fair ~ прекрасный [слабый] пол, женщины
female ~ женский пол
gentle ~ *см.* **fair sex**
male ~ мужской пол
soft ~ *см.* **fair sex**
sterner [stronger] ~ сильный пол, мужчины
weak(er) ~ *см.* **fair sex**
shade оттенок, тон, нюанс
bottom ~ грунтовой цвет, фон
colour ~ оттенок цвета
dark ~ тёмный оттенок
fancy ~ модный цвет
full ~ полный [насыщенный] тон
golden ~ золотистый оттенок
heavy ~ тёмный цвет
level ~ равномерный оттенок
light ~ светлый [ненасыщенный] оттенок
mingled ~ переливчатый оттенок
navy ~ тёмно-синий цвет
pale ~ тусклый [бледный] тон
pastel ~ пастельный цвет
poor ~ тусклый [бледный] тон
thin ~ слабый тон
shading 1. раскраска, ретушь, отмывка 2. *разг.* (небольшая) уступка в цене
~ of quoted prices установление теневых цен

sheet

brush ~ отмывка кисточкой
spray ~ окрашивание в более тёмный тон методом распыления
shadow 1. тень; предзнаменование 2. pl тени (в живописи)
~ of danger предвестник опасности
~ of hope проблеск надежды
heavy ~s глубокие тени (в живописи)
soft ~ мягкая [нерезкая] тень
shake 1. толчок, (вс)тряска 2. коктейль
milk ~ молочный коктейль
shaker шейкер
cocktail ~ шейкер (для приготовления коктейлей)
pepper ~ перечница
salt ~ солонка
shampoo шампунь
antidandruff ~ шампунь от перхоти
fruit ~ фруктовый шампунь
herbal ~ шампунь на травах
oil-free ~ обезжиренный шампунь
shape 1. форма, очертания 2. вид; состояние ◇ in bad ~ в плохом состоянии; in good ~ в хорошем состоянии; to take ~ принимать определённую форму, формироваться, воплощаться
irregular ~ неправильная форма
picture ~ формат изображения
shaper ~ of values орудие формирования ценностных представлений
share 1. доля, часть; участие; пай 2. акция ◇ ~ in business доля в деле [в предприятии]; in equal ~s равными долями; on ~s на паях; to bear a ~ in smth. принимать участие в чём-л.; to demand ~ in smth. требовать своей доли в чём-л.; to go ~s входить в дело; to issue ~s выпускать акции; to subscribe for ~s подписываться на акции; to take ~ in smth. принимать участие в чём-л.
~ of advertising доля в рекламе
~ of industry доля (предприятия) в отрасли [в сфере деятельности]
~ of market доля рынка
~ of market point единица доли рынка
~ of mind доля завоёванного внимания
~ of profits доля в прибыли;

тантьема (вознаграждение менеджеров)
~ of retail sales дсля розничных продаж
~ of sales доля сбыта
~ of spending доля затрат
~ of stock пай акционерного капитала; акция; доля в акционерном капитале
audience ~ доля аудитории (процент слушателей от общей потенциальной слушательской аудитории, принимающих конкретную радиостанцию в тот или иной момент времени)
brand ~ доля марочного товара
commanding ~ главенствующая [командная] доля
low-vote ~ акция с ограниченным [урезанным] правом голоса
market ~ доля рынка
nominal ~ номинальная акция
no-vote ~ акция без права голоса
ordinary ~ обыкновенная [простая] акция, акция с нефиксированным дивидендом
preference [priority] ~ привилегированная акция, акция с фиксированным дивидендом
purchase ~ доля закупок, доля в закупках, доля в общем объёме закупок
registered ~ именная акция
stock ~ см. share of stock
transferable ~s акции, разрешённые к продаже
sharing распределение, делёж
cost ~ распределение затрат
market ~ раздел рынка
profit ~ участие в прибылях (служащих фирмы)
resource ~ разделение ресурсов
revenue ~ разделение доходов
sharpness резкость, чёткость; контрастность
~ of sight острота зрения
image ~ чёткость изображения
visual ~ видимая [резкая] контрастность
sheet 1. лист, страница 2. ведомость; таблица 3. (сфальцованный) печатный лист 4. газета

sheet

A0 ~ (стандартный) лист формата A0 *(1189 × 841 мм)*
A1 ~ (стандартный) лист формата A1 *(841 × 594 мм)*
A2 ~ (стандартный) лист формата A2 *(594 × 420 мм)*
A3 ~ (стандартный) лист формата A3 *(420 × 297 мм)*
A4 ~ (стандартный) лист формата A4 *(297 × 210 мм)*
A5 ~ лист формата A5 *(лист формата A4, сложенный пополам)*
A6 ~ (стандартный) лист формата A6 *(148 × 105 мм)*
A7 ~ (стандартный) лист формата A7 *(105 × 74 мм)*
A8 ~ (стандартный) лист формата A8 *(74 × 52 мм)*
A9 ~ (стандартный) лист формата A9 *(52 × 37 мм)*
A10 ~ (стандартный) лист формата A10 *(37 × 26 мм)*
adjacent ~ прилегающий [смежный] лист *(в многолистовом плакате)*
advance ~s *полигр.* 1. пробный оттиск 2. *pl* чистые листы
backing ~ лист-основа, подложка
balance ~ баланс, балансовый отчёт; балансовая сводка
basic standard ~ *см.* A0 sheet
blanket ~ газетный лист большого формата *(вмещающий от 10 до 12 колонок)*
clip ~ (готовый к воспроизведению) материал косвенной рекламы, рассылаемый в газеты *(в расчёте на бесплатную публикацию)*
colour ~ цветной [красочный] лист, лист, отпечатанный в цвете
composite score ~ сводный оценочный лист
control ~ контрольный оттиск
cost ~ калькуляционная ведомость, ведомость издержек
cue ~ монтажный лист *(фильма)*
customer data ~ карта сведений о клиенте
cut ~ *экр.* инструкция по монтажу *(фильма или эпизода)*
data ~ спецификация
dope ~ монтажный лист *(фильма)*
employment ~ послужной список
end ~ *полигр.* форзац

exposure ~ *мульт.* экспозиционный лист *(покадровые инструкции оператору для ведения съёмки)*
extra ~ запасной [дополнительный] лист
fact ~ подборка данных, «объективка»
flow ~ технологическая схема *(производства)*; технологическая схема
free ~ бесплатно распространяемая местная газета *(публикующая в основном рекламу)*
information ~ информационный листок
instant lettering ~ лист переводного шрифта
instruction ~ 1. инструкция 2. инструкционная карта; операционная карта
job-order ~ карта очерёдности (выполнения) заданий
layout ~ *полигр.* макет
lead ~ учётный листок потенциального клиента
paper ~ бумажный лист *(расчётная единица)*
pay ~ платёжная ведомость
poster ~ лист плаката *(изначально имел формат около 70 × 105 см)*
proof ~ 1. корректурный оттиск 2. контрольный экземпляр 3. красочная проба
rate ~ прейскурант *(прокатной конторы, типографии)*
record ~ 1. формуляр 2. чистые листы для записи *(в конце книги)*
score ~ оценочный лист; таблица очков
sign-in ~ список регистрации посетителей
slip ~ *полигр.* (бумажная) прокладка, лист прокладочной бумаги
spec(ification) ~ спецификация
stock ~ инвентарная ведомость
swindle ~ *разг.* «обманный» лист *(прозвище финансового отчёта по командировке)*
tear ~ вырезка *(оправдательный документ)*
title ~ титульный лист
work ~ рабочий лист; бланк, ведомость, анкета; перечень работ *(с указанием цен)*

yellow ~ бульварная газета
shel/f полка
   display ~ полка витрины, полка для выставления товара
   mantel ~ полка над камином
   storage ~ves стеллаж
shelf-stable стойкий в хранении, пригодный для длительного хранения *(о товаре)*
shell покровный слой, оболочка
   egg ~ яичная скорлупа
   oyster ~ устричная раковина
   patty ~ слоёный пирожок без начинки
   small macaroni ~s мелкие ракушки *(фигурные макаронные изделия)*
shelter 1. укрытие, кров 2. покровительство, защита
   bus ~ крытая автобусная остановка
   tax ~ налоговое убежище, налоговый «рай»
   temporary ~ временное укрытие
shelving полки, стеллажи *(и прочее торговое оборудование для выкладки товаров в магазине)*
   dismountable ~ сборно-разборный стеллаж
   food storage ~ стеллаж для хранения пищевых продуктов
   glass intermediate ~ стеллаж(и) со стеклянными полками
shift 1. перемещение; перестановка; сдвиг *(спроса)* 2. (рабочая) смена
   cultural ~ культурный сдвиг
   day ~ дневная смена *(рабочая)*
   demand curve ~ сдвиг кривой спроса
   geographic population ~ миграция населения
   graveyard ~ «кладбищенская» [ночная] смена *(обычно с полуночи до 6 ч утра)*
   image ~ смещение изображения
   night ~ ночная смена *(рабочая)*
   qualitative ~ качественный сдвиг
   time ~ временной сдвиг, смещение по времени
shipment 1. груз, партия *(отправленного груза)* 2. погрузка, отгрузка; доставка ◊ ~ in bulk погрузка без упаковки [насыпью]; ~ on consignment отправка на консигнацию *(вид комиссионной операции, при которой одна сторона поручает другой стороне продать товары со склада от своего имени и за свой счёт)*
   aggregated ~ сборная отправка
   air ~ отгрузка самолётом; доставка воздушным транспортом
   domestic ~ перевозка внутри страны
   drop ~ прямая отгрузка товара производителем *(розничному торговцу с прохождением платёжных документов через оптового посредника)*, «заброска»
   emergency ~ срочная отправка
   fast-freight ~ срочная отправка, отправка срочным грузом, отгрузка с ускоренной [срочной] доставкой
   pipeline ~ доставка [транспортировка] трубопроводным транспортом
   prompt ~ немедленная отправка
   rail ~ отгрузка [транспортировка] по железной дороге
   rush ~ поставка в штурмовом порядке
   scheduled ~ запланированная отгрузка; отправка по расписанию
   short ~ недогруз
   total ~s общий объём отгрузок
   truck ~ доставка автотранспортом
   waterway ~ доставка водным транспортом
shipper грузоотправитель
   drop ~ оптовик-организатор *(не имеющий товара и не занимающийся его складской переработкой, а договаривающийся о прямой поставке от производителя потребителю)*
shirt рубашка *(мужская)*
   boiled ~ *разг.* крахмальная рубашка
   coat [dress] ~ белая рубашка к вечернему костюму
   football ~ майка, футболка
   Izod ~ рубашка «Изод» *(дорогая американская трикотажная рубашка, обычно с короткими рукавами и фирменным значком на груди в виде маленького аллигатора)*
   sport ~ спортивная рубашка; безрукавка
   tailored ~ приталенная рубашка
shock удар, толчок; потрясение
   drug ~ лекарственный шок
   electric ~ поражение электрическим током
   irreversible ~ необратимый шок

573

shock

mental ~ психический [эмоциональный] шок, психическое [эмоциональное] потрясение
pain ~ болевой шок
sticker ~ шок [потрясение] от ценника (*высокой цены товара*)
thermal ~ тепловой удар
wound ~ травматический шок

shoes туфли, полуботинки
dress ~s модельные туфли
platform ~s туфли-«танкетки»
track ~s кроссовки
wedge ~s туфли-«танкетки»

shooting *экр.* съёмка
exterior ~ натурная съёмка, съёмка на натуре
high-speed ~ скоростная [ускоренная] (кино)съёмка (*создающая эффект замедленного движения*)
interior ~ съёмка в интерьере
location ~ выездная съёмка, съёмка на натуре
process ~ комбинированная киносъёмка
tracking ~ панорамирование; сопровождение объекта
travel ~ съёмка с движения
trick ~s трюковые съёмки
underwater ~ подводная съёмка
video ~ видеосъёмка

shop 1. магазин, лавка 2. мастерская, цех 3. учреждение, заведение, предприятие ◇ to keep ~ содержать магазин, заниматься торговлей; to set up ~ *англ.* открыть магазин [предприятие], начать дело
appliance ~ 1. магазин бытовой техники 2. хозяйственный магазин
baker's ~ булочная
barber ~ парикмахерская (*мужская*)
beauty ~ косметический салон, салон красоты; дамский салон
book ~ книжный магазин
book-stitching ~ брошюровочный цех (*типографии*)
bridal ~ магазин для новобрачных
butcher's ~ мясной магазин
chemist's ~ аптека
exclusive ~ роскошный [дорогой] магазин
exhibition ~ 1. магазин-салон 2. магазин-выставка
food ~ *англ.* продовольственный магазин
frozen food ~ магазин мороженых продуктов
fruit ~ фруктовый магазин
garden supply ~ магазин садово-огородных принадлежностей
general ~ универсальный магазин
gift ~ магазин подарков
gourmet ~ магазин деликатесов, магазин для гурманов
grocer's ~ бакалейный магазин
hobby ~ магазин товаров для хобби
hot ~ рекламное ателье
hot creative ~ «горячее» творческое заведение, ателье
luxury ~ магазин, торгующий предметами роскоши, фешенебельный магазин
mixed ~ *англ.* лавка [магазинчик] со смешанным ассортиментом; мелочная лавка
mobile ~ автолавка
music ~ музыкальный [нотный] магазин
pastry ~ кондитерский магазин, кондитерская
pet ~ зоомагазин
printing ~ печатный цех (*типографии*)
provision ~ магазин гастрономических товаров
ready-made ~ магазин готовой одежды [готового платья]
redemption ~ магазин, отоваривающий зачётные купоны (*покупатели обменивают накопленные купоны с объявленной стоимостью, выпущенные фирмой*)
repair ~ ремонтная мастерская
retail bake ~ пекарня с магазином
second-hand ~ комиссионный магазин
self-service ~ магазин самообслуживания
shout ~ *жарг.* «громкая» лавка (*рекламное агентство*)
specialty ~ специализированный магазин
specialty clothing ~ специализированный магазин одежды
sweet ~ кондитерский магазин, кондитерская

thrift ~ магазин поношенной одежды и случайных вещей
thrum ~ магазин, торгующий обрезками пряжи
Tom and Jerry ~ пивная, кабак
traveling ~ автолавка
shoplifting мелкое воровство в магазинах, магазинные кражи
shopper покупатель; закупщик
  apathetic ~ равнодушный [апатичный] покупатель *(практически не сравнивающий товары при принятии решения и совершающий покупки в любом ближайшем удобном для него магазине)*
  budget ~ покупатель с ограниченными средствами
  casual ~ случайный покупатель
  comparison ~ лицо, совершающее сравнительные покупки, потребитель, совершающий сравнительные покупки
  cost-conscious ~ покупатель, чутко реагирующий на цену
  economic ~ экономный покупатель *(обращающий внимание на цену, качество, разнообразие товаров и простоту принятия решений о покупке)*
  ghost [**mystery, phantom**] ~ мнимый покупатель *(сотрудник фирмы или представитель поставщика, посещающий магазины под видом покупателя и проверяющий работу продавцов, качество обслуживания и эффективность используемых дилерами или розничными торговцами приёмов экспонирования и продажи товара)*
  window ~ созерцатель витрин, человек, рассматривающий витрины *(без намерения или возможности совершить покупку)*
"Shoppers" «Спутник покупателя» *(бесплатные справочно-информационные издания для покупателей)*
shopping посещение магазина; совершение покупок ◇ **to do one's** ~ делать покупки
  armchair ~ совершение покупок, не выходя из дома; заочные покупки
  comparison ~ сравнительные покупки

shortfall

  downtown ~ совершение покупок в деловой части города
  home ~ покупки на дому
  one-stop ~ совершение всех покупок в одном месте, покупка всего необходимого в одном магазине
  remote ~ заочные покупки
  routine ~ повседневные [обыденные] покупки
  weekly ~ еженедельные покупки, покупки, совершаемые раз в неделю
  window ~ 1. разглядывание витрин 2. совершение покупок под влиянием витрины; покупка товаров, выбранных на витрине
short короткометражный фильм; киножурнал
  animated cartoon ~ короткометражный мультфильм
  documentary ~ короткометражный документальный фильм
  movie ~ короткометражный фильм, «короткометражка»
shortage 1. нехватка, дефицит 2. отрицательный уровень запасов, задолженный спрос ◇ ~ **in weight** недовес
  acute ~ острый дефицит
  admissible ~ допускаемый уровень дефицита
  back-ordered ~ задолженный спрос; недопоставленная продукция
  chronic ~ хронический дефицит
  commodity ~ нехватка товара, товарный дефицит
  food ~ нехватка продовольствия; перебои в снабжении продовольствием
  labour ~ нехватка рабочей силы
  planned ~ запланированный уровень дефицита
  product ~ нехватка товара, товарный дефицит
  resource ~**s** дефицит (природных) ресурсов
  supply ~ дефицит [недостаточность] поставок
shortening шортенинг *(жир, добавляемый в тесто для рассыпчатости)*
  all-purpose ~ универсальный шортенинг
  liquid ~ жидкий шортенинг
  meat-fat ~ твёрдый комбижир
  vegetable ~ растительный комбижир
shortfall нехватка, дефицит, недобор

575

shortfall

~ of savings уменьшение сбережений
export ~ сокращение экспортных поступлений, падение экспортной выручки
short-paid доплатной *(о почтовом отправлении)*
shot 1. съёмка 2. съёмочный кадр; съёмочный план 3. разовое мероприятие
action ~ 1. фотография движущегося объекта [объекта в действии] 2. кадр, снятый с движения
angle ~ 1. съёмка в ракурсе 2. кадр, снятый под (острым) углом
beauty ~ парадный план *(крупный долго держащийся на экране план товара в рекламном ролике)*
bridging ~ *см.* continuity shot 1.
bust ~ поясное изображение *(при съёмке человека, показе по телевидению)*
chest ~ *см.* bust shot
close ~ крупный план
close-medium ~ крупно-средний план
closing ~ *экр.* финальный [заключительный] кадр *(фильма)*
composite ~ комбинированный кадр
continuity ~ 1. монтажный переход; переходный план, связка *(между сценами)*; кадр, связывающий эпизоды фильма 2. досъёмка
direct-mail ~ отправление прямой почтовой рекламы
distance ~ дальний план
down ~ *экр.* кадр, снятый с верхней точки
ear ~ *экр.* крупный план в профиль
establishing ~ адресный [установочный] план, дальний общий план
exterior ~ натурный кадр
extreme long ~ сверхдальний общий план
follow ~ кадр движущегося объекта, снятый с движения
full ~ средне-общий план *(в кадре исполнители во весь рост)*
group ~ групповой снимок
insurance ~ *экр.* страховочный дубль
library ~ *см.* stock shot
location ~ натурный кадр
long ~ общий дальний план; кадр, снятый общим планом
long medium ~ план средней дальности, средне-общий план
mailing ~ разовая рассылка *(в прямой почтовой рекламе)*
masked ~ кашированный кадр; кадр, снятый через фигурную маску
medium ~ средний план *(в кадре вся фигура исполнителя)*
medium close-up ~ средне-крупный план *(в кадре поясное изображение исполнителя)*
miniature [model] ~ макетная съёмка, комбинированный кадр
moving ~ кадр, снятый с движения; кадр, снятый движущимся аппаратом *(напр. с операторского крана или тележки)*
one-time ~ *см.* mailing shot
opening ~ *экр.* начальный кадр *(фильма)*
orientation ~ *см.* establishing shot
pan ~ панорамный кадр, план с панорамированием
protection ~ *экр.* страховочный дубль
reverse ~ *экр.* обратный план, кадр, снятый с противоположной точки
stock ~ фильмотечный кадр, кадр из (кино-)архива
tank ~ *экр.* подводный кадр, кадр, снятый под водой
tracking ~ *см.* moving shot
transition ~ *см.* continuity shot 1.
trick ~ 1. трюковая съёмка 2. трюковой [комбинированный] кадр
truck(ing) ~ *см.* moving shot
whip ~ *экр.* быстрая горизонтальная переброска
zoom ~ кадр, снятый с изменением фокусного расстояния, зум-кадр
show 1. показ, демонстрация 2. выставка; зрелище, шоу 3. сеанс; телепрограмма; просмотр ◇ **to be on ~** быть выставленным, являться экспонатом выставки
art ~ художественная выставка, художественный салон
beauty ~ 1. демонстрация косметики 2. конкурс красоты
chat ~ разговорное шоу
daytime ~ дневная программа
disk-jockey ~ шоу диск-жокея

shrinkage

fairy ~ феерия
fashion(s) ~ выставка [демонстрация] мод
film ~ киносеанс, (кино)просмотр
flower ~ выставка цветов
furniture ~ выставка мебели
game ~ игровое шоу, шоу-игра
high-audience ~ программа с большой аудиторией; программа, собирающая большую аудиторию
house ~ собственная программа *(радио- или телестанции)*
(live)stock ~ выставка скота
motor ~ автомобильная выставка, выставка автомототехники, автосалон
multimedia ~ шоу с использованием нескольких средств информации
network ~ сетевое шоу, шоу, транслируемое всеми станциями сети
news ~ информационная программа
one-man ~ представление с одним действующим лицом; театр одного актёра
participation ~ программа с участием публики [аудитории]
pattern ~ выставка [витрина] образцов
poultry ~ выставка домашней птицы
pre-release ~ предварительный просмотр *(фильма)*; предварительный прогон *(спектакля, постановки)*
press ~ (предварительный) просмотр для прессы
quiz ~ телевикторина, телеконкурс
raggle-taggle ~ *разг.* программа «сборная солянка»
skin ~ программа с обнажёнными исполнителями
talk ~ разговорное шоу
television ~ телевизионное шоу
trade ~ специализированная выставка
violent ~ программа с показом насилия
showcard рекламный планшет; витринный планшет
showcase 1. витрина 2. афиша
showing 1. (наружный) показ *(о щитах, плакатах)*; «шоуинг», комплекс наружного показа 2. выставка 3. показ, демонстрация; освещение
◇ to ride the ~ осматривать [инспектировать] комплекс наружного показа
double ~ двойной показ
extended ~ длительный показ
fifty (gross rating) ~ половинный показ
fractional ~ частичный показ *(не более одной четверти от полного)*
full ~ *нар. рекл.* полный показ *(минимальное число щитов, гарантирующее, что в течение 30 дней они обеспечат контакт с рекламой всех лиц, составляющих аудиторию конкретного рынка)*
half ~ половинный показ
neighbourhood ~ локальный показ *(размещение материалов в строго ограниченном районе, выбранном на основе его экономических, коммерческих или этнических особенностей)*
one-hundred ~ *см.* full showing
poster ~ комплекс наружного показа
quarter ~ показ в одну четверть, четвертной показ
railroad ~ «железнодорожный» показ *(размещение установок наружной рекламы вдоль железнодорожных путей и на вокзалах)*
saturation ~ насыщенный показ *(любой показ с интенсивностью выше полного)*
set ~ стационарный показ *(на одних и тех же установках в течение всего срока контракта)*
trial ~ пробный показ
showmanship умение [искусство] представить [продемонстрировать] товар
showroom демонстрационный [выставочный] зал, салон
automobile [car] ~ автосалон, демонстрационный зал автомобилей
catalogue ~ магазин, торгующий по каталогам
furniture ~ салон для показа образцов мебели
warehouse ~ склад-магазин с демонстрационным залом
shrinkage 1. усушка, утруска; усадка 2. сокращение, сужение; уменьшение
~ of goods усушка продуктов

shrinkage

~ of markets сужение рынков
~ of trade уменьшение [сокращение] объёма торговли
cooking ~ усадка при кулинарной обработке
differential ~ неравномерная усадка
drying ~ усадка при сушке
fabric ~ усадка ткани
internal ~ «внутренняя утруска» в розничной торговле *(убыль товара в результате мелкого хищения работниками магазина)*
inventory ~ сокращение товарно-материальных запасов *(в результате потерь, порчи)*
profit ~ уменьшение [сокращение] прибыли
shutter затвор объектива; обтюратор *(киноаппарата)*; шторка
between-the-lens ~ междулинзовый затвор
central ~ центральный затвор
curtain ~ шторный затвор
instantaneous ~ затвор моментального действия
segment ~ сегментный затвор
slotted ~ щелевой затвор
spherical ~ шаровой затвор
synchro(nized) ~ синхронный затвор
time ~ затвор с выдержкой
sight 1. изображение, зрительный образ 2. зрелище 3. *pl* достопримечательности
Sigma Delta Chi *амер.* «Сигма, дельта, кси» *(объединение профессиональных журналистов)*
sign 1. вывеска 2. обозначение; символ, (условный) знак 3. подписывать *(документ)*
~ of repetition знак повторения *(напр. тильда)*
business ~ вывеска коммерческого предприятия, деловая вывеска
call ~ позывные вещательной станции, заставка телесети
commercial ~ рекламная вывеска
conventional ~ условный знак, условное обозначение
copyright ~ знак охраны авторского [издательского] права
directing ~ указательный знак
dollar ~ знак доллара
electric ~ электрифицированная вывеска, электрифицированный щит, световая надпись
factory ~ заводская [фабричная] вывеска
guide ~ указательный знак
guild ~ знак гильдии
hanging ~ подвесная вывеска
identifying ~ опознавательный знак
illuminated ~s световая реклама
luminous ~ светящаяся вывеска
merchandising ~ торговая эмблема
monetary ~ знак обозначения валюты
neon ~ неоновая вывеска
outdoor ~ уличный щит, вывеска
outward ~ внешний признак
painted ~ рисованная вывеска, рисованный щит
point-of-purchase ~ вывеска торгового заведения
rear-of-vehicle ~ вывеска на задней части транспортного средства
sky ~ (рекламный) щит на крыше здания
store ~ магазинная вывеска, вывеска предприятия торговли
street ~ уличная вывеска
subscript ~ подстрочный знак
tai-tji ~ знак «тай-цзи», знак «великого предела» [«великого первоначала»] *(китайской модели космогонии)*
traffic ~ дорожный знак
warning ~ предупреждающий знак
yang ~ знак «ян», знак мужского начала *(сила движения в китайской модели космогонии)*
yin ~ знак «инь», знак женского начала *(сила покоя в китайской модели коосмогонии)*
signal 1. сигнал, знак 2. признак
actuating ~ возбуждающий сигнал
alarm ~ сигнал тревоги
buying ~ признак готовности к совершению покупки
call ~ позывной *(сигнал)*
composite colour video ~ полный цветовой видеосигнал
continuous ~ непрерывный сигнал
control ~ управляющий сигнал, сигнал управления
distress ~ сигнал бедствия
emergency ~ аварийный сигнал
feedback ~ сигнал обратной связи

site

identification ~ опознавательный сигнал, сигнал опознания
light ~ световой сигнал
ring ~ сигнал вызова абонента, звонок
scrambled ~ закодированный сигнал
sign-off ~ сигнал окончания передачи *(радио- или телестанции)*
sign-on ~ сигнал начала передачи *(радио- или телестанции)*
sound ~ звуковой сигнал
startup ~ пусковой сигнал, сигнал пуска
television ~ телевизионный сигнал
trouble ~ сигнал неисправности
video ~ видеосигнал
signature 1. реквизиты рекламодателя 2. *вещ.* позывные программы [рекламного ролика] 3. подпись; подписание 4. *полигр.* сигнатура ◇ ~ by procuration подпись по доверенности; to certify [to witness] ~ удостоверять подпись
authentic ~ подлинная подпись
fictitious ~ поддельная подпись
genuine ~ подлинная подпись
joint ~ совместная подпись
rubber stamp ~ резиновый штамп с факсимиле
specimen ~ образец подписи
significance значимость; значение, смысл
~ of effect значимость эффекта
legal ~ юридическое значение
sign-off 1. заключение, вывод, резюме 2. концовка 3. окончание передачи *(радио- или телестанции)*
sign-on начало передачи *(радио- или телестанции)*
signpost 1. веха; столб с вывеской 2. указательный столб, указатель
signwriting выполнение [нанесение] надписей
similarity 1. сходство, схожесть, похожесть 2. подобие
~ of attitudes близость подходов
confusing ~ сходство, вводящее в заблуждение
cumulative ~ общее сходство
dynamic ~ динамическое подобие
opulent ~ явное [очевидное] сходство
perceptual ~ впечатление сходства на основе непосредственного восприятия, сходство по восприятию
rhythmical ~ ритмическое сходство *(напр. словесных товарных знаков)*
trademark ~ сходство товарных знаков
simplicity of operation простота в эксплуатации
simulation моделирование; имитация, имитирование, воспроизведение
business ~ моделирование хозяйственной деятельности
computer ~ моделирование на ЭВМ, компьютерное моделирование
environmental ~ моделирование окружающих условий
gaming ~ игровое моделирование
operational ~ моделирование условий эксплуатации
system ~ системное моделирование
simulcast «эфирный дубль» *(одновременная трансляция программы по радио и телевидению или по радио с амплитудной и частотной модуляцией)*
single-mindedness единомыслие, целеустремлённость
singularity специфическая особенность, своеобразие, оригинальность, неповторимость
Sisters:
Little ~ «Сестрички» *(прозвище группы массовых женских журналов США, таких как "Self", "Working Mother", "Working Woman", "Ms. Savvy")*
Seven ~ «Семь сестёр» *(семь основных федеральных антитрестовских законов, основными среди которых являются Закон Селлера-Кефаувера о запрещении слияния корпораций, Закон Клейтона, Закон об учреждении Федеральной торговой комиссии, Антитрестовский закон Шермана, Закон Уилера-Ли)*
site 1. место(нахождение), местоположение 2. площадка, участок
~ of negotiations место для переговоров
advertising ~ место для (установки) рекламного щита *(сдаваемое в аренду)*
disposal ~ свалка
loading ~ погрузочная площадка

site

outdoor ~ место установки наружной рекламы
poster ~ место для плакатов [щитов]
production ~ производственная площадка; место производства
public access ~ зона общественного пользования *(пляжи, пруды)*
reminder ~ место для (размещения) напоминательной рекламы
showground ~ территория выставки, выставочная территория
test(ing) ~ (испытательный) полигон, испытательная площадка
sitting заседание; сессия ◇ at one ~ за один присест
joint ~ совместное заседание
public ~ открытое заседание
situation ситуация, положение, обстановка ◇ to bring the ~ under control поставить положение под контроль, овладеть ситуацией; to redress ~ исправить [улучшить] положение; to retrieve ~ спасти положение; to size up ~ правильно оценить обстановку
~ of insecurity неустойчивое положение
actual ~ реальная ситуация, реальное положение
advertising ~ рекламная ситуация
before-and-after ~s ситуации «до» и «после»
buying ~ ситуация (совершения) покупки, ситуация с покупкой
commanding ~ господствующее [главенствующее] положение
competitive ~ конкурентная ситуация
conflict ~ конфликтная ситуация
confusing ~ запутанная обстановка
credit ~ положение на рынке кредитов, положение с кредитами
crisis ~ кризисная ситуация
current marketing ~ текущая маркетинговая ситуация
deadlocked ~ застойное положение, тупиковая ситуация
demand-supply ~ соотношение спроса и предложения
dramatized ~ инсценированная ситуация; драматизированная ситуация
emotionally stressful ~ ситуация, вызывающая эмоциональный стресс
evolving ~ ситуация в развитии

factual ~ фактическое положение дел
favourable economic ~ благоприятное экономическое положение
financial ~ финансовое положение
initial ~ исходная обстановка, исходное положение
market ~ ситуация [положение] на рынке, рыночная ситуация, конъюнктура рынка
marketing ~ маркетинговая ситуация, ситуация маркетинга
media ~ положение в средствах рекламы
new-task buying ~ ситуация закупки для решения новых задач
no-win ~ безвыходное [безысходное] положение
objective ~ объективная ситуация
occupational ~ рабочая ситуация, ситуация на работе
overall ~ положение в целом, общая обстановка
practical ~ практическая ситуация
purchase ~ ситуация совершения покупки
purchasing ~ *см.* buying situation
reading ~ обстановка чтения
sales [selling] ~ торговая [коммерческая] ситуация, ситуация со сбытом, обстановка купли-продажи
socioeconomic ~ социально-экономическое положение
stretching ~ напряжённая ситуация
stimulus ~ ситуация с раздражителем
subordinate ~ подчинённое [зависимое] положение
supply-demand ~ соотношение предложения и спроса
test(ing) ~ обстановка проведения теста
threat ~ угрожающее положение
unstructured stimulus ~ ситуация со структурно нечётким стимулом *(в теории игр)*
win-lose ~ ситуация с победителем и побеждённым
win-win ~ ситуация взаимного [обоюдного] выигрыша
size 1. размер, величина; объём 2. *полигр.* формат 3. *полигр.* кегль
~ of consumption объём потребления

skirt

actual ~ фактический размер, натуральная величина
advertisement ~ размер рекламного объявления
apparent ~ кажущийся размер
audience ~ размер аудитории
bastard ~ нестандартный кегль
body ~ кегль шрифта
budget ~ размер бюджета
customer ~ весомость [значимость] заказчика
family ~ 1. размер семьи 2. размер на семью *(напр. услуг)*
font ~ кегль шрифта
full ~ 1. натуральная величина 2. *pl* абсолютные размеры
handy ~ удобный для пользования формат *(книги)*
image ~ формат изображения
individual serving ~ расчёт на одну порцию
king ~ размер, увеличенный в длину
life ~ натуральная величина
market ~ объём рынка
nominal ~ номинальный размер
order ~ объём заказа
overall ~ общий размер
package ~ размер упаковки
page ~ формат полосы [страницы]
paper ~ размер листа бумаги
petite ~s небольшие и средние дамские размеры *(одежды)* для первого и второго роста
point ~ кегль шрифта в пунктах
queen ~ размер, увеличенный в ширину
sales-force ~ штат торгового персонала
sample ~ объём [величина] выборки, число изделий в выборке
screen ~ *полигр.* линиатура растра
sheet ~ формат бумаги
space ~ площадь места под рекламу
specified ~ заданный размер
trial ~ пробная расфасовка *(товара)*
trim(med) ~ *полигр.* формат (печатного издания) после обрезки
type ~ кегль шрифта
type page ~ формат полосы набора
work-force ~ численность рабочей силы
sketch 1. зарисовка, набросок, эскиз; абрис 2. схема
action ~ *мульт.* предварительная (черновая) раскадровка (основных моментов) действия
character ~ *мульт.* предварительный эскиз персонажей
colour ~ цветной эскиз
diagrammatic ~ схематический чертёж, схема
explanatory ~ пояснительный рисунок
free-hand ~ зарисовка от руки
outline ~ общий контур
pattern ~ эскиз узора
rough ~ черновой набросок
thumb-nail ~ черновой эскиз *(при макетировании)*
skill 1. мастерство, умение, искусство 2. сноровка, ловкость 3. квалификация
analytical marketing ~s навыки маркетингового анализа
artistic ~ творческие способности, творческое умение
basic ~s основные [элементарные] умения и навыки
creative ~ творческий талант
functional ~ функциональный навык, функциональное умение
inventive ~ изобретательский талант
managerial ~s управленческие способности
oratorical ~ ораторское искусство
production ~s производственные навыки
professional ~ производственная квалификация, профессиональное мастерство; *pl* профессиональные умения и навыки
selling ~ навык сбыта, торговый навык, торговое умение
specialized ~s профессиональная квалификация
technical ~ технический навык
work ~s трудовые навыки
skimming:
market ~ «снятие сливок» с рынка *(установление на товар-новинку максимально возможной высокой цены)*
skirt юбка
divided ~s юбка-брюки
flared ~ юбка-клёш
pleated ~ плиссированная юбка

skirt

quilted ~ стёганая юбка
skunkwork *амер. проф.* штурмовщина
sky-writing надписи в небе *(реклама с помощью самолётов, оснащённых специальными дымовыми приспособлениями)*
slab кусок; плита, пластина
~ of colour цветовое пятно, цветовая плашка
~ of limestone плита известняка
facing ~ облицовочная плита
fish fillet ~ блок (замороженного) рыбного филе
ink ~ *полигр.* раскатная [красочная] плита
sugar ~ брусок сахара-рафинада
slander клевета; устное оскорбление
~ of goods злонамеренное и заведомо необоснованное порочение товаров
~ of title злонамеренное и заведомо необоснованное порочение правового титула
vicious ~ злостная клевета
slashing *амер.* резкое снижение, падение
price ~ резкое падение [снижение] цен
rate ~ резкое снижение ставок
sleeve:
record ~ конверт граммпластинки
sleeve-note аннотация на конверте граммпластинки
slice ломоть, ломтик; часть, доля
~ of life зарисовка с натуры, бытописательство
bacon ~ ломтик бекона
slicer резак
vegetable ~ овощерезка
slick *амер. проф.* издание *(журнал, листовка)* на мелованной бумаге
advertising ~ печатное рекламное издание на мелованной бумаге
slide слайд, диапозитив
colour ~ цветной слайд
enlarged ~ увеличенный диапозитив
film ~ диапозитив на (кино)плёнке
projection ~ проекционный диапозитив
stereo ~ стереодиапозитив
two-by-two ~ 35-*мм* слайд в рамке размером 2 × 2 дюйма

slip 1. бланк; регистрационная карточка 2. расписка 3. описка, опечатка
acceptance ~ расписка в получении *(напр. документа);* уведомление о вручении
errata ~ *полигр.* список опечаток *(на вкладыше)*
guarantee ~ гарантийный талон
insurance ~ страховой талон
paying ~ платёжная расписка
pink ~ извещение об увольнении *(с работы)*
rejection ~ уведомление об отказе
request ~ бланк запроса
sales ~ квитанция о продаже
slogan девиз
advertising ~ рекламный девиз; рекламный призыв
trademark ~ девиз товарного знака
slot 1. место *(в программе)* 2. (временной) интервал 3. щель, прорезь; выемка
commercial ~ рекламный интервал, время рекламной паузы
preemptive time ~ время условной трансляции *(с возможностью замены одного рекламного ролика другим)*
time ~ отрезок времени, временной интервал
ventilation ~ вентиляционное отверстие
slowdown замедление, спад, снижение *(темпов)*
business ~ спад деловой активности
economic ~ замедление [снижение] темпов экономического развития
sales ~ спад продаж, замедление сбыта
work ~ снижение темпов работы
slug 1. *полигр.* линотипная строка 2. жетон *(для торгового автомата)*
identification ~ контрольная строка-метка
linotype ~ линотипная строка
name ~ «именная строка» *(подпись или логотип рекламодателя, отлитые на линотипе)*
slump резкий спад; кризис; резкое падение
demand ~ резкое падение спроса
economic ~ (резкий) экономический спад
profit ~ резкое падение прибылей

society

slumpflation спад деловой активности на фоне инфляции
small (небольшое) рубричное объявление
smoker:
   teenage ~ курящий подросток
snack лёгкая закуска
   corn ~s сухой завтрак из зёрен кукурузы
   give-away ~ бесплатная (лёгкая) закуска
   sugared ~ подслащённая закуска
   tinned ~s закусочные консервы
snake:
   currency ~ «валютная змея» *(система совместного плавания валют; изменение курса в пределах установленного лимита)*
sniping *амер. проф.* незаконное размещение средств наружной рекламы *(без оформления соответствующих разрешений)*
soap мыло
   bactericidal ~ бактерицидное мыло
   bar ~ брусковое мыло
   bath ~ банное мыло
   beauty ~ туалетное мыло
   borax ~ борное мыло
   cake ~ кусковое мыло
   chip ~ мыльная стружка
   deodorant ~ дезодорантное мыло
   dry ~ стиральный порошок
   dry-cleaning ~ мыло для химической чистки
   face ~ туалетное мыло для лица
   flaked ~ мыльная стружка
   glycerin ~ глицериновое мыло
   green ~ зелёное мыло
   hand ~ мыло для рук
   hard ~ твёрдое мыло
   hard-water ~ мыло для мытья в жёсткой воде
   household ~ хозяйственное мыло
   laundry ~ хозяйственное мыло для стирки
   liquid ~ жидкое мыло
   medicated ~ медицинское мыло
   medicinal soft ~ зелёное мыло
   mottled ~ мраморное мыло
   pine-tar ~ дегтярное мыло
   scented ~ душистое [ароматическое] мыло
   shaving ~ мыло для бритья
   soapless ~ синтетическое моющее средство
   sodium ~ сульфатное мыло
   soft ~ мягкое мыло
   toilet ~ туалетное мыло
   yellow ~ хозяйственное мыло
sociability общительность; поддержание компании
socializing *амер.* общение; вращение в обществе
   informal ~ неформальное общение
society общество; объединение, ассоциация ◊ ~ in participation простое товарищество
   abundant ~ общество изобилия
   advanced ~ развитое общество
   affluent ~ общество изобилия
   building ~ *англ.* строительное общество *(организация, принимающая депозиты и выплачивающая проценты, а также предоставляющая займы на покупку домов под закладные)*
   clan ~ клановое общество
   consumer ~ потребительское общество, общество потребления
   consumers' cooperative ~ потребительский кооператив
   contemporary ~ современное общество
   craft ~ общество с ремесленным [кустарным] производством
   economic ~ экономический строй
   industrial ~ промышленное общество
   information(-oriented) ~ информационное общество, общество с развитой информационной технологией
   insurance ~ страховое общество
   interdependent ~ общество взаимозависимости
   knowledge ~ общество знаний
   learned ~ научное общество
   loan ~ касса взаимопомощи; *англ.* кредитное товарищество
   marketing ~ общество, руководствующееся принципами маркетинга; (общественная) система на принципах маркетинга
   member ~ коллективный член *(какой-л. организации)*
   mutual improvement ~ общество взаимного самообразования
   plural ~ многоукладное общество

society

pluralistic ~ плюралистическое общество, общество плюрализма
post-business ~ пост-предпринимательское [пост-коммерческое] общество
professional ~ профессиональная ассоциация
protection ~ общество взаимного страхования
thrift ~ общество бережливости
"throwaway" ~ общество «разового пользования»
voluntary ~ добровольное общество
Society:
~ of Advertisers, Musicians, Producers, Arrangers and Composers *амер.* Общество рекламодателей, музыкантов, продюсеров, аранжировщиков и композиторов *(объединение профессионалов в области создания музыки для рекламы)*
~ of Motion Picture and Television Engineers *амер.* Общество инженеров кино и телевидения
~ of Professional Journalists Объединение профессиональных журналистов
American Cancer ~ Американское общество по борьбе с раком
American ~ of Advertising and Promotion Американское общество рекламы и стимулирования *(ставящее своей целью распространение практической информации обо всех формах рекламы и стимулирования)*
American ~ of Cinematographers Американское общество кинооператоров
American ~ of Composers, Authors and Publishers Американское общество композиторов, авторов и издателей *(организация, выдающая лицензии на использование материалов, защищённых авторским правом, и собирающая лицензионные платежи. Основано в 1914 г.)*
American ~ of Magazine Editors Американское общество редакторов журналов
American ~ of Newspaper Editors Американское общество редакторов газет
Broadcast Advertising Producers ~ of America Американское объединение продюсеров вещательной рекламы
Cable Television Administration and Marketing ~ *амер.* Административно-маркетинговая ассоциация кабельного телевидения
Chartered ~ of Designers *англ.* Общество профессиональных дизайнеров
Incorporated ~ of British Advertisers Ассоциация британских рекламодателей *(основана в 1900 г. и представляет интересы рекламодателей перед государством, лидерами мнений, средствами массовой информации, рекламными агентствами и общественностью)*
Market Research ~ *англ.* Ассоциация рыночных исследований *(крупнейшее в мире профессиональное объединение специалистов в области проведения опросов и социально-экономических исследований)*
Marketing ~ *англ.* Маркетинговое общество *(организация, призванная популяризировать принципы единой теории маркетинга и передовые методы коммерческой деятельности, укреплять сотрудничество и взаимопонимание между специалистами маркетинга всех уровней)*
National Advertising Benevolent ~ *англ.* Национальное благотворительное общество помощи работникам рекламы
National ~ of Art Directors *амер.* Национальное объединение художников рекламы *(включает в свой состав специалистов рекламных агентств, средств рекламы и поставщиков рекламных материалов)*
Public Relations ~ of America Американская ассоциация по связям с общественностью *(основана в 1948 г.)*
Royal ~ of Arts Королевское общество покровительства искусствам
Royal Television ~ Королевское телевизионное общество *(основано в 1927 г.)*
sociologist социолог
soda содовая; газированная вода

solution

club ~ содовая вода
cream ~ крем-сода
orange ~ апельсиновая содовая вода
sofa диван; тахта
  convertible ~ диван-кровать
  folding ~ раскладной диван-кровать
  full-length ~ диван стандартной длины
  push-back ~ диван-кровать с откидывающейся спинкой
  sectional ~ секционный диван
software 1. программное обеспечение; средства программирования, программные средства 2. услуги нематериального характера, непроизводственные услуги
  application ~ прикладное программное обеспечение
  business ~ коммерческое программное обеспечение
  compatible ~ совместимое программное обеспечение
  custom-made ~ заказное программное обеспечение
  public domain ~ бесплатное программное обеспечение
  scientific and technical ~ научно-техническое программное обеспечение
  system ~ системное программное обеспечение
  user ~ программные средства пользователя
  word-processing ~ программные средства обработки текстов
solicitation настойчивая просьба; ходатайство; домогательство
  client ~ назойливое привлечение (к себе) клиентов
  order ~ обращение с предложением сделать заказ; стимулирование заказов
  personal ~ личное ходатайство
  proposal ~ запрашивание предложений
solution 1. решение; выход из положения 2. раствор ◇ ~ through talks решение путём переговоров; to arrive at ~ найти решение; ~ to problem (раз)решение проблемы
  agreed ~ согласованное решение
  alternative ~ альтернативное решение
  ambiguous ~ неоднозначное решение

approximate ~ приближённое решение
basic ~ коренное решение
bleaching ~ отбеливающий раствор
complex ~ комплексное решение
concentrated ~ концентрированный раствор
constructive ~ конструктивное решение
cut-and-dried ~ шаблонное решение
detergent ~ моющий раствор
developing ~ проявляющий раствор, проявитель
dye ~ раствор красителя; вираж
engineering ~ техническое решение
etching ~ травящий раствор
feasible ~ допустимое решение
fixing ~ фиксажный раствор, фиксаж
general ~ общее решение
genuine ~ подлинное решение
graphic(al) ~ графическое решение
integrated ~ комплексное решение
interim ~ промежуточное решение
legislation ~ законодательное решение
long-run ~ долговременное решение
nutrient ~ питательный раствор
optimum ~ оптимальное решение
phased ~ поэтапное (раз)решение
pickle ~ рассол; маринад
preferred ~ предпочтительное решение
preservative ~ консервирующий раствор
reasonable ~ разумное решение
saturated ~ насыщенный раствор
smoke ~ коптильная жидкость
soap ~ мыльный раствор
spray ~ раствор для опрыскивания
step-by-step ~ поэтапное (раз)решение
technical ~ техническое решение
trial ~ пробное решение
trial-and-error ~ решение методом проб и ошибок
ultimate ~ окончательное решение
wash-up ~ смывочный раствор
win-win ~ решение, обеспечивающее обоюдный выигрыш
workable ~ приемлемое [осуществимое] решение

solvency

solvency кредитоспособность, платёжеспособность
  business ~ платёжеспособность в бизнесе; финансовая устойчивость
sophistication искушённость, умудрённость; изысканность, утончённость; изощрённость
  consumer ~ искушённость потребителя
  market ~ искушённость рынка
  scientific ~ обширные научные познания, широкий научный кругозор
sorting сортировка; классификация ◇ ~ **by quality** сортирование по качеству; ~ **by size** сортирование по размеру
  electronic ~ электронная сортировка
  hand ~ ручная сортировка
  machine ~ машинная сортировка
  preliminary ~ предварительная сортировка
soul-searching переоценка ценностей, самокритичный анализ
sound звук; звучание, звуковое сопровождение
  accompanying ~ звуковое сопровождение
  background ~ звуковой фон
  cinema ~ *см.* stereophonic sound
  diffused ~ рассеянный звук
  entrant ~ проникающий звук
  incidental ~s *экр.* шумы, шумовые эффекты
  optical ~ *экр.* оптическая фонограмма
  ringing ~ звонкий звук
  speech ~s речевые звуки
  stereo(phonic) ~ стереофонический звук, объёмное звучание
sound-on-film звуковой, «со звуком» *(пометка на киноматериале, означающая, что плёнка имеет собственную фонограмму)*
soundtrack фонограмма, звуковая дорожка ◇ **to lay in** ~s «укладывать» фонограммы
  magnetic ~ магнитная фонограмма
  optical ~ оптическая фонограмма
soup суп; похлёбка
  bean ~ (консервированный) фасолевый суп
  cabbage ~ щи
  canned ~s суповые консервы
  condensed ~ концентрированный суп
  cream ~ суп-пюре
  dehydrated [dry-pack] ~ сухой суповой концентрат
  fish ~ рыбный суп, уха
  instant ~ сухой суповой концентрат
  meat ~ мясной суп
  mushroom ~ грибной суп
  noodle ~ суп с лапшой, суп-лапша
  oxtail ~ суп из бычьих [воловьих] хвостов
  portable ~ бульонные кубики
  powdered ~ сухой суповой концентрат
  turtle ~ черепаховый суп
  vegetable ~ овощной суп
source источник; основа, начало; (перво)причина
  ~ **of business** источник предпринимательской деятельности [бизнеса]
  ~ **of funds** источник финансирования
  ~ **of income** источник дохода
  ~ **of increased danger** источник повышенной опасности
  ~ **of law** источник права
  ~ **of motivation** источник мотивации
  ~ **of names** источник информации об именах
  ~ **of reference** первоисточник
  ~ **of supply** источник снабжения
  commercial (information) ~ источник коммерческой информации
  credible ~ надёжный источник, источник, заслуживающий доверия
  current ~ источник тока
  data ~ источник данных
  experiential ~ источник эмпирического опыта
  external ~ внешний источник *(информации)*
  influence ~ источник влияния
  information ~ источник информации
  informed ~s информированные круги
  internal ~ внутренний источник *(информации)*
  light ~ источник света
  list ~ источник получения адресных списков
  market information ~ источник рыночной информации, источник информации о рынке
  message ~ источник сообщения

space

original ~ первоисточник
personal (information) ~ личный источник информации
pollution ~ источник загрязнения
power ~ источник (электро)питания
primary ~ первоисточник
prime ~ первичный источник
public (information) ~ общедоступный источник информации
referral ~ источник информации
standard ~ нормативный источник
syndicated ~ централизованный источник (данных)
sourcing источник снабжения
multiple ~ поставка из нескольких источников
single ~ единственный источник (поставок)
souvenir сувенир
convention ~ сувенир для отраслевого мероприятия (напр. конференции)
sovereignty суверенитет, суверенность, независимость
consumer ~ независимость потребителя
full ~ полный суверенитет
limited ~ ограниченный суверенитет
nominal ~ номинальный суверенитет
permanent ~ неотъемлемый суверенитет
state ~ государственный суверенитет, суверенитет государства
space 1. место, площадь, пространство 2. полигр. шпация, пробельный материал; пробел, интервал
~ of time промежуток времени; продолжительность (напр. рекламного объявления)
advertisement [advertising] ~ место [площадь] под рекламу
back-up ~ компенсирующее место, компенсирующая площадь (которую необходимо закупить в газете или журнале, чтобы получить право на размещение в издании вкладки или вклейки; обычно эквивалентна одной чёрно-белой полосе)
car-card ~ место под (внутрисалонные) рекламные планшеты (в средствах транспорта)
dead ~ мёртвое пространство
dealer ~ место (для) дилерской впечатки (в брошюре, листовке)
display ~ место для рекламного оформления; экспозиционная площадь
double ~ двойной интервал; двойной пробел
editorial ~ редакционное место, редакционная площадь
exhibition ~ выставочная площадь
floor ~ площадь пола, производственная площадь; площадь торгового предприятия
fractional page ~ дробный размер (рекламного объявления, занимающего по площади менее полной полосы)
front-end ~ место для размещения рекламы на передней части транспортного средства
habitable ~ пригодная для жилья территория
interaction ~ область взаимодействия
intercolumn ~ средник (пробел между двумя столбцами или колонками)
interframe ~ междукадровый промежуток (на кино- или фотоплёнке)
interlinear ~ интерлиньяж, интервал между строками
inventory ~ место для хранения товарных запасов
living ~ жизненное пространство; жилая площадь
media ~ место в средствах рекламы
outdoor ~ место под наружную рекламу
paid ~ оплаченное место
poster ~ место под плакаты
premium ~ «премиальное» [особо выгодное, пользующееся наибольшим спросом] место под рекламу
press ~ (рекламное) место в прессе
public ~s места общего пользования (напр. рестораны, кафе)
rented ~ арендуемая площадь; площадь, сдаваемая внаём
sample ~ стат. пространство выборок
selling ~ торговая площадь; торговый зал
shelf ~ место для выкладки товара, площадь полок в магазине
shopping ~ торговая площадь; торговый зал

space

single ~ одиночный интервал; одиночный пробел
standby ~ резервное место *(в газете, журнале)*; место недатированного использования *(продаётся по сниженным расценкам при условии, что реклама появится по усмотрению издателя только в том случае, если оно не будет выкуплено другим заказчиком по стандартному или повышенному тарифу)*
storage ~ складская площадь, место для хранения *(товаров)*
test ~ место для пробных публикаций *(рекламы)*
three-dimensional ~ трёхмерное пространство
white ~ *полигр.* пробел
word ~ пробел между словами
spaceband *полигр.* шпационный клин
spacing 1. *полигр.* разрядка, разбивка 2. интервал, промежуток, зазор 3. пробельные материалы 4. разгонка *(увеличение расстояния между отдельными частями текста)*
channel ~ *вещ.* разнос каналов
character ~ интервал между знаками; расположение знаков с интервалами [в разрядку]
closed ~ узкая разрядка
double thick ~ широкая разрядка
frequency ~ частотный интервал
letter ~ межбуквенная разрядка
line(-to-line) ~ интерлиньяж, интервал между строками
loose ~ широкая разрядка
scale ~ деление шкалы, цена деления, расстояние между штрихами шкалы
tight ~ узкая разрядка
vertical ~ *см.* line spacing
speaker 1. лектор, докладчик 2. диктор 3. громкоговоритель, динамик
built-in ~ встроенный громкоговоритель
extension ~ выносной громкоговоритель
monitor ~ контрольный динамик
theatre ~ кинотеатральный громкоговоритель
speakerphone микрофон с громкоговорителем *(для двухсторонней телефонной связи)*

special распродажа по сниженным ценам
promotional price ~ распродажа по льготным ценам
specialist специалист
advertising ~ специалист рекламы
agricultural ~ специалист сельского хозяйства
agricultural extension ~ специалист по распространению сельскохозяйственных знаний и внедрению достижений и передового опыта
creative ~ творческий работник, специалист творческого плана
design ~ специалист по дизайну
farm-management ~ эксперт по вопросам экономики и организации сельскохозяйственного производства
financial ~ финансовый специалист, специалист по финансам
full-time ~ штатный специалист
functional ~ специалист функциональной службы
go-ahead ~ энергичный инициативный специалист
graphics ~ специалист-график
information ~ специалист по (поиску) информации
maintenance ~ специалист по техническому обслуживанию и ремонту
management ~ специалист по проблемам управления
market ~ специалист по рынку
marketing ~ специалист по маркетингу
marketing information ~ специалист по маркетинговой информации
media ~ специалист по средствам рекламы
nutritional ~ специалист по проблемам (рационального) питания, диетолог
outside ~ специалист со стороны
patent ~ патентовед, специалист по патентам
physical distribution ~ специалист по товародвижению
pricing ~ специалист по ценообразованию
professional ~ специалист-профессионал
publicity ~ специалист по пропаганде

spectrum

quality control ~ специалист по контролю качества
reliability ~ специалист по надёжности
sales promotion ~ специалист по стимулированию сбыта
takeover ~ специалист по слияниям *(предприятий)*
tax ~ специалист по налогообложению; специалист по расчёту налогов
technical ~ технический специалист
trash-collection ~ специалист по сбору утильсырья [мусора]

speciality 1. специализированная услуга; специализация 2. основное занятие 3. отличительная [характерная] черта, особенность 4. товар специального ассортимента; товар-новинка

specialization специализация
customer ~ специализация по клиентам
market ~ 1. специализация рынка, рыночная специализация 2. специализация по рынкам
overall ~ полная специализация
product ~ товарная специализация; специализация по товарам
selective ~ выборочная специализация
territorial ~ территориальная специализация, специализация по территориям

specialty (рекламный) сувенир
advertising ~ рекламный сувенир
imprinted ~ сувенир с надписью

specification 1. спецификация; определение, подробное обозначение 2. уточнение; конкретизация 3. *pl* технические параметры, технические требования
colour ~s цветовые характеристики
contract ~s условия контракта
customer's ~s технические требования заказчика
definitive ~s определяющие требования
delivery ~s условия поставки
design patent ~ описание запатентованного промышленного образца
engineering ~s технические условия
job ~s описание работы; квалификационные требования
order routine ~ разработка процедуры выдачи заказа
patent ~ описание патента
performance ~ 1. *pl* рабочие технические условия 2. эксплуатационная характеристика
product ~ техническая характеристика изделия
purchasing ~s требования к поставляемой [закупаемой] продукции
quality ~s спецификации качества
standard ~s нормы, стандарт
technical ~s технические условия
tentative ~s временные технические условия
type ~ инструкция по шрифтовому оформлению

specifier конкретизатор, специалист, определяющий спецификации товара *или* выбирающий конкретную марку товара *(для закупки)*

specimen образец
~ **of signature** образец подписи
breadboard ~ лабораторный макет
check ~ контрольный образец
laboratory ~ образец для лабораторных исследований
small-scale ~ образец, выполненный в уменьшенном масштабе
test ~ испытательный [контрольный] образец, образец для испытаний
type ~ образец шрифта

spectacolour *фирм.* цветная (газетная) вкладка постраничной резки *(разрезаемая — в отличие от вкладок Hi-Fi — точно по макету скомпонованной полосы)*

spectacular крупный рекламный щит *(обычно электрифицированный)*
bulletin ~ рисованный щит *(в отличие от заклеенного плакатами)*
electric(al) ~ динамическая световая рекламная установка
transit ~ (наружный *или* внутрисалонный) рекламный щит на всю длину борта транспортного средства

spectrum 1. спектр, диапазон 2. изображение, образ
~ **of colours** спектр цветов
activity ~ область деятельности
broadcast ~ вещательный спектр, диапазон вещательных частот

spectrum

communications ~ спектр коммуникаций
innovation ~ диапазон (технических) новшеств
price ~ ценовой диапазон, спектр цен
speech речь, выступление ◇ to deliver [to give, to make] ~ произносить речь, выступать
closing [concluding] ~ заключительная речь, заключительное слово
disordered ~ беспорядочная речь
explosive ~ импульсивная речь
inaugural ~ речь при вступлении в должность [при инаугурации]
opening ~ вступительная речь, вступительное слово
persuasive ~ убедительная речь
plateau ~ монотонная речь
sapid ~ содержательный доклад
speed скорость; быстрота, темп; быстродействие ◇ at full ~ полным ходом, на полной скорости
~ of adjustment скорость (экономического) приспособления (напр. цен к изменившейся рыночной ситуации)
~ of response скорость реакции
camera ~ экр. скорость [частота] (кино)съёмки
design ~ расчётная скорость
forward ~ поступательная скорость
hauling ~ скорость транспортирования
input ~ скорость ввода (напр. информации в ЭВМ)
input keyboarding ~ скорость ввода с клавиатуры
lens ~ светосила объектива
mental ~ быстрота мышления, сообразительность
permissible ~ допустимая скорость
playback ~ скорость воспроизведения (записи с магнитной ленты)
projection ~ частота [скорость] (кино)проекции
recording ~ скорость записи
reverse ~ скорость обратного хода
rewind ~ скорость перемотки
running ~ эксплуатационная скорость
scheduled ~ заданная скорость
shooting ~ скорость [частота] съёмки (измеряется в кадрах в секунду)
tape ~ скорость протяжки ленты
throughput ~ производительность
top ~ максимальная скорость
variable ~ переменная скорость
spender лицо, производящее затраты
advertising ~ расходующий [тратящий] средства на рекламу, рекламодатель
prodigal ~ мот, транжир(а)
spending трата; расход, затраты
ad(vertising) ~ затраты на рекламу
advertising ~ per share point рекламные затраты в расчёте на единицу доли рынка
aggressive ~ наступательные [агрессивные] затраты, затраты наступательного характера
capital ~ капиталовложения
competitive ~ затраты конкурентов
consumer ~ потребительские расходы
defensive ~ оборонительные затраты (для противодействия конкурентам), затраты оборонительного характера
food ~ расходы на продукты питания
government ~ государственные расходы; расходы правительства
heavy ~ большие затраты
investment ~ инвестиционные расходы, капитальные затраты
offensive ~ наступательные затраты (для увеличения сбыта)
planned ~ запланированные расходы
promotion ~ затраты на стимулирование
public ~ государственные расходы
total ~ общие расходы
total category ~ общие затраты в рамках товарной категории
spendthrifting расточительство
spice пряность, специя
artificial ~s искусственные пряности
dry ~s сухие специи, сухие пряные смеси
flavouring ~s вкусовые пряности
ground ~s молотые пряности
hot ~s острые [жгучие] специи
imitation ~s заменители пряностей
soup ~s пряности для супов, сухие смеси пряностей для супов

spin-off сопутствующий [дополнительный] результат; дополнительная выгода; побочный результат
  commercial ~ побочный коммерческий результат
spiral спираль; постепенно ускоряющееся падение *или* повышение *(цен)*; виток
  deflationary ~ дефляционная спираль *(цен)*
  inflatory ~ инфляционная спираль *(цен)*
  virtuous ~ спираль благоразумия
  wage-price ~ спираль заработной платы и цен
spirit дух, сущность; моральная сила
  enterprising [entrepreneurial] ~ дух предпринимательства
  free ~ свободный от забот [«вольный»] человек
  possessory ~ собственнический дух
  public ~ общественное сознание; гражданственность
splice склейка *(на киноплёнке, магнитной ленте)*
  butt ~ склейка встык
  chamfered ~ склейка со скосом кромок, косая склейка встык
  diagonal ~ диагональная склейка
  full-hole positive ~ склейка *(широкой киноплёнки)* «внахлёстку» *(с совмещением полного отверстия перфорации)*
  negative ~ негативная склейка *(склейка киноплёнки с минимальным нахлёстом)*
  positive ~ позитивная склейка *(склейка киноплёнки с широким нахлёстом)*
  straight ~ прямая склейка
splicer пресс *(для склейки киноплёнки или магнитной ленты)*
  cement ~ пресс для склейки внахлёст *(жидким киноклеем)*
  film ~ пресс для склейки киноплёнки
  take-up ~ моталка со склеечным прессом
  tape ~ пресс для склейки магнитной ленты
split 1. разбивка; разрыв 2. дробление
  ◇ **to ~ patent** разделить патент
  geographic ~ географическая разбивка, разбивка по географическому принципу
  quad ~ *экр.* разделение экрана на четыре части, полиэкран из четырёх частей
  spending ~ дробление [разделение] затрат *(между партнёрами)*
spoilage порча; испорченный товар, брак ◇ ~ **in production** производственный брак
spokesman, spokesperson 1. представитель *(официально выступающий от имени группы, организации)* 2. оратор 3. ведущий
  off-camera ~ закадровый голос, ведущий за кадром
sponsor спонсор, финансист; плательщик, заказчик
  alternate ~ соспонсор *(при попеременном финансировании)*
  brand ~ владелец (товарной) марки
  broadcast-program ~ спонсор вещательной программы
  campaign ~ спонсор кампании
  full-program ~ единоличный спонсор программы
  identified ~ известный [обозначенный] спонсор
  major ~ основной [главный] спонсор
  minor ~ вспомогательный спонсор
  participating ~ спонсор-участник
  program(me) ~ спонсор [организатор] программы
  sole ~ единоличный спонсор
sponsorship спонсорство; финансирование; поддержка
  advertising ~ финансирование за счёт рекламы
  alternate ~ попеременное спонсорство *(эфирной программы двумя рекламодателями с предоставлением каждому из них доминирующего положения через раз)*
  clear ~ чётко указанное [обозначенное] спонсорство; чётко указанный источник финансирования
  commercial ~ коммерческое спонсорство; финансирование коммерческих программ
  exclusive ~ исключительное право финансирования
  full-program ~ единоличное спонсорство программы

sponsorship

multiple ~ групповое спонсорство; финансирование из нескольких источников
partial [participation] ~ частичное спонсорство
segment ~ частичное спонсорство
shared ~ долевое спонсорство, финансирование на паях
single ~ единоличное спонсорство; финансирование из одного источника

spoof:
advertising ~ рекламная мистификация

spool бобина; катушка
daylight loading ~ катушка с плёнкой для зарядки съёмочного аппарата на свету
feed ~ подающая [верхняя] бобина *(киноаппарата)*
film ~ катушка с кино- *или* фотоплёнкой
photographic ~ катушка фотоплёнки

sportswear спортивная одежда

spot 1. (рекламный) ролик *(короткий кино-, теле-, видео- или радиофильм «точечной» трансляции, т. е. трансляции только в отдельных населённых пунктах)*, точечный ролик 2. «спот», короткий промежуток времени между программами для рекламной передачи 3. точка; пятно 4. место
~ of light блик
advertising ~ рекламный ролик
barter ~ бартерный ролик *(ролик, распространяемый в качестве неотъемлемой части синдицированной теле- или радиопрограммы)*
blind ~ *полигр.* непропечатка
bonus ~ поощрительный [премиальный, льготный] ролик *(выпускаемый в эфир бесплатно в качестве поощрения к дальнейшим закупкам времени, за закупку блочной программы или в качестве компенсации за несостоявшуюся ранее или некачественную трансляцию)*
commercial ~ рекламная [коммерческая] вставка *(в программу)*; рекламный видеосюжет
dealer ~ дилерский ролик, ролик для дилерской рекламы *(изготовленный фирмой-производителем и предназначенный для использования её дилерами на местах)*
educational ~ учебный [учебно-просветительный] ролик
identification ~ ролик-позывной *(10-секундный телевизионный или радиоролик)*
low ~ *полигр.* слабопропечатанный участок *(изображения)*
low-budget ~ ролик, снятый с минимальными затратами, ролик, снятый по скромной смете
preemptible ~ *см.* section III spot
promotional ~ пропагандистский рекламный ролик, ролик для стимулирования сбыта
replacement ~ подменный ролик, ролик на замену
section I ~ ролик первой категории [первого разряда], неприкосновенный [незаменяемый] ролик *(оплачивается по повышенному тарифу и не может быть снят с эфира или сдвинут по времени ни при каких обстоятельствах)*
section II ~ ролик второй категории [второго разряда], условно незаменяемый ролик *(не может быть снят с эфира или сдвинут по времени в течение максимум двух недель, после чего станция имеет право повысить тариф или перепродать время другому рекламодателю по более высокой цене)*
section III ~ ролик третьего разряда [третьей категории], ролик условного размещения, заменяемый ролик, ролик негарантированной трансляции *(может быть снят с эфира или сдвинут по времени и заменён роликом другого рекламодателя, согласившегося платить по более высокому тарифу)*
trouble ~ источник беспокойства; вопрос, требующий постоянного внимания; место неисправности [поломки]
vulnerable ~ уязвимое [слабое] место
wild ~ «шальной» ролик *(внепрограммный ролик, передаваемый не связанными между собой станциями или используемый только в*

местной программе свободного участия)
spotlight 1. прожектор; осветительная лампа узконаправленного света 2. фара
  arc ~ дуговой кинопрожектор
  baby ~ *экр.* мини-прожектор, малый прожектор, миниатюрный линзовый прожектор
  midget ~ кинопрожектор «лилипут» *(линзовый прожектор диаметром 120 мм с лампой накаливания)*
  mirror ~ отражательный (кино)прожектор
  studio ~ студийный [павильонный] (кино)прожектор
  sun ~ кинопрожектор «солнце» *(отражательный прожектор с дугой интенсивного горения),* кинопрожектор «ДИГ»
spread 1. разрыв *(напр. между ценами)* 2. рассеивание; разброс 3. разворот *(книги, газеты)* 4. рост, увеличение; растяжение 5. паста, пастообразный продукт
  band ~ *вещ.* растягивание диапазона
  centre ~ 1. центральный разворот *(издания)* 2. объявление, напечатанное на развороте издания
  cheese ~ (мягкий) плавленый сыр; сырная паста
  double-page ~ *амер.* (двойной) разворот *(с печатью в обрез по смежным корешковым полям)*
  farm-to-market price ~ разрыв между рыночной ценой и продажной [отпускной] ценой с фермы
  fish ~ рыбная паста
  half-page ~ полуполосный разворот
  herring ~ рубленая селёдка
  image ~ удлинение [растяжение] изображения
  inside ~ внутренний разворот
  junior ~ *см.* pony spread
  liver ~ печёночная паста
  pony ~ неполный разворот *(когда объявление занимает только часть каждой из противолежащих полос)*
  price ~ разрыв цен
  sandwich ~ паста для бутербродов
  Scotch ~ *см.* pony spread
spreadhead заголовок на весь разворот

sprocket перфорация (отверстия по краям кино- или фотоплёнки)
squalor скуд(н)ость, убожество; нищета
square квадрат; площадь
  art ~ декоративный коврик
  bargain ~ квадрат «выгодных покупок» *(газетное объявление в виде квадрата, состоящего из четырёх частей, в каждой из которых рекламируются товары по сниженным ценам или со скидкой, обычно такие объявления даются в периоды сезонных распродаж)*
  farmers' ~ сельскохозяйственный рынок
  Latin ~ *стат.* латинский квадрат
  set ~ чертёжный (тре)угольник
  tee ~ рейсшина
squeegee *полигр.* резиновый ракель, резиновый скребок
  roller ~ отжимной резиновый валик
  rubber ~ резиновый ракель
squeeze затруднение, ограничение; давление, принуждение; вымогательство
  credit ~ ограничение [стеснение] кредита
  financial ~ финансовое затруднение
  money ~ 1. нехватка денег, денежные затруднения 2. сжранение кредита, кредитная рестрикция
  price-cost ~ давление, оказываемое на доход ростом издержек производства и снижением цен
  profit ~ уменьшение прибыли; уменьшение доли прибыли в единице продукта
stability стабильность, постоянство, устойчивость
  ~ of sample *стат.* стабильность выборки
  audience ~ постоянство [стабильность] аудитории
  competitive ~ стабильность [устойчивость] конкурентных показателей
  dimension(al) ~ постоянство размеров
  dynamic ~ динамичная стабильность
  economic(al) ~ экономическая стабильность
  emotional ~ выдержанность, эмоциональная стойкость

stability

fragile ~ ненадёжная [неустойчивая] стабильность
image ~ *экр.* устойчивость изображения [кадра] (*на экране*)
long-term ~ долговременная стабильность
market ~ стабильность рынка
mechanical ~ механическая прочность
organizational ~ организационная стабильность
price ~ стабильность цен
secure ~ надёжная стабильность
storage ~ устойчивость [стойкость] при хранении

staff штат, персонал, личный состав; сотрудники (*в отличие от внештатных*) ◇ to be on the ~ быть в штате; to recruit ~ набирать [нанимать] персонал
administrative ~ административно-управленческий аппарат, административный персонал, административные работники, администраторы
central ~ центральный (административный) аппарат
clerical ~ канцелярские служащие
consulting ~ штат консультантов
creative ~ творческий персонал
design patent ~ специалисты по патентованию дизайнерских разработок
editorial ~ редакционный персонал, редакционные работники
engineering ~ инженерно-технический персонал
junior service ~ младший обслуживающий персонал
maintenance ~ обслуживающий технический персонал
managing ~ штат руководящих работников
medical ~ медицинский персонал
nursing ~ сестринский персонал (*в больнице*)
office ~ конторский персонал, конторские служащие
production ~ производственный персонал, производственники
publicity ~ специалисты по организации рекламно-пропагандистской деятельности
sales ~ штат торговых работников
scientific ~ научный персонал
service ~ обслуживающий персонал
skeletal ~ минимально необходимый штат
supporting ~ вспомогательный персонал
technical ~ технический персонал
temporary ~ временный персонал, временные работники
unpaid ~ неоплачиваемые штатные работники (*лица, работающие в организации на общественных началах*)

stage 1. этап, период, стадия, фаза 2. период 3. сцена ◇ by progressive ~s постепенно, поэтапно
~ of development этап развития
affective ~ эмоциональный этап, этап эмоций (*один из этапов состояния покупательской готовности, предполагающий формирование благорасположения, предпочтения, убеждённости*)
behavioural ~ поведенческий этап, этап поведенческих проявлений (*один из этапов состояния покупательской готовности, выражающийся в совершении покупки*)
buyer readiness ~ степень готовности покупателя (*к восприятию товара, совершению покупки*)
buying ~ этап (совершения) покупки
cognitive ~ познавательный этап, этап познания (*один из этапов состояния покупательской готовности, предполагающий формирование осведомлённости и знаний*)
competitive ~ конкурентная стадия, конкурентный этап (*внедрения на рынке*)
copying ~ стадия копирования [подражания] (*в моде, рыночной жизни товара*)
copywriting ~ стадия написания текста
decline ~ стадия упадка (*напр. в жизненном цикле товара*)
design ~ этап проектирования
development ~ стадия разработки (*напр. товара*)
digestive ~ этап «переваривания» информации
distinctiveness ~ период яркой индивидуальности (*моды*)

594

stamping

evolution ~ стадия развития, этап эволюции
execution ~ этап исполнения
experimental ~ стадия экспериментальных работ
growth ~ этап роста
illumination ~ этап «озарения» *(в процессе разработки новой идеи)*
incubation ~ этап «инкубации» *(в процессе разработки новой идеи)*
introduction [introductory] ~ этап выведения товара на рынок, этап выхода с товаром на рынок
life-cycle ~ этап жизненного цикла
mass fashion ~ стадия массовой моды [повсеместного распространения моды]
mature [maturity] ~ стадия [этап] зрелости *(напр. в жизненном цикле товара)*
pioneering ~ начальный этап
planning ~ этап планирования
post-production ~ *экр.* монтажно-тонировочный период *(в процессе производства фильма)*
pre-market ~ дорыночный этап
preparatory ~ подготовительный этап, подготовительная стадия
preproduction ~ *экр.* подготовительный период *(при работе над фильмом)*
product life-cycle ~ этап жизненного цикла товара
prognosis ~ этап прогнозирования
purchase ~ этап (совершения) покупки
quality control ~ стадия контроля качества
readiness ~ этап готовности *(напр. к восприятию товара)*
recording ~ *экр.* павильон звукозаписи, тон-ателье
response ~ этап ответной реакции
sales ~s этапы запродажи *(при личной продаже обычно выделяют 4 этапа: подводка к теме, презентация, ответы на вопросы, завершение сделки)*
scoring [sound] ~ *экр.* павильон звукозаписи, тон-ателье
transition ~ переходная стадия
stagflation стагфляция *(экономический застой при одновременной инфляции)*
staging 1. освоение объекта *(в процессе производства фильма)* 2. постановка *(пьесы)*
stagnation (экономический) застой, стагнация
~ of business застой в деловой активности, экономический кризис
economic ~ экономический застой
general ~ общий застой
product ~ подрыв жизнеспособности товара
stake ставка; доля, часть; участие
stall 1. затяжка, проволочка 2. лоток, палатка, киоск *(торговые)*
stallholder лоточник
stamp 1. клеймо, штамп, печать 2. марка, купон, талон
acceptance ~ приёмочное клеймо
canceled ~ погашенная (почтовая) марка
code ~ кодовая маркировка
commemorative ~ памятная марка
data ~ маркировка по датам *(числа, месяца)*
embossing ~ *полигр.* штамп для тиснения
first-day-of-issue ~ марка первого дня выпуска
incoming ~ входящая отметка *(о поступлении корреспонденции)*, входящий штамп
postage ~ почтовая марка
printed ~ печатное клеймо
revenue ~ гербовая марка
rolled ~ *полигр.* тиснёное клеймо
rubber ~ *полигр.* резиновый штемпель; резиновая печать
symbol ~ оттиск знака [символа]
time ~ временной ярлык, отметка времени
trading ~ зачётный талон [купон] *(дающий право на скидку с цены или получение товара на определённую сумму при следующей покупке в том магазине, где получен талон)*
void ~ браковочное клеймо
stamping *полигр.* тиснение; клеймение; штамповка
blind ~ бескрасочное [блинтовое] тиснение
die ~ тиснение штампом

stamping

foil ~ тиснение фольгой
gold ~ тиснение золотом
hot ~ горячее штампование
relief ~ конгревное тиснение
stand 1. стойка, стенд, прилавок 2. позиция, точка зрения 3. штатив, подставка
~ of paper комплект плакатов для наружного щита
animation ~ *экр.* мультипликационный станок
camera ~ *экр.* штатив съёмочной камеры
copy(ing) ~ фоторепродукционный станок
display ~ демонстрационный стенд, витрина *(для книг)*
exhibition ~ выставочный [экспозиционный] стенд
floor ~ напольная стойка, консоль
hat ~ вешалка
island ~ (выставочный) стенд, со всех сторон окружённый проходами
music ~ пюпитр *(для нот)*
night ~ прикроватная тумбочка
pedestal book ~ закрытая этажерка для книг
rack ~ стеллаж
retouching ~ ретушёрный станок
shelf ~ стеллаж
umbrella ~ подставка для зонтов
standard 1. стандарт, норма 2. мерило, критерий; эталон, образец ◇ below ~ не соответствующий принятому стандарту; below minimum ~s *амер.* «ниже учётного уровня» *(термин компании «А.К. Нильсен» для обозначения вещательных программ, аудитория которых слишком мала, чтобы её учитывать)*; up to ~ соответствующий принятому стандарту
~ of comparison критерий (для) сравнения
~s of judgement критерии оценки
~ of living уровень жизни, жизненный уровень
~ of performance показатель работы; уровень исполнения; критерий эффективности
~ of price масштаб цен
~ of truth критерий истины
~ of well-being уровень благосостояния
acceptance ~s нормы приемлемости
accepted ~ общепринятый стандарт
advertising ~s нормы рекламной практики
colour ~ цветовой эталон
commercial ~ коммерческий стандарт
consumption ~ уровень потребления
credit ~s стандарты кредитоспособности
cultural ~ культурный уровень
environmental ~s стандарты качества окружающей среды; экологические нормативы
ethical ~ нравственная норма, *pl* нравственные устои
expense ~ норма расходов
food ~s стандарты на пищевые продукты
graphical ~ стандарт на графические документы
industry ~ отраслевой стандарт
international ~ международный стандарт
legal ~ узаконенный стандарт; *pl* правовые нормы
mandatory ~ обязательный стандарт
market ~ рыночный стандарт
measurement ~ критерий замера, стандартная мера
mileage ~ норма пробега в милях
moral ~s моральные нормы
nutritional ~ норма питания
objective ~ объективный критерий
performance ~ 1. показатель деятельности, рабочий показатель 2. норма выработки
personal ~s личные критерии
popular ~ общественный эталон
product ~ стандарт на продукцию, производственный стандарт
professional ~s профессиональная этика, профессиональные нормы
quality ~ критерий качества
reference ~ эталон
safety ~ норма безопасности
service delivery ~ стандарт на оказание сервисных и ремонтных услуг
social ~s нормы общественной жизни
statutory ~ узаконенный стандарт; *pl* правовые нормы
trading ~ торговый стандарт

statement

uniform ~ унифицированный стандарт, *pl* единообразные требования
uniform packaging ~ стандарт на единообразную упаковку
workmanship ~ стандарт качества работы
Standards of Practice of the American Association of Advertising Agencies Кодекс рекламной практики Американской ассоциации рекламных агентств
standing (финансовое) положение; репутация
  business ~ деловая репутация
  commercial ~ коммерческая репутация
  credit ~ кредитоспособность
  financial ~ финансовое положение
  market ~ положение (фирмы) на рынке, рыночная позиция
  material ~ материальное положение
  trademark ~ репутация товарного знака
stand-pattism косность
standpoint точка зрения
staple основной товар, товар постоянного спроса
  agricultural ~ основной сельскохозяйственный продукт
  grocery ~s основные бакалейные товары
  low-priced ~s дешёвые продукты массового спроса
starch крахмал
  dry ~ сухой крахмал
  edible [food] ~ пищевой крахмал
  pearl ~ крахмальная крупка, крупа-крахмал *(отформованная в виде крупинок или шариков)*
  potato ~ картофельный крахмал
  rice ~ рисовый крахмал
  table ~ пищевой крахмал
  wheat ~ пшеничный крахмал
start-up 1. вновь созданная фирма [организация] 2. начало деятельности
state 1. состояние, положение 2. страна, государство; штат
  ~ of accounts состояние счетов
  ~ of business экономическая ситуация, конъюнктура
  ~ of economy состояние экономики
  ~ of facts фактическое положение вещей
  ~ of mind умонастроение
  ~ of the art(s) уровень знаний; уровень технического развития
  actual ~ реальное положение
  anxiety ~ состояние тревоги
  buyer readiness ~ состояние покупательской готовности, состояние готовности к совершению покупки
  desired ~ желаемое положение
  hypnotic ~ гипноз
  initial ~ начальное состояние
  intermediate ~ промежуточное состояние
  irreversible ~ необратимое состояние
  mental ~ психическое состояние
  motivated ~ состояние мотивированности
  parent ~ метрополия
  privileged ~ привилегированное положение
  saturated ~ насыщенное состояние, состояние насыщенности
  sorry ~ плачевное состояние
  steady ~ устойчивое состояние, равновесие
  unsteady ~ неустойчивое состояние
  welfare ~ государство всеобщего благоденствия
statement 1. заявление, сообщение, высказывание, утверждение 2. ведомость, отчёт, смета ◊ to endorse ~ выступать в поддержку заявления, солидаризироваться с заявлением
  ~ of claim исковое заявление
  ~ of clarification пояснительное заявление, заявление с целью разъяснения
  ~ of facts констатация фактов
  ~ of intention заявление о намерениях
  ~ of motivation мотивировка, изложение мотивировки
  ~ of objectives изложение целей
  ~ of sales and profit goals заявление о планируемых уровнях сбыта и доходах
  ~ of shortage акт о недостаче *(товара)*
  annual ~ годовой отчёт
  artistic ~ творческое заявление
  basic ~ основное утверждение
  common ~ совместное заявление

statement

consent ~ заявление о согласии, (письменное) согласие
copy strategy ~ изложение основных задач текста, задание на разработку текста
counter ~ встречное заявление
environmental impact ~ заявление о воздействии на окружающую среду
false ~ лживое [ложное] утверждение
financial ~ 1. финансовый отчёт, отчётный финансовый документ 2. баланс
formal ~ официальное заявление
forthright ~ откровенное заявление
general ~ общее заявление
illuminating ~ заявление, проливающее свет; информативное заявление
income ~ отчёт о результатах хозяйственной деятельности, отчёт о прибылях и убытках
joint ~ совместное заявление
market-oriented mission ~ программное заявление с позиций рыночной ориентации
marketing strategy ~ изложение стратегии маркетинга, заявление о стратегии маркетинга
misleading ~ вводящее в заблуждение [дезориентирующее] заявление
mission ~ программное заявление, заявление о целях
nude ~ откровенное заявление
official ~ официальное заявление
officious ~ неофициальное заявление
opening ~ вступительная речь
operating ~ *см.* income statement
plain ~ откровенное заявление
policy ~ *см.* mission statement
positioning ~ обоснование позиционирования товара, заявление о позиционировании товара
press ~ заявление для прессы
problem ~ изложение проблемы; формулировка
product ~ заявление о товаре
profit and loss ~ 1. прогноз прибылей и убытков 2. *см.* income statement
projected profit and loss ~ прогноз прибылей и убытков
prompting ~ подсказывающее заявление

publisher's ~ заявление издателя (*официальная справка о тираже и составе читательской аудитории издания*)
quality ~ декларация качества, заявление о качестве
questionable ~ сомнительное [не внушающее доверия] заявление
reasoned ~ аргументированное заявление
registration ~ *амер.* заявление о регистрации (*информация о регистрируемой организации, представляемая в Комиссию по ценным бумагам и биржам и предназначенная для информирования публики*)
resumptive ~ обобщающее заявление
signed ~ подписанное заявление
statistical ~ статистический отчёт
summary ~ резюме
sworn ~ заявление под присягой
technical ~ утверждение технических характеристик
veracious ~ заявление, соответствующее истине
verbal ~ устное заявление
written ~ письменное заявление

static помехи со стороны внешней среды; статическое электричество
station 1. станция 2. место (положение) 3. рабочее место
affiliated ~ станция-филиал, ретранслирующая станция (*местная станция, заключившая контракт с сетью на ретрансляцию её программ*)
AM [amplitude-modulation] ~ станция [передатчик] с амплитудной модуляцией (*работает в диапазоне частот 535 — 1605 кГц*)
basic ~ базовая станция (*радио- или телестанция, которая должна быть обязательно включена в заказ рекламодателя, желающего воспользоваться услугами сети*)
broadcasting ~ вещательная станция
clear channel radio ~ *амер.* радиостанция свободного канала (*радиостанция мощностью до 50 кВт, имеющая приоритет на пользование частотным каналом после захода солнца, когда все другие стан-

statistics

ции, работающие на данной частоте, обязаны отключиться)
commercial ~ *амер.* коммерческая станция *(передающая рекламу)*
commuter ~ станция пригородного сообщения
counting ~ пункт подсчёта, счётный пункт *(определённое место на улице, в котором подсчитывают интенсивность людского и транспортного потока при расчёте эффективности размещения щитов)*
daytime ~ *амер.* дневная радиостанция, станция дневного вещания
engineering work ~ автоматизированное рабочее место инженера
filling ~ (авто)заправочная станция
flagship ~ *вещ.* головная станция, станция-флагман *(владеющая остальными станциями сети и управляющая их работой)*
FM [frequency-modulation] ~ станция [передатчик] с частотной модуляцией *(работающая в диапазоне частот 88—108 МГц)*
full network ~ *амер.* полный сетевой филиал *(станция, посвящающая 85% недельного пикового времени трансляции программ одной из трёх основных сетей, с которой у неё подписано соответствующее соглашение)*
full-time ~ станция круглосуточного вещания
gas ~ *амер.* бензоколонка, бензозаправочный пункт
Group W ~ станция корпорации «Вестингауз» *(занимает лидирующее место после Эй-Би-Си, Эн-Би-Си и Си-Би-Эс)*
jamming ~ станция радиопомех, «глушилка»
key ~ центральная станция *(радио- или телецентр, определяющий основную программу вещательной сети)*
limited time ~ станция ограниченного (по времени) вещания
local (channel) ~ местный (теле)центр, местная станция *(с мощностью передатчика не более 250 Вт и зоной охвата в радиусе порядка 50 миль)*

metropolitan radio ~ метрополитенская радиостанция
metropolitan television ~ метрополитенская телевизионная станция, метрополитенский телецентр
network-affiliated ~ ретранслирующая станция, станция-член (вещательной) сети
non-network ~ станция, не входящая в состав сети
parent ~ головная станция, головной телецентр сети *(где в основном создаются программы)*
part-time ~ *см.* limited time station
petrol filling ~ *англ.* бензоколонка, бензозаправочный пункт
police ~ полицейский участок
polling ~ избирательный участок
repeater ~ *см.* translator station
reporting ~ передающая станция
satellite ~ дочерняя (теле)станция *(телецентр, транслирующий только или в основном передачи головного программного телецентра)*
service ~ станция технического обслуживания
subscriber supported ~ (теле)станция, существующая за счёт абонентских взносов
subway ~ станция метро
television ~ телевизионная станция, телецентр
translator ~ ретрансляционная станция, ретранслятор
vehicle ~ транспортная станция
work ~ рабочее место
statistician статистик
statistics статистика
accident ~ статистика несчастных случаев
advertising ~ рекламная статистика, статистика рекламы
applied ~ прикладная статистика
birth ~ статистика рождаемости
business ~ коммерческая статистика
comparative ~ сравнительная статистика
current ~ данные текущего учёта
death ~ статистика смертности
demographic ~ демографическая статистика, статистика состояния населения

statistics

descriptive ~ описательная статистика
exhaustive ~ исчерпывающая статистика
family ~ семейная статистика
finance ~ финансовая статистика
industry ~ статистика отраслей экономики, статистика промышленности; статистические данные по отраслям промышленности
investment ~ статистика капиталовложений
labour ~ статистика труда
national income ~ статистика национального дохода
penetration ~ статистические показатели внедрения рекламы
population ~ *см.* demographic statistics
price ~ статистика цен
primary ~ первичные статистические данные
secondary ~ вторичные статистические данные
social ~ социальная статистика
trade ~ торговая статистика, статистика торговли
vital ~ статистика естественного движения народонаселения *(учёт рождаемости, смертности, количества браков)*
status 1. престиж, общественное положение, статус 2. состояние; положение ◇ ~ quo *лат.* статус-кво
achieved ~ достигнутое (общественное) положение
civil ~ гражданское состояние
company ~ авторитет [статус] фирмы
current ~ текущее состояние
economic ~ экономическое положение
employment ~ занятость
equal ~ равные условия
financial ~ финансовое положение
interim ~ временный статус
legal ~ правовой [юридический] статус
loyalty ~ степень приверженности [лояльности]
marital ~ семейное положение
mental ~ психическое состояние
order ~ положение дел с выполнением заказа, ход выполнения заказа
property ~ имущественное положение
social ~ общественный статус; социальное [общественное] положение
socioeconomic ~ социально-экономическое положение
user ~ статус пользователя, потребительский статус
statute статут; устав, закон, законодательный акт ◇ ~s at large свод законов; ~ in force действующий законодательный акт
~ of limitations закон о сроках давности [об исковой давности]
company ~s устав компании
copyright ~ закон об авторском [издательском] праве
fraud ~ постановление об обманной практике
model ~ типовой [примерный] статут
moral ~s *амер.* законы нравственности
negative ~ запретительный закон
public ~ общий закон
Statute:
Printer's Ink Model ~ Типовое уложение журнала «Принтерс инк» *(предложенный журналом в 1911 г. законодательный акт против обманной или вводящей в заблуждение рекламы)*
steadicam *фирм.* «стэдикам» *(система крепления съёмочной камеры на корпусе оператора, обеспечивающая устойчивость изображения)*
steak бифштекс; порционный кусок мяса
beef ~ бифштекс
casino ~ бифштекс «казино» *(остроприправленный и с крупно нарезанным картофелем)*
English ~ бифштекс по-английски *(слегка поджаренный)*
fillet ~ бифштекс из вырезки
gipsy's sirloin ~ «цыганский» бифштекс *(тушёный с овощами и с гарниром из печёного картофеля и кусочков бекона)*
hamburger [minced] ~ гамбургер, рубленый бифштекс

stimulus

peasant ~ бифштекс по-деревенски
ready-cut ~ бифштекс, готовый для жарения *(натуральный полуфабрикат)*
stuffed ~ фаршированный бифштекс
tenderloin ~ бифштекс из вырезки
veal ~ телячий бифштекс
stencil трафарет, шаблон
  double ~ трафарет для получения двухцветного рисунка
  duplicator ~ восковая матрица, восковка
  film ~ плёночный трафарет
  paper ~ бумажный трафарет
  screen ~ форма для трафаретной печати
step 1. шаг, мера, действие 2. ступень, этап ◇ in ~ with синхронно с ...; to bring into ~ синхронизировать; to take ~s принимать меры
  corrective ~s исправительные действия
  price ~ ценовая ступень, ступенька цены *(разрыв в ценах между аналогичными товарами разного уровня качества или совершенства)*
  publicity ~ пропагандистская мера
  rash ~ неосмотрительный шаг
  retaliatory ~ ответная мера, ответный шаг
stereotype 1. стереотип 2. шаблон; стандарт
  curved ~ *полигр.* круглый стереотип
  dynamic ~ динамический стереотип
  existing ~ существующий стереотип
  flat ~ *полигр.* плоский стереотип
  national ~ национальный стереотип
  sexual ~ стереотип пола
  thermoplastic ~ *полигр.* термопластичный стереотип
stereotyping стереотипирование
  cold ~ *полигр.* холодное травление, холодное матрицирование
  paper ~ *полигр.* изготовление бумажных матриц
  social ~ социальное стереотипирование
sterile стерильный; безрезультатный; неэффективный
stet *лат.* «оставить всё как было, не принимая во внимание сделанных исправлений» *(корректурный знак в виде подчёркивания пунктирной линией)*
stick 1. палка, жезл; рукоятка 2. *полигр.* верстатка 3. батончик *(конфета)* 4. *pl* палочки *(кондитерское изделие)*
  candy ~ батончик
  chocolate ~ шоколадный батончик
  cinnamon ~s хлебные палочки с корицей
  composing ~ наборная верстатка
  fish ~s рыбные палочки
  French ~ французский батон
  half ~ *полигр.* материал, набранный в половину ширины колонки
  joy ~ рычаг управления
  light ~ осветительная палочка
  salt ~s (хлебная) солёная соломка
  soup ~s (хлебная) соломка к супу
sticker наклейка, ярлык, этикетка; афиша
  car ~ (рекламная) наклейка на (легковой) автомобиль
  OK ~ гарантийный ярлык, талон контролёра
  reminder ~ наклейка- [ярлык-]напоминание
  window ~ витринная наклейка, витринный вымпел
stickiness:
  price ~ жёсткость [негибкость] цен
still фотография, кадр; студийная заставка; стоп-кадр
  cinema ~ кинокадр
  production [studio] ~ фотография рабочего момента *(фильма)*
stimulant стимулирующий фактор, стимулятор
  market ~ фактор стимулирования рыночной деятельности
stimulation стимулирование, стимуляция
  ~ of industry стимулирование промышленности
  demand ~ стимулирование спроса
  nonpersonal ~ неличное стимулирование
  point-of-purchase ~ стимулирование в местах продажи *(товара)*
  primary-demand ~ стимулирование первичного спроса
stimulus стимул, раздражитель, побудительное средство

stimulus

aural ~ слуховой раздражитель
aversive ~ негативный [отрицательный] раздражитель
complex ~ сложный [многокомпонентный] раздражитель
drive ~ побуждающий раздражитель
drive-reducing ~ раздражитель, снижающий интенсивность побуждения
emotional ~ психический [эмоциональный] раздражитель
external ~ внешний раздражитель
graphic ~ наглядный стимул
intensive ~ сильный раздражитель
internal ~ внутренний раздражитель
learned ~ условный раздражитель
marketing ~ стимул [побудительное средство] маркетинга
minor ~ мелкий раздражитель
motivating ~ мотивирующий раздражитель
nonverbal ~ несловесный [неречевой] раздражитель
olfactory ~ обонятельный раздражитель
physical ~ физический раздражитель
sign ~ сигнальный раздражитель
structured ~ структурно-чёткий стимул
tactile ~ осязательный раздражитель
verbal ~ речевой [словесный, вербальный] раздражитель
visual ~ зрительный [визуальный] раздражитель
weak ~ слабый раздражитель
stipulation условие; оговорка ◇ on [under] the ~ that ... при условии, что ...
contractual ~ договорное условие
stitching *полигр.* шитьё, сшивание; брошюрование
block ~ шитьё втачку
centre ~ шитьё внакидку
flat ~ шитьё втачку
overcast ~ шитьё внахлёстку
saddle ~ шитьё внакидку
side ~ шитьё втачку
thread ~ шитьё нитками
whip ~ сшивание через край
wire ~ шитьё проволокой
stock 1. товарный запас; ассортимент (*товаров*) 2. акция, ценная бумага 3. *экр.* плёнка ◇ in ~ в запасе, в наличии, в ассортименте; out of ~ распродано; to renew ~s обновлять запасы; to take ~ подводить итоги, (критически) оценивать результаты
~ of inventory товарный запас
~ of orders портфель заказов
active ~ оперативный [действующий] фонд
available ~ наличный запас
back-up ~ товарный резерв; резервный запас
basic ~ базовый [обязательный] товарный запас; обязательный ассортимент магазина (*обычно состоит из товаров постоянного спроса и устанавливается на срок не менее года*)
bearer ~ акция на предъявителя, предъявительская акция
commercial ~ коммерческие запасы; промысловые запасы
commodity ~ запас товаров, товарный запас
common ~ обыкновенная [простая] акция
consumed ~ потребляемый запас
contingency ~ товарный резерв; резервный запас
cover ~ обложечный материал; переплётный материал
credit ~ товар, отпускаемый в кредит
declared ~s объявленные запасы
excessive ~ избыточный запас, излишки
existing ~ наличный товарный запас
extra ~ дополнительный запас
film ~ «сырая» [неэкспонированная] (кино)плёнка
go-go ~ ходовой товар
informational ~ справочный фонд
in-process ~ задел (*напр. заготовок*); запас полуфабрикатов
inquiry ~ справочно-информационный фонд
leader ~ раккорд (*фильма*)
liquidation ~ ликвидируемый (товарный) запас
mobile ~s подвижные запасы
model ~ типовой ассортимент (*товары предварительного выбора, особенно модные, которые покупатель рассчитывает найти в магазине*)
negative ~ негативная (кино)плёнка
news ~ газетная бумага

on-hand ~ наличный запас
paper ~ бумажная масса, бумажное сырьё
positive ~ позитивная (кино)плёнка
raw ~ 1. неэкспонированная (кино)плёнка 2. сырьё
reference ~ справочно-информационный фонд
reserve ~ 1. страховой фонд 2. *pl* сырьевые запасы
reversible ~ обратимая (кино)плёнка
semiprocessed ~ запас полуфабрикатов; запас промежуточных продуктов
surplus ~ избыточный запас; неликвидный запас
trade ~ запас товаров, товарный запас
stockholder *амер.* акционер, владелец акций
stockholding владение акциями
  intercorporate ~ владение акциями других корпораций
stockist *англ.* торговец, имеющий запасы *(конкретного товара)*
stockout дефицит, отсутствие [отрицательный уровень] запасов, отсутствие товара в наличии
  average ~ средний уровень дефицита
  virtual ~ фактический уровень дефицита
stockpile запас, резерв
  trademark ~ (резервный) фонд товарных знаков
stockturn оборачиваемость товарных запасов
stop-over перерыв
stop-press экстренное сообщение *(в газете)*, сообщение «когда верстался номер»
storage (складское) хранение, складирование
  chilled ~ хранение в охлаждённом состоянии
  cold ~ холодильное хранение, хранение в холодильнике
  computer ~ память [запоминающее устройство] ЭВМ
  data ~ 1. хранение данных 2. запоминающее устройство для хранения данных
  deep freeze ~ хранение в замороженном состоянии

extended ~ длительное хранение
hot ~ хранение *(напр. готовых блюд)* при постоянном подогревании, горячее хранение
limited ~ ограниченное хранение
shelf ~ стеллажное хранение, хранение на стеллажах
temporary ~ временное [краткосрочное] хранение
transit ~ транзитное складирование
type ~ *полигр.* хранилище шрифтов
store 1. магазин 2. запас, резерв 3. *англ.* склад ◇ in ~ про запас; to build a general ~ of knowledge накапливать запас общих знаний
affiliated ~ *см.* branch store
apparel ~ магазин готового платья
automatic downstairs ~ *амер.* подвал автоматических уценок *(секция розничного магазина, в которую передаются с уценкой товары, не проданные в течение определённого срока в обычных секциях)*
baby-goods ~ магазин детских товаров
bantam ~ *амер.* «карликовый магазин», мини-универсам *(магазин микрорайонного масштаба с оборотом порядка 200 тыс. долларов в год, обычно открытый допоздна, иногда круглосуточно, работающий на принципах универсама и предлагающий сравнительно небольшой выбор товаров, как правило, определённых марок и в определённой расфасовке)*
book ~ книжный магазин
box food ~ продовольственный магазин, выставляющий товары прямо в контейнерах
branch ~ филиал магазина, магазин-филиал
branch department ~ филиал универмага
budget ~ магазин уценённых товаров; отдел уценённых товаров *(в универмаге)*
camera ~ магазин фототоваров
cash-and-carry ~ магазин, торгующий только за наличный расчёт без доставки покупок клиенту
chain ~ «сетевой» магазин, магазин-

store

член сети, магазин, входящий в сеть; *pl* магазинная сеть
clothing ~ магазин готового платья
clustered ~ концентрированная группа магазинов; *pl* концентрация магазинов
combination ~ 1. *англ.* магазин, торгующий смешанными продовольственными товарами 2. *амер.* комбинированный универсам *(с продажей аптекарских товаров, в том числе рецептурных форм)*
commissary ~ *см.* industrial store
computer ~ магазин по продаже компьютеров [вычислительной техники]
convenience (food) ~ 1. магазин (общедоступных) товаров удобной покупки, (небольшой) продовольственный магазин общедоступных товаров повседневного спроса *(обычно находится рядом с домом или местом работы, предлагает не очень широкий ассортимент и работает даже в неурочные часы)* 2. магазин пищевых полуфабрикатов быстрого приготовления
co-op [cooperative] ~ кооперативный магазин, магазин потребительского кооператива
country ~ деревенская лавка
credit-and-delivery ~ магазин, торгующий в кредит и с доставкой на дом
department ~ *амер.* универмаг
dime ~ дешёвый магазин, магазин, торгующий дешёвыми товарами *(по 5 и 10 центов)*
discount ~ *амер.* магазин сниженных цен, магазин, торгующий по сниженным ценам, магазин удешевлённых товаров
downtown ~ *амер. разг.* магазин в деловой части города
dry goods ~ магазин текстильных товаров
electronic ~ магазин [салон] электронной аппаратуры
fashion ~ магазин модной одежды
fish ~ рыбный магазин
five-and-ten cent ~ *см.* dime store
food ~ *амер.* продовольственный магазин
food-gasoline ~ *амер.* «продовольственная» бензоколонка *(бензозаправочная станция с отделением по продаже товаров повседневного спроса и пищевых полуфабрикатов быстрого приготовления)*, бензоколонка с продовольственным магазином
furniture ~ мебельный магазин
garage ~ авторемонтная мастерская *(с магазином)*
general ~ магазин смешанных товаров
general country ~ сельский магазин смешанных товаров
general merchandise department ~ универмаг со смешанным ассортиментом
grocery ~ бакалейно-гастрономический магазин
hardware ~ 1. магазин технических товаров *(телевизоры, радиоприёмники, магнитофоны)* 2. хозяйственный магазин
health and beauty-aid ~ магазин санитарно-гигиенических и косметических товаров
health food ~ магазин диетических продуктов
high-class ~ престижный магазин
industrial ~ 1. магазин для обслуживания персонала фирмы-владельца 2. магазин при промышленном предприятии
jewelry ~ ювелирный магазин
limited-line ~ магазин ограниченного ассортимента однотипных товаров
liquor ~ винный магазин
low-price ~ магазин с низкими ценами
low-rent ~ магазин, арендуемый с небольшими издержками
mass merchandise [mass merchandising] ~ 1. магазин товаров смешанного ассортимента 2. магазин активного сбыта
medium-sized ~ магазин средних размеров
millinery ~ магазин женских головных уборов
mom-and-pop ~ *амер.* семейный магазинчик, семейная лавка *(где за прилавком стоят сами хозяева)*

storybook

multiple ~s однотипные магазины одной фирмы
music ~ музыкальный [нотный] магазин
neighbourhood ~ магазин по соседству, соседний [местный] магазин
off-price retail ~ магазин, торгующий по ценам ниже обычной розницы
parent ~ центральный магазин (*обслуживающий филиалы*)
photographic equipment ~ магазин фототоваров
primary ~ главный [головной] магазин (*в группе торговых предприятий*)
record ~ магазин грампластинок
reduced-service ~ магазин с ограниченным числом услуг
rental ~ пункт проката
retail ~ розничный магазин
rolling ~ автолавка (*обычно продуктовая*)
rough ~ склад сырых материалов [полуфабрикатов]
satellite ~ магазин-спутник
self-selection ~ магазин самостоятельного выбора (*магазин самообслуживания, в котором продавцы-консультанты помогают покупателям в выборе товара*)
self-service ~ магазин самообслуживания, магазин без продавцов
service ~ магазин с (обслуживанием) продавцами
shoe ~ обувной магазин
shoe-repair ~ мастерская по ремонту обуви
single-line ~ *см.* limited-line store
specialty ~ специализированный магазин
sporting goods ~ магазин спорттоваров
stereo ~ магазин стереоаппаратуры
suburban ~ пригородный магазин, магазин в пригороде
supermarket ~ супермаркет; универсам
superspecialty ~ узкоспециализированный магазин
syndicate ~ дешёвый («сетевой») галантерейный магазин
ten-cent ~ *см.* dime store
test ~ экспериментальный магазин (*в котором проверяют скорость оборачиваемости товаров, исследуют покупательские привычки, опробуют новые приёмы торговли*)
upscale ~ фешенебельный магазин
variety ~ 1. галантерейный магазин 2. магазин мелких товаров с определённой шкалой цен; магазин стандартных цен
video ~ магазин видеотехники, видеомагазин (*торгующий видеотехникой и видеокассетами*)
voluntary ~ магазин, входящий в добровольную сеть
warehouse ~ склад-магазин
storecasting внутримагазинное вещание; система вещания в местах продажи
story 1. рассказ, история, сюжет 2. *амер.* (газетный) материал, сообщение в печати
advertising ~ рекламная история, рекламный рассказ
cover ~ заглавная история; статья, иллюстрация к которой дана на обложке журнала; заглавная статья (*в журнале*)
dope ~ информация из ненадёжных источников (*для публикации без ссылки на эти источники*)
feasible ~ правдоподобная история
lead ~ передовая статья
madeup ~ выдуманная история, выдуманный рассказ
marketing ~ случай из практики маркетинга
news ~ заметка новостей, информационный материал
product ~ рассказ о товаре
sales [selling] ~ коммерческая история, коммерческий рассказ
straight ~ объективное изложение событий, факты без комментариев
thin ~ неубедительный рассказ
wire ~ материал, полученный по проводам
storyboard кадроплан, «раскадровка» (*иллюстрированный сценарий фильма*)
storybook 1. сборник рассказов 2. иллюстрированный сценарий (*фильма*)

605

storybook

film ~ иллюстрированный сценарий фильма
stove печь, (кухонная) плита
electric ~ электрическая плита
gas ~ газовая плита
kitchen ~ кухонная плита
wafer ~ вафельная печь, вафельница
(warm-)air ~ калорифер
straight 1. традиционность *(образа жизни)* 2. без скидки *(о цене)*
strain напряжение, нагрузка; натяжение ◇ to bear ~ выдерживать напряжение; to relieve ~ ослабить напряжение; to suffer from ~ страдать от переутомления
mental ~ умственное переутомление
muscle ~ растяжение мышц
stratagem хитрость, уловка
buying ~ покупательское обоснование
strategist стратег
advertising ~ стратег рекламы
strateg/y 1. стратегия; политика 2. линия поведения, образ действий ◇ to develop ~ разрабатывать стратегию [общий долговременный подход]
admissible ~ допустимая стратегия
advertising ~ стратегия рекламы, рекламная стратегия, общий подход к рекламе
bargaining ~ стратегия ведения торгов
brand extension ~ стратегия расширения границ марки
broad ~ies общие стратегические установки
business ~ стратегия деловой активности [предпринимательской деятельности, бизнеса]
campaign ~ стратегия (рекламной) кампании
cautious ~ осторожная стратегия
cheap-flashy ~ стратегия показного блеска *(о качестве товара)*
cheap-value ~ стратегия низкой ценностной значимости
communication ~ стратегия коммуникации
competitive ~ конкурентоспособная стратегия; стратегия конкурентов
competitive marketing ~ маркетинговая стратегия; подход конкурентов
copy ~ общий подход к тексту, текстовая стратегия, основные задачи текста
core ~ основополагающая стратегия
corporate ~ общефирменная стратегия, стратегическая установка фирмы
corporate identity ~ стратегия (развития) фирменного стиля
creative ~ творческая стратегия, (общий) творческий подход
development ~ стратегия развития
discount ~ стратегия торговли по сниженным ценам
distribution ~ стратегия распространения [распределения] товара, основные принципы товародвижения
entry ~ стратегия выхода *(на рынок)*
expansion ~ стратегия расширения
experience-curve pricing ~ стратегия ценообразования на основе кривой опытности *(снижение цен по мере развёртывания производства и накопления производственного и маркетингового опыта)*
flexible ~ гибкая стратегия
follow-up ~ стратегия последующей работы
forecasting ~ стратегия прогнозирования
general ~ общая стратегия
geographic pricing ~ стратегия ценообразования по географическому принципу
good-value ~ стратегия доброкачественности
growth ~ стратегия роста
hard-line ~ жёсткая стратегия
initial ~ исходная [первоначальная] стратегия
interaction ~ стратегия взаимодействия
long-term ~ долгосрочная [перспективная] стратегия
market ~ рыночная стратегия
market coverage ~ стратегия охвата рынка
market entry ~ стратегия выхода на рынок
market expanding ~ стратегия расширения рынка
marketing ~ стратегия маркетинга
marketing mix ~ стратегия формирования комплекса маркетинга; подход

к формированию комплекса маркетинга
media ~ стратегия выбора средств рекламы, общий подход к выбору средств рекламы
message ~ стратегия (рекламного) обращения, стратегический подход к обращению
milking ~ стратегия «выдаивания» рынка *(расчёт не на развитие потенциала сбыта, а на получение максимальной отдачи от товара или услуги)*
multibrand ~ многомарочный подход, многомарочная стратегия *(напр. использование производителем нескольких марочных названий в рамках одной товарной категории)*
ordering ~ порядок подачи заказов
overall sales ~ общая [комплексная] стратегия сбыта
overcharging ~ стратегия завышения цен
penetration ~ стратегия проникновения *(на рынок)*
premium ~ стратегия премиальных наценок
price ~ *см.* pricing strategy
price-quality ~ стратегия качественно-ценового позиционирования
pricing ~ стратегия [основные принципы] ценообразования, подход к проблеме ценообразования
product ~ товарная политика
product life-cycle ~ стратегический подход к проблеме жизненного цикла товара
product-line ~ стратегия товарного ассортимента
profit-taking ~ стратегия извлечения максимально возможной прибыли
promotion(al) ~ стратегия стимулирования *(сбыта)*, стратегический подход к стимулированию *(сбыта)*; стратегия продвижения товара
pull ~ стратегия привлечения потребителя к товару *(посредством рекламы)*
pulsing advertising ~ стратегия «пульсирующей» рекламы *(чередование периодов повышенной рекламной активности с периодами частично-*

го или полного отсутствия рекламы)
push ~ стратегия проталкивания товара *(по каналам системы товародвижения путём последовательного агрессивного навязывания его друг другу всеми участниками цепочки)*
reach ~ стратегия охвата
replenishment ~ стратегия пополнения запасов
rip-off ~ стратегия (ценового) ограбления
sales ~ торговая стратегия
sales-force ~ основные принципы работы торгового аппарата
search ~ стратегия поиска
segmentation ~ принципы сегментирования рынка, подход к сегментированию рынка
selling ~ торговая стратегия
social change ~ стратегия (достижения) общественных перемен
spending ~ стратегия (производства) затрат
supervalue ~ стратегия повышенной ценностной значимости *(товара)*
team ~ коллективный стратегический подход
technological ~ технологическая стратегия
transnational ~ транснациональная стратегия
upgrading ~ стратегия поднятия (качественного) уровня
winning ~ выигрышная стратегия
streamer 1. вымпел, транспарант, лозунг 2. флаговый заголовок на всю ширину полосы, «шапка»
window ~ витринная наклейка, витринный вымпел
street улица
~ of shops улица с магазинами
business ~ деловой центр
main ~ главная улица
one-way ~ улица с односторонним движением
residential ~ жилая улица, улица из жилых домов
shopping ~ улица с магазинами
strength 1. сила, мощь 2. прочность; устойчивость, стабильность
~ of words сила убеждения
business ~ сильная деловая сторона;

strength

устойчивость [стабильность] коммерческого положения *(фирмы)*
buying ~ интенсивность покупок
competitive ~ конкурентоспособность, конкурентная сила
flavour ~ острота [выраженность] вкуса [запаха]
limit ~ предельное сопротивление, предел прочности
marketing ~ сильная сторона маркетинга, маркетинговое преимущество
relative ~ относительная сила
stress 1. стресс; давление, нажим 2. ударение *(в слове)*
environmental ~ экологический стресс, нагрузка на окружающую среду; напряжение, вызываемое воздействием окружающей среды
job ~ рабочее напряжение, рабочий стресс
mental ~ нервно-психическое напряжение; эмоциональный стресс
syllable ~ знак слогового ударения
stretch 1. растягивание 2. эластичность 3. протяжение, пространство
~ of authority превышение власти
~ of paper *полигр.* растяжение бумаги
downward ~ удлинение вниз
two-way ~ двухстороннее растяжение
upward ~ удлинение вверх
stretching:
 product line ~ расширение товарного ассортимента
strife несогласие, спор, борьба ◇ to be at ~ находиться в противоречии
strikeover 1. забивка ошибок *(на пишущей машине)* 2. забитая ошибка
strip 1. полоса, полоска, лента 2. страничка юмора *(в газете)* 3. монтажный кадр
 channel ~ (рекламная) наклейка на торце полки, торцевая накладка *(крепится на наружном торце магазинной полки и служит для размещения информации о ценах и рекламных материалов)*
 cinex ~ *экр.* «сайнексы», (цвето)установочный ролик
 comic ~ комикс, рассказ в картинках
 continuity ~ рекламное объявление в виде комикса
 film ~ лента плёнки; диафильм
 newspaper comic ~ газетный раздел комиксов
 shelf ~ *см.* channel strip
 tear ~ разрывная лент(очк)а *(упаковки)*; язычок *(на крышке консервной банки)* для открывания
 window ~ витринная наклейка
stripping монтаж, совмещение *(плёнок)*
 hand ~ монтаж плёнок вручную
stroke штрих; черта; элемент *(буквы)*
 ascending ~ надстрочный знак, верхний выносной элемент *(буквы)*
 cross ~ горизонтальный [поперечный] штрих *(буквы)*
 descending ~ подстрочный знак, нижний выносной элемент *(буквы)*
 down [main] ~ основной штрих *(буквы)*
 square ~ прямоугольный штрих
 thick ~ толстый штрих
 thin ~ тонкий штрих, соединительный штрих
structure 1. структура 2. конструкция; сооружение; строение; устройство
 ~ of consumption (потоварная) структура потребления
 ~ of market структура рынка
 advertising ~ конструкция для размещения наружной рекламы
 agency ~ структура (рекламного) агентства
 circulation ~ структура тиража; разбивка тиража
 cognitive ~ структура сознания
 command ~ командная структура
 completed ~ законченная конструкция
 corporate ~ корпоративная структура, структура фирмы
 cost ~ структура издержек
 demographic ~ демографическая структура
 economic ~ экономическая структура
 family ~ состав семьи
 financial ~ финансовая структура
 functional ~ функциональная структура
 governance ~ структура управления
 grammatical ~ грамматическая конструкция
 industrial ~ 1. структура промышленности [производства]; хозяйст-

study

венная структура 2. *pl* промышленные здания и сооружения
institutional ~ структура учреждения, институциональная структура
language ~ структура [строй] языка, языковая структура
line ~ линейная структура *(организации)*
line-and-staff ~ линейно-штабная организация
list ~ структура (рассылочных) списков
management ~ структура управленческого аппарата
market ~ структура рынка, рыночная структура
mental ~ склад ума, менталитет
message ~ структура обращения
occupational ~ профессиональный состав *(работников)*
ordered ~ упорядоченная структура
organizational ~ организационная структура
pay ~ структура [система] платежей
population ~ состав населения
power ~ структура власти
price [pricing] ~ система цен, ценовая структура *(соотношение цен на различные товары)*
rate ~ структура тарифов
reporting ~ структура отчётности
rigid ~ жёсткая структура
sales-force ~ структурная организация торгового аппарата; организационная структура торгового аппарата
sex ~ распределение *(населения, аудитории)* по полу
social ~ социальная [общественная] структура; общественный строй, общественное устройство
tax ~ система налогового обложения
three-dimensional advertising ~ объёмная рекламная конструкция
type page ~ композиция полосы набора
value-belief ~ структура ценностей и верований
word ~ структура слова
structuring структурное построение
~ of expenditures структурное построение расходов
psychological ~ психологический настрой

strut распорка, стойка, подкос
collapsible rudder ~ складывающаяся секционная конструкция на распорках
student 1. студент, слушатель 2. изучающий *(что-л.)*; учёный
~ of law студент юридического факультета
correspondence-course ~ студент-заочник
graduate ~ аспирант
noncredit ~ вольнослушатель
part-time ~ студент вечернего отделения; обучающийся без отрыва от производства
studio студия; ателье; мастерская
announcer's ~ дикторская студия
art ~ изостудия, мастерская художника
broadcasting ~ (радио)вещательная студия
commercial art ~ коммерческая изостудия
design ~ дизайнерская студия, студия дизайна, дизайн-студия
film ~ киностудия
live ~ студия для прямых передач
outside art ~ сторонняя художественная студия
producing ~ съёмочная студия
radio ~ радиостудия
recording ~ студия звукозаписи
sound recording ~ студия [павильон] звукозаписи; тон-ателье *(киностудии)*
television ~ телевизионная студия
stud/y 1. изучение, исследование 2. *pl* результаты исследований
advertising effectiveness ~ изучение [исследование] эффективности рекламы
all-inclusive ~ *амер.* комплексный отчёт *(исследовательской фирмы «А.К. Нильсен» с табулированными статистическими данными о нарастающих на протяжении четырёх недель телеаудиториях, данные используются для расчёта охвата и частотности рекламы и валовых оценочных коэффициентов программ)*
application ~ прикладное исследование

study

attitude ~ изучение [исследование] отношений
case ~ разбор случая из практики
comparative ~ сравнительное [сопоставительное] изучение
compatibility ~ исследование совместимости
consumer ~ изучение потребителей
cost ~ анализ издержек
desk ~ кабинетное [теоретическое] исследование
environmental ~ изучение особенностей воздействия окружающей среды; исследование внешних условий
experimental ~ экспериментальное исследование
exploratory ~ поисковое исследование
extended-use ~ изучение в условиях длительного пользования
feasibility ~ технико-экономическое обоснование; исследование осуществимости проекта; анализ экономической целесообразности *(проекта)*
food habit ~ изучение особенностей питания
formal ~ формальное исследование
full-scale ~ комплексное [полномасштабное] исследование
impression ~ изучение впечатлений *(от рекламных объявлений в периодических изданиях)*
in-depth ~ углублённое изучение
international ~ международное исследование
life-style ~ исследование образа жизни
market ~ изучение рынка
market structure ~ исследование структуры рынка
media ~ исследование средств рекламы
model ~ 1. исследование на модели 2. изучение модели
national ~ исследование в общенациональном масштабе
nuts-and-bolts ~ изучение вопроса во всей его конкретности
opinion ~ изучение общественного мнения
perception ~ изучение восприятий
pilot ~ предварительное исследование; первое исследование в новом направлении науки
population ~ демографическое исследование
preconceptual ~ поисковая работа
precontract ~ исследование, проводимое до заключения контракта; предконтрактное исследование
preparatory ~ подготовительное исследование
pricing ~ изучение политики цен
readership ~ изучение круга читателей [читательской аудитории]
research ~ изыскание, поисковое исследование
systematic ~ систематическое изучение
technological ~ технологическое исследование
test ~ies данные результатов испытаний
tracking ~ последующее изучение, исследование по результатам *(чего-л.)*
U & A ~ *см.* user and awareness study
usage ~ исследование характера потребления [использования]
user and awareness ~ изучение пользователей и степени осведомлённости
viewership ~ изучение зрительской аудитории
work ~ анализ рабочего времени

stuffer 1. вкладыш, заполнитель, «довесок» 2. малоформатная вкладочная машина
envelope ~ «довесок» *(рекламный материал, вкладываемый в конверты с извещениями, счетами и прочей корреспонденцией)*
newspaper ~ машина для вкладки в газеты приложений [дополнительных листов]
statement ~ вкладыш с выпиской из счёта клиента

stuffing набивка, начинка, наполнение; вставка вкладок
envelope ~ вкладывание в конверты, раскладка по конвертам

stunt сенсационное зрелище; каскадёрский трюк
publicity ~ пропагандистский трюк

style 1. стиль, манера 2. рисунок шрифта
~ **of advertising** стиль рекламы
~ **of art** художественный стиль
~ **of clothing** фасон [покрой] одежды
~ **of living** образ жизни
~ **of operation** стиль работы
~ **of speech** манера речи
~ **of typeface** рисунок шрифта, гарнитураначертание
austere ~ суровый [строгий] стиль
buying ~ подход к совершению покупки, стиль покупательского поведения
copy ~ 1. стиль текста 2. оформление машинописной рукописи оригинала
corporate ~ фирменный стиль
florid ~ цветистый [витиеватый] стиль
font ~ гарнитура *(шрифта)*
forced ~ неестественный стиль
functional ~ функциональный стиль
generic lettering ~ единое шрифтовое оформление *(товарной группы)*
house ~ фирменный стиль
ineffective ~ невыразительный [неяркий] стиль
international ~ международный стиль
lettering ~ стиль шрифтового оформления; характер шрифта
life ~ образ жизни
literary ~ литературный стиль
loose ~ небрежный стиль
management ~ стиль руководства [управления]
name ~ стилевое оформление названия *(фирмы)*
product ~ оформление товара
puffy ~ напыщенный стиль
ragged ~ небрежный стиль
rhetorical ~ риторический стиль
season ~**s** моды сезона
typographical ~ стиль типографского оформления
styler:
hair ~ средство для укладки волос
styler-dryer фен для укладки волос
styling художественное оформление; внешнее оформление, стиль; художественное конструирование
product ~ художественное оформление изделий
stylist стилист; модельер; декоратор
fabric ~ художник по тканям
hair ~ парикмахер
subclass of media подкласс средств рекламы
Subcommittee:
Senate ~ **on Patents, Trademarks and Copyrights** *амер.* Сенатская подкомиссия по патентам, товарным знакам и авторскому праву
subcompact малогабаритный (двухдверный) автомобиль
subconscious подсознательный
subcontract субподряд, субдоговор, договор с субподрядчиком
subcontractor субподрядчик
major ~ крупный субподрядчик
primary ~ главный субподрядчик
secondary ~ второстепенный субподрядчик, субподрядчик второй ступени
subculture субкультура
subhead(ing) подзаголовок; подрубрика
subheadline подзаголовок
subject 1. предмет; вопрос, проблема 2. тема; сюжет 3. объект, субъект
~ **of invention** предмет изобретения
~ **of patent** предмет патента
~ **of suit** предмет иска
advertising ~ предмет [тема] рекламы
closed ~ исчерпанный вопрос
controversial ~ противоречивая тема, спорный вопрос
legal ~ субъект права
test ~ испытуемый; объект исследования
subline подгруппа *(товаров)*
product ~ ассортиментная подгруппа *(товаров)*
sublist вспомогательный список, список-выборка, выборочный [производный] список; подсписок
sub-mark вспомогательный [дополнительный] товарный знак
submarkets субрынки
submission представление, предоставление, подача *(документов)* ◊ ~ **to**

subsample

arbitration соглашение о передаче спора на разрешение третейского суда; to provide formal ~ сделать официальное представление
subsample подвыборка
  systematic ~ систематическая подвыборка
subscriber подписчик
  cable television ~ абонент кабельного телевидения
  direct ~ прямой [первичный] подписчик *(оформляющий подписку непосредственно в издательстве)*
  indirect ~ вторичный [косвенный] подписчик *(оформляющий подписку не в издательстве, а в посредническом агентстве)*
  magazine ~ подписчик журнала
  original ~ подлинный [настоящий] подписчик
  paid ~ подписчик, оплативший абонемент
  regular ~ регулярный подписчик
  telephone ~ абонент, владелец телефона
  unpaid ~ бесплатный подписчик *(получающий издание бесплатно)*
subscription подписка ◇ by ~ по подписке; to close ~ прекратить подписку
  annual ~ годовая подписка, подписка на год
  bulk ~ см. group subscription
  call-at-office ~ подписка на учреждение
  complimentary ~ бесплатная подписка *(на газету, журнал)*
  continuous ~ постоянная [долговременная] подписка
  cut-rate ~ подписка по льготному [сниженному] тарифу
  fixed-term ~ подписка на определённый срок
  gift ~ подарочная подписка, подписка в виде подарка
  group ~ групповая [коллективная] подписка *(оформляется фирмой для своих служащих, которые получают издания по месту жительства)*
  individual mail ~ индивидуальная почтовая подписка, индивидуальный почтовый абонемент
  installment ~ подписка с оплатой в рассрочку
  paid ~ платная подписка
  paid-on-delivery ~ подписка с оплатой по доставке
  short-term ~ кратковременная подписка
  station ~ абонемент на пользование сетью кабельного телевидения, подписка на приём кабельного телевидения [на подключение к сети кабельного телевидения]
  trial ~ пробная подписка
  vacation ~ подписка (на периодику) на летние месяцы
subsegment субсегмент
subsidiary филиал, дочерняя фирма
  foreign ~ зарубежный филиал
  manufacturing ~ производственный филиал
  overseas ~ зарубежный филиал *(компании)*
subsistence 1. средства существования, средства к жизни, жизненные средства, прожиточный минимум 2. существование
  comfortable ~ хорошее обеспечение
  necessary ~ необходимые средства существования
  reasonable ~ средний [приличный] прожиточный минимум
  reduced ~ скудные средства к жизни
substance 1. сущность, суть, истинный смысл 2. вещество, материя ◇ in ~ по существу
  ~ of proposal суть предложения
  adhesive ~ клеящее вещество
  combustible ~ горючее вещество
  cosmetic ~ косметическое вещество
  emotional ~ эмоциональное содержание
  foreign ~ примесь
  harmful ~ вредное вещество
  hazardous ~ опасное вещество
  household ~ вещество, применяемое в быту
  medicinal ~ лекарственное вещество
  promoting ~ активатор, стимулятор, ускоритель
  technical ~ техническое содержание, техническая су(щнос)ть
  trace ~ микроэлемент
substantiation доказательность; под-

suite

верждение доказательствами; обоснование
  adequate ~ достаточное обоснование
  advertising ~ обоснование рекламы, подтверждение [доказательство] рекламных утверждений
  data ~ обоснование приводимых данных
substitute заменитель, замена
  art paper ~ заменитель бумаги для художественной печати
  close ~ близкий аналог-заменитель
  efficient ~ эффективная замена
  generic ~ родовое изделие-заменитель
  money ~ заменитель денег
  plastic paper ~s пластические заменители бумаги
subsystem подсистема
  distinguished ~ различаемая подсистема
  principal ~ главная подсистема
subtitle 1. подзаголовок 2. *экр.* титр
suburb пригород, окраина
  affluent ~ зажиточный пригород
  dormitory ~ «спальный» пригород
  industrial ~ промышленный пригород
  outer ~s дальний пригород
  residential ~ жилой пригород
suburbanite житель пригорода
suburbia 1. предместья 2. жители предместий [пригорода]
subway метро
success успех, удача ◇ to score a ~ добиться успеха, одержать победу
  advertising ~ успех рекламы
  business ~ деловой [коммерческий] успех
  competitive ~ конкурентный успех, успех в конкурентной борьбе
  complete ~ полный успех
  critical ~ успех у критиков
  crossover ~ повсеместный успех
  financial ~ финансовый успех
  long-range [long-term] ~ перспективный [долговременный] успех
  marketing ~ маркетинговый успех
  material ~ материальный успех, материальное преуспеяние
  modest ~ умеренный [скромный] успех
  partial ~ частичный успех

  ratings ~ успех по показателям оценочного коэффициента
  signal ~ блестящий успех
  tactical ~ тактический успех
  ultimate ~ конечный успех
  unassured ~ сомнительный успех
suggestion предложение, предположение
  practical ~ практическое соображение, совет
  spontaneous ~ невольное предположение
  tentative ~ предварительное предложение
suit 1. иск, судебное дело 2. костюм ◇ to file ~ возбуждать иск
  amicable ~ «дружеский» иск *(возбуждённый по согласованию с ответчиком)*
  bathing ~ купальный костюм
  beach ~ пляжный костюм
  business ~ деловой костюм
  civil ~ гражданский иск
  class action ~ групповой иск
  counter ~ встречный иск
  dress ~ фрак
  friendly ~ *см.* amicable suit
  gym ~ спортивный костюм
  leisure ~ домашний костюм *(мужской)*
  lounge ~ пиджачный костюм
  night ~ спальный костюм, пижама
  patent infringement ~ иск о нарушении патента
  property ~ вещный иск
  recovery ~ иск о взыскании
  riding ~ костюм для верховой езды
  ski ~ лыжный костюм
  swim ~ купальный костюм
  tank ~ женский купальник с бретельками
  three-piece ~ костюм «тройка» *(пиджак, брюки и жилет)*
  two-piece ~ костюм «двойка» *(пиджак и брюки)*
  wash-and-wear ~ костюм, не требующий глажения после стирки
suitability пригодность; соответствие
suite 1. набор, гарнитур *(мебели)* 2. номер(-люкс), апартамент
  ~ of rooms ряд [анфилада] комнат
  breakfast ~ обеденный набор мебели

suite

dining room ~ набор мебели для столовой
hospitality ~ офис [номер] для приёма гостей, представительский номер
sum 1. сумма, итог 2. количество ◇ ~ in dispute сумма спора, спорная сумма; ~ insured страховая сумма; ~ owing причитающаяся сумма; ~ payable сумма, подлежащая уплате
  accumulated ~ накопленная сумма
  agreed ~ согласованная сумма
  check ~ контрольная сумма
  contingency ~ страховочная [резервная] сумма, резерв; сумма на непредвиденные расходы
  digital ~ цифровая сумма
  final ~ окончательная сумма
  indemnity ~ сумма возмещения убытков
  initial ~ начальная сумма
  insurance ~ страховая сумма
  intermediate ~ промежуточная сумма
  invoice ~ сумма счёта
  lump ~ общий итог, общая сумма; единовременно выплачиваемая сумма
  partial ~ частичная сумма
  penal ~ штрафная неустойка
  provisional ~ предварительная сумма
  recovered ~ взысканная сумма
  running ~ текущая сумма
  sample ~ выборочная сумма
  statistical ~ статистическая сумма
summary резюме, сводка, конспект, краткое изложение; реферат
  executive ~ 1. сводка контрольных показателей (*один из разделов плана маркетинга*) 2. резюме для руководства
  mental ~ мысленное резюме, мысленное подведение итогов
  news ~ информационный бюллетень; сводка последних известий
  reliability ~ отчёт о надёжности
super *экр.* титр
  dealer ~ *экр.* дилерская впечатка, вставной титр с реквизитами дилера
  type ~ надпись, титр
supercompany суперкомпания, суперфирма
supercomputer суперкомпьютер
superego суперэго

superfluous излишний, чрезмерный, избыточный
superimposition наложение, совмещение (*изображений*)
superintendent заведующий, управляющий, директор
  medical ~ главный врач
Superintendent of Documents *амер.* начальник управления документации
superiority превосходство, преимущество ◇ to seek ~ искать [добиваться] превосходства
  economic(al) ~ экономическое превосходство
  natural ~ природное превосходство
  numerical ~ численное превосходство
  nutritional ~ превосходство в питательной ценности
  product ~ превосходство товара
  qualitative ~ качественное превосходство
  quantitative ~ количественное превосходство
supermarket супермаркет, универсам, полноассортиментный магазин
  chain ~ универсам, входящий в состав магазинной сети
  discount ~ универсам сниженных цен
  electronics ~ электронный универсам
  self-service ~ универсам
  vest-pocket ~ *амер.* «карликовый» магазин, мини-универсам
superstation суперстанция (*независимый от сетей телецентр, ведущий вещание в общенациональном масштабе с использованием спутниковой связи и кабельных сетей*)
superstore 1. *амер.* универсам широкого профиля (*с прачечной, химчисткой, ремонтом обуви, службой оплаты чеков и счетов, дешёвым буфетом*) 2. *англ.* розничный магазин с большой площадью торгового зала
supervision надзор, наблюдение
  administrative ~ контроль со стороны администрации
  artistic ~ художественное руководство
  close ~ тщательное наблюдение
  continuing ~ постоянное наблюдение

supply

design ~ контроль за проектированием
engineering ~ технический надзор
food ~ санитарный контроль за пищевыми продуктами
manufacturing ~ производственный контроль
parental ~ родительский присмотр
sanitary ~ санитарный надзор
technical ~ техническое руководство
supervisor 1. руководитель среднего звена 2. инспектор, контролёр
  account ~ инспектор(-консультант) рабочих групп *(в рекламном агентстве)*
  copy ~ инспектор(-консультант) службы рекламных текстов *(в рекламном агентстве)*
  immediate ~ непосредственный начальник
  lighting ~ *экр.* режиссёр по свету
  management ~ директор службы исполнения заказов *(в рекламном агентстве)*
  research ~ инспектор(-консультант) исследовательского отдела *(в рекламном агентстве)*
  sound (control) ~ звукорежиссёр
supplement дополнение; приложение
  advertising ~ рекламное приложение
  literary ~ литературное приложение
  local ~ местное приложение
  long-run newspaper ~ газетное приложение большого тиража
  magazine ~ журнальное приложение *(к газете)*
  newspaper ~ приложение к газете
  special ~ спецприложение *(к газете, журналу)*
  Sunday ~ воскресное приложение
  syndicated ~ синдицированное приложение *(к газете)*
supplier поставщик
  graphic arts ~ поставщик полиграфических услуг
  in ~ задействованный [привлечённый к поставкам товара] поставщик
  intelligence ~ поставщик конъюнктурной текущей информации
  list ~ поставщик адресных списков
  main ~ главный поставщик
  monopoly ~ монопольный поставщик
  out ~ незадействованный [не привлечённый к поставке товара] поставщик
  outside ~ сторонний [внешний] поставщик, поставщик со стороны
  principal ~ основной поставщик
  qualified ~ квалифицированный поставщик
  self-interested ~ своекорыстный поставщик
  specialized ~ поставщик специализированных услуг
suppl/y 1. снабжение, поставка 2. предмет снабжения 3. *pl* вспомогательные материалы *(напр. смазочные)* 4. *pl* запасы 5. *pl* продовольствие, провиант ◇ ~ and demand спрос и предложение; in low ~ дефицитный; ~ies on hand наличные запасы; to be in ~ поступать в достаточном количестве; to be in short ~ поступать в недостаточном количестве, быть дефицитным; to be in surplus ~ иметься в избытке; to draw ~ies получать снабжение, снабжаться; to furnish ~ies поставлять продовольствие
  adequate ~ достаточный запас
  aggregate ~ совокупное (товарное) предложение
  available ~ies наличные запасы
  competitive ~ предложение со стороны конкурентов
  computer ~ies принадлежности ЭВМ
  direct ~ies прямые поставки
  drinking water ~ питьевое водоснабжение
  expendable ~ies расходуемые предметы снабжения
  food ~ 1. снабжение продовольствием 2. *pl* запасы продовольствия
  garden ~ies садово-огородный инвентарь
  general ~ies общие виды материальных средств
  household ~ies хозяйственные товары
  industrial water ~ промышленное водоснабжение
  labour ~ предложение рабочей силы
  maintenance ~ies вспомогательные материалы для технического обслуживания
  maintenance and repair ~ies (вспо-

supply

могательные) материалы для технического обслуживания и ремонта *(краска, гвозди)*
maintenance, repair and operating ~ies материалы для технического обслуживания, ремонта и эксплуатации
manufacturing ~ies вспомогательные материалы производственного назначения *(включая запчасти)*
materiel ~ies материальные средства; материальное снабжение
money ~ денежная масса, количество денег в обращении
month's ~ месячный запас *(расчётная единица товарных запасов, обычно розничных)*
office ~ies канцелярские товары
operating ~ies производственные вспомогательные материалы *(напр. бумага)*
original equipment ~ies детали основного оборудования *(подшипники, двигатели)*
poor ~ неудовлетворительное [недостаточное] снабжение
relief ~ies поставки для оказания помощи *(пострадавшим от чего-л.)*
reserve ~ резервный запас
short ~ недостаточный запас
spare parts ~ снабжение запасными частями
technical ~ техническое снабжение
total ~ совокупное (товарное) предложение
support 1. поддержка, помощь 2. материально-техническое обеспечение 3. средства к существованию
advertising ~ рекламная поддержка, поддержка рекламой, финансирование за счёт рекламы
agricultural price ~ поддержка цен на сельскохозяйственные продукты
all-out ~ всесторонняя поддержка
close ~ непосредственная поддержка
commercial ~ коммерческое финансирование, коммерческая поддержка
communication ~ коммуникационная поддержка
dealer ~ поддержка со стороны дилеров
financial ~ финансовая поддержка
fixed price ~s меры по поддержанию уровня гарантированных цен
income ~ поддержка дохода
industrial ~ поддержка со стороны промышленности
information ~ информационная поддержка, информационное обеспечение
lukewarm ~ вялая [прохладная] поддержка
marketing ~ маркетинговая поддержка
material ~ материальное обеспечение
moral ~ моральная поддержка
personnel ~ снаряжение для личного состава
point-of-sale ~ поддержка в местах продажи
promotional ~ рекламно-пропагандистская поддержка
public ~ поддержка общественности, общественная поддержка
reliability ~ обеспечение надёжности
sales ~ содействие сбыту
seller's ~ поддержка со стороны продавца
strong ~ решительная поддержка
unanimous ~ единодушная поддержка
vocal ~ громогласная поддержка
supporter сторонник; вкладчик; спонсор
loyal ~ стойкий сторонник
surcharge доплата, надбавка *(к цене)*, наценка
colour ~ доплата за цвет
surface поверхность; площадь
~ **of contact** поверхность соприкосновения [контакта]
bearing ~ несущая [опорная] поверхность
boundary ~ граничная поверхность
depressed printing ~ заглублённая печатающая поверхность
distorted ~ деформированная поверхность
image ~ поле изображения
light-sensitive ~ светочувствительная поверхность
non-printing ~ непечатающая поверхность
photosensitive ~ светочувствительная поверхность

survey

pictorial ~ поле изображения
printing ~ печатающая поверхность, площадь печати
raised printing ~ выпуклая печатающая поверхность
relief ~ рельефная поверхность
work ~ рабочая поверхность
surgeon хирург
  ambulance ~ хирург скорой помощи
  general ~ хирург общей практики
  plastic ~ специалист по пластическим операциям
  police ~ судебно-медицинский эксперт
  veterinary ~ ветеринарный хирург
Surgeon General *амер.* начальник медицинского управления
surgery 1. хирургия 2. (хирургическая) операция
  clinical ~ клиническая хирургия
  cosmetic [decorative] ~ косметическая операция
  pediatric ~ детская хирургия
  plastic ~ восстановительная [пластическая] хирургия
  radical ~ радикальное (хирургическое) вмешательство
  restorative ~ *см.* plastic surgery
  urgent ~ неотложная [экстренная] хирургия
  vanity ~ косметическая хирургия
  veterinary ~ ветеринарная хирургия
surplus излишек, избыток, превышение; остаток
  ~ of goods товарные излишки
  consumer ~ актив потребителя
  demand ~ избыток спроса
  farm ~es излишки продуктов сельского хозяйства, избыточная сельскохозяйственная продукция
  net export ~ нетто-экспорт
  net import ~ нетто-импорт
surrogate суррогат, заменитель
  advertising ~ суррогат рекламы
  social ~ суррогат общения (*товар, позволяющий в одиночестве заниматься деятельностью коллективного характера, напр. видеоигра, компьютер*)
survey обзор, обследование, опрос
  ~ of current business конъюнктурный обзор, обзор текущей хозяйственной деятельности

analytical ~ аналитический обзор
attitude ~ изучение мнений и отношений
business ~ обзор хозяйственной деятельности
coincidental telephone ~ телефонный опрос методом случайного совпадения во времени
consumer ~ опрос потребителей
current ~ текущее обследование, текущий опрос
customer ~ опрос клиентов
demographic ~ демографическое обследование
descriptive ~ описательное обследование, описательный обзор
employment ~ обследование занятости (*населения*)
exhaustive ~ исчерпывающий обзор
exploratory ~ изыскательское обследование
field ~ непосредственное наблюдение; обследование на месте
food consumption ~ обследование потребления пищевых продуктов
general public ~ опрос широкой публики
habit ~ исследование (покупательских) привычек
industrial [industry] ~ отраслевой обзор; изучение отраслей промышленности
labour force ~ (выборочное) обследование рабочей силы
magazine audience ~ опрос аудитории читателей журналов
mail ~ опрос по почте
market ~ изучение рынка
mass ~ массовый опрос, массовое обследование
media ~ обследование средств рекламы; опрос представителей средств информации
monitor ~ контрольный обзор
multipurpose [omnibus] ~ многоцелевое обследование
pilot ~ пробное обследование
prealerted ~ опрос с предварительным оповещением членов выборки [респондентов]
preliminary ~ предварительный опрос
product ~ опрос о товаре

617

survey

(public) opinion ~ опрос общественного мнения
quality ~ проверка качества
questionnaire ~ анкетное обследование, анкетный опрос, обследование с помощью анкет
readership ~ опрос читателей *(издания)*, исследование читательской аудитории
repeated ~ повторное обследование
roster-recall ~ опрос с припоминанием по списку
sample [selective] ~ выборочный опрос, выборочное обследование
statistical ~ статистическое обследование, статистический обзор
subject ~ тематический обзор
telephone ~ опрос по телефону
test ~ контрольное обследование
user satisfaction ~ обследование степени удовлетворённости потребителей
vendor ~ обследование поставщика
survival выживание; живучесть
~ of the fittest естественный отбор по принципу «выживает сильнейший»
economic ~ экономическое выживание
human ~ выживание человека *(как вида)*
survivor 1. оставшийся в живых наследник 2. лицо, дожившее до определённого возраста
the solitary ~ единственный оставшийся в живых наследник
suspicion подозрение ◇ on ~ по подозрению; to allay ~s рассеять [отвести] подозрения; to be under ~ быть под подозрением
deep-seated ~ глубоко укоренившееся подозрение
just ~ обоснованное подозрение
latent ~ скрытое подозрение
reasonable ~ обоснованное подозрение
ungrounded ~ необоснованное подозрение
sustainer держащийся за уклад [за существующий образ жизни] *(характеристика личности)*
swatching крепление образцов ткани к печатным материалам *(при прямой почтовой рекламе)*
sweep 1. обширное пространство; широкий охват, кругозор 2. *pl* массовые сезонные замеры *(рейтинги, которые фирмы «А.К. Нильсен» и «Арбитрон» проводят 3 раза в год примерно на двухстах телерынках в течение четырёх недель каждый в октябре-ноябре, феврале-марте и апреле-мае)*
general public opinion ~s массовые опросы общественного мнения
sweepstake лотерея, тотализатор
swinger *жарг.* жизнелюб *(характеристика личности)*
switch выключатель, переключатель
AB ~ двухпозиционный переключатель
emergency ~ аварийный выключатель
film running speed ~ переключатель скорости (кино)проекции
foot ~ ножной выключатель
knife ~ рубильник
main operating ~ главный переключатель
operating mode ~ переключатель рода работ
pilot lamp ~ выключатель сигнальной лампочки
plug ~ выключатель со штепселем
power supply ~ выключатель питания
projector motor ~ выключатель приводного электродвигателя кинопроектора
toggle [tumbler] ~ тумблер
switchblade пружинный нож, нож с выкидным лезвием
switcher *жарг.* «перебежчик», «флюгер», потребитель, не имеющий постоянной приверженности *(к товару)*
brand ~ потребитель, меняющий свои марочные приверженности
symbol символ; эмблема; обозначение, знак
~ of comparison символ сравнения
abstract ~ абстрактный символ
aural ~ звуковой символ
basic ~ основной символ
commercial ~ коммерческий символ

common ~ обычный [рядовой] символ
congenial ~ подходящий [приемлемый] символ
consumption ~ символ потребления
conventional ~ условный знак, условное обозначение
copyright ~ отметка об авторском праве, запись об авторском праве
corporate ~ символ фирмы, фирменный символ
dream ~s символика снов
emotional ~ эмоционально заряженный символ
fixed ~ фиксированный [постоянный] символ
functional ~ функциональный символ
heraldic ~ геральдический символ
house ~ символ фирмы, фирменный символ
identifying ~ опознавательный символ
neutral ~ нейтральный символ
nonverbal ~ бессловесный символ
personality ~ символ личности
pre-Christian ~ символ дохристианской эпохи
schematic ~ условное обозначение
status ~ символ общественного положения
stylized ~ стилизованный символ
subject ~ классификационный знак, индекс
trademark ~ символ товарного знака
typographic ~ типографский знак
verbal ~ речевой [словесный] символ
visual ~ зрительный символ
word ~ словесный символ
symbolism символизм; символика
colour ~ цветовая символика, символика цветов
symposium симпозиум, совещание по профессиональным проблемам
symptom симптом; признак
concomitant ~ сопутствующий симптом
defect ~ признак неисправности
deterioration ~ признак ухудшения *(показателя, характеристики)*
equivocal ~ сомнительный симптом
general ~ общий симптом
minor ~ второстепенный симптом
objective ~ объективный симптом
subjective ~ субъективный симптом
transient ~ проходящий симптом
visual ~ видимый симптом
synchromarketing синхромаркетинг *(изменение методов маркетингового воздействия в зависимости от колебаний спроса с целью его стабилизации)*
syndication 1. синдицирование *(система обслуживания организаций-участников объединения из централизованного источника)* 2. централизованное распределение 3. объединение в синдикаты 4. распространение (телепрограмм) по подписке 5. последовательное распространение телепрограмм по телестанциям
barter ~ *вещ.* бартерное синдицирование *(приобретение синдицированной программы при условии согласия покупающих эту программу станций на продажу части рекламного времени в ней самим синдикатором)*
time-bank ~ бартерная сделка с резервированием времени *(телецентр получает от рекламодателя готовую программу, а взамен предоставляет ему право на размещение рекламы по своему усмотрению, вплоть до включения её в другие программы)*
syndicator *вещ.* синдикатор *(создатель синдицированных теле- и радиопрограмм, предлагаемых рекламодателям)*
feature ~ централизованный источник распространения телепрограмм
synectics синектика, методика коллективного решения проблем, поиск творческих идей
synergy синергия, синергизм *(превышение совокупным результатом суммы слагающих факторов)*
sales ~ суммарный торговый эффект
synopsis конспект, синопсис, резюме
~ of thesis автореферат диссертации
brief ~ аннотация фильма
synthesizer синтезатор
colour video ~ синтезатор цветового видеосигнала
image ~ синтезатор изображения

synthesizer

speech ~ синтезатор речи
video ~ видеосинтезатор
voice ~ синтезатор речи
system 1. система, способ, метод 2. строй, устройство 3. учение 4. классификация
~ of headings рубрикация
accessory ~ вспомогательная система
accounting ~ система бухгалтерского учёта
administered vertical marketing ~ управляемая вертикальная маркетинговая система *(объединённая не за счёт общей принадлежности, а за счёт размеров или мощи одного из участников)*
agency ~ система агентств, агентская система
analytical marketing ~ система анализа (внешней) маркетинговой информации
antitheft ~ система защиты от воров
automated dialogue publishing [automated interactive] ~ автоматизированная диалоговая издательская система, АДИС
automatic reordering ~ система автоматической выдачи повторных заказов
banking ~ банковская система
binary ~ двоичная система
brand management ~ система управления по товарным маркам
broadcasting satellite ~ система спутникового вещания
broadcast television ~ система вещательного телевидения
budget ~ бюджетная система
business ~ система предпринимательства
cable pay television ~ система платного кабельного телевидения
cable television ~ система кабельного телевидения, СКТВ
channel ~ система каналов распределения
checkout ~ расчётный узел *(в магазине)*; касса
classification ~ система классификации; сортировочная система
coding ~ система кодирования [маркировки]

colour-coded ~ система с цветовым кодированием
commission ~ комиссионная система, система комиссионных скидок [комиссионного вознаграждения]
communication(s) ~ система связи [коммуникаций]
competitive price ~ система конкурентных цен
complaint handling ~ система работы с жалобами и претензиями
composite ~ составная [сложная] система
composite classification ~ сложная система классификации
computer ~ компьютерная система
computerized conversational publishing ~ *см.* automated dialogue publishing system
consumption ~ система потребления
contract(ual) ~ договорная [контрактная] система
contractual vertical marketing ~ договорная вертикальная маркетинговая система *(состоит из независимых фирм, связанных договорными отношениями и координирующих программы своей деятельности для совместного достижения коммерческих результатов)*
control ~ система контроля
corporate vertical marketing ~ корпоративная вертикальная маркетинговая система, корпоративная ВМС *(в которой все звенья находятся под единым владением)*
data-base management ~ система управления базой данных, СУБД
data-collection ~ система сбора данных
data exchange ~ система обмена данными
data handling [data processing] ~ система обработки данных
data transmission ~ система передачи данных
dealer ~ дилерская сеть, сеть дилеров
decimal ~ десятичная система
decision(-making) ~ порядок принятия решений
distribution ~ система распределения
ecological ~ экологическая система

system

economic ~ экономическая система, система экономики
educational ~ система образования
educational dissemination ~ система распространения знаний
fee ~ гонорарная система
filing ~ регистрационная система
flexible manufacturing ~ гибкая производственная система, ГПС
food franchise ~ система предприятий общепита-держателей торговых привилегий
foolproof ~ система, исключающая ошибки
forecasting ~ система прогнозирования
franchise [franchising] ~ система торговых привилегий; организация держателей (торговых) привилегий
free-market ~ система рыночной экономики
handicraft ~ ремесленное [кустарное] производство
health delivery ~ система обеспечения здоровья
home information ~ бытовая информационная система
horizontal marketing ~ горизонтальная маркетинговая система (*совместное маркетинговое предприятие организаций, схожих по профилю деятельности, но не конкурирующих друг с другом*)
individual ordering ~ индивидуализированная система выдачи заказов
information retrieval ~ информационно-поисковая система
inoperable ~ неработоспособная система
instant lettering ~ система переводного шрифта
interactive ~ диалоговая система
internal reports ~ система внутрифирменной отчётности
international financing ~ международная финансовая система
international trade ~ система международной торговли, международная торговая система
isolable ~ система, поддающаяся изолированию
land-tenure ~ система землевладения
land-use ~ система землепользования

legal ~ правовая система, система законодательства, законодательство
lens ~ оптическая система
logistical ~ система материально-технического снабжения
management ~ система управления
management information ~ система информирования руководства, управленческая [административная] информационная система
managerial ~ система управляющих
man-machine ~ система «человек-машина»
manufacturer sponsored retailer franchise ~ система розничных держателей привилегий под эгидой производителя
manufacturer sponsored wholesaler franchise ~ система оптовиков-держателей привилегий под эгидой производителя
manufacturing ~ система производства, производственная система
market ~ рыночная (экономическая) система
market-based pricing ~ рыночная система ценообразования
marketing ~ система маркетинга
marketing communications ~ система маркетинговых коммуникаций
marketing control ~ система маркетингового контроля
marketing information ~ система маркетинговой информации
marketing intelligence ~ система сбора внешней текущей маркетинговой информации
marketing management ~ система управления маркетингом
marketing organization ~ система организации службы маркетинга; организационная система маркетинга
marketing planning ~ система планирования маркетинга; система маркетингового планирования
marketing research ~ система маркетинговых исследований
marking ~ система маркировки
mass transit ~ система массовых транзитных перевозок
materials-handling ~ система погрузочно-разгрузочных работ
media-support ~ система поддержки

system

~ СМИ *(в США существует 4 варианта финансирования: за счёт аудитории, за счёт аудитории и рекламодателей, за счёт рекламодателей и за счёт субсидирования частными лицами и организациями)*
mercantile ~ система меркантилизма
merit ~ система оценки (работника) по профессиональным качествам или по заслугам
metric ~ метрическая система мер
mixed economic ~ смешанная экономическая система, система смешанной экономики
monitoring ~ система постоянного наблюдения [мониторинга]
moral ~ система нравов, нравы, (общественная) мораль
multichannel marketing ~ многоканальная маркетинговая система
multilevel ~ многоуровневая система
multistage ~ многоступенчатая [многоэтапная] система
negotiated bidding ~ система закрытых торгов
new-product development ~ система разработки новых товаров
operable ~ работоспособная система
operating ~ операционная система (ЭВМ)
operational ~ 1. действующая система 2. система взаимодействия подразделений предприятия
oppressive ~ of taxation жёсткая налоговая система
order-entry ~ система регистрации поступающих заказов
ordering ~ система подачи заказов
organizational ~ организационная система, система организации
paging ~ поисково-вызывная [пейджерная] система, система персонального радиопоиска
patient monitoring ~ система контроля за состоянием больных
physical distribution ~ система товародвижения
planning ~ система планирования
point ~ 1. система оценок в баллах 2. *полигр.* система измерения (шрифтов) в пунктах; типографская система мер, типометрия
price ~ ценовая система
product manager ~ схема организации управляющих по товарам
rating ~ рейтинговая система
reporting ~ система отчётности
reservation ~ система предварительных заказов, система бронирования [резервирования]
resource-development ~ система совершенствования рационального использования ресурсов
reward ~ система вознаграждений
safety ~ система обеспечения безопасности
sales ~ система сбыта
sales intelligence ~ система сбора коммерческой информации
scoring ~ система количественных показателей, система баллов
screen printing ~ установка трафаретной печати
service-firm-sponsored retailer franchise ~ система розничных держателей привилегии под эгидой фирмы услуг
social [society] ~ общественная система
speed-up ~ потогонная система *(труда)*
sprinkler ~ спринклерная система *(пожаротушения)*
strategic planning ~ система стратегического планирования
suggestion-and-complaint ~ система жалоб и предложений
supply ~ система поставок
supporting ~ вспомогательная система
teletext ~ система «телетекст»
tracking ~ система слежения
two-way ~ двухсторонняя система
unified ~ единая система
value ~ система ценностей [ценностных представлений], ценностные установки, ценностная ориентировка
vendor rating ~ система сравнительной оценки поставщиков
vertically integrated ~ вертикальная интегрированная система
vertical marketing ~ вертикальная маркетинговая система *(система, при которой производитель, оптовик и розничные торговцы функцио-*

table

нируют как единое целое в рамках чьего-л. единоличного владения или доминирования, либо в силу торговых привилегий)
video(tape) editing ~ система видеомонтажа
videotex ~ система «видеотекс» *(система запроса по телефону различной информации, хранящейся в центральной ЭВМ кабельной сети, с воспроизведением этой информации на экране домашнего телевизора, видеоконтрольного устройства или на дисплее компьютера; позволяет совершать покупки, не выходя из дома)*
warning ~ система оповещения
wholesaling ~ система оптовой торговли
writing ~ система правописания [орфографии]
zero defects ~ система бездефектности

T

table 1. список; таблица **2.** стол; прилавок **3.** стол *(станка)*; плита
~ **of contents** оглавление
~ **of corrections** таблица поправок
bargaining ~ стол переговоров
book ~ книжный лоток
cartoon camera ~ мультстанок, станок для съёмки рисованных фильмов
clap ~ стол с откидной крышкой, раздвижной стол
classification ~ схема классификации
colour look-up ~ справочная цветовая таблица *(содержит 256 пронумерованных цветов разных оттенков и яркости)*
condensed ~ сводная таблица
conversion ~ таблица пересчёта, переводная таблица
copy-fitting ~ полигр. таблица расчёта ёмкости шрифтов
correction ~ таблица поправок
cutting ~ экр. монтажный стол

decision ~ таблица данных для принятия решений
drawing ~ чертёжный стол, чертёжная доска
editing ~ экр. монтажный стол
end ~ приставной столик
flower ~ столик для цветов
frequency ~ таблица частоты повторяемости
illuminated ~ см. shining-up table
layout ~ полигр. монтажный стол, монтажный станок
magazine ~ журнальный стол(ик)
mounting ~ см. layout table
negotiating ~ стол переговоров
pack(ag)ing ~ упаковочный стол
pembroke ~ раскладной стол *(на четырёх ножках с двумя откидными досками)*
portfolio ~ стол с наклоняющейся крышкой для демонстрации рисунков
pouch ~ рабочий столик для рукоделия
range ~s набор столиков, составляемых вместе
reference ~ справочная таблица
retouching ~ стол для ретуширов011ния
score ~ оценочная таблица, таблица очков
self-assembly ~ сборно-разборный стол
shining-up ~ полигр. монтажный стол с подсветкой, просмотровый стол
side-board ~ стол-сервант
snack ~ складной столик для закусок *(обычно для еды перед телевизором)*
statistical ~ статистическая таблица
summary ~ сводная таблица
symbol ~ таблица условных знаков
tax ~ налоговая таблица
tip-up ~ складной стол *(с двумя поднимающимися крыльями)*
toilet ~ туалетный столик, трельяж
tripod ~ стол с тремя ножками *(обычно чайный столик или столик для закусок)*
utility ~ рабочий стол общего назначения
work(ing) ~ рабочий стол

table

writing ~ письменный стол
tableware столовые приборы, столовая посуда
tabloid малоформатная газета *(обычно в половину стандартного газетного формата, со сжатым текстом и множеством иллюстраций)*
tabulation 1. табулирование, сведение в таблицы, составление таблиц 2. *pl* табличные данные
  data ~ табулирование данных
  cross ~ комбинационное табулирование
  statistical ~ составление статистических таблиц
tachistoscope *мед.* тахистоскоп
tactics тактика, тактические приёмы
  advertising ~ тактика рекламы, рекламная тактика
  bargaining ~ тактика переговоров
  bullying ~ тактика запугивания
  competitive ~ конкурентные приёмы, конкурентная тактика, тактические приёмы конкурентов
  creative ~ тактика творческого подхода
  evasion ~ тактика уклонения
  exclusionary ~ тактика воспретительных действий; тактика недопущения
  forcing ~ силовые приёмы *(напр. сбыта)*
  jackboot ~ тактика грубого нажима
  marketing ~ тактика маркетинга
  nibbling ~ осторожная [нерешительная] тактика
  predatory sales ~ хищническая тактика сбыта
  pressure ~ тактика давления
  pricing ~ ценовая тактика, тактика ценообразования
  rifle ~ тактика прицельной стрельбы *(сосредоточение усилий маркетинга, рекламы на группах, наиболее предрасположенных к совершению покупки)*
  scare ~ тактика запугивания
  sharp ~ искусная [тонкая] тактика
  shotgun ~ тактика «пальбы из дробовика» *(распыление усилий маркетинга, рекламы)*
tag 1. ярлык, бирка; этикетка 2. повторяемая концовка рекламного объявления

  antitheft ~ охранный ярлык *(предохраняющий товар от кражи)*
  book ~ книжный ярлык
  brand ~ товарный ярлык *(с указанием марки)*
  failure ~ ярлык с указанием неисправности
  identification ~ опознавательный знак, бирка
  inventory ~ инвентарный ярлык; карточка складского учёта
  live ~ *вещ.* «живой» ярлык, «живая» концовка *(передаваемое вслед за рекламой местное дополнение с указанием цены товара, адреса магазина)*
  local ~ ссылка на местного дилера *(реквизиты дилера, добавляемые на местах в материалы общенационального рекламодателя)*
  name ~ плашка с фамилией *(напр. продавца)*
  price ~ ярлык с указанием цены
  repair ~ ярлык с указанием необходимого ремонта
  retailer ~ ссылка на местного розничного торговца *(в рекламном объявлении производителя или оптовика)*
  shipping ~ отгрузочный ярлык
tailor портной; торговец одеждой *(мужской и верхней)*
  bespoke ~ портной, работающий на заказ
  custom ~ мастерская индпошива
  home ~ портной-надомник
take 1. *экр.* снимок; (кино)кадр 2. (съёмочный) дубль
  no-good ~ забракованный кадр
  selected ~ отобранный *(для использования)* дубль
"take-one" 1. «возьми с собой» *(раздаточный материал для участников мероприятия)* 2. внутрисалонный планшет с карманом *(для листовок, возвратных купонов)*
takeover присоединение, поглощение, взятие под свой контроль и управление *(напр. предприятия, принадлежащего другой фирме)*
  hostile ~ принудительное присоединение *(фирмы)*

plant ~ присоединение [поглощение] предприятия
taker 1. получатель; 2. наниматель; подрядчик; вступающий во владение
 census ~ счётчик *(при переписи населения)*
 order ~ приёмщик заказов
 risk ~ любитель риска
talent 1. талант 2. *pl* творческие работники; актёры, исполнители
 advertising ~s творческие работники рекламы
 creative ~ творческие способности
 executive ~ организаторский талант
 latent ~ нераскрывшийся [непроявившийся] талант
 leadership ~ талант руководителя
talk 1. беседа, разговор 2. *pl* переговоры ◇ to enter into ~s вступать в переговоры
 exploratory ~s предварительные переговоры, определяющие позиции сторон, зондирующие переговоры
 informal ~s неофициальные переговоры
 loose ~ пустопорожние разговоры, пустая болтовня
 multilateral ~s многосторонние переговоры
 open ~ откровенная беседа
 pep ~ «накачка», нагоняй, разнос
 preparatory ~s подготовительные переговоры
 sales ~ коммерческая [торговая] беседа, коммерческий рассказ
 seller's ~ позиция продавца
 shop ~ (узко)профессиональный разговор
 straight ~ откровенная беседа
 tall ~ хвастовство, преувеличение
talker:
 shelf ~ рекламно-информационный планшет, размещаемый *(на полке)* рядом с товаром
talk-show разговорная передача
 television ~ телепередача в виде беседы [рассказа]
tally учёт; подсчёт; сверка
tammeter *фирм.* «тамметр» *(прибор для замеров величины телевизионной аудитории, британский аналог аудиметра)*
tangibility осязаемость; реальность

product ~ материальная осязаемость товара
tape 1. лента *(магнитофонная)* 2. тесьма, лента, плёнка
 adhesive ~ клейкая [склеивающая] лента
 audio ~ магнитофонная лента, магнитная лента для звукозаписи
 audition [casting] ~ демонстрационный ролик *(аудио- или видеозапись исполнителя, дающая потенциальным работодателям представление о его возможностях)*
 coded ~ кодированная лента
 curtain ~ гардинная тесьма
 insulating ~ изоляционная лента
 keying ~ шифролента
 leader ~ *экр.* начальный раккорд, начальный заправочный конец ленты
 low-noise ~ малошумная лента
 magnetic ~ магнитная лента
 masking ~ маскировочная лента, липкая лента для маскирования
 measuring ~ рулетка; измерительная лента
 name ~ тесьма с фамилией *(напр. для метки белья)*
 one-track ~ однодорожечная лента *(магнитофона)*
 perforated paper ~ бумажная перфолента
 punched ~ перфолента
 shelf ~ (липкая) лента для оформления переднего торца магазинных полок *(несёт рекламную нагрузку)*
 splicing ~ склеечная лента *(для киноплёнки, магнитной ленты)*
 strapping ~ обвязочная лента
 video ~ видеолента
taperecorder магнитофон
 video ~ видеомагнитофон
target 1. цель; задание; установка 2. контрольная цифра
 application ~ цель применения
 growth ~ намеченные темпы роста
 market ~ рыночная цель
 primary ~ основная [первоочередная] цель
 priority ~ *ТМО* цель первоочерёдности
 production ~ 1. задание по выпуску продукции, производственное зада-

target

ние 2. *pl* контрольные цифры производства
progress ~ 1. контрольный промежуточный срок *(выполнения работы, готовности)* 2. промежуточная цель
sales ~ 1. контрольный показатель продаж; контрольная цифра сбыта 2. (плановое) задание по реализации продукции;
ultimate ~ конечная цель
targetcasting *вещ.* адресное [целенаправленное] вещание; адресная [целенаправленная] передача *(в отличие от* broadcasting*)*
targeting нацеливание
customer ~ выбор целевой клиентуры
market ~ выбор целевых сегментов рынка
tariff 1. тариф, расценка 2. пошлина 3. прейскурант ◇ **to raise** ~ повышать расценки
bargaining ~ тариф, выгодный для переговоров
competitive ~s конкурентные тарифы
differential ~ дифференцированный тариф *(таможенный тариф, позволяющий отдавать предпочтение определённым товарам или не пропускать их в зависимости от того, в какой стране они изготовлены)*
discriminating ~ дискриминационный [ограничительный] тариф
dumping ~ антидемпинговая пошлина
flexible ~ *амер.* гибкий тариф *(предназначенный для выравнивания цен на импортируемые и отечественные товары)*
mixed ~ смешанный тариф
preferential ~ преференциальный [предпочтительный] тариф
protective ~ протекционистский [покровительственный] тариф
reduced ~ льготный тариф
retaliatory ~ 1. карательный тариф 2. репрессивные пошлины
revenue ~ фискальный тариф
transit ~ транзитная пошлина
task задача, задание; обязанность
advertising ~ рекламная задача
communication ~ задача коммуникации

corporate-wide ~ общефирменная задача
creative ~ творческая задача
farm ~ сельскохозяйственная операция
household ~ домашняя работа, работа по дому
major ~ основная задача
marketing ~ задача (в сфере) маркетинга
overriding ~ задача первостепенной важности
pressing ~ неотложная [насущная] задача
pricing ~ задача ценообразования
priority ~ первоочередная [приоритетная] задача
profitless ~ бесполезная задача
selling ~ коммерческая задача
taste (при)вкус; склонность, пристрастие ◇ **in bad** ~ безвкусный; **to** ~ по вкусу, на вкус
brisk ~ выраженный вкус
consumer ~s вкусы потребителей
discriminating ~ тонкий вкус
ethnic ~s этнические вкусовые пристрастия
fishy ~ рыбный привкус
flat ~ невыраженный [пресный] вкус
greasy ~ сальный привкус
harsh ~ терпкий вкус
low ~s грубые вкусы
sharp ~ острый вкус
sour ~ кислый вкус
stale ~ несвежий вкус; затхлый привкус
strong ~ резкий вкус
true ~ безошибочный [хороший] вкус
visual ~ зрительный вкус
taster дегустатор
tea ~ дегустатор чая, титестер
wine ~ дегустатор вин
tat громкая реклама, шумиха
tax налог; сбор; пошлина ◇ **to collect** ~es взимать налоги; **to impose [to levy]** ~ облагать налогом
ad valorem ~ *лат.* налог на стоимость *(взимается в размере определённого процента от стоимости товара)*
buried ~ налог, включённый в цену товара

city ~ городской налог
community ~ подушный налог
consumption ~ налог на потребление
corporate ~ (подоходный) налог на корпорации
county ~ налог округа
court ~es судебные издержки
direct ~ прямой налог
entertainment ~ налог на зрелища [увеселения], налог на зрелищные представления
equalization ~ уравнительный налог *(взимаемый с целью выравнивания доходов)*
estate ~ налог на наследство, налог на передачу имущества по наследству
excess profits ~ налог на сверхприбыль
franchise ~ *амер.* налог на торговую привилегию
head ~ подушный налог
income ~ подоходный налог
indirect ~ косвенный налог
investment ~ налог на инвестиции
land ~ земельный налог, налог на земельную собственность
legacy ~ налог на наследуемую движимость
local ~ местный налог
national ~ государственный налог
nuisance ~ налог, раздражающий налогоплательщиков и приносящий ничтожный доход
patent ~ патентная пошлина
poll ~ подушный налог
pollution ~ налог за загрязнение окружающей среды
progressive ~ прогрессивный налог
property ~ 1. налог на доход с недвижимости 2. поимущественный налог
proportional ~ пропорциональный налог; налог, взимаемый по единой ставке
public ~ государственный налог
purchase ~ налог на покупки
receipts ~ налог с оборота
retail sales ~ налог с розничного оборота
sales ~ 1. налог на продажу 2. *амер.* налог с оборота
stamp ~ гербовый сбор

sumptuary ~ налог на предметы роскоши
turnover ~ налог с оборота
use ~ налог на пользование
value added ~ налог на добавленную стоимость *(система налогообложения товаров на сумму стоимости, добавленной на каждом этапе их производства и обмена)*
withholding ~ *амер.* подоходный налог, собираемый путём вычетов из зарплаты
taxation обложение налогом, налогообложение ◇ to exempt from ~ освобождать от налогообложения
 ~ of income налогообложение доходов
confiscatory ~ конфискационное налогообложение, налогообложение по очень высоким ставкам
differential ~ дифференцированное налогообложение
double ~ двойное налогообложение
multiple ~ множественное налогообложение
progressive ~ прогрессивное налогообложение *(по прогрессивным ставкам)*
punitive ~ карательное налогообложение
tax-deductible с вычетом из суммы налогообложения, не облагаемый налогом
tax-free освобождённый от уплаты налогов, не облагаемый налогом
taxpayer налогоплательщик
teaching 1. обучение, преподавание 2. доктрина, учение
conventional ~ традиционное обучение
mass ~ массовое обучение; обучение с помощью средств массовой информации
team ~ коллективное обучение
team команда, бригада, коллектив
anchor ~ *вещ.* бригада [группа] ведущих программу
backup ~ вспомогательная команда, коллектив помощников, бригада поддержки
brand ~ коллектив работников по производству марочного товара

team

company ~ группа представителей фирмы
creative ~ (рабочая) творческая группа, творческий коллектив
cross-functional ~ группа, в которую входят специалисты разных служб
design ~ коллектив дизайнеров; проектная группа
development ~ коллектив разработчиков
emergency ~ бригада экстренной помощи
field ~ «полевая» группа *(работающие на периферии)*
inspection ~ инспекционная группа
management ~ коллектив [«команда»] управленцев, руководящий состав; группа руководителей, руководство
marketing ~ маркетинговая команда
merchandising ~ группа помощи торговле, группа стимулирования усилий торговли
mobile ~ выездная бригада
multidisciplined ~ коллектив из специалистов разных профилей
product ~ группа разработки товара, группа разработчиков товара
professional sports ~ профессиональная спортивная команда
project ~ коллектив разработчиков проекта
research ~ исследовательская группа, группа исследователей
sales ~ 1. группа сбыта *(в составе одного из должностных лиц фирмы, торгового агента и инженера-сбытовика)* 2. коллектив продавцов
study ~ 1. исследовательская группа, группа исследователей 2. ознакомительная группа
support ~ *см.* backup team
winning ~ команда-победительница
tearstrip отрывная полоска *(удаление которой вскрывает упаковку)*
teaser «дразнилка», «затравка», дразнящее рекламное объявление *(не сообщающее всей необходимой информации, но содержащее указание на то, что отсутствующие сведения будут даны в последующих публикациях или на последующих щитах)*
technician техник; специалист

dental laboratory ~ зубной техник
hardware ~ техник по аппаратному оборудованию
laboratory ~ лаборант
maintenance ~ техник по ремонту и обслуживанию
sanitary ~ сантехник
test ~ техник-испытатель
technique 1. (технический) приём, способ; метод(ика); техника 2. технология 3. техника исполнения
~s of demonstration приёмы демонстрации *(товара)*
~ of presentation *см.* presentation technique
advertising ~ приёмы [методы] рекламы
audience tracing ~ методика калькирования аудитории
blow-spray ~ метод напыления [разбрызгивания]
cartoon ~ рисунки, выполненные в стиле комиксов
closing ~ способ завершения сделки
communication ~s приёмы коммуникации
creative ~ творческий приём
data processing ~ методика обработки данных
design ~ метод проектирования
dictionary ~ словарный метод *(организации поиска информации на ЭВМ)*
direct questioning ~ приём прямого опроса
fabrication ~ *см.* production technique
finished ~ отточенная техника
forecasting ~ методика прогнозирования
handicraft ~ ремесленный способ производства
illustration ~ техника исполнения иллюстрации
indirect research ~ приём косвенного исследования
management ~s методы руководства
manufacturing ~ *см.* production technique
marketing ~ технический приём маркетинга
masking ~ *полигр.* техника маскирования; метод трафаретов

measurement ~ методика измерений
observing ~ техника наблюдения
personal-selling ~ метод личной продажи
pointillist ~ *см.* spot technique
presentation ~ метод [манера] подачи *(рекламы)*
printing ~ способ печати
production ~ 1. технология производства 2. *pl* (технические) приёмы производства 3. *экр.* приёмы съёмки
projective ~s техника проецирования *(выявление представлений, отношений или мотиваций потребителей на основе их рассказов о вероятных собственных мыслях и реакциях в условной ситуации, предложенной исследователем)*
publishing ~s издательская техника
questioning ~ техника работы с вопросами, методика опроса *(при обследовании)*
ranking ~ методика [техника] ранжирования
recall ~ метод припоминания
reproduction ~ технология воспроизведения
research ~s исследовательские приёмы, приёмы исследования
sales ~s методы сбыта [продажи]
scaling ~ техника оценочных шкал
selling ~s методы сбыта [продажи]
short-cut ~ упрощённый метод
spot ~ пуантилизм, пуантилистическая манера письма *(в живописи)*
stalling ~ приёмы затягивания, методы проволочек
statistical ~ статистический метод, методика обработки статистической информации
stencil ~ *полигр.* метод трафаретной печати
stop-motion ~ *экр.* покадровая съёмка
survey ~ метод опроса
testing ~ методика тестирования [испытаний]
technology технология; техника
advanced ~ передовая техника; передовая технология
advanced manufacturing ~ передовая технология производства
breakthrough ~ прорывная технология *(в разработках)*
buy-in ~ технология, закупаемая со стороны, покупная технология
capital-intensive ~ капиталоёмкая технология
communications ~ техника связи
computer ~ электронно-вычислительная [компьютерная] техника
computer graphics ~ техника компьютерной графики
electronics ~ (бытовая) электронная техника
environmentally sound ~ экологически надёжная технология
high ~ передовая технология
high waste ~ высокоотходная технология
information ~ информационная техника, информатика
low ~ устаревшая технология
low waste ~ малоотходная технология
management ~ техника управления, технология решения управленческих задач
manufacturing ~ техника и технология производства
materials-processing ~ технология обработки материалов
non-waste ~ безотходная технология
packaged ~ комплексная технология
packing ~ упаковочная техника
process ~ технология процесса *(производства)*
product ~ технология изготовления товара
refrigeration ~ холодильная техника
robotic ~ робототехника
soft ~ щадящая технология; технология, не наносящая вреда окружающей среде
sophisticated ~ совершенная [сложная] технология

teen подросток; *pl* возраст от 13 до 19 лет
telecast телепередача; телевещание
live ~ прямая телевизионная передача
stereo ~ телепередача со стереозвуком
telecensus перепись телеаудитории
teleconference телеконференция *(сове-*

telecuer

щание, проводимое с помощью телефонной или телевизионной связи)
telecuer *см.* **teleprompter**
telemarketer телевизионный рекламодатель, рекламодатель по телевидению
telemarketing телефонный маркетинг, телемаркетинг
teleordering выдача заказов с персонального компьютера *(подключённого к телефонной сети)*
telephone телефон ⇔ **to be on the ~** ждать у телефона
  cellular ~ (автомобильный) сотовый (радио)телефон
  dial ~ телефон с наборным диском
  mobile ~ автомобильный телефон, телефон в автомобиле
  pay ~ телефон-автомат
  picture ~ видеотелефон
  portable ~ переносный телефон
teleprompter телесуфлёр *(приспособление с полупрозрачным зеркалом, установленным под углом 45° и позволяющим читать движущийся текст прямо через объектив камеры)*
teleshopping совершение покупок «по телевизору» *(с выдачей заказов на рекламируемые телесетью товары по телефону или посредством диалоговой системы видеотекста)*
teletext телетекст *(вещательная видеография)*
telethon телемарафон *(продолжительная прямая телепередача, во время которой зрители могут звонить в студию)*
teletypesetter телетайпсеттер *(наборная машина с дистанционным управлением)*
televiewer телезритель
television 1. телевидение, телевещание **2.** телевизор
  advanced definition ~ *см.* **enhanced definition television**
  broadcast(ing) ~ вещательное телевидение
  cable ~ кабельное телевидение *(помимо высокой чёткости сигнала кабельная сеть позволяет осуществлять одновременную передачу до 100 программ при использо-*вании коаксиального кабеля и более 1000 — при использовании волоконно-оптического кабеля)
  classroom ~ *см.* **educational television**
  closed-circuit ~ замкнутое телевидение
  commercial ~ коммерческое телевидение
  community antenna ~ телевизионный приём на коллективную антенну
  direct satellite-to-home ~ приём прямых телевизионных передач через спутники связи
  educational ~ учебное [образовательное] телевидение
  enhanced [extended] definition ~ телевидение повышенной чёткости, ТПЧ
  fee ~ *см.* **pay television**
  high-definition [high-resolution] ~ телевидение высокой чёткости
  home ~ бытовое [домашнее] телевидение
  industrial ~ промышленное телевидение
  instructional ~ *см.* **educational television**
  interactive ~ интерактивное [диалоговое] телевидение *(двусторонняя связь по телефону или кабельным линиям, позволяющая абоненту запрашивать на экран своего телевизора или монитора ЭВМ текстовую, графическую и иную информацию, позволяет осуществлять покупки, не выходя из дома, участвовать в рейтинговых опросах; наиболее известными среди диалоговых телевизионных сетей являются: в США — "Qube", в Великобритании — "Viewdata", в Канаде — "Telidon")*
  network ~ сетевое телевидение
  pay ~ платное [абонентское] телевидение *(эфирное телевидение с зашифрованным сигналом, для приёма которого нужен специальный декодер, предоставляемый абонентам передающим центром за плату)*
  pay cable ~ платное кабельное телевидение
  primetime ~ «пиковое» телевизионное время

public ~ 1. *амер.* общественное [государственное, некоммерческое] телевидение *(финансируется из федерального бюджета и бюджетов штатов, а также за счёт добровольных пожертвований от частных лиц и различных организаций. В большинстве других стран общественное телевидение финансируется за счёт взимания абонементной платы с владельцев телевизоров, а также ограниченной продажи рекламного времени)* **2.** телевидение без рекламы
satellite master antenna ~ спутниковое телевидение с приёмом на коллективную антенну
satellite(-to-home) ~ спутниковое телевидение
split cable ~ система кабельного телевидения с возможностью одновременной передачи разных программ в разных зонах сети
sponsored ~ спонсорское телевидение *(производящее и передающее заказные программы)*
spot ~ «точечная» телереклама
subscription ~ *см.* **pay television**
trash ~ «мусорное» телевидение *(информационно-развлекательное телевидение, которое не несёт просветительского заряда и не обогащает человека духовно)*
two-way cable ~ двухстороннее кабельное телевидение
UHF ~ телевещание в дециметровом диапазоне
VHF ~ телевещание в метровом диапазоне
wall-mounted panel ~ плоский настенный телевизор
Television:
  Music ~ *амер.* «Мьюзик телевижн», Эм-Ти-Ви *(созданная в 1981 г. телесеть, передающая исключительно программы поп-музыки и существующая за счёт рекламы)*
  Target Network ~ *амер.* «Таргет нэтуорк телевижн» *(крупная кабельная телесеть)*
telex телекс *(международный абонентский телеграф)*
teller кассир *(в банке)*

term

automatic ~ банковский автомат
coupon ~ кассир по оплате купонов
temperature температура
  ~ of thickness температура застывания
  ambient ~ окружающая температура, температура окружающей среды
  colour ~ цветовая температура
  operating ~ рабочая температура
  room ~ комнатная температура
  skin ~ температура кожи
  storage ~ температура хранения
  subzero ~ температура ниже нуля
tendenc/y тенденция, склонность, стремление; направление
  action ~ тенденция к совершению действий; направленность возможных действий
  contending ~ies противоборствующие тенденции
  morbid ~ патологическое влечение
  natural ~ естественное стремление
  psychological ~ психологическая тенденция
tension 1. напряжение **2.** (внутренняя) напряжённость, напряжённое состояние
  directional ~ направленное напряжение, напряжение в определённом направлении
  felt ~ ощущаемое напряжение, испытываемая внутренняя напряжённость
  moral ~ внутреннее моральное напряжение
  optical ~ оптическое напряжение
  psychological ~ психологическое напряжение
tentative предварительный, экспериментальный, пробный; временный
tenure 1. владение, собственность, имущество **2.** срок пребывания в должности, тенура ◇ **by lease** владение на правах аренды
  farm ~ владение фермой, сельскохозяйственное землевладение
  land ~ землепользование, землевладение
  leasehold ~ владение имуществом на основании арендного договора
term 1. термин **2.** период, срок **3.** *pl* условия *(напр. договора)* ◇ **in demographic ~s** с точки зрения демо-

term

графии; in ~s of percentage points в процентном выражении; in per capita ~s в расчёте на душу населения; in practical ~s в практическом смысле; in set ~s определённо, ясно; in vague ~s туманно; on proportionally equal ~s на пропорционально равных условиях; on reasonable ~s на приемлемых условиях
~ of art технико-юридический термин
~s of business общие условия (делового) сотрудничества
~ of contract 1. срок исполнения договора; срок действия договора 2. *pl* условия контракта
~s of influence 1. круг полномочий 2. сфера действий
~ of lease срок аренды
~ of office срок полномочий, срок пребывания в должности
~ of payment 1. срок платежа 2. *pl* условия платежа
~s of reference круг ведения, компетенция
~s of sale условия продажи
~ of service срок службы
~ of validity 1. срок действия *(договора)* 2. *pl* условия сохранения в силе, условия достоверности
agreed price ~s согласованные условия по ценам
common ~ общий термин
compound ~ составной термин
connotative ~ соозначающее имя *(напр. товара)*
credit ~s условия кредита [кредитования], условия ссуды
delivery ~s условия поставки
equivalent ~ эквивалентный термин, термин-эквивалент
exclusionary ~s запретительные [ограничительные] условия *(договора)*
express ~s чётко выраженные условия
extended ~ продлённый срок
extensible ~ срок, который может быть продлён
fixed ~ установленный срок
freight ~s условия оплаты провоза [фрахта]
generic ~ родовое понятие
guarantee ~s условия гарантии

implied ~s подразумеваемые условия
indexing ~ термин индексирования
key ~ основной термин, основное понятие
law ~ юридический термин
mortgage ~ срок закладной
negotiated ~s договорные условия; достигнутые в результате переговоров условия
patent ~ 1. срок действия патента 2. патентный термин
payment ~s условия платежа
precise ~ точный термин
price ~ условия (продажи) по ценам, ценовые условия
purchase ~s условия покупки
relative ~ относительное понятие
service ~s условия технического обслуживания
settled ~ 1. согласованный срок 2. *pl* согласованные условия
settlement ~s условия расчётов
soft ~s льготные условия
stipulated ~s заранее поставленные [заранее оговорённые] условия; предложенные условия
technical ~ технический термин
trade ~ торговый термин
umbrella ~ обобщающий [«зонтичный»] термин
unacceptable ~s неприемлемые условия
vague ~ неточный термин
terminal терминал; конечный пункт
airport ~ конечный аэропорт; крупный аэропорт
communications ~ оконечное коммуникационное устройство
computer ~ оконечное устройство ЭВМ
desk-top ~ настольный терминал
ferry ~ причал паромной переправы
hard-copy ~ документирующий терминал *(с выводом информации на твёрдый носитель)*
oil [petroleum] bulk ~ оптовая нефтебаза
point-of-sale ~ кассовый терминал *(кассовый аппарат, подключённый к центральной ЭВМ)*, кассовый автомат
shopping ~ стоянка автомобилей торгового центра

test

soft-copy ~ недокументирующий терминал *(без вывода информации на твёрдый носитель)*
teller ~ банковский терминал
user ~ терминал пользователя
video display ~ видеотерминальное устройство, дисплей
termination прекращение, завершение; истечение срока ◇ ~ **by notice** прекращение (действия договора) уведомлением
~ **of agreement** истечение срока действия соглашения
contract ~ прекращение действия договора
terminology терминология
advertising ~ рекламная терминология
engineering ~ техническая терминология
judicial ~ юридическая терминология
technical ~ техническая терминология
territory территория; местность, район
ceded ~ уступленная территория
contractual ~ договорная территория
customs ~ таможенная территория
exclusive ~ (сбытовая) территория (на правах) исключительного обслуживания
high-market-share ~ территория с высокой долей рынка
licensed ~ территория действия лицензии
marketing ~ маркетинговая территория
sales ~ сбытовая территория; зона обслуживания
statistical ~ статистическая территория *(по которой собираются и публикуются статистические данные)*
test 1. испытание, проба, проверка 2. дегустация 3. тест *(для проверки)* ◇ ~ **for printability** испытание печатных свойств *(краски, бумаги)*; **to carry out** ~ проводить испытание; **to stand** ~ выдерживать испытание
~ **of infringement** проверка нарушения прав
~ **of significance** проверка значимости
abuse ~ испытания в условиях неправильной эксплуатации

accelerated ~ ускоренное испытание
acceptance ~ приёмочное испытание
acid ~ испытание с пристрастием, серьёзное [чрезвычайно жёсткое] испытание; критическая оценка
advertisement ~ опробование рекламного объявления
advertisement recognition ~ тест на узнаваемость объявлений
aided recall ~ тест на припоминание с подсказкой
approval ~ ускоренное испытание
aptitude ~ проверка профессиональной пригодности, тест на выявление (профессиональных) способностей
assessment ~ оценочное испытание
association ~ тест на выявление ассоциаций, ассоциативный тест
attitude ~ проверка отношений
attitude scale ~s тесты отношений с оценочной шкалой
awareness ~ проверка осведомлённости, тест на осведомлённость
binocular rivalry ~ проверка несовпадения изображений в глазах
blind(fold) ~ 1. испытание вслепую 2. закрытая дегустация
Burke ~ *см.* **day-after recall test**
business-building ~ оценка планов расширения дела *(проверка с целью удостовериться, обеспечат ли предлагаемые перемены в сферах рекламы и маркетинга рост объёмов, достаточный для оправдания затрат)*
check ~ контрольное испытание
clinical ~ клиническое испытание
commissioning ~s пусковые испытания
compatibility ~ тест на совместимость
concept ~ проверка замысла
consumer('s) ~ испытание на потребителях; оценка потребителем
consumer jury ~ исследование потребительского жюри
consumer opinion ~ исследование потребительских мнений
consumer home-use ~ испытание в условиях домашнего использования товара потребителем
consumer use ~s испытание потребителем в реальных условиях
copy ~ испытание текста

633

test

day-after recall ~ тест на запоминаемость рекламы на следующий день после контакта с ней
dealer ~s дилерские испытания, испытания у дилеров; проверка на дилерах
demonstration ~ демонстрационное испытание
distance ~ тест на удалённость
duplicate ~ повторное испытание
empirical ~ эмпирическая проверка
engineering ~ техническое испытание
event ~ испытания до получения конечных результатов
experimental ~ экспериментальное испытание
exposure ~ испытание на (воз)действие внешней среды
field ~ внекабинетное [полевое] испытание, испытание в реальных условиях; эксплуатационная проверка
film ~ кинопроба *(актёра)*
find-time ~ тест на продолжительность поиска, магазинный тест «на поиск» *(конкретного фасованного товара на стеллаже среди аналогичных упаковок ряда товаров других марок)*
formal ~ официальное испытание
freshness ~ проба на свежесть, проверка свежести
functional ~ функциональное испытание, проверка работоспособности
game ~ игровой тест, экспериментальная игра
identification ~ тест на опознание
illumination ~ тест на освещённость, исследование степени освещённости
informal ~ неофициальное испытание
in-house ~ внутрифирменное испытание
inquiry ~ тест на стимулирование запросов
intelligence (quotient) ~ проверка умственных способностей
interest inventory ~ тест на выявление интересов, анкетирование интересов
intermediate ~ промежуточный тест
investigation ~ исследовательское испытание

laboratory ~ 1. лабораторное испытание, лабораторная проба 2. лабораторный тест
life ~ испытание на долговечность
listening comprehension ~ тест на понимание на слух
literacy ~ образовательный ценз; проверка на грамотность
long-run [long-time] ~ продолжительное [длительное] испытание
mailing list ~ опробование рассылочного списка
market ~ 1. рыночный тест 2. испытание в рыночных условиях, проверка на рынке
means ~ проверка нуждаемости; тест на бедность
media ~ (сравнительное) испытание средств рекламы
mental ~ *см.* intelligence test
mock-up ~ испытание на модели [на макете]
model ~ типовое испытание; испытание на моделях
nondestructive ~ неразрушающее испытание
objective ~ объективное испытание
open ~ открытая дегустация
opinion ~ исследование мнений
palatability ~ определение вкусовых качеств
percentage ~ испытание *(партии товара)* на выборку
performance ~ 1. эксплуатационное испытание 2. критерий оценки эффективности работы *(фирмы)* 3. *психол.* тест физических реакций человека
personality ~ выявление основных черт характера, определение типа личности
pilot ~ экспериментальная проверка, экспериментальное испытание
portfolio ~ «альбомный» тест *(способ представления объявлений путём вкладывания их между страницами редакционных материалов в книге, напоминающей фотоальбом)*
practice ~ тренировочный тест
product ~ испытание продукции [товара]
proficiency ~ проверка квалификации *(при приёме на работу)*

testimony

psychological ~ психологический тест
quick ~ ускоренное испытание
recall ~ тест на запоминаемость [на прочность запоминания], тест на припоминание
recognition ~ тест на узнаваемость
reliability ~ испытание на надёжность
repeated ~ повторное испытание
role-playing ~ тест с разыгрыванием ролей
Rorschach ~ тест Роршаха *(предложенный в 1921 г. швейцарским психиатром Германом Роршахом тест, в ходе которого испытуемого просят рассказать, какие образы видятся ему на 10 карточках, покрытых бессмысленным набором цветных пятен-клякс. На основании полученных ответов составляют представление о психической активности испытуемого. Тест Роршаха широко применяется на Западе в ходе мотивационных исследований)*
sales ~ испытание [тестирование] сбыта
sales area ~ опробование сбытового района [сбытовой территории]
sales result ~ тест по результатам сбыта
screen ~ *экр.* проба на роль; кинопроба
screening ~ отборочное испытание
semantic differential ~ тест на семантический дифференциал
sentence completion ~ тест по завершению предложений
severe ~ испытание в жёстких условиях
sniff ~ проба на запах
split-run ~ тест методом разбивки тиража
stability ~ испытание на устойчивость
statistical ~ статистическое испытание
storage ~ испытание лёжкоспособности *(продуктов)*
story completion ~ тест по завершению рассказов
strength ~ испытание на прочность
tailor-made ~ тест, спланированный «на заказ»
taste ~ дегустация
thematic apperception ~ тематический апперцепционный тест, ТАТ
three-dimensional ~ трёхмерный [трёхвариантный] тест
time ~ исследование на продолжительность
torture ~ испытание в экстремальных условиях, испытание «пыткой»
trial ~ контрольное испытание
trouble-shooting ~ диагностический тест, тест на отыскание неисправностей
truth ~ тест на правдивость
valid ~ значащий [обоснованный] тест
validation ~ проверка пригодности
visibility ~ испытание обзорности, проверка видимости
visual ~ зрительное испытание, испытание на обзорность и внешний вид
wear ~ опытная носка *(одежды, обуви)*
word association ~ тест по подбору словесных ассоциаций

testimonial 1. характеристика 2. свидетельство в пользу товара, рекомендация товара ◇ ~ as to character характеристика *(человека)*
false ~ ложное свидетельство
letter ~ рекомендательное письмо
unsolicited [unstaged] ~ неинсценированное свидетельство
written ~ письменное свидетельство

testimony 1. доказательство, свидетельство 2. признак
credible ~ свидетельство, заслуживающее доверия
expert ~ свидетельство эксперта, экспертное заключение
false ~ лжесвидетельство
favourable ~ благоприятное [положительное] свидетельство
hearsay ~ свидетельство с чужих слов
incriminatory ~ уличающее свидетельство
irrelevant ~ неактуальное свидетельство, свидетельство, не имеющее отношения к делу

testimony

oral ~ устное свидетельство
product ~ свидетельство в пользу товара
relevant ~ свидетельство по существу, актуальное свидетельство
sworn ~ свидетельство под присягой
trustworthy ~ свидетельство, заслуживающее доверия
uncorroborated ~ неподтверждённое свидетельство
veracious ~ надёжное свидетельство
written ~ письменное свидетельство
testing тестирование, опробование ◊ ~
in the field проведение внекабинетных исследований
advertising ~ тестирование рекламы
development ~ доводочные испытания, испытания с целью доработки
direct ~ прямое тестирование
fade ~ *полигр.* испытание на выцветание
laboratory ~ лабораторные испытания
market ~ проверка в рыночных условиях
media ~ опробование средств рекламы
operational ~ испытание в реальных условиях; опытная эксплуатация
package ~ испытание упаковки
product ~ проведение товарных испытаний
product concept ~ анализ замысла товара
psychiatric depth ~ глубинное психотестирование
psychological ~ психологическое тестирование
sales ~ тестирование сбыта
simulation ~ испытание методом моделирования
text текст; оригинал, подлинник ◊ to
carry on to ~ располагать в подбор
adapted ~ адаптированный текст
advertising ~ рекламный текст, текст рекламного объявления
agreed ~ согласованный текст
approved ~ одобренный текст
awkward ~ шероховатый [недоработанный] текст
body ~ основной текст объявления
concise ~ краткий [сокращённый] текст

corrupt ~ искажённый текст
message ~ текст сообщения
original ~ подлинный текст, подлинник
poster ~ плакатный [афишный] текст
revised ~ исправленный [пересмотренный] текст
speaker's ~ дикторский текст
tabular ~ табличный текст
typewritten ~ машинописный текст
textbook учебник
advertising ~ учебник по рекламе
financial ~ учебник по проблемам финансирования
formal ~ официальный учебник
marketing ~ учебник по маркетингу
self-teaching ~ самоучитель
textile текстиль; текстильное изделие; ткань
apparel ~ одёжная ткань
cotton ~ хлопчатобумажное изделие
finished ~ готовое текстильное изделие
household ~ ткань домашнего обихода
theatre театр; аудитория, зал
drive-in ~ кинотеатр для автомобилистов
lecture ~ лекционный зал
little ~ театр-студия
movie ~ кинотеатр
national ~ государственный театр
open-air ~ театр на открытом воздухе, зелёный театр
operating ~ операционная
outdoor ~ театр на открытом воздухе, зелёный театр
participatory ~ театр с участием зрителей
projection ~ просмотровый зал
puppet ~ кукольный театр, театр марионеток
repertory ~ театр с постоянной труппой, репертуарный театр
toy ~ кукольный театр, театр марионеток
variety ~ мюзик-холл, театр-варьете
viewing ~ просмотровый зал
theme тема, основная мысль
advertising ~ тема рекламы, основная тема рекламной кампании, рекламная трактовка

thickness

alternative ~ альтернативная тема
campaign ~ тема (рекламной) кампании
central ~ центральная тема
copy ~ основная мысль текста
creative ~ творческая тема; творческое воплощение темы
marketing ~ основная тема [лейтмотив] маркетинга
message ~ тема обращения
promotional ~ рекламно-пропагандистская тема
recurring ~ повторяющаяся тема
sales-winning ~ тема, выигрышная с точки зрения стимулирования сбыта
selling ~ рекламно-коммерческая тема
unifying ~ объединяющая тема
theoretician, theorist теоретик
advertising ~ теоретик рекламы
economic ~ экономист-теоретик
theory теория, концепция; предположение, догадка ◇ **to frame** ~ создавать теорию
~ **of attributes** *стат.* теория качественных признаков
~ **of chances** теория вероятности
~ **of choice** теория выбора
~ **of consumption** теория потребления
~ **of evolution** эволюционная теория
~ **of knowledge** теория познания
~ **of utility** теория полезности
active learning ~ **of advertising** теория активно-познавательной роли рекламы, теория активного познания с помощью рекламы *(утверждает, что эффект рекламы заключается в передаче ею информации, которая вызывает перемены в отношениях потребителей и в их поведении)*
advertising ~ теория рекламы
brand-image ~ теория образа марки
classic(al) ~ классическая теория
cognitive dissonance ~ теория диссонанса сознания
communications ~ теория коммуникаций
competitive price ~ теория конкурентных цен
consistent ~ последовательная теория
conventional ~ традиционная теория
decision ~ теория принятия решений
demand ~ теория спроса
dissonance reduction ~ of advertising теория о рекламе как о средстве снятия остроты (внутреннего) диссонанса *(поведение потребителей ведёт к переменам в их подходах и отношениях, что, в свою очередь, заставляет людей обращаться к рекламной информации, помогающей объяснить или закрепить вновь сформировавшиеся подходы и отношения)*
economic ~ экономическая теория
exchange ~ теория обменов
general economic ~ общеэкономическая теория
information ~ теория информации
invalid ~ несостоятельная теория
learning ~ теория познания
linkage ~ теория увязок
low-involvement ~ of advertising теория слабой вовлекательной силы рекламы, теория о рекламе как о слабом средстве вовлечения *(утверждает, что эффект рекламы заключается во внесении изменений в восприятие характерных особенностей марки, что сказывается на поведении потребителя, а после использования товара может привести к изменению потребительских отношений)*
macroeconomic ~ макроэкономическая теория
marketing management ~ теория управления маркетингом
pattern ~ теория схем
price ~ теория цен
statistical ~ статистическая теория
tenable ~ разумная теория
tested ~ апробированная теория
thermography 1. термография **2.** печать с последующим оплавлением рельефа; рельефная [выпуклая] печать
Theta Sigma Phi *амер.* «Женщины в сфере коммуникаций» *(профессиональное сообщество женщин-специалистов, работающих в журналистике, средствах вещания)*
thickness толщина; утолщение; густота, плотность
~ **of population** плотность населения
coating ~ толщина покрытия

thickness

optical ~ оптическая плотность
type ~ толщина шрифта
thing 1. вещь, предмет; явление 2. *pl* имущество, вещи, багаж
~ of general description вещь, определяемая родовыми признаками
~ of value ценностно значимый объект
generic ~ *см.* thing of general description
intangible ~ нематериальная вещь
tangible ~ материальный предмет
thinking размышление; мнение
abstract ~ абстрактное мышление
blue-sky ~ свободный полёт мысли
business ~ деловое мышление
concrete ~ конкретное мышление
constructive ~ конструктивное мышление
creative ~ творческое мышление
fuzzy ~ туманные мысли
innovative ~ новаторское мышление
lateral ~ широкий кругозор, всесторонний подход к делу
legal ~ правовое мышление
scientific ~ научное мышление
strategic ~ стратегическое мышление
wishful ~ выдача желаемого за действительное
thirty ("30") 1. знак конца [окончания], конечная метка 2. тридцатисекундный рекламный ролик
Thirty Rock *амер. жарг.* «Булыжник № 30» *(прозвище здания штаб-квартиры американской вещательной корпорации «Эн-Би-Си»)*
thought мысль, идея; мышление
collective ~ коллективная мысль
descriptive ~ мысленная характеристика
persistent ~ неотступная мысль
religious ~ религия, религиозные убеждения
threading зарядка плёнки *или* ленты *(в киноаппарат, магнитофон)*
threat угроза; опасность ◇ to pose ~ угрожать
~ of violence угроза применения насилия
immediate ~ непосредственная угроза
implicit ~ подразумеваемая угроза
perceived ~ осознанная [представляемая] угроза

threshold порог
absolute ~ абсолютный порог ощущения *(минимальная величина раздражителя, впервые начинающего вызывать ощущение)*
auditory ~ порог слышимости, слуховой порог
awareness ~ порог (минимально необходимой) осведомлённости, нижняя граница уровня осведомлённости *(о товаре)*
differential ~ дифференциальный порог, порог различения *(двух раздражителей между собой)*
hearing ~ порог слышимости, слуховой порог
intelligibility ~ порог разборчивости
odour ~ порог ощущения запаха
operation ~ порог срабатывания
profit ~ нижняя граница нормы прибыли
recognition ~ порог распознавания *(торговой марки)*
sensitivity ~ порог чувствительности
signal ~ порог различимости сигнала
stimulus ~ абсолютный порог ощущения
visual ~ зрительный порог, порог зрительного ощущения, порог светоощущения
throughput пропускная способность; производительность; товарооборот
throwaway предмет разового пользования; рекламный листок *(раздаваемый прохожим на улице)*
throw-up выделение текста *(за счёт втяжки, разрядки, подчёркивания, печати шрифтом иного начертания, кегля или гарнитуры)*
thrust:
mass-marketing ~ (интенсивная) кампания по массовому маркетингу
thumbnail (небольшой) набросок чернового макета, макет в мелком масштабе
ticket 1. билет 2. ярлык, талон 3. ценник ◇ to order [to reserve] ~ заказ(ыв)ать билет
~ of admittance входной билет
alteration ~ ярлык с указателями изменений цен
cloakroom ~ номерок на вешалке
complimentary ~ бесплатный билет

time

concert ~ билет на концерт
entrance ~ входной билет
excursion ~ билет на экскурсию
hard ~ оплаченный билет, билет с зарезервированным местом
job ~ 1. рабочая [технологическая] карточка 2. заказ-наряд, рабочее задание
member's ~ членский билет
parking ~ штрафной талон за нарушение правил парковки
platform ~ перронный билет
price ~ ценник, этикетка с ценой
railroad ~ железнодорожный билет
season ~ сезонный билет
speeding ~ (штрафной) талон за превышение скорости
theatre ~ билет в театр
through ~ билет прямого сообщения, «сквозной» билет

tickler *амер.* памятная книжка *(с записью важнейших событий, дней рождения, годовщин, сроков выполнения работ)*

tie-in 1. увязка 2. сопутствующее мероприятие *(приуроченное к какому-л. событию)* 3. товар, продаваемый в нагрузку, товар-нагрузка 4. навязывание принудительного ассортимента
dealer ~ ссылка на дилеров, упоминание дилеров *(в объявлениях, полностью оплаченных общенациональным рекламодателем по расценкам общенациональной рекламы)*

tier класс; уровень *(цен)*
pay ~ категория платных услуг

tie-up 1. задержка, остановка 2. прекращение работы 3. согласованная кампания рекламы в прессе и с помощью выставок

till кассовый аппарат; выдвижной ящик *(для денег)*, касса

tilt 1. навес, тент, зонт 2. *экр.* вертикальное панорамирование

time время; период, срок; момент ◇ one ~ only «только один раз» *(пометка на заказе на размещение объявления)*; to gain ~ выиграть [оттянуть] время
access ~ время доступа *(интервал времени между началом операции* считывания *и выдачей данных из запоминающего устройства ЭВМ)*
advertising ~ рекламное время, время под рекламу *(в США сетевому телевидению разрешено выделять под рекламу и передачу прочих внепрограммных материалов не более 9,5 мин./ч пикового времени и не более 16 мин./ч в остальное время)*
afternoon drive ~ *амер.* вечерний (радио)час водителя *(от 16.00 до 19.00 ч, когда люди возвращаются с работы)*
air ~ эфирное время, время вещания
allotted ~ выделенное (эфирное) время
arrival ~ время прибытия
assigned storage ~ назначенный срок хранения
available commercial ~ *амер.* время, выделяемое под рекламу радиостанцией *или* телецентром
average ~ среднее время
averaged ~ усреднённое время
barter ~ *вещ.* бартерное время *(продаваемое на бартерной основе)*
best ~ available наиболее удобное время по усмотрению станции *(условие, при котором заказчик платит за размещение своей рекламы по минимальным расценкам)*
billing ~ сроки расчётов [выставления счетов]
blocked-out ~ блокированное время *(которое не может быть продано под рекламу)*
broadcast(ing) ~ эфирное время, время вещания
class "A" television ~ *амер.* класс «А» телевизионного времени *(17.00—18.29 и 22.30—24.00 ежедневно)*
class "AA" television ~ *амер.* класс «АА» телевизионного времени *(18.29—22.30 ежедневно)*
class "B" television ~ *амер.* класс «В» телевизионного времени *(15.29—17.00 ежедневно)*
class "C" television ~ *амер.* класс «С» телевизионного времени *(8.59—15.29 ежедневно)*
class "D" television ~ *амер.* класс

639

time

«D» ~ телевизионного времени *(8.59—начало работы и 24.00—конец работы ежедневно)*
commercial ~ *см.* advertising time
computer ~ машинное время
core ~ обязательные [присутственные] рабочие часы; часы, когда все сотрудники должны быть на рабочих местах
customer delivery ~ время доставки товара потребителю; время обслуживания одного заказчика
cycle ~ продолжительность [длительность] цикла
decision ~ время (принятия) решения
delivery ~ срок доставки [поставки], срок выполнения заказа
departure ~ время отправления
down ~ простой, время простоя, потерянное время
drive [driving] ~ время поездки [проезда] на автомобиле; время в пути на работу и с работы, час водителя
early fringe ~ *амер.* предпиковое «пограничное» время, предпиковый периметр *(17.00—19.30)*
exposure ~ продолжительность экспонирования, выдержка
face ~ время, проводимое (коммивояжёром) лицом к лицу с клиентом, время личного контакта *(коммивояжёра с покупателем)*
family viewing ~ *амер. вещ.* «семейный экран», семейное время, время семейных просмотров *(интервал с 19.00 до 21.00 ч, когда телецентрам предписано передавать программы, пригодные для просмотра всей семьёй)*
field ~ время на местах, время внекабинетной работы
fringe ~ *экр.* предпиковое и послепиковое время, (временной) периметр
housewife ~ *вещ.* час домохозяйки *(дневные часы, обычно с 10.00 до 16.00 ч)*
idle [ineffective] ~ *см.* down time
late fringe ~ послепиковое «пограничное» время, послепиковый периметр *(23.00 — окончание работы)*
lead ~ 1. время на подготовку к работе, подготовительный период 2. срок разработки *(новой продукции)* 3. время опережения 4. время реализации [выполнения] заказа
leisure ~ досуг, свободное время
life ~ срок службы, долговечность
limited ~ ограниченное время
local ~ местное время
media ~ время в средствах рекламы
morning drive ~ *амер.* утренний (радио)час водителя *(от 6.30 до 10.00, когда люди едут на работу)*
network option ~ резервное время сети *(в сетке вещания станции-филиала)*
network television ~ время телевизионной сети
nonproducing ~ непроизводительное время
off ~ нерабочее время
off-season ~ межсезонье
payback ~ срок окупаемости
peak ~ пиковое время
playing ~ время звучания *(пластинки, кассеты)*
pre-emptible ~ *вещ.* время условного размещения *(время, которое может быть отдано другому, более выгодному для станции клиенту, несмотря на предыдущий заказ)*
preset ~ заданное время
prime ~ пиковое время
purchase lead ~ время реализации покупки
reasonable ~ разумный [разумно необходимый] срок
recall ~ время припоминания
reordering ~ время оформления повторного заказа
running ~ *экр.* продолжительность демонстрации фильма
sales ~ *см.* selling time
sample ~ *стат.* период получения выборки; сроки обследования
schedule(d) ~ запланированное время, время по расписанию [по графику], срок исполнения
screen ~ экранное время, продолжительность фильма
selling ~ время, посвящённое непосредственно обеспечению запродажи, коммерчески полезное время
sell-off ~ сроки проведения кампа-

title

нии по стимулированию сбыта; период активных продаж
service repair ~ время сервисного ремонта
shopping ~ время (для) совершения покупок; время на покупки
specified ~ заданное время
spot radio ~ время (для) точечной радиорекламы
spot television ~ время (для) точечной телерекламы
station option ~ собственное эфирное время станции-филиала *(которым она может распоряжаться по своему усмотрению)*
storage ~ срок [продолжительность] хранения
survival ~ долговечность
task ~ время (для) выполнения задания
television ~ телевизионное время
testing ~ время испытаний
travel ~ время нахождения в пути
turnaround ~ 1. оборачиваемость, время оборачиваемости 2. межремонтный срок службы 3. *полигр.* длительность цикла обработки
turnover ~ *см.* turnaround time 1.
useful ~ полезное время
vacation ~ отпускное [каникулярное] время
viewing ~ смотровое время *(проводимое телезрителем у экрана в течение суток)*
zone ~ зональное [поясное] время
time-consuming требующий (много) времени
timeline план-график
time-organized организованный по временному принципу
timing срок; выбор времени, распределение по времени
~ **of orders** срок(и) выполнения заказов
media ~ календарный план использования средств рекламы
proper ~ выбор подходящего времени
purchase ~ выбор времени (совершения) покупки
tip 1. совет, намёк 2. сведения, полученные частным образом *(из надёжного источника)*

research ~ полезный совет по проведению исследования
straight ~ надёжный совет
tip-in (малоформатный) рекламный вкладыш в периодическое издание *(в виде листовки или карточки)*
tip-on наклейка, наклеенный лист; точечная склейка
tissue (тонкая) ткань; бумажный носовой платок, бумажная салфетка
~ **of lies** паутина лжи
carbon ~ пигментная бумага
facial ~ косметическая салфетка
lens ~ протирочная ткань для объектива
toilet ~ туалетная бумага
title 1. заголовок, название 2. *экр.* титр 3. титул, право собственности 4. титульный лист, титул ◇ **to take** ~ **to goods** брать [принимать] (на себя) право собственности на товар
absolute ~ исключительное право собственности
animated ~ мультипликационный титр
art ~ художественно оформленный титр
continuity ~ связующий титр, соединительная надпись *(между сценами фильма, отделёнными друг от друга временем или местом)*
crawling ~ ползущий *(снизу вверх по экрану)* титр, движущийся титр
credit ~**s** титры с перечислением участников [создателей] фильма
creeping ~ *см.* crawling title
duplicate ~ контртитул
end ~ конечный титр; надпись «конец фильма»
explanatory ~ пояснительный титр
false ~ *полигр.* шмуцтитул
good ~ неоспоримое право собственности, обоснованный [законный] титул
insert ~ впечатанная надпись, субтитр
job ~ название должности, должность
legal ~ правовой титул
made-up ~ искусственное заглавие *(даётся при отсутствии заглавия)*
main ~ заглавный титр, титуль-

title

ный кадр, надпись с названием фильма
nondescript ~ заголовок, не дающий представления о содержании материала
occupational ~ название должности, должность
perfect ~ *см.* good title
permanent running ~ *полигр.* постоянный [«мёртвый»] колонтитул
roll(er) ~s *экр.* движущиеся титры
running ~ *полигр.* колонтитул
second ~ подзаголовок
shortened ~ сокращённый [укороченный] заголовок
superimposed ~ впечатанная надпись, субтитр
valid ~ *см.* good title
variable running ~ *полигр.* переменный [«живой»] колонтитул
voidable ~ оспоримый титул
window ~ заголовок окна *(на экране дисплея)*
working ~ рабочее название
toiletries туалетные принадлежности, парфюмерно-косметические товары
tolerance 1. терпимость, допустимость 2. допуск, допустимое отклонение
close ~ жёсткий допуск, допуск в узких пределах
length ~ допуск по длине
limit ~ предельный допуск
loose ~ допуск в широких пределах, большой допуск
manufacturing [production] ~ производственный допуск
racial ~ расовая терпимость
specified ~ заданный допуск
statistical ~ статистический допуск
tight ~ жёсткий допуск, допуск в узких пределах
toll 1. пошлина; сбор 2. (дополнительная) плата за услуги 3. мостовой сбор *(плата за проезд по мосту)*
road ~ дорожная пошлина
tollvision платное [абонентское] телевидение
tone 1. тон, тональность 2. характер, стиль
broken ~ ступенчатая градация тонов
continuous ~ плавный переход тонов
deep ~ насыщенный [глубокий] (полу)тон

flat ~ тусклый [блёклый] тон
(high)light ~ светлый тон
image ~ градация тонов изображения
intermediate ~ промежуточный тон
neutral ~ нейтральный тон, ахроматический цвет
shadow ~s тени, тёмные тона
varying ~s переход [варьирование] тонов
tool 1. инструмент, приспособление, орудие труда 2. способ, средство
~ **of science** орудие науки
business ~ орудие бизнеса [предпринимательства, коммерческой деятельности]
communication ~ средство коммуникации
competitive ~ орудие конкуренции
control ~ средство контроля
diagnostic ~ средство диагностики
garden ~ садовый инструмент
hand ~ ручной инструмент
lawn and gardening ~s садово-огородный инвентарь
learning ~ обучающее средство
management ~ орудие [средство] управления
marketing ~ орудие [средство] маркетинга
mass-communication ~ средство массовой коммуникации
mass-marketing ~ средство массового маркетинга
mass-promotion ~ средство массового стимулирования
motivating ~ средство мотивации
non-price marketing ~ неценовое орудие маркетинга
positioning ~ средство позиционирования *(товара на рынке)*
power ~s механический инструмент
promotional ~ средство стимулирования *(сбыта)*
reinforcing ~ средство закрепления [подкрепления]
research ~ средство исследования
riveting ~ клепальное устройство
sales [selling] ~ средство сбыта
time-management ~ средство контроля за использованием времени
top-flight высшего ранга, первосортный
topic тема, предмет *(беседы)*
~ **of the day** злободневная тема

track

topicality насущность, актуальность
top-of-the-line первоклассный
total 1. сумма, итог, общее количество 2. *pl* результаты
  control ~ контрольная сумма
  final [grand] ~ общий итог, итоговая [конечная] сумма
  intermediate ~ промежуточная сумма, промежуточный итог
  minor ~ частичная сумма, частичный итог
  moving ~ скользящая сумма, скользящий итог
  progressive ~ нарастающий итог
  sum ~ общая сумма, совокупность
totality целостность; совокупность; общее количество ◇ in ~ в целом, вместе
  general ~ генеральная совокупность
  selection ~ выборочная совокупность
touchstone характерная особенность, критерий
tour поездка, турне; гастроль
  conducted ~ путешествие [экскурсия] с гидом
  fact-finding ~ ознакомительная поездка
  group excursion ~ турне для (организованной туристской) группы
  guided ~ организованная экскурсия
  organized ~ организованная поездка
  package ~ комплексное турне, (туристическая) поездка с полным обслуживанием
  pedestrian ~ пешеходная прогулка, туристический поход
  shopping ~ поездка [поход] за покупками
  sightseeing ~ экскурсия с осмотром достопримечательностей
  study ~ ознакомительная поездка
  walking ~ пешеходная экскурсия
  wedding ~ свадебное путешествие
tourism туризм
  mass ~ массовый туризм
towel полотенце, салфетка
  bath ~ купальное полотенце
  disposable paper ~ одноразовое бумажное полотенце
  honeycomb ~ вафельное полотенце
  paper ~ бумажная салфетка, бумажное полотенце
  sanitary ~ гигиеническая салфетка
  terry ~ махровое полотенце
town город(ок), местечко; административный центр
  agricultural ~ агрогород
  boom ~ быстро растущий город
  chief ~ главный город *(округа, департамента)*
  county ~ главный город графства
  incorporated ~ самоуправляющееся городское поселение
  manufacturing ~ фабричный город
  market ~ торговый город
  one-industry ~ город с одной отраслью промышленности
  satellite ~ город-спутник
  test ~ «пробный» город *(выбранный для проведения исследований)*
tracing 1. калькирование; калька 2. прослеживание, поиск
  audience ~ калькирование аудитории
  fault ~ поиск неисправностей
track 1. курс, путь 2. след 3. дорожка *(фонограммы)*, звуковая дорожка
  backing ~ 1. дорожка записи и аккомпанемента 2. предварительно записанный аккомпанемент *(для последующего наложения голосов исполнителей)*
  curtain ~ карниз *(для штор)*
  dialogue ~ речевая фонограмма
  dub ~ совмещённая фонограмма
  effects ~ *см.* sound effects track
  jingle ~ фонограмма с рекламным куплетом, фонограмма музыкального логотипа
  language ~ языковое сопровождение
  laugh ~ фонограмма с записью смеха
  magnetic ~ магнитная звуковая дорожка
  master sound ~ окончательная [контрольная] фонограмма, фонограмма на одной плёнке
  mixed ~ совмещённая фонограмма
  music ~ музыкальная фонограмма
  music-and-effects ~ музыкально-шумовая фонограмма
  optical ~ оптическая фонограмма; начисто смонтированный негатив фонограммы
  promotion ~ путь служебного продвижения
  race ~ ипподром
  scratch ~ черновая фонограмма

track

sound ~ фонограмма, звуковая дорожка
sound effects ~ шумовая фонограмма, «шумы», фонограмма звуковых эффектов
video ~ дорожка видеозаписи, видеодорожка
visual ~ изображение *(фильма)*
voice ~ речевая фонограмма
tracking слежение; сопровождение
customer attitude ~ наблюдение за отношением клиентов *(к фирме)*; анализ отношений клиентов [покупателей]
trade 1. торговля 2. ремесло 3. занятие, профессия 4. отрасль *(торговли, производства)* ◇ to depress ~ ослаблять торговлю; to load ~ насыщать сферу торговли; to set up in ~ открывать торговое предприятие
adversarial ~ противоборствующая торговля
barter ~ бартерная [меновая] торговля
book ~ книжная торговля, торговля книгами
cash ~ торговля за наличные *(в отличие от продажи в кредит)*
clothing ~ 1. торговля швейными изделиями 2. швейная промышленность
coastal ~ каботажная [прибрежная] торговля
compensation ~ компенсационная торговля *(при которой экспортёр даёт согласие на получение в счёт платежа товаров из страны-импортёра)*
competitive ~ 1. состязательная [конкурентная] торговля 2. конкурентоспособное предприятие *(в данной отрасли торговли)*
complementary ~ взаимодополняющая торговля
cooperative retail ~ кооперативная розничная торговля
counter ~ встречная торговля
domestic ~ внутренняя торговля
dress ~ торговля готовым платьем
foreign ~ внешняя торговля
frontier ~ приграничная торговля
graphic ~ полиграфическое производство

home ~ внутренняя торговля
installment ~ купля-продажа в рассрочку
intermediate ~ посредническая торговля; торговое посредничество
international ~ международная торговля
intracompany ~ внутрифирменная торговля
mail-order ~ посылочная торговля, торговля по почтовым заказам; система посылторга
mercantile ~ торговля товарами
potter ~ гончарное ремесло
printing ~ 1. печатное [типографское] дело; полиграфическое производство 2. профессия печатника
publishing ~ издательское дело
retail ~ розничная торговля, розница
retail delivery ~ развозная торговля
sea-borne ~ морская торговля
seasonal ~ сезонная торговля
service ~ отрасль обслуживания
stagnant ~ вялая торговля
tally ~ торговля в рассрочку [с рассрочкой платежа]
tourist ~ туризм
transit ~ транзитная торговля
wholesale ~ оптовая торговля
world ~ мировая торговля
trade-in встречная продажа *(обмен старых товаров на новые)*; товарообменный план; принятие старых товаров
trademark товарный знак; фабричная марка ◇ ~ adopted to distinguish товарный знак, предназначенный для опознания *(отвечающий требованиям охраноспособности)*; ~ capable of distinguishing товарный знак, способный к различению; ~ lacking distinctiveness товарный знак, лишённый различительной силы; ~ perceived by smell обонятельный товарный знак; ~ perceived by taste вкусовой товарный знак; ~ perceived by touch осязательный товарный знак; ~ protected telle quelle товарный знак, охраняемый таким, как он есть; to identify by ~ установить подлинность по товарному знаку
abandoned ~ товарный знак, от пра-

trademark

ва на который его владелец отказался

abstract ~ абстрактный товарный знак

active ~ действующий [используемый] товарный знак

altered [amended] ~ изменённый товарный знак, товарный знак с изменениями

arbitrary ~ случайный товарный знак *(никак не связанный с товаром по смыслу)*

associated ~s объединённые товарные знаки

bourgeois-realist ~ товарный знак в духе буржуазного реализма

certification ~ сертификационный товарный знак *(на товары или услуги, предоставляемые лицом, не являющимся владельцем этого товара)*

circle ~ товарный знак в виде круга; «окольцованный» товарный знак

collective ~ коллективный товарный знак

combined ~ комбинированный товарный знак

computerized ~ товарный знак компьютерного поколения

conflicting ~ коллидирующий товарный знак

confusing ~ *см.* deceptive trademark

corporate ~ фирменный товарный знак

deceptive ~ товарный знак, вводящий в заблуждение

defensive ~ защитный товарный знак

descriptive ~ описательный товарный знак

design [device] ~ изобразительный товарный знак

disclaimed ~ товарный знак, от которого отказались

distinctive ~ выделяющийся товарный знак; товарный знак, обладающий различительными признаками

famous ~ *см.* world-known trademark

federally-registered ~ федеральный [общенациональный] товарный знак

figurative ~ изобразительный товарный знак

figure ~ 1. цифровой товарный знак 2. изобразительный товарный знак

forged ~ поддельный товарный знак

imitated [imitative] ~ имитирующий [подражательный] товарный знак

infringed ~ товарный знак, права которого нарушены

international ~ международный товарный знак

internationally uniform ~s товарные знаки, единообразные в международном масштабе

invented word ~ товарный знак в виде придуманного слова

jointly owned ~ товарный знак совместного владения

legitimate ~ товарный знак, охраняемый законом

letter ~ буквенный товарный знак

monogram ~ товарный знак в виде монограммы, знак-монограмма

national ~ товарный знак с национальным колоритом

native ~ местный товарный знак

obsolete ~ устаревший товарный знак

offending ~ нарушающий товарный знак; оскорбительный товарный знак

official ~ официальный товарный знак

old-fashioned ~ старомодный товарный знак

persuasive ~ увещевательный [убеждающий] товарный знак

pharmaceutical ~ товарный знак фармацевтических изделий

pictorial ~ изобразительный товарный знак

presentation ~ презентативный товарный знак

printed ~ печатный товарный знак

prospective ~ потенциальный товарный знак

recognized ~ признанный [правомочный] товарный знак

registered ~ зарегистрированный товарный знак

rejuvenated ~ обновлённый товарный знак

representational ~ предметно-изобразительный товарный знак, товарный знак смысловой изобразительности *(в противовес знаку с абстрактным изображением)*

trademark

resembling ~s сходные товарные знаки
service ~ знак обслуживания
signature ~ товарный знак в виде подписи
similar ~s сходные товарные знаки
sketchy ~ контурный товарный знак
slogan ~ товарный знак в виде девиза, знак-девиз
sophisticated ~ усложнённый товарный знак
sound ~ звуковой товарный знак
static ~ статичный товарный знак
strong ~ эффективный товарный знак
stylized ~ стилизованный товарный знак
suggestive ~ суггестивный товарный знак *(наводящий на размышление)*
symbolic ~ товарный знак с использованием символа
technical ~ технический товарный знак; товарный знак технического изделия
three-dimensional ~ объёмный товарный знак
twen ~ знак на товары для лиц от 20 до 30 лет
two-dimensional ~ двухмерный товарный знак
umbrella ~ «зонтичный» товарный знак, товарный знак-«зонтик» *(обычно знак предприятия, под которым продаётся вся номенклатура выпускаемых им изделий)*
uniform ~s единообразные товарные знаки
unregistered ~ незарегистрированный товарный знак
vertically aligned ~ товарный знак вертикального построения
visual ~ визуальный товарный знак
weak ~ неэффективный товарный знак
well-known ~ общеизвестный товарный знак
word ~ словесный товарный знак
world-known [world-renowned] ~ мировой [общеизвестный] товарный знак
trademarker владелец товарного знака
trade-off компромисс, альтернатива
   cost-reliability ~ компромиссное соотношение между затратами и надёжностью
   profit-wage ~ компромиссное соотношение между прибылью и уровнем заработной платы
   time-cost ~ компромиссное соотношение между временем и затратами
   time-resource ~ компромиссное соотношение между временем и ресурсами
trade-out 1. бартерная торговля **2.** вещ. эфирный бартер *(предложение эфирного времени с оплатой товарами или услугами рекламодателя)*
trader (оптовый) торговец, коммерсант
   mail-order ~ **1.** продавец сферы посылочной торговли **2.** предприятие посылторга
   petty ~ мелкий торговец
tradesman торговец; лавочник
tradester торгаш
trading торговля, коммерция
   aggressive ~ агрессивный сбыт, агрессивная торговля; агрессивная торговая политика
   block ~ продажа крупными партиями
   circular ~ «круговая» торговля, торговля «в круговую»
   day ~ дневной торговый оборот
   public ~ государственная торговля
   spot ~ продажа с немедленной оплатой и поставкой
traditionalist приверженец традиций, традиционалист, сторонник традиционного подхода
traffic 1. людской поток; поток покупателей в магазине **2.** (уличное) движение; перевозки; грузооборот **3.** нагрузка *(канала передачи)* **4.** информационный поток **5.** *pl* объекты перевозки ◇ **in transit** транзит, транзитные перевозки
   air ~ воздушное сообщение
   automobile ~ автомобильное движение
   communications ~ коммуникационный обмен, коммуникационная связь
   consumer [customer] ~ поток покупателей [клиентов]
   data ~ поток данных; информационная нагрузка

training

freight ~ грузовые перевозки, грузовое сообщение, перевозки грузов
heavy ~ интенсивное [напряжённое] уличное движение
long-distance [long-haul] ~ дальние [магистральные] (грузовые) перевозки
maritime ~ морское судоходство
passenger ~ пассажиропоток
pedestrian ~ пешеходное движение, поток пешеходов
reader ~ распределение читательского внимания *(по разделам издания)*
readership ~ движение читательской аудитории
road ~ дорожное движение
store ~ поток посетителей в магазине; посещаемость магазина
street ~ уличное движение
through ~ сквозное [транзитное] движение, прямое сообщение
trunk ~ междугородное транспортное сообщение
trailer 1. прицеп 2. *экр.* конечный ролик, конечный раккорд 3. анонс *(кинофильма)*
frozen food ~ прицеп-рефрижератор для перевозки замороженных продуктов
runout ~ *экр.* конечный раккорд
tank ~ прицеп-цистерна, прицепная цистерна
tilt ~ прицеп с опрокидывающимся кузовом
tourist ~ жилой прицеп, прицеп-дача
truck ~ (грузовой) автомобильный прицеп
train 1. поезд, состав 2. процессия, кортеж 3. ряд, вереница
~ of thought ход мыслей
commuter ~ пригородный поезд
express [fast] ~ скорый поезд
freight ~ товарный поезд
funeral ~ похоронная процессия
long-distance ~ поезд дальнего следования
mixed ~ товаропассажирский поезд
passenger ~ пассажирский поезд
quick ~ скорый поезд
through ~ поезд прямого сообщения, сквозной поезд
truck ~ автопоезд
wild ~ поезд, идущий вне расписания
trainee стажёр, практикант
buyer ~ закупщик-стажёр
management ~ стажёр на руководящую [управленческую] должность, руководитель-стажёр
sales ~ ученик продавца
training обучение, подготовка; тренировка
academic ~ теоретическая подготовка
additional ~ дополнительное (профессиональное) обучение
apprentice ~ ученичество, профессионально-техническое обучение
autogenic ~ аутогенная тренировка
environmental ~ природоохранное обучение, образование в области скружающей среды
formal ~ формальное обучение
group ~ групповое обучение
individual ~ индивидуальное обучение, индивидуальная подготовка
in-house ~ подготовка [обучение] собственными силами *(в рамках фирмы)*
in-plant ~ *см.* on-the-job training
laboratory ~ лабораторная тренировка
lifetime ~ пожизненное обучение
lodge-in ~ обучение с совместным проживанием обучаемых
management ~ подготовка руководства [руководящего состава]
occupational ~ профессиональная подготовка
off-site ~ обучение с отрывом от производства
on-the-job ~ обучение в процессе работы; подготовка без отрыва от производства
product ~ обучение обращению с товаром
professional ~ профессиональное обучение
sales ~ обучение торгового персонала; торговое обучение, обучение искусству торговли
sensitivity ~ тренировка восприимчивости *(психологическая подготовка)*
vocational ~ профессиональное обучение

trainship

trainship транспортировка по методу «рельсы—судно»
trait характерная черта, особенность, свойство
  adaptive ~ адаптивный [приспособительный] признак
  desired ~ желательный [требуемый] признак
  family ~ семейная [фамильная] черта
  innate ~ врождённый признак
  personality ~s черты характера
transaction 1. сделка; операция 2. ведение *(дел)* ◇ to close ~ заключать сделку
  ~ of right сделка по передаче права, передача права
  advertising ~ рекламная сделка, акт рекламы
  barter ~ бартерная [товарообменная] сделка
  betting ~ сделка, заключённая на пари
  business ~ деловая операция
  buying and selling ~ *см.* sales transaction
  cash ~ сделка за наличный расчёт
  commercial ~ коммерческая сделка
  compensation ~ компенсационная сделка
  completed ~ заключённая [завершённая] сделка
  credit ~ кредитная сделка
  criminal ~ преступная [уголовно-наказуемая] сделка
  currency ~s валютные операции
  economic ~ экономическая операция
  extortionate ~ вымогательская сделка
  financial ~ финансовая сделка
  forward [future] ~ сделка на срок, срочная сделка
  inventory ~s 1. операции с товарно-материальными запасами 2. движение материальных запасов
  market ~s рыночные сделки
  marketing ~s маркетинговые сделки
  monetary ~ денежная сделка, денежная операция
  nonmarket ~ нерыночная [внутрифирменная] сделка *(между головной компанией и её филиалами или между филиалами)*
  nonrecurring ~ неповторяющаяся сделка
  payment ~ платёж, акт платежа
  private ~ частная сделка
  queer ~ подозрительная сделка
  retail ~ розничная сделка
  sales ~ торговая сделка, акт [сделка] купли-продажи
  shady ~ тёмная [сомнительная] сделка
  spot ~ сделка на наличный товар
  usurious ~ ростовщическая сделка
  wholesale ~ оптовая сделка
transfer 1. передача, уступка 2. перевод, перечисление *(денег)* 3. перенос, перевод *(изображения)* ◇ ~ into account перевод на счёт; to make ~ делать перевод; to pay by ~ оплатить переводом
  ~ of authority передача прав [полномочий]
  ~ of ownership передача права собственности
  ~ of possession передача права владения
  ~ of title передача (правового) титула
  bank ~ банковский перевод
  contractual ~ передача по контракту
  data ~ передача [пересылка] данных
  dye ~ высококачественный цветной отпечаток со слайда *(пригодный для ретуширования с целью последующего воспроизведения)*
  film-to-tape ~ перезапись с киноплёнки на видеоленту
  image ~ перенос изображения
  income ~ 1. перемещение [перераспределение] доходов 2. *pl* доходы в виде социальной помощи
  information ~ передача информации
  licence ~ переуступка лицензии
  money ~ денежный перевод
  permitted ~ разрешённая передача
  tape-to-film ~ перезапись с видеоленты на киноплёнку
  technological [technology] ~ передача технологии
  video disk-to-film ~ перезапись с видеодиска на киноплёнку
transformation 1. трансформация, пе-

реход *(в другое состояние)* **2.** преобразование, превращение; изменение
 data ~ преобразование данных
 direct ~ непосредственное преобразование
 double ~ двойное преобразование
 functional ~ функциональное преобразование
 inverse ~ обратное преобразование
 reversible ~ обратимое превращение
 scale ~ изменение масштаба
transit 1. проезд; транзит; перевозка **2.** *амер.* городской транспорт ◇ **in** ~ при транспортировке, в пути
 ~ **of goods** перевозка грузов
 mass ~ массовые перевозки
transition 1. переход, перемещение **2.** переходный период **3.** *экр.* наплыв **4.** монтажный переход
 defocus ~ *экр.* наплыв расфокусировкой
 direct ~ прямой переход
 scene-to-scene ~ *экр.* переход от плана к плану
 sharp ~ резкий переход
translation 1. перевод **2.** объяснение, толкование **3.** трансляция; передача
 authorized ~ авторизованный перевод
 consecutive ~ последовательный перевод
 free ~ вольный перевод
 literal ~ дословный [буквальный] перевод
 loose ~ вольный перевод
 machine ~ машинный перевод
 rough ~ черновой перевод
 simultaneous ~ синхронный перевод
 verbal [word-for-word] ~ дословный [буквальный] перевод
transliteration транслитерация
transmission 1. передача; пересылка **2.** передача; трансляция
 instantaneous ~ мгновенная передача
 live ~ прямой эфир, прямая передача
 radio ~ радиопередача
 satellite ~ спутниковая трансляция
 television ~ телепередача
transparency слайд, диапозитив
 background ~ слайд с подсветкой сзади
 colour ~ цветной слайд

transport 1. транспорт; перевозка **2.** транспортное средство
 combined ~ комбинированные перевозки
 container ~ контейнерные перевозки
 film ~ лентопротяжный механизм *(киноаппарата)*
 intercity ~ междугородный транспорт
 motor ~ автотранспорт
 pipeline ~ трубопроводный транспорт
 public ~ общественный [коммунальный] транспорт
 supersonic ~ сверхзвуковой самолёт
 surface ~ наземный транспорт
transportation 1. перевозки, перевозка, транспортирование **2.** транспорт
 air ~ транспортировка по воздуху
 airtruck ~ перевозки с использованием авиаконтрейлера [воздушного контрейлера], перевозки по методу «воздух — шоссе»
 basic ~ средство передвижения
 door-to-door ~ перевозки «от двери до двери»
 fishyback ~ перевозки с использованием судового [палубного] контрейлера
 jet ~ транспортировка реактивными самолётами
 mass ~ **1.** массовые перевозки **2.** средства общественного транспорта
 municipal ~ городской транспорт
 outbound ~ транспортировка за пределы *(напр. региона)*
 piggyback ~ перевозки с использованием железнодорожного контрейлера
 premium ~ первоочередная перевозка, приоритетная доставка
 trainship ~ перевозки с использованием железнодорожно-судового контрейлера, перевозка по методу «рельсы—судно»
 water ~ перевозка по воде
travel путешествие; поездка ◇ ~ **abroad** заграничная поездка
 pleasure ~ туризм и путешествия *(сегмент рынка)*
 vacation ~ путешествие во время отпуска, поездка на отпуск
travelogue туристский каталог [путеводитель]
tray 1. лоток **2.** канцелярский ящик,

tray

проволочная канцелярская корзина
3. поддон; кювета
baking ~ противень для выпечки
carousel ~ «карусель» *(круглый магазин диапроектора для 35-мм слайдов)*
film-processing ~ кювета для обработки плёнки
galley ~ *полигр.* приёмный столик
"in" ~ ящик для входящих бумаг [писем]
"out" ~ ящик для исходящих бумаг [писем]
pending ~ ящик для прорабатываемых [находящихся в работе] документов
sliding ~ выдвижная полка *(в предметах мебели)*
treatment 1. трактовка, подход 2. лечение 3. обхождение; обращение; режим 4. обработка
colour ~ цветовое решение
copy ~ трактовка текста
creative ~ творческая трактовка, творческое решение
duty-free ~ беспошлинный режим
information ~ обработка информации *(на ЭВМ)*
negligent ~ небрежное обращение
preferential ~ преференциальный режим, режим льгот
prophylactic ~ профилактическое решение
psychic ~ психотерапия
shock ~ шоковая терапия
statistical ~ статистическая разработка
surgical ~ хирургическое лечение
typographic ~ шрифтовое оформление
treaty договор, соглашение ◊ to register ~ зарегистрировать договор; to renounce ~ отказаться от договора
~ of guarantee договор о гарантии
~ of marriage брачный контракт
arbitration ~ договор об арбитраже
bilateral ~ двухсторонний договор
binding ~ обязывающий договор
commercial ~ торговый договор
conciliation ~ договор о согласительной процедуре
executory ~ договор, подлежащий выполнению в будущем

insurance ~ договор страхования
multilateral ~ многосторонний договор
oral ~ устный договор
private ~ частное соглашение
state ~ государственный договор
tripartite ~ трёхсторонний договор
Treaty:
Patent Cooperation ~ Договор о патентной кооперации
Trademark Registration ~ Договор о международной регистрации товарных знаков
trend 1. тенденция, направление 2. *стат.* тренд
~ of prices тенденция [направление] движения цен
artistic ~ тенденция развития искусства
business ~ тенденция деловой активности
consumer ~s склонности потребителей
consumption ~ тенденция потребления
cultural ~ тенденция развития культуры
declining sales ~ падающая кривая сбыта
demographic ~ демографическая тенденция, тенденция демографического развития
downward ~ тенденция к понижению
economic ~ тенденция экономического развития
evolutionary ~ направление эволюции
general ~ общая тенденция развития
growth ~ тенденция (экономического) роста
industrial ~ тенденция развития (отрасли) промышленности [сферы деятельности]
lifestyle ~ тенденция развития образа жизни
long-range [long-term] ~ долговременная тенденция
market ~ рыночная тенденция, тенденция развития рынка
negative ~ отрицательная [негативная] тенденция
population ~ *см.* demographic trend

positive ~ положительная [позитивная] тенденция
profit ~ тенденция прибыльности
purchase ~ тенденция закупок
retail ~ тенденция в розничной торговле, тенденция розницы
sales ~ тенденция сбыта
short-term ~ кратковременная [краткосрочная] тенденция
social ~ общественная [социальная] тенденция, тенденция общественного развития
social and economic ~s социально-экономические тенденции
style ~ тенденция внешнего оформления
unfavourable ~ неблагоприятная тенденция
upward ~ тенденция к повышению
trial 1. испытание, проба 2. судебное разбирательство
acceptance ~ приёмочное испытание
assessment ~ оценочное испытание
commercial ~ коммерческое испытание
comparative ~s сравнительные испытания
fair and impartial ~ справедливое и беспристрастное рассмотрение дела (в суде)
field ~ испытание в условиях практической работы; pl эксплуатационные испытания
free ~ бесплатная проба, бесплатное опробование
home ~ опробование в домашних условиях, испытание на дому
jury ~ суд присяжных
line ~ линейное испытание
manufacturer's ~ испытание, производимое фирмой-изготовителем
model ~ модельное испытание, испытание на модели
on-site ~ испытание на месте установки, полевое испытание
operational ~ эксплуатационное испытание
product ~ пробное использование товара
public ~ открытый судебный процесс
user ~ испытание, проводимое заказчиком [пользователем]
tribunal суд, трибунал

reference ~ третейский суд, арбитраж
transport ~ транспортный суд
Tribunal:
   Copyright Royalty ~ амер. суд по делам об авторских гонорарах и роялти (инстанция, полномочная устанавливать размеры компенсаций и отчислений в случае выдачи принудительных лицензий)
   Patents Appeal ~ англ. патентный апелляционный суд
trick 1. хитрость, обман, уловка 2. трюк ◇ by ~ обманным путём
~ of the senses обман чувств
confidence ~ злоупотребление доверием; мошеннический трюк, мошенничество
nasty ~ подвох; злостная выходка, грязный трюк
optical ~ экр. оптический трюк
studio ~ экр. павильонный трюк, павильонная трюковая съёмка
trickster обманщик, жулик
trier опробователь, покупатель «на пробу»; лицо, опробовавшее товар
early ~ ранний опробователь товара
trigger 1. точка подачи заказа 2. пусковая схема
impulse ~ стимулятор импульсивного действия
procurement ~ уровень (запасов), при котором производится закупка
trimmer машина для обрезки; обрезной станок, резак
automatic book ~ автомат для обрезки книжных блоков
continuous ~ полигр. резальный автомат
film ~ устройство для обрезки плёнки, резак для плёнки
trims экр. срезки (остатки съёмочных планов, не вошедшие в окончательно смонтированный вариант фильма)
trip поездка, путешествие, экскурсия
business ~ деловая поездка, командировка
buying ~ поездка [поход] за покупками
day ~ однодневная поездка
fact-finding [familiarization] ~ ознакомительная поездка

trip

inspection ~ инспекционная поездка
pleasure ~ увеселительная поездка
round ~ 1. поездка туда и обратно 2. билет туда и обратно
shopping ~ поездка [поход] за покупками
survey ~ выезд на осмотр объектов
vacation ~ поездка в отпуск
trolley 1. *экр.* операторская тележка 2. столик на колёсиках
buffet ~ сервировочный столик *(на колёсиках с двумя лотками)*
drinks ~ столик на колёсиках для напитков
filing ~ передвижная картотека, картотечная тележка
lighting ~ *экр.* тележка с осветительным оборудованием, осветительная тележка
trouble 1. затруднение, помеха, неприятность 2. авария, повреждение
legal ~ юридические неприятности, нелады с законом
register ~ *полигр.* нарушение приводки
trough 1. лоток, жёлоб 2. низшая точка, минимум *(на графике)* 3. кювета
business cycle ~ низшая точка экономического цикла, дно экономического цикла
ink ~ *полигр.* красочная кювета
truck 1. грузовик 2. *экр.* операторская тележка ◇ ~ in *экр.* наезд камерой *(приближение съёмочного аппарата к объекту съёмки)*; ~ left *экр.* перемещение камеры *(на тележке)* влево; ~ out *экр.* отъезд камеры *(удаление съёмочного аппарата от объекта съёмки)*; ~ right *экр.* перемещение камеры *(на тележке)* вправо
container ~ автоконтейнеровоз
delivery ~ автофургон, развозящий товары
garbage ~ мусоровоз
hand ~ ручная тележка
light ~ *экр.* лихтваген
pick-up ~ пикап, грузовой автомобиль на легковом шасси
refrigerated ~ авторефрижератор
refuse collection [sanitation] ~ мусоровоз
sound ~ грузовик с радиоустановкой *(для рекламы, агитации)*

tank ~ автоцистерна
utility ~ лёгкий грузовик; грузовой автомобиль общего назначения
water ~ автомобиль-цистерна для поливки улиц
trust 1. траст, доверительный фонд 2. доверие, вера 3. трест, концерн
brain ~ мозговой трест
holding ~ холдинговая компания, холдинговый трест; компания, распоряжающаяся акциями своих клиентов; компания, владеющая акциями других компаний на началах доверительной собственности
investment ~ инвестиционная компания, инвестиционный траст
mutual ~ трастовая компания
public ~ доверительный фонд, утверждённый в общественно-благотворительных целях
unit ~ доверительный паевой фонд
trustworthiness добросовестность; кредитоспособность; солидность, надёжность
truth правда, истина ◇ to strain the ~ искажать истину
absolute ~ абсолютная истина
advertising ~ рекламная истина
fundamental ~ основополагающая истина
general ~ общеизвестная истина
manifest ~ очевидная истина
objective ~ объективная истина
relative ~ относительная истина
self-evident ~ истина, не требующая доказательств
subjective ~ субъективная истина
tube 1. труб(к)а; тюбик 2. электронная лампа; электронно-лучевая трубка
camera ~ передающая (телевизионная) трубка
dropping ~ пипетка
fluorescent ~ лампа дневного света
message ~ труба пневматической почты
neon ~ неоновая лампа
(photo-)flash ~ лампа-вспышка *(для фотосъёмки)*
postal ~ картонная трубка для пересылки документов по почте
squeeze ~ мягкая туба
tyre ~ камера шины
tuition плата за обучение

type

tune мелодия, мотив
  catchy ~ легко запоминающийся мотив
  signature ~ (опознавательная) музыкальная заставка, музыкальные позывные
  theme ~ музыкальная тема *(напр. фильма)*
tuning настройка, регулировка
  coarse ~ грубая настройка
  pushbutton ~ кнопочная настройка
  set ~ настройка приёмника
turkey *жарг.* (заведомый) провал, неудача
turnaround 1. оборот *(транспорта)* 2. время между получением и исполнением *(заказа)*
turnover 1. оборот; оборачиваемость, сменяемость 2. *англ.* товарооборот
  ~ of money денежный оборот
  account ~ текучесть клиентов
  audience ~ текучесть аудитории; показатель соотношения между нарастающей и средней аудиторией передачи средств вещательной рекламы
  capital ~ оборот [оборачиваемость] капитала
  employee ~ текучесть кадров
  freight ~ грузооборот
  goods ~ товарооборот
  inventory ~ оборачиваемость (товарно-материальных) запасов
  labour ~ текучесть рабочей силы
  market ~ рыночный товарооборот
  money ~ денежный оборот
  personnel ~ текучесть кадров
  rapid ~ ускоренный оборот *(товаров, средств)*
  retail ~ розничный (товаро)оборот
  sales ~ торговый оборот
  stock ~ *см.* inventory turnover
  trade ~ торговый оборот
turnstile:
  customer ~ турникет для прохода покупателей *(в магазин)*
turntable проигрыватель
  phonograph ~ электропроигрывающее устройство, ЭПУ
type 1. вид, тип 2. шрифт ◊ in ~ в наборе
  ~s of advertising виды рекламы
  ~ of audience вид аудитории
  ~ of medium вид средства рекламы
  advertising ~ 1. рекламный акцидентный шрифт 2. *pl* виды рекламы
  antique ~ шрифт «антиква»
  Arabic ~ арабский шрифт
  art ~ рисованный шрифт
  back slant ~ шрифт с наклоном влево
  basic personality ~ основные личностные признаки, характерные черты индивидуума
  bastard ~ смешанный [нестандартный] шрифт
  Black letter ~ староанглийский готический шрифт
  block-letter ~ прямой (латинский) шрифт
  block serif(ed) ~ шрифт «гротеск» с засечками
  body ~ шрифт основного текста, основной шрифт *(объявления)*; обычный прямой шрифт для сплошного набора *(в отличие от выделительного шрифта)*
  bold(face) ~ жирный шрифт
  boldface italic ~ жирный курсив
  Braille ~ шрифт Брайля *(рельефно-точечный шрифт для слепых)*
  capital ~ прописной шрифт
  condensed ~ узкий шрифт
  cursive ~ курсив
  data ~ тип данных
  decorative ~ декоративный шрифт
  development ~ опытный образец
  display ~ выделительный шрифт; выделительные надписи
  Egyptian ~ египетский шрифт
  elite ~ шрифт «элит» *(машинописный шрифт размером 12 знаков на погонный дюйм)*
  embellished ~ художественно украшенный шрифт
  enlarged ~ широкий шрифт
  extended ~ полужирный шрифт
  fancy ~ орнаментированный шрифт, шрифт, украшенный орнаментом
  fat ~ жирный шрифт
  film ~ тип плёнки *(чёрно-белая, цветная, обратимая, негативная, позитивная, для съёмки в инфракрасных лучах)*
  foundry ~ шрифт, отлитый в словолитне

type

Fraktur ~ фрактура *(немецкий шрифт)*
Gothic ~ староанглийский готический шрифт
Greek ~ греческий шрифт
grotesque ~ шрифт «гротеск»
hand-set metal ~ металлические литеры для ручного набора
hot ~ отливной [«горячий»] шрифт *(отлитый на буквоотливной машине)*
italic ~ курсив
light ~ светлый шрифт
lowercase ~ строчной шрифт
Ludlow ~ крупнокегельный шрифт, шрифт крупного кегля
market ~ тип рынка
media ~ вид средств рекламы [распространения информации]
metal ~ металлические литеры, шрифт из металлических литер
modern Roman ~ прямой шрифт нового стиля
movable ~ шрифт из подвижных литер
music ~ типографские нотные литеры, знаки нотного набора
oblique ~ наклонный шрифт
Old English ~ староанглийский готический шрифт
old-face ~ шрифт старого стиля
ornamental ~ *см.* fancy type
outline ~ контурный шрифт
personality ~ тип личности
pica ~ шрифт «цицеро» *(машинописный шрифт размером 10 знаков на погонный дюйм)*
poster ~ плакатный шрифт
press ~ шрифт, используемый в прессе
printing ~ типографский шрифт
product ~ тип товара
program ~ *амер. вещ.* тип [классификационная разновидность] программы *(в соответствии с классификацией Федеральной комиссии связи)*
reverse ~ выворотный шрифт
Romain du Louis XIV ~ шрифт «антиква Луи XIV»
Roman ~ прямой (латинский) шрифт
sanserif ~ рубленый шрифт, шрифт без засечек

Schwabach ~ шрифт типа «швабахер», швабский шрифт
script ~ рукописный шрифт
shadow ~ оттеночный шрифт
shopping-news ~ of newspaper газета типа торгового вестника
skeleton ~ контурный шрифт
sloping ~ наклонный шрифт
square serif(ed) ~ шрифт с прямоугольными засечками
store ~ тип магазина
textura ~ текстура *(вид готического шрифта)*
thin ~ тонкий шрифт
typewriter ~ машинописный шрифт
upper-case ~ прописной шрифт
upright ~ прямой (латинский) шрифт
wide ~ широкий шрифт
typeface 1. начертание [рисунок] шрифта 2. шрифт; очко литеры
elegant ~ элегантный шрифт
fast ~ стремительный шрифт *(создающий впечатление скорости)*
freak hard-to-read ~ замысловатый трудночитаемый шрифт
ornamental ~ орнаментированный шрифт
square ~ квадратный шрифт
top-heavy ~ шрифт, утяжелённый сверху
trick ~ причудливый шрифт
typescript машинописный текст
typesetter 1. наборщик 2. наборная машина
typesetting (типографский) набор
computer(-aided) ~ компьютерный набор
electronic ~ электронный набор
hot-metal ~ «горячий» набор
photographic ~ фотонабор
typewriter пишущая машина
electric ~ электрическая пишущая машина
long-carriage ~ пишущая машина с большой кареткой
manual ~ механическая пишущая машина
noiseless ~ бесшумная пишущая машина
portable ~ портативная пишущая машина

typographer 1. шрифтооформитель 2. печатник
  advertising ~ специалист-наборщик по шрифтовому оформлению рекламы
typography 1. шрифтовое оформление; шрифтовые работы 2. книгопечатание 3. оформление *(книги)* 4. типографское дело 5. текст *(в отличие от иллюстраций)*
tyre шина, покрышка
  balloon ~ баллон
  flat ~ спустившаяся шина
  inner ~ камера
  motor ~ автопокрышка
  pneumatic ~ пневматическая шина
  radial ~ радиальная шина
  replacement ~ запасная шина
  snow ~ (шипованная) шина для езды по снегу и льду
  tubeless ~ бескамерная шина

U

umbrella зонт(ик); прикрытие, ширма
  firm-identity ~ фирменный «зонтик» *(поддержка фирмой-принципалом своих торговых посредников)*
  price ~ «зонтик» цен *(поддержание цен на уровне, установленном фирмой-лидером)*
unanimity единодушие ◇ **with** ~ с общего согласия, единодушно
  ~ **of opinion** единство мнений
unaware неосведомлённый *(о покупателе товара)*
uncertainty неопределённость
  ~ **of advertising process** конечная неопределённость рекламного процесса
  statistical ~ статистическая неопределённость; статистическая погрешность
undefinable не поддающийся определению
underbid сделать предложение по более низкой цене *(в сравнении с прочими)*

underclass низшие слои общества, беднота
underconsumption недостаточное потребление
underdelivery недопоставка
underemployment неполная занятость
underfinancing недостаточное финансирование
underlying лежащий в основе, основополагающий
undermeaning скрытый смысл
underpricing установление цены, не покрывающей себестоимости
underrun недопечатка *(тиража)*
understanding понимание; согласие, договорённость, соглашение ◇ **on the** ~ **that** при условии, что ...
  common ~ взаимопонимание
  image ~ понимание изображений
  keen ~ тонкое понимание
  mutual ~ взаимопонимание
  narrow ~ ограниченное понимание
  penetrative ~ глубокое понимание
  private ~ частное соглашение
  secret ~ негласная договорённость
  technical ~ понимание технической сути
  verbal ~ устная договорённость
undertaking 1. предприятие, дело 2. обязательство, гарантия
  commercial ~ коммерческое предприятие
  direct mail ~ мероприятие прямой почтовой рекламы
  joint ~ совместное предприятие
  noncommercial ~ некоммерческое предприятие
  research ~ исследовательское предприятие, исследовательский проект
underwriter 1. страхователь, страховщик, страховая компания 2. гарант, поручитель
  space ~ страховщик объектов, запускаемых в космос *(спутников связи)*
unemployment безработица, незанятость
  casual ~ временная безработица
  concealed [**disguised**, **hidden**] ~ скрытая безработица
  involuntary ~ вынужденная безработица
  mass ~ массовая безработица
  natural ~ естественная безработица

655

unemployment

seasonal ~ сезонная безработица
structural ~ структурная безработица *(среди представителей некоторых профессий при наличии спроса на представителей других профессий)*
stubborn ~ устойчивая безработица
unfettered не стеснённый, не имеющий ограничений
union союз, объединение, уния
  customs ~ таможенный союз
  labour ~ профсоюз
Union:
  American Civil Liberties ~ *амер.* Американский союз гражданских свобод
  Asian Clearing ~ Азиатский клиринговый союз *(соглашение о взаимных валютных расчётах между Бангладеш, Бирмой, Индией, Ираном, Непалом, Пакистаном и Шри-Ланкой на основе азиатской денежной единицы — AMU)*
  Consumers ~ of the United States, Inc. Союз потребителей США
  European Broadcasting ~ Европейский союз радио- и телевещания *(основан в 1950 г.)*
  Universal Postal ~ Международный почтовый союз
unit 1. (организационная) единица, подразделение 2. единица *(измерения)* 3. блок; узел 4. съёмочная группа ◇ per ~ (в расчёте) на единицу
  ~ of account расчётная (денежная) единица
  ~ of measure единица меры
  ~ of measurement единица измерения
  ~ of purchase товарная единица
  ~ of trading единица сделки; единица контракта
  administrative ~ административная единица
  assembly ~ компоновочный блок
  business ~ деловая [коммерческая] (организационная) единица
  classification ~ единица классификации
  computing ~ вычислительный блок
  consuming ~ потребительская единица *(напр. семья)*
  control ~ 1. контролирующий орган 2. блок управления
  cost ~ единица себестоимости
  decision-making ~ распорядительное подразделение, наделённое правом принятия решений
  dwelling ~s *амер.* жилая единица *(квартира, дом)*
  extended family ~ расширенная семейная ячейка *(включает родителей, детей, бабушек, дедушек, двоюродных братьев, сестёр)*
  family ~ семейная ячейка
  fractional-page ~ расчётная единица в виде доли полосы
  functional ~ функциональный блок
  geographic ~ географическая единица, единица географического деления
  government ~ государственное учреждение
  housing ~ *амер.* жилая единица *(квартира, дом)*
  kitchen ~ кухня, комплект кухонной мебели
  mailing ~ (почтовое) отправление
  movable display ~ передвижная установка наружной рекламы
  packing ~ упаковочная единица, упаковка
  perceptual ~ единица восприятия
  primary sampling ~ *стат.* первичная единица выборки
  printing-coding ~ печатно-кодирующее устройство, ПКУ
  product ~ единица измерения продукта [товара]
  production ~ 1. съёмочная группа *(фильма)* 2. производственное подразделение
  programming composing ~ наборно-программирующий аппарат, НПА
  retail(ing) ~ розничная торговая точка
  sales ~ товарная единица
  sampling ~ *стат.* единица выборки
  shelving ~ этажерка
  social ~ ячейка общества
  space ~ единица площади [места]
  spending ~ потребительская единица *(семья или группа лиц, производящая совместные расходы)*
  standard ~ стандартная единица

standard advertising ~ стандартная единица рекламного места (*в газетах*)
store ~ торговая точка, отдельный магазин (*в сети*)
structural ~ структурная единица
studio ~ *вещ.* аппаратно-студийный блок, АСБ
time ~ единица времени
video display ~ видеотерминальное устройство, ВДУ
voice synthesis ~ синтезатор голоса

Unit:
Asian Monetary ~ азиатская денежная единица (*расчётная единица, используемая при взаимных платежах в Азиатском клиринговом союзе*)
Children's Advertising Review ~ *амер.* Группа по контролю за рекламой, адресованной детям
Design Management ~ of the London Business School Группа управления дизайном Лондонской школы бизнеса
European Currency ~ ЭКЮ, европейская валютная единица (*расчётная единица стран-членов ЕЭС*)

unity единство, целостность
~ of invention единство изобретения
structural ~ структурная целостность
universal шрифт «универсал»
universe генеральная совокупность
university университет
free ~ «свободный университет» (*постоянный семинар, проводимый студентами в стенах университета для обсуждения вопросов, не входящих в учебную программу*)
private ~ частный университет
state ~ *амер.* университет штата
technical [technological] ~ политехнический институт
unlawful незаконный, противозаконный; запрещённый
unlearned не приобретённый в процессе обучения
unmarketable не подходящий для рынка; не могущий быть проданным
unmeasurable не поддающийся измерению
unproductive не приносящий дохода, непродуктивный

unpulled невовлечённый в потребление (*в теории УТП*)
unsolicited незатребованный, предоставленный по собственной инициативе
unstructured лишённый структуры
untruth неправда, ложь; неточность, неверность
unwarranted нежелательный; неоправданный
update модернизировать, обновлять
upgrade повышение (*напр. качества*)
customer ~ возвышение статуса клиента
seasonal ~ сезонное повышение (*напр. статуса клиента*)
upholstery обивка, обивочный материал
furniture ~ мебельный обивочный материал
upmaking *полигр.* вёрстка
upmarket верхние эшелоны рынка
uprush стремительное движение вверх
subliminal ~ всплеск подсознания
upsurge (быстрый) рост, подъём
population ~ рост населения
upswing взлёт, подъём ◇ to be on the ~ идти в гору, быстро развиваться
~ of demand быстрый рост спроса
cyclical ~ циклический подъём
uptrend тенденция роста, тенденция к повышению
urge побуждение, влечение, побудительный мотив
urgency срочность, насущность, актуальность, настоятельность; серьёзность ◇ in case of ~ в крайнем случае
usage 1. применение, (ис)пользование 2. потребление 3. обычай, обыкновение
~ of market рыночная практика
actual ~ уровень фактического использования
advertiser ~ степень использования (*средства рекламы*) рекламодателем
commercial ~ торговые обычаи
consumer ~ использование потребителем
energy ~ энергозатраты, использование энергии
established ~ налаженное использование

usage

estimated ~ оценочный уровень использования
field ~ использование в реальных условиях
heavy ~ усиленная эксплуатация
immemorial ~ обычай, существующий с незапамятных времён
informal ~ неформальное [неофициальное] использование
local ~ местное обыкновение
long-term ~ продолжительная эксплуатация, продолжительное использование
media ~ использование средств рекламы
potential ~ потенциальное применение
product ~ использование товара; степень [интенсивность] пользования товаром
regular ~ регулярное использование
repeated ~ повторное [многократное] использование
rough ~ тяжёлые условия эксплуатации
scientific ~ научное использование
set ~ степень использования приёмника
spot television ~ использование точечных внепрограммных рекламных роликов
television ~ степень использования телевидения
time ~ использование времени
trade ~ торговые обычаи
trademark ~ практика использования товарных знаков
use 1. употребление, применение, использование 2. польза ◇ for official ~ only для служебного пользования; for public ~ для общественного пользования; for referential ~ для справок (о каком-л. материале); in daily ~ в обиходе; in general ~ общепринятый; of no ~ бесполезный; to be in ~ быть в употреблении; to be [to fall] out of ~ выйти из употребления; to come into ~ войти в употребление
administrative ~ служебное пользование
authorized ~ санкционированное использование

business ~ 1. профессиональное коммерческое применение 2. частнопредпринимательское использование
combined ~ комбинированное использование
commercial ~ коммерческое использование
consumptive ~ потребительское (ис)пользование; использование для конечного потребления
daily domestic ~ ежедневное использование в домашних условиях
domestic ~ домашнее потребление; потребление на месте
end ~ конечное использование
fair ~ допустимое добросовестное использование *(не требующее особого разрешения использование объекта авторского права, напр. в целях обзора или критического разбора)*
full ~ использование в полном объёме
generic ~ общеродовое использование
good ~ of language правильное использование языка
home [household] ~ домашнее пользование, использование в быту
indirect ~ косвенное использование
industrial ~ промышленное использование; промышленное потребление
intended ~ предполагаемое использование, использование по назначению
introductory ~ использование в период выхода на рынок
joint ~ совместное (ис)пользование
legitimate ~ правомерное [законное] использование
limited ~ ограниченное использование
local ~ использование в местном масштабе
malicious ~ злоумышленное использование
mass ~ массовое использование
new ~ новое применение
nonbusiness ~ некоммерческое применение
nonconsumptive ~ непотребительское использование
one-time ~ разовое использование
personal ~ личное (ис)пользование
possible ~ возможное применение

utensil

primary ~ первоочередное использование
regular ~ регулярное (ис)пользование
repeated ~ многократное использование
residential ~ бытовое потребление (*напр. коммунальных услуг*)
safe ~ безопасное применение
selective ~ выборочное [селективное] использование
trial ~ пробное использование, использование на пробу
ultimate ~ конечное использование
unauthorized ~ несанкционированное использование
visible ~ видимое применение
usefulness польза; применимость, пригодность
multipurpose ~ универсальность применения
potential ~ потенциальная польза
practical ~ практическая польза
user потребитель, пользователь
actual ~ фактический [действительный] пользователь
authorized ~ правомочный пользователь
business ~ 1. коммерческий потребитель 2. частнопредпринимательский потребитель 3. промышленный потребитель
casual ~ случайный пользователь
chief ~s главные потребители
commercial ~ коммерческий потребитель
consistent ~ неизменный [постоянный] пользователь
current ~ существующий [нынешний] пользователь
direct-mail ~ рекламодатель сферы прямой почтовой рекламы
end [eventual] ~ конечный потребитель
exclusive ~ исключительный пользователь, лицо, обладающее правом исключительного пользования
final ~ конечный потребитель
first-time ~ потребитель-новичок; лицо, пользующееся товаром впервые
heavy ~ многопокупающий [интенсивный] потребитель

heavy-half ~s контингент основных потребителей (*на долю которых приходится более 50% потребления товара*)
household ~ бытовой потребитель; домохозяйство-пользователь
industrial ~ промышленный потребитель
institutional ~s организации-пользователи, учреждения-потребители
intermediate ~ промежуточный пользователь
lead ~ лидер пользования (*приобретающий новинки раньше всех остальных*)
light ~ малопокупающий [малоёмкий] потребитель
likely ~ вероятный пользователь
list ~ пользователь рассылочного [адресного] списка
logical ~ логический пользователь
loyal ~ приверженец [постоянный пользователь] товара
medium [moderate] ~ умеренный потребитель
potential ~ потенциальный потребитель
primary ~ первичный пользователь
principal ~ основной пользователь
private list ~ частный пользователь адресных списков
privileged ~ привилегированный пользователь
professional ~ профессиональный пользователь
regular ~ регулярный потребитель
satisfied ~ удовлетворённый пользователь
trained ~ обученный пользователь
ultimate ~ конечный потребитель
unauthorized ~ неправомочный пользователь
would-be ~ потенциальный потребитель
utensil 1. посуда, утварь 2. принадлежность; инструмент
farming ~s сельскохозяйственные орудия
household ~ предмет домашнего обихода
kitchen ~ кухонная принадлежность
writing ~s письменные принадлежности

utility

utilit/y 1. польза; практичность, выгодность 2. *pl* коммунальные услуги
aggregate ~ совокупная польза
basic ~ основная польза
consumer ~ польза для потребителя
expected ~ ожидаемая польза
local ~ies местные коммунальные службы
marginal ~ предельная польза
measurable ~ измеримая польза
optimum ~ оптимальная польза
perceived ~ осознаваемая польза
perceptual ~ перцепционная польза
place ~ 1. удобство места (*приобретения товара*) 2. польза в месте спроса, польза при широком распределении
possession ~ польза в результате обладания товаром, польза от обладания товаром; удобство процедуры приобретения товара
producer ~ польза для производителя
product ~ потребительская ценность товара
public ~ies коммунальные службы; коммунальное обслуживание (*предприятия государственного или частного сектора, обеспечивающие, напр. энерго- и водоснабжение, газ, телекоммуникации*)
service ~ польза услуги
social ~ общественная польза
time ~ польза из-за своевременного предложения товара
total ~ совокупная польза
transportation ~ies городской общественный транспорт; городской и пригородный транспорт; транспортные компании
utilization использование, утилизация; применение
~ of budget исполнение сметы [бюджета]
labour ~ использование рабочей силы
percent ~ of capacity ~ коэффициент использования производственных мощностей
rational ~ рациональное использование
waste ~ утилизация отходов

V

vacation отпуск; каникулы, отдых
Christmas ~ рождественские [зимние] каникулы
paid ~ оплачиваемый отпуск
vacationer отдыхающий, отпускник
valid действующий, действенный, имеющий силу ◊ ~ in law имеющий законную силу; to make ~ утвердить; ~ until recalled действителен до отмены
legally ~ юридически действительный, правомерный
statistically ~ статистически обоснованный
validation 1. обоснование; оценка 2. проверка достоверности, подтверждение правильности
cross ~ перекрёстная проверка на достоверность
empirical ~ эмпирическое обоснование
logical ~ логическое обоснование
model ~ обоснование модели
product ~ оценка качества изделия [товара]
service ~ эксплуатационная оценка
validity обоснованность; пригодность, применимость; вескость
~ of argument вескость довода
~ of complaint обоснованность жалобы
~ of conclusion обоснованность вывода [заключения]
face ~ кажущаяся обоснованность
poor ~ плохая обоснованность
statistical ~ статистическое обоснование
valuation 1. оценка, определение стоимости *или* ценности 2. норма ◊ ~ at market prices определение стоимости по рыночным ценам
consumer ~ оценка потребителем, оценка со стороны потребителей
customs ~ таможенная оценка, определение таможенной ценности (*ввозимых или вывозимых товаров*)
insurance ~ страховая оценка
inventory ~ оценка товарно-материальных запасов

value

pecuniary ~ денежная оценка
value 1. стоимость; ценностная значимость; цена, (стоимостная) ценность 2. величина, значение 3. *pl* ценности ◇ of ~ ценный; of no ~ не представляющий ценности; of no practical ~ не имеющий практической ценности; to offer a better ~ предлагать нечто более ценное
added ~ добавленная стоимость
additional ~ дополнительная ценность
advertising ~ рекламная ценность
allowed ~ допустимое значение
assessed ~ оценочная стоимость
associative ~ 1. ассоциативная ценность 2. положительное ассоциативное значение
attention(-getting) ~ ценность с точки зрения привлечения внимания, привлекательность, притягательность
biological ~ биологическая ценность
buyer-recognized ~ признанная покупателем ценность *(товара)*
calorific ~ теплотворная способность
cash ~ денежная стоимость, стоимость в наличных деньгах
colour ~ интенсивность [насыщенность] цвета, цветовая тональность, координата цвета
collector ~ коллекционная ценность, ценность в качестве объекта коллекционирования
commercial ~ рыночная стоимость; продажная цена
comparison ~ сравнительная ценность
competitive ~ конкурентная ценность
consumer ~ ценностная значимость для потребителей
consumption ~ потребительская ценность
convenience ~ ценность в качестве фактора удобства
conversation ~ ценность в качестве предмета для разговора
core ~s основные (традиционные) ценности
cost ~ 1. себестоимость 2. величина издержек
critical ~ критическое значение
cultural ~s культурные ценности
design ~ расчётное значение

disposal ~ ликвидационная стоимость
economic ~ 1. экономическая [хозяйственная] выгода 2. экономически выгодное значение
educational ~ учебная ценность
emotional ~ эмоциональная ценность
entertainment ~ развлекательная [зрелищная] ценность
ethical ~s моральные ценности
evocative ~ ценность как средства пробуждения воспоминаний
exchange ~ меновая стоимость
exposure ~ контактная ценность *(объявления)*, показатель контактной ценности *(объявления)*
face ~ 1. номинальная стоимость, номинал 2. видимая [кажущаяся] ценность
food ~ питательная ценность, питательность
formal ~ формальная ценность
functional ~ функциональная ценность
given ~ заданная величина
health ~ целебное свойство
human ~s человеческие ценности
impression ~ значимость производимого впечатления
incentive ~ ценностная значимость [ценность] стимулирования *(в программах стимулирования сбыта)*
information ~ информационная ценность; информативность
inherent ~ присущее значение; внутренняя стоимость *(товара)*
initial ~ 1. изначальная ценностная значимость 2. исходное значение 3. *pl* исходные данные
insured ~ 1. страховая стоимость 2. страховая оценка
intellectual ~s духовные ценности
intrinsic ~ присущее значение; внутренняя стоимость *(товара)*
junk ~ утильная стоимость
lasting [long-term] ~ долговременная [перспективная] ценность
lost ~ потерянная стоимость
luxury ~ ценность как предмета роскоши
market ~ рыночная стоимость
marketing ~ маркетинговая ценность
media ~ ценность средств рекламы

value

merchandising ~ ценность в качестве средства стимулирования сферы торговли
moral ~s моральные ценности
news ~ событийная ценность
novelty ~ ценность в качестве новинки; ценность новизны
numerical ~ числовая величина, численное значение
nutrient [nutritional, nutritive] ~ питательная ценность, питательность
overall ~s общие ценностные представления
par ~ номинальная стоимость, номинал
parameter ~ численное значение параметра
perceived ~ (чувственно) ощущаемая [воспринимаемая] ценность *(товара)*
performance ~s эксплуатационные достоинства
potential ~ потенциальная ценность
present ~ 1. текущее значение 2. приведённая [текущая] стоимость
prestige ~ престижность
production ~ 1. ценность в сфере производства *(как орудия производства)* 2. *pl экр.* постановочные достоинства *(фильма)*
profit ~ общая величина доходов [прибыли]
promotional ~ пропагандистская ценность, ценность в качестве фактора стимулирования *(сбыта)*
psychological ~ психологическая ценность
publicity ~ пропагандистская ценность
rateable ~ оценочная стоимость; облагаемая стоимость
rating ~ номинальное значение
redemption ~ выкупная стоимость
relative ~ относительная [сравнительная] стоимость
reliability ~ показатель надёжности
reminder ~ ценность в качестве напоминания
resale ~ ценность при перепродаже, ценность в качестве объекта перепродажи
sale ~ распродажная цена

saturation ~ величина [степень] насыщения
scrap ~ стоимость на слом; стоимость в качестве утильсырья; стоимость лома
secondary ~s вторичные [производные] ценности
selling ~ *амер.* продажная цена, стоимость по продажным ценам
sensual ~ сила чувственного воздействия
service ~ (стоимостная) значимость услуги
significance ~ *стат.* уровень значимости *(показателя)*
social ~ 1. общественная стоимость 2. *pl* социальные [общественные] ценности
soft ~s гуманитарные ценности
spectator ~ притягательность для зрителей, зрелищная ценность
status ~ престижность; ценность как показателя общественного положения
subjective ~ 1. субъективная стоимость *(напр. по оценке фирмы)* 2. индивидуальная стоимость *(напр. редкого товара)*
superior ~ наибольшая ценностная значимость
surplus ~ прибавочная стоимость
threshold ~ пороговое значение
traded ~ коммерчески обоснованная ценность
trade-in ~ ценность при встречной продаже, ценность при продаже с зачётом цены сдаваемого старого товара
traditional ~s традиционные ценности
unit ~ (средняя) цена товарной единицы
use ~ потребительная стоимость
zero ~ нулевое значение

van фургон; товарный вагон
box ~ крытый фургон
bread ~ автофургон для перевозки хлеба
cinema ~ кинопередвижка
delivery ~ фургон для доставки грузов
motor ~ автофургон

vegetable

removal ~ мебельный фургон, фургон для перевозки мебели
sales ~ *амер.* автолавка
television reporting ~ передвижная телестанция
variability 1. изменчивость, неустойчивость 2. разнообразие, вариантность
~ of demand изменчивость спроса
concealed ~ скрытая изменчивость
continuous ~ непрерывная изменчивость
potential ~ потенциальная изменчивость
price ~ изменчивость цен
qualitative ~ качественная изменчивость
quantitative ~ количественная изменчивость
variable переменный фактор, переменная (величина)
advertising ~ переменная рекламы
behaviouristic ~ поведенческая переменная
budgeting ~ переменный фактор (рекламного) бюджета
controllable marketing ~ поддающаяся контролю переменная величина маркетинга
controlled ~ регулируемая переменная
crucial ~ критический фактор
demographic ~ демографическая переменная
dependable [effect] ~ зависимая переменная
experimental ~ экспериментальная переменная
external ~ внешняя переменная
fixed ~ заданная переменная
latent ~ скрытая [ненаблюдаемая] переменная
market-driven pricing ~ переменная ценообразования, зависящая от рынка
media ~ переменный фактор средств рекламы
message ~ переменный фактор (рекламного) обращения
motivational ~ мотивационная переменная
outside ~ внешняя переменная
personality ~ переменная характеристика личности
pricing ~ ценообразующий фактор
psychological ~ психологический фактор
scheduling ~ переменный фактор размещения рекламы
segmentation ~ переменная сегментирования *(служащая в качестве основы при сегментировании рынка)*
social ~ социальный фактор
stimulus ~ переменный фактор стимула [раздражителя]
variation 1. изменение, перемена 2. колебание 3. вариант ◇ ~s in prices колебания цен; разница в ценах; ~s in public opinion колебания общественного мнения
colour ~ отклонения в цвете, разнооттеночность
design ~ отличие в конструкции
environmental ~ изменение под действием внешних условий
irregular ~s беспорядочные изменения
product ~ вариант товара
rate ~ тарифное различие, различие в тарифах
sales ~ колебание сбыта
seasonal ~ сезонное колебание
size ~ ассортимент расфасовки
spontaneous ~ спонтанное изменение
stepped ~ ступенчатое изменение
variety 1. разнообразие 2. разновидность, сорт ◇ to deal in a ~ of goods иметь в продаже широкий ассортимент товаров
~ of opinions разнобой во мнениях; разноголосица
commercial ~ товарный [коммерческий] сорт
leading ~ основная [ведущая] разновидность
product ~ 1. разнообразие товаров 2. *pl* разновидности товара
Varityper *фирм.* «веритайпер» *(наборно-пишущая машина с выключкой строк и сменными шрифтовыми головками)*
veejay видеодиск-жокей
vegetable овощ; растение
canned ~s овощные консервы
frozen ~s замороженные овощи
green ~s зелень, овощи
mashed ~s овощное пюре

vegetable

pickled ~s солёные [квашеные, маринованные] овощи
spicy ~s овощи-приправы
strained ~s протёртые овощи
stuffed ~s фаршированные овощи
vehicle 1. средство, орудие *(распространения)*, носитель *(рекламы)* 2. (авто)транспортное средство
advertising ~ носитель рекламы, рекламный носитель
communications ~ орудие (сферы) коммуникации
delivery ~ средство доставки
distribution ~ средство распространения [распределения]
image ~ носитель [средство распространения] образа
mass media ~ носители средств массовой информации
media [medium] ~ *см.* advertising vehicle
offroad [offtrack] ~ машина повышенной проходимости, вездеход
publicity ~ носитель пропагандистского обращения
public transportation ~s средства общественного транспорта
Rd [road] ~ дорожная машина; автомобиль
road-cleaning ~ подметально-уборочная машина
snow-fighting ~ снегоуборочная машина
transit ~ средство городского транспорта
transportation ~ транспортная машина, средство транспорта
utility ~ автомобиль-фургон на грузовом шасси
verbal ~ речевой способ, речевое выражение, вербальная [речевая] коммуникация
vending автоматическая продажа; торговля с помощью торговых автоматов
automatic ~ автоматическая торговля, продажа через торговые автоматы
self-service gas ~ продажа бензина по методу самообслуживания
vendor продавец, торговец с лотка, торговец вразнос; продавец через торговые автоматы
venture (рискованное) предприятие; коммерческое предприятие; спекуляция ◇ at a ~ наудачу, наугад
business ~ деловое [коммерческое] предприятие
commercial ~ коммерческое предприятие
cooperative ~ совместное предприятие *(с фирмой из той же страны)*
joint ~ совместное [смешанное] предприятие
joint-ownership ~ предприятие совместного владения
wild-cat ~ афёра, сомнительное предприятие
venturesome склонный к риску; рискованный, опасный
venturing занятие предпринимательством
joint ~ совместная предпринимательская деятельность
verbal словесный, устный; умеющий обращаться со словом
verbalization словесное выражение; воплощение в слова, вербализация
verbose многословный
verdict вердикт, решение присяжных; суждение, мнение ◇ to deliver [to give, to render] ~ выносить вердикт
~ of acquittal вердикт об оправдании
~ of conviction вердикт об осуждении
~ of guilty вердикт о виновности
~ of not guilty вердикт о невиновности
arbitral ~ арбитражное решение
guilty ~ *см.* verdict of guilty
popular ~ мнение общественности
verification 1. контроль 2. проверка; установление истины ◇ ~ by consent проверка с согласия; ~ through observation проверка путём наблюдения
~ of powers проверка полномочий
agreed ~ согласованная проверка
experimental ~ экспериментальная проверка
forecast ~ проверка (оправдываемости) прогноза
product ~ проверка изделия
reliability ~ проверка надёжности
sample ~ проверка отбора
visual ~ визуальный контроль

versatility универсальность, разнообразие

version 1. вариант 2. версия, интерпретация
 advanced ~ перспективный вариант
 basic ~ основной вариант
 economy ~ экономичный вариант
 elaborated ~ проработанный [детально разработанный] вариант
 final ~ окончательный вариант
 functional ~ функциональный вариант; упрощённый вариант
 improved ~ усовершенствованный [улучшенный] вариант
 movie ~ киноверсия, киновариант
 obsolete ~ устаревший вариант
 revised ~ пересмотренный [исправленный] вариант
 scaled-down ~ вариант, выполненный в уменьшенном масштабе
 scaled-up ~ вариант, выполненный в увеличенном масштабе
 screen ~ экранизация
 silent ~ немой вариант *(фильма)*
 sound ~ звуковой вариант *(фильма)*
 stage ~ инсценировка
 updated ~ *см.* improved version

vice-president вице-президент ◇ ~ for personnel вице-президент по кадрам
 ~ of corporate development вице-президент по корпоративному развитию
 ~ of development вице-президент по развитию
 ~ of finance *см.* financial vice-president
 ~ of operations вице-президент по основной деятельности; вице-президент по управлению
 ~ of physical distribution вице-президент по товародвижению
 ~ of public affairs [of public relations] вице-президент по работе с общественностью
 ~ of purchasing вице-президент по закупкам [по материально-техническому снабжению]
 corporate group ~ вице-президент, курирующий группу отделений корпорации
 executive ~ исполнительный вице-президент
 financial ~ вице-президент по финансам, финансовый директор *(компании)*
 human-resources ~ вице-президент по кадрам
 manufacturing ~ вице-президент по производству
 marketing ~ вице-президент по маркетингу
 sales ~ вице-президент по сбыту
 senior ~ старший вице-президент

victim жертва
 accident ~ потерпевший от несчастного случая, жертва несчастного случая
 crime ~ потерпевший от преступления, жертва преступления
 disaster ~ потерпевший от стихийного бедствия, жертва стихийного бедствия

victory победа ◇ to get [to win] ~ одержать победу, победить
 landslide ~ полная победа, победа с подавляющим перевесом
 narrow ~ победа с небольшим преимуществом
 resounding ~ блестящая [решающая] победа

video 1. видео(техника) 2. (видео)изображение 3. *разг.* видеограмма
 distraction ~ отвлекающее изображение
 home ~ бытовая видеоаппаратура
 vampire ~ *УТП* образ-вампир *(созданный на основе ранее существовавшего образа)*

videocassette видеокассета
 blank ~ чистая видеокассета

videography видеография *(съёмка видеокамерой)*
 broadcast ~ телетекст, вещательная видеография

videologue каталог на видеокассете, «видеолог»

videophile любитель видеозаписи

videophone видеотелефон

videotape видеолента

video(tape)recorder видеомагнитофон
 broadcast ~ вещательный видеомагнитофон
 cassette ~ кассетный видеомагнитофон
 editing ~ монтажный видеомагнитофон

videotaperecorder

reel(-to-reel) ~ катушечный видеомагнитофон
vidnews электронная газета
view 1. вид 2. взгляд, воззрение, суждение 3. изображение 4. видимость ◊ on a long ~ с дальним прицелом, с позиций дальнего прицела; on a short ~ с ближним прицелом; to take a long-term ~ руководствоваться перспективным подходом; to take long ~s проявлять предусмотрительность, быть дальновидным; with a ~ to... с целью, с намерением, в расчёте на ...
bird's eye ~ *экр.* съёмка сверху [с птичьего полёта]
close ~ укрупнённый вид
close-up ~ *экр.* крупный план
conventional ~ традиционный взгляд
corporate ~ точка зрения [взгляды] корпорации
distant ~ вид вдаль, перспектива
expert ~ мнение [заключение] экспертов
exploded ~ изображение изделия в разобранном изометрическом виде
ghost(ed) ~ вид в разрезе
long-term ~ перспективный подход
panoramic ~ панорамный вид
predominant ~ преобладающее мнение
private ~ частное воззрение, личная точка зрения
retrospective ~ ретроспективный взгляд
sectional ~ вид в разрезе
sophisticated ~ сложная трактовка
world ~ мировоззрение
worm's eye ~ *экр.* съёмка снизу [с нижней точки], «лягушачья» перспектива
viewer 1. зритель 2. просмотровый аппарат *(для контроля изображений на плёнке)*
adult ~ взрослый зритель
avid ~ активный [заядлый] зритель
film ~ фильмоконтрольное устройство
heavy ~ активный [заядлый] зритель
light ~ неактивный зритель
qualified ~ квалифицированный зритель *(которого по объективным показателям можно привлекать в качестве респондента при изучении реакции на рекламу)*
regular ~ постоянный зритель
television ~ телезритель
Viewer:
~s in Profile *амер.* «Профиль зрительской аудитории» *(сводный отчёт фирмы «А.К.Нильсен» об аудитории более 220 телерынков, публикуемый несколько раз в год в виде отдельных брошюр)*
viewership зрители, зрительская аудитория; количество зрителей
viewing 1. просмотр 2. наблюдение 3. выбор кадра
direct ~ непосредственное рассматривание
out-of-home ~ просмотр вне дома
program(me) ~ просмотр программы
television ~ телепросмотр, просмотр телевидения
viewpoint точка зрения
agency ~ точка зрения рекламного агентства
consumer ~ точка зрения потребителя
vigilant бдительный
conscientious ~ добросовестно бдительный
vignette 1. виньетка, заставка 2. *pl экр.* «бобслей», «нарез» *(быстрое чередование очень коротких планов)*
letter ~ буква-заставка
opening ~ начальная заставка
title ~ титульная виньетка
village деревня, деревенская местность; село, селение, посёлок
global ~ всемирная [глобальная] деревня *(термин введён канадским социологом Маршалом Маклюэном и характеризует мировое сообщество в современных условиях, когда массовые коммуникации формируют характер общества, в котором возникает идиллия свободного общения людей)*
recreational ~ рекреационный посёлок, посёлок для отдыха и развлечений
The ~ of Magnificent Distances «Необозримая деревня» *(прозвище столицы США — г.Вашингтона)*
violation нарушение

~ of contract нарушение договора
~ of patent нарушение патента
~ of rules нарушение правил
~ of trademark нарушение (прав) товарного знака
~ of trust злоупотребление доверием
antitrust law ~ нарушение антитрестовского законодательства
clear ~ явное нарушение
crude ~ грубое нарушение
deliberate ~ преднамеренное нарушение
flagrant [gross] ~ грубое нарушение
privilege ~ нарушение привилегии
suspected ~ подозреваемое нарушение
tax ~ налоговое правонарушение
violence насилие, принуждение
major ~ грубое насилие
organized ~ организованное насилие
personal ~ насилие над личностью
public ~ публичные насильственные действия
threatened ~ угроза насилия
virtue добродетель, достоинство
materialistic ~ материальная прелесть
primary ~ основное достоинство
visibility видимость, различимость, обзорность
poor ~ плохая [ограниченная] видимость
social ~ общественная заметность
vision 1. зрение 2. предвидение, проницательность
colour ~ цветовое зрение
peripheral ~ периферийное зрение
short-term ~ недальновидность, близорукость, близорукий подход
tunnel ~ зашоренный взгляд
visit визит, посещение ◇ to make [to pay] a ~ посетить, навестить; нанести визит
business ~ деловой визит
courtesy ~ визит вежливости
follow-up ~ последующий контрольный [проверочный] визит
parting ~ прощальный визит
personal ~ личный визит
return ~ ответный визит
sales ~ визит коммивояжёра
scheduled ~ запланированный визит
visitor посетитель, гость

official ~ официальный гость [посетитель]
visor:
shelf ~ наполочный рекламный козырёк
visual 1. зрительная разработка (рекламных материалов), иллюстративный элемент 2. pl экр. зрительный ряд, изображение (фильма)
visualization наглядное [зрительное] представление; наглядность (представления); визуализация (способность мыслить зрительными образами)
visualizer разработчик идеи зрительного представления, визуализатор (рекламного замысла)
vitality 1. жизненность, жизнеспособность, живучесть 2. энергия
competitive ~ животворная сила конкуренции
creative ~ творческая энергия
intense ~ кипучая энергия
vocable вокабула (заголовок словарной статьи)
vocabulary 1. словарь 2. словарный запас; словарный состав
passive ~ пассивный словарный запас
scientific ~ научная терминология
working ~ 1. рабочий словарь 2. рабочий словарный запас
vocalizations средства речевой выразительности (паузы, вздохи)
voice голос; мнение ◇ to put the ~ under экр. давать закадровый голос; with one ~ единодушно, единогласно, как один человек
~ of law голос закона
~ of reason голос разума
consultative ~ совещательный голос
human ~ человеческий голос
offscreen ~ экр. голос за кадром, закадровый голос
voice-over экр. закадровый комментарий
female ~ женский закадровый голос
male ~ мужской закадровый голос
volume 1. объём; ёмкость; большое количество 2. том, книга ◇ in ~ оптом, в массовом количестве, большими партиями (о закупках); to pro-

volume

duce in ~ производить в больших количествах
~ of business торговый оборот, объём деловых операций
~ of dealers' sales объём дилерских продаж
~ of expenditures объём расходов
~ of trade товарооборот торговли
~ of traffic интенсивность движения; грузонапряжённость
advertising ~ объём рекламы
information ~ объём информации
market ~ объём рынка
planned ~ запланированный объём
playback sound ~ громкость воспроизведения звука
production ~ объём производства
profitable ~ of sales рентабельный объём сбыта
projected sales ~ запланированный объём реализации
retail ~ объём розничной торговли, розничный товарооборот
sales ~ объём сбыта
specified ~ обусловленный объём
total ~ общий объём
total industry ~ общий объём производства [оборота отрасли]
unit ~ объём в единицах
wholesale ~ объём оптового оборота
vortex водоворот, вихрь
~ of politics политический водоворот, вихрь политической жизни
forced ~ вынужденный вихрь
vicious ~ порочный круг
vote 1. голосование, баллотировка 2. право голоса; голос ◇ ~ by proxy см. proxy vote; ~ by show of hands см. show-of-hands vote; to cast a ~ проголосовать; to put to the ~ ставить на голосование; to take a ~ провести голосование
~ of confidence вотум доверия
~ of non-confidence вотум недоверия
~ of thanks выражение признательности
affirmative ~ голос «за»; голосование «за»
correspondence ~ голосование по почте
direct ~ прямое голосование
mail ~ голосование по почте

one ~ per share один голос на каждую акцию
open ~ открытое голосование
postal ~ голосование по почте
proxy ~ голосование по доверенности
rising ~ голосование вставанием
roll-call ~ поимённое голосование
secret ~ тайное голосование
show-of-hands ~ голосование поднятием рук
unanimous ~ единогласное голосование
voter избиратель
voucher письменное свидетельство; оправдательный документ; ваучер ◇ ~ for receipt расписка в получении
cash ~ кассовый чек
gift ~ купон на получение подарка [сувенира]
redeemed ~ погашенный талон
sick ~ свидетельство о болезни, больничный лист
validating ~ оправдательный документ

W

wage *часто pl* заработная плата *(рабочих)*
actual ~ реальная заработная плата
average ~ средняя зарплата
cash ~ зарплата, выдаваемая наличными
day ~ подённая плата
dismissal ~ выходное пособие
fixed ~ твёрдая ставка, твёрдая зарплата
hourly ~ почасовая заработная плата
incentive ~ *амер.* прогрессивная оплата
job ~ сдельная заработная плата
nominal ~ номинальная заработная плата
productivity ~ сдельно-прогрессивная оплата труда
set ~ твёрдый оклад, постоянная заработная плата
terminal ~ выходное пособие

warehouse

wagon (авто)фургон; товарный вагон; вагон-платформа
  automobile ~ грузовой автомобиль
  box ~ крытый фургон, грузовик с закрытым кузовом
  goods ~ товарный вагон
  rail tank ~ железнодорожная цистерна
  (road) tank ~ автоцистерна
  station ~ микроавтобус
waiver 1. оговорка 2. исключение; отступление; изъятие *(из правил)* 3. отказ *(от права)*
  ~ **of claim** отказ от претензии
  ~ **of obligations** освобождение от обязательств
  ~ **of patent rights** отказ от патентных прав
  ~ **of privilege** отказ от привилегии
  ~ **of prohibitions** отмена запрещений
  general ~ общий отказ
  limited ~ ограниченный отказ *(от части права)*
walkathon длительный поход; соревнование на дальность ходьбы
wall:
  painted ~ брандмауэр, расписанный рекламой, рекламный брандмауэр
  wall-to-wall без рекламных вставок *(о радио- или телепрограмме)*
want 1. потребность; желание 2. нужда 3. недостаток, нехватка ◇ **to create** ~**s** создавать потребности
  ~ **of goods** товарный дефицит
  ~ **of money** нехватка денег
  artificially stimulated ~ искусственно стимулируемая потребность
  basic ~**s** фундаментальные потребности, существенные потребности
  buyer ~**s** покупательские потребности
  consumer ~**s** запросы потребителей, покупательские потребности
  daily ~**s** повседневные [насущные] запросы
  false ~ искусственное желание
  human ~ человеческая потребность
  psychological ~**s** психологические запросы
  social ~ общественная потребность
  spiritual ~ духовная потребность, духовный запрос
  surface ~**s** запросы, лежащие на поверхности
  unnecessary ~ ненужная потребность
  unsatisfied ~ неудовлетворённая потребность
war война; борьба; вражда
  ~ **of nerves** война нервов, психологическая война
  ~ **of words** словесная перепалка
  car ~ автомобильная война *(между ЕЭС и Японией)*
  large-scale ~ широкомасштабная война
  price ~ ценовая конкуренция
  prolonged ~ затяжная война
  promotion ~ война в сфере стимулирования
  protracted ~ затяжная война
  steel ~ стальная война *(между США и ЕЭС)*
  tariff ~ тарифная война
  trade ~ торговая война
wardrobe гардероб, костюмы
ware товар(ы); продукт(ы) производства
  brown ~ глиняная посуда; гончарные изделия
  ceramic ~ керамические изделия
  china ~ фарфоровые изделия
  Dutch ~ фаянс
  household ~**s** бытовые товары
  meat ~ мясные продукты
  potter's ~ гончарные изделия
  small ~ текстильная галантерея; тесьма, лента, шнур
  soft ~**s** текстиль
  yellow ~ глиняная посуда; гончарные изделия
warehouse 1. (товарный) склад, хранилище, пакгауз 2. оптовый магазин, оптовая база
  automated ~ автоматизированный склад
  broker's ~ брокерский склад
  central ~ центральный склад
  chain ~ сетевой склад, склад, входящий в сеть
  cold-storage ~ склад-холодильник
  customs ~ таможенный склад
  distribution ~ транзитный склад, склад-распределитель
  licenced ~ лицензированный склад *(выбранный биржей, с которого мо-*

warehouse

гут производиться отгрузки товаров по заключённым фьючерсным контрактам)
perishable food ~ склад для скоропортящихся продуктов
private ~ склад частного пользования
public ~ склад общественного пользования
showroom ~ склад-магазин с демонстрационным залом
storage ~ склад длительного хранения, хранение в крытых складах или пакгаузах
warning предупреждение, предостережение ◇ **to give** ~ предупредить, предостеречь; **to sound** ~ подать сигнал тревоги
advance ~ заблаговременное оповещение
danger ~ предостережение, предупреждение об опасности
disaster ~ оповещение о приближающемся стихийном бедствии
health ~ предупреждение о вреде для здоровья
safety ~ 1. предостережение относительно безопасного пользования 2. предостережение от опасности
sharp ~ категорическое предупреждение
solemn ~ серьёзное предупреждение
urgent ~ настоятельное предостережение
warrant 1. гарантия; свидетельство 2. доверенность 3. расписка 4. купон
~ **of attorney** доверенность
dividend ~ купон на получение дивиденда
interest ~ процентный купон
subscription ~ подписной сертификат (удостоверяющий право на подписку)
warehouse ~ складочное свидетельство
warranty гарантия, поручительство
~ **of authority** доверенность
consumer ~ потребительская гарантия, гарантия для потребителей
convertible ~ обратимая гарантия
extended ~ продлённый срок гарантии
full ~ полная гарантия
implied ~ подразумеваемая гарантия
life-time ~ пожизненная гарантия, гарантия на весь срок службы
limited ~ ограниченная гарантия
long-term ~ долгосрочная гарантия
product ~ гарантия качества изделия
short-term ~ краткосрочная гарантия
wary осмотрительный, осторожный
wash 1. стирка, полоскание 2. туалетная вода 3. тонкий слой (жидкой краски)
bleach ~ отбелка
eye ~ глазная примочка
hair ~ средство для ополаскивания волос
tone ~ тональная размывка (изображения)
tooth ~ зубной эликсир; жидкость для полоскания зубов
wastage 1. убыток 2. непроизводительный расход 3. отходы; брак
paper ~ полигр. бумажный брак; порча бумаги
waste 1. непроизводительные затраты 2. потери, отходы, отбросы, мусор 3. полигр. макулатура
city ~ городские отбросы, городской мусор
consumer ~ бытовые отходы
cutting ~ обрезки, остатки
demographic ~ демографические издержки (ненужная, бесполезная аудитория)
domestic ~ бытовые отходы
factory ~ промышленные [производственные] отходы
food ~ пищевые отходы, кухонные отбросы
household ~ бытовые отходы
kitchen ~ пищевые отходы, кухонные отбросы
liquid ~s сточные воды, жидкие отходы
mailing ~ бесполезный тираж рассылки, непроизводительная доля рассылки
paper ~ бумажная макулатура
printing ~ печатный брак (отходы бумаги при печатании)
solid ~(s) твёрдые отходы
utility ~ утильсырьё
wastebasket корзина для бумаг
wasteful бесполезный, расточительный, неэкономный; непроизводительный

wedding

watch часы *(карманные, наручные)*
 digital ~ (электронные) часы с цифровой индикацией
 mechanical ~ механические часы
 quartz analog ~ аналоговые кварцевые часы
 quartz crystal ~ кварцевые часы
 solar-powered ~ часы с солнечной батареей
watcher наблюдатель
 business ~ наблюдатель за сферой предпринимательства
watchword лозунг, девиз
water вода
 boiled ~ кипячёная вода
 carbonated ~ газированная вода
 fresh ~ пресная вода
 lead ~ свинцовая примочка
 seltzer ~ сельтерская вода
 sewage ~s сточные воды
 sparkling ~ содовая вода, «шипучка»
 sparkling mineral ~ газированная минеральная вода
 spring ~ родниковая вода
 sweet ~ пресная вода
 table ~ столовая вода *(в бутылках)*
watermark водяной знак, филигрань *(на бумаге)*
 intaglio ~ теневой водяной знак
wave волна, вал
 birth ~ «волна» рождений, период резкого увеличения рождаемости
 consumerism ~ волна консьюмеризма
 crime ~ рост преступности
wax воск, парафин; мазь
 animal ~ животный воск
 artificial ~ искусственный воск
 car ~ восковая паста для полировки автомобилей
 mineral ~ минеральный воск, озокерит
 natural ~ натуральный воск
 sealing ~ сургуч
 ski ~ лыжная мазь
way 1. образ действия, метод; способ 2. обычай, особенность 3. путь; ход, движение вперёд ◇ ~s and procedures пути и методы; in a big ~ с размахом; to pay its ~ окупаться, оправдывать себя *(о предприятии)*
 ~ of life уклад жизни
 ~ of thinking образ мышления

weakness 1. слабость 2. понижение *(цен)*
 ~ of argument неубедительность довода, шаткость аргументации
 competitive ~ недостаточная [слабая] конкурентоспособность
wealth богатство, изобилие; благосостояние
 consumer ~ изобилие для потребителей, потребительское изобилие
 individual ~ личное богатство
 industrial ~ изобилие промышленных товаров
 inherited ~ (у)наследованное богатство
 intellectual ~ духовное богатство
 material ~ материальное богатство
 monetary ~ богатство в денежной форме
 national ~ национальное богатство
 reproducible ~ воспроизводимое богатство
 tangible ~ материальное богатство
weapon:
 all-purpose ~ универсальное оружие
 competitive ~ орудие [средство] конкурентной борьбы
 counter-strike ~ оружие ответного удара
 defensive ~ оборонительное оружие
wear 1. износ, изнашивание 2. одежда, платье
 beach ~ пляжная одежда
 children ~ детская одежда, детское платье
 evening ~ вечернее платье, вечерний туалет
 leisure ~ домашняя одежда
 men's ~ мужская одежда
 rapid ~ быстрый износ
 reasonable ~ естественный износ
 service ~ эксплуатационный износ
 slumber ~ ночные рубашки и пижамы, спальный костюм
 working ~ рабочая одежда, спецодежда
web-offset *полигр.* рулонный офсет
wedding свадьба, бракосочетание
 china ~ «фарфоровая» свадьба *(двадцать лет брака)*
 church ~ венчание
 crystal ~ «хрустальная» свадьба *(пятнадцать лгт брака)*

671

wedding

diamond ~ бриллиантовая свадьба *(шестьдесят или семьдесят пять лет брака)*
emerald ~ изумрудная свадьба *(сорок лет брака)*
golden ~ золотая свадьба *(пятьдесят лет брака)*
penny ~ свадьба, устраиваемая гостями в складчину
silver ~ серебряная свадьба *(двадцать пять лет брака)*
tin ~ «оловянная» свадьба *(десять лет брака)*
wooden ~ «деревянная» свадьба *(пять лет брака)*
wedge клин ◇ **to drive [to force]** ~ вбивать клин
advertising ~ рекламный таран *(превосходство товара или услуги, которое может послужить основой для создания рекламы)*
week неделя, рабочая неделя ◇ ~ **by** ~ каждую неделю, еженедельно; **in a** ~ через неделю; **today** ~ **1.** ровно через неделю **2.** ровно неделю назад; **tomorrow** ~ через неделю, считая с завтрашнего дня; **yesterday** ~ неделю назад, считая со вчерашнего дня
average ~ среднестатистическая неделя
black ~ *амер.* «чёрная» неделя *(когда не проводятся общенациональные замеры аудитории рекламы. «Чёрные» недели обычно приходятся на апрель, июль, август и декабрь)*
Book ~ *амер.* «Неделя книги» *(ежегодное рекламно-пропагандистское мероприятие)*
dark ~ *см.* **black week**
short ~ неполная рабочая неделя
working ~ рабочая неделя
weekly еженедельник, еженедельное периодическое издание
half ~ газета, выходящая два раза в неделю
suburban ~ еженедельник, выходящий в пригороде
weight 1. вес; масса **2.** весомость, значение, важность; влияние ◇ **to carry** ~ иметь вес [влияние]; **to sell by** ~ продавать на вес
advertising ~ весомость [насыщенность] рекламы; рекламная нагрузка, рекламный пресс, интенсивность рекламы *(число рекламных обращений, запланированных к использованию или использованных в ходе рекламной кампании)*
basis ~ *полигр.* **1.** основная масса *(стопы бумаги стандартного формата из 500 листов. Размеры листов писчей бумаги 43,18 × 55,88 см, печатной бумаги 63,50 см × 96,53 см, обложечной бумаги 50,80 × 66,04 см)* **2.** масса 1 м^2 бумаги
bulk ~ насыпная масса
drained ~ масса без жидкости *(консервированных фруктов)*
excess ~ лишняя масса, излишек веса
importance ~ весовой показатель значимости
index ~ значение индекса
market ~ рыночная ценность, ценность с точки зрения рынка; весомость рынка
media ~ вес(омость) [значимость] средств рекламы
short ~ неполная масса, недовес
specific ~ удельная масса, удельный вес
statistical ~ статистический вес
type ~ **1.** толщина шрифта **2.** начертание шрифта
weight-conscious заботящийся о весе, следящий за (своим) весом
welfare благосостояние, благоденствие; благополучие, достаток
child ~ охрана здоровья детей
consumer ~ благосостояние потребителя
material ~ материальное благосостояние
public [social] ~ социальное обеспечение; общественное благосостояние
well-being благосостояние, благополучие
economic ~ экономическое благосостояние
financial ~ финансовое благополучие
material ~ материальное благополучие
well-publicised 1. получивший широкую огласку **2.** широко разрекламированный
wetness влажность, сырость

wheeler-dealer *жарг.* махинатор; заправила

whims of fate капризы судьбы

whip *экр.* быстрое панорамирование, переброска камеры

wholesale оптовая торговля

wholesaler оптовый торговец; оптовик; предприятие оптовой торговли
  affiliated ~ оптовик-член добровольной сети; оптовик-спонсор добровольной сети розничных торговцев
  agent ~ оптовик-агент
  automotive parts ~ оптовый торговец автомотодеталями
  basic product specialty ~ оптовик, специализирующийся по определённой ассортиментной группе товаров
  cash-and-carry ~ оптовик [предприятие оптовой торговли] с широким ассортиментом; оптовик, торгующий за наличный расчёт без доставки товара
  clothing ~ оптовый торговец одеждой
  drug ~ оптовый торговец лекарствами, оптовый продавец лекарств
  full-line ~ оптовик с полным [исчерпывающим] ассортиментом
  full-service ~ оптовик с полным циклом услуг
  general-line ~ оптовик с нешироким ассортиментом товаров определённой специализации, оптовик неширокого насыщенного ассортимента
  general (merchandise) ~ оптовик с широким смешанным ассортиментом, оптовик смешанного ассортимента
  hardware ~ оптовый торговец техническими товарами
  health food ~ оптовый торговец продуктами лечебного питания
  import ~ оптовик-импортёр
  limited-service ~ оптовик с ограниченным циклом услуг
  local ~ местный оптовик; предприятие оптовой торговли, обслуживающее небольшой город и прилегающие населённые пункты
  mail-order ~ предприятие оптовой торговли товаром, заказанным по почте
  merchant ~ оптовик-купец *(приобретающий право собственности на товар)*
  regional ~ региональный поставщик
  seafood ~ оптовый торговец морепродуктами
  specialty ~ узкоспециализированный оптовик, оптовик узкой специализации, оптовик с предельно узким насыщенным ассортиментом
  truck ~ оптовик-коммивояжёр *(доставляющий товар своим транспортом покупателю и продающий их за наличный расчёт)*

wholesaling продажа оптом, оптовая торговля
  conventional ~ традиционная оптовая торговля, традиционный опт, оптовая торговля без расшифровки цены *(когда продавец-оптовик не раскрывает розничному торговцу размера своей наценки)*
  cost-plus ~ оптовая торговля с расшифровкой цены *(когда размер наценки, произведённой оптовиком, указывается в его счёте розничному торговцу)*
  grocery ~ оптовая торговля бакалейно-гастрономическими товарами

"widow" *полигр.* висячая строка *(концевая строка абзаца, состоящая всего из 1-2 слов)* ◇ **to kill** ~ убрать висячую строку

width ширина ◇ **in** ~ в ширину
  column ~ ширина колонки
  picture ~ ширина изображения [кадра]
  product mix ~ широта товарной номенклатуры
  screen ~ ширина экрана

wielder:
  influence ~ влиятельное лицо, источник влияния

wile уловка, мошенническая проделка, хитрость

will 1. завещание 2. воля; желание ◇ **at** ~ по усмотрению, по желанию; **to draw up [to make]** ~ сделать завещание
  good ~ 1. благорасположение 2. престиж *(фирмы)*
  ill ~ недоброжелательность, неприязнь; злой умысел

will

notarial ~ нотариально оформленное завещание
nuncupative ~ устное завещание
political ~ политическая воля
simple ~ простое завещание
winding намотка, наматывание *(плёнки)*
 "A" ~ намотка *(киноплёнки, магнитной ленты)* слоем внутрь
 "B" ~ намотка *(киноплёнки, магнитной ленты)* слоем наружу
 back ~ перемотка, обратная намотка
 hard ~ плотная намотка
 soft ~ слабая намотка
winding-up ликвидация компании
 compulsory ~ принудительная ликвидация
window окно; витрина, оконная витрина
 active ~ активное окно *(на экране дисплея)*
 application ~ окно прикладной программы *(на экране дисплея)*
 control ~ экр. глазок, смотровое окно
 display ~ витрина
 document ~ окно документа *(на экране дисплея)*
 drive-up ~ подъездное окошко *(ресторана, банка) для обслуживания клиентов в автомобилях*
 drop ~ подъёмное окно
 help ~ окно справки [подсказки] *(на экране дисплея)*
 inactive ~ неактивное окно *(на экране дисплея)*
 show ~ витрина
 stained-glass ~ витраж
 tiled ~s окна мозаикой *(на экране дисплея)*
 transparent ~ окно из прозрачной плёнки *(конверта, картонной коробки)*
 weather ~ погодное «окно»
windowpane оконное стекло
window-shopping рассматривание [разглядывание] витрин
wine вино; наливка ◇ in ~ захмелевший, пьяный
 adulterated ~ фальсифицированное вино
 aged ~ выдержанное вино
 bottle(d) ~ бутылочное вино
 carbonated ~ газированное [шипучее] вино
 crude ~ незрелое вино
 currant ~ смородинная наливка
 dessert ~ десертное вино
 dietic ~ диетическое вино
 dry ~ сухое вино
 gooseberry ~ крыжовенная наливка
 green ~ молодое вино
 home-made ~ домашнее вино, вино домашнего изготовления
 new ~ молодое вино
 pop ~ сладкое вино *(особенно фруктовое)*
 rough ~ терпкое вино
 sparkling ~ игристое вино
 straw ~ десертное вино из сушёного винограда
 table ~ столовое вино
 thin ~ плохое вино, «кислятина»
 unmingled ~ неразбавленное вино, вино без примеси
 vintage ~ марочное вино
 weak ~ лёгкое [некрепкое] вино
winery винодельческий [винный] завод, винодельня
winner победитель; (первый) призёр, лауреат
 safe ~ бесспорный победитель
wipe экр. вытеснение *(монтажный переход, при котором уходящее изображение вытесняется краем заступающего при сохранении яркости обоих изображений)*, быстрая смена одного изображения другим ◇ ~ on plate полигр. печатная форма негативного копирования непосредственного очувствления
 corner ~ вытеснение угловой шторкой
 curtain ~ вытеснение при помощи шторки
 diagonal ~ вытеснение диагональной шторкой
 fan ~ веерообразное вытеснение *(с помощью косой шторки)*
 rotational ~ вытеснение вращающейся шторкой
 vertical wedge ~ вытеснение вертикальной клинообразной шторкой
 whirling ~ спиральное вытеснение
wisdom мудрость; благоразумие, здравый смысл

word-forming

conventional ~ общепринятая точка зрения; традиционный образ мыслей, обычный здравый смысл
penetrative ~ глубокая мудрость
wordly ~ практический ум; житейская мудрость
withholding удержание
witness свидетель; очевидец
  attesting ~ понятой
  credible ~ свидетель, заслуживающий доверия
  eye ~ (свидетель-)очевидец
  false ~ лжесвидетель
  partial ~ пристрастный свидетель
  perjured ~ лжесвидетель
  swift ~ пристрастный свидетель
  unreliable ~ ненадёжный свидетель, свидетель, не заслуживающий доверия
woman женщина
  ~ of fashion светская дама, модница
  ~ of quality знатная дама
  ~ of the house хозяйка дома
  career ~ деловая женщина
  house-proud ~ домовитая хозяйка
  make-up ~ гримёрша
Women ◇ ~ in Cable *амер.* «Женщины в кабельном телевидении» (*профессиональное сообщество женщин-специалистов организаций кабельного телевидения*); ~ in Communications, Inc. *амер.* «Женщины в сфере коммуникаций» (*профессиональное сообщество женщин-специалистов, работающих в журналистике, средствах вещания*)
wool 1. шерсть 2. шерстяная пряжа, шерстяные нитки 3. шерстяная ткань; шерстяная одежда
  Berlin ~ цветной гарус, шерстяная вязальная пряжа (*ярких цветов*)
  brushed ~ шерстяная ткань с начёсом
  choice ~ отборная шерсть
  cloth ~ сукно
  crude ~ немытая шерсть
  downy ~ подшёрсток
  embroidery ~ шерсть для вышивания, гарус
  fleece ~ рунная шерсть
  (hand-)knitting ~ шерсть для ручного вязания
  mending ~ шерстяная штопка
  pelt ~ овечья шубная шерсть
  raw ~ немытая шерсть
  wire ~ проволочная мочалка (*для чистки кастрюль*)
word 1. слово 2. известие, сообщение 3. *pl* текст
  ~ of mouth живое слово; непосредственное общение
  accessory ~ служебное слово
  banner ~ начальное слово; заголовок, «шапка»
  basic ~ основное слово
  catch ~ ударное слово
  check ~ контрольное слово
  coined ~ *см.* concocted word
  commonplace ~ обыденное [повседневное] слово
  comparative ~ сравнительное слово, слово-сравнение
  compound ~ составное слово
  computer ~ машинное слово
  concocted ~ выдуманное слово; искусственно образованное слово
  content ~ знаменательное слово, слово с самостоятельным лексическим значением
  damaging ~s дискредитирующие слова; оскорбление словом
  direction ~ *полигр.* колонтитул
  function ~ функциональное [служебное] слово
  guide ~ *полигр.* колонтитул
  household ~ обиходное слово; поговорка, присловие
  inept ~ неуместное [неподходящее] слово
  invented ~ *см.* concocted word
  jaded ~ затёртое [заезженное] слово
  key ~ ключевое слово; колонтитул (*в словарях, энциклопедиях*)
  loan ~ заимствованное слово
  made ~ выдуманное слово
  partial ~ часть слова
  primary ~ коренное [корневое] слово
  printed ~ печатное слово
  spoken ~ произносимое [устное] слово
  "turn-off" ~ «отворотное» слово
  vernacular ~ исконное слово, слово родного языка
word-forming словообразование; создание слов

word-forming

computerized ~ создание слов с помощью ЭВМ
wording формулировка; редакция; текст
legal ~ юридическая формулировка
word-mark словесный товарный знак
wordsmith «кузнец слова», анонимный автор
word-symbol словесный символ, слово-символ; ассоциативный словесный товарный знак
work 1. работа, труд, дело 2. место работы 3. изделие; продукция 4. произведение ◊ ~ made for hire произведение, созданное по найму *(авторское или издательское право принадлежит юридическому лицу, для которого или за счёт которого оно создано)*; to get [to set] to ~ приняться за дело, начать работать
~ of art 1. произведение искусства 2. оригинал
~ of authorship авторское произведение
artistic ~ художественное произведение
casual ~ случайная [непостоянная] работа
clerical ~ конторский труд, канцелярская работа
commercial ~ коммерческая работа, работа на коммерческой основе; работа на рынок
consumed ~ затраченная работа
contract ~ договорная работа, работа по контракту
copyrighted ~ произведение, охраняемое авторским правом
creative ~ творческая деятельность; творческие разработки, творческий труд
crochet ~ вязание крючком
day ~ 1. дневная работа; дневная смена 2. дневная выработка
defective ~ брак
detailed ~ мелочная работа, работа по мелочи
development ~ опытно-конструкторская разработка, проектирование
display ~s 1. (художественно-)оформительские работы 2. *полигр.* выделительный набор
fancy ~ художественная вышивка

field ~ 1. внекабинетная работа, работа на местах 2. полевые работы
free-lance ~ внештатная работа
hard ~ тяжёлая работа
job ~ сдельная работа
jobbing ~ *полигр.* акцидентная работа
knowledge(-intensive) ~ труд, требующий (интенсивных) знаний
labour-intensive ~ трудоёмкая работа
location ~ *экр.* работа вне студии
managerial ~ управленческая работа
marketing ~ маркетинговая работа, работа по маркетингу
office ~ конторский труд, канцелярская работа
outside broadcast ~ *вещ.* внестудийная передача
overtime ~ сверхурочная работа
painstaking ~ кропотливый [упорный] труд
piece ~ сдельная работа
preparatory ~ подготовительная работа
production-type service ~ обслуживающий труд производственного типа
public ~s общественные работы
reference ~ 1. справочная работа 2. справочник
repair ~ ремонтные работы, ремонт
research ~ научно-исследовательская работа
schedule ~ работа по графику [по плану]
selected ~s избранные произведения
service ~ обслуживающий труд
shift ~ сменная работа
skilled mental ~ квалифицированный умственный труд
staff ~ административная работа
support ~ вспомогательная работа
wage ~ работа по найму
well-paid ~ хорошо оплачиваемая работа
workbook рабочая тетрадь *(с заданиями и упражнениями)*; сборник упражнений
worker 1. рабочий 2. работник, сотрудник
blue-collar ~ (производственный) рабочий, мастеровой, «синий воротничок»

wrapping

career ~ профессиональный работник
casual ~ временный рабочий
clerical ~ (конторский) служащий, чиновник
factory ~ заводской рабочий
family ~ 1. основной работник в семье 2. лицо, работающее на семейном предприятии
farm ~ сельскохозяйственный рабочий
knowledge ~ образованный рабочий, работник, вооружённый знаниями
manual ~ работник физического труда
migrant ~ рабочий-переселенец
office ~ (конторский) служащий, чиновник
part-time ~ рабочий, занятый неполный рабочий день; частично безработный
piece ~ сдельщик
pink collar ~ работница сферы обслуживания *или* торговли; работница канцелярии
production ~ производственный рабочий, рабочий-производственник
professional ~ профессиональный работник
rate ~ сдельщик
seasonal ~ сезонный рабочий
semi-skilled ~ рабочий средней квалификации
service ~ работник сферы обслуживания
shopfloor ~ рядовой рабочий
skilled ~ высококвалифицированный рабочий
unskilled ~ неквалифицированный рабочий
urban ~ городской рабочий
utility ~s подсобные рабочие
wage ~ наёмный рабочий
white-collar ~ служащий, канцелярский работник, «белый воротничок»
worker-hour рабочий человеко-час
working 1. работа, действие 2. использование
   compulsory ~ of patent обязательное [принудительное] использование патента *(под угрозой выдачи принудительной лицензии или аннулирования патента)*

shift ~ сменная работа; многосменный режим работы
workload рабочая нагрузка *(на человека)*
workmanship 1. искусство, мастерство 2. качество работы 3. отделка, выделка
   exquisite ~ тончайшая работа
workprint рабочая копия
   approved ~ *экр.* утверждённый рабочий позитив, утверждённая студийная копия *(фильма)*
   video cassette ~ монтажная видеокассета
workshop 1. мастерская 2. семинар ◇ to hold ~ проводить семинар
workstation автоматизированное рабочее место, АРМ
world 1. мир, свет, вселенная 2. сфера, область 3. круги ◇ to rise in the ~ сделать карьеру, преуспеть в жизни
   art ~ мир искусства
   business ~ деловой мир, мир бизнеса
   inner ~ внутренний мир
   musical ~ музыкальный мир
   natural ~ мир природы
worrier вечно беспокоящийся *(характеристика личности)*
worth 1. ценность 2. стоимость, цена
   net ~ of company стоимость имущества фирмы за вычетом обязательств; собственный капитал *(предприятия)*
   present ~ стоимость на данное время, современная стоимость
   product ~ ценность товара [изделия]
worthwhile стоящий, оправданный
wrap-case суперобложка
wrapper 1. обёртка, упаковка 2. суперобложка 3. обёрточный материал
   airtight ~ воздухонепроницаемая [герметичная] упаковка
   book ~ суперобложка *(книги)*
   film ~ обёртка из фольги
   outerprinted ~ упаковка с печатным текстом и рисунком
   postal ~ бандероль
   transparent ~ прозрачная упаковка
wrapping *обычно pl* 1. упаковка, обёртка 2. обёрточный материал
   gift ~s подарочная упаковка
   lined ~s выстланная изнутри упаковка
   regular ~s обычная упаковка

wrapping

reinforced ~s усиленная упаковка
writ предписание, распоряжение; судебный документ ◇ to enforce ~ приводить в исполнение приказ суда
~ of covenant приказ о вызове в суд по иску о нарушении договора за печатью
~ of debt приказ о вызове в суд по делу о взыскании денежного долга
~ of execution исполнительный лист
~ of injunction судебный запрет
~ of possession исполнительный судебный приказ о вводе во владение
personal ~ судебный приказ по делу об оскорблении личности
writer текстовик, писатель, *экр.* сценарист
commissioned ~ законтрактованный текстовик
editorial ~ *см.* leader writer
film ~ сценарист, кинодраматург
gag ~ автор реприз [шуток]
ghost ~ автор-невидимка, «негр», автор, пишущий за другого
hack ~ литературный подёнщик
leader ~ автор передовиц (*в газете*)
motion picture script ~ киносценарист
paragraph ~ газетчик, репортёр
speech ~ составитель речей (*для других лиц*)
ticket ~ художник-шрифтовик по изготовлению ценников
writing 1. (на)писание 2. почерк; стиль ◇ in ~ в письменной форме; to commit to ~ записать; изложить на бумаге, оформить письменно
advertising [copy] ~ написание рекламных текстов
plain ~ разборчивый почерк
wedge ~ клинопись
wrong 1. правонарушение, вред 2. неправда ◇ ~ against an individual причинение вреда частному лицу; ~ against the public причинение вреда обществу
civil ~ гражданский вред, гражданское правонарушение
criminal ~ уголовное правонарушение, преступление
legal ~ правонарушение, деликт
reparable ~ поправимый [обратимый] вред

wrong-doing причинение вреда [ущерба]; правонарушение; совершение правонарушения; противоправное поведение, проступок

#

xerocopy ксерокопия
xerograph ксерограф, ксерографический аппарат
xerography ксерографирование

Y

yard 1. двор 2. верфь 3. сортировочная станция 4. склад
chicken ~ птичник, птицеферма, птичий двор
front ~ палисадник
lumber ~ склад [магазин] пиломатериалов
poultry ~ птичник, птицеферма, птичий двор
storage ~ площадка для хранения, склад открытого хранения
yardstick 1. критерий 2. линейка 3. основной тариф
~ of comparison мерило сравнения
~ of invention 1. критерий патентоспособности 2. масштаб изобретательского уровня
year год ◇ in ~s to come в будущем; ~ under review отчётный год
~s of famine *см.* locust years
academic ~ учебный год
accounting ~ отчётный год
base ~ базисный год
budget ~ бюджетный год
business ~ 1. хозяйственный год 2. финансовый год
calendar ~ календарный год
commercial ~ коммерческий финансовый год
contract ~ договорный год
crop ~ сельскохозяйственный год

(период между началом уборки урожая какой-л. культуры и началом следующей уборки данной культуры)
current ~ текущий год
fiscal ~ бюджетный год
going ~ год полной рентабельности
green ~ доходный [прибыльный] год
introductory ~ год выведения товара на рынок
legal ~ календарный год
locust ~s голодные годы, годы нужды и лишений
model ~ год, в течение которого выпускается данная модель
official ~ календарный год
operating ~ рабочий год
reference ~ базисный год
report(ing) ~ отчётный год
target ~ последний год планируемого периода
trading ~ операционный год
vintage ~ год сбора винограда *(указание на этикетке винной бутылки)*
yearbook ежегодник
   industry ~ промышленный [отраслевой] ежегодник
   statistical ~ статистический ежегодник
   trade ~ торговый ежегодник
Yearbook:
   British ~ of International Law Британский ежегодник международного права *(периодическое издание)*
yellowback бульварная газета, бульварный роман
yield 1. доход, выручка, прибыль 2. мощность
   anticipated ~ ожидаемая прибыль
   bond ~ (ежегодный) доход по облигации *(выражается в процентах к её цене)*
   commercial ~ коммерческий выход, коммерческая отдача
   design ~ проектная [расчётная] мощность
   effective ~ реальная доходность, реальный доход *(фактический размер относительной прибыли)*
   gross ~ валовой доход, доход-брутто *(до уплаты налогов)*
   interest ~ процентный доход
   net ~ чистый доход
   profit ~ получение прибыли

youngster подросток, юноша, молодой человек
yuppie «яппи», молодой перспективный специалист-горожанин *(демографическая группа, являющаяся объектом интенсивного рекламного воздействия)*

Z

zapper «вырубатель» *(ручной инфракрасный пульт дистанционного управления бытовой электронной техникой)*
zapping «вырубание» *(рекламы)*, «бегство от рекламы» *(сознательное переключение на другой канал при начале рекламной паузы в просматриваемой телепрограмме)*
zeal рвение, энтузиазм, инициативность
   fervent ~ пылкое усердие
zincograph оттиск с цинкового клише; цинковое клише
zincoplate цинковая (формная) пластина
zine научно-фантастический журнал
zipping ускоренный прогон *(рекламы и прочих нежелательных материалов при просмотре видеозаписей телепередач)*
zone зона, пояс; полоса, район
   ~ of ignorance зона неведения *(отсутствия точной информации)*
   ~ of natural business expansion амер. территория естественного расширения деловой активности *(распространение товарного знака или фирменного наименования первого пользователя, зарегистрированных в одном штате, на территорию, входящую в другой штат)*
   adjacent ~ прилегающая зона
   administrative ~ административная зона
   broadcasting ~ зона вещания
   buffer ~ буферная зона
   city ~ амер. городская зона *(собственно город и сросшиеся с ним бли-*

zone

жайшие пригороды. Термин применяется при описании зон охвата газетных тиражей)
climatic ~ климатическая зона
contact ~ зона соприкосновения [контакта]
danger ~ опасная зона
dead ~ *вещ.* мёртвая зона
ecological ~ экологическая зона
exclusion ~ запретная зона
exclusive economic ~ свободная экономическая зона; экономическая зона с исключительным правом
fishery ~ рыболовная зона
free economic ~ свободная экономическая зона
free trade ~ зона свободной торговли
immediate city ~ город и ближайшие пригороды
intermediate ~ промежуточная зона
natural ~ природная зона
observation ~ зона наблюдения
price ~ ценовая зона, зона цен
protection ~ защитная зона *(напр. промышленных предприятий)*
retail trading ~ городская зона розничной торговли *(включает жителей пригородов, совершающих розничные покупки в городе)*
safety ~ зона безопасности
servicing ~ зона обслуживания
time ~ временной пояс, временная зона
tolerance ~ поле допуска
trade ~ торговая зона
zoom *экр.* трансфокаторный наезд *или* отъезд ◇ ~ away трансфокаторный отъезд; ~ in трансфокаторный наезд; ~ out *см.* zoom away
pop ~ быстрый трансфокаторный наезд *или* отъезд
smooth ~ плавное масштабирование
zoomar *фирм. экр.* «зумар» *(объектив с переменным фокусным расстоянием)*
zooming 1. масштабирование 2. трансфокация, зуммирование *(изменение крупности плана за счёт изменения фокусного расстояния объектива при неподвижной камере)*

СОКРАЩЕНИЯ

A [agricultural] *амер.* сельскохозяйственный *(о программе вещания)*
AA [average audience] средняя аудитория
AAA [American Academy of Advertising] Американская академия рекламы
AAAA, Four A's, 4A's [American Association of Advertising Agencies] Американская ассоциация рекламных агентств
AACA [Associated Advertising Clubs of America] Объединение рекламных клубов Америки
AACTO [American Association of Cable Television Owners] Американская ассоциация владельцев кабельных телесетей
AAF [American Advertising Federation] Американская рекламная федерация
AAIP [American Association of Independent Publishers] Американская ассоциация независимых издателей
A & P [advertising and promotion] реклама и стимулирование
AANR [American Association of Newspaper Representatives] Американская ассоциация представителей газет
AAP [Association of American Publishers] Ассоциация американских издателей
AAPOR [American Association of Public Opinion Research] Американская ассоциация специалистов по исследованию общественного мнения
aar [against all risks] страхование от всех видов риска
AAW [Advertising Association of the West] Рекламная ассоциация Западного побережья *(США)*

AAW [Advertising association of the West] Рекламная ассоциация Западного побережья *(вошедшая в 1967 г. в состав Американской рекламной федерации)*
ABA [American Bar Association] Американская ассоциация адвокатов
ABA [American Booksellers Association] Американская ассоциация книготорговцев
ABC 1. [American Broadcasting Company] Американ брсдкастинг компани, Эй-Би-Си *(основана в 1927 г.)* 2. [Audit Bureau of Circulations] Бюро по контролю за тиражами *(ставящее своей целью контроль за достоверностью данных о тиражах органов периодической печати, издаваемых его членами, и широкое обнародование этих данных. Создано в 1914 г.; контролирует более 3/4 всех изданий периодической печати США. Организация с тем же названием и теми же задачами существует и в Великобритании)*
ABI [Association of British Insurers] Ассоциация британских страховых обществ
ABMS [Audit Bureau of Marketing Services] Бюро по контролю за маркетинговыми службами *(США; образовано в 1966 г. в системе Бюро по контролю за тиражами, призвано контролировать деятельность не охваченных им средств рекламы и маркетинговых служб)*
ABP [American Business Press] Американская деловая пресса *(объединение издателей промышленных, профессиональных и отраслевых органов печати; основано в 1965 г.)*
ACB [Advertising Checking Bureau]

Бюро по контролю за рекламой *(США; организация, снабжающая рекламодателей и рекламные агентства вырезками опубликованных объявлений индивидуально и совместно проводимой розничной рекламы, а также прочей информацией, которая позволяет производить оценку силы воздействия собственной рекламы получателя и рекламы конкурентов)*

ACCA [attention-comprehension-conviction-action] модель покупательского поведения, предполагающая привлечение внимания, понимание сути предложения, формирование убеждённости и побуждение к совершению покупки

ACD [associate creative director] заместитель художественного руководителя

ACE [American Council on Education] Американский совет по образованию

ACG [address coding guide] руководство по кодированию адресов; справочник почтовых индексов

ACH [Automated Clearing House] Палата автоматизированных расчётов *(группа банков Федеральной резервной системы США, осуществляющих безналичные расчёты с помощью ЭВМ)*

ACI [area of cable influence] зона охвата кабельного телецентра

ack [acknowledgement] подтверждение, уведомление о получении; признательность, благодарность

ACLU [American Civil Liberties Union] Американский союз гражданских свобод

ACR [audio cassette recorder] кассетный магнитофон

ACSA [American Cotton Shippers Association] Американская ассоциация экспортёров хлопка

ACTT [Association of Cinematograph and Television Technicians] Ассоциация техников кино и телевидения *(Великобритания)*

AD [advertisement] 1. рекламное объявление 2. [assistant director] *экр.* ассистент режиссёра

adflation [advertising inflation] рекламная инфляция

ADI [area of dominant influence] зона доминирующего влияния

adr. [address] адрес; обращение, речь

ADS [Alpha Delta Sigma] Сообщество работников рекламы

advert [advertisement] рекламное объявление

AE [account executive, advertising executive] ответственный исполнитель, контактор

AER(HO) [Alpha Epsilon Rho] Национальное объединение студентов и преподавателей — сторонников всемерного развития учебного радио- и телевещания

AF [audio frequency] звуковая частота

AFD [Advertising Federation of America] Рекламная федерация Америки *(в 1967 г. вошла в состав Американской рекламной федерации)*

AFMA [American Film Marketing Association] Американская ассоциация по маркетингу фильмов

AFTRA [American Federation of Television and Radio Artists] Американская федерация актёров телевидения и радио *(создана в 1937 г. как Федерация актёров радио, в 1952 г. в неё вошли и актёры телевидения)*

AGAC [American Guild of Authors and Composers] Американская гильдия авторов и композиторов

AGMA [American Guild of Musical Actors] Американская гильдия актёров музыкального жанра

agriproduct [agricultural product] сельскохозяйственный продукт, сельхозпродукт

AI [artificial intelligence] искусственный интеллект

AIA [Association of Industrial Advertisers] Ассоциация промышленных рекламодателей *(США; бывшее название Ассоциации рекламодателей на специалистов и представителей свободных профессий)*

AIAA [Association of International Advertising Agencies] Ассоциация международных рекламных агентств

AIC [American Institute of Cooperation] Американский институт кооперации, АИК

AID [Advertisement Investigation Department] Отдел по контролю за соблюдением этических норм в рекламе *(Великобритания)*

AIDA [attention-interest-desire-action] модель покупательского поведения, предполагающая привлечение внимания, пробуждение интереса, стимулирование желания и побуждение к совершению покупки

AIDCAS [attention-interest-desire-conviction-action-satisfaction] модель покупательского поведения, предполагающая привлечение внимания, пробуждение интереса, стимулирование желания, обретение убеждённости, совершение покупки и удовлетворённость

AIDMA [attention-interest-desire-motivation-action] модель покупательского поведения, предполагающая привлечение внимания, пробуждение интереса, стимулирование желания, обретение мотивированности, совершение покупки

AIGA [American Institute of Graphic Arts] Американский институт полиграфии

AIPO [American Institute of Public Opinion] Американский институт по исследованию общественного мнения *(основан в 1935 г.)*

AIT [Agency for Instructional Television] Агентство учебного телевидения

AITV [Association of Independent Television Stations] Ассоциация независимых телецентров *(США; создана в 1972 г.)*

AIVF [Association of Independent Video- and Film makers] Ассоциация независимых производителей видео- и кинофильмов *(США)*

ALJ [administrative law judge] судья по административным правонарушениям

ALMA [Association of Literary Magazines of America] Ассоциация литературных журналов Америки

AM 1. [actor movement] перемещение исполнителей *(при съёмке)* 2. [amplitude modulation] амплитудная модуляция

AMA [American Management Association] Американская ассоциация менеджмента

AMA [American Marketing Association] Американская ассоциация маркетинга

AMEX [American Stock Exchange] Американская фондовая биржа

AMIC [Asian Mass Communication Research and Information Centre] Азиатский информационно-исследовательский центр по проблемам массовых коммуникаций *(со штаб-квартирой в Сингапуре)*

AMMO [Audience Measurement by Market for Outdoor] AMMO, отчёты АММО *(США; название исследовательской организации и её продукта — поры́ночных замеров аудитории наружной рекламы с разбивкой по показателям возраста, пола и уровня доходов)*

AMPAS [Academy of Motion Picture Arts and Sciences] Американская академия кинематографических искусств и наук

AMT [advanced manufacturing technology] передовая технология производства

Amtrak «Амтрак» *(общепринятое сокращённое название «Корпорации пассажирских перевозок Национальных железных дорог США». Учреждена постановлением Конгресса в 1971 г. Корпорация имеет статус государственной компании по коммунальному обслуживанию. Известна также под названием "Railpax")*

AMU [Asian Monetary Unit] азиатская денежная единица

ANA [Association of National Advertisers] Ассоциация общенациональных рекламодателей *(Великобритания)*

ANG [American Newspaper Guild] Американская гильдия газетных работников

ANPA [American Newspaper Publishers Association] Американская ассоциация издателей газет *(основана в 1887 г.)*

683

ANSI [American National Standards Institute] Американский национальный институт стандартов

APA [Agricultural Publishers Association] Ассоциация издателей сельскохозяйственных газет и журналов

APX [ad-page exposure] замечаемость [читаемость] рекламной полосы

a/r [all risks] все виды риска *(в страховании)*

ARB [American Research Bureau] Американское исследовательское бюро *(проводящее замеры аудитории теле- и радиостанций с использованием дневникового метода и электронной системы «Арбитрон»)*

ARF [Advertising Research Foundation] Фонд рекламных исследований *(США)*

A/S [advertising-to-sales] показатель «реклама—сбыт»

AS [amicable settlement] полюбовное [мирное] урегулирование, мировая сделка

ASA 1. [Advertising Standards Authority] Комитет рекламных стандартов *(Великобритания)* 2. [American Statistical Association] Американская статистическая ассоциация *(основана в 1839 г.)*

ASAP [American Society of Advertising and Promotion] Американское общество рекламы и стимулирования *(ставящее своей целью распространение практической информации обо всех формах рекламы и стимулирования)*

ASAP [American Society of Advertising and Promotion] Американское общество рекламы и стимулирования

ASC 1. [Advertising Standards Council] Совет по контролю за соблюдением норм рекламной практики *(Канада)* 2. [American Society of Cinematographers] Американское общество операторов

ASCAP [American Society of Composers, Authors and Publishers] Американское общество композиторов, авторов и издателей

ASCII [American standard code for information interchange] Американский стандартный код для обмена информацией

ASNE [American Society of Newspaper Editors] Американское общество редакторов газет

ATLA [Association of Trial Lawyers of America] Ассоциация американских судебных юристов

AWA [American Wine Association] Американская ассоциация виноторговцев

BAFTA [British Academy of Film and Television Arts] Британская академия кино и телевидения

BAPSA [Broadcast Advertising Producers Society of America] Американское объединение продюсеров вещательной рекламы

BAR [Broadcast Advertising Reports, Inc.] Компания исследования вещательной рекламы

BARB [Broadcasters Audience Research Board] Бюро по исследованию аудитории средств вещания

BATF [Bureau of Alcohol, Tobacco and Firearms] Бюро по контролю за торговлей спиртными напитками, табачными изделиями и огнестрельным оружием *(при министерстве финансов США)*

BBB [better business bureau] бюро по улучшению деловой практики

BBC [British Broadcasting Corporation] Британская радиовещательная корпорация, Би-Би-Си *(государственная компания, основанная в 1927 г.)*

BBTA [British Bureau of Television Advertising] Британское бюро телевизионной рекламы

BC [back cover] задняя полоса обложки

BCAP [British Code of Advertising Practice] Британский кодекс рекламной практики

BCL [Bachelor of Civil Law] бакалавр гражданского права

BCU [big close-up] сверхкрупный план

BDMAA [British Direct Mail Advertising Association] Британская ассоциация прямой почтовой рекламы

bg [background] фон, задний план; исходные (биографические) данные; подготовка, образование

BL Bachelor of Law бакалавр права [юридических наук]

BMA [Bank Marketing Association] Ассоциация маркетинга банковских услуг *(США)*

BMI [Broadcast Music Incorporated] корпорация «Музыка в эфире», Би-Эм-Ай *(организация, учреждённая вещательными станциями и сетями США для охраны авторских прав композиторов и музыкантов)*

BMS [below minimum standards] амер. «ниже учётного уровня» *(термин компании «А.К.Нильсен» для обозначения вещательных программ, аудитория которых слишком мала, чтобы её учитывать)*

BNF [Brand Names Foundation] Фонд пропаганды марочных названий *(США объединение товаропроизводителей, преследующее цели стимулирования сбыта марочных товаров)*

BOB [Bureau of the Budget] Бюджетное бюро *(США)*

B of A [Bureau of Advertising] Бюро рекламы *(рекламно-пропагандистское агентство Американской ассоциации издателей газет)*

BPA [Business Publications Audit Bureau of Circulations] Бюро по контролю за тиражами отраслевых изданий *(США; работает в основном с изданиями, рассылаемыми бесплатно по адресным спискам специалистам и организациям в рамках конкретной сферы деятельности)*

BPAA 1. [British Poster Advertising Association] Британская ассоциация плакатной рекламы 2. [Business and Professional Advertisers Association] Ассоциация рекламодателей на специалистов и представителей свободных профессий *(США)*

BRAD [British Rate and Data] Британский справочник по средствам рекламы и тарифам

BRC [business reply card] возвратная карточка [возвратный купон] запроса деловой информации

BRE [business reply entry] возвратный конверт запроса деловой информации

BRI [Brand Rating Index] «Индекс рейтингов марок» *(США; ежегодник)*

BSI [British Standards Institution] Британский институт стандартов

BTA [best time available] вещ. наиболее удобное время по усмотрению станции

BTEC [Business and Technician Education Council] Совет по проблемам коммерческого среднетехнического образования *(Великобритания)*

BTS [broadcast television system] система вещательного телевидения

BYBIL [British Yearbook of International Law] Британский ежегодник международного права *(периодическое издание)*

CAAA [Canadian Association of Advertising Agencies] Канадская ассоциация рекламных агентств

CAB [Cable Television Advertising Bureau] Бюро рекламы кабельного телевидения *(США; координирует рекламную деятельность кабельных сетей)*

CAB [Canadian Association of Broadcasters] Канадская ассоциация вещательных организаций

CACM [Central American Common Market] Центрально-американский общий рынок

CAD [computer-aided design] система автоматизированного проектирования, САПР

CAFC [Court of Appeals for Federal Circuit] Апелляционный суд федерального округа Колумбия *(США)*

CAI [computer-aided instruction] программированное обучение *(с помощью вычислительной машины)*; машинное обучение

CalTech [California Institute of Technology] Калифорнийский политехнический институт

CAM 1. [Communication, Advertising

and Marketing Education Foundation] Учебный центр коммуникации, рекламы и маркетинга *(Великобритания)* 2. [computer-aided makeup] компьютерная вёрстка 3. [computer-aided manufacturing] автоматизированная система управления производством, АСУП

CAP [Code of Advertising Practice] «Кодекс рекламной практики»

capt. [caption] 1. подпись под иллюстрацией, подрисуночная подпись 2. заголовок 3. титр

CAPTAIN [character and pattern telephone access information network] сеть обеспечения знаковой и иллюстративной информацией с телефонным доступом *(система видеотекста, применяемая в Японии)*

CARA [Classification and Rating Administration] Управление по классификации и категоризации фильмов

CARF [Canadian Advertising Research Foundation] Канадский фонд рекламных исследований

CARU [Children's Advertising Review Unit] Группа по контролю за рекламой, адресованной детям *(США)*

CATV [cable television] кабельное телевидение

CB [citizens' band] «гражданский» диапазон *(диапазон частот, выделенный для личной и служебной радиосвязи: 29,965 — 27,405 МГц и 460 — 470 МГц)*

CBBB [Council of Better Business Bureaus] Совет бюро по улучшению деловой практики *(США)*

CBC [California Beef Council] Калифорнийский совет по маркетингу говядины *(США)*

CBC [Canadian Broadcasting Corporation] Канадская вещательная корпорация

CBI [Confederation of British Industry] Конфедерация британской промышленности

CBN [Christian Broadcasting Network] Христианская вещательная телесеть *(США)*

CBP [Canadian Business Press] Канадская деловая пресса

CBS [Columbia Broadcasting System] «Коламбия бродкастинг систем», Си-Би-Эс *(американская вещательная корпорация, основанная в 1927г. Почти на 80% финансируется за счёт рекламы. Владеет несколькими киностудиями, популярными журналами и фирмой грамзаписи "Columbia Records")*

CCAB [Canadian Circulations Audit Board] Канадский совет по контролю за тиражами

CCAB [Canadian Circulations Audit Bureau] Канадское бюро по контролю за тиражами

CCC [Community Credit Corporation] Государственная товарно-кредитная ассоциация *(США)*

CCP [Code of Civil Procedure] гражданский процессуальный кодекс

CCPA [Court of Customs and Patent Appeals] Апелляционный суд по таможенным и патентным делам *(США)*

CCTV [closed-circuit television] замкнутое телевидение

CCVS [composite colour video signal] полный цветовой видеосигнал

CD [compact disk] компакт-диск

CEO [chief executive officer] директор-распорядитель, главный исполнительный директор *(корпорации)*

CFO [chief financial officer] финансовый директор

CFR [Code of Federal Regulations] Свод федеральных постановлений США

cheeriodical [cheer periodical] юмористическое периодическое издание

CHUT [cable household using television] активное кабельное телесемейство

CIPA [Chartered Institute of Patent Agents] Общество патентных поверенных *(Великобритания)*

claymation [clay animation] перекладная мультипликация *(с использованием фигур из пластилина или глины)*

CLB [Commonwealth Law Bulletin] Юридический бюллетень Содружества Наций

CLD [Doctor of Civil Law] доктор гражданского права

CLUT [colour look-up table] справочная цветовая таблица
CMA [Casket Manufacturers Association] Ассоциация изготовителей гробов *(США)*
CMA [census metropolitan area] переписной метрополитенский ареал
CMSA [consolidated metropolitan statistical area] объединённый метрополитенский статистический ареал
CNAA [Council of National Academic Awards] Совет по присуждению общенациональных академических наград *(Великобритания)*
CNN [Cable News Network] Си-Эн-Эн, сеть кабельного вещания
COD [cash on delivery] наложенный платёж, оплата при доставке
COI [Central Office of Information] . Центральное управление информации *(Великобритания)*
COLRAM [Committee on Local Radio Audience Measurement] Комитет по замерам аудиторий местных радиостанций *(США; подразделение Национальной ассоциации вещательных организаций, занимающееся замерами аудиторий радиослушателей и разработкой методик проведения рейтинговых и прочих замеров)*
COLTAM [Committee on Local Television Audience Measurement] Комитет по замерам аудитории местных телецентров *(США; исследовательско-консультативное подразделение Национальной ассоциации вещательных организаций)*
comsat [communications satellite] спутник связи
condo [condominium] квартира в доме-совладении; кооперативная квартира
CONTAM [Committee on Nationwide Television Audience Measurement] Комитет по замерам общенациональной телеаудитории *(США; орган из представителей ведущих телесетей, занимающийся проблемами контроля и оценки общенациональных рейтинговых и прочих замеров)*

CONUS [Continental United States] континентальная часть США
coop [cooperative] кооператив
CPI [consumer price index] индекс потребительских цен; индекс потребительской корзины
CR [carriage return] возврат каретки; символ «возврат каретки»
CRT [cathode ray tube] видеотерминальное устройство
CRT [Copyright Royalty Tribunal] Суд по делам об авторских гонорарах и роялти
CRTC [Canadian Radio-Television Commission] Канадская комиссия по радиовещанию и телевидению
CTAC [Cable Television Technical Advisory Committee] Консультативный комитет по техническим проблемам кабельного телевидения *(США; одно из подразделений Федеральной комиссии связи)*
CTAM [Cable Television Administration and Marketing Society] Административно-маркетинговая ассоциация кабельного телевидения *(США)*
cu [close-up] *экр.* крупный план
CUME [cumulative audience rating] суммарный [совокупный] рейтинг аудитории
CWD [consecutive weeks discount] *вещ.* скидка за последующие недели

3D [three-dimensional] стерео *(о фильме)*
DAD [digital audio disk] цифровой звукодиск
DAGMAR [Defining Advertising Goals for Measured Advertising Results] (модель) «ДАГМАР», «Постановка задач рекламы для последующего замера результатов» *(название книги американского специалиста Расселла Колли)*
DAR [day-after recall] припоминание на следующий день *(после контакта с рекламой)*
DB [delayed broadcast] отсроченная [сдвинутая] трансляция
DBMS [database management system] система управления базой данных, СУБД

687

dc, d/c [double-column] двухколоночный, в две колонки

DEC [daily effective circulation] эффективный суточный поток, эффективная суточная аудитория

demo [demonstration] демонстрация, показ

DGA [Directors Guild of America] Гильдия режиссёров Америки *(создана в 1960 г. и объединяет режиссёров кино, телевидения и радио)*

DISCUS [Distilled Spirits Association] Ассоциация винокуров *(США)*

diss [dissolve] *экр.* наплыв

DL 1. [Doctor of Law] доктор права 2. [drop letter] местное письмо

DM 1. [data management] обработка данных 2. [direct mail] прямая почтовая рассылка

DM/MA [Direct Mail/Marketing Association] Ассоциация прямой почтовой рекламы и маркетинга *(США)*

DMA 1. [designated market area] *амер.* расчётная рыночная территория 2. [Direct Marketing Association] Ассоциация прямого маркетинга *(международное объединение поставщиков, рекламодателей и прочих организаций, занимающихся прямым маркетингом)*

DMAA [Direct Mail Advertising Association] Ассоциация прямой почтовой рекламы *(США; объединяет как поставщиков, так и пользователей услуг прямой почтовой рекламы)*

docudrama [documentary drama] «документальная» драма, инсценировка на документальной основе

documercial [documentary commercial] *экр.* рекламный ролик, снятый в документальной манере, рекламно-документальный ролик

DP [data processing] обработка данных [информации]

DPL [Doctor of Patent Law] доктор патентного права

DPS [double-page spread] *амер.* (двойной) разворот

DSA [Direct Selling Association] Ассоциация прямого маркетинга

E [entertainment] *амер.* развлекательный *(о программе вещания)*

EA [editor's alteration] редакторская правка

EAAA [European Association of Advertising Agencies] Европейская ассоциация рекламных агентств

EBCDIC [extended binary coded decimal interchange code] расширенный двоично-десятичный код обмена информацией

EBU [European Broadcasting Union] Европейский союз радио- и телевещания *(основан в 1950 г.)*

ECU 1. [European currency unit] ЭКЮ, европейская валютная единица 2. [extreme close-up] сверхкрупный план

ED [educational] *амер.* общеобразовательный *(о программе вещания)*

EDIT [editorial] *амер.* редакционный *(о программе вещания)*

EDP [electronic data processing] электронная обработка данных

EDTV [enhanced [extended] definition television] телевидение повышенной чёткости, ТПЧ

EE [electronic editing] электронный монтаж, компоновочный видеомонтаж

EEOC [Equal Employment Opportunity Commission] Комиссия по вопросам равных возможностей занятости *(США)*

ELS [extreme long shot] сверхдальний общий план

EMF [European Management Forum] Европейский форум по проблемам управления

ENG [electronic news gathering] видеожурналистика

EP [European plan] европейский вариант проживания *(питание не входит в стоимость номера)*

EPA [Environmental Protection Agency] Управление по охране окружающей среды *(США; создано в 1970 г.)*

ERM [exchange rate mechanism] механизм валютных курсов, механизм обмена валют

ETV [educational television] учебное [образовательное] телевидение

EURO AIM [European Organization for an Independent Audiovisual Market] Европейская организация независимого аудиовизуального рынка

FAP [full American plan] американский пансион, американский принцип приёма гостей *(обеспечение жильём и трёхразовое питание, стоимость которого входит в стоимость номера)*

FCBA [Federal Communications Bar Association] Федеральная ассоциация адвокатов, работающих в средствах массовой коммуникации *(США)*

FCC [Federal Communications Commission] Федеральная комиссия связи *(США; учреждена в 1934 г., выдаёт лицензии вещательным станциям, занимается регулированием вещания в стране)*

FDA [Food and Drug Administration] Управление по контролю за качеством пищевых продуктов, медикаментов и косметических средств *(США)*

FDA [Funeral Directors Association] Ассоциация организаторов похорон *(США)*

FDCG [food, detergent, cosmetic goods] продукты питания, моющие средства и косметические товары

FG [foreground] 1. передний план 2. авансцена

FGA [free giveaway] бесплатный сувенир *(получаемый покупателем в ходе кампании по стимулированию сбыта)*

FIRA [Furniture Industry Research Association] Научно-исследовательская ассоциация мебельной промышленности *(Великобритания)*

f/m ["facing matter"] «напротив редакционного материала» *(инструкция о расположении объявления в периодическом издании)*

FM [frequency-modulation] частотная модуляция

FMCG [fast-moving consumer goods] ходовые товары широкого потребления

FMS [flexible manufacturing system] гибкая производственная система, ГПС

FOIA [Freedom of Information Act] Закон о свободе информации *(США)*

forex [foreign exchange] иностранная валюта

four c's [cigarettes, colas, candies, coffee] четыре «С» *(четыре вида товаров, наиболее часто продаваемых через торговые автоматы: сигареты, прохладительные напитки, сладости, кофе)*

FRCP [Federal Rules of Civil Procedure] амер. федеральные правила гражданского судопроизводства

FRE [Federal Rules of Evidence] амер. федеральные правила о доказательствах

FS 1. [follow shot] кадр движущегося объекта, снятый с движения 2. [full shot] средне-общий план *(в кадре исполнители во весь рост)*

FSI [free-standing insert coupon] купон-вкладка, купон на вкладке, купон-вкладыш

FTC [Federal Trade Commission] Федеральная торговая комиссия *(США; учреждена в 1914 г., регулирует торговлю между штатами и связанные с этим вопросы лживой рекламы и защиты потребителей)*

FVO [female voice-over] женский закадровый голос

G амер. [general] категория "G" *(категория фильмов, допустимых для самого широкого показа лицам любого возраста)*

GHI [guaranteed home impressions] англ. вещ. гарантированное число контактов с телесемействами

GHR [guaranteed homes rating] вещ. гарантированный рейтинг телесемейств

GNP [gross national product] валовой национальный продукт

GPR [gross points rating] валовой оценочный коэффициент, ВОК

GRP [gross rating point] пункт валового оценочного коэффициента, общерейтинговый пункт, общерейтинговое очко

HABA, H&BA [health and beauty aids] косметика и медикаменты

HBO [Home Box Office] «Хоум бокс оффис» *(телесеть-основоположник кабельного вещания в США, создана в начале 70-х гг.)*

HCJ [High Court of Justice] Высокий суд правосудия *(Великобритания)*

HDDR [high-density digital recording] цифровая запись высокой плотности

HDTV [high-definition television] телевидение высокой чёткости

HEW [Health, Education and Welfare] здравоохранение, просвещение и социальное обеспечение

hi-fi **1.** высококачественная звуковая аппаратура **2.** цветная (газетная) вкладка рулонной печати

HMO [health maintenance organization] организация здравоохранения

HTN [Home Theater Network] Сеть семейных программ *(США)*

HUD [Housing and Urban Development] жилищное строительство и городское развитие

HUR [household using radio] активное радиосемейство

HUT [household using television] активное телесемейство

HVR [home video recorder] бытовой кассетный видеомагнитофон

I [instructional] учебный *(о программе вещания)*

IAA [International Advertising Association] Международная рекламная ассоциация *(создана в Нью-Йорке в 1938 г.)*

IAAB [Inter-American Association of Broadcasting] Межамериканская ассоциация вещательных организаций *(создана в 1948 г. и объединяет в своём составе частные вещательные станции западного полушария)*

IAEA [International Advertising Executives' Association] Международная ассоциация руководящих работников рекламы

IAFE [International Association of Fairs and Expositions] Международная ассоциация ярмарок и выставок

IAPA [Inter-American Press Association] Панамериканская ассоциация прессы

IBA [Independent Broadcasting Authority] Управление независимого вещания *(учреждённый в 1954 г. надзорный государственный орган)*

IBS [Iota Beta Sigma] «Йота, бета, сигма», Национальное сообщество почетных профессиональных работников вещания *(США)*

IC [information centre] информационный центр

ICC 1. [International Chamber of Commerce] Международная торговая палата **2.** [International Institute of Communication] Международный институт коммуникаций *(некоммерческая организация со штаб-квартирой в Лондоне, объединяющая более 700 отдельных представителей из 70 стран, которая проводит исследования и конференции в сфере электронных СМИ)* **3.** [Interstate Commerce Commission] Комиссия по транспорту и торговле между штатами

ICITA [International Chain of Industrial and Technical Advertising Agencies] Международное объединение рекламных агентств по товарам промышленного назначения и техническим товарам, ИСИТА

ICJ [International Court of Justice] Международный суд *(ООН)*

ID [identification] идентификация, опознавание; отождествление себя с другими

IFC [inside front cover] оборот передней сторонки обложки

IFNP [International Federation of Newspaper Publishers] Международная федерация издателей газет

IMBA [International Media Buyers' Association] Ассоциация закупщиков средств рекламы за рубежом

(Великобритания; основана в 1965 г.)
IMF [International Monetary Fund] Международный валютный фонд, МВФ
IMI [International Management Institute] Международный институт управления
INCOTERMS [International rules for the Interpretation of Trade Terms] Международные правила толкования торговых терминов
INFACT [Infant Formula Action Coalition] Коалиция действий против распространения смесей для детского питания *(США)*
informecial [information commercial] рекламно-информационный ролик
infortainment [information (and) entertainment] информационно-развлекательный *(о программе)*
IOA [Institute of Outdoor Advertising] Институт наружной рекламы *(США; основан в 1974 г.)*
IPA [Institute of Practitioners in Advertising] Институт практиков рекламы *(Великобритания)*
IPR [Institute of Public Relations] Институт по связям с общественностью *(Великобритания)*
IPRA [International Public Relations Association] Международная ассоциация по связям с общественностью
IRC [Internal Revenue Code] Кодекс законов о внутренних государственных доходах *(США)*
IRS [Internal Revenue Service] налоговое управление США
ISBA [Incorporated Society of British Advertisers] Ассоциация британских рекламодателей *(основана в 1900 г.)*
ISBN [International Standard Book Number] Международный стандартный книжный номер, МСКН
ISO [International Standards Organization] Международная организация по стандартизации, ИСО
ISP 1. [index of social position] индекс социального положения **2.** [Institute of Sales Promotion] Институт стимулирования сбыта *(Великобритания)*

ISSN [International Standard Serial Number] Международный стандартный номер серийного издания
ITCA [Independent Television Companies Association] Ассоциация независимых телевизионных компаний *(Великобритания; добровольная некоммерческая организация, имеющая право на издание собственных эфирных программ с рекламными роликами)*
ITV 1. [Independent Television Network] Сеть независимого телевещания *(Великобритания)* **2.** [Independent Television region] регион вещания (одного из телецентров) Независимого телевидения *(Великобритания)*

JCN [Japan Cable Network] Японская кабельная телесеть
JICNARS [Joint Industry Committee for National Readership Surveys] Объединённый комитет по проведению общенациональных опросов читательской аудитории *(Великобритания)*
JICRAR [Joint Industry Committee for Radio Audience Research] Объединённый комитет по исследованию аудитории радиослушателей *(Великобритания)*
JICTAR [Joint Industry Committee for Television Audience Research] Объединённый комитет по исследованию аудитории телевидения *(Великобритания)*

KISS [keep it short and simple] закон краткости и простоты

LAFTA [Latin American Free Trade Association] Латиноамериканская ассоциация свободной торговли
LATA [local access and transportation area] *амер.* зона [регион] обслуживания телефонной компании
LBO [leveraged buy-out] выкуп под встречный залог [под встречное обеспечение]

LCD [liquid crystal display] дисплей на жидких кристаллах

LMS [long medium shot] план средней дальности, средне-общий план

LNA-PIB [Leading National Advertisers/Publishers Information Bureau] *амер.* Бюро информации о ведущих общенациональных рекламодателях и издателях *(публикующее ежемесячную статистику о площадях, занятых под рекламу, и рекламных оборотах общенациональных и региональных журналов, а также сведения о закупленных площадях и предполагаемых затратах рекламодателей, пользующихся этими изданиями)*

LP 1. [liability policy] гарантия освобождения от ответственности 2. [long play(ing)] долгоиграющий *(напр. диск)*

LPNA [Lithographers and Printers National Association] Национальная ассоциация литографов и печатников *(США)*

LR [local radio] местное радиовещание

LS [long shot] общий дальний план; кадр, снятый общим планом

MA-RT [Market Audience Readership Traffic] «Аудитория рынка и динамика круга читателей» *(система замеров зависимости между характеристиками средств распространения информации и показателями розничной торговли)*

MAB [Magazine Advertising Bureau] Бюро рекламы в журналах *(Ассоциации издателей журналов, США)*

MAP [modified American plan] сокращённый американский пансион *(проживание плюс завтрак и обед, стоимость которых включена в стоимость номера)*

mat [matrix] *полигр.* матрица

MBA [Master of Business Administration] магистр делового администрирования

MBWA [management by wandering around] «блуждающее» управление [руководство]

MCA [Music Corporation of America] Американская музыкальная корпорация, Эм-Си-Эй

MCL [Master of Civil Law] магистр гражданского права

MCU [medium close-up] средне-крупный [«итальянский»] план, план средней крупности

MEDIA [Measures to Encourage the Development of the Audiovisual Industry in Europe] «Меры по содействию развитию аудиовизуальной промышленности в Европе» *(план, разработанный в 1987 г. ЕЭС)*

MIS [management information system] система информирования руководства, управленческая [административная] информационная система

MIT [Massachusetts Institute of Technology] Массачусетский политехнический институт *(США)*

MITI [Ministry of International Trade and Industry] министерство внешней торговли и промышленности *(Япония)*

MNA [multinetwork area] программы трёх ведущих телесетей США *(ABC, CBS и NBC)*

MOAA [Mail Order Association of America] Ассоциация посылочной торговли США

MOR [middle of the road] срединный, среднего направления

M/P [memorandum of partnership] договор об учреждении товарищества

MP [motion picture] (кино)фильм

MPA [Magazine Publishers Association] Ассоциация издателей журналов *(США; основана в 1919 г.)*

MPAA [Motion Picture Association of America] Американская ассоциация кино *(основана в 1922 г.)*

MPL [Master of Patent Law] магистр патентного права

MPS [mail preference service] служба учёта пожеланий адресатов

MRO [maintenance, repair and operating] техническое обслуживание, ремонт и эксплуатация

MS [medium shot] средний план

MSC [Manpower Services Commission] Комиссия по трудовым ресурсам *(Великобритания)*

N [news] информационный *(о программе вещания)*

NAAN [National Advertising Agency Network] Национальная сеть рекламных агентств *(США)*

NAB 1. [National Association of Broadcasters] Национальная ассоциация вещательных организаций *(США; основана в 1923 г.)* **2.** [Newspaper Advertising Bureau] Бюро газетной рекламы *(США; основано в 1913 г.)*

NAD/NARB [National Advertising Division of the National Advertising Review Board] Отдел общенациональной рекламы Национального совета по наблюдению за рекламной деятельностью *(США)*

NAMA [National Agri-Marketing Association] Национальная ассоциация сельскохозяйственного маркетинга *(США)*

NAP [National Association of Publishers] Национальная ассоциация издателей *(США)*

NARB [National Advertising Review Board] Национальный совет по наблюдению за рекламной деятельностью *(США; учреждён в 1971 г.; организация рекламодателей, рекламных агентств и средств рекламы, которая рассматривает жалобы в связи с вводящей в заблуждение или лживой рекламой)*

NASA 1. [National Advertising Sales Association] Национальная ассоциация продавцов рекламы *(учреждена в США в 1907 г., в настоящее время носит название Американской ассоциации представителей газет)* **2.** [Newspaper Advertising Sales Association] Ассоциация продавцов газетной рекламы *(одно из прежних названий Американской ассоциации представителей газет)*

NATA [National Association of Transportation Advertising] Национальная ассоциация рекламы на транспорте *(США)*

NATAS [National Academy of Television Arts and Sciences] Национальная академия телевизионных искусств и наук *(США)*

NBC [National Broadcasting Company] «Нэшнл бродкастинг компани», Эн-Би-Си

NBI [Nielsen Broadcast Index] вещательный индекс Нильсена *(Канада; аналог станционного индекса Нильсена, используемого в США)*

NBMC [National Black Media Coalition] Национальная коалиция негритянских СМИ *(США)*

NBS [National Bureau of Standards] Национальное бюро стандартов *(США)*

NCL [National League of Cities] Национальная лига городов *(США)*

NCTA [National Cable TV Association] Национальная ассоциация кабельного телевидения *(США; основана в 1952 г. Федеральной комиссией связи, оказывает своим членам услуги юридического, технического и исследовательского характера)*

NEC [National Electrical Code] Национальный электротехнический кодекс *(США)*

NEDO [National Economic Development Office] Национальный совет по развитию экономики *(Великобритания)*

NGO [nongovernment(al) organization] неправительственная организация

NIAA [National Industrial Advertisers' Association] Национальная ассоциация промышленных рекламодателей *(США)*

NLQ [near letter quality] качественная печать

NNA [National Newspaper Association] Национальная ассоциация газет *(США; основана в 1885 г.)*

NOAB [National Outdoor Advertising Bureau] Национальное бюро наружной рекламы *(США)*

NPA [Newspaper Publishers Association] Ассоциация издателей газет *(Великобритания; основана в 1906 г.)*

NR [national radio] национальное радиовещание

NRA [National Rifle Association] Национальная стрелковая ассоциация *(США)*

NRBA [National Radio Broadcasters Association] Национальная ассоциация радиовещателей *(США; организация, членами которой являются около 1400 радиостанций страны)*

NRI [National Research Institute] Национальный исследовательский институт *(США; организация, занимающаяся исследованиями аудитории)*

NRMA [National Retail Merchants Association] Национальная ассоциация розничных торговцев одеждой, обувью, текстильными и галантерейными товарами *(США)*

NSAD [National Society of Art Directors] Национальное объединение художников рекламы

NSI [Nielsen Station Index] станционный индекс Нильсена *(США)*

NTI [Nielsen Television Index] телевизионный индекс Нильсена *(США)*

NTIA [National Telecommunications and Information Administration] Национальное управление информации и телекоммуникаций *(США)*

NTSC [National Television Systems Committee] 1. Национальный комитет по телевизионным стандартам *(США; профессиональная организация, занимающаяся проблемами технических стандартов чёрно-белого и цветного телевидения. Создана в 1940 г.)*

NUMMY [New United Motor Manufacturing, inc.] «НЮММИ» *(совместное предприятие корпорации «Дженерал моторс» и японской корпорации «Тойота» в г. Фримонт, Калифорния)*

O [other] *амер.* прочие *(о программах вещания, не укладывающихся в рамки тематической классификации Федеральной комиссии связи)*

OA [office automation] автоматизация делопроизводства; автоматизация конторских работ [учрежденческой деятельности]; средства автоматизации делопроизводства

OAAA [Outdoor Advertising Association of America] Американская ассоциация наружной рекламы *(основана в 1891 г. Издаёт официальный тарифный сборник «Справочник для покупателей наружной рекламы»)*

OAC [Outdoor Advertising Council] Совет по наружной рекламе *(Великобритания)*

OBC [outside back cover] задняя сторонка обложки

OCR [optical character recognition] оптическое распознавание знаков; набор с помощью оптических читающих устройств

OCST [Office of Cable Signal Theft] Бюро по борьбе с воровством сигналов кабельного телевидения *(США)*

OECD [Organization for Economic Cooperation and Development] Организация экономического сотрудничества и развития, ОЭСР

OEM 1. [original equipment maintenance items] детали основного оборудования 2. [original equipment manufactured] изготовитель комплектного оборудования

OIRT [International Radio and Television Organization] Международная организация радиовещания и телевидения, ОИРТ

OK with C, OK w/c [good [OK] for printing with corrections] «в печать с исправлениями», «по исправлении в печать»

OSHA [Occupational Safety and Health Administration] Управление профессиональной безопасности и здравоохранения *(США)*

PA 1. [performing arts] исполнительские виды искусств 2. [Proprietary Association] Ассоциация производителей патентованных лекарственных средств *(США)* 3. [public affairs] *амер.* публично-правовой *(о программе вещания)*

PAAA [Premium Advertising Association of America] Американская ассоциация рекламы с помощью премий *(основана в 1941 г.)*

PAC [political action committee] комитет политических действий

PAL [patent-associated literature] патентно-ассоциированная литература

PD [pan down] панорамирование вниз

PD program(me) director выпускающий [программный] режиссёр, руководитель программы

P/E [plant-equipment (ratio)] технологическая структура

pe [printer's error] опечатка

PEP [patent examination procedure] порядок (проведения) патентной экспертизы

PG [parental guidance] *амер.* под присмотром родителей, категория "PG" *(о фильмах, на которые дети допускаются только в сопровождении родителей)*

PG-13 *амер.* категория "PG-13" *(фильмы, на которые дети до 13 лет допускаются только в сопровождении родителей)*

PIMS [Profit Impact on Marketing Strategy] «Влияние прибыли на стратегию маркетинга» *(Великобритания; научно-исследовательская программа)*

PL [pan left] панорамированное влево

PM [push money] денежное стимулирование *(усилий продавцов)*

PMA 1. [Pharmaceutical Manufacturers Association] Ассоциация производителей фармацевтических препаратов 2. [primary marketing area] первичная [основная] маркетинговая территория

PMC [political media consultant] политический консультант по средствам распространения информации

POL [political] *амер.* политический *(о программе вещания)*

POP [point-of-purchase] торговое помещение

POPAI [Point-of-Purchase Advertising Institute] Институт практиков рекламы в местах продажи *(США; некоммерческая организация, основанная в 1938 г. и объединяющая производителей рекламного инвентаря и рекламно-оформительских материалов)*

PP [pocketpiece] *амер.* «Карманный индекс Нильсена» *(справочник)*

PPA [Periodical Publishers' Association] Ассоциация издателей периодики *(США; основана в 1900 г.)*

PPW [proprietor of the posthumous work] владелец авторского права на литературное произведение после смерти автора

PR [pan right] панорамирование вправо

PR [public relations] организация общественного мнения, связи с общественностью

PRCA [Public Relations Consultants Association] Ассоциация консультантов по связям с общественностью *(Великобритания)*

PRO [public relations officer] специалист по связям с общественностью

PRSA [Public Relations Society of America] Американская ассоциация по связям с общественностью *(основана в 1948 г.)*

PSA [public service advertisement [announcement]] объявление социальной рекламы, объявление в виде обращения к общественности

PTCJ [Patent, Trademark and Copyright Journal of Research and Education] Журнал по вопросам патентного права, права товарных знаков и авторского права *(США)*

PU [pan up] панорамирование вверх

Q *вещ.* положительный *(о рейтинге)*

R 1. *амер.* категория "R" *(фильмов, на которые дети до 17 лет допускаются только в сопровождении родителей)* 2. [religious] *амер.* религиозный *(о программе вещания)*

RA [return authorization] право на возврат

RAB [Radio Advertising Bureau] Бюро радиорекламы *(США)*

RAM [random access memory] оперативная память *(ЭВМ)*, запоминающее устройство с произвольной выборкой

RCE [remote control equipment] аппаратура дистанционного управления

RD & D [research, design and development] исследования, дизайн и конструкторские разработки

RDS [random digit sample] случайная выборка по произвольным номерам

RDTE [research, development, test and evaluation] научно-исследовательские и опытно-конструкторские разработки, испытания и оценка

ROAM [return on assets managed] прибыль на оборотный капитал

ROE [return on stockholders' equity] прибыль на акционерный капитал

ROI [return on investment] возмещение затрат, норма прибыли на вложенный капитал

ROM [run-of-month] в течение месяца (*об объявлении без фиксированной даты публикации или выхода в эфир*)

RONA [return on net assets] норма прибыли на нетто-активы фирмы

ROP [run-of-paper] 1. место «по усмотрению издателя» (*о месте размещения рекламы*) 2. однопрогонная многокрасочная печать

ROS [run-of-schedule] «по усмотрению станции» (*о рекламе, предварительно намеченное время трансляции которой может быть изменено без согласования с заказчиком*)

ROW [run-of-week] в течение недели (*об объявлении без фиксированной даты публикации или выхода в эфир*)

ROY [run-of-year] в течение года (*о рекламе без фиксированных дат публикаций или выходов в эфир*)

RP [registered [restricted] publication] издание для служебного пользования [ДСП], издание ограниченного распространения

RPI [retail price index] индекс розничных цен

S [sports] *амер.* спортивный (*о программе вещания*)

SAMPAG [Society of Advertisers, Musicians, Producers, Arrangers and Composers] Общество рекламодателей, музыкантов, продюсеров, аранжировщиков и композиторов (*США*)

SAS [special advertising section] специальный [обособленный] рекламный раздел (*обычно в журналах*)

SASE [self-addressed stamped entry] чистый маркированный конверт со своим обратным адресом

SAWA [Screen Advertising World Association] Всемирная ассоциация экранной рекламы, «САВА» (*Международная организация со штаб-квартирой в Лондоне, ежегодно проводящая в г. Канны, Франция, крупнейший в мире международный фестиваль рекламных фильмов*)

SDX [Sigma Delta Chi] «Сигма, дельта, кси» Объединение профессиональных журналистов (*США*)

SE [stock exchange] фондовая биржа

SEC [Securities and Exchange Commission] Комиссия по ценным бумагам и биржам (*США*)

SFX [special effects] специальные эффекты, (кино)трюки

SIA [storage instantaneous audience] электронный аудиметр с запоминающим устройством

SII [sponsor identification index] *вещ.* индекс узнаваемости спонсора

sit-com [situation comedy] комедия положений

SIU [sets in use] число включённых приёмников (*учётный показатель*)

SMATV [satellite master antenna television] спутниковое телевидение с приёмом на коллективную антенну

SMPTE [Society of Motion Picture and Television Engineers] Общество инженеров кино и телевидения (*США*)

SMSA [standard metropolitan statistical area] *амер.* стандартный метрополитенский статистический ареал

sof [sound-on-film] звуковой, «со звуком» (*о плёнке, имеющей собственную фонограмму*)

SPJ [Society of Professional Journalists] Объединение профессиональных журналистов (*США*)

SRDS [Standard Rate and Data Servi-

се] «Справочник по средствам рекламы и тарифам» *(США)*
STV [subscription television] платное [абонентское] телевидение

TA [total audience] общая [суммарная] аудитория
TAA [Transit Advertising Association] Ассоциация рекламы на транспорте *(США)*
TAB [Traffic Audit Bureau] Бюро по контролю за уличным движением *(США)*
TAD [telephone answering device] телефонный (авто)ответчик
TAM [television audience measurement] измерение телеаудитории
TAT [thematic apperception test] тематический апперцепционный тест, ТАТ
TBA 1. [Television Bureau of Advertising] Бюро рекламы телевидения 2. [to be announced] будет объявлено позднее
TC [Tax Court] налоговый суд
TD [technical director] технический директор
teen [teenager] подросток; *pl* возраст от 13 до 19 лет
telex телекс *(международный абонентский телеграф)*
TGI [Target Group Index] Индекс целевой группы *(США)*
tm [trademark] товарный знак
TMA [Toy Manufacturers Association] *амер.* Ассоциация производителей игрушек
TMC [total market coverage] тотальный охват рынка, TOP
TMEP [Trademark Manual of Examining Procedure] Руководство по экспертизе заявок на регистрацию товарных знаков *(США)*
TNT [Target Network Television] «Таргет нэтуорк телевижн» *(США; крупная кабельная телесеть)*
TPEA [Television Program Export Association] Ассоциация экспортёров телепрограмм *(США)*
TQC [total quality control] тотальный контроль качества
TQM [total quality management] комплексное [всеобщее] управление качеством
TRT [Trademark Registration Treaty] Договор о международной регистрации товарных знаков
TTAB [Trademark Trial and Appeal Board] Совет по рассмотрению споров и апелляций в связи с регистрацией товарных знаков *(при патентном ведомстве США)*

UCC [Universal Copyright Convention] Всемирная (Женевская) конвенция об авторском/издательском праве
UNCF [United Negro College Fund] Объединённый университетский фонд помощи негритянским студентам *(США)*
UPC [universal product code] универсальный товарный код, УТК
USBA [United States Brewers Association] Ассоциация пивоваров США
USC [United States Code] Кодекс законов США
USDA [US department of agriculture] министерство сельского хозяйства США
USP [unique selling proposition] уникальное торговое предложение, УТП
USP [United States patent] патент США
USPO [United States Patent Office] патентное ведомство США
USTA [United States Trademark Association] Ассоциация по товарным знакам США

VAT [value added tax] налог на добавленную стоимость
VCR [video cassette recorder] кассетный видеомагнитофон
VDR [video disk recorder] дисковый видеомагнитофон
VDT [video display terminal] видеотерминальное устройство, дисплей
VDU [video display unit] видеотерминальное устройство, ВДУ
VHD [video high density] высокая плотность видеозаписи
VIP [Viewers in Profile] *амер.* «Проф-

иль зрительской аудитории» *(сводный отчёт фирмы «А.К. Нильсен»)*
VMS [vertical marketing system] вертикальная маркетинговая система
VO [voice-over] *экр.* закадровый комментарий
VP [vice-president] вице-президент
VTR [video tape recorder] видеомагнитофон

WAPOR [World Association of Public Opinion Research] Всемирная ассоциация по исследованию общественного мнения *(Канада)*
war [with all risks] включая все риски *(вид страхования)*
WI [Wine Institute] Институт вина *(США)*
WICI [Women in Communications, Inc.] Женщины в сфере коммуникаций *(США; профессиональное сообщество)*
WIPO [World Intellectual Property Organization] Всемирная организация интеллектуальной собственности, ВОИС
WPI 1. [World Patent Index] Мировой патентный указатель, МПУ 2. [World Patent Information] «Мировая патентная информация» *(периодическое издание)*

xr [ex rights] без приобретения прав

yuppie [young urban professional] «яппи», молодой перспективный специалист-горожанин

ZD [zero defects] бездефектность
ZI [zoom in] трансфокаторный наезд
zip [zone improvement program] *амер.* почтовый индекс
ZO [zoom out] трансфокаторный отъезд
ZT [zone time] зональное [поясное] время

СПРАВОЧНОЕ ИЗДАНИЕ

БОБРОВ
Виктор Борисович

**АНГЛО-РУССКИЙ
СЛОВАРЬ
ПО РЕКЛАМЕ
И МАРКЕТИНГУ**

Ведущие редакторы:
МОШЕНЦЕВА И. И.
ГВОЗДЕВА Т. Ф.

Редактор
КУЛАКОВА Т. В.

Лицензия ЛР № 090103
от 28. 10. 1994 г.

Подписано в печать 10. 01. 1997. Формат 60x90^1/$_{16}$. Бумага писчая бланочная. Гарнитура таймс. Печать офсетная. Печ.л. 44,0. Уч.-изд. л. 60,0. Тираж 2060 экз. С 004.

«РУССО», 117071, Москва, Ленинский пр-т, д. 15, офис 323. Телефон/факс 237 2502; тел. 955 0567.

Отпечатано в Московской типографии № 2 РАН. 121099, Москва, Шубинский пер., 6.
Зак. 1076

Издательство «Р У С С О», выпускающее научно-технические словари, предлагает:

Толковый биржевой словарь (с английскими эквивалентами)
Англо-немецко-французско-русский физический словарь
Англо-русский и русско-английский словарь по солнечной энергетике
Англо-русский медицинский словарь
Англо-русский словарь по нефти и газу
Англо-русский словарь по парфюмерии и косметике
Русско-английский медицинский словарь-справочник с толкованиями
Немецко-русский ветеринарный словарь
Немецко-русский медицинский словарь
Немецко-русский и русско-немецкий медицинский словарь
Немецко-русский политехнический словарь
Немецко-русский словарь по атомной энергетике
Немецко-русский словарь по судостроению и судоходству
Немецко-русский экономический словарь
Немецко-русский электротехнический словарь
Немецко-русский юридический словарь
Французско-русский математический словарь
Французско-русский медицинский словарь
Французско-русский юридический словарь
Русско-испанский словарь
Словарь сокращений испанского языка
Испанско-русский и русско-испанский словарь
Испанско-русский экономический словарь

Адрес: 117071, Москва, Ленинский проспект, д. 15, офис 323.
Телефоны: 237 2502, 955 0567. **Факс:** 237 2502.

Издательство «Р У С С О», готовит к выпуску в свет:

Англо-русский словарь по авиационно-космической психологии и эргономике

Англо-русский и русско-английский медицинский словарь

Англо-русский словарь по машиностроению

Русско-английский словарь церковно-религиозной лексики

Большой русско-английский медицинский словарь

Немецко-русский словарь по химии и химической технологии

Немецко-русский словарь по пищевой промышленности

Новый большой немецко-русский политехнический словарь

Французско-англо-русский банковско-биржевой словарь

Русско-итальянский политехнический словарь

Многоязычный медицинский словарь (англо-немецко-французско-итальянско-русский)

Адрес: 117071, Москва, Ленинский проспект, д. 15, офис 323.
Телефоны: 237 2502, 955 0567. Факс: 237 2502.

А. А. Гюрджиан, Н. М. Хватков, Ю. Ю. Шипков

АНГЛО-РУССКИЙ СЛОВАРЬ ПО АВИАЦИОННО-КОСМИЧЕСКОЙ ПСИХОЛОГИИ И ЭРГОНОМИКЕ

Издается впервые, 1997 г.

Словарь содержит около 25 тыс. терминов по авиационно-космической психологии и психофизиологии, структуре профессиональной деятельности летного состава, эргономике систем управления и отображения информации, влиянию на организм факторов полета и окружающей среды, некоторым вопросам обеспечения условий жизнедеятельности и безопасности полета, психологическим и медицинским аспектам отбора и подготовки летного состава, авиационной авариологии и причин летных происшествий.

Издательство «РУССО»
Адрес: 117071, Москва, Ленинский проспект, д. 15, офис 323.
Телефоны: 237-25-02; 955-05-67. Факс: 237-25-02

А. А. Азаров

РУССКО-АНГЛИЙСКИЙ СЛОВАРЬ ЦЕРКОВНО-РЕЛИГИОЗНОЙ ЛЕКСИКИ (С ПОЯСНЕНИЯМИ)

Издается впервые, 1997 г.

В словаре 7,5 тыс. вводных статей, более 25 тыс. слов и словосочетаний, употребляемых в практике отправлений религиозных обрядов, в работах по архитектуре культовых сооружений, иконописи, прикладному искусству, истории христианства и др. религий. В словарь включены церковно-славянские слова, употребляемые в русском православии, а также библейские понятия и персонажи.

Издательство «РУССО»
Адрес: 117071, Москва, Ленинский проспект, д. 15, офис 323.
Телефоны: 237-25-02; 955-05-67. Факс: 237-25-02

Б. С. Воскобойников, В. Л. Митрович

АНГЛО-РУССКИЙ СЛОВАРЬ ПО МАШИНОСТРОЕНИЮ И АВТОМАТИЗАЦИИ ПРОИЗВОДСТВА

Издается впервые, 1997 г.

Словарь содержит около 100 тыс. терминов по различным видам металлообработки, машиностроительным материалам, металловедению, деталям машин. В словарь включена также терминология по станкам с ЧПУ и по ГАП.

Словарь предназначен для научно-технических работников, аспирантов и преподавателей машиностроительных вузов.

Издательство «РУССО»
Адрес: 117071, Москва, Ленинский проспект, д. 15, офис 323.
Телефоны: 237-25-02; 955-05-67. Факс: 237-25-02